The *Moʻolelo Hawaiʻi* of Davida Malo

VOLUME 1

The *Moʻolelo Hawaiʻi* of Davida Malo

VOLUME 1

Ka ʻŌlelo Kumu

Davida Malo

Hoʻoponopono ʻia e Jeffrey Lyon
Edited by Jeffrey Lyon

UNIVERSITY OF
HAWAIʻI PRESS
HONOLULU

BISHOP
MUSEUM
PRESS

Ka ʻŌlelo Hōʻuluʻulu

ʻO ka pahuhopu nui o kēia palapala noiʻi, ʻo ia ka hōʻike ʻana aku i ka ʻōlelo kumu o kā Davida Malo *Moʻolelo Hawaiʻi*. Ma ka māhele mua (ka ʻōlelo hoʻolauna), hoʻokolo ʻia ka moʻokūʻauhau o nā palapala kumu ʻano nui o ia puke. Ma ka māhele ʻelua hoʻi i hōʻike ʻia ai nā kiʻi o ka palapala koʻikoʻi loa no kā Malo puke (ʻo HI.L.18), ke kikokikona kope like, ka ʻōlelo loi a wae ʻia, a me ka papa hoʻohālikelike palapala.

Abstract

This volume attempts to provide an accurate and trustworthy version of the original Hawaiian text of Davida Malo's Moʻolelo Hawaiʻi. The prolegomena (ʻōlelo hoʻolauna) includes an investigation into the available sources, their internal relationships, and their individual histories. The main part of the work contains the pictures and facsimile transcription of the best available manuscript (HI.L.18), as well as a critical text and textual apparatus.

Published in 2020 by University of Hawaiʻi Press and Bishop Museum Press.
Text © 2020 University of Hawaiʻi Press
Manuscript images © 2020 Bishop Museum
All rights reserved
Printed in the United States of America

25 24 23 22 21 20   6 5 4 3 2 1

Library of Congress Cataloging-in-Publication Data

Names: Malo, Davida, 1795–1853, author. | Lyon, Jeffrey Paul, editor.
Title: The moʻolelo Hawaiʻi of Davida Malo. Volume 1, ʻŌlelo kumu / edited
     by Jeffrey Lyon.
Other titles: Moʻolelo Hawaiʻi | ʻŌlelo kumu
Description: Honolulu : University of Hawaiʻi Press, [2019] | Scanned images
     of handwritten manuscript pages side-by-side with direct transcriptions
     (which contain no diacritical marks) and transcriptions in modern Hawaiian
     (with diacritical marks) across single spreads. | Includes bibliographical
     references and index.
Identifiers: LCCN 2018061666 | ISBN 9780824855499 (cloth ; alk. paper)
Subjects: LCSH: Hawaii—History. | Hawaii—Civilization. | Ethnology—Hawaii.
Classification: LCC DU625 .M253 2019 | DDC 996.9/02—dc23
LC record available at https://lccn.loc.gov/2018061666

University of Hawaiʻi Press books are printed on acid-free paper and meet the guidelines for permanence and durability of the Council on Library Resources.

FRONTISPIECE: Davida Malo, copied from an original portrait by Alfred Thomas Agate, printed in Charles Pickering, *The Races of Man and Their Geographical Distribution*, 1848. Courtesy of the Hawaiian Historical Society.

DESIGN BY MARDEE MELTON

KA PAPA KUHIKUHI ‘AO‘AO

KA PAPA KI‘I

KA PAPA PAKUHI

KA ʻŌLELO HOʻOMAIKAʻI

Ua pihaʻū koʻu naʻau i ka mahalo i nā kānaka he makawalu nō i kōkua mai i ka hoʻokō ʻana i kēia noiʻi. ʻAʻole hiki iaʻu ke hōʻike aku i koʻu mahalo iā lākou pākahi, akā naʻe, eia mai kekahi o lākou, he ʻuʻuku wale nō.

ʻO Kale Langlas, koʻu hoa noiʻi ma kā Malo *Moʻolelo Hawaiʻi* no nā makahiki ʻumi kūmālua i hala akula, nāna wau i kono mai me ka lokomaikaʻi e alu like ma kāna noelo i kā Malo puke. ʻAʻole o kana mai ka nui hola i hala iā māua e kilo ana, e kūkākūkā ana, e hoʻopaʻapaʻa ana nō hoʻi, i kēia hana aloha. Me ka namunamu ʻole a me ke akakuʻu ʻole o ka hoihoi, ua laki maikaʻi nō kēia i ko māua hihia like i loko o nei hana hoʻopunihei.

ʻO Pila Wilson, nāna i pane mai i nā nīnau he miliona a ʻoi (ma ka liʻiliʻi loa) me ka hoʻomanawanui pau ʻole. ʻAʻole i pī iki ʻo Pila i ka laupaʻi ʻike ʻōlelo Hawaiʻi i lewa iā ia i loko nō o ke ʻano ʻūlala o kekahi o ia poʻe nīnau, a i loko nō hoʻi o ka papa manawa e hehena iho ai ka lehulehu.

ʻO Kalena Silva, nāna i aʻo mai i ka nani o ke mele a me ke oli Hawaiʻi, a ma kona ʻano keonimana launa ʻole i lohe mai (me ka uē ʻole!) i ka hemahema o kuʻu leo ʻakahi akahi e oli ana i nā mele kaulana o Hawaiʻi nei. Ua pōmaikaʻi nō kēia kanaka haole i ka hoʻomaopopo ʻana i nā mele kamahaʻo a kānaka ma o ko Kalena aʻo akamai.

ʻO Puakea Nogelmeier, kuʻu kumu ʻōlelo Hawaiʻi mua loa, i loko nō o koʻu noho haumāna ʻole ʻana ma kekahi papa ʻōlelo āna. Iaʻu e noho ana ma ka ʻāina panoa o Kaleponi, na Puakea wale iho nō i pane mai me ke ahonui mau i kaʻu mau leka niele a hoʻoluhi, a nāna nō hoʻi i hoʻouna mai i kaʻu puke mua loa ma ka ʻōlelo Hawaiʻi. Ua heluhelu ʻia nō, e ke kumu.

ʻO John Charlot hoʻi, no ka nui o kona kākoʻo ʻana ma hope oʻu a me kaʻu mau hana, palena ʻole koʻu mahalo iā ia. ʻO John nō ka polopeka mua loa o kēia au i luʻu iho i lalo lilo o ke kai hohonu o ka moʻolelo Hawaiʻi: e ʻole kā John luʻu a hohonu, ʻaʻole kākou he poʻe oma wale ma ka ʻili kai.

ʻO kekahi poʻe hoʻi i kōkua mai, he mau loea maoli nō ma ka ʻōlelo Hawaiʻi ma ke aʻoaʻo paha, ma ka hoʻolako ʻike mai paha, ʻo Larry Kimura, ke kumu a nā kumu, a ʻo koʻu meʻe i kāna hoʻoikaika e ola hou ai ka ʻōlelo Hawaiʻi; ʻo Hiapo Perreira, kaʻu kumu mua ma lalo o ka Ua Kanilehua, ka mea i paipai nui mai iaʻu i koʻu wā kuli a ʻāʻā. Like nō koʻu mahalo i kuʻu hoa ma ka ʻimi ʻana i ka ʻike manomano o Hawaiʻi nei, he ʻōlapa hoʻi ma *Hālau O Kekuhi,* Hilo, iā Myoung-Ja Hwa, nānā i heluhelu piha i kēia palapala holoʻokoʻa me ka hōʻike pū i nā wahi hemahema he puʻu nō.

Eia mai kaʻu ʻōlelo mahalo iā Pualani Kanakaʻole Kanahele (*Hālau O Kekuhi,* Hilo), no kona nānā ʻana i nā mele a me nā pule ma ka Pākuʻina I, iā Kaʻanoʻi Walk hoʻi, nāna i hōʻike mai i ka pela kūpono ʻana o kekahi mau inoa i kaha peʻa ʻia ma ka mokuna 21 o HI.L.18. Pēlā pū kuʻu mahalo i nā kānaka limahana ma Ka Hale Hōʻikeʻike ʻo Kamehameha (Pīhopa nō hoʻi), ʻo DeSoto Brown, ʻo Leah Caldeira, ʻo Blair Collis, ʻo Ron Cox, ʻo Charley Myers, ʻo Tia Reber, ʻo B. J. Short kekahi o lākou.

E 'ole 'o 'oukou, e nā hoa! Ma ka Hale Hō'ike'ike o nā Mikionali, ua kōkua nui mai 'o Carol White a pēlā nō ka hana kāko'o a Barbara Dunn ma ka 'Ahahui 'Imi i nā Mea Kahiko o Hawai'i.

A na'u wale nō nā wahi hemahema, hāwāwā, pololei 'ole, 'olalau, a ho'ohuikau nō ho'i, 'a'ole loa na lākou.

A 'o Hilina'i ho'i; 'o wau a 'o 'oe, nalo ia mea, 'eā?

Na'u nō me ke aloha,
Na Kapali Lyon

NĀ HUA HŌʻAILONA

Ka Hua Hōʻailona	Ka Wehewehena
ʻAOH	Ka ʻAhahui ʻŌlelo Hawaiʻi
C	Kekahi o nā mea hana kope o HI.L.18, ʻo Davida Malo nō paha.
C1	Kekahi o nā mea hana kope ʻekolu o HI.L.18. Nā C1 i hana kope i nā ʻaoʻao mua o ia palapala.
C2	Kekahi o nā mea hana kope ʻekolu o HI.L.18.
C?	Kekahi o nā mea hana kope a hoʻoponopono paha o HI.L.18, akā, ʻaʻole akāka ʻo wai.
HHK	Ka Hale Hōʻikeʻike ʻo Kamemeha. ʻO *Bishop Museum* ka inoa ʻōlelo Pelekānia.
HHM	Ka Hale Hōʻikeʻike o nā Mikionali, ʻo *Mission House Museum* ka inoa Pelekānia.
HI.L.18	ʻO HI.L.18 ka palapala kākau lima o kā Davida Malo *Ka Moʻolelo Hawaiʻi* i hana kope ʻia e nā mea hana kope ʻekolu, ʻo Davida Malo kekahi o lākou. Aia ke mālama ʻia nei ma HHK. ʻO *Carter Copy* a me *kā Carter* kekahi mau inoa kapakapa. Ma mua, ʻo HMS L18 ka helu palapala ma HHK.
HI.L.19	ʻO ia ka palapala kākau lima o kā Davida Malo *Moʻolelo Hawaiʻi* i hana kope ʻia e W. D. Alexander a me kekahi mea kōkua. Aia ke mālama ʻia nei ma ka Hale Hōʻikeʻike ʻo Kamehameha. ʻO *Alexander Copy* a me *kā Alexander* kekahi mau inoa kapakapa. Ma mua, ʻo HMS L19 ka helu palapala ma HHK.
HI.L.19A; HI.L.19D	ʻO ia ka unuhi Pelekānia piha pono ʻole o kā Davida Malo *Moʻolelo Hawaiʻi* i paʻi ʻole ʻia, koe wale he ʻelua mokuna ma ke kenekulia 19. ʻO HI.L.19D ka palapala makua, a ʻo HI.L.19A ka palapala kope.
HWPK	Ka Hale Waihona Palapala Kahiko o ka Mokuʻāina o Hawaiʻi. ʻO *Hawaiʻi State Archives* ka inoa Pelekānia.
KMH-Dibela	*Ka Moolelo Hawaii* i paʻi ʻia ma Lahainaluna ma ka MH 1838. ʻO Sheldon Dibble (Dibela) ka mea hoʻoponopono, akā, na Davida Malo i kākau i ka hapa nui.
KMH-Malo	ʻO ia ka puke *Ka Moʻolelo Hawaiʻi* i kākau ʻia e Davida Malo, ka mea i paʻi ʻole ʻia iā Malo e ola ana.
KMH-Pokuea	ʻO ia ka puke *Ka Moolelo Hawaii* i paʻi ʻia ma Honolulu ma ka MH 1858, a laila, ua paʻi hou ʻia ma ka nūpepa ʻo *Ka Hae Hawaii* ma nā MH 1858–1859. ʻO Rev. J. F. Pogue (Pokuea) ka mea hoʻoponopono.
PE	Pukui-Elbert, *The Hawaiian Dictionary*, MH 1986.

Ka Moolelo Hawaii

Hawaii nei mai mooke[...]
[...]ai, aole i akaka loa ia [...]
[...], o na mea i hana ia i [...]
[...]hiko, a me na mea i l[...]
[...] poe kahiko mai; ua k[...]
[...]kahia kekahi mau m[...]
[...] olelo, aka, o ka nui oia [...]
[...]ana mai, ua pohihihi[...]
[...] nui a hiahia ole na me[...]
[...]hiko.

[...]ia no ka mea i nui loa [...]
[...]hihi a akaka ole ka la[...]
[...]kahiko, o ko lakou ike o [...]

I

MĀHELE MUA:
KA ʻŌLELO HOʻOLAUNA

1. Ka ʻŌlelo Mua

1.1 Ka pahuhopu a me nā māhele o kēia puke

1.1.1 ʻO ka pahuhopu helu ʻekahi o kēia puke, ʻo ia ka hōʻike ʻana aku i ke ākea i ka ʻōlelo kumu o kā Davida Malo puke, *Ka Moʻolelo Hawaiʻi*. I mea e kō ai ia pahuhopu nui, he ʻelima nā māhele noiʻi.

I. **Māhele hoʻokolo moʻolelo**—ʻo ia ka noiʻi e hoʻokolo ʻia ai ka moʻolelo o ka palapala ʻo HI.L.18, ʻo ia hoʻi, na wai i kākau, ka manawa i kākau ʻia ai, a me ke ala i huakaʻi aʻe ai ia palapala mai ka manawa i hala aku ai ka mea kākau (MH 1853) a hōʻea loa mai i ka manawa i lilo mua mai ai ia palapala i ko HHK (MH 1908).

II. **Māhele hōʻike kiʻi**—ʻo ia ka hōʻike ʻana aku i nā kiʻi o HI.L.18, ka mea e mālama ʻia nei ma ka Hale Hōʻikeʻike ʻo Kamehameha (ʻo **HHK** ka hua hōʻailona maʻamau ma kēia puke).

III. **Māhele kikokikona kope like**—ʻo ia ka hōʻike ʻana aku i ka ʻōlelo o HI.L.18 ma ke kikokikona kope like (*facsimile transcript*), i mea e ʻike koke ai nā mea noiʻi a pau i ka ʻōlelo i kākau ʻia ma loko o ia palapala. Ma nā wahi he nui, he paʻakikī ka heluhelu ʻana i ke kākau lima o HI.L.18, a he kōkua nō paha ka nānā ʻana i ke kikokikona kope like i mea e maopopo koke ai kā Malo mā kākau.

IV. **Māhele papa hoʻohālikelike palapala**—ʻo ia ka hōʻike ʻana aku i nā wahi ʻokoʻa mai loko mai o nā palapala a pau e hōʻike ana i kā Malo ʻōlelo, keu hoʻi, ka palapala kākau lima i kapa ʻia ʻo HI.L.19 (ʻo *Alexander Copy* a me *kā Alexander* nā inoa kapakapa) e mālama ʻia nei ma HHK, a me nā wahi ʻokoʻa mai loko mai o kekahi mau mokuna i paʻi ʻia ma nā nūpepa ʻōlelo Hawaiʻi, ma kekahi puke pai ʻōlelo Kelemānia o ke kenekulia 19, ma kekahi mau wahi ʻokoʻa hoʻi mai loko mai o nā unuhina ʻōlelo Pelekānia a Lorrin Andrews lāua ʻo N. B. Emerson. E hōʻike ʻia ana ia mau wahi ʻokoʻa ma ia mea he papa hoʻohālikelike palapala (*textual apparatus/ aparatus criticus*) ma lalo iho o kēlā me kēia ʻaoʻao o ke kikokikona kope like.

V. **Māhele ʻōlelo loi a wae ʻia**—Ka hōʻike ʻana aku i *ka ʻōlelo loi a wae ʻia* (*critical text*) o kā Malo puke. ʻAʻole ia he ʻōlelo hōʻano hou wale ʻia nō, akā naʻe, he ʻōlelo kālailai ʻia. He ʻehā nā pae hana o kēia ʻano kālailai:

1. Ka hōʻuluʻulu ʻana mai i nā palapala a pau e hōʻike ana i kā Malo ʻōlelo kumu.

2. Ka hoʻokolo ʻana aʻe i ka moʻokūʻauhau o ia mau palapala a pau.

3. Ka hoʻohālikelike ʻana i ia mau palapala ma kēlā me kēia paukū i mea e wae pono ai i ka ʻōlelo kumu.

4. Aia a pau ia mau pae hana ʻekolu, a laila wale nō e hiki ai ke hōʻano hou, me ka hoʻolako pū ʻana i nā kaha kiko kūpono.

No laila, ʻaʻole like a like kēia ʻōlelo loi a wae ʻia me ka ʻōlelo i kākau ʻia ma kekahi palapala hoʻokahi o KMH-Malo.[1]

1.2 Ke ʻano o kā Malo *Moʻolelo Hawaiʻi*

1.2.1 He ʻelua nā ʻano noiʻi a Malo i ka moʻolelo Hawaiʻi: he noiʻi kūʻauhau a he noiʻi i ka ʻike kuʻuna. Ua hoʻokomo ʻia ka hapa nui o kāna noiʻi kūʻauhau ma ka puke *Ka Mooolelo Hawaii* i paʻi ʻia ma ka MH 1838 (ʻo KMH-Dibela ka inoa pōkole

---

1. ʻO kēia nō ke ʻano hoʻoponopono i nā puke kaulana o ka wā kahiko ma ʻEulopa, keu hoʻi ma ka hoʻoponopono ʻana i ke Kauoha Hou o ka Paipala Hemolele. Wehewehe nani ʻia kēia kiʻina hana ma kā Metzger puke hoʻolauna (Metzger 2006).

ma kēia puke). ʻAʻohe inoa mea kākau ma ia puke,[2] eia naʻe, ua laha loa ka manaʻo, na Malo nō ka hapa nui, e like me kā Jules Rémy i kākau ai ma ka MH 1862, *"L'auteur principal est David Malo, mort en 1853* [ʻO ka mea kākau nui, ʻo ia ʻo Davida Malo kai hala akula ma ka MH 1853]" (Rémy 1862; ʻao. ii). ʻAʻole naʻe i paʻi ʻia kā Malo noiʻi kūʻauhau a pau ma ia puke: ʻo kekahi, ua paʻi ʻia ma ka nūpepa, ʻo ia hoʻi, ʻo "Ka Moolelo o Kuakini" (Malo 1845); a ʻo kekahi, ʻaʻole i paʻi ʻia ma kekahi puke, ʻo ia hoʻi, ʻo *Ka hanau ana o Keopuolani* (Langlas me Lyon 2008); a ʻo kekahi hoʻi, ua hoʻokomo ʻia ma kā Malo puke iho, ʻo *Ka Moʻolelo Hawaiʻi,* ka mea i paʻi ʻole ʻia iā Malo e ola ana (ʻo KMH-Malo ka inoa pōkole ma kēia puke). ʻO ke ʻano noiʻi ʻelua āna, he hana noelo ia i ka manaʻo, i ka hoʻomana, i nā hana noʻeau, a i nā loina o ka lāhui kānaka o ka wā kahiko, he noiʻi wehewehe lāhui (ʻo *ethnography* ia ma ka ʻōlelo Pelekānia). ʻO ia nō ke ʻano noiʻi i ʻike nui ʻia ma ka hapa nui o nā mokuna o KMH-Malo, he puke wehewehe i ka ʻike kuʻuna a kānaka.

1.2.2 Ua hoʻokāhiko ihola ʻo Malo i ia ʻike kuʻuna ma ka lole o ke au hou, ʻo ia hoʻi, ʻo ka puke a me ka pepa hōʻike manaʻo. He 51 nā mokuna o KMH-Malo, a he ʻelima paha nā ʻano e hōʻuluʻulu ʻia ai.

    i. Ka ʻōlelo hoʻolauna, kahi a Malo i wehewehe aku ai i ka pilikia o ka noiʻi ʻana i nā mea kahiko o Hawaiʻi ma muli o ka mālama ʻia ʻana o ka moʻolelo Hawaiʻi kahiko ma ka lohe wale nō.

    ii. Nā mokuna kumumanaʻo e hōʻike aʻe ana i nā papa hua ʻōlelo o kēlā me kēia ʻano, ʻo ka pōhaku ʻoe, ʻo ke kumulāʻau ʻoe, ʻo ka manu ʻoe, a pēlā wale aku. Ua hoʻohana nui ʻia ia ʻano papa hua ʻōlelo ma ka hoʻonaʻauao o ka wā kahiko i mea e hoʻonohonoho aʻe ai i ka ʻike kuʻuna,[3] a ʻo Malo ke kanaka maoli mua loa nāna i hoʻokomo i ia ʻano ʻike kuʻuna ma loko o ka pepa hōʻike manaʻo (Lyon 2011).

    iii. Nā mokuna e wehewehe ana i nā ʻoihana hoʻomana, ʻo ia hoʻi, ke kuni ʻana i ka ʻanāʻanā, ke kā ʻana i mua o ke keiki, ka ʻoihana makahiki, ka ʻoihana luakini, ia mea aku, ia mea aku.

    iv. Nā mokuna e pili ana i ka nohona kanaka, ʻo ia hoʻi, ke aupuni aliʻi, ke aloaliʻi, ka nohona kuaʻāina, a me nā kapu o nā aliʻi.

    v. Nā moʻolelo kūʻauhau e pili ana i nā aliʻi kahiko, maiā Wākea a hiki aku iā ʻUmialīloa. Kau ʻia ia mau mokuna ma hope o nā mokuna ʻē aʻe.

---

2. Na Sheldon Dibble (Dibela) i hoʻonohonoho a hoʻoponopono.
3. Na John Charlot i wehewehe mua mai ke ʻano nui o kēia mau papa hua ʻōlelo no ka hoʻonaʻauao kuʻuna ma kāna puke ʻo *Classical Hawaiian Education* (Charlot 2005).

2. Ka Palapala Kākau Lima ʻo HI.L.18 (kā Carter)

2.1 Ka nanaina o ka palapala ʻo HI.L.18

2.1.1 Ua kākau ʻia ʻo KMH-Malo ma ka palapala i kapa ʻia ʻo HI.L.18 e mālama ʻia nei ma HHK. He 13.5" × 8.5" ka nui o waho a he 13" × 8" ka nui o nā ʻaoʻao o loko, he 450 a ʻoi ka huinanui. Uhi ʻia ʻo waho o ka puke ma ka pepamānoa, he .25" paha ka mānoanoa, a uhi hou ʻia ia pepamānoa ma ka ʻili pipi hāpalaunu. Ma hope mai o ka lilo ʻana o HI.L.18 i HHK, ua pākuʻi ʻia kahi lēpili e hōʻike ana i ka helu palapala HHK. Ma loko o HI.L.18, ʻaʻole i paʻi ʻia ka inoa o ka hui nāna i humuhumu mua i ia puke, a ʻaʻole ʻike ʻia ka makahiki a me ka ʻāina kahi i humuhumu ʻia ai.

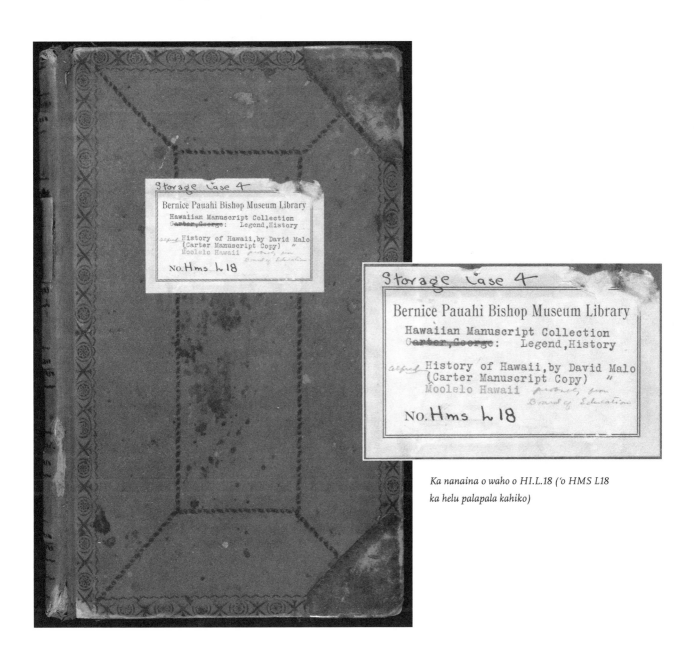

*Ka nanaina o waho o HI.L.18 (ʻo HMS L18
ka helu palapala kahiko)*

2.1.2   Koe wale nā ʻaoʻao mua ʻekolu a me ka ʻaoʻao hope loa, hoʻomāhele ʻia nā ʻaoʻao pākahi i ʻehiku kolamu e nā lālani papakū ʻulaʻula, he lahilahi loa ke nānā aku. I ka manawa i humuhumu mua ʻia ai, he puke ia na ka poʻe mālama puke helu, he kupakako paha, he pūkipa paha. He hakahaka wale nā ʻaoʻao a pau i ka manawa i loaʻa mua ai iā Malo, he 450 a ʻoi ka nui. I ka manawa i kūʻai mua ʻia ai, ʻaʻohe lālani papamoe o ka ʻaoʻao, koe wale he paʻa lālani lahilahi loa o luna. He hāiki nā kolamu mua ʻelua, he laulā loa ke kolu o ke kolamu, a he hāiki hou nā kolamu hope ʻehā. He mau laina papakū nō ma ke kiʻi o lalo, he mae loa naʻe ke nānā aku.[4]

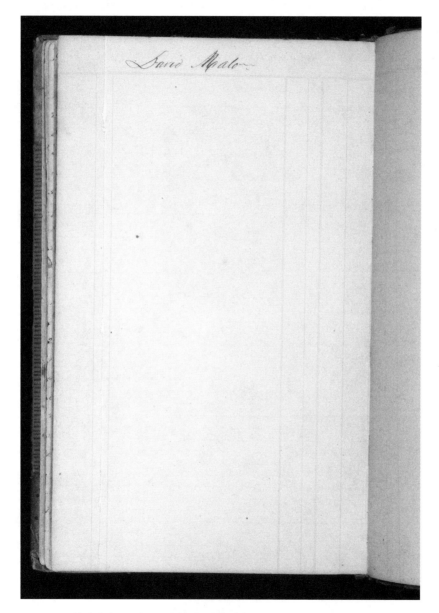

He ʻaoʻao paʻi hakahaka ʻia i hoʻomāhele ʻia i ʻehiku kolamu

---

4.   I ʻike ka mea heluhelu, ʻaʻole na Davida Malo ka pūlima ma kēia ʻaoʻao o HI.L.18.

2.1.2 'O nā 'ao'ao mua 266 o ka puke kahi i hana kope 'ia ai 'o KMH-Malo. Ma hope aku o ka 'ao'ao hope loa o kā Malo mā kākau 'ana (he 'ekolu nā mea hana kope), ua waiho 'ia he ho'okahi 'ao'ao hakahaka, a laila, he 'elima 'ao'ao o ka papa kuhikuhi mokuna.[5] He 'elua nā kumu i ahuwale ai, 'a'ole na Malo mā ia papa kuhikuhi mokuna: 1) 'a'ole like ke 'ano o ke kākau lima me ke kākau a nā mea hana kope 'ekolu; 2) he 'ōlelo Pelekānia ka hopuna 'ōlelo mua o ia papa kuhikuhi mokuna. 'A'ohe kākau hou ma hope aku o ia papa kuhikuhi mokuna, koe wale ma ka 'ao'ao hope loa o ka puke, kahi i kaha penikala 'ia ai he ki'i e hō'ike a'e ana i mau lālā kumu lā'au, a i loko o ia mau lālā, ua kākau 'ia nā inoa o nā hanauna he 'umi maiā Kalaninui'Īamamao mai a hiki iā Emma.[6]

2.2 Nā helu 'ao'ao, nā helu mokuna, a me nā helu paukū

2.2.1 Na ha'i, 'a'ole na Malo mā, i kākau i nā helu 'ao'ao ma ke kihi o luna ma ka lihi 'ao'ao o waho o kēlā me kēia 'ao'ao, koe ka 'ao'ao mua loa, kahi i kākau 'ia ai ka 'ōlelo ho'ākāka. Eia kekahi. Ua helu pālua 'ia (ma ka hewa) ka 'ao'ao 179 a me ka 'ao'ao 184. He 263 ka helu o ka 'ao'ao hope loa, no laila, he 266 ka huinanui o nā 'ao'ao o *Ka Mo'olelo Hawai'i* ma loko o HI.L.18, ke helu 'ole 'ia nā 'ao'ao o ka papa kuhikuhi mokuna.

2.2.2 I ka 'ike mua 'ana o ka maka i nā helu mokuna, he huikau nō ka hopena, a 'o ia huikau nō kekahi hō'ailona o ke 'ano pa'a 'ole o kā Malo puke i ka manawa i hala aku ai ka mea kākau. He helu Roma nā helu mokuna mai kinohi a hiki i ka mokuna 35 ('a'ole i helu 'ia ka 'ōlelo ho'ākāka), a laila, helu 'ia nā mokuna ma hope aku ma ka helu 'Arabia, me ke kaha pe'a a ho'oponopono nui 'ia 'ana e Malo a me kekahi po'e ho'oponopono. 'Oi loa aku ka huikau o nā helu mokuna 41 (*No nā Hana Le'ale'a*) a ma hope aku, no ka mea, he mau māhele ma loko o ia mokuna ho'okahi, a me he mea lā, 'a'ole i pa'a loa ko Malo mana'o i ke 'ano e helu a'e ai. He mokuna ka'awale anei paha nā māhele pākahi o ia mokuna, 'a'ole paha? Ua helu 'ia ka māhele 'elua o ia mokuna (*No ke Kilu,* 'o ia ka mokuna 41E ma ka helu 'ana o kēia puke), penei: "No Ke Kilu Mokuna 42" a laila, ua kaha pe'a 'ia ka helu "4." Ma ia hope aku, na ha'i, 'a'ole na Malo, i kākau i mau helu mokuna hou no nā māhele like 'ole o ia mokuna ho'okahi. Ma kekahi mokuna a'e, 'o ia ho'i, *No ke Kai a kahinali'i,* (ka mokuna 42 ma kēia puke), 'a'ole i hō'ike 'ia ka helu mokuna ma ka lālani po'oinoa i ka manawa i kākau mua 'ia ai ua mokuna lā, a laila, na ko Malo lima i kākau i ka helu 42 ma ka lihi 'ākau o ka 'ao'ao, a na ha'i kā ho'i i kaha pe'a me ke kākau hou 'ana i ka helu 58 (e nānā i ke ki'i o ka 'ao'ao 224). Ke nānā 'ia ke po'o inoa o ia mokuna 42, me he mea lā, ua ho'oponopono 'ia i "41 / 42 / 44" ma mua o ke kaha pe'a 'ia 'ana e ha'i. A pēlā nō ka hana ma ka mokuna 43, kahi i ho'ololi 'ia ai kā Malo "43," 'o ia 'o "45" (ma ka 'ao'ao 230 o HI.L.18). Ma ka mokuna 44 (*No Hāloa a Wākea,* 'ao'ao 234 o HI.L.18), ua kākau ko Malo lima iā "No Haloa a Wakea Mokuna 44." Na ha'i na'e i kaha pe'a ma ka penikala i kā Malo helu mokuna, me ke kākau pani hakahaka ma luna a'e, 'o "60." Ua helu aku 'o Malo i nā mokuna 44–51 ma ka helu 'Arabia, a 'o ke 51 nō ka helu o ka mokuna hope loa (e nānā i ka 'ao'ao 250 o HI.L.18). Ma luna a'e na'e o kā Malo helu mokuna, na ha'i ('a'ole na Malo) i ho'oka'ina hou (ma ka penikala) ma kāna helu mokuna iho. I loko nō o kēia mau helu ho'ohuikau, he ahuwale nō, 'a'ole na Malo kēia ho'ololi helu, koe wale ma ka mokuna 42. Ke nānā 'ia kā Malo mau helu mokuna iho, he 51 ka nui kūpono. Ma kā Lorrin Andrews unuhi piha pono 'ole ma ka 'ōlelo Pelekānia (HI.L.19A/D) a me kā N. B. Emerson puke unuhi, he 67 ka nui o nā mokuna. Aia ka 'oko'a i kā Emerson mā ho'oka'awale 'ana i nā māhele o ka mokuna 41 i mau mokuna ka'awale. Ma kēia puke na'e, ua mālama 'ia kā Malo mau helu mokuna, a ua ho'omāhele 'ia nā māhele like 'ole o ka mokuna 41 penei: 41A, 41E, 41I, a pēlā aku a hiki i ka māhele mokuna 41UU.

---

5. E nānā i ka *Pāku'ina III.*
6. He 10 nā inoa ma ia mo'okū'auhau kaha 'ia ma ka penikala, penei: Kalaninuiiamamao [ma loko o ke kumu lā'au], Ahia, Kekunu (?), Alaimoku [?], Kaniniu, Kaliko, Kalaipaihala, Kaoanaeha, Kekela, Emma (ma ka lālā hope loa) Ua like ka nānaina o ia kumu lā'au mo'okū'auhau ke nānā aku me nā kumu lā'au mo'okū'auhau i humuhumu 'ia ma ke kapa kuiki a ka Mō'ī Wahine 'o Lili'uokalani (Hackler me Woodard 2004).

Pakuhi 1. Nā helu mokuna o KMH-Malo

Poʻoinoa	HI.L.18	Andrews / Emerson
[Like a like nā helu mokuna no nā mokuna mua 40]	1–40	1–40
Nā Hana Leʻaleʻa: No ka ʻUme	41[A]	41
Nā Hana Leʻaleʻa: No ke Kilu	41[E]	42
Nā Hana Leʻaleʻa: No ka Pāpuhene	41[I]	43
Nā Hana Leʻaleʻa: No ke Kūkini	41[O]	44
Nā Hana Leʻaleʻa: No ka Maika	41[U]	45
Nā Hana Leʻaleʻa: No ka Paheʻe	41[H]	46
Nā Hana Leʻaleʻa: No ka Heihei Waʻa	41[K]	47
Nā Hana Leʻaleʻa: No ka Heʻe Nalu	41[L]	48
Nā Hana Leʻaleʻa: No ka Heʻe Hōlua	41[M]	49
Nā Hana Leʻaleʻa: No ka Noʻa	41[N]	50
Nā Hana Leʻaleʻa: No ka Pū Kaula	41[P]	51
Nā Hana Leʻaleʻa: No ke Pāpua	41[W]	52
Nā Hana Leʻaleʻa: No ka Hākā Moa	41[AA]	53
Nā Hana Leʻaleʻa: No ka Hula	41[EE]	54
Nā Hana Leʻaleʻa: No ka Mokomoko	41[II]	55
Nā Hana Leʻaleʻa: No ka Hākōkō	41[OO]	56
Nā Hana Leʻaleʻa: No nā Hana Leʻaleʻa Liʻiliʻi	41[UU]	57
No ke Kai a Kahinaliʻi	42	58
Ka Moʻolelo o nā Aliʻi Kahiko	43	59
No Hāloa a Wākea	44	60
No Waia a Hāloa	45	61
No Kapawa	46	62
No Kalapana	47	63
No Kalaunuiohua	48	64
No Kauholanuimāhū	49	65
No Līloa	50	66
No ʻUmi	51	67

2.2.3 He kohu Paipala ke ʻano mokuna o KMH-Malo, a ʻo ia nō paha ke kumu i hoʻohelu ʻia ai nā paukū pākahi o kēlā me kēia mokuna. He lōʻihi nō kekahi mau paukū, no ka mea, ʻaʻole i hoʻomāhele ʻo Malo i ke mele hoʻokahi i ʻelua a ʻoi paukū. Aia aku aia mai, ua kākau hewa ʻia nā helu paukū; ua hoʻoponopono ʻia kekahi, a ua waiho wale ʻia kekahi. Ma nei palapala hoʻi, ua pau nā helu paukū i ka hoʻoponopono ʻia.

2.2.4 ʻAʻole ʻike nui ʻia ke kaha kiko pau ma loko o ka paukū hoʻokahi; ʻo ka pau wale ʻana nō o ka paukū kahi i kaha ʻia ai. ʻOiai ua loaʻa nā hopuna ʻōlelo piha a kaʻawale i loko o ka paukū hoʻokahi, he kiko koma kā ke kaha kiko hoʻokaʻawale, a ʻaʻole i hoʻomaʻaka ʻia ka hua palapala mua o ka hopuna ʻōlelo hou, e laʻa ʻo 41:25, penei:

> O na koa lawaia aole e ike ia o lalo, no ka hohonu loa, aole no e ike ia ka holo ana ae a ka ia a ai ea i ka makau, aka, mauka ka maka e nana ai, a kupono, elua maka e nana ai, mauka pono kekahi maka, ama ka oaoa[7] kahi maka, ina i kupono keia mau maka elua, o ke koa ihola no ia, a laila kuu ka makau, ka upena paha.

He ʻekolu, ma ka liʻiliʻi loa, nā hopuna ʻōlelo kaʻawale ma kēia paukū, akā, hoʻokahi wale nō kiko pau, a ʻaʻole i hoʻomaʻaka ʻia nā hopuna ʻōlelo kaʻawale, koe ka mua loa. He ʻuʻuku nō nā paukū kūʻē i kēia hana kuluma a Malo mā.[8]

---

7. ʻO " ʻaoʻao" kai manaʻo ʻia.
8. E nānā i ka paukū 38:4, kahi i ʻike ʻia ai ke kaha kiko pau i loko o ka paukū.

3.1 Nā ʻano kākau lima i loko o HI.L.18

3.1.1 ʻAʻole i pūlima ʻia ka inoa o kekahi mea kākau ma loko o HI.L.18,[9] a no ia kumu, ʻaʻole hōʻike ʻia na wai ke kākau. I koʻu nānā ʻana, he ʻekolu paha nā ʻano kākau lima. Ma kēia puke, kapa ʻia kēia poʻe hana kope ʻo C, ʻo C1, a me C2. Ma ka pakuhi o lalo iho nei, hōʻike ʻia kekahi mau laʻana o kēlā me kēia hua palapala a hua helu a nā mea hana kope ʻekolu. Hōʻike pū ʻia ka huina woela ʻo "uu," no ka mea, he hōʻailona akāka loa ia o kā C kākau lima.

Pakuhi 2. Ke kākau lima a C, C1, a me C2

	C		C1		C2	
hua	maʻaka	naʻinaʻi	maʻaka	naʻinaʻi	maʻaka	naʻinaʻi
A a	*Ala*	*a*	*Ah.*	*a*	*Ao.*	*a a*
E e	*Ei.*	*Eu*	*e*	*e*	*Ec*	*e*
I i	*Ia*	*i*	*I u*	*i*	*Im*	*i*
O o	*On*	*o o*	*On*	*o*	*O*	*o.*
U u	*Ua*	*ʻu*	*Ua*	*u*	*Ui*	*u*
H h	*Ha*	*hu*	*Ha*	*hu*	*Ha*	*hu*
K k	*Ki*	*ha*	*Ku*	*ha*	*Ku*	*ha*
L l	*Lio*	*li*	*La*	*le*	*Lo*	*lu*
M m	*Moi*	*m*	*Ma*	*m*	*Ma*	*m*
N n	*Noi*	*u*	*Nou*	*n*	*No.*	*n*
P p	*Pa Po*	*ʻp u*	*Pa*	*p*	*Pe*	*pu*
W w	*Wao*	*w*	*Wah*	*w*	*Wa*	*w*

---

9. Ua kākau ʻia ma ka ʻaoʻao 271, ma luna aʻe o ka ʻaoʻao, penei: "David Malo." ʻAʻole naʻe na Malo ia pūlima: 1) ʻo "Davida Malo" ka pela ʻana ma kā Malo mau leka a kolamu nūpepa; 2) ʻaʻole like ia pūlima me ka pūlima ma kā Malo mau leka (e nānā i nā laʻana kākau ma ka *Pākuʻina IV*).

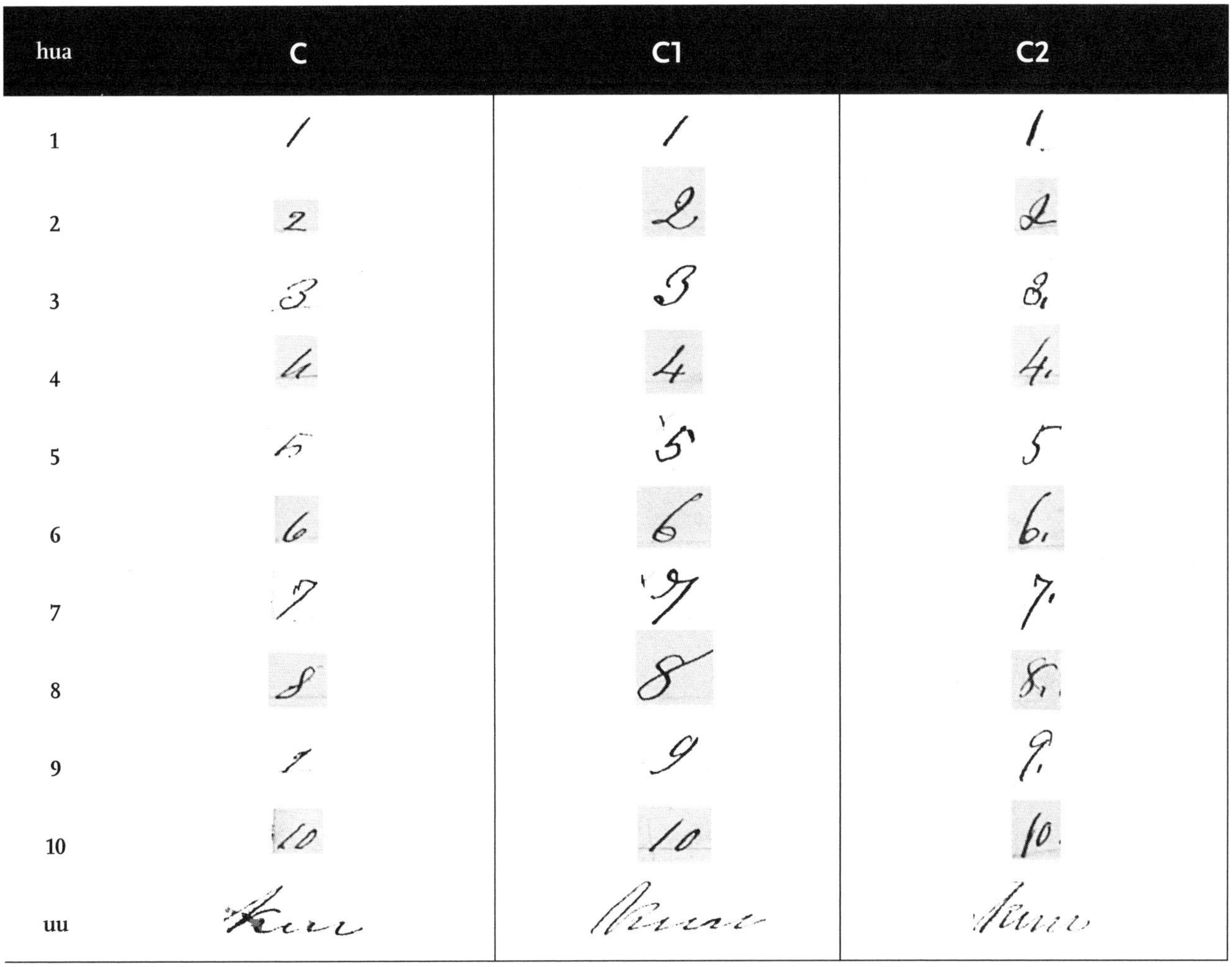

hua	C	C1	C2
1	1	1	1
2	2	2	2
3	3	3	3
4	4	4	4
5	5	5	5
6	6	6	6
7	7	7	7
8	8	8	8
9	9	9	9
10	10	10	10
uu	*(handwritten)*	*(handwritten)*	*(handwritten)*

3.1.2 He laʻana wale nō nā mea i hōʻike ʻia ma ka pakuhi o luna aʻe nei, a ʻaʻole like a like nā hua kākau a kekahi mea kākau hoʻokahi ma nā manawa a pau. Eia naʻe, ma ke kilo ʻana i kēia pakuhi, ua hele a akāka mai ka mea nāna i hana kope i nā paukū a hapa paukū paha i loko o HI.L.18. Aia aku aia mai, ʻike pū ʻia ke kākau nīnau a hoʻoponopono paha a haʻi ma luna aʻe o ka lālani kākau, akā naʻe, na C, C1, me C2 nā paukū a pau o HI.L18.

3.1.3 Penei nā hua e akāka aʻe ai ke kākau ponoʻī a nā mea hana kope ʻekolu.

Pakuhi 3. Nā hua palapala e akāka ai ka mea hana kope

	A	E	I	O	U	H	K	L	M	N	P	W	a	e	i	o	u	h	k	l	m	n	p	w	uu
C	✓	–	✓	–	–	✓	–	✓	–	–	✓	✓	–	–	✓	✓	–	–	–	–	–	–	–	–	✓
C1	✓	–	✓	–	–	✓	✓	✓	–	–	–	✓	–	–	✓	✓	–	–	–	–	–	–	–	–	–
C2	✓	✓	✓	–	–	✓	✓	✓	–	✓	–	✓	–	–	✓	✓	–	–	–	–	–	–	–	–	–

* Nā hōʻailona pakuhi:

   ✓ He hua ia e akāka ai ka mea nāna ke kākau.

   – ʻAʻole ia he hua e akāka ai ka mea nāna ke kākau.

3.1.4 'Oko'a ho'i ka hua helu a kekahi mea hana kope, 'oko'a kā kekahi. 'O ka hua helu nō kahi mea e akāka loa ai, na C kekahi kākau.

Pakuhi 4. Nā hua helu e akāka ai ka mea hana kope

	1	2	3	4	5	6	7	8	9	10
C	–	✓	–	✓	✓	✓	✓	–	✓	–
C1	–	–	–	–	–	–	✓	–	✓	–
C2	✓	✓	–	–	–	–	✓	–	✓	–

*Nā hō'ailona pakuhi:
  ✓ He hua ia e akāka ai ka mea nāna ke kākau.
  – 'A'ole ia he hua e akāka ai ka mea nāna ke kākau.

3.1.5 Eia mai, ma ka 'ōlelo hō'ulu'ulu, nā 'ano like 'ole e hō'oko'a ai i ke kākau a nā mea hana kope 'ekolu.

Pakuhi 5. Ke 'ano e hō'oko'a 'ia ai nā mea hana kope like 'ole

C	'O nā hua palapala e ahuwale koke ai na C ke kākau, 'o ia 'o *h*, 'o *k*, a keu ho'i, 'o ka *u* pālua *(uu)* a me *H* ma'aka. A 'o nā hua helu ho'i, 'o ia 'o *2*, 'o *4*, a me *5*.
C1	'O nā hua e akāka ai na C1 ke kākau, 'o ia nā hua ma'aka 'o *H, K, L*; nā hua na'ina'i 'o *h* a me *k*; nā hua helu 'o *7* a me *9*. 'O *h* (na'ina'i) ka hua hō'oko'a loa e maopopo koke ai na C1 ke kākau 'ana ma muli o ke 'ano o ke kaha hiō ma ka 'ao'ao hema a me ke kaha pō'ai o luna ma ka 'ao'ao 'ākau, penei: ✑. No *H* (ma'aka) ho'i, ho'omaka 'ia ke kaha mua mai luna a lalo. E ho'ohālikelike ka mea heluhelu i nā hua *h* me *H* ma ka 'ao'ao 13 ma mua pono o ka paukū helu 16 me nā hua *h* me *H* ma hope o ka paukū 16.
C2	Ua ahuwale nō ke kākau a C2 ma nā hua *H, K, L, W, h, k*, a me *2*. Ma nā 'ano he nui, 'o kā C2 ke kākau lima kū ka'awale ma muli o ke 'ano poepoe o nā hua.

3.2 Nā māhele kākau a nā mea hana kope o HI.L.18

3.2.1 Inā he pololei ke kālailai o luna a'e nei, eia mai nā māhele kākau o HI.L.18.

Pakuhi 6. Nā māhele kākau o HI.L.18

Ka Mea hana kope	Nā helu paukū[a]	Nā helu 'ao'ao[b]
C1	'Ōlelo Ho'ākāka–4:15	0[c]–13
C	4:16–7:1 *[Ua kapa]*	13–21
C1	7:1 *[aku ka poe kahiko]*–13:11	21–46
C	13:12–23:11 *[O ka poe lawaia e]*	46–95
C2	23:11 *[hoomana no]*–23:22 *[22.]*	95–97
C	23:22 *[Ma ka puka]*–23:22 *[ke akua,]*	97–97
C2	23:22 *[ua nui]*–23:27 *[a ko Ha-]*	97–98
C	23:27 *[waii nei]*–24:0 *[Mokuna XXIV]*	98–98

Ka Mea hana kope	Nā helu paukū[a]	Nā helu ʻaoʻao[b]
C2	24:1–28:10	98–111
C	28:11–28:15 [15]	111–112
C2	28:15 [A laila, lawe ia]–29:2	112–114
C	29:3–29:3 [make la,]	114–114
C2	29:3 [i mua ma loko]–30:4 [mai ka mea]	114–116
C	30:4 [i mai ia]–30:5 [maha ka mai]	116–116
C2	30:5 [e hele no]–31:7	116–120
C	31:8–31:9 [i awa]	120–120
C2	31:9 [i umi]–31:10	120–120
C	31:11–31:20 [20]	120–122
C2	31:20 [O ka poe]–32:0	122–123
C	32:1–32:1 [kela inoa.]	123–123
C2	32:1 [he akua noho.]–32:14 [14.]	123–125
C	32:14 [O kekahi poe]–33:2 [He mea maikai ka]	125–126
C2	33:2 [hale, he mehana]–33:17 [17.]	126–128
C	33:17 [Aka, he okoa]–33:22 [anai i ka ana]	128–129
C2	33:22 [a pau ia, anai i ka oio]–34:35 [he leiwi ia waa, i]	129–138
C	34:35 [na he waa poupu]–34:43	138–139
C2	35:0–35:0	139–139
C	35:1–35:1	139–139
C2	35:2–35:13	140–141
C	35:14–35:15 [a laila,]	142–142
C2	35:15 [hahau iho la]–36:20 [makaukau ia,]	142–148
C	36:20 [i mau mea ai]–36:26 [oloko keia inoa,]	148–149
C2	36:26 [he akua paani]–36:43 [43. A laila, he]	149–152
C	36:43 [le mai nalii wahine]–36:51[ka moku o loko]	152–154
C2	36:51 [ma ka aoao hema]–36:55 [o Kane ia la,]	154–154
C	36:55 [a laila hai ka pala]–36:73 [o Kane ia la]	154–158
C2	36:73 [maia ahiahi iho]–37:1	158–159
C	37:2–37:4 [ka lananuumamao,]	159–160
C2	37:4 [o na laau nui]–37:6	160–161
C	37:7–37:7	161–161
C2	37:8–37:10 [na ke a]	161–161
C	37:10 [~~lii nui~~]–37:10 [~~ka hana ia~~]	161–161
C2	37:10 [alii nui]–37:15 [o kekahi alii]	162–163
C	37:15 [ma ia heiah]–37:16 [A laila, auhau ia]	163–163
C2	37:16 [ke kukulu ana]–37:100	163–175
C	37:101–51:85 (Emerson 67:85)	175–263

a. ʻOiai i kuapo ʻia ai ka mea hana kope ma loko o ka paukū, hōʻike ʻia nā hua ʻōlelo mua loa paha, a hua ʻōlelo hope loa paha o kāna hana kope i loko o ke kahaapo kihikihi.

b. ʻO kēia ka helu ʻaoʻao o HI.L.18 ponoʻī, ka mea i kākau ʻia ma ke kihi o luna o kēlā me kēia ʻaoʻao, koe ka ʻaoʻao mua loa.

c. ʻAʻole helu ʻia ka ʻaoʻao mua o HI.L.18.

3.2.2 Ke nānā 'ia ka pakuhi o mua a'e nei, 'ike koke 'ia, he hana alu like ka hana kope 'ana o HI.L.18. Mai ka paukū 23:11 a hō'ea loa aku i ka paukū 37:100, ho'ānoninoni 'ia ke kākau a C me C2; aia aku aia mai, ho'omaka 'ia kahi hua 'ōlelo ma ke kākau a kekahi, a ho'omau 'ia ho'i ma ke kākau a kekahi a'e (e nānā i nā paukū 34:35 a me 37:10).

3.3 Ka mea hana kope 'o C

3.3.1 'A'ole i pūlima 'o Davida Malo i kona inoa ma loko o HI.L.18. Pehea e 'ike le'a ai, 'o Malo ka mea kākau? 'O kekahi hō'ailona, 'o ia ke kākau lima. I ka ho'ohālikelike 'ia 'ana o kā C kākau me nā leka a me nā palapala kākau lima a Davida Malo, 'a'ohe wahi kānalua, 'o C, 'o ia 'o Davida Malo. Ke nānā 'ia nā kino o nā hua helu a pau a me nā hua palapala na'ina'i 'o *k* me *h*, a keu ho'i i ka pa'a woela 'o *uu*, he like a like nō ke kākau ma nā māhele a C me ke kākau ma nā palapala he nui i pūlima 'ia e ko Davida Malo lima iho. Ua loli iki nō ko Malo 'ano kākau i kona wā ma'ima'i paha, a māluhiluhi paha, a he ma'ima'i nō paha 'o Malo i ka manawa āna i kākau ai i kekahi mau paukū ma HI.L.18 (e nānā i ka 'ao'ao 142 o HI.L.18). Wahi a Curtis J. Lyons, he 'elemakule maoli nō 'o Malo ma ka MH 1850, i ka manawa i piha ai iā ia nā makahiki he 55 wale nō (Lyons 1895).[10] Pēlā nō ka 'ōlelo a Baldwin ma kāna mau leka iā Wyllie (Malo 2006; 'ao. xvii), a hō'ike pū 'o Malo ma kāna mau leka iho, ua ka'a pinepine kona kino i ka ma'i (Malo 1841: Malo 1848, 4 Pepeluali).

3.3.2 I kekahi mau mokuna, keu ho'i ma nā mokuna 1–40, ua ho'oponopono hapa 'ia kā Malo kākau. Ma nā mokuna hope loa na'e, 'a'ole pēlā. Ke nānā 'ia ka papa ho'ohālikelike palapala o kēia puke ma nā mokuna hope o KMH-Malo, he ahuwale nō, ua pilikia ko Malo maka i ka ho'oka'ina hewa 'ana i nā kāpana o ka hua 'ōlelo ho'okahi ('o *dysgraphia* paha).[11] Ma ka mokuna hope loa (mokuna 51), he mokuna i haku 'ia ma kahi o ka MH 1841 (Kamakau 1868), ke nānā 'ia ka nui o nā hua 'ōlelo i kākau hemahema 'ia, he mea ahuwale nō ia, ua hana kope 'o Malo me ka wikiwiki a me ka ho'oponopono 'ole.[12]

3.3.3 I loko nō o ia 'ano pupuāhulu a me ka ho'oponopono 'ole, ma ka laulā, 'o nā wahi i hana kope 'ia e ko Malo lima, 'o ia nō nā wahi akāka loa o KMH-Malo. He hō'ailona ia o ka hana kope hewa mai loko mai o kekahi palapala kumu, a he hiki i ka mea heluhelu, ma ka ma'amau, ke koho wale i ka 'ōlelo i hana kope hewa 'ia. He 'oko'a na'e ka 'ōlelo mele a pule paha ma loko o kā Malo, no ka mea, he kahiko maoli nō kekahi o ia mau pule, a malia paha, 'a'ole i akāka loa iā Malo iho ka mana'o kumu. Ma ia mau wahi ho'i, pohō pinepine nō ka mea heluhelu o kēia au, keu ho'i ma nā wahi i hana kope 'ia e C2.

3.4 Ka mea hana kope 'o C1 (C-kahi)

3.4.1 Na C1 i hana kope i nā 'ao'ao 1–14 a me nā 'ao'ao 21–46 o HI.L.18. Ma ke 'ano like 'ole me C2, 'a'ole ho'ānoni nui 'ia ke kākau a C1 me ke kākau a ha'i. He akāka nō ke kākau a C1, a no ka 'u'uku o nā mele āna i hana kope ai, 'a'ole nui nā wahi pohihihi i ke akāka 'ole. 'O ka mea 'ano 'ē ho'i, na C1, 'a'ole na Malo, i kākau i ka 'ōlelo ho'akāka o HI.L.18, 'o ia ka 'ōlelo pilikino loa a Malo ma kāna puke, a 'o ka paukū ho'okahi i o HI.L.18 i loa'a 'ole ma HI.L.19 a me HI.L.19D/A.

---

10. Ua kākau 'o Malo ma ka MH 1827, ma kāna *Buke no ka Oihana Kula* penei: "Ma ka malama o Kaulua, aneane e like me Feberuari ia malama, ma ka la 18 o ua malama la ka hanau ana mai, ma ke ao, ua malama la, ma ka makahiki 1795 ka hanau mai o Davida Malo." (Malo 1827: 'ao'ao 2).

11. 'Ano nui nā pela hewa o kēia 'ano: *loli* ma kahi o *lilo* (16:2), *oaoa* ma kahi o *aoao* (40:25), *lipi* ma kahi o *pili* (41O:7), *hapa* ma kahi o *paha* (41UU:1), *eala* ma kahi o *aela* (43:11), *ai* ma kahi o *ia* (51:46). 'Ike nui 'ia 'o *kona* ma kahi o *kana* (51:71).

12. E nānā i ka papa ho'ohālikelike palapala no ka mokuna 51, keu ho'i ka nui o nā wahi i kākau 'ia ai 'o *kona* ma kahi o *kana*, ma ke 'ano like 'ole me kā Malo pilina'ōlelo ma'amau.

3.4.2 ʻAʻole akāka ʻo wai ʻo C1. ʻO J. M. Kalimahauna paha, ʻaʻole paha.[13] Ua hōʻike maila ʻo S. M. Kamakau, ʻo Kalimahauna kā Malo kākau ʻōlelo iā ia e kaʻapuni ana iā Hawaiʻi ma nā MH 1830, a ʻo Kalimahauna hoʻi kekahi mea e alu like ana i kā Malo hana "haehae" palapala ma Kēōkea ma nā MH 1852–1853 (Kamakau 1868):

> Ke olelo nei o Kalimahauna, he nui ka laua mau kope o ke kakau ana i ka Moolelo Hawaii ma Keokea i Kula; ekolu a eha a elima paha kope, a pela e haehae ai i na kope kahiko, a hooponopono.

3.4.3 ʻAʻole i loaʻa mai kekahi laʻana o kā Kalimahauna kākau lima ma nā hale waihona palapala kahiko o Hawaiʻi nei, no laila, he koho wale ka manaʻo, ʻo C1 ʻo ia ʻo Kalimahauna. Eia naʻe, na ia C1 i kākau i nā māhele a pau o HI.L.18 i paʻi hou ʻia ma kā Kalimahauna mau kolamu nūpepa ma *Ka Hoku o Hawaii* ma ka MH 1862. ʻO kekahi pilikia o ia koho wale, ua hōʻike wale ʻo Kalimahauna, ma ia mau kolamu, i ka ʻōlelo a Malo i hakuloli ʻia e J. F. Pogue, ʻaʻole i kā Malo ʻōlelo ponoʻī. (Kālailai ʻia kā Kalimahauna mau kolamu ma ka *Pākuʻina II*.)

3.5 Ka mea hana kope ʻo C2 (C-lua)

3.5.1 Na C2 ka hapa nui o nā wahi hemahema ma loko o HI.L.18. ʻOiai ua hana kope ʻia ʻo HI.L.18 mai loko mai o kekahi (mau) palapala ʻē aʻe, me he mea lā, ua pilikia kā C2 hana kope ʻana i ke kamaʻāina ʻole i kā Malo kākau, keu hoʻi i kā Malo ʻano kākau i ka paʻa woela ʻo "uu" (e nānā i ka pakuhi hua palapala ma 3.1.1). Ma nā wahi he nui, ua kākau ʻo C2 iā "mu," akā, ʻo "nuʻu" ka pela kūpono (e nānā i nā inoa moʻo ma 23:17). ʻO nā paukū hoʻopilikia nui o HI.L.18, ʻo ia nā paukū mele i hana kope ʻia e ka lima o C2, kahi i akāka ʻole ai ka pela ʻana, nā kaha kiko, a me nā kōwā hoʻokaʻawale hua ʻōlelo.[14] Ma ia mau paukū hoʻi, he kūpono ke kuhi, ʻaʻole i maopopo i ka mea hana kope ka manaʻo o ka ʻōlelo a kāna lima iho i hana kope ai.

3.5.2 Ua hoʻānoni nui ʻia ke kākau a C2 me kā C. Ke hele a nui ke kākau a C (no ka maʻi paha, no ka luhi paha), hoʻomaka hou ʻo C2. Ke hele a huikau ke kākau a C2, hoʻomaka hou ke kākau a C. Ma nā ʻaoʻao 111–163, ua ʻānoni ke kākau a C me kā C2 he 36 manawa.

3.5.3 ʻAʻole akāka iki i kēia manawa ʻo wai ʻo C2. ʻAʻole nō paha ʻo Kalimahauna. No ke kuapo pinepine ʻana o C me C2 i ka hana kākau, a no ka nui hoʻi o ka heluhelu maopopo ʻole a C2, malia paha, he pilikana no Malo ʻo ua C2 lā. Ma kahi leka iā Dwight Baldwin (Malo 1847E), ua hōʻike aku ʻo Malo, ua maʻa ʻo ia i ka palapala ʻana ma ka pō. No ka nui o ka ʻānoni o C me C2, he kūpono paha ke kuhi aku, he kanaka ʻo C2 i hiki iā ia ke kuapo koke me Malo i ka hana kope. A ke nānā ʻia ka hana kope maopopo ʻole, ʻaʻole ʻo ia he mea maʻa loa i ka hana kope palapala.

---

13. Ua huli ʻia kekahi laʻana kākau a ua Kalimahauna lā, eia kā, he pahuʻa ka hopena.
14. E nānā ka mea heluhelu i ka paukū 24:9, i ka pule ipu. He wāhī pūniu nō ma muli o ka ʻōlelo kahiko, a ma muli hoʻi o ke ʻano hemahema i hana kope ʻia ai.

4. Ka Makahiki i Hana Kope 'ia ai 'o HI.L.18

4.1 KA MANAWA HAKU MO'OLELO A ME KA MANAWA I HANA KOPE 'IA AI

4.1.1 He akāka 'ole ka makahiki pono'ī i ho'omaka iho ai 'o Davida Malo i ke kākau 'ana iā KMH-Malo. 'A'ole hō'ike 'ia mai kekahi lā a makahiki paha i loko o HI.L.18, a 'a'ole ho'i nui ka 'ikepili ma kā Malo mau leka a mau kolamu nūpepa ho'i, koe wale ho'okahi leka (Malo 1847E) a me ho'okahi kolamu nūpepa (Malo 1847A) i kākau 'ia ma ka MH 1847. Ma ia leka i hō'ike aku ai 'o Malo, he hana kuluma nāna ke kākau palapala ma hope o ka ho'i e hiamoe o kāna wahine, aia na'e, 'a'ole i wehewehe 'ia kāna mea e kākau ana i ia manawa, he puke paha, he mau leka paha, he ha'awina kula paha. Ua kuhi 'ia e W. D. Alexander lāua 'o N. B. Emerson, ua kākau 'o Malo iā KMH-Malo ma kahi o ka MH 1840, a ua ho'okumu 'ia nō paha ia mana'o o lāua i ka 'ōlelo a S. M. Kamakau (Kamakau 1868) e pili ana i ka hana ho'olako nīnau a Lorrin Andrews lāua 'o Sheldon Dibble no ka 'ohi 'ana i ka 'ike no KMH-Dibela. Penei kā Kamakau:

> O na Buke Moolelo Hawaii a Davida Malo; ua paipai o Rev. S. Dibble me Rev. L. Aneru me ka haawi aku o laua i na ninau ia Davida Malo, i ole e huikau ke kakau ana i ka Moolelo Hawaii. Ua kaapuni no o Davida Malo, o Kalimahauna ke kakauolelo ma kekahi mau mea pohihihi ia ia; oia no kela Buke a Rev. J. F. Pogue i kakau ai[15] oia me kekahi poe haumana o Lahainaluna. Ke olelo nei o Kalimahauna, he nui ka laua mau kope o ke kakau ana i ka Moolelo Hawaii ma Keokea i Kula; ekolu a eha a elima paha kope, a pela e haehae ai i na kope kahiko, a hooponopono hou.

E like me kā Kamakau 'ōlelo, pili kēia paukū i **na puke Moolelo Hawaii** a Malo i kākau ai, 'o ia ho'i, 'o KMH-Dibela a me KMH-Malo. 'O ka ho'olako 'ana a Andrews mā i nā nīnau, ua pili wale nō ia iā KMH-Dibela, no ka mea, ua ka'apuni nō 'o Malo a me kekahi po'e haumāna o Lahainaluna i mea e ninaninau ai i ka po'e 'elemākule a luāhine mai 'ō a 'ō o nā kai 'ewalu. A 'o ia nō ka hapa nui o ka puke a Pogue i pa'i ai ma ka MH 1858. Penei ka 'ōlelo mua a Pogue ma ia puke (Pogue 1858; 'ao. 4):

> Eia hoi kekahi, aia ma ka makahiki 1838, i hala aku la, ua pai ia he wahi Buke moolelo Hawaii ma Lahainaluna, ua kakau ia iloko o ia Buke e kekahi mau haumana o ke Kulanui, na lakou no i hele aku a ninau i ka poe kahiko, a loaa mai kela mooolelo mai ko lakou waha mai, a kakau iho ma ka pepa a pau, a na kekahi kumu o ke kula i hooponopono a i pai. . . .

Ua ha'alele loa 'o Andrews iā Lahainaluna ma ka MH 1842, a ua make 'o Dibble ma ka MH 1845, eia kā, ua kākau 'o Malo i kāna mau nīnau iho e pili ana iā KMH-Malo ma ka MH 1847.

---

15. Ua ho'ololi 'ia 'o "ia," 'o ia 'o "ai."

4.2   Nā nīnau a Davida Malo no nā mea kahiko o Hawaiʻi nei

4.2.1   Ma ka lā mua o Iulai, MH 1847, ua paʻi ʻia kekahi kolamu na Malo ma ka nūpepa *Ka Elele* e noi aʻe ana i ka ʻike e pili ana i nā mea kahiko o Hawaiʻi nei, penei (Malo 1847A).

Na ninau a D. Malo no na mea kahiko o Hawaii nei

E ka Elele Hawaii; Ke hoouna aku nei au ia oe ma keia mau la, a malama paha, hele oe ma Kauai, ma Oahu, ma Molokai, ma Maui, ma Hawaii, e ninau hele oe, i ka poe kahiko i koe, ke ola nei no paha lakou, e hai mai lakou i kaʻu mau mea e makemake nei. Eia ua mau mea la,

1. Pehea ke ano o ka noho ana o na ʻlii mai a Kahiko mai?
2. Owai ke alii nana ka ai kapu i hana mai?
3. Owai ke alii i hookapu mua ia, a laa kanaka ke ae a make?
4. Owai ke alii nana i hoomana mua i na ʻkua kii?
5. Owai ke alii i kipi mua i ka wa o Wakea, a hiki ia nei?
6. Owai ke alii [i] hewa kona noho ana?
7. Owai ke alii i pono ka noho ana?
8. I hanau ia nei Hawaii nei e Papa, he aina mua mai anei?
9. Mai hea mai kanaka o Hawaii nei, no kahi e mai anei?
10. Owai ka ike i ka mookuauhau o Kumuulipo? [*sic*]
11. Owai ka i ike i ka mookuauhau o Olalo? [*sic*]
12. Owai ka i ike i ka mookuauhau o Kapohihi?
13. Owai ka i ike i na moolelo o na ʻlii kahiko, i hiki ia nei [*sic*]?
14. Owai kai ike i ka oihana loulu heiau akua?
15. Ua holo anei o Paao i kahiki aole anei?
16. Mai kahiki mai anei o Moikeha?
17. Mai kahiki mai anei o Pili?

Ina ike oe i ke kanaka i ike i keia mau mea ma keia Pae Aina, e noi aku oe, e hele aku au i ona la.

E na hoahanau oʻu a pau, mai Hawaii a Kauai, ka poe e nana i keia olelo, e kokua oukou i kaka [*sic:* ka ka] Elele imi ana, o oukou ke ninau maopopo aku i ka mea ike, a nonoi e hele koke aku au i ka mea ike maopopo, ina aole mea i ike e hoole mai oukou e oʻu hoahanau mai Hawaii a Kauai.

D. Malo.
Lahaina, Iune 3, 1847

4.2.2   He hiki paha ke māhu'i iho i nā wahi mākaukau 'ole o kā Malo puke i ka manawa i pa'i 'ia ai ia mau nīnau. 'A'ole i pane 'ia kēia mau nīnau a pau ma loko o KMH-Malo, eia na'e, ua pane 'ia nō kekahi hapa, a hō'ike mai 'o Malo i kona mana'o e pili ana i kekahi mau nīnau i pane 'ole 'ia. Eia mai kekahi mau la'ana.

- Nīnau 2: e nānā i ka paukū 11:8—"Akā, ua lohe wale kekahi po'e maiā Wākea mai nō ka 'ai kapu 'ana. Ua lohe mai nō kekahi po'e, he hou mai nō ka 'ai kapu 'ana, na *Luhaukapawa* i hana mai."

- Nīnau 6: e nānā i ka paukū 45:7ff.—"A laila, kāhea hou mai ua po'o lā, ''O wai ke ali'i o lalo nei i hewa ka noho 'ana?' Ha'i aku ko lalo po'e, ''O Waio ke ali'i i hewa ka noho 'ana.'"

- Nīnau 7: e nānā i ka paukū 45:4—"'O wai ke ali'i o lalo i pono ka noho 'ana?' Ha'i mai ko lalo, ''O Kahiko ko lalo nei ali'i i pono ka noho 'ana.'"

- Nīnau 15 me 17: e nānā i ka paukū 4:10—"Noho nō 'o Pā'ao ma Kohala a hiki i ka wā i hewa ai ko Hawai'i nei mau ali'i. Ki'i 'o Pā'ao i ali'i ma Kahiki, 'o Pili ka inoa o ua ali'i lā i holo pū mai me Pā'ao, a ho'onoho 'ia 'o ia ma ko Hawai'i nei papa ali'i."

- Nīnau 16: e nānā i ka paukū 4:13—"Eia kekahi mea i 'ōlelo 'ia. Ua holo hou mai kekahi kanaka mai Kahiki mai, 'o Mo'ikeha kona inoa. I kona hiki 'ana mai, 'o Kalapana ko Hawai'i nei ali'i [i] ia manawa."

4.2.3   'O kekahi mau nīnau, 'a'ole i pane piha 'ia, 'o ia ho'i, ka nīnau 2 me ka nīnau 3. Ma muli o ka loa'a 'ole iā ia o kekahi 'ike pa'a, hō'ike maila 'o Malo i kona mana'o iho, penei, "'A'ole na'e i ha'i 'ia mai ke ali'i nāna i hana mai kēia kapu. Mana'o au, 'a'ole he kahiko mai kēia hana, he mea hou mai nō." 'O ka 'oia'i'o ho'i, 'ano nui nā mea "i ha'i 'ole 'ia" mai kahiko mai ma kā Malo puke, 'o ia ho'i,

- nā inoa kūlanakauhale (1:2)
- nā inoa muliwai (1:2)
- ka inoa o ka mea nāna i ho'okuke iā lākou (1:3)
- ka inoa o ka mea nāna i alaka'i iā lākou i ka wā i ho'okuke 'ia ai (1:3)
- nā inoa wa'a (1:3)
- nā 'āina a lākou i 'auana hele mai ai (1:3)
- ka inoa o ko Keali'iwāhilani mau mākua (3:3)
- kahi i hānau 'ia ai nā kumu mo'okū'auhau o ka lāhui Hawai'i (3:6)
- ka hele a noho 'ana ma Hawai'i a nā hanauna 'eono ma hope o Wākea me Papa (4:1)
- ko lākou wā i hiki mai ai ma Hawai'i (4:3)
- ke 'ano o ko lākau mau wa'a (4:11)
- ka inoa o ka mea nāna ka 'ai kapu (11:7)
- na wai i lawe mai i nā holoholona i Hawai'i (13:1)
- ka inoa o ke ali'i nāna i ho'oka'awale kekahi po'e i mau ali'i (18:2)
- ka inoa o ke ali'i nāna i hana i nā 'ano kapu like 'ole (18:27)

Ua noi hou 'o Malo i ka 'ike ku'una mai ka po'e "lohe" ma ka paukū 11:8 o KMH-Malo, penei:

> 'A'ole na'e i maopopo ka pono o kēia mau lohe; 'a'ole nō i ha'i 'ia mai ma nā mo'okū'auhau kēia mau mea 'elua; 'a'ole nō i maopopo i kānaka a pau. Ua lohe nō paha kekahi po'e e noho nei; e pono iā lākou e ha'i mai.

4.2.4 Ua laha nā hāʻina no ia mau nīnau hou a Malo mai ʻō a ʻō o KMH-Malo. Inā i hoʻokomo ʻia mai ia mau pane ma ka māhele hoʻokahi, ʻo ia hoʻi, ma ka pau ʻana o ka puke, he kūpono ke kuhi aku, ua hana kope mua ʻia kekahi mau ʻaoʻao o HI.L.18 ma mua o Mei, MH 1847, a laila, ua pākuʻi ʻia kekahi ʻike hou ma hope mai. Eia naʻe, ua lūlū ʻia mai ʻō a ʻō o ia palapala, a no ia kumu, he kūpono ka manaʻo, ua hana kope ʻia nā ʻaoʻao a pau o HI.L.18 ma hope o ka MH 1847.

4.2.5 Wahi a Kamakau, ua wehewehe aʻela ʻo Kalimahauna i kā lāua ʻo Malo hana hoʻoponopono i ka manawa e ola ana ʻo Malo ma Kēōkea, Maui (MH 1852–1853), penei (S. M. Kamakau 1868):

> Ke olelo nei o Kalimahauna, he nui ka laua mau kope o ke kakau ana i ka Moolelo Hawaii ma Keokea i Kula; ekolu a eha a elima paha kope, a pela e haehae ai i na kope kahiko, a hooponopono.

Ke kālailai ʻia kā Malo mau nīnau, nā hāʻina no ia mau nīnau, a me nā nīnau i pane ʻole ʻia, a ke nānā pū ʻia kā Kalimahauna ʻōlelo iā Kamakau no ka hana hoʻoponopono ma Kēōkea, ʻaʻole paha he hiki ke ʻalo aʻe i ka manaʻo, ua hana kope ʻia ʻo HI.L.18 ma nā MH 1852–1853. ʻAʻohe naʻe wahi kānalua, ua haku ʻē ʻia kekahi mau māhele o KMH-Malo ma mua loa o ka MH 1852 (ʻo ka moʻolelo no ʻUmi hoʻi, ua kākau mua ʻia ma kahi o ka MH 1841), eia naʻe, inā he pololei kā Kamakau, ua hoʻonohonoho ʻia a hana kope ʻia nā mokuna like ʻole o HI.L.18 iā Malo e noho ana ma Kēōkea (MH 1852–1853).

4.2.6 ʻAʻole akāka loa ke ʻano a me ka manawa o kā Malo noiʻi a kākau ʻana i nā mokuna like ʻole o HI.L.18. Maopopo nō iā kākou, ua hoʻomau ʻo Malo i ka noiʻi kūʻauhau mai nā MH 1840 (Langlas me Lyon 2008; ʻao. 27ff.). Me he mea lā, ʻaʻole i oki kāna hana noelo i nā mea kahiko o Hawaiʻi ma hope o ko Andrews haʻalele ʻana iā Lahainaluna ma ka MH 1842. Eia kekahi leka nūpepa e noi ana i kā Malo kākau hou ma ka MH 1844 (Makaaina 1844):

> Eia kekahi: he ninau koʻu ia Davida Malo, no ka hiaka,[16] hula, olioli? E Davida e, e palapala iki mai oe i ke ano o keia mau hana kahiko o Hawaii nei, i lohe makou ka poe ike ole. Heaha ka hewa o keia mau hana?

Me he mea lā, ua laha ka manaʻo, ʻo Davida Malo nō ka loea, a nāna nō e hōʻike aku i kāna ʻike i ka lehulehu, i "ka poʻe ʻike ʻole."

---

16. Penei kā Aneru no *hiaka,* (Andrews 1865; ʻao. 159):
    HI-A-KA, *v.* To recite legends or fabulous stories.
    HI-A-KA, *s.* The recitation of legends.
    2. A particular kind of mele or song.

5. Ka Moʻolelo o HI.L.18

5.1 Ke kūlana o kā Malo puke ma kona wā i hala aku ai[17]

5.1.1 He mākena nō nā puke i kapa ʻia ʻo *Ka Moʻolelo Hawaiʻi* ma ke kenekulia 19. I mea e huikau ʻole ai ka mea heluhelu, eia mai kekahi pakuhi e hōʻike aʻe ana i ke ʻano o ia mau puke a me ka inoa pōkole i hoʻohana ʻia ma kēia puke.

Pakuhi 7. Nā puke Moʻolelo Hawaiʻi o ke kenekulia 19

#	Wehewehena	Makahiki / Kahi paʻi	Inoa Pōkole
1	*Ka Mooolelo Hawaii* Kākau ʻia e kekahi poʻe haumāna ma Lahainaluna ma mua o ka MH 1838. ʻO Davida Malo nō paha ka mea kākau nui, a ʻo Rev. S. Dibble (Dibela) ka luna hoʻoponopono.	1838 Lahainaluna	KMH-Dibela
2	*Ka Moolelo Hawaii* Kākau ʻia e Davida Malo ma nā MH 1840–1853, ʻo ia hoʻi, ka moʻolelo i loaʻa ma loko o HI.L.18 a me HI.L.19.	ʻAʻole i paʻi ʻia ma ka ʻōlelo Hawaiʻi ma mua o ka MH 1986; ua paʻi ʻia ka unuhina Pelekānia ʻo *Hawaiian Antiquities* ma ka MH 1903.	KMH-Malo
3	*Ka Moolelo Hawaii* He puke e hoʻohui ana i ka hapa nui o KMH-Dibela me kekahi mau mokuna mai loko mai o KMH-Malo. Ua hoʻokomo pū ʻia kekahi mau mokuna hou i kākau ʻia e Rev. J. F. Pogue (Pokuea) ka mea nāna i hoʻoponopono i nā mokuna a pau.	1858 Honolulu a paʻi hou ʻia ma ka nūpepa *Ka Hae Hawaii* ma nā MH 1858–1859.	KMH-Pokuea
4	*Ka Moolelo Hawaii* Kākau ʻia e S. M. Kamakau ma ke ʻano he moʻoʻatikala ma nā nūpepa *Ka Nupepa Kuokoa* a me *Ke Au Okoa*.	1861-1871 Honolulu. Hōʻuluʻulu a hoʻoponopono ʻia e Nogelmeier (Kamakau 1993: Kamakau 1996).	KMH-Kamakau
5	*Ka Moolelo Hawaii* Kākau ʻia e Kepelino ma kahi o ka MH 1860. Ua hoʻoponopono iki ʻia a unuhi ʻia e M. Beckwith ma ka MH 1932, a laila, ua paʻi hou ʻia kā Beckwith me ka ʻōlelo mua hou loa e Noelani Arista, MH 2007.	1932, 2007 Honolulu.	KMH-Kepelino
6	*He Moolelo Hawaii* He moʻoʻatikala nūpepa e hōʻike aʻe ana i mau mokuna i ʻohi ʻia mai loko mai o nā puke moʻolelo Hawaiʻi a Fornander, Pogue, Kamakau, W. D. Alexander a me kekahi mau mea ʻimi ʻike. Na G. W. Nakaa.	1893–1894 Honolulu *Ka Nupepa Kuokoa* 28 Ianuali, MH 1893 a hiki i 21 Iulai, MH 1894.	KMH-Nakaa

5.1.2 E like me ka ʻōlelo o luna aʻe nei, ua hana kope ʻia ʻo HI.L.18 ma nā MH 1852–1853 nō paha. Ua haʻi ʻo Kalimahauna iā Kamakau, he hana *haehae* a hoʻoponopono na lāua ʻo Malo ma Kēōkea. Ua hala akula ʻo Malo iā ia e noho ana ma ia ʻāina (21 ʻOkakopa, MH 1853): i hea akula ʻo HI.L.18 ma ia hope mai, a he aha lā hoʻi ka hopena o nā kope keu, he ʻekolu paha, he ʻelima paha a Kamakau i hōʻike mai ai?

---

17. Ua hoʻokolo ʻē ʻo Malcolm Naea Chun i kekahi mau māhele ʻano nui o kā Davida Malo hana kākau, a he makawalu nō nā leka a me nā kolamu nūpepa āna i huaʻi aʻe ai ma kāna mau puke ʻekolu (Chun 1993: Malo 1987, 2006). Na Chun i waele mua i ke ala a kākou e hele mai ai ma ka noiʻi pono ʻana i nā hana like ʻole a Davida Malo.

5.1.3　Malia paha, ua *haehae* ʻiʻo ʻia nō ia mau palapala kope i ka manawa o ko Malo hala ʻana aku, no ka mea, ʻo HI.L.18 ka palapala hoʻokahi i ʻike maka ʻia ma ia hope mai.[18] Na ua Kalimahauna lā nō i kākau he ʻehā kolamu nūpepa ma ka MH 1862, kahi i ʻike nui ʻia ai ka ʻōlelo like loa me kā Malo, a no ia kumu, he hiki nō ke noʻonoʻo iho, ua lawe pū aku ʻo Kalimahauna i kope nāna iho. Eia kā, ma ia mau kolamu nūpepa, hōʻike ʻo Kalimahauna i kā ʻōlelo hakuloli ʻia mai loko mai o KMH-Pokuea, ʻaʻole mai loko mai o KMH-Malo.[19]

5.1.4　I ko Malo wā ola, ua laha loa nō ka manaʻo, ʻaʻohe ona lua e like ai no ka nui a me ke laulā o ka ʻike kuʻuna i lewa iā ia. I ka manaʻo o kekahi poʻe haole, ʻo Malo nō ke kanaka akamai loa o ka lāhui Hawaiʻi. Pēlā nō ka manaʻo o ko Malo hoa ʻōhumu, o Dwight Baldwin.

> But as to real vigor of intellect, the best specimens which we have seen are not among the chiefs. David Malo has perhaps the strongest mind of any man in the nation, without a drop of chief's blood in him. (M. C. Alexander 1953; ʻao. 67).

No ia kumu i makaʻu iho ai kekahi poʻe luna aupuni, ʻo ke kuhina o nā ʻāina ʻē, ʻo Wyllie, kekahi o lākou, o make ʻē ʻo Malo ma mua o kona hoʻopaʻa ʻana i kāna ʻike ma ka puke (Malo 2006; ʻao. xvii). Ma ka MH 1847 (Chun 1993; ʻao. 7), ua hāpai aʻela ʻo Baldwin i ka manaʻo, na ke aupuni e kākoʻo ma hope o Malo, i lilo ʻo ia i kūʻauhau aupuni. Hāpai pū aʻela ʻo Baldwin i ka manaʻo, na ke aupuni e hoʻoneʻe iā Malo i Oʻahu a ma laila e hai ʻia ai ke kākauʻōlelo mākaukau i mea e hoʻopaupau ai ʻo Malo i ka hana kākau moʻolelo. ʻAʻole i kō ia manaʻo, akā naʻe, ua hoʻoikaika nō ʻo Malo i ia hana kākau moʻolelo iā ia e noho ana ma Maui.

5.1.5　ʻAʻole naʻe i paʻa pono kā Malo puke i kona manawa i hala aku ai, a ʻo ia nō ke kumu i paʻi ole ʻia ai ma nā makahiki ma hope pono mai. ʻO kekahi mau mokuna hoʻi, he kāmua wale nō paha. Eia mai kekahi mau hōʻailona hoʻohani i ia ʻano paʻa ʻole o KMH-Malo.

- ʻO ka mokuna hope loa, no ʻUmialīloa, ua oki loa hoʻi i ko ʻUmi wā ʻilihune, ʻaʻole kā i kona wā ʻai moku. Eia hou mai ka ʻōlelo a S. M. Kamakau (Kamakau 1865), no ia mokuna:

  > Ua ike oukou i ka Buke Moolelo a Pogue no Hawaii nei; aia mahope oia Buke ka Moolelo o Umi, na Davida Malo ia. Aole nae i pau pono; mai ka mokuna a hiki i ka Mookuauhau kupuna, na Davida Malo noia [sic: no ia] i imi, he nui no na hemahema i laila. Aole i pau pono.
  > E aho nae ia hemahema ua paa i ka Buke, e hiki i ka poe opio ke heluhelu.

- I loko nō o nā māka hoʻoponopono i kaha ʻia ma ka hapa mua o HI.L.18, he nui naʻe nā wahi hoʻoponopono ʻole ʻia. Nui nō hoʻi ka hana i koe ma mua o ka hāʻawi ʻana aku i ka poʻe ulele kēpau.

- ʻAʻole i hoʻoponopono iki ʻia nā mokuna hope loa, a he nui kā hoʻi nā paukū i pono hana kope ʻia.[20]

- Na kekahi mea ʻōlelo Pelekānia, ʻaʻole na Malo mā, i kākau i ka papa kuhikuhi mokuna ma hope pono o ka moʻolelo piha pono ʻole o ʻUmi.

- I ka manawa i hala ai ʻo Malo, ʻaʻole i kākau ʻia ma kahi puke nā moʻolelo o nā aliʻi maiā ʻUmi a hiki iā Kalaniʻōpuʻu. Na Malo nō paha ka moʻolelo o Kamehameha ma KMH-Dibela. Pehea ka moʻolelo o nā aliʻi nui ma hope o ʻUmi a ma mua o Kamehameha?

---

18. Na W. D. Alexander a me ke kōkoʻolua i hana kope iā HI.L.19 (*kā Alexander*) mai loko mai o HI.L.18. ʻAʻole nō na Malo mā i hana kope i ia palapala. E nānā i ka māhele 7 o nēia puke.
19. Kālailai ʻia ka pili o kā Kalimahauna mau kolamu me KMH-Malo a me KMH-Pokuea ma ka *Pākuʻina II*.
20. E nānā i nā kuhia no ka mokuna 51:6, 51:46, 51:47, 51:71, 51:72, 51:80, 51:84. Me he mea lā, ʻaʻole i nānā ʻia kēia mokuna ma hope o kona kope ʻia ʻana a loko o HI.L.18.

• Ua hele a huikau nā helu mokuna o HI.L.18. Me he mea lā, ua hoʻokaʻina pono ʻia nā mokuna mua 41 (*Nā Hana Leʻaleʻa*). Ma hope naʻe o ia mokuna 41, he hoʻohuikau nō nā helu mokuna: kaha peʻa ʻia kekahi, holoi ʻia kekahi, nele kekahi, a kākau hou ʻia kekahi, a na ko Malo lima ponoʻī kekahi o ia mau loli. Ua hele a huikau ka mea ʻōlelo Pelekānia nāna i kākau i ka papa kuhikuhi mokuna, no ka mea, ua kāpae ʻia kekahi mau poʻoinoa mokuna i mea e like aʻe ai ka nui mokuna me ka helu 51, ʻo ia hoʻi, kā Malo helu mokuna hope loa.

5.1.6 Penei kekahi ʻōlelo mai loko mai o ke kolamu ʻōlelo Pelekānia e hōʻike aku ana i ka lehuhelu haole, ua hala akula ʻo Davida Malo.

> Owing to the great activity of his mind, and his retentive memory, and having associated much with Auwae, a favorite chief of Kamehameha I., who excelled in a knowledge of national affairs, the genealogies of the chiefs, the tabu system, traditions, &c., Malo became very distinguished in all these branches; in fact he has had the reputation for years of being the best acquainted with the old state of things as they existed before christianity was introduced, of any man living. He was so regarded by the chiefs and people generally; in fact no one could sit down and converse with him an hour on Hawaiian affairs, ancient and modern, without being impressed with the idea that he was no ordinary man. Hence he was urged by several members of the government to write down all he knew of the ancient history of his nation, which he did to some extent. The manuscript the writer has seen. It will be for some one competent to the task, to put it in form, and give all that is valuable in it to the world. No doubt it contains much that will interest the philosopher, the historian, and the christian, and it will be a pity, if it should be lost. (Polynesian, 5 Nowemapa, MH 1853).

Wahi a ia mea kākau (ʻo "A" wale nō kona inoa pūlima),[21] he hoʻokahi wale nō palapala a Malo i waiho mai ai, a he nui nō hoʻi kona makaʻu o lilo ua palapala lā i ka ʻole loa. Me he mea lā, ʻaʻohe ona kamaʻāina i kekahi puke kope. Ua lōkahi nō ka ʻōlelo a nā mea a pau: ma hope pono o ko Malo hala ʻana aku, he hoʻokahi wale nō palapala KMH-Malo i koe (cf. 5.1.10).

5.1.7 ʻAʻole i hōʻike mai ʻo "A" i kahi i ʻike ʻia ai kā Malo palapala. Ma Maui anei paha, ma kahi ʻē paha? Wahi a ka luna hoʻoponopono o *The Polynesian*, ua huakaʻi nui ʻo HI.L.18, i Maui, i Oʻahu, i hea lā hoʻi? (Hopkins 1858).

5.1.8 Ma muli o ke ʻano hoʻoponopono ʻole ʻia o HI.L.18, ʻaʻole i hāʻawi ʻia i ka poʻe ulele kēpau. Ua nānā nui naʻe ka maka o Rev. J. F. Pogue i kā Malo palapala, a ua hoʻokomo wale ʻo ia (me ka hōʻike ʻole aku i ko Malo inoa) i kā Malo ʻōlelo a loko o KMH-Pokuea, ka mea i paʻi ʻia ma ka MH 1858, iā Pogue e noho poʻokumu ana ma Lahainaluna.[22] Ma ka hōʻuluʻulu, penei ka hana a Pogue ma KMH-Pokuea:

1. Ka hoʻokomo ʻana i nā mokuna he nui mai loko mai o KMH-Dibela.

2. Ka hoʻokomo piha ʻana me ka loli ʻole i kekahi mau mokuna mai loko mai o KMH-Malo (e laʻa ka mokuna hope loa no ʻUmialīloa).

3. Ka hakuloli ʻana i kekahi mau mokuna a Malo (e nānā i ka *Pākuʻina II*).

4. Ka hoʻololi loa ʻana i kekahi mau mokuna a Malo i mea e hoʻāhewa ai i nā hana kuʻuna a kānaka (keu hoʻi, i nā hana leʻaleʻa).

5. Ke kākau ʻana i kekahi mau mokuna hou loa, he ʻuʻuku nō naʻe.

ʻO kekahi mea akāka loa, ua nānā nō ko Pogue maka iā HI.L.18 ma hope pono o ko Malo hala ʻana (MH 1853), a ma mua o ke paʻi ʻia ʻana o KMH-Pokuea ma ka MH 1858 (cf. 5.1.11).

---

21. ʻO Lorrin Andrews anei paha? ʻO Richard Armstrong paha?

22. E nānā i ka papa hoʻohālikelike palapala no ka mokuna 51, kahi i hōʻike ʻia ai nā wahi ʻokoʻa he ʻuʻuku nō o KMH-Malo mai KMH-Pokuea.

5.1.9   Ma ka manawa hoʻokahi e paʻi ʻia ana ʻo KMH-Pokuea ma ke ʻano he puke, ua paʻi pū ʻia ma ka nūpepa *Ka Hae Hawaii* ma ke ʻano he kaʻina kolamu. Ua ʻōʻili mai ka maka mua o ke kolamu ma ka lā 14 o ʻApelila, MH 1858, a ua pau hoʻi ia moʻokolamu, ʻo ka helu 51 ka hope loa, ma ka lā 6 o ʻApelila, MH 1859. He like a like nō ka ʻōlelo o nā mana paʻi ʻelua, koe wale kekahi mau mea liʻiliʻi he ʻuʻuku, ʻo ka hoʻoponopono ʻana i ke paʻi hewa kekahi.

5.1.10   Ma ka nūpepa ʻōlelo Pelekānia, *The Polynesian* (Bond 1858), puka maila kahi ʻōlelo hoʻolaha, e paʻi ʻia ana auaneʻi kekahi mau māhele unuhi Pelekānia o KMH-Pokuea ma ia nūpepa hoʻokahi. Ma kekahi pukana aʻe o ia nūpepa i paʻi ʻia ai ka ʻōlelo kūʻē a Edward P. Bond, ke kahu o kā Malo keiki hoʻokahi, penei:

LAHAINA, APRIL 12TH, 1858

TO THE EDITOR OF THE POLYNESIAN.

Sir:—In the *Polynesian* of the 20th [10th] inst, you mention the proposed publication in the *Hae Hawaii*, and subsequently in book form, of a Hawaiian History by Mr. Pogue. based in part upon "the celebrated manuscript Memoranda of the late David Malo," and you intimate that you intend to make extracts or translations from it.

As Guardian of Emma Malo, the only child and heir of David Malo, I respectfully protest against the publication in your columns or elsewhere, of the manuscript referred to, or of any book or article based in any measure thereon. The manuscript is the exclusive property of my ward, who really needs the money which it may command to pay for education, and any unauthorized use of its contents will be an infringement of her rights, to which I cannot consent, and to which I feel very confident, you, sir, would not be a party. Respectfully your obedient servant,

Edward P. Bond,
Guardian of Emma Malo.

ʻOiai ua namunamu iki ka luna hoʻoponopono o *The Polynesian*, ua ʻae mai nō ʻo ia i ka pono o kā Bond leka noi, akā, pākuʻi pū ʻo ia i kekahi ʻōlelo aʻoaʻo (Hopkins 1858).

We commend Mr. Bond for his sensitiveness touching the "exclusive property of (his) ward;" but, having heard that the manuscript has travelled to Honolulu, Lahainaluna, and other places for all we know, without having had its travelling expenses paid,—we beg to acknowledge Mr. Bond's protest against ourselves by taking the liberty to suggest, that the best way of preventing "any unauthorized use" of the "ward's" property, would be to keep it under the "guardian's" lock and key.

Me he mea lā, ua huakaʻi nui ʻo HI.L.18 ma nā makahiki 1854–1858.

5.1.11   Ua loaʻa koke iā Pogue ke kope o kā Bond leka kūʻē, no ka mea, ma ka lā ma hope pono o kā Bond kākau ʻana (13 ʻApelila, MH 1858), a he 4 mau lā ma mua o ke paʻi ʻia ʻana o ua leka lā ma ka nūpepa (17 ʻApelila, MH 1858), ua kākau ʻo Pogue i leka kūpikiʻō iā Rev. Richard Armstrong, ke poʻo o ka Papa ʻOihana Aʻo Palapala o ke aupuni mōʻī, penei (Pogue 1858A).

LAHAINALUNA APR. 13TH 1858

Bro. Armstrong:

Mr Bond protests against my publishing anything from Maro's book. As I supposed you had made some arrangement with him in regard to the book I have used it as if it belonged to you. I have extracted largely from it. What is to be done in the case? I suppose he will write to you by the "Moi" in regard to it. He wanted me to give him the book, I told him I could not do that without authority from you, as I received the book from you.

As ever yours
John F. Pogue

'O wai 'o "him" ma ua leka lā? Me he mea lā, 'o Bond nō paha, no ka mea, 'o Bond 'o ia 'o *he* ('o ia) ma ke koena o kēia leka. Ua maopopo 'ē nō paha iā Pogue ke 'ano i lilo ai kā Malo palapala iā Armstrong (e nānā ma lalo a'e nei).

5.1.12 Ua heluhelu 'ē 'ia kā Bond leka e Armstrong ma ka nūpepa ma mua nō paha o ka hō'ea 'ana mai o kā Pogue leka i mua ona ma Honolulu nei. He kūpono ke hō'ike piha aku i kā Armstrong 'ōlelo wehewehe aku i o Bond lā.

Honolulu Apr. 15. 1858.

Dear Sir,

A word of explanation is due to myself in regard to the Malo manuscript. I have seen your Caveat to Mr. Fuller. I secured the manuscript from the King or Queen dowager a long time ago, without any restriction as to the use of it, Indeed I got the impression that they had permanent possession if they did not own it. I read most of it and was disappointed in it, though parts of it are valuable. It lay here in the office and Mr. Bishop got it to read, thinking to writing a native History. This was during my absence. He sent it to Mr Pogue I suppose, when he gave up the idea of writing. Mr Pogue sent it to me and I sent it back.

But you are right in claiming it for the child and if Pogue thinks it valuable for his work I have authorized him to ascertain from you the lowest sum you will take for it, and I will lay the matter before the Board. The chiefs do not value it[23] and when I proposed an application to buy it, they all objected, saying it was not correct. But still the nation ought to have what is valuable in it and for one I am willing to buy it a[t] a [*sic*] reasonable price if Mr Pogue thinks it important. Malo could talk much better than he could write -

Truly Yours
R. Armstrong
E.P. Bond Esq. (Armstrong 1858A)

Wahi a Armstrong, ua lilo kā Malo palapala i ka 'ohana o ka mō'ī, a laila, ma hope o kekahi mau makahiki, ua hā'awi 'ia na Armstrong me ka wehewehena 'ole. E like me ka hapanui o nā mea heluhelu o ia au, 'a'ole i mana'o iho 'o Armstrong mā, he nui ka waiwai o ia hana a Malo.

5.1.13 Ua hikiwawe ka pane 'ana mai a Bond, no ka mea, ua heluhelu 'ia kāna leka noi ma ka hālāwai hou 'ana a'e o ka Papa 'Oihana A'o Palapala ma ka lā 24 o Mei (MH 1858). Penei ka 'ōlelo mai loko mai o ka mo'olelo no ia hālāwai (HWPK 1858).

Mr. Armstrong read a letter from E.P. Bond esq, guardian of the daughter of D. Malo. deceased, stating that $150 is the lowest sum for which the Malo manuscript might be sold. The Board did not see fit to take any action on the subject. (HWPK 1858).

5.1.14 Ua kūka'i leka 'o Bond lāua 'o Armstrong ma nā mahina 'ekolu ma ia hope mai. Na Bond i leka ma ka lā 31 o Mei a me ka lā 27 o Iune[24] a ua kūkākūkā hou 'ia kona mau mana'o ma nā hālāwai hou a'e o ka Papa 'Oihana A'o Palapala. Ma ka lā 27 o Iulai, ua hui hou nā lālā o ka Papa 'Oihana A'o Palapala a ua 'ae 'ia ka hāpai 'ana i o Bond lā i ka mana'o, na kekahi po'e luna kānāwai e koho i ka waiwai o kā Malo palapala. Ua hāpai akula 'o Armstrong i nā inoa o J. 'Ī'ī a me Robinson, akā, ua hiki pū iā Bond ke hāpai i luna kānāwai 'oko'a.[25]

---

23. Ma hope mai o ka hala 'ana aku o Kuakini, ka hope loa o "na 'lii mua," (Malo 1845), kē akula 'o Malo i ke aupuni o "na 'lii hou." 'O kekahi hopena hoi'i o ia 'ōlelo kē, ua lilo loa iā ha'i 'āina he nui i hā'awi wale 'ia iā Malo e ia po'e ali'i mua, a, ua kū'ē kekahi po'e "ali'i hou," keu ho'i 'o Kekūanāo'a a me kāna po'e keiki, i kā Malo mau hana like 'ole. E nānā i kā Noelani Arista mokuna no ke ola o Davida Malo ma ka lua o kēia puke.
24. E nānā i ka *Pāku'ina VI.*
25. E nānā i ka *Pāku'ina VI.*

He ʻelua mahina ma hope mai o ua hālāwai lā, ʻo ka leka hou akula nō ia o Armstrong i wehewehena hou (e nānā i ka *Pākuʻina VI*, kahi i hōʻike ʻia ai ka ʻōlelo piha o ia leka).

5.1.15 E like me kā Bond mau leka ʻē aʻe no kēia kumuhana, ʻaʻole i mālama ʻia ma nā faila nona nā leka a ko Maui na ka Papa ʻOihana Aʻo Palapala, eia naʻe, ua mālama ʻia he kope o kā J. Fuller[26] leka wehewehena na Bond e hōʻike aʻe ana i ka waiwai i koho ʻia e nā luna kānāwai ʻo S.P. Kalama lāua ʻo G. M. Robertson. Penei i holo ai ko lāua manaʻo (Fuller 1858).

O maua na inoa ma lalo iho, na mea i kohoia e ke kahu o ke keiki a Davida Malo ma kekahi aoao, a e ka Papahoonaauao ma kekahi aoao, no ka noonoo ana a me ke koho ana i ke kumukuai kupono o kekahi buke i kakaulimaia e Davida Malo i make, he buke o kekahi mau moolelo kahiko o ko Hawaii nei Pae Aina; a he waiwai hooilina hoi ua buke la no kana hooilina. Ke hoike aku nei i ka mea i holo i ko maua nana ana a me ko maua manao ma ka noonoo maikai: he kanahikukumamalima dala ke kumukuai kupono no ua buke la ke makemake ia.

S.P. Kalama
G.M. Robertson

Honolulu Augate 4, 1858

Me he mea lā, ua hōʻole ʻo Bond i ko ʻĪʻī noho lālā ʻana ma ia papa koho waiwai, akā, ua ʻae ʻo Bond i ko Robertson alu like ʻana ma ia hana koho waiwai.

5.1.16 E like me ka ʻōlelo a Armstrong (Armstrong 1858A), ua waiho ʻia ʻo HI.L.18 me kā Malo wahine, nāna i hōʻole i ka hāʻawi wale ʻana aku na Armstrong. Ua ʻae naʻe nā mea a pau (Bond, Armstrong, Pogue a pēlā wale aku), no kā Malo kaikamahine iho ke kuleana o kā Malo palapala.

Ma mua naʻe o kā Bond leka mua ma *The Polynesian*, ua paʻi wale ʻia nā mokuna he nui a Malo ma KMH-Pokuea, me ka hōʻike ʻole aku, na Malo ia mau mokuna. Ua hoʻihoʻi ʻia ʻo HI.L.18 e Pogue na Bond, no ka mea, ma ka MH 1859, ua kūʻai ʻia ʻo HI.L.18 e ke aupuni. Penei i kākau ai ʻo Pogue ma kāna leka iā W. D. Alexander i kākau ʻia ma Lahaina i ka lā 1 o ʻApelila, MH 1859.

David Malo's manuscript now belongs to the government. They having purchased it. It is now in my hands.[27]
(HWPK 1858E)

ʻAʻole i hōʻike maila ʻo Pogue i ke kumukūʻai, akā naʻe, he kūpono nō paha ka manaʻo, he $75 ka nui, e like me ka nui i koho ʻia e Kalama lāua ʻo Robertson.

ʻAʻole hōʻike leʻa ʻia kahi i waiho ai o HI.L.18 i ka manawa i lilo ai i ke aupuni, akā, ma Lahaina nō paha, kahi i noho ai ʻo Bond lāua ʻo Pogue. ʻAʻole loa i hoʻihoʻi ʻia i kā Malo wahine, a ʻaʻole i ʻōʻili hou mai ʻo ia ma kēia moʻolelo.[28]

---

26. ʻO J. Fuller ke poʻo o ka nūpepa a ka Papa ʻOihana Aʻo Palapala, ʻo *Ka Hae Hawaii*, a no ia kumu, noho pinepine ʻo ia ma nā hālāwai o ka papa luna o ua māhele aupuni lā.

27. E nānā i ke kiʻi o kekahi paukū o kēia leka ma ka *Pākuʻina IV*.

28. Ua pilikia loa ka pilina o Malo me kāna wahine ma nā makahiki hope loa o ko Malo ola ʻana. Ua hāpai ʻo Malo i ka manaʻo ma kekahi leka iā Baldwin, e ʻoki male paha lāua ʻo Lepeka, ma muli o ko Malo hoʻohuoi nui i ka moe kolohe a kāna wahine (Malo, 10 Ianuali, MH 1853).

5.2 Kahi i waiho ai ʻo HI.L.18 ma hope o ka lilo ʻana i ke aupuni

5.2.1 Aia aku aia mai, ua ʻōʻili aʻela nā kolamu nūpepa ʻōlelo Hawaiʻi e hōʻike aʻe ana i kekahi ʻōlelo like loa me ka ʻōlelo ma HI.L.18. ʻO nā laʻana akāka loa hoʻi, ʻo ia nō nā kolamu na Kalimahauna (kā Malo mea kākauʻōlelo) ma *Ka Hoku o ka Pakipika* ma ka MH 1862. ʻAʻole like a like kā Kalimahauna ʻōlelo me ka ʻōlelo ma HI.L.18 ma nā wahi a pau: he like a like kekahi, he ʻano like kekahi, a pēlā nō kekahi mau kolamu ma nā nūpepa ʻōlelo Hawaiʻi ma ia hope mai. Eia kā, ke hoʻohālikelike ʻia ka ʻōlelo o ia mau kolamu me KMH-Malo a me KMH-Pokuea, ʻaʻole hiki ke ʻalo aʻe i ka manaʻo, ua hana kope ʻia mai loko mai o KMH-Pokuea, ka mea i paʻi ʻia ma *Ka Hae Hawaii* ma nā MH 1858–1859 (e nānā i ka *Pākuʻina II*). ʻAʻohe wahi hōʻailona no ka loaʻa ʻana o kekahi palapala kope o HI.L.18 i ke kanaka Hawaiʻi ma hope o ko Malo hala ʻana aku. Ma nā wahi i hōʻike ʻia ai kā Malo ʻōlelo e nā mea kākau ʻōiwi, he ʻelua nā palapala kumu: 1) ʻo KMH-Pokuea a me 2) ka unuhina ʻōlelo Pelekānia na N. B. Emerson, ʻo *Hawaiian Antiquities* ka inoa (Lyon 2011; ʻao. 29).[29]

5.2.2 Ma ka MH 1866, ua paʻi ʻia kekahi mokuna a Malo ma ka unuhi Pelekānia ma ka nūpepa *The Friend* (Extract 1866). Penei ka ʻōlelo hoʻolauna:

> The following contribution to "Natural History" is from the pen of a native Hawaiian—the late David Malo, of Lahaina. He left a great amount of manuscripts relating to the history and legendary lore of the islands. A friend has kindly furnished us for publication a literal translation of a chapter relating to the animals and birds of the islands.

ʻO ka mokuna i unuhi ʻia, ʻo ia kā Malo mokuna 13, *No nā Holoholona Laka, a me nā Mea Hihiu*. Na wai ia hana unuhi, a he aha kāna palapala kumu i unuhi ai?

5.2.3 Ua like a like ka ʻōlelo o kēia unuhi Pelekānia me ka ʻōlelo i loaʻa ma nā faila HI.L.19D a me HI.L.19A ma HHK.[30] Wahi a ka wehewehena i kākau ʻia ma ia faila, he unuhi ia na kekahi poʻe limahana o ka hale hōʻikeʻike. Noʻu, ʻaʻole pēlā, no ka mea, ua paʻi mua ʻia mai kekahi mokuna o ia unuhi Pelekānia ma ka MH 1866, a ua hoʻokumu ʻia ʻo HHK ma ka MH 1889. Ua lilo akula ʻo HI.L.18 i ko HHK i ka MH 1908 (HHK 1908).

5.2.4 Ua paʻi hou ʻia kekahi mokuna o kā Malo ma ka MH 1881 ma ka ʻōlelo Kelemānia e Adolf Bastian, ka mea noiʻi kaulana i huakaʻi mai i Hawaiʻi nei i ka wā i noho aliʻi ai ʻo Davida Kalākaua, a he hoʻokahi mahina ka lōʻihi o kona noho ʻana mai. (Bastian 1881E; ʻao. 67). Ua ʻae ʻia ko Bastian nānā ʻana i kā Malo palapala, a ua nānā pū ʻia kekahi palapala unuhi Pelekānia o kā Malo. Wahi a Bastian, ʻo Lorrin Andrews ka mea unuhi. Ua paʻi ʻia kā Bastian unuhi Kelemānia o kā Andrews unuhi Pelekānia ma ka puke pai *Zeitschrift der Gesellschaft für Erdkunde zu Berlin* (Bastian 1881A; ʻao. 142–150). Wahi a Bastian, ua loaʻa iā ia nā palapala ʻelua (kā Malo a me kā Andrews) ma ka ʻohina palapala a ke *Kultus Ministerium* (keʻena moʻomeheu) o ke aupuni Hawaiʻi. Penei kāna ʻōlelo a me kaʻu unuhi ʻōlelo Hawaiʻi:

> Bei einem Aufenthalt in Honolulu erhielt ich Einsicht in ein auf dem dortigen Kultus-Ministerium aufbewahrtes Manuskript, das alte Hawaii und seine Geschichte betreffend. Der kürzlich verstorbene Verfasser ist unter dem Namen David Malo*) nicht nur in Hawaii wohl bekannt, sondern durch seine vielfache Erwähnung in den über diese Inseln publicierten Schriften auch weiter hinaus. Er war einer der Ersten unter den einheimischen

---

29. ʻAʻole hōʻike ʻokoʻa ʻo Kamakau i kā Malo ʻōlelo ponoʻī. Me he mea lā, ua heluhelu nō ʻo Kamakau iā KMH-Malo, eia naʻe, ʻaʻohe āna palapala kope.

30. He ʻelua nā palapala o kēia unuhi Pelekānia, ʻo HI.L.19D a me HI.L.19A. ʻO HI.L.19D ka palapala kumu, no ka mea, nui nā wahi i kaha peʻa ʻia, a laila, ua kākau ʻia kekahi ʻōlelo hou. Ma HI.L.19A naʻe, ʻaʻole i hana kope ʻia ka ʻōlelo i kaha peʻa ʻia. No laila, like ka ʻōlelo ma HI.L.19A me ka ʻōlelo hoʻoponopono ʻia ma HI.L.19D. Eia kekahi. ʻAʻole piha pono kēia unuhi. He kāmua nō ke nānā aku, no ka mea, ua pau ka hana unuhi ma ka mokuna 42 (58 ma *Hawaiian Antiquities*), a ʻaʻole i unuhi ʻia ka hapa nui o nā mele. Ua nalowale kekahi mau māhele lōʻihi o HI.L.19D, akā, no ka like o ka ʻōlelo ma nā ʻaoʻao i loaʻa, he ahuwale nō, ua mālama ʻia nā paukū a pau o ia unuhina.

Gelehrten, der sich den amerikanischen Missionaren bei ihrer dortigen Niederlassung anschloss, und von diesen im Schreiben unterrichtet, wandte er diese neu erworbene Fertigkeit dazu an, die bisher nur mündlich bewahrten Traditionen seiner Heimat, die vor der nun einbrechenden Zeit rasch dahinschwinden, auf dem Papier zu fixiren.

Der Missionär J. [sic] Andrews, der durch sein Wörterbuch und seine Grammatik als erste Autorität im Hawaiischen betrachtet werden kann, beabsichtigte Malo's Geschichte Hawaii's dem Druck zu übergeben, und liess die Uebersetzung des Hawaiischen Textes ins Englische beginnen. Doch war bei seinem Tode erst ein Teil vollendet, und dieser, zusammen mit dem Rest im Hawaii, ist wie erwähnt, auf dem Kultus-Ministerium in Honolulu aufbewahrt. Die Kürze meines Aufenthalts in Hawaii erlaubt nicht, das Ganze für eine Veröffentlichung vorzubereiten; doch sah ich den hawaiischen Text mit Hülfe eines Munshi durch, und konnte eine Anzahl von Notizen aus der englischen Uebersetzung entnehmen.

I ko'u kū 'ana ma Honolulu, ua hiki ia'u ke nānā iho i kahi palapala e mālama 'ia ana e ke ke'ena mo'omeheu, kahi i wehewehe 'ia ai nā mo'olelo o ka po'e kahiko o Hawai'i a me kā lākou mau hana. 'O Davida Malo nō ka mea kākau, ka mea 'akahi nō a hala akula. Ua kaulana nō 'o Malo mai 'ō a 'ō o Hawai'i, a ma nā 'āina 'ē kekahi. 'O ia nō kekahi o nā kānaka maoli mua loa i ho'opili iā ia iho i nā mikionali 'Amelika i huaka'i i kona 'āina, a na lākou 'o ia i a'o aku i ka palapala. I loa'a nō a pa'a ia 'ike palapala iā Malo, ua ho'oikaika nō 'o ia i ka ho'opa'a 'ana ma ke kākau i ka 'ike ku'una o kona lāhui, ka mea i mālama 'ia ma mua aku ma ka lohe wale nō, a [i kēia manawa] e lilo koke ana i ka 'ole mau loa ma muli o ka 'ike hou a nā kumu mikionali, ka mea e luku mai nei i ka 'ike o kahiko.

Ua ho'olālā ihola ka mikionali 'o J. [sic] Andrews, ka loea helu 'ekahi ma ka 'ōlelo Hawai'i, ma muli o kāna puke pili'ōlelo a me kāna puke wehewehe hua 'ōlelo, ua ho'olālā nō 'o ia e hā'awi aku i kā Malo puke ma ka unuhi Pelekānia i ka po'e ulele kēpau, a ua ho'omaka 'ia nō kāna hana unuhi, eia kā, 'a'ole i pau i ka unuhi 'ia 'oiai i hala aku ai 'o ia. Aia ia unuhi hapa a me ke koena 'ōlelo Hawai'i ke waiho ala ma laila, e mālama 'ia ana e ko ke ke'ena mo'omeheu ma Honolulu. Ma muli o ka pōkole o ko'u noho 'ana ma Hawai'i, 'a'ole i hiki ia'u ke ho'omākaukau i ia palapala holo'oko'a no ke pa'i 'ia 'ana, eia na'e, ua nānā nō ko'u maka i nā 'ao'ao 'ōlelo Hawai'i, a ua kōkua maila kekahi loea kūloko, a ma ia 'ano, ua hiki nō ia'u ke 'ohi mai i kekahi mau wehewehena mai loko mai o ka unuhi Pelekānia.

'O ka mokuna 34 (No ko Hawai'i nei Wa'a) ka mokuna i unuhi 'ia e Bastian mai loko mai o kā Andrews unuhi Pelekānia. He 'ōlelo Kelemānia kā Bastian, a no ia kumu, 'a'ole akāka loa ke 'ano o ka unuhina Pelekānia āna i nānā ai. Ua like pū anei paha me ka 'ōlelo ma HI.L.19D/A? 'A'ole paha? Ma ka laki wale nō, ma muli o kekahi mau kaha nīnau ma ka palapala kumu 'ōlelo Pelekānia ma ka paukū 34:31, ua kānalua ko Bastian na'au i ka unuhi kūpono o ia paukū, a no ia kumu, ua hō'ike pū 'o ia i ka 'ōlelo Pelekānia mai loko mai o kā Andrews unuhina 'ōlelo Pelekānia. Penei kā Bastian kuhia o lalo (Bastian 1881A; 'ao. 149–150).

Da der Uebersetzer aus dem hawaiischen Text diese Worte bereits mit Fragezeichen angemerkt hat, bleiben etwaige Vermuthungen vorläufig besser fort. In der englischen uebersetzung heisst es: While the canoe was being rigged up, it was a time of kapu, if the cord was of kumuhele (?) or perhas a kumupou (?), it was still under kapu, but if the cord was kaholo (?) or Luukia (?), with which the canoe was to be rigged, rucha [sic: such a] canoe would belong to the high chief, and the cammon [sic: common] man would forfeit his life, who should dare to go on his canoe, while they were rigging it up.

'Oiai ua hō'ike ka mea unuhi i nā kaha nīnau ma kēia mau hua 'ōlelo Hawai'i, 'a'ole mākou e koho wale i ka mana'o. Penei ka 'ōlelo ma ka unuhi Pelekānia: While the canoe was being rigged up, it was a time of kapu, if the cord was of kumuhele (?) or perhaps a kumupou (?), it was still under kapu, but if the cord was kaholo (?) or Luukia (?), with which the canoe was to be rigged, rucha [sic: such a] canoe would belong to the high chief, and the cammon [sic: common] man would forfeit his life, who should dare to go on his canoe, while they were rigging it up.

E hoʻomaopopo ka mea heluhelu, ʻoiai i hoʻohālikelike ʻia ai ka ʻōlelo Pelekānia o ka unuhi o kā Malo mokuna 13 (Extract 1866) me ka ʻōlelo Pelekānia i loko o nā palapala ʻo HI.L.19A/D ma HHK, ua like nō a like nā unuhina ʻelua. Pehea lā ke hoʻohālikelike ʻia ka ʻōlelo Pelekānia o kēia kuhia o lalo me ka ʻōlelo Pelekānia ma HI.L.19D/A?

Bastian, ʻaoʻao 148 (kuhia o lalo) MH 1881

While the canoe was being rigged up, it
was a time of kapu, if the cord was of
    (?)   (?)
kumuhele or perhaps a kumupou, it
was still under kapu, but if the cord was
    (?)   (?)
kaholo or Luukia, with which the
canoe was to be rigged, rucha [sic] canoe
would belong to the high chief, and the
cammon [sic] man would forfeit his life,
who should dare to go on his canoe, while
they were rigging it up.

HI.L.19A, ʻaoʻao 183–184
(Koe aku ka makahiki)

While the canoe was being rigged up, it
was a time of Kapu, if the cord was of
    (?)   (?)
Kumuhele or perhaps a kumupau,[31] it
was still under kapu but if the cord was
    (?)   (?)
Kaholo or luukia, with which the
canoe was to be rigged, such a canoe
would belong to the high chief and the
common man should forfeit his life,
who should dare to go on his canoe while
they were rigging it up.

Koe wale nā paʻi hewa ma kā Bastian, ua like a like nā kolamu ʻelua, a like nō hoʻi ke kau ʻana i nā kaha nīnau ʻehā. Ua hōʻike leʻa ʻo Bastian, na Lorrin Andrews ia unuhi Pelekānia. Inā he pololei, na Lorrin Andrews nō hoʻi ka unuhi i paʻi ʻia ma *The Friend* (Extract 1866), no ka mea, like a like ka ʻōlelo ma ia unuhi me ka ʻōlelo Pelekānia i loaʻa ma HI.L.19A/D. ʻAʻole ʻo Bastian ʻo ka mea hoʻokahi i lohe i ia ʻōlelo nūhou, ʻo ia hoʻi, ua unuhi ʻē ʻia ʻo KMH-Malo e Lorrin Andrews. Ua paʻē ia lono hoʻokahi iā C. R. Bishop. Penei kāna ʻōlelo iā W. D. Alexander ma ka MH 1895.

> Who has Judge Andrews translation of David Malo's Antiquities? and what will it cost to bring it out—or bring out a translation made by Dr. Emerson if that is any better. It is not a thing which many copies would sell (HHK 1908).

No laila, inā he pololei kā Bastian, na Lorrin Andrews nō ka unuhi Pelekānia o KMH-Malo ma HI.L.19D a me HI.L.19A.[32]

5.2.5 Eia kekahi mea e nalu iho ai e pili ana i kā Andrews hana unuhi.

- Ua haʻalele ʻo Andrews iā Maui ma ka MH 1845, ʻoiai i hoʻokohu ʻia ai ʻo ia he luna kānāwai ma Oʻahu.
- Me he mea lā, ua hana kope ʻia ʻo HI.L.18 ma nā MH 1852–1853.
- Ua lilo ʻo HI.L.18 i ke aupuni Hawaiʻi ma ka MH 1859.
- ʻO HI.L.19 kekahi palapala kumu no kā Andrews hana unuhi (cf. 7.3.1).[33]
- Ua paʻi mua ʻia kekahi mokuna o kā Andrews unuhina ma ka MH 1866.

Inā he pololei kēia mau mea, he hiki ke noʻonoʻo penei ke kaʻina hana kope a unuhi.

1. Ua hana kope ʻia ʻo HI.L.19 ma waena o nā MH 1859–1865, ma hope mai o ka lilo ʻana o HI.L.18 i ke aupuni Hawaiʻi, a ma mua o ka unuhi ʻia ʻana o HI.L.19D/A.

---

31. ʻO "kumupou" nō paha kai kākau ʻia ma HI.L.19D. ʻO "kumu pou" nō ia ma HI.L.18.
32. No ka noiʻi piha e pili ana i ka mea nāna i unuhi mua i kā Malo, e nānā i kā Lyon 2013.
33. Ua nānā pū ʻo Andrews iā HI.L.18, no ka mea, ma ka paukū 37:118, ua like kā Andrews me ka ʻōlelo Hawaiʻi ma HI.L.18, ʻaʻole naʻe me HI.L.19.

2. Ua unuhi 'ia 'o HI.L.19D/A e Lorrin Andrews ma hope o ka hana kope 'ia 'ana o HI.L.19 a ma mua o Malaki, MH 1866

3. 'A'ole i piha pono kā Andrews unuhina (HI.L.19D/A) ma ka MH 1868, ma kona manawa i hala aku ai.

Hō'oia 'ia kēia ka'ina e ko Andrews ho'okomo 'ana i nā puana'ī he nui mai loko mai o kā Malo i loko o kāna puke wehewehe hua 'ōlelo Hawai'i, ka mea i pa'i 'ia iā Andrews e noho ana ma O'ahu (Andrews 1865).

5.2.6 'O Abraham Fornander kekahi mea hō'ike i ka waiho pū 'ana o kā Andrews palapala unuhi a me HI.L.18 ma hope o ko Andrews hala 'ana aku. (Fornander 1991: puke 1, 'ao. 5–6).

> Among Hawaiian authors and antiquarian literati, to whom I gratefully acknowledge my obligations, are, in the first place, his Majesty King KALAKAUA, to whose personal courtesy and extensive erudition in Hawaiian antiquities I am indebted for much valuable information; the late Hon. LORRIN ANDREWS; and the late DAVID MALO, whose manuscript collections were kindly placed at my disposal by the Honourable Board of Education. . . .

Wahi a Fornander, e waiho ana nā palapala 'elua (a 'oi paha) ma kekahi ke'ena o ka Papa Ho'ona'auao, a 'o ia nō paha ka mana'o o *Kultus Ministerium* (ke'ena mo'omeheu) ma kā Bastian o luna a'e.[34] I ka manawa i lilo ai 'o HI.L.18 i ke aupuni ma o ko Pogue kū'ai 'ana mai, 'o W. D. Alexander ka mea mua loa āna i hō'ike aku ai. 'O Alexander nō paha ka mea nāna i kākau kope (me kekahi kōko'olua) iā HI.L.19. Ua nānā hou 'o Alexander i kā Malo palapala ma ka MH 1888 i mea e ho'omākaukau ai i kāna puke iho e pili ana i ka mo'olelo Hawai'i.

> My History has not made much progress, as I have been reading David Malo's M.S. on Hawaiian Antiquities and Kamakau's articles in the native newspaper of '65, '66, '67 on Hawaii History and Antiquities. I have commenced writing out a brief statement on the ancient religion, which I will condense about one half and rewrite for my History (HHK 1906).

Na ua 'o Alexander i hāpai i ka mana'o, e uku 'ia 'o N. B. Emerson e ko HHK no ka unuhi 'ana iā HI.L.18 (HHK 1908). Na Emerson nō paha kekahi mau kuhia ma HI.L.18, keu ho'i nā laina hiō ho'oka'awale lālani mele, a 'o ia nō kekahi hō'ailona o ka mālama 'ia 'ana o HI.L.18 ma Honolulu iā ia e ho'omākaukau ana iā *Hawaiian Antiquities* (Malo 1951).

5.2.7 'O kekahi mo'olelo 'ano 'ē (he hauwala'au wale paha) e pili ana i kahi i waiho ai 'o HI.L.18 ma ia mau makahiki, 'o ia nō ka 'ōlelo a James Bicknell ma kāna puke li'ili'i, 'o *Hoomanamana—Idolatry* ka inoa. 'A'ole i hō'ike 'ia ka makahiki i pa'i 'ia ai ua puke nei, akā, hō'ike le'a 'ia, 'o Kalākaua nō ka mō'ī i ia manawa. Ua kuhi 'o David Forbes, 'o 1890 nō paha ka makahiki i pa'i 'ia ai (Forbes 2003; 'ao. 335). Penei kā Bicknell 'ōlelo.

> The King, it is reported, is striving to bring the system of fetich worship into a concise form of which he shall be the acknowledged head. In the palace is a small room the only furniture in which is a table with a book lying upon it. The book is David Malo's history of Hawaiian traditions and legends, which after his death came into his daughter's possession; the King obtained it through her husband, John Kapena.
> Usually before reading, a circuit of the table is made seven times, after which the book is opened with a show of reverence, and then the credulous owner of the sanctum holds converse, in imagination, with the gods and demi-gods. This book is the basis of the present Hale Naua (Bicknell 1890?; 'ao. 3).

---

34. Ua ho'ololi 'ia ka inoa 'ōlelo Pelekānia o ia papa ma ka MH 1865. Ua lilo 'o "Bureau of Public Instruction," 'o ia 'o "Board of Education" (HHK 1908).

He ʻoiaʻiʻo kā anei kā Bicknell? Ma kāna ʻōlelo "It is reported," hōʻike mai ʻo ia, ʻaʻole ʻo ia i ʻike maka i kēia hana a ka mōʻī. Malia paha, ua mālama ʻiʻo ia ʻo HI.L.18 ma ka hale aliʻi i ia manawa. Ma hope iho o ka hoʻokahuli ʻia ʻana o ke aupuni mōʻī e ke aupuni kumakaia, ua kākau ʻia kēia memo ma ka penikala no ka manaʻo hoʻāhewa o Leihulu Keohokalole, he moʻopuna nō paha a Malo, penei.

> ~~David Malo~~
> Belonged to grandfather: David Malo
> Kalakaua borrowed from Lei's Father
> had no right to lend.
> The grandfather was at Lahaina at the time
> Willed the History of Hawaii to daughter
> Emma Malo the mother of Lei
> During the overthrow it was in the
> Palace & Emerson swiped it 1893
> <u>Not Copy righted</u>
> Leihulu Keohokalole (HWPK M-418; Doc. #114)

Pilikia loa kēia hoʻāhewa ʻana iā Emerson. Me he mea lā, ʻaʻole ʻo Emerson ka ʻona o HI.L.18 ma hope o ka hoʻokahuli ʻia ʻana o ke aupuni mōʻī. Wahi a kēia memo penikala, ua hāʻawi ʻia ʻo HI.L.18 e Malo i kāna kaikamahine, ʻo Emma ka inoa. Pēlā nō paha ka hoʻoili ʻana iho o Malo, eia naʻe, e like me ka ʻōlelo a Pogue (Pogue 1859E), ua kūʻai mai ke aupuni i kā Malo palapala ma ka MH 1859. ʻO Edward Bond nō paha, ke kahu o Emma, ka mea kūʻai aku, a ʻo Pogue ka mea kūʻai mai. ʻAʻole akāka loa ka nui kālā i uku ʻia, a like nō hoʻi ke akāka ʻole o ke ʻano i ili aku ai ia kālā i kā Malo kaikamahine. ʻO kekahi mea ʻano ʻē ma ia memo hoʻāhewa a Leihulu Keohokalole, ʻo ia ka hana a Malo a me kona wahi noho i ka manawa i hāʻawi ʻia ai kāna palapala iā Kalākaua. Wahi a kēia pepa hōʻike, ua noho ʻo Emma me kāna kāne ma Honolulu i ka manawa i noho ai ʻo Malo ma Lahaina, a i ia manawa nō i lawe ʻia ai ʻo HI.L.18 e Kalākaua ma ke ʻano kūpono ʻole. E like me ka mea i hōʻike ʻia ma luna aʻe nei, ua hana kope ʻia nō paha ʻo HI.L.18 iā Malo e noho ana ma Kēōkea ma nā MH 1852–1853, a ʻaʻole i pau i ke kākau ʻia ma mua o kona make. Eia kekahi, he ʻōpio ʻo Kalākaua i ka manawa i hala ai ʻo Malo. ʻAʻole i piha iā Kalākaua nā makahiki he 17 i ia manawa (ua hānau ʻo Kalākaua ma ka lā 16 o Nowemapa, MH 1838), a ʻaʻole i kau ke kalaunu mōʻī ma luna o kona poʻo a hiki i ka MH 1874. No laila, ua ʻānoni ʻia nō paha ma ia palapala hōʻike pōkole kekahi mea kū i ka ʻoiaʻiʻo a me kekahi ʻike kāpekepeke nō. ʻAʻohe ʻike paʻa hou ma kēia memo e hilinaʻi ʻole ai kākou i ka wehewehena i hōʻike ʻia ma luna aʻe nei: ua lilo ʻo HI.L.18 i ke aupuni ma ka MH 1859, a ua mālama ʻia ma Honolulu ma ia hope mai, ma ke keʻena o ka Papa Hoʻonaʻauao paha, ma ka hale noho aliʻi paha.

5.2.8 Ma hope mai o ke kahuli ʻana o ke aupuni mōʻī, he akāka ʻole nā kānaka nona ke kuleana o HI.L.18. Me he mea lā, ma hope o ka hoʻohui ʻia ʻana o ka ʻāina me ʻAmelika Huipūʻia, ua lilo ʻo HI.L.18 iā Alfred Carter, ke poʻo luna waiwai o *Bishop Estate*. Pēlā nō ka ʻōlelo ma ka faila HHK nona ka inoa "Notes re Bishop Musem" [*sic*].

> Library's various "Malo copies": Alfred Carter of Bishop Estates got the copy from The Bd. of Ed. and it came from the Estate to the Museum (hence the nomer "Carter copy").

5.2.9 Ua lilo ʻo HI.L.18 i HHK ma ka MH 1908, a ʻo *Bishop Estate* ka hui i makana mai, i ka manawa e noho luna ana ʻo Alfred Carter. Penei ka ʻōlelo a Kenneth Emory (HHK 1955).

> Notes made by Emory, Nov. 28, 1955
> After an interview with J. F. G. Stokes:
>
> . . .
>
> The Alfred Carter copy is in reality from the Board of Education. It was put into Wynant's hands at the Bishop Estate Office by Alfred Carter (not by George Carter). This copy was used by Emerson in working up the David Malo book for publication.

Ma ia manawa nō i kapa 'ia ai ka hua hō'ailona, 'o HMS L18. I kēia manawa, makemake a'e ko HHK i ka hua hō'ailona 'o HI.L.18. 'A'ole i komo pū 'o HI.L.19 i ka makahiki ho'okahi me HI.L.18; 'o 1912 paha ka makahiki i loa'a ai 'o HI.L.19 iā HHK ma waena o nā pepa he nui loa mai loko mai o ka 'ohina Fornander.

5.3 Nā hanana nui ma ka mo'olelo o KMH-Malo

Pakuhi 8. Nā makahiki a me nā hanana 'ano nui ma ka mo'olelo o HI.L.18

Makahiki	Hanana
1795	Hānau 'ia 'o Davida Malo.
1827	Kākau 'o Malo i ka pepa, *He Puke no ka Oihana Kula.*
1831	Ho'okumu 'ia 'o Lahainaluna. 'O Davida Malo kekahi haumāna, 'o Lorrin Andrews ka pelekikena.
1836	Ho'okohu 'ia 'o Sheldon Dibble he kumu ma Lahainaluna.
1838	Pa'i 'ia 'o KMH-Dibela. 'O Sheldon Dibble ka mea ho'oponopono, na Malo na'e i kākau i ka hapa nui.
1841	Kākau 'o Malo i ka mo'olelo o 'Umialīloa (Mokuna 51 o KMH-Malo), a me *Ka Hanau ana o Keopuolani.*
1842	Ha'alele 'o Lorrin Andrews iā Lahainaluna.
1845	Make 'o Sheldon Dibble.
1847	Kākau 'o Malo i kāna kolamu ho'olaha nīnau e pili ana i ka mo'olelo Hawai'i.
1852	Ho'okohu 'ia 'o Malo he kahuna pule ma Kēōkea, Maui.
1852–1853	Ho'oponopono 'o Malo lāua 'o Kalimahauna i nā palapala KMH-Malo, 'o HI.L.18 kekahi o ia po'e palapala.
1853	Make 'o Davida Malo.
1853–1859	Lawe wale 'ia 'o HI.L.18 e ka 'ohana o ka mō'ī; waiho 'ia ma O'ahu, kahi i lilo hou ai iā R. Armstrong, a laila, lawe aku 'ia i Lahaina no kā J. F. Pogue hana noi'i.
1858	Pa'i 'ia 'o KMH-Pokuea. Kū'ē 'o Edward Bond i ke kūpono 'ole o ke pa'i 'ana i kā Malo 'ōlelo me ka manuahi.
1859	Lilo 'o HI.L.18 i ke Aupuni Hawai'i, i ka papa ho'ona'auao.
1860-1865	Hana kope 'ia 'o HI.L.19 mai loko mai o HI.L.18 e W. D. Alexander me ke kōko'olua.
1865	Pa'i 'ia kā Andrews *Dictionary of the Hawaiian Language* ma O'ahu: nui nā wehewehena e pili ana i KMH-Malo.
1866	Pa'i 'ia ka mokuna 13 o KMH-Malo ma ka unuhi Pelekānia ma *The Friend.*
1880–1886	'Ike maka 'o A. Fornander iā HI.L.18 ma Honolulu.
1880 (?)	'Ike maka 'o A. Bastian iā HI.L.18 ma Honolulu.
1881	Pa'i 'ia ka mokuna 34 o KMH-Malo ma ka unuhi Kelemānia.
1890	Waiho 'o HI.L.18 ma ka Hale Ali'i 'o Iolani (?).
1895–1901 (?)	Unuhi li'ili'i 'o N. B. Emerson iā HI.L.18.
1903	Pa'i 'ia kā N.B. Emerson unuhina o HI.L.18.
1908	Lilo 'o HI.L.18 iā HHK.
1987	Pa'i 'ia kā Malcolm Chun kikokikona kope like o HI.L.18 / HI.L.19.
2006	Pa'i 'ia kā Malcolm Chun kikokikona kope like ho'oponopono 'ia a me kāna unuhi hou o KMH-Malo.

6. Nā Faila Malo ma HHK

6.1.1 Ma ka heʻe ʻana mai o nā makahiki mai ka lā i lilo mua ai nā palapala Malo iā HHK, ua hoʻoikaika nā limahana HHK e hoʻolako mai i kekahi ʻikepili no ke ʻano a me ka moʻolelo o ua mau palapala lā, he kōkua kekahi o ia ʻike, he koho wale kekahi. Ke hoʻāno hou ʻia nei nā palapala wehewehena i loko o ia mau faila, ʻo HI.L.18, ʻo HI.L.19, ia faila aku, ia faila aku, a kū i ka noiʻi hou loa. Eia naʻe, e nihi ka hele a ka mea noiʻi ke nānā ʻia kekahi ʻike kahiko i kākau ʻia ma ia mau faila Malo e ka poʻe noiʻi a limahana o nā makahiki 1950–2015. ʻO kekahi ʻike, he kahiko wale, ʻo kekahi naʻe, he hoʻohuikau a he ʻoiaʻiʻo ʻole, keu hoʻi ka palapala HI.LA.18, kahi i wehewehe hewa ʻia ai ka moʻolelo o kā Malo palapala, ka pilina o nā palapala KMH-Malo, a me ke ʻano i loaʻa ai ʻo HI.L.18 iā HHK.

HI.L.18	Ka palapala *Carter*, ʻo ia hoʻi, *Ka Moʻolelo Hawaiʻi* i hana kope ʻia e Davida Malo a me ʻelua mea hana kope ʻē aʻe.
HI.L.19	Ka palapala *Alexander*, ʻo hoʻi, *Ka Moʻolelo Hawaiʻi* na Davida Malo i hana kope ʻia mai loko mai o HI.L.18 e W. D. Alexander a me kekahi mea hana kope.
HI.L.19A	*Hawaiian Antiquities,* ʻo ia hoʻi, kā Lorrin Andrews unuhina ʻōlelo Pelekānia o kā Malo *Moʻolelo Hawaiʻi*. Ua hana kope a hoʻoponopono ʻia mai loko mai o HI.L.19D.
HI.L.19B	He puke kikokiko ʻia, ʻo kā Malo ʻōlelo Hawaiʻi ma ka hapa lua mua, a ʻo kā Andrews unuhina piha pono ʻole ma ka hapa lua ʻelua, akā, ua hewa ka poʻo inoa, penei: "translated by unknown members of the museum staff." Na ko W. M. T. Brigham kaikuahine i makana iā ia, a ma hope mai, ua lilo ia puke iā J. F. G. Stokes.
HI.LI.19C	Kekahi mau manaʻo na Kenneth Emory no nā palapala like ʻole o kā Malo puke e waiho ala ma hope o kona kamaʻilio ʻana me J. F. G. Stokes.
HI.L.19D	Ke kāmua o kā Lorrin Andrews unuhina ʻōlelo Pelekānia o kā Malo *Moʻolelo Hawaiʻi*.
HI.La.18	(*Archivist notes*) Kekahi ʻike hōʻuluʻulu no ka moʻolelo o ka Malo hana. He hoʻohuikau ka hapa nui.
Acquisition Notes 1908	Kekahi ʻike no ka loaʻa ʻana o HI.L.19 iā HHK.

7.   Ka Palapala HI.L.19 (kā Alexander)

7.1   KA NANAINA O KA PALAPALA A ME KE KĀKAU O LOKO

7.1.1   'O ka lua o ka palapala kākau lima o KMH-Malo, ua kapa 'ia 'o HI.L.19; 'o ka *Alexander Copy* ho'i ka inoa kapakapa, a aia ia ke mālama 'ia nei ma HHK. He 13.5" × 8.5" × .7" ka nui o waho. Ua pa'i 'ē 'ia nā lālani papamoe ma kēlā me kēia 'ao'ao, ma ke 'ano like 'ole me HI.L.18. He 134 ka nui o nā 'ao'ao i uhi 'ia i ke kākau lima, a 'o ka 168 ka helu o ka 'ao'ao hope loa i helu 'ia. He puke ia na ka po'e kākau 'ōlelo, 'a'ole na'e na ka po'e mālama mo'owaiwai.

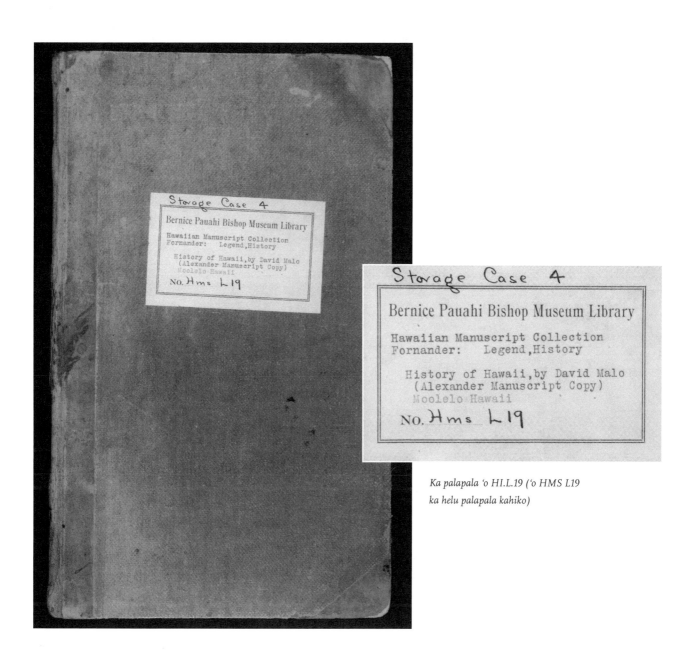

Ka palapala 'o HI.L.19 ('o HMS L19
ka helu palapala kahiko)

7.1.2   ‘A‘ole akāka ka makahiki i hana kope ‘ia ai ‘o HI.L.19. Ma ka ‘ao‘ao mua na‘e, ua kākau lima ‘ia ‘o "Professor W. D. Alexander, Honolulu," a na kona lima iho i hana kope i nā ‘ao‘ao mua ‘umi, no laila, ua hana kope ‘ia nō paha ma hope o ka MH 1859 a ma mua o ka MH 1866 (cf. 7.3.1).

7.1.3   He ‘elua nā mea hana kope o HI.L.19; ho‘omaka ka mea kākau mua ma kinohi o ka puke, ma ka ‘ao‘ao kuhikuhi ‘ao‘ao, a hiki aku ho‘i i ka paukū 5:1, he ‘umi ‘ao‘ao ka nui. Ho‘omaka ka mea kākau ‘elua ma ka paukū 5:2, a ua pau like i ka pau ‘ana o ka puke, he 124 ka nui o nā ‘ao‘ao.

Nā ‘ano kākau lima ‘elua o HI.L.19, ma nā paukū 5:1–2

Ke ho‘ohālikelike ‘ia ke kākau ma ka paukū 5:1 o luna a‘e, like loa ia me ka la‘ana kākau na W. D. Alexander pono‘ī (*Pāku‘ina IV*). Koe aku ka inoa o ke kōko‘olua nāna i kākau i nā paukū a pau ma hope aku o 5:1.

7.1.4   He nui nā hō‘ailona e hō‘oia mai ana, he palapala keiki ‘o HI.L.19 na HI.L.18, ‘o ia ka palapala makua. Eia mai kekahi o ia mau hō‘ailona he ‘u‘uku wale nō, akā, ua hiki nō na‘e ke ho‘olau aku a lau nō.

- Ka lele ‘ana o ka maka o ka mea hana kope mai kekahi lālani a i kekahi lālani a‘e. E nānā ka mea heluhelu i ke ki‘i o ka paukū 12:15 ma loko o HI.L.18. Ua lele wale ka maka o ka mea hana kope iā HI.L.19 mai ka pau ‘ana o kekahi lālani o HI.L.18 a i ka pau ‘ana o kekahi lālani a‘e, a ua kāpae ‘ia nā hua ‘ōlelo kū waena (mai kekahi "ia" a i kekahi "ia" a‘e). No kēia ‘ano kope hewa, he koina ka ho‘onohonoho like ‘ana o nā lālani me ka ho‘onohonoho lālani i loa‘a ma HI.L.18. E nānā i nā hua ‘ōlelo i kahalalo ‘ia ma HI.L.18 (‘ao‘ao 41). He ho‘okahi lālani piha o HI.L.18 ka nui i kāpae ‘ia ma HI.L.19.

  15 A i ka nalo ana ae o ka oioi o ke kihi o ka mahina o Huna ia po, a hoonui hou ae ka poepoe ana, o Mohalu ia, a mahuahua loa ka poepoe ana o ua mahina la, o Hua ia, <u>a aka- ka loa ka poepoe ana, o Akua ia</u> po, a o ka lua o ka po, i maopopo ai ka poepoe ana o ka mahina

- Ua like ka ‘auana ‘ana o ka maka ma 37:118. Ua lele ka maka o ka mea hana kope mai "hoomahanahana" e waiho ala ma waenakonu o kekahi lālani a i "hoomahanahana" ma waenakonu o kekahi lālani aku. Penei ka ho‘onohonoho lālani ma HI.L.18.

  118 He umi mau la e kapu ai ka Luakini, alaila noa
  ma ka la o Huna ka noa ana, o Mohalu ka lua o ka la
  i noa ai, a ma ia ahiahi ana iho, pule hou no, oia hoi
  ka pule hoomahanahana <u>e kolu mau la e pule</u>
  <u>ai, alaila pau ka hoomahanahana,</u> pau no hoi ia
  oiha[na] hoomana a ke alii nui.

Ka paukū 37:118 ma HI.L.19

- Ua kāpae ‘ia ma HI.L.19 nā hua ‘ōlelo kahalalo ‘ia. E like me ka la‘ana mua, pili kēia ‘ano kope hewa i ka ‘auana ‘ana o ka maka mai kekahi lālani i kekahi lālani a‘e. Ma muli o ke kau ‘ana o kekahi "hoomahanahana" ma luna pono o kekahi "hoomahanahana" ma HI.L.18, ua lele ‘ē ka maka o ka mea hana kope, a ua kāpae ‘ia ia mau hua ‘ōlelo e kū waena ana.

- Ma ka mokuna 21 o HI.L.18 (*No nā Kauā*), ua kaha pe‘a ‘ia ka hua ‘ōlelo ‘o *kauwa* a me kekahi mau inoa kānaka he 17 manawa, a ua pani ‘ia ka hakahaka e kekahi hua ‘ōlelo, ‘o *aikane* paha, ‘o *kanaka* paha. Ma HI.L.19 na‘e, ‘o ka hua ‘ōlelo pani hakahaka wale nō kai kākau ‘ia. ‘A‘ole na Malo mā ia ‘ōlelo pani hakahaka, eia na‘e, ‘a‘ole i mālama ‘ia ka ‘ōlelo kumu a Malo ma HI.L.19, ‘o ka ‘ōlelo ho‘oponopono wale ‘ia nō kai hana kope ‘ia.

- Aia aku aia mai, he kūikawā ke ‘ano i kākau ‘ia ai kekahi mau hua ‘ōlelo ma loko o HI.L.18]. Ua mālama ‘ia na‘e kekahi o ia mau pela ma‘amau ‘ole e ka po‘e hana kope o HI.L.19. Ma 36:68, ma ke ki‘ina a ka ‘ōnohi maka, ‘o *kahana* kai kākau ‘ia ma HI.L.18, penei: 𝘬𝘢𝘩𝘢𝘯𝘢 . A ‘o ia nō ka mea i hana kope ‘ia ma HI.L.19, penei: 𝘬𝘢𝘩𝘢𝘯𝘢 (kahana).

- 37:11 HI.L.18: 𝘬𝘢𝘯𝘢𝘭𝘢𝘯𝘢 𝘬𝘪𝘭𝘢 (i kanalana kila). ‘O *kana lanakila* ka ‘ōlelo i mana‘o ‘ia, eia kā, ua hana kope wale ‘ia ‘o *kanalana kila* me ka nānā ‘ole a ma hope iho mai, ua kaha ‘ia kahi laina ho‘oka‘awale: 𝘬𝘢𝘯𝘢𝘭𝘢𝘯𝘢 𝘬𝘪𝘭𝘢 (kana[|]lana kila).

- 51:80. Ua kākau hewa ‘o Malo iā *ma kali* ma kahi i mana‘o ‘ia ai ‘o *ma kahi*: 𝘮𝘢 𝘬𝘢𝘭𝘪 . Ua hana kope like ‘ia ia pela hewa ma HI.L.19, penei: 𝘮𝘢 𝘬𝘢𝘭𝘪 (ma kali).

- Ke kilo ‘ia ka papa ho‘ohālikelike palapala ma loko o ke kino nui o kēia puke, he mea ‘ike koke ‘ia, ‘a‘ohe ‘oko‘a ko‘iko‘i o HI.L.19 mai ko HI.L.18, koe ho‘okahi māhele pōkole (23:25–26) e kupu a‘e ai ka mana‘o, ‘a‘ole ‘o HI.L.18 ‘o ka palapala makua o HI.L.19. Eia na‘e, hele a akāka ke kumu no ia mau ‘oko‘a a pau ke nānā ‘ia nā paukū like o HI.L.18 (e nānā ma 7.1.5 ma lalo iho nei).

Ke ho‘ohālikelike ‘ia ke kākau lima ma nā ‘ao‘ao mua ‘umi o HI.L.19 me ka la‘ana kākau lima ma ka *Pāku‘ina IV.6*, ‘ike koke ‘ia, ‘o W. D. Alexander nō paha ka mea hana kope, a ‘o Alexander nō ka mea nānā ia puke. ‘O ua Alexander lā ho‘i ka hoa kākau leka a Pogue i hō‘ike mua ai, ua lilo ‘o HI.L.18 i ke aupuni Hawai‘i (e nānā i ka māhele 5.1.16). Inā he pololei ke ka‘ina hana i hāpai ‘ia ma luna a‘e nei, ua ho‘omaka koke ‘o Alexander i ka hana kope ‘ana iā HI.L.19 ma hope pono o ka lilo ‘ana o ia HI.L.18 i ke aupuni a ma mua ho‘i o kā Lorrin Andrews hana unuhi, ma waena nō paha o nā MH 1860–1865. Ua ho‘okohu ‘ia ‘o Alexander he luna o ka papa ho‘ona‘auao ma ka MH 1874, a nānā nō paha i ‘ae akula i ke kilo ‘ana o

Bastian lāua ʻo Fornander iā HI.L.18 a me HI.L.19D/A. Na Alexander nō hoʻi i ʻae aku iā HI.L.18 na Emerson i mea na Emerson e unuhi aku ai. ʻAʻole naʻe i hāpai iki ʻo Alexander, ma kāna mau leka paha, ma kekahi hālāwai o nā kahu waiwai o HHK paha, i ka manaʻo, he ʻelua nā palapala a Malo i waiho ai.

7.1.5   Ua ʻokoʻa ʻiʻo nō naʻe nā paukū 23:25–26 ma nā palapala ʻelua. He nui ka ʻōlelo pīnaʻi ma ia mau paukū, ʻo ia hoʻi, "Ina ma ka *mea* ke akua" (ʻo *lewa, honua, wai* nā hua ʻōlelo pani hakahaka). ʻO ka mea ʻokoʻa loa hoʻi, ʻo ia ke kaʻina o nā māhele. Eia mai kahi pakuhi e hiki ai ke hoʻohālikelike i nā palapala ʻelua.

Pakuhi 9. Nā paukū 23:25–26 ma HI.L.18 a me HI.L.19

HI.L.18	HI.L.19
(A) Ina ma ka lewa ke akua i manao ai nona he manu, paha, he manu no ke kii,	**(A)** Ina ma ka lewa ke akua i manao ai nona, he manu paha, he manu no ke kii,
(E) ina ma ka honua ke akua i manao ai, e like no me ko ka honua ke kii.	**(O)** ina he kane paha, ina he wahine paha ke akua i manao ai nona, pela no ke lii i hoohalike ai i na kii i mea e like ai ma ka olelo wale ana,
(I) Ina ma ka wai ke akua i manao ai, pela no ke kii	**(U)** aole no ma ka like io, a me ka ikemaka aku i ke akua, a me kona ano maoli.
(O) ina he kane paha, ina he wahine paha ke akua i manao ai nona, pela no ke kii, i hoolike ai i na kii i mea e like ai ma ka olelo wale ana,	**(I)** Ina ma ka wai ke akua i manao ai, pela no ke kii,
(U) aole no ma ka like io, a me ka ike maka aku i ke akua a me kona ano maoli.	**(E)** ina ma ka honua ke akua i manao ai, e like no me ko ka honua ke kii
	(H) pela no i hoolike ia ai ma ka olelo wale ana, aole ma kona like io.

Ua like nō ka ʻōlelo ma nā māhele A, E, I me U. ʻO ke kaʻina ka mea i ʻokoʻa ai nā palapala ʻelua. He ʻokoʻa iki ma ka māhele ʻo O, ʻo ia hoʻi "ke kiʻi i hoolike ai" a me "ke lii i hoohalike ai." Me he mea lā, ua hoʻohewahewa ka mea hana kope iā *kiʻi*, ʻo ia ʻo *liʻi*, a no ia kumu, ua hoʻoponopono ʻia ʻo *hoolike*, ʻo ia ʻo *hoohalike*. ʻO ka ʻokoʻa koʻikoʻi loa naʻe, ʻo ia ka ʻōlelo ma **H**, ma ka pau ʻana o ka paukū 26 ma HI.L.19, a ʻo ia nō ka hopuna ʻōlelo hoʻokahi i loaʻa ma HI.L.19 a i nele ma HI.L.18. No ke aha i pākuʻi ʻia ai? Ua pau ka māhele ʻo **U** i ka ʻōlelo wehewehena, a ʻo **U** nō ka pau ʻana o ka paukū 26 ma HI.L.18. Ma HI.L.19 naʻe, ua hemahema ka pau ʻana o ka paukū 26 i ka māhele **E**, kahi i loaʻa ʻole ai kekahi ʻōlelo wehewehena. Ua hoʻomaopopo paha ka mea hana kope, he hāwāwā a he hoʻohuikau nō hoʻi kāna hana kope, a nō laila, ʻo kona pākuʻi aʻela nō ia i ka ʻōlelo wehewehena ʻelua, i huikau ʻole ka mea heluhelu. Inā i pākuʻi ʻole ʻia ia ʻōlelo wehewehena, inā i koi ʻia ke kaha peʻa nui ʻana i kāna i kākau ʻē ai, a ʻaʻole ʻike ʻia ia ʻano kaha peʻa ʻana ma HI.L.19.

No laila, i loko nō o ke kaʻina ʻokoʻa ma 23:25–26 a me ka ʻōlelo keu, ʻaʻole nō paha ia he hōʻailona o ka palapala makua ʻokoʻa. Ua lele ka maka o ka mea hana kope, a laila, ua hoʻoponopono ʻia ke kaʻina hewa ma ka pākuʻi hou ʻana i kahi ʻōlelo wehewehena. Ma ia ʻano i mālama ʻia ai ka manaʻo nui o nā paukū ʻelua me ke kaha peʻa ʻole.

7.2   Nā kiʻi o HI.L.19

7.2.1   Ua paʻi kiʻi ʻia ʻo HI.L.19 e ko HHK, a hiki nō i ka mea noiʻi ke noi ia poʻe kiʻi, he TIFF ke ʻano. ʻAʻole i hōʻike ʻia nā kiʻi o ia palapala ma kēia puke, eia naʻe, ma ka papa hoʻohālikelike palapala o ka māhele ʻelua o kēia puke, ua hōʻike piha ʻia nā wahi i ʻokoʻa ai ka ʻōlelo ma HI.L.19 mai ka ʻōlelo ma HI.L.18, koe wale nā pela ʻokoʻa pākūā, ʻo ia hoʻi, ʻo *lii/alii*, ʻo *kua/akua* a pēlā wale aku.

7.3   KA MANAWA I HANA KOPE ʻIA AI ʻO HI.L.19

7.3.1   He ʻelua nā kumu e kuhi iho ai, aia aku aia mai, ʻo HI.L.19 kekahi palapala kumu a Lorrin Andrews i nānā ai no kāna unuhina piha pono ʻole o KMH-Malo (cf. 7.3.2).

i.   Nele loa kā Malo ʻōlelo hoʻākāka ma kā Andrews unuhina (HI.L.19A/D), a nele like ma HI.L.19.

ii.   Ma ka mokuna 21, like loa ka ʻōlelo ma kā Andrews unuhina me ka ʻōlelo Hawaiʻi o ia mokuna ma HI.L.19, kahi i kaha peʻa nui ʻia ai ka hua ʻōlelo ʻo *kauā*. Penei nā poʻo inoa o ia mokuna ma nā palapala ʻekolu:

> HI.L.18—*No na Kauwa*
> HI.L.19—*No na Kanaka*
> HI.L.19D/A—*Of the common People.*

7.3.2   Inā i nānā ko Andrews maka iā HI.L.19 no kekahi māhele o kāna hana unuhi, he kūpono ke kuhi aku, ua hana kope ʻia ʻo HI.L.19 ma mua o ke paʻi ʻia ʻana o kekahi mokuna mai loko mai o kā Andrews unuhina ma ka MH 1866 (Extract 1866). Inā pēlā, ua hana kope ʻia ʻo HI.L.19 ma nā MH 1860–1866.

8. Ke ʻAno o nā Wahi ʻOkoʻa o HI.L.19 me HI.L.18

8.1.1 He mau haneli nō paha ka nui o nā wahi i hoʻoponopono ʻia ai ka pela a me ka pilinaʻōlelo o HI.L.18 ma HI.L.19. I kekahi manawa, he kūpono ia hoʻoponopono ʻana, no ka mea, he palapala paʻa ʻole ʻo HI.L.18 i ka manawa i hala aku ai ʻo Malo (cf. 2.2.2ff).

8.1.2 E like me nā mea kākau ʻōiwi he nui, ua kāpae pinepine ʻo Malo i ke kaʻi ʻo "ke/ka" ma mua o ka hua ʻōlelo nona ka hua palapala mua he *k* paha, he *p* paha. Hoʻolako pinepine ʻo HI.L.19 i ia ʻano nele (38:4). Eia kekahi: kāpae nui ʻo Malo mā i ka ʻami piko " ʻo", i ka ʻami lauka, a i ke kaʻi ʻo "he," keu hoʻi ma ka papa helu ʻana o nā hua ʻōlelo he kikino ke ʻano, a hoʻolako nui ʻia nō hoʻi ia ʻano nele ma HI.L.19. Ua laha loa nō ia mau ʻano hoʻoponopono ʻana mai ʻō a ʻō o ka papa hoʻohālikelike palapala o kēia puke nei. Ke kaupaona ʻia naʻe ka pono me ka pono ʻole o ia ʻano hoʻoponopono ʻana a nā mea hana kope o HI.L.19, he kūpono ke noʻonoʻo iho, he mānaleo Hawaiʻi mākaukau loa ʻo Malo a he kākāʻōlelo nō hoʻi.[35] I loko nō o kekahi mau haʻawina ma ka ʻōlelo Pelekānia, ʻaʻole i lewa iki iā ia ia ʻōlelo. Ua loaʻa nō nā wahi i hemahema ai ka hana kope a Malo mā, a ua pilikia nō paha ko Malo lima i ke *dysgraphia* (3.3.2); eia naʻe, e nihi nō ka hele a ka mea nāna e hoʻoponopono i ke kākau a ka mānaleo mea ʻōlelo hoʻokahi. No ia kumu, hōʻike piha ʻia nā wahi a pau loa i hoʻololi ʻia e nā mea hana kope o HI.L.19 ma ka papa hoʻohālikelike palapala o kēia puke; ʻaʻole naʻe i wae ʻia ia mau loli a pau no ke kolamu ʻōlelo loi a wae ʻia. Inā i manaʻo ʻia kekahi ʻōlelo a Malo mā he hewa kope maoli, a ua maikaʻi ka ʻōlelo ma HI.L.19, ʻo ia nō paha ka ʻōlelo i wae ʻia. Inā naʻe i manaʻo ʻia, ua kū kekahi ʻōlelo paha, a pilinaʻōlelo paha, i ke ʻano o kā Davida Malo ʻōlelo Hawaiʻi, ʻaʻole i wae ʻia ka ʻōlelo hoʻoponopono mai loko mai o HI.L.19.

---

35. Ua hoʻomaka ʻo Malo i nā haʻawina ʻōlelo Pelekānia, eia naʻe, ʻaʻole i nui ka holomua. ʻAʻole i hiki iki iā ia ke kamaʻilio ma ia ʻōlelo, a na haʻi i unuhi i kāna mau leka i ka poʻe kamaʻāina ʻole i ka ʻōlelo Hawaiʻi (Malo 1839).

9. Ka Noiʻi Malo—Ka Nāʻana i ka Noiʻi o Mua e Pili ana iā KMH-Malo

9.1 Ko Malo ola[36]

9.1.1 He nani maikaʻi a he kūpono hoʻi ka inoa o kā Noelani Arista palapala MA (Arista 1998), *Davida Malo: Ke Kanaka o ka Huliau*. Ua hānau ʻia ʻo Malo i ka wā kahiko o kona lāhui (MH 1795), ma mua o ka pau ʻana o ka ʻai kapu. ʻO Keauhou kona one hānau a he poʻe makaʻāinana ona mākua. ʻO Noa ʻAuwae, kekahi kūʻauhau kaulana a Kamehameha, kāna kumu kūʻauhau. I ka hele ʻana mai o nā kāhuna pule Kalawina, ʻo Malo nō ka heke o kānaka i ka ʻimi ʻana i ka naʻauao hou o ia huliau. Ua lohe pono nā aliʻi kaulana i kāna ʻōlelo aʻoaʻo (ʻo Kaʻahumanu kekahi, ʻo Kuakini kekahi), a ua hoʻokohu ʻia ʻo Malo, ʻo ia ka luna nānā mua loa o nā kula aupuni o Hawaiʻi, a i ka MH 1841, ua koho pāloka ʻia ʻo Malo lāua ʻo S. M. Kamakau ʻo nā luna makaʻāinana no Maui. Ma nā makahiki hope loa o kona ola, ua hoʻokohu ʻia ʻo Malo he kahuna pule a ʻo ia nō kāna ʻoihana i ka manawa i hala ai.

9.2 Nā Kolamu a me nā puke e pili ana i ko Malo ola

9.2.1 Ua paʻi koke ʻia nā kolamu nūpepa no ko Malo ola ma hope pono o kona hala ʻana aku ma nā nūpepa ʻōlelo Pelekānia ʻelua a me hoʻokahi nūpepa ʻōlelo Hawaiʻi.

9.2.2 ʻO ka maka mua o ia ʻano kolamu, ʻo ia ka mea i kākau ʻia na "A" ma *The Polynesian*, 5 Nowemapa, MH 1853. He nui ka mahalo o ka mea kākau iā Davida Malo, a nāna nō i hāpai i ka manaʻo, he kūpono kahi puke piliolana no Malo. Hōʻike pū ʻo ia i kona makaʻu o nalowale loa kā Malo puke ma mua o kona paʻi ʻia ʻana.

9.2.3 Ma ia mahina hoʻokahi (Nowemapa, MH 1853), ua paʻi like ʻia he hoʻolaha pōkole no ko Malo hala ʻana aku. Ma ia kolamu ʻōlelo Pelekānia i haʻi mua ʻia ai kahi i kanu ʻia ai ko Malo kupapaʻu, ʻo ia hoʻi, ma luna lilo o Lahainaluna, ʻo Paʻupaʻu ka inoa puʻu (The Friend, Nowemapa, 1853).

> He said this land would fall into the possession of foreigners. Land in Lahaina would be valuable. The graveyards, enriched by the remains of the natives, would be coveted and the contents of the graves scattered abroad. He wished not his bones to be disturbed. Let him be buried on that summit where no white man will ever build his house.

9.2.4 He ʻelua nā kolamu piliolana i paʻi ʻia ma ka nūpepa ʻo *Ka Elele Hawaii* me ka manaʻo, he kūpono kahi puke piliolana no Malo (Ka Elele Hawaii 1853).

> Pono i kekahi mea e loaa mai i kona mau palapala, a e kakau i kona moolelo, e pai a e hoolaha i waena o na kana- ka a pau ma Hawaii nei.

Ma ka MH 1854, ua hoʻomau ʻia ia moʻoʻatikala piliolana no Malo (15 Mei, MH 1854; 2 Iune, MH 1854), kahi i hoʻokolo ʻia ai nā hanana nui o kona ola a hiki i ka manawa i hoʻomaka ʻia ai ka unuhi ʻana o ka Paipala ʻōlelo Hawaiʻi. Penei i pau ai ka lua o ke kolamu.

---

36. E nānā ka makamaka heluhelu i kā Noelani Arista mokuna no ko Malo ola ma ka lua o kēia puke., ʻo ia hoʻi, *Davida Malo, A Hawaiian Life*.

Ma ia hope iho, hoi mai o Poki me ko Liholiho kupapau, a ku ma Lahainaluna, a mahope, hoihoi na lii i Oahu, ia wa ko Kauikeaouli haawi ana i ke aupuni no ke Akua. Ia wa no ko lakou unuhi ana i ka Baibala ma ka olelo Hawaii. (Aole e Pau).

ʻO ia kā, ua pau nō. ʻAʻole i puka mai ke kolu o ke kolamu, a ʻo ia nō kekahi kumu i nele ai kākou i ka ʻike piha ʻole o nā makahiki hope o ko Malo ola.

9.3   Ka noiʻi ma ke au hou e pili ana i ko Malo ola a me kāna hana kākau

9.3.1   ʻAʻole he palapala noiʻi kēia no ko Davida Malo ola a me kāna mau hana, eia naʻe, he waiwai paha ka hōʻike pōkole ʻana aku i nā kolamu a me nā puke koʻikoʻi e pili ana iā ia, kahi i wehewehe ʻia ai kāna hana kākau.

9.3.2   Ua hoʻomākaukau ʻo W. D. Alexander (HHK 1908) i wahi kolamu piliolana no kā N. B. Emerson puke unuhi, ʻo *Hawaiian Antiquities* (Malo 1903, 1951). ʻĀnoni nui ʻia kā Emerson me kā Alexander kākau mai ʻō a ʻō o ia puke, no ka mea, ua hakuloli akula ʻo Emerson i kā Alexander, a laila, ua hoʻoponopono maila ʻo Alexander i kā Emerson puke holoʻokoʻa (HHK 1908). I loko nō o ka pili o Alexander me Lorrin Andrews, nui ka hemahema ma laila e pili ana i kā Malo hana a me ka waiwai o kāna puke (Lyon 2011). ʻO ke kuhi hewa helu ʻekahi hoʻi, ua kuhi wale ʻo Emerson mā, ua nele ʻo Malo i kahi mea aʻoaʻo akamai (he haole ka manaʻo) nāna e alakaʻi pono i ke kākau ʻana o Malo, no ka mea, wahi a Emerson, he kanaka manaʻo ʻino ʻo Malo i nā loina a me nā kuʻuna o kona lāhui iho ma muli o kona hoʻoikaika i ka hoʻomana Kalikiano.[37]

9.3.3   ʻO Malcolm Naea Chun ka maka mua o ka poʻe noiʻi i nānā hou i ko Malo ola me ka hoʻopīnaʻi ʻole i nā kuhi hewa a Emerson mā. Ua ʻimi ʻo Chun i kā Malo mau leka, i kāna mau kolamu nūpepa, a i nā leka a ka poʻe kamaʻāina iā Malo, a ma muli o kā Chun hana huaʻi ʻike, ua puka maila ke kiʻi hou: he kanaka keu ʻo Malo a ke akamai, a ka manaʻo kūpaʻa, a ke aloha hoʻi i kona poʻe aliʻi. He ʻekolu nā kākau piliolana pōkole a Chun:

1. *Ka Moolelo Hawaii* (Malo 1987). ʻO kēia kā Chun kikokikona kope like o ka ʻōlelo Hawaiʻi mai loko mai o HI.L.18 (a i kekahi mau wahi, mai loko mai o HI.L.19 nō hoʻi.). Ma ka ʻōlelo mua o ia puke (*Biographical Sketch of Davida Malo*) i ʻike leʻa ʻia ai ke ʻano koʻikoʻi o kā Chun hana huaʻi palapala. I loko nō o ka pōkole, he laupaʻi nō ka ʻike a me ke kālailai kū loa i ka hoi.

2. *Nā Kukui Pio ʻOle: The Inextinguishable Torch* (Chun 1993). Haʻi ʻia ko Malo moʻolelo ma ka mokuna mua o kēia puke pōkole e hōʻike aku ana i nā ola o kekahi mau mea kākau kaulana o ka lāhui Hawaiʻi, ʻo Malo kekahi, ʻo S. M. Kamakau kekahi, a ʻo S. N. Haleʻole kekahi.

3. *Hawaiian Traditions* (Malo 2006). Ua paʻi hou ʻo Chun i kāna kikokikona kope like o KMH-Malo a me kāna unuhi Pelekānia hou loa ma kēia puke, me ka hōʻike hou ʻana aku i kā Chun noiʻi no ko Malo ola, ma ke ʻano like me kāna māhele piliolana ma *Nā Kukui Pio ʻOle*, me kekahi noiʻi piliolana hou loa. He kūpono ke hoʻokaʻawale aku i ka waiwai nui o kā Chun hana noiʻi piliolana mai kāna hana hoʻoponopono palapala: he nui nō ka waiwai o ia hana noiʻi, akā, loaʻa kahi hemahema ma ka hana hoʻoponopono palapala no ka hoʻohewahewa ʻana i ka ʻōlelo ma ka palapala kumu a i ka nui o nā paʻi hewa (Charlot 1993).

9.3.4   ʻO nā palapala i lāliʻi loa i loko o ko Malo ola, ʻo ia kā Noelani Arista palapala laeoʻo (Arista 1998), ka mea i kapa ʻia ʻo *Davida Malo: Ke Kanaka o ka Huliau—David Malo: A Hawaiian of the Time of Change*, a me kāna mokuna hou loa ma ka lua o kēia puke, ʻo ia hoʻi, *Davida Malo, A Hawaiian Life*. Ma kāna palapala MA, ua nānā ʻia ko Malo ola mai kona wā ʻōpio a

---

37. Ua kuhihewa wale ʻo Emerson, ua kūʻē ʻo Malo i ka piliwaiwai a me nā hana leʻeleʻa ma muli o kona manaʻo Kalikiano. Hōʻike leʻa naʻe ʻo Malo, pēlā nō ke kūʻē a ka poʻe haku ʻāina o ka wā kahiko (cf. 22:13–14). Eia kekahi, ʻaʻohe wahi ʻōlelo mihi ma kā Malo no ka mōhai kanaka ma ka hoʻomana ʻana ma ka luakini. Kapa wale ʻia ia poʻe mōhai he "lawehala." Nānā ʻia kā Lyon 2011.

hiki i kona make 'ana. 'O ka waiwai nui o kā Arista hana mua, 'o ia ka hō'ike 'ana aku i ke ola o Malo i loko o ka pō'aiapili o ke au i ola ai 'o ia. Ma kāna noi'i hou loa ho'i, ua hō'ike le'a 'ia ko Malo kūpa'a 'ana ma hope o "nā ali'i mua," 'o ia ho'i, nā ali'i o ka wā o Kamehameha, keu ho'i ma ko lākou mālama 'ana i nā maka'āinana. Ma muli o kā Malo 'ōlelo a'oa'a (i noi 'ole 'ia) i nā ali'i hou, 'o ia ho'i, nā ali'i e noho ali'i ana ma hope mai o ka hala 'ana aku o Kuakini mā ma ka MH 1844, emi ihola ko Malo kūlana hanohano ma ke aupuni mō'ī, a ua lilo iā ha'i kekahi o nā 'āina i hā'awi 'ia iā ia e nā ali'i kahiko.

Ma mua o kā Arista noi'i piliolana, ua laha loa ka mana'o, he kanaka 'o Malo i ho'opilimea'ai wale i nā kāhuna pule Kalawina. Ma muli na'e o kā ia ala lu'u a lilo loa i nā palapala like 'ole o ia wā, ua laumeki ihola ia mana'o kūpono 'ole, a ua 'ō'ili mai nei ke ki'i kū i ka iwi hilo o ko Malo 'ano kanaka aloha 'āina.

9.4   Nā mana pa'i 'ia o KMH-Malo ma ka 'ōlelo Hawai'i

9.4.1   E like me ka 'ōlelo o luna a'e, 'a'ole i pa'i 'ia kā Malo puke 'ōlelo Hawai'i iā ia e ola ana. Ua hahao wale 'ia kekahi mau māhele ma loko o KMH-Pokuea, akā, 'a'ole i hō'ike 'ia ma laila, na Malo ia mau mokuna, a ua ho'ololi nui 'ia ho'i kekahi mau mokuna 'ē a'e e Pogue (cf. *Pāku'ina II*).

9.4.2   Ma waena o ka pu'u palapala a N. B. Emerson ma ka Hale Waihona Palapala Kahiko 'o Huntington (*Huntington Library*), ua hana kope 'ia me ka maiau kekahi mau mokuna o HI.L.18. Malia paha, ua mana'o 'o Emerson lāua 'o W. D. Alexander i ke pa'i pū 'ia 'ana o ka 'ōlelo kumu o kā Malo puke ma loko o *Hawaiian Antiquities*. Inā pēlā, 'a'ole i kō. Ua pa'i 'ia kā Emerson unuhi a me kāna mau kuhia o hope wale nō. 'A'ole kā i pa'i 'ia ka 'ōlelo kumu a Malo (koe wale nā mele) a hala aku nā makahiki he 150 a 'oi ma hope o ko Malo hele 'ana aku i ke ala ho'i 'ole.

9.4.3   Ua pa'i ki'i 'ia 'o HI.L.18 e *University Microfilms* i mea e hiki ai i ka po'e noi'i ke nānā i nā ki'i o kā Malo 'ōlelo Hawai'i. Pēlā nō i a'oa'o a'e ai 'o Kenneth Emory ma kāna 'ōlelo mua ma *Hawaiian Antiquties* ma ka MH 1971, eia kā, i loko nō o ka loa'a 'ana o ia puke ki'i ma loko o ka pahu faila Malo ma HHK (aia nō ia ke waiho ala i kēia manawa 'ānō), ua nalowale loa ke kope pono'ī a *University Microfilms*, a no ia kumu, 'a'ole i hiki i ka po'e noi'i ke nānā i ia mau ki'i, koe wale ma ka nānā 'ana o ka maka ma loko o ka lumi waihona puke o HHK.[38]

9.4.4   Ma ka MH 1987, 'o Malcom Naea Chun kai hō'ike mua aku i ka lehulehu i kā Malo 'ōlelo Hawai'i ma kāna kikokikona kope like (Malo 1987), he 134 makahiki ma hope mai o ko Malo hala 'ana aku.

9.4.5   Ua pa'i hou 'o Chun i kāna kikokikona kope like i ho'oponopono 'ia ma *Hawaiian Traditions* (Malo 2006). Ma ia puke ho'okahi i pa'i pū 'ia ai kā Chun unuhi hou loa. Ma kekahi mau wahi, he kōkua nō ia unuhi no ka ho'ākāka 'ana mai i ka pohihihi o kā Malo 'ōlelo. E like na'e me kā Chun kikokikona kope like mua, he 'ehā nā pilikia o ka mea heluhelu: 1) ka nui o nā pa'i hewa; 2) aia aku aia mai, ua ho'ānoni 'ia ka 'ōlelo o nā palapala 'elua, 'o ia ho'i, 'o HI.L.18 a me HI.L.19; 3) nele loa nā ki'i o ka palapala kumu; 4) 'a'ole i ho'oponopono 'ia kā Malo 'ōlelo, 'o ia ho'i, 'a'ole i hō'ano hou 'ia kā Malo kākau, 'a'ole i ho'oponopono 'ia nā kaha kiko. Ma muli o ka loa'a 'ole o ke ki'i, ke pilikia ka mea heluhelu i kahi 'ōlelo ma kā Chun kikokikona, he pālua a pākolu paha ke kānalua i ke kumu o ia pilikia. Ua hewa anei kā Chun hana kope? Ua hewa anei paha ka hana kope a Malo mā? Ua pololei paha ka hana kope a nā mea 'elua, akā, no ke kahiko, 'a'ole akāka ka mea i mana'o 'ia? Me ke ki'i 'ole, pehea e maopopo ai?[39]

---

38. Ua ho'ā'o ihola au e 'oka i kope o ia puke ki'i ma kahi o ka MH 1988. Ua pane mai ko University Microfilms, ua lilo ua kope *microfilm* lā i ka 'ole.

39. E nānā i kā Charlot 'atikala loiloi no ka mua o kā Chun puke (Charlot 1992). Ma laila, ua hō'ike 'ia nā pa'i hewa he makawalu ma kā Chun hana kope 'ana i kā Malo palapala kumu (he hale kanaka, he hemolele 'ole!), eia kā, 'a'ole i ho'oponopono 'ia ia mau pa'i hewa ma ka lua o kā Chun puke (Chun 2006).

10.1 Nā hi'ohi'ona i pa'akikī ai ka heluhelu 'ana iā HI.L.18

10.1.1 'Oko'a loa ka heluhelu 'ana i ka palapala kākau lima, 'oko'a ka heluhelu 'ana i ka nūpepa 'ōlelo Hawai'i, keu ho'i nā palapala kākau lima a ka hanauna mua i a'o i ka palapala ma Hawai'i nei, no ka mea, ua ho'opili nui kā lākou kākau i ka 'ōlelo waha. 'O ka hopena ho'i, he 'oko'a nō ke 'ano o ka pela 'ana, o ka ho'oma'aka 'ana, o ka ho'oka'awale a me ka ho'ohui 'ana i nā hua 'ōlelo, a me nā kiko kaha.

10.2 Ka pela 'ana ma HI.L.18

10.2.1 Ka 'okina. Ua lohe 'ia ka 'okina e ka po'e nānā i haku i ka pī'āpā 'ōlelo Hawai'i (Andrews 1865; 'ao. 14), akā, no ka ma'a 'ole i kona 'ano he koneka, 'a'ole i kākau 'ia, koe wale ma nā wahi e 'oko'a ai kekahi pa'a hua 'ōlelo like (*kou/ko'u*). He pālua ka mana'o o ke koma luna ma ke kākau o ke kenekulia 19; 1) he 'okina maoli e 'oko'a ai ka pela o nā hua 'ōlelo like loa (e la'a ko'u/ka'u), 2) he hō'ailona ia o ke kāpae 'ia 'ana o kekahi leo lohe 'ole 'ia, 'o ia ho'i, "aloha 'ku" ("aloha aku"), "i aloha 'i" ("i aloha ai"). Ma ka ma'amau, pēlā nō ka pela 'ana a Malo mā, eia na'e, kāpae nui 'ia ke koma luna o nā 'ano 'elua. Ma kā Malo mau 'ao'ao i hana kope ai, nele nui nō nā koma luna. Eia mai kekahi mau la'ana

- kau (*ka'u*)—48:6; 51:27, 28
- ou (*o'u*)—51:48

Eia kekahi: aia aku aia mai, ho'okomo wale 'ia ke koma luna ma nā wahi ma'amau 'ole.

- a'u (ma kahi o *au*)—'Ōlelo Ho'ākāka
- a'u (*he 'ano i'a*)—6:6 ('okina maoli)
- i'a (*i'a*)—24:9 ('okina maoli)
- Ka'u (*Ka'ū*)—38:68, 69 ('okina maoli)
- lo'u (*lo'u*)—33:3 ('okina maoli)
- maka'i (*maka'ī ?*)—18:52 ('okina maoli nō paha)
- maka'u (*maka'u*)—32:7; 63:3 ('okina maoli)
- ma'u (*ma'ū*)—7:12, 13 ('okina maoli)
- ma'u (*ma'u*)—14:10 ('okina maoli)
- pa'u (*pā'ū*)—9:17; 40:4 ('okina maoli)

10.2.2 Ke kahakō. 'Ike 'ia ke kahakō maoli ma HI.L.19 ma 7:15 (ohū). 'A'ole na'e i kaha 'ia ma HI.L.18. 'O kekahi māka woela kō a Malo mā i 'ike pinepine 'ia ma HI.L.18, 'o ia ke kōwā ma hope o ka woela kō mua o ka hua 'ōlelo, i mea e hō'ike a'e ai, he ka'awale iki ke kāpana mua mai ke koena o ka hua 'ōlelo. Malia paha, he 'ano kākau ia e ho'opili ana i ka 'ōlelo waha. 'A'ole ia he pela kūmau, eia na'e, 'ike pinepine 'ia. Eia mai kekahi mau hua 'ōlelo nona ke kōwā kūloko.[40]

---

40. Ua hiki nō ke ho'onui i nā la'ana o kēia 'ano mai 'ō a 'ō o HI.L.18, ma nā 'ao'ao a nā mea hana kope 'ekolu. I loko nō na'e o ka nui, 'o ka pela 'ana me ke kōwā 'ole ka mea laha loa.

- a iwaiwa (*āiwaiwa*)—35:13 *2x*
- a koakoa (*ākoakoa*)—36:45, 37:29, 37:89
- a mama (*āmama*)—35:15, 37:101
- a nai (*ānai*)—17:4, 37:7
- ho aho (*hō'aho*)—37:21
- ka huna (*kāhuna*)—36:69 *2x*
- ka lai (*kālai*)—37:4, 41E:5
- ka lua (*kālua*)—11:2 *2x*
- ka mala (*kāmala*)—33:3, 36:65
- la lau (*lālau*)—35:12
- ma hele (*māhele*)—37:90
- na helehele (*nāhelehele*)—13:4, 13:16
- o hia (*'ōhi'a*)—37:16
- o lelo (*'ōlelo*)—38:7 *2x*

10.2.3 Ke kāpae 'ana i ka woela like pālua. Kāpae nui 'ia ka lua o kekahi pa'a woela pālua, 'o ia ho'i, *aa, ee, ii, oo, uu*. Inā he 'okina kū waena o ia pa'a woela (ma ka puana, 'a'ole ma ke kākau), 'a'ole i kāpae 'ia ka woela 'elua. Kāpae mau 'ia ka woela lua ma kekahi mau hua 'ōlelo laha loa, 'o ia ho'i, "na lii" (nā ali'i), "na kua" (nā akua), "ia" (i ia), a pēlā wale aku. Eia mai 'elua la'ana no kēlā me kēia 'ano woela like pālua.

- aa → a : ua puaa la, laila (*ua pua'a lā. [A] laila*)—36:57
- aa → a : a na ia (*a ana 'ia*)—37:16
- ee → e : Hinaiaeleele kaili (*Hinaia'ele'ele e kā'ili*)—40:8
- ee → e : o ke o no (*'o ke eo nō*)—41M:7
- ii → i : huki ua kaula (*huki i ua kaula*)—41P:6
- ii → i : e kapa ai na Uala (*e kapa ai i na uala*)—14:3
- oo → o : o lalo kapapaku (*o lalo o ka papakū*)—7:20
- oo → : o ke ola no ko lakou (*'o ke ola nō o ko lākou*)—36:8
- uu → u : e ike aku anei (*e 'ike aku uane'i*)—45:15
- uu → u : o Kanipahu aku a hai (*o Kanipahu aku, ua ha'i*)—47:1

10.2.4 Ke kōwā ho'oka'awale hua 'ōlelo. He pa'akikī nō ka hō'ike 'ana aku i ke kōwā ho'oka'awale hua 'ōlelo ma ke kolamu kikokikona kope like o HI.L.18. I kekahi manawa, ho'ohui 'ia nā hua 'ōlelo he nui; i kekahi manawa, ho'oka'awale 'ia ka hua 'ōlelo ho'okahi; i kekahi manawa ho'i, 'a'ohe ahuwale ke kōwā me ke kōwā 'ole. He kūpono ke ho'omaopopo, ua ho'opili ke kākau i ka 'ōlelo waha. I ka wā kahiko o nā lāhui Helene a Roma, 'a'ole i kākau iki 'ia ke kōwā ho'oka'awale hua 'ōlelo, a ua koi 'ia ka heluhelu 'ana me ka leo. Malia paha, pēlā ke 'ano heluhelu o ia hanauna mua loa o ka po'e Hawai'i i a'o i ka palapala, 'o ia ho'i, ua heluhelu mau 'ia me ka leo. Ma ke 'ano he la'ana, e nānā i ka 'u'uku o nā kōwā ahuwale ma kēia paukū i kākau 'ia e ko Malo lima iho (47:8). Ma hea e kau ai i nā kōwā ma ke kikokikona kope like?

Ma hea nā kōwā? (47:8)

8 Alaila,kiiakulana kanakameKalapanapu, pepehiihola
ia Kamaiole,amakealilo keaupuni iKalapana, uakapaia
oia oKalapanaKuioio moaelike me ka olelo aKanipahu
aole ikeia koKamaiolem oolelo.

I mea e hoʻomaʻalahi aʻe ai i ka heluhelu ʻana i ke kolamu kikokikona kope like, ua hoʻokaʻawale ʻia, ma kekahi mau wahi, nā hua ʻōlelo ma ke ʻano like me ka pela ʻana i laha loa ma nā nūpepa a me nā puke ʻōlelo Hawaiʻi i paʻi ʻia i ke au i ola ai ʻo Malo.

10.2.5 Nā kaha kiko ma HI.L.18 (e nānā i ka paukū 2.2.4). Pili ke kiko koma ma kā Malo i ke kaila haʻi moʻolelo kuʻuna (*performance*) i lohe nui ʻia ma nā moʻolelo haʻi waha a nā kūpuna Hawaiʻi ma ka polokalamu *Ka Leo Hawaiʻi*. Eia mai kekahi laʻana (22:13).

O ka hale kekahi, i kapaia, he waiwai, oia kahi e moe ai ke kane me ka wahine, na keiki na makamaka, ma laila e waiho ai na ukana, a me kela mea, keia mea.

He ʻelua a ʻoi nā kiko koma ma kēia paukū i kū ʻole i ke ʻano kaha kiko o kēia au. Ke hoʻopuka ʻia naʻe kēia paukū ma ke ʻano *staccato* a nā kūpuna ʻōlelo Hawaiʻi, lohe koke ʻia nō ke kumu i kaha ʻia ai ia mau kaha kiko e Malo mā.

10.2.6 Na kaha kiko o HI.L.18.

Pakuhi 10. Nā kaha kiko ma HI.L.18

kiko pau	Ma ka maʻamau, hoʻokahi kiko pau o ka paukū, ʻo ia hoʻi, ma ka pau ʻana o ka paukū. Loaʻa nō naʻe nā paukū nona nā kiko pau ʻelua a ʻoi (1:2, 38:4). He nui nā paukū i pau i ke kaha koma paha, i ke kaha ʻole paha.
kiko koma	ʻO ia nō ke kaha laha loa, keu hoʻi i loko o ka paukū. Pili pinepine kā Malo mā kiko koma i ke kōwā leo i lohe ʻia ma ka ʻōlelo waha a nā kūpuna mānaleo ʻōlelo Hawaiʻi.
kiko nīnau	Like ka laha me ke kākau ʻana o kēia au (34:26, 28).
kiko pūʻiwa	ʻAʻohe loaʻa.
kiko kolona	ʻIke kakaʻikahi ʻia (9:19, 51:3).
kiko hapa kolona	ʻIke kakaʻikahi ʻia. ʻAʻohe laʻana kānalua ʻole (34:27, 40:26).
kahaapo	Loaʻa, akā, ʻaʻole like ka laha me ke kākau o kēia au (26:7, 36:12, 36:19).
kaha ʻole	ʻIke pinepine ʻia nā paukū i pau i ke kaha ʻole (35:7, 36:21).

10.3   Ka hoʻomaʻaka a me ka hoʻonaʻinaʻi ʻana ma HI.L.18

10.3.1   Ma nā wahi he nui, pili ka maʻaka a me ka naʻinaʻi ma HI.L.18 i ka manaʻo o ka mea kākau, ʻaʻole i ka pilinaʻōlelo a me ka pela ʻana i aʻo ʻia ma ke kula o kēia au. Ma ka maʻamau, hoʻomaʻaka ʻia nā inoa kānaka, akua, ʻāina a pēlā aku, eia naʻe, he nui nā inoa i hoʻonaʻinaʻi ʻia. Eia mai ka lālani mua o ka pule ipu (24:9), e like me ke kākau ʻana ma HI.L.18: "e ke akua e ku, e Lono e kane kanaloa na kua, na aumakua" (*E Kū, e Lono, e Kāne, [e] Kanaloa, nā akua, nā ʻaumākua*). Ma ka maʻamau naʻe, hoʻomaʻaka ʻia nō kēia mau inoa akua. ʻAʻole hoʻomaʻaka like ʻo Malo mā ma nā wahi a pau.

10.3.2   ʻO ka manaʻo nui o ka hua ʻōlelo inoa ʻole i hoʻomaʻaka ʻia, ʻo ia ka hōʻike ʻana aku i ke ʻano nui o ia mea, he hōʻailona kālele nō hoʻi. ʻIke nui ʻia kēia ʻano hua maʻaka ma ka paukū 11:15 o HI.L18:

> Eia kekahi mau mea i hookaawale ia, na ke kane wale no, aole e ai ka wahine i ka puaa, o ka Maia, o ka Niu, a me kekahi mau ia o ka Ulua, o ke Kumu, o ka Mano Niuhi, o ka Honu, o ka Ea, o ka Pahu, o ka Naia, o ke Kohola, o ka Nuao, o ka Hahalua, o ka Hihimanu, o ka Hailepo, a me kekahi mau mea kapu e ae, aole i pau i ka helu ia e make no ka wahine ke ai i keia mau mea, ke ike pono ia kona ai ana

10.3.3   Aia aku aia mai, hoʻomaʻaka ʻia ka ʻami piko " ʻo " a me nā kaʻi ʻo "ke" me "ka" ma kahi o ka hua mua o kekahi hua ʻōlelo ʻano nui, me ke kōwā ʻole kū waena, ʻo ia hoʻi "Ouka" (*ʻo Uka*, 5:3). Penei i hoʻomaʻaka ʻia ai kekahi mau mea ʻano nui ma ka paukū 6:8–9: "no laila mai Kahekili, Kauila, Kamakani, Kaua, Kaino nui" (*no laila mai ka hekili, ka uila, ka makani, ka ua, ka ʻino nui*).

10.4   He mau manaʻo no ka ʻōlelo a Davida Malo

10.4.1   Ua hānai a hoʻonaʻauao ʻia ʻo Davida Malo i ka wā o ka ʻai kapu, a laila, ua hoʻonaʻauao hou ʻia i ka huliau o ka hoʻomana Kalikiano. Ma ke ʻano like, ua mālama ʻo Malo i ka ʻike a kahiko ma ka ʻōlelo a kahiko, a laila, hōʻike aku ʻo ia i ia ʻike ma ia mea hou loa, he puke. Eia mai kekahi laʻana o kā Malo ʻōlelo kuʻuna. Ma nā ʻōlelo Polinesia hikina, laha loa nā kino ʻekolu o ka hune hōʻike pili, ʻo *nei / nā / rā*, e laʻa nā hua ʻōlelo Māori, ʻo *tēnei / tēnā / tērā , koinei / koinā / koirā*. Ua mālama pū ʻia kēia ʻano hune ma ka ʻōlelo Hawaiʻi, ʻo ia hoi, ʻo *kēia / kēnā / kēlā*, eia naʻe, me he mea lā, ua emi iho ka laha o ka hune hōʻike pili ʻelua, ʻo *nā*. Laha loa ʻo *"ia nei"* a me *"ia [a]la,"* akā, ʻaʻole ʻike ʻia ʻo *"ia nā"* ma ka ʻōlelo Hawaiʻi o ke kenekulia ʻumi kumamāiwa. Eia naʻe, i ko Malo haʻi ʻana i ka moʻolelo no Kauholanuimāhū, kahi i kamaʻilio ai ʻo Pāʻao me Laʻakapu, ka makuahine o ia Kauholanuimāhū, hoʻopuka akula ʻo Pāʻao iā *"ia nā"* he ʻekolu manawa ma loko o nā paukū ʻelua, penei: "He mau ʻumiʻumi ko ia nā" (49:4); "Noho ia nā i ka huʻa kai" (49:5); "Noho ia nā i ka lua o ke kai" (49:5). He hōʻailona akāka kēia, ʻaʻole na Malo i haku wale i nā māhele like ʻole o kāna puke. Pēlā nō ka hana mālama ʻike ma nā papa hua ʻōlelo a Malo ma nā mokuna 5–17, ʻo ka pōhaku ʻoe, ʻo ke ao ʻoe, ʻo ke kumulāʻau ʻoe, ʻo ka hewa me ka pono ʻoe. ʻAʻole na Malo i hoʻonohonoho wale i ke kaʻina o ia mau papa hua ʻōlelo, a ʻaʻole na ko Malo manaʻo i hoʻoholo i nā mea o loko o ia mau papa hua ʻōlelo (Charlot 2003; ʻao. 14ff.).

10.4.2   ʻO kekahi hana akamai lua ʻole a Malo, ʻo ia ka hoʻokāhiko i ka ʻike kuʻuna i ka lole hou mai ka ʻāina ʻē mai, he pepa hōʻike manaʻo. Ma muli o ke kamaʻāina ʻole o nā mea noiʻi mikionali paha, a keiki mikionali paha, i ke ʻano ʻōiwi o kā Malo puke, ua hala akula iā lākou kekahi waiwai lua ʻole o kā Malo hana, ʻo ia hoʻi, ka ʻikena ʻōiwi ma ka ʻōlelo ʻōiwi ma muli o nā māhele ʻōiwi, keu hoʻi ma nā mokuna kahi i hōʻike aʻe ai ʻo Malo i nā papa hua ʻōlelo kuʻuna. Ua ʻōʻili maila ia ʻano kamaʻāina ʻole ma ka manawa i unuhi mua ʻia ai kekahi mokuna o kā Malo puke, ma ka ʻōlelo hoʻolauna mai loko mai o ka unuhi Pelekānia mua loa o kekahi mokuna o KMH-Malo (Extract 1866).

> But we regard these extracts as interesting—showing the train of thought and reflections of an Hawaiian, born in the very darkness of heathenism, but partially educated after he had arrived at manhood. Had he received an American or European education his abilities would have been much greater.

Pēia ke kamaʻāina ʻole o N. B. Emerson i ke kaila kākau a Malo (Malo 1903; ʻao. 14), penei:

> As a writer David Malo was handicapped not only by the character and limitations of the language which was his organ of literary expression, but also by the rawness of his experience in the use of the pen.

Ua hele a laha loa ko Emerson manaʻo hoʻohaʻahaʻa i kā Malo hana ma hope o ka MH 1903, ʻoiai i paʻi mua ʻia ai ʻo *Hawaiian Antiquities* (Malo 1903). Penei ka ʻōlelo a ka luna o HHK, ʻo William T. Brigham, ma kāna puke *The Ancient Hawaiian House* (Brigham 1908; ʻao. 262), ʻoiai i nānā ai ʻo Brigham i kā Malo mokuna *No nā Hale me nā Mea ʻē aʻe me ka Hoʻomana* (mokuna 33).

> I greatly dislike to interrupt *the quaint old annalist,* but this is all he has to tell us about the house itself . . . [Naʻu ka hoʻohiō].

Me he mea lā, ʻaʻole i kamaʻāina iki kēia poʻe noiʻi, ua ʻokoʻa loa ke ʻano i hoʻonohonoho ʻia ai ka ʻike kuʻuna o Hawaiʻi nei mai ke ʻano i aʻo ʻia ai lākou ma nā ʻāina ʻē, a ua ʻokoʻa nō hoʻi ke ʻano i hoʻoili ʻia ai ia ʻike mai kekahi hanauna a i kekahi hanauna.

He kuhi hewa koʻikoʻi nō ia, a no ia kumu, e akahele ka mea heluhelu i kā Malo puke ma ka ʻōlelo Hawaiʻi o lilo like kona manaʻo i ia kuhi hewa hoʻokahi, ʻo ia hoʻi, like ke ʻano o kā Malo puke me nā puke i kākau ʻia i kēia au e holo nei, a ma muli o ia like ʻole, ua emi mai ka waiwai. ʻAʻole kā!

10.4.3 Ua loli loa ka nohona o kānaka ma hope o ka pau ʻana o ka ʻai kapu, a no ia kumu, loaʻa nō ma kā Malo puke nā hua ʻōlelo kamaʻāina ʻole i kēia au. ʻO kekahi, ua nalo loa ka manaʻo. ʻO kekahi mau hua ʻōlelo naʻe, ua noiʻi ʻia e Lorrin Andrews iā ia e kākau ana i kāna puke wehewehe hua ʻōlelo (Andrews 1865). No laila, ke heluhelu ʻia kā Malo puke, nui ke kōkua ma kā Andrews puke wehewehe. He minamina nō naʻe, ʻaʻole i ili ka hapa nui o ia ʻike i loko o PE. ʻO ka mea i nānā nui ʻia e Samuel Elbert, ʻo ia kā Emerson puke unuhi.[41] No laila, ke hōʻike ʻo Emerson i kekahi hua ʻōlelo Hawaiʻi a me ka wehewehena ʻōlelo Pelekānia ma *Hawaiian Antiquities,* hōʻike pū ʻia ua hua ʻōlelo lā ma PE. He kakaʻikahi naʻe nā wehewehena ma PE i lawe ʻokoʻa ʻia mai loko mai o kā Malo ʻōlelo Hawaiʻi, no ka mea, ʻaʻole i paʻi pono ʻia kā Malo puke ʻōlelo Hawaiʻi i ka manawa i paʻi mua ʻia ai *The Hawaiian Dictionary* (MH 1957), a pēia nō a hōʻea loa aku i ka manawa i paʻi hou ʻia ai kā Elbert hana hoʻoponopono hope loa ma ka MH 1986.

10.4.4 Ma waho o nā mea o luna aʻe e pili ana i ke ʻano kahiko o kā Malo ʻōlelo, he kūpono i ka mea heluhelu ke hoʻomaopopo mau, ʻaʻole i paʻa pono kā Malo puke i ko Malo manawa i hala aku ai, no laila, ua loaʻa nō nā hopuna ʻōlelo piha pono ʻole, hāwāwā, a hoʻohuikau nō hoʻi, a ʻo ia nō paha kekahi kumu i paʻi ʻole ʻia ai ʻo KMH-Malo iā Malo e ola ana.

---

41. E nānā i ka pepa paʻi ʻole ʻia na Leimomi Akana (Akana-Gooch 1980). Ma hope o ko Akana hoʻohālikelike ʻana i kā Emerson me kā Malo ʻōlelo kumu, ua kākau ʻo ia i pepa kālailai (nānā nō i hāʻawi mai i kope). Ma hope mai, ua kelepona akula ʻo Elbert iā ia, me ka haʻi ʻokoʻa ʻana aku, ʻaʻole i nānā ʻia kā Malo ʻōlelo Hawaiʻi no ke kākau ʻana i ka *Hawaiian Dictionary.* (Leimomi Akana 2006; kamaʻilio pilikino).

11. He mau Wehewehena e Pili ana i kēia Pa‘i ‘ana iā KMH-Malo

11.1 KE ‘ANO O KĒIA PA‘I HOU ‘ANA

11.1.1 Ke pa‘i hou ‘ia nā mo‘olelo kahiko o Hawai‘i nei, he ‘ekolu nā ‘ano pa‘i ma‘amau.

1. **Ka palapala pa‘i ki‘i ‘ia** (*facsimile reprint*), ‘o ia ho‘i, ua pa‘i ki‘i ‘ia kekahi palapala kahiko, a laila, ‘o ke pa‘i hou a‘e nō ia i nā ki‘i ma ka puke hou loa. Pēia nō ke ‘ano i pa‘i hou ‘ia ai kekahi mau puke kaulana o ke kenekulia 19 e ka *Hawaiian Historical Society*, ‘o ia ho‘i,

   - *Ka Mooolelo Hawaii* (KMH-Dibela), i pa‘i mua ‘ia ma Lahainaluna ma ka MH 1838, a laila, ua pa‘i hou ‘ia nā ki‘i ma ka MH 2005.
   - *Na Mele Aimoku, Na Mele Kupuna, a me Na Mele Ponoi o Ka Moi Kalakaua I*, i pa‘i mua ‘ia ma ka MH 1886, a laila, ua pa‘i hou ‘ia nā ki‘i ma ka MH 2001.

2. **Ke kikokikona kope like** (*transcription*), ‘o ia ho‘i, hana kope ‘ia ka ‘ōlelo o kekahi palapala kahiko, a laila, pa‘i hou ‘ia ma ka puke hou ma ke ‘ano like a like me ka palapala kumu, koe wale ka ho‘oponopono ‘ana i nā pa‘i hewa ahuwale. He nui nō nā la‘ana o kēia ‘ano, ‘o ia ho‘i

   - *Ke Ao Melemele* na Moke Manu, i ho‘oponopono ‘ia a pa‘i hou ‘ia e Puakea Nogelmeier (Manu 2002).
   - *Kepelino’s Traditions of Hawaii*, ho‘oponopono ‘ia a unuhi ‘ia e Martha Warren Beckwith (Kepelino 2007).

3. **Ka palapala hō‘ano hou ‘ia**, ‘o ia ho‘i, hana kope ‘ia ka ‘ōlelo mai loko mai o ka mo‘okolamu nūpepa, o ka puke maoli paha, a laila, kākau hou ‘ia ma ka pela ‘ana o kēia au hou, ‘o ia ho‘i, ho‘okomo ‘ia ka ‘okina me ke kahakō, ho‘oka‘awale ‘ia a ho‘ohui ‘ia nā hua ‘ōlelo e like me ka pela ‘ana i loa‘a ma ka puke wehewehe hua ‘ōlelo Hawai‘i paha, ma nā lula pela paha e a‘oa‘o ‘ia nei e ka ‘Ahahui ‘Ōlelo Hawai‘i. ‘O kekahi hana pinepine ho‘i, ‘o ia ka ho‘ololi ‘ana i nā kaha kiko i mea e kū ai i ke ‘ano kaha kiko o kēia au. He nui nō nā la‘ana maika‘i loa o kēia ‘ano i ‘ō‘ili mai nei ma nā makahiki i hala iho nei.

   - Nā mo‘okolamu nūpepa i pa‘i mua ‘ia ma ke kenekulia 19, a laila, i ho‘oponopono ‘ia a pa‘i hou ‘ia e Puakea Nogelmeier, ‘o ia ho‘i, ‘o *Ke Kumu Aupuni* (Kamakau 1996), *Ke Aupuni Mō‘ī* (Kamakau 2003), *Ka Mo‘olelo o Hi‘iakaikapoliopele* (Ho‘oulumāhiehie 2006).
   - Nā puke i pa‘i ‘ia iho nei e ko Hale Kuamo‘o ma Hilo. ‘O kekahi, ua ho‘ohui ‘ia ai nā mo‘okolamu mai loko mai o nā nūpepa ‘ōlelo Hawai‘i, ‘o ia ho‘i, *He Mo‘olelo Ka‘ao no Kekūhaupi‘o* (Desha 1998), *He Mo‘olelo no Kamapua‘a* (Kahiolo 1998). ‘O kekahi ho‘i, ua pa‘i hou ‘ia kekahi puke kahiko, ‘o ia ho‘i, *Ka Puke Mo‘olelo o Hon. Iosepa K. Nāwahī* (Kelekona 1996).

‘O ka hapa nui o nā puke ‘ōlelo Hawai‘i, he ho‘okahi wale nō ka palapala kumu, he nūpepa paha (Kamakau), he puke maoli paha (Kelekona), he palapala kākau lima paha (Kepelino). No kā Malo na‘e, he ‘elua nā palapala kākau lima, a he ‘ehā a ‘oi ka nui o nā palapala kahi i ‘ike ‘ia ai kekahi māhele o kāna ‘ōlelo ma ka ‘ōlelo puana‘ī. Pehea e wae ai i ka ‘ōlelo kumu a Malo ke lōkahi ‘ole ia mau palapala kahiko?

11.2 NĀ PALAPALA KMH-MALO

11.2.1 ‘O ka mana‘o nui o ka palapala loi a wae ‘ia (*critical text*), ‘a‘ole like a like ia me kekahi palapala ho‘okahi. Nānā ‘ia ka ‘ōlelo mai loko mai o nā palapala kumu a pau, a laila, loi mua ‘ia a wae ‘ia ka ‘ōlelo kūpono loa. No laila, he pono ke kālailai ‘ana i nā palapala hō‘ike a pau ma mua o ka wae ‘ana i ka ‘ōlelo i mana‘o ‘ia, ‘o ia nō ka ‘ōlelo kumu a ka mea kākau i makemake ai.

11.2.2 I mea e kūkulu aʻe ai i ka palapala loi a wae ʻia, he koina ke kālailai ʻē ʻana i nā palapala a pau loa kahi i hōʻike ʻia ai ka moʻolelo e nānā ʻia nei. A laila, kālailai ʻia ia mau palapala a pau a kūkulu ʻia ke kumumanaʻo nāna e wehewehe i ka moʻokūʻauhau o ia mau palapala a pau. Ke akāka ia moʻokūʻauhau, a laila wale nō e hiki ai i ka mea hoʻoponopono ke wae me ka naʻaupō ʻole. ʻO ka maʻamau, koho ʻia ka ʻōlelo o nā palapala i manaʻo ʻia he palapala makua, he mea i hana kope ʻole ʻia mai loko mai o kekahi palapala keiki. Aia aku aia mai, ua hele a pohihihi nā palapala a pau, a ua nalo ihola paha ka ʻōlelo kumu, ma ke paʻi hewa paha, ma ka haukaʻe ʻīnika paha, ma ka hana kope hewa paha, ma ke kāpae ʻia paha, a na ka mea hoʻoponopono e hoʻolako i ka ʻōlelo i manaʻo ʻia he kū loa ia i ka pōʻaiapili (*conjectural emendation*).

11.2.3 He ʻelua nā palapala kākau lima o KMH-Malo, a loaʻa pū mai kekahi mau palapala ʻē aʻe e hōʻike ana i kekahi mau māhele o KMH-Malo. Eia mai nā palapala i loaʻa mai no kēia noiʻi.

Pakuhi 11. Nā palapala like ʻole o KMH-Malo

Inoa Palapala	ʻŌlelo	Ke ʻAno palapala	Makahiki	Wehewehena pōkole	Ka Piha me ka Piha ʻole
HI.L.18	Hawaiʻi	Palapala kākau lima.	ʻAʻohe makahiki. ʻO 1852–1853 nō paha.	He palapala ʻōlelo Hawaiʻi i kākau lima ʻia a ke mālama ʻia nei ma HHK.	Piha pono
HI.L.19	Hawaiʻi	Palapala kākau lima.	ʻAʻohe makahiki. ʻO 1860–1865 nō paha.	He Palapala ʻōlelo Hawaiʻi i kākau lima ʻia a ke mālama ʻia nei ma HHK.	Piha pono, koe ka ʻōlelo hoʻākāka.
KMH-Pokuea (A)	Hawaiʻi	Puke paʻi ʻia.	1858	He puke maoli kahi i hoʻokomo ʻia ai kekahi mau mokuna mai loko mai o KMH-Malo.	Piha pono ʻole nā mokuna mai loko mai o KMH-Malo.
KMH-Pokuea (E)	Hawaiʻi	Moʻokolamu nūpepa (*Ka Hae Hawaiʻi*).	1858–1859	He moʻokolamu nūpepa, like a like me KMH-Pokuea (A).	Piha pono ʻole nā mokuna mai loko mai o KMH-Malo.
Kalimahauna	Hawaiʻi	Moʻokolamu nūpepa (*Ka Hoku o ka Pakipika*).	1862	ʻEkolu kolamu nūpepa like me kekahi mau mokuna o KMH-Pokuea.	Piha pono ʻole. Like ka nui me nā ʻaoʻao he 5 paha o HI.L.18.
HI.L.19D	Pelekānia	Palapala kākau lima.	ʻAʻohe makahiki. ʻO 1860–1865 nō paha.	He unuhi kahiko o KMH-Malo i paʻi ʻole ʻia koe wale he ʻelua mokuna ma ke kenekulia 19.	Piha pono ʻole. Nele ka ʻōlelo hoʻākāka a me nā mokuna hope 10, nā ʻaoʻao kū waena he nui a me ka hapa nui o nā mele.
HI.L.19A	Pelekānia	Palapala kākau lima.	ʻAʻohe makahiki. Ma hope o HI.L.19D.	He kope hoʻoponopono ʻia o HI.L.19D.	Piha ʻole. Nele ka ʻaoʻao mua, nā mokuna hope ʻumi, a me ka hapa nui o nā mele.
The Friend	Pelekānia	Hoʻokahi kolamu nūpepa (*The Friend*)	1866	He unuhina Pelekānia me kekahi mau kuhia he ʻuʻuku (mokuna 13).	Hoʻokahi wale nō mokuna (13).

Inoa Palapala	ʻŌlelo	Ke ʻAno palapala	Makahiki	Wehewehena pōkole	Ka Piha me ka Piha ʻole
Bastian	Kelemānia	kolamu puke pai (*Zeitschrift der Gesell-schaft für Erdkunde zu Berlin*)	1881	He unuhi Kelemānia me nā kuhia o lalo o ka mokuna 34 i unuhi ʻia mai kā Lorrin Andrews unuhina Pelekānia.	Hoʻokahi wale nō mokuna (34).
Emerson	Pelekānia / Hawaiʻi (Paʻi ʻia nā mele wale nō ma nā ʻōlelo ʻelua).	Puke paʻi ʻia.	1903	*Hawaiian Antiquities.* He unuhina Pelekānia piha, me nā kuhia o hope he nui a me ka ʻōlelo hoʻolauna.	Piha pono.

11.3 Ka moʻokūʻauhau o nā palapala KMH-Malo

11.3.1 Penei nō ka moʻokūʻauhau o nā palapala KMH-Malo. Wehewehe ʻia ma lalo iho nei ke kūlana o kēlā me kēia palapala:

Pakuhi 12: Ka moʻokūʻauhau o nā palapala o KMH-Malo

ʻŌlelo Hawaiʻi

ʻŌlelo Pelekānia   (Hōʻike ʻia ka ʻōlelo o ka palapala ma ka waihoʻoluʻu)

ʻŌlelo Kelemānia

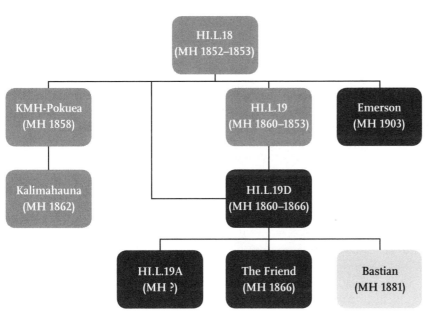

11.3.2 Eia mai ka ʻōlelo wehewehe i ke kūlana moʻokūʻauhau o nā palapala KMH-Malo.

I. **Ka Hanauna Kumu**

- **HI.L.18**—ʻO ia ka palapala hoʻokahi kahi i ʻike ʻia ai kā Malo kākau ponoʻī. No ia kumu, ʻo ia nō ke kumu o kēia moʻokūʻauhau (e nānā i nā māhele 4.1.1ff. o nei puke). Me he mea lā, ʻo HI.L.18 ka palapala hoʻokahi o KMH-Malo i koe ma hope o ko Malo hala ʻana aku.

II. **Ka Hanauna ʻElua**

- **KMH-Pokuea**—ua lawe wale ʻia kekahi mau mokuna o HI.L.18 e Rev. J. F. Pogue iā ia e lawelawe ana ma ke kūlana poʻo kumu ma Lahainaluna. Ua paʻi ʻia ʻo KMH-Pokuea ma ka MH 1858, no laila, ua hana kope ʻia ia mau mokuna ma nā MH 1854–1858 (cf. 5.1.8 ff.).

- **HI.L.19**—He palapala ia i hana kope ʻia mai loko mai o HI.L.18 e W. D. Alexander a me kekahi kōkoʻolua ma kahi o ka MH 1860 (cf. 5.1.8).

- **Emerson (*Hawaiian Antiquities*)**—ʻO HI.L.18 ka palapala makua a Emerson i unuhi ai. Hōʻoiaʻiʻo ʻia ia manaʻo e ka loaʻa ʻana o kā Malo ʻōlelo hoʻākāka a me nā hua ʻōlelo i kaha peʻa ʻia ma ka mokuna 20 o HI.L.18, *No nā Kauā* (cf. 5.2.9), a pēlā nō kā Kenneth Emory ʻōlelo ma HI.L.19C.

III. **Ka Hanauna ʻEkolu**

- **Kalimahauna**—Like a like kā Kalimahauna ʻōlelo me kā Pogue. Ua paʻi ʻia kā Pogue ma ka MH 1858, a ʻo ka MH 1862 ka makahiki i paʻi ʻia ai kā Kalimahauna (cf. *Pākuʻina II*).

- **HI.L.19D**—He palapala keiki poʻolua kēia, a pili nō i ka hanauna ʻelua a me ka hanauna ʻekolu o kēia moʻokūʻauhau. ʻO kēia nō ka unuhi Pelekānia paʻi ʻole ʻia a Lorrin Andrews (cf. 5.2.4). He ʻelua nā kumu e hōʻoiaʻiʻo mai ana, ʻo HI.L.19 kekahi palapala makua: 1) nele loa kā Malo ʻōlelo hoʻākāka ma HI.L19 a me HI.L.19D; 2) like loa ka mokuna 20 ma HI.L.19D me ka mokuna 20 ma HI.L.19 (cf. 7.1.4).[42] Eia naʻe, ma kekahi mau wahi ʻē aʻe, like loa ʻo HI.L.19D me HI.L.18, ʻo ia hoʻi, ma ka paukū 37:118 a me nā paukū 23:25–26 (cf. 7.1.5). Ua unuhi ʻia ʻo HI.L.19D ma hope o ka hana kope ʻia ʻana o HI.L.19 (ma kahi paha o MH 1860), a ma mua o Nowemapa, MH 1866, ka manawa i paʻi ʻia ai ka unuhi Pelekānia o ka mokuna 13 ma *The Friend* (Extract 1866).

IV. **Ka Hanauna ʻEhā**

- **HI.L.19A**—He palapala kope maiau ʻia mai loko o HI.L.19D. Nui nā wahi i kaha peʻa a hoʻoponopono ʻia ma HI.L.19D: ʻaʻole naʻe i hana kope ʻia ka ʻōlelo kaha peʻa ʻia a loko o HI.L.19A. Me he mea lā, na Lorrin Andrews ke kākau ʻana ma nā palapala ʻelua, no laila, ua pau nō i ka hana kope ʻia ma mua o kā Andrews hala ʻana ma ka MH 1868 (Lyon 2014).

- **The Friend**—Like a like ka ʻōlelo ma kēia unuhi me ka ʻōlelo ma HI.L.19A/D.

- **Bastian**—Ua akāka loa kā Bastian ʻōlelo mai, ʻo kā Andrews unuhina ʻōlelo Pelekānia kāna palapala kumu, a pili loa nō kāna unuhi ʻōlelo Kelemānia i ka ʻōlelo ma HI.L.19D/A.

---

42. E nānā i nā kiʻi o nā ʻaoʻao 79 a me 81 o HI.L.18.

12. Nā Ki'i Kumu o HI.L.18

12.1 KE KUMU NO KE PA'I 'ANA I NĀ KI'I O HI.L.18

12.1.1 Ma nā paukū o mua, ua wehewehe 'ia nā kumu e kāko'o ana ma hope o ka mana'o, 'o HI.L.18 ka palapala 'ano nui loa o kā Davida Malo *Mo'olelo Hawai'i*. He hiki nō ke pa'i wale i ke kikokikona kope like hou o HI.L.18 me ke ki'i 'ole. He pa'akikī, he pipi'i nō ho'i ke pa'i ki'i 'ana a me ka ho'onaninani 'ana i ia mau ki'i. Eia na'e, ke pilikia ka mea heluhelu i ka maopopo 'ole o ko Malo mana'o, pehea e hiki ai iā ia ke hilina'i wale i kekahi kikokikona hou? E makemake ana nō 'o ia e 'ike kona maka iho i kā Malo 'ōlelo pono'ī iho. He nui nā wahi akāka 'ole ma KMH-Malo, a no laila, hō'ike 'ia nā 'ao'ao a pau o HI.L.18 ma kēia puke, koe wale nā 'ao'ao hakahaka, a ma ia 'ano e hiki koke ai i ka mea heluhelu ke ho'ohālike i ke kikokikona kope like a me ka 'ōlelo loi a wae 'ia me ka 'ōlelo kākau lima 'ia e Malo mā.

12.2 NĀ KI'I

12.2.1 Ua pa'i ki'i 'ia nā 'ao'ao a pau o HI.L.18 a me HI.L.19 e ko HHK i mea e kōkua ai i nā mea noi'i e nānā ana i nā mea kahiko o Hawai'i nei. He TIFF ke 'ano o ia mau ki'i a pau, a he akāka nō ke nānā aku ma ka papakaumaka paha, ma ka pepa paha. 'O ka'u hana ho'i, 'o ia ka 'oki'oki i nā wahi hakahaka ma nā lihi 'ao'ao, ka ho'opololei 'ana i nā ki'i ke'e, ka ho'olilo 'ana i nā faila TIFF i faila JPEG,[43] a me ka hō'oi 'ana a'e i ka 'oko'a o ka waiho'olu'u 'īnika mai ka waiho'olu'u pepa.

12.2.2 Ma lalo iho o kēlā me kēia ki'i, hō'ike 'ia ka helu 'ao'ao i kākau 'ia ma ke kihi o luna o ia 'ao'ao, penei: **HI.L.18, 'ao'ao *mea*.** Ma nā 'ao'ao i helu pālua 'ia, pāku'i 'ia ka hua palapala 'o **A** paha, 'o **E** paha, i mea e akāka a'e ai ka helu 'ao'ao kūpono. Hō'ike pū 'ia ka helu 'ao'ao ma loko o nā kahaapo ma nā 'ao'ao nona ke kikokikona kope like a me ka 'ōlelo loi a wae 'ia, penei:

> "Mokuna 28:1–28:6a ('ao'ao 109)"

---

43. He 10MB ka nui o ke ki'i TIFF ho'okahi o HI.L.18. He 1MB ka nui o ka JPEG.

13. Ke Kolamu Kikokikona Kope Like

13.1.1   Ma kēia kolamu (ke kolamu kokoke loa i ke kiʻi), kikokiko ʻia ka ʻōlelo kumu o HI.L.18 ma ke ʻano like a like me ke kiʻi o HI.L.18 i hōʻike ʻia ma ka ʻaoʻao e alo mai ana, he lālani a he lālani, he hua palapala a he hua palapala, he kaha kiko a he kaha kiko, he kaha peʻa a he kaha peʻa.[44]

13.1.2   Ma nā wahi i kāpae ʻia ai kekahi kākau e Malo paha, e kekahi mea hana kope paha, hōʻike ʻia ka mea i kāpae ʻia ma nā hua palapala kaha peʻa pālua ʻia, e laʻa me "I kekahi manawa ~~a~~ ike mai na lawaia ~~ke~~ he kanaka puipui o Umi" (51:67).

ʻOiai i hoʻokomo ʻia ai kekahi ʻōlelo e Malo paha, e kekahi mea hana kope paha, hōʻike ʻia ia ʻōlelo ma ke kahaapo kihikihi, e laʻa me "ka mea i haawi [ia] mai kona ia ma luna mai" (*ka mea i hāʻawi [ʻia] mai kona iʻa ma luna mai*). Ua hoʻoponopono ʻia nō kekahi mau māhele o HI.L.18 e Malo mā ma hope o ka hana kope. Ma nā wahi i hoʻokomo ʻia ai kekahi ʻōlelo e lākou, hōʻike pū ʻia ma ke kahaapo kihikihi, penei (2:4):

> "ia [mai] kukulu"

ʻO ka manaʻo hoʻi, ua kākau mua ʻia ʻo "ia kukulu," a ma hope mai i hoʻokomo ʻia ai ʻo "mai."

13.1.3   ʻOiai i ʻokoʻa ai ka ʻōlelo ma HI.L.19 paha, ma kekahi palapala pili paha, mai ka ʻōlelo ma HI.L.18, hōʻike ʻia ka ʻokoʻa ma ka papa hoʻohālike. ʻAʻole naʻe i hōʻike ʻia nā wahi hoʻololi ʻia e nā mea heluhelu a unuhi hope loa ma HHK, ʻo N. B. Emerson paha, ʻo W. D. Alexander paha. Ma ka maʻamau, kākau ʻia ia ʻano hoʻoponopono ma ka penikala, he ʻeleʻele paha, he ʻulaʻula paha.

---

44. No nā kōwā hoʻokaʻawale hua ʻōlelo, e nānā i ka paukū 10.2.4.

14. Ke Kolamu Loi a Wae 'ia

14.1 Ka wehewehena

14.1.1 Ma ke kolamu 'ākau o ka 'ao'ao e huli ana i ke ki'i o HI.L.18, pa'i 'ia ka 'ōlelo loi a wae 'ia, 'o ia ho'i, ka 'ōlelo ho'oponopono 'ia a hō'ano hou 'ia mai loko mai o KMH-Malo. 'O HI.L.18 ka mole no ia 'ōlelo loi a wae 'ia, no ka mea, na ko Malo lima iho nō ka hapa nui o ke kākau lima ma ua palapala lā.

14.1.2 Ua mālama 'ia nā lālani o HI.L.18 ma ke kolamu o ka 'ōlelo loi a wae 'ia i mea e ma'alahi a'e ai ka ho'ohālikelike 'ana me ka 'ōlelo ma nā ki'i o HI.L.18. Ma ka laulā, 'oiai i ho'ololi 'ia ai ka 'ōlelo o HI.L.18, hō'ike 'ia ka mea i ho'ololi 'ia penei:

- Ke ho'okomo 'ia kekahi hua palapala a hua 'ōlelo paha, pa'i 'ia ka mea hou ma waena o nā kahaapo kihikihi, 'o ia ho'i, "[i] ia manawa." I 'ike ka mea heluhelu, ua 'oko'a ka mana'o o ke kahaapo kihikihi ma nā kolamu 'elua. Ma ke kolamu hema, he hō'ailona ia o kā Malo mā hana ho'oponopono. Ma ke kolamu 'ākau na'e, he hō'ailona ia o ko'u ho'okomo 'ana i kekahi 'ōlelo i loa'a 'ole ma HI.L.18.

- Ke kāpae 'ia paha a ho'ololi 'ia paha kekahi 'ōlelo ma HI.L.18, hō'ike 'ia ia loli ma ke kuhia o lalo ma ka papa ho'ohālike, kahi i wehewehe 'ia ai ke 'ano o ia loli, 'o ia ho'i, *"ua ho'ololi 'ia"* 'o "mea," 'o ia 'o "mea hou."

14.2 Nā loli hō'ike 'ole 'ia ma ka papa ho'ohālikelike palapala

14.2.1 Eia mai nā loli i wehewehe 'ole 'ia ma ka papa ho'ohālikelike palapala.
Ka pela hō'ano hou 'ia: ua hō'ano hou 'ia ka 'ōlelo loi a wae 'ia e like me ka pela 'ana i hō'ike 'ia ma PE a me nā lula 'AOH. Ma nā wahi i 'oko'a ai ka pela 'ana a PE mai ka pela 'ana i a'oa'o 'ia e 'AOH, ho'opili ka pela 'ana ma kēia palapala i nā lula pela 'AOH.

i. Hō'ike 'ole 'ia ka ho'ololi 'ana i nā hua 'ōlelo i ho'ololi mau 'ia ai ka pela 'ana, 'o ia ho'i, *lii → ali'i, 'i → ai, ia 'ku → 'ia aku,* a pēlā wale aku.

ii. 'A'ole i mālama 'ia nā kaha kiko a Malo mā ma ka 'ōlelo loi a wae 'ia. Ua 'oko'a loa ke 'ano o kā Malo mā mau kaha kiko mai ke 'ano i laha loa i kēia au e kū nei (cf. 10.2.5).

Ua ho'ohui 'ia a ho'oka'awale 'ia nā hua 'ōlelo e like me nā lula i a'oa'o 'ia e 'AOH, 'o ia ho'i, *ikeia → 'ike 'ia, makua wahine → makuahine,* a pēlā aku.

15. Nā Kaha Kiko ma ka ʻŌlelo Loi a Wae ʻia

Ma ka laulā, ua hahai ʻia kā Hōkūlani Cleeland *Nā Kaha Kiko no ka ʻŌlelo Hawaiʻi* (Cleeland 2000).

15.1 KE KIKO KOMA

15.1.1 E hoʻokomo ʻia ke kiko koma i mea e kū kaʻawale ai nā hua ʻōlelo nona ke kuleana pilinaʻōlelo like,[45] e laʻa: . . . i ke aliʻi, iā Kamehameha. . . .

15.1.2 ʻAʻole e hoʻokomo ʻia ke kiko koma ma nā pilinaʻōlelo o ke ʻano o "kēlā me kēia," e laʻa: "ma kēlā poʻo ma kēia poʻo," "no kēlā ua no kēia ua."

15.1.3 E hoʻokomo ʻia ke kiko koma ma hope o nā māmalaʻōlelo nona ka painu (*verb*) pili i ka haʻi ʻana paha, i ka noʻonoʻo ʻana paha, ke hahai ʻia ua māmalaʻōlelo lā e ka hopuna ʻōlelo piha, e laʻa:

- 1:7, 8—". . . ua manaʻo kekahi poʻe paʻanaʻau, he pono ko lākou lohe; a manaʻo kekahi poʻe, ʻo ko lākou lohe kai pono loa. . . ."
- 1:11—"ʻO kēia mau moʻokūʻaukau kai manaʻo ʻia, no laila mai ko Hawaiʻi nei lāhui. . . ."
- 3:1—"Ua ʻōlelo ʻia mai ma ko Hawaiʻi nei mau moʻokūʻauhau kūpuna, nā kānaka. . . ."
- 4:20—"ʻAʻole naʻe i haʻi ʻia mai, he pahi ka inoa o nā waʻa mua."

15.1.4 Penei e hoʻokaʻawale ʻia ai nā kaʻina memeʻa (*content word, universal*):

- [mea] a me [mea] a me [mea] / [mea] a [mea] a [mea]
- [mea], [mea], a me [mea]
- [mea], me [mea], me [mea]

15.1.5 Ma nā pepeke painu ʻelua a ʻoi, hoʻokomo ʻia ke kiko koma ke kākau kaʻawale ʻia ka piko (*grammatical subject*) o kēlā me kēia painu, e laʻa:

- 6:5—"Inā haʻahaʻa a melemele ka ʻōpua a hoʻokokoke i ke kumu lani. . . ." (ʻaʻohe kiko koma, no ka mea, hoʻokahi wale nō piko o nā painu ʻelua).

15.1.6 Inā he mau painu ko kekahi hopuna ʻōlelo, a he māka painu poʻo (*primary verb marker*) ko kēlā me kēia painu, hoʻokomo ʻia ke kiko koma, e laʻa:

- 20:1—"Ua kapa ʻia kēlā inoa i ka poʻe i hānau kauā ʻia, a ua kapa ʻia nō i ka poʻe i hānau aliʻi ʻia."

---

45. ʻO *appositio* ma ka ʻōlelo Lātina, a ʻo *apposition* hoʻi ma ka ʻōlelo Pelekānia.

15.2 KE KIKO PAU

15.2.1 Ho'okomo 'ia ke kiko pau ma hope o "Eia kekahi" a me "Eia kēia." Ma kekahi mau wahi he 'u'uku, 'o ke kiko kolona kai ho'okomo 'ia.

15.2.2 Ma ka ma'amau, 'a'ole i ho'oka'awale 'ia e Malo mā nā hopuna 'ōlelo piha i loko o ka paukū ma ke kiko pau. He kiko koma kā lākou kaha ma loko o ka paukū, a he kiko pau ma ka pau 'ana o ka paukū. Ma ke kolamu 'ākau na'e o kēia puke, ua pani 'ia ka hakahaka o ia 'ano kiko koma e ke kiko pau, ke pau ka hopuna'ōlelo.

16. Ka ʻōlelo a me ka pilinaʻōlelo ma ka palapala loi a wae ʻia

16.1 KA HOʻOPONOPONO ME KA HOʻOPONOPONO ʻOLE I KĀ MALO ʻŌLELO

16.1.1 ʻAʻole i hoʻololi ʻia kā Malo ʻōlelo a pilinaʻōlelo Hawaiʻi i mea e kū ai i ka pilinaʻōlelo i aʻo ʻia ma kekahi puke aʻo ʻōlelo Hawaiʻi o kēia au, koe wale nā wahi i manaʻo ʻia, ua hewa ka hana kope a Malo mā. Eia naʻe, ua hoʻololi ʻia nō kekahi mau loina kākau o ke kenekulia 19 i mea e kū ai i ke kākau o ke au e kū nei.

    i. Ke kāpae ʻia kekahi woela o ka paʻa woela like (aa, ee, ii, oo, uu), hoʻokomo hou ʻia ua woela lā ma ke kahaapo kihikihi, e laʻa:

- 1:2—". . . ke hoʻomaopopo hou aku [i] ia mau mea kahiko."
- 2:5—". . . hānau mai [i] kēia pae moku."
- 1:5—". . . i hoʻopaʻa [a]i i nā mea kahiko. . . ."
- 36:41—"E weli iā ʻoe, [e] Lono, ʻeā."
- 22:15—". . . e hume ai [i] ka malo."
- 38:4—". . . ke poʻo [o] ke aupuni. . . ."

    ii. Hoʻololi wale ʻia ʻo "liʻi" a me "kua," ʻo ia ʻo "aliʻi" me "akua" me ke kahaapo ʻole.

    iii. Ke kāpae ʻia kekahi mea i manaʻo ʻia, he kākau hewa ia na Malo mā, hōʻike ʻia ka mea i kāpae ʻia ma ka papa hoʻohālikelike palapala.

    iv. Ke hoʻokomo ʻia kekahi hua palapala paha, huaʻōlelo paha, hoʻokomo ʻia ma ke kahaapo kihikihi, e laʻa:

- 51:31—"hoʻolei aku ʻo [ia i] ka palaoa iā ʻUmi" (ʻo "hoolei aku o ka Palaoa ia Umi" kai kākau ʻia ma HI.L.18).
- 52:43—"I ko ʻUmi [hele] ʻana aku. . . ." (ʻo "I ko Umi ana aku" kai kākau ʻia ma HI.L.18).

16.2 KA PELA ʻANA MA KA ʻŌLELO LOI A WAE ʻIA

16.2.1 Ma ka laulā, ua hoʻopili ʻia ka pela ʻana ma PE, koe wale ma kēia mau kūlana o lalo iho nei.

    i. ʻOkoʻa ka pela ʻana ma PE, ʻokoʻa ka pela ʻana i aʻoaʻo ʻia e ko ʻAOH, e laʻa:

- kōna (PE) → kona (ʻAOH)
- ā (PE "a" wehewehena 4) → a (ʻAOH)
- ʻOkoʻa ka pela ʻana ma PE, ʻokoʻa ka pela ʻana i paʻi ʻia mai ma Māmaka Kaiao (Kōmike 2003).
- mahele → māhele

    ii. Ke loaʻa ʻole kekahi hua ʻōlelo paha, inoa paha ma PE, a he kānalua ka puana pololei, paʻi ʻia ma ke kinona hua hiō. No nā inoa ʻāina a me nā inoa kānaka, ua nānā pū ʻia ʻo *Place Names of Hawaiʻi* (Pukui me Elbert 1974), *Hawaiʻi Place Names* (Clark 2001), a me nā hōkeoʻikepili pūnaewele ma *ulukau.org*.

    iii. Eia aku eia mai, ua manaʻo ihola ka mea hoʻoponopono, he kūpono ʻole ka pela ʻana ma PE, a hōʻike ʻia kekahi wehewehena ma ka papa hoʻohālikelike palapala. He kūpono ke hoʻomaopopo mau, ʻaʻole i nānā ʻia kā Malo ʻōlelo kumu e Elbert i ka manawa i hoʻoponopono hou ʻia ai ka puke wehewehe hua ʻōlelo Hawaiʻi. ʻO kā N. B. Emerson unuhina ʻōlelo Pelekānia ka mea i nānā ʻia no ka ʻōlelo a Malo. No ia kumu, he nui nā hua ʻōlelo a Malo i loaʻa ʻole ma PE, a he nui aʻe nō hoʻi nā hua ʻōlelo i loaʻa, eia kā, ʻaʻole kū ka wehewehena i ka pōʻaiapili o kā Malo puke.

16.3   Nā kinona hua ma ke kolamu ʻākau

16.3.1   Ma ka ʻōlelo loi a wae ʻia, hōʻike ʻia kā Malo ʻōlelo ma ke kinona hua hiō ke paʻa ʻole ka puana o kekahi inoa paha, o kekahi hua ʻōlelo paha, ʻo ia hoʻi, *Kumukumukekaʻa* (2:4).

16.3.2   Ma ka ʻōlelo loi a wae ʻia, hōʻike ʻia ka ʻōlelo pule a ʻōlelo mele ma ke kinona hua maʻaka liʻiliʻi, ʻo ia hoʻi, Āmama, ua noa! ʻAʻole i hoʻonoho ʻia ka ʻōlelo pule a me ka ʻōlelo mele ma ka lālani mele i loko o ua kolamu ʻākau lā. Ua paʻi hou ʻia naʻe nā mele a me nā pule a pau ma ka lālani mele ma ka *Pākuʻina I.*

16.3.3   Ma ka papa hoʻohālikelike palapala, paʻi ʻia ka ʻōlelo a ka mea hoʻoponopono ma ke kinona hua hiō. Paʻi ʻia ka ʻōlelo mai loko mai o nā palapala e hōʻike ana i kā Malo ʻōlelo ma ke kinona hua hiō ʻole, ʻo ia hoʻi, *"ua hoʻololi" ʻia ʻo* "mea," *ʻo ia ʻo* "mea hou."

Nā Mele a me nā Pule no loko mai o ka *Moʻolelo Hawaiʻi*
Hoʻonohonoho ʻia ma ka Lālani Mele

Ma kā Malo palapala kumu, ua kākau ʻia nā pule a me nā mele ma ke ʻano like me kā ʻōlelo kūhahaʻi (*prose*). I mea e hiki ai i ka mea heluhelu ke hoʻohālikelike koke i nā kolamu kikokiko ʻia (ʻo ia hoʻi, ka ʻōlelo loi a wae ʻia a me ke kikokikona kope like) me ka ʻōlelo ma nā kiʻi o HI.L.18, ua mālama ʻia kā Malo mā hoʻonohonoho lālani ma nā kolamu e alo ana i kēlā me kēia kiʻi. Ma kēia pākuʻina naʻe, ua hoʻonohonoho hou ʻia nā pule a me nā mele mai ʻō a ʻō o kā Malo puke ma ka lālani mele. Eia kekahi: like a like ka hoʻonohonoho ʻana ma nei pākuʻina me ke kolamu ʻōlelo Hawaiʻi ma ka lua o kēia puke, ʻo ia hoʻi, *The Moʻolelo Hawaiʻi of Davida Malo: Text and Translation.* Na māua ʻo Kale Langlas i hoʻokaʻawale nā hua ʻōlelo a me nā lālani, a na māua nō hoʻi nā kaha kiko a me ka hōʻano hou ʻana i nā hua ʻōlelo. Eia kekahi: ma ke kino nui o nei puke a ma kēia pākuʻina hoʻi, paʻi ʻia ka ʻōlelo pule a me ka ʻōlelo mele ma ke kinona hua hiō, ʻoiai paʻi ʻia ka ʻōlelo kūhahaʻi ma ke kinona hua hiō ʻole. He nui nō nā wahi pohihihi ma kēia mau mele, a, malia paha, ua pohihihi kekahi mau hua ʻōlelo a lālani iā Malo mā. He kahiko nō ka hapa nui o kēia mau mele a pule, a no laila, ʻaʻole i manaʻo ʻia, he pololei loa kēia hoʻonohonoho ʻana.

I ʻike ka mea heluhelu, ma nā mele kahiko loa o Hawaiʻi nei, ʻo Kumulipo kekahi, ʻike nui ʻia ka māka painu "ʻo." I koʻu kālailai, ʻaʻole kēia ʻo ka māka painu "ō" i wehewehe ʻia ma PE. Noʻu iho, pili loa kēia māka painu ʻōlelo Hawaiʻi iā "ka" ma ka ʻōlelo Māori, a no ia kumu, ua paʻi ʻia ma kēia palapala nei me ka ʻokina ʻole a me ke kahakō ʻole.[1] ʻO ka māka paini "ō" ma PE, paʻi ʻia ma kēia puke me ke kahakō ʻole, i kūlike ai me nā lula kākau o ʻAOH.

---

1. E nānā i kā John Charlot (Charlot 2014; ʻao. 16–18) kālailai ma kāna puke no ke Kumulipo. Ma ia puke, hoʻohālikelike ʻia kēia māka painu ʻōlelo Hawaiʻi me "o" ma ka ʻōlelo Sāmoa.

1. 24:9–11—HE PULE IPU (NO KE KĀ I MUA)

[24:9]   Penei e pule ai.

        Penei e pule ai:

Ala mai, e Lono, i ko haina 'awa,

Haina 'awa nui nou, e Lono!

He ulu mai, e Kea.

He pepeiao pua'a,

5   *He pepeiao 'īlio,*

He pepeiao pū'aina nui nou, e Lono!

Hālapa i ke mauli!

Kūkala ia hale hau!

Mau nā lewa i ka pō;

10   *Mōlia ia hai [i] ka pō.*

'Ōku'u ka ipu, 'ōku'u;

Hua'i ka ipu, hua'i;

Kākala ka ipu, kākala;

He kalana ipu.

15   *O hua 'ai nā mo'o a hi'i, i au i'a ko ia.*

A hi'a lā, ānoanoa [a] ke ahi kanu,

A kanu lā i pua i Hawai'i.

A kanu lā, 'o ka ipu nei,

A ulu, a lau, a pua, a hua lā, 'o ka ipu nei,

20   *Ho'onoho lā, 'o ka ipu nei,*

Kēkē lā, 'o ka ipu nei.

O uha'i lā, 'o ka ipu nei,

Kālai lā, 'o ka ipu nei.

O 'oki, o kua'i, 'o ka piha o ka ipu.

25   *'O ka ipu ka honua nui nei;*

'O po'i, 'o ka lani kuakini.

A hou i ka hāka'oka'o,

Kākai i ke ānuenue!

O uhao i ka lili,

30   *O uhao i ka hala,*

O uhao i ka mano leleiona!

'O ka ipu a Kaluanu'uwaikū,[2]

'O ka ipu a Makanikohā.

A kau ka hōkū a'ia'i,[3]

35   *O wāhi!*

O kani mai, a hea 'o ko uka manu, Kalalau,

O ha'a ka manu, Kalalau, kūlia i Wawau.

He malino a pō, e Lono, i ka haunaele,

Nā lili lā i ka haunaele,

40   *Nā hala lā i ka haunaele o mau kāhuna,*

'O ke makāla ulua.

Ulua mai, e Lono,

'Ulua kōlea 'ino o Ma'akūnewa awe lilelile!

O mākia Lono a hano,

45   *O hano wale nō!*

Kila i ne'i, muli 'o Hala, muli ke kani o Waioha!

[24:11]   . . . a pau, . . . ho'onoa 'o ia penei:

Kā 'ia keiki a ka 'awa pākī a ka lolo,

Noa ka wā, noa hele, noa loa,

Holo i o Papa lā.

---

2. 1.36. Ua ho'ololi 'ia 'o "kaluamuwaiku," 'o ia 'o "Kaluanu'uwaiku."

3. 1:38. Ua ho'ololi 'ia 'o "hopu," 'o ia 'o "hōkū."

2. 25:7—He Pule Pahi ‘Ohe[4]

[25:7]   A laila, kū mai ke kahuna me ka ‘ohe a ho‘ohiki ‘o ia ma ka ‘ōlelo pule penei,

E ki‘i [i] ka ‘ohe i Hōmaika‘ohe!
Hē ‘ia ka ‘ohe lauli‘i a Kāne!
‘Okia i ka maka o ka ma‘i!
Ua moku.

3. me 4. He Pule Huikala (27:13 a me 37:30)

Like loa ka ‘ōlelo ma nā paukū ‘elua. Hō‘ike ‘ia nā wahi ‘oko‘a ma ke aka ‘āhinahina.

3. 27:13—ma ke kanu kupapa‘u

Leleuli ē, lelewai ē!
He uli, he uli, he wai, he wai!
Lele au i ke ‘āhua, e Kānemehani,
‘O nehe lani, nehe ‘Apikanakalani.
A lama, hemū ‘o ia!

A laila, ho‘ōho mai kānaka a pau:
Hemū!

A laila, hea hou mai ke kahuna ma ka ‘ōlelo pule:
Hemū ka ‘ai kū,
Hemū ka ‘aiā,
Hemū ke ahula,
Hemū ka pā‘ani,
Hemū kokolana!
I koko pua‘a,
I koko ‘īlio,
I koko kanaka make,
Hemū ‘o ia!

Ho‘ōho nui mai kānaka:
Hemū!

Hea hou mai ke kahuna:
‘Eli‘eli!

Ho‘ōho mai kānaka:
Kapu!

Hea hou mai ke kahuna:
‘Eli‘eli!

Ho‘ōho mai kānaka:
Noa!

Hea hou mai ke kahuna:
Iā ē!

Ho‘ōho nui kānaka:
Noa honua!

4. 37:30—ma ka luakini

Leleuli ē, lelewai ē,
He ui, he ui, he wai, he wai.
A lele au i ke au, e Kānemehanu,
‘O nehe lani, nehe i ‘Apikanakalani,
A lama, hemū ‘o ia!   5

A laila, ho‘ōho nui mai nā kānaka a pau:
Hemū!

Hea hou mai ke kahuna:
Hemū ka ‘ai kū,   10
Hemū ka ‘aiā,
Hemū ke ahula,
Hemū ka pā‘ani,
Hemū kākālana!
I koko pua‘a,   15
I koko ‘īlio,
I koko kanaka make,
Hemū ‘o ia!

Ho‘ōho nui mai kānaka:
Hemū!   20

Hea mai ke kahuna:
‘Eli‘eli!

Ho‘ōho mai kānaka:
Kapu!

Hea mai ke kahuna: 25
‘Eli‘eli!

Ho‘ōho mai kānaka:
Noa!

Hea hou mai ke kahuna:
Iā ē!   30

Ho‘ōho nui mai nā kānaka a pau:
Noa honua!

---

4. 2.0. Kālai ‘ia kēia pule ho‘okahi e Ho‘oulumāhiehie ma kāna mo‘okolamu ‘o *“Hi‘iakaikapoliopele”* (Ho‘oulumāhiehie 2007; ‘ao. 107–108. Ka Na‘i Aupuni 11–12 Kēkēmapa, 1905).

5. 28:3—He Pule no ka ʻImi ʻana i ka Mea nāna i ʻAnāʻanā (Pule Kuni)

[28:3] *Eia ka puaʻa, e Uliikahoʻolewa.*
He puaʻa kēia e mōlia[5] aku ana,
E make ka mea nāna i ʻanāʻanā kaʻu mea aloha.
ʻO kaʻu ia, e Uli a me Kamakaokūkoaʻe a me Kaʻalaeahina,
5 *E hoʻolewa ai.*

6. 28:11—He Pule Hui (Pule Kuni)

[28:11] A laila, kū ke kahuna ʻanāʻanā i luna me ka huihui kukui ma kona lima, a me ka ipu ʻawa, a kū ʻo ia i ka pule ʻanāʻanā. He pule hui ka inoa o ia pule. Penei ka pule ʻana,

Iā ē,
Penei ka hui, hui hano,
ʻO ka hui kēia a ka ʻaumakua e hoʻomana aku ana.
E make ka mea i ʻanāʻanā iā ia i hoʻihoʻi ʻia[6] e ʻoe.
5 *ʻOi haʻalelea ka hui nei.*
Penei ka hui, hui hano,
ʻO ka hui kēia a Uli, a Kaʻalaeahina, a Kūkoaʻe e mōlia aku ana.
E make ka mea nāna i ʻanāʻanā i hoʻihoʻi ʻia[1] e ʻoe.
ʻOi haʻalelea ka hui nei.
10 *Penei ka hui, hui hano.*

7. 28:19—He Pule Ahi (Pule Kuni)

[28:19] Ma ka wā e ʻā ai ke ahi, penei ka pule:

ʻAʻā ke ahi, ke ahi a ka pō o Lanipili.
ʻĀ i hea ke ahi, ke ahi a ka pō o Lanipili?
ʻĀ i ka lani,
Make i ka lani,
5 *Popo i ka lani,*
Ilo ka lani,
Punahelu i ka lani,
Hoʻolehua i ka lani,
Ka make o kahuna ʻanāʻanā me ka lawe maunu, e Kāne.
10 *A hiʻa Kūokeahi, kupu mālamalama.*
ʻO kahi o ka pō ʻā.
A hiʻa Kūlualaniana,
Kūōākea,
ʻĀ ke ahi.

(He ahi nō kēia pule.)

---

5. 5.2. Ua hoʻololi ʻia ʻo "no lia," ʻo ia ʻo "mōlia."
6. 6.4. Ua hoʻololi ʻia ʻo "ai," ʻo ia ʻo "ʻia."

8. 30:13—He Pule Lapaʻau Maʻi Aliʻi

[30:13]   He ʻokoʻa naʻe ka lapaʻau ʻana i ka maʻi aliʻi. Inā i ʻai ka maʻi aliʻi i ka lāʻau, e pule mau nō ke kahuna ma kēlā ʻai ʻana kēia ʻai ʻana a ka maʻi aliʻi. Penei ka pule:

> E kiʻi, e kiʻi [i] Makalapua,
> E lapu ke kiʻi akua ʻoiʻoi o ka maʻau akua lā,
> Naʻi au i ke ana[a]na.
> A kā, hālapa⁷ i ke akua i lāʻau wai lā!

A laila, ʻai ka maʻi aliʻi.

9. 31:12—He Pule Kilokilo ʻUhane

[31:12]   A ma ka wā e moʻa ai ka umu a hoʻomākaukau e ʻai, e kū nō ke kahuna kilokilo i ka pule kala. Penei ka pule ʻana:

> E kū i ke kala, e Lono,
> I kāu weke.
> Kala, weke, pūhā ʻia.
> Kalakala ia hūʻena,
> 5   Kapu ka ʻaha ʻo Kemakalaaukāne.
> Kala, weke, pūhā ʻia.

Pēlā e pule ai.

10. 34:18—He Pule Mālama Waʻa

[34:18]   A ma mua o ka wā e hīkiʻi ai i ke kaula ma ka makuʻu o ka waʻa, e kāhea nō ke kahuna i ke akua penei:

> E Kūpulupulu, e Kūʻālanawao, e Kūmokuhāliʻi,
> E mālama ʻoe i kēia waʻa.
> E mālama ʻoe iā mua o ka waʻa,
> E mālama ʻoe iā hope o ka waʻa,⁸
> 5   A hiki ma⁹ kahakai.
> E mālama ʻoe a kau ma ka hālau.

---

7. 8.4. Ua hoʻololi ʻia ʻo "lapapa," ʻo ia ʻo "hālapa" (e nānā i nā paukū 24:9, 24:27, 35:14, 37:101).
8. 10.4. Ua kākau pālua ʻia ʻo "e malama oe ia hope o ka waa."
9. 10.5. Ua hoʻololi ʻia ʻo "ana," ʻo ia ʻo "ma."

11. 34:25–34:27—HE PULE LOLO WA'A

[34:25] 'O kuwā o ka lani, 'o kuwā o ka honua,
       'O kuwā o ka mauna, 'o kuwā o ka moana,
       'O kuwā o ka pō, 'o kuwā o ke ao,
       'O Mālua Lani ke kuwā, 'o Mālua Hopu ke kuwā.
5   Aia nō [i] ia ko'i lā ke kuwā.
       Ka wa'a nei o ka luahine makua,
       Ka luahine, 'o wai?
       'O ka luahine 'o Papa, wahine a Wākea.
       Nāna i kuwā,
10   Nāna i hāinu,
       Nāna i hele,
       Nāna i 'a'e,
       Nāna i ho'onoanoa.
15 [34:26] Noa ke kuwā o ka wa'a o Wākea.'O ka wa'a nei o ka luahine makua,
       Ka luahine 'o wai?
       Ka luahine 'o Lea, wahine a Mokuhāli'i,
       Nāna i kuwā,
       Nāna i hāinu,
20   Nāna i hele,
       Nāna i 'a'e,
       Nāna i ho'onoanoa.
       Noa ke kuwā o ka wa'a o Mokuhāli'i.
       Hinu helele'i aku,
25 [34:27] Hinu helele'i mai.
       He miki 'oe, [e] Kāne,
       He miki 'oe, e[10] Kanaloa.
       'O Kanaloa hea 'oe?
       'O Kanaloa inu 'awa.
30   Mai Kahiki ka 'awa,
       Mai 'Upolu ka 'awa,
       Mai Wawau ka 'awa.
       E hano 'awa hu'a,
       E hano 'awa a pau.
35   A kā, hālapa i ke akua i lā'au wai lā!
       'Āmama, ua noa.
       Lelea wale akula.

---

10. 11.27. Ua ho'ololi 'ia 'o "o," 'o ia 'o "e."

12. 35:13–15—He Pule Kaha Maʻi

[35:13]   Penei ka pule ʻana o ke kahuna:
ʻO ka ʻohe kēia o ka piko o ke āiwaiwa lani.

A nanahu ke kahuna i ka ʻohe a hahae aʻe me ka ʻī aʻe,
ʻO ka uhae kēia o ka ʻohe o ka piko o k[e] āiwaiwa lani.
ʻO ka moku kēia o ka piko o ke āiwaiwa lani.

[35:14]   A laila, ʻoʻoki i ka piko a moku. A kūpenu ʻia i ka ʻoloa a pau ke koko. A laila, pule mai ke kahuna no ke kūpenu ʻana o ke koko. Penei e pule ai:
Kūpenu ʻula,
Kūpenu lei,
Kunulei.
A kā, hālapa i ke akua i lāʻau wai lā!

A laila, pau ka pule ʻana a ke kahuna.

[35:15]   A laila, kaumaha mai ka makua kāne aliʻi o ua keiki lā i ke akua, me ka ʻī aku,
E Kū, e Lono, e Kāne, [e] Kanaloa,
Eia ka puaʻa, ka niu, ka malo.
E aloha mai ʻoukou i kēia aliʻi hou.
E ola loa ʻo ia a ka puaaneane.
5   *E mau kona aliʻi ʻana mai ka lā hiki a ka lā kau.*
ʻĀmama, ua noa.
Lele wale akula.

A laila, hahau ihola ke aliʻi i ka puaʻa ma ka honua, a make ua puaʻa lā i mōhai na ke aliʻi i ke akua; a laila, pau kēia hoʻomana ʻana i ke akua no ke aliʻi hou.

13. 36:36—He Pule Kīkē no ka Makahiki

[36:36]   *Ou kino Lono i ka lani,*
He ao loa, he ao poko,
He ao kiaʻi, he ao hālō,
He ao hoʻōpua i ka lani,
5   *Mai Uliuli, mai Melemele,*
Mai Polapola, mai Haʻehaʻe,
Mai ʻŌmaʻokūʻululū,
Mai ka ʻāina o Lono i hānau mai ai,
ʻOi hoʻokuʻi aku[11] *ai ʻo Lono*
10   *Ka hōkū e miha [a]i i ka lani,*
Amoamo ke akua lāʻau nui ʻo Lono.
Kuʻikuʻi papa ka luʻa mai Kahiki,
Hāpaina, kūkaka i ka hau miki no Lono,
E kū i ka malo a hiu!

---

11. 13.9. Poepoe (1906c): nele ʻo "aku."

A laila, hoʻōho mai kānaka:

Hiu!

Hea hou ke kahuna:

ʻO Lono . . .

Hoʻōho mai kānaka:

Ke akua lāʻau.

Hea mai ke kahuna:

Āulu!

Hoʻōho mai kānaka:

Āulu, e Lono!

A laila, pau ka pule ʻana.

14. 36:47—HE ʻŌLELO HAKUKOLE I KA HOA MOKOMOKO

[36:47]   A ma ka wā e hoʻomalu ai kēia anaina kānaka[12] a noho mālie, a laila, hoʻokanikani pihe mai kekahi
ʻaoʻao penei:

> *E maʻi nui moe wale i ka wā [o] ka makaliʻi,*
> *Moe aʻe ʻoe iā Kāʻaikauʻāʻī,*
> *Hukia kā, pau ʻako kō meamea, ēhē,*
> *[E] maʻi nui ē!*

[37:30—e nānā i ka helu 4 ma luna aʻe]

15. 37:32—KA PAU ʻANA O KA PULE LUPALUPA MA KA LUAKINI

[37:32]   A laila, hele mai ke kahuna ʻokoʻa me kāna ʻoihana me ka ʻieʻie ma kona lima, a kū ʻo ia ma waena o nā lālani
kānaka a pau, a pule nō ʻo ia, he lupalupa ka inoa o kāna pule. A ma ka wā a ke kahuna e ʻī mai ai ma ka ʻōlelo pule, penei:

> *E kū kaikaina hiki [i]ā . . .*

A laila, hoʻōho nui mai kānaka:

Ola!

Hea hou mai ke kahuna:

Iā . . .

Hoʻōho mai kānaka:

Ola, ola ʻo Kū!

A pau ia hana ʻana, moe kapu ihola nā kānaka a pau ma ka heiau. ʻAʻole nō e hiki i kahi kanaka, a aliʻi paha, ke hele malū
e moe me kāna wahine iho o make ʻo ia ke lohe ʻia ka moe ʻana.

16. 37:42—HE PULE NO KE AMO ʻANA I KE KIʻI NO KA LUAKINI

[37:42]   A ʻo kahi poʻe kānaka, amo mai nō i ke kiʻi, a iho mai i kahakai me ka walaʻau nui penei:

> *E kūamū, e kūamū, mū!*
> *E kūawā, e kūawā, wā!*
> *Ai[a] au a[13] lanakila, uō!*

---

12. 14.0. Ua hoʻololi ʻia ʻo "anaina i kanaka," ʻo ia ʻo "anaina kānaka."
13. 16.3. Ua hoʻololi ʻia ʻo "e," ʻo ia ʻo "a."

17. 37:55–58—He Pule Luakini

[37:55] A ma ka wā a ke kahuna e hoʻohiki ai ma ka hua pule, penei:

> *Mau hoʻēʻe.*
> *I hea lua kapu, e Lukaluka ēhē.*
> *Mau hoʻēʻe.*
> *I hea lua kapu, e Lukaluka ē.*
> 5   *O hoʻokaʻa ma kō haʻalauele e Luka,*

[37:56] Ma ia wā, holo mua aku ʻo Kahoʻāliʻi me kona maʻi e lewalewa ana; a laila, holo aku nā akua kāʻai a pau ma kona hope me ka holo lālani like, e pōʻai ana kā lākou holo ʻana, me ka hoʻolohe nō naʻe i kā ke kahuna pule. Inā i hoʻohiki ke kahuna ma ka hua pule penei:

> *Āmio i ke lani ʻōmamalu,*

[37:57] a laila, hoʻi hema mai ko Kahoʻāliʻi holo ʻana, a hoʻi hema mai nō nā akua kāʻai a pau ma hope ona. A ma ia hoʻi ʻana mai a nā akua kāʻai, hālāw[a]i mai lākou me kekahi kanaka e kū ana me ka lāʻau, a hoʻi pū mai lākou.

[37:58] A ma ka wā a ke kahuna e hoʻohiki mai ai ma ka hua pule, penei:

> *Kuʻikuʻi, kāhiko, i ke lani au.*
> *Wai lā ma ke ʻōmamalu.*[14]

A laila, kū nō nā akua kāʻai a pau me ko lākou mau kahu, kū lālani maikaʻi lākou me ka walaʻau ʻole, a huli mai ko lākou alo i ke kahuna, a ʻo ko ke kahuna alo, a me ke anaina a pau, huli aku iā lākou.

18. 37:60–61—Kekahi Pule Kīkē ma ka Luakini[15]

[37:60] Nīnau maila ke kahuna nui iā ia ma ka ʻōle[lo] pule, penei:

> *No wai honua, no wai honua?*

[37:61] A laila, haʻi mai ua kanaka lā i kū:

> *No Hanomaiamanu.*

Nīnau hou ke kahuna ma ka ʻōlelo pule; haʻi mai nō ua kanaka lā (he kahuna nō ua kanaka lā):

> *No Kū ka hai mākaʻokaʻo.*

19. 37:64–65—Ka Pau ʻana o ka Pule ʻo Ke Kai o Kauakahi ma ka Luakini[16]

[37:64] He pule lōʻihi nō hoʻi kāna, ua kapa ʻia kāna pule ʻo ke kai o *Kauakahi*, a kokoke e pau kāna pule, hoʻohiki ʻo ia ma ka ʻōlelo pule, penei:

> *E kū kaikaina hiki*[17] *[i]ā . . .*

[37:65] A laila, hoʻōho nui mai ke anaina kānaka a pau loa:

> *Ola!*

---

14. 17.8 Ua hoʻololi ʻia ʻo "o manalu," ʻo ia ʻo "ʻōmamalu" (e nānā i ka paukū 37:56).

15. 17.poʻinoa. Ua hoʻoponopono nui ʻia ka ʻōlelo o kēia paukū, a ʻaʻole akāka loa ke kaʻina hua ʻōlelo i makemake ʻia.

16. 18.poʻinoa. E hoʻohālike i ka ʻōlelo o kēia pule ma kā ʻĪʻi ma Ka Nupepa Kuokoa, 28 ʻAukake, MH 1868 a me kā Kēlou Kamakau ma Ka ʻOhina Fornander, puke 3, ʻaoʻao 17.

17. 19.1. Ua hoʻololi ʻia ʻo "hihi a," ʻo ia ʻo "hiki a."

Hea hou mai ke kahuna:

> *Īā . . .*

Ho'ōho nui mai ke anaina a pau:

> *Ola, ola 'o Kū.*

A laila, pau kā ia kahuna 'oihana pule, a laila, pau nō ho'i ke kauila 'ana.

20. 37:79—HE PULE KAUMAHA PUA'A MA KA LUAKINI

[37:79]   A laila, hahau nō ke ali'i i ka pua'a ma ka honua a make. A laila, kaumaha aku ke ali'i i ke akua me ka 'ī aku,

> *E Kū, e Lono, e Kāne, [e] Kanaloa,*
> *Eia ka pua'a.*
> *E ho'ōla mai 'oe ia'u,*
> *E mālama mai ho'i i ke aupuni.*
> 5 *'Āmama, ua noa.*
> *Lele wale akula.*

21. 37:101—HE PULE 'OKI PIKO O KE ĀIWAIWA

[37:101]   *'O ka 'ohe kēia o ka piko o ke āiwaiwa lani,*
> *'O ka uhae kēia o ka 'ohe o ka piko o ke āiwaiwa lani,*
> *'O ke 'oki kēia o ka piko o ke āiwaiwa lani,*
> *'O ka moku kēia o ka piko o ke āiwaiwa lani.*

A laila, 'o'oki kēlā piko lau niu; a holo[i] 'ia ka welu, pule ke kahuna penei:

> *Kūpenu 'ula, kūpenu lei.*
> *A kā, hālapa i ke akua i lā'au wai lā!*

A laila, 'āmama ke ali'i me ka pua'a; a laila, pau ia hana 'ana.

22. 37:104—HE PULE HO'OHUME MALO I KE KI'I MŌ'Ī

[37:104]   Pule nā kāhuna a pau ma ka pule malo no ka malo o ua ki'i lā penei:

> *Humehume nā malo, e Lono,*
> *Ha'i ke kaua, ha'ile'a, ha'ilono ē.*

A pau ka pule 'ana, a laila, ho'ohume 'ia ua ki'i lā i ka malo, a laila, kapa 'ia kona inoa hou he mō'ī. 'O ka haku o nā ki'i a pau ke 'ano o ka mō'ī. A laila, ho'ohume 'ia nā ki'i a pau i ka malo, a kapa 'ia nō ho'i ko lā[ko]u mau inoa ma ko lākou wahi e kū ai.

23. 38:19—HE PULE E PAU AI KA HAUMIA O KA 'ĀINA

[38:19]   A ma ia mau pō, ho'ā mau 'ia ke kukui o ko ke ali'i nui hale me ka pule mau i ke akua ki'i. He pule ia e holoi ana i ka pō'ino o ka 'āina, a me ke pale a'e i pau ko ka 'āina haumia. He pule ia e ho'opau 'ia, e ho'opau ana i nā hewa o ka 'āina a pau,

I pau ke aʻe me ke kawaū,
I pau ke kulopia a me ka poluluka,
I pau ka hulialana.
A laila nihopeku, hoʻēmu[18] huikala, mālapakai,
5   *Ka mauli hou i ke akua.*

24. 40:11—He ʻŌlelo Kīkē ma hope o ka Pule Huikala

[40:11]   Ma ka wā e hoʻomana ai, e hoʻonoho pōʻai ʻia nā kānaka a pau, a laila, hele mai ke kahuna me ke poʻi wai, he limu kala[19] ma loko, he ʻōlena kekahi ma loko. E kū nō ke kahuna i ka pule huikala, a ma hope o ua pule lā, hea mai ke kahuna:

    Hemū ʻo ia!

Hoʻōho nui mai kānaka:

    Hemū!

Hea hou mai ke kahuna:

    Hemū nā moe ʻinoʻino, nā moemoeā,
    Nā pūnohunohu, nā haumia.
    Hemū ʻo ia!

Hea mai kānaka:

    Hemū!

Hea mai ke kahuna:

    ʻEliʻeli!

Hea mai kānaka:

    Noa.

Hea hou mai ke kahuna:

    Iā ē!

Hea mai kānaka:

    Noa honua.

Pau ka huikala ʻana.

25. 41E:7 (Emerson 42:7)—He Mele Kilu

[41E.7]   A laila, oli mua ihola ka mea nāna e kilu. A pau ke oli ʻana, a laila, kilu aku. Inā i pā ua kilu lā, na kēlā helu ʻai e kāhea mai:

    Auēuē hē,
    Koea ke kaʻe.
    Puehu ka lā,
    Komo ʻinoʻino, kaki.
5   *ʻAkahi kāua i lalo!*

---

18. 23.4. Malia paha, he hewa kope kēia ma kahi o "hoʻonui."
19. 24.0. Ua hoʻololi ʻia ʻo "kela," ʻo ia ʻo "kala."

26. 43:20 (EMERSON 59:20)—KA PULE HOʻĀLA IĀ WĀKEA MA HOPE O KONA MOE MALŪ ʻANA IĀ HOʻOHOKULANI

[43:20]   *E ala, au aku, e ala, au mai,*
        E ala ʻo Makia, ʻo Makia a Hano,
        A hano i ke aka.
        ʻO ke ake kū hea?
5   *ʻO ke ake kū i hikina.*
        Kū ka hikina, i luna ka lani.
        Ka ʻōpua ulu nui, ka ʻōpua mākolu,
        Ua ka ua, kahe ka wai, mūkēhā![20]
        ʻŌʻili, ʻōlalapa i ka lani poni,
10   *Poni haʻa i ka mea.*
        Mō ka pawa, lele ka hōkū,
        Hāʻule ka lani mōakāka,
        I ke ao mālamalama,
        Ala mai, ua [a]o ē.

Pau ka pule [a] ke kahuna.

---

20. 43:20. E nānā iā "mākēhā" ma PE.

Nā Kolamu Nūpepa a J. M. Kalimahauna

'O ka pahuhopu o kēia pāku'ina nei, 'o ia ke kālailai i kekahi mau kolamu a J. M. Kalimahauna, kekahi kākau 'ōlelo a Davida Malo, i mea e pane aku ai i 'elua nīnau.

1. Ua loa'a anei paha 'o HI.L.18 pono'ī iā Kalimahauna i kona manawa noho ma Kona?

2. Ua loa'a anei iā Kalimahauna kekahi kope keu o KMH-Malo ma hope o ko Malo hala 'ana aku (Kamakau 1868).

Wahi a S. M. Kamakau (Kamakau 1868), 'o Kalimahauna ke kākau 'ōlelo a Davida Malo i ka wā i huaka'i a'e ai nā haumāna Lahainaluna i mea e 'ohi mai ai i ka 'ike ku'una mai ka po'e 'elemākule a luāhine mai. Eia kekahi. Hō'ike maila 'o Kamakau ma ia kolamu nō (e nānā i ka paukū 3.4.2 o nei palapala), iā Davida Malo e noho ana ma Kēōkea, Kula, Maui (MH 1852–1853), ua alu like 'o Malo lāua 'o Kalimahauna i ka hana ho'oponopono i nā puke *Mo'olelo Hawai'i*. Iā Malo mā ma Kēōkea, ua loa'a iā lāua he mau kope o KMH-Malo, akā, ma ia hope iho, ho'okahi wale nō kope i koe mai.

Ma ka MH 1862, na ua 'o Kalimahauna i kākau i nā kolamu he 'ehā no ka nūpepa hou loa, 'o *Ka Hoku o ka Pakipika*. Ua like loa kā ho'i ka 'ōlelo ma ia mau kolamu me ka 'ōlelo ma kekahi mau paukū mai loko mai o KMH-Malo ('ekolu kolamu) a me KMH-Dibela (ho'okahi kolamu). 'O ka nīnau nui ho'i, he aha ke kumu o ia 'ōlelo like? He ho'opa'anā'au anei paha na Kalimahauna? He hana kope wale anei mai loko mai o HI.L.18, a i 'ole ia, mai loko mai o KMH-Pokuea?

Penei ke ki'ina hana ma kēia pāku'ina nei: ua pa'i hou 'ia nā kolamu mua 'ekolu[1] a Kalimahauna ma lalo iho nei ma nā 'ano 'elua. Hō'ike mua 'ia ke ki'i o ke kolamu nūpepa kumu, a laila, ho'ohālikelike 'ia mai kā Malo 'ōlelo iho mai loko mai o HI.L.18 a me kā Kalimahauna, he kolamu a he kolamu, i mea e hō'oko'a aku ai i nā wahi kū 'ole i ka like. A ma hope ho'i o kēlā me kēia kolamu na Kalimahauna, kālailai 'ia nā wahi 'oko'a.

Papa wehewehe no nā wahi 'oko'a ma kā Malo me kā Kalimahauna

mea	'Oko'a ka 'ōlelo ma nā 'ao'ao 'elua (ma ke aka 'āhinahina)
mea	Loa'a ma ho'okahi wale nō 'ao'ao (ma ke kaha lalo laina kōwā)
mea	Loa'a ma nā 'ao'ao 'elua, akā, 'oko'a ke ka'ina (ma ke kaha lalo mānoanoa)

---

1. 'A'ole pa'i hou 'ia ka hā o ke kolamu na Kalimahauna, no ka mea, 'a'ole like ia me ka 'ōlelo ma HI.L.18. No loko mai ia o KMH-Dibela paha, o KMH-Pokuea paha.

O ke kumu mua o ko Hawaii nei ka-naka.

Ua olelo ia mai ma ko Hawaii nei mau moo kuauhau kupuna, na kanaka mua o Hawaii nei; no lakou mai ko Hawaii nei lahui kanaka a pau. Ma ka mookuauhau o Kumulipo i hai ia mai ai, he wahine ke kanaka nui loa, o Lailai kona inoa, ua olelo ia mai, he po wale no kona mau kupuna, a mau makua, aia ia i hanau kanaka mai, o Keliiwahilani ka inoa o ke kane a ua Lailai la, aole nae i hai ia mai ka inoa o kona mau makua, ua olelo ia, mai ka lani mai o Kealiiwahilani, ka inoa o ke kane a ua Lailai la, i nana mai oia a ike i ka wahine maikai Lailai e noho ana i Laloowaia, a hu ae la ke aloha iloko ona ia ia, a iho mai la oia a moe iho la laua me Lailai, a hanau ka laua keiki, oia kekahi kupuna, o keia lahui kanaka. A mahope mai o Lailai ma, hai ia mai ka mookuauhau o Ololo, he kane ia kanaka mua loa o Kahiko kona inoa, aole maopopo lea na mea i olelo ia mai no kona mau makua a me kona mau kupuna, o Kupalanakehau ka inoa o ka Kahiko wahine, na laua mai o Lihaula a me Wakea, he wahine ka Wakea, o Haumea kona inoa, o Papa noia, ua olelo ia mai no ua Haumea la, he pali kona mau kupuna a mau makua ia ia maopopo mai ke kanaka ana.

O keia poe wale no ke kumu mua o ko Hawaii nei lahui a pau, aole nae maopopo lea ko lakou wahi i hanau ai, ua hanau ia paha lakou, ma Hawaii nei paha, ma kekahi aina e paha, ua olelo ia mai ko lakou wahi i noho ai, aia ma Laloowaia o Lailai a me Kupulanakehau, a me ke Keliiwahilani a me Kahiko, Kamawaehualani ko laua wahi i noho ai, o Loloimehani kahi i noho ai o Wakea me Papa, aole nae he wahi o Hawaii nei i kapa ia ma keia mau inoa. Me ke aloha ia oe e ka Hoku o ka Pakipika.

J. M. Kalimahauna.
Kauhako, Kona, Feb. 5, 1862.

[I 'ike ka mea heluhelu, ua ho'onohonoho hewa 'ia ka paukū hope loa o kēia kolamu na Kalimahauna e ka po'e ulele kēpau. Ke ho'ohālikelike 'ia kā Malo 'ōlelo (a me kā Pogue kekahi), he akāka nō, ua like a like nō paha ka 'ōlelo kumu a Kalimahauna me ka 'ōlelo a lāua 'elua.]

Malo
HI.L.18 3:1–7

J. M. Kalimahauna,
Ka Hoku o ka Pakipika
13 Pepeluali, MH 1862, 'ao'ao 1

1 Ua olelo ia mai ma ko Hawaii nei mau
mookuauhau kupuna, na kanaka mua o
Hawaii nei, na lakou mai ko Hawaii nei lahui
kanaka a pau. **2** Ma ka mookuauhau i kapa ia
o Kumulipo i hai ia mai ai he wahine ke
kanaka mua loa, o Lailai kona inoa, ua olelo ia
mai ma ke kuauhau, he po wale no kona mau
kupuna a mau makua, aia ia hanau kanaka
mai. **3** O Kealiiwahilani ka inoa o ke kane a ua
Lailai la, aole nae i hai ia mai ka inoa o ko
Kealiiwahilani mau makua, ua olelo ia mai ka
lani mai o Kealiiwahilani,
i nana mai oia
a ike i ka wahine maikai o Lailai e noho ana i
Lalowaia,
iho mai o Kealiiwahilani a moe laua me Lailai,
hanau mai ka laua keiki, oia kekahi kupuna a
keia lahui kanaka.
4 A mahope mai o Lailai ma, ua hai hou ia mai,
ma ka mookuauhau i kapa ia Ololo, he kane ia
kanaka mua loa, o Kahiko kona inoa,
ua olelo ia mai no kona mau kupuna a mau
makua, me ka maopopo ole, o ko lakou ano, o
Kahiko no kai maopopo mai he kanaka ia.
5 O Kupulanakehau ka inoa o Ka Kahiko
wahine, na laua mai o Lihauula a me Wakea,
he wahine ka Wakea o Haumea kona inoa o
Papa no ia, ua olelo ia mai no ua Haumea la
wahine a Wakea, ma ka moo kuauhau i kapa ia
o Paliku he pali kona mau kupuna a mau
makua ia ia maopopo mai ke kanaka ana
6 O keia poe wale no kai olelo ia mai ma ko
Hawaii nei mau moo kuauhau kupuna, no laila,
o lakou nei no ke kumu mua o ko Hawaii lahui
a pau. aole nae i hai ia mai ma Hawaii nei
ko lakou wahi i hanau ai; ua hanau paha
keia poe ma na aina e,
o ko lakou mau moo kuauhau paha kai malama
ia ma Hawaii nei.

Ua olelo ia mai ma ko Hawaii nei mau
moo kuauhau kupuna, na kanaka mua o
Hawaii nei; no lakou mai ko Hawaii nei lahui
kanaka a pau. Ma ka mookuauhau
o Kumulipo i hai ia mai ai, he wahine ke
kanaka nui loa, o Lailai kona inoa, ua olelo ia
mai,   he po wale no kona mau
kupuna, a mau makua, aia ia i hanau kanaka
mai, o Keliiwahilani ka inoa o ke kane a ua
Lailai la, aole nae i hai ia mai ka inoa o kona
mau makua, ua olelo ia, mai ka
lani mai o Kealiiwahilani,
ka inoa o ke kane a ua Lailai la, i nana mai oia
a ike i ka wahine maikai Lailai e noho ana i
Laloowaia, a hu ae la ke aloha iloko ona ia ia, a
iho mai la oia a moe iho la laua me Lailai,
a hanau ka laua keiki, oia kekahi kupuna, o
keia lahui kanaka.
A mahope mai o Lailai ma, hai ia mai
ka mookuauhau o Ololo, he kane ia
kanaka mua loa o Kahiko kona inoa,
aole maopopo lea na mea i olelo ia mai no
kona mau makua a me kona mau kupuna,

o Kupalanakehau ka inoa o ka Kahiko
wahine, na laua mai o Lihaula a me Wakea,
he wahine ka Wakea, o Haumea kona inoa, o
Papa no ia, ua olelo ia mai no ua Haumea la,

he pali kona mau kupuna a mau
makua ia ia maopopo mai ke kanaka ana.
O keia poe wale no

ke kumu mua o ko Hawaii nei lahui
a pau, aole nae maopopo lea
ko lakou wahi i hanau ai, ua hanau ia paha
lakou, ma Hawaii nei paha, ma kekahi aina e
paha,

*[ua ho'oka'ina hewa 'ia kēia mau lālani e ka
po'e ulele kēpau]*

7 No ka mea, ua hai ia mai na wahi i noho ai o keia poe kanaka, o Lailai me Kealiiwahilani, o Lalowaia ko laua wahi i noho ai, o Kahiko me Kupulanakehau, o Kamawaelualani[2] ko laua wahi i noho ai o Wakea me Papa, o Loloimehani ko laua wahi i noho ai, aole nae ke kau wahi o Hawaii i kapaia ma keia mau inoa.

ua olelo ia mai ko lakou wahi i noho ai, aia ma Laloowaia o Lailai a me Kupulanakehau, a me ke Keliiwahilani a me Kahiko, Kamawaehualani ko laua wahi i noho ai, o Loloimehani kahi i noho ai o Wakea me Papa, aole nae he wahi o Hawaii nei i kapa ia ma keia mau inoa.

Kālailai: Like a like kā Kalimahauna me ka ʻōlelo ma KMH-Pokuea, ʻaoʻao 6 (e nānā i ke kiʻi ma lalo iho nei). Eia kekahi. Like loa nā paukū mua a Malo me kā Pogue/Kalimahauna, eia naʻe, ua hoʻoponopono iki ʻia nō kā Pogue i mea e kū pono ai i ka pōʻaiapili i kāna palapala. Me he mea lā, ua hakuloli mua ʻia kā Malo e Pogue, a ʻo ka lawe wale akula nō ia o Kalimahauna i kā Pogue, ka mea hōʻike ʻia ma lalo iho nei (Pogue 1858; ʻao. 6).

O ke kumu mua o ko Hawaii nei kanaka.

Ua olelo ia mai ma ko Hawaii nei mau moo kuauhau kupuna, na ka naka mua o Hawaii nei ; no lakou mai ko Hawaii nei lahuikanaka a pau.

Ma ka mookuauhau o Kumulipo i hai ia mai ai, he wahine ke kanaka mua loa, o Lailai kona inoa, ua olelo ia mai, he po wale no kona mau kupuna, a mau makua, aia ia hanau kanaka mai, o Kealiiwahilani ka inoa o ke kane a ua Lailai la, aole nae i hai ia mai ka inoa o kona mau makua, ua olelo ia, mai ka lani mai o Kealiiwahilani ka inoa o ke kane a ua Lailai la, i nana mai oia a ike i ka wahine maikai o Lailai e noho ana i Lalowaia, a hu ae la ke aloha iloko ona ia ia, a iho mai oia a moe laua me Lailai, a hanau mai ka laua keiki, oia kekahi kupuna o keia lahuikanaka.

A mahope mai o Lailai ma, ua hai ia ma kamookuauhau o Ololo, he kane ia kanaka mua loa, o Kahiko kona inoa, aole maopopo lea na mea i oleloia mai no kona makua a me kona poe kupuna, o Kupulanakehau ka inoa o ka Kahiko wahine, na laua mai o Lihauula a me Wakea, he wahine ka Wakea, o Haumea kona inoa, o Papa no ia, ua olelo ia mai no ua Haumea la, he pali kona mau kupuna a mau makua, ia ia maopopo mai ke kanaka ana.

O keia poe wale no ke kumu mua o ko Hawaii lahui a pau, aole nae maopopo lea ko lakou wahi i hanau ai, ua hanau ia mai lakou, ma Hawaii nei paha, ma kekahi aina e paha: ua olelo ia mai ko lakou wahi i noho ai, aia ma Lolowaia o Lailai a me Kealiiwahilani, o Kahiko me Kupulanakehau, o Kamawaelualani ko laua wahi i noho ai, o Loloimehani kahi i noho ai o Wakea me Papa, aole nae he wahi o Hawaii nei i kapa ia ma keia mau inoa.

---

2. 3:7. A: Kamaewalualani

O ko Pili holo ana mai.

Ua olelo ia o Paao laua me Makuakauma-
no a me kekahi poe pu me laua, kai holo mai
mai Kahiki mai ma ka wa kahiko loa, a no-
ho o Paao ma Kohala i Hawaii, aka, hoi no
o Makuakaumano i Kahiki, ua hiki mai Paao
ma Kohala i ke kau ia Lonokawai ko Hawaii
nei alii, mahope mai o Kapawa, o ka umiku-
mamaono ia oia hanauna alii. I ka wa i no-
ho ai o Paao ma Kohala, lilo ko Hawaii nei
mau alii i ka hana hewa, alaila, kii o Paao i
alii ma Kahiki, o Pili ka inoa o ua ʻLii la i
holo pu mai me Paao, a hoonoho ia oia ma
ko Hawaii nei papa alii. Ma ka waa no ka
holo ana mai o Pili ma i Hawaii nei, aole
maopopo ke ano o ka waa, aka, o kona inoa
oia ka ike o Kanaloanui ia, a hiki mai o Pili
ma i keia pae aina, hoi aku o Paao, a me
Makuakaumano a me ka poe e ae, o ka nana
aku i ka Hoku oia ko lakou panana i holo
mai ai a hiki i Hawaii nei.

Ua olelo ia, i ko Pili holo ana mai, hele
pu mai na Ia elua me ia, o Kaopelua, a me
Keaku kekahi, ma ka wa e makani ai haluku
mai la ke aku, hoolili mai la ka opelu, malie
iho la ka makani a pohu loa ka moana. Pe-
la o Pili ma i holo mai a pae ma Hawaii nei,
nolaila, ke kapu o ke aku a me ka opelu, i ka
wa kahiko, ua pau.

J. M. Kalimahauna.

Kauhako, Kona, Feb. 11. 1862.

O ko Pili holo ana mai.

Ua olelo ia o Paao laua me Makuakauma-
no a me kekahi poe pu me laua, kai holo mai mai
Kahiki mai ma ka wa kahiko loa, a no-
ho o Paao ma Kohala i Hawaii, aka, hoi no
o Makuakaumano i Kahiki, ua hiki mai Paao
ma Kohala i ke kau ia Lonokawai ko Hawaii
nei alii, mahope mai o Kapawa, o ka umiku-
mamaono ia oia hanauna alii. I ka wa i no-
ho ai o Paao ma Kohala, lilo ko Hawaii nei
mau alii i ka hana hewa, alaila, kii o Paao i
alii ma Kahiki, o Pili ka inoa o ua ʻLii la i
holo pu mai me Paao, a hoonoho ia oia ma
ko Hawaii nei papa alii. Ma ka waa no ka
holo ana mai o Pili ma i Hawaii nei, aole
maopopo ke ano o ka waa, aka, o kona inoa
oia ka ike o Kanaloanui ia, a hiki mai o Pili
ma i keia pae aina, hoi aku o Paao, a me
Makuakaumano a me ka poe e ae, o ka nana
aku i ka Hoku oia ko lakou panana i holo
mai ai a hiki i Hawaii nei.

Ua olelo ia, i ko Pili holo ana mai, hele
pu mai na Ia elua me ia, o Kaopelua, a me
Keaku kekahi, ma ka wa e makani ai haluku
mai la ke aku, hoolili mai la ka opelu, malie
iho la ka makani a pohu loa ka moana. Pe-
la o Pili ma i holo mai a pae ma Hawaii nei,
nolaila, ke kapu o ke aku a me ka opelu, i ka
wa kahiko, ua pau.

J. M. Kalimahauna.

Kauhako, Kona, Feb. 11, 1862.

Malo
HI.L.18 3:8–12

J. M. Kalimahauna,
Ka Hoku o ka Pakipika
13 Pepeluali, MH 1862, 'ao'ao 3

8 Eia kekahi mea i lohe ia no Kahiki mai,
ua olelo ia, ua holo mai kekahi mau kanaka
mai Kahiki mai, o Paao laua me
Makuakaumana, a me kekahi poe i holo pu mai
me laua,
o ka nana i ka hoku oia ko lakou panana
i holo mai ai,
a noho o Paao ma Kohala, hoi no
o Makuakaumana i Kahiki.
9 Ua hiki mai o Paao i Hawaii nei i ke kau ia
Lonokawai ko Hawaii alii,
o ka umikumamaono ia oia hanauna
alii ma hope mai o P[K]apa[wa].
10 Noho no o Paao ma Kohala,
a hiki i ka wa i hewa ai ko Hawaii nei mau alii,
kii o Paao i alii ma Kahiki, o Pili ka inoa o
ua lii la i holo pu mai me Paao a hoonoho ia
oia ma ko Hawaii nei papa alii.
11 Ua manao ia ma Kapua no Kona
kahi a Paao i holo ai
ma ka waa kona holo ana,
aole nae i hai ia mai ke ano o ka waa,
a i ko Pili holo ana mai i Hawaii nei hoi pu mai
no o Paao o Makuakaumana kekahi i holo
pu mai, a me kekahi poe e ae,
o Kanaloamuia ka inoa o ko Pili mau waa i holo
mai ai, aole nae i hai ia mai he Pahi ka waa.

132 Eia kekahi mea i olelo ia i ko Pili holo ana
mai, hele pu mai na ia elua me ia, o ka opelu a me ke aku,
ma ka wa e makani ai
ka moana, haluku mai la ke aku, hoolili mai la
ka opelu, malie iho la ka makani a pohu loa, ka
moana, Pela o Pili ma i holo mai ai a pae ma
Hawaii nei nolaila, ke kapu o ke aku a me ka
opelu, i ka wa kahiko.

O ko Pili holo ana mai.

Ua olelo ia o Paao laua me Makuakaumano a
me kekahi poe pu me laua, kai holo mai
mai Kahiki mai ma ka wa kahiko loa,

a noho o Paao ma Kohala, i Hawaii, aka, hoi no
o Makuakaumano i Kahiki,
ua hiki mai Paao ma Kohala i ke kau ia
Lonokawai ko Hawaii nei alii, mahope mai o
Kapawa, o ka umikumamaono ia oia hanauna
alii.
I ka wa i noho ai o Paao ma Kohala,
lilo ko Hawaii nei mau alii i ka hana hewa,
alaila, kii o Paao i alii ma Kahiki, o Pili ka inoa o
ua 'Lii la i holo pu mai me Paao, a hoonoho ia
oia ma ko Hawaii nei papa alii.

Ma ka waa no ka holo ana mai o Pili ma i
Hawaii nei, aole maopopo ke ano o ka waa,
aka, o kona inoa oia ka ike o Kanaloanui ia,
a hiki mai o Pili ma i keia pae aina, hoi aku
o Paao, a me Makuakaumano a me ka poe e
ae,

o ka nana aku i ka Hoku oia ko lakou panana i
holo mai ai a hiki i Hawaii nei.
Ua olelo ia, i ko Pili holo ana
mai, hele pu mai na Ia elua me ia, o Kaopelua,
a me Keaku kekahi, ma ka wa e makani ai
haluku mai la ke aku, hoolili mai la
ka opelu, malie iho la ka makani a pohu loa ka
moana. Pela o Pili ma i holo mai a pae ma
Hawaii nei, nolaila, ke kapu o ke aku a me ka
opelu, i ka wa kahiko,

Kālailai: He like a like kā Kalimahauma me KMH-Pokuea, Mokuna 2, 'ao'ao 7, ka mea hō'ike 'ia ma lalo iho nei. E like ma kā Pogue hana mau, ua lawe wale 'ia kā Malo e Pogue, a laila, ua hakuloli 'ia i mea e kū ai i ke 'ano o kā Pogue puke iho. 'O kekahi mea ho'ohoihoi, ua 'oko'a ka inoa ali'i, 'o *Makuakaumana* (KMH-Malo a me KMH-Pokuea), 'o ia 'o *Makuakaumano* ma kā Kalimahauna. Ua ho'ololi 'o Pogue i ka inoa wa'a, 'o *Kanaloamuia,* 'o ia 'o *Kanaloanui,* a pēlā nō ma kā Kalimahauna.[3] He aha lā ho'i ke kumu no kā Kalimahauna ho'ololi 'ana iā *Makuakaumana,* 'o ia 'o *Makuakaumano?* He loina 'oko'a paha? Na ka luna ho'oponopono paha i ho'ololi? A i 'ole ia, he hewa paha na ka po'e ulele kēpau?

O ko Pili holo ana mai.

Ua olelo ia o Paao laua me Makuakaumano a me kekahi poe pu me laua, ka i holo mai mai Kahiki mai ma ka wa kahiko loa, a noho o Paao ma Kohala i Hawaii, aka, hoi no o Makuakaumana i Kahiki, ua hiki mai o Paao ma Kohala i ke kau ia Lonoi awai ko Hawaii alii, mahope mai o Kapawa, o ka umikumamaono ia oia hanauna alii. I ka wa i noho ai o Paao ma Kohala, lilo ko Hawaii nei mau alii i ka hana hewa, alaila, kii o Paao i alii ma Kahiki, o Pili ka inoa o ua alii 'la i holo pu mai me Paao, a hoonoho ia oia ma ko Hawaii nei papa alii. Ma ka waa no ka holo ana mai o Pili ma i Hawaii nei, aole nae maopopo ke ano o ka waa, aka, o kona inoa, oia ka i ike o Kanaloanui ia, a hiki mai o Pili ma i keia pae aina, hoi aku o Paao, a me Makuakaumana, a me ka poe e ae, a o ka nana aku i ka hoku oia ko la ou panana i holo mai ai a hiki i Hawaii nei. Ua olelo ia, i ko Pili holo ana mai, hele pu mai na la elua me ia, o *Kaopelu* kekahi, a o *Keaku* kekahi, ma ka wa e makani ai ka moana, haluku mai la *Keaku,* hoolili mai la ka *Opelu,* malie iho la ka makani a pohu loa ka moana. Pela o Pili ma i holo mai ai a pae ma Hawaii nei, nolaila, ke kapu o *Keaku* a me ka *Opelu,* i ka wa kahiko.

Pogue 1858; 'ao. 7

---

3. Like nō ka pela 'ana o ia mau inoa, 'o *Makuakaumana* a me *Kanaloanui,* ma kā Pogue puke a me ke kolamu nūpepa (Ka Hae Hawaii 1858, 4 'Apelila; 'ao'ao 1).

No na hanauna mai o Wakea mai.

1. Mai ia Wakea mai a hiki mai i ko Haumea make ana, eono ia mau hanauna kanaka, aia ma Ololoimehani kahi e noho ai keia mau hanauna, a mahope mai o keia mau hanauna eono, 19 ia hanauna, a ua manao wale ia o kekahi poe o keia mau hanauna kai hele mai a noho ma Hawaii nei, no ka mea, o ka iwakalua paa o keia hanauna, o Kapawa kona inoa, oia kai hai ia mai, ma Kukanilokoiu no Waialua i Oahu kona wahi i hanau ai.

A mai ia Kapawa mai a hiki mai keia wa, ua ike pono ia ka hanau ana o kanaka ma Hawaii nei; ua manao ia ua hele lakou mai ka pae aina mai, e kokoke ana ma keia pae moku, no ka mea, ua paa mua i ko Hawaii nei poe kahiko ka inoa o Kahiki, a ua paa o Kahiki maloko o na mele, a me na pule, a me na kaao, o ka poe kahiko o Hawaii nei. Eia kekahi mau inoa aina i paa ma na mele, o Kahikihonuakele, o Ananaimalu, Holani, o Hawaii, o Nuuhiva, o na Aina ma na kaao, Upolu, o Wawau, o Kukapuaiku, o Kuaihelani; na Aina ma na pule, o Uliuli, o Melemele, o Polapola, o Haehae, o Maokuululu, a me Hauakalamai, aia la mahea ka pae aina i ikeia keia mau inoa Aina e maopopo lea ai keia, i na ua akaka kahi i noho ai na kupuna o keia lahui, a e ike hoi i ko lakou wahi e holo mai ai a hiki mai i keia pae moku. Aia paha ma ka pae Aina o Kahiki keia mau inoa, a ma ia mau Aina paha lakou i noho mua ai, a mahope lakou holo mai ma Hawaii nei, a no ko lakou aloha paha ia Kahiki, a me Hawaii kapa lakou i kau wahi o Maui, o Kahikinui, a kapaia keia pae Aina o Hawaii, ina i ole ia o Hawaii paha, ke kanaka i noho mua ai, o Maui paha, Oahu paha, o Kauai paha, a make lakou kapa ia paha ka aina ma ko lakou mau inoa. Me ke aloha. J. M. Kalimahauna.
Kauluniuopuhau, Kona, Feb. 11, 1862.

No na hanauna mai o Wakea mai.

1. Mai ia Wakea mai a hiki mai i ko Haumea make ana, eono ia mau hanauna kanaka, aia ma Ololoimehani kahi e noho ai keia mau hanauna, a mahope mai o keia mau hanauna eono, 19 ia hanauna, a ua manao wale ia o kekahi poe o keia mau hanauna kai hele mai a noho ma Hawaii nei, no ka mea, o ka iwakalua paa o keia hanauna, o Kapawa kona inoa, oia kai hai ia mai, ma Kukanilokoiu no Waialua i Oahu kona wahi i hanau ai.

A mai ia Kapawa mai a hiki mai keia wa, ua ike pono ia ka hanau ana o kanaka ma Hawaii nei; ua manao ia ua hele lakou mai ka pae aina mai, e kokoke ana ma keia pae moku, no ka mea, ua paa mua i ko Hawaii nei poe kahiko ka inoa o Kahiki, a ua paa o Kahiki maloko o na mele, a me na pule, a me na kaao, o ka poe kahiko o Hawaii nei. Eia kekahi mau inoa aina i paa ma na mele, o Kahikihonuakele, o Ananaimalu, Holani, o Hawaii, o Nuuhiva, o na Aina ma na kaao, Upolu, o Wawau, o Kukapuaiku, o Kuaihelani; na Aina ma na pule, o Uliuli, o Melemele, o Polapola, o Haehae, o Maokuululu, a me Hanakalamai, aia la mahea ka pae aina i ikeia keia mau inoa Aina e maopopo lea ai keia, i na ua akaka kahi i noho ai na kupuna o keia lahui, a e ike hoi i ko lakou wahi e holo mai ai a hiki mai i keia pae moku. Aia paha ma ka pae Aina o Kahiki keia mau inoa, a ma ia mau Aina paha lakou i noho mua ai, a mahope lakou holo mai ma Hawaii nei, a no ko lakou aloha paha ia Kahiki, a me Hawaii kapa lakou i kau wahi o Maui, o Kahikinui, a kapaia keia pae Aina o Hawaii, ina i ole ia o Hawaii paha, ke kanaka i noho mua ai, o Maui paha, Oahu paha, o Kauai paha, a make lakou kapa ia paha ka aina ma ko lakou mau inoa. Me ke aloha. J. M. Kalimahauna.
Kauluniuopuhau, Kona, Feb. 11, 1862.

Malo
HI.L.18, 4:1–7

Kalimahauna
Ka Hoku o ka Pakipika,
27 Pepeluali, MH 1862, 'ao'ao 3

No na hanauna maia Wakea mai
Mokuna IV

1 Mai a Wakea mai a hiki mai i ko Haumea
make ana, eono ia mau hanauna kanaka,
ua olelo ia mai
ma Ololoimehani no kahi i noho ai o keia mau
hanauna, aole no i olelo ia mai he wahi e ae ko
keia poe i noho ai, aole nae i hai ia ko lakou he
le ana mai a noho ma Hawaii nei.
2 A ma hope mai o keia mau hanauna eono,
he umikumamaiwa ia mau hanauna
ma ia hope mai.
ua manao wale ia o kekahi poe o keia mau
hanauna kai hele mai a noho ma Hawaii nei, no
ka mea, o ka iwakalua paa o keia hanauna o
Kapawa kona inoa oia kai haiia mai ma
Kukaniloko no Waialua i Oahu ko Kapawa
wahi i hanau ai.
3 A mai a Kapawa mai a hiki mai i keia wa, ua
ike pono ia ka hanau ana o kanaka ma Hawaii
nei, aole nae i haiia, mai Ololoimehani mai
lakou i hele mai ai aole no i hai- ia mai ke
kanaka i hiki mua mai a noho ma Hawaii nei,
aole i ihaiia mai, mai ka waa mai lakou, aole no
i haiia ka wa i hiki mai ai lakou ma Hawaii nei.
4 Ua manao ia keia lahuikanaka mai ka aina
mai e kokoke ana ma kahiki a me kahiki nohoi,
no ka mea, ua paa mua i ko Hawaii nei poe
kahiko ka inoa o Kahiki, a ua paa o kahiki
maloko o na mele, a me na pule a me na
Kaao, a ka poe kahiko o Hawaii nei.
5 Eia kekahi mau inoa aina i paa ma na mele, o
Kahikihonuakele, o Ananaimalu, o Holani, o
Hawaii, o Nuuhiwa, na aina ma na kaao,
o Upolu, o Wawau, o Kukapuaiku, o
Kuaihelani, na aina ma na pule, o Uliuli,[4] o
Melemele, o Polapola, o Haehae, o
Maokuululu, o Hanakalauai,

No na hanauna mai o Wakea mai.

1. Mai ia Wakea mai a hiki mai i ko Haumea
make ana, eono ia mau hanauna kanaka,

aia ma Ololoimehani kahi e noho ai keia mau
hanauna,

a mahope mai o keia mau hanauna eono,
19 ia hanauna,

a ua manao wale ia o kekahi poe o keia mau
hanauna kai hele mai a noho ma Hawaii nei, no
ka mea, o ka iwakalua paa o keia hanauna, o
Kapawa kona inoa, oia kai hai ia mai, ma
Kukanilokoiu no Waialua i Oahu kona
wahi i hanau ai.
A mai ia Kapawa mai a hiki mai keia wa, ua
ike pono ia ka hanau ana o kanaka ma Hawaii
nei;

ua manao ia ua hele lakou mai ka pae aina
mai, e kokoke ana ma keia pae moku,
no ka mea, ua paa mua i ko Hawaii nei poe
kahiko ka inoa o Kahiki, a ua paa o Kahiki
maloko o na mele, a me na pule, a me na
kaao, o ka poe kahiko o Hawaii nei.
Eia kekahi mau inoa aina i paa ma na mele, o
Kahikihonuakele, o Ananaimalu, Holani, o
Hawaii, o Nuuhiva, o na Aina ma na kaao,
Upolu, o Wawau, o Kukapuaiku, o
Kuaihelani; na Aina ma na pule, o Uliuli, o
Melemele, o Polapola, o Haehae, o
Maokuululu, a me Hanakalamai,
aia la mahea ka pae aina i ikeia keia mau inoa
Aina e maopopo lea ai keia, i na ua akaka kahi
i noho ai na kupuna o keia lahui, a e ike hoi i ko
lakou wahi e holo mai ai a hiki mai i keia pae
moku.

---

4. 4:5. A: *nele.*

6 Aia paha ma ka pae aina o Kahiki keia mau
inoa, aia la mahea, ma keia mau aina paha
lakou i noho mua ai, a ma hope lakou hele mai
ma Hawaii nei.

7 A no ko lakou aloha paha ia Kahiki a me
Hawaii, kapa lakou i kau wahi o Maui, o
Kahiki nui, a kapa i keia pae aina o Hawaii, i na
i ole ia, o Hawaii paha ke kanaka i noho mua
mai, o Maui paha, Oahu paha Kauai paha, a
make lakou kapaia paha keia pae aina ma ko
lakou mau inoa.

Aia paha ma ka pae Aina o Kahiki keia mau
inoa, a ma ia mau Aina paha
lakou i noho mua ai, a mahope lakou holo mai
ma Hawaii nei,
a no ko lakou aloha paha ia Kahiki, a me
Hawaii kapa lakou i kau wahi o Maui, o
Kahikinui, a kapaia keia pae Aina o Hawaii, ina
i ole ia o Hawaii paha, ke kanaka i noho mua
ai, o Maui paha, Oahu paha, o Kauai paha, a
make lakou kapa ia paha ka aina ma ko
lakou mau inoa.

Kālailai: ʻO kekahi mea kū i ka hoihoi, ʻo ia nō ka helu paukū ʻo "1." ma ka hoʻomaka ʻana o kā Kalimahauna paukū mua. Pēlā nō ma KMH-Malo a me KMH-Pokuea, eia kā, ua hoʻomau ʻia kā lāua helu ʻana i nā paukū o hope, a ua oki nō naʻe ma kā Kalimahauna. Koe wale ia loli hoʻokahi, like a like kā Kalimahauna me kā Pogue, ka mea hōʻike ʻia ma lalo iho nei. E like me nā kolamu ʻelua o luna aʻe nei, ua hakuloli nō ʻo Pogue i kā Malo, a ʻo ke paʻi hou wale aʻela nō ia o Kalimahauna.

Pogue 1858; ʻao. 6–7

Manaʻo Panina

He akāka a ahuwale nō nā haʻina no nā nīnau ʻelua o kēia pākuʻina nei, penei.

1. Ua loaʻa anei iā Kalimahauna kekahi kope keu o kā Malo puke?
    Haʻina: ʻAʻole. He nui nā wahi ʻokoʻa mai kā Malo mai, eia naʻe, he like a like kā Kalimahauna me KMH-Pokuea.
2. Ua loaʻa anei ʻo HI.L.18 ponoʻī iā Kalimahauna e noho ana ma Kona?
    Haʻina: ʻAʻole. ʻAʻohe wahi hōʻailona o ko Kalimahauna ʻike maka ʻana iā HI.L.18 iā ia e noho ana ma Kona.
    ʻO KMH-Pokuea wale nō kāna palapala i hana kope ai, koe wale ka hoʻololi ʻana i ka inoa aliʻi ʻo *Makuakaumana*, ʻo ia ʻo *Makuakaumano*.

Ka Papa Kuhikuhi Mokuna Kākau Lima ʻia ma HI.L.18

ʻAʻole akāka loa ke kanaka nāna kēia papa kuhikuhi. He mea ʻōlelo Pelekānia nō, no ka mea hoʻomaka ʻia ma ia ʻōlelo nō. Eia kekahi. Ma ke poʻo inoa o ka mokuna 20 (*No na Kauwa*), hōʻike ʻia ka inoa hoʻoponopono ʻia, ʻo *No na Kanaka,* ma ke ʻano like loa me HI.L.19 a me HI.L.19A/D. Na ko W. D. Alexander lima i hana kope i nā ʻaoʻao mua ʻumi o HI.L.19, a na Lorrin Andrews ka unuhi ʻōlelo Pelekānia ma HI.L.19D/A.

Hōʻike ʻia kēia papa kuhikuhi mokuna ma nā ʻaoʻao 265–268, ma hope o ka mokuna 51 o HI.L.18.

[265]

Contents of the Foregoing

Mokuna 1.   General Remarks on Hawaiian History
Mokuna 2.   No ka Aina ana o Hawaii nei
Mokuna 3.   Ke kumu mua o ko Hawaii nei kanaka
Mokuna 4.   No na hanauna mai a Wakea mai
Mokuna 5.   No ke kapa ana i na kukulu
Mokuna 6.   Ke kapa ana i ko luna me lalo
Mokuna 7.   Ke kapa ana i ko loko mau inoa o ka moku
Mokuna 8.   No na pohaku
Mokuna 9.   Ke kapa ana i na laau
Mokuna 10.   No na kai
Mokuna 11.   No ka ai kapu ana

[266]

Mokuna 12.   No na wa maloko o ka makahiki
Mokuna 13.   No na holoholona laka [a] me na mea hihiu
Mokuna 14.   No na ai ame na wai ma Hawaii nei
Mokuna 15.   No na Ia
Mokuna 16.   Ko Hawaii nei kapa, Malo, Pau, Moena
Mokuna 17.   ~~No na Lii me na Kanaka~~ [No na Koi pohaku a me na koi hou]
Mokuna 18.   No na lii a me na kanaka
Mokuna 19.   Ke ano [o] ke kuaaina me ko kahi alii
Mokuna 20.   No na Kanaka[1]
Mokuna 21.   No na hewa a me na pono
Mokuna 22.   No Hawaii[2] nei mau waiwai kahiko mai
Mokuna 23.   No ka hoomana ana i na kua kii

[267]

Mokuna 24.   Ka hoomana ana i ke akua no na keiki
Mokuna 25.   No ke okikahe ana i na keiki ma ka mai
Mokuna 26.   No ka hoomana ana i ola ka mea mai
Mokuna 27.   No ke kupapau
Mokuna 28.   No ka hoomana ma ka anaana
Mokuna 29.   No ka hoomana ma ko ke Alii nui make ana
Mokuna 30.   No ka lapaau ana i ka poe mai

---

1. Ma ka lihi ʻaoʻao ʻākau, ua kākau penikala ʻia ʻo "kauwa"
2. [ko] Hawaii (ma ka penikala).

Nā La'ana Kākau Lima

Ma kēia pāku'ina, hō'ike 'ia nā la'ana kākau lima a nā kānaka i mana'o 'ia, ua pa'a ko lākou lima i nā palapala KMH-Malo, 'o HI.L.18, 'o HI.L.19, a me HI.L.19D/A. He nui nā kaha o kēlā me kēia 'ano ma nā palapala 'ōlelo Hawai'i 'elua, a he hiki paha, ma ka ho'ohālikelike 'ana i nā 'ano kākau lima, ke hō'oia i ke kanaka nāna kekahi o ia mau kaha.

1.   DAVIDA MALO—MH 1827

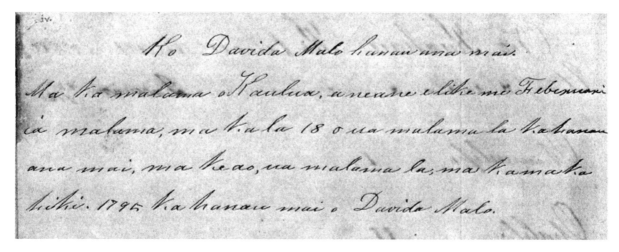

La'ana kākau lima: Davida Malo, MH 1827

Ko Davida Malo hanau ana mai.
Ma ka malama o Kaulua, aneane e like me Feberuari
ia malama, ma ka la 18 o ua malama la ka hanau
ana mai, ma ke ao, ua malama la, ma ka maka
hiki 1795 ka hanau mai o Davida Malo.

[Mai loko mai o *Ka Buke no ka Oihana Kula* (Malo 1827).]

2.   DAVIDA MALO—29 IULAI, MH 1842

La'ana kākau lima: Davida Malo, MH 1842

a hapai i ke keiki mumuku a Kamehameha, a maia
hope mai holo i Oahu, o Nuuanu ia kaua, a hee
a lana kila hoi, hanau, ua keiki, mumuku la, a lilo
ia Kaahumanu ka hanai, o ka Keopuolani hiapo ia
aole i loihi ke ola ana, a make ihola, noho ihola a ho
lo o Kamehameha i Kauai aole nae i hiki i Kauai
o Kaieiewaho ia holo ana, o Kalaimoku no ke
kane i ka ili aole no nae he keiki mai noho ana
a lohe ia ae o na makeha, he kaua ia, a hoi mai

[Mai loko mai o *No ka Hanau ana o Keopuolani* (Langlas me Lyon, 2008).]

3. DAVIDA MALO—4 PEPELUALI, MH 1848

La'ana kākau lima: Davida Malo, MH 1848

Lahaina F 4/48
Aloha oe e ka Moi, ka mea a ke Akua kiekie
I hoonoho mai i poo no na lahui kanaka ma keia
mau makahiki
O wau o Davida Malo, ke kau
wahi apana konohiki ma lalo ou, ke hai aku nei
i lohe ka Moi. Aole au i holo aku no kuu maimai
no. Ina i manao ka Moi e hana, e hana, e hai [oe] mai
paha, aia i ka manao o ka Moi.
Na'u me ka mahalo aku i ka Moi.
Davida Malo

[He leka i ka Mō'ī, na Kauikeaouli (Malo 1848, 4 Pepeluali)].

La'ana kākau lima: Lorrin Andrews, MH 1845

I made a plate within the last year for Mr.
Kellett of Kauai & printed say two hundred dollars.
Also for Mr. Baily at Wailuku about
the same amount
Also for the Seminay [sic] at L. luna a plate
& printed say four hundred & fifty I do not pre-
tend to be accurate for I have no means.

[He leka iā Judd (Andrews 1845) (F.O. & Ex 402–12–295)].

5. HI.L.19D (2:2)

Sec. 2 Really the [worse] name servant is a very hu-miliating term connected with deep shame; in common language however men speak of one being the servant of another when he is not a real servant. Because in generations the younger brothers [Kaikaina] were called the servants of the older brothers [Kaikuaana] but such were not real servants; but it meant that the younger brothers should put themselves lower than the older brothers

La'ana kākau lima: HI.L.19D, maopopo 'ole ka makahiki kākau

Sec. 2 Really the [worse] name <u>servant</u> is a very hu-miliating term connected with deep shame; in common language however men speak of one being the servant of another when he is not a real servant. Because in generations the younger brothers [kaikaina] were called the servants of the older brothers [kaikuaana] but such were not real servants; but it meant that the younger brothers should put themselves lower than the older brothers

[Ka paukū 2:2 o HI.L.19D.]

6.   W. D. Alexander—19 Kēkēmapa, MH 1903

I must confess that I have found the task of editing and proof-reading it far more difficult than ordinary work of the kind, and even more so than I had anticipated. At times it required the exercise of a good deal of discretion. I have done my best, but yet I know that there is room for criticism.

La'ana kākau lima: W. D. Alexander, MH 1903

I must confess that I have found the task
of editing and proof-reading it far more
difficult than ordinary work of the kind, and
even more so than I had anticipated. At
times it required the exercise of a good deal of
discretion. I have done my best, but yet I
know that there is room for criticism.

[He leka iā S. B. Dole e pili ana i kā Alexander hana ho'oponopono iā *Hawaiian Antiquities* (Alexander 1903)].

7. HI.L.19 (1:1)

O ko Hawaii nei mau moolelo kahiko mai,
aole i akaka loa ia mau moolelo, o na
mea i hana ia i ka wa kahiko, a me
na mea i lohe ia na ka poe kahiko
mai; ua akaka uuku paha kekahi
mau mea oia mau olelo, aka, o ka
nui oia mau lohe ana mai, ua
pohihihi wale no ka nui a kaka ole

La'ana kākau lima: HI.L.19, maopopo 'ole ka makahiki kākau

O ko Hawaii nei mau moolelo kahiko mai,
aole i akaka loa ia mau moolelo, o na
mea i hana ia i ka wa kahiko, a me
na mea i lohe ia na ka poe kahiko
mai, ua akaka uuku paha kekahi
mau mea oia mau olelo, aka, o ka
nui oia mau lohe ana mai, ua
pohihihi wale no ka nui a kaka ole

[HI.L.19, paukū 1:2. Loli ka mea hana kope ma hope o ka paukū 5:1].

8. J. F. Pogue—1 ʻApelila, MH 1859

La ʻana kākau lima: J. F. Pogue, MH 1859

Yours of March 24th came
to hand a few days since. Our barometer is said to
be a good one. It has a vernier to read off hundredths of
inches, & is all in order so far as I know. We do not
use it often here. I have no objection to your taking it on
the conditions mentioned in yours. Perhaps we have
some other instruments which you would (?) wish to take
along with you. David Malo's manuscript now
belongs to the Government. They having purchased it.
It is now in my hands. Father Clark going to be married.
What next. I was taken all aback at that news—Who
supplies his place in his absence?

[Kā Pogue leka iā W. D. Alexander, e hōʻike aku ana i ka loaʻa o HI.L.18 i ke aupuni (Pogue 1859)].

9.   N. B. Emerson, 18 Kepakemapa, MH 1893

[Ki'i 22] La'ana kākau lima: N.B. Emerson, MH 1893 (MS EMR 494, Huntington Library)

The kahuna has generally the same
set with him, those who are used
to his ways. The house is called
"<u>mua</u>" (to be distinguished from
the <u>mua</u> of the domestic establish-
ment). The kahuna will an-
nounce beforehand what sort of
death will be inflicted, a broken
head, drowning, a wasting away
etc. etc.

[Mai loko mai o kā NBE mau wehewehena no kā Malo mokuna 28 no ka 'anā'anā.]

Ka Papa Kuhikuhi ʻAoʻao no HI.L.19

I mea e maʻalahi aʻe ai ka hana hoʻohālikelike palapala a haʻi, eia mai kahi pakuhi e hōʻike aku ana i nā helu ʻaoʻao a me nā paukū o kēlā me kēia ʻaoʻao o HI.L.19.

Pakuhi 13. Papa Kuhikuhi ʻaoʻao o HI.L.19

ʻAoʻao	Nā helu mokuna a Davida Malo	Nā helu mokuna a N. B. Emerson	ʻAoʻao	Nā helu mokuna a Davida Malo	Nā helu mokuna a N. B. Emerson
ʻAoʻao 1	1:1–1:5a	1:1–1:5a	ʻAoʻao 41	19:25e–20:2a	19:25e–20:2a
ʻAoʻao 2	1:5e–1:11a	1:5e–1:11a	ʻAoʻao 42	20:2e–20:14a	20:2e–20:14a
ʻAoʻao 3	1:11e–2:10a	1:11e–2:10a	ʻAoʻao 43	20:14e–20:26a	20:14e–20:26a
ʻAoʻao 4	2:10e–3:3a	2:10e–3:3a	ʻAoʻao 44	20:26e–21:8	20:26e–21:8
ʻAoʻao 5	3:3e–4:1a	3:3e–4:1a	ʻAoʻao 45	21:9–21:19a	21:9–21:19a
ʻAoʻao 6	4:1e–4:7a	4:1e–4:7a	ʻAoʻao 46	21:19e–22:2a	21:19e–22:2a
ʻAoʻao 7	4:7e–4:14a	4:7e–4:14a	ʻAoʻao 47	22:2e–22:12a	22:2e–22:12a
ʻAoʻao 8	4:14e–4:24a	4:14e–4:24a	ʻAoʻao 48	22:12a–22:26	22:12a–22:26
ʻAoʻao 9	4:24e–5:5a	4:24e–5:5a	ʻAoʻao 49	22:27–23:7	22:27–23:7
ʻAoʻao 10	5:5e–6:1a	5:5e–6:1a	ʻAoʻao 50	23:8–23:18	23:8–23:18
ʻAoʻao 11	6:1e- 6:10a	6:1e- 6:10a	ʻAoʻao 51	23:19–24:2a	23:19–24:2a
ʻAoʻao 12	6:10e–7:1a	6:10e–7:1a	ʻAoʻao 52	24:2e–24:9a	24:2e–24:9a
ʻAoʻao 13	7:1e–7:13a	7:1e–7:13a	ʻAoʻao 53	24:9e–25:8a	24:9e–25:8a
ʻAoʻao 14	7:13e–8:4	7:13e–8:4	ʻAoʻao 54	25:8e–26:8a	25:8e–26:8a
ʻAoʻao 15	8:5–9:10a	8:5–9:10a	ʻAoʻao 55	26:8e–27:12a	26:8e–27:12a
ʻAoʻao 16	9:10e–9:21a	9:10e–9:21a	ʻAoʻao 56	27:12e–28:3a	27:12e–28:3a
ʻAoʻao 17	9:21e–11:1a	9:21e–11:1a	ʻAoʻao 57	28:3e–28:14a	28:3e–28:14a
ʻAoʻao 18	11:1e–11:10a	11:1e–11:10a	ʻAoʻao 58	28:14e–28:26a	28:14e–28:26a
ʻAoʻao 19	11:10e–11:18a	11:10e–11:18a	ʻAoʻao 59	28:26e–29:13a	28:26e–29:13a
ʻAoʻao 20	11:18e–12:10a	11:18e–12:10a	ʻAoʻao 60	29:13e–30:9a	29:13e–30:9a
ʻAoʻao 21	12:10e–12:23a	12:10e–12:23a	ʻAoʻao 61	30:9e–31:5	30:9e–31:5
ʻAoʻao 22	12:23e–13:8a	12:23e–13:8a	ʻAoʻao 62	31:5–31:18a	31:5–31:18a
ʻAoʻao 23	13:8e–13:15a	13:8e–13:15a	ʻAoʻao 63	31:18e–32:8	31:18e–32:8
ʻAoʻao 24	13:15e–13:23a	13:15e–13:23a	ʻAoʻao 64	32:9–33:2	32:9–33:2
ʻAoʻao 25	13:23e–14:2a	13:23e–14:2a	ʻAoʻao 65	33:3–33:13a	33:3–33:13a
ʻAoʻao 26	14:2e–14:12	14:2e–14:12	ʻAoʻao 66	33:13e–33:25a	33:13e–33:25a
ʻAoʻao 27	14:13–15:6	14:13–15:6	ʻAoʻao 67	33:25e–34:2a	33:25e–34:2a
ʻAoʻao 28	15:7–15:18a	15:7–15:18a	ʻAoʻao 68	34:2e–34:12a	34:2e–34:12a
ʻAoʻao 29	15:18e–16:8	15:18e–16:8	ʻAoʻao 69	34:12e–34:22a	34:12e–34:22a
ʻAoʻao 30	16:9–17:2a	16:9–17:2a	ʻAoʻao 70	34:22e–34:32a	34:22e–34:32a
ʻAoʻao 31	17:2e–18:2a	17:2e–18:2a	ʻAoʻao 71	34:32e–35:2	34:32e–35:2
ʻAoʻao 32	18:2e–18:11a	18:2e–18:11a	ʻAoʻao 72	35:3–35:13	35:3–35:13
ʻAoʻao 33	18:11e–18:19a	18:11e–18:19a	ʻAoʻao 73	35:14–35:24a	35:14–35:24a
ʻAoʻao 34	18:19e–18:29a	18:19e–18:29a	ʻAoʻao 74	35:24e–36:8a	35:24e–36:8a
ʻAoʻao 35	18:29e–18:41	18:29e–18:41	ʻAoʻao 75	36:8e–36:20a	36:8e–36:20a
ʻAoʻao 36	18:42–18:52a	18:42–18:52a	ʻAoʻao 76	36:20–36:28a	36:20e–36:28a
ʻAoʻao 37	18:52e–18:64a	18:52e–18:64a	ʻAoʻao 77	36:28e–36:37	36:28e–36:37
ʻAoʻao 38	18:64a–19:1a	18:64a–19:1a	ʻAoʻao 78	36:38–36:48	36:38–36:48
ʻAoʻao 39	19:1e–19:14	19:1e–19:14	ʻAoʻao 79	36:49–36:58a	36:49–36:58a
ʻAoʻao 40	19:15–19:25a	19:15–19:25a	ʻAoʻao 80	36:58e–36:69a	36:58e–36:69a

'Ao'ao	Nā helu mokuna a Davida Malo	Nā helu mokuna a N. B. Emerson
'Ao'ao 81	36:69e–36:78	36:69e–36:78
'Ao'ao 82	37:1–37:9a	37:1–37:9a
'Ao'ao 83	37:9e–37:17a	37:9e–37:17a
'Ao'ao 84	37:17e–37:25	37:17e–37:25
'Ao'ao 85	37:26–37:34a	37:26–37:34a
'Ao'ao 86	37:34e–37:43a	37:34e–37:43a
'Ao'ao 87	37:43e–37:52a	37:43e–37:52a
'Ao'ao 88	37:52e–37:64a	37:52e–37:64a
'Ao'ao 89	37:64e–37:76	37:64e–37:76
'Ao'ao 90	37:77–37:88a	37:77–37:88a
'Ao'ao 91	37:88e–37:101a	37:88e–37:101a
'Ao'ao 92	37:101e–37:111	37:101e–37:111
'Ao'ao 93	37:112–37:120	37:112–37:120
'Ao'ao 94	37:121–38:5	37:121–38:5
'Ao'ao 95	38:6–38:17a	38:6–38:17a
'Ao'ao 96	38:17e–38:26a	38:17e–38:26a
'Ao'ao 97	38:26e–38:36a	38:26e–38:36a
'Ao'ao 98	38:36e–38:48a	38:36e–38:48a
'Ao'ao 99	38:49e–38:59	38:49e–38:59
'Ao'ao 100	38:60–38:73	38:60–38:73
'Ao'ao 101	38:74–38:87	38:74–38:87
'Ao'ao 102	38:88–38:101a	38:88–38:101a
'Ao'ao 103	38:101e–39:10a	38:101e–39:10a
'Ao'ao 104	39:10e–39:21a	39:10e–39:21a
'Ao'ao 105	39:21e–40:5a	39:21e–40:5a
'Ao'ao 106	40:5e–40:15a	40:5e–40:15a
'Ao'ao 107	40:15e–40:28a	40:15e–40:28a
'Ao'ao 108	40:28e–41:8	40:28e–41:8
'Ao'ao 109	41E:1–41I:5	42:1–43:5
'Ao'ao 110	41I:5–41U:7a	43:6–45:7a
'Ao'ao 111	41U:7e–41K:2a	45:7e–47:2a
'Ao'ao 112	41K:2e–41L:8	47:2e–50:8
'Ao'ao 113	41M:1–41P:2	51:1–53:2
'Ao'ao 114	41P:3 41AA:5	53:3–55:5
'Ao'ao 115	41EE:1–42:6	56:1–58:6
'Ao'ao 116	42:7–42:21a	58:7–58:21a
'Ao'ao 117	42:21e–42:33	58:21e–58:33
'Ao'ao 118	43:1–43:9a	59:1–59:9a
'Ao'ao 119	43:9e–43:21	59:9e–59:21
'Ao'ao 120	43:22–45:10a	59:22–61:10a
'Ao'ao 121	45:10e–46:2	61:10e–62:2
'Ao'ao 122	46:3–46:17	62:3–62:17
'Ao'ao 123	46:18–47:6a	62:18–63:6a
'Ao'ao 124	47:6e–48:9a	63:6e–64:9a
'Ao'ao 125	48:9e–48:22	64:9e–64:22
'Ao'ao 126	48:23–49:2a	64:23–65:2a

'Ao'ao	Nā helu mokuna a Davida Malo	Nā helu mokuna a N. B. Emerson
'Ao'ao 127	49:2e–50:4a	65:2e–66:4a
'Ao'ao 128	50:4e–51:7	66:4e–67:7
'Ao'ao 129	51:8–51:20a	67:8–67:20a
'Ao'ao 130	51:20e–51:35a	67:20e–67:35a
'Ao'ao 131	51:35e–51:52a	67:35e–67:52a
'Ao'ao 132	51:52e–51:65a	67:52e–67:65a
'Ao'ao 133	51:65e–51:81	67:65e–67:81
'Ao'ao 134	51:82–51:85	67:82–67:85

Kā R. Armstrong Leka iā E. P. Bond No HI.L.18

['Ao'ao mua]

Dept. of Pub. Instruction
Honolulu July 9, 1858.

Dear Sir,

Your letter[1] of June 27th ult.[2] by hand of Judge Allen[3] has been received and considered by the Board of Education this day. Your notes of May 31st had been submitted at the previous meeting, but no conclusion was come to on the subject of the Malo manuscript, which you propose to sell to the Board for one hundred and fifty dollars. The Board considered your terms too high; two of its members haveing examined the manuscript and both Mr. Pogue and Mr. Alexander[4] who have also examined it, consider it not worth over fifty dollars. We have their statement[5] in writing and they are disinterested parties and good judges. But as you seem to consider that the Board as an act of justice ought to purchase the book the following solution was adopted at our meeting to day.

"Resolved that with the consent of Mr. Bond the question as to the value of the Malo manuscript, be referred to the Associate chief justices J. Ii[6] and Robertson, and the Board will purchase it at their valuation, after they have examined it."

Please let us know if you acquiesce in this proposition and if you do send down the book to those gentlemen. If you prefer other men or man, please signify it, and no doubt, the Board will acquiesce in your wishes in this regard—This will take the matter up de novo[7] and what the book is worth without any regard to the use that has been made of it we are willing to pay. All we wish is to act as faithful stewards of the public money; and we are far from willing to deal hardly by the child Emma I agree with you that what the manuscript was worth when first loaned to me, the child is entitled to. The only question is what it was worth.

['Ao'ao 'elua]
True I did advocate in the House of Nobles the paying of $250. for it, but I then had not read it, nor had Prince Lot. Its value sunk very much in my estimation on reading it. The same is the fact with Prince as I understand him. The older chiefs opposed the purchase of it in the House of Nobles, on the ground that it was of little value. As to the use Mr. Pogue may have made of it, our only information is from himself, and he distinctly informed me, that, after writing the first three chapters, he had made no use of it; nor can I agree with the person you refer to, in saying, "the successive numbers of the history betray an indebtedness to Malo's manuscript." I have read all the proofs carefully and I think it would be hard to trace anything of Malo there, altho' there may be more than I can discover, for it is sometime since I read Malo. The fact is, what Mr. Pogue has written thus far, can be gathered up anywhere among the older and more intelligent natives; but what we do want and what Malo was instructed to write, was the legends of ancient times, but here he is entirely wanting. In order to get him to write them, the Privy Council put at my disposal $300. and I paid him $30. in small sums, Mr. Wyllie sent him a long list of questions in order to draw him out but he seems not to have noticed them.

---

1. 'A'ole i loa'a mai kā Bond mau leka no kā Malo palapala ma nā faila o ka Papa 'Oihana A'o Palapala.
2. He ho'opōkole kēia no *"ultima,"* 'o ia ho'i, ka lā i hala iho nei.
3. 'O Ethan Hale Allen kēia. Ua noho pinepine 'o Allen ma nā hālāwai o ka Papa 'Oihana A'o Palapala.
4. 'O W. D. Alexander nō paha, ka mea a Pogue i leka aku ai ma hope o ka lilo 'ana o HI.L.18 i ke aupuni.
5. A hiki i kēia manawa, 'a'ole i loa'a mai ia mau palapala ma ka HWPK.
6. 'A'ole i alu like 'o 'Ī'ī ma kēia hana koho waiwai. 'O G. Kalama ho'i ka luna kānāwai nāna i kilo i ka palapala.
7. *de novo* = mai kinohi mai. 'A'ole akāka loa na'e ke kākau ma kēia wahi.

I may say further that Mr. Austin gave me permission once to get the manuscript from Malo's widow. I went for it, but she refused to let me have it. Afterwards, I accidentally heard of its being here among the chiefs and signified my wish to see it. Sometime afterward, a native brought it to my door and it lay about my house and office, for, I think, more than two years. I did not even know to whom to return it, and began to think no one cared for it. When Mr. P. consented to republish the Haw. history I sent it to him, thinking it might be of some use to and no doubt it has been of some use, and for this we are willing to pay. Thirty dollars have been already paid and ['Ao'ao 'ekolu] we are willing to pay more as they said judges shall think fair and proper. I did not intent to write so much but some how or other, my pen has run on, to great length.

> Very respectfully and truly
> > Your Obt. Servt.
> > > R. Armstrong
> > > > Pres. B. Education

E. P. Bond Esq.[8] (Armstrong 1858E)

---

8. Ma ka pau 'ana o kēlā me kēia leka ma kēia faila, hō'ike 'ia ka inoa o ka mea i leka 'ia. 'A'ole i mālama 'ia nā leka kumu mai ka Papa 'Oihana A'o Palapala, 'o nā kope wale nō kai mālama 'ia.

Papa Kuhikuhi Kumuʻike

ʻAʻole nānā ʻia nā kaʻi ʻo "ka," "ke," "he," a me "nā" ma ke kaʻina pīʻāpā ma kēia papa.

A. (1853, 5 Nowemapa). "Obituary." *The Polynesian.* Puke 10, Helu 26.

Akana-Gooch, C. L. (1980, 18 Kepakemapa), *The Discrepancies Between* Hawaiian Antiquities *and "Ka Moolelo Hawaii."* He pepa noiʻi no kā Marshall Sahlins papa ANT 497 i aʻo ʻia ma ke Kulanui o Hawaiʻi ma Mānoa, kau hāʻule lau, MH 1980.

Alexander, M. C. (1953). *Dr. Baldwin of Lahainaluna.* Berkeley, CA. Mary Charlotte Alexander.

Alexander, W. D. (1903, 1 Kēkēmapa). Leka iā S. B. Dole. HHK faila HI.L19.

Andrews, L. (1845, 25 Pepeluali). Leka iā G. P. Judd. HWPK F. O & Ex. 402–12–295.

———. (1854). *Grammar of the Hawaiian Language.* Honolulu, HI. The Mission Press.

———. (2003). *A Dictionary of the Hawaiian Language to which is Appended an English-Hawaiian Vocabulary and a Chronological Table of Remarkable Events.* Waipahu, HI. Island Heritage Publishing.

———. a me H. H. Parker (1922). *A Dictionary of the Hawaiian Language.* Honolulu, HI. The Board of Commissioners of Public Archives of the Territory of Hawaii.

Arista, N. (1998). *Davida Malo: Ke Kanaka o ka Huliau. David Malo: A Hawaiian of the Time of Change.* Palapala Laeoʻo. Ke Kulanui o Hawaiʻi ma Mānoa.

Armstrong, R. (1858A, 15 ʻApelila). Leka iā Edward P. Bond, HWPK, Board of Education, Outgoing Correspondence. Honolulu, HI.

———. (1858E, 9 Iulai). Leka iā Edward P. Bond, HWPK, Board of Education, Outgoing Correspondence. Honolulu, HI.

Baibala Hemolele (1994). New York. American Bible Society.

Bastian, A. (1881A). "Aus einem Hawaiischen Manuskript." *Zeitschrift der Gesellschaft für Erdkunde zu Berlin.* Puke 16, ʻao. 142–150.

———. (1881E). *Die Heilige Sage der Polynesier: Kosmogonie und Theogonie.* Leipzig. F. A. Brockhaus.

———. (1883). *Zur Kenntniss Hawaii's. Nachträge und Ergänzungen zu den Inselgruppen in Oceanien.* Berlin. Ferd. Dümmlers Verlagsbuchhandlung.

Beckwith, Martha Warren (1970). *Hawaiian Mythology.* Honolulu, HI. University of Hawaiʻi Press.

———. (1972). *The Kumulipo: A Hawaiian Creation Chant.* Honolulu, HI. University of Hawaiʻi Press.

Bicknell, J. (1890?). *Hoomanamana—Idolatry.* n.p.

Bingham, H. (1981). *A Residence of Twenty-One Years in the Sandwich Islands, or the Civil, Religious, and Political History of Those Islands.* Rutland and Tokyo. Charles E. Tuttle Company.

Bond, E. (1858, 17 ʻApelila). "To the editor of the Polynesian." *The Polynesian.* Puke XIV, Helu 50, ʻao. 393.

Brigham W. T. (1908). *The Ancient Hawaiian House.* Honolulu, HI, Memoirs of the Bernice Pauahi Bishop Museum.

Buck, P. S. [Te Rangi Hiroa] (1957). *Arts and Crafts of Hawaii.* Honolulu, HI. Bishop Museum Press.

Charlot. J. (1987). "Valerio Valeri, *Kingship and Sacrifice*—Review: John Charlot." *Pacific Studies.* Puke 10, Helu. 2.

———. (1992). "Davida Malo, Ka Moʻolelo Hawaiʻi (Hawaiian Antiquities). Reviewed by John Charlot." *Pacific Studies.* Puke 15, Helu 2, ʻao. 174–175.

———. (2005), *Classical Hawaiian Education* [CD]. Lāʻie, HI. Brigham Young University-Hawaiʻi Press.

———. (2014). *A Kumulipo of Hawaiʻi (Collectanea Instituti Antrhopos 47).* Sankt Augustin, Academia Verlag.

Chun, M. N. (1986). *Hawaiian Medicine Book, He Buke Laau Lapaau.* Honolulu, HI. The Bess Press.

———. (1993). *Nā Kukui Pio ʻOle, The Inextinguishable Torches.* Honolulu, HI. First People's Press.

Clark, J. R. K. (2002). *Hawaiʻi Place Names.* Honolulu, HI. University of Hawaiʻi Press.

Cleeland, H. (2000). *Nā Kaha Kiko no ka ʻŌlelo Hawaiʻi.* Hilo, HI. ʻAha Pūnana Leo.

Desha, S. L. (1996). *He Moʻolelo Kaʻao no Kekūhaupiʻo, Ke Koa Kaulana o ke Au o Kamehameha Ka Nui.* Hilo, HI. Hale Kuamoʻo (ʻelua puke).

[Dibble, S.] (1838). *Ka Mooolelo Hawaii. I Kakauia E Kekahi Mau Haumana O Ke Kulanui, A I Hooponoponoia E Kekahi Kumu O Ia Kula.* Lahainaluna, HI. Mea Pai Palapala No Ke Kulanui.

Dibble, S. (1845). *History of the Sandwich Islands.* Lahainaluna, HI. Press of the Mission Seminary.

Ka Elele Hawaii (1853, 24 Nowemapa). "Make!" Puke 8, Helu 19.

Ellis, W. (2004). *A Narrative of an 1823 Tour through Hawaii or Owhyee with remarks on the History, Traditions, Manners, Customs and Language of the Inhabitants of the Sandwich Islands.* Honolulu, HI. Mutual Publishing.

Emerson, N. B. (1894). "The Bird-Hunters of Ancient Hawaii." *Hawaiian Annual.* ʻao. 101–111.

———. (1885, 18 Kepakemapa). Leka iā S. B. Dole. HWPK Dole Collection.

———. (ʻaʻole paʻi ʻia). Faila MS 494 ma ka ʻOhina Emerson (*Moolelo Hawaii*). Huntington Library, San Marino, CA.

Extract (1866, Malaki). "Extract from Hawaiian Antiquities." *The Friend.* Puke 23, Helu 3, ʻao. 22.

Fornander, A. (1916–1917). *Fornander Collection of Hawaiian Antiquities and Folk-Lore,* Memoirs of the Bernice Pauahi Bishop Museum Volume 4. Honolulu, HI. Bernice Pauahi Bishop Museum.

———. (1918–1919). *Fornander Collection of Hawaiian Antiquities and Folk-Lore,* Memoirs of the Bernice Pauahi Bishop Museum Volume 5. Honolulu, HI. Bernice Pauahi Bishop Museum.

———. (1919–1920). *Fornander Collection of Hawaiian Antiquities and Folk-Lore,* Memoirs of the Bernice Pauahi Bishop Museum Volume 6. Honolulu. HI. Bernice Pauahi Bishop Museum.

———. (1969). *An Account of the Polynesian Race, Its Origin and Migrations and the Ancient History of the Hawaiian People to the Times of Kamehameha I.* Volumes I–III. Rutland and Tokyo. Charles E. Tuttle Co.

Forbes, D. W. (2003). *Hawaiian National Bibliography 1780–1900, Puke 4, 1881–1900.* Honolulu, HI. University of Hawai'i Press.

Fuller, J. (1858, 7 'Aukake). Leka iā Edward P. Bond, HWPK, Board of Education, Outgoing Correspondence, Honolulu, HI.

Hackler, R. E. A. a me L. G. H. Woodard (2004). *The Queen's Quilt.* Honolulu, HI. The Friends of 'Iolani Palace.

Handy, E. S. C. me M. K. Pukui (1972). *The Polynesian Family System in Ka-'u, Hawai'i.* Rutland and Tokyo. Charles E. Tuttle Company.

Handy E. S. me E. G. Handy (1991). *Native Planters in Old Hawaii: Their Life, Lore, and Environment.* Honolulu, HI. Bishop Museum Press.

HHK (1908), "Carter Copy of Malo Manuscript." faila Acc. 1908.16.

———(1955), "Notes made by Emory, Nov. 28, 1955 after an interview with J. F. G. Stokes." faila HI.L19c.

———(1980), "Folder Notes re Malo, HMS La 18 box," faila HI.La.18.

[HHM] (1969). *Missionary Album, Portrains and Biographical Sketches of the American Protestant Missionaryies to the Hawaiian Islands.* Honolulu, HI. Hawaiian Mission Children's Society.

[HWPK] (1858, 24 Mei). Nā mo'olelo o nā hālāwai o ka Papa 'Oihana A'o. HWPK, Board of Education, Minutes. Honolulu, HI.

Ho'oulumāhiehie (2006). *Ka Mo'olelo o Hi'iakaikapoliopele.* Honolulu, HI. Awaiaulu Press.

Hopkins, C. G. (1858, 17 'Apelila). Leka. *The Polynesian.* Puke XIV, Helu 50, 'ao. 393.

Kahiolo, G. W. (1998). *He Mo'olelo no Kamapua'a.* Hilo, HI. Hale Kuamo'o.

Kalimahauna, J. K. (1862A, 13 Pepeluali). "O ke kumu mua o ko Hawaii nei kanaka." *Ka Hoku o ka Pakipika.* Puke 1, Helu 21, 'ao. 1.

———. (1862E, 13 Pepeluali). "O ko Pili Holo ana mai." *Ka Hoku o ka Pakipika.* Puke 1, Helu 21, 'ao. 3.

———. (1862I, 27 Pepeluali). "No na Hanauna maia Wakea mai." *Ka Hoku o ka Pakipika.* Puke 1, Helu 22, 'ao. 3.

Kamakau, S. M. (1996). *Ke Kumu Aupuni* (ho'oponopono 'ia e M. P. Nogelmeier). Honolulu, HI. 'AOH.

———. (2001). *Ke Aupuni Mō'ī* (ho'oponopono 'ia e M. P. Nogelmeier). Honolulu, HI. Kamehameha Schools Press.

———. (1865), "Ahahui imi i na mea kahiko o Hawaii nei." *Ka Nupepa Kuokoa.* Puke 4, Helu 36, 'ao. 3.

———. (1868, 24 'Okakopa). "Ka Olelo Pane a S. M. Kamakau," *Ka Nupepa Kuokoa,* Puke VI, Helu 43, 'ao. 3.

Kelekona, J. G. (1996). *Ka Puke Mo'olelo o Hon. Iosepa K. Nāwahī.* Hilo, HI. Hale Kuamo'o.

Keohokana, I. (1854A, Mei 15). "Ka Moolelo no Davida Malo." *Ka Elele Hawaii.* Puke 9, Helu 6, Helu 5. 'ao. 24.

———. (1854, 9 Iune). "Moolelo no Davida Malo." *Ka Elele Hawaii.* Puke 9, Helu 6.

Kepelino, J. (2007). *Kepelino's Traditions of Hawai'i, edited by Martha Warren Beckwith with notes by Mary Kawena Pukui and a Forewrd by Noelani Arista.* Honolulu, HI. Bernice P. Bishop Museu Bulletin 95.

Kōmike Hua'ōlelo (2003). *Māmaka Kaiao. A Modern Hawaiian Vocabulary.* Honolulu, HI. University of Hawai'i Press.

Langlas, C. a me J. Lyon. (2008). "Davida Malo's Unpublished Account of Keōpūolani." *The Hawaiian Journal of History.* Puke 42.

Lahaina Correspondant (1853, Nowemapa). "Death of David Malo." *The Friend.* Puke X, Helu 11, 'ao 84.

Lyon, J. (2011). "Davida Malo, Nathaniel Emerson, and the Sins of Hawaiians." *Hūlili.* Puke 7. Honolulu, HI.

———. (2013). "Malo's *Mo'olelo Hawai'i:* The Lost Translation." *Hawaiian Journal of History.* Honolulu, HI. Puke 45.

Lyons, C. J. (1895, 6 'Aukake), "David Malo's Lament for Kaahumanu." *The Friend.* Puke 53, Helu 8.

Na Makaainana (1844, 12 Nowemapa). "Laau Kanu." *Ka Nonanona,* puke 4, Helu 15, 'ao. 91.

Malo, D. ('a'ohe makahiki). *Ka Moolelo Hawaii.* HHK faila HI.L.18.

———. ('a'ohe makahiki). *Ka Moolelo Hawaii.* HHK faila HI.L.19.

———. ('a'ohe makahiki). *Hawaiian Antiquities* ('a'ohe inoa mea unuhi). HHK faila HI.L.19D.

———. (pa'i 'ole 'ia). Leka iā Dwight Baldwin. HHM, Baldwin Collection.

———. (1834, 'Aukake 8). "He Kanikau no Kaahumanu." *Ka Lama Hawaii,* Puke 1, Helu 17, 'ao. 3.

———. (1835, 'Okakopa). "He Kanikau no Kaahumanu." *Ke Kumu Hawaii,* Puke 1, Helu 22, 'ao. 176.

———. (1837). *He Wahi Manao Kumu no na Mea nui maloko o ka le Akua Olelo.* Lahainaluna: Mea Pai Palapala no ke Kula Nui.

———. (1837, 19 Iulai). "He wahi Manao Kumu." *Ke Kumu Hawaii,* Puke 3, Helu 4, 'ao. 13 f.

———. (1837, 2 'Aukake). "Helu 2. He wahi Manao Kumu." *Ke Kumu Hawaii,* Puke 3, Helu 5, 'ao. 19 f.

———. (1837, 27 Kepakemapa). "No ka Hehi ana o ka Lio i ka Ai." *Ke Kumu Hawaii,* Puke 3, Helu 9, 'ao. 33.

———. (1837, 22 Nowemapa). "No ka Hiki ana mai o ko ke Akua Aupuni." *Ke Kumu Hawaii,* Puke 3, Helu 13, 'ao. 51 f.

———. (1838, 3 Ianuali). "Na Harieta Nahienaena." *Ke Kumu Hawaii.* Puke 3, Helu 16, 'ao. 64–65.

———. (1838, 23 Mei). "No ka Make ana o ke Kaikamahine." *Ke Kumu Hawaii,* Puke 3, Helu 26, 'ao. 101.

———. (1838, 11 Iune). Leka iā Dauta Judd. HHK, ms group 70 Box 4, Judd Collection.

———. (1839). "On the decrease of population on the Hawaiian Islands." *The Hawaiian Spectator.* Puke 2, Helu 2, ʻao. 121–130.

———. (1840, 26 Iulai). Leka iā Kauka Judd. HHK, ms. grp70, box 6.3.10, Judd Collection.

———. (1841). *No ka Hanau ana o Keopuolani.* HHK faila HI Hi107.10.

———. (1843, 25 Iulai). "O ka Awa." *Ka Nonanona,* Puke 3, Helu 5, ʻao. 22.

———. (1844, 25 June). "Ka Baibala ma Lahainaluna." *Ka Nonanona,* Puke 4, Helu 5, ʻao. 30 ff.

———. (1844, 20 ʻAukake). "Ko Davida Malo Ninau." *Ka Nonanona.* Puke 4, Helu 9, ʻao. 49–50.

———. (1845, 7 Ianuali). "Ka Mooolelo o Kuakini." *Ka Nonanona,* Puke 4, Helu 19, ʻao. 89 f.

———. (1845A, 18 Malaki). "Ka Make ana o Batesepa Puhia, ka Wahine a D. Malo." *Ka Nonanona.* Puke IV, Helu 24. ʻao. 113–114.

———. (1845E, 21 ʻApelila). Leka iā Baldwin. HHM, Baldwin Collection.

———. (1847, 12 Mei). Leka iā Baldwin. HHM, Baldwin Collection.

———. (1847A, 1 Iulai). "Na ninau a D. Malo no na mea kahiko o Hawaii nei." *Ka Elele.* Puke III, Helu 7, ʻao. 54.

———. (1847E, 12 Mei). Leka iā Baldwin. HHM Baldwin Collection.

———. (1848, 4 Pepeluali). Leka iā ka Moi Kauikeaouli. HWPK, Int Dept. Misc.

———. (1852, 28 Iulai). Leka iā Dwight Baldwin. HHM, Baldwin Collection.

———. (1852, 18 ʻAukake). Leka iā Dwight Baldwin. HHM, Baldwin Collection.

———. (1852, 15 Kēkēmapa). Leka iā Dwight Baldwin. HHM, Baldwin Collection.

———. (1853, 10 Ianuali). Leka iā Baldwin, HHM, Baldwin Collection.

———. (1853, 19 ʻApelila). Leka iā Dwight Baldwin. HHM, Baldwin Collection.

———. (1853, 2 Kepakemapa). Leka iā Dwight Baldwin. HHM, Baldwin Collection.

———. (1853, 12 Kepakemapa). Leka iā Dwight Baldwin. HHM, Baldwin Collection.

———. (1951). *Hawaiian Antiquities (Moolelo Hawaii.* Bernice P. Bishop Museum Special Publication 2. Honolulu, HI. Bernice Pauahi Bishop Museum.

———. 1987. *Ka Moʻolelo Hawaii (Hawaiian Antiquities)* (Malcolm Naea Chun, ed.). Honolulu: The Folk Press.

———. (2006). *Hawaiian Traditions* (Malcolm Naea Chun, ed.). Honolulu: First People's Press.

Manu, M. (2002). *Keaomelemele.* Honolulu, HI. Bishop Museum Press.

Metzger, B. (2006). *The Text of the New Testament: Its Transmission, Corruption, and Restoration.* New York me London. Oxford University Press.

[Nogelmeier, P., (luna hoʻoponopono)] (2001). *Na Mele Aimoku na Mele Kupuna a me na Mele Ponoi o ka Moi Kalakaua I.* Honolulu, HI. The Hawaiian Historical Society.

Poepoe, J. M. (24 Nowemapa, 1906). "Ka Mooolelo Hawaii Kahiko." *Ka Nai Aupuni.* Honolulu.

Pogue [Pokuea], J. F. (1858). *Ka Mooolelo Hawaii, i kakauia e Rev. J. F. Pokuea, mamuli o ka Mooolelo Hawaii i paiia ma Lahainaluna i ka M. H. 1838, oia ke Kumu o keia, a ua Hoohuiia no nae.* Honolulu: Hale Palapala Aupuni.

Pogue, J. F. (1858A, 3 ʻApelila). Leka iā R. Armstrong. HWPK, Ministry of Education, Maui Correspondence. Honolulu, HI.

———. (1858E, 13 ʻApelila). Leka iā R. Armstrong. HWPK, Ministry of Education, Maui Correspondence. Honolulu, HI.

———. (1859, 3 ʻApelila). Leka iā W. D. Alexander. HHM, Baldwin Collection. Honolulu, HI.

Pukui, M. K. (Editor) (n.d.). *Hawaiian Genealogies* (A Collection) (Compiled by Mary Pukui)., Unpublished, Photocopies, Hand-typed Manuscript (Binder), LDS Family History Center (Kalihi), Church of Jesus Christ of Latter Days Saints, Kalihi Ward, Honolulu, Hawaiʻi.

Pukui, M. K. a me S. H. Elbert (1986). *Hawaiian Dictionary: Hawaiian-English, English-Hawaiian* (Revised and Enlarged Edition). Honolulu, HI. University of Hawaiʻi Press.

Pukui, M. K. a me S. H. Elbert; a me Esther T. Mookini (1974). *Place Names of Hawaii.* Honolulu, HI. University of Hawaiʻi Press.

Rémy, J. (1862). *Ka Moolelo Hawaii: Histoire de l'Archipel Havaiien (Iles Sandwich).* Paris.

Sterling, E. P. (1998). *Sites of Maui.* Honolulu, HI. Bishop Museum Press.

Stokes, J. F. G. (1991). *Heiau of the Island of Hawaii: A Historic Survey of Native Hawaiian Temple Sites.* Honolulu, HI. Bishop Museum Press.

Stewart, C. S. (1970). *Journal of a Residence in the Sandwich Islands.* Honolulu, HI. University of Hawaiʻi Press.

Titcomb, M. (1978). "Native Use of Marine Invertebrates in Old Hawaii." *Pacific Science.* Puke 32, Helu 4, ʻao. 325–386.

Urich, J. (2011). *Lists in Moʻolelo Hawaiʻi.* He pepa noiʻi no kā Kapali Lyon papa mulipuka ʻo REL663C i aʻo ʻia ma ke Kulanui o Hawaiʻi ma Mānoa, kau kupulau, MH 2011.

Valeri, V. (1985). *Kingship and Sacrifice: Rituals and Society in Ancient Hawaii.* Chicago a me London. University of Chicago Press.

Ka Moolelo Hawaii

Hawaii nei mai mooe
ai, aole i akaka loa ia
o na mea i kana ia i
likiko, a me na mea i l
poe kakiko mai, na ko
palia kokakoi mau n
olelo, aka, o ka nui oia
ana mai, na pokikikiki
nui a kaka ole na m
kiko.

no ka mea i nui loa
kikikiki a akaka ole ka la
kakiko, o ko lakou ike o

II

MĀHELE ʻELUA: NĀ MOKUNA O KA MOʻOLELO HAWAIʻI A DAVIDA MALO

Nā Kiʻi o ka Palapala Kākau Lima ʻo HI.L.18

Ke Kikokikona Kope Like

Ka ʻŌlelo Loi a Wae ʻia

Ka Papa Hoʻohālikelike Palapala

He ʻŌlelo Hoʻākāka no nā Māhele ʻehā o nā ʻAoʻao o kā Davida Malo *Moʻolelo Hawaiʻi* ma ke Koena o kēia Puke

Ma ka pōkole loa, penei mai nā māhele ʻehā o nā ʻaoʻao e hōʻike ana i kā Malo ʻōlelo kumu. E nānā i ka paukū 1.1.1 o ka ʻōlelo hoʻolauna no kekahi wehewehena piha aʻe.

Ma nā ʻaoʻao hema:

1) Nā kiʻi o ka palapala HI.L.18, ka mea e waiho ana ma ka Hale Hōʻikeʻike ʻo Kamehameha (Bishop Museum).

Ma nā ʻaoʻao ʻākau, ʻo ia hoʻi, ma nā ʻaoʻao e alo mai ana i nā kiʻi o ka palapala HI.L.18:

2) Ma ke kolamu o loko: ke kikokikona kope like (*facsimile transcription*) o ke kiʻi e alo mai ana.
   Hoʻonoho like ʻia ka ʻōlelo ma kēia kolamu me nā lālani ma ke kiʻi, he lālani a he lālani.

3) Ma ke kolamu o waho: ka ʻōlelo loi a wae ʻia (*critical text*) o ka ʻōlelo ma ke kiʻi e alo mai ana.
   Hoʻonoho like ʻia ka ʻōlelo ma kēia kolamu a kūlike loa me ke kolamu o loko, he lālani a he lālani.

4) Ma nā kuhia o lalo: ka papa hoʻohālikelike palapala (*critical apparatus*).

No nā ʻano kinonahua ma ke kolamu o loko a me ke kolamu o waho

Ma ke kolamu o loko (ke kikokikona kope like), hoʻokahi wale nō ʻano kinonahua, he maʻamau ke ʻano. Ma ke kolamu o waho naʻe (ka ʻōlelo loi a wae ʻia), he ʻekolu nā ʻano kinonahua, penei:

Pakuhi 14.

ʻAno Kinonahua	Manaʻo	Laʻana
Maʻamau (*Regular*)	ʻŌlelo kūhahaʻi (*prose*), he paʻa ka puana.	ʻO ko Hawaiʻi nei mau moʻolelo kahiko mai, ʻaʻole i akāka loa ia mau moʻolelo o nā mea i hana ʻia i ka wā kahiko
Maʻaka Liʻiliʻi (Small caps)	ʻŌlelo mele paha a pule paha.	Ala mai, e Lono, i ko haina ʻawa
Hiō (*italics*)	Kānalua ka puana.	*ʻo Hinanalo, ʻo Nanakehili, ʻo Wailoa*

No nā kaha kiko ma ke kolamu o loko a me ke kolamu o waho

Ma ke kolamu o loko (ke kikokikona kope like), like loa nā kaha kiko me nā kaha i hōʻike ʻia ma ke kiʻi o HI.L.18 e alo mai ana, koe wale nā kahaapo kihikihi (*square brackets*). ʻO ka manaʻo o ke kahaapo kihikihi hoʻi ma kēia kolamu, he hōʻailona ia, ua hoʻokomo ʻia kekahi ʻōlelo e Malo mā, ma luna aʻe paha o ka lālani, ma kahi ʻē paha, e laʻa me "hanau maoli ia [mai] kukulu o ka honua a me kukulu o ka lani."

Ma ke kolamu o waho (ka ʻōlelo loi a wae ʻia), na nā luna hoʻopono o *The Moʻolelo Hawaiʻi of Davida Malo: Text and Translation* i hoʻolako i nā kaha kiko a pau loa i kūlike ai me nā lula kaha kiko o kēia au. ʻO ka ʻōlelo hoʻi i loko o na kahaapo kihikihi ma kēia kolamu, ua hoʻolako ʻia e nā luna hoʻoponopono i mea e akāka aʻe ai paha kekahi ʻōlelo, e laʻa me "[i] ia manawa," a i ʻole ia, i mea e hoʻolako ai i kekahi ʻōlelo nele ma ka ulia, e laʻa me "Ua lole aku, ua lole mai ke kapa ʻana [i nā] inoa o nā kūkulu. . . ."

11.

Ke hoakaka aku nei au ma keia Moo-
lelo, aole e manao ia keia mooleb, ua pololei
loa, no ka mea, ma ka lohe mai i ka
poe kahiko keia kakau ana, no ka mea
he manao wale no ko lakou aole no he
pololei loa e like me ka olelo a ke Akua
ka pololei loa.

Ke hoakaka aku nei a'u ma keia moo-
lelo, aole e manao ia keia moolelo, ua pololei
loa, no ka mea, ma ka lohe mai i ka
poe kahiko keia kakau ana, no ka mea
he manao wale no ko lakou aole no he
pololei loa e like me ka olelo a ke Akua
ka pololei loa.

---

1. poʻo inoa. A: *nele kēia paukū holoʻokoʻa*
2. poʻo inoa. C: *ʻaʻole helu ʻia kēia ʻaoʻao ma HI.L.18*

[ʻŌlelo Hoʻākāka]

Ke hoʻākāka aku nei au ma kēia moʻo-
lelo, ʻaʻole e manaʻo ʻia kēia moʻolelo ua pololei
loa, no ka mea, ma ka lohe mai i ka
poʻe kahiko kēia kākau ʻana, no ka mea,
he manaʻo wale nō ko lākou. ʻAʻole nō he
pololei loa e like me ka ʻōlelo a ke Akua,
ka pololei loa.

Ka Moolelo Hawaii

1 O ko Hawaii nei mau moolelo ka
hiki'o mai, aole i akaka loa ia mau
moolelo, o na mea i hana ia i ka
wa kahiko, a me na mea i lohe ia
na ka poe kahiko mai, ua kaka
uuku paha kekahi mau mea oia
mau olelo, aka, o ka nui oia mau
lohe ana mai, ua pohihihi wale
no ka nui a kaka ole na moolelo
kahiko.

2 Eia no ka mea i nui loa'i ka
pohihihi a akaka ole ka lakou mau
mea kahiko, o ko lakou ike ole ana i
ka heluhelu palapala, a me ke ka
kau palapala, a paa pololei ai i ke
kakau ia na mea kahiko a lakou
i ike ai, a me na mea a lakou i
lohe mai ai i ko lakou mau ma-
kua, a me ko lakou mau kupuna i
hanau ai. Aka, o na wahi o lakou
i noho ai kai haiia mai. Aole
no i haiia mai na kulanakau-
hale o lakou, a me na muliwai
o lakou. Aole no i kakau ia e aka
ka pono loa'i i keia wa ke hoo-
maopopo hou aku ia mau mea
kahiko.

Ka Moolelo Hawaii

1 O ko Hawaii nei mau moolelo ka
hiko mai, aole i akaka loa ia mau
moolelo, o na mea i hana ia i ka
wa kahiko, a me na mea i lohe ia,
na ka poe kahiko mai, ua kaka[2]
uuku paha kekahi mau mea oia
mau olelo, aka, o ka nui oia mau
lohe ana mai, ua pohihihi wale
no ka nui a kaka ole na moolelo
kahiko.

2 Eia no ka mea i nui loaʻi ka
pohihihi a[3] akaka ole ka lakou mau
mea kahiko, o ka lakou ike ole ana i
ka heluhelu palapala, a me ke ka-
kau palapala e paa pololei ai i ke
kakau ia na mea kahiko a lakou
i ike ai, a me na mea a lakou i
lohe mai ai i ko lakou mau ma-
kua, a me ko lakou mau Aina i
hanau ai. Aka, o na wahi o lakou
i noho ai kai haiia mai. Aole
no i haiia mai na kulanakau-
hale o lakou, a me na muliwai
o lakou. Aole no i kakau ia e aka
ka pono loaʻi i keia wa ke hoo-
maopopo hou aku ia mau mea
kahiko.

Ka Moʻolelo Hawaiʻi
[Mokuna I,][1, Emerson 1]
[ʻŌLELO MUA]

1. ʻO ko Hawaiʻi nei mau moʻolelo ka-
hiko mai, ʻaʻole i akāka loa ia mau
moʻolelo o nā mea i hana ʻia i ka
wā kahiko a me nā mea i lohe ʻia
na ka poʻe kahiko mai. Ua [a]kāka
ʻuʻuku paha kekahi mau mea o ia
mau ʻōlelo, akā, ʻo ka nui o ia mau
lohe ʻana mai, ua pohihihi wale
nō ka nui, a [a]kāka ʻole nā moʻolelo
kahiko.

2. Eia nō ka mea i nui loa ai ka
pohihihi a akāka ʻole kā lākou mau
mea kahiko, ʻo kā lākou ʻike ʻole ʻana i
ka heluhelu palapala a me ke kā-
kau palapala e paʻa pololei ai i ke
kākau ʻia nā mea kahiko a lākou
i ʻike ai a me nā mea a lākou i
lohe mai ai i ko lākou mau mā-
kua a me ko lākou mau ʻāina i
hānau ai. Akā, ʻo nā wahi o lākou
i noho ai kai haʻi ʻia mai. ʻAʻole
nō i haʻi ʻia mai nā kūlanakau-
hale o lākou a me nā muliwai
o lākou. ʻAʻole nō i kākau ʻia e akā-
ka pono loa ai i kēia wā ke hoʻo-
maopopo hou aku [i] ia mau mea
kahiko.

---

1. poʻo inoa. C: *ʻaʻole helu ʻia kēia ʻaoʻao ma HI.L.18*
2. 1:1. A: akaka
3. 1:2. A: *nele*

3 Aole no ke palapala kai mai i
ko lakou wahi i noho ai a hele mai
ai, aole no i hai ia ka mea nana
lakou i hookuke mai, a me ka
mea nana i alakai mai, a me ko
lakou waa i holo mai ai, a me
na Aina a lakou i awana hele
mai ai, a me ko lakou akua,
aole no i hai ia mai, o ka inoa
nae o na 'kua kii o lakou kai
hai ia mai ma ka waha wale
no nae me ka kipoe kahiko.

4 Ma ka paa naau wale no ka ka
poe kahiko malama ana i na mea
kahiko, o ka paa naau no ka ka poe
kahiko palapala, i hoopaa ai, i na
mea kahiko a pau, a lakou i lohe ai

5 Nolaila paha ka nui o ka pohi
uihi a kaha ole ka pololei pono o
na mea kahiko a pau, ua pono pa
ka kekahi mau lohe kahiko, pono
uikiu paha, aka, o ka nui o na lohe
kahiko, ua pono ole maoli no ka nui,
o na lohe hou mai paha ka mea i
pono iki, aole paha i pono nui.

6 O ka paa naau o na olelo ke
kahi mea i nui ai ka pono
ole ana, a me ke kuee ana o na
lohe i na mea kahiko, no ka mea,
ke ike nei kakou he mea hoopu
nipuni ka naau manao o na mea

3 Aole no he palapala hai mai i
ko lakou wahi i noho ai a hele mai
ai, aole no i hai ia ka mea nana
lakou i hookuke mai, a me ka
mea nana i alakai mai, a me ko
lakou waa i holo mai ai, a me
na Aina a lakou i auana hele
mai ai, a me ko lakou akua,
aole no i hai ia mai, o ka inoa
nae o na ʻkua kii o lakou kai
hai ia mai ma ka waha wale
no nae o kekahi poe kahiko.

4 Ma ka paa naau wale no ka ka
poe kahiko malama ana i na mea
kahiko, o ka paa naau no ka ka poe
kahiko palapala, i hoopaai, i na
mea kahiko a pau, a lakou i lohe ai

5 Nolaila paha ka nui o ka pohi-
hihi akaka ole ka pololei pono o
na mea kahiko a pau, ua pono pa
ha kekahi mau lohe kahiko, pono
uuku paha, aka, o ka nui o na lohe
kahiko, ua pono ole maoli no ka nui,
o na lohe hou mai paha ka mea i
pono iki, aole paha i pono nui.

6 O ka paa naau o na olelo ke-
kahi mea i nui ai ka pono
ole ana, a me ke kuee ana o na
lohe i na mea kahiko, no ka mea,
ke ike nei kakou he mea hoopu-
nipuni ka naau mamua o na mea

3. ʻAʻole nō he palapala haʻi mai i
ko lākou wahi i noho ai a hele mai
ai. ʻAʻole nō i haʻi ʻia ka mea nāna
lākou i hoʻokuke mai a me ka
mea nāna i alakaʻi mai a me ko
lākou waʻa i holo mai ai a me
nā ʻāina a lākou i ʻauana hele
mai ai a me ko lākou akua;
ʻaʻole nō i haʻi ʻia mai. ʻO ka inoa
naʻe o nā akua kiʻi o lākou kai
haʻi ʻia mai, ma ka waha wale
nō naʻe o kekahi poʻe kahiko.

4. Ma ka paʻanaʻau wale nō kā ka
poʻe kahiko mālama ʻana i nā mea
kahiko; ʻo ka paʻanaʻau nō kā ka poʻe
kahiko palapala i hoʻopaʻa [a]i i nā
mea kahiko a pau a lākou i lohe ai.

5. No laila paha ka nui o ka pohi-
hihi a akāka ʻole ka pololei pono o
nā mea kahiko a pau. Ua pono pa-
ha kekahi mau lohe kahiko, pono
ʻuʻuku paha; akā, ʻo ka nui o nā lohe
kahiko, ua pono ʻole maoli nō ka nui.
ʻO nā lohe hou mai paha ka mea i
pono iki, ʻaʻole paha i pono nui.

6. ʻO ka paʻanaʻau o nā ʻōlelo ke-
kahi mea i nui ai ka pono
ʻole ʻana a me ke kūʻēʻē ʻana o nā
lohe i nā mea kahiko, no ka mea,
ke ʻike nei kākou, "he mea hoʻopu-
nipuni ka naʻau ma mua o nā mea

a pau:

7 O ka paa naau kekahi mea i nui loa
i ke kue o ka lohe ana i na mea ka-
hiko, ua manao kekahi poe paa na
au ke pono ko lakou lohe, a ma-
nao kekahi poe o ko lakou lohe kai
pono loa, a hoopunipuni maoli pa
ka kekahi poe, no ia mea lilo loa
na lohe i mea manamana a pono
ole maoli.

8 Nolaila mai paha ke kue o na
moo kuauhau, o koa ke kumu o
kekahi moo kuauhau, o koa ke
kumu o kekahi, manao kekahi
poe o ka lakou kuauhau ka po-
no, a manao kekahi poe o ka
lakou ka pono nui loa, a pela
no ke kue ana o na moo ka
ao, o koa ka lohe o kekahi o
koa ko kekahi, aole i like pu
na lohe e pono loa i

9 O ka hoomana ana i na akua
he okoa ke kua o kekahi, he okoa
ka hoomana ana, a he okoa ka mea
kapu o kekahi akua, a pela no ka

a pau.

7 O ka paa naau kekahi mea i nui loa i ke kuee o ka lohe ana i na mea kahiko, ua manao kekahi poe paa naau he pono ko lakou lohe, a manao kekahi poe o ko lakou lohe kai pono loa, a hoopunipuni maoli paha kekahi poe, no ia mea lilo loa na lohe i mea manamana a pono ole maoli.

8 Nolaila mai paha ke kuee o na mookuauhau, okoa[1] ke kumu o kekahi mookuauhau, okoa ke kumu o kekahi, manao kekahi poe o ka lakou kuauhau ka pono, a manao kekahi poe o ka lakou ka pono nui loa, a pela no ke kuee ana o na moo ka ao, okoa ka lohe o kekahi o koa ko kekahi, aole i like pu na lohe e pono loa'i

9 O ka hoomana ana i na 'kua kii he okoa ke kua o kekahi, he okoa ka hoomana ana, a he okoa ka mea kapu o kekahi akua, a pela no ka

a pau."[2]

7. 'O ka pa'ana'au kekahi mea i nui loa [a]i ke kū'ē'ē o ka lohe 'ana i nā mea kahiko; ua mana'o kekahi po'e pa'ana'au, he pono ko lākou lohe; a mana'o kekahi po'e, 'o ko lākou lohe kai pono loa; a ho'opunipuni maoli paha kekahi po'e. No ia mea, lilo loa nā lohe i mea manamana a pono 'ole maoli.

8. No laila mai paha ke kū'ē'ē o nā mo'okū'auhau. 'Oko'a ke kumu o kekahi mo'okū'auhau, 'oko'a ke kumu o kekahi. Mana'o kekahi po'e, 'o kā lākou kū'auhau ka pono, a mana'o kekahi po'e, 'o kā lākou ka pono nui loa. A pēlā no ke kū'ē'ē 'ana o nā mo'oka'ao. 'Oko'a ka lohe o kekahi, 'oko'a ko kekahi. 'A'ole i like pū nā lohe e pono loa ai.

9. 'O ka ho'omana 'ana i nā akua ki'i, he 'oko'a ke akua o kekahi, he 'oko'a ka ho'omana 'ana, a he 'oko'a ka mea kapu o kekahi akua, a pēlā nō ka

---

1. 1:8. A: mookuauhau, **a** okoa
2. 1:6. *Ieremia 17:9 (Baibala Hemolele)*

o Kea ana o ke 'kua o Kekahi, ... kou
nolaila nui ke kuee i ka lohe ana i
mea kahiko, no ka mea, ua hana kela
mea keia mea mamuli o kona manao
iho, aole no i pololei loa na mea
kahiko.

10 O na mea kuauhau, ua mamamana
na kumu, o koa ke kumu a kekahi,
o koa ka kekahi, a maluna o na mea
kuauhau, ua hui pu ia, o Kumuulipo
ke kumu kuauhau a kekahi poe, o Paliku
ka Kekahi poe. Ololo ka kekahi poe,
o Puanue ka kekahi poe, o Kapohihi
ka kekahi poe. Aole i like me ko
Adamu moo kuauhau Ka hookahi
wale no, aohe manamana e ae.

11 Ekolu nae moo kuauhau i manao
nui ia, o Kumuulipo. o Paliku. Ololo. O
keia mau moo kuauhau, kai manaoia
nolaila mai ko Hawaii nei lahui
kanaka me na 'lii pu, a me ko Tahiti
ke paha. Nuuhiwa paha. no ka
mea, ua like pu na moo kuauhau
me ko lakou.

Mokuna II No ka Aina ana.

1 He mea kahaha loa no ka manao Ka
lohe ana mai i na olelo a ka poe ka
hiko no ke kumu o ka aina ana
ma Hawaii nei, ke kuee ko lakou
mau manao aole he like pu.

2 Maloko o na moo kuauhau a lakou
e ike ai lakou i ka kukoa ana o na

okoa ana o ke 'kua o kekahi,[1]
nolaila nui ke kuee i ka lohe ana i
mea kahiko, no ka mea, ua hana kela
mea keia mea mamuli o kona manao
iho, aole no i pololei loa na mea
kahiko.

10 O na moo kuauhau, ua manamana
na kumu, okoa ke kumu a kekahi,
okoa ka kekahi, a maluna o na moo
kuauhau, ua hui pu ia, o Kumuulipo[2]
ke kumu kuauhau a kekahi poe, o Paliku
ka kekahi poe. Ololo ka kekahi poe,
o Puanue ka kekahi poe, o Kapohihi
ka kekahi poe. Aole i like me ko
Adamu moo kuauhau ka hookahi
wale no, aohe manamana e ae.

11 Ekolu nae moo kuauhau i manao
nui ia, o Kumuulipo.[2] o Paliku. Ololo. O
keia mau moo kuauhau kai manao ia
no laila mai ko Hawaii nei lahui
kanaka me na 'lii pu, a me ko Tahi
ki[3] paha. Nuuhiwa paha, no ka
mea, ua like pu na moo kuauhau
me ko lakou.

Mokuna II No ka Aina ana

1 He mea kahaha loa no ka manao i ka
lohe ana mai i na olelo a ka poe ka
hiko no ke kumu o ka aina ana
ma Hawaii nei, he kuee ko lakou
mau manao aole he like pu.

2 Maloko o na moo kuauhau a lakou
e ike ai kakou i ka okoa ana o na

'oko'a 'ana o ke akua o kekahi.
No laila, nui ke kū'ē'ē i ka lohe 'ana i [nā]
mea kahiko, no ka mea, ua hana kēlā
mea kēia mea ma muli o kona mana'o
iho. 'A'ole nō i pololei loa nā mea
kahiko.

10. 'O nā mo'okū'auhau, ua manamana
nā kumu. 'Oko'a ke kumu a kekahi,
'oko'a kā kekahi. A ma luna o nā mo'o-
kū'auhau, ua hui pū 'ia. 'O *Kumuulipo*[4]
ke kumu kū'auhau a kekahi po'e, 'o Palikū
kā kekahi po'e, ['o] *Olōlo* kā kekahi po'e,
'o *Puanue* kā kekahi po'e, 'o Kapohihi
kā kekahi po'e. 'A'ole i like me ko
'Ādamu mo'okū'auhau, ka ho'okahi
wale nō, 'a'ohe manamana 'ē a'e.

11. 'Ekolu na'e mo'okū'auhau i mana'o
nui 'ia, 'o *Kumuulipo*,[4] 'o Palikū, ['o] *Olōlo*. 'O
kēia mau mo'okū'auhau kai mana'o 'ia
no laila mai ko Hawai'i nei lāhui
kānaka me nā ali'i pū a me ko Tahi-
ti[5] paha, Nu'uhiwa paha, no ka
mea, ua like pū nā mo'okū'auhau
me ko lākou.

Mokuna II [2, Emerson 2]
No Ka 'Āina 'Ana

1. He mea kāhāhā loa nō ka mana'o i ka
lohe 'ana mai i nā 'ōlelo a ka po'e ka-
hiko no ke kumu o ka 'āina 'ana
ma Hawai'i nei. He kū'ē'ē ko lākou
mau mana'o; 'a'ole he like pū.

2. Ma loko o nā mo'okū'auhau a lākou
e 'ike ai kākou i ka 'oko'a 'ana o nā

---

1. 1:9. C: kekahi, ~~kekahi~~.
2. 1:10, 1:11. A: Kumulipo
3. 1:11. A: Tahiti
4. 1:10, 1:11. *e nānā pū i ka paukū 2:7. pēlā nō ho'i ka pela ma kā Abraham Fornander*, Account of the Polynesian Race, *'ao. 184, 'ao. 187*
5. 1:11. *ua ho'olilo 'ia 'o* "Tahiki," *'o ia 'o* "Tahiti"

manao o lakou kekahi me kekahi.

3 Ma ka moo kuauhau i kapaia o Puanue i oleloia mai ai i hanau maoli ia ʻmai kukulu o ka honua, a me kukulu o ka lani.

4 O Kumukamukekaa, i hanau mai o Paiaalani kana kane. A o kekahi kuauhau i olelo mai, na Kamaieli i hanau mai ka mole o ka honua o Kumuhonua kana kane.

5 Ma ka moo kuauhau o Wakea, na oleloia mai na Papa i hanau mai keia pae moku, o kekahi lohe mai, aole i hanau ia mai keia pae moku, aka, i hana maoli ia e ko Wakea mau lima keia pae moku.

6 Ke ike nei kakou i ko lakou ku hihewa ana, i na paha i hanau aina na wahine ia wa kahiko, i na no hoi hanau aina i keia wa, i na i hana lima ia e Wakea ia wa, pela no hoi i keia wa.

7 Eia kekahi, ma ka moo kuauhau i kapaia o Kumulipo, ua hai ia mai malaila, i ulu wale mai no ka aina, aole i hanau maoli ia; aole no i hana lima ia.

8 Ua pono paha keia olelo ana i ulu wale mai no keia pae moku mahope mai paha ke kanaka, a ma na aina Hawaii nei, nolaila mai paha ke kukikihewa ana o ka pae

manao o lakou kekahi me kekahi.

3 Ma ka moo kuauhau i kapaia o Pua
nue i olelo ia mai ai i hanau maoli
ia [mai] kukulu o ka honua a me kuku-
lu o ka lani.

4 Na Kumukumukekaa,[1] i hanau mai,
o Paiaalani kana kane. A o kekahi
kuauhau i olelo mai, na Kamaieli
i hanau mai Kamole[2] o ka honua
o Kumuhonua kana kane.

5 Ma ka moo kuauhau o Wakea, ua
olelo ia mai na Papa i hanau mai
keia pae moku, o kekahi lohe mai,
aole i hanau ia mai keia pae moku,
aka, i hana maoli ia e ko Wakea
mau lima keia pae moku.

6 Ke ike nei kakou i ko lakou ku
hihewa ana, i na paha i hanau
aina na wahine ia wa kahiko, i
na nohoi hanau aina i keia wa,
i na [i][3] hana lima ia e Wakea ia wa,
pela nohoi i keia wa.

7 Eia kekahi, ma ka moo kuau-
hau i kapa ia o Kumuulipo,[4] ua
hai ia mai malaila, i ulu wale
mai no ka aina, aole i hanau ma-
oli ia, aole no i hana lima ia.

8 Ua pono paha keia olelo ana i u-
lu wale mai no keia pae moku
mahope mai paha ke kanaka a-
na ma Hawaii nei, nolaila mai
paha ke kuhihewa ana o ka poe

mana'o o lākou kekahi me kekahi.

3. Ma ka mo'okū'auhau i kapa 'ia 'o *Pua-
nue* i 'ōlelo 'ia mai ai i hānau maoli
'ia mai kūkulu o ka honua a me kūku-
lu o ka lani.

4. Na *Kumukumukeka'a* i hānau mai,
'o *Paiaālani* kāna kāne. A 'o kekahi
kū'auhau, i 'ōlelo mai na *Kamai'eli*
i hānau mai ka mole o ka honua.
'O Kumuhonua kāna kāne.

5. Ma ka mo'okū'auhau o Wākea, ua
'ōlelo 'ia mai na Papa i hānau mai
i kēia pae moku. 'O kekahi lohe mai,
'a'ole i hānau 'ia mai kēia pae moku;
akā, i hana maoli 'ia e ko Wākea
mau lima kēia pae moku.

6. Ke 'ike nei kākou i ko lākou ku-
hi hewa 'ana. Inā paha i hānau
'āina nā wāhine [i] ia wā kahiko, i-
nā nō ho'i hānau 'āina i kēia wā;
inā i hana lima 'ia e Wākea [i] ia wā,
pēlā nō ho'i i kēia wā.

7. Eia kekahi: ma ka mo'okū'au-
hau i kapa 'ia 'o *Kumuulipo*,[5] ua
ha'i 'ia mai ma laila i ulu wale
mai nō ka 'āina; 'a'ole i hānau ma-
oli 'ia, 'a'ole nō i hana lima 'ia.

8. Ua pono paha kēia 'ōlelo 'ana i u-
lu wale mai nō kēia pae moku.
Ma hope mai paha ke kanaka 'a-
na ma Hawai'i nei. No laila mai
paha ke kuhi hewa 'ana o ka po'e

---

1. 2:4. A: Kumukamakekaa
2. 2:4. C: ꝁ[K]a[-] mole A: ka mole
3. 2:6. A: *nele*
4. 2:7. A: Kumulipo
5. 2:7. *e nānā i nā paukū 1:10 a me 1:11*

kahiko aku, o ka ulu wale mai o ka aina
a pono loa, aole paha.

9 No ka mea, i keia wa ua imi kekahi
poe naauao i ke kumu o ka aina
ana ma Hawaii nei, ua pono paha
ko lakou manao ana, aole no paha
i pono loa, no ka mea, he manao no
no ka naau mai.

10 Ua imi kekahi poe noonoo mai
na aina e mai, manao lakou aole
paha ke aina ma anei i ka wa ka-
hiko, he moana wale no, manao la-
kou ua hoea wale mai na aina
mai loko mai o ka moana, o na ahi
pele ka mea i hoea mai ai.

11 Eia ka mea i manao ai lakou pela,
ua ikeia kekahi mau moku i hoea
mai, ua like ke ano oia mau aina
me Hawaii nei, eia kekahi mea
e akaka loa, he aina pele wale
no keia pae moku, a he pele no
ma na moku a pau ma keia
moana, o na pohaku a pau, he poha-
ku haohehee wale ia no, aole e
like ko enei pohaku me ko na aina
puni ole, pela ka manao ana o lakou.

12 No na pele wale no ko enei pohaku,
i keia wa ua pio ka nui o na pele,
aka, i ka wa kahiko, he pele no
ma Maui a ma keia pae moku
a pau, nolaila, ua manao wale
ia ua hoea wale mai keia pae

kahiko, aka, o ka ulu wale mai o ka aina
ka pono loa, aole paha.

9 No ka mea, i keia wa ua imi keka
hi poe naauao i ke kumu o ka aina
ana ma Hawaii nei, ua pono paha
ko lakou manao ana, aole no paha
i pono loa, no ka mea, he manao no
no ka naau mai.

10 Ua imi kekahi poe noonoo mai
na aina e mai, manao lakou aole
paha he aina ma anei i ka wa ka-
hiko, he moana wale no, manao la-
kou ua hoea wale mai na aina
mai loko mai o ka moana, o na ahi
pele ka mea i hoea mai ai.

11 Eia ka mea i manao ai lakou pela,
ua ike ia kekahi mau moku i hoea
mai, ua like ke ano oia mau aina
me Hawaii nei, eia kekahi mea
e akaka loaʻi, he aina pele wale
no keia pae moku, a he pele no
ma na moku a pau ma keia
moana, o na pohaku a pau, he poha-
ku hoohehee wale ia no, aole e
like ko enei[1] pohaku me ko na aina
puni ole, pela ka manao ana o lakou.

12 No na pele wale no ko enei pohaku,
i keia wa ua pio ka nui o na pele,
aka, i ka wa kahiko, he pele no
ma Maui a ma keia pae moku
a pau, nolaila, ua manao wale
ia ua hoea wale mai keia pae

kahiko; akā, ʻo ka ulu wale mai o ka ʻāina
ka pono loa, ʻaʻole paha.

9. No ka mea, i kēia wā, ua ʻimi kekahi po'e na'auao i ke kumu o ka ʻāina
ʻana ma Hawaiʻi nei. Ua pono paha
ko lākou manaʻo ʻana; ʻaʻole nō paha
i pono loa, no ka mea, he manaʻo nō
no ka naʻau mai.

10. Ua ʻimi kekahi po'e noʻonoʻo mai
nā ʻāina ʻē mai. Manaʻo lākou, ʻaʻole
paha he ʻāina ma ʻaneʻi i ka wā ka-
hiko, he moana wale nō. Manaʻo lā-
kou, ua hōʻea wale mai nā ʻāina
mai loko mai o ka moana; ʻo nā ahi
pele ka mea i hōʻea mai ai.

11. Eia ka mea i manaʻo ai lākou pēlā:
ua ʻike ʻia kekahi mau moku i hōʻea
mai; ua like ke ʻano o ia mau ʻāina
me Hawaiʻi nei. Eia kekahi mea
e akāka loa ai: he ʻāina pele wale
nō kēia pae moku, a he pele nō
ma nā moku a pau ma kēia
moana. ʻO nā pōhaku a pau, he pōha-
ku hoʻohehe'e wale ʻia nō. ʻAʻole e
like ko ʻeneʻi pōhaku me ko nā ʻāina
puni ʻole, pēlā ka manaʻo ʻana o lākou.

12. No nā pele wale nō ko ʻeneʻi pōhaku.
I kēia wā, ua pio ka nui o nā pele;
akā, i ka wā kahiko, he pele nō
ma Maui a ma kēia pae moku
a pau. No laila, ua manaʻo wale
ʻia, ua hōʻea wale mai kēia pae

---

1. 2:11. A: o[e]nei

mokuu mai lalo mai o ke kai, aole no
paha i puno loa keia manao ana, no ka
mea, he manao no keia no ka naau
mai.

13 Malie paha he aina no ma anei ma
i kinohi mai, aole paha, aka no ke
kuwalala loa o ke enei poe kahiko
i na olelo lalau, a me ka lauwili loa
o ka lakou olelo ana mai.

Mokuna III.

1   Ke Kumu mua o ko Hawaii nei Kane

1 Ua olelo ia mai ma ko Hawaii nei
mau mookuauhau kupuna, na kane
ka mua o Hawaii nei, na lakou mai
ko Hawaii nei lahuikanaka a pau.

2 Ma ka mookuauhau i kapaia o Ku-
muulipo, i hai ia mai ai he wahine ke
kanaka mua loa, o Lailai kona inoa
ua olelo ia mai ma ke kuauhau he po
wale no kona mau kupuna, a mau ma-
kua, aia ia hanau kanaka mai.

3 O Kealiiwahilani ka inoa o ke kane
a ua Lailai la, aole nae i hai ia mai
ka inoa o ko Kealiiwahilani mau ma-
kua, ua olelo ia mai ka lani mai o Kea-
liiwahilani, i nana mai oia, a ike
i ka wahine maikai o Lailai e noho a
na i Lalowaia iho mai o Kealiiwahilani
a moe laua me Lailai, hanau mai
ka laua keiki, oia ka iwikuamoo o

moku mai lalo mai o ke kai, aole no
paha i pono loa keia manao ana, no ka
mea, he manao no keia no ka naau
mai.

13 Malie paha he aina no ma anei ma-
i kinohi mai, aole paha, aka, no ke
kuulala loa o ko enei poe kahiko
i na olelo lalau, a me ka lauwili loa
o ka lakou olelo ana mai.

> Mokuna III
> ꝗ Ke[1] Kumu mua o ko Hawaii nei Kana[ka]

1 Ua olelo ia mai ma ko Hawaii nei
mau mookuauhau kupuna, na kana-
ka mua o Hawaii nei, na lakou mai
ko Hawaii nei lahui kanaka a pau.

2 Ma ka mookuauhau i kapaia o Ku-
muulipo,[2] i hai ia mai ai he wahine ke
kanaka mua loa, o Lailai kona inoa
ua olelo ia mai ma ke kuauhau he po
wale no kona mau kupuna, a mau ma-
kua, aia ia hanau kanaka mai.

3 O Kealiiwahilani ka inoa o ka[e][3] kane
a ua Lailai la, aole nae i hai ia mai
ka inoa o ko Kealiiwahilani mau ma-
kua, ua olelo ia mai ka lani mai o Kea-
liiwahilani, i nana mai ai oia, a ike
i ka wahine maikai o Lailai e noho a-
na i ł[L]alowaia iho mai o Kealiiwahilani
~~i nana mai oia, a ike i ka wahine mai-~~
~~kai o Lailai~~
a moe laua me Lailai, hanau mai
ka laua keiki, oia kekahi kupuna a

moku mai lalo mai o ke kai. 'A'ole nō
paha i pono loa kēia mana'o 'ana, no ka
mea, he mana'o nō kēia no ka na'au
mai.

13. Malie[4] paha, he 'āina nō ma 'ane'i ma-
i kinohi mai, 'a'ole paha. Akā, no ke
ku'ulala loa o ko 'ene'i po'e kahiko
nā[5] 'ōlelo lalau a me ka lauwili loa
o kā lākou 'ōlelo 'ana mai.

> **Mokuna III [3, Emerson 3]**
> **KE KUMU MUA O KO HAWAI'I NEI KĀNAKA**

1. Ua 'ōlelo 'ia mai ma ko Hawai'i nei
mau mo'okū'auhau kūpuna nā kāna-
ka mua o Hawai'i nei, na lākou mai
ko Hawai'i nei lāhui kānaka a pau.

2. Ma ka mo'okū'auhau i kapa 'ia 'o *Ku-
muulipo* i ha'i 'ia mai ai he wahine ke
kanaka mua loa, 'o La'ila'i kona inoa.
Ua 'ōlelo 'ia mai ma ke kū'auhau, he pō
wale nō kona mau kūpuna a mau mā-
kua; a iā ia, hānau kānaka mai.

3. 'O *Keali'iwāhilani* ka inoa o ke kāne
a ua La'ila'i lā, 'a'ole na'e i ha'i 'ia mai
ka inoa o ko *Keali'iwāhilani* mau mā-
kua. Ua 'ōlelo 'ia mai ka lani mai 'o *Kea-
li'iwāhilani*. I nānā mai 'o ia a 'ike
i ka wahine maika'i o La'ila'i e noho a-
na i *Lalowaia*, iho mai 'o *Keali'iwāhilani*.

A moe lāua me La'ila'i, hānau mai
kā lāua keiki. 'O ia kekahi kupuna o[6]

---

1. 3:0. A: **No** ke kumu. . . .
2. 3:2. A: Kumulipo
3. 3:3. C: *ua holoi 'ia he 'elua hua palapala ma waena o "ka̶e" a me "kane"*
4. 2:13. *'ike 'ia kēia pela ho'okahi he mau manawa ma kā Malo, e la'a me 38:51*
5. 2:13. *ua ho'ololi 'ia 'o "i na," 'o ia 'o "nā"*
6. 3:3. *ua ho'ololi 'ia 'o "a," 'o ia 'o "'o"*

Keia lahui kanaka.

4 A mahope mai o Lailai ma, ua hai ko-
ia ia mai, ma ka moolelo kuauhau i ka
paia Olelo, he kane ia kanaka mua
loa, o Kahiko kona inoa, ua olelo ia
mai no kona mau kupuna a mau
makua, me ka maopopo ole, o ko la-
kou ano, o Kahiko no kai maopopo mai
he kanaka ia.

5 O Kupulanakehau ka inoa o Kahiko
ko wahine, na laua mai o Lihauula a
me Wakea, he wahine ka Wakea o
Haumea kona inoa o Papa no ia,
ua olelo ia mai no ua Haumea la
wahine a Wakea, ma ka moo kuau-
hau i Wahia ia o Paliku he pali
kona mau kupuna a mau makua
ia ia maopopo mai ke kanaka ana

6 O keia poe wale no kai olelo ia mai
ma ko Hawaii nei mau moo kuau-
hau kupuna, nolaila, o lakou nei no
ke kumu mua o ko Hawaii lahui a
pau, aole nae i hai ia mai ma Ha-
waii nei ko lakou wahi i hanau ai
ua hanau paha keia poe ma na aina
e, o ko lakou mau moo kuauhau pa-
ha kai malama ia ma Hawaii nei.

7 No ka mea, ua hai ia mai na wa-
hi i noho ai o keia poe kanaka, o Lailai
me Kealiiwahilani, o Iolowaia ko laua
wahi i noho ai, o Kahiko me Kupulana
kehau, o Kamawaelualani ko laua

keia lahui kanaka.

4 A mahope mai o Lailai ma, ua hai hou ia mai, ma ka mookuauhau i ka pa ia Ololo, he kane ia kanaka mua loa, o Kahiko kona inoa, ua olelo ia mai no kona mau kupuna a mau makua, me ka maopopo ole, o ko lakou ano, o Kahiko no kai maopopo mai he kanaka ia.

5 O Kupulanakehau ka inoa o Kakahiko wahine, na laua mai o Lihauula a me Wakea, he wahine ka Wakea o Haumea kona inoa o Papa no ia, ua olelo ia mai no ua Haumea la wahine a Wakea, ma ka moo kuauhau i kapa ia o Paliku he pali kona mau kupuna a mau makua ia ia maopopo mai ke kanaka ana

6 O keia poe wale no kai olelo ia mai ma ko Hawaii nei mau moo kuauhau kupuna, no laila, o lakou nei no ke kumu mua o ko Hawaii lahui a pau. aole nae i hai ia mai ma Hawaii nei ko lakou wahi i hanau ai; ua hanau paha keia poe ma na aina e, o ko lakou mau moo kuauhau paha kai malama ia ma Hawaii nei.

7 No ka mea, ua hai ia mai na wahi i noho ai o keia poe kanaka, o Lailai me Kealiiwahilani, o Lalowaia ko laua wahi i noho ai, o Kahiko me Kupulana kehau, o Kamawaelualani[1] ko laua

kēia lāhui kānaka.

4. A ma hope mai o Laʻilaʻi mā, ua haʻi hou ʻia mai ma ka moʻokūʻauhau i kapa ʻia [ʻo] *Olōlo,* he kāne ia kanaka mua loa, ʻo Kahiko kona inoa. Ua ʻōlelo ʻia mai no kona mau kūpuna a mau mākua, me ka maopopo ʻole o ko lākou ʻano. ʻO Kahiko nō kai maopopo mai he kanaka ia.

5. ʻO *Kupulanakēhau* ka inoa o kā Kahiko wahine. Na lāua mai ʻo *Līhauʻula* a me Wākea. He wahine kā Wākea, ʻo Haumea kona inoa. ʻO Papa nō ia. Ua ʻōlelo ʻia mai no ua Haumea lā, wahine a Wākea, ma ka moʻokūʻauhau i kapa ʻia ʻo Palikū, he pali kona mau kūpuna a mau mākua. Iā ia, maopopo mai ke kanaka ʻana.

6. ʻO kēia poʻe wale nō kai ʻōlelo ʻia mai ma ko Hawaiʻi nei mau moʻokūʻauhau kūpuna; no laila, ʻo lākou nei nō ke kumu mua o ko Hawaiʻi lāhui a pau. ʻAʻole naʻe i haʻi ʻia mai ma Hawaiʻi nei ko lākou wahi i hānau ai. Ua hānau paha kēia poʻe ma nā ʻāina ʻē. ʻO ko lākou mau moʻokūʻauhau paha kai mālama ʻia ma Hawaiʻi nei.

7. No ka mea, ua haʻi ʻia mai nā wahi i noho ai ʻo kēia poʻe kānaka. ʻO Laʻilaʻi me *Kealiʻiwāhilani,* ʻo *Lalowaia* ko lāua wahi i noho ai. ʻO Kahiko me *Kupulanakēhau,* ʻo *Kamāwaelualani* ko lāua

---

1. 3:7. A: Kamaewalualani

wahi i noho ai o Wakea me Papa, o Loloi-
mehani ko laua wahi i noho ai, aole
nae ke kau wahi o Hawaii i kapaia
ma keia mau inoa.

8 Eia kekahi mea i olelo ia mai ma na
moo kuauhau, ma ka wa i u kane ai
o Wakea me Papa, hele aku o Papa a
noho ma Nuumehalani, aole nae o
Hawaii nei wahi i kapaia o Nuu-
mehalani, aia paha ma na aina e
keia mau inoa

No na hanauna mai a Wakea mai

Mokuna IV

1 Mai a Wakea mai a hiki mai i ko
Haumea make ana, eono ia mau ha-
nauna kanaka, ua olelo ia mai ma
Ololoimehani no Wakei i noho ai o keia
mau hanauna, aole no i olelo ia
mai he wahi e ae ko keia poe i no-
ho ai, aole nae i haiia ko lakou he-
le ana mai a noho ma Hawaii nei
2 A mahope mai o keia mau ha-
nauna eono, he umikumamaiwa ia
mau hanauna ma ia hope mai,
ua manao wale ia o kekahi poe o
keia mau hanauna kai hele mai
a noho ma Hawaii nei, no ka
mea, o ka iwakaluakumaiwa o keia ha-
nauna o Kapawa kona inoa oia
kai haiia mai ma Kukaniloko
no Waialua i hanau ko Kapawa
wahi i hanau ai.

wahi i noho ai o Wakea me Papa, o Loloi-
mehani ko laua wahi i noho ai, aole
nae ke kau wahi o Hawaii i kapaia
ma keia mau inoa.

8 Eia kekahi mea i olelo ia mai ma na
moo kuauhau, ma ka wa i u hemo ai
o Wakea me Papa, hele aku o Papa a
noho[1] ma Nuumehalani, aole nae o
Hawaii nei wahi i kapaia o Nuu
mehalani, aia paha ma na aina e
keia mau inoa

No na hanauna maia Wakea mai
Mokuna IV[2]

1 Mai a Wakea mai a hiki mai i ko
Haumea make ana, eono ia mau ha-
nauna kanaka, ua olelo ia mai ma
Ololoimehani no kahi i noho ai o keia
mau hanauna, aole no i olelo ia
mai he wahi e ae ko keia poe i no-
ho ai, aole nae i hai ia ko lakou he
le ana mai a noho ma Hawaii nei.

2 A ma hope mai o keia mau ha-
nauna eono, he umikumamaiwa[3] ia
mau hanauna ma ia hope mai.
ua manao wale ia o kekahi poe o
keia mau hanauna kai hele mai
a noho ma Hawaii nei, no ka
mea, o ka iwakalua paa o keia ha-
nauna o Kapawa kona inoa oia
kai haiia mai ma Kukaniloko
no Waialua i Oahu ko Kapawa
wahi i hanau ai.

wahi i noho ai. ʻO Wākea me Papa, ʻo *[O]lōloi-
mehani*[4] ko lāua wahi i noho ai. ʻAʻole
naʻe ke kauwahi o Hawaiʻi i kapa ʻia
ma kēia mau inoa.

8. Eia kekahi mea i ʻōlelo ʻia mai ma nā
moʻokūʻauhau. Ma ka wā i uhemo ai
ʻo Wākea me Papa, hele aku ʻo Papa a
noho ma Nuʻumehalani. ʻAʻole naʻe o
Hawaiʻi nei wahi i kapa ʻia ʻo Nuʻu-
mehalani. Aia paha ma nā ʻāina ʻē
kēia mau inoa.

Mokuna IV [4, Emerson 4]
No Nā Hanauna maiā Wākea mai

1. Maiā Wākea mai a hiki mai i ko
Haumea make ʻana, ʻeono ia mau ha-
nauna kānaka. Ua ʻōlelo ʻia mai, ma
Olōloimehani nō kahi i noho ai ʻo kēia
mau hanauna. ʻAʻole nō i ʻōlelo ʻia
mai he wahi ʻē aʻe ko kēia poʻe i no-
ho ai. ʻAʻole naʻe i haʻi ʻia ko lākou he-
le ʻana mai a noho ma Hawaiʻi nei.

2. A ma hope mai o kēia mau ha-
nauna ʻeono, he ʻumikumamāiwa ia
mau hanauna ma ia hope mai.
Ua manaʻo wale ʻia, ʻo kekahi poʻe o
kēia mau hanauna kai hele mai
a noho ma Hawaiʻi nei, no ka
mea, ʻo ka iwakālua paʻa o kēia ha-
nauna, ʻo Kapawa kona inoa, ʻo ia
kai haʻi ʻia, mai ma Kūkaniloko
no Waialua i Oʻahu ko Kapawa
wahi i hānau ai.

---

1. 3:8. A: noho ~~wale~~
2. 4:0. A: Mokuna IV / No na hanauna mai o Wakea mai.
3. 4:2. A: umikumumaiwa
4. 3:7. *no ka pela ʻana o kēia inoa, e nānā i nā paukū 4:1 a me 4:3*

3 A mai a Kapawa mai a Hiki mai
i keia wa, ua ike pono ia ka hanau
ana o kanaka ma Hawaii nei, aole
nae i haiia, mai Ololoimehani mai
lakou i hele mai ai aole no i hai
ia mai ke kanaka i hiki mua
mai a noho ma Hawaii nei, aole i
haiia mai, mai ka waa mai lakou,
aole no i haiia ka wa i hiki mai
ai lakou, ma Hawaii nei.

4 Ua manao ia keia lahui kanaka
mai ka pae aina mai e kokoke a-
na ma ka hiki, a me kahiki no
hoi, no ka mea, ua paa mua i ko
Hawaii nei poe kahiko ka inoa
o Kahiki, a ua paa o Kahiki malo-
ko o na mele, a me na pule a me
na kaao, a ka poe kahiko o Hawaii
nei.

5 Eia kekahi mau inoa aina i paa
ma na mele, o Kahiki honuakele, o
Anaimalu, o Holani, o Hawaii, o
Nuuhiwa, na aina ma na kaao,
o Upolu, o Wawau, o Kukapuaiku, o
Kuaihelani, na aina ma na pule,
o Uliuli, o Melemele, o Polapola, o Hae
hae, o Maokuululu, o Hanakalauai,
6 Aia paha ma ka pae aina o Ka-
hiki keia mau inoa, aia la mahea,
ma keia mau aina paha lakou
i noho mua ai, a mahope lakou
hele mai ma Hawaii nei.

3 A mai a Kapawa mai a hiki mai
i keia wa, ua ike pono ia ka hanau
ana o kanaka ma Hawaii nei, aole
nae i haiia, mai Ololoimehani mai
lakou i hele mai ai aole no i hai-
ia mai ke kanaka i hiki mua
mai a noho ma Hawaii nei, aole i
ihaiia mai, mai ka waa mai lakou,
aole no i haiia ka wa i hiki mai
ai lakou ma Hawaii nei.

4 Ua manao ia keia lahuikanaka
mai ka pae aina mai e kokoke a-
na ma ka hiki a me kahiki no-
hoi, no ka mea, ua paa mua i ko
Hawaii nei poe kahiko ka inoa
o Kahiki, a ua paa o kahiki malo-
ko o na mele, a me na pule a me
na Kaao, a ka poe kahiko o Hawaii
nei.

5 Eia kekahi mau inoa aina i paa
ma na mele, o Kahikihonuakele, o
Ananaimalu, o Holani, o Hawaii, o
Nuuhiwa, na aina ma na kaao,
o Upolu, o Wawau, o Kukapuaiku, o
Kuaihelani, na aina ma na pule,
o Uliuli,[1] o Melemele, o Polapola, o Hae-
hae, o Maokuululu, o Hanakalauai,

6 Aia paha ma ka pae aina o Ka-
hiki keia mau inoa, aia la mahea,
ma keia mau aina paha lakou
i noho mua ai, a ma hope lakou
hele mai ma Hawaii nei.

3. A maiā Kapawa mai a hiki mai
i kēia wā, ua 'ike pono 'ia ka hānau
'ana o kānaka ma Hawai'i nei; 'a'ole
na'e i ha'i 'ia mai *Olōloimehani* mai
lākou i hele mai ai. 'A'ole nō i ha'i
'ia mai ke kanaka i hiki mua
mai a noho ma Hawai'i nei; 'a'ole i
ha'i 'ia mai mai ka wa'a mai lākou;
'a'ole nō i ha'i 'ia ka wā i hiki mai
ai lākou ma Hawai'i nei.

4. Ua mana'o 'ia kēia lāhui kānaka
mai ka pae 'āina mai e kokoke a-
na ma Kahiki a me Kahiki nō
ho'i, no ka mea, ua pa'a mua i ko
Hawai'i nei po'e kahiko ka inoa
'o Kahiki, a ua pa'a 'o Kahiki ma lo-
ko o nā mele, a me nā pule, a me
nā ka'ao a ka po'e kahiko o Hawai'i
nei.

5. Eia kekahi mau inoa 'āina i pa'a
ma nā mele: 'o Kahikihonuakele, 'o
Ananaimalu, 'o Hōlani, 'o Hawai'i, 'o
Nu'uhiwa. Nā 'āina ma nā ka'ao:
'o 'Upolu, 'o Wawau, 'o *Kūkapua'īkū,* 'o
Kuaihelani. Nā 'āina ma nā pule:
'o Uliuli, 'o Melemele, 'o Polapola, o Ha'e-
ha'e, 'o ['Ō]maokū'ululū, 'o *Hanakalau'ai.*

6. Aia paha ma ka pae 'āina 'o Ka-
hiki kēia mau inoa; aia lā ma hea?
Ma kēia mau 'āina paha lākou
i noho mua ai, a ma hope lākou
[i] hele mai ma [ai] Hawai'i nei.

---

1.   4:5. A: *nele*

7 A no ko lakou aloha paha ia Kahiki a me Hawaii, kapa lakou i kau wahi o Maui, o Kahiki nui, a kapa i keia pae aina o Hawaii, i na i ole ia, o Hawaii paha kie kanaka i noho mua mai, o Maui paha, Oahu paha Kauai paha, a make lakou kapaia paha keia pae aina ma ko lakou mau inoa.

8 Eia kekahi alii mea i lohe ia no Kahiki mai, ua olelo ia, ua holo mai kekahi mau kanaka mai Kahiki mai, o Paao laua me Makuakaumana, a me ke kahi poe i holo pu mai me laua, o ka nana i ka hoku oia ko lakou pa nana i holo mai ai, a noho o Paao ma Kohala, hoi no o Makuakaumana i Kahiki.

9 Ua hiki mai o Paao i Hawaii nei i ke kau ia Lonokawai ko Hawaii alii, o ka umikumamaono ia oia hanauna alii ma hope mai o Kapa-wa.

10 Noho no o Paao ma Kohala, a hi ki i ka wa i hewa ai ko Hawaii nei mau alii, kii o Paao i alii ma Kahiki, o Pili ka inoa o ua lii la i holo pu mai me Paao a hoo ho ia oia ma ko Hawaii nei papa alii.

11 Ua manao ia, ma Kapua no Ko ua Kahi a Paao i holo ai ma ka waa ka ua holo aina, aole mea i hai ia mai ke ano o ka waa, a i ko Pili holo ana

7 A no ko lakou aloha paha ia Kahiki
a me Hawaii, kapa lakou i kau wahi
o Maui, o Kahiki nui, a kapa i keia pae
aina o Hawaii, i na i ole ia, o Hawaii
paha ke kanaka i noho mua mai, o
Maui paha, Oahu paha Kauai paha,
a make lakou kapaia paha keia pae a-
ina ma ko lakou mau inoa.

8 Eia kekahi mea i lohe ia no Kahiki
mai, ua olelo ia, ua holo mai kekahi
mau kanaka mai Kahiki mai, o Paao
laua me Makuakaumana,[1] a me ke-
kahi poe i holo pu mai me laua,
o ka nana i ka hoku oia ko lakou pa-
nana i holo mai ai, a noho o Paao
ma Kohala, hoi no o Makuakaumana[1]
i Kahiki.

9 Ua hiki mai o Paao i Hawaii nei
i ke kau ia Lonokawai ko Hawaii
alii, o ka umikumamaono ia oia
hanauna alii ma hope mai o P[K]apa[wa].

10 Noho no o Paao ma Kohala, a hi-
ki i ka wa i hewa ai ko Hawaii
nei mau alii, kii o Paao i alii ma
Kahiki, o Pili ka inoa o ua lii la
i holo pu mai me Paao a hoono
ho ia oia ma ko Hawaii nei papa
alii.

11 Ua manao ia ma Kapua no Kona
kahi a Paao i holo ai ma ka waa ko-
na[2] holo ana, aole nae i hai ia mai
ke ano o ka waa, a i ko Pili[3] holo ana

7. A no ko lākou aloha paha iā Kahiki
a me Hawaiʻi, kapa lākou i kauwahi
o Maui, ʻo Kahikinui, a kapa i kēia pae
ʻāina ʻo Hawaiʻi. Inā i ʻole ia, ʻo Hawaiʻi
paha ke kanaka i noho mua mai, ʻo
Maui paha, Oʻahu paha, Kauaʻi paha.
A make lākou, kapa ʻia paha kēia pae ʻā-
ina ma ko lākou mau inoa.

8. Eia kekahi mea i lohe ʻia no Kahiki
mai. Ua ʻōlelo ʻia, ua holo mai kekahi
mau kānaka mai Kahiki mai, ʻo Pāʻao
lāua me *Makuakaumana*[4] a me ke-
kahi poʻe i holo pū mai me lāua.
ʻO ka nānā i ka hōkū, ʻo ia ko lākou pā-
nānā i holo mai ai. A noho ʻo Pāʻao
ma Kohala; hoʻi nō ʻo *Makuakaumana*
i Kahiki.

9. Ua hiki mai ʻo Pāʻao i Hawaiʻi nei
i ke kau iā Lonokawai[5] ko Hawaiʻi
aliʻi. ʻO ka ʻumikumamāono ia o ia
hanauna aliʻi ma hope mai o Kapawa.

10. Noho nō ʻo Pāʻao ma Kohala a hi-
ki i ka wā i hewa ai ko Hawaiʻi
nei mau aliʻi. Kiʻi ʻo Pāʻao i aliʻi ma
Kahiki (ʻo Pili ka inoa o ua aliʻi lā
i holo pū mai me Pāʻao), a hoʻono-
ho ʻia ʻo ia ma ko Hawaiʻi nei papa
aliʻi.

11. Ua manaʻo ʻia ma Kapuʻa no Kona
kahi a Pāʻao i holo ai. Ma ka waʻa ko-
na holo ʻana; ʻaʻole naʻe i haʻi ʻia mai
ke ʻano o ka waʻa. A i ko Pili holo ʻana

---

1. 4:8. P, Kalimahauna: Makuakaumano
2. 4:11. A: kana
3. 4:11. A: Pili **ma**
4. 4:8. Kalimahauna: Makuakaumano
5. 4:9. ʻo *“Lanakawai”* ka pela ʻana ma 43:2, a ʻo *“Lonokawai”* ma 4:9 me 43:16—ʻike nui ʻia nā mea ʻelua ma ka nūpepa ʻŌlelo Hawaiʻi

mai i Hawaii nei hoi hou mai no
o Paao o Makuakaumana kekahi i holo
hou mai, a me kekahi poe e ae, o Kana-
loamuia ka inoa o ko Pili mau waa
i holo mai ai, aole nae i hai ia mai
ke kahi ka waa.

13 Eia kekahi mea i olelo ia i ko Pili
holo ana mai, hele pu mai na ia elua
me ia, o Kaopelu a me Keaku, ma ka
wa e makani ai ka moana, kaluku
mai la ke aku, hoolili mai la ka ope-
lu, malie iho la ka makani a palu
loa, ka moana, Pela o Pili ma i holo
mai ai a pae ma Hawaii nei, nola
ila, ke kapu   o Keaku a me Kaope-
lu, i ka wa makiko. I ko Pili pae a-
na ma Hawaii nei, noho alii o Pili
ma Hawaii nei, oia kekahi kupu-
na o ko Hawaii poe alii.

13x Eia kekahi mea i olelo ia, ua hu-
lo hou mai kekahi kanaka mai ka-
hiki mai, o Moikeha kona inoa, i
kona hiki ana mai, o Kalapana ko
Hawaii nei alii ia manawa.

14 I ko Moikeha hiki ana mai,
noho oia ma Kauai, a moe oia i
ko Kauai wahine, o Hinauulua ko-
na inoa, a hanau mai ka laua
keiki o Kila kona inoa.

15 A ma ko Kila wa i nui ae ai
holo no oia i Kahiki, ua manao ia
ma ka lae komohana o Kahoolawe

mai i Hawaii nei hoi pu mai no
o Paao o Makuakaumana[1] kekahi i holo
pu mai, a me kekahi poe e ae, o Kana-
loamuia[2] ka inoa o ko Pili mau waa
i holo mai ai, aole nae i hai ia mai
he Pahi ka waa.

132 Eia kekahi mea i olelo ia i ko Pili
holo ana mai, hele pu mai na ia elua
me ia, o ka opelu a me ke aku, ma ka
wa e makani ai ka moana, haluku
mai la ke aku, hoolili mai la ka ope-
lu, malie iho la ka makani a pohu
loa, ka moana, Pela o Pili ma i holo
mai ai a pae ma Hawaii nei nola-
ila, ke kapu[3] o ke aku a me ka ope-
lu, i ka wa kahiko. I ko Pili pae a-
na ma Hawaii nei, noho alii o Pili
ma Hawaii nei, oia kekahi kupu-
na o ko Hawaii poe alii.

143 Eia kekahi mea i olelo ia, ua ho-
lo hou mai kekahi kanaka mai Ka-
hiki mai, o Moikeha kona[4] inoa, i
kona hiki ana mai, o Kalapana ko
Hawaii nei alii ia manawa.

154 I ko Moikeha hiki ana mai,
noho oia ma Kauai, a moe oia i
ko Kauai wahine, o Hinauulua ko
na inoa, a hanau mai ka laua
keiki o Kila kona inoa.

165 A ma ko Kila wa i nui ae ai
holo no oia i Kahiki, ua manao ia
ma ka lae komohana o Kahoolawe

mai i Hawai'i nei, ho'i pū mai nō
'o Pā'ao. 'O *Makuakaumana* kekahi i holo
pū mai a me kekahi po'e 'ē a'e. 'O *Kana-
loamuia* ka inoa o ko Pili mau wa'a
i holo mai ai, 'a'ole na'e i ha'i 'ia mai
he pahī ka wa'a.

12. Eia kekahi mea i 'ōlelo 'ia. I ko Pili
holo 'ana mai, hele pū mai nā i'a 'elua
me ia, 'o ka 'ōpelu a me ke aku. Ma ka
wā e makani ai ka moana, haluku
maila ke aku, ho'olili maila ka 'ōpe-
lu; mālie ihola ka makani a pohu
loa ka moana. Pēlā 'o Pili mā i holo
mai ai a pae ma Hawai'i nei. No la-
ila ke kapu o ke aku a me ka 'ōpe-
lu i ka wā kahiko. I ko Pili pae 'a-
na ma Hawai'i nei, noho ali'i 'o Pili
ma Hawai'i nei. 'O ia kekahi kupu-
na o ko Hawai'i po'e ali'i.

13. Eia kekahi mea i 'ōlelo 'ia. Ua ho-
lo hou mai kekahi kanaka mai Ka-
hiki mai, 'o Moikeha kona inoa. I
kona hiki 'ana mai, 'o Kalapana ko
Hawai'i nei ali'i [i] ia manawa.

14. I ko *Moikeha* hiki 'ana mai,
noho 'o ia ma Kaua'i, a moe 'o ia i
ko Kaua'i wahine, 'o *Hīnauulua* ko-
na inoa, a hānau mai ka lāua
keiki, 'o Kila kona inoa.

15. A ma ko Kila wā i nui a'e ai,
holo nō 'o ia i Kahiki. Ua mana'o 'ia,
ma ka lae komohana o Kaho'olawe

---

1. 4:11. P, Kalimahauna. Makuakaumano
2. 4:11. Kalimahauna. Kanaloanui
3. 4:12. C: *ua holoi 'ia loa ke kākau mua, he 'ekolu a 'ehā paha hua palapala*
4. 4:13. A: kana

kona holo ana, no ka mea ua kapaia
kela lae o Kealaikahiki

15 I ko Kila hiki ana ma Kahiki, a i
kona hoi ana mai, lawe pu mai no
oia ia Laamaikahiki, oia ka wa i
laha mai ai ke Kaekeeke, a me ka a
ka hoa waa, a me ka lanalana waa,
a pae oia ma Hawaii nei, oia keka
hi mau kupuna o ko Hawaii mau
alii a mau kanaka no hoi, oia na mea
i lohe ia no Kahiki mai i ka wa ka
hiki.

17 Ua manao ia hookahi keia lahuika
naka mai Hawaii nei a Kahiki, a
me ka paeaina e Kokoke mai ana ia
Kahiki.

18 No ka mea, ua like pu ka helehele
na o na kino, ua like na olelo, ua li
ke na ku auhau kupuna, a me na
kaao, a me na kuakua kii, ua manao
ia, ua holo liilii mai paha lakou ma
Hawaii nei.

19
20 No ka mea, aia ma laila ka waa nui
he pahi ka inoa, oia paha ko lakou
waa i holo mai ai ma Hawaii nei, ua o
lelo ia, he aka mai ka poe Kahiko i ka
nana hoku; oia ko lakou pa nana i
holo mai ai.

20
21 Aole nae i hai ia mai he pahi kai
noa o na waa mea, aole he moku, he waa
no ka ka poe Kahiko kai ana mai

21
22 Ua olelo ia mai nae keia lahui ka na

kona holo ana, no ka mea ua kapaia
kela lae o Kealaikahiki

1̶7̶6 I ko Kila hiki ana ma kahiki, a i
kona hoi ana mai, lawe pu mai no
oia ia Laamaikahiki, oia ka wa i
laha mai ai ke kaekeeke, a me ka a-
ha hoa waa, a me ka lanalana [waa] a
pae oia ma Hawaii nei, oia keka-
hi mau kupuna o ko Hawaii mau
alii a mau kanaka nohoi,[1] oia na mea
i lohe ia no Kahiki mai i ka wa ka-
hiko.

1̶8̶7 Ua manaoia hookahi keia lahui ka-
naka mai Hawaii nei a Kahiki a
me ka pae aina e kokoke mai ana ma
Kahiki.

1̶9̶8 No ka mea, ua like pu ka helehele
na o na kino, ua like na olelo, ua li
ke na kuauhau kupuna, a me na
kaao, a me na k̶u̶akua kii, ua manao
ia, ua holo liilii mai paha lakou ma
Hawaii nei.

2̶0̶[19] No ka mea, aia ma laila ka waa nui
he pahi ka inoa, oia paha ko lakou
waa i holo mai ai ma Hawaii nei, ua o
lelo ia, he akamai ka poe kahiko i ka
nana hoku, oia ko lakou panana i
holo mai ai.

2̶1̶[20] Aole nae i hai ia mai he pahi ka i
noa o na waa mua, aole he moku, he waa
no ka ka poe kahiko hai ana mai.

2̶2̶[21] Ua olelo ia mai nae keia lahui kana

kona holo 'ana, no ka mea, ua kapa 'ia
kēlā lae 'o Kealaikahiki.

16. I ko Kila hiki 'ana ma Kahiki a i
kona ho'i 'ana mai, lawe pū mai nō
'o ia iā La'amaikahiki ('o ia ka wā i
laha mai ai ke kā'eke'eke a me ka 'a-
ha hoa wa'a a me ka lanalana wa'a), a
pae 'o ia ma Hawai'i nei. 'O ia keka-
hi mau kūpuna o ko Hawai'i mau
ali'i a mau kānaka nō ho'i. 'O ia nā mea
i lohe 'ia no Kahiki mai i ka wā ka-
hiko.

17. Ua mana'o 'ia, ho'okahi kēia lāhui kā-
naka mai Hawai'i nei a Kahiki a
me ka pae 'āina e kokoke mai ana ma
Kahiki.

18. No ka mea, ua like pū ka helehele-
na o nā kino; ua like nā 'ōlelo; ua li-
ke nā kū'auhau kūpuna a me nā
ka'ao a me nā akua ki'i. Ua mana'o
'ia, ua holo li'ili'i mai paha lākou ma
Hawai'i nei.

19. No ka mea, aia ma laila ka wa'a nui,
he pahī ka inoa. 'O ia paha ko lākou
wa'a i holo mai ai ma Hawai'i nei. Ua 'ō-
lelo 'ia, he akamai ka po'e kahiko i ka
nānā hōkū, 'o ia ko lākou pānānā i
holo mai ai.

20. 'A'ole na'e i ha'i 'ia mai he pahī ka i-
noa o nā wa'a mua. 'A'ole he moku, he wa'a
nō kā ka po'e kahiko ha'i 'ana mai.

21. Ua 'ōlelo 'ia mai na'e, kēia lāhui kāna-

---

1. 4:16. A: mohai

Ka mai ka lewa mai, mai ke kua mai
o ka moku.

22
23 O ke ano oia mau olelo, ua hele mai lakou
mai ka aina e mai, he lewa ia, a ma ke
alo o keia aina he kua o ka moku ia.

23
24 He lahui kanaka paha keia i kipaku ia mai
i kana ia paha, i lilo wale mai paha i ka ma
kani, o Asia paha kahi a lakou i olelo ia mai ka
lewa mai, ina ole ia, ona aina paha a lakou i au
ana hele mai ai, oia paha ka lewa, o ko lakou ki
ki ana paha ia nei, kapa lakou mai kua mai lakou
o ka moku.

24
25 No ka Iselaela mai paha keia lahui kanaka, no
ka mea, o ke kahi mau hana a ka Iselaela, ua hana
ia e keia lahui kanaka ma Hawaii nei.

25
26 O ke okipoepoe, o ka Puuhonua, o ke kapu i ke kanu ku
papau, o ke kapu i ka wahine kahe koko, a me ke kapu
i ka wahine hanau e noho ana i ka kaawalewale keiki i
na la ehiku, ua hana ia keia mau mea ma Hawaii
nei e keia lahui kanaka.

26
27 O ka poe paha keia i lawe ia mai ma ka ke kua o
lelo na hipa hele hewa no ko Iselaela hale mai, no ka
mea, ke ike maopopo nei kakou ma ka nana maoli a
ku e a like pu ko Asia mau kanaka me ko Hawaii nei
no laila, mai Asia io mai no ko keia pae moku a
me ko kahiki, a me na aina kokoke ina laila.

＊ Mokuna V ＊
No ke kapa ana aku i na kukulu

1 Ua kapa aku ka poe kahiko i na kukulu ma ke ano
o ka hele ana o ka la, ma kahi a ka la e hiki mai ai,
ua kapa ia aku ia he kukulu hikina, a ma kahi a ka
la e komo aku ai, ua kapa ia aku ia, he kukulu ko

ka mai ka lewa mai, mai ke kua mai
o ka moku.

23 [22] O ke ano oia mau olelo, ua hele mai lakou
mai ka aina e mai, he lewa ia, a ma ke
alo o keia aina he kua o ka moku ia.

24 [23] He lahui kanaka paha keia i kipaku ia mai
i kaua ia paha, i lilo wale mai paha i ka ma
kani, o Asia paha kahi a lakou i olelo ia mai ka
lewa mai, ina i ole ia, o na aina paha a lakou i au
ana hele mai ai, oia paha ka lewa, o ko lakou hi
ki ana paha i anei, kapa lakou mai kua mai lakou
o ka moku.

25 [24] No ka Iselaela[1] mai paha keia lahui kanaka, no
ka mea, o kekahi mau hana a ka Isalaela,[1] ua hana
ia e keia lahui kanaka ma Hawaii nei.

26 [25] O ke oki poepoe, o ka Puuhonua, o ke kapu i ke kanu Ku-
papau, o ke kapu i ka wahine kahe koko, a me ke kapu
i ka wahine hanau e noho ana i ka walewale[2] keiki i
na la ehiku, ua hana ia keia mau mea ma Hawaii
nei e keia lahui kanaka.

27 [26] O ka poe paha keia i hai ia mai ma ka ke ʉAkua o
lelo na hipa hele hewa no ko Iselaela[1] hale mai, no ka
mea, ke ike maopopo nei kakou ma ka nana maoli a
ku, ua like pu ko Asia mau kanaka me ko Hawaii nei
no laila, mai Asia io mai no ko keia pae moku a
me ko Kahiki, a me na aina kokoke ma laila.

Mokuna V
No ke kapa ana aku i na Kukulu

1 Ua ka[pa] aku ka poe kahiko i na Kukulu ma ke ano
o ka hele ana o ka la, ma kahi a ka la e hiki mai ai,
ua kapa ia aku ia he Kukulu hikina, a ma kahi a ka
la e komo aku ai, ua kapa ia aku ia, he Kukulu ko

ka "mai ka lewa mai, mai ke kua mai
o ka moku."

22. ʻO ke ʻano o ia mau ʻōlelo, ua hele mai lākou
mai ka ʻāina ʻē mai, he lewa ia, a ma ke
alo o kēia ʻāina, he kua o ka moku ia.

23. He lāhui kānaka paha kēia i kipaku ʻia mai,
i kaua ʻia paha, i lilo wale mai paha i ka ma-
kani. ʻO ʻĀsia paha kahi a lākou i ʻōlelo ʻia "mai ka
lewa mai," inā i ʻole ia, ʻo nā ʻāina paha a lākou i ʻau-
ana hele mai ai, ʻo ia paha ka lewa. ʻO ko lākou hi-
ki ʻana paha i ʻaneʻi, kapa lākou "mai kua mai lākou
o ka moku."

24. No kā ʻIseraʻela mai paha kēia lāhui kānaka, no
ka mea, ʻo kekahi mau hana a kā ʻIseraʻela,[3] ua hana
ʻia e kēia lāhui kānaka ma Hawaiʻi nei.

25. ʻO ke ʻoki poepoe, ʻo ka puʻuhonua, ʻo ke kapu i ke kanu ku-
papaʻu, ʻo ke kapu i ka wahine kahe koko, a me ke kapu
i ka wahine hānau e noho ana i ka walewale keiki i
nā lā ʻehiku, ua hana ʻia kēia mau mea ma Hawaiʻi
nei e kēia lāhui kānaka.

26. ʻO ka poʻe paha kēia i haʻi ʻia mai ma kā ke Akua ʻō-
lelo "nā hipa hele hewa no ko ʻIseraʻela hale mai,"[4] no ka
mea, ke ʻike maopopo nei kākou ma ka nānā maoli a-
ku, ua like pū ko ʻĀsia mau kānaka me ko Hawaiʻi nei.
No laila, mai ʻĀsia ʻiʻo mai nō ko kēia pae moku a
me ko Kahiki a me nā ʻāina kokoke ma laila.

Mokuna V [5, Emerson 5]
No ke Kapa ʻana aku i nā Kūkulu

1. Ua kapa aku ka poʻe kahiko i nā kūkulu ma ke ʻano
o ka hele ʻana o ka lā. Ma kahi a ka lā e hiki mai ai,
ua kapa ʻia aku ia he kūkulu hikina; a ma kahi a ka
lā e komo aku ai, ua kapa ʻia aku ia he kūkulu ko-

---

1. 4:24, 4:26. A: Iseraela
2. 4:25. C?: ka walewale [kaawalewale]
3. 4:24. *ua hoʻololi ʻia ʻo* "Isalaela, ʻo ia ʻo "ʻIseraʻela"
4. 4:26. *Mataio 15:24 (BaiBala Hemolele)*

133

mohana

2 Ina i huli ke kanaka ma kahi kala e komo aku ai kona alo, e maopopo ana nei, o ka aoao ma kona lima hema he kukulu hema ia, o ka aoao ma kona lima akau, he kukulu akau ia; ua pili no keia mau inoa he kukulu ma kahi e pili aku ana i ka lani wale no, aole ma kahi pili i ka mokupuni.

3 Aka, he okoa ke kapa ana aku i ua mau kukulu la ma kahi e pili ana i na aoao o ka mokupuni penei; ina e noho ke kanaka ma ka aoao komohana o ka mokupuni, ua kapahou ia aku ke kukulu hikina Ouka, ua kapaia ke komohana o kai, no ka pii ana i uka, a me ka holo ana i kai keia mau inoa, a no ke kiekie ouka, a no ka haahaa o kai ke kahi kapa ana i keia mau inoa

4 A o ke kukulu akau, ua kapa hou ia aku o luna, a o ke kukulu hema, ua kapa ia olalo, no ka pa ana mai a ka makani ma ka akau o luna ia, a ma ka holo ana aku a ka makani ma ka hema o lalo ia, nolaila mai keia mau inoa

5 O kahi e pili ana i ka lani, ua kapa ia o kapaa iluna o kahi e pili ana i ka honua, ua kapa ia o kapaa i lalo o kahi mawaena o ka lani, a me ka honua, ua kapa ia ke lewa kahi inoa, o ka hookui, me ka halawai ke kahi mau inoa.

6 I ka noho ana o ke kanaka ma na aoao o ka mokupuni, ua lole aku, ua lole mai ke kapa ana i na kukulu ma ke ano nae o ko ke kanaka noho ana ma ka aoao o ka puni o ia ia o ka mokupuni.

7 Ina i noho ke kanaka ma ka aoao hikina o ka mokupuni, ua kapa oia i ke komohana o Uka, i ka hikina o kai, a o kona alo, ua huli keepono aku ma ka hikina

mohana.

2 Ina huli ke kanaka ma kahi a ka la e komo aku ai
kona alo, e maopopo auanei, o ka aoao ma kona lima hema
he Kukulu hema ia, o ka aoao ma kona lima akau, he Kuku
lu akau ia, ua pili no keia mau inoa he Kukulu ma
kahi e pili aku ana i ka lani wale no, aole ma kahi
pili i ka moku puni.

3 Aka, he okoa ke kapa ana aku i ua mau Kukulu
la ma kahi e pili ana i na aoao o ka moku puni
penei, ina e noho ke kanaka ma ka aoao ko
mohana o ka moku puni, ua kapa hou ia aku ke
Kukulu hikina O uka, ua kapaia ke komohana o
kai, no ka pii ana i uka a me ka holo ana i kai keia mau
inoa, a no ke kiekie o uka, a no ka haahaa o kai kekahi
kapa ana i keia mau inoa

4 A o ke Kukulu akau, ua kapa hou ia aku o luna, a o ke
Kukulu hema, ua kapa ia o lalo no ka pa ana mai a ka ma
kani ma ka akau o luna ia, a ma ka holo ana aku a ka
makani ma ka hema o lalo ia, no laila mai keia mau
inoa

5 O kahi e pili ana i ka lani, ua kapa ia o ka paa i luna
o kahi e pili ana i ka honua, ua kapa ia o ka paa i lalo o ka
hi mawaena o ka lani, a me ka honua, ua kapa ia he lewa
kahi inoa, o ka hookui, me ka halawai kekahi mau
inoa.

6 I ka noho ana o ke kanaka ma na aoao o ka moku pu
ni, ua lole aku, ua lole mai ke kapa ana i na Kukulu
ma ke ano nae o ko ke kanaka noho ana ma ka aoao kupo
no ia ia o ka moku puni.

7 Ina i noho ke kanaka ma ka aoao hikina o ka moku
puni, ua kapa oia i ke komohana o Uka, i ka hikina o
kai, a o kona alo, ua huli Kupono aku ma ka hikina.

mohana.

2. Inā huli ke kanaka [a] ma kahi a ka lā e komo aku ai
kona alo, e maopopo auaneʻi, ʻo ka ʻaoʻao ma kona lima hema
he kūkulu hema ia; ʻo ka ʻaoʻao ma kona lima ʻākau, he kūku-
lu ʻākau ia. Ua pili nō kēia mau inoa he kūkulu ma
kahi e pili aku ana i ka lani wale nō, ʻaʻole ma kahi
pili i ka mokupuni.

3. Akā, he ʻokoʻa ke kapa ʻana aku i ua mau kūkulu
lā ma kahi e pili ana i nā ʻaoʻao o ka mokupuni
penei: inā e noho ke kanaka ma ka ʻaoʻao ko-
mohana o ka mokupuni, ua kapa hou ʻia aku ke
kūkulu hikina ʻo uka, ua kapa ʻia ke komohana ʻo
kai. No ka piʻi ʻana i uka a me ka holo ʻana i kai kēia mau
inoa, a no ke kiʻekiʻe o uka a no ka haʻahaʻa o kai kekahi
kapa ʻana i kēia mau inoa.

4. A ʻo ke kūkulu ʻākau, ua kapa hou ʻia aku ʻo luna; a ʻo ke
kūkulu hema, ua kapa ʻia ʻo lalo. No ka pā ʻana mai a ka ma-
kani ma ka ʻākau, ʻo luna ia; a ma ka holo ʻana aku a ka
makani ma ka hema, ʻo lalo ia; no laila mai kēia mau
inoa.

5. ʻO kahi e pili ana i ka lani, ua kapa ʻia ʻo "ka paʻa i luna;"
ʻo kahi e pili ana i ka honua, ua kapa ʻia ʻo "ka paʻa i lalo." ʻO ka-
hi ma waena o ka lani a me ka honua, ua kapa ʻia he lewa
kahi inoa. ʻO ka hoʻokuʻi me ka hālāwai kekahi mau
inoa.

6. I ka noho ʻana o ke kanaka ma nā ʻaoʻao o ka mokupu-
ni, ua lole aku, ua lole mai ke kapa ʻana i nā kūkulu,
ma ke ʻano naʻe o ko ke kanaka noho ʻana ma ka ʻaoʻao kūpo-
no iā ia o ka mokupuni.

7. Inā i noho ke kanaka ma ka ʻaoʻao hikina o ka moku-
puni, ua kapa ʻo ia i ke komohana ʻo uka, i ka hikina ʻo
kai. A ʻo kona alo, ua huli kūpono aku ma ka hikina.

8 No laila, e kapa aku oia i ke kukulu hema ke akau, no ka mea, aia ma laila kona lima akau, e kapa aku no hoi i ka akau he hema, no ka mea aia ma laila kona lima hema.

9 Pela no ke noho ke kanaka ma ka hema o ka moku puni, ke huli kupono kona alo i ka hema, e kapa oia i ka hiki na he hema e kapa aku i ke komohana he akau.

10 Pela no ke noho ke kanaka ma ka akau o ka moku puni, ua lole aku, ua lole mai ke kapa ana inoa o na kukulu ma ke ano kupono i ko lakou noho ana ma na ao ao o ka moku puni.

11 Eia ke kahi kapa hou ana i ke kukulu hikina, ma ka hiki ana mai a ka la, ua kapa ia aku ia o ka la hiki, a ma ka hi a ka la e komo aku ai, ua kapa ia o ka la kau, ua olelo ia penei, mai ka la hiki a ka la kau, mai kela paa, a keia paa.

12 Ua pili no keia mau inoa i kapa ia ma ka ao ao o ka moku puni wale no, aole ma na kukulu o ka lani, no ka mea, ua olelo ia penei e Hawaii ka la hiki o Kauai ka la kau, o ka akau o na moku puni o kela paa ia, a o ka hema o na moku puni o keia paa ia, ua olelo ia mai kela paa, a keia paa.

13 Eia ke kahi kapa ana i na kukulu, o na ao ao o ka moana ma ka akau moana, e pili aku ana i ke mau lani, e moe poai ana ma ka poepoe o ka honua a puni, ua kapa ia aku ia o kukulu o ka honua i a poai.

14 Eia ke kahi kapa ana aku i na kukulu, o kahi mai

8 No laila, e kapa aku oia i ke Kukulu hema he akau, no ka mea, aia ma laila kona lima akau, e kapa aku no hoi i ka akau he hema, no ka mea aia ma laila kona lima hema.

9 Pela no ke noho ke kanaka ma ka hema o ka moku puni, ke huli kupono kona alo i ka hema, e kapa oia i ka hikina he hema e kapa aku i ke komohana he akau.

10 Pela no ke noho ke kanaka ma ka akau o ka moku puni, ua lole aku, ua lole mai ke kapa ana inoa o na Kukulu ma ke ano ku pono i ko lakou noho ana ma na aoao o ka mokupuni.

11 Eia kekahi kapa hou ana i ke Kukulu hikina, ma ka hiki ana mai a ka la, ua kapa ia aku ia o ka la hiki, a ma kahi a ka la e komo aku ai, ua ka paia o ka la kau, ua olelo ia penei, mai ka la hiki a ka la kau, mai kela paa a keia paa.

12 Ua pili no keia mau inoa i kapaia ma ka aoao o ka moku puni wale no, aole ma na Kukulu o ka lani, no ka mea, ua olelo ia penei o Hawaii ka la hiki o Kauai ka la kau, o ka akau o na moku puni o kela paa ia, a o ka hema[1] o na moku puni o keia paa ia, ua olelo ia mai kela paa a keia paa.

13 Eia kekahi kapa ana i na Kukulu, o na aoao o ka moana ma ka alihi moana, e pili aku ana i kumu lani, e moe poai ana ma ka poepoe o ka honua a puni, ua kapaia aku ia o Kukulu o ka honua ia poai.

14 Eia kekahi kapa ana aku i na Kukulu, o kahi mai

8. No laila, e kapa aku ʻo ia i ke kūkulu hema he ʻākau, no ka mea, aia ma laila kona lima ʻākau; e kapa aku nō hoʻi i ka ʻākau he hema, no ka mea, aia ma laila kona lima hema.

9. Pēlā nō ke noho ke kanaka ma ka hema o ka mokupuni, ke huli kūpono kona alo i ka hema, e kapa ʻo ia i ka hikina he hema, e kapa aku i ke komohana he ʻākau.

10. Pēlā nō ke noho ke kanaka ma ka ʻākau o ka mokupuni. Ua lole aku, ua lole mai ke kapa ʻana [i nā] inoa o nā kūkulu ma ke ʻano kūpono i ko lākou noho ʻana ma nā ʻaoʻao o ka mokupuni.

11. Eia kekahi kapa hou ʻana i ke kūkulu hikina. Ma ka hiki ʻana mai a ka lā, ua kapa ʻia aku ia ʻo ka lā hiki; a ma kahi a ka lā e komo aku ai, ua kapa ʻia ʻo ka lā kau. Ua ʻōlelo ʻia penei: "Mai ka lā hiki a ka lā kau, mai kēlā paʻa a kēia paʻa."

12. Ua pili nō kēia mau inoa i kapa ʻia ma ka ʻaoʻao o ka mokupuni wale nō, ʻaʻole ma nā kūkulu o ka lani. No ka mea, ua ʻōlelo ʻia penei: "ʻO Hawaiʻi ka lā hiki; ʻo Kauaʻi ka lā kau." ʻO ka ʻākau o nā mokupuni, ʻo kēlā paʻa ia; a ʻo ka hema o nā mokupuni, ʻo kēia paʻa ia. Ua ʻōlelo ʻia, "Mai kēlā paʻa a kēia paʻa."

13. Eia kekahi kapa ʻana i nā kūkulu: ʻo nā ʻaoʻao o ka moana ma ka ʻalihi moana, e pili aku ana i kumu lani, e moe pōʻai ana ma ka poepoe o ka honua a puni, ua kapa ʻia aku ia ʻo "kūkulu o ka honua" ia pōʻai.

14. Eia kekahi kapa ʻana aku i nā kūkulu: ʻo kahi mai

---

1. 5:12. A: *nele*

ka alihi aouli maluna iho e hui iho ana ma ka alihi

moana, e poai ana i ka moana a puni, ua kapaia aku

ia o Kukulu o ka lani ia poai.

15 Eia ke kahi kapa ana aku i na Kukulu; o kahi mai

ka honua aku, a mai ka moana aku, e moe aku ana

ma ka nana ana aku a ka maka, a pili aku i ka a-

lihi aouli, ua kapaia o ka kiki moe ia poai.

16 A o ka alihi aouli e hui ana me ka alihi moana e

pii ae ana iluna ua kapaia aku o Kahikiku ia poai

a ma luna ae, o Kahiki ke papanuu ia poai, ia mea ae-ana-

ae, o Kahiki ke papalani ia poai, a ma luna pono iho,

o Kahiki kapu i Holanikekuina ia

17 A o kahi malalo iho o ka lani, o ka lewa lani ia poai, a ma.

lalo iho o laila, i kahi e na manu e lele ana, o ka lewa

nuu ia poai, a malalo iho o ka lewa lani lewa ia poai,

a ma lalo iho, i na i paa ke kanaka i ka laau a lewa

kona mau wawae o ka lewa hoomakua ia po ai, pela no

ka ka poe kahiko kapa ana i na kukulu ma ko lakou

manao ana

Mokuna VI

Ke kapa ana i ko luna me lalo

Ua kapa aku ka poe kahiko i kahi mai lalo a ku-

ka rei a luna, o luna ia penei; ma ke kuana a ke ka-

naka apau kona loa, a o kahi ma luna ae o kona poo

ua kapaia o luna ae, a ma luna ae o laila, o luna aku

a ma luna ae o laila, o luna loa aku, a ma luna ae

o laila, o luna lilo aku, a ma luna ae o laila, o luna lilo

loa, a ma luna ae o laila ma kahi e pili ana i ke

ao lewa, o luna o keao ia, a ma luna ae o laila, e kolu

o laila mau inoa, o ke aouli, o Kalaniuli o Kalani.

paa

ka alihi aouli ma luna iho e hui iho ana ma ka alihi
moana, e poai ana i ka moana a puni, ua kapa ia aku
ia o Kukulu o ka lani ia poai.

15 Eia kekahi kapa ana aku i na Kukulu, o kahi mai
ka honua aku, a mai ka moana aku, e moe aku ana
ma ka nana ana aku a ka maka, a pili aku i ka a
lihi aouli, ua kapa ia o ka hiki moe ia poai.

16 A o ka alihi aouli e hui ana me ka alihi moana e
pii ae ana i luna ua kapa ia aku o Kahikiku ia poai
a ma luna ae o kahiki ke papanuu[1] ia poai, ɫa ma[2] luna
ae, o kahiki kepapalani ia poai, a ma luna pono iho,
o Kahiki kapuiholanikekuina ia.

17 A o kahi malalo iho o ka lani, o ka lewa lani ia poai a ma
lalo iho o laila, i kahi a na manu e lele ana, o ka lewa
nuu ia poai, a ma lalo iho o ka lewa lani lewa ia poai,
a ma lalo iho,[3] ina i paa ke kanaka i ka laau a lewa
kona mau wawae o Ka lewahoomakua ia poai pela no
ka ka poe kahiko kapa ana i na Kukulu ma ko lakou
manao ana

Mokuna VI
Ke kepa[4] ana i ko luna me lalo

1 Ua kapa aku ka poe kahiko i kahi mai lalo aku
nei a luna, o luna ia, penei, ma ke ku ana a ke ka
naka a pau kona loa, a o kahi ma luna ae o kona poo
ua kapa ia o luna ae, a ma luna ae olaila, o luna aku,
a ma luna ae o laila, o luna loa aku,[5] a ma luna ae
o laila, o luna lilo aku, a ma luna ae olaila, o luna lilo
loa, a ma luna ae o laila ma kahi e pili ana i ke
ao lewa, o luna o ke ao ia, a ma luna ae o laila, ekolu
o laila mau inoa, o Ke aoulu, o Kalaniuli o Kalani-
paa

ka ʻalihi aouli ma luna iho e hui iho ana ma ka ʻalihi
moana, e pōʻai ana i ka moana a puni, ua kapa ʻia aku
ia ʻo kūkulu o ka lani ia pōʻai.

15. Eia kekahi kapa ʻana aku i nā kūkulu: ʻo kahi mai
ka honua aku a mai ka moana aku e moe aku ana
ma ka nānā ʻana aku a ka maka a pili aku i ka ʻa-
lihi aouli, ua kapa ʻia ʻo Kahikimoe ia pōʻai.

16. A ʻo ka ʻalihi aouli e hui ana me ka ʻalihi moana e
piʻi aʻe ana i luna, ua kapa ʻia aku ʻo Kahikikū ia pōʻai.
A ma luna aʻe ʻo Kahikikepapanuʻu[6] ia pōʻai; a ma luna
aʻe, ʻo Kahikikepapalani ia pōʻai; a ma luna pono iho,
ʻo Kahikikapuihōlanikekuʻina ia.

17. A ʻo kahi ma lalo iho o ka lani, ʻo ka lewa lani ia pōʻai; a ma
lalo iho o laila, i kahi a nā manu e lele ana, ʻo ka lewa
nuʻu ia pōʻai; a ma lalo iho, ʻo ka lewa lani lewa ia pōʻai;
a ma lalo iho, inā i paʻa ke kanaka i ka lāʻau a lewa
kona mau wāwae, ʻo ka lewa hoʻomakua ia pōʻai. Pēlā nō
kā ka poʻe kahiko kapa ʻana i nā kūkulu ma ko lākou
manaʻo ʻana.

Mokuna VI [6, Emerson 6]
KE KAPA[7] ʻANA I KO LUNA ME LALO

1. Ua kapa aku ka poʻe kahiko i kahi mai lalo aku
nei a luna, ʻo luna ia, penei: ma ke kū ʻana a ke ka-
naka a pau kona loa, a ʻo kahi ma luna aʻe o kona poʻo,
ua kapa ʻia ʻo luna aʻe; a ma luna aʻe o laila, ʻo luna aku;
a ma luna aʻe o laila, ʻo luna loa aku; a ma luna aʻe
o laila, ʻo luna lilo aku; a ma luna aʻe o laila, ʻo luna lilo
loa; a ma luna aʻe o laila, ma kahi e pili ana i ke
ao lewa, ʻo luna o ke ao ia; a ma luna aʻe o laila, ʻekolu
o laila mau inoa, ʻo ke aouli,[8] ʻo ka lani uli, ʻo ka lani
paʻa.

---

1. 5:16. A: Kahiki Ke papamu
2. 5:16. C: *ua holoi ʻia ke kākau mua ma lalo o* "ma"
3. 5:17. A: *nele ʻo* "o ka lewa lani lewa ia poai, a ma lalo iho"
4. 6:0. A: Kɐ[a]pa
5. 6:1. A: *nele ʻo* "a ma luna ae o laila, o luna loa aku"
6. 5:16. *ʻo* "Kahikikepapanui" *paha ka inoa i kākau ʻia*
7. 6:0. *ua hoʻololi ʻia ʻo* "kepa," *ʻo ia ʻo* "kapa"
8. 6:1. *ua hoʻololi ʻia ʻo* "aoulu," *ʻo ia ʻo* "aouli" *(cf. 5:16, 32:12)*

2 O ka lani paa oia no kahi e pouliulii ana ke nana
aku, ua manao ka poe kahiko oia maloko o ua lani
paa la, ko ka la alanui e hele ai, a ka poo makai, a
hele mai malalo, a pii hou ma kahikina mai, a pela
no hoi ko ka Mahina alanui, a me na Hoku e hele nola
ua, e like me ka la, aka, o Mahoena he mea paa loa ia, ao
ke e nau iki, pela ko ka poe kahiko manao ana.

3 O na ao he kahi mea nui ma ka lani, ua kapaia nae ma
ko lakou ano ko lakou mau inoa, ina i eleele ke ao, he ao
eleele ka i no a; he ao uliuli kahi ao, he ao hiwahiwa kahi ao,
ina i hinuhinu ka eleele ana, he ao hiwahiwa kahi inoa
he ao polohiwa kahi inoa, he ao panopano kahi inoa.

4 Ina i keokeo ke ao, he ao keokeo no ia, he ao kea kahi i noa
ina he ano maomao he ao maomao no ia, ina he ano le
nalena, he ao lena ia, ina he ulaula, he ao ula ia, he ke
awe ula, he ano li ula; ina i hookokoke mai ke ao, he ao
hoolewalewa, he ao hoopehupehu, he ao hoomakomako, he
ao hoomalumalu, he ao hookokohi, he ao hooweliweli, ua ka
paia lakou ma ko lakou mau ano iho.

5 Ina i ku lalani poai mai ke ao, e kokoke ana i ka umu
o ka lani, he opua ia ao, he nui no nae ke ano o ka opua, aia
no nae ma kona ano e like ai, e kapa ia aku no kona
inoa ma ia ano, ina i kii na ka lau o ka opua, he ma ka
ui paha, he ino paha, ina i kupono ka opua, he malie, i
na i haahaa melemele ka opua, a hookokoke i ke kumu
lani he newenewe ia, he lai loa ka hope.

6 Eia ke kahi, o na ouli ma ka lani, ina uliuli kukulu
o ka lani ma ke komohana i ke ahiahi, he pouli ia, he
ouli ka iho oia; i na he mea hamama ma ke ao, e like
me ka waha o ke a hu, he ena ia, he ouli ma ka ni ia,

7 Ina i ulaula ka nunui ke ao ma ka hikina i ka

2 O Kalani paa oia no kahi e pouliuliu[1] ana ke nana aku, ua manao ka poe kahiko aia maloko o ua lani paa la, ko ka la alanui e hele ai, a ka poo ma kai, a hele mai ma lalo, a pii hou ma ka hikina mai, a pela no hoi ko ka Mahina alanui, a me na Hoku e hele no la ua e like me ka la, aka, Ka honua,[2] he mea paa loa ia, ao le e naue iki, pela ko ka poe kahiko manao ana.

3 O na ao kekahi mea nui ma ka lani, ua kapaia nae ma ko lakou ano ko lakou mau inoa, ina i eleele ke ao, he ao eleele ka inoa, he ao uliuli kahi ao, he ao hiwahiwa kahi ao, ina i hinuhinu ka eleele ana, he ao hiwahiwa kahi inoa he ao polohiwa kahi inoa, he ao panopano kahi inoa.

4 Ina i keokeo ke ao, he ao keokeo no ia, he ao kea kahi inoa ina he ano maomao he ao maomao no ia, ina he ano le nalena, he ao lena ia, ina he ulaula, he ao ula ia, he ki awe ula, he onohi ula, ina i hookokoke mai ke ao, he ao hoolewalewa he ao hoopehupehu, he ao hoomakomako, he ao hoomalumalu, he ao hookokohi, he ao hooweliweli, ua ka pa ia lakou ma ko lakou mau ano iho.

5 Ina i ku lalani poai mai ke ao, e kokoke ana i kumu o ka lani he opua ia ao, he nui no nae ke ano o ka opua, aia no nae ma kona ano e like ai, e kapa ia aku no kona inoa ma ia ano, ina i hina ka lau o ka opua, he maka ni paha, he ino paha, ina i kupono ka opua,[3] he malie, i na i haahaa melemele ka opua, a hookokoke i ke kumu lani he newenewe ia, he lai loa ka hope

6 Eia kekahi, o na ouli ma ka lani, ina uliuli Kukulu o ka lani ma ke komohana i ke ahiahi, he pauli ia, he ouli kaikoo ia, ina he mea hamama ma ke ao, e like me ka waha o ke a[4] aʻu, he ena ia, he ouli makani ia.

7 Ina i ulaula hanuunuu ke ao ma ka hikina i ka

2. ʻO ka lani paʻa, ʻo ia nō kahi e pōuliuli[5] ana ke nānā aku. Ua manaʻo ka poʻe kahiko, aia ma loko o ua lani paʻa lā ko ka lā alanui e hele ai; a kapoʻo ma kai a hele mai ma lalo a piʻi hou ma ka hikina mai. A pēlā nō hoʻi ko ka mahina alanui a me nā hōkū; e hele nō lāua e like me ka lā. Akā, ka honua, he mea paʻa loa ia, ʻaole e naue iki. Pēlā ko ka poʻe kahiko manaʻo ʻana.

3. ʻO nā ao kekahi mea nui ma ka lani. Ua kapa ʻia naʻe ma ko lākou ʻano ko lākou mau inoa. Inā i ʻeleʻele ke ao, he ao ʻeleʻele ka inoa. He ao uliuli kahi ao, he ao hiwahiwa kahi ao. Inā i hinuhinu ka ʻeleʻele ʻana, he ao hiwahiwa kahi inoa, he ao polohiwa kahi inoa, he ao panopano kahi inoa.

4. Inā i keʻokeʻo ke ao, he ao keʻokeʻo nō ia, he ao kea kahi inoa. Inā he ʻano maʻomaʻo, he ao maʻomaʻo nō ia. Inā he ʻano lenalena, he ao lena ia. Inā he ʻulaʻula, he ao ʻula ia, he kiawe ʻula, he ʻōnohi ʻula. Inā i hoʻokokoke mai ke ao, he ao hoʻolewalewa, he ao hoʻopehupehu, he ao hoʻomākōmakō, he ao hoʻomalumalu, he ao hoʻokokōhi, he ao hoʻoweliweli. Ua kapa ʻia lākou ma ko lākou mau ʻano iho.

5. Inā i kū lālani pōʻai mai ke ao, e kokoke ana i kumu o ka lani, he ʻōpua ia ao. He nui nō naʻe ke ʻano o ka ʻōpua. Aia nō naʻe ma kona ʻano e like ai, e kapa ʻia aku nō kona inoa ma ia ʻano. Inā i hina ka lau o ka ʻōpua, he makani paha, he ʻino paha. Inā i kūpono ka ʻōpua, he mālie. Inā i haʻahaʻa melemele ka ʻōpua a hoʻokokoke i ke kumu lani, he newenewe ia, he laʻi loa ka hope.

6. Eia kekahi o nā ʻōuli ma ka lani. Inā uliuli kūkulu o ka lani ma ke komohana i ke ahiahi, he pāuli ia, he ʻōuli kai koʻo ia. Inā he mea hāmama ma ke ao, e like me ka waha o ke ā aʻu, he ʻena ia, he ʻōuli makani ia.

7. Inā i ʻulaʻula hānuʻunuʻu ke ao ma ka hikina i ka

---

1. 6:2. A: pouliuli
2. 6:2. A: **o** ka honua
3. 6:5. A: *nele* ʻo "he makani paha, he ino paha, i na i kupono ka opua"
4. 6:6. A: *nele*
5. 6:2. *ua hoʻololi ʻia ʻo* "pouliuliu," *ʻo ia ʻo* "pōuliuli"

waipuole mai ai ka la, he kakaca ia; he ouli na ia;
ina i kau nenenemo keao maliu ae o ke kua hiwi i kakahiaka, he papalaoa ia; he ouli na no, ina uliuli ke ao ma
ke kuahiwi, he palaoa ia; he mau ouli na keia
he nui ouli na oe.

8 Ina i poipu ka lani, a aniani makani ole mai
he poipu ia; he hoohuha kahi inoa, he hoohuluhi
kahi inoa, ina i aniani makani mai, he hooka
haa kahi inoa, ina i poipu ka lani me ka owaa
owaa he kua mai ia, ina i nui keao eleele ma na poi
pu la, ua manao ia a ia maloko olaila o Kulaniha
koi, no laila mai Kahekili, Kauila, Kama
kani, Ka ua, Kainanui

9 Ai kaua ana, ina he ua me ka makani, He ki
li paha, me Kauila A uwenue paha aole no ua
loa, e he ua me ka makani ole, he liuliu ka ua
ana, ina i ulaula ke kukulu komohana i ke
Ahiahi; he ahaula ia, he ouli malie no ka ua

10 Eia keia ma ka wa e nalo ai ka hoku, he ao ia, a pu
ka mai ka la; he la ia, a makana ka la, a laila pau
ke kakahiaka, a kupono ka la maluna pono he a
awakea ia, a luli ma ke komohana, ua aui ka la, a
mai ka aui ana a ke ahiahi, ai mai laila, a ke a
na poo ka la, he po no ia, a kau mai ka hoku.

11 A ua ka wa e hiki moe ai, he aumoe ia, a huli
ka med keokeo ma luna, ua huli ka ia, ua alaula
mai ouka, ua moku ka pawa o keao, a keokeo ma
uka, a wehe ke alaula, a pualena, a ao loa.

12 Ka ua ke kahi mea nui ma luna mai he
mea hoihui loa ia, ua manao ka poe kahiko no
ka nahi ma lalo ae, a lilo ia, a ua mai no, o kahi
mau ua mai kahi e mai, eia na ao, he ua koona

wa i pu[1] ole mai ai ka la, he Kahaea ia, he ouli ua ia,
ina i kau nemonemo ke ao malu[na] ae o ke kuahiwi i kakahi
aka, he papalaoa ia, he ouli ua no, ina uliuli ke ao ma
ke kuahiwi, he palamoa ia, he mau ouli ua keia
he nui [na] ouli ua e ae.

8 Ina i poipu ka lani, a aniani makani ole mai
he poipu ia, he hoohaha kahi inoa, he hooluluhi
kahi inoa, ina i aniani makani mai, he hooka
kaa kahi inoa, ina i poipu ka lani me ka owaa
waa he [ha]kuma ia, ina i nui ke ao eleele ma ua poi
pu la, ua manao ia, aia maloko o laila o Kulaniha-
koi, no laila mai Ka hekili, Ka uila, Ka ma
kani, Ka ua, Ka ino nui

9 A i ka ua ana, ina he ua me ka makani, Heki-
li paha, me Ka uila Anuenue paha aole no e ua
loa, i[na] he ua me ka makani ole, he liuliu ka ua
ana, ina i ulaula ke Kukulu Komohana i ke
Ahiahi, he aka ula ia, he ouli malie no ka ua.[2]

10 Eia keia ma ka wa e nalo ai ka hoku, he ao ia, a pu
ka mai ka la, he la ia, a mahana ka la, a laila pau
ke kakahiaka, a kupono ka la ma luna pono he a
wakea ia, a luli ma ke komohana, ua aui ka la, a
mai ka aui ana a ke ahiahi, a mai laila aku a
napoo ka la, he po no ia, a kau mai ka hoku.

11 A ma ka wa e hiamoe ai, he aumoe ia, a huli
ka mea keokeo ma luna, ua huli ka ia, ua alaula
mai o uka, ua moku ka pawa o ke ao, a keokeo ma
uka, a wehe ke alaula, a pualena, a ao loa.

12 Ka ua kekahi mea nui ma luna mai, he
mea huihui loa ia, ua manao ka poe kahiko no
ka uahi ma lalo ae, a lilo i ao, a ua mai no, o kahi
mau ua mai kahi e mai, eia na ua, he ua Kona

---

wā i pu[ka] 'ole mai ai ka lā, he kaha'ea ia, he 'ōuli ua ia.
Inā i kau nemonemo ke ao ma luna a'e o ke kuahiwi i kakahi-
aka, he pāpalaoa ia, he 'ōuli ua nō. Inā uliuli ke ao ma
ke kuahiwi, he pālāmoa ia. He mau 'ōuli ua kēia;
he nui nā 'ōuli ua 'ē a'e.

8. Inā i po'ipū ka lani a aniani makani 'ole mai,
he po'ipū ia, he ho'ohāhā kahi inoa, he ho'oluluhi
kahi inoa. Inā i aniani makani mai, he ho'oka-
ka'a kahi inoa. Inā i po'ipū ka lani me ka 'ōwa'a-
wa'a, he hākuma ia. Inā i nui ke ao 'ele'ele ma ua po'i-
pū lā, ua mana'o 'ia, aia ma loko o laila 'o Kūlanihā-
ko'i, no laila mai ka hekili, ka uila, ka ma-
kani, ka ua, ka 'ino nui.

9. A i ka ua 'ana, inā he ua me ka makani, heki-
li paha, me ka uila, ānuenue paha, 'a'ole nō e ua
loa. Inā he ua me ka makani 'ole, he li'uli'u ka ua
'ana. Inā i 'ula'ula ke kūkulu komohana i ke
ahiahi, he aka'ula ia, he 'ōuli, mālie no ka ua.

10. Eia kēia. Ma ka wā e nalo ai ka hōkū, he ao ia. A pu-
ka mai ka lā, he lā ia. A mahana ka lā, a laila, pau
ke kakahiaka. A kūpono ka lā ma luna pono, he a-
wakea ia. A luli ma ke komohana, ua 'aui ka lā, a
mai ka 'aui 'ana a ke ahiahi, a mai laila aku. A
napo'o ka lā, he pō nō ia, a kau mai ka hōkū.

11. A ma ka wā e hiamoe ai, he aumoe ia. A huli
ka mea ke'oke'o ma luna, "Ua huli ka i'a." Ua alaula
mai 'o uka, ua moku ka pawa o ke ao; a ke'oke'o ma
uka, a wehe ke alaula, a pualena, a ao loa.

12. Ka ua kekahi mea nui ma luna mai, he
mea hu'ihu'i loa ia. Ua mana'o ka po'e kahiko, no
ka uahi ma lalo a'e, a lilo i ao, a ua mai nō. 'O kahi
mau ua, mai kahi 'ē mai. Eia nā ua: he ua Kona,

---

1. 6:7. A: puka
2. 6:9. C: *ua kaha pe'a loa 'ia ka hua 'ōlelo ma hope iho o "ua"*

he ua nui loa ia, he ua hoolua, he ua nui no ia, he ua
maulu, he ua intere ia, he ikaika nae.

13 He ua awa ma ka mauna ia ua, he ua kua lau ma
ka moana ia ua, he ua aoku, he waipuilani ke okahi
ua, he nui loa kai noa o na ua, a ka poe kahiko i ka
paai, ma ke ano kupono i ko lakou wahi e noho ana
ma na aoao o ka mokupuni, ua kapa kela mea
keia mea i noa no kela ua, no keia ua, ma ka inoa
kupono i ko lakou makemake iho, he ua loa, he ua
poko, he ua kea

14 O ka makani ke kahi a ka poe kahiko i kapa ai
he makani ka inoa, he mea anuanu ka makani

15 Eia na inoa o na makani, he kona ma ke kukulu
hema ia makani ke pa mais he makani nui loa ia, a pa
lahalaha, e kokola ana mai kahikina o ka mokupuni
a ke komo hana, a mai ka hema o ka mokupuni, a ka
akau, he liuliu no na la e pa mai ai, he makani ma
lie mae ma ka aoao koolau, he ino loa ma ke alo
o na mokupuni

16 He ua kahi kona ke pa mai, he ua ole kahi kona
ke pa mai, he nui ka ino o na kona, he konaku, he
ua nui ia kona, he konamoe, he anu ia kona, he kona
lani, he ua liilii ia kona, he kona kea, he anu no ia kona
he kona kili noia ma uka pono mai ia.

18 Hoolua ka makani mai ka akau mai, holo aku
ma ka hema o na moku puni, he ua kahi Hoolua, a
ua ole kahi Hoolua.

18 He kau kahi makani mauka mai, ua manao ia
mai loko mai o ke kuahiwi kela makani, no ka mea
ua pa mau kela makani, mai ke kuahiwi mai
a puni, ka mokupuni i ka ka ana mai mauka mai

he ua nui loa ia, he ua hoolua, he ua nui no ia, he ua naulu, he ua uuku ia, he ikaika nae.

13 He ua awa ma ka mauna ia ua, he ua kua lau ma ka moana ia ua, he ua aoku, he waipuilani kekahi ua, he nui loa ka inoa o na ua, a ka poe kahiko i ka pa ai ma ke ano kupono i ko lakou wahi e noho ana ma na aoao o ka moku puni, ua kapa kela mea keia mea inoa no kela ua, no keia ua, ma ka inoa kupono i ko lakou makemake iho, he ua loa, he ua poko, he ua kea

14 O ka makani kekahi a ka poe kahiko i kapa ai he makani ka inoa, he mea anuanu ka makani

15 Eia na inoa o na makani, he Kona ma ke Kukulu hema ia makani ke pa mai, he makani [nui] loa ia, a pa lahalaha, e hohola ana mai ka hikina o ka mokupuni a ke komohana, a mai ka hema o ka mokupuni, a ka akau, he liuliu no na la e pa mai ai, he makani ma lie nae ma ka aoao koolau, he ino loa ma ke alo o o[1] na mokupuni

16 He ua kahi Kona ke pa mai, he ua ole kahi Kona ke pa mai, he nui ka ino[a] o na Kona, he Konaku, he ua nui ia Kona, he Konamoe,[2] he anu ia Kona, he Kona lani, he ua liilii ia Kona, he Kona hea, he anu no ia Kona, he Kona hili maia ma uka pono mai ia.

17 Hoolua ka makani mai ka akau mai, holo aku ma ka hema o na moku puni, he ua kahi Hoolua, a ua ole kahi Hoolua.

18 He hau kahi makani mauka mai, ua manao ia mai loko mai o ke kuahiwi kela makani, no ka mea[3] ua pa mau kela makani, mai ke kuahiwi mai a puni, ka mokupuni i ka [pa] ana mai mauka mai

he ua nui loa ia; he ua Ho'olua, he ua nui nō ia; he ua Nāulu, he ua 'u'uku ia, he ikaika na'e.

13. He ua 'Awa, ma ka mauna ia ua. He ua Kualau, ma ka moana ia ua. He ua Aokū; he Waipu'ilani kekahi ua. He nui loa ka inoa o nā ua a ka po'e kahiko i ka pa ai ma ke 'ano kūpono i ko lākou wahi e noho ana ma nā 'ao'ao o ka mokupuni. Ua kapa kēlā mea kēia mea i inoa no kēlā ua no kēia ua, ma ka inoa kūpono i ko lākou makemake iho, he ua loa, he ua poko, he uakea.

14. 'O ka makani kekahi a ka po'e kahiko i kapa ai he makani ka inoa. He mea anuanu ka makani.

15. Eia nā inoa o nā makani. He Kona, ma ke kūkulu hema ia makani ke pā mai. He makani nui loa ia a pā-lahalaha, e hohola ana mai ka hikina o ka mokupuni a ke komohana, a mai ka hema o ka mokupuni a ka 'ākau. He li'uli'u nō nā lā e pā mai ai. He makani mā-lie na'e ma ka 'ao'ao Ko'olau; he 'ino loa ma ke alo o[4] nā mokupuni.

16. He ua kahi Kona ke pā mai, he ua 'ole kahi Kona ke pā mai. He nui ka inoa o nā Kona; he Kona Kū, he ua nui ia Kona: he Kona Moe, he anu ia Kona; he Kona Lani, he ua li'ili'i ia Kona; he Kona Hea, he anu nō ia Kona; he Kona Hili Mai'a, ma uka pono mai ia.

17. [He] Ho'olua ka makani mai ka 'ākau mai, holo aku ma ka hema o nā mokupuni. He ua kahi Ho'olua, a ua 'ole kahi Ho'olua.

18. He Hau kahi makani ma uka mai. Ua mana'o 'ia, mai loko mai o ke kuahiwi kēlā makani, no ka mea, ua pā mau kēlā makani mai ke kuahiwi mai a puni ka mokupuni i ka pā 'ana mai ma uka mai.

---

1. 6:15. A: *nele*
2. 6:16. A: Konanae
3. 6:18. A: *nele* 'o "no ka mea"
4. 6:15. *ua ho'ololi 'ia 'o "o o," 'o ia 'o "o"*

19 Ma kai mai kahi makani, ua manao ia, mai uka aku
kela makani kapa ana, a hoi hou mai no iuka, ma
kealo wale no nae o ka mokupuni kapa ana, ua kapa ia
ma kau wahi he kiu, a ma kau wahi he aa, a ma kau
wahi he kaiaulu; ma kau wahi he inuwai; he nui ka
inoa ona makani a ka poe kahiko i kapa ai, ma ka
lakou inoa i manao ai, ua kuponono ia i noa ma ka ma
kani o ia wahi

20 Eia ke kahi, o kahi malalo a ke kanaka e ku ana
ua kapa ia o lalo ia a ma lalo aku o lalo o ka lepo, a ma
lalo aku, o lalo liloa, a ma lalo aku, o lalo kapapaku

21 O kahi ma loko o ke kai, o loko no ia o ke kai, ma lai
la na ia e noho mau ai, o kahi eleele ma ka moana
ke hohonu ia, ma laila, na ia nui e noho ai, ma
ka lewa na manu ma ke kuahiwi kahi mau ma
nu

Mokuna VII

Ke kapa ana i ko loko mau inoa o ka moku

1 Ua kapa aku ka poe kahiko inoa no ko ka
mokupuni mau mea ma ko lakou nana ana a
kuponono ko lakou manao ana, elua inoa i kapa ia
ma ka mokupuni, he moku ka inoa, he aina
kahi inoa, ma ka moku ana i ke kai ua
kapa ia he moku, a ma ka noho ana a ka
naka, ua kapa ia he aina ka inoa,

2 I na i ku kuikini ka moku e like me
ko Hawaii nei, ua kapa ia aku ia, he pae
moku a, he pae aina kahi inoa, i na hoo
kahi wale no moku he moku no ia a he
aina no.

3 A i ka hoka aina a ke kanaka ma ka wa

19 Ma kai mai kahi makani, ua manao ia, mai uka aku[1] kela makani ka pa ana, a hoi hou mai no i uka, ma ke alo wale no nae o ka mokupuni ka pa ana, ua kapa ia ma kau wahi he eka, a ma kau wahi he aa, a ma kau wahi he kaiaulu, ma kau wahi he inuwai, he nui ka inoa o na makani a ka poe kahiko i kapa ai, ma ka lakou i noa i manao[2] ai, ua kupono ia i noa ma ka makani oia wahi

20 Eia kekahi, o kahi ma lalo o ke kanaka e ku ana ua kapa ia o lalo ia a ma lalo aku o lalo o ka lepo, a ma lalo aku, o lalo liloa, a ma lalo aku, o lalo kapapaku

21 O kahi ma loko o ke kai, o loko no ia o ke kai, ma laila na ia e noho mau ai, o kahi eleele ma ka moana he hohonu ia, ma laila na ia nui e noho ai, ma ka [le]wa na manu ma ke kuhiwi[3] kahi mau manu

Mokuna VII
Ke kapa ana i ko loko mau inoa o ka moku

1 Ua kapa aku ka poe kahiko inoa[4] no ko ka mokupuni mau mea ma ko lakou nana ana a kupono ko lakou manao ana, elua inoa i kapaia ma ka mokupuni, he moku ka inoa, he aina kahi inoa, ma ka moku ana i ke kai ua kapaia he moku, a ma ka noho ana a ka naka, ua kapaia he aina ka inoa,

2 Ina i ku kinikini ka moku e like me ko Hawaii nei, ua kapaia aku ia, he pae[5] moku a, he pae aina kahi inoa, ina hoo kahi wale no moku he moku no ia a he aina no.

3 A i ka holo ana a ke kanaka ma ka waa

---

19. Ma kai mai kahi makani. Ua manaʻo ʻia, mai uka aku kēlā makani [i] ka pā ʻana, a hoʻi hou mai nō i uka. Ma ke alo wale nō naʻe o ka mokupuni ka pā ʻana. Ua kapa ʻia ma kauwahi he ʻEka, a ma kauwahi he ʻAʻa, a ma kauwahi he Kaiāulu, ma kauwahi he Inuwai. He nui ka inoa o nā makani a ka poʻe kahiko i kapa ai ma kā lākou inoa i manaʻo ai, ua kūpono ia [i] inoa ma ka makani o ia wahi.

20. Eia kekahi: ʻo kahi ma lalo o ke kanaka e kū ana, ua kapa ʻia, ʻo lalo ia; a ma lalo aku, ʻo lalo o ka lepo; a ma lalo aku, ʻo lalo liloa; a ma lalo aku, ʻo lalo [o] ka papakū.

21. ʻO kahi ma loko o ke kai, ʻo loko nō ia o ke kai; ma laila nā iʻa e noho mau ai. ʻO kahi ʻeleʻele ma ka moana, he hohonu ia; ma laila nā iʻa nui e noho ai. Ma ka lewa nā manu, ma ke ku[a]hiwi kahi mau manu.

Mokuna VII [7, Emerson 7]
Ke Kapa ʻana i ko Loko mau Inoa o ka Moku

1. Ua kapa aku ka poʻe kahiko [i] inoa no ko ka mokupuni mau mea ma ko lākou nānā ʻana a kūpono ko lākou manaʻo ʻana. ʻElua inoa i kapa ʻia ma ka mokupuni, he moku ka inoa, he ʻāina kahi inoa. Ma ka moku ʻana i ke kai, ua kapa ʻia he moku; a ma ka noho ʻana a kānaka, ua kapa ʻia he ʻāina ka inoa.

2. Inā i kū kinikini ka moku e like me ko Hawaiʻi nei, ua kapa ʻia aku ia he pae moku a he pae ʻāina kahi inoa. Inā hoʻokahi wale nō moku, he moku nō ia a he ʻāina nō.

3. A i ka holo ʻana a ke kanaka ma ka waʻa

---

1. 6:19. A: *nele*
2. 6:19. A: kapa (*ma kahi o* "manao")
3. 6:21. A: kuahiwi
4. 7:1. A: **i** inoa
5. 7:2. A: poe

mai kekahi moku aku, a i kekahi moku
na kapaia he moku kele i ka waa ke
kahi ke holo aku, a moku kele i ka waa
ke holo mai, no ka mea, ma ka waa e ho
lo aku ai, a hiki ma kekahi moku, pela
no ma kekahi moku

4 O ka mokupuni oia ka mea nui e like
me Hawaii Maui a me keia poe moku
a pau.

5 A ua maheleia i mau apana maloko
o ka mokupuni o keia mau apana i ma
heleia, ua kapaia he moku o loko e li
ke me Kona ma Hawaii a me Hana ma
Maui a me na mea like ae ma keia mau
moku

6 A ua mahele hou ia i mau apana hou
ua kapaia aku ia, he okana kekahi inoa
he kalana kekahi inoa, he poko maloko ia o
kaokana

7 A ua mahele ia i mau apana hou malalo
iho o keia mau apana, ua kapaia aku ia he ahu
puaa, aka, malalo o ke Ahupuaa, ua kapaia
he Ili aina.

8 A ua mahele ia malalo o ka Ili aina na
moo aina a malalo o ka moo aina na pauku
aina a malalo o na pauku aina na ke kapai
malaila i maheleia na koele na kuakua
ae na kuakua

9 Eia kekahi mahele ana i ko ka moku
puni o kahi kiekie mawaena konu o ka
mokupuni, ua kapaia aku ia he kua

mai kekahi moku aku, a i kekahi moku
ua kapaia he moku kele i ka waa ke-
kahi ke holo aku, a moku kele i ka waa
ke holo mai, no ka mea, ma ka waa e ho-
lo aku ai, a hiki ma kekahi moku, pela
no ma kekahi moku

4 O ka mokupuni oia ka mea nui e like
me Hawaii Maui[1] a me keia pae moku
a pau.

5 A ua maheleia i mau apana maloko
o ka mokupuni o kela mau apana i ma-
hele ia, ua kapaia he moku o loko e li-
ke me Kona ma Hawaii a me Hana ma
Maui a me na mea like ae ma keia mau
moku

6 A ua mahele hou ia i mau apana hou
ua kapaia aku ia, he okana kahi inoa
he kalana kahi inoa, he poko maloko ia o
ka okana[2]

7 A ua mahele ia i mau apana hou malalo
iho o keia mau apana, ua kapaia aku ia he Ahu
puaa, aka, malalo o ke Ahupuaa, ua kapaia
he Ili aina

8 A ua maheleia malalo o ka Ili aina na
moo aina a malalo o ka moo aina, na pauku
aina a malalo o na pauku aina na kihapai
ma laila i mahele ia na koele na hakuo-
ne na kuakua.

9 Eia kekahi mahele ana i ko ka moku-
puni o kahi kiekie ma waena konu o ka
mokupuni, ua kapaia aku ia he kua-

mai kekahi moku aku a i kekahi moku,
ua kapa ʻia he moku kele i ka waʻa ke-
kahi ke holo aku, a [he] moku kele i ka waʻa
ke holo mai; no ka mea, ma ka waʻa e ho-
lo aku ai a hiki ma kekahi moku, pēlā
nō ma kekahi moku.

4. ʻO ka mokupuni, ʻo ia ka mea nui, e like
me Hawaiʻi, Maui a me kēia pae moku
a pau.

5. A ua māhele ʻia i mau ʻāpana ma loko
o ka mokupuni. ʻO kēlā mau ʻāpana i mā-
hele ʻia, ua kapa ʻia he moku o loko, e li-
ke me Kona ma Hawaiʻi a me Hāna ma
Maui a me nā mea like aʻe ma kēia mau
moku.

6. A ua māhele hou ʻia i mau ʻāpana hou,
ua kapa ʻia aku ia he ʻokana kahi inoa,
he kalana kahi inoa. He poko, ma loko ia o
ka ʻokana.

7. A ua māhele ʻia i mau ʻāpana hou ma lalo
iho o kēia mau ʻāpana, ua kapa ʻia aku ia he ahu-
puaʻa. Akā, ma lalo o ke ahupuaʻa, ua kapa ʻia
he ʻili ʻāina.

8. A ua māhele ʻia ma lalo o ka ʻili ʻāina nā
moʻo ʻāina; a ma lalo o ka moʻo ʻāina, nā paukū
ʻāina; a ma lalo o nā paukū ʻāina, nā kīhāpai;
ma laila i māhele ʻia nā kōʻele, nā hakuo-
ne, nā kuakua.

9. Eia kekahi māhele ʻana i ko ka moku-
puni. ʻO kahi kiʻekiʻe ma waenakonu o ka
mokupuni, ua kapa ʻia aku ia he kua-

---

1. 7:4. A: Hawaii **me** Maui
2. 7:6. A: *Ua kuapo ʻia nā paukū 6 a me 7, penei:*
   6 A ua maheleia i mau apana hou malalo iho o keia mau apana, ua kapaia aku ia he Ahupuaa, aka malalo o ke Ahupuaa ua kapaia he Ili aina.
   7 A ua maheleia i mau apana hou ua kapaia aku ia he okana kahi inoa he Kalana kahi inoa, he poko malalo ia o ka okana.

kiwi, a o ia ka maluna pono iho o ke kua-
kiwi, e kulalani ana, a ka kodkahi paha
ia kapaia aku ia he kualono, oia ka i-
noa o na mea oioi maluna o kuakiwi, a
na wahi e peepee ana malaila iho he
lua pela ia.

10 A o kahi malalo iho o ke kuakiwi e pi-
li ana ma ke kodku o ke kuakiwi, ua ka-
paia aku ia he kua mauna kahi inoa he
mauna kahi inoa oia poai

11 O kahi e kuliilii ana na laau malalo
mai o ke kua mauna, ua kapaia aku ia
he kua hea ia poai, o kahi e ulu nui ana
na laau ma kai mai o ke kua hea, ua ka-
paia aku ia he wao kahi inoa, he wao na-
hele kahi inoa, he wao eiwa kahi inoa
oia poai

12 O kahi o na laau loloa e ulu ana ma
kai mai o ka wao eiwa, ua kapaia aku ia
he wao maukele ma ia poai, a o kahi ma ka
i mai, o ka wao maukele e liilii hou iho
ai na laau, ua kapaia aku ia he wao a-
kua, ma ia poai, o kahi ma kai mai o ka
wao akua e ulu ana he amaumau, he
wao kanaka kahi inoa; he mau kahi
inoa oia poai, kahi a na kanaka e mahi
ai ai

13 A ma kai mai o ke mau he apana ia
poai a ma kai mai o kaapaa, he ilima
ia poai, a ma kai mai o ka ilima he pa-
hee ia poai, a ma kai mai o ka pahee

hiwi, a o na puu maluna pono iho o ke kua-
hiwi, e ku lalani ana, a ku hookahi paha
ua kapaia aku ia[1] he kualono, oia ka i-
noa o na mea oioi ma luna o[2] kuahiwi, o
na wahi e poepoe ana malaila iho he
lua pele ia.

10 A o kahi malalo iho o ke kuahiwi e pi-
li ana ma ke kooku o ke kuahiwi, ua ka
paia aku ia he kua mauna kahi inoa he
mauna kahi inoa oia poai

11 O kahi e ku liilii ana ka laau malalo
mai o ke kua mauna, ua kapaia aku ia
he kua hea, ia poai a[3] o kahi e ulu nui ana
na laau ma kai mai o ke kuahea, ua ka-
paia aku ia[4] he wao kahi inoa, he wao na
hele kahi inoa, he wao eiwa kahi inoa
oia poai

12 O kahi o na laau loloa e ulu ana ma
kai mai o ka wao eiwa, ua kapaia aku ia
he wao maukele ma ia poai, a o kahi ma ka
i mai o ka wao maukele e liilii hou iho
ai na laau, ua kapaia aku ia he wao a-
kua, ma ia poai, o kahi ma kai mai o ka
wao akua[5] e ulu ana ke amaumau, he
wao kanaka kahi inoa, he ma'u kahi
inoa, oia poai, kahi a na kanaka e mahi-
ai ai

13 A ma kai mai o ke ma'u he apaa ia
poai a ma kai mai o ka apaa, he ilima
ia poai, a ma kai mai o ka ilima he pa-
hee ia poai, a ma kai mai o ka pahee

hiwi. A 'o nā pu'u ma luna pono iho o ke kua-
hiwi e kū lālani ana, a kū ho'okahi paha,
ua kapa 'ia aku ia he kualono; 'o ia ka i-
noa o nā mea 'oi'oi ma luna o kuahiwi. 'O
nā wahi e poepoe ana ma laila iho, he
lua pele ia.

10. A 'o kahi ma lalo iho o ke kuahiwi e pi-
li ana ma ke ko'okū o ke kuahiwi, ua ka-
pa 'ia aku ia he kuamauna kahi inoa, he
mauna kahi inoa o ia pō'ai.

11. 'O kahi e kū li'ili'i ana ka lā'au ma lalo
mai o ke kuamauna, ua kapa 'ia aku ia
he kuahea ia pō'ai. A 'o kahi e ulu nui ana
nā lā'au ma kai mai o ke kuahea, ua ka-
pa 'ia aku ia he wao kahi inoa, he wao na-
hele kahi inoa, he wao'eiwa kahi inoa
o ia pō'ai.

12. 'O kahi o nā lā'au loloa e ulu ana ma
kai mai o ka wao'eiwa, ua kapa 'ia aku ia
he wao ma'ukele ma ia pō'ai; a 'o kahi ma ka-
i mai o ka wao ma'ukele e li'ili'i hou iho
ai nā lā'au, ua kapa 'ia aku ia he wao a-
kua ma ia pō'ai. 'O kahi ma kai mai o ka
wao akua, e ulu ana ke 'ama'uma'u, he
wao kanaka kahi inoa. He ma'u kahi
inoa o ia pō'ai, kahi a nā kānaka e mahi
'ai ai.

13. A ma kai mai o ke ma'u, he 'āpa'a ia
pō'ai; a ma kai mai o ka 'āpa'a, he 'ilima
ia pō'ai; a ma kai mai o ka 'ilima, he pa-
he'e ia pō'ai; a ma kai mai o ka pahe'e,

---

1. 7:9. A: *nele*
2. 7:9. A: maluna o **na**
3. 7:11. C: *me he mea lā, ua holoi 'ia ho'okahi a 'elua paha hua palapala* A: *nele*
4. 7:11. A: *nele*
5. 7:12. A: *nele 'o* "ma ia poai, o kahi ma kai mai o ka wao akua"

he kuela ia poai, oia kahi e puli ana i ke
kauhale, o kahi makai aku o ke kauhale
he kahakai ia poai, oia kahi e puli ana
i ke kai

14 Eia kekahi kapa ana, i ko ka mokupuni
o kahi e kuikiekie ana iluna ma kela wahi
keia wahi o ka mokupuni, ua kapaia he
puu ia, i na i kulalani, he lalani puu ia
kahi inoa, he pae puu kahi inoa, i
na i ku kinikini ma kahi hookahi, he
kinikini puu kahi inoa, he olowalu puu
kahi inoa

15 I na i kaakaa iki iho kau wahi, he aku
a ia, he ahulau kahi inoa, a i na i kaakaa
hou iho, he ahu kahi inoa, he kialua ka
hi inoa:

16 O na wahi kiekie o ka honua e moe olo
li ana, he lapa kahi inoa, he kualapa kahi
inoa i na ku kinikini ka lapa, he olapa
lapa ia.

17 O na wahi poopoo o ka honua e moe
loihi ana he kaakaawa ia, he awawa ka
hi inoa, he owawa kahi inoa,

18 O na wahi o ka honua, e kiekie kiala
hale ana ma kahi aoao, he pali ia, i na
kaakaa iho, he opalipali

19 O kahi o ka honua, e neenee ololi ana
a loihi, he alanui ia, he kuamoo kahi
inoa; i na i moe loihi ma ke ana puu
o ka mokupuni, he alaloa ia, ma kahi
e kuikiekie ai ke ala, he puia ia, he hoo-

he kula ia poai, oia kahi e pili ana i ke
kauhale, o kahi ma kai aku o ke kauhale,
he kahakai ia poai, oia kahi e pili ana
i ke kai

14 Eia kekahi kapa ana, i ko ka mokupuni
o kahi e ku kiekie ana i luna ma kela wahi
keia wahi o ka mokupuni, ua kapaia he
puu ia,[1] ina i ku lalani, he lalani puu ia
kahi inoa, he pae puu kahi inoa, i-
na i ku kinikini ma kahi hookahi, he
kinikini puu kahi inoa, he olowalu puu
kahi inoa.

15 Ina i haahaa iki iho kau wahi, he ahu
a ia, he ohuku kahi inoa, a ina i haahaa
hou iho, he ohu[2] kahi inoa, he kahua ka-
hi inoa.

16 O na wahi kiekie o ka honua e moe olo-
li ana, he lapa kahi inoa, he kualapa kahi
inoa ina ku kinikini ka lapa, he olapa-
lapa ia.

17 O na wahi poopoo o ka honua e moe
loihi ana he kahawai ia, he awawa[3] ka-
hi inoa, he owawa kahi inoa,

18 O na wahi o ka honua, e kiekie kala
hale ana ma kahi aoao, he pali ia, ina
haahaa iho, he opalipali

19 O kahi o ka honua, e neoneo ololi ana
a loihi, he alanui ia, he kuamoo kahi
inoa, ina i moe loihi ma ke anapuni
o ka mokupuni, he alaloa ia, ma kahi
e kiekie ai ke ala, he piina ia, he hoo-

he kula ia pō‘ai, ‘o ia kahi e pili ana i ke
kauhale. ‘O kahi ma kai aku o ke kauhale,
he kahakai ia pō‘ai; ‘o ia kahi e pili ana
i ke kai.

14. Eia kekahi kapa ‘ana i ko ka mokupuni.
‘O kahi e kū ki‘eki‘e ana i luna ma kēlā wahi
kēia wahi o ka mokupuni, ua kapa ‘ia he
pu‘u ia. Inā i kū lālani, he lālani pu‘u
kahi inoa, he pae pu‘u kahi inoa. I-
nā i kū kinikini ma kahi ho‘okahi, he
kinikini pu‘u kahi inoa, he olowalu pu‘u
kahi inoa.

15. Inā i ha‘aha‘a iki iho kauwahi, he ‘āhu-
a ia, he ‘ōhuku kahi inoa. A inā i ha‘aha‘a
hou iho, he ‘ōhū kahi inoa, he kahua ka-
hi inoa.

16. ‘O nā wahi ki‘eki‘e o ka honua e moe ‘olo-
lī ana, he lapa kahi inoa, he kualapa kahi
inoa. Inā kū kinikini ka lapa, he ‘ōlapa-
lapa ia.

17. ‘O nā wahi po‘opo‘o o ka honua e moe
lō‘ihi ana, he kahawai ia, he awāwa ka-
hi inoa, he ‘oawa kahi inoa.

18. ‘O nā wahi o ka honua e ki‘eki‘e kala
hale ana ma kahi ‘ao‘ao, he pali ia. Inā
ha‘aha‘a iho, he ‘ōpalipali.

19. ‘O kahi o ka honua e neoneo ‘ololī ana
a lō‘ihi, he alanui ia, he kuamo‘o kahi
inoa. Inā i moe lō‘ihi ma ke anapuni
o ka mokupuni, he alaloa ia. Ma kahi
e ki‘eki‘e ai ke ala, he pi‘ina ia, he ho‘o-

---

1. 7:14. A: *nele*
2. 7:15. A: ohū *(me ke kahakō!)*
3. 7:17. A: awaawa

puna kahi inoa, he hookui kahi inoa, he au
wiu kahi inoa,

20 Ma kahi e haahaa ai ke ala, he ihona ia
he alu kahi inoa, he kaolo kahi inoa, he ka
lua kahi inoa, he hooikewe kahi inoa, ma
kahi a ke kanaka e hoomaha ai, he oioina ia

21 O kahi o ka wai e holo mai ai, he kahawai
ia, o kahi mauka he kumuwai, ao kahi
makai he nukuwai, o kahi e holo ana ka
wai, ma kahi mehi ai he aawai ia, o ka
hi e hui pu ai ka wai me ke kai he mu
liwai ia, o na wai e lana poopoe ana, malo
ko o ka mokupuni, he loko ia.

Mokuna VIII

No na pohaku

1 Ua kapa aku ka poe kahiko i na mea paa,
he pohaku, o ka pohaku nui loa, he pali poha
ku ia, o ka mea uuku iho, he pohaku uuku i
ho ia, he aa ia, o ka mea uuku iho, he iliili
ia, uuku loa iho he one ia, o ka mea aeae loa
he lepo ia.

2 He nui no ka inoa o na pohaku, malo
ko o na mauna he mau pohaku paa ia, ao
le paha i ai ia e ka pele, ua hana ia ia mau
pohaku i koi kalai, he iliili kahi pohaku,
he anuenue kahi pohaku, he nui
no na ano o ia mau pohaku.

3 Eia ka inoa o ua mau pohaku koi la
he kei, he kupue, he alamea, he kaiaku
he kumuula, he puwai, he awahu he la
uhia, he mauna, he mau pohaku paa

piina kahi inoa, he kooku[1] kahi inoa, he au-
ku kahi inoa,

20 Ma kahi e haahaa ai ke ala, he ihona ia
he alu kahi inoa, he kaolo kahi inoa, he ka
lua kahi inoa, he hooihona kahi inoa, ma
kahi a ke kanaka e hoomaha ai, he oioina ia

21 O kahi o ka wai e holo mai ai, he kahawa-
i ia, o kahi mauka he kumuwai, a o kahi
ma kai he nuku wai, o kahi e holo ana ka
wai, ma kahi mahi ai he auwai ia, o ka
hi e hui pu ai ka wai me ke kai he mu-
liwai ia, o na wai e lana poepoe ana malo-
ko o ka mokupuni, he loko ia.

Mokuna VIII
No na pohaku

1 Ua kapa aku[2] ka poe kahiko i na mea paa,
he pohaku, o ka pohaku nui loa, he pali poha-
ku ia, o ka mea uuku iho, he pohaku uuku i-
ho ia, [a uuku iho] he aa ia,[2] o ka mea uuku iho, he iliili
ia,[2] uuku loa iho he one ia,[2] o ka mea aeae loa
he lepo ia.[2]

2 He nui no ka inoa o na pohaku, malo-
ko o na mauna he mau pohaku paa ia, ao-
le paha i ai ia e ka pele, ua hana ia ia mau
pohaku i koi kalai, he uliuli kahi po-
haku, he ehuehu kahi pohaku, he nui
no[3] na ano oia mau pohaku.

3 Eia ka inoa o ua mau pohaku koi la
he Kei, he Kepue, he Alamea, he Kaialii
he Humuula, he Piwai, he Awalii he La
ukea, he mauna, he mau pohaku paa

pi'ina kahi inoa, he ko'okū kahi inoa, he au-
kū kahi inoa.

20. Ma kahi e ha'aha'a ai ke ala, he ihona ia.
He 'alu kahi inoa, he kaolo kahi inoa, he kā-
lua kahi inoa, he ho'oihona kahi inoa. Ma
kahi a ke kanaka e ho'omaha ai, he o'io'ina ia.

21. 'O kahi o ka wai e holo mai ai, he kahawa-
i ia. 'O kahi ma uka, he kumu wai; a 'o kahi
ma kai, he nuku wai. 'O kahi e holo ana ka
wai ma kahi mahi 'ai, he 'auwai ia. 'O ka-
hi e hui pū ai ka wai me ke kai, he mu-
liwai ia. 'O nā wai e lana poepoe ana ma lo-
ko o ka mokupuni, he loko ia.

Mokuna VIII [8, Emerson 8]
NO NĀ PŌHAKU

1. Ua kapa aku ka po'e kahiko i nā mea pa'a
he pōhaku. 'O ka pōhaku nui loa, he pali pōha-
ku ia; 'o ka mea 'u'uku iho, he pōhaku 'u'uku i-
ho ia; a 'u'uku iho, he 'a'ā ia; 'o ka mea 'u'uku iho, he 'ili'ili
ia; 'u'uku loa iho, he one ia; 'o ka mea 'ae'ae loa,
he lepo ia.

2. He nui nō ka inoa o nā pōhaku ma lo-
ko o nā mauna. He mau pōhaku pa'a ia, 'a'o-
le paha i 'ai 'ia e ka pele. Ua hana 'ia ia mau
pōhaku i ko'i kālai. He uliuli kahi pō-
haku, he 'ehu'ehu kahi pōhaku; he nui
nō nā 'ano o ia mau pōhaku.

3. Eia ka inoa o ua mau pōhaku ko'i lā:
he kei, he kepue, he 'alā mea, he kaiali'i,
he humu'ula, he pīwai, he 'awali'i, he la-
ukea, he mauna. He mau pōhaku pa'a

---

1. 7:19. C: *ua kākau 'ia 'o "ku" ma luna o kekahi mau hua palapala he 'elua a 'ekolu paha*
2. 8:1. A: *nele 'o "ia"*
3. 8:2. A: na *[sic]*

keia aole e pau na pohaku e ae, e like me
keia, aole e puikapuka o keia pae pohaku
e like me Kaala.

4 Eia na pohaku luhee, he mau ano o
loa ko lakou, aole i like pu kekahi me
kekahi, Eia na inoa o lakou, he Kie-
na, he Maheu, he Hau, he Papa, he
Laekioloa, Keiole, Kapou, Kawaupuu
he Maili, he Au, he Naninui, he
Makiki, Papohaku, he Kauaula, he Wai
anunukole, he Honokeana, he Kupaoa, he
Polipoli, Koone he Nalu, Luau, he Wai
mano, Kuleia, Makawela.

5 Eia na pohaku Maika, he Makia, he
Hiupa, he Ikiimakua, he Kumuone, he
Makiki, he Kumumaomao, Kalawaela, he
Puupa, he paakea

6 Eia kekahi mau pohaku, he Pahoehoe
a Pele, he mau pohaku hoohehee ia, keia e
ka Pele, he Eleku kekahi pohaku, he Ana
kekahi pohaku, he mau pohaku mama
keia, a he puikapuka, he Alae kekahi poha
ku he Paea kekahi pohaku.

7 Eia na pohaku anai waa, a mai i pu
he Puna, he Oahi, he Olai, he Pohuehue
he Kawaewae, he Oio, he Ana.

8 Eia na inoa o na pohaku kuipoi,
he Ala, he Luau, he Kahemalo, he Kumu
one, he pohaku keokeo, he Koa, ma ka
maana ia pohaku, he pohaku kekahi
mai ka lani mai, i haule mai i keia

keia aole e[1] paa na[2] pohaku e ae, e like me
keia, aohe pukapuka o keia poe pohaku
e like me Ka ala.

4 Eia na pohaku luhee, he mau ano e
loa ko lakou, aole i like pu kekahi me
kekahi, Eia na inoa o lakou, he Hie-
na, he Maheu, he Hau, he Papa, he
Laekoloa, He iole,[3] Hapou, Kawaupuu
he Maili, he Au,[4] he Noninui, he
Makiki, Papohaku, he Kauaula, he Wai-
anuukole, he Honokeana, he Kupaoa, he
Polipoli, Hoone he Nohu, Luau, he Wai-
mano, Huleia, Makawela.[5]

5 Eia nā pohaku Maika, he Maka, he
Hiupa, he Ikimakua, he Kumuone, he
Makiki, he Kumumaomao, Kalamaula,
he Puupa, he paakea

6 Eia kekahi mau pohaku, he Pahoehoe
a Pele, he mau pohaku hoohehee ia, keia e
ka Pele, he Eleku kahi pohaku, he Ana
kahi pohaku, he mau pohaku mama
keia, a he pukapuka, he Ala kahi poha-
ku he Paea kahi pohaku.

7 Eia na pohaku anai waa, anai ipu
he Puna, he Oahi, he Olai, he Pohuehue
he Kawaewae, he Oio, he Ana.

8 Eia na inoa o na pohaku kui poi,
he Ala, he Luau, he Kohenalo, he Kumu-
one, he pohaku keokeo, he Koa, ma ka
moana ia pohaku, he pohaku kekahi
mai ka lani mai, i haule mai i ka

kēia, 'a'ole e pa'a nā pōhaku 'ē a'e e like me
kēia; 'a'ohe pukapuka o kēia po'e pōhaku
e like me ka 'alā.

4. Eia nā pōhaku lūhe'e. He mau 'ano 'ē
loa ko lākou, 'a'ole i like pū kekahi me
kekahi. Eia nā inoa o lākou: he hie-
na, he maheu, he hau, he papa, he
laekoloa, he 'iole, hāpou, kāwa'upu'u,
he mā'ili, he *au,* he noninui, he
makiki, *pāpōhaku,* he kaua'ula, he wai-
anu'ukole, he *honokeana,* he kūpaoa, he
polipoli, ho'ōne, he nohu, lū'au, he wai-
mano, hule'ia, makawela.

5. Eia nā pōhaku maika: he mākā, he
hiupa, he ikimakua, he kumuone, he
makiki, he kumuma'oma'o, kalama'ula,
he pu'upā, he pa'akea.

6. Eia kekahi mau pōhaku. He pāhoehoe,
'ā pele, he mau pōhaku ho'ohehe'e 'ia kēia e
ka pele. He 'elekū kahi pōhaku, he 'ana
kahi pōhaku; he mau pōhaku māmā
kēia a he pukapuka. He 'alā kahi pōha-
ku, he paea kahi pōhaku.

7. Eia nā pōhaku 'ānai wa'a, 'ānai ipu:
he puna, he 'ōahi, he ōla'i, he pōhuehue,
he kāwa'ewa'e, he 'ō'io, he 'ana.

8. Eia nā inoa o nā pōhaku ku'i poi:
he 'alā, he lū'au, he kohenalo, he kumu-
one. He pōhaku ke'oke'o, he ko'a; ma ka
moana ia pōhaku. He pōhaku kekahi
mai ka lani mai, i hā'ule mai i ka

---

1. 8:3. A: *nele*
2. 8:3. A: paa **o** na
3. 8:4. A: Leiole (*ma kahi o* "Heiole")
4. 8:4. A: Ahu (*ma kahi o* "Au")
5. 8:4. A: **me ka** Makawela

hekili, he nui no paha na pohaku i kae aole

i pau i ka heluia.

Mokuna IX

Ke Kapa ana i na laau

1 Ua kapa aku ka poe kahiko i na mea
e ulu ana ma ka honua he laau, he nui no
na ano o na laau, o ka mea nui he laau ia, e ka mea
uuku iho, he laalaau, a uuku iho, he nahele
a uuku loa, he weuweu, he mauu kahi inoa
a.

2 O na nahelehele e ku ana, maluna o ke Kua
hiwi, ua kapaia aku ia, he Pupukiawe, he
maieli kahi inoa, oia ka laau e puhi ai i ke
kanaka, ke la i ke Kapu o na 'lii

3 O ka laau makai mai he Ohia, he laau
nui no ia, malaila na kawili manu e ka wi
li ai, he pua ulaula maikai kona, aole na
he Lua, he laau kalai nui ia, i na 'kua kii
he laau maikai i pou, a i oa hale, i pa laau
kiiau, a i wahie, a i iako kaulua, a me ia
mea aku, ia mea aku, he nui no na mea pono
ia ia.

4 O ke Koa ka laau nui loa, o na laau a pau
ma keia pae aina, oia ka laau hana ia i Waa
i papa kuenalu, i hoe waa, he laau kalai
ia i pololu, a i papa kaha, a i pili hale, he
nui na hana e pono i keia laau, hepua no
nae he laau he lau kekee ko
na.

5 He Ahakea ke kahi laau, aole nae i
nui loa, he laau i mamao ia, i laau wao

hekili, he nui no paha na pohaku i koe, aole
i pau i ka helu ia.

Mokuna II[X]
Ke kapa ana i na laau

1 Ua kapa aku ka poe kahiko i na mea
e ulu ana ma ka honua he laau, he nui no
na ano o na laau, o ka mea [nui], he laau ia, o ka mea
uuku iho, he laalaau, a uuku iho, he nahele,
a uuku loa, he weuweu, he mauu kahi ino
a.

2 O na nahelehele e ku ana maluna o ke Kua
hiwi, ua kapaia aku ia, he Pupukeawe, he
maieli kahi inoa, oia ka laau e puhi ai i ke
kanaka, ke laa i ke kapu o na ʻlii

3 O ka laau ma kai mai he Ohia, he laau
nui no ia, malaila na kawili manu e kawi-
li ai, he pua ulaula maikai kona, aole nae
he hua, he laau kalai nui ia, i na ʻkua kii
he laau maikai i pou, a i oa hale, i pa laau
heiau, a i wahie, a i iako kaulua, a me ia
mea aku, ia mea aku, he nui no na mea pono
ia ia.

4 O ke Koa ka laau nui loa, o na laau a pau
ma keia pae aina, oia ka laau hana ia i Waa
i papa heenalu, i hoe waa, he laau kalai
ia i pololu,[1] a i papa hale, a i pili hale, he
nui na hana e pono i keia laau, ~~aole~~ [he pua no]
nae ~~he pua o keia laau~~ he lau kekee ko-
na.

5 He Ahakea kekahi laau, aole nae i
nui loa, he laau i manao ia, i laau wao[2]

Mokuna IX [9, Emerson 9]
KE KAPA ʻANA I NĀ LĀʻAU

1. Ua kapa aku ka poʻe kahiko i nā mea
e ulu ana ma ka honua he lāʻau. He nui nō
nā ʻano o nā lāʻau: ʻo ka mea nui, he lāʻau ia; ʻo ka mea
ʻuʻuku iho, he laʻalāʻau; a ʻuʻuku iho, he nahele;
a ʻuʻuku loa, he weuweu; he mauʻu kahi ino-
a.

2. ʻO nā nāhelehele e kū ana ma luna o ke kua-
hiwi, ua kapa ʻia aku ia he pūpūkeawe, he
maieli kahi inoa. ʻO ia ka lāʻau e puhi ai i ke
kanaka ke laʻa i ke kapu o nā aliʻi.

3. ʻO ka lāʻau ma kai mai, he ʻōhiʻa, he lāʻau
nui nō ia. Ma laila nā kāwili manu e kāwi-
li ai. He pua ʻulaʻula maikaʻi kona, ʻaʻole naʻe
he hua. He lāʻau kālai nui ʻia i nā akua kiʻi.
He lāʻau maikaʻi i pou, a i oʻa hale, i pā lāʻau
heiau, a i wahie, a i ʻiako kaulua, a me ia
mea aku ia mea aku. He nui nō nā mea pono
iā ia.

4. ʻO ke koa ka lāʻau nui loa o nā lāʻau a pau
ma kēia pae ʻāina. ʻO ia ka lāʻau hana ʻia i waʻa,
i papa heʻe nalu, i hoe waʻa. He lāʻau kālai
ʻia i pololū a i papa hale a i pili hale. He
nui nā hana e pono i kēia lāʻau. He pua nō
naʻe, he lau kekeʻe ko-
na.

5. He ʻahakea kekahi lāʻau, ʻaʻole naʻe i
nui loa. He lāʻau i manaʻo ʻia i lāʻau waʻa,[3]

---

1. 9:4. A: pololei
2. 9:5. A: waa
3. 9:5. *ua hoʻololi ʻia ʻo* "wao," *ʻo ia ʻo* "waʻa"

i papa kui poi a i hoe Waa kekahi ahi, he nui
no na hana pono maia laau.

6 He Kawau kekahi laau pono i ka
laau Waa, a he laau pono no ia, i kina ke
kuu kapa, he Mamonu kekahi laau pono i
ka ka puli Waa, he Aiea kekahi laau po
no i ka laau Waa

7 He Kopiko kekahi laau pono i ke kina
i mea kuku kapa, a he laau pono i ka
wahie, he Kolea kekahi laau pono i kina
kuku kapa, he laau pono i ka papa ke
le, he pono kona papaa, i mea hooluu
kapa ia eleele, he Naio kekahi laau po
no i laau ka puli Waa, he Iliahi he laau
ala ia, he laau waiwai i keia wa, he
Naio kekahi laau ala, he laau paa ia, he
Koa kekahi laau paa, he Kauila keka
hi laau paa, he laau pono ia i mea ia
kuku kapa, i mea i ke, kiana, he nui
na hana i pono i keia laau,

8 He Mamane kekahi laau paa, oia ka
laau hana ia i papa holua, i Oo mahiai
o Kauhiuhi kekahi laau hana ia i papa
holua, a i Oo mahiai, he Alani kekahi la
au pono i ka laau Waa,

9 O Keolomea ka laau e hia ai i ke ahi,
o ke Kukui kekahi laau kalaiia i Waa, o ka
ili o kiana aa ka mea paele waa, a me kekahi
mea e ae, o kiana hua ka mea malamalama i
kapa ia he kukui,

10 He Paihi kekahi laau, he laau pono i

i papa kui poi a i hoe Waa kekahi, he nui
no na hana pono ma[1] ia laau,

6 He Kawau kekahi laau pono i ka
laau Waa, a he laau pono no ia, i kua ku
ku kapa, he Manono kekahi laau pono i
ke kapili Waa, he Aiea kahi laau po-
no i ka laau Waa

7 He Kopiko[2] kahi laau pono i ke Kua
i mea kuku kapa, a he laau pono i ka
wahie, he Kolea kekahi laau pono i Kua
kuku kapa, he laau pono i ka papa ha
le, he pono kona papaa, i mea hooluu i
kapa eleele, he Naia kahi laau po-
no i laau kapili Waa, he Iliahi he laau
ala ia, he laau waiwai i keia wa, he
Naio kekahi laau ala, he laau paa ia, he
Pua kekahi laau paa, he Kauila keka-
hi laau paa, he laau pono ia i mea ie
kuku kapa, i mea ihe kaua, he nui
na hana i pono i keia laau,

8 He Mamane kekahi laau paa, oia ka
laau hana ia i papa Holua, i Oo mahiai
o Ka uhiuhi kekahi laau hana ia i papa
holua, a i Oo mahiai, he Alani kekahi la-
au pono i ka laau Waa,

9 O Ke olomea ka laau e hia ai i ke ahi,
o ke Kukui kahi laau kalaiia i Waa, o ka
ili o kona aa ka mea paele waa, a me kekahi
mea e ae, o kona hua[3] ka mea malamalama i
kapa ia he kukui,

10 He Paihi kahi laau, he laau pono i

i papa ku'i poi a i hoe wa'a kekahi. He nui
nō nā hana pono ma ia lā'au.

6. He kāwa'u kekahi lā'au pono i ka
lā'au wa'a, a he lā'au pono nō ia i kua ku-
ku kapa. He manono kekahi lā'au pono i
ke kāpili wa'a, he 'aiea kahi lā'au po-
no i ka lā'au wa'a.

7. He kōpiko kahi lā'au pono i ke kua
i mea kuku kapa, a he lā'au pono i ka
wahie. He kōlea kekahi lā'au pono i kua
kuku kapa, he lā'au pono i ka papa ha-
le; he pono kona pāpa'a i mea ho'olu'u i
kapa 'ele'ele. He *naia* kahi lā'au po-
no i lā'au kāpili wa'a. He 'iliahi, he lā'au
'ala ia, he lā'au waiwai i kēia wā. He
naio kekahi lā'au 'ala, he lā'au pa'a ia. He
pua kekahi lā'au pa'a. He kauila keka-
hi lā'au pa'a; he lā'au pono ia i mea i'e
kuku kapa, i mea ihe kaua. He nui
nā hana i pono i kēia lā'au.

8. He māmane kekahi lā'au pa'a; 'o ia ka
lā'au hana 'ia i papa hōlua, i 'ō'ō mahi 'ai.
'O ka uhiuhi kekahi lā'au hana 'ia i papa
hōlua a i 'ō'ō mahi 'ai. He alani kekahi lā-
'au pono i ka lā'au wa'a.

9. 'O ke olomea ka lā'au e hi'a ai i ke ahi.
'O ke kukui kahi lā'au kālai 'ia i wa'a; 'o ka
'ili o kona a'a ka mea pā'ele wa'a a me kekahi
mea 'ē a'e; 'o kona hua ka mea mālamalama i
kapa 'ia he kukui.

10. He pā'ihi kahi lā'au; he lā'au pono i

---

1. 9:5. A: *nele*
2. 9:7. A: Kapiko
3. 9:9. A: kana hana *(ma kahi o* "kona hua"*)*

Ka wahie a me ka hale, o kona ili he mea hookui
ia i ka hapa elele. o kona pua ua like me ka
lehua, he Alii kekahi laau, he laau paa ia, he
laau pono no ka paru hale, he Koaie kekahi
laau paa, he laau pono no ka paru hale
he laau hana ia i mau kii o Manu i ka wa
kahiko.

11 He Ohe kekahi laau, he laau ponapona
ia, o kona kino he makai aku, o kona iwi
ko Hawaii nei pahi okioki i ka wa kahi-
ko

12 O Kawiliwili kekahi laau he laau ha-
na nui ia i papa kuemalu, ai Amana, he
laau mama ia, he Olapa kekahi laau he la-
au ka wili ia i ka manu, he Lama kekahi
laau he laau hana ia i hale o na'kua kii, a me
ka pa hale, o ka Awa he ona kona ao ke i-
nu ia.

13 He Ulu kekahi laau, he laau hana ia i ka
ka hale, i Waa, he ono kona hua i mea poi
he Ohia kekahi laau, he ulaula kona pua
he ono kona hua ke ai, he Kukui kekahi
laau, he laau hanaia i ke Kana, o kona hua
he mea ai ia, o kona lau he mea papale

14 He Kou kekahi laau he laau nui no ia
he laau hana ia i na ipu, he nui no na ha-
na pono ma ia laau, he Milo kekahi laau, he
pua kekahi laau, he Niu kekahi laau, he
ono kona hua, he nui na hana i pono i keia
laau, o Kahapuu, o Kemau, o Kaiii, he mau
laau ai ia keia i ka wa wi.

ka wahie a me ka hale, o kona ili he mea hoolu-
u i ke kapa eleele, o kona pua ua like me ka
lehua, he Alii kahi laau, he laau paa ia, he
laau pono no ka pou hale, he Koaie kahi
laau paa, he laau pono no ka pou hale
he laau hana ia i makau Mano i ka wa
kahiko.

11 He Ohe kekahi laau, he laau ponapona
ia, o kona kino he mokoi aku, o kona iwi
ko Hawaii nei pahi okioki i ka wa kahi-
ko

12 O Ka wiliwili[1] kekahi laau he laau ha-
na nui ia i papa heenalu, a i Amawaa, he
laau mama ia, he Olapa kahi laau he la-
au kawili ia i ka manu, he Lama kahi
laau he laau hana ia i hale o na 'kua kii, a me
ka pa hale, o ka Awa he ona kona aa ke i-
nu ia.

13 He Ulu kahi laau, he laau hana ia i pu-
ka hale, i Waa, he ono kona hua i mea poi
he Ohia[a]i kekahi laau, he ulaula kona pua
he ono kona hua ke ai, he Hawane kekahi
laau, he laau hanaia i he kaua, o kona hua
he mea ai ia, o kona lau he mea papale

14 He Kou kahi laau he laau nui no ia
he laau hana ia i na ipu, he nui no na ha-
na pono ma ia laau, he Milo kekahi laau, he
pua kekahi laau, he Niu kekahi laau, he
ono kona hua, he nui na hana i[2] pono i keia
laau, o Ka hapuu, o Ke mau, o Ka iii, he mau
laau ai ia keia i ka wa wi.

ka wahie a me ka hale; 'o kona 'ili, he mea ho'olu-
'u i ke kapa 'ele'ele; 'o kona pua, ua like me ka
lehua. He 'ali'i kahi lā'au; he lā'au pa'a ia; he
lā'au pono no ka pou hale. He koai'e kahi
lā'au pa'a; he lā'au pono no ka pou hale;
he lā'au hana 'ia i makau manō i ka wā
kahiko.

11. He 'ohe kekahi lā'au; he lā'au ponapona
ia. 'O kona kino, he mōkoi aku; 'o kona iwi
ko Hawai'i nei pahi 'oki'oki i ka wā kahi-
ko.

12. 'O ka wiliwili kekahi lā'au; he lā'au ha-
na nui 'ia i papa he'e nalu a i ama wa'a; he
lā'au māmā ia. He 'ōlapa kahi lā'au; he lā-
'au kāwili ia i ka manu; he lama kahi
lā'au; he lā'au hana 'ia i hale o nā akua ki'i a me
ka pā hale. 'O ka 'awa, he 'ona kona a'a ke i-
nu 'ia.

13. He 'ulu kahi lā'au; he lā'au hana 'ia i pu-
ka hale, i wa'a. He 'ono kona hua i mea poi.
He 'ōhi'a 'ai kekahi lā'au; he 'ula'ula kona pua;
he 'ono kona hua ke 'ai. He hāwane kekahi
lā'au; he lā'au hana 'ia i [i]he kaua. 'O kona hua,
he mea 'ai 'ia; 'o kona lau, he mea pāpale.

14. He kou kahi lā'au. He lā'au nui nō ia;
he lā'au hana 'ia i nā ipu. He nui nō nā ha-
na pono ma ia lā'au. He milo kekahi lā'au. He
pua kekahi lā'au. He niu kekahi lā'au; he
'ono kona hua; he nui nā hana i pono i kēia
lā'au. 'O ka hāpu'u, 'o ke ma'u, 'o ka 'i'i'i, he mau
lā'au 'ai 'ia kēia i ka wā wī.

---

1. 9:12. A: *ua ho'ololi 'ia kekahi hua 'ōlelo, 'o "Nawilalili" paha, 'o ia 'o "Kawiliwili"*
2. 9:14. A: *nele*

15 O ka wauke kekahi laau i kukulu ia
i kapa, i malo, he nui na mea i pono i
kia wauke, he Hau kekahi laau, he maikai
ke kino o ia laau, he maikai kona ili i mea
kaula, he Ohe kekahi laau, he laau hana ia
i mea kukukuao, he laau palupalu o ia,
he mea ke kukui

16 He Olona, a me Kaluhea, he mau laau ia
o ko laua mau ili, ka mea hana ia i Upena
i Aho, he nui na hana pono i keia mau
laau, o Kamamaki kekahi laau a me Kamau
loa, he kuku ia ka ili o keia mau laau i
kapa, o Kiele, o Kapala, he mau laau ia
ia keia i ka wa wi, o Kaamaumau kekahi
kahi laau, he mea hana ia i mea kapa

17 O Kamao kekahi laau, o kona pua he mea
hoolua kapa, pau, o Kamoni kekahi laau
pono i ka hoolua kaula, he ai ia kona
hua ke wi, he Ilima kekahi laau, he lei
ia kona pua e na wahine

18 O Kahala kekahi laau, he mea lei ia kona
hua he mea ala loa, o kona lau he mea moe
na, he mea pea, he Ulei kekahi laau, i ma
nao nui ia i mea I hipalau, i mea kukuupe
na aei, o Kieae, o Kapoola kekahi mau laau
ii ike, a o Kawalahee, he laau koi ia i
ka wa kahiko, he laau hana nui ia i ka
upena Pakuku,

19 He Maia kekahi laau, he hua ono loa
kona he nui loa na inoa i piili i kela maia
i keia maia, a he nui na hana pono ma ia

15 O Ka wauke kekahi laau i kuku ia
i kapa, i malo, he nui na mea i pono i
ka wauke, he Hau kahi[1] laau, he maikai
ke kino oia laau, he maikai kona ili i mea
kaula, he Ohe kahi laau, he laau hana ia
i mea kukuluaeo, he laau palupalu e li-
ke me Ke kukui

16 He Olona, a me ka hopue, he mau laau ia
o ko laua mau ili, ka mea hana ia i Upena
i Aho, he nui na hana pono i keia mau
laau,[2] o Ka mamaki kahi laau, a me Ka maa-
loa, he kuku ia ka ili o keia mau laau i
kapa, o Ke ki, o Ka pala, he mau laau ai
ia keia i ka wa wi, o Ke amaumau keka
hi laau, he mea hana ia i mea [pala holo] kapa.

17 O Ka mao kahi laau, o kona pua he mea
hooluu kapa, pa'u, o Ka noni kahi laau
pono i ka hooluu Kuaula, he ai ia kona
hua ke wi, he Ilima kekahi laau, he Lei
ia kona pua e na wahine

18 O Ka hala kekahi laau, he mea lei ia kona
hua he mea ala loa, o kona lau he mea moe-
na, he mea pea, he Ulei kekahi laau i ma-
nao nui ia i mea Ihepahee, i mea kuku upe-
na aei, o Ke ae, o Ka poola kekahi mau laa
u ihe, a o Ka walahee, he laau ko'i ia i
ka wa kahiko, he laau hana nui ia i ka
upena Pakiikii,

19 He Maia kekahi laau, he hua ono loa
kona he nui loa na inoa i pili i kela maia
i keia maia, a he nui na hana pono ~~ma~~[3] ia

15. 'O ka wauke kekahi lā'au i kuku 'ia
i kapa, i malo. He nui nā mea i pono i
ka wauke. He hau kahi lā'au; he maika'i
ke kino o ia lā'au; he maika'i kona 'ili i mea
kaula. He 'ohe kahi lā'au; he lā'au hana 'ia
i mea kukuluae'o; he lā'au palupalu e li-
ke me ke kukui.

16. He olonā a me ka hōpue, he mau lā'au ia;
'o ko lāua mau 'ili ka mea hana 'ia i 'upena,
i aho. He nui nā hana pono i kēia mau
lā'au. 'O ka māmaki kahi lā'au a me ka ma'a-
loa; he kuku 'ia ka 'ili o kēia mau lā'au i
kapa. 'O ke kī, 'o ka pala, he mau lā'au 'ai
'ia kēia i ka wā wī. 'O ke 'ama'uma'u keka-
hi lā'au; he mea hana 'ia i mea palaholo kapa.

17. 'O ka ma'o kahi lā'au; 'o kona pua, he mea
ho'olu'u kapa, pā'ū. 'O ka noni kahi lā'au
pono i ka ho'olu'u kua'ula; he 'ai 'ia kona
hua ke wī. He 'ilima kekahi lā'au; he lei
'ia kona pua e nā wāhine.

18. 'O ka hala kekahi lā'au; he mea lei 'ia kona
hua; he mea 'ala loa. 'O kona lau he mea moe-
na, he mea pe'a. He 'ūlei kekahi lā'au i ma-
na'o nui 'ia i mea ihe pahe'e, i mea kuku 'upe-
na 'a'ei. 'O ke a'e, 'o ka po'olā kekahi mau lā'a-
u ihe. A 'o ka walahe'e, he lā'au ko'i ia i
ka wā kahiko. He lā'au hana nui 'ia i ka
'upena pāki'iki'i.

19. He mai'a kekahi lā'au; he hua 'ono loa
kona. He nui loa nā inoa i pili i kēlā mai'a
i kēia mai'a, a he nui nā hana pono a ia

---

1. 9:15. A: kekahi
2. 9:16. A: loa *(ma kahi o* "laau"*)*
3. 9:19. A: a

laau, he mau kekahi laau, maikai i paa ia
Kalua, o Kahoawao Kahas, a me kekahi mau
laau i koe, he mau mea pau lakou, i ka wa
kua, he nui na laau i koe aole i pau i ka
heluia

20 O Kapili, a me Na Koolau, kela laau
liilii, keia laau liilii, na ke wao, na Kapaia
he nahelehele ia, he mea Aho hale ia, o Kie
o Kapala, o Kahupukapu, o Kemana, o Kaakoa,
a me Kamaumau, he nahelehele ia.

21 Eia na mau Ka hanohano, Kuikaepuaa
Kahonohona, he pili, he manienie, he Kuu
olohia, he puuka, he pilipiliula, he Kalua
he mokoloa, he Ahuawa, he makikikiki,
hu, he Kakukaku.

22 Eia na laau ai ia, he popolo, he Pakai
he Aweoweo, he Nanau, he Haio, he Nena
he Palula, he luau, oia na mea ai ia e ka
naka, o ka ipu kekahi laau i manao nui ia
i mea e kahaa ai.

Mokuna X

No na Kai

1 Ua Kapa aku ka poe kahiko, i kahi mau
Kai, he Kai ka inoa oia mau wahi, o kahi o
ke Kai i poi iho, ai he ae Kai ka inoa, oia wahi

2 O kahi a Kanalu i poi iho ai, ma kai aku
o Ka ae Kai, he poana Kai kahi inoa, he pue
one kahi inoa, oia wahi, aole nae i like loa
keia mau inoa, me Kona aina Kai Kohola

3 Ma kai aku o ka poi ana Kai, he Kai he
le kia kahi inoa, he Kai papau kahi inoa

laau, he maua[1] kekahi laau, maikai i papa: o
Ka haa, o Ka hoawa, o Ka hao, a me kekahi mau
laau i koe, he mau mea [pono] paha lakou, i ka wa
hiæe, he nui na laau i koe aole i pau i ka
helu ia

20 O Ka pili[o], a me ke Kookoolau, kela laau
liilii, keia laau liilii, ma ka wao, ua kapaia
he nahelehele ia, he mea Aho[2] hale ia, o ke ie
o Ka pala, o Ke kupukupu, o Ke mana,[3] o Ka ako-
lea, a me ke amaumau, he nahelehele ia.

21 Eia na mauu ka honohono, kukaepuaa,
Kakonakona, he pili, he manienie, he Ku
olohia, he puukoa, he pilipiliula,[4] he Kalu-
ha, he moko loa, he Ahuawa, he mahikihi-
ki, he Kohekohe

22 Eia na laau ai ia, he popolo, he Pakai,
he Aweoweo, he Naunau, he Hoio,[5] he Nena
he Palula, he luau, oia na mea ai ia e ka-
naka, o ka ipu kekahi laau i manao nui ia
i mea e hahao ai.

Mokuna X
No na Kai

1 Ua kapa aku ka poe kahiko, i kahi ma-[6]
kai, he kai ka inoa, oia mau wahi, o kahi o
ke kai i poi iho [ai], he ae kai ka inoa, oia wahi.

2 O kahi a ka nalu i poi iho ai, ma kai aku
o ka ae kai, he poana kai kahi inoa, he pue
one kahi inoa, oia wahi, aole nae i like loa
keia mau inoa, me kona aina kai kohola

3 Ma kai aku o ka poana kai, he kai he-
le ku kahi inoa, he kai papau kahi inoa

---

lāʻau. He maua kekahi lāʻau, maikaʻi i papa. ʻO
ka haʻā, ʻo ka hōʻawa, ʻo ka hao, a me kekahi mau
lāʻau i koe, he mau mea pono paha lākou i ka wa-
hie. He nui nā lāʻau i koe, ʻaʻole i pau i ka
helu ʻia.

20. ʻO ka pilo a me ke koʻokoʻolau, kēlā lāʻau
liʻiliʻi kēia lāʻau liʻiliʻi ma ka wao, ua kapa ʻia
he nāhelehele ia; he mea ʻaho hale ia. ʻO ke ʻie,
ʻo ka pala, ʻo ke kupukupu, ʻo ke mana, ʻo ka ʻākō-
lea a me ke ʻamaʻumaʻu, he nāhelehele ia.

21. Eia nā mauʻu: ka honohono, kūkaepuaʻa,
kākonakona, he pili, he mānienie, he ku-
olohia, he puʻukoʻa, he pilipiliʻula, he kaluhā,
hā, he mokoloa, he ahuʻawa, he māhikihi-
ki, he kohekohe.

22. Eia nā lāʻau ʻai ʻia: he pōpolo, he pakai,
he ʻāweoweo, he naunau, he hōʻiʻo, he nena,
he palula, he lūʻau. ʻO ia nā mea ʻai ʻia e kā-
naka. ʻO ka ipu kekahi lāʻau i manaʻo nui ʻia
i mea e hahao ai.

Mokuna X [10, Emerson 10]
No nā Kai

1. Ua kapa aku ka poʻe kahiko i kahi ma
kai, he kai ka inoa o ia mau wahi. ʻO kahi o
ke kai i poʻi iho ai, he ʻae kai ka inoa o ia wahi.

2. ʻO kahi a ka nalu i poʻi iho ai ma kai aku
o ka ʻae kai, he poʻana kai kahi inoa, he puʻe
one kahi inoa o ia wahi. ʻAʻole naʻe i like loa
kēia mau inoa me ko nā ʻāina kai kohola.

3. Ma kai aku o ka poʻana kai, he kai he-
lekū kahi inoa, he kai pāpaʻu kahi inoa,

---

1. 9:19. A: mana
2. 9:20. A: ako
3. 9:20. A: Kemano
4. 9:21. A: Pilipili
5. 9:22. A: Haio
6. 10:1. A: mau (*ma kahi o* "ma-")

he kai o ivei vaahi inoa oia wahi,

4 A makai aku o laila, he kuaau, oia
vaahi e pau ai ke kai papau, a makai aku
o ke kuaau he kai au vaahi inoa, he hohoo
au vaahi inoa, he kai o kilohee vaahii
noa, he kai hee nalu vaahi inoa, he ku
hela vaahi inoa, oia pai

5 A makai aku o laila, he kai uli va
hi inoa, he kai luhee vaahi inoa, he kai
malolo vaahi inoa, he kai opelu vaahi
inoa oia pai

6 A makai aku o laila, he kai hiaku ma
ia pai, ma kai aku o laila, he kai vaaho
lo, ma ia pai, ma kai aku o laila, he kai
vaaheka ma ia pai, a ma kai aku o laila,
he moana vaahi inoa, he wahi lila vaahi
inoa, he lepo vaahi inoa, he lewa vaahi
inoa, he lipo vaahi inoa, oia pai, oia
mau wahi kai pili aku i Kahiki
moe

7 O vaahi o ke kai i hoolulu ia e ka makani,
he ale ia, o vaahi o ke kai e avi ana he
nalu ia, o vaahi o ke kai e wili ana, he
Au ia, he wili au vaahi inoa

8 O na kai e hano ana ma na wahi hano
o ka moku puni, na vaapaia he kai hano o
vaahi o ka nalu e poi poepoe ai ma ke akua
papau, he pao vaahi inoa, he vaaaka vaahi
inoa ma ia pai

9 O vaahi o na kai elele ai iluna, mai
ka puka pohaku mai, he puhi ia,

he kai ohua kahi inoa oia wahi,

4 A ma kai aku o laila, he kuaau, oia kahi e pau ai[1] ke kai papau, a makai aku o ke kuaau[2] he kai au kahi inoa, he hohonu kahi inoa, he kai okilo hee kahi inoa, he kai hee nalu kahi inoa, he kohola kahi inoa, oia poai

5 A makai aku o laila, he kai uli kahi inoa, he kai luhee kahi inoa, he kai malolo kahi inoa, he kai opelu kahi inoa oia poai

6 A makai aku o laila, he kai hi aku ma ia poai, ma kai aku o laila, he kai Kohola, ma ia poai, ma kai aku o laila, he kai Kakaka ma ia poai, a ma kai aku o laila, he moana kahi inoa, he waho[3] lilo kahi inoa, he lepo kahi inoa, he lewa kahi inoa, he lipo kahi inoa, oia poai, oia mau wahi kai pili aku i Kahiki-moe

7 O kahi o ke kai i hooluliia e ka makani, he ale ia, o kahi o ke kai e aui ana he nalu ia, o kahi o ke kai e wili ana, he Au ia, he wili au kahi inoa.

8 O na kai e komo ana ma na wahi kuono o ka mokupuni, ua kapaia he kai kuono o kahi o ka nalu e poi poepoe ai ma ke ahua papau, he pɵ[u]ao kahi inoa, he Koaka kahi inoa ma ia poai

9 O kahi o na kai e lele ai iluna mai ka puka pohaku mai, he puhi ia,

---

he kai ʻōhua kahi inoa o ia wahi.

4. A ma kai aku o laila, he kuaʻau; ʻo ia kahi e pau ai ke kai pāpaʻu. A ma kai aku o ke kuaʻau, he kai ʻau kahi inoa, he hohonu kahi inoa, he kai ʻōkilo heʻe kahi inoa, he kai heʻe nalu kahi inoa, he kohola kahi inoa o ia pōʻai.

5. A ma kai aku o laila, he kai uli kahi inoa, he kai lūheʻe kahi inoa, he kai mālolo kahi inoa, he kai ʻōpelu kahi inoa o ia pōʻai.

6. A ma kai aku o laila, he kai hī aku ma ia pōʻai; ma kai aku o laila, he kai koholā ma ia pōʻai; ma kai aku o laila, he kai kakaka ma ia pōʻai; a ma kai aku o laila, he moana kahi inoa, he waho lilo kahi inoa, he lepo kahi inoa, he lewa kahi inoa, he lipo kahi inoa o ia pōʻai. ʻO ia mau wahi kai pili aku i Kahiki-moe.

7. ʻO kahi o ke kai i hoʻoluli ʻia e ka makani, he ʻale ia. ʻO kahi o ke kai e ʻaui ana he nalu ia. ʻO kahi o ke kai e wili ana, he au ia, he wiliau kahi inoa.

8. ʻO nā kai e komo ana ma nā wahi kūʻono o ka mokupuni, ua kapa ʻia he kai kūʻono. ʻO kahi o ka nalu e poʻi poepoe ai ma ke ʻāhua pāpaʻu, he puaʻō[4] kahi inoa, he koʻakā kahi inoa ma ia pōʻai.

9. ʻO kahi o nā kai e lele ai i luna mai ka puka pōhaku mai, he puhi ia.

---

1. 10:4. A: e pau ai o ke kai
2. 10:4. A: kai kuaau
3. 10:6. A: wahi
4. 10:8. ʻo "pū'ao" *paha ka puana ma kā Andrews me kā Andrews-Parker.*

o Kahi o ke kai e hoi i maikai ai i lalo, ua kalae
pohaku, he enuenu ia; he enuenu kahi inoa
he aaka kahi inoa

10 I ka piii ana mai o ke kai, ua kapaia, he kai
piii kahi inoa he kai nui kahi inoa he kai
piha kahi inoa, he kai apo kahi inoa

11 Ina i ku malie ke kai, aole i piii mai, aole
i emi aku, he kai ku ia, i ka hoi ana aku
o ke kai, he kai moku ia, he kai emi ka-
hi inoa, he kai hoi kahi inoa, he kai make
kahi inoa

12 Ina i poi pinepine mai ka nalu, he
kai koo ia, o ke kai e poi ana ma kahi oioio
o ka mokupuni, ua kapaia he lae, he kai
ma ka lae ia, o kahi o ke kai e moe ana me
he alanui la, he Kanaii ia

13 O kahi o kai e lana malie ana, he lai ia,
he malino kahi inoa, he kai pacaca kahi
inoa, he pahu kahi inoa

Mokuna XII
No ka ai kapu ana

1 He hana nui loa ka ai kapu ma Hawaii
nei, he hana ku e loa, he hana kaumaha
he hana pono ole loa, i waena o ke kane
a me kana wahine iho, ua kaumaha
ke kane a ua luhi loa no hoi, i ka hana
ana i ka ai, no ka papalua ana o na imu
a ke kane e kahu ai, he imu okoa ka ke
kane e kahu ai, he imu okoa ka ka wahi-
ne,

2 E kahu no ke kane i ka ka wahine

o kahi o ke kai e hoi ikaika ai i lalo ma ka lua
pohaku, he mimilo ia, he mimiki kahi inoa
he aaka kahi inoa

10 I ka pii ana mai o ke kai, ua kapaia, he Kai
pii kahi inoa he kai nui kahi inoa he kai
piha kahi inoa, he kai apo kahi inoa

11 Ina i ku malie ke kai, aole i pii mai, aole
i emi aku, he kai ku ia, i ka hoi ana aku
o ke kai, he kai moku ia, he kai emi ka-
hi inoa, he kai hoi kahi inoa, he kai make
kahi inoa

12 Ina i poi pinepine mai ka nalu, he
kai koo ia, o ke kai e poi ana ma kahi oioi o[1]
o ka mokupuni, ua kapaia he lae, he kai
ma ka lae ia, o kahi o ke kai e moe ana me-
he alanui la, he Kanai ia

13 O kahi o kai e lana malie ana, he lai ia[,]
he malino kahi inoa, he kai paeaea kahi
inoa, he pohu kahi inoa

Mokuna XI
No ka ai kapu ana

1 He hana nui loa ka ai kapu ma Hawaii
nei, he hana kue loa, he hana kaumaha
he hana pono ole loa, i waena o ke kane
a me kana wahine iho,[2] ua kaumaha
ke kane a ua luhi loa nohoi, i ka hana
ana i ka ai, no ka papalua ana o na imu
a ke kane e kahu ai, he imu okoa ka ke
kane e kahu ai, he imu okoa ka ka wahi-
ne,

2 E kahu no ke kane i ka ka wahine

'O kahi o ke kai e ho'i ikaika ai i lalo ma ka lua
pōhaku, he mimilo ia, he mimiki kahi inoa,
he 'a'aka kahi inoa.

10. I ka pi'i 'ana mai o ke kai, ua kapa 'ia he kai
pi'i kahi inoa, he kai nui kahi inoa, he kai
piha kahi inoa, he kai apo kahi inoa.

11. Inā i kū mālie ke kai, 'a'ole i pi'i mai, 'a'ole
i emi aku, he kai kū ia. I ka ho'i 'ana aku
o ke kai, he kai moku ia, he kai emi ka-
hi inoa, he kai ho'i kahi inoa, he kai make
kahi inoa.

12. Inā i po'i pinepine mai ka nalu, he
kai ko'o ia. 'O ke kai e po'i ana ma kahi 'oi'oi[3]
o ka mokupuni, ua kapa 'ia he lae, he kai
ma ka lae ia. 'O kahi o ke kai e moe ana me
he alanui lā, he kāna'i ia.

13. 'O kahi o kai e lana mālie ana, he la'i ia,
he malino kahi inoa, he kai pāeaea kahi
inoa, he pohu kahi inoa.

Mokuna XI [11, Emerson 11]
No ka 'Ai Kapu 'ana

1. He hana nui loa ka 'ai kapu ma Hawai'i
nei, he hana kū'ē loa, he hana kaumaha,
he hana pono 'ole loa i waena o ke kāne
a me kāna wahine iho. Ua kaumaha
ke kāne a ua luhi loa nō ho'i i ka hana
'ana i ka 'ai no ka pāpālua 'ana o nā imu
a ke kāne e kahu ai. He imu 'oko'a kā ke
kāne e kahu ai, he imu 'oko'a kā ka wahi-
ne.

2. E kahu nō ke kāne i kā ka wahine

---

1. 10:12. A: *nele*
2. 11:1. A: *nele*
3. 10:12. *ua ho'ololi 'ia 'o* "oioio o," *'o ia 'o* "'oi'oi o"

inu ai, a ka lua iai inu ai, alaila hele oia
iamua e Kaahu i Kana inu iho, a ka lua ka
na inu iho

3 Alaila hoi mai i ka hale e huai i ka
ka wahine umu, a ihi a pau, a kui i ka
ka wahine ai, a wali a hahao ma ka ipu
pau ka hana i ka ka wahine ai

4 Alaila hele hou oia iamua e   huai
i Kana umu iho, a ihi a pau a kui awa-
li a hahao ma ka ipu, a koko a pau pa-
u ka hana ana i Kana ai, a pela mau
no keia hana ana a ke Kane, ma ka
manawa a pau o ke laua ola ana.

5 Eia Kekahi luhi o ke Kane, o ke aho a
na i mau hale no laua me Kana wahi-
ne, a o Koo Ko ke Kane mau hale, a o Koo
ko ka wahine mau hale, e aho no ke Ka-
ne i   hale nona e ai ai, e aho hou no i
hale heiau, i wahi nona e hoomanai i na
Kua Kii, a pau ka hana ana i Kana iho

6 Alaila e aho hou no i hale moe no laua
me Kana wahine iho, a paa ia hale, e aho ho-
u no, i hale aina no Kana wahine iho, a pa-
a ia, e aho hou no i hale Kua, i wahi no
Kana wahine e Kukae ai, ua luhi ke Kane i
keia mau hana, ua Kaahu no nae Kana wahine
i ai na Kana Kane iho, aka, ua oi ko ka wa-
hine Kaumaha i ko ke Kane.

7 Ua make pinepine na wahine, ma na
la pule, e Kapu ai na Kua Kii, ua hookaa-
wale ia ka wahine; ma ka wa e Kahe ai

imu ai, a kalua ia ~~imu ai~~[1] alaila, hele oia
i mua e kahu i kana imu iho, a kalua ka
na umu[1] iho

3 Alaila hoi mai i ka hale e huai i ka
ka wahine umu,[2] a ihi a pau, a kui i[1] ka
ka wahine ai, a wali a hahao ma ka ipu
pau ka hana i ka ka wahine ai

4 Alaila hele hou oia i mua e ~~kahu~~ ai
i kana umu iho, a ihi a pau, a kui a wa-
li a hahao ma ka ipu, a koko apaa pa-
u ka hana ana i kana ai, a pela mau
no keia hana ana[1] a ke kane, ma ka
manawa a pau o ko laua ola ana.

5 Eia kekahi luhi o ke kane, o ke ako a-
na i mau hale no laua me kana wahi-
ne, a okoa ko ke kane mau hale, a okoa
ko ka wahine mau hale, e ako no ke ka-
ne i ~~mua~~[3] [hale] nona e ai ai, e ako hou no i
hale heiau, i wahi nona e hoomana'i i na
'kua kii, a pau ka hana ana i kona iho

6 Alaila e ako hou no i hale moe no laua
me kana wahine iho,[1] a paa ia hale, e ako ho-
u no, i hale aina no kana wahine iho,[1] a pa-
a ia, e ako hou no i hale kua, i wahi no
kana wahine e kuku ai, ua luhi ke kane i
keia mau hana, ua kahu no nae kana wahine
i ai na kana kane iho, aka ua oi ko ka wa-
hine kaumaha i ko ke kane.

7 Ua make pinepine na wahine, ma na
la pule, e kapu ai na 'kua kii, ua hookaa-
wale ia ka wahine, ma ka wa e kahe ai,

imu 'ai. A kālua ia imu 'ai, a laila, hele 'o ia
i mua e kahu i kāna imu iho. A kālua kā-
na umu iho,

3. a laila, ho'i mai i ka hale e hua'i i kā
ka wahine umu. A ihi a pau, a ku'i i kā
ka wahine 'ai a wali, a hahao ma ka ipu,
pau ka hana i kā ka wahine 'ai.

4. A laila, hele hou 'o ia i mua e hua'i
i kāna umu iho. A ihi a pau, a ku'i a wa-
li, a hahao ma ka ipu, a kōkō a pa'a, pa-
u ka hana 'ana i kāna 'ai. A pēlā mau
nō kēia hana 'ana a ke kāne ma ka
manawa a pau o ko lāua ola 'ana.

5. Eia kekahi luhi o ke kāne: 'o ke ako 'a-
na i mau hale no lāua me kāna wahi-
ne, a 'oko'a ko ke kāne mau hale, a 'oko'a
ko ka wahine mau hale. E ako nō ke kā-
ne i mua nona e 'ai ai. E ako hou nō i
hale heiau, i wahi nona e ho'omana ai i nā
akua ki'i. A pau ka hana 'ana i kona iho,

6. a laila, e ako hou nō i hale moe no lāua
me kāna wahine iho. A pa'a ia hale, e ako ho-
u nō i hale 'aina no kāna wahine iho. A pa-
'a ia, e ako hou nō i hale kua i wahi no
kāna wahine e kuku ai. Ua luhi ke kāne i
kēia mau hana. (Ua kahu nō na'e kāna wahine
i 'ai na kāna kāne iho.) Akā, ua 'oi ko ka wa-
hine kaumaha i ko ke kāne.

7. Ua make pinepine nā wāhine ma nā
lā pule e kapu ai nā akua ki'i. Ua ho'oka'a-
wale 'ia ka wahine ma ka wā e kahe ai

---

1. 11:2, 11:3, 11:4, 11:6. A: *nele*
2. 11:3. A: imu
3. 11:5. C?: *ua kaha pe'a 'ia 'o "mua" a kākau hou 'ia 'o "hale"* A: hale

ka wahine, ua ai kaawale ka wahine, ma ka
hale, ua ai kaawale ke kane iwaho, no keia
hana ana, aole e pumahana ke aloha; i wae-
na o ke kane, me ka wahine, no ke kaawa-
le ana, o ke kane, me ka wahine, ua moe ka-
ke ke kane me ka wahine e, pela no ka wahi-
ne me ke kane e, aole no i hai ia mai ka
mea nana i hana mai keia mea o ka ai ka-
pu, mai a Kahiko mai paha, mai a Wakea
mai paha, ke hou nei no paha ka ai ka-
pu ana.

8 Aka, ua lohe wale kekahi poe, mai a Wa-
kea mai, no ka aikapu ana, ua lohe mai
no kekahi poe, ke hou mai no ka aikapu
ana, na Luahakapawa i hana mai, aole no
e i maopopo ka pono o keia mau lohe, aole no i
hai ia mai, ma na mookuauhau keia mau
mea elua, aole no i maopopo i kanaka a pau,
ua lohe no paha kekahi poe e noho nei, e
pono ia lakou e hai mai.

9 Ua olelo ia mai ma kekahi moolelo o
na kua kii, o ka makemake o Wakea e moe me-
lu me Hoohokukalani, oia no ke kumu o
ka aikapu ana, a imi oia i mea e kaawale
ai oia mai ko Papa moka aku a imi ia
i mau po pule kekahi, a hoohapu ia keka-
hi mau mea ai i ka wahine, aole i hai ia
keia mau mea ia Papa, a i, ~~no~~ wale o Papa, o ka
aikapu iho la no ia, aole no i akaka pono
keia mau lohe, he oiaio paha keia mau
lohe, he wahahee no paha

ka wahine, ua ai kaawale ka wahine ma[1] ka
hale, ua ai kaawale ke kane i mua, no keia
hana ana, aole e pumehana ke aloha, i wae-
na o ke kane, me ka wahine, no ke kaawa-
le ana o ke kane, me ka wahine, ua moe kolo-
he ke kane me ka wahine e, pela no ka wahi
ne me ke kane e, aole no i hai ia mai ka
mea nana i hana mai keia mea o ka ai ka
pu, mai a Kahiko mai paha, mai a Wakea
mai paha, he hou mai[2] no paha ka ai ka
pu ana

8 Aka, ua lohe wale kekahi poe, mai a Wa-
kea mai, no ka ai kapu ana, ua lohe mai.
no kekahi poe, he hou mai no ka ai kapu
ana, na Luhaukapawa i hana mai, aole na
e i maopopo ka pono o keia mau lohe, aole no i
hai ia mai, ma na mookuauhau keia mau
mea elua, aole no i maopopo i kanaka a pau,
ua lohe no paha kekahi poe e noho nei, e
pono ia lakou e hai mai.

9 Ua olelo ia mai ma kekahi mooolelo[3] o
na ʻkua kii, o ka makemake o Wakea e moe ma-
lu me Hoohokukalani, oia no ke kumu o
ka ai kapu ana, a imi oia i mea e kaawale
ai oia mai ko Papa maka aku a imi ia
i mau po pule kekahi, a hookapu ia keka
hi mau mea ai i ka wahine, aole i hai ia
keia mau mea ia Papa, a ae ~~mai~~ [wale] o Papa, o ka
ai kapu iho la no ia, aole no i akaka pono
keia mau lohe, he oiaio paha keia mau
lohe he wahahee no paha

ka wahine; ua ʻai kaʻawale ka wahine ma ka
hale, ua ʻai kaʻawale ke kāne i mua. No kēia
hana ʻana, ʻaʻole e pumehana ke aloha i wae-
na o ke kāne me ka wahine. No ke kaʻawa-
le ʻana o ke kāne me ka wahine, ua moe kolo-
he ke kāne me ka wahine ʻē; pēlā nō ka wahi-
ne me ke kāne ʻē. ʻAʻole nō i haʻi ʻia mai ka
mea nāna i hana mai kēia mea ʻo ka ʻai ka-
pu. Maiā Kahiko mai paha, maiā Wākea
mai paha, he hou mai nō paha ka ʻai ka-
pu ʻana.

8. Akā, ua lohe wale kekahi poʻe, maiā Wā-
kea mai nō ka ʻai kapu ʻana. Ua lohe mai
nō kekahi poʻe, he hou mai nō ka ʻai kapu
ʻana, na *Luhaukapawa* i hana mai. ʻAʻole naʻ-
e i maopopo ka pono o kēia mau lohe; ʻaʻole nō i
haʻi ʻia mai ma nā moʻokūʻauhau kēia mau
mea ʻelua; ʻaʻole nō i maopopo i kānaka a pau.
Ua lohe nō paha kekahi poʻe e noho nei; e
pono iā lākou e haʻi mai.

9. Ua ʻōlelo ʻia mai ma kekahi moʻoʻōlelo o
nā akua kiʻi, ʻo ka makemake o Wākea e moe ma-
lū me Hoʻohokukalani, ʻo ia nō ke kumu o
ka ʻai kapu ʻana. A ʻimi ʻo ia i mea e kaʻawale
ai ʻo ia mai ko Papa maka aku, a ʻimi ia
i mau pō pule kekahi, a hoʻokapu ʻia keka-
hi mau mea ʻai i ka wahine. ʻAʻole i haʻi ʻia
kēia mau mea iā Papa. A ʻae wale ʻo Papa, ʻo ka
ʻai kapu ihola nō ia. ʻAʻole nō i akāka pono
kēia mau lohe; he ʻoiaʻiʻo paha kēia mau
lohe, he wahaheʻe nō paha.

---

1. 11:7. A: na
2. 11:7. C: *ua hoʻololi ʻia kekahi huaʻōlelo, ʻo* "nui" *paha, ʻo ia ʻo* "mai"
3. 11:9. A: *ua hoʻololoi ʻia ʻo* "moolelo," *ʻo ia ʻo* "mooolelo"

10 I na palua mai a Wakea mai keia hana
o ka aikapu, i na palua na loihi ka ai
Kapu ana mai laila mai, a hiki mai
ia Kamehameha II, o Liholiho hoi ia, oia
hoi ka mea nana i hoopau ka aikapu,
ma Kailua, ma Kona i Hawaii kahi
i hoopau ia ai, ma ka malama Okatoba
3/ 1819. paha, ma ka la elua paha Okatoba
4/ 1819 oia ka wa i pau ai ka aikapu ma
Hawaii nei, eia hoi na oihana o ka
aikapu maluna o ke kane, me ka wahi-
ne, mai na makaainana a na lii. ua li
ke pu no ka noho ana malalo o ka ai ka-
pu penei, na oihana o ka wa aikapu, e
hookaawale ai i ko ke kane noho ana, me
ka aipu ole me kana wahine iho, a e
hookaawale ai no hoi ka wahine, aole
e aipu me kana kane iho,

11 Ua hookaawale ia kekahi mau wahi
no ke kane wale no, oia hoi kona hale iho
e hoomana ai, a me kona hale e ai ai, aole
e hiki i ka wahine ke hoolauna aku ma
ia mau hale, a kane iloko i ka wa e ai ai
a e hoomana ai paha kana kane iho, a
me na kane e ae no hoi, o make ua wa-
hine la, ke lohe ia kana komo ana i
mua

12 Ua hookaawale ia no hoi ke kau wa-
hi no ka wahine wale no, oia hoi ko-
na noho ana ma kana hale pea, i kona
wa e kahe ai, aole no e hiki i ke kane

10 Ina paha mai a Wakea mai keia hana
o ka ai kapu, ina paha ua loihi ka ai
kapu ana mai laila mai, a hiki mai
ia Kamehameha II, o Liholiho hoi ia, oia
hoi ka mea nana i hoopau ka ai kapu,
ma Kailua, ma Kona i[1] Hawaii kahi
i hoopau ia ai, ma ka malama Okatoba
3/1819 paha, ma ka la eha paha Okatoba
4/1819 oia ka wa i pau ai ka ai kapu ma
Hawaii nei, eia hoi na oihana o ka
ai kapu maluna o ke kane, me ka wahi-
ne, mai na makaainana a na 'lii, ua li-
ke pu no ka noho ana malalo o ka ai ka-
pu penei, na oihana o ka wa ai kapu, e
hookaawale ai i ko ke kane noho ana, me
ka ai pu ole me kana wahine iho,[1] a e
hookaawale ai nohoi ka wahine, aole
e ai pu me kana kane iho.[1]

11 Ua hookaawale ia kekahi mau wahi
no ke kane wale no, oia hoi kona hale iho
e hoomana ai, a me kona hale e ai ai, aole
e hiki i ka wahine ke hoolauna aku ma
ia mau hale, a komo i loko i ka wa e ai ai
a e hoomana ai paha kana kane iho,[1] a
me na kane e ae nohoi, o make ua wa-
hine la, ke lohe ia kona komo ana i-
mua

12 Ua hookaawale ia no hoi ke kau wa-
hi no ka wahine wale no, oia hoi ko-
na noho ana ma kona hale pea, i kona
wa e kahe ai, aole no e hiki i ke kane

10. Inā paha maiā Wākea mai kēia hana
'o ka 'ai kapu, inā paha ua lō'ihi ka 'ai
kapu 'ana, mai laila mai a hiki mai
iā Kamehameha II, 'o Liholiho ho'i ia; 'o ia
ho'i ka mea nāna i ho'opau ka 'ai kapu.
Ma Kailua, ma Kona i Hawai'i kahi
i ho'opau 'ia ai; ma ka malama 'Okatoba
3, 1819 paha, ma ka lā 'ehā paha, 'Okatoba
4, 1819, 'o ia ka wā i pau ai ka 'ai kapu ma
Hawai'i nei. Eia ho'i nā 'oihana o ka
'ai kapu ma luna o ke kāne me ka wahi-
ne. Mai nā maka'āinana a nā ali'i, ua li-
ke pū nō ka noho 'ana ma lalo o ka 'ai ka-
pu. Penei nā 'oihana o ka wā 'ai kapu e
ho'oka'awale ai i ko ke kāne noho 'ana, me
ka 'ai pū 'ole me kāna wahine iho, a e
ho'oka'awale ai nō ho'i i ka wahine, 'a'ole
e 'ai pū me kāna kāne iho.

11. Ua ho'oka'awale 'ia kekahi mau wahi
no ke kāne wale nō, 'o ia ho'i kona hale iho
e ho'omana ai a me kona hale e 'ai ai. 'A'ole
e hiki i ka wahine ke ho'olauna aku ma
ia mau hale a komo i loko i ka wā e 'ai ai
a e ho'omana ai paha kāna kāne iho (a
me nā kāne 'ē a'e nō ho'i), 'o make ua wa-
hine lā ke lohe 'ia kona komo 'ana i
mua.

12. Ua ho'oka'awale 'ia nō ho'i ke kauwa-
hi no ka wahine wale nō, 'o ia ho'i ko-
na noho 'ana ma kona hale pe'a. I kona
wā e kahe ai, 'a'ole nō e hiki i ke kāne

---

1. 11:10, 11:11. A: *nele*

ke hoolauna i kana wahine iho, a me na wahine
e ae, e make oia, Ke lohe ia kona kame ana e
moe me ka wahine pea, no ka mea, ua
kapa ia ka wahine kahi, he haumia, he poi
no,

13 Eia keik ahi mau mea i hookaawale ia, make
kane wale no, aole e ai ka wahine o ka pu
aa, o ka Maia, o ka Niu, a me kekahi mau ia
o ka Ulua, o ke Kumu, o ka Manu Niuhi, o
ka Honu, o ka Ea, o ka Pahu, o ka Naia, o
ke Naholo, o ka Nuao, o ka Hahalua, o ka
Hihimanu, o ka Hailepo, a me kekahi ma
u mea kapu e ae, aole i pau i ka helu ia e
make no ka wahine ke ai i keia mau mea, ke
ike ponoia kona ai ana

14 O ko ke kane hale, e ai ai, ua kapu ia,
ua kapaia, he mua, o kona hale hoomauna ai, ua kapu loa ia, ua kapa ia he Heiau
o ko ka wahine hale e ai ai, ua kapa ia he
Hale aina, malaila ka wahine e ai ai, a me
ka mea ke kane e ai ai, o keia mau mea kai
kaawale, a ka, ma ka noho pu ana, ua hui
pu ke kane me ka wahine malaila.

15 O kekahi hale o ka wahine e moe pu
ai laua me kana kane, ua kapaia he hale
moe, malaila, no ke kane me ka wahine
e moe pu ai, e noho pu ai, e hana pu ai
me ka wahine, a e noho pu ai me ka la
ua mau keiki, e kiki no nae i ke kane
ke komo wale aku i ko ka wahine hale
aina, a ka, o ka wahine ke kiki ole i ko

[ke] hoolauna i kana wahine iho,[1] a me na wahine e ae, o make oia, ke lohe ia kona komo ana e moe me ka wahine pea, no ka mea, ua kapa ia ka wahine kahe[,] he haumia, he poino,

13 Eia kekahi mau mea i hookaawale ia, na ke kane wale no, aole e ai ka wahine i ka pu aa, o[2] ka Maia, o[1] ka Niu, a me kekahi mau ia o ka Ulua, o ke Kumu, o ka Mano Niuhi, o ka Honu, o ka Ea, o[1] ka Pahu, o[1] ka Naia, o[1] ke Kohola, o[1] ka Nuao, o[3] ka Hahalua, o ka Hihimanu, o[1] ka Hailepo, a me kekahi mau mea kapu e ae, aole i pau i ka helu ia e make no ka wahine ke ai i keia mau mea, ke ike pono ia kona ai ana

14 O ko ke kane hale e ai ai, ua kapu ia, ~~ua kapa ia~~,[4] he mua, o kona hale e hoomana ai, ua kapu loa ia, ua kapa ia he Heiau o ko ka wahine hale e ai ai, ua kapa ia he Hale aina, malaila ka wahine e ai ai, a ma ka mua ke kane e ai ai, o keia mau mea kai kaawale, aka, ma ka noho pu ana, ua hui pu ke kane me ka wahine malaila.

15 O kekahi hale o ka wahine e moe pu ai laua me kana kane, ua kapaia he hale moe, malaila, no ke kane me ka wahine e moe pu ai, e noho pu ai, e hana pu ai me ka wahine, a e noho pu ai me ka laua mau keiki, e hiki no nae i ke kane ke komo wale aku i ko ka wahine hale aina, aka, o ka wahine ke hiki ole i ko

ke hoʻolauna i kāna wahine iho (a me nā wāhine ʻē aʻe), o make ʻo ia ke lohe ʻia kona komo ʻana e moe me ka wahine peʻa, no ka mea, ua kapa ʻia ka wahine kahe he haumia, he pōʻino.

13. Eia kekahi mau mea i hoʻokaʻawale ʻia na ke kāne wale nō: ʻaʻole e ʻai ka wahine i ka puaʻa, ʻo ka maiʻa, ʻo ka niu, a me kekahi mau iʻa, ʻo ka ulua, ʻo ke kūmū, ʻo ka manō niuhi, ʻo ka honu, ʻo ka ʻea, ʻo ka pahu, ʻo ka naiʻa, ʻo ke koholā, ʻo ka nuʻao, ʻo ka hāhālua, ʻo ka hīhīmanu, ʻo ka hailepo, a me kekahi mau mea kapu ʻē aʻe ʻaʻole i pau i ka helu ʻia. E make nō ka wahine ke ʻai i kēia mau mea, ke ʻike pono ʻia kona ʻai ʻana.

14. ʻO ko ke kāne hale e ʻai ai, ua kapu ia; ua kapa ʻia[5] he mua. ʻO kona hale e hoʻomana ai, ua kapu loa ia, ua kapa ʻia he heiau. ʻO ko ka wahine hale e ʻai ai, ua kapa ʻia he hale ʻaina. Ma laila ka wahine e ʻai ai, a ma ka mua ke kāne e ʻai ai. ʻO kēia mau mea kai kaʻawale, akā, ma ka noho pū ʻana, ua hui pū ke kāne me ka wahine ma laila.

15. ʻO kekahi hale o ka wahine e moe pū ai lāua me kāna kāne, ua kapa ʻia he hale moe. Ma laila nō ke kāne me ka wahine e moe pū ai, e noho pū ai, e hana pū ai me ka wahine, a e noho pū ai me kā lāua mau keiki. E hiki nō naʻe i ke kāne ke komo wale aku i ko ka wahine hale ʻaina; akā, ʻo ka wahine ke hiki ʻole i ko

---

1. 11:12, 11:13. A: *nele*
2. 11:13. A: i
3. 11:13. A: *nele*
4. 11:14. A: *nele ʻo* "ua kapa ia"
5. 11:14. *ua kaha peʻa ʻia ʻo* "ua kapa ia" *na C?*

ke Kane mua ke Kamo aku

16 Ua Hana hou ia Kekahi hale no ka wa-
hine, a kapaia aku ia, he hale kuku, no
ka wahine, malaila ka wahine e kuku ai
i kapa, i pau, ai malo, no ke kane, oia
kona hale e hana'i, i pono oia, me ka
na kane, me na keiki, a me kona ma-
u makamaka, a me na kanaka e ae, a me
na hakuaina, a me na 'lii

17 Na ke kane nae ka hana nui mae-
to, a o na hana nui hoi, maloko o ka ha-
le na ka wahine ia e hana, na ka wahi
ne noho pono nae, aole na ka wahine
pono ole, a me ke kolohe

18 Eia Kekahi, ua hoolilo ia Kekahi
mau kanaka, i mau ai noa nana 'lii wa
hine, a me na wahine koikoi, Kekahi
ua ai mau no na poe kanaka la, me na
wahine, na lakou no e hana ka na 'lii
wahine mau mea ai, ua kapaia ko la-
kou mau inoa, he ai noa, he aipuuhiea ka
lii inoa

Mokuna XII

No na wa maloko o ka makahiki

1 Ua mahele ia na wa, me na malama, ma
loko o ka makahiki hookahi

2 Maloko o ka makahiki hookahi elua no
wa, o ke Kau, o ka Hooilo, eia no ke kau, o
ka wa e kuupono ai ka la, maluna pono
o ka mokupuni, a loihi ke ao, a pa mai ke
makani malae, a mahana mai ka po

ke kane mua ke komo aku

16 Ua hana hou ia kekahi hale no ka wahine, a kapaia aku ia, he hale kuku, no ka wahine, malaila[1] ka wahine e kuku ai i kapa, i pau, a i malo, no ke kane, oia kona hale e hanaʻi, i pono oia, me kana kane, me na keiki, a me kona mau makamaka, a me na kanaka e ae, a me na hakuaina, a me na ʻlii

17 Na ke kane nae ka hana nui mawaho, a o na hana nui hoi, maloko o ka hale na ka wahine ia e hana, na ka wahine noho pono nae, aole na ka wahine pono ole, a me ke kolohe

18 Eia kekahi, ua hoolilo ia kekahi mau kanaka, i mau ai noa na na ʻlii wahine, a me na wahine koikoi kekahi ua ai mau no ua poe kanaka la, me na wahine, na lakou no e hana ka na ʻlii wahine mau mea ai, ua kapaia ko lakou mau inoa, he ainoa, he aipuhiu kahi inoa

Mokuna XII
No na wa maloko o ka makahiki

1 Ua mahele ia na wa, me na malama, ma loko o ka makahiki hookahi

2 Maloko o ka makahiki hookahi elua no wa, o ke kau, o ka Hooilo, eia no ke kau, o ka wa e kupono ai ka la, ma luna ponoi o ka mokupuni, a loihi ke ao, a pa mai ka makani moae, a mahana mai ka po

---

ke kāne mua ke komo aku.

16. Ua hana hou ʻia kekahi hale no ka wahine, a kapa ʻia aku ia he hale kuku no ka wahine. Ma laila ka wahine e kuku ai i kapa, i pāʻū, a i malo no ke kāne. ʻO ia kona hale e hana ai, i pono ʻo ia, me kāna kāne, me nā keiki, a me kona mau makamaka, a me nā kānaka ʻē aʻe, a me nā haku ʻāina, a me nā aliʻi.

17. Na ke kāne naʻe ka hana nui ma waho; a ʻo nā hana nui hoʻi ma loko o ka hale, na ka wahine ia e hana, na ka wahine noho pono naʻe, ʻaʻole na ka wahine pono ʻole a me ke kolohe.

18. Eia kekahi. Ua hoʻolilo ʻia kekahi mau kānaka i mau ʻai noa na nā aliʻi wāhine a me nā wāhine koʻikoʻi kekahi. Ua ʻai mau nō ua poʻe kānaka lā me nā wāhine. Na lākou nō e hana kā nā aliʻi wāhine mau mea ʻai. Ua kapa ʻia ko lākou mau inoa he ʻai noa, he ʻai pūhiʻu kahi inoa.

Mokuna XII [12, Emerson12]
No nā Wā ma Loko o ka Makahiki

1. Ua māhele ʻia nā wā me nā malama ma loko o ka makahiki hoʻokahi.

2. Ma loko o ka makahiki hoʻokahi ʻelua nō wā: ʻo ke kau, ʻo ka hoʻoilo. Eia nō ke kau: ʻo ka wā e kūpono ai ka lā ma luna ponoʻī o ka mokupuni, a lōʻihi ke ao, a pā mai ka makani Moaʻe, a mahana mai ka pō

---

1. 11:16. A: **a** malaila

me ke ao, a ulu hou mai na laau a me na laau liilii, oia iho la no ke Kau

3 Eia no hoi ka Hooilo, o ka wa e nee nui aku ai ka la, ma ke Kukuluhema, a loihi ka po, a anu mai ka po, a me ke ao, a make na laau, liilii, oia iho la no ka hooilo.

4 Maloko o ke Kau eono no malama; maloko o ka Hooilo eono no malama

5 Eia no na malama o ke Kau, o Ikiiki, ua like ia me Mei, oia ka malama e moe ai ka hohono kou Kau, o Kaaona, ua like ia me Iune, oia ka malama e kalai ai, i ka kuku aei o Pelu i ka wa kahiko, o Hinaiaeleele, ua like ia me Iulai oia no ka malama e pala mai ai k a Ohia ai, o ka Mahoe mua, ua like ia me Augate, oia no ka malama, e pala nui ai ka Ohia ai, o ka Mahoe hope, ua like ia me Sepatemaba, oia no ka malama e owili ai ka Pueo, o Ikuwa, ua like ia me Okatoba, malaila e pau ai ko ke Kau mau malama eono

6 Eia no na malama o ka Hooilo, o Welehu, ua like ia me Novemaba, oia no ka malama e ke ai ka Pueo, o Makalii, ua like ia me Dekemaba, oia no ka malama, e make ai, na laau liilii, a me ka pa ana mai o ke Kona, ma ka hema mai, o Kaelo, e like ia me Ianuari, oia no ka malama e Aeanau mai ai na Nuhe, e ulu mai ai na laau liilii, o Kaulua, ua like ia me Febeluari, oia no ka malama e paa mai ai ka pua anae, o Nana, ua like ia me Maraki oia no ka malama e malolo ai ka Moana

me ke ao, a ulu hou mai na laau, a me na laau
hihi, oia iho la no ke kau

3 Eia nohoi ka Hooilo, o ka wa e neenee aku
ai ka la, ma ke kukulu hema, a loihi ka po, a[1]
anu[2] mai ka po, a me ke ao, a make na laau, hi-
hi, oia iho la no ka hooilo.

4 Maloko o ke Kau eono no malama, maloko o ka
Hooilo eono no malama

5 Eia no na malama o ke Kau, o Ikiki, ua like ia
me Mei, oia ka malama e moe ai ka huhui ho-
ku, o Kaaona, ua like ia me Iune, oia ka ma-
lama e kalai ai, i ka kuku aei o Pelu i ka wa
kahiko, o Hinaiaeleele,[3] ua like ia me Iulai, oia
no ka malama e pala mai ai ka Ohia ai, o ka
Mahoemua, ua like ia me Augate, oia no ka
malama, e pala nui ai ka Ohiaai, o ka Mahoeho-
pe, ua like ia me Sepatemaba, oia no ka
malama e owili ai ka Puako, o Ikuwa, ua li-
ke ia me ~~ko~~Okatoba, malaila e pau ai ko ke
Kau mau malama eono

6 Eia no na malama o ka Hooilo, o Welehu, ua
like ia me Novemaba, oia no ka malama e ke
ai[4] ka Pua ko, o Makalii, ua like ia me Deke-
maba, oia no ka malama, e make ai, na laau
hihi, a me ka pa ana mai o ke Kona, ma ka
hema mai, o Kaelo, e like ia me Ianuari, oia
no ka malama e hanau mai ai na Nuhe,[5] e u-
lu mai ai na laau hihi, o Kaulua, ua like ia
me Febeluari,[6] oia no ka malama e pae mai ai
ka pua anae, o Nana, ua like ia me Maraki
oia no ka malama e malolo ai ka Moana

me ke ao, a ulu hou mai nā lāʻau a me nā lāʻau
hihi, ʻo ia iholā nō ke kau.

3. Eia nō hoʻi ka hoʻoilo: ʻo ka wā e neʻeneʻe aku
ai ka lā ma ke kūkulu hema, a lōʻihi ka pō, a
anu mai ka pō a me ke ao, a make nā lāʻau hi-
hi, ʻo ia iholā nō ka hoʻoilo.

4. Ma loko o ke kau, ʻeono nō malama. Ma loko o ka
hoʻoilo, ʻeono nō malama.

5. Eia nō nā malama o ke kau. ʻO Ik[i]iki, ua like ia
me Mei, ʻo ia ka malama e moe ai ka Huhui Hō-
kū. ʻO Kaʻaona, ua like ia me Iune, ʻo ia ka ma-
lama e kālai ai i ke[7] kuku ʻaʻei ʻōpelu i ka wā
kahiko. ʻO Hinaiaʻeleʻele, ua like ia me Iulai, ʻo ia
nō ka malama e pala mai ai ka ʻōhiʻa ʻai. ʻO ka
Māhoemua, ua like ia me ʻAugate, ʻo ia nō ka
malama e pala nui ai ka ʻōhiʻa ʻai. ʻO ka Māhoepo-
he, ua like ia me Sepatemaba, ʻo ia nō ka
malama e ʻōwili ai ka pua kō. ʻO ʻIkuā, ua li-
ke ia me ʻOkatoba, ma laila e pau ai ko ke
kau mau malama ʻeono.

6. Eia nō nā malama o ka hoʻoilo. ʻO Welehu, ua
like ia me Novemaba, ʻo ia nō ka malama e ke[a]
ai ka pua kō. ʻO Makaliʻi, ua like ia me Deke-
maba, ʻo ia nō ka malama e make ai nā lāʻau
hihi a me ka pā ʻana mai o ke Kona ma ka
hema mai. ʻO Kāʻelo, e like ia me Ianuari, ʻo ia
nō ka malama e hānau mai ai nā nuhe, e u-
lu mai ai nā lāʻau hihi. ʻO Kaulua, ua like ia
me Febeluari, ʻo ia nō ka malama e pae mai ai
ka pua ʻanae. ʻO Nana, ua like ia me Maraki,
ʻo ia nō ka malama e mālolo ai ka moana.

---

1. 12:3. A: *nele*
2. 12:3. A: anuanu
3. 12:5. A: Hinaielele
4. 12:6. A: keaʻi
5. 12:6. A: Enuhe
6. 12:6. A: Feberuari
7. 12:5. *ua hoʻololi ʻia ʻo "ka," ʻo ia ʻo "ke"*

o Wela, ua like ia me Aperila, malaila e hana ai, no ka Hooilo mau malama eono.

7 A i hui pu ia, keia mau ono malama e lua, he umikumamalua malama maloko o ka makahiki hookahi, eiwa no kana la, me ka po, maloko o ka makahiki hookahi; ua ka po me ka helu, o na la o ka poe kahiko

8 Maloko o ka malama hookahi, he kanakolu mau po, me ke ao, he umikumamahiku mau po, inoa huihui, he umi kumamakolu mau po inoa pakahi

9 Ua hoopili ia ka inoa o ua mau po la ma ka like ana me ke ano o ka mahina, ekolu no ano o ka mahina, ma ke ano hoomui ae, oia no ka wa e kau ahiahi mai ai ka mahina ma ke komohana o ka mokupuni

10 Ma ka wa e poepoe ai ka mahina, oia no ka wa e kau ahiahi ai ka mahina maluna pono iho o ka mokupuni

11 Ma ka wa e komuku hou ai ka mahina oia no ka wa e puka poeleele mai ai ka mahina ma ka hikina o ka mokupuni, a ma keia mau ano ekolu i kapa ia aku ai ka inoa o na po, o na malama

12 Ma ka wa e ike mua ia ai ka mahina i ke ahiahi ma ke komohana o ka mokupuni oia no ka la mua o ka malama, ua kapaia aku ia la o Hilo, no ka pio hiu ana o ka mahina ke la inoa

13 Ke akaka ae ka mahina, o Hoaka ia po, a

o Welo, ua like ia me Aperila, malaila e
pau ai, ko ka Hooilo mau malama eono,

7 A i hui pu ia, keia mau ano[1] malama e-
lua, he umikumamalua malama maloko
o ka makahiki hookahi, eiwa no kana-
ha la, me ka po, maloko o ka makahiki hoo-
kahi, ma ka po nae ka helu, o na la a ka
poe kahiko

8 Maloko o ka malama hookahi, he kana-
kolu mau po, me ke ao, he umi kumama-
hiku mau po, inoa huhui, he umi ku-
mamakolu mau po inoa pakahi

9 Ua hoopili ia ka inoa o ua mau po la ma ka
like ana me ke ano o ka mahina, ekolu no ano
o ka mahina, ma ke ano hoonui ae, oia no
ka wa e kau ahiahi mai ai ka mahina
ma ke komohana o ka mokupuni

10 Ma ka wa e poepoe ai ka mahina, oia
no ka wa e kau ahiahi ai ka mahina ma
luna pono iho o ka mokupuni

11 Ma ka wa e houuku hou ai ka mahina
oia no ka wa e puka poeleele mai ai ka ma-
hina ma ka hikina o ka mokupuni, a ma
keia mau ano ekolu i kapa ia aku ai ka
inoa o na po, o na malama

12 Ma ka wa e ike mua ia ai ka mahina i ke
ahiahi ma ke komohana o ka mokupuni oia
no ka la[2] mua o ka malama, ua kapaia aku ia
la o Hilo, no ka pua hilo ana o ka mahina ke-
la inoa

13 A akaka ae ka mahina, o hoaka ia po, a

'O Welo, ua like ia me 'Aperila, ma laila e
pau ai ko ka ho'oilo mau malama 'eono.

7. A i hui pū 'ia kēia mau 'ano malama 'e-
lua, he 'umi kumamālua malama ma loko
o ka makahiki ho'okahi, 'eiwa nō kana-
hā lā me ka pō ma loko o ka makahiki ho'o-
kahi. Ma ka pō na'e ka helu o nā lā a ka
po'e kahiko.

8. Ma loko o ka malama ho'okahi he kana-
kolu mau pō me ke ao, he 'umi kumamā-
hiku mau pō inoa huhui, he 'umi ku-
mamākolu mau pō inoa pākahi.

9. Ua ho'opili 'ia ka inoa o ua mau pō lā ma ka
like 'ana me ke 'ano o ka mahina. 'Ekolu nō 'ano
o ka mahina. Ma ke 'ano ho'onui a'e, 'o ia nō
ka wā e kau ahiahi mai ai ka mahina
ma ke komohana o ka mokupuni.

10. Ma ka wā e poepoe ai ka mahina, 'o ia
nō ka wā e kau ahiahi ai ka mahina ma
luna pono iho o ka mokupuni.

11. Ma ka wā e hō'u'uku hou ai ka mahina,
'o ia nō ka wā e puka pō'ele'ele mai ai ka ma-
hina ma ka hikina o ka mokupuni. A ma
kēia mau 'ano 'ekolu i kapa 'ia aku ai ka
inoa o nā pō o nā malama.

12. Ma ka wā e 'ike mua 'ia ai ka mahina i ke
ahiahi ma ke komohana o ka mokupuni, 'o ia
nō ka lā mua o ka malama. Ua kapa 'ia aku ia
lā 'o Hilo; no ka puāhilo 'ana o ka mahina kē-
lā inoa.

13. A akāka a'e ka mahina, 'o Hoaka ia pō; a

---

1. 12:7. A: ono
2. 12:2. A: lua

pii ae ka nui ana o ka mahina, o Hoaka ia po
a pii hou aku ka mahuahua o ka mahina, o
Kukolu ia po, pela aku o Kukolu, pela ihonei o
Kupau, pau na ku ehia ia mau po

14 A mahuahua ae ka mahina o Olekukahi ia
po, a nui hou ae ka mahuahua ana o ka ma-
hina o Olekulua ia po, a pela aku o Olekukolu
a pela aku o Olepau, eha ia mau po, i na ku
ipu keia mau po, ewalu ia mau po inoa
Ku ....

15 A i ka nalo ana ae o ka oioi o ka kihi o
ka mahina o Huna ia po, a hoonui hou ae ka
poepoe ana, o Mohalu ia, a mahuahua loa ka
poepoe ana o ua mahina la, o Hua ia, a aka-
ka loa ka poepoe ana, o Akua ia po, a o ka lua
o ka po, i maopopo ai ka poepoe ana o ka
mahina

16 Elua inoa ma ia po, i na i napoo ka ma-
hina mamua o ke ao ana, ua kapaia ka inoa
o Hoku palemo, aka, i na i ao e ka po me
ka napoo ana o ka mahina, ua kapaia
aku ia o Hoku ili ia po.

17 O ka lua o ka po ili ai, o Mahealani ia, i na
i hiki mai ka mahina mahope o ka pauli a-
na, o Kulua ia, o ka lua o ka po i hiki pauli
mai ai ka mahina ua kapikina o ka makau
puni, o Laaukukahi ia, oia no ka po e pau
ai ka poepoe o ka mahina, a oioi hou, a oia
no hoi ka po, e hoomaka ai ka emi hou
ana o ka mahina

18 A emi hou ae ka mahina o Laaukulua

pii ae ka nui ana o ka mahina, o Kukahi ia po
a pii hou aku ka mahuahua o ka mahina, o
Kulua ia po, pela aku o kukolu, pela aku no o
Kupau, pau na ku eha ia mau po

14 A mahuahua ae ka mahina o Olekukahi ia
po, a nui hou ae ka mahuahua ana o ka ma-
hina o Olekulua ia po, a pela aku o Olekukolu
a pela aku o Olepau, eha ia mau po, i na hu-
i pu keia mau po, ewalu ia mau po inoa
huihui

15 A i ka nalo ana ae o ka oioi o ke kihi o
ka mahina o Huna ia po, a hoonui hou ae ka
poepoe ana, o Mohalu ia, a mahuahua loa ka
poepoe ana o ua mahina la, o Hua ia,¹ a aka-
ka loa ka poepoe ana, o Akua ia po,² a o ka lua
o ka po, i maopopo ai ka poepoe ana o ka
mahina

16 Elua inoa ma ia po, ina i napoo ka ma-
hina mamua o ke ao ana, ua kapaia ka inoa
o Hoku palemo, aka, ina i ao e ka po ma-
hope ka napoo ana o ka mahina, ua kapaia
aku ia o Hoku ili ia po.

17 O ka lua o ka po ili ai, o Mahealani ia, ina
i hiki mai ka mahina mahope o ka pouli a-
na, o Kulua ia, o Ka lua o ka po i hiki pouli
mai ai ka mahina ma ka hikina o ka moku-
puni, o Laaukukahi ia, oia no ka po e pau
ai ka poepoe o ka mahina, a oioio³ hou, a oia
no hoi ka po, e hoomaka ai ka uuku hou
ana o ka mahina

18 A uuku hou ae ka mahina o Laaukulua

pi'i aku ka nui 'ana o ka mahina, 'o Kū Kahi ia pō;
a pi'i hou aku ka māhuahua o ka mahina, 'o
Kū Lua ia pō. Pēlā aku 'o Kū Kolu, pēlā aku nō 'o
Kū Pau. Pau nā Kū 'ehā [i] ia mau pō.

14. A māhuahua a'e ka mahina, 'o 'Ole Kū Kahi ia
pō; a nui hou a'e ka māhuahua 'ana o ka ma-
hina, 'o 'Ole Kū Lua ia pō; a pēlā aku 'o 'Ole Kū Kolu,
a pēlā aku 'o 'Ole Pau. 'Ehā ia mau pō. Inā hu-
i pū kēia mau pō, 'ewalu ia mau pō inoa
huihui.

15. A i ka nalo 'ana a'e o ka 'oi'oi o ke kihi o
ka mahina, 'o Huna ia pō; a ho'onui hou a'e ka
poepoe 'ana, 'o Mōhalu ia; a māhuahua loa ka
poepoe 'ana o ua mahina lā, 'o Hua ia; a akā-
ka loa ka poepoe 'ana, 'o Akua ia pō. A 'o ka lua
o ka pō i maopopo ai ka poepoe 'ana o ka
mahina,

16. 'elua inoa ma ia pō. Inā i napo'o ka ma-
hina ma mua o ke ao 'ana, ua kapa 'ia ka inoa
'o Hoku Palemo; akā, inā i ao 'ē ka pō, ma
hope ka napo'o 'ana o ka mahina, ua kapa 'ia
aku ia 'o Hoku Ili ia pō.

17. 'O ka lua o ka pō [i] ili ai, 'o Māhealani ia. Inā
i hiki mai ka mahina ma hope o ka pouli 'a-
na, 'o Kulu⁴ ia. 'O ka lua o ka pō i hiki pouli
mai ai ka mahina ma ka hikina o ka moku-
puni, 'o Lā'au Kū Kahi ia; 'o ia nō ka pō e pau
ai ka poepoe o ka mahina a 'oi'oi⁵ hou, a 'o ia
nō ho'i ka pō e ho'omaka ai ka 'u'uku hou
'ana o ka mahina.

18. A 'u'uku hou a'e ka mahina, 'o Lā'au Kū Lua

---

1. 12:15. A: o Hua ia **po**
2. 12:15. A: *nele 'o* "a akaka loa ka poepoe ana, o Akua ia po"
3. 12:17. A: oioi
4. 12:17. *ua ho'ololi 'ia 'o* "Kulua," *'o ia 'o* "Kulu" (*e nānā i ka paukū 36:65*)
5. 12:17. *ua ho'ololi 'ia 'o* "oioio," *'o ia 'o* "'oi'oi"

aa, pela aku o Laaupau, a kolu ia mau po
huihui i a mukou hou ka malama o Olekukahi
ia, pela aku o Olekulua, pela aku o Olepau a
kolu ia mau po huihui

19 A mukou hou ka malama, o Kaloakukahi ia
pela aku, o Kaloakulua ia, pela no Kaloapau
ekolu keia mau po huihui, i na lua po keia
pakolu huihui, aiwa keia mau po huihui

20 I na kiki mai ka malama ma ka wanaao
o Kane ia, o ka lua o ka po i kiki wanaao
ai, o Lono ia po, a kiki mai ka malama ma
ke ao loa ana; o Mauli ia po, i na uku ole ia
ka malama o Muku ia, alaila, pau na po o
ka malama hookahi, ke kau hku mau la
maloko o ka malama hookahi.

21 Maloko o keia mau la he kanakolu i
unuhi ia mai ai i mau po kapu, oia hoi
na po kaipule e hoomana ai i na akua kii
eha na kapu ma ka malama hookahi

22 Eia na inoa o ua mau kapu la, o ke ka
pu Nui, o ka lua, o ke kapu Hua, o ke kolu
o ke kapu Kaloa, o ka ha o ke kapu Kane

23 Ma ke kapu Nui, ekolu po e kapu ai
ma ka po o Hilo ke kapu ana, ma ke ao o Ku
lua inoa i, o ke kapu Hua, poalua ke kapu
ana, ma ka po o Mohalu e kapu ai, a ma ke
ao o Akua e noa i, o ke kapu Kaloa elua po
e kapu ai, ma ka po o Olepau e kapu ai,
a ma ke ao o Kaloa Kulua e noa ai, o ka kapu
Kane, elua po e kapu ai, ma ka po o Kane
e kapu ai, ma ke ao o Mauli e noa ai

ia, pela aku o Laaupau,[1] akolu ia mau pō
huihui, a uuku hou ka mahina, o Olekukahi
ia, pela aku o Olekulua, pela aku o Olepaua a
kolu ia mau po huihui

19 A uuku hou ka mahina, o Kaloakukahi ia
pela aku, o Kaloakulua ia, pela no Kaloapau
ekolu keia mau po huihui, ina hui pu keia
pakolu huihui, aiwa keia mau po huihui

20 Ina hiki mai ka mahina ma ka wanaao
o Kane ia, o ka lua o ka po i hiki wanaao
ai, o Lono ia po, a hiki mai ka mahina ma
ke ao loa ana, o Mauli ia po, ina i ike ole ia
ka mahina o Muku ia, alaila, pau na po o
ka malama hookahi, he kanakolu mau la
ma loko o ka malama hookahi.

21 Maloko o keia mau la he kanakolu i
unuhi ia mai ai i mau po kapu, oia hoi
na po haipule e hoomana ai i na 'kua kii
eha no kapu ma ka malama hookahi.

22 Eia na inoa o ua mau kapu la,[2] o ke ka
pu Ku, o ka lua, o ke kapu Hua, o ke kolu
o ke kapu Kaloa, o ka ha o ke kapu Kane

23 Ma ke kapu Ku, ekolu po e kapu ai
ma ka po o Hilo ke kapu ana, ma ke ao o Ku-
lua i noa'i, o ke kapu Hua, poalua ke kapu
ana, ma ka po o Mohalu e kapu ai, a ma ke
ao o Akua e noa'i, o ke kapu Kaloa elua po
e kapu ai, ma ka po, o Olepau e kapu ai,
a ma ke ao o Kaloa Kulua e noa ai, o ke kapu
Kane, elua po e kapu ai, ma ka po o Kane
e kapu ai, ma ke ao o Mauli e noa ai.

ia; pēlā aku 'o Lā'au Pau; 'akolu ia mau pō
huihui. A 'u'uku hou ka mahina, 'o 'Ole Kū Kahi
ia; pēlā aku 'o 'Ole Kū Lua; pēlā aku 'o 'Ole Pau. 'A-
kolu ia mau pō huihui.

19. A 'u'uku hou ka mahina, 'o Kāloa Kū Kahi ia;
pēlā aku 'o Kāloa Kū Lua ia; pēlā nō Kāloa Pau.
'Ekolu kēia mau pō huihui. Inā hui pū kēia
pākolu huihui, 'aiwa kēia mau pō huihui.

20. Inā hiki mai ka mahina ma ka wana'ao,
'o Kāne ia; 'o ka lua o ka pō i hiki wana'ao
ai, 'o Lono ia pō; a hiki mai ka mahina ma
ke ao loa 'ana, 'o Mauli ia pō. Inā i 'ike 'ole 'ia
ka mahina, 'o Muku ia. A laila, pau nā pō o
ka malama ho'okahi. He kanakolu mau lā
ma loko o ka malama ho'okahi.

21. Ma loko o kēia mau lā he kanakolu i
unuhi 'ia mai ai i mau pō kapu, 'o ia ho'i,
nā pō haipule e ho'omana ai i nā akua ki'i.
'Ehā nō kapu ma ka malama ho'okahi.

22. Eia nā inoa o ua mau kapu lā: 'o ke Ka-
pu Kū; 'o ka lua, 'o ke Kapu Hua; 'o ke kolu,
'o ke Kapu Kāloa; 'o ka hā, 'o ke Kapu Kāne.

23. Ma ke Kapu Kū, 'ekolu pō e kapu ai:
ma ka pō o Hilo ke kapu 'ana, [a] ma ke ao o Kū
Lua i noa [a]i. 'O ke Kapu Hua, pō 'alua ke kapu
'ana: ma ka pō o Mōhalu e kapu ai a ma ke
ao o Akua e noa [a]i. 'O ke Kapu Kāloa, 'elua pō
e kapu ai: ma ka pō o 'Ole Pau e kapu ai
a ma ke ao o Kāloa Kū Lua e noa ai. 'O ke Kapu
Kāne, 'elua pō e kapu ai: ma ka pō o Kāne
e kapu ai, ma ke ao o Mauli e noa ai.

---

1. 12:18. A: Laaupo
2. 12:22. A: ua mau **po** kapu la

24 Eha mau no ke kapu ana a pau, na malama ewalu ma ka makahiki hookahi; a ma ia mau malama ewalu he kanakolu kumamalua mau la pule ma ka makahiki hookahi

25 Eha mau malama i pule ole ia, no na oihana o ka makahiki, he mau pule no nae e pili ana i ka oihana o ka makahiki, me ka malama o ka Mahoehope e pau ai ka haipule ana, a na mea a pau, a koe o na akua akua wale no ke haipule mau

26. Ma ka malama o Ikuwa e kauwela ai ka makahiki, oia iho la no na malama e hoomaka ai, ka haipule ana, a no ka malama o Kaulua, alaila, hoi hou na lii me kahi poe kanaka i ka haipule, pela mau ka hana ana ma na wa o na makahiki

Mokuna XVII.

No na holoholona laka, a me na mea hihiu

1 O na Holoholona ma Hawaii nei, aole no i hai ia mai ka mea nana i lawe mai, na ka poe kahiko paha i lawe mai, no Hawaii nei no paha ia mau Holoholona, liilii, no hea mai la, na mea hihiu, i ma Hawaii nei?

2 I na no paha na ka poe kahiko i lawe mai keia mau holoholona liilii, no ke aha la i hiki ole mai ai ka holoholona nui iki ae ma Hawaii nei?

3 No ka moku paha o ko lakou waa i ho lo mai ai, a no ka makau paha i ke kai ua, a no ka pii hoihoi paha o lakou ia mai, oia paha ka mea i lawe mai ai

24 Pela mau no ke kapu ana a pau, na mala-
ma ewalu ma ka makahiki hookahi, a ma ia
mau malama ewalu he kanakolu kumamalua
mau la pule ma ka makahiki hookahi

25 Eha mau malama i pule ole ia, no na oi-
hana o ka makahiki, he mau pule no nae e pi-
li ana i ka oihana o ka makahiki, ma ka ma-
lama o ka Mahoehope e pau ai ka haipule a-
na, a na mea a pau, a koe o na kahu akua
wale no ke haipule mau

26. Ma ka malama o Ikuwa e kauwelu ai ka
makahiki, oia iho la no na malama e hoo-
maha ai, ka haipule ana, a ma ka malama o
Kaulua, alaila, hoi hou na 'lii me kahi poe
kanaka i ka haipule, pela mau ka hana
ana ma na wa o na makahiki

Mokuna XIII.
No na holoholona laka, a me na mea hihiu

1 O na Holoholona ma Hawaii nei, aole no
i hai ia mai ka mea nana i lawe mai, na
ka poe kahiko paha i lawe mai, no Hawaii
nei no paha ia mau Holoholona liilii, no
hea mai la, na mea hihiu ma Hawaii nei?

2 Ina no paha na ka poe kahiko [i] lawe mai
keia mau holoholona liilii, no ke aha la i
hiki ole mai ai ka holoholona nui iki
ae ma Hawaii nei?

3 No ka uuku paha o ko lakou waa i ho
lo mai ai, a no ka makau paha i ke ka
ua, a no ka pihoihoi paha o luku ia
mai, oia paha ka mea i lawe mai ai

24. Pēlā mau nō ke kapu 'ana a pau nā mala-
ma 'ewalu ma ka makahiki ho'okahi, a ma ia
mau malama 'ewalu he kanakolu kumamālua
mau lā pule ma ka makahiki ho'okahi.

25. 'Ehā mau malama i pule 'ole 'ia no nā 'oi-
hana o ka makahiki, he mau pule nō na'e e pi-
li ana i ka 'oihana o ka makahiki. Ma ka ma-
lama 'o ka Māhoehope e pau ai ka haipule 'a-
na a nā mea a pau, a koe 'o nā kahu akua
wale nō ke haipule mau.

26. Ma ka malama 'o 'Ikuā e kau welu ai ka
makahiki. 'O ia ihola nō nā malama e ho'o-
maha ai ka haipule 'ana. A ma ka malama 'o
Kaulua, a laila, ho'i hou nā ali'i me kahi po'e
kānaka i ka haipule. Pēlā mau ka hana
'ana ma nā wā o nā makahiki.

Mokuna XIII [13, Emerson13]
NO NĀ HOLOHOLONA LAKA, A ME NĀ MEA HIHIU

1. 'O nā holoholona ma Hawai'i nei, 'a'ole nō
i ha'i 'ia mai ka mea nāna i lawe mai. Na
ka po'e kahiko paha i lawe mai? No Hawai'i
nei nō paha ia mau holoholona li'ili'i? No
hea mai lā nā mea hihiu ma Hawai'i nei?

2. Inā nō paha na ka po'e kahiko i lawe mai
kēia mau holoholona li'ili'i, no ke aha lā i
hiki 'ole mai ai ka holoholona nui iki
a'e ma Hawai'i nei?

3. No ka 'u'uku paha o ko lākou wa'a i ho-
lo mai ai, a no ka maka'u paha i ke ka-
ua, a no ka pīhoihoi paha o luku 'ia
mai, 'o ia paha ka mea i lawe mai ai

i na Holoholona liilii wale no ma Hawaii
nei.

4 Eia na Holoholona ma Hawaii nei o
ka Puaa o Na mea nui iki ae, o Na ilio, Na
mea uuku iho, o Na moa Na manu laka
he mea uuku loa ia, o na manu hihiu
ma Na nahelehele, ua hea mai la ia, o
na mea Kolo ua hea mai la ia; i na pau
he aina Pelekiia mamua i na ua pau i Na
Pele

5 O Ka puaa Ka mea nui, he nui nae ke ano o
Ka puaa, ina i eleele a puni Ka hulu he hi-
wa paa ia puaa, ina i Keokeo a puni Ka
hulu, he haole ia puaa, ina i ehu Ka hulu
a puni, he ehu ia puaa, ina i onionio Ka
hulu ma Ka loa, he olomea ia puaa,

6 Ina i ahuehu ma Ke kikoala, he hulu
iwi ia puaa, i na i Keokeo mau ae, he ha-
hei ia puaa, i na i Kikokiko Ka hulu, he
Kikokiko no ia puaa,

7 Eia Keia, i na he puaa i puaa ia, he
puaa ia puaa, i na loloa na niho, he puko
a ia puaa, i na i Kahe ole ia, he kea
ia puaa, i na he puaa hou, he olii ia pu-
aa

8 Pela no na ilio, ua Kapaia ma ke
ano o Na lakou mau hulu, pela no na
moa, ua Kapaia ma ke ano o Ko lakou
mau hulu, e like me ke ano o na hu-
lu o lakou, pela no ke ano o na inoa
o lakou, aka, he mau manu hihiu

i na Holoholona liilii wale no ma Hawaii
nei.

4 Eia na Holoholona ma Hawaii nei o
ka Puaa o ka mea nui iki ae, o ka ilio, ka[1]
mea uuku iho, o ka moa ka manu laka
he mea uuku loa ia, o na manu hihiu
ma ka nahelehele, no hea mai la ia, o
na mea kolo no hea mai la ia? ina paha
he aina Pele keia mamua ina ua pau i ka
Pele

5 O ka puaa ka mea nui, he nui nae ke ano o
ka puaa, ina i eleele a puni ka hulu he hi-
wa paa[2] ia puaa, ina i keokeo a puni ka
hulu, he haole ia puaa, ina i ehu ka hulu
a puni, he ehu ia puaa, ina i onionio ka
hulu ma ka loa, he olomea ia puaa,

6 Ina i ehuehu ma ke kikala, he hulu
iwi ia puaa, ina i keokeo ma waena he ha
hei ia puaa, ina i kikokiko ka hulu,[3] he
kikokiko no ia puaa.

7 Eia keia, ina he puaa i pooa ia, he
poa ia puaa, ina loloa na niho, he puko
a ia puaa, ina i kahe ole ia, he kea
ia puaa, ina he puaa hou, he ohi ia pu-
aa

8 Pela no na ilio, ua kapaia ma ke
ano o ko lakou mau hulu, pela no na
moa,[4] ua kapaia ma ke ano o ko lakou
mau hulu, e like me ke ano o na hu-
lu o lakou, pela no ke ano o na inoa
o lakou, aka, he mau manu hihiu

i nā holoholona li'ili'i wale nō ma Hawai'i
nei.

4. Eia nā holoholona ma Hawai'i nei: 'o
ka pua'a, 'o ka mea nui iki a'e; 'o ka 'īlio ka
mea 'u'uku iho; 'o ka moa ka manu laka,
he mea 'u'uku loa ia. 'O nā manu hihiu
ma ka nāhelehele, no hea mai lā ia? 'O
nā mea kolo, no hea mai lā ia? Inā paha
he 'āina pele kēia ma mua, inā ua pau i ka
pele.

5. 'O ka pua'a ka mea nui; he nui na'e ke 'ano o
ka pua'a. Inā i 'ele'ele a puni ka hulu, he hi-
wa pa'a ia pua'a; inā i ke'oke'o a puni ka
hulu, he haole ia pua'a; inā i 'ehu ka hulu
a puni, he 'ehu ia pua'a; inā i 'ōni'oni'o ka
hulu ma ka loa, he olomea ia pua'a.

6. Inā i 'ehu'ehu ma ke kīkala, he hulu-
'iwi ia pua'a; inā i ke'oke'o ma waena, he ha-
hei ia pua'a; inā i kikokiko ka hulu, he
kikokiko nō ia pua'a.

7. Eia kēia: inā he pua'a i po'a[5] 'ia, he
po'a ia pua'a; inā loloa nā niho, he pūko-
'a ia pua'a; inā i kahe 'ole 'ia, he ke'a
ia pua'a; inā he pua'a hou, he ohi ia pu-
a'a.

8. Pēlā nō nā 'īlio, ua kapa 'ia ma ke
'ano o ko lākou mau hulu. Pēlā nō nā
moa, ua kapa 'ia ma ke 'ano o ko lākou
mau hulu. E like me ke 'ano o nā hu-
lu o lākou, pēlā nō ke 'ano o nā inoa
o lākou. Akā, he mau manu hihiu

---

1. 13:4. A: kahi
2. 13:5. C: *ua holoi 'ia he 'elua a 'ekolu paha hua ma hope o "paa"*
3. 13:6. A: puaa
4. 13:8. A: inoa
5. 13:7. *ua ho'ololi 'ia 'o "pooa," 'o ia 'o "po'a"*

Mokuna

9 Eia ka inoa o na manu hihiu nai ae, he
Nene, he ano o koa ko ka Nene, ua like
kona nui me ke Koloa Kahiki, he hulu
opulepule kona, he mau wawae kiowea
he loihi kona ai, ma ka wa e maunu ai
kona hulu, a hele oia malalo, a hahaiia e
ka poe hahai manu ma ka mauna, oia ka
wa e loaa ai, e hanaia kona hulu i mea
ka hili, ka hili kuai nui ia, he ono kona ki
no ke ai ia

10 O ka Alala, he ano e kona he uuku iho
kona kino e like me ka moa wahine pa-
ha, he eleele kona hulu, he nui kona
nuku, he mau manu ai ia keia, he ma-
nu wawahi huuwai ka Alala, ua ha-
naia kona hulu i ka hili, o ke kia a
me ke pahele kona mau mea e loaa ai, ia
manu

11 O ka Pueo, a me ka Io, ua like ko la-
ua ano he nui nae ke poo o ka Pueo, he
uuku ka Kaio, ua like ko laua kino me
ko ka Alala ka nui, he oniosnio ko laua
hulu, he nui na maka, he oioi ko laua
mai inu, e like me ko ka Popoki, e poi
no laua i ka iole, a me na manu liilii
oia ka laua ai, ua hanaia ko laua hu-
lu i mea ka hili, he ka hili maikai
ia manao ia ka Pueo he akua, no nui
ka poe e hoomana ia manu, o ke kia o
ka Pahele a me ke hahau ka mea e loaa

kekahi

9 Eia ka inoa o na manu hihiu nui ae, he
Nene he ano okoa ko ka Nene, ua like
kona nui me ke Koloa kahiki, he hulu
opulepule kona, he mau wawae kiowea
he loihi kona ai, ma ka wa e maunu ai
kona hulu, a hele oia malalo, a hahaiia e
ka poe hahai manu ma ka mauna, oia ko
na[1] wa e loaa ai, e hanaia kona hulu i mea
kahili, [he] kahili kuai nui ia, he ono kona ki
no ke ai ia

10 O KalAlala,[2] he ano e kona he uuku iho
kona kino e like me ka moa wahine pa-
ha, he eleele kona hulu, he nui kona
nuku, he mau manu ai ia keia, he ma-
nu wawahi huewai ka Alala, ua ha-
na ia kona hulu i kahili, o ke Kia a
me Ke pahele kona mau mea e loaa ai ~~ia~~
~~manu~~

11 O ka Pueo, a me Ka Io, ua like ko la
ua ano he nui nae ke poo o ka Pueo, he
uuku ko Ka io, ua like ko laua kino me
ko ka Alala ka nui, he onionio ko laua
hulu, he nui na maka, he oioi ko laua
maiuu, e like me ko ka Popoki, e poi
no laua i ka iole, a me na manu liilii,
oia ka laua ai, ua hana ia ko laua hu-
lu i mea kahili, he kahili maikai
ua manao ia ka Pueo he akua, ua nui
ka poe e[3] hoomana ia manu, o ke Kia o
ka Peheu a me ka hahau ka mea e loaa

kekahi.

9. Eia ka inoa o nā manu hihiu nui a'e. He
nēnē. He 'ano 'oko'a ko ka nēnē: ua like
kona nui me ke koloa kahiki, he hulu
'ōpulepule kona, he mau wāwae kioea,
he lō'ihi kona 'ā'ī. Ma ka wā e māunu ai
kona hulu, a hele 'o ia ma lalo a hahai 'ia e
ka po'e hahai manu ma ka mauna, 'o ia ko-
na wā e loa'a ai. E hana 'ia kona hulu i mea
kāhili, he kāhili kū'ai nui 'ia. He 'ono kona ki-
no ke 'ai 'ia.

10. 'O ka 'alalā,[4] he 'ano 'ē kona. He 'u'uku iho
kona kino, e like me ka moa wahine pa-
ha. He 'ele'ele kona hulu, he nui kona
nuku. He mau manu 'ai 'ia kēia; he ma-
nu wāwahi huewai ka 'alalā. Ua ha-
na 'ia kona hulu i kāhili. 'O ke kia a
me ke pahele kona mau mea e loa'a ai.

11. 'O ka pueo a me ka 'io, ua like ko lā-
ua 'ano, he nui na'e ke po'o o ka pueo, he
'u'uku ko ka 'io. Ua like ko lāua kino me
ko ka 'alalā ka nui. He 'ōni'oni'o ko lāua
hulu, he nui nā maka, he 'oi'oi ko lāua
māi'u'u, e like me ko ka pōpoki. E po'i
nō lāua i ka 'iole a me nā manu li'ili'i,
'o ia kā lāua 'ai. Ua hana 'ia ko lāua hu-
lu i mea kāhili; he kāhili maika'i.
Ua mana'o 'ia ka pueo he akua; ua nui
ka po'e e ho'omana [i] ia manu. 'O ke kia, 'o
ka pēheu,[5] a me ka hahau ka mea e loa'a

---

1. 13:9. C: *ua holoi 'ia 'o "na," a laila, ua kākau hou 'ia*
2. 13:10. A: *ka Alala*
3. 13:11. A: *nele*
4. 13:10. *ua ho'ololi 'ia 'o "KaLAlala," 'o ia 'o "ka 'alalā"*
5. 13:11. *'o "pēheu pueo" ka inoa piha (Ka Hae Hawaii, 20 Mei, 1857). me he mea lā, he 'ano pehe manu kēia
(e nānā i kā Andrews ma lalo o "PE-HE-A-PU-E-O" [sic])*

ai laua.

12 O ka Moho he manu lele ole ia ma luna, he holo
wale no ma kona helehele ia manu, no ka nui ole o ko
na hulu, he maikai kona mau maka, ua kokoke
paha ia e like me ka Alala; he hana puka ia kona
mea e loaa'i he manu ai ia no keia, aole elele he
ia poe manu makai ma ka na helehele wale
no e noho ai no ke kau maha o kona hulu ke pii
lu i ke kai.

13 Eia na manu kukui kuli iho ua like me ka
moa piopio ke kahi mau manu, a uuku iho ke
kahi poe manu, o ka Ou, ua like ia me ka
moa piopio, he omaomao kona hulu he
manu ono ke ai ia, o ke kapili ke pau ka mea
e loaa i ia manu.

14 O ka Omao ke kahi manu, e like me ka Ou
he elele kona hulu he manu ono keia ke ai ia
o ke kawili; me ke pahele kona mea e loaa
o ka Oo me ka Mamo, he mau manu ano like
laua, he uuku iho laua, ma lalo iho o ka Ou he
elele ko laua hulu, he oioi ka nuku, he manu
ono no ke ai ia; he hana ia ko laua hulu i ka hili
nui nana liilii ka hulu malalo iho o ko laua mau
eheu a me ko laua puapua, he hulu maikai ia,
he hulu melemele, he hulu hana ia i ka ahuula
oia ke kapa ona koa i ka wa kaua, a he hulu ha
na ia i mea lei no na lii wahine, a me na wa
hine koikoi, a i lei no ke akua makahiki, he
nui no na mea e pono i kela mau manu
o ke kapili kepau me ke kia ka mea e loaa i
15 O ka iwi; he ulaula ka hulu oia manu; he

ai laua

12 O ka Moho he manu lele ole ia ma luna, he kolo
wale no ma ka nahelehele ia manu, no ka nui ole o ko
na hulu, he maikai kona mau maka, ua kokoke
paha ia e like me ka Alala, he hana puka ia kona
mea e loa ai[1] he manu ai ia no keia, aole e lele ke
ia poe manu ma kai ma ka nahelehele wale
no e noho ai no ke kaumaha o kona hulu ke pu
lu i ke kai

13 Eia na manu hihiu liilii iho ua like me ka
moa piopio kekahi mau manu, a uuku iho ke
kahi poe manu, o ka Ou, ua like ia me ka
moa piopio, he omaomao kona hulu he
manu ono ke ai ia, o ke kapili kepau ka mea
e loa ai[2] ia manu

14 O ka Omao kekahi manu, e like me ka Ou
he eleele kana[3] hulu he manu ono keia ke ai ia
o ke kawili, me ke pahele kona mea e loa ai
o ka Oo me ka Mamo, he mau manu ano like
laua, he uuku iho laua, ma lalo iho o ka Ou, he
eleele ko laua hulu, he oioi ka nuku, he manu
ono no ke ai ia, he hana ia ko laua hulu i kahili
nui no na lii, o ka hulu malalo iho o ko laua mau
eheu, a me ko laua puapua, he hulu maikai ia,
he hulu melemele, he hulu hana ia i Ahuula
oia ke kapa o na koa i ka wa kaua, a he hulu ha
na ia i mea lei no na lii wahine, a me na wa
hine koikoi, a i lei no ke akua makahiki, he
nui no na mea e pono i kela mau manu
o ke kapili kepau me ke kia ka mea e loa[4] ai

15 O ka iwi, he ulaula ka hulu oia manu, he

ai lāua.

12. 'O ka moho, he manu lele 'ole ia ma luna; he kolo
wale nō ma ka nāhelehele ia manu no ka nui 'ole o ko-
na hulu. He maika'i kona mau maka. Ua kokoke
paha ia e like me ka 'alalā. He hana puka 'ia kona
mea e loa['a] ai. He manu 'ai 'ia nō kēia. 'A'ole e lele kē-
ia po'e manu ma kai; ma ka nāhelehele wale
nō e noho ai no ke kaumaha o kona hulu ke pu-
lu i ke kai.

13. Eia nā manu hihiu li'ili'i iho. Ua like me ka
moa piopio kekahi mau manu, a 'u'uku iho ke-
kahi po'e manu. 'O ka 'ō'ū, ua like ia me ka
moa piopio, he 'ōma'oma'o kona hulu. He
manu 'ono ke 'ai 'ia. 'O ke kāpili kēpau ka mea
e loa['a] ai ia manu.

14. 'O ka 'ōma'o kekahi manu e like me ka 'ō'ū.
He 'ele'ele kona[5] hulu. He manu 'ono kēia ke 'ai 'ia.
'O ke kāwili me ke pahele kona mea e loa['a] ai.
'O ka 'ō'ō me ka mamo, he mau manu 'ano like
lāua. He 'u'uku iho lāua, ma lalo iho o ka 'ō'ū. He
'ele'ele ko lāua hulu, he 'oi'oi ka nuku. He manu
'ono nō ke 'ai 'ia. He hana 'ia ko lāua hulu i kāhili
nui nō nā ali'i. 'O ka hulu ma lalo iho o ko lāua mau
'ēheu a me ko lāua puapua, he hulu maika'i ia,
he hulu melemele, he hulu hana 'ia i 'ahu 'ula
('o ia ke kapa o nā koa i ka wā kaua) a he hulu ha-
na 'ia i mea lei no nā ali'i wāhine a me nā wā-
hine ko'iko'i, a i lei no ke akua makahiki. He
nui nō nā mea e pono i kēlā mau manu.
'O ke kāpili kēpau me ke kia ka mea e loa['a] ai.

15. O ka 'iwi, he 'ula'ula ka hulu o ia manu, he

---

1. 13:12. A: loa[a]ai
2. 13:13. A: loaa ai
3. 13:14. A: kona
4. 13:14. A: loaa
5. 13:14. *ua ho'ololi 'ia 'o "kana," 'o ia 'o "kona"*

loihi kona nuku, he hana ia kona hulu i ka A
hula; he manu ono keia, o ke kapili ke pau
ka mea e loaa ai; o ka Apapane me ka Akikipolena
he ulaula ka hulu oia mau manu, he Ula kahi ma
nu; he eleele kona hulu, he ulaula ka nuku me
ka maka me ka wawae, he punana moe aoao
kona; he manu kaulana keia ma na mele
he Ula kahi manu ua like ia me ka Ou, he Akohe
kohe kahi manu, ma ka honua kona puna
na e moe ai; ke Mu kahi manu, he lena kona
hulu, o ka Amakihi Akihialoa, he mau manu
hulu lenalena ia, he maunanu ono no keai ia, o ke
kapili ke pau ka mea e loaa ai

16 O ka Elepaio, he manu ia no ia, he Iao, kahi ma
nu, ua like ia me ka Moho, ma ke kua kona maka
ke nana, he Kakawahie kahi manu, he Ke, kahi ma
nu, he manu uuku keia malalo ona manu a
pau, ma ka na helehele wale no keia mau ma
nu e noho ai, aole e lele ma kai

17 Eia kekahi mau manu, e noho ana ma ka loko
wai, a me ka loko wai o ka Alae, he eleele kona
hulu, he lena kona mau wawae, he ulaula ko
na lae keokeo kahi Alae, ua manao ia keia
manu, he akua, ua nui ka poe hoomana
i keia manu, ua like kona nui me ke kahi
manu wahine, he manu ono no ke ai ia, o ke
alualu a me ka pehi ka mea e loaa ai

18 O ke Koloa, he opulepule kona hulu, he pa
lahalaha kona nuku, he peheu na kapu
ai wawae ona; he manu ono ke ai ia, o ka pehi
me ka haoa ka mea e loaa ai; ke Aukuu

loihi kona nuku, he hana ia kona hulu i ka A
huula, he manu ono ke ai ia o ke kapili kepau
ka mea e loa¹ ai, o ka Apapane me ka Akihipolena
he ulaula ka hulu oia mau manu, he Ula kahi ma
nu, he eleele kona hulu, he ulaula ka nuku me
ka maka me ka wawae, he punana moe aoao
kona, he manu kaulana keia ma na mele
he U,'a² kahi manu ua [like] ia me ka Ou, he Akohe
kohe kahi manu, ma ka honua kona³ puna
na e moe ai, he Mu kahi manu, he lena kona
hulu, o ka Amakihi Akihialoa,⁴ he mau manu
hulu lenalena ia, he ma[u] manu ono no ke ai ia, o ke
kapili kepau ka mea e loa ai

16 O ka Elepaio, he manu ai ia no ia, he Iao, kahi ma
nu, ua like ia me ka Moho, ma ke kua kona maka
ke nana, he Kakawahie kahi manu, he Ki⁵ kahi ma
nu, he manu uuku keia malalo o na manu a
pau, ma ka nahelehele wale no keia mau ma
nu e noho ai, aole e lele ma kai

17 Eia kekahi mau manu, e noho ana ma ka loko
kai, a me ka loko wai o ka Alae, he eleele kona
hulu, he lena kona mau wawae, he ulaula ko
na lae keokeo kahi Alae, ua manao ia keia
manu, he akua, ua nui ka poe hoomana
i keia manu, ua like kona nui me kekahi
moa wahine, he manu ono no ke ai ia o ke
alualu a me ka pehi ka mea e loa¹ ai.

18 O ke Koloa, he opulepule kona hulu, he pa
lahalaha kona nuku, he peheu na kapu
ai wawae ona, he manu ono ke ai ia, o ka pehi
me ka haoa ka mea e loa¹ ai, he Aukuu

lō'ihi kona nuku. He hana 'ia kona hulu i ka 'a-
hu 'ula. He manu 'ono ke 'ai 'ia. 'O ke kāpili kēpau
ka mea e loa['a] ai. 'O ka 'apapane me ka 'akihi pōlena,
he 'ula'ula ka hulu o ia mau manu. He 'ula kahi ma-
nu, he 'ele'ele kona hulu, he 'ula'ula ka nuku me
ka maka me ka wāwae. He pūnana moe 'ao'ao
kona. He manu kaulana kēia ma nā mele.
He u'a⁶ kahi manu, ua like ia me ka 'ō'ū. He 'ākohe-
kohe kahi manu; ma ka honua kona pūna-
na e moe ai. He mū kahi manu, he lena kona
hulu. 'O ka 'amakihi, 'akihi a loa, he mau manu
hulu lenalena ia, he mau manu 'ono nō ke 'ai 'ia. 'O ke
kāpili kēpau ka mea e loa['a] ai.

16. 'O ka 'elepaio, he manu 'ai 'ia nō ia. He 'iao kahi ma-
nu, ua like ia me ka moho, ma ke kua kona maka
ke nānā. He kākāwahie kahi manu. He kī kahi ma-
nu, he manu 'u'uku kēia ma lalo o nā manu a
pau. Ma ka nāhelehele wale nō kēia mau ma-
nu e noho ai, 'a'ole e lele ma kai.

17. Eia kekahi mau manu e noho ana ma ka loko
kai a me ka loko wai. 'O ka 'alae, he 'ele'ele kona
hulu, he lena kona mau wāwae, he 'ula'ula ko-
na lae. Ke'oke'o kahi 'alae. Ua mana'o 'ia kēia
manu he akua; ua nui ka po'e ho'omana
i kēia manu. Ua like kona nui me kekahi
moa wahine. He manu 'ono nō ke 'ai 'ia. 'O ke
alualu a me ka pehi ka mea e loa['a] ai.

18. 'O ke koloa, he 'ōpulepule kona hulu, he pā-
lahalaha kona nuku, he pēheu nā kapu-
a'i wāwae ona. He manu 'ono ke 'ai 'ia. 'O ka pehi
me ka haoa ka mea e loa['a] ai. He 'auku'u,

---

1. 13:15, 13:18. A: loaa
2. 13:15. A: Ua
3. 13:15. A: kana
4. 13:15. A: Akihiloa
5. 13:16. A: Ke
6. 13:15. *ua ho'ololi 'ia 'o* "U,'a" *[sic], 'o ia 'o* "u'a"

he ahinahina ka hulu o ia manu, he loihi ka
ai me ka nuku, he ono ke ai ia, ua like ko
na nui me ka Pueo, he manu ai Anae keia
he pehu paha ka mea e loaai.

18 O ke Kukuluaeo, he manu ano ke ai ia, he lo
loa kona mau wawae, o ka pehu ka mea e loaai
he Kioea, he manu ano no ke ai ia, he Kolea, he
manu ono no ke ai ia, o ka pio me ka huua
ka mea e loaai.

20 Eia na manu lu kai, he Uau, he keokeo
kona alo, he eleele ahinahina ke kua, he loi
hi ka nuku, a ka welau iwi iho, he manu
ono loa ke ai ia, ua like kona nui me ka Io, o
he Kiki, me ka Ao, me ka Liolio, ua like no keia
mau manu me ka Uau, he uliuli nae ke
kua, he manu ono ke ai ia, he upena, a me ke
nao ka mea e loaai

21 O ka Ouou, he manu eleele ia a puni, he
uku ia, malalo o ka Uau, he manu ono no ke
ai ia, he nao ka mea e loaai, he Pega ka kai a
ke manu uku ia malalo o ka Ouou, he keokeo
kona alo, he eleele ke kua, he ono ke ai ia, he upe
na ka mea e loaai

22 O ke Koae, he manu keokeo ia a puni, he loi
hi kona kioo, he hana ia i mea ka hili, ua like
kona nui me ka Uau, he ono ke ai ia, o ka Oio
he opulepule kona hulu, me he Nene
la, ua like kona nui me ka Uau he ono
ke ai ia, o keia poe manu apau, aia no ma
ka moana e noho mau ai i ka po, a ma
ke ao, lele mau no i ka moana, e imi i ka ia

he ahinahina ka hulu oia manu, he loihi ka
ai me ka nuku, he ono ke ai ia, ua like ko
na nui me ka Pueo, he manu ai Anae keia
he pehi paha[1] ka mea e loa ai.[2]

19 O ke Kukuluaeo, he manu ono ke ai ia, he lo
loa kona mau wawae, o ka pehi ka mea e loa ai[2]
he Kioea, he manu ono no[3] ke ai ia, he Kolea, he
manu ono no ke ai ia, o ka pio me ka haoa
ka mea e loa ai[2]

20 Eia na manu luu kai, he Uau, he keokeo
kona alo, he eleele ahinahina ke kua, he loi
hi ka nuku, a ka welau iwi iho, he manu
ono loa ke ai ia, ua like kona nui me ka Io, o
ke Kiki, me ka Ao, me ka Liolio, ua like no keia
mau manu me ka Uau, he uliulu nae ke
kua, he manu ono ke ai ia, he upena, a me ke
nao ka mea e loa ai[2]

21 O ka Ouou, he manu eleele ia a puni, he
uuku ia, malalo o ka Uau, he manu ono no ke
ai ia, he nao ka mea e loa ai,[2] he Pu[h]aakakaiea
he manu uuku ia malalo o ka Ouou, he keokeo
kona alo, he eleele ke kua, he ono ke ai ia, he upe
na ka mea e loa ai

22 O ke Koae, he manu keokeo ia a puni, he loi
hi kona koo, he hana ia i mea kahili, ua like
kona nui me ka Uau, he ono ke ai ia, o ka Oio
he opulepule ~~kona~~ kona hulu, me he Nene
la, ua like kona nui me ka Uau he ono
ke ai ia, o keia poe manu apau, aia no ma
ka mauna e noho mau ai i ka po, a ma
ke ao, lele mau no i ka moana, e imi i ka ia

he ʻāhinahina ka hulu o ia manu, he lōʻihi ka
ʻāʻī me ka nuku, he ʻono ke ʻai ia. Ua like ko-
na nui me ka pueo. He manu ʻai ʻanae kēia.
He pehi paha ka mea e loa[ʻa] ai.

19. ʻO ke kukuluaeʻo, he manu ʻono ke ʻai ia. He lo-
loa kona mau wāwae. ʻO ka pehi ka mea e loa[ʻa] ai.
He kioea, he manu ʻono nō ke ʻai ia. He kōlea, he
manu ʻono nō ke ʻai ia. ʻO ka piʻo me ka haoa
ka mea e loa[ʻa] ai.

20. Eia nā manu luʻu kai: he ʻuaʻu, he keʻokeʻo
kona alo, he ʻeleʻele ʻāhinahina ke kua, he lōʻi-
hi ka nuku a ka wēlau iwi iho. He manu
ʻono loa ke ʻai ia. Ua like kona nui me ka ʻio. ʻO
ke kīkī, me ka ʻaʻo, me ka liʻoliʻo, ua like nō kēia
mau manu me ka ʻuaʻu; he uliuli[4] naʻe ke
kua. He manu ʻono ke ʻai ia. He ʻupena a me ke
nao ka mea e loa[ʻa] ai.

21. ʻO ka ʻouʻou, he manu ʻeleʻele ia a puni; he
ʻuʻuku ia ma lalo o ka ʻuaʻu. He manu ʻono nō ke
ʻai ia. He nao ka mea e loa[ʻa] ai. He *pūhaʻakakaiea*,
he manu ʻuʻuku ia ma lalo o ka ʻouʻou, he keʻokeʻo
kona alo, he ʻeleʻele ke kua. He ʻono ke ʻai ia. He ʻupe-
na ka mea e loa[ʻa] ai.

22. ʻO ke koaʻe, he manu keʻokeʻo ia a puni. He lōʻi-
hi kona koʻo, he hana ʻia i mea kāhili. Ua like
kona nui me ka ʻuaʻu. He ʻono ke ʻai ia. ʻO ka ʻoio,
he ʻōpulepule kona hulu me he nēnē
lā; ua like kona nui me ka ʻuaʻu; he ʻono
ke ʻai ia. ʻO kēia poʻe manu a pau, aia nō ma
ka mauna e noho mau ai i ka pō; a ma
ke ao, lele mau nō i ka moana e ʻimi i ka iʻa

---

1. 13:18. A: *nele*
2. 13:18, 13:19. A: loaa ai
3. 13:19. A: *nele*
4. 13:20. *ua hoʻololi ʻia ʻo* "uliulu," *ʻo ia ʻo* "uliuli"

ä mea ai nana

23 Eia keia poe manu mai ka lewa mai lakou,
he Kaupu, he eleele kona hulu apuni, he nui
ka nuku, ua like kona nui me ka Palahu, he
Uaukewai he manu nui noia e like me ke Kaupu
he keokeo kona alo, a me na e heu, he eleele ke kua
he A, he manu nui noia e like me ke Kaupu
he keokeo kona hulu apuni, ke Moli, he manu
nui no e like me ke Kaupu, ke Iwa, he manu nui
noia e like me ke Kaupu; he eleele kona hulu, ke
maka kahi hulu ona, he mea, hana ia i Kahili.
he mau manu kuaia keia ma luna o ke akua
makahiki, he manu ono no ke ai ia, ma Kaula
a ma Nihoa e loaa nui ai keia mau manu i ka
kopu lima; o ka Noio, he manu uuku ia e like
me ke Kolea, he keokeo kona lae; o ke Kala, ua li
ke ia me ka Noio, he poe manu ono keia ke ai ia
mai ke kai mai keia poe manu

24 Eia na manu ai ole ia, he Opeapea, he Pinao, he O
kai, he Lepelepeohina, he Pulelehua, he Nalo, he
Nalopaka he mau mea ai ole ia keia o ka Uhini
nae ka mea ai ia

25 Eia na mea kolo hihiu, he Pole, he Mookaula
he Mookaula he Elelu, he Pokipoki, he Koe, he Lo,
he Aha, he Punaweleweie, he Lalana, he Nuhe, he
Poki, he Naonao, he Mu, he Kuapaa, he Ukupoo,
he Ukukapa.

26 No hea mai la keia mau mea liilii, i lawe
ia mai paha, no ka Aina mai no paha, no
hea mai la? eia na holoholona hou mai, no na
aina e mai, ua hiki mai i ka wa o Kamehameha I

i mea ai nana

23 Eia keia poe manu mai ka lewa mai lakou,
he Kaupu, he eleele kona hulu a puni, he nui
ka nuku, ua like kona nui me ka Palahu, he
Uaukewai he manu nui no ia e like me ke Kaupu,
he keokeo kona alo, a me na eheu, he eleele ke kua
he A, he manu nui no ia e like me ke Kaupu
he keokeo kona hulu[1] apuni, he Moli, he manu
nui no[2] e like me ke Kaupu, he Iwa, he manu nui
no ia e like me ke Kaupu, he eleele kona hulu, he
maoha kahi hulu ona, he mea hana ia i kahili[3]
he mau manu kauia keia ma luna o ke akua
makahiki, he manu ono no ke ai ia, ma Kaula
a ma Nihoa e loaa nui ai keia mau manu i ka
hopu lima, o ka Noio, he manu uuku ia e like
me ke Kolea, he keokeo kona lae, o ke Kala, ua li
ke ia me ka Noio, he poe manu ono keia ke ai ia
mai ke kai mai keia poe manu

24 Eia na manu ai ole ia, he Opeapea, he Pinao, he O
kai, he Lepelepeohina, he Pulelehua, he Nalo, he
Nalopaka he mau mea ai ole ia keia o ka Uhini
nae ka mea ai ia

25 Eia na mea kolo hihiu, he Iole, he Mookaala
he Mookaula he Elelu, he Pokipoki, he Koe, he Lo,
he Aha, he Punawelewele, he Lalana, he Nuhe,[4] he
Poko, he Naonao, he Mu, he Kuapaa, he Ukupoo,
he Ukukapa.

26 No hea mai la keia mau mea liilii, i lawe
ia mai paha,[5] no ka Aina mai no paha, no
hea mai la? eia na holoholona hou mai, no na
aina e mai, ua hiki mai i ka wa o Kamehame[6] I

i mea 'ai nāna.

23. Eia kēia po'e manu mai ka lewa mai lākou.
He ka'upu, he 'ele'ele kona hulu a puni, he nui
ka nuku, ua like kona nui me ka palahū. He
'ua'u kēwai, he manu nui nō ia e like me ke ka'upu,
he ke'oke'o kona alo a me nā 'ēheu, he 'ele'ele ke kua.
He 'ā, he manu nui nō ia e like me ke ka'upu,
he ke'oke'o kona hulu a puni. He mōlī, he manu
nui nō e like me ke ka'upu. He 'iwa, he manu nui
nō ia e like me ke ka'upu, he 'ele'ele kona hulu. He
ma'oha kahi hulu ona, he mea hana 'ia i kāhili.
He mau manu kau 'ia kēia ma luna o ke akua
makahiki; he manu 'ono nō ke 'ai 'ia. Ma Ka'ula
a ma Nihoa e loa'a nui ai kēia mau manu i ka
hopu lima. 'O ka noio, he manu 'u'uku ia e like
me ke kōlea, he ke'oke'o kona lae. 'O ke kala, ua li-
ke ia me ka noio. He po'e manu 'ono kēia ke 'ai 'ia.
Mai ke kai mai kēia po'e manu.

24. Eia nā manu 'ai 'ole 'ia: he 'ōpe'ape'a, he pinao, he 'ō-
ka'i, he lepelepeohina; he pulelehua, he nalo, he
nalo paka; he mau mea 'ai 'ole 'ia kēia. 'O ka 'ūhini
na'e ka mea 'ai 'ia.

25. Eia nā mea kolo hihiu: he 'iole, he mo'o ka'alā,
he mo'o kāula, he 'elelū, he pokipoki, he ko'e, he lō,
he 'aha, he pūnāwelewele, he lalana, he nuhe, he
poko, he naonao, he mū, he kuapa'a, he 'uku po'o,
he 'uku kapa.

26. No hea mai lā kēia mau mea li'ili'i? I lawe
'ia mai paha; no ka 'āina mai nō paha; no
hea mai lā? Eia nā holoholona hou mai, no nā
'āina 'ē mai; ua hiki mai i ka wā o Kamehame[ha] I

---

1. 13:23. A: huli
2. 13:23. A: no **ia**
3. 13:23. A: **ke** kahili
4. 13:25. A: Enuhe
5. 13:26. A: e lawe ia mai **ai**
6. 13:26. A: Kameham**eha**

a me Kamehameha akolu nei, o ka Pipi ke holoho-
lona nui ia; he mau kiao loihi ma kona poo, ke ono
kona io ke ai, a me ka waiu.

27 O ka Lio he holoholona nui ia; he noho ke kanaka
ma luna a holo, aole ona mau pepeiao hao ma ke poo
he Hoki me Kapiula, he lawe no laua i ke kanaka
ma ko laua kua, o ke kao, me ka Hipa, he mau mea
ono keia ke ai ia, o ka Popoki, me Nekeko kahi
mau holoholona; he Puaa kekahi me ka Ilio mai
na aina e mai keia mau mea.

28 Eia na manu mai na aina e mai, he Palahu
he Koloa, he manu omaomao he Moa no, he manu
onono

29 Eia na mea lele hou mai, he mau mea ai oleia
he Makika, Elelu liilii, Elelu papa Ukulele
Eia na mea kolo, he Iole laiki, ke ono ia ke ai ia, he Iole-
nui, he Iole liilii; he Kanapi he Moonihoawa, he
mau mea hou keia, e nui mai paha na mea hou
ma keia hope aku.

Mokuna XIV

Nona ai me na wai ma Hawaii nei

1 O ke Kalo ka ai i makemake nui ia ma Hawaii
nei, he ai ono ke kui poi, i mea pai, ai omao, i
koolau; i ai paa, o ka huli ko ke Kalo mea ka-
nu ia, a ulu mai a lilo i mea ai, he ai ia kona
lau, i luau; he ai ia kona ha, he ai ku ai nui ia
ke Kalo, no ka ono o ka poi; he luhi nae ka mao-
na o ka poi me ka hiamoe.

2 He nui no ke ano o ke Kalo, ua kapa ia no na
ka inoa ma kona ano, ina he Kalo eleele, he Kalo
eleele ia, ina he keokeo he Kalo keokeo ia, ina i ulaula

a me Kamehameha akolu nei,[1] o ka Bipi he holoho
lona nui ia, he mau hao loihi ma kona poo, he ono
kona io ke ai, a me ka waiu.

27 O ka Lio he holoholona nui ia, he noho ke kanaka
ma luna a holo, aole ona mau pepeiao hao ma ke poo
he Hoki me Ka piula, he lawe no laua i ke kanaka
ma ko laua kua, o Ke kao, me ka Hipa, he mau mea
ono keia ke ai ia, o ka Popoki, me Ke keko kahi
mau holoholona, he Puaa kekahi me ka Ilio mai
na aina e mai keia mau mea.

28 Eia na manu mai na aina e mai, he Palahu
he Koloa, he manu omaomao he Moa no, he manu
ono no.

29 Eia na mea lele hou mai, he mau mea ai ole ia
he Makika, Elelu liilii, Elelu papa Ukulele
Eia na mea kolo, he Iole la[pa]ki, he ono ia ke ai ia, he Iole
nui, he Iole liilii, he Kanapi he Moonihoawa, he
mau mea hou keia, e nui mai[2] paha na[3] mea hou
ma keia hope aku.

Mokuna XIV
No na ai me na wai ma Hawaii nei

1 O ke Kalo ka ai i makemake nui ia ma Hawaii
nei, he ai ono ke kui poi, i mea pai, ai [o]mao, i
holo ai, i ai paa, o ka huli ko ke Kalo mea ka
nu ia, a ulu mai, a lilo i mea ai, he ai ia kona
lau, i luau, he ai ia kona ha, he ai kuai nui ia
ke Kalo no ka ono o ka poi, he luhi nae ka mao-
na o ka poi me ka hiamoe.

2 He nui no ke ano o ke Kalo, ua kapa ia no nae
ka inoa ma kona ano, ina he Kalo eleele, he Kalo
eleele ia, ina he keokeo, he Kalo keokeo ia, i na i ulaula

a me Kamehameha 'Akolu nei. 'O ka bipi, he holoho-
lona nui ia, he mau hao lō'ihi ma kona po'o. He 'ono
kona 'i'o ke 'ai a me ka waiū.

27. 'O ka lio, he holoholona nui ia. He noho ke kanaka
ma luna a holo. 'A'ole ona mau pepeiaohao ma ke po'o.
He hoki me ka piula, he lawe nō lāua i ke kanaka
ma ko lāua kua. 'O ke kao me ka hipa, he mau mea
'ono kēia ke 'ai 'ia. 'O ka pōpoki me ke keko kahi
mau holoholona, he pua'a kekahi me ka 'īlio. Mai
nā 'āina 'ē mai kēia mau mea.

28. Eia nā manu mai nā 'āina 'ē mai: he palahū,
he koloa, he manu 'ōma'oma'o, he moa nō, he manu
'ono nō.

29. Eia nā mea lele hou mai, he mau mea 'ai 'ole 'ia:
he makika, 'elelū li'ili'i, 'elelū papa, 'uku lele.
Eia nā mea kolo: he 'iole lāpaki, he 'ono ia ke 'ai 'ia, he 'iole
nui, he 'iole li'ili'i, he kanapī, he mo'o niho 'awa. He
mau mea hou kēia. E nui mai paha nā mea hou
ma kēia hope aku.

Mokuna XIV [14, Emerson 14]
No nā 'Ai me nā Wai ma Hawai'i nei

1. 'O ke kalo ka 'ai i makemake nui 'ia ma Hawai'i
nei, he 'ai 'ono ke ku'i [i] poi, i mea pa'i, a i 'ōma'o, i
holo 'ai, i 'ai pa'a. 'O ka huli ko ke kalo mea ka-
nu 'ia a ulu mai a lilo i mea 'ai. He 'ai 'ia kona
lau i lū'au, he 'ai 'ia kona hā. He 'ai kū'ai nui 'ia
ke kalo no ka 'ono o ka poi. He luhi na'e ka mā'o-
na o ka poi me ka hiamoe.

2. He nui nō ke 'ano o ke kalo; ua kapa 'ia nō na'e
ka inoa ma kona 'ano. Inā he kalo 'ele'ele, he kalo
'ele'ele ia; inā he ke'oke'o, he kalo ke'oke'o ia; inā i 'ula'ula,

---

1. 13:26. A: *nele*
2. 13:29. A: e nui mai **ana**
3. 13:29. A: ua

he kalo ulaula ia, i na i lenalena, he kalo
he kalo lenalena ia; he nui no na inoa o ke
kalo ana kanaka i kapa ai, ua hana ia ke ka-
lo i kulolo, i apu kalo nana lapaau mai, he
nui na hana e pono i keia ai

3 He Uala kahi ai ma Hawaii nei, he nui no
ke ano o ka Uala, ua kapa ia no nae ko na i-
noa ma kona ano like, e like me ka kapa ana
i ke kalo i na keokeo, i na eleele, i na ulaula, i
na lenalena na ano, pela no e kapa ai na Uala
ma kona ano like.

4 He nui no ka Uala ma na aina kula, he ha-
na ia ka Uala i mea poi; he pono no ke ai
maloeloe, he ono ke pulehu ia, he ai keu ai nui
ia, he maikai ke kino o ka mea ai Uala, he
lamalama ke kino, he inoino ke kino o kana
ka ai kalo poi.

5 He oo koke ka Uala ke kanu, ma ka lima o ka
malama paha ma ke ono o ka malama paha e oo
ai, he loihi ke oo ana o ke kalo, he umi ku ma
malua malama, e oo ke kalo, he maikai loa na
holoholona ai Uala, he ai ia ko ka Uala lau i
mea palula, ke awaawa koke nae ka Uala ke
lomi ia, he loihi ko ke kalo awaawa ana, ua mana-
nui na Aina kula i ka Uala, ua hana iu ka
Uala i kanu i keia wa, o ka lau o ka Uala ka
mea kanu ia, a hua mai a lilo i Uala.

6 O ka Uhi he kahi ai, o ke kino kona mea ka-
nu ia, a ulu mai, he ino koke ole ia ai ke wa
iho maka ia, he ai keu ole ia i ka poi, he ono nae
ke ai i ka, wa mahanahana, a me ka pulehu, he

he Kalo uᵴlaula ia, ina i lenalena, ~~he Kalo~~
he Kalo lenalena ia, he nui no na inoa o ke
Kalo a na kanaka i kapa ai, ua hana ia ke Ka-
lo i kulolo, i apu Kalo na na lapaau[1] mai, he
nui na hana e pono i keia ai

3 He Uala kahi ai ma Hawaii nei, he nui no[2]
ke ano o ka Uala, ua kapa ia no nae kona i
noa ma kona ano like, e like me ke kapa ana
i ke Kalo, ina keokeo, ina eleele, ina ulaula, i
na lenalena na ano, pela no e kapa ai na Uala
ma kona ano like.

4 He nui no ka Uala ma na aina kula, he ha
na ia ka Uala i mea poi, he pono no ke ai
maloeloe, he ono ke pulehu ia, he ai kuai nui
ia. he maikai ke kino o ka mea ai Uala, he
lamalama ke kino, he inoino ke kino o kana
ka ai kalo poi.[3]

5 He oo koke ka Uala ke kanu, ma ka lima o ka
malama paha ma ke ono o ka malama paha e oo
ai, he loihi ke oo ana o ke Kalo, he umikuma
malua malama, e[4] oo ke Kalo, he maikai loa na
holoholona ai Uala, he ai ia ko ka Uala lau i
mea palula, he awaawa koke nae ka Uala ke
lomi ia, he lohi ko [ke] kalo awaawa ana, ua manao
nui na Aina kula i ka Uala, ua hana ia ka
Uala i ł[r]ama[5] i keia wa, o ka lau o ka Uala ka
mea kanu ia, a hua mai a lilo i Uala.

6 O ka Uhi kekahi ai, o ke kino kona mea ka
nu ia, a ulu mai, he ino koke ole ia ai ke wa
iho maka ia, he ai kui ole ia i ka poi, he ono nae
ke ai i ka [wa] mahanahana, a me ka pulehu, he

he kalo ʻulaʻula ia; inā i lenalena,
he kalo lenalena ia. He nui nō nā inoa o ke
kalo a nā kānaka i kapa ai. Ua hana ʻia ke ka-
lo i kūlolo, i ʻapu kalo na nā lapaʻau maʻi. He
nui nā hana e pono i kēia ʻai.

3. He ʻuala kahi ʻai ma Hawaiʻi nei. He nui nō
ke ʻano o ka ʻuala, ua kapa ʻia nō naʻe kona i-
noa ma kona ʻano like, e like me ke kapa ʻana
i ke kalo. Inā keʻokeʻo, inā ʻeleʻele, inā ʻulaʻula, i-
nā lenalena nā ʻano, pēlā nō e kapa ai [i] nā ʻuala
ma kona ʻano like.

4. He nui nō ka ʻuala ma nā ʻāina kula. He ha-
na ʻia ka ʻuala i mea poi, he pono nō ke ʻai
māloʻeloʻe, he ʻono ke pūlehu ʻia. He ʻai kūʻai nui
ʻia. He maikaʻi ke kino o ka mea ʻai ʻuala, he
lamalama ke kino; he ʻinoʻino ke kino o kāna-
ka ʻai kalo poi.

5. He oʻo koke ka ʻuala ke kanu; ma ka lima o ka
malama paha, ma ke ono o ka malama paha e oʻo
ai. He lōʻihi ke oʻo ʻana o ke kalo, he ʻumi kuma-
mālua malama, e oʻo ke kalo. He maikaʻi loa nā
holoholona ʻai ʻuala. He ʻai ʻia ko ka ʻuala lau i
mea palula. He ʻawaʻawa koke naʻe ka ʻuala ke
lomi ʻia; he lohi ko ke kalo ʻawaʻawa ʻana. Ua manaʻo
nui nā ʻāina kula i ka ʻuala. Ua hana ʻia ka
ʻuala i lama i kēia wā. ʻO ka lau o ka ʻuala ka
mea kanu ʻia a hua mai a lilo i ʻuala.

6. ʻO ka uhi kekahi ʻai. ʻO ke kino kona mea ka-
nu ʻia a ulu mai. He ʻino koke ʻole ia ʻai ke wa-
iho maka ʻia. He ʻai kuʻi ʻole ʻia i ka poi, he ʻono naʻe
ke ʻai i ka wā māhanahana a me ka pūlehu. He

---

1. 14:2. A: no na kahuna lapaau
2. 14:3. A: nae
3. 14:4. A: ke kino o **ka mea** ai kalo poi
4. 14:5. A: *nele*
5. 14:5. A: lama

hanaia ka Uhi i mea inu no ka poe mai

7 O ka Uhi ke kahi ai, he laau ia i kanu ia
a hua mai no, he hua ono ke ka hia ia me ka
pulehu, he ono ke kui poi, a me ka pepeie, ua
ai nui ia keia ai e Manaha

8 O ka Maia kahi ai, o ke kino kona mea kanu
ia, a hua mai, he hua ono ke pulehu, me ke ka
lua, he ono loa ke pala, aole nae, e maopopo ka mao
na oia ai.

9 O ka Ohia kahi hua ai ia, he kino kona mea
kanu a hua mai, he hua ai maka ia ke pala mai

o ka Ipu, ke kahi mea ai ia, he ka lua ia kona ki-
no i mea pala ai

10 Eia na mea ai ia i ka wa wi, he Hapuu, he Mau
he Pii, aia ma ka Waomaukele keia poe laau e kii ai
he kalai i ke koi a pau ka iwi ma waho, alaila ka
lua i ka umu nui, mai ka po mai aao, a laila mau
o ka ai no ia, aole nae e maona pono oia ai.

11 O ke ki ke kahi mea ai ia, aia ma ka Waoakua ia
laau, o ke kohi i ke kumu malalo, a ka lua i ka umu
nui, mai ka po aao alaila moa o ka wai ka mea ai ia
aole e maona ia ai.

12 O ke Pia, he ai pono ke ka lua, he moa koke no eli
he me ka Uala, o ka Hoi, he hua awaawa ia, e ka
lua ia mea a moa, a kui i ka wai, a hookahekahe
ma ka aanui, a e ka wai, alaila manalo, o ka ai no
ia, he ai maona no hoi.

13 O ka Pala ke kahi ai, o ke kumu o kona ka, e
ka lua i ka umu a moa ai ae, he mea uliuli wale
ka Pala ma ka na helehele.

14 O ka Pia ke kahi ai, o ka hua kona mea kanu ia

hana ia ka Uhi i mea inu no ka poe mai

7 O ka Ulu kekahi ai, he laau ia i kanu ia
a hua mai no, he hua ono ke kalua ia me ka
pulehu, he ono ke kui poi, a me ka pepeiee, ua
ai nui ia keia ai e kanaka

8 O ka Maia kahi ai, o ke kino kona mea kanu
ia a hua mai, he hua ono ke pulehu, me ke ka
lua, he ono loa ke pala, aole nae, e maopopo ka mao
na oia ai.

9 O ka Ohia kahi hua ai ia, he kino kona mea
kanu a hua mai, he hua ai maka ia ke pala mai
o ka Ipu, kekahi mea ai ia, he kalua ia kona ki-
no i mea palaai

10 Eia na mea ai ia i ka wa wi, he Hapuu, he Ma'u,
he Iii, aia ma ka Waomaukele[1] keia poe laau e ku ai
he kalai i ke koi a pau ka iwi ma waho, alaila ka
lua i ka umu nui, mai ka po mai a ao, a laila moa
o ka ai no ia, aole nae e maona pono ia ai.

11 O ke Ki kekahi mea ai ia, aia ma ka Waoakua ia
laau, o ke kohi i ke kumu malalo, a kalua i ka umu
nui, mai ka po a ao alaila moa o ka wai ka mea ai ia
aole e maona ia ai.

12. O ke Pia, he ai pono ke kalua, he moa koke no e li
ke me ka Uala, o ka Hoi, he hua awaawa ia, e ka
lua ia mea a moa, a ku i ka wai, a hookahekahe
ma ka aa niu, a e hawai, alaila manalo, o ka ai no
ia, he ai maona nohoi.

13 O ka Pala kekahi ai, o ke kumu o kona ha, e
kalua i ka umu a moa ai ae, he mea ulu wale
ka Pala ma ka nahelehele.

14 O ka Pia ke kahi ai, o ka hua kona mea kanu ia

---

1. 14:10. A: waonahele

hana 'ia ka uhi i mea inu no ka po'e ma'i.

7. 'O ka 'ulu kekahi 'ai. He lā'au ia i kanu 'ia
a hua mai nō; he hua 'ono ke kālua 'ia me ka
pūlehu; he 'ono ke ku'i [i] poi a me ka pepeie'e. Ua
'ai nui 'ia kēia 'ai e kānaka.

8. 'O ka mai'a kahi 'ai. 'O ke kino kona mea kanu
'ia a hua mai; he hua 'ono ke pūlehu me ke kā-
lua, he 'ono loa ke pala; 'a'ole na'e e maopopo ka mā'o-
na o ia 'ai.

9. 'O ka 'ōhi'a kahi hua 'ai 'ia. He kino kona mea
kanu a hua mai, he hua 'ai maka 'ia ke pala mai.
'O ka ipu kekahi mea 'ai 'ia; he kālua 'ia kona ki-
no i mea pala'ai.

10. Eia nā mea 'ai 'ia i ka wā wī: he hāpu'u, he ma'u,
he 'i'i'i. Aia ma ka wao ma'ukele kēia po'e lā'au e kū ai.
He kālai i ke ko'i a pau ka iwi ma waho, a laila, kā-
lua i ka umu nui mai ka pō mai a ao, a laila, mo'a. 'O ka
'ai nō ia, 'a'ole na'e e mā'ona pono [i] ia 'ai.

11. 'O ke kī kekahi mea 'ai 'ia. Aia ma ka wao akua ia
lā'au. 'O ke kōhi i ke kumu ma lalo, a kālua i ka umu
nui mai ka pō a ao, a laila, mo'a. 'O ka wai ka mea 'ai 'ia;
'a'ole e mā'ona [i] ia 'ai.

12. 'O ke pi'a, he 'ai pono ke kālua, he mo'a koke nō e li-
ke me ka 'uala. 'O ka hoi, he hua 'awa'awa ia. E kā-
lua ia mea a mo'a, a kū i ka wai, a ho'okahekahe
ma ka 'a'a niu, a e hāwai, a laila, mānalo. 'O ka 'ai nō
ia, he 'ai mā'ona nō ho'i.

13. 'O ka pala kekahi 'ai. 'O ke kumu o kona hā, e
kālua i ka umu; a mo'a, 'ai a'e. He mea ulu wale
ka pala ma ka nāhelehele.

14. 'O ka pia kekahi 'ai. 'O ka hua kona mea kanu 'ia.

a ulu mai, aoao, eolo ma kia i ka pohaku, alaila kii i ka wai e like me ka Hoi, a ma nalo, a laila kunu wahi a moa ai, o ka Papapa me kenena, a me ka hoalii me Kekupala, me Kepulikilihi me kua hulu, he mea ai ia keia ma ka wa e wi ai.

15 Eia na ai hou, mai na aina e mai, he Palaoa, he Laiki, he Malakahiki, he Papapa, he Kulina, he Ipu Kahua, aai maka, a me na mea e he nui no.

16 Eia na wai ma Hawaii nei, o ka wai ua, mai ka lani mai, ua kapaia he wai maoli, o ka wai malalo mai o ka honua, ua kapaia he wai kai, o ka awa, ko Hawaii wai ona mai ka hikomia i keia wa, ua nui na mea ona hou, mai na aina e mai, he Rama Falani Kini.

18 Eia na mea ona imi hou ia, he Wini, i he Uala hoawaawa, he Ipu haole hoawaawaia me ka Ohia hoawaawa

Mokuna XV
No na Ia

1 O na Ia ma ko Hawaii nei kai, ua kee na ano o lakou a pau, o koa ke ano oke kahi Ia o koa loa ko ke kahi Ia, ua kapaia na mea a pau ma ke kai he Ia, o na mea holo a me na mea holo ole, aia no ke kahi mai Ia ma loko o ka wai mauka o ka aina.

2 O na limu ma ka wai, a ma ke kai, ua kapa ia he ia, he nui nae ke ano o na limu, ua kapaia ko lakou mau inoa ma ko lakou mau ano, ma ke ano ulaula, a eleele, ma ka ano o ka ai ana kahi i noa, o ka Opu o ka Opae na ia

a ulu mai, a oo, e olo maka i ka pohaku, a laila ku
i ka wai e like me ka Hoi, a manalo, a laila kunu
wahi[1] a moa ai, o ka Papapa me Ke nena, a me Ke
koali me Ke kupala, me Ke pulihilihi me Kua
hulu, he mea ai ia keia ma ka wa e wi ai.

15 Eia na ai hou, mai na aina e mai, he Pala
oa, he Laiki, he Uala kahiki, he Papapa, he Kuli
na, he Ipu kalua, a ai maka, a me na mea e ae
he nui no

16 Eia na wai ma Hawaii nei, o ka wai ua, mai
ka lani mai, ua kapaia he wai maoli, o ka wai
malalo mai o ka honua, ua kapaia he wai kai,
o ka awa ko Hawaii wai ona mai kahiko mai
i[2] keia wa, ua nui na mea ona hou, mai na
aina e mai, he Rama Falani[3] Kini.

17 Eia na mea ona i imi hou ia,[4] he Uiui~~ui~~ he
Uala hoawaawa, he Ipuhaole hoawaawa ia
me ka Ohia hoawaawa

Mokuna XV
No na Ia

1 O na Ia ma ko Hawaii nei kai, ua kuee na
ano o lakou a pau, okoa ke ano o kekahi Ia okoa
loa ko kekahi Ia, ua kapaia na mea apau
ma ke kai he Ia, o na mea holo a me na
mea holo ole, aia no kekahi mau Ia ma loko
o ka wai mauka o ka aina.

2 O na limu ma ka wai, a ma ke kai, ua kapa
ia he ia, he nui nae ke ano o na limu, ua ka
paia ko lakou mau inoa ma ko lakou mau
ano, ma ke ano ulaula, a eleele, ma ka ono o ka
ai ana kahi inoa, o ka Oopu o ka Opae na ia

A ulu mai a o'o, e olo maka i ka pōhaku, a laila, kū
i ka wai e like me ka hoi a mānalo; a laila, kunu
wahī a mo'a, 'ai. 'O ka pāpapa me ke nena a me ke
koali me ke kūpala me ke pūlihilihi me kua-
hulu, he mea 'ai 'ia kēia ma ka wā e wī ai.

15. Eia nā 'ai hou mai nā 'āina 'ē mai: he pala-
oa, he laiki, he 'uala kahiki, he pāpapa, he kūli-
na, he ipu kālua a 'ai maka, a me nā mea 'ē a'e
he nui nō.

16. Eia nā wai ma Hawai'i nei: 'o ka wai ua mai
ka lani mai, ua kapa 'ia he wai maoli; 'o ka wai
ma lalo mai o ka honua, ua kapa 'ia he wai kai.
'O ka 'awa ko Hawai'i wai 'ona mai kahiko mai.
I kēia wā, ua nui nā mea 'ona hou mai nā
'āina 'ē mai, he rama, falani, kini.

17. Eia nā mea 'ona i 'imi hou 'ia, he 'uī'uī, he
'uala hō'awa'awa, he ipu haole hō'awa'awa 'ia,
me ka 'ōhi'a hō'awa'awa.

Mokuna XV [15, Emerson 15]
No nā I'a

1. 'O nā i'a ma ko Hawai'i nei kai, ua kū'ē'ē nā
'ano o lākou a pau; 'oko'a ke 'ano o kekahi i'a, 'oko'a
loa ko kekahi i'a. Ua kapa 'ia nā mea a pau
ma ke kai he i'a, 'o nā mea holo a me nā
mea holo 'ole. Aia nō kekahi mau i'a ma loko
o ka wai ma uka o ka 'āina.

2. 'O nā limu ma ka wai a ma ke kai, ua kapa
'ia he i'a; he nui na'e ke 'ano o nā limu. Ua ka-
pa 'ia ko lākou mau inoa ma ko lākou mau
'ano, ma ke 'ano 'ula'ula a 'ele'ele, ma ka 'ono o ka
'ai 'ana kahi inoa. 'O ka 'o'opu, 'o ka 'ōpae nā i'a

---

1. 14:14. A: kunu **i** wahi
2. 14:16. A: **a** i
3. 14:16. A: barani
4. 14:17. A: Eia na mea ~~k~~ona hou i imi ia

maloko o ka wai   Chap. XV.

3 O na ia mai kahi maloo aku, a ka hohonu ua okoa no na ano, he mau wawae ko ke kahi poe ia, he oioi na iwi mawaho o kahi poe ia, he nui na iwi mawaho o kahi poe ia, he mau ia kolo malie ke kahi e pili ana no keia poe ia ma ka pohaku

4 O na ia kolo apau, ua okoa no na ano he liilii kahi poe ia, he oeoe kahi poe ia, he palahalaha kahi poe ia, he palahalaha loa kahi poe ia, he loihi ke kahi, keokeo ke kahi, ulaula ke kahi, he mau ano e kona ia apau ma ke kai.

5 Eia na ia wawae manamana he Hihiwai, he Elepi, he Elemihi, he Kukuma, he Ohiki, he Aama, he Paica, he Kukuau, he Kumimi, he Papa, he Papai, he Papailanai, he Ula, he Alo, he Popoki, he Ounauna, he Opae, he mau ia ai ia keia, hookahi ia awaawa he kumimi aole e ai ia, kela ia.

6 Eia na ia iwi oi mawaho, he Ina, he Hawae, he Wana, he Haukeuke, he Hakue, he mau ia ai ia keia, maloko o ka iwi ko lakou io, o ke Wana, o ka Opuhue, o ke keke, he mau ia iwi keia ma waho, he mau ia kolo nae, he ai ia no, he ia make nae ka Opuhue.

7 Eia na ia iwi nui mawaho, he Pipipi, Alealea, he Aoa, kuanaka, Kupu, kuoho, Pukookani, Pupuawa, Olepe, Ole, Ouoaka, Nahanawale, he Uhi, he Pipi, he Mahamoe, Opihi, Leho, Panapanapuhi, Pupulolou, a o ke paka i pau keia mau ia i ka helu ia, he mau

ma loko o ka wai

3 O na ia mai kahi maloo aku, a ka hohonu
ua okoa no na ano, he mau wawae ko kekahi
poe ia, he oioi na iwi mawaho o kahi poe ia, he
nui na iwi mawaho i [o] kahi poe ia, he mau ia
kɐ[o]lo malie kekahi e pili ana no keia poe
ia ma ka pohaku

4 O na ia holo apau, ua okoa no na ano
he liilii kahi poe ia, he oeoe kahi poe ia, he
palahalaha kahi poe ia, he palahalaha loa
kahi poe ia, he loihi kekahi, keokeo kekahi
ulaula kekahi, he mau ano e ko na ia apau
ma ke kai.

5 Eia na ia wawae manamana he Hihiwai,
he Elepi, he Elemihi, he Kukuma, he Ohiki, he
Aama, he Paiea, he Kukuau, he Kumimi, he
Papa, he Papai, he Papailanai, he Ula, he Alo,
he Popoki, he Ounauna, he Opae, he mau ia ai
ia keia, hookahi ia awaawa he Kumimi aole
e ai ia, kela ia.

6 Eia na ia iwi oi ma waho, he Ina, he Hawae, he
Wana, he Haukeuke, he Hakue, he mau ia ai ia
keia, ma loko o ka iwi ko lakou io, o ke [ko]Kala, o ka
Oopuhue, o ke Keke, he mau ia[1] iwi keia ma wa
ho, he mau ia holo nae, he ai ia no, he ia make
nae ka Oopuhue

7 Eia na ia iwi nui ma waho, he Pipipi Alealea
he Aoa, Kuanaka, Pupu, Kuoho, Puhookani, Pupuawa,
Olepe, Ole, Oaoaka, Nahanawale,[2] he Uhi, he Pipi, he
Mahamoe, Opihi, Leho, Panapanapuhi, Pupuloloa, ao
le paha i pau keia mau ia i ka helu ia, he mau

ma loko o ka wai.

3. 'O nā i'a mai kahi malo'o aku a ka hohonu,
ua 'oko'a nō nā 'ano. He mau wāwae ko kekahi
po'e i'a; he 'oi'oi nā iwi ma waho o kahi po'e i'a; he
nui nā iwi ma waho o kahi po'e i'a. He mau i'a
kolo mālie kekahi; e pili ana nō kēia po'e
i'a ma ka pōhaku.

4. 'O nā i'a holo a pau, ua 'oko'a nō nā 'ano:
he li'ili'i kahi po'e i'a, he 'o'e'o'e kahi po'e i'a, he
pālahalaha kahi po'e i'a, he pālahalaha loa
kahi po'e i'a, he lō'ihi kekahi, ke'oke'o kekahi,
'ula'ula kekahi. He mau 'ano 'ē ko nā i'a a pau
ma ke kai.

5. Eia nā i'a wāwae manamana: he hīhīwai,
he 'elepī, he 'elemihi, he kukuma, he 'ōhiki, he
'a'ama, he pai'ea, he kūkūau, he kūmimi, he
pāpā, he pāpa'i, he pāpa'i Lāna'i, he ula, he alo,
he popoki, he 'ōunauna, he 'ōpae. He mau i'a 'ai
'ia kēia. Ho'okahi i'a 'awa'awa, he kūmimi; 'a'ole
e 'ai 'ia kēlā i'a.

6. Eia nā i'a iwi 'oi ma waho: he 'ina, he hāwa'e, he
wana, he hā'uke'uke, he hāku'e. He mau i'a 'ai 'ia
kēia. Ma loko o ka iwi ko lākou 'i'o. 'O ke kōkala, 'o ka
'o'opu hue, 'o ke kēkē, he mau i'a iwi kēia ma wa-
ho, he mau i'a holo na'e. He 'ai 'ia nō, he i'a make
na'e ka 'o'opu hue.

7. Eia nā i'a iwi nui ma waho: he pipipi, ālealea,
he 'aoa, kuanaka, pūpū, kuoho, pū ho'okani, pūpū 'awa,
'ōlepe, 'olē, 'oā'oaka, nahanawale, he uhi, he pipi,
he mahamoe, 'opihi, leho, panapanapuhi, pūpū loloa. 'A'o-
le paha i pau kēia mau i'a i ka helu 'ia. He mau

---

1. 15:6. A: *nele*
2. 15:7. A: Nahawele

mea ia ia keia ua kapaia he ia

8 Eia na ia holomalie, he Naka, Kualakai, Kunou nou, Konalelewa Loli, Maikole, Kuanaka, Niniole Lepelepeohina, &c he mau ia maikai ole keia, he ai ia no nae.

9 Eia na ia liilii ma kahakai, ua kapaia keia, he mau ia holo keia, he Puaanae, Puaawa, Puaaho lehole Hinana, Nehu, Iao, Piha, Opupu, Ohua Ohuapalemo, Paoa Olehelehe, Ohuene, Moilii Akeke he mau ia ai ia no keia, ua koe paha ke kahi mau ia o keia

10 Eia na ia kino oeoe, he Paeaea, he Panikoloa, he Ola li, Hinalea, Akilolo, he Amii, Mananalo, Awela, Ma hawela, Hou, Hilu, Omalemale, Onikoniko, Opule Lai ia Ulae, Aoaawela, Upapalu, Uhueleele, he Laa, he Palao, Oama, Aawa, he poe ia maikai keia he ai ia, ua koe paha he kahi mau ia oeoe.

11 Eia na ia kino palahala ae, he Aoiloi, he Kupi pi, Aoaonui, Maiii, Kole, Manini, Mamamo, Maomao, Lauhau, Lauipala, Maiko, Maag he Humuhumu, Kikikihi, Kikakapu, Kapu hili, Oililapu, Pakii, Paapaa, Uwiwi, U mauemalei, Walu, he poe ia ono keia ke ai aole paha i pau iha kehu keia poe ia.

12 Eia na ia kino palahalaha loa, he Kala, he Pa lani, he Nanue, he Naenae, Kihawenwen, Paku kui, he Api.

=Aholehole

13 Eia na ia, kino keokeo, he Ahole, he Anae, he Awa, he Uoa, Oio, Opelu, he Moi, he Uluas he Uluamohai, he Aku, he Ahi, Omakaka wakawa, Mokulii, he Lai, Koana, he poe ia ono

mea ia[1] ia keia, ua kapaia he ia

8 Eia na ia holo malie, he Naka, Kualakai, Kunou
nou, Konalelewa Loli, Maihole, Kuanaka, Niniole
Lepelepeohina, ~~he~~ he mau ia maikai ole keia, he ai
ia no nae.

9 Eia na ia liilii ma kahakai, ua kapaia he ia,
he mau ia holo keia, he Puaanae, Puaawa, Puaaho
lehole Hinana, Nehu, Iao, Piha, Opuupuu, Ohua
Ohuapalemo, Paoo[2] Oluheluhe, Ohune, Moilii, Akeke
he mau ia ai ia no keia, ua koe paha kekahi mau
ia o keia

10 Eia na ia kino oeoe, he Paeaea, he Paniholoa, he Ola
li, Hinalea, Akilolo, he Ami, Mananalo, Awela, Ma
hawela, Hou, Hilu, Omalemale, Onihoniho, Opule, Lau
ia, Ulae, Aoaowela, Upapalu, Uhueleele, he Lao, he
Palao, Oama, Aawa, he poe ia maikai keia ke
ai ia, ua koe paha kekahi mau ia oeoe.

11 Eia [na] ia kino palahalaha ae, he Aloiloi, he Kupi
pi, Aoaonui, Maiii, Kole, Manini, Mamamo,
Maomao, Lauhau, Lauipala, Maiko, Maao, he
Humuhumu, Kihikihi, Kikakapu, Kapu
hili, Oililapa,[3] Pakii, Paapaa, Uwiwi, U-
maumalei, Walu, he poe ia ono keia ke ai
aole paha i pau i ka helu[4] keia poe ia.

12 Eia na ia kino, palahalaha loa, he Kala, he Pa
lani, he Nanue,[5] he Naenae, Pihaweuweu, Paku
kui, he Api.

13 Eia na ia, kino keokeo, he Ahole, he Anae, he
Awa, he Uoa, Oio, Opelu, he[6] Moi, he[6] Ulua, he[6]
Uluamohai, he[6] Aku, he[6] Ahi, Omaka, Ka
wakawa, Mokuleia, he Lai, Hoana, he poe ia ono

mea ʻai[7] ʻia kēia, ua kapa ʻia he iʻa.

8. Eia nā iʻa holo mālie: he naka, kualakai, kūnou-
nou, kōnalelewa, loli, maʻihole, kuanaka, niniole,
lepelepeohina. He mau iʻa maikaʻi ʻole kēia, he ʻai
ʻia nō naʻe.

9. Eia nā iʻa liʻiliʻi ma kahakai, ua kapa ʻia he iʻa,
he mau iʻa holo kēia: he pua ʻanae, pua awa, pua āho-
lehole, hinana, nehu, ʻiao, pīhā, ʻōpuʻupuʻu, ʻōhua,
ʻōhua palemo, pāoʻo, ʻōluheluhe, ʻōhune, moi liʻi, ākēkē.
He mau iʻa ʻai ʻia nō kēia. Ua koe paha kekahi mau
iʻa o kēia.

10. Eia nā iʻa kino ʻoeʻoe: he pāeaea, he pāniholoa, he ʻōla-
li, hīnālea, ʻakilolo, he ʻami, mānanalo, ʻāwela, ma-
ha wela, hou, hilu, ʻōmalemale, ʻōnihoniho, ʻōpule, lau-
ia, ʻulae, ʻaoʻaowela, ʻupāpalu, uhu ʻeleʻele, he lā'ō, he
palao, ʻoama, ʻaʻawa. He poʻe iʻa maikaʻi kēia ke
ʻai ʻia. Ua koe paha kekahi mau iʻa ʻoeʻoe.

11. Eia nā iʻa kino pālahalaha aʻe: he ʻaloʻiloʻi, he kūpī-
pī, ʻaoʻao nui, māʻiʻiʻi, kole, manini, mamamo,
maomao, lauhau, lauʻīpala, maiko, *maʻao,* he
humuhumu, kihikihi, kīkākapu, kapuhili,
ʻōʻili lapa, pākiʻi, paʻapaʻa, uʻī['u]ī, u-
maumalei, walu. He poʻe iʻa ʻono kēia ke ʻai.
ʻAʻole paha i pau i ka helu kēia poʻe iʻa.

12. Eia nā iʻa kino pālahalaha loa: he kala, he pa-
lani, he nanue, he naʻenaʻe, pīhāweuweu, pāku['i]-
kuʻi, he ʻapi.

13. Eia nā iʻa kino keʻokeʻo: he āhole, he ʻanae, he
awa, he uoa, ʻōʻio, ʻōpelu, he moi, he ulua, he
ulua mōhai, he aku, he ʻahi, ʻōmaka, ka-
wakawa, mokuleʻia, he lai, hoana. He poʻe iʻa ʻono

---

1. 15:7. A: ~~ia~~ [ai]
2. 15:9. A: Paoa
3. 15:11. A: Oililepa
4. 15:11. A: helu **ia**
5. 15:12. A: Nenue
6. 15:13. A: *nele*
7. 15:7. *ua hoʻololi ʻia ʻo* "ia," *ʻo ia ʻo* "ʻai"

keia ke ai ia.   Chap. XV

14 Eia na ia kino loloa, he Kupoupou, he Aha, he
Nunu, he Auau, Welea, Wolu, he Ono, he Aulepa
Hauliuli, he mau ia ai ia keia.

15 Eia na ia kino, ulaula, Aalaihi, he Mu, Moa
ano, he Weke, Aweoweo, Kumu, Pakolekole, he
Uhuula, Paouou, Opakapaka, he Ulaula, Koae,
Pihaweuweu, Okalekale, Mukumuku wakanui
he poe ia ono no ke ai ia, aole no paha i pau i ka
helu i keia mau ia.

16 Eia na ia awawae aweawe, he He, he Makee, he
Heemakoko, he mau ia ai ia keia, he awaawa
nae ka Heemakoko

17 Eia keia mau ia ano like, he Hahanu, he
maikai kona kino o mea kahiolona, ai mea
kahi lauoho ma keia wa, o ka Ea, he maikai
kona iwi una, i mea na kau i ka wa kahiko,
keia kapu ka Ea, i ka wa kahiko, ka ia keia ia
he ono nae ka Honu keai ia, he awaawa ka
Ea ke ai ia

18 Hookahi ka Mano i kona ano, he ai kanaka
nae ka Mano, o kona ili, he mea hanaia i pahu
pai nona kuakii, ai pahu Hula, i pahu ka
Meeke, hookahi ke Kala i kona ano, hookahi
kamahina ke kona ano he mau ia ano keia
ke ai ia.

19 Eia na ia hanu ma ka ili kai, he Naia, he
Nuao, he Pahu, he Nohola, ua olelo ka poe ka
hiko o ka Nohola oia ka Palaoa, he mau ia ai
ia keia ke poe wale ma i, he hanu nae ka honu
nae ka Ea ma ka ili kai.

keia ke ai ia.

14 Eia na ia kino loloa, he Kupoupou, he Aha, he Nunu, he Auau, Welea, Wolu, he Ono, he Aulepe Hauliuli, he mau ia ai ia keia.

15 Eia na ia kino, ulaula, Aalaihi, he[1] Uu, Moano, he[1] Weke, Aweoweo, Kumu, Pakolekole, he[1] Uhuula, Paouou, Opakapaka, he[1] Ulaula, Koae, Pihaweuweu, Okalekale, Mukumukuwahanui he poe ia ono no ke ai ia, aole no paha i pau i ka helu i keia[2] mau ia.

16 Eia na ia ~~wawae,~~ aweawe, he Hee, he Muhee, he Heemakoko, he mau ia ai ia keia, he awaawa nae ka Heemakoko

17 Eia keia mau ia ano like, He honu, he maikai kona kua i mea kahi olona, a i mea kahi lauoho ma keia wa, o ka Ea, he maikai kona iwi una, i[3] mea makau i ka wa kahiko, he ia kapu ka Ea, i ka wa kahiko, ~~he ia hai ia~~ he ono nae ka Honu ke ai ia, he awa awa[4] ka Ea ke ai ia

18 Hookahi ka Mano i kona ono, he ai kanaka nae ka Mano, o kona ili, he mea hanaia i pahu pai no na kua kii, a i pahu Hula, i pahu ka ekeeke,[5] hookahi ke Ka[ha]la i kona ano, hookahi ka mahimahi i kona ano, he mau ia ono keia ke ai ia,

19 Eia na ia hanu ma ka ili kai, he Naia, he Nuao, he Pahu, he Kohola, ua olelo ka poe ka hiko o ke kohola oia Ka palaoa, he mau ia hai ia keia ke pae wale mai, he hanu nae Kahonu me ka Ea ma ka ili kai.

kēia ke 'ai 'ia.

14. Eia nā i'a kino loloa: he kūpoupou, he 'aha, he nūnū, he a'ua'u, wele'ā, wolu, he ono, he a'u lepe, hāuliuli. He mau i'a 'ai 'ia kēia.

15. Eia nā i'a kino 'ula'ula: 'a'ala'ihi, he 'ū'ū, moano, he weke, 'āweoweo, kūmū, pākolekole, he uhu 'ula, pā'ou'ou, 'ōpakapaka, he 'ula'ula, koa'e, pīhāweuweu, 'ōkalekale, mukumuku waha nui. He po'e i'a 'ono nō ke 'ai 'ia. 'A'ole nō paha i pau i ka helu i kēia mau i'a.

16. Eia nā i'a 'awe'awe: he he'e, he mūhe'e, he he'e mākoko. He mau i'a 'ai 'ia kēia, he 'awa'awa na'e ka he'e mākoko.

17. Eia kēia mau i'a 'ano like. He honu, he maika'i kona kua i mea kahi olonā a i mea kahi lauoho ma kēia wā. 'O ka 'ea, he maika'i kona iwi una i mea makau i ka wā kahiko. He i'a kapu ka 'ea i ka wā kahiko, he i'a hai 'ia.[6] He 'ono na'e ka honu ke 'ai 'ia, he 'awa'awa ka 'ea ke 'ai 'ia.

18. Ho'okahi ka manō i kona 'ano.[7] He 'ai kanaka na'e ka manō. 'O kona 'ili, he mea hana 'ia i pahu pa'i no nā akua ki'i, a i pahu hula, i pahu kā-'eke'eke. Ho'okahi ke kāhala i kona 'ano, ho'okahi ka mahimahi i kona 'ano. He mau i'a 'ono kēia ke 'ai 'ia.

19. Eia nā i'a hanu ma ka 'ili kai: he nai'a, he nu'ao, he pahu, he koholā. Ua 'ōlelo ka po'e ka-hiko, 'o ke koholā, 'o ia ka palaoa. He mau i'a hai 'ia kēia ke pae wale mai. He hanu na'e ka honu me ka 'ea ma ka 'ili kai.

---

1. 15:15. A: *nele*
2. 15:15. A: pau i ka heluia keia
3. 15:17. A: he
4. 15:17. A: he awaawa hoi
5. 15:18. A: Kaekeke
6. 15:17. *ua kaha pe'a 'ia 'o "he ia hai ia" ma C, eia na'e, 'a'ole akāka na wai*
7. 15:18. *ua ho'ololi 'ia 'o "ono," 'o ia 'o "'ano"*

20 Eia na ia, e kuu, he Loloau, he Malolo, Puhikii
ke Lupe, Hihimanu, he Hahalua, he Hailepo
he mau ia ai ia keia, aole nae ionomui, na koe
no paha kahi mau ia, aole no i pau ma keia
a heluana.

Mokuna XVI

Ko Hawaii nei Kapa, Malo, Pau, Moena

1 O ke Kapa ko Hawaii nei mea aahu, he ili
no ia no kekahi mau laau, Hewauke, he
Mamaki, he Maaloa, he Poulu, o ka Wauke
ka laau kanu nui ia, o ka ili o ua Wauke
la ke hana ia i kapa, penei, na ke kane
e kua ka Wauke, a na ka wahine e hole
ai a pau Kaili, a hoopulu a pulu.

2 Alaila kuku ma ke kua me ka Ie, a palaha
laha i na la e ka paha, nui aku paha, a kau
lai, a maloo, laila, loliia i kapa, ke kahi, ke
palahalaha loa nae, ai pau no ka wahine
ke kahi, o ka mea ololiiho lilo ia i Malo no
ke kane

3 O ka Mamaki kahi laau hanaia i kapa, ai
Malo, Pau, he laau ulu wale ai ma kuahe
lehelie kii wale no ka wahine e uhole i ka ili
oia laau, a lawe mai a ka lua i ka umu, me ka
Palaa, oia ke kapa eulaula, i na i ka lua pu ole me
ka Palaa oia ke kapa kelewai

4 E hoopu no e like me ka Wauke, a pulu alaila, ku
ku ma ke kua me ka Ie, a palahalaha ma na
la e kolu paha, e ka paha, a kau lai a maoa li
lo i kapa ke kahi, ai Malo, ai Pau, he kapa paa
Ka Mamaki, he liilii Kaahu ana.

20 Eia na ia eheu, he Loloau, he Malolo, Puhiki[1]
he[2] Lupe, Hihimanu, he[3] Hahalua, he Hailepo
he mau ia ai ia keia, aole nae i ono nui, ua koe
no paha kahi mau ia, aole no i pau ma kei
a helu ana.

Mokuna XVI
Ko Hawaii nei Kapa, Malo, Pau, Moena

1 O ke Kapa ko Hawaii nei mea aahu, he ili
no ia no kekahi mau laau, He wauke, he
Mamaki, he Maaloa, he Poulu, o ka Wauke
ka laau kanu nui ia, o ka ili o ua Wauke
la ke hana ia i kapa, penei, na ke kane
e kua ka Wauke, a na ka wahine e uhole
a̶ i̶i̶ a pau ka ili, a hoopulu a pulu.

2 A laila kuku ma ke kua me ka Ie, a palaha
laha i na la eha paha, nui aku paha, a kau
lai, a maloo, laila,[4] loli ia, i kapa, kekahi, ke
palahalaha loa nae, a i pau no ka wahine
kekahi, o ka mea ololi iho lilo ia i Malo no
ke kāne.

3 O ka Mamaki kahi laau hanaia i kapa, a i
Malo, [i] Pau, he laau ulu wale ai[5] ma ka nahe
lehele, e kii wale no ka wahine e uhole i ka ili
oia laau, a lawe mai a kalua i ka umu, me ka
Palaa, oia[6] ke kapa ulaula, i na i kalua pu ole me
ka Palaa oia[7] ke kapa kelewai

4 E hoopu[lu] no e like me ka Wauke, a pulu alaila, ku
ku ma ke kua me ka Ie, a palahalaha ma na
la ekolu paha, eha paha, a kaulai a moo[8] a li
lo i kapa kekahi, a i Malo, a i Pau, he kapa paa
ka Mamaki, he liuliu ka [a]ahu ana.

20. Eia nā i'a 'ēheu: he loloa'u, he mālolo, puhiki['i],
he lupe, hīhīmanu, he hāhālua, he hailepo.
He mau i'a 'ai 'ia kēia, 'a'ole na'e i 'ono nui. Ua koe
nō paha kahi mau i'a, 'a'ole nō i pau ma kēi-
a helu 'ana.

Mokuna XVI [16, Emerson 16]
Ko Hawai'i nei Kapa, Malo, Pā'ū, Moena

1. 'O ke kapa ko Hawai'i nei mea 'a'ahu. He 'ili
nō ia no kekahi mau lā'au, he wauke, he
māmaki, he ma'aloa, he pō'ulu. 'O ka wauke
ka lā'au kanu nui 'ia. 'O ka 'ili o ua wauke
lā ke hana 'ia i kapa, penei: na ke kāne
e kua ka wauke, a na ka wahine e uhole
a pau ka 'ili, a ho'opulu a pulu.

2. A laila, kuku ma ke kua me ka i'e a pālaha-
laha, i nā lā 'ehā paha, nui aku paha. A kau-
la'i a malo'o, [a] laila, lilo[9] ia i kapa kekahi, ke
pālahalaha loa na'e, a i pā'ū no ka wahine
kekahi. 'O ka mea ololī iho, lilo ia i malo no
ke kāne.

3. 'O ka māmaki kahi lā'au hana 'ia i kapa, a i
malo, i pā'ū. He lā'au ulu wale ia[10] ma ka nāhe-
lehele. E ki'i wale nō ka wahine e uhole i ka 'ili
o ia lā'au a lawe mai a kālua i ka umu me ka
pala'ā, 'o ia ke kapa 'ula'ula. Inā i kālua pū 'ole me
ka pala'ā, 'o ia ke kapa kelewai.

4. E ho'opulu nō e like me ka wauke a pulu, a laila, ku-
ku ma ke kua me ka i'e a pālahalaha ma nā
lā 'ekolu paha, 'ehā paha. A kaula'i a m[al]o'o, a li-
lo i kapa kekahi, a i malo, a i pā'ū. He kapa pa'a
ka māmaki, he li'uli'u ka 'a'ahu 'ana.

---

1. 15:20. A: Puhikii
2. 15:20. A: *nele*
3. 15:20. A: *nele*
4. 16:2. C?: [a] laila" A: **a** laila
5. 16:3. A: no
6. 16:3. A: *nele*
7. 16:3. A: oi
8. 16:4. A: maloo
9. 16:2. *ua ho'ololi 'ia 'o "loli," 'o ia 'o "lilo"*
10. 16:3. *ua ho'ololi 'ia 'o "ai," 'o ia 'o "ia"*

5 O ka Maaloa a me ka poulu, he mau laau kuku ia luna i kapa; ua like nonae me ko ka Wauke, a me ko ka Mamaki ke kuku ana, a me ka hana ana. Ua nui nae ke ano o na kapa, a me ka Pau, a me ka Malo, a na ka wahine no e hoolilo i ke kapa i ka Malo i ka Pau, i mau ano e ma ka hoolu ana, i ele ele, ulaula, maomao, lenalena pela io no.

6 Ina i hoolu ia i ka hili a pau ia, alaila, hoolu hou ma ka lepo, a lilo ia i kapa eleele, ua kapa ia he pulou, kahi inoa, he ouholowai kahi inoa.

7 Ina i hooluu ia i ka mao he kapa maomao no ia ina hooluu ia i ka holei, he lenalena ia kapa, ina hoolu ole ia he keokeo ia kapa, ina i kuku pu ia me ka weliwela he pauela ia kapa.

8 He nui kai noa o na kapa, ua kapa ia ma kenao o ka wahine hoolu ana, e like me ke ano o ia hoolu ana pela no ke ano e kapa ia a ku ai.

9 He nui ke ano o na Pau ke hoolu ia ina i hoolu ia i ka Olena, he kamailena ia Pau, ina hoolu ia i ka Niu, he halakea ia Pau, pela no ka nui o na inoa ma ka hoolu ana a ka wahine.

10 Pela no ka nui o na Malo ma ke ano o ka hoolu ana, ina hoolu ia i ka noni, he kuaula ia Malo, he puakohukohu, he puakai, o ka pau i hoolu ia i ka olena, he pau palupalu ia, he Uaua kahi pau e like me ke kapalapala ana a pela i nui o na inoa.

11 Pela no ko na Malo mau inoa, he puali kahi Malo, he kapeke kahi Malo.

12 O keia mau mea ko Hawaii mau mea aahu mau mea kume, a mea ka kua, oia na mea i pono ai

5 O ka Maaloa a me ka poulu, he mau laau kuku ia laua i kapa, ua like no nae me ko ka[1] Wauke, a me ko ka Mamaki ke kuku ana a me ka hana ana Ua nui nae ke ano o na Kapa, a me ka Pau, a me ka Malo, a na ka wahine no e hoolilo i ke Kapa i ka Malo i ka Pau, i mau[2] ano e ma ka hooluu ana, i ele ele, ulaula, maomao,[3] lenalena pela io no.

6 Ina i hooluu ia i ka hili a pau ia, alaila, hoolu[4] hou ma ka lepo, a lilo ia i kapa eleele, ua ka-pa ia he pulou, kahi inoa, he ouholowai kahi inoa

7 Ina i hooluuia i ka mao he kapa maomao[5] no ia ina hooluuia i ka holei, he lenalena ia kapa, ina hooluu ole ia he keokeo ia kapa, ina i kuku pu ia me ka weluula he paiula ia kapa.

8 He nui ka inoa o na kapa, ua kapaia ma ke ano o ka ka wahine hooluu ana, e like me ke ano [o]ia hooluu ana pele[6] no ke ano e kapa ia aku ai

9 He nui ke ano o na Pau ke hooluu ia ina i hooluu ia i ka Olena, he kamalena ia Pau, ina hooluuia i ka Niu, he halakea ia Pau, pela no ka nui o na inoa ma ka hooluu ana a ka wahine

10 Pela no ka nui o na Malo ma ke ano o ka hooluu ana, ina hooluia i ka noni, he kuaula ia Malo, he pukohuko‡[h]u, he puakai, o ka pau i hooluu ia i ka olena, he pau palupalu ia, he Uaua kahi pau e like me ke kapalapala ana pela i nui na inoa

11 Pela no ko na Malo mau inoa, he puali kahi Malo, he kapeke kahi Malo,

12 O keia mau mea ko Hawaii mau mea aahu mau mea hume, a mea kakua, oia na mea i pono ɨ ai

5. 'O ka ma'aloa a me ka pō'ulu, he mau lā'au kuku 'ia lāua i kapa. Ua like nō na'e me ko ka wauke a me ko ka māmaki ke kuku 'ana a me ka hana 'ana. Ua nui na'e ke 'ano o nā kapa a me ka pā'ū a me ka malo, a na ka wahine nō e ho'olilo i ke kapa i ka malo, i ka pā'ū, i mau 'ano 'ē ma ka ho'olu'u 'ana, i 'ele-'ele, 'ula'ula, ma'oma'o, lenalena; pēlā 'i'o nō.

6. Inā i ho'olu'u 'ia i ka hili, a pau ia, a laila, ho'olu['u] hou ma ka lepo a lilo ia i kapa 'ele'ele, ua ka-pa 'ia he pūlo'u kahi inoa, he 'ō'ūholowai kahi inoa.

7. Inā i ho'olu'u 'ia i ka ma'o, he kapa ma'oma'o nō ia; inā ho'olu'u 'ia i ka hōlei, he lenalena ia kapa; inā ho'olu'u 'ole 'ia, he ke'oke'o ia kapa. Inā i kuku pū 'ia me ka welu 'ula, he pa'i'ula ia kapa.

8. He nui ka inoa o nā kapa; ua kapa 'ia ma ke 'ano o kā ka wahine ho'olu'u 'ana. E like me ke 'ano o ia ho'olu'u 'ana, pēlā[7] nō ke 'ano e kapa 'ia aku ai.

9. He nui ke 'ano o nā pā'ū ke ho'olu'u 'ia. Inā i ho'olu'u 'ia i ka 'ōlena, he kamalena ia pā'ū; inā ho'olu'u 'ia i ka niu, he halakea ia pā'ū. Pēlā nō ka nui o nā inoa ma ka ho'olu'u 'ana a ka wahine.

10. Pēlā nō ka nui o nā malo, ma ke 'ano o ka ho'olu'u 'ana. Inā ho'olu['u] 'ia i ka noni, he kua'ula ia malo, he pūkohukohu, he puakai. 'O ka pā'ū i ho'olu'u 'ia i ka 'ōlena, he pā'ū palūpalū ia, he u'au'a kahi pā'ū. E like me ke kāpalapala 'ana, pēlā i nui [ai] nā inoa.

11. Pēlā nō ko nā malo mau inoa: he pū'ali kahi malo, he kapeke kahi malo.

12. 'O kēia mau mea ko Hawai'i mau mea 'a'ahu, mau mea hume a mea kākua. 'O ia nā mea i pono ai

---

1. 16:5. A: *nele*
2. 16:5. A: mau **mea**
3. 16:5. A: omaomao
4. 16:6. A: hooluu
5. 16:7. A: omaomao
6. 16:8. C?: pele[a] A: pela.
7. 16:8. *ua ho'ololi 'ia 'o "pele," 'o ia 'o "pēlā"*

ka poe kahiko o Hawaii nei

13 O ka moena ke kahi, he mea hanaia ka moena, he
lauia no ke kahi laau i kapaia he hala, e kii aku no
ka wahine, me ka laau, e uhau aloaa mai ka lau hala
alaila olala ma ke ahi, alaila kau lai a maloo hooka
awale ka lele me ka mea, a poala, apau, ia hana.

14 Alaila, ulana, a palahalaha, o ka moena iho la no ia
o ka nui o ka moena maikai, he hana ke kahi lau hala
i ulana ai pea ke kahi, o ka makoloa ke kahi hanaia
i moena, he hanaia i pa uhe moena, o ka naku ke
kahi hana ia i moena, he moena maikai no ke
pahee.

15 O keia mau mea ke ha lii ma ka hale, o ke kapa
ka mea aahu, alaila, pono loa, o ka ka wahine hana
nui keia e pono nui ai, ua kapaia na wahine ha
na ma keia mau mea he kuonoono, he loea, o ke
ia mau mea ka mea i pono nui ia ka poe kahiko
ua kapaia keia mau mea, he waiwai

16 Eia na kapa hou mai na aina e mai, ua hiki
mai i ka wa o Kamehameha I a me Kameha
meha III nei, o ka Lole ke kapa hou, he nui ka
noa o na Lole ma ke ano ae o ka hoolu ana.

Mokuna XVII
No ke koi pohaku me na koi hou.

1 O ke koi pohaku ko Hawaii nei koi kahiko loa,
mai ka poe kahiko mai, o ka poe ka koi, kekahi
poe i manao nui ia i ka wa kahiko ma Hawaii
nei, no ka mea, aia no ia lakou ke koi e pono ai
ke kua laau ana, a me ke ka lai, i kela laau
keia laau, i mea e pono ai kela hana keia hana
ma ka laau, penei e hana ai na poe ka koi la.

ka poe kahiko o Hawaii nei

13 O ka moena kekahi, he mea hanaia ka moena, he lau ia no kekahi laau i kapaia he hala, e kii aku no ka wahine, me ka laau, e uhau a loaa mai ka lau hala a laila olala ma ke ahi, alaila, kaulai a maloo, hooka awale ka laele me ka muo, a poala, apau, ia hana.

14 Alaila, ulana, a palahalaha, o ka moena iho la no ia o ka muo ka moena maikai, he [hana] ia kekahi lau hala i ulu[na],[1] i ie pea kekahi, o ka makoloa kekahi hana ia i moena, he hana ia i pawehe moena, o ka naku ke kahi hana ia i moena, he moena maikai no, he pahee.

15 O keia mau mea ke halii ma ka hale, o ke kapa ka mea aahu, alaila, pono loa, o ka ka wahine hana nui keia e pono nui ai, ua kapaia na wahine ha na ma keia mau mea he kuonoono, he loea, o ke ia mau mea ka mea i pono nui ia[2] ka poe kahiko ua kapaia keia mau mea, he waiwai.

16 Eia na kapa hou mai na aina e mai, ua hiki mai i ka wa o Kamehameha I a me Kameha- meha III nei, o ka Lole ke kapa hou, he nui ka i- noa o na Lole ma ke ano nae o ka hooluu ana.

Mokuna XVII
No ke Koi pohaku me na koi hou.

1 O ke koi pohaku ko Hawaii nei koi kahiko loa, mai ka poe kahiko mai, o ka poe ka koi, kekahi poe i manao nui ia i ka wa kahiko ma Hawaii nei, no ka mea, aia no ia lakou ke koi e pono ai ke kua laau ana, a me ke kalai, i kela laau keia laau, i mea epono ai kela hana keia hana ma ka laau, penei e hana ai ua poe ka koi la.

ka po'e kahiko o Hawai'i nei.

13. 'O ka moena kekahi, he mea hana 'ia ka moena. He lau ia no kekahi lā'au i kapa 'ia he hala. E ki'i aku nō ka wahine; me ka lā'au e uhau a loa'a mai ka lau hala; a laila, 'ōlala ma ke ahi; a laila, kaula'i a malo'o, ho'oka- 'awale ka lā'ele me ka mu'o, a pō'ala. A pau ia hana,

14. a laila, ulana a pālahalaha, 'o ka moena ihola nō ia. 'O ka mu'o ka moena maika'i. He hana 'ia kekahi lau hala i uluna, i 'ie pe'a kekahi. 'O ka makoloa kekahi i hana 'ia i moena, he hana 'ia i pāwehe moena. 'O ka naku ke- kahi i hana 'ia i moena, he moena maika'i nō, he pahe'e.

15. 'O kēia mau mea ke hāli'i ma ka hale; 'o ke kapa ka mea 'a'ahu; a laila, pono loa. 'O kā ka wahine hana nui kēia e pono nui ai. Ua kapa 'ia nā wāhine ha- na ma kēia mau mea he kū'ono'ono, he loea. 'O kē- ia mau mea ka mea i pono nui ai[3] ka po'e kahiko. Ua kapa 'ia kēia mau mea he waiwai.

16. Eia nā kapa hou mai nā 'āina 'ē mai, ua hiki mai i ka wā o Kamehameha I a me Kame- meha III nei. 'O ka lole ke kapa hou. He nui ka i- noa o nā lole, ma ke 'ano na'e o ka ho'olu'u 'ana.

Mokuna XVII [17, Emerson 17]
NO KE KO'I PŌHAKU ME NĀ KO'I HOU

1. 'O ke ko'i pōhaku ko Hawai'i nei ko'i kahiko loa mai ka po'e kahiko mai. 'O ka po'e kāko'i kekahi po'e i mana'o nui 'ia i ka wā kahiko ma Hawai'i nei, no ka mea, aia nō iā lākou ke ko'i e pono ai ke kua lā'au 'ana a me ke kālai i kēlā lā'au kēia lā'au, i mea e pono ai kēlā hana kēia hana ma ka lā'au. Penei e hana ai ua po'e kāko'i lā.

---

1. 16:14. A: a ulunaia (*ma kahi o* "i ulu[na]")
2. 16:15. A: ai
3. 16:15. *ua ho'ololi* 'ia 'o "ia," 'o ia 'o "ai"

2 E hele no ka poe kia koi ma na mauna a mena
wahi e ae nohoi; e imi i na pohaku paa e pono
ai ke kanai koi; i ko lakou hele ana e lawe pu la
kou i ke kaki mau pohaku paa, he lapalapa kahi
pohaku, he poepoe kahi pohaku, ua kapaia kela mau
pohaku he haku ka koi ka inoa, oia no ka mea e ka
laiai koi

3 A i ko lakou wahi ana i ka pohaku a he no
mai ke kahi manala loihi, alaila kakao ma
loko o ke kahi wai laau a lakou i kana ai i mea
e waliwali ai ka pohaku, ma ka wa e waliwali ai
ua pohaku la, alaila ka a lalo o ke koi; a kalai ma
luna o ke koi

4 O kahi malalo e polipoli ana he pipi ka inoa oia wa
hi, o kahi maluna e aui ana; he kau kana ka inoa
oia wahi, a pau i ka hoolala ia, alaila, kii i koana
a lulu i ke one maluna iho o ka koana, a pipii wai
alaila, anai a pau lalo a nai kou maluna a pau, a
laila hookala ka maka a oi, ke koi ka pili i au i
kau paka i laau e ae paka.

5 A laila, kili ilawalana e kau ke koi maluna
o ke au, a kau, ka pale, a koo a paa, o ka pau noio oia
mea o ke koi, a kuai ia ikela mea keia mea alai
la loaa mai i ka poe ka wa.

6 O ka iwi ole kekahi koi; o ke alakee ki kahi koi; he
kao no ke kahi koi; he ukumaa ka kao, oia no ka
Hawaii nei mau koi; i ka lai ai i ka waa, i laau
kale, a me ia mea aku ia mea aku, ua mana nui
ia ke koi e ka poe kahiko he waiwai nui aloha
no ka poe kahiko.

7 Eia na koi hou ma na aina haole mai, na kiki

2 E hele no ka poe ka Koi ma na mauna a me na
wahi e ae nohoi, e imi i na pohaku paa e pono
ai ke hana i Koi, i ko lakou hele ana, e lawe pu la
kou i kekahi mau pohaku paa, he lapalapa kahi
pohaku, he poepoe kahi pohaku, ua kapaia kela mau
pohaku he haku ka Koi ka inoa, oia no ka mea e ka
lai ai i koi

3 A i ko lakou wahi ana i ka pohaku a hemo
mai kekahi mamala loihi, a laila hahao ma
loko o kekahi wai laau a lakou i hana ai i mea
e waliwali ai ka pohaku, ma ka wa e waliwali ai
ua pohaku la, alaila ka[lai ma]lalo o ke koi, a kalai ma
luna o ke koi

4 O kahi malalo e polipoli ana he pipi ka inoa oia wa
hi, o kahi maluna e ami ana, he hauhana ka inoa
oia wahi, a pau i ka hoolala ia, alaila, kii i hoana
a lulu i ke one maluna iho o ka hoana, a pipii wai
alaila, anai a pau lalo anai hou maluna a pau, a
laila hookala ka maka, a oi, ke Koi kapili i au, i
hau paha i laau e ae paha.

5 A laila, hili i lanalana a kau ke koi maluna
o ke au, a kau, ka pale, a hoa a paa, o ka pau no ia oia
mea o ke koi, a kuai ia i kela mea keia mea alai
la loaa mai i ka poe ka[lai] waa,

6 O ka iwi ole kekahi koi, o ke alahee kekahi koi, he
hao no kekahi koi, he uuku nae ka hao, oia no ko
Hawaii nei mau koi i[1] kalai ai i ka waa, i laau
hale, a me ia mea aku ia mea aku, ua manao nui
ia ke koi e ka poe kahiko he waiwai nui, aloha
[i]no ka poe kahiko,

7 Eia na koi hou mai na aina haole mai, ua hiki

---

1. 17:6. A: e

2. E hele nō ka poʻe kākoʻi ma nā mauna, a me nā
wahi ʻē aʻe nō hoʻi, e ʻimi i nā pōhaku paʻa e pono
ai ke hana i koʻi. I ko lākou hele ʻana, e lawe pū lā-
kou i kekahi mau pōhaku paʻa, he lapalapa kahi
pōhaku, he poepoe kahi pōhaku. Ua kapa ʻia kēlā mau
pōhaku he haku kākoʻi ka inoa; ʻo ia nō ka mea e kā-
lai ai i koʻi.

3. A i ko lākou wāhi ʻana i ka pōhaku, a hemo
mai kekahi māmala lōʻihi, a laila, hahao ma
loko o kekahi wai lāʻau a lākou i hana ai i mea
e waliwali ai ka pōhaku. Ma ka wā e waliwali ai
ua pōhaku lā, a laila, kālai ma lalo o ke koʻi a kālai ma
luna o ke koʻi.

4. ʻO kahi ma lalo e polipoli ana, he pipi ka inoa o ia wa-
hi; ʻo kahi ma luna e ʻami ana, he hauhana ka inoa
o ia wahi. A pau i ka hoʻolala ʻia, a laila, kiʻi i hoana
a lūlū i ke one ma luna iho o ka hoana a pīpī i wai;
a laila, ʻānai a pau [ma] lalo, ʻānai hou ma luna. A pau, a
laila, hoʻokala ka maka a ʻoi ke koʻi; kāpili i ʻau, i
hau paha, i lāʻau ʻē aʻe paha.

5. A laila, hili i lanalana, a kau ke koʻi ma luna
o ke ʻau, a kau ka pale, a hoa a paʻa. ʻO ka pau nō ia o ia
mea ʻo ke koʻi. A kūʻai ʻia i kēlā mea kēia mea, a lai-
la, loaʻa mai i ka poʻe kālai waʻa.

6. ʻO ka iwi ʻolē kekahi koʻi, ʻo ke alaheʻe kekahi koʻi, he
hao nō kekahi koʻi; he ʻuʻuku naʻe ka hao. ʻO ia nō ko
Hawaiʻi nei mau koʻi i kālai ai i ka waʻa, i lāʻau
hale a me ia mea aku ia mea aku. Ua manaʻo nui
ʻia ke koʻi e ka poʻe kahiko he waiwai nui. Aloha
ʻino ka poʻe kahiko.

7. Eia nā koʻi hou mai nā ʻāina haole mai. Ua hiki

mua mai no nae ka laau ma Hawaii nei ma na
laau pae mai, ua kapaia kela laau he laao pae, ua
kai na'lii i na kua kii

8 He iuku nae ia wa kahiko, ua nui loa ma keia
wa hou, mai a Kamehameha I mai a ia Kame-
hameha a III nei

9 Ua nui na koo ma keia wa, ua nui nohoi
na koi he Lipikuke, he Lipi kahela, he Lipi koe
kae, he Lipi oma, he Holu, he Vila kahi koi,
oia na koi hou mai, ua haalele ia na koi poha
kini keia wa

Mokuna XVIII
No na'lii, a me na kanaka

1 I ke ano o na'lii, me na kanaka ma Hawaii
nei, hookahi no o lakou ano, hookahi no keia
lahui, he helehelena hookahi na kino apau
mai na kanaka, a na'lii hookahi no kupuna
o Wakea laua o Papa, na laua mai keia lahui
kanaka apau, aole no i kaa wale na'lii me na ka-
naka ma na hanauna, ma hope mai o Wakea ma
paha ke kaa wale ana, o na lii me na kanaka.

2 No ka hiki ole paha i na kanaka apau ke malama
pualu aku i ke aupuni, me ka hooponopono pu
walu aku i na pilikia, a me na kaumaha, a me
na kihia, o na kanaka apau mai oe, oia no paha
ka mea i hoolilo ia ai kekahi mea ia lii, i mea na
na e malama hoo kahi ke aupuni, nana no e hoopono
pono, a me ka hooko i ma na mea o ke aupuni
a pau, oia no paha ka mea i hookaawale ia ai
kekahi poe i mau a lii, aole nae i kai ia mai
keia lii i kana mua ia pela, he manao wale no
keia

mua mai no nae ka hao ma Hawaii nei ma na
laau pae mai, ua kapaia kela laau he hao pae, ua
hai na lii i na kua kii

8 He uuku nae ia wa kahiko, ua nui loa ma keia
waʻ hou, mai a Kamehameha I mai a ia Kamehame-
ha aʻ III nei

9 Ua nui na hao ma keia wa, ua nui nohoi
na koi he Lipi kuke, he Lipi kahela, he Lipi hoe
hoe, he Lipioma, he Holu, he Kila kahi koi,
oia na koi hou mai, ua haalele ia na Koi poha
ku i keia wa.

Mokuna XVIII
No na lii, a me na kanaka

1 O ke ano o na lii, me na kanaka ma Hawaii
nei, hookahi no o lakou ano, hookahi no keia
lahui, he helehelena hookahi na kino apau
mai na kanaka, a na lii, hookahi no kupuna
o Wakea laua o Papa, na laua mai keia lahui
kanaka apau, aole no i kaawale na lii me na ka
naka, ma na hanauna ma hope mai o Wakea ma
paha ke kaawale ana, o na lii me na kanaka.

2 No ka hiki ole paha i na kanaka apau ke malama
pualu aku i ke aupuni, me ka hooponopono pu
walu aku i na pilikia, a me na kaumaha, a me
na hihia, o na kanaka apau mai o a o, oia noʻ paha
ka mea i hoolilo ia ai kekahi mea i alii, i mea na
na e malama hoo[kahi] ke aupuni, nana no e hoopono
pono, a me ka hooko ꞏ ma na mea o ke aupuni
a pau, oia no paha ka mea i hookaawale ia ai
kekahi poe i mau alii, aole nae i hai ia mai
ke alii i hana mua ia pela, he manao wale no
keia

mua mai nō naʻe ka hao ma Hawaiʻi nei ma nā
lāʻau pae mai. Ua kapa ʻia kēlā lāʻau he hao pae; ua
hai nā aliʻi i nā akua kiʻi.

8. He ʻuʻuku naʻe [i] ia wā kahiko, ua nui loa ma kēia
wā hou, maiā Kamehameha I mai a iā Kamehame-
ha IIIⁿ nei.

9. Ua nui nā hao ma kēia wā; ua nui nō hoʻi
nā koʻi, he lipi kuke, he lipi kāhela, he lipi hoe-
hoe, he lipi ʻoma, he holu, he kila kahi koʻi.
ʻO ia nā koʻi hou mai. Ua haʻalele ʻia nā koʻi pōha-
ku i kēia wā.

Mokuna XVIII [18, Emerson 18]
No nā Aliʻi a me nā Kānaka

1. ʻO ke ʻano o nā aliʻi me nā kānaka ma Hawaiʻi
nei, hoʻokahi nō o lākou ʻano, hoʻokahi nō kēia
lāhui. He helehelena hoʻokahi nā kino a pau
mai nā kānaka a nā aliʻi. Hoʻokahi nō kūpuna,
ʻo Wākea lāua ʻo Papa, na lāua mai kēia lāhui
kānaka a pau. ʻAʻole nō i kaʻawale nā aliʻi me nā kā-
naka. Ma nā hanauna ma hope mai o Wākea mā
paha ke kaʻawale ʻana o nā aliʻi me nā kānaka.

2. No ka hiki ʻole paha i nā kānaka a pau ke mālama
pualu aku i ke aupuni, me ka hoʻoponopono pu-
alu aku i nā pilikia a me nā kaumaha a me
nā hihia o nā kānaka a pau mai ʻō a ʻō, ʻo ia nō paha
ka mea i hoʻolilo ʻia ai kekahi mea i aliʻi, i mea nā-
na e mālama hoʻokahi ke aupuni. Nāna nō e hoʻopono-
pono a me ka hoʻokō ma nā mea o ke aupuni
a pau. ʻO ia nō paha ka mea i hoʻokaʻawale ʻia ai
kekahi poʻe i mau aliʻi. ʻAʻole naʻe i haʻi ʻia mai
ke aliʻi i hana mua ʻia pēlā; he manaʻo wale nō
kēia.

---

1. 17:8. A: *nele*
2. 17:8. A: *nele*
3. 18:2. A: *nele*
4. 17:8. *ua hoʻololi ʻia ʻo* "Kamehameha a III," *ʻo ia ʻo* "Kamehameha III"

3 Ua hoonohoia mai ke alii i mea hookua mai
i ka poe hoopii aku nona mea kaumaha, i
hooluoluia mai ka mea pono, ai hookaumaha
ia mai ka mea hewa; o ke alii no ka mea maluna
o na kanaka apau, ia ia no na hana apau, ke pono
nae kana hana ana

4 Eia kana mau hana ma ke aupuni; o ka hoolulu
mai i kanaka ma ka wa e kaua ai, ia ia no na
olelo nui o ke aupuni, a, ia ia no ka make, a me ke
ola o na kanaka me na lii, a me kona mau hoakaua
a, nana no e malama na koa, ia ia no ka waiwai
hookupu o ka makahiki, ia ia no ka hemo o kona
kanaka aina a me kona lii aina

5 Ia ia no ka auhau maluna o na makaainana
a me na lii, ia ia no ke pai ke nele ka auhau o na
aina, ia ia no ka ohi wale, me ka uhuki wale, me
ka o wale, ke oki wale i ka pepeiao o ka hai puaa
nana no e kaipule na heiau poo kanaka, oia
hoi na luakini, ia ia ka malama o na oihana
o na makahiki, a me na oihana e ae ke hiki i
kona, wa e makemake ai e hana

6 Ma keia mau mea, e ike ia ai ko ke alii kiekie
ana maluna o kanaka me na lii, o ke koa ke
kahi mea e kiekie ai, eia ke kahi, o ka poe alii ai
aupuni, ma ko lakou wa uku, e noho mua
lakou me ka poe akamai; a lohe mua i na olelo
ka poe mai au, a lohe i na mea nui e pono ai ke
aupuni, a me ke ao mua i na oihana kaua a
akamai, maia mea, i hopohopo ole.

7 Eia ke kahi; o ka noho mua malalo o
ke kahi alii a ili hune, a wi a pololi, ai

3 Ua hoonoho ia mai ke alii i mea kokua mai
i ka poe hoopii aku no na mea kaumaha, i
hooluolu ia mai ka mea pono, a i hookaumaha
ia mai ka mea hewa, o ke alii no ka mea maluna
o na kanaka apau, ia ia no na hana apau, ke pono
nae kana hana ana

4 Eia kana mau hana ma ke aupuni, o ka houluulu
mai i kanaka ma ka wa e kaua ai, ia ia no na
olelo nui o ke aupuni, a ia ia no ka make, a me ke
ola o na kanaka me na lii, a me kona mau hoa kau
a, nana no e malama na koa, ia ia no ka waiwai
hookupu o ka makahiki, ia ia no ka hemo o kona
kanaka aina a me kona lii aina

5 Ia ia no ka auhau ma luna o na makaainana
a me na lii, ia ia no ke pai ke nele ka auhau o na
aina, ia ia no ka ohi wale, me ka uhuki wale, me[1]
hao wale, ke oki wale i ka pepeiao o ka hai puaa
nana no e haipule na heiau pookanaka, oia
hoi na luakini, ia ia ka malama o na oiha
na makahiki, ame na oihana e ae ke hikii
kona [wa] e makemake ai e hana

6 Ma keia mau mea, e ike ia[ai] ko ke alii kiekie
ana ma luna o kanaka me na alii, o ke koa ke
kahi mea e kiekie ai, eia kekahi, o ka poe alii ai
aupuni, ma ko lakou wa uuku, e noho mua
lakou me ka poe akamai, a lohe mua i na olelo a
ka poe maiau, a lohe i na mea nui e pono ai ke
aupuni, a me ke ao mua i na oihana kaua a
akamai, ma ia mea, i hopohopo ole.

7 Eia kekahi, o ka noho mua malalo o
kekahi alii a ilihune, a wi, a pololi, a i

3. Ua ho'onoho 'ia mai ke ali'i i mea kōkua mai
i ka po'e ho'opi'i aku no nā mea kaumaha; i
hō'olu'olu 'ia mai ka mea pono, a i ho'okaumaha
'ia mai ka mea hewa. 'O ke ali'i nō ka mea ma luna
o nā kānaka a pau; iā ia nō nā hana a pau, ke pono
na'e kāna hana 'ana.

4. Eia kāna mau hana ma ke aupuni: 'o ka hō'ulu'ulu
mai i kānaka ma ka wā e kaua ai; iā ia nō nā
'ōlelo nui o ke aupuni; a iā ia nō ka make a me ke
ola o nā kānaka me nā ali'i a me kona mau hoa kau-
a; nāna nō e mālama nā koa; iā ia nō ka waiwai
ho'okupu o ka makahiki; iā ia nō ka hemo o ko nā
kānaka 'āina a me ko nā ali'i 'āina.

5. Iā ia nō ka 'auhau ma luna o nā maka'āinana
a me nā ali'i; iā ia nō ke pa'i, ke nele ka 'auhau o nā
'āina; iā ia nō ka 'ohi wale, me ka uhuki wale, me
[ka] hao wale, ke 'oki wale i ka pepeiao o kā ha'i pua'a.
Nāna nō e haipule nā heiau po'o kanaka, 'o ia
ho'i nā luakini; iā ia ka mālama o nā 'oiha-
na makahiki a me nā 'oihana 'ē a'e ke hiki i
kona wā e makemake ai e hana.

6. Ma kēia mau mea e 'ike 'ia ai ko ke ali'i ki'eki'e
'ana ma luna o kānaka me nā ali'i. 'O ke koa ke-
kahi mea e ki'eki'e ai. Eia kekahi, 'o ka po'e ali'i 'ai
aupuni, ma ko lākou wā 'u'uku, e noho mua
lākou me ka po'e akamai, a lohe mua i nā 'ōlelo a
ka po'e maiau, a lohe i nā mea nui e pono ai ke
aupuni, a me ke a'o mua i nā 'oihana kaua a
akamai ma ia mea i hopohopo 'ole.

7. Eia kekahi. 'O ka noho mua ma lalo o
kekahi ali'i a 'ilihune, a wī, a pōloli, a 'ī-

---

1. 18:5. A: *nele*

nea, a noonoa maia pilikia, o ka mala-
ma i na kanaka kekahi me ke ahonui, a me
ka hookaakaa malalo o na makaainana, o ka kai
pule kekahi, me ka aia ole, ke noho pono, aole e
lima koko ke, oluolu kona noho aupuni ana ma
luna o na kanaka apau.

8 Oia no ka mea e maikai ka noho alii ana o
na lii, a e maikai hoi, ke kumu o alii, aole e pau
i ka hokai ia, he mea aloha nui ia na lii noho po
no, a hana pono, he mea malama ia ka lakou
moolelo, a me na mookuauhau, e ka poe no
onoo, a akamai i ka ka olelo.

9 He mea hookaawale ia na lii nui, i loaa mai na
keiki alii, aole no e moe mua e me ka wahi
ne i uku iho kona lii ana, aole hoi e moe mua
me ka wahine noa.

10 Aka, e imi mua ia ka wahine alii nui, a ka
ne alii nui paha, e ka poe kuauhau kupuna
na loko o na mookuauhau, ai ke pono ia ka
wahine, i nui ke alii, ke kane paha, ai ke pono
ia kona mau kupuna a mau makua, oia ka
wahine ke kane paha a na lii nui e moe nui
a ai

11 A ke maopopo ia ka pili nui ana, i loko o ka ha
nauna kupuna, he kahi oia no ka wahine ke
kane paha, ke alii nui e moe ai, i na i kanau
mai ke keiki e kapaia oia he alii nui, aole
nae ke nui kona kapu, he kapu a noho kona
12 Eia kekahi wahine a ke alii nui, o kona
kaikuahine ponoi no i hanau ia mai
e ka makuahine, hookahi, e hoomoe ia

nea, a noonoo ma ia pilikia, o ka mala-
ma i na kanaka kekahi me ke ahonui a me
ka hoohaahaa malalo o na makaainana, o ka hai
pule kekahi me ka aia ole, he noho pono, aole e
lima koko [ko]he,¹ oluolu kona noho aupuni ana ma
luna o na kanaka a pau.

8 Oia no ka mea e mau ai ka noho alii ana
o na lii, a e mau ai hoi, ke kumoo² alii, aole e pau
i ka hokai ia, he mea aloha nui ia na lii noho po
no, a hana pono, he mea malama ia ko lakou
mooolelo³ a me na mookuauhau, e ka poe no
onoo a akamai i kakaolelo.

9 He mea hookaawale ia na lii nui, i loaa mai na
keiki alii, aole no e moe mua e me ka wahi
ne i⁴ uuku iho kona lii ana, aole hoi e moe⁵ mua
me ka wahine noa.

10 Aka, e imi mua ia ka wahine alii nui, a ka
ne alii nui paha, e ka poe kuauhau kupuna
ma loko ona mookuauhau, a ike pono ia ka
wahine, i nui ke alii, ke kane paha, a ike pono
ia kona mau kupuna a mau makua, oia ka
wahine ke kane paha a na [lii] nui e moe mu
a ai

11 A ike mapopo⁶ ia ka pili nui ana, iloko o ka ha-
nauna kupuna, hookahi, oia no ka wahine ke
kane paha, a ke alii nui e moe ai, ina i hanau
mai ke keiki e kapaia oia he alii nui, aole
nae he nui kona kapu, he kapu a noho kona

12 Eia kekahi wahine a ke alii nui, o kona
kaikuahine ponoi no i hanau ia mai
e ka makuahine, hookahi, [makuakane⁷ hookahi] e hoomoe ia

nea, a noʻonoʻo ma ia pilikia: ʻo ka mālā-
ma i nā kānaka kekahi me ke ahonui a me
ka hoʻohaʻahaʻa ma lalo o nā makaʻāinana; ʻo ka hai-
pule kekahi me ka ʻaiā ʻole; he noho pono, ʻaʻole e
lima koko,⁸ he ʻoluʻolu kona noho aupuni ʻana ma
luna o nā kānaka a pau.

8. ʻO ia nō ka mea e mau ai ka noho aliʻi ʻana
o nā aliʻi, a e mau ai hoʻi ke kūmoʻo aliʻi, ʻaʻole e pau
i ka hōkai ʻia. He mea aloha nui ʻia nā aliʻi noho po-
no a hana pono; he mea mālama ʻia ko lākou
moʻoʻōlelo a me nā moʻokūʻauhau e ka poʻe no-
ʻonoʻo a akamai i kākāʻōlelo.

9. He mea hoʻokaʻawale ʻia nā aliʻi nui i loaʻa mai nā
keiki aliʻi; ʻaʻole nō e moe mua ʻē me ka wahi-
ne i ʻuʻuku iho kona aliʻi ʻana, ʻaʻole hoʻi e moe mua
me ka wahine noa.

10. Akā, e ʻimi mua ʻia ka wahine aliʻi nui, a kā-
ne aliʻi nui paha, e ka poʻe kūʻauhau kūpuna
ma loko o nā moʻokūʻauhau. A ʻike pono ʻia ka
wahine i nui ke aliʻi, ke kāne paha, a ʻike pono
ʻia kona mau kūpuna a mau mākua, ʻo ia ka
wahine, ke kāne paha, a nā aliʻi nui e moe mu-
a ai.

11. A ʻike ma[o]popo ʻia ka pili nui ʻana i loko o ka ha-
nauna kupuna hoʻokahi, ʻo ia nō ka wahine, ke
kāne paha a ke aliʻi nui e moe ai. Inā i hānau
mai ke keiki, e kapa ʻia ʻo ia he aliʻi nui; ʻaʻole
naʻe he nui kona kapu, he kapuanoho kona.

12. Eia kekahi wahine a ke aliʻi nui, ʻo kona
kaikuahine ponoʻī nō i hānau ʻia mai
e ka makuahine hoʻokahi, makua kāne hoʻokahi. E hoʻomoe ʻia

---

1. 18:7. A: lime kokokohe,
2. 18:8. A: kuamoo
3. 18:8. A: moolelo
4. 18:9. A: [oia] *[sic]*
5. 18:9. A: moa *[sic]*
6. 18:11. A: maopopo
7. 18:12. A: **a** makuakane
8. 18:7. *ua hoʻololi ʻia ʻo* "lima koko[ko] he," *ʻo ia ʻo* "lima koko, he"

laua, ua kapaia kela moe ana he pio,
ina i hanau mai ka laua keiki, e ka
paia he alii nui, he niaupio, he kapu
a moe kona, ua kapaia he akua, aole e
hele kela alii ma ke ao, ma ka po e hele
ai; he hoano kona ke hele ma ke ao.

13 Eia kekahi wahine a kealiinui, oia
na kai kuahine ponoi no, i hanau pu
ia mai na ka makuahine hookahi mai; he
okoa nae, ka makuakane, kekahi me kekahi, ina
o ka makuakane ka hookahi, he okoa nae ka ma
kuahine, kekahi me kekahi, e hoomoe ia no
laua, ua kapaia kela moe ana he naha, ina
i hanau mai ka laua keiki; he alii nui, he
niaupio no, he kapuanoho nae kona.

14 Ina i loaa ole keia mau wahine, mau kane
paha i na lii nui, hoomoe ia oia, i ke kaikama
hine, a kona kaikaina, a kaikuaana, a kaikua
hine paha, ua kapaia kela moe ana he hoi, i
na i hanau mai ke keiki; he alii niaupio no,
he kapuamoe no kona.

15 Pela wale no kona alii nui hana ana, i mea
e lilo loa ai na keiki kiapo a lakou, i hanau
mai ai i po o alii nui no ke aupuni

16 Oia hoi ka mea e mau ai, ka malama ia
oia mookuauhau alii, mai a hanauna, i na loaa
le ole ka moo kuauhau o ka hanauna o na lii
nui, i ke pono ia e hana ka apau, he
alii nui wale no na kupuna o ko ka
makuahine aoao, aohe alii ma keia
laila, pela nohoi, ka ike pono ia o ka

laua, ua kapaia kela moe ana he pio,
ina i hanau mai ka laua keiki, e ka
paia he alii nui, he niaupio, he kapu
a moe kona, ua [k]apaia[1] he akua, aole e
hele kela alii ma ke ao, ma ka po e hele
ai, he hoano kona ke hele ma ke ao.

13 Eia kekahi wahine a ke alii nui, o ko
na kaikuahine ponoi no, i hanau pu
ia mai na ka makuahine hookahi mai,[2] he
okoa nae ka makane,[3] o kekahi me kekahi, ina
o ka ma[kua]kane ka hookahi, he okoa nae ka ma
kuahine, o kekahi me kekahi, e hoomoe ia no
laua, ua kapaia kela moe ana he naha, ina
i hanau mai ka laua keiki, he alii nui, he
niaupio no, he kapuanoho[4] nae[5] kona.

14 Ina i loaa ole keia mau wahine, mau kane
paha i na lii nui, hoomoe ia oia, i ke kaikama
hine, a kona kaikaina, a kaikuaana, a kaikua
hine paha, ua kapaia[6] kela moe ana he hoi, i
na i hanau mai ke keiki, he alii niaupio no,
he kapuamoe no kona.

15 Pela wale no ko na alii nui hana ana, i mea
e lilo loa ai na keiki hiapo a lakou, i hanau
mai ai i poe alii nui no ke aupuni

16 Oia hoi ka mea e mau ai, ka malama ia
[oia] mookuauhau alii, ma ia hanauna, i nalowa
le ole ka mookuauhau o ka ha[na]una o na lii
nui, i ike pono ia e kanaka apau, he ~~mau~~
alii nui wale no na kupuna o ko ka
makuahine aoao, aohe alii uuku o
laila, pela nohoi, ka ike pono ia o ka

lāua. Ua kapa 'ia kēlā moe 'ana he pi'o.
Inā i hānau mai kā lāua keiki, e ka-
pa 'ia he ali'i nui, he nī'aupi'o. He kapu-
amoe kona; ua kapa 'ia he akua. 'A'ole e
hele kēlā ali'i ma ke ao; ma ka pō e hele
ai; he ho'āno kona ke hele ma ke ao.

13. Eia kekahi wahine a ke ali'i nui, 'o ko-
na kaikuahine pono'ī nō i hānau pū
'ia mai na ka makuahine ho'okahi mai, he
'oko'a na'e ka ma[kua] kāne o kekahi me kekahi; inā
'o ka makua kāne ka ho'okahi, he 'oko'a na'e ka ma-
kuahine o kekahi me kekahi. E ho'omoe 'ia nō
lāua. Ua kapa 'ia kēlā moe 'ana he naha. Inā
i hānau mai kā lāua keiki, he ali'i nui, he
nī'aupi'o nō, he kapuanoho na'e kona.

14. Inā i loa'a 'ole kēia mau wāhine, mau kāne
paha, i nā ali'i nui, ho'omoe 'ia 'o ia i ke kaikama-
hine a kona kaikaina, a kaikua'ana, a kaikua-
hine paha. Ua kapa 'ia kēlā moe 'ana he ho'i. I-
nā i hānau mai ke keiki, he ali'i nī'aupi'o nō,
he kapu a moe nō kona.

15. Pēlā wale nō ko nā ali'i nui hana 'ana i mea
e lilo loa ai nā keiki hiapo a lākou i hānau
mai ai i po'e ali'i nui no ke aupuni.

16. 'O ia ho'i ka mea e mau ai ka mālama 'ia
o ia mo'okū'auhau ali'i ma ia hanauna i nalowa-
le 'ole ka mo'okū'auhau o ka hanauna o nā ali'i
nui, i 'ike pono 'ia e kānaka a pau he
ali'i nui wale nō nā kūpuna o ko ka
makuahine 'ao'ao, 'a'ohe ali'i 'u'uku o
laila; pēlā nō ho'i ka 'ike pono 'ia o ka

---

1. 18:12. C: *ua kākau 'ia he* "k" *ma luna o kekahi hua palapala*
2. 18:13. A: *nele*
3. 18:13. C: *ua ho'ololi 'ia 'o* "makane," *'o ia 'o* "makuakane" *ma ka penikala* A: makuakane
4. 18:13. A: *ua ho ho'ololi 'ia 'o* "kapu a moe," *'o ia 'o* "kapu a noho." *(e ho'ohālikelike i ka pau 'ana o 18:14)*
5. 18:13. A: no
6. 18:14. A: kapai *[sic]*

maomano alii o ka ka makua kane
aoao, alaila ku kaukaa ke alii, i aole
ka alii, hemolele ke alii

17 No keia hana ana, aole loa e hiki i na lii e ae
ke hoopili aku i ke alii nui, a kapa wale aku i
hanau, na nona ke alii nui, aia no alikepu ka ma
noanoa alii o na kupuna, alaila pono ke kapa
aku ke alii ke makamaka nona.

18 A mahope mai o ka loaa ana o na keiki a la-
kou, ina e manao lakou e moe i mau wahi
nei, a i mau kane e paha, aole nae ia he wahi
ne wae nui ia like me ka wahine mamua, e
moe wale aku no, ina i hanau mai ke keiki o
lakou na lii malalo aku o ko lakou kaikua
na ke alii nui, he mau kaikaina ko lakou o
lelo ana no ke alii nui, he iwi kuamoo keila
muku no ke alii nui o kekahi, o keia poe alii
e lilo i mau kuhina no ke aupuni lakou

19 Penei ka hana ana o kekahi poe alii, ina he
alii nui ka makuahine, a alii ole ka ma
kua kane, a hanau mai ka laua keiki, he
alii nui no ia, ua kapaia he alii papa,
no ke alii ana o ka makuahine.

20 Ina o ka makua kane ke alii, a he wa
hine, a ke alii iki paha ka makuahine, i
hanau mai ke keiki, ua kapaia, he kau
kau alii; ina he alii ka makua kane, a he
wahine alii ole ka makuahine, i hanau
mai ka laua keiki, ua kapaia, he kuku,
he naaki kahi inoa, he kukaepopolo kahi
inoa; o keia no ia mau olelo, he alii a ka ka ole.

manomano alii o ko ka makuakane
aoao, alaila ku haʻulua ke alii, ila ole
ke alii, hemolele ke alii

17 No keia hana ana, aole loa e hiki i na lii e ae
ke hoopili aku i ke alii nui, a kapa wale aku i
hanau[na] nona ke alii nui, aia no a like pu ka ma
noanoa alii o na kupuna, alaila pono ke kapa
aku i ke alii he makamaka nona.

18 A mahope mai o ka loaa ana o na keiki a la-
kou, ina e manao, lakou e moe i mau wahi
ne e, a i mau kane e paha, aole nae ia he wahi
ne wae nui ia like[1] me ka wahine mamua, e
moe wale aku no, ina i hanau mai ke keiki o
lakou na lii malalo aku o ko lakou kaikua
na ke alii nui, he mau kaikaina ko lakou o
lelo ana no ke alii nui,[2] he iwikuamoo he ila
muku no he alii nui o kekahi, o keia poe alii,
e lilo i mau kuhina no ke aupuni lakou[3]

19 Penei ka hana ana o kekahi poe alii, ina he
alii nui ka makuahine, a alii[4] ole ka ma
kuakane, a hanau mai ka laua keiki, he
alii nui no ia, ua kapaia he alii papa,
no ke alii ana o ka makuahine.

20 Ina o ka makuakane ke alii, a he wa
hine, a he alii iki paha ka makuahine, i
hanau mai ke[5] keiki, ua kapaia, he kau
kau alii, ina he alii kamakuakane, a he
wahine alii ole kamakuahine, i hanau
mai ka laua keiki, ua kapaia, he Kulu,
he ua iki kahi inoa, he kukaepopolo kahi
inoa, o ke ano oia mau olelo, he alii akaka ole.

manomano aliʻi o ko ka makua kāne
ʻaoʻao; a laila, *kūhaulua* ke aliʻi, ila ʻole
ke aliʻi, hemolele ke aliʻi.

17. No kēia hana ʻana, ʻaʻole loa e hiki i nā aliʻi ʻē aʻe
ke hoʻopili aku i ke aliʻi nui a kapa wale aku i
hanauna nona ke aliʻi nui. Aia nō a like pū ka mā-
noanoa aliʻi o nā kūpuna, a laila, pono ke kapa
aku i ke aliʻi he makamaka nona.

18. A ma hope mai o ka loaʻa ʻana o nā keiki a lā-
kou, inā e manaʻo lākou e moe i mau wāhi-
ne ʻē, a i mau kāne ʻē paha, ʻaʻole naʻe ia he wahi-
ne wae nui ʻia [e] like me ka wahine ma mua, e
moe wale aku nō. Inā i hānau mai ke keiki, ʻo
lākou nā aliʻi ma lalo aku o ko lākou kaikua[ʻa]-
na, ke aliʻi nui. He mau kaikaina ko lākou ʻō-
lelo ʻana no ke aliʻi nui, he iwikuamoʻo, he ilā-
muku no ke[6] aliʻi nui. ʻO kekahi o kēia poʻe aliʻi,
e lilo i mau kuhina no ke aupuni lākou.

19. Penei ka hana ʻana o kekahi poʻe aliʻi: inā he
aliʻi nui ka makuahine, a aliʻi ʻole ka ma-
kua kāne, a hānau mai kā lāua keiki, he
aliʻi nui nō ia. Ua kapa ʻia he aliʻi papa
no ke aliʻi ʻana o ka makuahine.

20. Inā ʻo ka makua kāne ke aliʻi, a he wa-
hine a he aliʻi iki paha ka makuahine i
hānau mai ke keiki, ua kapa ʻia he kau-
kaualiʻi. Inā he aliʻi ka makua kāne, a he
wahine aliʻi ʻole ka makuahine, i hānau
mai kā lāua keiki, ua kapa ʻia he kulu,
he ua iki kahi inoa, he kūkae pōpolo kahi
inoa. ʻO ke ʻano o ia mau ʻōlelo, he aliʻi akāka ʻole.

---

1. 18:18. A: e like
2. 18:18. A: *nele ʻo* "he mau kaikaina ko lakou olelo ana no ke alii nui"
3. 18:18. A: **o** lakou
4. 18:19. A: a **ua** ʻlii
5. 18:20. A: kekahi
6. 18.18. *ua hoʻololi ʻia ʻo* "he," *ʻo ia ʻo* "ke"

21 Ina he wahine alii paha, he kaukau alii paha
e noho ana me kana kane ponoi, a hanau mai
ka laua keiki, a haawi ka makuahine i ua
keiki la, na kane e, he alii poolua ia,

22 He nui no na keiki i haawiia e na wahine
na na kane e, a lakou i moe maluai, he nui no
hoi na keiki a na lii kane, me kela wahine
keia wahine, a lakou i moe maluai, ua ikeia
ke kahi keiki, i ke oleia ke kahi keiki.

23 O kahi mea, ua ike no ikona moo kuaukau
alii, aole nae i ike nui ohai; ua kapaia kana kei
ki ke hanau mai, he alii kuaukau, no ka mea,
ma ke kuaukau i ike iai kona lii ana.

24 O ke kahi mea, ua ike no ikona wahi alii, no
laila, aole no e kaupu i kona kapa me ko kai
ma kahi kau kapa, ua kapaia aku ia, he
alii kauholopapa, no ka mea, ma ka holopapa
i ike iai kona lii ana.

25 O ke kanaka ililo i puna hele na na lii; aai
kane paha na na lii, ina i moe ia i ka wahine
alii, a hanau mai he keiki, ua kapaia he kau
kaualii no he alii maoli kahi inoa.

26 O ke kanaka waiwai i ke alii, a ai aina paha
he alii lalolalo ia, ua kapaia kela kanaka
keia kanaka he alii, ma ke a ka mai he kahi
alii ana, ua kaikai i ke kahi paha, he mau
lii olelo waha ia lakou,

27 O na lii nui, he koa loa ke ana, he nui
na kapu, ua nui na kanaka i pepehi
ia, no ka oe ana, i ko ke alii mau mea
kapu, he mea kaumaha loa ke kapu ana

21 Ina he wahine alii paha, he kaukau alii paha
e noho ana me kana kane ponoi, a hanau mai
ka laua keiki, a haawi ka makuahine i ua
keiki la, na kane[1] e, he alii poolua ia,

22 He nui no na keiki i haawi ia e na wahine
na na kane e, a lakou i moe malu ai, he nui no
hoi na keiki a na lii kane, me kela wahine
keia wahine, a lakou i moe malu ai, ua ikeia
kekahi keiki, ike ole ia kekahi keiki.

23 O kahi mea, ua ike no i kona mookuauhau
alii, aole nae i ike nui o hai, ua kapaia kana kei
ki ke hanau mai, he alii kuauhau, no ka mea,
ma ke kuauhau i ike iai kona lii[2] ana.

24 O kekahi mea, ua ike no i kona wahi alii, no
laila, aole no e kau pu i kona kapa me ko hai
ma kahi kau kapa, ua kapaia aku ia, he
alii kau holopapa, no ka mea, ma ka holopapa
i ike ia ai kona lii ana.

25 O ke kanaka i lilo i punahele na na lii, a ai
kane paha na na lii, ina i moe ia i ka wahine
alii, a hanau mai ke keiki, ua kapaia he kau
kau alii no, he alii maoli kahi inoa.

26 O ke kanaka waiwai i ke alii, a ai aina paha
he alii lalolalo ia, ua kapaia kela kanaka
keia kanaka ө he alii, ma ke akamai kekahi
alii ana, ma ka ikaika kekahi paha, he mau a
lii olelo waha ia lakou,

27 O na lii nui, he okoa loa ke ano, he nui
na kapu, ua nui na kanaka i pepehi
ia, no ka ae ana, i ko ke alii mau mea
kapu, he mea kaumaha loa ke kapu ona

21. Inā he wahine ali'i paha, he kaukauali'i paha
e noho ana me kāna kāne pono'ī, a hānau mai
kā lāua keiki, a hā'awi ka makuahine i ua
keiki lā na kāne 'ē, he ali'i po'olua ia.

22. He nui nō nā keiki i hā'awi 'ia e nā wāhine
na nā kāne 'ē a lākou i moe malū ai. He nui nō
ho'i nā keiki a nā ali'i kāne me kēlā wahine
kēia wahine a lākou i moe malū ai. Ua 'ike 'ia
kekahi keiki, 'ike 'ole 'ia kekahi keiki.

23. 'O kahi mea, ua 'ike nō i kona mo'okū'auhau
ali'i, 'a'ole na'e i 'ike nui 'o ha'i. Ua kapa 'ia kāna kei-
ki, ke hānau mai, he ali'i kū'auhau, no ka mea,
ma ke kū'auhau i 'ike 'ia [a]i kona ali'i 'ana.

24. 'O kekahi mea, ua 'ike nō i kona wahi ali'i, no
laila, 'a'ole nō e kau pū i kona kapa me ko ha'i
ma kahi kau kapa. Ua kapa 'ia aku ia he
ali'i kau holopapa, no ka mea, ma ka holopapa
i 'ike 'ia ai kona ali'i 'ana.

25. 'O ke kanaka i lilo i punahele na nā ali'i, a ai-
kāne paha na nā ali'i, inā i moe ia i ka wahine
ali'i a hānau mai ke keiki, ua kapa 'ia he kau-
kauali'i nō, he ali'i maoli kahi inoa.

26. 'O ke kanaka waiwai i ke ali'i, a 'ai 'āina paha,
he ali'i lalolalo ia. Ua kapa 'ia kēlā kanaka
kēia kanaka he ali'i; ma ke akamai kekahi
ali'i 'ana, ma ka ikaika kekahi paha. He mau a-
li'i 'ōlelo waha 'ia lākou.

27. 'O nā ali'i nui, he 'oko'a loa ke 'ano, he nui
nā kapu. Ua nui nā kānaka i pepehi
'ia no ka 'a'e 'ana i ko ke ali'i mau mea
kapu. He mea kaumaha loa ke kapu o nā

---

1. 18:21. A: **ke** kane
2. 18:23. A: alii

lii, aole nae i kaiia mai ke alii nana i kana
mai keia kapu, manao au aole he kahiko mai
i keia hana, he mea hou mai no, eia no ua ma
ua kapu la.

28 Ina i pii ke aka o ke kanaka maluna o ko ke
alii nui hale e make no ia, pela no na mea pii
apau, e make no, ina i pii ke aka o ke kanaka ma
luna o ko ke alii kua, a maluna o kona kapa
a me kona malo, a maluna o na mea pili ia ia
apau e make no, ina i komo ke kanaka ma ka

29 puka liilii o ka hale o ke alii a me ka pii mai
maluna o kapa laau o ko ke alii hale e make
no ia mea

29 Ina i komo ke kanaka ma ko ke alii hale
me ka pale, o ke i kona malo wai, e make no
ina i komo me ke pooha mo ia i kapalolo,
e make no, ina aole pa laau o ko ke alii
hale, ina he au kau maule kapa, ua hu
na ia malalo o ka weuweu, a pii wale
wale ke kanaka me kona ike ole, ina
au kau maule la, e make no

30 Ina i ai ke alii, e kukuli na kanaka
i lalo na kuli; ina i kii ke kuli o ke
kahi iluna, e make no ia, ina e holo-
pu ke kanaka me ke alii ma ka waa
kioloa e make no

31 Ina i hume ke kanaka i ko ke alii
malo, a ahu i ke kapa paha e make no
he nui no na kapu e ae, e make ai ka
naka, he nui kona kapu ponoi iho
e make ai kanaka he nui loa ma ke
na lii mau kapu.

lii, aole nae i hai ia mai ke alii nana i hana
mai keia kapu, manao au aole he kahiko mai
keia hana, he mea hou mai no, eia no ua ma-
u kapu la.

28 Ina i pii ke aka o ke kanaka maluna o ko ke
alii nui hale e make no ia, pela no na mea pii
apau, e make no, ina i pii ke aka o ke kanaka ma
luna o ko ke alii kua, a maluna o kona kapa
a me[1] kona malo, a maluna o na mea pili ia ia
apau e make no, ina i komo ke kanaka ma ka
~~29~~ puka liilii o ka hale o ke alii a me ka pii mai
maluna o ka pa laau o ko ke alii hale e make
no ia mea

29 Ina i komo ke kanaka ma ko ke alii hale
me ka pale [ole] i kona malo wai, e make no
ina i komo me ke poo hamo ia i ka palolo.
e make no,[2] ina aole pa laau o ko ke alii
hale, ina he auhaumaule ka pa, ua hu
na ia malalo o ka weuweu, a pii wale
wale ke kanaka me kona ike ole, i ua
auhaumaule la, e make no

30 Ina i ai ke alii, e kukuli na kanaka
i lalo na kuli, ina i ku ke kuli o ke
kahi i luna, e make no ia, ina e holo-
pu ke kanaka me ke alii ma ka waa
kioloa e make no

31 Ina i hume ke kanaka i ko ke alii
malo, aahu i ke kapa paha e make no
he nui no na kapu e ae, e make ai ka
naka, he nui kona kapu ponoi iho
e make ai kanaka he nui loa ma ko
na lii mau kapu.

aliʻi. ʻAʻole naʻe i haʻi ʻia mai ke aliʻi nāna i hana
mai kēia kapu. Manaʻo au, ʻaʻole he kahiko mai
kēia hana, he mea hou mai nō. Eia nō ua ma-
u kapu lā.

28. Inā i piʻi ke aka o ke kanaka ma luna o ko ke
aliʻi nui hale, e make nō ia. Pēlā nō nā mea piʻi
a pau, e make nō. Inā i piʻi ke aka o ke kanaka ma
luna o ko ke aliʻi kua, a ma luna o kona kapa
a me kona malo, a ma luna o nā mea pili iā ia
a pau, e make nō. Inā i komo ke kanaka ma ka
puka liʻiliʻi o ka hale o ke aliʻi a me ka piʻi mai
ma luna o ka pā lāʻau o ko ke aliʻi hale, e make
nō ia mea.

29. Inā i komo ke kanaka ma ko ke aliʻi hale
me ka pale ʻole i kona malo wai, e make nō.
Inā i komo me ke poʻo hamo ʻia i ka pālolo,
e make nō. Inā ʻaʻole pā lāʻau o ko ke aliʻi
hale, inā he ʻauhau maʻule ka pā, ua hu-
na ia ma lalo o ka weuweu, a piʻi wale-
wale ke kanaka me kona ʻike ʻole i ua
ʻauhau maʻule lā, e make nō.

30. Inā i ʻai ke aliʻi, e kukuli nā kānaka
i lalo nā kuli; inā i kū ke kuli o ke-
kahi i luna, e make nō ia. Inā e holo
pū ke kanaka me ke aliʻi ma ka waʻa
kioloa, e make nō.

31. Inā i hume ke kanaka i ko ke aliʻi
malo, ʻaʻahu i ke kapa paha, e make nō.
He nui nō nā kapu ʻē aʻe e make ai kā-
naka. He nui kona kapu ponoʻī iho
e make ai kānaka he nui loa ma ko
nā aliʻi mau kapu.

---

1. 18:28. A: o
2. 18:29. A: e make no, **he nui no na kapu e ae e make ai kanaka, he nui kona kapu ponoi iho e make ai kanaka, he nui loa ma ko na ʻlii mau kapu**, ina aole pa laau. . . . *(e nana i ka paukū 31)*

32 Eia kekahi o ke alii kapu moe, ma
ka po wale no oia e hele ai, aole oia e he-
le na ke ao, i na e hele oia ma ke ao, hele
ke kahi, kanaka mamua me ka lepa
me ke kahea mai, kapu moe, e moe no
na kanaka apau malalo, ina lawe ia mai
kona ipu waiauau, a me kona kapa a
malo, a me kana mau ipu ai, a me na mea
apau e pili ana ia ia, e moe no, ina ala
kekahi i luna make no, pela o Kiwalao
ke kapu moe kona.

33 O ke alii kapu wohi, aole oia e me ka-
na lawe kakiki e moe i ka wa e hele
mai ai ke alii kapu moe, e hele wale
oia me ka moe ole pela o Kamehameha
i ke kapu wohi kona, ina lawe ia kona mau
mea, e noho ia no, e make nonae ka
mea kiu iluna, me ka we^{he}o li kana lii
a kapa paha.

34 O ke alii kapu a noho ina i lawe ia
kona mau ipu e ai ai, a me kona wai
auau, a me ke kapa, a malo, a me na mea
apau e pili ana ia ia, ina i ku ke kahi iluna
e make no ia i ke kapu ona lii

35 O na kanaka laa i kapu ona lii e puhi ia
lakou i ke ahi a lehu, e umi wale ia ke kahi
e hai luku ia i ka pohaku ke kahi pela kona
lii mau kapu e hookaumaha ana malu
na kanaka apau

36 O ka make me ka hoola, aia malaila ko
na lii mau kanawai i pili ai ina i mai

32 Eia kekahi o ke alii kapu moe, ma
ka po wale no oia e hele ai, aole oia e he
le ma ke ao, ina e hele oia ma ke ao, hele
kekahi kanaka mamua me ka lepa
me ke kahea mai, kapu moe, e moe no
na kanaka a pau malalo, ina lawe ia mai
kona ipu wai auau, a me kona kapa a
malo, a me kana mau ipu ai, a me na mea
a pau e pili ana ia ia, e moe no, ina ala
kekahi i luna make no, pela o Kiwalao
he kapu moe kona.

33 O ke alii kapu wohi, aole oia e[1] me ko
na lawe kahili e moe i ka wa e hele
mai ai ke alii kapu moe, e hele wale
oia me ka moe ole pela o Kamehameha
I he kapu wohi kona, inā lawe [ia] kona mau
mea, e anoho[2] ia no, e make no nae ka
mea ku i luna, me ka we[he] ole i kona lei
a kapa paha.

34 O ke alii kapu anoho ina i lawe ia
kona mau ipu e ai ai, a me kona wai
auau, a me ke kapa, a malo, a me na mea
apau e pili ana ia ia, ina i ku kekahi iluna
e make no ia i ke kapu o na lii

35 O na kanaka laa i kapu o na lii e puhi ia
lakou i ke ahi a lehu, e umi wale ia kekahi
e hailuku ia i ka pohaku kekahi pela ko na
lii mau kapu e hookaumaha ana malu
na o kanaka a pau

36 O ka make me ka hoola, aia ma laila ko
na lii mau kanawai i pili ai, ina i ma

32. Eia kekahi. 'O ke ali'i kapu moe, ma
ka pō wale nō 'o ia e hele ai; 'a'ole 'o ia e he-
le ma ke ao. Inā e hele 'o ia ma ke ao, hele
kekahi kanaka ma mua me ka lepa,
me ke kāhea mai, "Kapu moe!" E moe nō
nā kānaka a pau ma lalo. Inā lawe 'ia mai
kona ipu wai 'au'au a me kona kapa a
malo a me kāna mau ipu 'ai a me nā mea
a pau e pili ana iā ia, e moe nō. Inā ala
kekahi i luna, make nō. Pēlā 'o Kīwala'ō:
he kapu moe kona.

33. 'O ke ali'i kapu wohi, 'a'ole 'o ia me ko-
na lawe kāhili e moe i ka wā e hele
mai ai ke ali'i kapu moe; e hele wale
'o ia me ka moe 'ole. Pēlā 'o Kamehameha
I; he kapu wohi kona. Inā lawe 'ia kona mau
mea, e 'ānoho 'ia nō; e make nō na'e ka
mea kū i luna, me ka wehe 'ole i kona lei
a kapa paha.

34. 'O ke ali'i kapuanoho, inā i lawe 'ia
kona mau ipu e 'ai ai a me kona wai
'au'au a me ke kapa a malo a me nā mea
a pau e pili ana iā ia, inā i kū kekahi i luna,
e make nō ia i ke kapu o nā ali'i.

35. 'O nā kānaka la'a i kapu o nā ali'i, e puhi 'ia
lākou i ke ahi a lehu, e 'umi wale 'ia kekahi,
e hailuku 'ia i ka pōhaku kekahi. Pēlā ko nā
ali'i mau kapu e ho'okaumaha ana ma lu-
na o kānaka a pau.

36. 'O ka make me ka ho'ōla, aia ma laila ko
nā ali'i mau kānāwai i pili ai. Inā i ma-

---

1. 18:33. C: *Me he mea lā, ua kāpae 'ia kēia* "e" A: a
2. 18:33. A: noho

nao ke alii nui e make ke kahi mea, me alii pa
ha, he kanaka paha, ina e hoohiki ke alii nui
ma ke kana wai make, o ka make no ia.

37 Ina e manao ke alii e hoohiki ma ke kana
wai hoola o ke ola no ia oia mea aole e make.

38 A ka, aole o na lii kanawai hooponopono ~~waiwai~~
waiwai, aole ke kanawai hooponopono aina, aole
kanawai ukn, aole kanawai oihi, aole kanawai
hooponopono i na makaainana, a me kela
mea keia mea.

39 Ma ka manao wale no o ke alii nui ka hoonoho
poana o na mea apau, ma ka aina a me na ka
naka a me kela mea keia mea, aole no ma ke
kanawai

40 O na lii apau malalo o ke alii nui, a me na kona
hiki apau ma ko lakou manao wale iho no, e hoo
ponopono ai i ka aina, a me ko lakou mau mea
apau.

41 Aole ke luna kanawai ma ka wa kahiko, no
na hewa apau, aole aha hookolokolo no na hewa
apau, o ka pepehi no ke kanawai elike me ka
ukiuki ana, pela ka hana kahiko ana.

42 O ka holo, a me ka pee oia ka pakele o ka mea
hewa, aole ma ka hookolokolo e like me keia
wa

43 Ina i lilo ka wahine a ke kahi kane paha
e hele no ua kane la me ka ilio, e hoopii i na
lii, i hoi mai ka wahine kane paha, no ka ilio
ka mea hoihoi ia mai ai ka wahine ke
kane paha nana, aole ma ke kanawai ka
hoi ana, i na i nui ka akamai ana me ka ai

nao ke alii nui e make kekahi mea, he alii pa
ha, he kanaka paha, ina e hoohiki ke alii nui
ma ke kanawai make, o ka make no ia.

37 Ina e manao ke alii e hoohiki ma ke kana
wai hoola o ke ola no ia oia mea aole e make.

38 Aka, aole o na lii kanawai hooponopono ~~aihue~~
waiwai, aole he kanawai hooponopono aina, aole
kanawai uku, aole kanawai ohi, aole kanawai
hooponopono ina makaainana, a me kela
mea keia mea.

39 Ma ka manao wale no o ke alii nui ka hoomaopo
po[1] ana o na mea a pau, ma ka aina a me na ka
naka a me kela mea keia mea, aole no ma ke
kanawai

40 O na lii apau malalo o ke alii nui, a me na kono
hiki apau ma ko lakou manao wale iho no, e hoo
ponopono ai i ka aina, a me ko lakou mau mea
apau.

41 Aole he luna kanawai ma ka wa kahiko, no
na hewa apau, aohe aha hookolokolo no na hewa
apau, o ka pepehi no ke kanawai e like me ka
ukiuki ana, pela ka hana kahiko ana.

42 O ka holo, a me ka pee oia ka pakele o ka mea
hewa, aole ma ka hookolokolo e like me keia
wa

43 Ina i lilo ka wahine a kekahi kane paha
e hele no ua kane la me ka ilio, e hoopii i na
lii, i hoi mai ka wahine kane paha, no ka ilio
ka mea i hoihoi ia mai ai ka wahine ke
kane paha nana, aole ma ke kanawai ka
hoi ana, ina i nui ka aihue ana me ka aie

na'o ke ali'i nui e make kekahi mea, he ali'i pa-
ha, he kanaka paha, inā e ho'ohiki ke ali'i nui
ma ke kānāwai make, 'o ka make nō ia.

37. Inā e mana'o ke ali'i e ho'ohiki ma ke kānā-
wai ho'ōla, 'o ke ola nō ia o ia mea, 'a'ole e make.

38. Akā, 'a'ole o nā ali'i kānāwai ho'oponopono
waiwai, 'a'ole he kānāwai ho'oponopono 'āina, 'a'ole
kānāwai uku, 'a'ole kānāwai 'ohi, 'a'ole kānāwai
ho'oponopono i nā maka'āinana a me kēlā
mea kēia mea.

39. Ma ka mana'o wale nō o ke ali'i nui ka ho'omaopo-
po 'ana o nā mea a pau ma ka 'āina a me nā kā-
naka a me kēlā mea kēia mea, 'a'ole nō ma ke
kānāwai.

40. 'O nā ali'i a pau ma lalo o ke ali'i nui a me nā kono-
hiki a pau, ma ko lākou mana'o wale iho nō e ho'o-
ponopono ai i ka 'āina a me ko lākou mau mea
a pau.

41. 'A'ole he luna kānāwai ma ka wā kahiko no
nā hewa a pau; 'a'ohe 'aha ho'okolokolo no nā hewa
a pau; 'o ka pepehi nō ke kānāwai. E like me ka
ukiuki 'ana, pēlā ka hana kahiko 'ana.

42. 'O ka holo a me ka pe'e, 'o ia ka pakele o ka mea
hewa, 'a'ole ma ka ho'okolokolo e like me kēia
wā.

43. Inā i lilo ka wahine a kekahi kāne paha,
e hele nō ua kāne lā me ka 'īlio e ho'opi'i i nā
ali'i i ho'i mai ka wahine, kāne paha. No ka 'īlio
ka mea i ho'iho'i 'ia mai ai ka wahine, ke
kāne paha nāna, 'a'ole ma ke kānāwai ka
ho'i 'ana. Inā i nui ka 'aihue 'ana me ka 'ai'ē

---

1. 18:39. A: hoomaopoopoo [sic]

ana no ke aloha mai o ka poe nana ka aie e pa ke
ile ai aole na ke kanawai e hooponopono mai, ua
ano e kanaka me na lii ia wa

44 He nui ke ano o na lii, aole, like pu, he haowale ka
hi alii; he uhuki wale kahi alii, he pepehi wale ka
hi alii, he oki wale kahi alii, he pue wale ka kahi alii
akiu na lii noho pono e like me Kamehameha I
he alii hoomalu pono ia

45 Ma ke kolohe o ke kahi poe alii i na makaainana
kaua pinepine ka lii poe alii me na makaainana
he nui na lii e make i na makaainana ma ke
kaua ana, hoakaua na makaainana no na lii
kolohe i ka wa kahiko

46 Ua nui na mea, a na makaainana i kaawi
i na lii ma kaandeau mai ke kahi; ma; kei kii wale
mai a lawe wale aku i kana makaainana
he kana no makua aina, he noho wale ma
kahi alii; he ai aina nae kanaka noho me na
lii; he kiekie ka noho ana o kahi alii, he loaa wa
le, mai na mea i na lii; pela ko na lii noho
ana me ko lakou mau kanaka

47 No keia mau mea, nui ka poe noho pu me
na lii; nui ka nakia me na ohua, o na lii nui
nui ka makemake ia o kahi alii e ka poe
noho wale apau, a me na palanalelo apau

48 Ua kapaia kainoa, o na kanaka noho wa
hi alii, he pua lii, he aialo kahi inoa, he nui
ka inoa o kona poe kanaka, o ka mea i la
we ai kane ia, he aikane ia, o ka mea i lawe
keiki ia, he keiki hookama ia

49 O ka mea i kanai i ke alii, he kahu ia

ana no ke aloha mai o ka poe nana ka aie e pa ke
le ai aole na ke kanawai e hooponopono mai, ua
ano e kanaka me na lii ia wa

44 He nui ke ano o na lii, aole, like pu, he hao wale ka
hi alii, he uhuki wale kahi alii, he pepehi wale ka
hi alii, he ohi wale kahi alii, he pue wale kahi alii
uuku na lii noho pono e like me Kamehameha I
he alii hoomalu pono ia

45 Ma ke kolohe o kekahi poe alii i na makaainana
kaua pinepine kahi poe alii me na makaainana
he nui na lii i make[1] i na makaainana ma ke
kaua ana, [he] hoa kaua na makaainana no na lii
kolohe i ka wa kahiko.

46 Ua nui na mea, a na makaainana i haawi
i na lii ma ka auhau mai kekahi, ma [ke] kii wale
mai a lawe wale aku i kana makaainana
he[2] hana no ma kuaaina, he noho wale ma
kahi alii, he ai aina nae kanaka noho me na
lii, he kiekie ka noho ana o kahi alii, he loaa wa
le, mai na mea i na lii, pela ko na lii noho
ana me ko lakou mau kanaka.

47 No keia mau mea, nui ka poe noho pu me
na lii, nui kanaka me na ohua o na lii nui
nui ka makemake ia o kahi alii e ka poe
noho wale a pau a me na palaualelo apau

48 Ua kapaia ka inoa, o na kanaka noho wa
hi alii, he pualii, he aialo kahi inoa, he nui
ka inoa o kona poe kanaka, o ka mea i la
we aikane ia, he aikane ia, o ka mea i lawe
keiki ia, he keiki hookama ia.

49 O ka mea i hanai i ke alii, he kahu ia

ʻana, no ke aloha mai o ka poʻe nāna ka ʻaiʻē e pake-
le ai; ʻaʻole na ke kānāwai e hoʻoponopono mai. Ua
ʻano ʻē kānaka me nā aliʻi [i] ia wā.

44. He nui ke ʻano o nā aliʻi, ʻaʻole like pū. He hao wale ka-
hi aliʻi, he uhuki wale kahi aliʻi, he pepehi wale ka-
hi aliʻi, he ʻohi wale kahi aliʻi, he puʻe wale kahi aliʻi.
ʻUʻuku nā aliʻi noho pono e like me Kamehameha I;
he aliʻi hoʻomalu pono ia.

45. Ma ke kolohe o kekahi poʻe aliʻi i nā makaʻāinana,
kaua pinepine kahi poʻe aliʻi me nā makaʻāinana.
He nui nā aliʻi i make i nā makaʻāinana ma ke
kaua ʻana. He hoa kaua nā makaʻāinana no nā aliʻi
kolohe i ka wā kahiko.

46. Ua nui nā mea a nā makaʻāinana i hāʻawi
i nā aliʻi: ma ka ʻauhau mai kekahi, ma ke kiʻi wale
mai a lawe wale aku i kā nā makaʻāinana.
He hana nō ma kuaʻāina, he noho wale ma
kahi aliʻi, he ʻai ʻāina naʻe kānaka noho me nā
aliʻi. He kiʻekiʻe ka noho ʻana o kahi aliʻi, he loaʻa wa-
le mai nā mea i nā aliʻi. Pēlā ko nā aliʻi noho
ʻana me ko lākou mau kānaka.

47. No kēia mau mea, nui ka poʻe noho pū me
nā aliʻi. Nui kānaka me nā ʻōhua o nā aliʻi nui.
Nui ka makemake ʻia o kahi aliʻi e ka poʻe
noho wale a pau a me nā palaualelo a pau.

48. Ua kapa ʻia ka inoa o nā kānaka noho wa-
hi aliʻi he pualiʻi, he ʻaialo kahi inoa. He nui
ka inoa o kona poʻe kānaka. ʻO ka mea i la-
we aikāne ʻia, he aikāne ia; ʻo ka mea i lawe
keiki ʻia, he keiki hoʻokama ia.

49. ʻO ka mea i hānai i ke aliʻi, he kahu ia.

---

1. 18:45. A: e make
2. 18:46. C?: ħ[H]e

o ke kanaka nana e haawi ka waiwai, he puku ia
o ka mea malama waiwai, he hale papaa ia, o ka
mea malama i ko ke alii mau mea aahu, he ha
le opeope ia

50 O ka mea malama i ka ke alii mau mea ai, he ai
puapua ia, o ka mea malama o ko ke alii hana lepo, he
lomilomi ia, o ka mea malama i ko ke alii moeuna
he kiaipoo ia, o ka mea malama i ko ke alii akua
i he kahunakua ia.

51 O ka mea pule i ka ke alii heiau, he kahuna
pule ia, o ka mea kuhikuhi heiau, he kuhiku
hipuuone ia, o ka mea nana lani, he kilo lani ia
o ka mea akamai i ke kaua, he kaakaua ia, o ka
mea akamai i ke kaki aolelo no ke aupuni, he ka
laimoku ia, o ka poe ai aina he konohiki ia.

52 O ka poe aina ole, he kiaaowe ia, he makaainana
kii inoa, o ke kanaka hoopili wale aku, he kualana
ia, he kuewa kahiinoa, o ka poe nana e kahili
ko ke alii wahi e moe ai, he kaakue ia, he kua
lanapuhi kahiinoa, he olueke loa ho o kaaaina
na kahiinoa

53 O ka poe noi, he auhau puka ia, he noi, he ma
kilo, he apikii, he nui ka inoa o kanaka wahi
alii, aole paha i pau i ka heluia ko lakou mau i
noa, a me ko lakou manao

54 Eia kahi mau inoa o ke kanaka, i hanau ma ka
aloalii, he kanaka no hii alo ia, pela na lii e kapa
ia ai, o ke alii i hanau ma ke aloalii, he alii no
hii alo ia, o ke alii malama ma ka ainana, he alii
ia no a uloa, a no ma ka kailoloa, o ke kanaka i noho
me ke alii hookahi, aole i noho me ke alii e, a kaua

o ke kanaka nana e haawi ka waiwai, he puuku ia
o ka mea malama waiwai, he hale papa[a][1] ia, o ka
mea malama iko ke alii mau mea aahu, he ha
le opeope ia

50 O ka mea malama i ka ke alii mau mea ai, he ai
puupu ia, o ka mea malama o ko ke alii hana lepo, he
lomilomi ia, o ka mea malama i ko ke alii moe ana
he kiaipoo ia, o ka mea malama i ko ke alii akua
~~kaai~~ he kahu akua ia.

51 O ka mea pule i ka ke alii heiau he kahuna
pule ia, o ka mea kuhikuhi heiau, he kuhiku
hi puuone ia, o ka mea nana lani, he kilo lani no ia
o ka mea akamai i ke kaua, he[2] kaakaua ia, o ka
mea akamai i ke kakaolelo no ke aupuni, he ka
laimoku ia, o ka poe ai aina, he konoki[3] ia.

52 O ka poe aina ole, he kaaowe ia, he maka'i ka
hi inoa, o ke kanaka hoopili wale, aku, he kualana
ia, he kuewa kahi inoa, o ka poe nana e kahili
ko ke alii wahi e moe ai, he haakue ia, he kua
lanapuhi kahi inoa, he olueke loa hookaamoe
na kahi inoa

53 O ka poe noi, he auhau puka ia, he noi, he ma
kilo, he apiki, he nui ka inoa o kanaka wahi
alii, aole paha i pau i ka helu ia ko lakou mau i
noa, a me ko lakou mau ano.

54 Eia kahi mau inoa o ke kanaka, i hanau ma ke
alo alii, he kanaka no hiialo ia, pela na lii e kapa
ia ai, o ke alii i hanau ma ke alo alii, he alii no
hiialo ia, o ke alii malama makaainana, he alii ia
no [a]auloa, a no ma hukailoloa, o ke kanaka i noho
me ke alii hookahi, aole i noho me ke alii e, akaua

'O ke kanaka nāna e hā'awi ka waiwai, he pu'ukū ia.
'O ka mea mālama waiwai, he hale papa'a ia. 'O ka
mea mālama i ko ke ali'i mau mea 'a'ahu, he ha-
le 'ope'ope ia.

50. 'O ka mea mālama i kā ke ali'i mau mea 'ai, he 'ā'ī-
pu'upu['u] ia. 'O ka mea mālama o ko ke ali'i hana lepo, he
lomilomi ia. 'O ka mea mālama i ko ke ali'i moe 'ana,
he kia'i po'o ia. 'O ka mea mālama i ko ke ali'i akua,
he kahu akua ia.

51. 'O ka mea pule i kā ke ali'i heiau, he kahuna
pule ia. 'O ka mea kuhikuhi heiau, he kuhiku-
hipu'uone ia. 'O ka mea nānā lani, he kilo lani nō ia.
'O ka mea akamai i ke kaua, he ka'a kaua ia. 'O ka
mea akamai i ke kākā'ōlelo no ke aupuni, he kā-
laimoku ia. 'O ka po'e 'ai 'āina, he kono[hi]ki ia.

52. 'O ka po'e 'āina 'ole, he ka'a'oē ia, he *maka'ī* ka-
hi inoa. 'O ke kanaka ho'opili wale aku, he kualana
ia, he kuewa kahi inoa. 'O ka po'e nāna e kāhili
ko ke ali'i wahi e moe ai, he *ha'aku'e* ia, he kua-
lanapuhi kahi inoa, he *'olu'ekeloaho'oka'amoe-
na* kahi inoa.

53. 'O ka po'e noi, he 'auhaupuka ia, he noi, he mā-
kilo, he 'āpiki. He nui ka inoa o kānaka wahi
ali'i, 'a'ole paha i pau i ka helu 'ia ko lākou mau i-
noa a me ko lākou mau 'ano.

54. Eia kahi mau inoa o ke kanaka i hānau ma ke
aloali'i, he kanaka "no Hi'ialo" ia. Pēlā nā ali'i e kapa
'ia ai: 'o ke ali'i i hānau ma ke aloali'i, he ali'i "no
Hi'ialo" ia. 'O ke ali'i mālama maka'āinana, he ali'i ia
"no 'A'auloa," a "no *Mahūkailoloa.*" 'O ke kanaka i noho
me ke ali'i ho'okahi, 'a'ole i noho me ke ali'i 'ē a kaua

---

1. 18:49. A: papa
2. 18:51. A: *nele*
3. 18:51. C?: kono[hi]ki *(ma ka penikala)*

mai, he kanaka ia no kahi kaua, o na lii hana pela e kapaia no keia inoa nona.

55 O ka poe akamai i ka olelo, a me ka hana maoli, he noeau ia, he noiau ka lii inoa, he nui na mea i kapaia ma kahi alii, aole e pau i ka hoakakaia, pela ke ano i kona lii nohoana a me kanaka i nohopu me na lii.

56 Aka, o ke alii ana o kahi poe, a me ke kanaka ana o kahi poe, mai a kahiko mai, aole i hai ia mai ka mea i kaawale ai kanaka me na lii.

57 Ma na hanauna mua paha, he alii wale no na kanaka apau, a ma na hanauna hope mai paha, oia ka wa i kaawale ai kanaka a me na lii.

58 Eia no ka mea i kaawale ai o ka lilo o na kanaka ma muli oko lakou makemake iho, e hele ma muli o ka lealea a auana loa, ma kela wahi ma keia wahi.

59 Eia paha ke kahi, o ka moe i ka wahine maikai he lapu wale nae, me ke kane maikai he lapu wale nae, aole i makemake kona mau kini, a ku paku lakou ia ia, a noho ma kahi e aku, a ka mau na keiki ma kua aina, a ike oleia.

60 Eia paha ke kahi, o ke kolohe, o ka lalau, o ka aihue o ka epa, o ka aihue, ka aua mama, a me na hana ino apau, a ukiuki kona mau hoahanau alii a kipaku ia ia, a noho ma kahi e, a poina loa ka manao ana ia ia.

61 Eia paha ke kahi o ka aea wale ma kela wahi ma keia wahi, a lilo i mea waha wahaia, a malama ole ia ko lakou mookuauhau kupuna e ka poe ike i ke kuauhau oia no paha o ke kaawale ana o na lii no kanaka.

mai, he kanaka ia no kahi kaua, o na lii i hana pela e kapaia no keia inoa nona.

55 O ka poe akamai i ka olelo, a me ka hana maoli, he noeau ia, he noiau kahi inoa, he nui na mea i ka paia ma kahi alii, aole e pau i ka hoakakaia, pela ke ano i ko na lii noho ana a me kanaka i noho pu me na lii

56 Aka, o ke alii ana o kahi poe, a me ke kanaka ana o kahi poe, mai aʻ[1] kahiko mai, aole i hai ia mai ka mea i kaawale ai kanaka me na lii.

57 Ma na hanauna mua paha, he alii wale no na kanaka apau, a ma na hanauna hope mai paha, oia ka wa i kaawale [ai][2] kanaka[3] a me na lii.

58 Eia no ka mea i kaawale ai o ka lilo o na kanaka ma muli o ko lakou makemake iho, a hele ma muli o ka lealea a auana[4] loa, ma kela wahi ma keia wahi.

59 Eia paha kekahi, o ka moe i ka wahine maikai he lapu wale nae, me ke kane maikai he lapu wale nae, aole i makemake kona mau kini, a ki paku lakou ia ia, a noho ma kahi e aku, a ha nau na keiki ma kuaaina, a ike ole ia.

60 Eia paha kekahi, o ke kolohe, o ka lalau, o ka apiki o ka epa, o ka aihue, kuamuamu, a me na hana ino apau, a ukiuki kona mau hoahanau alii a kipaku ia ia, a noho ma kahi e, a poina loa ka manao ana ia ia

61 Eia paha kekahi o ka aea wale ma kela wahi ma keia wahi, a lilo i mea wahawaha ia, a malama ole ia ko lakou mookuahau kupuna e ka poe ike i ke ku auhau oia no paha o[5] ke kaawale ana o nalii me kanaka.[6]

mai, he kanaka ia "no Kahikaua." ʻO nā aliʻi i hana pēlā, e kapa ʻia nō kēia inoa nona.

55. ʻO ka poʻe akamai i ka ʻōlelo a me ka hana maoli, he noʻeau ia, he noʻiau kahi inoa. He nui nā mea i kapa ʻia ma kahi aliʻi, ʻaʻole e pau i ka hoʻākāka ʻia. Pēlā ke ʻano i ko nā aliʻi noho ʻana a me kānaka i noho pū me nā aliʻi.

56. Akā, ʻo ke aliʻi ʻana o kahi poʻe a me ke kanaka ʻana o kahi poʻe maiā Kahiko mai, ʻaʻole i haʻi ʻia mai ka mea i kaʻawale ai kānaka me nā aliʻi.

57. Ma nā hanauna mua paha, he aliʻi wale nō nā kānaka a pau, a ma nā hanauna hope mai paha, ʻo ia ka wā i kaʻawale ai kānaka a me nā aliʻi.

58. Eia nō ka mea i kaʻawale ai: ʻo ka lilo o nā kānaka ma muli o ko lākou makemake iho: a hele ma muli o ka leʻaleʻa a ʻauana loa ma kēlā wahi ma kēia wahi.

59. Eia paha kekahi, ʻo ka moe i ka wahine maikaʻi, he lapuwale naʻe, me ke kāne maikaʻi, he lapuwale naʻe; ʻaʻole i makemake kona mau kini, a kīpaku lākou iā ia, a noho ma kahi ʻē aku, a hānau nā keiki ma kuaʻāina, a ʻike ʻole ʻia.

60. Eia paha kekahi: ʻo ke kolohe, ʻo ka lalau, ʻo ka ʻāpiki, ʻo ka ʻepa, ʻo ka ʻaihue, kūamuamu, a me nā hana ʻino a pau, a ukiuki kona mau hoahānau aliʻi a kīpaku iā ia, a noho ma kahi ʻē a poina loa ka manaʻo ʻana iā ia.

61. Eia paha kekahi: ʻo ka ʻaeʻa wale ma kēlā wahi ma kēia wahi a lilo i mea wahāwahā ʻia, a mālama ʻole ʻia ko lākou moʻokūʻauhau kupuna e ka poʻe ʻike i ke kūʻauhau. ʻO ia nō paha [ke kumu] o ke kaʻawale ʻana o nā aliʻi me kānaka.

---

1. 18:56. A: *nele*
2. 18:57. A: oia ka wale ai *(ma kahi o* "oia ka wa i kaawale [ai]"*)*
3. 18:57. A: **na** kanaka
4. 18:58. A: auwana
5. 18:61. A: *nele*
6. 18:61. A: o na kanaka me na ʻlii *(ma kahi o* "o nalii me kanaka"*)*

62 He lahui nui, nona kanaka, ua kapa ia ko lakou i noa
he makaainana, a he hui kahi inoa, o ka poe i noho
ma ke kua o ka mokupuni ma koolau, ua kapaia he
kuaaina he inoa hoinoia ia.

63 O ka noho ana o na makaainana aia no malalo o na
lii, e hana no i na hana nui a na lii, me ka hoo
luhi ia, a kaumaha, a make ke kahi, na ka hoo na
nui i kona na kaainana noho ana me ka ae wa
le aku i ka na lii, i mea e oluolu mai ai na lii, aole e
hiki i ke kanaka ke kuwikuwi

64 Ina i hookaulua na kanaka i ka na lii mau hana
o ka hemo no ia, me ka make no, no ia mea a na lii, ma ka
nui i ia lakou, ua kapaia na lii, he akua, no ka hoo
kaumaha nui an a.

65 He kapa na lii i oluolu ma kana noho alii ana, he nui
no na lii hookaumaha i na ma ka aina na

66 Nona na kaainana mai nae ke kahi mea ai a na
lii, a me na mea aahu, a me na mea hume, a ka kuu
we na hale, a me ke kahi mau mea e ae he nui no
na ka wa i ka ua ai na lii, e hele no ke kahi ma ka ai
na na e ka ua no ke kohua i na lii

67 O na makaainana, ka i noho paaloa na ka aina
o na lii ka mea aea, ma kela wahi ma keia wahi, i na
makaainana na hana apau ma ka aina, o ka mea loaa
no ka aina mai, i na makaainana, oia kana lii, a ka, o ka
hemo o kanaka i na wale no ia wahi o ka hemo.

68 He nui no na inoa, o na kanaka makaainana, o ke ka
nakia i hanau ma ke kua aina, ua kapaia he kanaka no
hii kua, o ke kanaka i noho me ke alii e a ka ua mai he ka
nakia ia no luakaua

69 He mahiai kahi kanaka, he lawaia kahi kanaka, he ku
kulu hale kahi, he ka lai waa kahi.

62 He lahui [nui] no na kanaka, ua kapaia ko lakou inoa
he makaainana, a he hu kahi inoa, o ka poe i noho
ma ke kua o ka mokupuni ma koolau, ua kapaia he
kuaaina he inoa hoino nae ia.

63 O ka noho ana o na makaainana aia no malalo o na
lii, e hana no i na hana nui a na lii, me ka hoo
luhi ia, a kaumaha, a make kekahi, ma ka hooma
nanui[1] ko na makaainana noho ana me ka ae wa
le aku i ka na lii, i mea e oluolu mai ai na lii, aole e
hiki i ke kanaka ke kunukunu

64 Ina i hookaulua na kanaka i ka na lii mau hana
o ka hemo no ia, me ka make no, no ia mea a na lii, makau
nui ia lakou, ua kapaia na lii, he akua, no ka hoo
kaumaha nui ana.

65 He hapa na lii i oluolu ma kona noho alii ana he nui
no na lii hookaumaha i na makaainana

66 No na makaainana mai nae kekahi mea ai a na
lii, a me na mea aahu, a me na mea hume, a kakua
me na hale, a me kekahi mau mea e ae he nui no
ma ka wa e kaua ai na lii, e hele no kekahi[2] makaai
nana e kaua no ke kokua i na lii

67 O na makaainana, kai noho[3] paa loa ma ka aina
o na lii ka mea aea ma kela wahi ma keia wahi, i na
makaainana na[4] hana apau ma ka aina, o ka mea loaa
no ka aina mai, i na makaainana, oia ka na lii, aka, o ka
hemo o kanaka i na[5] wale no ia wahi o ka hemo.

68 He nui no na inoa, o na kanaka makaainana, o ke ka
naka i hanau ma ke kuaaina, ua kapaia he kanaka no
hiikua, o ke kanaka i noho me ke alii e a kaua mai he ka
naka ia no luakaua

69 He mahi ai kahi kanaka, he lawaia kahi kanaka, he ku
kulu hale kahi, he kalai waa kahi.

62. He lāhui nui nō nā kānaka, ua kapa ʻia kō lākou inoa
he makaʻāinana, a he hū kahi inoa. ʻO ka poʻe i noho
ma ke kua o ka mokupuni, ma koʻolau, ua kapa ʻia he
kuaʻāina, he inoa hōʻino naʻe ia.

63. ʻO ka noho ʻana o nā makaʻāinana, aia nō ma lalo o nā
aliʻi. E hana nō i nā hana nui a nā aliʻi, me ka hoʻo-
luhi ʻia a kaumaha, a make kekahi. Ma ka hoʻomana-
na[wa]nui ko nā makaʻāinana noho ʻana, me ka ʻae wa-
le aku i kā nā aliʻi, i mea e ʻoluʻolu mai ai nā aliʻi. ʻAʻole e
hiki i ke kanaka ke kunukunu.

64. Inā i hoʻokaʻulua nā kānaka i kā nā aliʻi mau hana,
ʻo ka hemo nō ia, me ka make nō. No ia mea a nā aliʻi, makaʻu
nui ʻia lākou. Ua kapa ʻia nā aliʻi he akua, no ka hoʻo-
kaumaha nui ʻana.

65. He hapa nā aliʻi i ʻoluʻolu ma kona noho aliʻi ʻana; he nui
nō nā aliʻi i hoʻokaumaha i nā makaʻāinana.

66. No nā makaʻāinana mai naʻe kekahi mea ʻai a nā
aliʻi, a me nā mea ʻaʻahu, a me nā mea hume a kākua,
me nā hale, a me kekahi mau mea ʻē aʻe he nui nō.
Ma ka wā e kaua ai nā aliʻi, e hele nō kekahi makaʻāi-
nana e kaua no ke kōkua i nā aliʻi.

67. ʻO nā makaʻāinana kai noho paʻa loa ma ka ʻāina;
ʻo nā aliʻi ka mea ʻaeʻa ma kēlā wahi ma kēia wahi. I nā
makaʻāinana nā hana a pau ma ka ʻāina. ʻO ka mea loaʻa
no ka ʻāina mai i nā makaʻāinana, ʻo ia kā nā aliʻi. Akā, ʻo ka
hemo o kānaka, i nā [aliʻi] wale nō ia wahi ʻo ka hemo.

68. He nui nō nā inoa o nā kānaka makaʻāinana. ʻO ke ka-
naka i hānau ma ke kuaʻāina, ua kapa ʻia he kanaka "no
Hiʻikua;" ʻo ke kanaka i noho me ke aliʻi ʻē a kaua mai, he ka-
naka ia "no Luakaua."

69. He mahi ʻai kahi kanaka, he lawaiʻa kahi kanaka, he kū-
kulu hale kahi, he kālai waʻa kahi.

---

1. 18:63. A: hoomanawanui
2. 18:66. A: kekahi **mau** makaainana
3. 18:67. A: ke noho
4. 18:67. A: makaainana**no** na hana
5. 18:67. *na haʻi (C?), ʻaʻole naʻe na ka mea kākau mua, i hoʻokomo iā* "alii ?" *ma luna o kēia lalani ma ka penikala*

70 He nui ka inoa o na kanaka, ua kapaia kd inoa ma ke ano o ka lakou hana ana.

71 He noho wale iho no ka kanaka me ka makau wale i na lii me ka hopohopo loa, oia no ke ano nui o ka na kanaka noho ana, aka, o ka na kanaka ke alii ka i hopohopo ole.

72 Ma ka na poo ma ka la, ua kukui a ai ke alii o ka poe iho me ma ia o ai ana, ua kapaia o ka poe lakou o lanikae o ka poe i komo ma ke kuiaumoe, o ka poe lakou o pohokua he kui olelo wale no ia, aole e ai ana.

73 O ka poe noho me ke alii ma ke kukui wana nao he poe lakou no makou, no ka mea o makou ka inoa o ie kukui.

74 Ua kapaia ka poe ka laimoku, ma keia mau noa o kolu, o ke kanaka hookahi alii ai moku i ko aia oia he kanaka ia no lanikae, i na elua alii ai moku i noho ai, he kanaka ia no pohokano i na ekolu alii ai moku i noho ai he kanaka no makou, oia ka poe akamai loa, ua kapaia lakou he maiau; he poe akamai i ka laimoku no ka mea, ua nui na lii noho ai, a ike i ka mea hewa ke kahi alii a me ka mea i pono ai ka hi alii

75 Nolaila i maopopo ai i ka poe ka laimoku i ka mea a ke kahi alii i hana i a hookewa ia ma ia mea, a me ke alii i hana i ke kahi mea a hoopono ia ma ia mea, i na i hoohuahua na lii ma lalo o na kaainana oia ka pono loa.

Mokuna XIX
Ke ano o ke kuaaina me ko kahi alii

1 Aole no i like pu ko kekuaaina noho ana me ko kahi alii noho ana, o ko ke kuaaina noho ana, he noho ana hopepe no, he hopohopono, he wiwo wale, me ka makau no i ko kahi alii kanaka

2 Aka, he kua ono ono nae ko kekuaaina i ko ka ana, he la

70 He nui ka inoa o na kanaka, ua kapaia ka inoa ma ke ano o ka lakou hana ana.

71 He noho wale iho no ka kanaka me ka makau wale i na lii me ka hopohopo loa, oia no ke ano nui o ko na kanaka noho ana, aka, o kanaka ma ke alo alii kai hopohopo ole.

72 Ma ka napoo ana o ka la, aa kukui, a ai ke alii o ka poe i komo mai e ai ana, ua kapaia o ka poe lakou o lanikae o ka poe i komo ma ke kuiaumoe, o ka poe lakou o pohokano he [ku]kui olelo wale no ia, aole e ai ana.

73 O ka poe noho me ke alii ma ke kukui wanaao he poe lakou no makou, no ka mea o makou ka inoa oia kukui.

74 Ua kapaia ka poe kalaimoku, ma keia mau i-noa ekolu, o ke kanaka[1] hookahi alii aimoku i [no]ho ai oia he kanaka ia no lanikae, ina elua alii aimoku i noho ai, he kanaka ia no pohokano, ina ekolu alii ai moku i noho ai he kanaka no makou, oia ka poe akamai loa, ua kapaia lakou he maiau, he poe akamai i kalaimoku no ka mea, ua nui na lii noho[2] a i ike i ka mea i hewa ke kahi[3] alii a me ka mea i pono ai[4] kahi alii

75 No laila i maopopo[5] ai i ka poe kalaimoku i ka mea a ke kahi alii i hanai a hoohewa ia ma ia mea, a me ke alii i ha na i kekahi mea a hoopono ia ma ia mea, ina i hoohaahaa na lii ma lalo o makaainana[6] oia ka pono loa.

Mokuna XIX
Ke ano o ke kuaaina me ko kahi alii

1 Aole no i like pu ko ke kuaaina noho ana me ko kahi alii noho ana, o ko ke kuaaina noho ana, he noho ana hopepe no, he hopohopo no, he wiwo wale, me ka makau no i ko kahi alii kanaka

2 Aka, he kuonoono nae ko ke kuaaina e[7] noho ana, he la

70. He nui ka inoa o nā kānaka; ua kapa ʻia ka inoa ma ke ʻano o kā lākou hana ʻana.

71. He noho wale iho nō kā kānaka me ka makaʻu wale i nā aliʻi, me ka hopohopo loa. ʻO ia nō ke ʻano nui o ko nā kānaka noho ʻana; akā, ʻo kānaka ma ke aloaliʻi kai hopohopo ʻole.

72. Ma ka napoʻo ʻana o ka lā, ʻaʻā kukui a ʻai ke aliʻi. ʻO ka poʻe i komo mai e ʻai ana, ua kapa ʻia, ʻo ka poʻe lākou "o Lanikaʻe"; ʻo ka poʻe i komo ma ke kuʻiaumoe, ʻo ka poʻe lākou "o Pohokano." He kukuʻi ʻōlelo wale nō ia, ʻaʻole e ʻai ana.

73. ʻO ka poʻe noho me ke aliʻi ma ke kukui wanaʻao, he poʻe lākou "no Makou," no ka mea, ʻo makou ka inoa o ia kukui.

74. Ua kapa ʻia ka poʻe kālaimoku ma kēia mau i-noa ʻekolu: ʻo ke kanaka hoʻokahi aliʻi ʻai moku i noho ai ʻo ia, he kanaka ia "no Lanikaʻe;" inā ʻelua aliʻi ʻai moku i noho ai, he kanaka ia "no Pohokano;" inā ʻekolu aliʻi ʻai moku i noho ai, he kanaka "no Makou." ʻO ia ka poʻe akamai loa; ua kapa ʻia lākou he maiau, he poʻe akamai i kālaimoku, no ka mea, ua nui nā aliʻi [i] noho ai, a ʻike i ka mea i hewa [ai] ke-kahi aliʻi a me ka mea i pono ai kahi aliʻi.

75. No laila i maopopo ai i ka poʻe kālaimoku ka[8] mea a ke-kahi aliʻi i hana ai a hoʻohewa ʻia ma ia mea, a me ke aliʻi i ha-na i kekahi mea a hoʻopono ʻia ma ia mea. Inā i hoʻohaʻahaʻa nā aliʻi ma lalo o makaʻāinana, ʻo ia ka pono loa.

Mokuna XIX [19, Emerson 19]
KE ʻANO O KE KUAʻĀINA ME KO KAHI ALIʻI

1. ʻAʻole nō i like pū ko ke kuaʻāina noho ʻana me ko kahi aliʻi noho ʻana; ʻo ko ke kuaʻāina noho ʻana, he noho ʻana [a] hōpēpē nō, he hopohopo nō, he wiwo wale, me ka makaʻu nō i ko kahi aliʻi kānaka.

2. Akā, he kūʻonoʻono naʻe ko ke kuaʻāina e noho ana, he la-

---

1. 18:74. A: ka- [sic]
2. 18:74. A: **i** noho
3. 18:74. A: hewa **a** kekahi
4. 18:74. A: a
5. 18:75. A: maopoopo
6. 18:75. A: **na** makaainana
7. 19:2. A: nele
8. 18:75. ua hoʻololi ʻia ʻo "i ka mea," ʻo ia ʻo "ka mea"

konoana mea apau, he nui ka ai me ka ia, he nui no
ke kapa me ka malo ka pau, a me kekahi mau mea ae e
pono ai ka noho ana ma ke kuaaina.

3 He nui no kam aona ma ke kuaaina, he maona hoolis...
he pololi no nae i kahi manawa, he hune no kahi wa, aole
nae he hune nui o ka poe hookuonoono, he lako lakou i na
mea apau e pono ai ka noho ana.

4 He mau holoholona no ka poe noho kuaaina, ma ke
ke kuaaina e hanai nui ia na puaa, a me na ilio, a me
na moa, a ma na kuaaina mai keia mau mea e loaa
mai ai i kahi alii.

5 He nui na mea a kahi kuaaina i hoolako mai i ka ki...
alii, he poe aloha ma kuaaina i ko lakou aina iho, he a
loha i ka ipu kia eo, he aloha i ka napa puleh..., a me
ka ai mahanahana, a me ka mau o ka maona ana
ua kupa lakou ma ko lakou aina iho.

6 He nui nae ka luhi ma kuaaina, he hele pinepine
i kela hana i keia hana, a ka hakuaina ma kela wa
hi ma keia wahi, he luhi mau no i kela auhau i keia
auhau a ka hakuaina

7 Ua haahaa ka poe ma ke kuaaina, ua kiekie ka poe ma
kahi alii, he hopepe ke ano o na kuaaina, he ikaika na
kanaka wahi alii, he hopohopo ole lakou, ma na mea
paio

8 He lilo wale ka wahine, a na kanaka kua aina, a me
ke kane a na wahine kua aina i ko kahi alii poe ka
naka, no ka makau no i ko kahi alii kanaka, o ka
kua ia mai e na lii, he hookaumaha ia ko kuaaina
kanaka e ko kahi alii kanaka.

9 He poe hana ke kahi poe ma ke kuaaina, he hana ole
ke kahi poe, he mahi ai he lawaia ke kahi poe, he pa

ko no i na mea apau, he nui ka ai me ka ia, he nui no
ke kapa me ka malo ka pau, a me kekahi mau mea e ae e
pono ai ka noho ana ma ke kuaaina.

3 He nui no ka maona ma ke kuaaina, he maona hooili no
he pololi no nae i kahi manawa, he hune no i kahi wa, aole
nae he hune nui o ka poe hookuonoono, he lako lakou i na
mea apau e pono ai ka noho ana.

4 He mau holoholona no ka ka poe noho kuaaina, ma ke[1]
ke kuaaina e hanai nui ia[2] na puaa, a me na ilio, a me
na moa, a ma na kuaaina mai keia mau mea e loaa
mai ai i kahi alii

5 He nui na mea a kahi kuaaina i hoolako mai i kahi
alii, he poe aloha ma kuaaina[3] i ko lakou aina iho, he a
loha i ka ipu kaeo, he aloha ika uala pulehu, a me
ka ai mahanahana, a me ka mau o ka maona ana
ua kupa lakou ma ko lakou aina iho,

6 He nui nae ka luhi ma kuaaina, he hele pinepine
i kela hana i keia hana, a ka haku aina ma kela wa
hi ma keia wahi, he luhi mau no i kela auhau i keia
auhau a ka haku aina

7 Ua haahaa ka poe ma ke kuaina, ua kiekie ka poe ma
kahi alii, he hopepe ke ano ona kuaina, he ikaika na
kanaka wahi[4] alii , he hopohopo ole lakou, ma na mea
paio

8 He lilo wale[5] ka wahine, a na kanaka kuaaina, a me
ke kane a na wahine kuaaina i ko kahi alii poe ka
naka, no ka makau no i ko kahi alii kanaka, o ko
kua ia mai e na lii, he hookaumaha ia ko kuaaina
kanaka e ko kahi alii kanaka.

9 He poe hana ke kahi poe ma ke kuaaina, he hana ole
kekahi poe, he mahi ai he lawaia kekahi poe, he pa

ko nō i nā mea a pau. He nui ka ʻai me ka iʻa; he nui nō
ke kapa me ka malo, ka pāʻū a me kekahi mau mea ʻē aʻe e
pono ai ka noho ʻana ma ke kuaʻāina.

3. He nui nō ka māʻona ma ke kuaʻāina, he māʻona hoʻoili nō;
he pōloli nō naʻe i kahi manawa, he hune nō i kahi wā, ʻaʻole
naʻe he hune nui. ʻO ka poʻe hoʻokūʻonoʻono, he lako lākou i nā
mea a pau e pono ai ka noho ʻana.

4. He mau holoholona nō kā ka poʻe noho kuaʻāina. Ma ke
kuaʻāina,[6] e hānai nui ʻia nā puaʻa a me nā ʻīlio a me
nā moa; a ma nā kuaʻāina mai kēia mau mea e loaʻa
mai ai i kahi aliʻi.

5. He nui nā mea a kahi kuaʻāina i hoʻolako mai [ai] i kahi
aliʻi. He poʻe aloha ma kuaʻāina i ko lākou ʻaina iho, he a-
loha i ka ipu kāʻeo, he aloha i ka ʻuala pūlehu a me
ka ʻai māhanahana a me ka mau o ka māʻona ʻana.
Ua kupa lākou ma ko lākou ʻāina iho.

6. He nui naʻe ka luhi ma kuaʻāina: he hele pinepine
i kēlā hana i kēia hana a ka haku ʻāina, ma kēlā wa-
hi ma kēia wahi; he luhi mau nō i kēlā ʻauhau i kēia
ʻauhau a ka haku ʻāina.

7. Ua haʻahaʻa ka poʻe ma ke ku[a]ʻāina; ua kiʻekiʻe ka poʻe ma
kahi aliʻi. He hōpēpē ke ʻano o nā ku[a]ʻāina; he ikaika nā
kānaka wahi aliʻi , he hopohopo ʻole lākou ma nā mea
paio.

8. He lilo wale ka wahine a nā kānaka kuaʻāina a me
ke kāne a nā wāhine kuaʻāina i ko kahi aliʻi poʻe kā-
naka no ka makaʻu nō i ko kahi aliʻi kānaka, o kō-
kua ʻia mai e nā aliʻi. He hoʻokaumaha ʻia ko kuaʻāina
kānaka e ko kahi aliʻi kānaka.

9. He poʻe hana kekahi poʻe ma ke kuaʻāina, he hana ʻole
kekahi poʻe. He mahi ʻai, he lawaiʻa kekahi poʻe, he pa-

---

1. 19:4. A: *nele*
2. 19:4. A: e hanai nui ia **ai**
3. 19:5. A: keia aina (*ma kahi o* "kuaaina")
4. 19:7. A: **ma k**ahi
5. 19:8. A: *nele*
6. 19:4. *ua hoʻololi ʻia ʻo* "ma ke ke kuaaina," *ʻo ia ʻo* "ma ke kuaʻāina"

lanalelo no ke kahipoe, he akamai kahipoe, he hawa
wane ka nui, he nui no ka poe hupo loa ma kuaaina

10 He hoolua nui ke kuaaina, he hoopepehu, he hoohi
lahila, he oheke wale ko ke kuaaina kanaka, he mau
lealea okoa ma ke kuaaina, ua maikai ke kua
aina i ka manao o ke kahipoe

11 Aka, he nui ka poe i hele ma kahialii e noho ai, mai
na kuaaina mai; he hookaumaha no nae ke kahi
kuaaina, i ke kahi kuaaina, aole no he like pu na
na kuaaina apau.

12 Ma kuaaina mai nae ka nui o ko kahialii
mau lako, he poe imi na kuaaina i na mea
no kahialii

13 O na hana nui, he heiau paha, he kanowaa
paha, he alio hale, he papohaku kela hana nui
keia hana nui, na ke kuaaina no ka nui o ka
hana ma ia mau mea.

14 Aole no e like pu ko kahialii noho ana, me ko ke kua
aina; ko kahialii noho ana, he noho wale iho no, he
oluolu, he mama na la, aole hana nui, hana no nae
i kahi wa; aole no he hana nui loa

15 Aka he pakauilii ka nohoana o kahialii, he kuo
noono ole, he nui kapololi, e lua, ekolu, eha paha
la a nui aku pala ai ole ai; i ka ai, he nui ka
hana ma kahialii; he kuene ole no i kahi wa, he
maona no i kahi wa; ke nui ka ai mai kuaaina
mai

16 Ma ke kahi wa o kahialii, he nui loa ka ai me ka
ia, a i a hoomaunauna; ma ke kahi wa nele ka ai me
ka ia, he maona ka lawalawa kahialii, ma ke kua
kuuai he nui ke kapa, ka malo, mai na kuaaina mai na

laualelo no kekahi poe, he akamai kahi poe, he hawa
wa no ka nui, he nui no ka poe hupo loa ma kuaaina

10 He hoolua nui ke kuaaina, he hoopepehu,[1] he hoohi
lahila, he oheke wale ko ke kuaaina kanaka, he mau
lealea okoa ma ke kuaaina, ua maikai ke kua
aina i ka manao o kekahi poe

11 Aka, he nui ka poe i hele ma kahi alii e noho ai, mai
na kuaaina mai, he hookaumaha no nae kekahi
kuaaina, i kekahi kuaaina, aole no he like pu na
na[2] kuaaina apau.

12 Ma kuaaina mai nae ka nui o ko kahi alii
mau lako, he poe imi na kuaaina i na mea
no kahi alii

13 O na hana nui, he heiau paha, he kau[o] waa
paha, he ako hale, he papohaku,[3] kela hana nui
keia hana nui, na ke kua aina no ka nui [o] ka
hana ma ia mau mea.

14 Aole no elike pu ko kahi alii noho ana, me ko ke kua
aina, ko kahi alii noho ana, he noho wale iho no, he
oluolu, he mama na la, aole hana nui, hana no nae
ikahi wa, aole no he hana nui loa[4]

15 Aka he pakaulei ka noho ana o kahi alii, he kuo
noono ole, he nui kapololi, e lua, e kolu, e ha paha
la a nui aku paha e ai ole ai, i ka ai, he nui ka
hane ma kahi alii, he hune ole no ikahi wa, he
maona no ikahi wa, ke nui ka ai mai kua aina
mai

16 Ma ke kahi wa o kahi alii, he nui loa ka ai me ka
ia, ai a hoomaunauna, ma ke kahi wa nele ka ai me
ka ia, he maona ka lawalawa kahi alii, ma ke ka
hi wa he nui ke kapa, ka malo mai na kua aina mai no

laualelo nō kekahi po'e. He akamai kahi po'e, he hāwā-
wā nō ka nui. He nui nō ka po'e hūpō loa ma kua'āina.

10. He ho'olua nui ke kua'āina, he ho'opepehu, he ho'ohi-
lahila, he 'ōheke wale ko ke kua'āina kānaka. He mau
le'ale'a 'oko'a ma ke kua'āina. Ua maika'i ke kua-
'āina i ka mana'o o kekahi po'e;

11. akā, he nui ka po'e i hele ma kahi ali'i e noho ai mai
nā kua'āina mai. He ho'okaumaha nō na'e kekahi
kua'āina i kekahi kua'āina; 'a'ole nō he like pū na
nā kua'āina a pau.

12. Ma kua'āina mai na'e ka nui o ko kahi ali'i
mau lako. He po'e 'imi nā kua'āina i nā mea
no kahi ali'i.

13. 'O nā hana nui, he heiau paha, he kauō wa'a
paha, he ako hale, he pā pōhaku, kēlā hana nui
kēia hana nui, na ke kua'āina nō ka nui o ka
hana ma ia mau mea.

14. 'A'ole nō e like pū ko kahi ali'i noho 'ana me ko ke kua-
'āina. Ko kahi ali'i noho 'ana, he noho wale iho nō, he
'olu'olu, he māmā nā lā, 'a'ole hana nui; hana nō na'e
i kahi wā, 'a'ole nō he hana nui loa.

15. Akā, he pakaulei ka noho 'ana o kahi ali'i; he kū'o-
no'ono 'ole. He nui ka pōloli; 'elua, 'ekolu, 'ehā paha
lā a nui aku paha e 'ai 'ole ai i ka 'ai. He nui ka
hune[5] ma kahi ali'i. He hune 'ole nō i kahi wā, he
mā'ona nō i kahi wā, ke nui ka 'ai mai kua'āina
mai.

16. Ma kekahi wā o kahi ali'i, he nui loa ka 'ai me ka
i'a, 'ai a ho'omāunauna; ma kekahi wā nele ka 'ai me
ka i'a. He mā'ona kāwalawala[6] kahi ali'i. Ma keka-
hi wā he nui ke kapa, ka malo mai nā kua'āina mai nō.

---

1. 19:10. A: hoopehupehu
2. 19:11. A: *nele*
3. 19:13. A: papohakua
4. 19:14. A: *nele*
5. 19:15. *ua ho'ololi 'ia 'o* "hane," *'o ia 'o* "hune," *akā, e nānā i kā Andrews ma lalo o* "HANE"
6. 19:16. *ua ho'ololi 'ia 'o* "kalawalawa," *'o ia 'o* "kāwalawala." *e nānā i kā Andrews ma lalo o* "KALAWALAWA"

17 He kihi pupu kahi malo o kahi alii, he kihei kahi ka
pa, o ke kahi poe he moe wale aku me ka mea kapa, he
kuonoono no nae kahi poe no ka kahi alii, aia no nae i ka
poe ia ia ko kie alii mau mea e kuonoono ai.

18 He kahia kahi ka poe moe wahine ma kahi alii, he nui
ka poe moe wahine ole, he moe aikane ka nui ma kahi a
lii, he hookamaka ke kahi mea nui ma kahi alii
he moe ipo no ke kahi poe, he moe hookuli no ke ka
hi poe, ma kahi alii

19 He mau lealea ktoa ma kahi alii, ua aloha nui ko
kahi alii poe i kahi alii, he poe akamai kahi poe
ma kahi alii, he hawawa kahi poe, he hana kahi poe
he hana ole ka nui

20 He akamai kahi poe i ke kaua a me na mea kaua
he mea ao nui ia, ke kaua ma kahi alii, he nui
ka poe ao i ka lono makaike, me ke kupololu, ke kaka
laau, me ke kaala, me ke kuialua, he mau mea hana
nui ia keia ma kahi alii

21 He kaua pinepine na kanaka kahi alii ma kela
ahiahi keia ahiahi, o ke kanaka o ke kahi alii me
ko ke kahi alii kaua no, a me na lii no ke kahi
e kaua mai a kanaka.

22 Ua kapa ia kela kaua, he kaua paani, he kaua
a lealea kahi inoa, he kaua kio kahi inoa, he
kaua pahiikiala kahi inoa, o keia kaua ana, he
mea ia e makaukau ai na kanaka i ke kaua.

23 Ua nui no nae ka poe i make ma keia kaua a
na, a ua nui no na lii i make ma keia mau kaua
he mau kaua hana mau ia keia ma kahi alii
i kela hanauna keia hanauna, ma kela aupuni
keia aupuni, i mea hoi e ike mua ia ai ka poe koa

17 He hi puupuu kahi malo o kahi alii he kihei kahi ka
pa, o ke kahi poe he moe wale aku[1] me ka mea kapa, he
kuonoono no nae kahi poe noho wahi[2] alii, aia no nae i ka
poe ia ia ko kealii mau mea e kuonoono ai.

18 He kakaikahi ka poe moe wahine ma kahi alii, he nui
ka poe moe wahine ole, he moe aikane ka nui ma kahi a
lii, he hookamaka kekahi mea nui ma kahi alii
he moe ipo no kekahi poe, he moe hookuli no keka
hi poe ma kahi alii

19 He mau lealea okoa ma kahi alii, ua aloha nui ko
kahi alii poe i kahi alii, he poe akamai kahi poe
ma ka[hi] alii, he hawawa kahi poe, he hana kahi poe,
he hana ole ka nui

20 He akamai kahi poe i ke kaua a me na mea kaua
he mea ao nui ia, ke kaua ma kahi alii, he nui
ka poe ao i ka lono maka ihe, me ke kupololu, ke kaka
laau, me ke kaala, me ke kuialua, he mau mea hana
nui ia keia ma kahi alii

21 He kaua pinepine na kanaka wahi alii[3] ma kela
ahiahi keia ahiahi, o ke kanaka o kekahi alii me
ko kekahi alii kaua no, a me na lii no kekahi
e kaua ma ia kaua ana.

22 Ua kapa ia kela kaua, he kaua paani, he kau
a lealea kahi inoa, he kaua kio, kahi inoa, he
kaua pahukala kahi inoa, o keia kaua ana, he
mea ia e makaukau ai na kanaka i ke kaua.

23 Ua nui no nae ka poe i make ma keia kaua a
na, a ua nui no na lii i make ma keia mau kau[4]
he mau kaua hana mau ia keia ma kahi alii
i kela hanauna keia hanauna, ma kela aupuni
keia aupuni, i mea hoi e ike mua ia ai ka poe koa

17. He hīpu'upu'u kahi malo o kahi ali'i; he kīhei kahi ka-
pa. 'O kekahi po'e, he moe wale aku me ka mea kapa. He
kū'ono'ono nō na'e kahi po'e noho wahi ali'i. Aia nō na'e i ka
po'e iā ia ko ke ali'i mau mea e kū'ono'ono ai.

18. He kaka'ikahi ka po'e moe wahine ma kahi ali'i. He nui
ka po'e moe wahine 'ole, he moe aikāne ka nui ma kahi a-
li'i. He ho'okamaka[ma] kekahi mea nui ma kahi ali'i.
He moe ipo nō kekahi po'e, he moe ho'okuli nō keka-
hi po'e ma kahi ali'i.

19. He mau le'ale'a 'oko'a ma kahi ali'i. Ua aloha nui ko
kahi ali'i po'e i kahi ali'i. He po'e akamai kahi po'e
ma kahi ali'i, he hāwāwā kahi po'e, he hana kahi po'e,
he hana 'ole ka nui.

20. He akamai kahi po'e i ke kaua a me nā mea kaua.
He mea a'o nui 'ia ke kaua ma kahi ali'i. He nui
ka po'e a'o i ka lonomakaihe, me ke kūpololū, ke kākā
lā'au me ke kā'alā, me ke ku'i a lua. He mau mea hana
nui 'ia kēia ma kahi ali'i.

21. He kaua pinepine nā kānaka wahi ali'i, ma kēlā
ahiahi kēia ahiahi. 'O ke kanaka o kekahi ali'i me
ko kekahi ali'i, kaua nō, a me nā ali'i nō kekahi
e kaua ma ia kaua 'ana.

22. Ua kapa 'ia kēlā kaua he kaua pā'ani, he kau-
a le'ale'a kahi inoa, he kaua kio kahi inoa, he
kaua pahukala kahi inoa. 'O kēia kaua 'ana, he
mea ia e mākaukau ai nā kānaka i ke kaua.

23. Ua nui nō na'e ka po'e i make ma kēia kaua 'a-
na, a ua nui nō nā ali'i i make ma kēia mau kau[a].
He mau kaua hana mau 'ia kēia ma kahi ali'i
i kēlā hanauna kēia hanauna, ma kēlā aupuni
kēia aupuni, i mea ho'i e 'ike mua 'ia ai ka po'e koa,

---

1. 19:17. A: moe wale aku **no**
2. 19:17. C?: kahi poe no̶h̶o̶ w̶[k]ahi alii" *(e nānā i nā paukū 19:21 me 19:25)* A: o kahi alii
3. 19:21. C?: [o] w̶[k]ahi alii A: o kahi alii
4. 19:23. A: kaua

a malama ia lakou e na lii i poe koa ~~kakaaina~~ no
ke aupuni; ke hiki i kia wa e hana nui ai me na hoa
kana, no ke kuaaina mai nae kahi poe koa.

24 He honuhonu kahi hana ma kahi alii, he loulou ka-
hi hana, he uma kahi hana, he kakoko kiahi hana, he
kiahau kahi hana, ~~kakakaakea~~ he lua kahi hana, ua
kiohukiohu ko kahi alii kanaka ma kahi alii, aole no
e makemake i ke kuaaina, aka, ma ka wa e ai aina
ai i ke alii alaila hoi ma ke kua aina e noho ai; e like
no lakou me na lii.

25 He oheke ole kanaka wahi alii, he hopepe ole, he hoolua nui
ole, he olelo koakoa ko kahi alii kanaka, ua like pu
no nae ke kahi poe kua aina, me ko kahi alii; he lau
paapaa nino, me ke wahi alii la.

26 He kaili wale kahi poe noho wahi alii, he pipilino,
he hoowahao, he alunu, he kauwa lenee, he noi, me ka
hoowee liweli; he kiahai kiahi kanaka wahi alii
hana ole i keia mau mea.

27 Eia ke kahi mea like ole, o na wahine i noho kua
aina, he hooikaika lakou, he noho wale na wahi-
ne noho wahi alii

28 He hapua pu na wahine kua aina me kana kane
i ke pii no i ka ii poaaha, a me ka uhai mamaki, a me
ka ii maaloa, pouleule, a me ka palaholo i mea kiapa
he kuku no i kiapa, ke kiapala no i pau, ai mai, i ka-
ko oia, me kana kane, me na keiki, me na haku
aina, me na makaainaka; ai mea kuai ke kahi
i noho lau a hemahema.

29 He hanai ponoi na wahine kua aina i na kei-
ki a lakou; i na Aole i kela hana keia hana e lawe
pu e no me ke keiki, aole no nae pela na wahine

a malama ia lakou e na lii i poe koa ~~lakou~~ no
ke aupuni, ke hiki i ka wa e kaua nui ai me na hoa
kaua, no ke kuaaina mai nae kahi[1] poe koa.

24 He honuhonu kahi hana ma kahi alii, he loulou ka
hi hana, he uma kahi hana, he hakoko kahi hana, he
kahau kahi hana, ~~ma kahi alii,~~ he lua kahi hana, ua
kohukohu ko kahi alii kanaka ma kahi alii, aole no
e makemake i ke kuaaina, aka, ma ka wa e ai aina
ai i ke alii, a laila hoi ma ke kuaaina e noho ai e like
no lakou me na alii.

25 He oheke ole kanaka wahi alii,[2] he hopepe ole, he hoolua nui
ole, he olelo[3] koakoa ko kahi alii kanaka, ua like pu
no nae kekahi poe kuaaina, me ko kahi alii, he lau
paapaani no, mehe wahi alii[4] la.

26 He kaili wale kahi poe noho wahi alii, he pipili no,
he hoowaha, he alunu, he hao wale no, he noi me ka
hooweliweli, he kakaikahi kanaka wahi[5] alii i
hana ole i keia mau mea.

27 Eia kekahi mea like ole, o na wahine noho kua
aina, he hooikaika lakou, he noho wale na wahi
ne noho wahi alii

28 He hana pu na wahine kuaaina me kana[6] kane
he pii no i ka ii poaaha, a me ka uhai mamaki, a me
ka maaloa, pouluulu, a me ka palaholo i mea kapa
he kuku no i kapa, he kapala no i pau, a i malo, i la-
ko oia, me kana kane, me na keiki, me na haku
aina, me na makamaka, a i mea kuai kekahi
no ko laua hemahema.

29 He hanai ponoi na wahine kuaaina i na kei
ki a lakou, ina i hele i kela hana keia[7] hana, e lawe
pu no me keiki,[8] aole no nae[9] pela na wahine

a mālama ʻia lākou e nā aliʻi i poʻe koa no
ke aupuni ke hiki i ka wā e kaua nui ai me nā hoa
kaua. No ke kuaʻāina mai naʻe kahi poʻe koa.

24. He honuhonu kahi hana ma kahi aliʻi, he loulou ka-
hi hana, he uma kahi hana, he hākōkō kahi hana, he
kāhau kahi hana, he lua kahi hana. Ua
kohukohu ko kahi aliʻi kānaka ma kahi aliʻi; ʻaʻole nō
e makemake i ke kuaʻāina; akā, ma ka wā e ʻai ʻāina
ai[10] ke aliʻi, a laila, hoʻi ma ke kuaʻāina e noho ai, e like
nō lākou me nā aliʻi.

25. He ʻōheke ʻole kānaka wahi aliʻi, he hōpēpē ʻole, he hoʻolua nui
ʻole, he ʻōlelo koakoa ko kahi aliʻi kānaka. Ua like pū
nō naʻe kekahi poʻe kuaʻāina me ko kahi aliʻi, he lau-
paʻapāʻani nō, me he wahi aliʻi lā.

26. He kāʻili wale kahi poʻe noho wahi aliʻi, he pipili nō,
he *hoʻowahā*, he ʻālunu, he hao wale nō, he noi me ka
hoʻoweliweli. He kakaʻikahi kānaka wahi aliʻi i
hana ʻole i kēia mau mea.

27. Eia kekahi mea like ʻole: ʻo nā wāhine noho kua-
ʻāina, he hoʻoikaika lākou; he noho wale nā wāhi-
ne noho wahi aliʻi.

28. He hana pū nā wāhine kuaʻāina me kāna kāne.
He piʻi nō i ka ʻiʻi poʻaʻaha a me ka uhaʻi māmaki a me
ka maʻaloa, pōʻuluʻulu a me ka palaholo i mea kapa.
He kuku nō i kapa, he kāpala nō i pāʻū, a i malo, i la-
ko ʻo ia me kāna kāne, me nā keiki, me nā haku-
ʻāina, me nā makamaka, a i mea kūʻai kekahi
no ko lāua hemahema.

29. He hānai ponoʻī nā wāhine kuaʻāina i nā kei-
ki a lākou. Inā i hele i kēlā hana kēia hana, e lawe
pū nō me keiki. ʻAʻole nō naʻe pēlā nā wāhine

---

1. 19:23. A: kekahi
2. 19:25. A: o kahi alii *(ma kahi o* "wahi alii"*)*
3. 19:25. A: *nele*
4. 19:25. A: o kahi alii *(ma kahi o* "wahi alii"*)*
5. 19:26. A: o kahi alii *(ma kahi o* "wahi alii"*)*
6. 19:28. A: ka lakou
7. 19:29. A: **i** keia hana
8. 19:29. A: me **ke** keiki
9. 19:29. A: aole nae *(ma kahi o* "aole no nae"*)*
10. 19:24. *ua hoʻololi ʻia ʻo ʻo* "e ai aina ai i ke alii," *ʻo ia ʻo* "e ʻai ʻāina ai ke aliʻi"

kua aina apau, o ka wahine i nui na kini, he makua
paha, aole noia e hiipaka, o ka wahine he kane waiwai,
kana aole no ia e hiipalaa i kekeiki noka mea, e loaa
no ke kahi ma ka hoolimalima, a me ka makua
lii no ka waiwai ana.

30 O na wahine hana ole ma ke kua aina, ke
kuko nui i kane waiwai, i noho wale ai
me ka hana ole, o na makua o ke kahi
poe wahine, hoomana lakou i na kua
lii i loaa mai ke kane waiwai, a me ke
kane alii, pela no e hoomana ai i na kei
ki kane i loaa mai na wahine waiwai
a na wahine alii, i loaa ka waiwai
me ka noho wale.

31 O ke ano o na wahine ma kahi alii, aole
e kuku i kapa, aole ke kapa la pau, a
me ka malo, o na lii mau mea e ma-
kemake ai, oia wale no ka lakou e hana
ai ma ko ke alii makemake no.

32 O na mea loaa mai i na lii, mai na
kua aina mai, oia ko na kanaka wahi
alii mea e lako ai, nona kua aina mai
ke kapa, ka malo ka pau, i ne na mea
e pono ai ka noho ana.

33 O ka hana mele, i ka inoa o na lii
kahi hana nui o na wahine wahi
alii, e kahea no i kapo aao

Mokuna XX

No na ~~kana~~ kanaka

Ua kapa ia ke kahi poe kanaka ma Hawaii
i nei he poe kauwa, he nui no nae ke
ano o ke la kua olelo kauwa ia ka, a ka ia

kuaaina a pau, o ka wahine i nui na kini, he makua
paha, aole no ia e hiipaka, o ka wahine he kane waiwai
kana aole no ia e hiipaka i ke keiki, no ka mea, e loaa
no kekahi ma ka hoolimalima, a me ka makama
ka no ka waiwai ana.

30 O na wahine hana ole ma ke kuaaina, he
kuko nui i kane waiwai, i[1] noho wale ai
me ka hana ole, o na makua o kekahi
poe wahine, hoomana lakou i na kua
kii i loaa mai ke kane waiwai, a me ke
kane alii, pela no e hoomana ai i na kei
ki kane i loaa mai na wahine waiwai
a na[2] wahine alii, i loaa ka waiwai
me ka noho wale.

31 O ke ano o na wahine ma kahi alii, aole
e kuku i kapa, aole he kapala pau, a
me ka malo, o ka na lii mau mea e ma-
kemake ai, oia wale no ka lakou e hana
ai ma ko ke alii makemake no.

32 O na mea loaa mai i na lii, mai na[3]
kuaaina mai, oia ko na kanaka wahi
alii[4] mea[5] e lako ai, no na kuaaina mai
ke kapa, ka malo ka pau, me na mea
e pono ai ka noho ana.

33 O ka hana mele, i ka inoa o na lii
kahi hana nui o na wahine wahi
alii,[6] e kahea no i ka po a ao

Mokuna XX
No na kauwa[7]

1 Ua kapa ia ke kahi poe kanaka ma Hawai
i nei he poe kauwa he nui no nae ke
ano o kela hua olelo kauwa, ua kapaia

kuaʻāina a pau. ʻO ka wahine i nui nā kini, he makua
paha, ʻaʻole nō ia e hiʻipaka. ʻO ka wahine he kāne waiwai
kāna, ʻaʻole nō ia e hiʻipaka i ke keiki, no ka mea, e loaʻa
nō kekahi ma ka hoʻolimalima a me ka makama-
ka no ka waiwai āna.

30. ʻO nā wāhine hana ʻole ma ke kuaʻāina, he
kuko nui i kāne waiwai i noho wale ai
me ka hana ʻole. ʻO nā mākua o kekahi
poʻe wāhine, hoʻomana lākou i nā akua
kiʻi i loaʻa mai ke kāne waiwai a me ke
kāne aliʻi. Pēlā nō e hoʻomana ai i nā kei-
ki kāne i loaʻa mai nā wāhine waiwai,
a [me] nā wāhine aliʻi, i loaʻa ka waiwai
me ka noho wale.

31. ʻO ke ʻano o nā wāhine ma kahi aliʻi, ʻaʻole
e kuku i kapa, ʻaʻole he kāpala pāʻū a
me ka malo. ʻO kā nā aliʻi mau mea e ma-
kemake ai, ʻo ia wale nō kā lākou e hana
ai ma ko ke aliʻi makemake nō.

32. ʻO nā mea loaʻa mai i nā aliʻi mai nā
kuaʻāina mai, ʻo ia ko nā kānaka wahi
aliʻi mea e lako ai. No nā kuaʻāina mai
ke kapa, ka malo, ka pāʻū, me nā mea
e pono ai ka noho ʻana.

33. ʻO ka hana mele i ka inoa o nā aliʻi
kahi hana nui a[8] nā wāhine wahi
aliʻi, e kāhea nō i ka pō a ao.

Mokuna XX [20, Emerson 20]
No nā Kauā

1. Ua kapa ʻia kekahi poʻe kānaka ma Hawai
ʻi nei he poʻe kauā. He nui nō naʻe ke
ʻano o kēlā hua ʻōlelo kauā. Ua kapa ʻia

---

1. 19:30. A: *nele*
2. 19:30. A: a **me** na
3. 19:32. A: *nele*
4. 19:32. A: o kahi alii *(ma kahi o* "wahi alii"*)*
5. 19:32. A: *nele*
6. 19:33. A: o kahi alii *(ma kahi o* "wahi alii"*)*
7. 20:0. C?: k̶a̶u̶w̶a̶ [kanaka] A: kanaka Aʔ: kauwa
8. 19:33. *ua hoʻololi ʻia ʻo* "o," *ʻo ia ʻo* "a"

kela inoa i ka poe i hanau kauā ia, a
ua kapā ia no i ka poe i hanau aliʻi ia

2 O ka mea, he inoa hoohaahaa ia ke
kauwa, he inoa hilahila loa, ma ka
olelo wale no nae e kauwa ai kekahi
a ohe kauwa io, no ka mea, ma na hanau
na a pau, ua kapa ia na kaikaina
he kauwa nana kaikua ana aole no
nae ia he kauwa io, a ka, he mea, na
ke kaikaina e hoohaahaa ai i mua
o kaikua ana.

3 Pela no na kaikaina a pau i mua
o na kaikua ana, mai na lii, a na
makaainana, a me na lii wahine
a me na wahine noa.

4 Eia kekahi poe i kapaia he kauwa, o ke kanaka i aia ia
ka ke alii mau ukana, nana e hana ka ke alii mau
mea ai, ua kapa ia lakou, he aipuupuu, he kauwa
kahi inoa, o ka inoa wale no nae ke lilo i kauwa
aole nae he kauwa io.

5 Eia kekahi poe i hoolilo ia lakou iho, he kauwa, o ka
poe i hele i mua o ke alii, me ka manao e hoohaahaa
ia lakou iho i mua o ke alii, me ka olelo aku, owau kou
no kau mau kauwa, aole nae he kauwa io ia.

6 Eia kekahi, o ka poe i noho pu me ka poe waiwai, ua
kapaia lakou kenau kauwa na ka poe waiwai,
aole no ia he kauwa io, he kauwa olelo wale no, no
ko lakou ano haahaa.

7 O ka poe holoho kekahi, i kapaia he kauwa, aole no
nae he kauwa io, o ka poe ilihune kekahi, i kapaia
he kauwa, aole io na he kauwa io he olelo wale no.

kela inoa i ka poe[1] i hanau kaua[2] ia, a
ua kapa ia no i ka poe i hanau alii ia

2 No ka mea, he inoa hoohaahaa ia ke
kauwa, he inoa hilahila loa, ma ka
olelo wale no nae e kauwa ai kekahi
aohe kauwa io, no ka mea, ma na hanau
na a pau, ua kapa ia na kaikaina
he kauwa na na kaikuaana aole no
nae ia he kawa[3] io, aka, he mea, na
ke kaikaina e hoohaahaa ai i mua
o[4] kaikuaana.

3 Pela no na kaikaina a pau i mua
o na kaikuaana, mai na lii, a na
makaainana, a me na lii wahine
a me na wahine noa.

4 Eia kekahi poe i kapaia he kauwa, o ke kanaka ia ia
ka ke alii mau ukana, nana e hana ka ke alii mau
mea ai, ua kapa ia lakou, he aipuupuu, he kauwa
kahi inoa, o ka inoa wale no nae ke lilo i kauwa
aole nae he kauwa io.

5 Eia kekahi poe i hoolilo ia lakou iho, he kauwa, o ka
poe i hele i mua o ke alii me ka manao e hoohaahaa
ia lakou iho i mua o ke alii, me ka olelo aku, o makou
no kau mau kawa,[3] aole nae he kauwa io ia.

6 Eia kekahi, o ka poe i nohopu me ka poe waiwai, ua
kapaia lakou [he] mau kauwa na ka poe waiwai,
aole no ia he kauwa io, he kawa[3] olelo wale no, no
ko lakou ano haahaa.

7 O ka poe kolohe kekahi, i kapaia he kawa,[3] aole no
nae he kawa[3] io, o ka poe ilihune kekahi i kapaia
he kawa,[3] aole no[5] ia[6] he kawa[3] io, he olelo wale no.

---

kēlā inoa i ka po'e i hānau kauā 'ia, a
ua kapa 'ia nō i ka po'e i hānau ali'i 'ia.

2. No ka mea, he inoa ho'oha'aha'a 'ia ke
kauā, he inoa hilahila loa. Ma ka
'ōlelo wale nō na'e e kauā ai kekahi,
'a'ohe kauā 'i'o, no ka mea, ma nā hanau-
na a pau, ua kapa 'ia nā kaikaina
he kauā na nā kaikua'ana. 'A'ole nō
na'e ia he kauā[7] 'i'o; akā, he mea na
ke kaikaina e ho'oha'aha'a ai i mua
o kaikua'ana.

3. Pēlā nō nā kaikaina a pau i mua
o nā kaikua'ana, mai nā ali'i a nā
maka'āinana, a me nā ali'i wāhine
a me nā wāhine noa.

4. Eia kekahi po'e i kapa 'ia he kauā: 'o ke kanaka iā ia
kā ke ali'i mau ukana, nāna e hana kā ke ali'i mau
mea 'ai, ua kapa 'ia lākou he 'ā'īpu'upu'u, he kauā
kahi inoa. 'O ka inoa wale nō na'e ke lilo i kauā,
'a'ole na'e ke kauā 'i'o.

5. Eia kekahi po'e i ho'olilo iā lākou iho he kauā: 'o ka
po'e i hele i mua o ke ali'i me ka mana'o e ho'oha'aha'a
iā lākou iho i mua o ke ali'i me ka 'ōlelo aku, "'O mākou
nō kāu mau kauā;" 'a'ole na'e he kauā 'i'o ia.

6. Eia kekahi. 'O ka po'e i noho pū me ka po'e waiwai, ua
kapa 'ia lākou he mau kauā na ka po'e waiwai.
'A'ole nō ia he kauā 'i'o, he kauā 'ōlelo wale nō no
ko lākou 'ano ha'aha'a.

7. 'O ka po'e kolohe kekahi i kapa 'ia he kauā, 'a'ole nō
na'e he kauā 'i'o; 'o ka po'e 'ilihune kekahi i kapa 'ia
he kauā, 'a'ole nō ia he kauā 'i'o, he 'ōlelo wale nō.

---

1. 20:1. A: *nele*

2. 20:1. A: kauwa

3. 20:2, 20:5, 20:6, 20:7. A: kauwa

4. 20:2. A: **ke** kaikuaana

5. 20:7. A: nae

6. 20:7. A: *nele*

7. 20:2. *he 'ekolu nā 'ano pela o kēia hua 'ōlelo ma C, 'o* "kaua," 'o "kawa," *me* "kauwa." *ma A na'e, 'o* "kauwa" *wale nō*

8 Ma ka wa e paio ai kekahi me kekahi, ku amuamu kekahi i kekahi, aole no ia he kaawa io, he kaawa, na Kila i naina me ka huhu, me ke kuamuamu.

9 O ka poe ilamuku, o ke alii, ua olelo ia lakou he mau kaawa na ke alii, aole nae he kaawa io, he nui no ka poe i kapa ia, he kaawa, he kaawa no ma ka olelo ana no ka no haahaa aole no nae he kaawa io maoli, aka, he okoa ka poe kaawa io maoli, aia o ka poe i hanau kaawa ia, mai na kupuna mai, Eia ka mookuauhau mai a Papa mai, no ka poe i papa ia he kaawa.

10 Ma ka wa o Wakea, he *aikane* kana, *Haakauila na na kona inoa* aole nae i lohe ia ka na mea i lilo ai i ka *aikane*, na Wakea, *i kuai ia paha*, pehea la, ma ka wa o Wakea i haalele ai ia Papa, a laila, moe iho la o Papa me ia *na aikane*.

11 Alaila, hanau mai ka laua keiki o Keku kona inoa, noho aku o Keku ia Lumilani, hanau mai o Noa kaawa, noho aku o Noa ia Papa alua, hanau mai o Pueonuiweluwelu, oa kai noho aku ia Noni ka mua, mai ka hope o lakou nei na kupuna o kekahi poe *aikane* io maoli o kekahi poe ma Hawaii nei.

12 O ka poe mamo, me ka *na poe* mamo, o lakou no ka *aikane* io maoli, ma Hawaii nei. Ina i moe kekahi poe kaawale, a me kekahi alii paha, i kekahi o keia poe, a hanau mai na keiki, he *aikane* maoli no ia.

13 He mea no ke ai ka *kaawa*

8 Ma ka wa e paio ai kekahi me kekahi, kuamuamu[1] kekahi, i ke kawa,[2] aole no ia he kawa[2] io, he kawa,[2] no ka la inaina me ka huhu, me ke kuamuamu.

9 O ka poe ilamuku, o ke alii, ua olelo ia lakou he mau kauwa na ke alii, aole nae he kawa[2] io, he nui no ka poe i kapaia, he kauwa, he kawa[2] no ma ka olelo ana no ke ano haahaa aole no nae he kauwa io maoli, aka, he okoa ka poe kawa[2] io maoli, aia o ka poe i hanau kawa[2] ia, mai na kupuna mai, Eia ka mookuuhau mai a Papa mai, no ka poe i hanau kauwa ia.[3]

10[4] Ma ka wa o Wakea, he kauwa[5] kana, o H__h__ila-ni[6] kona inoa,[7] aole nae i lohe ia ko H__h_aila-ni[8] mea i lilo ai i kauwa[9] na Wakea, i kuai ia paha,[10] pehea la, ma ka wa o Wakea i haalele ai i[a] Papa, a laila, moe iho la o Papa me H__h__ila_i,[11] ka laua[12] kauwa no.

11 A laila, hanau mai ka laua keiki o Kekeu kona inoa, noho aku o Kekeu ia Lumilani, ha nau mai o Noa ka inoa, noho aku o Noa ia Papa alua, hanau mai o Pueonuiweluwelu, o[i]a kai noho aku ia Noni o M_kano_i[13] ka mua, o K__h_na[14] mai ka hope o lakou nei na kupu na o kekahi poe kauwa[15] io maoli o kekahi poe[16] ma Hawaii nei.

12 O ka Makanoni[17] poe mamo, me ka K_h_[na][18] poe mamo,[19] o lakou no ka poe kawa[20] io maoli ma Hawaii nei. Ina i moe kekahi poe kaawale, a me kekahi alii paha, i kekahi o keia poe, a hanau mai na keiki, he kauwa[21] maoli no ia.

13 He mea makau ia ka inoa kawa,[22] he mea weli

---

8. Ma ka wā e paio ai kekahi me kekahi, kūamuamu kekahi i ke kauā. ʻAʻole nō ia he kauā ʻiʻo, he kauā no ka lā inaina me ka hūhū me ke kūamuamu.

9. ʻO ka poʻe ilāmuku o ke aliʻi, ua ʻōlelo ʻia lākou he mau kauā na ke aliʻi, ʻaʻole naʻe he kauā ʻiʻo. He nui nō ka poʻe i kapa ʻia he kauā, he kauā nō ma ka ʻōlelo ʻana no ke ʻano haʻahaʻa, ʻaʻole nō naʻe he kauā ʻiʻo maoli. Akā, he ʻokoʻa ka poʻe kauā ʻiʻo maoli; aia ʻo ka poʻe i hānau kauā ʻia mai nā kūpuna mai. Eia ka moʻokūʻauhau maiā Papa mai no ka poʻe i hānau kauā ʻia.

10. Ma ka wā o Wākea, he kauā kāna, ʻo *Huahuaʻila-ni* kona inoa. ʻAʻole naʻe i lohe ʻia ko *H[ua]h[u]aʻila-ni* mea i lilo ai i kauā na Wākea; i kūʻai ʻia paha, pehea lā? Ma ka wā o Wākea i haʻalele ai iā Papa, a laila, moe ihola ʻo Papa me *H[ua]h[ua]ʻila[n]i*, kā lāua kauā nō.

11. A laila, hānau mai kā lāua keiki, ʻo *Kekeu* kona inoa. Noho aku ʻo *Kekeu* iā Lumilani, hā-nau mai, ʻo Noa ka inoa. Noho aku ʻo Noa iā *Papa-ʻalua*, hānau mai, ʻo Pueonuiweluwelu. ʻO ia kai noho aku iā Noni. ʻO Makanoni ka mua, ʻo K[a]h[a]na[23] mai ka hope. ʻO lākou nei nā kūpu-na o kekahi poʻe kauā ʻiʻo maoli o kekahi poʻe ma Hawaiʻi nei.

12. ʻO kā Makanoni poʻe mamo me kā K[a]h[a]na poʻe mamo, ʻo lākou nō ka poʻe kauā ʻiʻo maoli ma Hawaiʻi nei. Inā i moe kekahi poʻe kaʻawale, a me kekahi aliʻi paha, i kekahi o kēia poʻe a hā-nau mai nā keiki, he kauā maoli nō ia.

13. He mea makaʻu ʻia ka inoa kauā, he mea weli-

---

1. 20:8. A: he amuamu *(ma kahi o* "kuamuamu"*)*

2. 20:8, 20:9. A: kauwa

3. 20:9. C?: ~~poe i hanau kauwa ia~~ C?2: [poe i kapa ia he kauwa] *(ma ka penikala)* A: *nele* ʻo *"Eia ka mookuuhau mai a Papa mai, no ka poe i hanau kauwa ia"*

4. 20:10. C?: *Penei paha ka ʻōlelo i makemake ʻia e ka mea kaha peʻa:* Ma ka wa o Wakea he aikane kana, aole nae i lohe ia kana mea i lilo ai i aikane na Wakea, pehea la, ma ka wa o Wakea i haalele ai ia Papa, a laila, moe iho la o Papa me kana aikane.

5. 20:10. C?: ~~kauwa~~ [aikane] A: aikane

6. 20:10. C?: *Kaha peʻa loa ʻia kēia inoa* C?2: Haakauilani[a] *(ma ka penikala)* E: Haʻakauilana A: *nele*

7. 20:10. C?: ~~kona inoa~~ C?2: ka[o]na inoa *(ma ka penikala)* A: *nele* ʻo "kona inoa"

8. 20:10. C?: H__ka_ilani[a] C?2: ua hoʻololi ʻia ʻo "ko H__ka_ilani," ʻo ia ʻo "kona" A: kona

9. 20:10. C?: ~~kauwa~~ [aikane] A: aikane

10. 20:10. C?: ~~i kuai ia paha~~ C?2: [i kuai ia paha] *(ma ka penikala)* A: *nele* ʻo "i kuai ia paha"

11. 20:10. C?: ua kaha peʻa loa ʻia kēia inoa A: *nele*

12. 20:10. C?: ka[na] ~~laua~~ [aikane] A: kana aikane

13. 20:11. C?: ~~M_kano_i~~ (ʻo "Makanoni" paha) A: *nele*

14. 20:11. C?: ~~o K_h_n~~ A: *nele*

15. 20:11. C?: ~~kawa~~ [aikane] A: aikane A?: kauwa

16. 20:11. C?: ~~o kekahi poe~~ A: *nele*

17. 20:12. C?: ~~Makanoni~~ A: *nele*

18. 20:12. C?: ~~ka k_h_~~[na] A: na (ʻo ia hoʻi, nā hua palapala hope loa ʻelua o ka inoa i kaha peʻa ʻia ma C)

19. 20:12. A: poe mamao **a lakou**, o lakou

20. 20:12. C?: ~~poe aikane~~ [aikane] A: aikane

21. 20:12. C?: ~~kauwa~~ [aikane] A: aikane

22. 20:13. C?: ~~kauwa~~ C?2: [Kauwa]

23. 20:11. ua hoʻolako ʻia ka pela piha ʻana mai loko mai o kā Mrs. Pukui moʻokūʻauhau i paʻi ʻole ʻia (Pukui n.d.)

weli nui ia, ina i paio na kanaka na lii paha a nui
a nui ka paio ana a hailuku pohaku, a kaka laau, me
ke anuanu ole i ke kauwa aole e manao ia, he
paio nui ia

14 Aka, ina paio kela kanaka, keia kanaka me kona
makamaka, me ka mea e paha, o kela alii keia alii
i na paio me kona makamaka, ai ku anuanu i
ke kauwa, e manao nui ia kela paio ana, he mea
nui aole e nalo kela paio ana, a hiki i ka hanau-
na hope

15 He mea hopailei ia ka inoa kauwa, aole ina i
e moe kahi kanaka i ka wahine i ke kane paha, a
lohe ia he kauwa ua kanaka la, ua wahine
la paha, kaili ia kela wahine, a kane paha
mai ke alo mai o ka mea kauwa me ka mi
nau na ole ia

16 Ina i moe ke kahi alii kane, a wahine paha
i ka mea kauwa me ka ike ole ia, he mea
kauwa oia, a hanau mai ke keiki, a ma
hope lohe ia he mea kauwa oia, e ka ia kela
keiki i ka pohaku a make loa, oia ka pepehi
ana o ka poe hoowakawaka no ke kauwa.

17 O ka poe kauwa, he mea makau nui
ia, aole e komo ka poe kauwa ma na hale a pau
oia ma ka hale o ko lakou mau haku ponoi e komo
ai lakou me ka mea, ua kapa ia lakou he poe au
makua na ko lakou poe haku ponoi.

18 O ka poe kauwa a na lii kahiko, ua mau loa no ko
lakou kauwa ana, a hiki i na mamo a lakou, ua
mau no koi ka noho haku ana, o na mamo a na
haku iluna o lakou, no laila, i kapa ia ai lakou

weli nui ia, ina i[1] paio na kanaka na lii paha ~~a nui~~
a nui ka paio ana a hailuku pohaku a kaka laau, me
ke amuamu ole i ke kauwa aole e manao ia, he
paio nui ia.

14 Aka, ina paio kela kanaka, keia kanaka me kona
makamaka, me ka mea e paha, o kela alii keia alii
ina paio[2] me kona makamaka, a i kuamuamu i
ke kauwa, e manao nui ia kela paio ana, he mea
nui aole e nalo kela paio ana, a hiki i ka hanau-
na hope

15 He mea hoopailuia[3] ka inoa kauwa maoli ina i
e[4] moe kahi kanaka i ka wahine i ke kane paha, a
lohe ia he kauwa ua kanaka la, ua wahine
la paha, e kaili ia kela wahine, a kane paha
mai ke alo mai, o ka mea kauwa me ka mi
namina ole ia.

16 Ina i moe kekahi alii kane, a wahine paha
i ka mea kauwa me ka ike ole ia, he mea
kawa oia, a hanau mai ke keiki, a ma
hope lohe ia he mea kauwa oia, e ka ia kela
keiki i ka pohaku a make loa, oia ka pepehi
ana o ka poe hoowahawaha no ke kauwa.

17 O ka poe kauwa, he mea makau nui loa
ia, aole e komo ka poe kauwa ma na hale a pau
aia ma ka hale o ko lakou mau haku ponoi e komo
ai lakou, no ka mea, ua kapa ia lakou he poe au
makua na ko lakou poe haku ponoi.

18 O ka poe kauwa a na lii kahiko, ua mau loa no ko
lakou kauwa ana, a hiki i na mamo a lakou, a ua
mau no hoi ka noho haku ana, o na mamo a na
haku ma luna o lakou, no laila, i kapa ia ai lakou

weli nui 'ia. Inā i paio nā kānaka, nā ali'i paha,
a nui ka paio 'ana a hailuku pōhaku a kākā lā'au, me
ke amuamu 'ole i ke kauā, 'a'ole e mana'o 'ia, he
paio nui ia.

14. Akā, inā paio kēlā kanaka kēia kanaka me kona
makamaka, me ka mea 'ē paha; 'o kēlā ali'i kēia ali'i,
inā paio me kona makamaka, a i kūamuamu i
ke kauā, e mana'o nui 'ia kēlā paio 'ana he mea
nui. 'A'ole e nalo kēlā paio 'ana a hiki i ka hanau-
na hope.

15. He mea ho'opailu[a] 'ia ka inoa kauā maoli. Inā i
moe[5] kahi kanaka i ka wahine, i ke kāne paha, a
lohe 'ia he kauā ua kanaka lā, ua wahine
lā paha, e kā'ili 'ia kēlā wahine, a kāne paha,
mai ke alo mai o ka mea kauā me ka mi-
namina 'ole 'ia.

16. Inā i moe kekahi ali'i kāne, a wahine paha,
i ka mea kauā me ka 'ike 'ole 'ia he mea
kauā 'o ia, a hānau mai ke keiki, a ma
hope lohe 'ia he mea kauā 'o ia, e kā 'ia kēlā
keiki i ka pōhaku a make loa. 'O ia ka pepehi
'ana o ka po'e ho'owahāwahā no ke kauā.

17. 'O ka po'e kauā, he mea maka'u nui loa
'ia. 'A'ole e komo ka po'e kauā ma nā hale a pau.
Aia ma ka hale o ko lākou mau haku pono'ī e komo
ai lākou, no ka mea, ua kapa 'ia lākou he po'e 'au-
mākua na ko lākou po'e haku pono'ī.

18. 'O ka po'e kauā a nā ali'i kahiko, ua mau loa nō ko
lākou kauā 'ana a hiki i nā mamo a lākou; a ua
mau nō ho'i ka noho haku 'ana o nā mamo a nā
haku ma luna o lākou. No laila i kapa 'ia ai lākou

---

1. 20:13. A: e
2. 20:14. A: ina **i** paio
3. 20:15. C?: hoopailu[a] ia *(ma ka peniala)* A: hoopailuaia
4. 20:15. C?: ~~e~~ *(kaha pe'a 'ia ma ka penikala)*
5. 20:15. *ua ho'ololi 'ia 'o* "i e moe," *'o ia 'o* "i moe"

he au makua, he kauwa kahiko keano oia inoa, he akua ke kahi inoa oia poe, he kauwa lepo kahi inoa he kauwa haalele loa, he mea ino loa keano

19 O ka poe kauwa i hoailona ia ma ka lae, a kakau ia i ka lae, ua kapa ia lakou he kauwa laepuni, he kauwa lii koni kahi inoa he kauwa laepaa he kauwa ma ka wela ke mau mea ino keia.

20 Ina i moe aku kekahi poe o koa, i ua poe kauwa au makua la, a hanau mai ke keiki, he nou ka inoa oia keiki, he kauwa keano oia inoa na ka kahiu oua poe kauwa au makua la.

21 Ua moe no nae kekahi poe o koa, a me kekahi poe alii no i kekahi poe kauwa, no ka ike ole ke kahi moe ana, no ka makemake kekahi moe ana, a no ka hoo kaha paha, i ka wahine maikai, a kanaka maikai paha oua poe kauwa la, no laila, hikia kahi mau alii, a me kahi poe kaawale, ua kapa ia ka lana keiki, he ulau laili ka inoa.

22 O kanaka kauwa, a me na wahine kauwa, ua kapa ia lakou, he kanaka no ka na kelekele mai, ke poe no lalo lilo loa.

23 Oia no ka mea, i imi mua ia ai ka na alii nui wahine kane paha, e ka poe a ka mai i kua uhau ka poe i ke pono i ke alii ana me kauwa ana, oia wahine a kane paha,

24 Oia no ka mea o na lii nui i hoomoe ia ai i ke kaikuwahine ponoi, ai ke kaikunane ponoi, a i ole ia, e moe no i ka hanauna ponoi aole e moe i ka mea kauwa.

25 Oia no ka mea i malama mau loa ia ai ka mookuauhau alii i mea e ike pono ia ai ka

he aumakua, he kauwa kahiko ke ano oia i noa, he akua kekahi inoa oia poe, he kawa lepo kahi inoa, he kauwa haalele loa, he mea ino loa ke ano

19 O ka poe kauwa i hoailona ia ma ka lae, a kakau ia i ka uhi[a], ua kapa ia lakou he kauwa laepuni, he kauwa hi koni kahi inoa he kauwa laepaa he kauwa ma ka wela he mau mea ino keia.

20 Ina i moe aku kekahi poe o koa i ua poe kauwa au makua la, a hanau mai ke keiki, he nou ka inoa oia kei ki, he kauwa ke ano oia inoa na ka haku o ua poe ka uwa aumakua la.

21 Ua moe no nae ke kahi poe o koa, a me ke kahi poe alii no i ke kahi poe kawa, no ka ike ole ke kahi moe ana, no ka makemake ke kahi moe ana, a no ka hoo kaha paha, i ka wahine maikai, a kanaka maikai paha o ua poe kauwa la, no laila, hihia kahi mau alii a me ka hi poe kaawale, ua kapa ia ka laua keiki, he ulau la ili ka inoa.

22 O kanaka kauwa a me na wahine kauwa, ua ka pa ia lakou, he kanaka no ka nahelehele mai, he poe no lalo lilo loa.

23 Oia no ka mea, iimi mua ia ai ka nalii nui wahine kane paha, e ka poe a kamai i kuauhau, ka poe ike pono i ke alii ana me kauwa ana, oia wahine a kane paha,

24 Oia no ka mea o na lii nui i hoomoe ia ai i ke [ka]ikuahine ponoi, ai ke kaikunane po noi, a i ole ia, e moe no i ka hanauna ponoi aole e moe i ka mea kauwa.

25 Oia no ka mea i malama mau loa ia ai ka mookuauhau alii i mea eike pono ia ai ka

---

he ʻaumakua, he kauā kahiko ke ʻano o ia inoa. He akua kekahi inoa o ia poʻe, he kauā lepo kahi inoa, he kauā haʻalele loa, he mea ʻino loa ke ʻano.

19. ʻO ka poʻe kauā i hōʻailona ʻia ma ka lae, a kākau ʻia i ka uhi, ua kapa ʻia lākou he kauā lae puni, he kauā hi koni kahi inoa, he kauā lae paʻa, he kauā makawela. He mau mea ʻino kēia.

20. Inā i moe aku kekahi poʻe ʻokoʻa i ua poʻe kauā ʻaumākua lā, a hānau mai ke keiki, he nou ka inoa o ia kei ki. He kauā ke ʻano o ia inoa na ka haku o ua poʻe ka uā ʻaumākua lā.

21. Ua moe nō naʻe kekahi poʻe ʻokoʻa, a me kekahi poʻe aliʻi nō, i kekahi poʻe kauā. No ka ʻike ʻole kekahi moe ʻana, no ka makemake kekahi moe ʻana, a no ka hoʻo kaha paha i ka wahine maikaʻi, a kanaka maikaʻi paha, o ua poʻe kauā lā, no laila, hihia kahi mau aliʻi a me ka hi poʻe kaʻawale. Ua kapa ʻia kā lāua keiki he ʻulaʻu la ʻili ka inoa.

22. ʻO kānaka kauā a me nā wāhine kauā, ua ka pa ʻia lākou he kanaka no ka nāhelehele mai, he poʻe no lalo lilo loa.

23. ʻO ia nō ka mea i ʻimi mua ʻia ai kā nā aliʻi nui wāhine, kāne paha, e ka poʻe akamai i kūʻauhau, ka poʻe ʻike pono i ke aliʻi ʻana me kauā ʻana o ia wahine a kāne paha.

24. ʻO ia nō ka mea o nā aliʻi nui i hoʻomoe ʻia ai i ke kaikuahine ponoʻī, a i ke kaikunāne po noʻī, a i ʻole ia, e moe nō i ka hanauna ponoʻī, ʻaʻole e moe i ka mea kauā.

25. ʻO ia nō ka mea i mālama mau loa ʻia ai ka moʻokūʻauhau aliʻi, i mea e ʻike pono ʻia ai ka

poe kauwa ole a oia no ka wahine paha ke kane paha e moe
ai kapoe hanauna alii

26 He mea aneane make no nalii nui ke olelo ia ke alii
kauwa, e kii ia na ku auhau a ka mai loa, a na lakou
eini; ua kapa ia kapoe ku auhau keipuwai auau
no nalii e hoomaemae ai, no ka mea, ua kapa ia ka
poe kauwa he palani, ke kohono ke ano.

27 He mea ki pahu ia ka wahine kauwa, aole e komo ma
ko nalii wahine kalaina.

Mokuna XXI

No na hewa me na pono.

He nui na ano ona hewa, kanaka i hana ai
a ke nui ke ano ona hewa ke helu ia, aka, hoo
kahi no kumu nana i hanau mai ua
mau hewa la apau, o ka manao no o kanaau
mai, oia no ka makua nana i hanau mai
ka hewa ke nui loa.

2 Ma kahi a ka naau i manao ai e hana hewa
e hewa io no a ua nei, a ma kahi a ka
naau i manao ai hana pono, e pono a ua
nei; no ka mea mai kanaau mai ka
pono, mai kanaau ka hewa, aka, ua lele
wale mai kahi hewa me kahi pono, he lele
wale mai no.

3 Ina iike ka maka ike kahi mea, aole nae i makamaka
ke ka naau, aole no e pili ka hewa ma laila, aka i
nana ka maka; a makemake ka naau ike kahi
mea, e nui mai no na manao ma loko o laila,
o ke kukono ke kumu, o ka lia, o ka ulukin, o ka
lookaha, hoomaki aulii, ka iini kalaiwi, me ka
manao e lawe mai a lilo ia ia, ua kapa ia keia

poe kauwa ole a oia no ka wahine paha ke kane paha e moe
ai i ka poe hanauna alii

26 He mea aneane make no na lii nui ke olelo ia he alii
kauwa, e kii ia na kuauhau akamai loa, a na lakou
e imi, ua kapa ia ka poe kuauhau he ipu wai auau
no na lii e hoomaemae ai, no ka mea, ua kapa ia ka
poe kauwa he palani, he hohono ke ano.

27 He mea kipaku ia ka wahine kauwa, aole e komo ma
ko na lii wahine hale aina.

Mokuna XXI
No na hewa me na pono

1 He nui na ano o na hewa [a] kanaka i hana ai
a he nui ke ano o na hewa ke heluia, aka, hoo
kahi no kumu nana i hanau mai ua
mau hewa la apau, o ka manao no o ka naau
mai, oia no ka makua nana [i] hanau mai
ka hewa he nui loa.

2 Ma kahi a ka naau i manao ai e hana hewa
e hewa io no auanei, a ma kahi a ka
naau i manao ai hana[1] pono, e pono aua
nei, no ka mea mai ka naau mai ka
pono, mai ka naau [mai] ka hewa, aka, ua lele
wale[2] mai kahi hewa me kahi pono, he lele
wale mai no.

3 Ina i ike ka maka i kekahi mea, aole nae i makama
ke[3] ka naau, aole no[4] e pili ka hewa ma laila, aka i
nana ka maka, a makemake ka naau i kekahi
mea, e nui mai no na manao ma loko o laila,
o ke kuko no ke kumu, o ka lia, o ka uluku, o ka
hookaha, hoomakaulii, ka iini, halaiwi, me ka
manao e lawe malu a lilo ia ia, ua kapaia keia

po'e kauā 'ole, a 'o ia nō ka wahine paha, ke kāne paha e moe
ai ka po'e hanauna ali'i.

26. He mea 'ane'ane make nō nā ali'i nui ke 'ōlelo 'ia he ali'i
kauā. E ki'i 'ia nā kū'auhau akamai loa, a na lākou
e 'imi. Ua kapa 'ia ka po'e kū'auhau he ipu wai 'au'au
no nā ali'i e ho'oma'ema'e ai, no ka mea, ua kapa 'ia ka
po'e kauā he palani, he hohono ke 'ano.

27. He mea kīpaku 'ia ka wahine kauā, 'a'ole e komo ma
ko nā ali'i wāhine hale 'aina.

Mokuna XXI [21, Emerson 21]
No nā Hewa me nā Pono

1. He nui nā 'ano o nā hewa a kānaka i hana ai,
a he nui ke 'ano o nā hewa ke helu 'ia, akā, ho'o-
kahi nō kumu nāna i hānau mai ua
mau hewa lā a pau. 'O ka mana'o nō o ka na'au
mai, 'o ia nō ka makua nāna i hānau mai
ka hewa he nui loa.

2. Ma kahi a ka na'au i mana'o ai e hana hewa,
e hewa 'i'o nō auane'i; a ma kahi a ka
na'au i mana'o ai [e] hana pono, e pono aua-
ne'i, no ka mea, mai ka na'au mai ka
pono, mai ka na'au mai ka hewa; akā, ua lele
wale mai kahi hewa me kahi pono, he lele
wale mai nō.

3. Inā i 'ike ka maka i kekahi mea, 'a'ole na'e i makema-
ke[5] ka na'au, 'a'ole nō e pili ka hewa ma laila. Akā, i
nānā ka maka a makemake ka na'au i kekahi
mea, e nui mai nō nā mana'o ma loko o laila:
'o ke kuko nō ke kumu, 'o ka li'a, 'o ka ulukū, 'o ka
ho'okaha, ho'omakauli'i, ka 'i'ini, halaiwi (me ka
mana'o e lawe malū a lilo iā ia). Ua kapa 'ia kēia

---

1. 21:2. A: i manao ai **e** hana pono
2. 21:2. a: *ua ho'ololi 'ia 'o* "ule lele wale," *'o ia 'o* "ua lele wale"
3. 21:3. A: makemake
4. 21:3. A: *nele*
5. 21:3. *ua ho'ololi 'ia 'o* "makamake," *'o ia 'o* "makemake"

i mau hewa; he aihue.

4 Eia kekahi, o ke kuko i ko hai waiwai, he nui na ma-
nao iloko o laila, o ka hoohalua, ma ka ala, kiai, hoo-
kalakupua, hooleiki, hoopaewa, hoopa ee, me ka ma-
nao e pepehi a make loa, ma kahi mehameha, i
loaa mai ai ia ia, na waiwai la, ua kapa ia keia
mau hewa he powa, he pepehi wale ke ano oia.

5 Eia kekahi i na i manao kekahi e nui na mea
e loa mai ia ia na hai mai, he nui no na mea
ma laila, he pakaha mea, he lawe wale, he kipa
wale, he hao wale, he uhuki wale, he kaili wale,
he alunu wale a me na hewa like e ae he nui.

6 Eia kekahi, i na i manao kekahi e olelo pu me
kekahi, ma na mea oia ia, i na ilike ole ka mua
i na hope me ka olelo ana, he nui no na mea
ma laila, he hoopunipuni ka mua, he wahee, he alapahi
he palau, he kuka he kuhi, he palolo, he kokahi, he
pahili au, a me na mea like he nui no.

7 Eia kekahi, i na i manao kekahi e imi i mea e he
wa ai kekahi, he nui no na mea ma laila, he a
ki ka mua, he ahiahi, he niania, ho lokolo olelo, he ma
ka ili i, ka ame kai, he kuname, he poupou nohanio,
he hoowale wale, lua hele, kiamu kaia, hoolawehala
puu noino, lawe olelo wale, paonioni, a me na mea
like e ae he nui no.

8 I na i manao ino kekahi, i kekahi, he nui no
na manao ma laila, o ka huhu ka mua, o ka inaina, o
ka aaka, o kekeke, o ka nana, o ke kukona, o ka nahoa, ma ko
na, kalaea, hoolili, hoomakii, hookoikoi, hooweliweli,
a me na mea like e ae he nui no.

9 Eia kekahi, i na i manao kekahi e pepehi i ka mea

mau hewa, he aihue.

4 Eia kekahi, o ke kuko i ko hai waiwai, he nui na manao i loko o laila, o ka hoohalua, makaala, kiai, hoo kalakupua, hoeleiki, hoopaewa, hoopaee, me ka manao e pepehi a make loa ma kahi mehameha, i loaa mai ai ia ia, ua waiwai la, ua kapa ia keia mau hewa he powa, he pepehi wale ke ano oia.

5 Eia kekahi ina i manao kekahi e nui na mea e loa[1] mai ia ia na hai mai, he nui no na mea ma laila, he pakaha mua, he lawe wale, he kipa wale, he hao wale, he uhuki wale, he kaili wale, he alunu wale a me na hewa like e ae [he] nui.

6 Eia kekahi, ina i manao kekahi, e olelo pu me kekahi, ma na mea oiaio, ina ilike ole ke ano ma hope me ka olelo ana, he nui no na mea ma laila, [he] hoopunipuni ka mua, he wahee,[2] he alapahi he palau, he kukahekahie, he palolo, he kokahe, he pahilau, a me na[3] mea like he nui no.

7 Eia kekahi, ina i manao kekahi e imi i mea e he wa ai[4] kekahi, he nui no na mea ma laila, he a ki ka mua, he ahiahi, he niania, holoholo olelo, he ma kaulii,[5] kaamehai, he kuene, he poupou nohonio, he hoowalewale, luahele, kumakaia, hoolawehala opuinoino, lawe olelo wale, paonioni, a me na mea like e ae he nui no.

8 Ina i manao ino kekakahi i kekahi, he nui no na manao ma laila, o ka huhu ka mua, o ka inaina, o ka aaka, o ke keke, o ka nana, o ke kukona, o ka uahoa, makona, kalaea, hoolili, hoomakue, hookoikoi, hooweliweli, a me na mea like e ae he nui no.

9 Eia kekahi, ina e manao kekahi e pepehi i ka mea

mau hewa he 'aihue.

4. Eia kekahi, 'o ke kuko i ko ha'i waiwai, he nui nā mana'o i loko o laila: 'o ka ho'ohālua, maka'ala, kia'i, ho'okalakupua, *hō'eleiki*, ho'opa'ewa, ho'opā'ē'ē (me ka mana'o e pepehi a make loa ma kahi mehameha i loa'a mai ai iā ia ua waiwai lā). Ua kapa 'ia kēia mau hewa he pōā, he pepehi wale ke 'ano o ia.

5. Eia kekahi, inā i mana'o kekahi e nui nā mea e loa'[a] mai iā ia na ha'i mai, he nui nō nā mea ma laila: he pākaha [ka] mua, he lawe wale, he kipa wale, he hao wale, he uhuki wale, he kā'ili wale, he 'ālunu wale, a me nā hewa like 'ē a'e he nui.

6. Eia kekahi, inā i mana'o kekahi e 'ōlelo pū me kekahi ma nā mea 'oia'i'o, inā i like 'ole ke 'ano ma hope me ka 'ōlelo 'ana, he nui nō nā mea ma laila: he ho'opunipuni ka mua, he wa[ha]he'e, he 'alapahi, he pālau, he kūkahekahe, he palolo, he *kokahe,* he pahilau, a me nā mea like he nui nō.

7. Eia kekahi, inā i mana'o kekahi e 'imi i mea e hewa ai kekahi, he nui nō nā mea ma laila: he 'aki ka mua, he 'ahi'ahi, he ni'ani'a, holoholo'ōlelo, he makauli'i, ka'ameha'i, he kuene, he poupou noho ni'o, he ho'owalewale, luahele, kumakaia, ho'olawehala, 'ōpū 'ino'ino, lawe 'ōlelo wale, pāonioni, a me nā mea like 'ē a'e he nui nō.

8. Inā i mana'o 'ino kekahi i kekahi, he nui nō nā mana'o ma laila: 'o ka huhū ka mua, 'o ka inaina, 'o ka 'a'aka, 'o ke kekē, 'o ka nanā, 'o ke kūkona, 'o ka uahoa, mākonā, kala'ea, ho'olili, ho'omāku'e, ho'oko'iko'i, ho'oweliweli, a me nā mea like 'ē a'e he nui nō.

9. Eia kekahi, inā e mana'o kekahi e pepehi i ka mea

---

1. 21:5. A: loaa
2. 21:6. A: wahahee
3. 21:6. A: *nele*
4. 21:7. A: e imi i hewa n kekahi
5. 21:7. A: makaualii

halaole, he nui no na mea malaila, o ka pepehi
wale kanaka, o ka hailuku wale, o ka kahaku wale
o, kukui wale, o ke umi wale, kuikui wale, papai
wale, ka ookioo wale, hookionokono wale, me na
mea like e ae he nui no.

10 He poe hewa keia, ua ike ponoia he hewa nui
a ka, aole no i hoopai ponoia ka mea i hana i keia
mau hewa i ka wa kahiko, ina no i make kekahi
i ka kahi, ua make ihola no ia, ka kaikahi ka
mea i hoopai ia e like me keia wa, he nui no nae
ka hoopaiole ia, no ka mea, aohe kanawai o ia wa.

11 Eia kekahi, o ka moe ana o na mea kaawale, ka
mea wahine ole, ka mea kane ole, a me ka moe ipo
a me ka moe hookuli, a me ka moe elua wahine
a kane hookahi, a elua kane a ka wahine hookahi,
a me ka moe hookamakama, ka moe aikane, a
me ka mea make lima iho, aole i kapaia keia mau
mea he hewa i ka wa kahiko, o ke umi ka malii, o ka
hoomana kii, aole i kapa ka poe kahiko he hewa
nui ia.

12 Eia keia mau hewa, no ke kane no, a no ka wa
hine hoi, o ke koaka, pakauli, pakea ai, palaualelo
lomaloma molowa, ka wawa, aea, kieonoono, ke
lima lima pilau, koalaala make hewa, a me
na mea like ae he hewa no keia.

13 Eia na mea hookawaia e na haku aina, o ka li
loi ka puni lealea, a pau ka waiwai i ka no a
pakee, maika, heihei waa, heihei nalu, heihei
holua, kukulu hale nui, moe wahine mai
kai, aahu kapa maikai, hume malo maikai
ua kapaia keia mau mea he hoohanohano

hala ole, he nui no na mea ma laila, o ka pepehi
wale ka mua, o ka hailuku wale, o ka hahau wale,
o [ke] kulai wale, o ke umi wale, kuikui wale, papai
wale, hakookoo wale, hookonokono wale, me na
mea like e ae he nui no.

10 He poe hewa keia, ua ike pono ia he hewa nui
aka, aole no i hoopai pono ia ka mea i hana i keia
mau hewa i ka wa kahiko, ina no i make kekahi
i kekahi, ua make iho la no ia, kakaikahi ka
mea i hoopai ia e like me keia wa, he nui no nae
ka hoopai ole ia, no ka mea, aohe kanawai oia wa.

11 Eia kekahi, o ka moe ana o na mea kaawale, ka
mea wahine ole, ka mea kane ole, a me ka moe ipo,
a[1] me ka moe hookuli, a me ka moe elua wahine
a kane hookahi, a elua kane a ka wahine hookahi,
a me ka moe hookamakama, ka moe aikane, a
me ka mea ma ka lima iho, aole i kapaia keia mau
mea he hewa i ka wa kahiko, o ke umi kamalii, o ka
hoomana kii, aole i kapa ka poe kahiko he hewa
nui ia.

12 Eia keia mau hewa, no ke kane no, a no ka wa
hine hoi, o ke koaka, pakaulei, pakea[2] ai, palaualelo
lomaloma molowa, hawawa, aea, kuonoono[o]le
limalima pilau, ko alaalamake hewa, a me
na mea like e ae he hewa no keia.

13 Eia na mea hoohewa ia e na haku aina, o ka li
lo ika puni lealea, a pau ka waiwai, i ka noa
pahee,[3] maika, heihei waa, heihei nalu, heihei
holua, kukulu hale nui, moe wahine mai
kai, aahu kapa maikai, hume malo maikai
ua kapa ia keia mau mea he hoohanohano

hala 'ole, he nui nō nā mea ma laila: 'o ka pepehi
wale ka mua, 'o ka hailuku wale, 'o ka hahau wale,
'o ke kula'i wale, 'o ke 'umi wale, ku'iku'i wale, papa'i
wale, hāko'oko'o wale, ho'okonokono wale, me nā
mea like 'ē a'e he nui nō.

10. He po'e hewa kēia: ua 'ike pono 'ia he hewa nui,
akā, 'a'ole nō i ho'opa'i pono 'ia ka mea i hana i kēia
mau hewa i ka wā kahiko. Inā nō i make kekahi
i kekahi, ua make ihola nō ia; kaka'ikahi ka
mea i ho'opa'i 'ia e like me kēia wā. He nui nō na'e
ka ho'opa'i 'ole 'ia, no ka mea, 'a'ohe kānāwai o ia wā.

11. Eia kekahi. 'O ka moe 'ana o nā mea ka'awale, ka
mea wahine 'ole, ka mea kāne 'ole, a me ka moe ipo
a me ka moe ho'okuli a me ka moe 'elua wāhine
a kāne ho'okahi, a 'elua kāne a ka wahine ho'okahi,
a me ka moe ho'okamakama, ka moe aikāne, a
me ka mea ma ka lima iho, 'a'ole i kapa 'ia kēia mau
mea he hewa i ka wā kahiko. 'O ke 'umi kamali'i, 'o ka
ho'omana ki'i, 'a'ole i kapa ka po'e kahiko he hewa
nui ia.

12. Eia kēia mau hewa, no ke kāne nō a no ka wa-
hine ho'i: 'o ke koaka, pakaulei, pāke[l]a 'ai, palaualelo,
lomaloma, moloā, hāwāwā, 'ae'a, kū'ono'ono 'ole,
limalima pilau, kō'ala'ala makehewa, a me
nā mea like 'ē a'e. He hewa nō kēia.

13. Eia nā mea ho'ohewa 'ia e nā haku 'āina: 'o ka li-
lo i ka puni le'ale'a a pau ka waiwai i ka no'a,
pahe'e, maika, heihei wa'a, heihei nalu, heihei
hōlua, kūkulu hale nui, moe wahine mai-
ka'i, 'a'ahu kapa maika'i, hume malo maika'i.
Ua kapa 'ia kēia mau mea he ho'ohanohano,

---

1. 21:10. A: *nele*
2. 21:12. C?: pakela A: pakua
3. 21:13. A: **i ka** pahee

he mea e hana ai ka aina, no ka mea, ua like ia me ka
mawae huna aina

14 Eia keia, i na ke wahine hana ole ka konohiki, i mao
ai, ua kapa ia na wahine hana ole, he polo hana ole, ao
le kuku, aole kapala, ke noho wale iho no, o ka ke ka
ne loaa wale no kana e manao ai, he hewa no ia e he
mo e ai ko ke kane aina no ua wahine la, no, ka ke
no ana.

15 Aka, o ka ohumu wale, me ka hoohalahala wale
a me kekahi mau poino e ae, he mau hewa lele
wale mai no nae ia, he nui nona mea lele mai
aole i pau i au i ka helu.

16 He nui no hoi na mea i kapa ia he pono maoli
no, a kanaka e hana ai, he nui no nae ka poe hana
pono, aka, ua lele wale mai no, kekahi poino
eia no ka po ino, o na mea a ka maka e ike ai, a
makemake ka naau i kahi mea, e hoomanawa
nui ka pono, mai kii aku a lawe mai; e kaale
leloa, e hoopoina, aole e hoopa aku, oia hola no ka
pono.

17 Eia kekahi, o ka hana pololei, me ka lalau ole
me ka hoopunipuni ole, me ka kele nui ole ma
kekahi mau puka hale, me ka ma kilo ole, me ke
noi ole, i kahi mea, o ka pono hola no ia.

18 Eia kekahi mau mea, i kapa ia he pono, o ka hoo
kaonoono o ka noho ana, o ka ae ole, kraki ao le, aole
e pakau lei, aole e ai e i kahi mea, o ka pono ia.

19 Eia kekahi mea pono no ka noho ana, o ke kane
me ka wahine, a pono me na keiki; a me na ma
kamaka, a me na kahu aina, o ka mahi ai, o ka
lawaia, kuku ku ke kele, ka lai waa, ka an ai puae

he mea e hemo ai ka aina, no ka mea, he like ia me ka mawae huna aina

14 Eia keia, ina he wahine hana ole ka konohiki,[1] i moe ai, ua kapa ia na wahine hana ole, he polo hana ole, ao le kuku, aole kapala, he noho wale iho no, o ka ke ka ne loaa wale no kana e manao ai, he hewa no ia e he moe ai ko ke kane aina no ua wahine la, no ka he mo ana.

15 Aka, o ka ohumu wale, me ka hoohalahala wale a me kekahi mau poino e ae, he mau hewa lele wale mai no nae ia, he nui no na mea lele mai aole i pau iau i ka helu.

16 He nui no hoi[2] na mea i kapa ia he pono maoli no, a kanaka e hana ai, he nui no nae ka poe hana pono, aka, ua lele wale mai no, kekahi poino eia no ka poino, o na mea a ka maka e ike ai, a makemake ka naau i ka hai mea, e hoomanawa nui ka pono, mai kii aku a lawe mai, e haale le loa, e hoopoina, aole e hoopa aku, oia hola[3] no ka pono.

17 Eia kekahi, o ka hana pololei, me ka lalau ole me ka hoopunipuni ole, me ka hele nui ole ma ko hai mau puka hale, me ka makilo ole, me ke noi ole, i ka hai mea, o ka pono ihola no ia.

18 Eia kekahi mau mea, i kapa ia he pono, o ka hoo kuonoono o ka noho ana, o ka aea ole, koaka ole, aole e pakaulei, aole e aie i ka hai mea, o ka pono ia.

19 Eia kekahi mea pono no ka noho ana, o ke kane[4] me ka wahine, a pono me na keiki, a me na ma kamaka, a me na hakuaina, o ka mahi ai, o ka lawaia, kukulu hale, kalai waa, hanai puaa

he mea e hemo ai ka 'āina, no ka mea, he like ia me ka māwae huna 'āina.

14. Eia kēia: inā he wahine hana 'ole kā konohiki i moe ai, ua kapa 'ia ua[5] wahine hana 'ole he polo hana 'ole. 'A'o le kuku, 'a'ole kāpala, he noho wale iho nō, 'o kā ke kā ne loa'a wale nō kāna e mana'o ai. He hewa nō ia e he mo ai ko ke kāne 'āina; no ua wahine lā nō ka he mo 'ana.

15. Akā, 'o ka 'ōhumu wale, me ka ho'ohalahala wale, a me kekahi mau pō'ino 'ē a'e, he mau hewa lele wale mai nō na'e ia. He nui nō nā mea lele mai, 'a'ole i pau ia'u i ka helu.

16. He nui nō ho'i nā mea i kapa 'ia he pono maoli nō a kānaka e hana ai; he nui nō na'e ka po'e hana pono, akā, ua lele wale mai nō kekahi pō'ino. Eia nō ka pō'ino: 'o nā mea a ka maka e 'ike ai, a makemake ka na'au i kā ha'i mea. E ho'omanawa-nui i ka pono. Mai ki'i aku a lawe mai. E ha'ale-le loa, e ho'opoina, 'a'ole e ho'opā aku; 'o ia [i]hola nō ka pono.

17. Eia kekahi: 'o ka hana pololei me ka lalau 'ole, me ka ho'opunipuni 'ole, me ka hele nui 'ole ma ko ha'i mau puka hale, me ka mākilo 'ole, me ke noi 'ole i kā ha'i mea, 'o ka pono ihola nō ia.

18. Eia kekahi mau mea i kapa 'ia he pono: 'o ka ho'o-kū'ono'ono o ka noho 'ana, 'o ka ae'a 'ole, koaka 'ole, 'a'ole e pakaulei, 'a'ole e 'ai'ē i kā ha'i mea. 'O ka pono ia.

19. Eia kekahi mea pono no ka noho 'ana o ke kāne me ka wahine, a me[6] nā keiki a me nā ma-kamaka a me nā haku 'āina: 'o ka mahi 'ai, 'o ka lawai'a, kūkulu hale, kālai wa'a, hānai pua'a,

---

1. 21:14. A: ka **ke** konohiki
2. 21:16. A: *nele*
3. 21:16. A: oia iho la
4. 21:19. A: *nele [sic]*
5. 21:14. *ua ho'ololi 'ia 'o* "na," *'o ia 'o* "ua"
6. 21:19. *ua ho'ololi 'ia 'o* "a pono me," *'o ia 'o* "a me"

kanai ilio, kanai moa, he mau mea pono ia.

20 Eia kekahi mau mea i kapa ia he pono, o ka puni lealea ole, ka alebe i ka noa, i kapa kee, i ka maika, i ke kii, i keikei waa, heihei nalu, heihei holua, a me ka pu kaula, a me ia lealea aku ia lealea aku.

21 Oko ke kanaka mau mea keia e pono nui ai ka no hoana ma keia ola ana, ua nui no ka pono o keia mau mea.

22 O ke kanaka mahiai me ke kanaka lawaia, he nui ko laua mau hua, he nui na mea e pono ma ka laua hana, nolaila, ua kapa ia keia he mau hana pono loa.

23 O ka hoomanaana i na kua kii, ua kapa aku ka poe kahiko, he hana pono no ia, no ka mea, ua manao nui lakou he akua io no, nolaila, makemake nui na maka ainana i na lii kai pule, i na kai pule ke alii, manao nui na maka ainana e ola ana ia aupuni

24 O ke kalaiwaa kekahi mea pono nui, he nui na hana pono i ka waa, o ka holo ma ka aina e, a ka ua ma laila, he nui na mea e pono i ka waa.

25 Eia kekahi mea i hoopono ia, o ke kahuna pule, i na kua kii, ua manao nui ai he mea mana na kahuna ke noi aku i ke akua kii i na mea lakou e noi ai, e haawi mai no ke kua, ia lakou ia mau mea,

26 O ka poe kilo lani kekahi mea i hoopono ia, no ke kukikuhi ana i ka la hee ma ke kaua ana, o ke kilikikuhi puone kekahi i hoopono ia, no ke kilikikuhi, i ka heiau pono e hee ai ka kaua.

28 O ka poe kaha olelo kekahi i hoopono ia, no ke alakai

hanai ilio, hanai moa, he mau mea pono ia.

20 Eia kekahi mau mea i kapa ia he pono, o ka puni lealea ole, haalele i ka noa, i ka pahee, i ka maika, i ke ku[ki]ni, i heihei waa,[1] heihei nalu, heihei holua, a me ka pukaula, a me ia lealea aku ia lealea aku.

21 O ko ke[2] kanaka mau mea keia e pono nui ai[3] ka noho ana ma keia ola ana, ua nui no ka pono o keia mau mea.

22 O ke kanaka mahi ai me ke kanaka lawaia, he nui ko laua mau ohua, he nui na mea e pono ma ka laua hana, no laila, ua kapa ia keia he mau hana pono loa.

23 O ka hoomana ana i na kua kii, ua kapa aku ka poe kahiko, he hana pono no ia, no ka mea, ua manao nui lakou he akua io no, no laila, makemake nui na makaainana i na lii haipule, ina haipule ke alii, manao nui na makaainana e ola ana ia aupuni

24 O ke kalai waa kekahi mea pono nui, he nui na hana pono i ka waa, o ka holo ma ka aina e, a kaua ma laila, he nui na mea e pono i ka waa.

25 Eia kekahi mea i hoopono ia, o ke kahuna pule i na kua kii, ua manao nui ai[4] he mea mana na kahuna ke noi aku i ke akua kii i na mea lakou[5] e noi ai, e haawi mai no ke kua, ia lakou ia mau mea.

26 O ka poe kilo lani kekahi mea i hoopono ia, no ke kuhikuhi ana i ka la hee ma [ke] kaua ana, o ke kuhikuhi puuone kekahi i hoopono ia, no ke kuhikuhi, i ka heiau pono e hee ai [ka] hoa kaua.

27 O ka poe kakaolelo kekahi i hoopono ia, no ke alakai

hānai ʻīlio, hānai moa. He mau mea pono ia.

20. Eia kekahi mau mea i kapa ʻia he pono: ʻo ka puni leʻaleʻa ʻole, haʻalele i ka noʻa, i ka paheʻe, i ka maika, i ke kūkini, i heihei waʻa, heihei nalu, heihei hōlua, a me ka pūkaula, a me ia leʻaleʻa aku ia leʻaleʻa aku.

21. ʻO ko ke kanaka mau mea kēia e pono nui ai ka noho ʻana ma kēia ola ʻana. Ua nui nō ka pono o kēia mau mea.

22. ʻO ke kanaka mahi ʻai me ke kanaka lawaiʻa, he nui ko lāua mau ʻōhua, he nui nā mea e pono ma kā lāua hana. No laila, ua kapa ʻia kēia he mau hana pono loa.

23. ʻO ka hoʻomana ʻana i nā akua kiʻi, ua kapa aku ka poʻe kahiko he hana pono nō ia, no ka mea, ua manaʻo nui lākou, he akua ʻiʻo nō. No laila, makemake nui nā makaʻāinana i nā aliʻi haipule. Inā haipule ke aliʻi, manaʻo nui nā makaʻāinana e ola ana ia aupuni.

24. ʻO ke kālai waʻa kekahi mea pono nui. He nui nā hana pono i ka waʻa, ʻo ka holo ma ka ʻāina ʻē a kaua ma laila. He nui nā mea e pono i ka waʻa.

25. Eia kekahi mea i hoʻopono ʻia, ʻo ke kahuna pule i nā akua kiʻi. Ua manaʻo nui ʻia,[6] he mea mana nā kāhuna. Ke noi aku i ke akua kiʻi i nā mea [a] lākou e noi ai, e hāʻawi mai nō ke akua iā lākou [i] ia mau mea.

26. ʻO ka poʻe kilo lani kekahi mea i hoʻopono ʻia no ke kuhikuhi ʻana i ka lā heʻe ma ke kaua ʻana; ʻo ke kuhikuhipuʻuone kekahi i hoʻopono ʻia no ke kuhikuhi i ka heiau pono e heʻe ai ka hoa kaua.

27. ʻO ka poʻe kākāʻōlelo kekahi i hoʻopono ʻia no ke alakaʻi

---

1. 21:20. A: i **ka** heihei waa
2. 21:21. A: *nele*
3. 21:21. A: mau mea nui keia e pono ai (*ma kahi o* "mau mea keia e pono nui ai")
4. 21:25. A: ia
5. 21:25. A: **a** lakou
6. 21:25. *ua hoʻololi ʻia ʻo* "ai," *ʻo ia ʻo* "ʻia"

ponoana i kealii, o ka poe koa kekahi i hoopono ia, no
ka ikaika i ke kaua ana, me ka hoopio ana i na
koa kaua.

28 O ka poe ka upena, a hulo aho kekahi i hoopono ia
no ka loaa mai o kaia, o ke kalai kua, a hole i e ke ka
hi i hoopono ia, no ke kuku kapa, a malo, a pau; he
nui no na mea i kapaia he pono, ma ka hana ana
a kela kanaka, keia kanaka. Kela wahine keia wahi
ne i na hana pono, pela no na lii, he nui no na
mea i kapa ia he pono, a i pau i ka heluia.

Mokuna XXII

No ko Hawaii nei mau waiwai ka heko mai.
1 O ka hulu manu ka mea i manao nui ia, he wai
wai nui ia i oi aku mamua o ko Hawaii nei mau
waiwai apau, o ka hulu mamo, ua oi aku ia mamua
o ka hulu oo, no ka hanohano nui o ka ahu mamo o ka hu
lu iiwi, ke lu apapane, a me ka amakihi, o keia poe hulu
ka mea hana ia i ahuula, ai mahiole.

2 O ka ahu ula he waiwai maka mae nui ia, aole
e loaa i kanaka ia mea, i na lii wale no e loaa mai
ai, he mea aahu nui ia ka ahuula ma ka la kaua
mea, o kana ai na lii, e haawi ia ka ahuula i ka poe
koa, i ka poe koa nae, i ike ia he poe koa maa
lii, ua hopu hopu maua i ke kanaka ma ia kaua
aku ia kaua aku.

3 Aka, he inoa koa wale no, aole i ike pono ia
ka hopu kanaka ana, aole no e loaa ka ahu
ula, a me ka mahiole koa ia ia, he mau
hulu hana nui ia keia i mahiole no na ka
a kaai o na lii, he hulu hana nui ia e na
lii wahine i lei huli kua, he mea aahau
nui ia ka hulu i na aina ma ka maka

pono ana i ke alii, o ka poe koa kekahi i hoopono ia, no ka ikaika i ke kaua ana, me ka hoopio ana i na hoa kaua.

28 O ka poe ka upena, a hilo aho kekahi i hoopono ia no ka loaa mai o ka ia, o ke kalai kua, a hole ie keka hi i hoopono ia, no ke kuku kapa, a malo, a pau, he nui no na mea i kapa ia he pono, ma ka hana ana a kela kanaka, kei kanaka, kela wahine keia wahi ne i na hana pono, pela no na lii, he nui no na mea i kapa ia he pono, a[ole] i pau i ka helu ia.

Mokuna XXII
No ko Hawaii nei mau waiwai kahiko mai

1 O ka hulu manu ka mea i manao nui ia, he wai wai nui ia i oi aku mamua o ko Hawaii nei mau waiwai apau, o ka hulu mamo, ua oi aku ia ma mu[a] o ka hulu oo, no ka hanohano nui o ka ahu mamo o ka hu lu iiwi, hulu apapane, a me ka amakihi, o keia poe hulu ka mea hana ia i ahuula, a i mahiole.

2 O ka ahu ula he waiwai makamae nui ia, aole e loaa i kanaka ia mea, i na lii wale no e loaa mai ai, he mea aahu nui ia ka ahuula ma ka la kaua ma [wa][1] e kaua ai na lii, e[2] haawi ia ka ahuula i ka poe koa, i, ka poe koa nae, i ike ~~pono ia~~[3] he poe koa mao li, ua hopuhopu mau[4] i ke kanaka ma ia kaua aku ia kaua aku.

3 Aka, he inoa koa wale no, aole i ike pono ia ka hopu kanaka ana, aole no e loaa ka ahu ula, a me ka mahiole koa ia ia, he mau hulu hana nui ia keia i mahiole, no na Ku a kaai o na lii, he hulu hana nui ia e na lii[5] wahine i lei huli kua, he mea auhau nui ia ka hulu i na aina ma ka maka

pono 'ana i ke ali'i; 'o ka po'e koa kekahi i ho'opono 'ia no ka ikaika i ke kaua 'ana, me ka ho'opio 'ana i nā hoa kaua.

28. 'O ka po'e kā 'upena a hilo aho kekahi i ho'opono 'ia no ka loa'a mai o ka i'a; 'o ke kālai kua a hole i'e keka-hi i ho'opono 'ia no ke kuku kapa, a malo, a pā'ū. He nui nō nā mea i kapa 'ia he pono ma ka hana 'ana a kēlā kanaka kēi[a] kanaka, kēlā wahine kēia wahi-ne i nā hana pono. Pēlā nō nā ali'i, he nui nō nā mea i kapa 'ia he pono, 'a'ole i pau i ka helu 'ia.

Mokuna XXII [22, Emerson 22]
No ko Hawai'i nei mau Waiwai Kahiko mai

1. 'O ka hulu manu ka mea i mana'o nui 'ia. He wai-wai nui ia i 'oi aku ma mua o ko Hawai'i nei mau waiwai a pau. 'O ka hulu mamo, ua 'oi aku ia ma mua o ka hulu 'ō'ō no ka hanohano nui o ka 'ahu mamo. 'O ka hu-lu 'i'iwi, hulu 'apapane, a me ka 'amakihi, 'o kēia po'e hulu ka mea hana 'ia i 'ahu 'ula a i mahiole.

2. 'O ka 'ahu 'ula, he waiwai makamae nui ia. 'A'ole e loa'a i kānaka ia mea, i nā ali'i wale nō e loa'a mai ai. He mea 'a'ahu nui 'ia ka 'ahu 'ula ma ka lā kaua ma [ka] wā e kaua ai nā ali'i. E hā'awi 'ia ka 'ahu 'ula i ka po'e koa, i ka po'e koa na'e i 'ike pono 'ia he po'e koa mao-li, ua hopuhopu mau i ke kanaka ma ia kaua aku ia kaua aku.

3. Akā, he inoa koa wale nō, 'a'ole i 'ike pono 'ia ka hopu kanaka 'ana, 'a'ole nō e loa'a ka 'ahu-'ula a me ka mahiole koa iā ia. He mau hulu hana nui 'ia kēia i mahiole, no nā aku-a kā'ai o nā ali'i; he hulu hana nui 'ia e nā ali'i wāhine i lei hulikua. He mea 'auhau nui 'ia ka hulu i nā 'āina ma ka maka-

---

1. 22:2. A: ma **ka** wa
2. 22:2. A: ~~he~~
3. 22:2. A: i ike ia he poe
4. 22:2. A: ua hopuhopu mau **ia** i
5. 22:3. A: *nele*

hiki o ka hulu ka mea hookupu aku i ke akua ma
Kahiki; ina hulu ole kahi aina i ka auhau ana
he mono no, he mea palala ia i ka hulu manu oia lii he
mea makemake nui ia.

4 O ka ahuula i hana ia i ka hulu mamo wale no
ua kapaia kela ahuula, he alanea, no ke alii ai
moku ia ahuula, oia no kona kapa wai kana, ua
hana ia na ahuula, i kapa no na lii hanohano, na
lii kiekie, a me ka poe koa nui i ike pono ia ke koa
aole loaa i na lii balolalo iho, a me na koa i akaka
ole ke koa ana.

5 O ka niho palaoa ke kahi mea e hanohano ai na lii
nui; ina lii nui wale no e loaa i ia mea, aole e
loaa nui ia mea i ka wa kahiko, (ia Kamehameha
a kahi ka loaa nui ana) ma ka la kaua lei no
ke alii i ka niho palaoa, a ma ka wa hookahaka
ka lei no ke alii i ka niho palaoa, ua kapa ia
ka lei palaoa he waiwai pili i na lii.

6 O ke kahili ke kahi mea e hanohano ai na
lii, he mea ke kahili e kuhikuhi ana i na lii
ma kahi e hele ai na lii, e hele pu no ka la
we kahili, ma kahi e noho ai na lii, e noho
pu no ka paa kahili; ina hia moe ke alii, e ka
hili ia ko ke alii hia moe ana, ua kapaia ke
ka hili he waiwai pili i na lii.

7 O ka waa me kona mau mea, ke kahi mea i
kapa ia he waiwai, he mea e pono ai na kanaka me
na lii; he mea e holo ai i ke kahi aina, me na
waiwai maluna o na waa la, he mea e loaa
mai ai ka ia, a me ia mea aku ia mea aku.

8 O ka waa ke kahi mea e hanohano ai na

hiki o ka hulu ka mea hookupu aku i ke akua ma
kahiki, ina hulu ole kahi aina i ka auhau ana
hemo no, he mea palala ia ka hulu manu e na lii, he
mea makemake nui ia.

4 O ka ahuula i hana ia i ka hulu mamo wale no
ua kapaia kela ahuula, he alaneo, no ke alii ai
moku ia ahuula, oia no kona kapa wai kaua[1], ua
hana ia na ahuula, i kapa no na lii hanohano, na
lii kiekie, a me ka poe koa nui i ike ponoia he koa,
aole loaa[2] i na lii lalolalo iho, a me na koa i akaka
ole ke koa ana.

5 O ka niho palaoa kekahi mea e hanohano ai na lii
nui, i na alii nui wale no e loa[3] ai ia mea, aole e[4]
loaa nui ia mea i ka wa kahiko (ia Kamehameha
akahi[5] ka loaa nui ana) ma ka la kaua lei no
ke alii i ka niho palaoa, a ma ka wa hookahaka
ha lei no ke alii i ka niho palaoa, ua kapa ia
ka lei palaoa he waiwai pili i na lii.

6 O ke kahili kekahi mea e hanohano ai na
lii, he mea ke kahili e kuhikuhi ana i na lii
ma kahi e hele ai na lii, e hele pu no ka la
we kahili, ma kahi e noho ai na lii, e noho
pu no ka paa kahili, ina hiamoe ke alii, e ka
hili ia ko ke alii hiamoe ana, ua kapaia ke
kahili he waiwai pili i na lii.

7 O ka waa me kona mau mea, kekahi mea i
kapa ia he waiwai, he mea e pono ai na kanaka me
na lii, he mea e holo ai i kekahi aina,[6] me na
waiwai maluna, o ua waa la, he mea e loaa
mai ai ka ia, a me ia mea aku ia mea aku.

8 O ka waa kekahi mea e hanohano ai na

hiki. ʻO ka hulu ka mea hoʻokupu aku i ke akua ma-
kahiki. Inā hulu ʻole kahi ʻāina i ka ʻauhau ʻana,
hemo nō. He mea pālala ʻia ka hulu manu e nā aliʻi, he
mea makemake nui ʻia.

4. ʻO ka ʻahu ʻula i hana ʻia i ka hulu mamo wale nō,
ua kapa ʻia kēlā ʻahu ʻula he ʻalaneo. No ke aliʻi ʻai
moku ia ʻahu ʻula; ʻo ia nō kona kapa waikaua. Ua
hana ʻia nā ʻahu ʻula i kapa no nā aliʻi hanohano, nā
aliʻi kiʻekiʻe, a me ka poʻe koa nui i ʻike pono ʻia he koa;
ʻaʻole loaʻa i nā aliʻi lalolalo iho a me nā koa i akāka
ʻole ke koa ʻana.

5. ʻO ka niho palaoa kekahi mea e hanohano ai nā aliʻi
nui; i nā aliʻi nui wale nō e loaʻa[a] ai ia mea. ʻAʻole e
loaʻa nui ia mea i ka wā kahiko (iā Kamehameha
ʻAkahi ka loaʻa nui ʻana). Ma ka lā kaua, lei nō
ke aliʻi i ka niho palaoa, a ma ka wā hoʻokahaka-
ha, lei nō ke aliʻi i ka niho palaoa. Ua kapa ʻia
ka lei palaoa he waiwai pili i nā aliʻi.

6. ʻO ke kāhili kekahi mea e hanohano ai nā
aliʻi. He mea ke kāhili e kuhikuhi ana i nā aliʻi.
Ma kahi e hele ai nā aliʻi, e hele pū nō ka la-
we kāhili; ma kahi e noho ai nā aliʻi, e noho
pū nō ka paʻa kāhili; inā hiamoe ke aliʻi, e kā-
hili ʻia ko ke aliʻi hiamoe ʻana. Ua kapa ʻia ke
kāhili he waiwai pili i nā aliʻi.

7. ʻO ka waʻa me kona mau mea kekahi mea i
kapa ʻia he waiwai, he mea e pono ai nā kānaka me
nā aliʻi, he mea e holo ai i kekahi ʻāina. Me nā
waiwai ma luna o ua waʻa lā, he mea e loaʻa
mai ai ka iʻa a me ia mea aku ia mea aku.

8. ʻO ka waʻa kekahi mea e hanohano ai nā

---

1. 22:4. C: *ua hoʻolilo ʻia ʻo* "wai kaua," *ʻo ia ʻo* "waikaua"
2. 22:4. A: loa
3. 22:5. A: loaa
4. 22:5. A: i
5. 22:5. A: I
6. 22:7. A: i ike i kahi aina

lii, ma ka wa e holoai, e noho no ke alii ma ka pola
o ka waa, e moe na kanaka apau mai mua o ka waa
a hope, e ike ia ka nui o kanaka oia lii ma ka waa.

9 O na kaula ke kahi i kapaia he waiwai, he mea e
ponoai na hana apau; he nui ke ano o na kaula
ke ilihau; he mea ko waa ia, a he mea hana i kahi
mea e ae, o ka aha, he mea hoa waa ia, a e holoai, a me
kahi mau hana e ae, o ke olona, he mea hana lino,
a me kahi mau hana e ae he nui, he nui na ka
ula e ae, aole pau i ka helu ia.

10 O ka upena me ke aho, kekahi i kapaia he waiwai,
o ia upena ka mea hana i papawaha nui, i ai, i ka
waa, upena ku, a me ja mea aku ia mea aku.

11 O ke aho ka mea ia i ke ahi, me ka hala, me ia ia aku
ai ia aku, he mea hamu pea kekahi, a he mea hu
mu i kela mea keia mea.

12 O ke koi kahi i kapaia he waiwai, oia ka mea e
ka lai ai i ka waa, a me ka lau hale, a me
ka oo mahi ai, a me ja mea aku, ia mea
aku; he nui na mea e pono i ke koi.

13 O ka hale kekahi, i kapaia, he waiwai, oia ka
hi e moe ai ke kane me ka wahine, na keiki
na makamaka, ma laila e waiho ai na uka
na, a me kela mea, keia mea.

14 He nui nae ke ano o na hale; he mea, no ke ka
ne ia, he hale noa; no ka wahine ia, he hale
he hale ia no na mea loloa; he nui no na hale
e ae i hana ia e kanaka.

15 O ka kapa ke kahi waiwai; he mea aahu ma
ke kino, a puni ke moe ma ka po he mea ma
hana i ke anu, o ka malo kekahi waiwai, he
mea ia e humu ai, ko kane mai, ma ka puhaka

lii,[1] ma ka wa e holo ai, e noho no ke alii ma ka pola
o ka waa, e hoe na kanaka apau mai mua o ka waa
a hope, e ike ia ka nui o kanaka oia lii ma ka waa.

9 O na kaula kekahi i kapaia he waiwai, he mea e
pono ai na hana a pau, he nui ke ano o na kaula
he ilihau, he mea ko waa ia, a he mea hana i kahi
mea e ae, o ka aha, he mea hoa waa ia, a e holo ai, a me
kahi mau hana e ae, o ke olona, he mea hana lino,
a me kahi mau hana e ae he nui, he nui na ka
ula e ae, aole pau i ka helu ia.

10 O ka upena me ke aho, kekahi i kapaia he waiwai
o ka upena ka mea hana i papawaha nui, i aei, i ka
waa, upena kuu, a me ia mea aku ia mea aku.

11 O ke aho ka mea ia[2] i[3] ke ahi, me kahala,[4] me ia ia aku
ai ia aku,[5] he mea humu pea kekahi, a he mea hu
mu i kela mea keia mea.

12 O ke koi kahi i kapaia he waiwai, oia ka mea e
kalai ai i ka waa, a me ka laau hale, a me
ka oo mahi ai, a me [i]a mea aku, ia mea
aku, he nui na mea e pono i ke koi.

13 O ka hale kekahi, i kapaia, he waiwai, oia ka
hi e moe ai ke kane me ka wahine, na keiki
na makamaka, ma laila e waiho ai na uka
na, a me kela mea, keia mea.

14 He nui nae ke ano o na hale, he mua, no ke ka
ne ia, he hale noa, no ka wahine ia, he halau
he hale ia no na mea loloa, he nui no na hale
e ae i hana ia e kanaka.

15 O ke kapa kekahi waiwai, he mea aahu ma
ke kino a puni ke moe ma ka po he mea ma
hana i ke anu, o ka malo kekahi waiwai, he
mea ia e hume ai ko kane mai, ma ka puhaka

aliʻi. Ma ka wā e holo ai, e noho nō ke aliʻi ma ka pola
o ka waʻa, e hoe nā kānaka a pau mai mua o ka waʻa
a hope. E ʻike ʻia ka nui o kānaka o ia aliʻi ma ka waʻa.

9. ʻO nā kaula kekahi i kapa ʻia he waiwai, he mea e
pono ai nā hana a pau. He nui ke ʻano o nā kaula:
he ʻili hau, he mea kō waʻa ia a he mea hana i kahi
mea ʻē aʻe; ʻo ka ʻaha, he mea hoa waʻa ia a e holo ai a me
kahi mau hana ʻē aʻe; ʻo ke olonā, he mea hana lino
a me kahi mau hana ʻē aʻe he nui. He nui nā ka-
ula ʻē aʻe, ʻaʻole pau i ka helu ʻia.

10. ʻO ka ʻupena me ke aho kekahi i kapa ʻia he waiwai.
ʻO ka ʻupena ka mea hana i papa waha nui, i ʻaʻei, i kā-
waʻa, ʻupena kuʻu, a me ia mea aku ia mea aku.

11. ʻO ke aho ka mea [e h]ī ai [i] ke ʻahi, me kāhala, me ia iʻa aku
ia[6] iʻa aku. He mea humu peʻa kekahi, a he mea hu-
mu i kēlā mea kēia mea.

12. ʻO ke koʻi kahi i kapa ʻia he waiwai. ʻO ia ka mea e
kālai ai i ka waʻa a me ka lāʻau hale a me
ka ʻōʻō mahi ʻai a me ia mea aku ia mea
aku. He nui nā mea e pono i ke koʻi.

13. ʻO ka hale kekahi i kapa ʻia he waiwai. ʻO ia ka-
hi e moe ai ke kāne me ka wahine, nā keiki,
nā makamaka. Ma laila e waiho ai nā uka-
na a me kēlā mea kēia mea.

14. He nui naʻe ke ʻano o nā hale: he mua, no ke kā-
ne ia; he hale noa, no ka wahine ia; he hālau,
he hale ia no nā mea loloa. He nui nō nā hale
ʻē aʻe i hana ʻia e kānaka.

15. ʻO ke kapa kekahi waiwai, he mea ʻaʻahu ma
ke kino a puni; ke moe ma ka pō, he mea ma-
hana i ke anu. ʻO ka malo kekahi waiwai, he
mea ia e hume ai ko kāne maʻi. Ma ka pūhaka

---

1. 22:8. A: alii
2. 22:11. C?: ka mea ia **e hi ai** i ke ahi
3. 22:11. A: ka mea **e loaa ai**
4. 22:11. C?: **ke** kahala A: **ke** kahala
5. 22:11. A: a ia ia aku
6. 22:11. *ua hoʻololi ʻia ʻo* "ai," *ʻo ia ʻo* "ia"

e hume ai ka malo e like no me ka hikii ana i
kaula ma hope o ke kanaka, pela no ka hume ana.
16 O ka pau kekahi waiwai, he mea huna i ko ka
wahine mai, ma ka puhaka, e ka kua ai ka pau
mai ka puhaka iho, a ma luna ae o na kuli kahi
paa o ka wahine i ke (ka) kua ia.
17 O ka puaa, o ka ilio, o ka moa, kekahi mau waiwai
he mau holoholona ai nui ia keia e kanaka, me
na lii, ua kapa ia ke kanaka hanai holoholona, he
  kanaka waiwai nui
18 O ke kanaka ikaika i ka mahiai, ai ikaika i ka la
waia, ua kapa ia he kanaka waiwai nui loa, pela
no ka mea hana i kela mea keia mea he waiwai no,
19 O ke kanaka akamai i ke ka makau, ke kahi i ka-
paia he kanaka waiwai nui, o ko Hawaii nei mau
mea makau, he iwi kanaka, he iwi ea, he iwi puaa,
he iwi ilio.
20 He nui nae ka inoa o na makau a ka poe kahiko i
kapa ai, ina he iwi maluna, a he iwi ma lalo
a hoa ia i ke kaula ma ka poho, ke hoonoho ka inoa
oia makau eia ka inoa o na makau.
21 He kikii, he lualoa, he nuku, he hoonoho, he kuaa-
waileia, he aukuu, he makapuhi, he kaianoa, he omau
he mana, he kohelua, he koheluapaa, he kuulu, ke
kice, he hiikala, he kiokio, he lawa ka makau
mano,
22 O ka inoa keia o (na) makau iwi a ka poe kahiko i kapa ai,
a oia no ka inoa o na makau ea, o ka puaa, me ka pa
hoehoe pela, oia no ka apuapu o keia mau makau
mano i ai
23 Hookahi mea waiwai i mea mahiai i ke ulu

e hume ai ka malo e like no me ka hikii ana i
kaula[1] ma hope o ke kanaka, pela no ka hume ana.

16 O ka pau kekahi waiwai, he mea huna i ko ka
wahine mai, ma ka puhaka e kakua ai ka pau
mai ka puhaka iho, a ma luna ae o na kuli kahi
paa o ka wahine i ke [ka]kua ia.

17 O ka puaa, o ka ilio, o ka moa, kekahi mau waiwai
he mau holoholona ai nui ia keia e kanaka, me
na lii, ua kapa ia ke kanaka hanai holoholona, he
kanaka waiwai nui

18 O ke kanaka ikaika i ka mahi ai, a ikaika i ka la
waia, ua kapa ia he kanaka waiwai nui loa, pela
no ka mea hana i kela mea keia mea he waiwai no,

19 O ke kanaka akamai i ke ka makau, kekahi i ka-
pa ia he kanaka waiwai nui,[2] o ko Hawaii nei mau
mea[3] makau, he iwi kanaka, he iwi ea, he iwi puaa,
he iwi ilio.

20 He nui nae ka inoa o na makau a ka poe kahiko i
kapa ai, ina he iwi maluna, a he iwi ma lalo
a hoa ia i ke kaula ma ka poho, he hoonoho ka inoa
o ia makau eia ka inoa o na makau.

21 He kikii, he lualoa, he nuku, he hoonoho, he keaa-
waileia, he aukuu, he makapuhi, he kaianoa, he omau,
he mana, he kohelua, he kohelua paa, he hulu, he
kue, he hiikala, he hiohio, he lawa ka makau
mano,

22 O ka inoa keia o makau[4] iwi a ka poe kahiko i kapa ai,
a oia no ka inoa o na[5] makau ea, o ka pua, me ka pa
hoehoe pele, oia no ke apuapu o keia mau makau
e hana ia ai.

23 He oo kahi[6] mea waiwai i mea mahi ai, he ulei

---

e hume ai [i] ka malo. E like nō me ka hīkiʻi ʻana i
kaula ma hope o ke kanaka, pēlā nō ka hume ʻana.

16. ʻO ka pāʻū kekahi waiwai, he mea hūnā i ko ka
wahine maʻi. Ma ka pūhaka e kākua ai [i] ka pāʻū.
Mai ka pūhaka iho a ma luna aʻe o nā kuli kahi
paʻa o ka wahine i ke kākua ʻia.

17. ʻO ka puaʻa, ʻo ka ʻīlio, ʻo ka moa kekahi mau waiwai.
He mau holoholona ʻai nui ʻia kēia e kānaka me
nā aliʻi. Ua kapa ʻia ke kanaka hānai holoholona he
kanaka waiwai nui.

18. ʻO ke kanaka ikaika i ka mahi ʻai a ikaika i ka la-
waiʻa, ua kapa ʻia he kanaka waiwai nui loa. Pēlā
nō ka mea hana i kēlā mea kēia mea, he waiwai nō.

19. ʻO ke kanaka akamai i ke kā makau kekahi i ka-
pa ʻia he kanaka waiwai nui. ʻO ko Hawaiʻi nei mau
mea makau he iwi kanaka, he iwi ʻea, he iwi puaʻa,
he iwi ʻīlio.

20. He nui naʻe ka inoa o nā makau a ka poʻe kahiko i
kapa ai. Inā he iwi ma luna a he iwi ma lalo
a hoa ʻia i ke kaula ma ka poho, he hoʻonoho ka inoa
o ia makau. Eia ka inoa o nā makau:

21. he kīkiʻi, he luʻaloa, he nuku, he hoʻonoho, he keʻaa-
waileia, he ʻaukuʻu, he maka puhi, he kaiānoa, he ʻōmau,
he mana, he kohe lua, he kohe lua paʻa, he hulu, he
kue, he hiʻikala, he hiohio; he lawa ka makau
manō.

22. ʻO ka inoa kēia o [nā] makau iwi a ka poʻe kahiko i kapa ai,
a ʻo ia nō ka inoa o nā makau ʻea. ʻO ka *pua,* me ka pā-
hoehoepele, ʻo ia nō ke apuapu o kēia mau makau
e hana ʻia ai.

23. He ʻōʻō kahi mea waiwai i mea mahi ʻai. He ʻūlei

---

1. 22:15. A: i **ke** kaula
2. 22:19. C?: *ua hoʻokomo ʻia ʻo "//" i kaha hoʻokaʻawale lālani*
3. 22:19. A: *nele*
4. 22:20. C?, A: o **na** makau
5. 22:22. A: *nele*
6. 22:23. A: Hookahi (*ma kahi o* "He oo kahi")

kahi oo, he mamane kahi oo, he nui na laau hana
ia i oo mahiai; he omolemole kahi oo, he lapalapa ka
hi oo.

24 O na ipu kekahi i kapaia, he waiwai; na ipu laau
ipu pohue, umeke, ipu kai, na palaau, hue wai, ka
wahi waiho keia no na mea ai; he paakai kahi i kapa
ia he waiwai.

25 O ka Leho, me kapa, ua kapa na lawai; he waiwai
no ka mea, e puni mai ke aku, me ka kee, ia mau
mea i oi.

26 O ka moena kekahi i kapaia he waiwai nui; he
mea hali maloko o ka hale; he mea e pono ai ka moe
ana me ka oluolu.

27 Ua nui na mea i kapaia he waiwai, ma ka mea
a kela mea keia mea i hana ai; o na mea i hana
ia e na lima, ua kapaia he waiwai.

28 Aka, ua nui na waiwai hou mai i keia wa, no na
aina haole mai o ka Bipi, o ka lio, ka miula, o
ka hoki; he kao, he hipa, he puaa no, ilio no, he
moa no.

29 He mau manu hou mai no, kekahi; he mau
lole na kapa hou mai, kokoke e pau na kapa kahi
ko i ka haalele ia; he mau koi hou mai kekahi, a he
nui na mea hou, he mau buke kana wai, a me na
mea hou e ae he nui no.

30 Aka, o ka buke o ka olelo a Iehova ka waiwai io nui
aku mamua o na waiwai apau no ka mea, ma
loko olaila, e ola ai ka uhane.

Mokuna XLIII
No ka hoomana ana i na kua kii.

1 He kuee ka hoomana ana a na kanaka ma

kahi oo, he mamane kahi oo, he nui na laau hana
ia i oo, mahiai, he omolemole kahi oo, he lapalapa ka
hi oo

24 O na ipu kekahi i kapaia, he waiwai, na ipu laau
ipu pohue, umeke, ipu kai, na palaau, huewai, he
wahi waiho keia no na mea ai, he paakai kahi i kapa
ia he waiwai.

15[1] O ka Leho, me ka pa, ua kapa na lawai,[2] he waiwai
no ka mea, u[a] puni mai ke aku, me ka hee, ia mau
mea iwi.

16[3] O ka moena kekahi i kapaia he waiwai nui, he
mea halii ma loko o ka hale, he mea e pono ai ka moe
ana me ka oluolu.

17[3] Ua nui na mea i kapaia he waiwai, ma ka[4] mea
a kela mea keia mea i hana ai, o na mea i hana
ia e na lima, ua kapaia he waiwai.

18[3] Aka, ua nui na waiwai hou mai[5] i keia wa, no na
aina haole mai, o ka Bipi, o ka lio, ka miula, o
ka hoki, he kao, he hipa, he puaa no, ilio no, he
moa no

19[3] He mau manu hou mai no, kekahi, he mau
lole na kapa hou mai, kokoke e pau na kapa kahi
[ko] i ka haalele ia, he mau koi hou mai kekahi, a he
nui [na] mea hou, he mau buka[e] kanawai, a me na
[mea] hou e ae he nui no.

30 Aka, o ka buke o ka olelo a Iehova ka waiwai io nui
aku mamua o na waiwai apau no ka mea, ma
loko o laila, e ola ai ka uhane.

Mokuna XXIII
No ka hoomana ana i na kua kii.

1 He kuee ka hoomana ana a na kanaka ma

kahi 'ō'ō, he māmane kahi 'ō'ō. He nui nā lā'au hana
'ia i 'ō'ō mahi 'ai, he 'ōmolemole kahi 'ō'ō, he lapalapa ka-
hi 'ō'ō.

24. 'O nā ipu kekahi i kapa 'ia he waiwai, nā ipu lā'au,
ipu pōhue, 'umeke, ipu kai, nā pā lā'au, hue wai. He
wahi waiho kēia no nā mea 'ai. He pa'akai kahi i kapa
'ia he waiwai.

25.[6] 'O ka leho me ka pā, ua kapa nā lawai'[a] he waiwai,
no ka mea, ua puni mai ke aku me ka he'e [i] ia mau
mea iwi.

26.[6] 'O ka moena kekahi i kapa 'ia he waiwai nui, he
mea hāli'i ma loko o ka hale, he mea e pono ai ka moe
'ana me ka 'olu'olu.

27.[6] Ua nui nā mea i kapa 'ia he waiwai ma ka mea
a kēlā mea kēia mea i hana ai. 'O nā mea i hana
'ia e nā lima, ua kapa 'ia he waiwai.

28.[6] Akā, ua nui nā waiwai hou mai i kēia wā no nā
'āina haole mai: 'o ka bipi, 'o ka lio, ka miula, 'o
ka hoki, he kao, he hipa, he pua'a nō, 'īlio nō, he
moa nō.

29.[6] He mau manu hou mai nō kekahi. He mau
lole nā kapa hou mai, kokoke e pau nā kapa kahi-
ko i ka ha'alele 'ia. He mau ko'i hou mai kekahi, a he
nui nā mea hou, he mau buke kānāwai, a me nā
mea hou 'ē a'e he nui nō.

30. Akā, 'o ka buke o ka 'ōlelo a Iehova ka waiwai 'i'o nui
aku ma mua o nā waiwai a pau, no ka mea, ma
loko o laila e ola ai ka 'uhane.

Mokuna XXIII [23, Emerson 23]
NO KA HO'OMANA 'ANA I NĀ AKUA KI'I

1. He kū'ē'ē ka ho'omana 'ana a nā kānaka ma

---

1. 22:25. A: 25
2. 22:25. A: lawaia
3. 22:16, 22:17, 22:18, 22:19. C? *(ma ka penikala)*, A: *ua ho'oponopono 'ia ka helu paukū penei, 16 > 26, 17 > 27, 18 > 28, 19 > 29*
4. 22:27. C?: keia
5. 22:18. A: *ma [sic]*
6. 22:15, 22:16, 22:17, 22:18, 22:19. *ua ho'ololi 'ia 'o "15," 'o ia 'o "25;" 'o "16," 'o ia 'o "26;" 'o "17," 'o ia 'o "27;" 'o "18," 'o ia 'o "28;" 'o "19," 'o ia 'o "29"*

Hawaii nei i na kuakii, no ka mea, he akua okoa
ko kekahi kanaka, okoa loa ko kekahi kanaka, pela no
na lii kane; he okoa ke akua o kahi alii, me ke akua o ka
hi alii, aole like pu.

2 O na wahine hoi, kahi mea kuee, e hoomana no
lakou i na kua wahine, he okoa nae ke akua wahi
ne o kahi wahine, okoa ko kahi wahine, pela no na
lii wahine, he okoa ke akua o na lii wahine kiekie
okoa ke akua o na lii wahine haahaa iho aole ili
ke pu.

3 Eia kekahi, he okoa na la hoomana, o kahi kana
ka, a me kekahi, okoa kanaa kapu o kahi akua
me kahi akua, aka, o ko na lii ma po hoomana
ana, ua like pu, o ko a no na na mea kapu, o kahi a
lii me kahi alii, pela no na lii wahine, a me wa
hine, he kue no aole like pu.

4 Eia na inoa o na ~~kuakua~~ akua kane a ko Hawaii nei
e hoomana ai, mai na lii a kanaka ka hoomana a
na, o Ku, o Lono, o Kane, o Kanaloa, a me lii, o ka inoa o
keia mau akua, i kapaia ai ka inoa o kela akua
keia akua e na kanaka, me na lii e hoomana ai
okoa no ka inoa o na kua wahine aole i hoolike ia
me keia mau akua.

5 O na kua e pili ana i ka hana a kela kanaka
keia kanaka, oia no kona akua e hoomana ai, no
ka mea, ua manao nui ia, na ke akua, e
hoopomaikai mai ma ka hana ana, a kela
mea keia mea, i kana hana iho, pela no na wahine
i manao ai e hoopomaikai mai no ke akua ia la
kou ma ka lakou mau hana iho no.

6 Pela no hoi na lii, na na kua pili i ka lakou mau

Hawaii nei i na kuakii, no ka mea, he akua okoa
ko kekahi kanaka, okoa loa ko kekahi kanaka, pela no
na lii kane, he okoa ke akua o kahi alii, me ke akua o ka
hi alii, aole like pu.

2 O na wahine hoi, kahi mea kuee, e hoomana no
lakou i na kua wahine, he okoa nae ke akua wahi
ne o kahi wahine, okoa ko kahi[1] wahine, pela no na
lii wahine, he okoa ke akua o na lii wahine kiekie,
okoa ke akua o na lii wahine haahaa iho aole i li
ke pu.

3 Eia kekahi, he okoa na la hoomana o kahi kana-
ka, a me kekahi, okoa ka mea[2] kapu o kahi akua
me kahi akua, aka, o ko na lii ma[u] po hoomana
ana,[3] ua like pu, okoa no nae [na] mea kapu, o kahi a
lii me kahi alii, pela no na lii wahine, a me wa-
hine,[4] he kuee no aohe like pu.

4 Eia na inoa o na ~~kua~~kua kane a ko Hawaii nei
e hoomana ai, mai na lii a kanaka ka hoomana a
na, o Ku, o Lono, o Kane, o Kanaloa, a [ma] muli o ka inoa o
keia mau a kua i kapaia ai ka inoa o kela akua
keia akua, a na kanaka, me na lii e hoomana ai
okoa no ka inoa o na kua wahine aole i hoolike ia
ma keia mau akua.

5 O na kua e pili ana i ka hana a kela kanaka
keia kanaka, oia no kona akua e hoomana ai, no
ka mea, ua manao nui ia, na ke akua, e
hoopomaikai mai ma[5] ka hana ana, a kela
mea keia mea, i kana hana iho, pela no na wahine
i manao ai e hoopomaikai mai no ke akua ia la
kou ma ka lakou mau hana iho no.

6 Pela no hoi na lii, ma na kua pili i ka lakou mau

Hawai'i nei i nā akua ki'i, no ka mea, he akua 'oko'a
ko kekahi kanaka, 'oko'a loa ko kekahi kanaka. Pēlā nō
nā ali'i kāne: he 'oko'a ke akua o kahi ali'i me ke akua o ka-
hi ali'i, 'a'ole like pū.

2. 'O nā wāhine ho'i kahi mea kū'ē'ē. E ho'omana nō
lākou i nā akua wāhine. He 'oko'a na'e ke akua wahi-
ne o kahi wahine, 'oko'a ko kahi wahine. Pēlā nō nā
ali'i wāhine: he 'oko'a ke akua o nā ali'i wāhine ki'eki'e,
'oko'a ke akua o nā ali'i wāhine ha'aha'a iho, 'a'ole i li-
ke pū.

3. Eia kekahi. He 'oko'a nā lā ho'omana o kahi kana-
ka a me kekahi; 'oko'a ka mea kapu o kahi akua
me kahi akua. Akā, 'o ko nā ali'i mau pō ho'omana
'ana, ua like pū. 'Oko'a nō na'e nā mea kapu o kahi a-
li'i me kahi ali'i. Pēlā nō nā ali'i wāhine,[6]
he kū'ē'ē nō; 'a'ohe like pū.

4. Eia nā inoa o nā akua kāne a ko Hawai'i nei
e ho'omana ai, mai nā ali'i a kānaka ka ho'omana 'a-
na: 'o Kū, 'o Lono, 'o Kāne, 'o Kanaloa. A ma muli o ka inoa o
kēia mau akua i kapa 'ia ai ka inoa o kēlā akua
kēia akua a nā kānaka me nā ali'i e ho'omana ai.
'Oko'a nō ka inoa o nā akua wāhine, 'a'ole i ho'olike 'ia
ma kēia mau akua.

5. 'O nā akua e pili ana i ka hana a kēlā kanaka
kēia kanaka, 'o ia nō kona akua e ho'omana ai, no
ka mea, ua mana'o nui 'ia, na ke akua e
ho'opōmaika'i mai ma ka hana 'ana a kēlā
mea kēia mea i kāna hana iho. Pēlā nō nā wāhine
i mana'o ai, e ho'opōmaika'i mai nō ke akua iā lā-
kou ma kā lākou mau hana iho nō.

6. Pēlā nō ho'i nā ali'i. Ma nā akua pili i kā lākou mau

---

1. 23:2. A: kekahi
2. 23:3. A: ka moa *[sic]*
3. 23:3. A: *nele*
4. 23:3. A: wahine **e**
5. 23:5. A: *nele*
6. 23:3. *ua ho'ololi 'ia 'o* "na lii wahine, a me wahine," *'o ia 'o* "nā ali'i wāhine"

kaua e hoomana ai, no ka mea, ua manao nui ia
na ke akua e pepehi mai i ko kealii hoakaua, a nana
no e malama mai kealii; a nana no e haawi mai i
ka aina no kealii, a me ka pomaikai apau.

2 Ua okou nae ko nalii hoomana ana, o kca ko na ka-
naka hoomana ana, o ko kanaka hoomana ana, ua
lakou panoino e pule me kahuna ole, me ka hua-
kua ole, o ko nalii ho omana ana, na kahuna e pule
me kahnakua, o ka mama wale no ka nalii, aole no
e pule ko lakou waha, apela no nalii wahine aole no
e pule i ko lakou akua.

8 Eia no ko kanaka mau akua e hoomana ai aole na
lii o ka poe hele mauna e kalai waa, va lai
laau, hoomana lakou ia Kupulupulu, Kuala-
nawao, Kumokuhalii, Kupepeiaoloa, Kupepeiaopo-
ko, Okukaieie, Kupalalake, Kukaohialaka, o Lea ka
akua wahine oia no ke akua o na wahine a ka lai
waa e hoomana ai.

9 O ka poe hakai manu, ka manu, Kono manu,
ka wilimanu, a haku hulumanu, o Kuhulu
hulumanu ko lakou akua.

10 O ka poe mahuai, o Kukao, ko lakou akua.

11 O ka poe lawaia e hoomana no lakou ia Kuula
a me Ku ka akua lawaia kia akua lawaia he
nui no, o Hinahele ke akua wahine, oia no ke akua
a na wahine a ka poe lawaia e hoomana ai.

12 O ka poe anaana, e hoomana no lakou ia ku-
Koae, a me Uli a me Kaalea nui ahina, O ka poe
akua kawai, a Kumuhaka, hoomana lakou
ia Kabaipahoa.

13 O ka poe laapaau, hoomana lakou ia

hana e hoomana ai, no ka mea, ua manao nui ia,
na ke akua e pepehi mai i ko ke alii hoa kaua, a nana
no e malama mai i ke alii, a nana no e haawi mai i
ka aina no ke alii, a me ka pomaikai apau.

7 Ua okoa nae ko na lii hoomana ana, okoa ko na ka
naka hoomana ana, o ko kanaka hoomana ana, na
lakou ponoi no e pule me kahuna ole, me kahu a
kua ole,[1] o ko na lii hoomana ana, na kahuna e pule,
me kahu akua, o ka mama wale no ka na lii, aole no
e pule ko lakou waha, a pela no na lii wahine aole no
e pule i ko lakou akua.

8 Eia no ko kanaka mau akua e hoomana ai (aole na
lii) o ka poe hele mauna e kalai waa, kalai
laau, hoomana lakou ia Kupulupulu, Kuala-
nawao, Kumokuhalii, Kupepeiaoloa, Kupepeiaopo-
ko, O kukaieie, Kupalalake, Kukaohialaka, o Lea ke
akua[2] wahine oia no ke akua o na wahine a[3] kalai
waa e hoomana ai.

9 O ka poe hahai manu, ka manu, kono manu,
Kawili manu, a haku hulumanu, o Kuhulu
hulumanu ko lakou akua.

10 O ka poe mahi ai, o Kukaoo, ko lakou akua.

11 O ka poe lawaia e hoomana no lakou ia Kuula
a me kela akua lawaia keia akua lawaia he
nui no, o Hinahele ke akua wahine, oia no ke Akua
a na wahine a ka poe lawaia e hoomana ai.

12 O ka poe anaana, e hoomana no lakou ia Ku-
koae, a me Uli a me Kaalea nui ahina, O ka poe
akua hanai, a kumuhaka, hoomana lakou
ia Kalaipahoa.

13. O ka poe lapaau, hoomana lakou ia

---

hana e ho'omana ai, no ka mea, ua mana'o nui 'ia,
na ke akua e pepehi mai i ko ke ali'i hoa kaua, a nāna
nō e mālama mai i ke ali'i, a nāna nō e hā'awi mai i
ka 'āina no ke ali'i, a me ka pōmaika'i a pau.

7. Ua 'oko'a na'e ko nā ali'i ho'omana 'ana, 'oko'a ko nā kā-
naka ho'omana 'ana. 'O ko kānaka ho'omana 'ana, na
lākou pono'ī nō e pule, me kahuna 'ole, me kahu a-
kua 'ole. 'O ko nā ali'i ho'omana 'ana, na kahuna e pule,
me kahu akua. 'O ka mama wale nō kā nā ali'i, 'a'ole nō
e pule ko lākou waha. A pēlā nō nā ali'i wāhine, 'a'ole nō
e pule i ko lākou akua.

8. Eia nō ko kānaka mau akua e ho'omana ai ('a'ole nā
ali'i). 'O ka po'e hele mauna e kālai wa'a, kālai
lā'au, ho'omana lākou iā Kūpulupulu, Kū'āla-
nawao, Kūmokuhāli'i, Kūpepeiaoloa, Kūpepeiaopo-
ko, 'o Kūkā'ie'ie, *Kūpalalake,* Kūkā'ōhi'alaka. 'O Lea ke
akua wahine, 'o ia nō ke akua o nā wāhine a [ka po'e] kālai
wa'a e ho'omana ai.

9. 'O ka po'e hahai manu, kā manu, kono manu,
kāwili manu, a haku hulu manu, 'o Kūhulu-
hulu manu ko lākou akua.

10. 'O ka po'e mahi 'ai, 'o Kūkā'ō'ō ko lākou akua.

11. 'O ka po'e lawai'a, e ho'omana nō lākou iā Kū'ula
a me kēlā akua lawai'a kēia akua lawai'a, he
nui nō. 'O Hinahele ke akua wahine, 'o ia nō ke akua
a nā wāhine a ka po'e lawai'a e ho'omana ai.

12. 'O ka po'e 'anā'anā, e ho'omana nō lākou iā Kū-
koa'e a me Uli a me Ka'alaenuiahina.[4] 'O ka po'e
akua hānai, a kumuhaka, ho'omana lākou
iā Kālaipāhoa.

13. 'O ka po'e lapa'au, ho'omana lākou iā

---

1. 23:7. A: me **ke** kahu akua ole
2. 23:8. A: kua
3. 23:8. A: a **na**
4. 23:12. *ua ho'ololi 'ia 'o* "Kaalea nui ahina," *'o ia 'o* "Ka'alaenuiahina"

maiola, o Kapualakai, a me Haukahulamai, na kua wahine
oia na kua o na wahine, a ka ~~lama poe~~ laau e
hoomana ai.

14. O ka poe hula, hoomana no lakou, ia ~~hoola~~ Laka o ka
poe ailuu, hoomana ia Makuaailuu, o ka poe kia
loko, o Kaumakapuu ke kua e hoomana ai, O ka poe
koa, o Lonaukaihe ke akua e hoomana ai, O ka poe
kilo o Kuhimana ke akua e hoomana ai.

15. O ka poe powa, o Kaialua ke akua e hoomana ai,
o ka poe holowaa, o Kamalii ke akua e hoomana
ai, he nui no na kua o na kanaka, aole nae ia kakou
loa ka hoomana ana, Ua hoomana ia no nae ka
mano, a me ke kanaka make, a me ka lani, a me
ko ka honua e kekahi poe, a o kekahi poe, aole he akua
he noho wale iho no, ua kapa ia lakou he aia.

16. Eia no na kua i hoomana nuaopoopoia e na wahine,
o Lauhuki, ke akua o na wahine a kukukapa, o
Laahana ke akua o na wahine kapakapala, o Pele o
Hiaka, ke akua o kahi poe wahine, a o Papa o Hoo-
hoku ke kakou kupuna, ke akua o kekahi poe, o kaapo,
o pua, ko kekahi, a o ka nui o na wahine, aole o lakou
akua, he noho wale iho no.

17. Eia hoi Ko na lii wahine mau akua e hoomana ai
o Kihawahine, O aka, O Kalamaimu, o Alimu, o Alima-
noano, he moo ke ano o keia mau akua.

18. Eia hoi Ko na lii kane mau akua e hoomana ai
o Ku, o Lono, o Kane, o Kanaloa, o Kumaikaaki, o
Kumakanui, o Kumakela, Kumakaakaa, o Kuholohole
i Kawa, o Kukoa e, Kunuiakea, Kukailimoku,
Kuwahailo o ka puni, Palu, O lolupe he akua
huiia, Kini o ke akua, Kalohe o ke akua, Ka lehu o ke akua, Ka ~~lalo~~ akua kuwa wale,

maiola, o Kapualakai, a me Kaukahoolamai,[1] na kua wahine
oia na kua o na wahine a ka ~~lawaia~~ poe lapaau e
hoomana ai.

14. O ka poe hula, hoomana no lakou ia ~~hula~~ Laka o ka
poe aihue, hoomana ia Makuaaihue, o ka poe kia[2]
loko, o Haumakapuu ke kua e hoomana ai, O ka poe
koa, o Lonomakaihe[3] ke akua e hoomana ai, O ka poe
kilo o kuhimana ke akua e hoomana ai.

15. O ka poe powa, o kuialua ke akua e hoomana ai,
o ka poe holowaa, o Kamahaoalii ke akua e hoomana
ai, he nui no na kua o na kanaka, aole nae i akaka
loa ka hoomana ana. Ua hoomana ia no nae ka
mano, a me ke kanaka make, a me ka lani, a me
ko ka honua e kekahi poe, a o kekahi poe, aole he akua
he noho wale iho no, ua kapa ia lakou he aia.

16. Eia no na kua i hoomana maopoopoia e na wahine,
o Lauhuki, ke akua o na wahine a[4] kukukapa, o
Laahana ke akua o na wahine kapalapala, o Pele o
Hiaka,[5] ke akua o kahi poe wahine, a o Papa o Hoo-
hoku ko kakou kupuna, ke akua o kekahi poe, o Kapo,
o pua ko kekahi, a o ka nui o na wahine, aole o lakou
akua, he noho wale iho no.

17. Eia hoi ko na lii wahine mau akua e hoomana ai
o Kihawahine, O aka, O Kalamaimu, o Alimu, o Alim~~u~~a-
noano, he moo ke ano o keia mau akua.

18. Eia hoi[6] ko na alii kane mau akua e hoomana ai
o Ku, o Lono, o Kane, o Kanaloa, o Kuma~~i~~kaiki,[7] o
Kumakanui, o Kumakela, Kumakaakaa,[8] o Kuholoholo
i kaua, o kukoae, Kunuiakea, Kukailimoku,
Kuwahailo[9] o ka puni, O ulu,[10] O lolupe,[11] he akua
huiia, [ke] kini o ke akua, [kalehu o keakua], ke[12] akua kuwa [wale][13]

Ma'iola. 'O *Kapūalaka'i*[14] a me *Kaukaho'ōlama'i,* nā akua wāhine,
'o ia nā akua o nā wāhine a ka po'e lapa'au e
ho'omana ai.

14. 'O ka po'e hula, ho'omana nō lākou iā Laka. 'O ka
po'e 'aihue, ho'omana iā Makua'aihue. 'O ka po'e kia['i]
loko, 'o *Haumakapu'u* ke akua e ho'omana ai. 'O ka po'e
koa, 'o Lonomakaihe ke akua e ho'omana ai. 'O ka po'e
kilo, 'o *Kuhimana* ke akua e ho'omana ai.

15. 'O ka po'e pōā, 'o Ku'ialua ke akua e ho'omana ai.
'O ka po'e holo wa'a, 'o Kamohoali'i[15] ke akua e ho'omana
ai. He nui nō nā akua o nā kānaka, 'a'ole na'e i akāka
loa ka ho'omana 'ana. Ua ho'omana 'ia nō na'e ka
manō a me ke kanaka make a me [ko] ka lani a me
ko ka honua e kekahi po'e. A 'o kekahi po'e, 'a'ole he akua,
he noho wale iho nō. Ua kapa 'ia lākou he 'aiā.

16. Eia nō nā akua i ho'omana maopopo 'ia[16] e nā wāhine:
'o Lauhuki ke akua o nā wāhine kuku[17] kapa; 'o
La'ahana ke akua o nā wāhine kāpalapala; 'o Pele, 'o
Hi['i]aka ke akua o kahi po'e wāhine; a 'o Papa, 'o Ho'o-
hoku, ko kākou kupuna, ke akua o kekahi po'e; 'o Kapo,
'o Pua ko kekahi. A 'o ka nui o nā wāhine, 'a'ole o lākou
akua, he noho wale iho nō.

17. Eia ho'i ko nā ali'i wāhine mau akua e ho'omana ai:
'o Kihawahine, 'o [W]aka, 'o Kalamainu'u,[18] 'o [W]alinu'u,[19] 'o [W]alimā-
noano[a]. He mo'o ke 'ano o kēia mau akua.

18. Eia ho'i ko nā ali'i kāne mau akua e ho'omana ai:
'o Kū, 'o Lono, 'o Kāne, 'o Kanaloa, 'o Kūmakaiki, 'o
Kūmakanui, 'o *Kūmākēlā, Kūmāka'aka'a,* 'o Kūholoholo-
ikaua, 'o Kūkoa'e, Kūnuiākea, Kūkā'ilimoku,
Kūwahailookapuni, 'o Ulu, 'o Lōlupe (he akua
hui ia). Ke kini o ke akua, ka lehu o ke akua, ke akua kuwā wale

---

1. 23:13. A: Kaukahoolomai
2. 23:14. A: kiai
3. 23:14. C: 'A'ole akāka ka pela kumu o kēia inoa
4. 23:16. A: *nele*
5. 23:16. A: Hiiaka
6. 23:18. A: *nele*
7. 23:18. A: Kumaikaiki
8. 23:18. A: **o** Kumakaakaa
9. 23:18. C: *ua holoi 'ia kekahi 'ōlelo ma lalo o kēia inoa, eia na'e,
   'a'ole hiki ke heluhelu 'ia*
10. 23:18. A: Oulu (ho'ohui 'ia ka 'ami me ka inoa)

11. 23:18. A: Ololulupe *(ho'ohui 'ia ka 'ami me ka inoa)*
12. 23:18. C: *ua holoi 'ia kekahi hua 'ōlelo ma waena o "ke" me
    "akua," 'a'ole na'e akāka iki ke kākau mua*
13. 23:18. C: *'a'ole akāka loa ke ka'ina o nā hua 'ōlelo ma kēia lālani
    ma muli o ka nui o ka ho'oponopono 'ana*
14. 23:13. *e nānā i ke kuhiaolalo ma 34:7*
15. 23:15. *ua ho'ololi 'ia 'o "Kamahoalii," 'o ia 'o "Kamohoali'i"*
16. 23:16. *ua ho'ololi 'ia 'o "maopoopoia," 'o ia 'o "maopopo 'ia"*
17. 23:16. *ua ho'ololi 'ia 'o "a kuku," 'o ia 'o "kuku"*
18. 23:17. *ua ho'ololi 'ia 'o "Kalamaimu," 'o ia 'o "Kalamainu'u"*
19. 23:17. *ua ho'ololi 'ia 'o "o Alimu," 'o ia 'o "'o Walinu'u"*

mai no, o ko ka lani, a me ko ka honua, a me ko
ka lewa, a me na kino make. Ua hoomana ia e na
lii. 19 Eia na kua i manao ia na lakou e kiai ana keia
wahi. Keia wahi, o ke akua ma ka lani, o Kane-
hoalani ia kua, o ke akua ma . . . . ka honua
o Kanehuahonua ia kua, po ke akua ma ka mauna o ka
hakuo, ke akua, o ke akua ma ka moana, o Kanehu-
likoa ke akua.

20 O ke akua ma ka Hikina, o Keaokiai, ke Akua
ma ka Komohana, o Keaohalo, ke Akua ma ka
Akau, o Keaoloa, ke akua . . a ma ka Hema.
. o Keaohiopua ke akua, ma ka makani, o Laamaomao
ke akua.

21 Ma ka pali, o Kaneholopali, ke akua, ma ka poko
hakau, o Kanepohoakaa, ke akua, ma ke ala, o Kane
moeala ke akua, ma ka hale, o Kaneilokahale ke akua
ma ke ahi, o Kanemoelehu ke akua, ma ka wai, o
Kaneikawaiola ke Akua.

22. Ma ka puka hale, o Kanenohou ia
ke akua, ka nui no na kua i manao ia na
lakou i kiai na wahi a pau ma kela wahi, ma
keia wahi.

23 O keia mau akua a pau, mai na kanaka, a na lii
i . . . . Ua manao ia, aia no keia
poe akua ma ka lani. Aole loa kekahi kanaka
a me kekahi alii, i ike i ko lakou ano, aole
i ike ia ka noho ana mai, a me ka hele ana
ae, a me kona poepoe, a me kona loihi, a me
kona mau mea a pau.

24 Eia wale no ka kanaka manawa e ke ma
ka ai o na kii laau, a me na kii pohaku

mai no, o ko ka lani, a me ko ka honua, a me ko
ka lewa, a me na kino make, Ua hoomana ia e na
lii. **[19]** Eia na kua i manao ia na lakou e kiai ana kela

~~19~~ wahi, keia wahi, o ke akua ma ka lani, o kane-
hoalani ia kua, o ke akua ma ~~ka lani~~ ka honua
o Kaneluahonua ia kua, a o[1] ke akua ma ka mauna o ka-
hakuo, ke akua,[2] o ke akua ma ka moana, o Kanehu-
likoa ke akua.[2]

20 O ke akua ma ka Hikina, o keaokiai, ke Akua
ma ke komohana, o keaohalo, ke Akua ma ka
Akau, o keaoloa, ke akua ~~ma~~[3] ma ka Hema,
o Keaohoopua ke akua, ma ka makani, o Laamaomao
ke akua.

21 Ma ka pali, o kaneholopali, ke akua, ma ka po~~aha~~-
haku, o Kanepohakaa ke akua, ma ke ala, o kane
moeala ke akua, ma ka hale, o kaneilokahale ke akua
ma ke ahi, o kanemoelehu ke akua, ma ka wai o
Kaneikawaiola ke Akua.

22. Ma ka puka hale, o kanenohonio
ke akua, ua nui no na[4] kua i manao ia na
lakou i kiai na wahi a pau ma kela wahi, ma
keia wahi,

23 O keia [mau] akua a pau, mai na kanaka a na lii
~~ko lakou~~[5] Ua manao ia, aia no keia
poe akua ma ka lani. aole loa kekahi kanaka
a me kekahi alii, i ike i ko lakou ano, aole
i ike ia ka noho ana mai, a me ka hele ana
ae, a me kona poepoe, a me kona loihi, a me
kona mau mea a pau.

24 Eia wale no ka kanaka mau akua e ike ma-
ka ai, o na kii laau, a me na kii pohaku

mai nō, 'o ko ka lani a me ko ka honua a me ko
ka lewa a me nā kino make, ua ho'omana 'ia e nā
ali'i. **19.** Eia nā akua i mana'o 'ia na lākou e kia'i ana kēlā
wahi kēia wahi: 'o ke akua ma ka lani, 'o Kāne-
hoalani ia akua; 'o ke akua ma ka honua,
'o Kānelūhonua[6] ia akua; a 'o ke akua ma ka mauna, 'o *Ka-*
haku'ō ke akua; 'o ke akua ma ka moana, 'o Kānehu-
liko'a ke akua.

20. 'O ke akua ma ka hikina, 'o Keaokia'i; ke akua
ma ke komohana, 'o Keaohālō; ke akua ma ka
'ākau, 'o Keaoloa; ke akua ma ka hema,
'o Keaoho'ōpua;[7] ma ka makani, 'o La'amaomao
ke akua.

21. Ma ka pali, 'o Kāneholopali ke akua; ma ka pō-
haku, 'o *Kānepohāka'a* ke akua; ma ke ala, 'o Kāne-
moeala ke akua; ma ka hale, 'o Kāneilo[ko]kahale ke akua;
ma ke ahi, 'o Kānemoelehu ke akua; ma ka wai, 'o
Kāneikawaiola ke akua.

22. Ma ka puka hale, 'o Kānenohoni'o
ke akua. Ua nui nō nā akua i mana'o 'ia na
lākou i kia'i nā wahi a pau, ma kēlā wahi ma
kēia wahi.

23. 'O kēia mau akua a pau, mai nā kānaka a nā ali'i,
ua mana'o 'ia, aia nō kēia
po'e akua ma ka lani. 'A'ole loa kekahi kanaka
a me kekahi ali'i i 'ike i ko lākou 'ano, 'a'ole
i 'ike 'ia ka noho 'ana mai, a me ka hele 'ana
a'e, a me kona poepoe, a me kona lō'ihi, a me
kona mau mea a pau.

24. Eia wale nō kā kānaka mau akua e 'ike ma-
ka ai, 'o nā ki'i lā'au a me nā ki'i pōhaku

---

1. 23:19. A: *nele 'o* "a o"
2. 23:19. A: *nele 'o* "ke akua"
3. 23:20. A: a
4. 23:22. A: *nele*
5. 23:23. C: *ua holoi hapa 'ia kekahi mau hua 'ōlelo*
6. 23:19. *ua ho'ololi 'ia 'o* "Kaneluahonua," *'o ia 'o* "Kanelūhonua." *pēlā nō kēia inoa akua ma nā wahi a pau*
    ("Ka Hoomana Kahiko," Ke Au Okoa, 14 Aperila, MH 1866)
7. 23:20. *ua ho'ololi 'ia 'o* "Keaohoopua ke akua," *'o ia 'o* "Keaoho'ōpua"

i kalai, lima ia, ma ka manao ana o
ke kanaka, i hoopili aku ai, ina mau kii la
ma keano maoli o ke akua ma ka lani
ana i manao ai iakua nona iho, ina
o ko kalani ke akua, e hana i ke kii e
like me ko kalani.

25. Ina ma ka lewa ke akua i manao ai no na
   hoomanu, paha, he manu no ke kii, ina
   ma ka honua, ke akua i manao ai, e like
   no me ko ka honua ke kii,

26. Ina ma ka wai ke akua i manao ai, pela no
   ke kii, ina he kane paha, ina he wahine paha
   ke akua i manao ai no na, pela no ke kii i hoo-
   like ai i na kii i mea e like ai ma ka olelo
   wale ana, aole no ma ka like io, a me ka ike o
   maka aku i ke akua a me kona ano ma-
   oli.

27. A ma ka wa e hoomana ai, e kukulu ia mai
   no, na mau kii hoohalike nei i mua o ka
   anaina, i na pule i mea e hoomana ai i
   ke akua oi aio ma ka lani, ua like iki no
   paha me ka ka poe Pope, hoomana ana,
   pela ka hoomana Kahiko ana, a ko Ha-
   waii nei, mai na makaainana, a kala
   i na lii, he okoa nae ka hoomana ana
   a kanaka, a me na lii, ma ka oi hana
   keiki.

Mokuna XXIV

Ka hoomana ana i ke akua no na keiki

1 Eia no keteahi hoomana ana i na kua ma ka wa e
hanau ai ke keiki ua ka makuahine no e hanau

i kalai ~~ia~~ lima ia, ma ka manao ana o
ke kanaka, i hoopili aku ai, I ua mau kii la
ma ke ano maoli o ke akua ma ka lani
ana i manao ai i akua nona iho, ina
o ko kalani ke akua, e hana i ke kii a[1]
like me ko ka lani.

25.[2] Ina ma ka lewa ke akua i manao ai nona
he manu, paha, he manu no ke kii, ina
ma ka honua ke akua i manao ai, e like
no me ko ka honua [ke] kii.

2~~5~~6. Ina ma ka wai ke akua i manao ai, pela no
ke kii, ina he kane paha, ina he wahine paha
ke akua i manao ai nona, pela no ke kii, i hoo-
like ai i na kii i mea e like ai ma ka olelo
[wale] ana, aole no ma ka like io, a me ka ike ~~m~~
maka aku i ke akua a me kona ano ma-
oli.

27. A ma ka wa e hoomana ai, e kukulu ia mai
no, ua mau kii hoohalike nei i[3] mua o ke-
ana[ina] ina pule i mea e hoomana ai i
ke akua oiaio ma ka lani, [ua] like iki
paha me ka ka poe Pope, hoomana ana,
pela ka hoomana kahiko ana a ko Ha-
waii nei, mai na makaainana, a hala
i na lii, he okoa nae ka hoomana ana
a kanaka a me na lii, ma ka oihana
keiki.

Mokuna XXIV
Ka hoomana ana i ke akua no na keiki

1 Eia no kekahi hoomana ana i na kua ma ka wa e
hanau ai ke keiki na ka makuahine no e hanai

---

i kālai lima 'ia. Ma ka mana'o 'ana o
ke kanaka i ho'opili aku ai i ua mau ki'i lā,
ma ke 'ano maoli o ke akua ma ka lani
āna i mana'o ai i akua nona iho. Inā
'o ko ka lani ke akua, e hana i ke ki'i a
like me ko ka lani.

25. Inā ma ka lewa ke akua i mana'o ai nona,
he manu paha, he manu nō ke ki'i. Inā
ma ka honua ke akua i mana'o ai, e like
nō me ko ka honua ke ki'i.

26. Inā ma ka wai ke akua i mana'o ai, pēlā nō
ke ki'i. Inā he kāne paha, inā he wahine paha
ke akua i mana'o ai nona, pēlā nō ke ki'i, i ho'o-
like ai i nā ki'i i mea e like ai ma ka 'ōlelo
wale 'ana, 'a'ole nō ma ka like 'i'o a me ka 'ike
maka aku i ke akua a me kona 'ano ma-
oli.

27. A ma ka wā e ho'omana ai, e kūkulu 'ia mai
nō ua mau ki'i ho'ohālike nei i mua o ke
anaina. Inā pule i mea e ho'omana ai i
ke akua 'oia'i'o ma ka lani, ua like iki
paha me kā ka po'e Pope ho'omana 'ana.
Pēlā ka ho'omana kahiko 'ana a ko Ha-
wai'i nei mai nā maka'āinana a hala
i nā ali'i. He 'oko'a na'e ka ho'omana 'ana
a kānaka a me nā ali'i ma ka 'oihana
keiki.

Mokuna XXIV [24, Emerson 24]
Ka Ho'omana 'ana i ke Akua no nā Keiki

1. Eia nō kekahi ho'omana 'ana i nā akua ma ka wā e
hānau ai ke keiki. Na ka makuahine nō e hānai

---

1. 23:24. A: a
2. 23:25, 23:26. A: *ua ho'ānoni nui 'ia nā paukū 25—26, penei:*
   25. Ina ma ka lewa ke akua i manao ai nona, he manu paha, he manu no ke kii, ina he kane paha, ina he wahine paha ke akua i manao ai
   nona, pela no ke lii i hoohalike ai i na kii i mea e like ai ma ka olelo wale ana, aole no ma ka like io, a me ka ikemaka aku i ke akua, a me kona
   ano maoli.
   26. Ina ma ka wai ke akua i manao ai, pela no ke kii, ina ma ka honua ke akua i manao ai, e like no me ko ka honua ke kii pela no i hoolike ia
   ai ma ka olelo wale ana, aole ma kona like io.
3. 23:27. A: *nele*

ma ka hale noa, i ka wai, a me ka ai maoli no
kekahi.

2. A hiki i ka wa e haalele ai na keiki la, i ka wai
alaila, ai na keiki la, i ka ai maoli wale no, oia
no ka wa e lawe ai na keiki i mua mai ka ma
kua wahine aku. Ua kapaia kela lawe ana ia
ka ia, i mua, a lilo oia i mea ai kapu, aole ia e
ai pu me ka wahine.

3. Ma ka lawe ana aku i ke keiki, e mohai ia aku no
ka puaa i ke Akua, o kona makua iho, he mo
hai panai keia na ka makua, i mea e oluolu
mai ai ke akua i ke keiki, a o ua puaa la, i
alana ia ai na ke kua, e kalua ia, i mua o ke ana
ina hoomana, he puaa kapu ia, o ka poe wale
no i komo, e hoomana ke ai ia puaa.

4. A ma ka wa e noa ai o ua puaa la, e oki ia ke poo,
o ua puaa la, e hoolaa ia na ke akua ia wahi,
(na kanaka no nae e ai) a waiho ia ua poo puaa
la na ke kuaahu, malaila no na kii, hoohali
ke ano aku e ku mau ai.

5. Ua hoolei ia ua kii la, i wahi ipu ma kana ai
e lei mau ai, he laau i hao ia maloko, ua kapa
ia, ua ipu la a ke kii e lei ana ke ipu o Lono kai
noa o ua ipula.

6. A oki ia ka pepeiao o ua puaa la, a hahao ia ilo
ko o ka ipu a ua kii la e lei ana, a ma ka wa e
hahao ia ai ka pepeiao puaa ma ka ipu o
ke kii lei ana, oia ka wa e pule ai.

7. Aole nae ia pule ma ko kanaka noonoo maoli iho,
elike me ka pule ana ia Iehova, aka, he pule
ao maoli ia e like me ka mele, pela no ka

ma ka hale noa, i ka waiu, a me ka ai maoli no
kekahi.

2 A hiki i ka wa e haalele ai ua keiki la, i ka waiu
alaila, ai ua keiki la, i ka ai maoli wale no, oia
no ka wa e lawe iai na keiki i mua mai ka ma-
kua wahine[1] aku, ua kapaia kela lawe ana, K̶[u]a
ka ia[,] o̶i̶a̶ i mua, a lilo oia i mea ai kapu, aole ia e
ai pū me ka wahine,

3. Ma ka lawe ana aku i ke keiki, e mohai [ia] aku no
ka puaa i ke Akua, o kona makua iho, he mo-
hai panai keia na ka makua, i mea e oluolu
mai ai ke akua i ke keiki, a o ua puaa la, i
alana ia[ai] na ke kua, e kalua ia, i mua o ke ana-
ina hoomana, he puaa kapu ia, o ka poe wale
no i komo, e hoomana ke ai ia puaa.

4. A ma [ka] wa e noa ai o ua puaa la, e oki ia ke poo,
o ua puaa la, e hoolaa ia na ke akua ia wahi
(na kanaka no nae e ai) a waiho ia ua poo puaa
la ma ke ku aahu,[2] malaila no na kii. hoohali-
ke ano akua e ku mau ai.

5 Ua hoolei ia ua kii la, i wahi ipu ma kana[3] ai
e lei mau ai, he laau i pao ia ma loko, ua kapa
ia, ua ipu la a ke kii e lei ana he ipu o Lono ka i
noa o ua ipu la,[4]

6. A e oki ia ka pepeiao o ua puaa la, a hahao ia ilo-
ko o ka ipu a ua kii la e lei ana, a ma ka wa e
hahao ia ai ka pepeiao puaa ma ka ipu a
ke kii [e] lei ana, oia ka wa e pule ai.

7. Aole nae ia pule ma ko kanaka noonoo maoli iho,
elike me ka pule ana ia Iehoa,[5] aka, he pule
ao maoli ia e like me ke mele, pela no ka[6]

ma ka hale noa i ka waiū a me ka 'ai maoli nō
kekahi,

2. a hiki i ka wā e ha'alele ai ua keiki lā i ka waiū,
a laila, 'ai ua keiki lā i ka 'ai maoli wale nō. 'O ia
nō ka wā e lawe 'ia [a]i nā keiki i mua mai ka ma-
kua wahine aku. Ua kapa 'ia kēlā lawe 'ana, "Ua
kā 'ia i mua," a lilo 'o ia i mea 'ai kapu, 'a'ole ia e
'ai pū me ka wahine.

3. Ma ka lawe 'ana aku i ke keiki, e mōhai 'ia aku nō
ka pua'a i ke akua o kona makua iho. He mō-
hai pāna'i kēia na ka makua i mea e 'olu'olu
mai ai ke akua i ke keiki. A 'o ua pua'a lā i
'ālana 'ia[ai] na ke akua, e kālua 'ia i mua o ke ana-
ina ho'omana. He pua'a kapu ia: 'o ka po'e wale
nō i komo e ho'omana ke 'ai [i] ia pua'a.

4. A ma ka wā e noa ai 'o ua pua'a lā. E 'oki 'ia ke po'o
o ua pua'a lā. E ho'ola'a 'ia na ke akua ia wahi
(na kānaka nō na'e e 'ai) a waiho 'ia ua po'o pua'a
lā ma ke kuahu,[7] ma laila nō nā ki'i ho'ohāli-
ke 'ano akua e kū mau ai.

5. Ua ho'olei 'ia ua ki'i lā i wahi ipu ma kona[8] 'ā'ī
e lei mau ai, he lā'au i pao 'ia ma loko. Ua kapa
'ia ua ipu lā a ke ki'i e lei ana he ipu o Lono ka i-
noa o ua ipu lā.

6. A e 'oki 'ia ka pepeiao o ua pua'a lā, a hahao 'ia i lo-
ko o ka ipu a ua ki'i lā e lei ana. A ma ka wā e
hahao 'ia ai ka pepeiao pua'a ma ka ipu a
ke ki'i e lei ana, 'o ia ka wā e pule ai.

7. 'A'ole na'e ia pule ma ko kānaka no'ono'o maoli iho,
e like me ka pule 'ana iā Ieho[v]a, akā, he pule
a'o maoli 'ia e like me ke mele. Pēlā nō ka

---

1. 24:2. A: makuahine
2. 24:4. A: kuahu
3. 24:5. A: kona
4. 24:5. A: *nele* 'o "o ua ipu la"
5. 24:7. A: Iehova
6. 24:7. C: *ua holoi 'ia kekahi hua 'ōlelo ma lalo o* "ka"
7. 24:4. *ua ho'ololi 'ia 'o* "kuaahu," *'o ia 'o* "kuahu"
8. 24:5. *ua ho'ololi 'ia 'o* "kana," *'o ia 'o* "kona"

pule ana o ko na kii akua, elike me ko Kanaka.

8. A ma ka wa e makaukau ai ka pule, e waiho
ia ka maia, me ka niu, a me ka awa, a me
ka awa inu i mua o na kii la, alaila, lalau ka
makua i ka awa, a kaumaha aku penei, Eia
ka puaa, ka niu, ka maia, ka awa, e ke akua
e Ku, e Lono e Kane Kanaloa na kua, ame
kua, a pau kia kanaka awa, alaila pule.

9. Penei e pule ai, A ka mai e Lono i ko haina awa
haina awa nui nou e Lono, he ulu mai e ka
he pepeiao i___, puaa, he pepeiao ilio, he pepeiao
puaina nui nou Lono, halapa i ka mauli Kukala
ia kalu kau, mau, walewaikapo, malia ia ha
ka pe Kane Kaipu e kukui ai Kaipu, hua, Kakala
Kaipu Kakala, he Kalawa ipu, o hua ai na moo
ahii, i au ia Koia, a hiaka anoano a ke ahi kanu
a Kanu la i mai Hawaii, a Kanu la, o ka ipu nei
a ulu, a lau, a pua, a hua la, o ka ipu nei, hoo
noho la, o ka ipu nei, ka kela, o ka ipu nei, o hai la
o ka ipu nei, Kakai la, o kaipu nei, ooki, o kuai o
Kapiha o Kaipu, o Kaipu ka honua nei, o poi o ka
kani kwakini, a hou i Kakakaokeao, Kakai i ke a
meume, o uhao i ka lili, ouhao i ka hala, ouhao
i ka manolekiowa, o Kaipu, a Kaluaamuaikau, o Kaipu
e makani Kokua, a Kau hopu ai ai o wahi o Kau
maia kua e Koukaunanu, ka lalau o hua ka manu
Kababau, Kulia i wawau, he mali no a po e Lono
i Kahaunaele, na lili i ka haunaele, na halalau
i ka haunaele o maukahuna o ke makala ulua.

ulua mai e Lono ulua ko lea i no o hua a ku nenou
awe Lilelile, o makia Lono a hano a hano wale no

pule ana o ko na lii akua, elike me ko kanaka.

8. A ma ka wa e makaukau ai ka pule, e waiho
ia ka maia, me ka niu, a me ka awa a me
ka awa inu i mua o ua kii la, alaila, lalau ka
makua i ka awa, a kaumaha aku penei, Eia
ka puaa, ka niu, ka maia, ka awa, e ke akua
e ku, e Lono e kane kanaloa[1] na kua, na [auma][2]
kua, a pau keia kauoha ana, alaila, pule.

9.[3] Penei e pule ai, Ala mai e Lono i ko haina awa
haina awa nui[4] nou e Lono, he ulu mai e kea
he pepeiao ĩlio, puaa, he pepeiao ilio, he pepeiao
puaina[5] nui nou [e] Lono, halapa i ka[o][6] mauli kukala
ia hale hau, mau, nalewaikapo, molia[7] ia hai
ka po, [o] kuu ka ipu o kuu[,] huai ka ipu, huai, kakala
ka ipu kakala, he kalana ipu, o hua ai na moo
ahii, i au ia[8] ko[9] ia, a hiala anoano a ke ahi kanu
a kanu la i puai Hawaii, a kan[u][10] la, o ka ipu nei
a ulu, a lau, a pua, a hua la, o ka ipu nei, hoo-
noho la, o ka ipu nei, ke kela, o ka ipu nei,[11] o [u]hai la
o ka ipu nei, kalai la, o ka ipu nei, ooki, o kuai o
ka piha[12] o ka ipu, o ka ipu ka honua [nui] nei, o poi o ka
lani kuakini, a hou i ka hakaokao, kakai i ke a-
nuenue, o uhao i ka lili, o uhao i ka hala, o uhao
i ka manoleleiona, o ka ipu, a kaluamuwaiku,[13] o ka ipu
a makani koha, a kau [ka] hopu ai ai o wahi o kani
maia hea o koukamanu,[14] ka lalau o haa ka manu,
ka lalau, kulia i wawau, he malai no a po [e] Lono
i kahaunaele, na lili [la] i ka haunaele, na halala,[15]
i ka haunaele o mau kahuna o ke makala ulua,
ulua mai e Lono ulua ko lea ino o maa[16] ku newa
[awe] lilelile, o makia Lono a hano o hano wale no

---

pule 'ana o ko nā ali'i akua, e like me ko kānaka.

8. A ma ka wā e mākaukau ai ka pule, e waiho
'ia ka mai'a, me ka niu, a me ka 'awa a me
ka 'awa inu i mua o ua ki'i lā. A laila, lālau ka
makua i ka 'awa, a kaumaha aku penei: "Eia
ka pua'a, ka niu, ka mai'a, ka 'awa, e ke akua.
E Kū, e Lono, e Kāne, [e] Kanaloa, nā akua, nā 'aumā-
kua." A pau kēia kaumaha[17] 'ana, a laila, pule.

9.[18] Penei e pule ai. "ALA MAI, E LONO, I KO HAINA 'AWA,
HAINA 'AWA NUI NOU, E LONO! HE ULU MAI, E KEA.
HE PEPEIAO PUA'A, HE PEPEIAO 'ĪLIO, HE PEPEIAO
PŪ'AINA[19] NUI NOU, E LONO! HĀLAPA I KE MAULI! KŪKALA
IA HALE HAU! MAU NĀ LEWA I KA PŌ; MŌLIA IA HAI
[I] KA PŌ. 'ŌKU'U KA IPU, 'ŌKU'U; HUA'I KA IPU, HUA'I; KĀKALA
KA IPU, KĀKALA; HE KALANA IPU. O HUA 'AI NĀ MO'O
A HI'I, I AU I'A KO IA. A HI'A LĀ ĀNOANOA [A] KE AHI KANU,
A KANU LĀ I PUA I HAWAI'I. A KANU LĀ, 'O KA IPU NEI,
A ULU, A LAU, A PUA, A HUA LĀ, 'O KA IPU NEI, HO'O-
NOHO LĀ, 'O KA IPU NEI, KĒKĒ LĀ, 'O KA IPU NEI. O UHA'I LĀ,
'O KA IPU NEI, KĀLAI LĀ, 'O KA IPU NEI. O 'OKI, O KUA'I, 'O
KA PIHA O KA IPU. 'O KA IPU KA HONUA NUI NEI; 'O PO'I, 'O KA
LANI KUAKINI. A HOU I KA HĀKA'OKA'O, KĀKAI I KE Ā-
NUENUE! 'O UHAO I KA LILI, O UHAO I KA HALA, O UHAO
I KA MANO LELEIONA! 'O KA IPU A KALUANU'UWAIKŪ,[20] 'O KA IPU
A MAKANIKOHĀ. A KAU KA HŌKŪ[21] A'IA'I, O WĀHI! O KANI
MAI, A HEA 'O KO UKA MANU, KALALAU, O HA'A KA MANU,
KALALAU, KŪLIA I WAWAU. HE MALINO A PŌ, E LONO,
I KA HAUNAELE, NĀ LILI LĀ I KA HAUNAELE, NĀ HALA LĀ
I KA HAUNAELE O MAU KĀHUNA, 'O KE MAKĀLA ULUA.
ULUA MAI, E LONO, 'ULUA KŌLEA 'INO O MA'AKŪNEWA
AWE LILELILE! O MĀKIA LONO A HANO, O HANO WALE NŌ!

---

1. 24:8. A: Ku, e Lono, e Kane, e Kanaloa
2. 24:8. C: *ua holoi 'ia a nalowale kekahi hua 'ōlelo ma ka pau 'ana o kēia lālani, a pēlā nō no ka hua palapala mua o kekahi lālani aku*
3. 24:9. C?: *ua helu 'ia nā lālāni pākahi o kēia paukū ma ka lihi 'ao'ao hema, a ua kaha pū 'ia nā laina ho'oka'awale i loko o nā lālani mele*
4. 24:9. A: mai
5. 24:9. C: *'o "puaina" paha kai kākau 'ia* A: aina
6. 24:9. C: *'a'ole akāka loa. me he mea lā, ua ho'ololi ia 'o "ka,"* '*o ia 'o "ko"* A: ke
7. 24:9. A: malia
8. 24:9. C: *he hō'ailona ko luna o kēia hua 'ōlelo, he 9 ke nānā aku. he 'ano koma luna paha ka mana'o*
9. 24:9. A: 'ko ('o ia ho'i, "ako")
10. 24:9. C: *ua holoi 'ia a nalowale he 'elua hua palapala*
11. 24:9. A: *nele* "hoonoho la, o ka ipu nei, ke kela, o ka ipu nei."
12. 24:9. A: na piha
13. 24:9. A: Kaluamuwaiku
14. 24:9. A: Koukamanu
15. 24:9. A: *nele* 'o "na lili la i ka haunaele, na halala"
16. 24:9. C?: *ua ho'oponopono 'ia (ma ka penikala) ma luna a'e o ka lālani, penei:* "Koleaino ko Waa"
17. 24:8. *ua ho'ololi 'ia 'o* "kauoha," *'o ia 'o* "kaumaha"
18. 24:9 *e nānā i ka pāku'ina I.1, kahi i ho'onohonoho 'ia ai ka 'ōlelo o kēia pule ma ka lālani mele*
19. 24:9. *'o* "pua'ina" *kahi hua 'ōlelo Nu'uhiwa no* "pepeiao pua'a"
20. 24:9. *ua ho'ololi 'ia 'o* "kaluamuwaiku," *'o ia 'o* "Kaluanu'uwaiku"
21. 24:9. *ua ho'ololi 'ia 'o* "hopu," *'o ia 'o* "hōkū"

Kuka i orei, maliokaba, muli ka kani o waioha.

10. O kia puleipu e pule ana, ma ke ano o kaipu a ke kiu e lii ana, makona ai, a me na mea i hahao ia, maloko o wa ipu la, a pau keia pule ana

11. Alaila, lalau ka makua i ka awa wai ole, a me kiki ma kona waha ua olelo ia oia no ko ke a- kua inu ana, aole e inu maoli mai, a pau ia la ba hou ka makua i ka awa wai anu oia, a lalau i ka wai maoli a inu oia, a lalau i ka ai, a me ka ia, a moni ia. mana, a laila hoonoa oia penei, ka ia keiki a ka awa paki a ka lolo. noa ka wa, noa hele, noa loa, holo io papala,

12. Alaila ai na kanaka o ke anaina pule, i ka puaa me ka ai, a maona, a pau keia mea, alaila; i ke ii ia, ua keiki la he ai kapu, aole oia e ai pu me ka wahine, pela ia hoomana ana.

Mokuna XXV

No keokikahe ana i na keiki ana ka mai.

1. A mahope iho o ke kaana imua, a mahuahua iki ae ke keiki, oia ka wa pono kekahe ka olomua o ke keiki, o ke kahe ana, he oihana hoomana no ia, ua like pu no ka hoomana ana, me ko ketoa ana i mua.

2. Penei ka oihana kahe mai, e mohai ia no ka puaa i ke akua no ke kahe ana; imea e oluolu mai ai, ke akua, e akoakoa mai no na makamaka o ka makua o ua keiki la, ma ke anaina hoo- mana no ke kahe ana,

3. A ma ka wa e kalua ai ua puaa la i mohai ia ai, oia ka wa e kahe ai ka mai o ua keiki la penei e hana ai,

kila[1] i nei, muliohala, muli ke kani o waioha.

10. O keia pule ipu e pule ana ma ke ano o ka ipu a ke
kii e lei ana, ma kona ai, a me na mea i hahao
ia, maloko o [u]wa[2] ipu la, a pau keia pule ana.

11 A laila, lalau ka makua i ka awa wai ole, a mu
kiki ma kona waha ua olelo ia oia no ko ke a-
kua inu ana, aole e inu maoli mai, a pau ia la-
la[3] hou ka makua i ka awa wai anu oia, a lalau
i ka wai maoli a nu oia, a lalau i ka ai, a me
ka ia, a moni ia, mana, a laila hoonoa oia
penei, ka ia keiki a ka awa paki a ka lolo, noa ka-
wa, noa hele, noa loa, holo io papala.

12 A laila ai na kanaka o ke anaina pule, i ka puaa
me ka ai, a maona, a pau keia mea, alaila, i[ke]
ia,[4] ua keiki la he ai kapu, aole oia e ai pu me
ka wahine, pela ia hoomana ana.

    Mokuna XXV
    No ke okikahe ana i na keiki ma ka mai.

1 A mahope iho o ke ka ana imua, a mahuahua iki
ae ke keiki, oia ka wa pono ke kahe[5] ka olomua o
ke keiki, o ke kahe ana, he oihana hoomana
no ia, ua like pu no ka hoomana ana me ko ke ka[6]
ana i mua.

2 Penei ka oihana kahe mai, e mohai ia no ka
puaa i ke akua no [ke] kahe ana; i mea e oluolu mai
ai, ke akua, e akoakoa mai no na makamaka
o ka makua o ua keiki la, ma ke anaina hoo-
mana no ke kahe ana.

3 A ma ka wa e kalua ai ua puaa la i mohai ia
ai, oia ka wa e kahe ai ka mai o ua keiki la penei
e hana ai,

Kila i ne'i, muli 'o Hala, muli ke kani o Waioha!"

10. 'O kēia pule ipu e pule ana, ma ke ano o ka ipu a ke
ki'i e lei ana ma kona 'ā'ī a me nā mea i hahao
'ia ma loko o ua ipu lā. A pau kēia pule 'ana,

11. a laila, lālau ka makua i ka 'awa wai 'ole a mū-
kīkī ma kona waha. Ua 'ōlelo 'ia 'o ia nō ko ke a-
kua inu 'ana; 'a'ole e inu maoli mai. A pau ia, lā-
la[u] hou ka makua i ka 'awa wai a [i]nu 'o ia, a lālau
i ka wai maoli a [i]nu 'o ia, a lālau i ka 'ai a me
ka i'a. A moni [i] ia māna, a laila, ho'onoa 'o ia
penei: "Kā 'ia keiki a ka 'awa pākī a ka lolo, Noa ka
wā, noa hele, noa loa, Holo i o Papa lā."

12. A laila, 'ai nā kānaka o ke anaina pule i ka pua'a
me ka 'ai a mā'ona. A pau kēia mea, a laila, 'ike
'ia ua keiki lā he 'ai kapu, 'a'ole 'o ia e 'ai pū me
ka wahine. Pēlā ia ho'omana 'ana.

Mokuna XXV [25, Emerson 25]
No ke 'Oki Kahe 'ana i nā Keiki ma ka Ma'i

1. A ma hope iho o ke kā 'ana i mua, a māhuahua iki
a'e ke keiki, 'o ia ka wā pono ke kahe [i] ka 'olomua o
ke keiki. 'O ke kahe 'ana, he 'oihana ho'omana
nō ia, ua like pū nō ka ho'omana 'ana me ko ke kā
'ana i mua.

2. Penei ka 'oihana kahe ma'i: e mōhai 'ia nō ka
pua'a i ke akua no ke kahe 'ana i mea e 'olu'olu mai
ai ke akua; e 'ākoakoa mai nō nā makamaka
o ka makua o ua keiki lā ma ke anaina ho'o-
mana no ke kahe 'ana.

3. A ma ka wā e kālua ai ua pua'a lā i mōhai 'ia
ai, 'o ia ka wā e kahe ai i ka ma'i o ua keiki lā. Penei
e hana ai.

---

1. 24:9. C?: Kila *(ho'oma'aka 'ia ma ka penikala ma luna a'e o ka lālani)*
2. 24:10. A: ua wahi
3. 24:11. C?: lalau *(kākau 'ia ka "u" ma ka penikala ma luna a'e o ka lālani)* A: lalau
4. 24:12. C: *ua holoi 'ia he 'ekolu a 'ehā paha hua palapala ma ka ho'omaka o ka lālani*
5. 25:1. C?: kahe [i] *('a'ole akāka)*
6. 25:2. A: ke kahe

4 Elua kanaka nana e paa ke keiki, a o kahi
kanaka, ma ke kua o ke keiki, a pili aku
kona alo, ma ke keiki kua, a hookomo i kona
lima, malalo o ka poohiwi o ke keiki a hea ae
i kona lima ma ka ai o ke keiki, a puliki
mai a paa, ke keiki i hiki ole ke oni ae.

5 A nana ia kaloa. o ka olonua mai ka puelau
aku o ka omaka, a pili aku no i ko loko, a kaka-
hia ia maluna iho i ka wanahu ahi a eleele,
a ana ia ka loa ma kaohe, ma kahi o kaohe
e komo ai iloko o ka mai, elike me ke ana ana
i ka na nahu ahi, maluna iho o ke kua o
mai.

6. A laila paa ka lima hema o kekahi kanaka
ma ka uluna o ke keiki, a o ka lima o ua ka-
naka la, paa mai la makekahi ao ao pua
ka alu o ka waha o ka mai o ua keiki la
a peka no ka hana a kekahi kanaka
ana ke la ao ao oua keiki la, a i ko laua
lima ana, a ma lo ka alu o ka mai
no ko laua huki ana a lilio,

7. A laila ku mai ke kahuna ame ka ohe, a
hoohiki oia ma ka olelo pule penei, e kii ka
ohe i komai kaohe, he ia ka ohe laulii a
kane, o kia i ka maka o ka mai na moku

8. A laila haawi ke kahuna, i ka ohe i ka mea
na na e kahe, a hookomo ka mea nana e
kahe i ka ohe ma ka waha aku o ka mai, a ku
komo aku i ke kumu o ka mai, a pau ka loa
o kahi o ka ohe ia na iai iloko elike me
ka loa o ka wanahu mawaho.

4 Eha kanaka nana e paa ke keiki, a o kahi
kanaka, ma ke kua o ke keiki, a pili aku
kona alo ma ko keiki[1] kua, a hookomo i kona
lima, malalo o ka poohiwi o ke keiki a opea ae
i kona lima ma ka ai o ke keiki, a puliki
mai a paa ke[2] keiki i hiki ole ke oni ae.

5 A ħana ia ka loa o ka olomua mai ka welau
aku o ka omaka, a pili aku no i ko loko, a kaka-
ha ia maluna iho i ka nanahu ahi a eleele,
a ana ia ka loa ma ka ohe, ma kahi o ka ohe
e komo ai iloko o ka mai, elike me ke ana ana
i ka nanahu ahi, maluna iho o ke kua o
mai.[3]

6. A laila paa ka lima hema o kekahi kanaka
ma ka uha o ke keiki, a o ka lima o ua ka-
naka la, paa mai la ma kekahi aoao ma
ka alu o ka waha o ka mai o ua keiki la
a pela no ka hana a kekahi kanaka
ana[4] kela aoao o ua keiki la, a i ko laua
lena ana, a malo ka alu o ka mai
no ko laua huki ana a lilio.

7. A laila ku mai ke kahuna me ka ohe, a
hoohiki oia ma ka olelo pule penei, e kii ka
ohe i homai ka ohe, he ia ka ohe laulii a
kane,[5] okia i ka maka o ka mai ua moku

8 A laila haawi ke kahuna, i ka ohe i ka mea
nana e kahe, a hookomo ka mea nana e
kahe i ka ohe ma ka waha [aku] o ka mai, a ku
pono aku i ke kumu o ka mai, a pau ka loa
o kahi o ka ohe i ana iai[6] iloko e like me
ka loa o ka nanahu mawaho.

4. 'Ehā kānaka nāna e pa'a ke keiki, a 'o kahi
kanaka ma ke kua o ke keiki, a pili aku
kona alo ma ko keiki kua, a ho'okomo i kona
lima ma lalo o ka po'ohiwi o ke keiki, a 'ōpe'a a'e
i kona lima ma ka 'ā'ī o ke keiki, a pūliki
mai a pa'a ke keiki i hiki 'ole ke 'oni a'e.

5. A ana 'ia ka loa o ka 'olomua mai ka wēlau
aku o ka 'ōmaka a pili aku nō i ko loko, a kaka-
ha 'ia ma luna iho i ka nānahu ahi a 'ele'ele,
a ana 'ia ka loa ma ka 'ohe ma kahi o ka 'ohe
e komo ai i loko o ka ma'i e like me ke ana 'ana
i ka nānahu ahi ma luna iho o ke kua o
[ka] ma'i,

6. a laila, pa'a ka lima hema o kekahi kanaka
ma ka 'ūhā o ke keiki, a 'o ka lima o ua ka-
naka lā, pa'a maila ma kekahi 'ao'ao ma
ka 'alu o ka waha o ka ma'i o ua keiki lā.
A pēlā nō ka hana a kekahi kanaka
ma kēlā 'ao'ao o ua keiki lā. A i ko lāua
lena 'ana a mālō ka 'alu o ka ma'i
no ko lāua huki 'ana a lilio,

7.[7] A laila, kū mai ke kahuna me ka 'ohe a
ho'ohiki 'o ia ma ka 'ōlelo pule penei:[8] "E ᴋɪ'ɪ [ɪ] ᴋᴀ
'ᴏʜᴇ ɪ Hōᴍᴀɪᴋᴀ'ᴏʜᴇ! Hē 'ɪᴀ ᴋᴀ 'ᴏʜᴇ ʟᴀᴜʟɪ'ɪ ᴀ
Kāɴᴇ! 'Oᴋɪᴀ ɪ ᴋᴀ ᴍᴀᴋᴀ ᴏ ᴋᴀ ᴍᴀ'ɪ! Uᴀ ᴍᴏᴋᴜ."

8. A laila, hā'aw[i] ke kahuna i ka 'ohe i ka mea
nāna e kahe, a ho'okomo ka mea nāna e
kahe i ka 'ohe ma ka waha aku o ka ma'i a kū-
pono aku i ke kumu o ka ma'i. A pau ka loa
o kahi o ka 'ohe i ana 'ia [a]i i loko e like me
ka loa o ka nānahu ma waho,

---

1. 25:4. A: **ke** keiki
2. 25:4. A: **i** ke
3. 25:5. A: **ka** mai
4. 25:6. A: ma
5. 25:7. A: Kane
6. 25:8. A: ia ai
7. 25:7. *e nānā i ka pāku'ina I.2, kahi i ho'onohonoho 'ia ai ka 'ōlelo o kēia pule ma ka lālani mele*
8. 25:7. *e nānā i ke kūkākūkā a Ho'oulumāhiehie no kēia mele ma kāna mo'o'atikala 'o "Hi'iakaikapoliopele" ("Ka Nai Aupuni," 11–12 Kēkēmapa, MH 1905)*

9. Alaila e hele e hele malalo ae, a moku ma ka loa o ka maʻi, alaila, omo ia ke koko, a hoo-komo ia i ka pua laau ma ka o maka o ka maʻi, a hoohuneia ua keiki la i ka malo keokeo.

10. A ma ka wa e moa ai ka puaa, alaila, hoomana hou no, elike no me kela oihana hoomana mamua i ka wa i kaiʻai ua keiki la imua, pela no ka hoomana ana, a me ka pule ana.

11. Pela no e hana ia ai na keiki a ka poe kahuna, a me ka poe koikoi, a me ka poe hanohano, a me ka poe ka huna, a me ka poe alii waaha, he oka ka hana ana i na keiki a ka poe alii, kiekie. a o na keiki a kekahi poe, aole no i hana ia pela, e lawe wale aku no ka lakou mau keiki imua, a e kahe wale iho no me ka hoomana ole i ke akua,

12. Aole nae e haʻawi ia ka na ka huna keiki, a me ka na lii mau keiki i kaʻai noa i ko lakou wa e ai wain ana ma ka hale noa, i mua no lakou e hanai ia ai, i ka ai maoli, o ka wain wale no ka lakou e ai ai, na ka hale noa, pela e hana ai kekahi poe i na lakou keiki

Mokuna XXVI

No ka hoomana ana i ola ka mea maʻi.

1 Eia kekahi wa hoomana, ma ka wa e mai ai, ke kane paha, ka wahine paha, ke keiki paha, a me na makamaka i aloha ia ma ko lakou wa e mai ai.

9. A laila ʉhele[1] a[e]laɫ malalo ae, a moku ma ka loa o ka mai, alaila, omo ia ke koko, a hookomo ia i ka pua laau ma ka omaka o ka mai, a hoohumeia ua keiki la i ka malo keokeo.

10 A ma ka wa e moa ai ka puaa, alaila, hoomana hou no, elike no me kela oiɐhana hoomana mamua i ka wa i kai ɫai ua keiki la imua, pela no ka hoomana [ana] a me ka pule ana.

11 Pela no e hana ia ai na keiki a ka poe haipule, a me ka poe koikoi, a me ka poe hanohano, a me ka poe kahuna, a me ka poe alii haahaa, he okoa ka hana ana i na keiki a ka poe alii, kiekie a o na keiki a kekahi poe, aole no i hana ia pela, e lawe wale aku no ka lakou mau keiki imua, a e kahe wale iho no me ka hoomana ole i ke akua,

12 Aole nae e hanai ia ka na kahuna keiki, a me ka na lii mau keiki i ka ai noa i ko lakou wa e ai waiu ana ma ka hale noa, i mua no lakou e hanai ia ai, i ka ai maoli, o ka waiu wale no ka lakou e ai ai ma ka hale noa, pela e hana ai kekahi poe i ka lakou keiki

Mokuna XXVI
No ka hoomana ana i ola ka mea mai.

1 Eia kekahi wa hoomana, ma ka wa e mai ai, ke kane paha, ka wahine paha, ke keiki paha, a me na makamaka i aloha ia ma ko lakou wa e mai ai.

9. a laila, hele aʻela ma lalo aʻe a moku ma ka loa o ka maʻi. A laila, omo ʻia ke koko a hoʻokomo ʻia i ka pua lāʻau ma ka ʻōmaka o ka maʻi a hoʻohume ʻia ua keiki lā i ka malo keʻokeʻo.

10. A ma ka wā e moʻa ai ka puaʻa, a laila, hoʻomana hou nō e like nō me kēlā ʻoihana hoʻomana ma mua i ka wā i kā ʻia ai ua keiki lā i mua. Pēlā nō ka hoʻomana ʻana a me ka pule ʻana.

11. Pēlā nō e hana ʻia ai nā keiki a ka poʻe haipule a me ka poʻe koʻikoʻi a me ka poʻe hanohano a me ka poʻe kāhuna a me ka poʻe aliʻi haʻahaʻa. He ʻokoʻa ka hana ʻana i nā keiki a ka poʻe aliʻi kiʻekiʻe. A ʻo nā keiki a kekahi poʻe, ʻaʻole nō i hana ʻia pēlā; e lawe wale aku nō kā lākou mau keiki i mua a e kahe wale iho nō me ka hoʻomana ʻole i ke akua.

12. ʻAʻole naʻe e hānai ʻia kā nā kāhuna keiki a me kā nā aliʻi mau keiki i ka ʻai noa i ko lākou wā e ʻai waiū ana ma ka hale noa. I mua nō lākou e hānai ʻia ai i ka ʻai maoli. ʻO ka waiū wale nō kā lākou e ʻai ai ma ka hale noa. Pēlā e hana ai kekahi poʻe i kā lākou keiki.

Mokuna XXVI [26, Emerson 26]
No ka Hoʻomana ʻana i Ola ka Mea Maʻi

1. Eia kekahi wā hoʻomana, ma ka wā e maʻi ai ke kāne paha, ka wahine paha, ke keiki paha, a me nā makamaka i aloha ʻia. Ma ko lākou wā e maʻi ai,

---

1. 25:9. A: uhele (ʻaʻole i kāpae ʻia ka ka "u" i holoi ʻia ma C)

2. E laweia no ka mohai, a ua mea mai la
na na kua, he puaa paha, he moa paha
he kuina kapa paha.

3. A na ka mea nana ka mai e lawe aku i
keia mau mohai, e kaumaha aku i na
kua penei me ke noi aku penei.

4. E ke akua e aloha mai oe i ka mea i mai
ia, e kala wale mai oe i kona hewa ana
a me kona haumia, a me kona ai ku,
a me kona aia, a me kona waha hewa
a me kona hoohiki ino ana ia oe.

5. E na mai kou lili makeia mau mohai,
e malu mai oe, e hoola mai ia ia ma
ke kino, a hele ku, a hele kolo, a hele nee,
a kolo pu pu, a kaumaka iole, a hala
kauhaha, a ola loa, a ka pua aneane, kau
ola ia e ke akua, pela kau waiha aku
a me kau waipa aku ia oe e ke akua,
pela kau hoomana ia oe.

6. No ka mea, ua manao nui ia o na holo-
holona, ka mea e malu mai ai ke akua
a ka la mai i ka hewa o ke kanaka a
hoola mai i ko kanaka kino, (aole ka
uhane)

7. I na i maha ole ka mai, alaila, kukulu i
hale no ke akua, a mohai ia kahi puaa
a kau ma ka lele, a haalele i puaa
a kahua ia ke kahi puaa, a mohai ia
ke poo, a o ke kino o ua puaa la ai ia
8. E nonoi hou no i ke akua, e hoola mai
i na i ola ka mai, o ka pauuo ia o ka

2. E lawe ia no ka mohai, a ua mea mai la
na na kua, he puaa paha, he moa paha
he kuina kapa paha.

3. A na ka mea nana ka mai e lawe aku i
keia mau mohai, a kaumaha aku i na A̶
kua p̶e̶n̶e̶i̶, me ke noi aku penei.

4 E ke akua e aloha mai oe i ka mea i mai
ia, e ka_la wale mai oe i kona hewa ana,
a me kona haumia, a me kona ai ku,
a me kona aia, a me kona waha hewa
a me kona hoohiki ino ana ia oe.

5 E na mai kou lili ma keia mau mohai,
e maliu mai oe, e hoola mai ia ia ma
ke kino, a hele ku, a hele kolo, a hele nee,
a kolo pu pu, a haumaka iole, a pala
lauhala, a ola loa, a ka pua aneane, kau
ola ia e ke akua, pela ka'u waiha aku
a me ka'u waipa aku ia oe e ke akua,
pela ka'u hoomana ia oe.

6. No ka mea, ua manao nui ia o na holo-
holona ka mea e maliu mai ai ke akua
a ka_la mai i ka hewa o ke kanaka a
hoola mai i ko kanaka kino, (aole ka
uhane.)

7 Ina i maha ole ka mai, alaila, kukulu i
hale no ke Akua, a mohai ia kahi puaa,
a kau ma ka lele, a haalele ia puaa,
a kalua ia kekahi puaa, a mohai ia
ke poo, a o ke kino o ua puaa la ai ia

8 A nonoi hou no i ke akua, e hoola mai
i na i ola ka mai, o ka pau no ia o ka

2. e lawe 'ia nō ka mōhai a ua mea ma'i lā
na nā akua, he pua'a paha, he moa paha,
he ku'ina kapa paha.

3. A na ka mea nāna ka ma'i e lawe aku i
kēia mau mōhai, a kaumaha aku i nā
akua me ke noi aku penei:

4. "E ke akua, e aloha mai 'oe i ka mea i ma'i
'ia. E kala wale mai 'oe i kona hewa 'ana
a me kona haumia a me kona 'ai kū
a me kona 'aiā a me kona waha hewa
a me kona ho'ohiki 'ino 'ana iā 'oe."

5. "E nā mai kou lili ma kēia mau mōhai.
E maliu mai 'oe. E ho'ōla mai iā ia ma
ke kino a hele kū, a hele kolo, a hele ne'e,
a kolopupū, a haumaka'iole, a pala
lau hala, a ola loa a ka puaaneane. Kāu
ola ia, e ke akua. Pēlā ka'u waihā aku
a me ka'u waipā aku iā 'oe, e ke akua.
Pēlā ka'u ho'omana iā 'oe."

6. No ka mea, ua mana'o nui 'ia, 'o nā holo-
holona ka mea e maliu mai ai ke akua,
a kala mai i ka hewa o ke kanaka, a
ho'ōla mai i ko kanaka kino ('a'ole ka
'uhane).

7. Inā i maha 'ole ka ma'i, a laila, kūkulu i
hale no ke akua, a mōhai 'ia kahi pua'a
a kau ma ka lele, a ha'alele [i] ia pua'a
a kālua 'ia kekahi pua'a, a mōhai 'ia
ke po'o, a 'o ke kino o ua pua'a lā, 'ai 'ia.

8. A nonoi hou nō i ke akua e ho'ōla mai.
Inā i ola ka ma'i, 'o ka pau nō ia o ka

313

hana aku i ke akua, a pau no hoi me ka
hoomana ana, i na make ka mai, pau
no ke noi ana a me ka hoomana ana.

Mokuna XXVII

No ke Kupapau

Ua kapu loa na kupapau ma Hawaii nei, na ka
poe kahiko no i papa mai, aole nae i haiia
mai ke kumu o ke kapu ana, aole no i hai
ia mai ka mea nana lakou i kauoha mai e
kapu, aka, o kapu wale no kai hai ia ma
Hawaii nei.

2 He okoa no nae kona liu kapu ana, he umi
paha, a kau aku na la e kapu ai, alaila
noa, i na he kanaka kiekie ae, ekolu la e
kapa paha, alaila noa, i na he kanaka
haahaa iho, hookahi la ehua paha, alaila
noa, ma ke kanu ana o na kupapau ana
do, alaila ua noa. Penei ke kapu ana o na
kupapau.

3 Ina e make ke kahi kanaka ma kekahi hale
i na e noho ana na kanaka ma ka hale
i make ai kekahi, i na ua piliole lakou i
ka hana' na, o ua mea make la, e kipaku
ia lakou, aka o ka poe hili i ka hanauna
o ua mea make la, o lakou ke noho me ua
kupapau la

4 O ua poe la e noho ana me ke kupapau ua
kanmia lakou ia mau la, aole loa lakou e
komo aku ma na hale e, aole no e ai aku i
ka hai ai, aole e hoopa aku ia hai, aole e hana
hana ia mau la,

hana aku i ke akua, a pau no hoi me ka
hoomana ana, ina make ka mai, pau
no ke noi ana a me ka hoomana ana.

Mokuna XXVII
No Ke Kupapau

1 Ua kapu loa na kupapau ma Hawaii nei, na ka
poe kahiko no i papa mai, aole nae i hai ia
mai ke kumu o ke kapu ana, aole no i hai
ia mai ka mea nana lakou i kauoha mai
e kapu, aka, o [ke] kapu wale no kai hai ia ma
Hawaii nei.

2 He okoa no nae ko na lii kapu ana, he umi
paha, a keu aku na la e kapu ai, alaila
noa, ina he kanaka kiekie ae, ekolu la e
hala paha, alaila noa, ina he kanaka
haahaa iho, hookahi la elua paha, alaila
noa, ma ke kanu ana o na kupapau a na-
lo, alaila ua noa. Penei ke kapu ana o na
kupapau.

3 Ina e make kekahi kanaka ma kekahi hale
ina e noho ana na kanaka ma ka hale
i make ai kekahi, ina ua pili ole lakou i
ka hana[u]ana, o ua mea make la, e kipaku
ia lakou, aka o ka poe pili i ka hanauna
o ua mea make la, o lakou ke noho me ua
kupapau[1] la

4 O ua poe la e noho ana me ke kupapau ua
haumia lakou ia mau la, aole loa lakou e
komo aku ma na hale e, aole no e ai aku i
ka hai ai, aole e hoopa aku ia hai, aole e ha[na]
maia mau la.

---

1. 27:3. A?: ka[u]papau

hana aku i ke akua, a pau nō ho'i me ka
ho'omana 'ana. Inā make ka ma'i, pau
nō ke noi 'ana a me ka ho'omana 'ana.

Mokuna XXVII [27, Emerson 27]
No ke Kupapa'u

1. Ua kapu loa nā kupapa'u ma Hawai'i nei. Na ka
po'e kahiko nō i pāpā mai. 'A'ole na'e i ha'i 'ia
mai ke kumu o ke kapu 'ana, 'a'ole nō i ha'i
'ia mai ka mea nāna lākou i kauoha mai
e kapu; akā, 'o ke kapu wale nō kai ha'i 'ia ma
Hawai'i nei.

2. He 'oko'a nō na'e ko nā ali'i kapu 'ana. He 'umi
paha a keu aku nā lā e kapu ai, a laila,
noa. Inā he kanaka ki'eki'e a'e, 'ekolu lā, 'e-
hā lā paha, a laila, noa. Inā he kanaka
ha'aha'a iho, ho'okahi lā, 'elua paha, a laila,
noa. Ma ke kanu 'ana o nā kupapa'u a na-
lo, a laila, ua noa. Penei ke kapu 'ana o nā
kupapa'u.

3. Inā e make kekahi kanaka ma kekahi hale,
inā e noho ana nā kānaka ma ka hale
i make ai kekahi, inā ua pili 'ole lākou i
ka hanauna o ua mea make lā, e kīpaku
'ia lākou. Akā, 'o ka po'e pili i ka hanauna
o ua mea make lā, 'o lākou ke noho me ua
kupapa'u lā.

4. 'O ua po'e lā e noho ana me ke kupapa'u, ua
haumia lākou [i] ia mau lā. 'A'ole loa lākou e
komo aku ma nā hale 'ē, 'a'ole nō e 'ai aku i
kā ha'i 'ai, 'a'ole e ho'opā aku iā ha'i, 'a'ole e hana
ma ia mau lā.

5 I na he makamaka kekahi e ua kupapau la makahi e, aku, e hele mai no
lakou me makahi e aka, o kahoe e, aole e ho-
mo mai, ma na hale kupapau la, aole e
ai i ka ai, aole e hooha mai, o haumia
wa nei lakou,

6. Penei na oihana o ke kupapau, i na he kupa-
pau aloha ia kai make, i na i make nui,
e kuni ia ua kupapau la, e ke ka huna
awaawa, aka, i make elemakule, aole no
e kuni ia, no ka manao ia i make moli no.

7 Eia kekahi oihana a ke kupapau, i na
he kupapau, ua aloha kana kane paha
a o ka wahine paha, e waiho iluna aliu-
liu abaila kanu ia.

8 E kaha ia, ua kupapau la, a elawe ia ko
loko a pau, a hahao ia ka paakai, na loko
o ua kupapau la a piha, abaila hiki on
ke waiho loa ia, ua kapa ia kela kaha ana
he ia loa, ua nui na kupapau i hana ia
pela.

9 Penei ka hana ana i na kupapau kanu
i hukii ia ke kaula ma ka hai o na
wawae, a huki ia ua kaula ala, a hoo-
mau ia ma ka ai o ke kupapau, a
pili aku na kuli ma ka umauma o
ua kupapau la, a poepoe ke kupapau
aole no e waiho loihi, abaila wahi aku
ke kapa a paa, abaila hoomakaukau
ke kanu ana.

10 A pono ka po e kanu ai ke kupapau

5 Ina he makamaka kekahi o ua kupa-
pau la ma kahi e aku, e hele mai no
lakou [e ue] ~~ma kahi e~~ aka, o ka poe e, aole e ko-
mo mai, ma na[1] hale kupapau la, aole e
ai i ka ai, aole e hoopa mai, o haumia
ua nei[2] lakou,

6 Penei na oihana o ke kupapau, ina he kupa-
pau aloha ia kai make, ina i make ui,[3]
e kuni ia ua kupapau la, e ke kahuna
anaana, aka, i make elemakule, aole no
e kuni ia, no ka manao ia i make m[a]oli no.

7 Eia kekahi oihana a[4] ke kupapau, ina
he kupapau, ua aloha kana kane paha
a o ka wahine paha, e waiho iluna a liu-
liu a laila kanu ia.

8 E kaha ia, ua kupapau la, a e lawe ia ko-
loko[5] a pau, a hahao ia ka paakai ~~ma loko~~ [ma loko]
o ua kupapau la a piha, alaila hiki no
ke waiho loa ia, ua kapa ia kela kaha ana
he ia loa, ua nui na kupapau i hana ia
pela.

9 Penei ka hana ana i na kupapau kanu
i hikii ia ke kaula ma ka hai o na
waewae,[6] a huki ia ua kaula ala,[7] a hoo-
mau ia ma ka ai o ke kupapau, a
pili aku na kuli ma ka umauma o
ua kupapau la, a poepoe ke kupapau
aole no e waiho loihi, alaila wahi aku
ke kapa a paa, alaila hoomakaukau
ke kanu ana.

10 A ~~pō~~ ma ka po e kanu ai ke kupapau

5. Inā he makamaka kekahi o ua kupa-
paʻu lā ma kahi ʻē aku, e hele mai nō
lākou e uē; akā, ʻo ka poʻe ʻē, ʻaʻole e ko-
mo mai ma nā hale kupapaʻu lā, ʻaʻole e
ʻai i ka ʻai, ʻaʻole e hoʻopā mai, o haumia
[a]uaneʻi lākou.

6. Penei nā ʻoihana o ke kupapaʻu. Inā he kupa-
paʻu aloha ʻia kai make, inā i make uʻi,
e kuni ʻia ua kupapaʻu lā e ke kahuna
ʻanāʻanā. Akā, i make ʻelemakule, ʻaʻole nō
e kuni ʻia, no ka manaʻo ʻia i make maoli nō.

7. Eia kekahi ʻoihana a ke kupapaʻu. Inā
he kupapaʻu ua aloha kāna kāne paha,
a ʻo ka wahine paha, e waiho i luna a liʻu-
liʻu, a laila, kanu ʻia.

8. E kaha ʻia ua kupapaʻu lā, a e lawe ʻia ko
loko a pau, a hahao ʻia ka paʻakai ma loko
o ua kupapaʻu lā a piha. A laila, hiki nō
ke waiho loa ʻia. Ua kapa ʻia kēlā kaha ʻana
he iʻaloa. Ua nui nā kupapaʻu i hana ʻia
pēlā.

9. Penei ka hana ʻana i nā kupapaʻu kanu.
I hīkiʻi ʻia ke kaula ma ka haʻi o nā
waewae, a huki ʻia ua kaula ala, a hoʻo-
mau ʻia ma ka ʻāʻī o ke kupapaʻu a
pili aku nā kuli ma ka umauma o
ua kupapaʻu lā a poepoe ke kupapaʻu.
ʻAʻole nō e waiho lōʻihi. A laila, wahī aku
ke kapa a paʻa; a laila, hoʻomākaukau
ke kanu ʻana.

10. A ma ka pō e kanu ai [i] ke kupapaʻu;

---

1. 27:5. A: ua
2. 27:5. A: auanei (*ma kahi o* "ua nei")
3. 27:6. A: kuni
4. 27:7. A: o
5. 27:8. A: ko lakou (*ma kahi o* "ko loko")
6. 27:9. A: wawae
7. 27:9. A: ala

a ao, ae ua nalo ke kupapau, i ka kakahiaka nui
e hele na kanaka kanu kupapau a pau, e au au
i ka wai, a hoi mai ka au au ana, alaila
hoonoho lalani ia ma ka puka o ka hale i
waiho ai ua kupapau la.

11 Alaila kii ia ke kahuna e hele mai e hui kala,
aole no e hiki i ke kahuna anaana, ke hui
kala, na ke kahuna pule heiau, ia hana
o ka hui kala i na mea haumia a pau,
mai ke kupapau a ua haumia e ae.

12 A hiki mai ua kahuna la me kekahi poi
ua puha iloko i ke kai, he limu kala kekahi
mau ua poi la, he olena kekahi mau poi la
a ku ke kahuna mamua o na kanaka e
noho lalani ana, a pule oia penei ka pule
ana,

13 "Leleuli e, lelewai e, he uli, he uli, he wai, he wai
lelewai i ke akua e kana me hani o nehe-
lani, nehe iapikana kalani, a lama, he
mu oia, alaila hooho mai kanaka a
pau, he mu. Alaila hea hou mai ke kahu-
na ma ka olelo pule, he mu ka ai ku, he
mu ka ai a, he mu ke ahula, he mu ka
paani, he mu kokolana, i kikapuaa, i
koko ilio, i koko kanaka make, he mu oia
hooho nui mai kanaka, he mu, hea hou
mai ke kahuna, elieli, hooho mai kana-
ka, kapu, hea hou mai ke kahuna
e lieli, hooho mai kanaka, noa, hea
hou mai ke kahuna, ia e, hooho nui
kanaka a pau noa honua, Alaila,

a ao, ae ua nalo ke kupapau, i kakahiaka nui
e hele na kanaka kanu kupapau a pau, e auau
i ka wai, a hoi mai ka auau ana, alaila
hoonoho lalani ia, ma ka puka o ka hale i
waiho ai ua kupapau la.

11 Alaila kii [ia] ke kahuna e hele mai e hui kala,
aole no e hiki i ke kahuna anaana, ke hui
kala, na ke kahuna pule heiau, ia hana
o ka hui kala i na mea haumia a pau
mai ke kupapau a na haumia e ae.

12 A hiki mai ua kahuna la me kekahi poi
ua piha ɨloko¹ i ke kai, he limu kala kekahi
ma ua poi la, he olena kekahi ma ua poi la
a ku ke kahuna mamua o na kanaka e
noho lalani ana, a pule oia penei ka pule
ana,

13² Leleuli e, lelewai³ e, he uli, he uli, he wai, he wai
lele au i ke ahua e kane mehani o nehe-
lani,⁴ nehe i apikana kalani, a lama, he-
mu oia, a laila hooho mai kanaka a
pau, he mu, alaila hea hou mai ke kahu-
na ma ka olelo pule, he mu ka ai ku, he-
mu ka ai a, he mu ke ahula, he mu ka
paani, he mu koko lana,⁵ i kokopuaa, i
koko ilio, i koko kanaka make, he muoia
hooho nui mai kanaka, he mu, hea hou
mai ke kahuna, elieli, hooho mai kana-
ka, kapu, hea hou mai ke kahuna
elieli, hooho mai kanaka, noa, hea
hou mai ke kahuna, ia e, hooho nui
kanaka a pau, noa honua,⁶ alaila,

a ao aʻe, ua nalo ke kupapaʻu. I kakahiaka nui,
e hele nā kānaka kanu kupapaʻu a pau e ʻauʻau
i ka wai. A hoʻi mai ka ʻauʻau ʻana, a laila,
hoʻonoho lālani ʻia ma ka puka o ka hale i
waiho ai ua kupapaʻu lā.

11. A laila, kiʻi ʻia ke kahuna e hele mai e huikala.
ʻAʻole nō e hiki i ke kahuna ʻanāʻanā ke hui-
kala; na ke kahuna pule heiau ia hana
ʻo ka huikala i nā mea haumia a pau
mai ke kupapaʻu a [me] nā haumia ʻē aʻe.

12. A hiki mai ua kahuna lā me kekahi poʻi,
ua piha ʻo⁷ loko i ke kai. He limu kala kekahi
ma ua poʻi lā, he ʻōlena kekahi ma ua poʻi lā.
A kū ke kahuna ma mua o nā kānaka e
noho lālani ana a pule ʻo ia. Penei ka pule
ʻana:

13.⁸ "Leleuli ē, lelewai ē!⁹ He uli, he uli, he wai, he wai!
Lele au i ke ʻāhua, e Kānemehani,¹⁰ ʻo nehe
lani, nehe i ʻApikanakalani. A lama, he-
mū ʻo ia!" A laila hoʻōho mai kānaka a
pau, "Hemū!" A laila, hea hou mai ke kahu-
na ma ka ʻōlelo pule, "Hemū ka ʻai kū, He-
mū ka ʻaiā, Hemū ke ahula, Hemū ka
pāʻani, Hemū kākālana!¹¹ I koko puaʻa, I
koko ʻīlio, I koko kanaka make, Hemū ʻo ia!"
Hoʻōho nui mai kānaka: "Hemū!" Hea hou
mai ke kahuna: "ʻEliʻeli!" Hoʻōho mai kāna-
ka: "Kapu!" Hea hou mai ke kahuna:
"ʻEliʻeli!" Hoʻōho mai kānaka: "Noa!" Hea
hou mai ke kahuna: "Iā ē!" Hoʻōho nui
kānaka a pau: "Noa honua!" A laila,

---

1. 27:12. A: loko (ma kahi o "ɨloko")
2. 27:13. C?: 13 " (hoʻokomo ʻia ke kaha puanaʻī)
3. 27:13. A: Lelewai
4. 27:13. A: Kane me Hanionehelani
5. 27:13. A: kakolana
6. 27:13. C?: honua," (hoʻokomo ʻia ke kaha puanaʻī)
7. 27:12. ua hoʻololi ʻia ʻo "i," ʻo ia ʻo "ʻo"
8. 27:13. e nānā i ka pākuʻina I.3, kahi i hoʻonohonoho ʻia ai kēia pule ma ka lālani mele
9. 27:13. e nānā i ka pule like ma 37:30
10. 27:13. ʻo "Kānemehanu" ka pela ʻana ma 37:30
11. 27:13. ua hoʻololi ʻia ʻo "kokolana," ʻo ia ʻo "kākālana" (e nānā i ka paukū 37:30)

pipi mai ke kahuna i ka wai i hui pu ia
me ka olena maluna o na kanaka a pau
alaila pau ka huikala ana, a pau no
hoi ka haumia,

14. Alaila hoi kela kanaka keia kanaka
ma kona hale iho, A o ke kahi kupa-
pau kanu malu no a nalo loa, ua
kapa ia kela kahu ana he huna
kele kainoa oia kanu malu ana

15. A o ke kahi kupapau, i kanu ia a
nalo, i na i aloha kana kane paha
ka wahine paha, e kii malu no e
huai a lawe i na iwi eha, a me na
iwi wawae eha, a me ka iwi poo
holoi a pau ka pilau i ka wai.

16. Alaila hahao no maloko o kona ope
uluna, a moe pu no me na pua iwi
la, i kela po i keia po, he mui no na
kupapau i hana ia pela ke aloha
nui ia.

17. I na i lawe ole ia na iwi, o ka peahi
lima paha ke oki ia a kau lai a na
lo i ka la, alaila moe pu no me na ku
papau la, a i ole ka peahi lima, o ka
lauoho paha, i ole ka lauoho, o ka niho
paha, i ole ka niho o ka maiuu paha

18. O keia mau wahi o ke kupapau
ke lawe ia e kona mea nana i aloha
nui, a malama loa ia, a hiki i ka wa
e pau ai ke aloha, alaila haalele ia
keia mau mea o ke kupapau

pipi mai ke kahuna i ka wai i hui pu ia
me ka olena maluna o na kanaka a pau
alaila pau ka huikala ana, a pau no
hoi ka haumia.

14 Alaila hoi kela kanaka keia kanaka
ma kona hale iho, a o kekahi kupa-
pau kanu malu no a nalo loa, ua
kapaia kela kanu ana he huna
kele kainoa o ia kanu malu ana

15 A o kekahi kupapau, i kanu ia a
nalo, ina i aloha kana kane paha
ka wahine paha, e kii malu no e
huai a lawe i na iwi eha, a me na
iwi wawae eha, a me ka iwi poo
holoi a pau ka pilau i ka wai.

16 Alaila hahao no maloko o kona ope
uluna, a moe pu no me ua pua iwi
la, i kela po i keia po, he nui no na
kupapau i hana ia pela ke aloha
nui ia.

17 Ina i lawe ole ia na iwi, o ka peahi
lima paha ke oki ia a kaulai a ma
lo[1] i ka la, alaila moe pu no me ua ku
papau la, a i ole ka peahi lima, o ka
lauaho[2] paha, i ole ka lauaho,[3] o ka niho
paha, i ole ka niho o ka maiuu paha.

18 O keia mau wahi o ke kupapau
ke lawe ia e kona mea nana i aloha
nui, a malama loa ia, a hiki i ka wa
e pau ai ke aloha, a laila haalele ia
keia mau mea o ke kupapau.

pīpī mai ke kahuna i ka wai i hui pū ʻia
me ka ʻōlena ma luna o nā kānaka a pau.
A laila, pau ka huikala ʻana, a pau nō
hoʻi ka haumia.

14. A laila, hoʻi kēlā kanaka kēia kanaka
ma kona hale iho. A ʻo kekahi kupa-
paʻu, kanu malū nō a nalo loa. Ua
kapa ʻia kēlā kanu ʻana he hūnā-
kele ka inoa o ia kanu malū ʻana.

15. A ʻo kekahi kupapaʻu i kanu ʻia a
nalo, inā i aloha kāna kāne paha,
ka wahine paha, e kiʻi malū nō e
huaʻi a lawe i nā iwi [lima] ʻehā a me nā
iwi wāwae ʻehā a me ka iwi poʻo,
holoi a pau ka pilau i ka wai.

16. A laila, hahao nō ma loko o kona ʻope
uluna, a moe pū nō me ua pūʻā iwi
lā i kēlā pō i kēia pō. He nui nō nā
kupapaʻu i hana ʻia pēlā ke aloha
nui ʻia.

17. Inā i lawe ʻole ʻia nā iwi, ʻo ka peʻahi
lima paha ke ʻoki ʻia a kaulaʻi a ma-
lo[ʻo] i ka lā, a laila, moe pū nō me ua ku-
papaʻu lā; a i ʻole ka peʻahi lima, ʻo ka
lauoho[4] paha; i ʻole ka lauoho,[4] ʻo ka niho
paha; i ʻole ka niho, ʻo ka māiʻuʻu paha.

18. ʻO kēia mau wahi o ke kupapaʻu
ke lawe ʻia e kona mea nāna i aloha
nui, a mālama loa ʻia a hiki i ka wā
e pau ai ke aloha; a laila, haʻalele ʻia
kēia mau mea o ke kupapaʻu.

---

1. 27:17. A: maloo
2. 27:17. A: lauoho
3. 27:17. A: lauoho
4. 27:17. *ua hoʻololi ʻia ʻo* "lauaho," *ʻo ia ʻo* "lauoho"

Mokuna XXVIII

No ka hoomana ma ka anaana.

1 Ma ka make ana e ka poe waiwai, a me ka poe hanohano, a me ka poe aloha nui ia, ua kapaia ko lakou make ana, i anaana ia ka mea i make ai, i ku halahala ia mai no ka waiwai, i opu ino ino ia mai no ka hanohano, oia no ka mea i make ai. alaila e kuni ia ua mea make la e ke kahuna anaana

2 Penei e hana ai, e amo no ke kanaka me ka puaa, i mua o ke kahuna anaana a i kona kuana i mua o ke kahuna anaana, e kaumaha oia i ka puaa penei.

3 Eia ka puaa e uli i ka hoolewa, he puaa keia, e ino lia aku ana, e make ka mea nana i anaana kau mea aloha, o kau ia e uli, a me kamokaoukoae, a me kaalae ahina e hoolewa ai.

4. Alaila ninau mai ke kahuna, he puaa anaana kau, a e i aku kela, ae, i hou mai ke kahuna, e kuu mai i ka puaa, a e nana mai oe, i kahi a ka puaa e hele ai.

5 Alaila kuu ia ua puaa la, i na hele ka puaa a eku i ka lepo, alaila i mai ke kahuna, ua make ka mea nana i anaana, aole keia e liuliu, make aku ia, no ka mea, ua eku ka puaa i ka lepo.

6 Aiole paha, i na i hele ka puaa, a hala no ka aoao hema o ke kahuna, i mai no

Mokuna XXⅧVIII
No ka hoomana ma ka anaana.

1 Ma ka make ana o ka poe waiwai, a me
ka poe hanohano, a me ka poe aloha nui
ia, ua kapaia ko lakou make ana, i
anaana ia ka mea i make ai, i ku
halahala ia mai no ka waiwai, i opu ino
ino ia mai no ka hanohano, oia no ka
mea i make ai, alaila e kuni ia ua
mea make la e ke kahuna anaana

2 Penei e hana ai, e amo no ke kanaka me
ka puaa, i mua o ke kahuna anaana
a i kona ku ana imua o ke kahuna ana
ana, e kaumaha oia [i ka puaa] penei

3 Eia ka puaa e Uli i ka hoolewa,[1] he puaa
keia e no lia[2] aku ana, e make ka mea nana
i anaana ka'u mea aloha, o ka'u ia e
Uli, a me Kamakaokukoae, a me Kaalae ahina
e hoolewa ai.

4. Alaila ninau mai ke kahuna, he puaa
anaana kau, a e [i] aku kela, ae, i hou mai
ke kahuna,[3] e kuu mai i ka puaa, a e
nana mai oe, i kahi a ka puaa e hele
ai.

5 Alaila kuu ia ua puaa la, ina hele
ua[4] puaa a e_ku i ka lepo, alaila, i mai
ke kahuna, ua make ka mea nana i ana
ana, aole keia e liuliu, make aku ia,
no ka mea, ua eku ka puaa i ka lepo.

6 Aiole pela, ina i hele ka puaa, a hala
[ma] ka aoao hema o ke kahuna, i mai no

Mokuna XXVIII [28, Emerson 28]
No ka Ho'omana ma ka 'Anā'anā

1. Ma ka make 'ana o ka po'e waiwai a me
ka po'e hanohano a me ka po'e aloha nui
'ia, ua kapa 'ia ko lākou make 'ana i
'anā'anā 'ia ka mea i make ai, i kū-
halahala 'ia mai no ka waiwai, i 'ōpū 'ino-
'ino 'ia mai no ka hanohano, 'o ia nō ka
mea i make ai. A laila, e kuni 'ia ua
mea make lā e ke kahuna 'anā'anā.

2. Penei e hana ai: e amo nō ke kanaka me
ka pua'a i mua o ke kahuna 'anā'anā.
A i kona kū 'ana i mua o ke kahuna 'anā-
'anā, e kaumaha 'o ia i ka pua'a penei:

3.[5] "Eia ka pua'a, e Uliikaho'olewa. He pua'a
kēia e mōlia[6] aku ana e make ka mea nāna
i 'anā'anā ka'u mea aloha. 'O ka'u ia, e
Uli a me Kamakaokūkoa'e a me Ka'alaeahina,
E ho'olewa ai."

4. A laila, nīnau mai ke kahuna, "He pua'a
'anā'anā kāu?" A e 'ī aku kēlā, "'Ae." 'Ī hou mai
ke kahuna, "E ku'u mai i ka pua'a, a e
nānā mai 'oe i kahi a ka pua'a e hele
ai."

5. A laila, ku'u 'ia ua pua'a lā. Inā hele
ua pua'a [lā] a 'eku i ka lepo, a laila, 'ī mai
ke kahuna, "Ua make ka mea nāna i 'anā-
'anā. 'A'ole kēia e li'uli'u, make aku ia,
no ka mea, ua 'eku ka pua'a i ka lepo."

6. A i 'ole pēlā, inā i hele ka pua'a a hala
ma ka 'ao'ao hema o ke kahuna, 'ī mai nō

---

1. 28:3. A?: ao lewa (*ma kahi o* "hoolewa")
2. 28:3. C?: [m paha] (*me ka mana,'o 'o* "molia" *ka pela kūpono, ma kahi o* "no lia") *A:* nolia *A?:* molia
3. 28:4. A: kahana *[sic]*
4. 28:5. C?: ꝏ[k]a
5. 28:3. *e nānā i ka pāku'ina I.5, kahi i ho'onohonoho 'ia ai kēia pule ma ka lālani mele*
6. 28:3. *ua ho'ololi 'ia 'o* "no lia," *'o ia 'o* "mōlia"

Ke Kahuna, i make Ka, i Ko Ka wahine
poe, a i ole pela, i na i hele Ka puaa
ma Ka aoao akau o Ke Kahuna, i mai
Ke Kahuna, i make Ka i Ko Ke Kaikai
na poe.

7 A i ole pela, i na i holo Ka puaa ma
hope o Ke Kahuna, i mai Ke Kahuna
i make ia waho, a i ole pela, i na i
nana Ka puaa iluna, i mai Ke Kahu-
na, i make Ka i na 'lii, a i ole pela
i na i hoi hou Ka puaa, ma Ke alo o
Ka mea nana i lawe mai Ka puaa,
i mai Ke Kahuna, i make i na hoa ai
Alaila pau Ka Ke Kahuna mau olelo, a
Kauoha mai nae Ke Kahuna, e hoo-
makaukau i na huhui kukui, a me
na ipu awa, a na na mea anaana a
pau,

8 Alaila, hoi Ka mea nana i lawe Kaalana a
a hai aku i Keia mau olelo a Ke Kahuna
anaana, i olelo mai ai, e make Koke ana
Ka mea nana i anaana Kela mea i ma-
ke

9 Alaila olioli nui Ka mea nana Ke Kupa-
pau, no Ka make Koke o Ka mea nana i
anaana, Ka lakou mea i aloha nui ai,
a hana no lakou me Ka pihoihoi i na
mea a Ke Kahunaanaana i Kauoha mai
ai e hoomakaukau e mamua o Kona
hiki ana mai, a hiki mai na Kahuna
anaana la, ua makaukau.

ke kahuna, i make ka, i ko ka wahine
poe, a i ole pela, ina i hele ka puaa
ma ka aoao akau o ke kahuna, i mai
ke kahuna, i make ka i ko ke kaikai-
na poe.

7 A i ole pela, ina i holo ka puaa ma
hope o ke kahuna, i mai ke kahuna
i make ia waho, a i ole pela, ina i
nana ka puaa iluna, i mai ke kahu-
na, i make ka i na 'lii, a i ole pela
ina i hoi hou ka puaa, ma ke alo o
ka mea nana i lawe mai ka puaa,
i mai ke kahuna, i make i na hoa ai,
alaila pau ka ke kahuna mau olelo, a
kauoha mai nae ke kahuna, e hoo-
makaukau i na huhui kukui, a me
na ipu awa, a na[1] na mea anaana a
pau.

8 Alaila, hoi ka mea nana i lawe ka alana
a hai aku i keia mau olelo a ke kahuna
anaana, i olelo mai ai, e make koke ana
ka mea nana i anaana kela mea i ma-
ke.

9 Alaila olioli nui ka mea nana ke kupa-
pau, no ka make koke o ka mea nana i
anaana, ka lakou mea i aloha nui ai,
a hana no lakou me ka pihoihoi i na
mea a ke kahuna anaana i kauoha mai
ai e hoomakaukau e mamua o kona
hiki ana mai, a hiki mai ua kahuna
anaana la, ua makaukau.

ke kahuna, "I make kā i ko ka wahine
po'e." A i 'ole pēlā, inā i hele ka pua'a
ma ka 'ao'ao 'ākau o ke kahuna, 'ī mai
ke kahuna, "I make kā i ko ke kaikai-
na po'e."

7. A i 'ole pēlā, inā i holo ka pua'a ma
hope o ke kahuna, 'ī mai ke kahuna,
"I make iā waho." A i 'ole pēlā, inā i
nānā ka pua'a i luna, 'ī mai ke kahu-
na, "I make kā i nā ali'i." A i 'ole pēlā,
inā i ho'i hou ka pua'a ma ke alo o
ka mea nānā i lawe mai ka pua'a,
'ī mai ke kahuna, "I make i nā hoa 'ai."
A laila, pau kā ke kahuna mau 'ōlelo, a
kauoha mai na'e ke kahuna e ho'o-
mākaukau i nā huhui kukui a me
nā ipu 'awa a me[2] nā mea 'anā'anā a
pau.

8. A laila, ho'i ka mea nānā i lawe ka 'ālana,
a ha'i aku i kēia mau 'ōlelo a ke kahuna
'anā'anā i 'ōlelo mai ai, e make koke ana
ka mea nānā i 'anā'anā kēlā mea i ma-
ke.

9. A laila, 'oli'oli nui ka mea nānā ke kupa-
pa'u no ka make koke o ka mea nānā i
'anā'anā kā lākou mea i aloha nui ai,
a hana nō lākou me ka pīhoihoi i nā
mea a ke kahuna 'anā'anā i kauoha mai
ai e ho'omākaukau 'ē ma mua o kona
hiki 'ana mai. A hiki mai ua kahuna
'anā'anā lā, ua mākaukau.

---

1. 28:8. A: me
2. 28:7. *ua ho'ololi 'ia 'o* "na," *'o ia 'o* "me"

10. Eia ka hana o keia kahuna anaana,
e waiho ia ke kahi pohaku i ke kaha ae
o Kahaloa, a waiho ia na pohaku la ma
ke alo o ke kahuna anaana, a hookokoke
ia mai, ke poo o ke kupapau, ma na poha
ku la, imua o ke kahuna anaana.

11 Alaila, kuu ke kahuna anaana iluna me ka
huihui kukui ma kona lima, a me kaipu
awa, a kuu oia i ka pule anaana, he pule kuu
kaiaoa oia pule, penei ka pule ana, Ae penei
ka hui, hui hano, o ka hui keia a ka au makua
e hoomana aku ana e make ka mea ia naana
ia ia i hoihoi ai e oe, oi kaa lelea ka hui nei
penei ka hui, hui hano, o ka hui keia a Uli, a Kaalaea
hina, a Kukoae, e molia aku ana e make ka mea na
na anaana, i hoihoi ai e oe, oi kaa lelea ka hui
nei penei ka hui, hui hano.

12 Alaila, kahae iho la na kahuna anaana la
i na kukui ana e paa ana ma kona lima, iluna
o ka papapohaku, i kapaia, ke papa ka hui,
a lele liilii na kukui kukui, me na ipu awa
ma kela wahi ma keia wahi.

13 A ma kahi, a na mau kukui kukui la, e lele ai
e kukikuhi hou no ke kahuna anaana i ka poe
i komake ai, ma laila, no ka lele ana o ka hui
ma laila, a pau keia oihana, o ke kahuna
anaana.

14 Alaila, hana ia ke kapuahi kuni, a nui
a kahu ia keahi a nui a ka ei ia ke kapu
ahi i ka auhuhu a puni, a me kaipu
awa, a puni ke kapuahi a kukulu ia

10 Eia ka hana a kela kahuna anaana
e waiho ia kekahi pohaku, i ke kapa ae
okahaloa,[1] a waiho ia ua pohaku la ma
ke alo o ke kahuna anaana, a hookokoke
ia mai, ke poo o ke kupapau, ma ua poha
ku la, imua o ke kahuna anaana.

11 A laila, ku ke kahuna anaana iluna me ka
huihui kukui ma kona lima, a me ka ipu
awa, a ku oia i ka pule anaana, he pule hui
ka inoa oia pule, penei ka pule ana, Iae, penei
ka hui, hui hano, o ka hui keia a ka au makua
e hoomana aku ana e make ka mea i anaana
iaia i hoihoi ai e oe, oi haalelea ka hui nei,
penei ka hui, hui hano, o ka hui keia a[2] Uli, a Kaalaea
hina, a Kukoae, e molia aku ana e make [ka] mea na
na i anaana, i hoihoi ai e oe, oi haalelea ka hui
nei, penei ka hui, hui hano.

12 A laila, hahau ihola ua kahuna anaana la
i na huhui ana e paa ana ma kona lima, i lu-
na o ka papa pohaku,[3] i kapaia, he papa ka hui,
a lele liilii na huhui kukui, me na ipu awa
ma kela wahi ma keia wahi.

13 A ma kahi, a ua mau huhui kukui la, e lele ai
e kuhikuhi hou no ke kahuna anaana i ka poe
i ~~ke~~make ai, ma laila, no ka lele ana o ka hui
ma laila, a pau keia oihana, a ke kahuna
anaana.

14 A laila, hana ia ke kapuahi kuni, a nui
a kahu ia ke ahi a nui, a ka_ei ia ke kapu
ahi i ka auhuhu a puni, a me ka ipu
awa, a puni ke kapuahi, a kukulu ia

10. Eia ka hana a kēlā kahuna 'anā'anā:
e waiho 'ia kekahi pōhaku i ke kapa 'ae-
'okahaloa, a waiho 'ia ua pōhaku lā ma
ke alo o ke kahuna 'anā'anā. A ho'okokoke
'ia mai ke po'o o ke kupapa'u ma ua pōha-
ku lā i mua o ke kahuna 'anā'anā,

11.[4] a laila, kū ke kahuna 'anā'anā i luna me ka
huihui kukui ma kona lima, a me ka ipu
'awa, a kū 'o ia i ka pule 'anā'anā. He pule hui
ka inoa o ia pule. Penei ka pule 'ana: "Iā ē, Penei
ka hui, hui hano, 'O ka hui kēia a ka 'aumakua
e ho'omana aku ana. E make ka mea i 'anā'anā
iā ia i ho'iho'i 'ia[5] e 'oe. 'Oi ha'alelea ka hui nei.
Penei ka hui, hui hano, 'O ka hui kēia a Uli, a Ka'alaea-
hina, a Kūkoa'e e mōlia aku ana. E make ka mea nā-
na i 'anā'anā i ho'iho'i 'ia[6] e 'oe. 'Oi ha'alelea ka hui
nei. Penei ka hui, hui hano."

12. A laila, hahau ihola ua kahuna 'anā'anā lā
i nā huhui āna e pa'a ana ma kona lima i lu-
na o ka papa pōhaku i kapa 'ia he papa kā hui,
a lele li'ili'i nā huhui kukui me nā ipu 'awa
ma kēlā wahi ma kēia wahi.

13. A ma kahi a ua mau huhui kukui lā e lele ai,
e kuhikuhi hou nō ke kahuna 'anā'anā i ka po'e
i make ai ma laila (no ka lele 'ana o ka hui
ma laila). A pau kēia 'oihana a ke kahuna
'anā'anā,

14. a laila, hana 'ia ke kapuahi kuni a nui,
a kahu 'ia ke ahi a nui, a kā'ei 'ia ke kapu-
ahi i ka 'auhuhu a puni, a me ka ipu
'awa a puni ke kapuahi, a kūkulu 'ia

---

1. 28:10. A: ke kapa ae [ia] o Kahaloa
2. 28:11. A: *nele 'o* "ka aumakua e hoomana aku ana e make ka mea i anaana iaia i hoihoi ai e oe, oi haa lelea ka hui nei penei ka hui, hui hano, o kahui keia a"
3. 28:12. A: papohaku (*ma kahi o* "papa pohaku")
4. 28:11. *e nānā i ka pāku'ina 1.6, kahi i ho'onohonoho 'ia ai kēia pule ma ka lālani mele*
5. 28:11. *ua ho'ololi 'ia 'o* "ai," *'o ia 'o* "'ia"
6. 28:11. *ua ho'ololi 'ia 'o* "ai," *'o ia 'o* "'ia"

i mau lepa makela kihi o ke kapuahi
a ma keia kihi o kapuahi kuni.

15 Alaila, lawe ia mai na moa, a me na ilio i mau mea
kuni, a hookaawale ia kekahi mau kanaka elua
paha, na laua e kaha ke kupapau, a lawe mai i ke
ake o ke kupapau, a okioki a liilii ka ake, a hahao ma
loko o kela moa keia moa, kela ilio, keia ilio, i mau
mea awaawa.

16 O na mau kanaka la nana i kaha ke kupapau, ua
haumia loa laua, aole e lalau ko laua lima i kaai,
a ai ae, na hai e hao mai ka ai i ko laua waha.

17 A ma ka wa e koneo ai ke ake, o ke kupapau, iloko o ka moa
paha, i ka ilio paha, e hoolei aku no ma ke kapuahi kuni,
e oki iho oia mai o mea, ke imi aku la i ka mea mana i ana-
ana.

18 Alaila ke ke kahuna i ka pule awaawa, me ka ikaika nui o ka
na pule ana ʻno ka ai me ka ai ole a me ka inu ole, he pule no
ka pule awaawa, aia no ka pau ana o ka pule i ka pau o
ka ilio, a me ka moa i ka lehu alaila pau ka puleana.

19 Ma ka wa e ai kekahi, penei ka pule, "Aia kahi, keahi
a ka po o lani puli, a i hea kekahi, keahi a ka po o lani
puli, A i kalani, make i kalani, popo i kalani, ilio kalani,
punahelu i kalani, hoolehua i kalani ka maka o ka
kuna anaana, me ka lawe mauui, e kane, a hia
ku o keahi, kupu malamalama, o kahi o ka po a,
a hia kulualani, pua, kuookoa, a keahi. (he mau no
keia pule.)

20 A ma ka wa e pau ai ka moakai kuni i ka lehu, ua
puou ia, alaila, kalikali ia ka lehu ahi, i ka kai
walo ko, o ka puhi i hoolei iai ka lehu a me na
mea pau o ke kapuahi kuni, a kanu ia ke puahi.

i mau lepa ma kela kihi o ke kapuahi[1]
a ma keia kihi o kapuahi kuni.

15 A laila, lawe ia mai na moa, a me na ilio i mau mea
kuni, a hookaawale ia kekahi mau kanaka elua
paha, na laua e kaha ke kupapau, a lawe mai i ke
ake o ke kupapau, a okioki a liilii ke ake, a hahao ma
loko o kela moa keia moa, kela ilio, keia ilio, i mau-
nu anaana.

16 O ua mau kanaka la nana i kaha ke kupapau, ua
haumia loa laua, aole e lalau ko laua lima i ka ai,
a ai ae, na hai e uhao mai ka ai i ko laua waha.

17. A ma ka wa e komo ai ke ake, o ke kupapau, i loko o ka moa
paha, i ka ilio paha, e hoolei aku no ma ke kapuahi kuni,
a oho[2] iho eia mai o mea, ke imi aku la i ka mea nana i ana-
ana.

18. Alaila ku ke kahuna i ka pule anaana, me ka ikaika nui o ka
na pule ana [a] po ka la, me ka ai ole a me ka inu ole, he
pule̶le no
ka pule anaana, aia no ka pau ana[3] o ka pule i ka pau o
ka ilio, a me ka moa i ka lehu alaila pau ka pule ana.

19. Ma ka wa e a ai ke ahi, penei ka pule, A̶a̶a̶[4] ke ahi, ke ahi
a ka po, o lani pili, a i hea ke ahi, ke ahi a ka po, o lani
pili, A i ka lani, make [i]a ka lani, popo i ka lani, ilo[5] ka lani,
punahelu i ka lani, hoolehua i ka lani ka make[6] o ka
huna anaana, me ka lawe maunu, e kane,[7] a hia
ku o ke ahi, kupu malamalama, o kahi o ka po a.
a hia kulualani ana, kuoakea,[8] a ke ahi, (l̶ehe ahi no
keia pule.)

20. A ma ka wa e pau ai ka mohai kuni i ka lehu, o ka
pono ia, alaila, halihali ia ka lehu ahi, i ke kai
maloko, o ke puhi i hoolei ia ai ka lehu a me na
mea pau o ke kapuahi kuni, a kanu ia ke puahi,[9]

---

i mau lepa ma kēlā kihi o ke kapuahi
a ma kēia kihi o kapuahi kuni.

15. A laila, lawe 'ia mai nā moa a me nā 'īlio i mau mea
kuni, a ho'oka'awale 'ia kekahi mau kānaka 'elua
paha, na lāua e kaha ke kupapa'u, a lawe mai i ke
ake o ke kupapa'u, a 'oki'oki a li'ili'i ke ake, a hahao ma
loko o kēlā moa kēia moa, kēlā 'īlio kēia 'īlio i mau-
nu 'anā'anā.

16. 'O ua mau kānaka lā nāna i kaha ke kupapa'u, ua
haumia loa lāua, 'a'ole e lālau ko lāua lima i ka 'ai
a 'ai a'e; na ha'i e uhao mai ka 'ai i ko lāua waha.

17. A ma ka wā e komo ai ke ake o ke kupapa'u i loko o ka moa
paha, i ka 'īlio paha, e ho'olei aku nō ma ke kapuahi kuni,
a oho iho, "Eia mai 'o Mea ke 'imi akula i ka mea nāna i 'anā-
'anā."

18. A laila, kū ke kahuna i ka pule 'anā'anā me ka ikaika nui o kā-
na pule 'ana a pō ka lā, me ka 'ai 'ole a me ka inu 'ole. He
pule nō
ka pule 'anā'anā. Aia nō ka pau 'ana o ka pule i ka pau o
ka 'īlio a me ka moa i ka lehu, a laila, pau ka pule 'ana.

19.[10] Ma ka wā e 'ā ai ke ahi, penei ka pule: "'Ā'Ā KE AHI, KE AHI
A KA PŌ O LANIPILI. 'Ā I HEA KE AHI, KE AHI A KA PŌ O LANI-
PILI? 'Ā I KA LANI, MAKE I KA LANI, POPO I KA LANI, ILO KA LANI,
PUNAHELU I KA LANI, HO'OLEHUA I KA LANI, KA MAKE O KA-
HUNA 'ANĀ'ANĀ ME KA LAWE MAUNU, E KĀNE. A HI'A
KŪOKEAHI, KUPU MĀLAMALAMA. 'O KAHI O KA PŌ 'Ā.
A HI'A KŪLUALANIANA, KŪŌĀKEA, 'Ā KE AHI." (He ahi nō
kēia pule.)

20. A ma ka wā e pau ai ka mōhai kuni i ka lehu, 'o ka
pō nō ia. A laila, halihali 'ia ka lehu ahi i ke kai.
Ma loko o ke puhi i ho'olei 'ia ai ka lehu a me nā
mea [a] pau o ke kapuahi kuni, a kanu 'ia ke [ka]puahi.

---

1. 28:14. A: kapuahi **kuni**
2. 28:17. A: oho
3. 28:18. A: *nele*
4. 28:19. A: aa
5. 28:19. A: ilo **i**
6. 28:19. A: maka
7. 28:19. A: Kane
8. 28:19. A: kuo[w]akea
9. 28:20. A: *kapuahi*
10. 28:19. *e nānā i ka pāku'ina I.7, kahi i ho'onohonoho 'ia ai kēia pule ma ka lālani mele*

21 A hakahiaka ae, e hoohele ae ke kahuna, kohana ia kekahi
keiki, a me kekahi kaikamahine, me ke pani ole ia ko
laua mau maka, na laua e hele poai ai laua ma ke kae
o ke kapuahi kuni,

22. E pau no ke kahuna anaana i ka pule, a pau kela pule
ana, pau ke kuni ana, alaila hai mai ke kahuna
anaana, i ka poe nana i anaana, ke kupapau,

23. Ua ike au i ke ka hoaka o ka mea nana anaana, e hele
mai ana, i lalo ke poo, ua pani i na maka, aka, ua mae
ka noia, aole no e liuliu keia, make mai no hoi ia,

24 Eia na'u maka, he pehu, he okaa, he hikoko, he luai
koko, he kua nanaka, o kou mau mau maka keia e nana
oukou,

25 A pau keia olelo a ke kahuna anaana, alaila kanu ia ke
kupapau, alaila hele mai ke kahuna e anai, he kahuna
ia, no mua nana e kala, a pau ia, alaila haawi ia
ka uku o ke kahuna anaana he nui no.

26 Ina i make kekahi mahope iho, i na mai a ke kahuna
i olelo mai ai, alaila makemake nui ia ke la kahuna
no ka mana, a makau nui ia no hoi no kona mana
nui, ua kokoke elike pu ko na lii anaana, me ke kanaka
aka, he nui no ko na lii mau mohai kuni, he oihana
hoomana no keia o ka anaana, he nui no na mohai
e kuni ai, he kanaha ka ilio, elua kanaha moa, he
lau ko na lii ilio, he nui ka moa,

Mokuna XXIX

No ka hoomana ana ko ke lii nui make ana

1 I na o ke lii nui nona ke aupuni ka i make he
oihana okoa loa kona hoomana ana, aole no e
like pu me ko na lii e ae a pau,

2 Ma ka make ana o ke lii nona ke aupuni,

21 A kakahiaka ae, e hoohele ~~ae ke kahuna~~, kohana ia kekahi keiki, a me kekahi kaikamahine, me ke pani ole i~~a~~ ko [laua] mau mai, ma ka wa e hele poai ai laua ma ke kae o ke kapuahi kuni.

22. E ku no ke kahuna anaana i ka pule, a pau kela pule ana, pau ke kuni ana, alaila hai mai ke kahuna anaana, i ka poe nana i anaana, ke kupapau.

23. Ua ike au i ke ka hoaka o ka mea nana[1] anaana, e hele mai ana, i lalo ke poo, ua pani i na maka, aka, ua make no ia, aole no e liuliu keia, make mai no hoi ia.

24 Eia nae ka'u make, he pehu, he ohao, he hikoko, he luai koko, he kua nanaka, ka'u mau make keia e nana oukou.

25 A pau keia olelo a ke kahuna anaana, alaila kanu ia ke kupapau, alaila hele mai ke kahuna e mai, he kahuna ia, no mua nana e ~~hui~~kala, a pau ia, alaila haawi ia ka uku o ke kahuna anaana he nui no.

26 Ina i make kekahi mahope iho, i na mai a ke kahuna i olelo mai ai, alaila makemake nui ia kela kahuna, no ka mana, a makau nui[2] ia no hoi no kona mana nui, ua kokoke elike pu ko na lii anaana, me ko kanaka aka, he nui no ko na lii mau mohai kuni, he oihana hoomana no keia o ka anaana, he nui no na mohai e kuni ai, he kanaha ka ilio, elua kanaha moa, he lau ko na lii ilio, he nui ka moa.

Mokuna XX∀IX
No ka hoomana ma ko ke lii[3] nui make ana

1 Ina o ke lii nui nona ke aupuni ka i make he oihana okoa loa kona hoomana ana, aole no e like pu me ko na lii e ae a pau.

2 Ma ka make ana o ke lii nona ke aupuni,

21. A kakahiaka a'e, e ho'ohele kohana 'ia kekahi keiki a me kekahi kaikamahine, me ke pani 'ole i ko lāua mau ma'i ma ka wā e hele pō'ai ai lāua ma ke ka'e o ke kapuahi kuni.

22. E kū nō ke kahuna 'anā'anā i ka pule. A pau kēlā pule 'ana, pau ke kuni 'ana; a laila, ha'i mai ke kahuna 'anā'anā i ka po'e nāna i 'anā'anā ke kupapa'u,

23. "Ua 'ike au i ke kāhoaka o ka mea nāna [i] 'anā'anā e hele mai ana. I lalo ke po'o, ua pani i nā maka, akā, ua make nō ia. 'A'ole nō e li'uli'u kēia, make mai nō ho'i ia."

24. "Eia na'e ka'u make: he pehu, he 'ōhao, he hī koko, he lua'i koko, he kua nanaka. Ka'u mau make kēia. E nānā 'oukou!"

25. A pau kēia 'ōlelo a ke kahuna 'anā'anā, a laila, kanu 'ia ke kupapa'u; a laila, hele mai ke kahuna 'ē mai. He kahuna ia no mua nāna e huikala. A pau ia, a laila, hā'awi 'ia ka uku o ke kahuna 'anā'anā, he nui nō.

26. Inā i make kekahi ma hope iho i nā ma'i a ke kahuna i 'ōlelo mai ai, a laila, makemake nui 'ia kēlā kahuna no ka mana, a maka'u nui 'ia nō ho'i no kona mana nui. Ua kokoke e like pū ko nā ali'i 'anā'anā me ko kānaka, akā, he nui nō ko nā ali'i mau mōhai kuni. He 'oihana ho'omana nō kēia ('o ka 'anā'anā); he nui nō nā mōhai e kuni ai, he kanahā ka 'īlio, 'elua kanahā moa, he lau ko nā ali'i 'īlio, he nui ka moa.

Mokuna XXIX [29, Emerson 29]
No ka Ho'omana ma ko ke Ali'i Nui Make 'ana

1. Inā 'o ke ali'i nui nona ke aupuni kai make, he 'oihana 'oko'a loa kona ho'omana 'ana, 'a'ole nō e like pū me ko nā ali'i 'ē a'e a pau.

2. Ma ka make 'ana o ke ali'i nona ke aupuni,

---

1. 28:23. A: nana **i**
2. 28:26. A: *nele*
3. 29:0. A: alii

114

e hookaawale ia ka hooilina o ua lii make la,

maka make oloko e, no ka mea, o ka make oloko ona

i make ai, ua haumia ia wahi i ua lii make

la.

3. E lawe no na kahuna anaana i ka io o ua

lii make la, i mau e anaana ai ma

lakou oihana, e lawe ia ke kino o ua lii

make la, i mua ma loko o ka haia e wai-
hana

ho ai, i hoolilo ia ia kua aumakua

4. Na ke kahuna hui e hana ma kana oihana

o Lolupe ke akua o ua a kahuna hui la, ua

manao ia o Lolupe ke akua nana e alakai ka

uhane o ka poe hoino i ke alii nui, e make

ko lakou uhane, a o ka uhane o ka poe hoino

ole e alakai ia ma kahi o ka

5. Ua like no me ka anaana, kekahi oihana, aia

kua o Lolupe, a o ka hoolilo i ke kupapau, ia

akua a hoomana ia, oia ka lua o kana oihana

e hana ai, penei ka hana ana.

6. E wahi ia ke kupapau i ka lau maia, a

me ka lau wauke, a me ka lau kalo, he kapa

lau kainoa oia hana ana, a paa ke kupapau

i ka wahi ia.

7. Alaila eli ia ka lua, a kanu ia ke kupapau, ma loko
kapuai

iki iho i ka lepo. hookahi paha, ka hohonu a ka-

hu ia ke ahi maluna iho, o ka lepo, a ke

kupapau e waiho ana. e kahu ia ma kona

lua a pau,

8. E kahu mau no me ka pule mau ana o ka kahuna

i ka pula hui, pela no e hana ai a pau na

ka haumia paha. Alaila, pala kahuki.

e hookaawale ia ka hooilina o ua lii make la,
ma ka moku o loko e, no ka mea, o ka moku o loko ona
i make ai, ua haumia ia wahi i ua lii make
la

3. E lawe no na kahuna anaana i ka io o ua
lii[1] make la i maunu e anaana ai ma[2]
lakou oihana, e lawe ia ke kino o ua lii[3]
make la i mua ma loko o ka haia[4] e wai-
ho ai, i hoolilo ia ia kua[5] aumakua

4. Na ke kahuna hui e hana ma kana oihana
o Lolupe ke akua o ua kahuna hui la, ua
manao ia o Lolupe ke akua nana e alakai ka
uhane o ka poe hoino i ke alii nui, e make
ko lakou uhane, a o ka uhane o ka poe hoino
ole e alakai ia ma kahi ola

5 Ua like no me ka anaana, kekahi oihana, a ia
kua o Lolupe, a o ka hoolilo i ke kupapau, ia[6]
akua a hoomana ia, oia ka lua o kana oihana
e hana ai, penei ka hana ana.

6. E wahi ia ke kupapau i ka lau maia, a
me ka lau wauke, a me ka lau kalo, he kapa
lau ka inoa o ia hana ana, a paa ke kupapau
i ka wahi ia.

7 Alaila eli ia ka lua, a kanu ia ke kupapau, malalo
iki iho i ka lepo, hookahi paha [kapuai] ka hohonu a ka-
hu ia ke ahi maluna iho, o ka lepo, a ke
kupapau e waiho ana, e kahu ia ma kona
lua a pau.

8 E kahu mau no me ka pule [mau] ana o ke kahuna
i ka pule hui, pela no e hana ai a pau na
la he umi paha, alaila, palakahuki,

e ho'oka'awale 'ia ka ho'oilina o ua ali'i make lā
ma ka moku o loko 'ē, no ka mea, 'o ka moku o loko ona
i make ai, ua haumia ia wahi i ua ali'i make
lā.

3 E lawe nō nā kāhuna 'anā'anā i ka 'i'o o ua
ali'i make lā i maunu e 'anā'anā ai ma [kā]
lākou 'oihana. E lawe 'ia ke kino o ua ali'i
make lā i mua. Ma loko o ka haia[u] e wai-
ho ai i ho'olilo 'ia i akua 'aumakua.

4. Na ke kahuna *hui*[7] e hana ma kāna 'oihana;
'o Lōlupe ke akua o ua kahuna *hui* lā. Ua
mana'o 'ia, 'o Lōlupe ke akua nāna e alaka'i ka
'uhane o ka po'e hō'ino i ke ali'i nui e make
ko lākou 'uhane; a 'o ka 'uhane o ka po'e hō'ino
'ole, e alaka'i 'ia ma kahi ola.

5. Ua like nō me ka 'anā'anā kekahi 'oihana a ia
akua 'o Lōlupe. A 'o ka ho'olilo i ke kupapa'u i[8]
akua a ho'omana 'ia, 'o ia ka lua o kāna 'oihana
e hana ai. Penei ka hana 'ana.

6. E wahī 'ia ke kupapa'u i ka lau mai'a a
me ka lau wauke a me ka lau kalo (he kapa
lau ka inoa o ia hana 'ana). A pa'a ke kupapa'u
i ka wahī 'ia,

7. a laila, 'eli 'ia ka lua, a kanu 'ia ke kupapa'u ma lalo
iki iho i ka lepo, ho'okahi paha kapua'i ka hohonu, a ka-
hu 'ia ke ahi ma luna iho o ka lepo a ke
kupapa'u e waiho ana. E kahu 'ia ma kona
lua a pau.

8. E kahu mau nō me ka pule mau 'ana o ke kahuna
i ka pule hui. Pēlā nō e hana ai a pau nā
lā he 'umi paha, a laila, palakahuki

---

1. 29:3. A: alii
2. 29:3. A: ma **ka**
3. 29:3. A: alii
4. 29:3. C?: haiau *(ma ka penikala)* A: haia[u]
5. 29:3. A: iaiakua
6. 29:5. A: i
7. 29:4. *'o "hui" paha ka pololei, 'o "hu'i" paha, a pēlā nō ma ka paukū 29:8.*
8. 29:5. *ua ho'ololi 'ia 'o 'o "ia akua," 'o ia 'o "i akua"*

ua kupapau la, a maia po iho, e lawe ia kona mau
iwi a hoomana ia ia i akua. Penei e hana ai

9. E lawai ia ua kupapau la a ohi ia kona mau
iwi a hoonohonoho hou ia ko akau mau iwi, a okoa, ko
ka hema mau iwi, a okoa, a pua a paa ao ka
iwi poo maluna iho ia o ka pua iwi, a wahi i
ke kapa a paa.

10. A o kona io i pala wahuki, a me na mea ino ma
a pau, ka kapaiaaku ia he pela, e hoolei ia ia
mau mea a pau ma ke kai.

11. A ma ka po e hoolei ai ka pela ma ke kai
he po kapu ia, aole e hele ke kahi kanaka o ka
kuikanakauhale mawaho, o make oia i ka poe
uana e lawe na pela la, e hoolei.

12. A mahope iho o keia hana ana, e waiho ia na iwi
o ke kupapau, a hoonoho ia me he kanaka la, a
noho ma ka hale a hiki i ka la pule, e lawe ia
ua mau i oo akua wila i au, a pule ia e na kahuna
o mua, oia ka wa e pau ai ka haumia, a
maia manawa e hoi mai ai ka hoailona, no
ka mea, ua pau ka haumia, a ua lilo ke
kupapau ia kua maoli a hoomana ia.

13. Alaila kukulu ua hoailona la i heiau hou no
ua mau iwi la, ua kapa ia, ua heiau la, he
hale poki, no ka mea, maia hale e
hana ia ai ua mau iwi la, a hoaha ia a
paa i ka aha a kukulu ia iluna, me he ka-
naka aka, a kukulu ia no ma ka heiau iakua.

14. Alaila lilo loa ua mau iwi la i akuahoomana ia
ua kapa ia kona inoa he akua aumakua,
ua hana ia no na kanaka iakua, aole nae i

ua kupapau la, a ma ia po iho, e lawe ia kona mau
iwi a hoomana ia ia i akua[1] Penei e hana ai

9.[2] E huai ia ua kupapau la, a ohi ia kona mau
iwi a hoonohonoho [pono] ia kona ka akau mau iwi, a okoa, ko
ka hema mau iwi, a okoa,[3] a pua a paa a[4] o ka
iwi poo, maluna iho ia o ka pua iwi, a wahi i
ke kapa a paa.

10[2] A o kona io i palakahuki, a me na mea ino [ona],
a pau, Ua kapaiaaku ia he pela, e hooloi [lei] ia ia
mau mea a pau ma ke kai.

11. A ma ka po e hoolei ai ka pela ma ke kai
he po kapu ia, aole e hele kekahi kanaka o ke
kulanakauhale mawaho, o make oia i ka poe
nana e lawe ua pela la, e hoolei.

12. A ma hope iho o keia hana ana, e waiho ia na iwi
o ke kupapau, a hoonoho ia me he kanaka la, a
noho ma ka hale a hiki i ka la pule, e lawe ia
ua mau Iioi [wi la i] aku[a] aku, a pule ia e na kahuna
o mua, oia ka wa e pau ai ka haumia, a
ma ia manawa e hoi mai ai[5] ka hooilina,[6] no
ka mea, ua pau ka haumia, a ua lilo ke
kupapau ia kua maoli a hoomana ia.

13. A laila kukulu ua hooilina la i heiau hou no
ua mau Iwi la, ua kapa ia, ua heiau la, he
hale poki,[7] no ka mea, ma ia mau hale e
hana ia ai ua mau Iwi la, a hoaha ia a
paa i ka aha a kukulu ia i luna, me he ka-
naka ala,[8] a kukulu ia no ma ka heiau i akua.

14 A laila lilo loa ua mau i [I]wi la i akua hoomana ia
ua kapa ia kona inoa he akua aumakua,
ua hana ia no na kanaka iakua, aole nae i

ua kupapa'u lā. A ma ia pō iho, e lawe 'ia kona mau
iwi, a ho'omana 'ia i akua. Penei e hana ai.

9. E hua'i 'ia ua kupapa'u lā, a 'ohi 'ia kona mau
iwi, a ho'onohonoho pono 'ia ko ka 'ākau mau iwi a 'oko'a, ko
ka hema mau iwi a 'oko'a, a pū'ā a pa'a; a 'o ka
iwi po'o, ma luna iho ia o ka pū'ā iwi; a wahī i
ke kapa a pa'a.

10. A 'o kona 'i'o i palakahuki a me nā mea 'ino ona
a pau (ua kapa 'ia aku ia he pela), e ho'olei 'ia ia
mau mea a pau ma ke kai.

11. A ma ka pō e ho'olei ai [i] ka pela ma ke kai
(he pō kapu ia), 'a'ole e hele kekahi kanaka o ke
kūlanakauhale ma waho o make 'o ia i ka po'e
nāna e lawe ua pela lā e ho'olei.

12. A ma hope iho o kēia hana 'ana, e waiho 'ia nā iwi
o ke kupapa'u a ho'onoho 'ia me he kanaka lā, a
noho ma ka hale a hiki i ka lā pule. E lawe 'ia
ua mau iwi lā i akua, a pule 'ia e nā kāhuna
o mua. 'O ia ka wā e pau ai ka haumia, a
ma ia manawa e ho'i mai ai ka ho'oilina, no
ka mea, ua pau ka haumia, a ua lilo ke
kupapa'u i akua maoli a ho'omana 'ia.

13. A laila, kūkulu ua ho'oilina lā i heiau hou no
ua mau iwi lā. Ua kapa 'ia ua heiau lā he
hale poki, no ka mea, ma ia hale e
hana 'ia ai ua mau iwi lā a hō'aha 'ia a
pa'a i ka 'aha, a kūkulu 'ia i luna me he ka-
naka ala. A kūkulu 'ia nō ma ka heiau i akua,

14. a laila, lilo loa ua mau iwi lā i akua ho'omana 'ia.
Ua kapa 'ia kona inoa he akua 'aumakua.
Ua hana 'ia nō nā kānaka i akua, 'a'ole na'e i

---

1. 29:8. A: hoomana ia ia i akua
2. 29:9. 29:10. A: *ua kuapo 'ia ke ka'ina o ka paukū 9 a me ka paukū 10*
3. 29:9. A: *nele 'o "a okoa"*
4. 29:9. A: *nele*
5. 29:12. A: *nele*
6. 29:12. C: *ua holoi 'ia 'o "oi," a laila, ua kākau hou 'ia ma luna a'e o ka lālani*
7. 29:13. A: pokii (*ma kahi o "hale poki"*)
8. 29:13. A: la

like me ko na 'lii nui kana ana, ua manao
ia o na kua nana e lawe ka uhane o na ka-
naka, oia ka mea e olelo ai ka uhane i akua
maoli.

Mokuna XXX
No ka lapaau ana i ka poe mai.

1 He mea hoomana ia i ke akua kalapaau ana
i ka poe mai, i ua e mai ke kahi kanaka e hele
no ke kahi i ke kahuna lapaau, a me ka lawe pu
aku i ka alana   ua maiola ke akua lapaau

2 I ke ku ana i mua o ke kahuna lapaau, e ninau
mai ke kahuna lapaau i ka mai, a hai ia aku
ka mai, a lohe oia i ka mai, alaila, mamua
o ka lapaau ana, papa mua mai ke kahuna
i kahi mau mea aole e ai ka mea mai,

3 Eia na mea i papa ia, aole e ai ka mea mai,
kahee, kalimu, o kaloli, kualakai, kaina, o
kawana, hawae, waukeuke, kapipipi, a me na
ia a ke kahuna i manao ai aole e ai ka mea
mai,

4 A ae mai ka mea i mai ia i keia mau olelo a
ke kahuna, alaila, lapaau, e kauai no ke ka-
huna i kana laau i ka mea mai, e ai no
ka mea i mai ia

5 A ma hope iho o ka lapaau ana, ina i ike
ke kahuna, ua koko e maka ka mai,
e hele no ke kahuna i mua e hoe ai e hoo-
mana i ke akua lapaau ia Po i hoike mai
ke akua ana na opili ana i ike ai e ola
ka mea mai, e maka paha,

6 E lawe pu aku oia i ka hemu, a me ka

like me ko na lii nui hana ana, ua manao
ia o na kua nana e lakai[1] ka uhane o na ka
naka, oia ka mea e olelo ai ka uhane i akua
maoli.

Mokuna XXX
No ka lapaau ana i ka poe mai.

1 He mea hoomana ia i ke akua ka lapaau ana
i ka poe mai, ina e mai kekahi kanaka e hele
no kekahi i ke kahuna lapaau, a me ka lawe pu
aku i ka alana m̶na maiola[2] ke akua lapaau

2 I ke ku ana i mua o ke kahuna lapaau, e ninau
mai ke kahuna lapaau i ka mai, a hai ia aku
ka mai, a lohe oia i ka mai, alaila, mamua
o ka lapaau ana, papa mua mai ke kahuna
i kahi[3] mau mea aole e ai ka mea mai.

3 Eia na mea i papa ia, aole e ai ka mea mai,
ka hee, ka limu, o ka loli, kualakai, ka ina, o
ka wana, Hawae, haukeuke, ka pipipi, a me na
ia a ke kahuna i manao ai aole e ai ka mea
mai.

4. A ae mai ka mea i mai ia[4] i keia mau olelo a
ke kahuna, alaila, lapaau, e hanai no ke ka-
huna i kana laau i ka mea mai, e ai no
ka mea i mai ia

5 A ma hope iho o ka lapaau ana, ina ike
ke kahuna, ua koke[5] e maha ka mai,
e hele no ke kahuna imua e moe ai, e hoo-
mana i ke akua lapaau ia po, i hoike mai
ke akua ma na ouli ana, i ike ai e ola
ka mea mai, e make paha.

6 E lawe pu aku oia i ka limu, a me ka

---

like me ko nā ali'i nui hana 'ana. Ua mana'o
'ia, 'o nā akua nāna e [a]laka'i ka 'uhane o nā kā-
naka; 'o ia ka mea e lilo[6] ai ka 'uhane i akua
maoli.

Mokuna XXX [30, Emerson 30]
NO KA LAPA'AU 'ANA I KA PO'E MA'I

1. He mea ho'omana 'ia i ke akua ka lapa'au 'ana
i ka po'e ma'i. Inā e ma'i kekahi kanaka, e hele
nō kekahi i ke kahuna lapa'au, a me ka lawe pū
aku i ka 'ālana na Ma'iola, ke akua lapa'au.

2. I ke kū 'ana i mua o ke kahuna lapa'au, e nīnau
mai ke kahuna lapa'au i ka ma'i, a ha'i 'ia aku
ka ma'i. A lohe 'o ia i ka ma'i, a laila, ma mua
o ka lapa'au 'ana, pāpā mua mai ke kahuna
i kahi mau mea, 'a'ole e 'ai ka mea ma'i.

3. Eia nā mea i pāpā 'ia, 'a'ole e 'ai ka mea ma'i:
ka he'e, ka limu, 'o ka loli, kualakai, ka 'ina, 'o
ka wana, hāwa'e, hā'uke'uke, ka pipipi, a me nā
i'a a ke kahuna i mana'o ai, 'a'ole e 'ai ka mea
ma'i.

4. A 'ae mai ka mea i ma'i 'ia i kēia mau 'ōlelo a
ke kahuna, a laila, lapa'au. E hānai nō ke ka-
huna i kāna lā'au i ka mea ma'i; e 'ai nō
ka mea i ma'i 'ia.

5. A ma hope iho o ka lapa'au 'ana, inā 'ike
ke kahuna ua [ko]koke e maha ka ma'i,
e hele nō ke kahuna i mua e moe ai, e hō'o-
mana [ai] i ke akua lapa'au [i] ia pō, i hō'ike mai
ke akua ma nā 'ōuli āna i 'ike ai, e ola
ka mea ma'i, e make paha.

6. E lawe pū aku 'o ia i ka limu a me ka

---

1. 29:14. A: alakai
2. 30:1. A: Maiola
3. 30:2. A: kekahi
4. 30:4. A: *nele*
5. 30:5. A: kokoke
6. 29:14. *ua ho'ololi 'ia 'o* "olelo," *'o ia 'o* "lilo"

pupupu, ana i papa ai, a ma ka hoomoe ana
i kela po, i na i na kela po, manao ke kahuna
ua ua inoino no kana ana, alaila, hoomoe
hou ia po iho.

7. A na i na ole ia po, manao ke kahuna ua maikai ka hoomoe ana, a ma ke ao ana o ua po la, alaila hoa ia ke ahi, hepulimu Nainoa oia ahi, e kalua ia ka moa no kaaumakua, o ke kahuna wale po ke ai ia moa. Kalua ia ka ilio, hookahi o mua, hookahi o ka hale moa, elima kapa; i kauwawe no kaumu o mua, elima no hoi kapa i kauwawe no kaumu o ka hale moa, ma ka e moa ai ka ilio. e ai no ke anaina, a me ka mea mai, me ka hoomana aku i ke akua lapaau. Pela no na wahine ma ka hale moa, e hoomana no i ke akua lapaau wahine.

8. A pau keia hoa ahi ana, lapaau hou no o ke kowali ka laau noha, o kapuuku ka laau luai, o kaholoi malalo mai, o ka popo kapai mawaho iho, o kaapu kalo, o kaapuuhi. Na mea hooluolu o ka wela maloko o ka mea mai.

9. A maia hope iho, e hana ia i hale wau, e hoonoho ia ka mea mai maloko, a puholoholo ia, a hoau ia ka mea mai ma ke kai, a hanai ia ua mea mai la, a hoa ia ke ahi pupupu, elike no me ke ahi linu ka hana ana, he moa ka kaaumakua, he ilio ka mua, he ilio ka ka hale

pipipi, ana i papa ai, a ma ka hoomoe ana
i kela po, ina i ua kela po, manao ke kahu-
na ua inoino no ka ua ana, alaila, hoomoe
hou ia po iho.

7. Ina i ua ole ia po, manao ke kahuna ua mai-
kai ka[1] hoomoe ana, a ma ke ao ana o ua po
la, alaila hoa ia ke ahi, he pulimu ka inoa oia
ahi, e kalua ia ka moa no ka aumakua,
o ke kahuna wale no ke ai ia moa, kalua
ia ka ilio, hookahi o mua, hookahi o ka ha-
le noa, elima kapa, i kaua[we]we no ka umu
o mua, elima no hoi kapa i kaua[we]we no
ka umu o ka hale noa, ma [ka] wa ~ka~ e moa
ai ka ilio, e ai no ke anaina, a me ka mea
mai, me ka hoomana aku i ke akua
lapaau, pela no na wahine ma ka hale
noa, e hoomana no i ke akua lapaau wa-
hine.

8 A pau keia hoa ahi ana, lapaau hou no
o ke kowali ka laau noha, o ka piiku ka laau
luai, o ka holoi malalo mai, o ka popo kapai
mawaho iho, o ka apu kalo, o ka apu uhi, ka
mea hooluolu o ka wela ma loko o ka mea
mai.

9. A maia hope iho, e hana ia i hale hau, e
hoonoho ia ka mea mai maloko, a puholo-
holo ia, a hoau[au][2] ia ka mea mai ma ke
kai [a] hanai ia ua m~au~ea mai la, a hoa
ia ke ahi pipipi, elike no me ke ahi li-
mu ka hana ana, he moa ka ka auma-
kua, he ilio ko mua, he ilio ko ka hale

pipipi āna i pāpā ai. A ma ka ho'omoe 'ana
i kēlā pō, inā i ua kēlā pō, mana'o ke kahu-
na, ua 'ino'ino no ka ua 'ana; a laila, ho'omoe
hou [i] ia pō iho.

7. Inā i ua 'ole ia pō, mana'o ke kahuna, ua mai-
ka'i ka ho'omoe 'ana. A ma ke ao 'ana o ua pō
lā, a laila, ho'ā 'ia ke ahi (he pūlimu ka inoa o ia
ahi). E kālua 'ia ka moa no ka 'aumakua;
'o ke kahuna wale nō ke 'ai [i] ia moa. Kālua
'ia ka 'īlio, ho'okahi o mua, ho'okahi o ka ha-
le noa; 'elima kapa i kauwewe no ka umu
o mua, 'elima nō ho'i kapa i kauwewe
no ka umu o ka hale noa. Ma ka wā e mo'a
ai ka 'īlio, e 'ai nō ke anaina a me ka mea
ma'i, me ka ho'omana aku i ke akua
lapa'au. Pēlā nō nā wāhine ma ka hale
noa, e ho'omana nō i ke akua lapa'au wa-
hine.

8. A pau kēia ho'ā ahi 'ana, lapa'au hou nō.
'O ke koali ka lā'au nohā; 'o ka pi'ikū ka lā'au
lua'i, 'o ka holoi ma lalo mai, 'o ka pōpō kāpa'i
ma waho iho. 'O ka 'apu kalo, 'o ka 'apu uhi ka
mea hō'olu'olu o ka wela ma loko o ka mea
ma'i.

9. A ma ia hope iho, e hana 'ia i hale hau; e
ho'onoho 'ia ka mea ma'i ma loko a pūholo-
holo 'ia; a hō'au'au 'ia ka mea ma'i ma ke
kai; a hānai 'ia ua mea ma'i lā. A ho'ā
'ia ke ahi pipipi, e like nō me ke ahi li-
mu ka hana 'ana: he moa kā ka 'auma-
kua, he 'īlio ko mua, he 'īlio ko ka hale

---

1. 30:7. A: ia
2. 30:9. A: hoawaiia

noa, elima kapa kanawe, e komua umu,
elima o ko kahale imu, a pau keia mau
wahi, alaila e nana ia ka hope o ka mea
mai,

10. Ina i ike ia ua maha ka mea mai,
alaila hoomoe hou ke kahuna, i ka hee ma-
hola, i na i ua kela ana i hoomoe ai i ka hee
mahola, i na laila i mai ke kahuna i ka
mea mai, ua make oe, no ka mea, ua ino-
ino ae nei ka hee mahola

11. A ka, i hoomoe ke kahuna i ka hee mahola
ana ole kela po a ao, alaila i mai ke
kahuna i ka mea mai, ua ola oe, no
ka mea, ua maikai ae nei ka hee
mahola, aole loa e make, ua ola loa oe,

12. Oia ao ana ae, hoa ia ke ahi mahola, a kalua ia
ka hee, a moa ka hee, e pule no ke kahuna, ma
ka pulehee, a pau ka pule ana a ke kahuna
alaila e ai no ka mai i ka hee, o ka pau
no ia o ka lapaau ana, a me ka hoomana

13. He okoa nae ka lapaau ana i ka mai
alii, i na i ai ka mai alii i ka laau, e
pule mau no ke kahuna ma kela ai ana
keia ai ana a ka mai alii, penei ka pule
E Kii e Kii ma ka lapua, e lapu ke Kii akua
oi oi o ka maau akua lapa maiau i ka a-
mama, aka, lapapa i ke akua i laau waiola
alaila ai ka mai alii,

14. O ka hee mahola, ua manao ia, oia no ka mea
e hehi ai ka mai, aola ke kino, i na he mai
alii ka iola, e kukulu ia ka heiau, a kapu ia

noa, elima kapa¹ kauawe[we]² o ko mua umu,
elima o ko kahale imu,³ a pau keia mau
wahi, alaila e nana ia ka hope o ka mea
mai,

10. Ina i ike ia ke ua maha ka mea mai,
alaila hoomoe hou ke kahuna, i ka hee ma-
hola, ina i ua kela [po] ana i hoomoe [ai] i ka hee
mahola⁴, inali[a]ila i mai ke kahuna i ka
mea mai, ua make oe, no ka mea, ua ino-
ino ae nei ka hee mahola

11. Aka, i hoomoe ke kahuna i ka hee mahola
a ua ole kela po a ao, alaila i mai ke
kahuna i ka mea mai, ua ola oe, no
ka mea, ua maikai ae nei ka hee
mahola, aole loa [oe] e make, ua ola loa oe,

12 A ia ao ana ae, hoa ia ke ahi mahola, a kalua ia
ka hee, a moa ka hee, e pule no ke kahuna, ma
ka pule hee, a pau ka pule ana a ke kahuna⁵
alaila, e ai no ka mai i ka hee, o ka pau
no ia o ka lapaau ana, a me ka hoomana.⁶

13. He okoa nae ka lapaau ana i ka mai
alii, ina i ai ka mai alii i ka laau, e
pule mau no ke kahuna ma kela ai ana
keia ai ana a ka mai alii, penei ka pule,
E kii e kii ma_ka_la_pua, e lapu ke kii akua
oi_oi o ka maau⁷ akua lapa nai au i ke a-
nana, aka, lapapa i ke akua i laau waiola
alaila ai ka mai ola alii.

14. O ka hii[ee]⁸ mahola, ua manao ia, oia no ka mea
e hehee[ee] ai ka mai, a ola ke kino, ina he mai
alii ka iola, e kukulu ia ka heiau, a kapaia

noa, 'elima kapa kau o ko mua umu,
'elima o ko ka hale noa⁹. A pau kēia mau
wahi, a laila, e nānā 'ia ka hope o ka mea
ma'i.

10. Inā i 'ike 'ia ua maha ka mea ma'i,
a laila, ho'omoe hou ke kahuna i ka he'e ma-
hola. Inā i ua kēlā pō āna i ho'omoe ai i ka he'e
mahola, a laila, 'ī mai ke kahuna i ka
mea ma'i, "Ua make 'oe, no ka mea, ua 'ino-
'ino a'e nei ka he'e mahola."

11. Akā, i ho'omoe ke kahuna i ka he'e mahola
a ua 'ole kēlā pō a ao, a laila, 'ī mai ke
kahuna i ka mea ma'i, "Ua ola 'oe, no
ka mea, ua maika'i a'e nei ka he'e
mahola. 'A'ole loa 'oe e make; ua ola loa 'oe."

12. A [i] ia ao 'ana a'e, ho'ā 'ia ke ahi mahola a kālua 'ia
ka he'e. A mo'a ka he'e, e pule nō ke kahuna ma
ka pule he'e. A pau ka pule 'ana a ke kahuna,
a laila, e 'ai nō ka ma'i i ka he'e. 'O ka pau
nō ia o ka lapa'au 'ana a me ka ho'omana.

13.¹⁰ He 'oko'a na'e ka lapa'au 'ana i ka ma'i
ali'i. Inā i 'ai ka ma'i ali'i i ka lā'au, e
pule mau nō ke kahuna ma kēlā 'ai 'ana
kēia 'ai 'ana a ka ma'i ali'i. Penei ka pule:
"E KI'I, E KI'I [I] MAKALAPUA, E LAPU KE KI'I AKUA
'OI'OI O KA MA'AU AKUA LĀ, NA'I AU I KE A-
NA[A]NA. A KĀ, HĀLAPA¹¹ I KE AKUA I LĀ'AU WAI LĀ!"
A laila, 'ai ka ma'i ali'i.

14. 'O ka he'e mahola, ua mana'o 'ia, 'o ia nō ka mea
e hehe'e ai ka ma'i a ola ke kino. Inā he ma'i
ali'i kai ola, e kūkulu 'ia ka heiau, a kapa 'ia

---

1. 30:9. A: paha
2. 30:9. C: *ua kāpae 'ia he 'ekolu hua palapala ma mua o kēia "o," akā, 'a'ole akāka ka mua loa. He akāka 'ole ho'i nā hua palapala i ho'okomo 'ia ma luna o ka lālani ma mua pono o ia "o"* A: kauwewe o ka mua
3. 30:9. A: ka hale **noa** imu
4. 30:10. A: *nele 'o* "ina i ua kela po ana i hoomoe [ai] i ka hee mahola"
5. 30:12. A: ma ka pulehee
6. 30:12. A: hoomana **ana**
7. 30:13. A: naau
8. 30:13. C: *ua ho'oponopono pālua 'ia: 'o* "hii," *a laila,* "hee," *ma luna pono o ke kākau mua, a laila, ua holoi loa 'ia a kākau 'ia 'o* "ee" *ma luna o ka lālani*
9. 30:9. *ua ho'ololi 'ia 'o* "imu," *'o ia 'o* "noa" *(e nānā i ka paukū 22:14)*
10. 30:13. *e nānā i ka pāku'ina I.8, kahi i ho'onohonoho 'ia ai kēia pule ma ka lālani mele*
11. 30:13. *ua ho'ololi 'ia 'o* "lapapa," *'o ia 'o* "hālapa" *(e nānā i nā paukū 24:9, 24:27, 35:14, 37:101)*

Kela heiau he honopuhua, a he kolea makai kahi inoa
pela keia hoomana ana ma ka lapaau ana
i ka mai. Alaila haawi ka waiwai i ke
kahuna lapaau i uku no ka lapaau ana,

Mokuna XXXI

No ke Kilokilo Uhane.

1 He mea hoomana ke kilokilo Uhane, he hana
nui noia ma Hawaii nei, he mea hooweliwe-
li no, e hoopunipuni ai; me ka hooiloilo, a me
ke kohu wale aku e ka maka ka mea nona
ka uhane ana i ike ai he mea no e ka-
umaha ai ka naau o kahi poe, me ka weli
weli nui loa.

2 Ina i ike ke Kahuna Kilokilo i ka uhane
o kekahi mea, ma keaka ku paha ka
ike ana, ma ka alawa o maka paha
ma ka hihio paha, ma ka moe uhane
paha.

3 Alaila, e hele no ua Kahuna kilokilo la
i ka mea nona ka uhane, ana i ike
ai, e hai aku ia ia, i na mea a kona
uhane i hana mai ai, ua Kahuna Kilo-
kilo la.

4 Penei oia e hai aku ai i ka mea nona
ka uhane ana i ike ai, ua ike au i keia
awakea, ua hele ae oe ma kou wahi,
ua ike pono mai au, o oe maoli no, aka,
ua pani oe i ou mau maka.

5 Ua hele kohana wale oe, me ka malo ole ma
kou hope, a me ka lewalewa o kou alelo
a me kou hoaa mai i kou mau maka iau, a me ka kuhikuhi

kela heiau he lonopuha, a he kolea moku kahi inoa
pela keia hoomana ana ma ka lapaau ana
i ka mai, alaila haawi ka waiwai i ke
kahuna lapaau i uku no ka lapaau ana.

Mokuna XXXI
No ke kilokilo Uhane

1 He mea hoomana ke ~~li~~kilokilo Uhane, he hana
nui no ia ma Hawaii nei, he mea hooweliwe-
li no, e hoopunipuni ai, me ka hooiloilo, a me
ke koho wale aku e ~~ka~~ make ka mea nona
ka uhane ana i ike ai he mea no e ka-
umaha ai ka naau o kahi poe me ka weli-
weli nui loa.

2 Ina i ike ke kahuna kilokilo i ka uhane
o kekahi mea, ma ke akaku paha ka
ike ana, ma ka alawa ~~pa~~maka paha
ma ka hihio paha, ma ka moe uhane
paha,

3 Alaila, e hele no ua kahuna kilokilo la
i ka mea nona ka uhane, ana i ike
ai, e hai aku ia ia, ina mea a kona
uhane i hana mai ai, ua kahuna kilo-
kilo la.

4 Penei oia e hai aku ai i ka mea nona
ka uhane ana i ike ai, ua ike au i keia
awakea, ua hele ae[1] oe ma ko'u wahi,
ua ike pono mai au, o oe maoli no, aka,
ua pani oe i ou mau maka.

5 Ua hele kohana wale oe, me ka malo ole ma
kou hope, a me ka lewalewa o kou alelo
a me kou hoaa mai [i kou mau maka] ia'u, a me ka hahau

---

1. 31:4. A: *nele*

kēlā heiau he Lonopūhā, a he Kōleamoku kahi inoa.
Pēlā kēia ho'omana 'ana ma ka lapa'au 'ana
i ka ma'i. A laila, hā'awi i ka waiwai [i] ke
kahuna lapa'au i uku no ka lapa'au 'ana.

Mokuna XXXI [31, Emerson 31]
No ke Kilokilo 'Uhane

1. He mea ho'omana ke kilokilo 'uhane. He hana
nui nō ia ma Hawai'i nei, he mea ho'oweliwe-
li nō e ho'opunipuni ai, me ka ho'oiloilo a me
ke koho wale aku e make ka mea nona
ka 'uhane āna i 'ike ai; he mea nō e ka-
umaha ai ka na'au o kahi po'e me ka weli-
weli nui loa.

2. Inā i 'ike ke kahuna kilokilo i ka 'uhane
o kekahi mea, ma ke akakū paha ka
'ike 'ana, ma ka 'alawa maka paha,
ma ka hihi'o paha, ma ka moe'uhane
paha,

3. a laila, e hele nō ua kahuna kilokilo lā
i ka mea nona ka 'uhane āna i 'ike
ai e ha'i aku iā ia i nā mea a kona
'uhane i hana mai ai [i] ua kahuna kilo-
kilo lā.

4. Penei 'o ia e ha'i aku ai i ka mea nona
ka 'uhane āna i 'ike ai. "Ua 'ike au i kēia
awakea, ua hele a'e 'oe ma ko'u wahi.
Ua 'ike pono mai au, 'o 'oe maoli nō, akā,
ua pani 'oe i ou mau maka."

5. "Ua hele kohana wale 'oe me ka malo 'ole ma
kou hope, a me ka lewalewa o kou alelo,
a me kou ho'ā'ā mai i kou mau maka ia'u, a me ka hahau

mai iau i ka laau, a make au ia oe
i keia la, pomaikai paha kou ola ana
ia oe.

6 Ua huhu mai no kou akua aumakua ia
oe, ua ana halapaha ia oe, ua ka hoomaka-
ulii mai ia oe, oia no kou mea nana e hoo-
leiwa nei, nana oe i ala kai ae nei, ana kou
wahi i nananei.

7 Oia no ka wa pono, ke manao oe e kala kana ia oe, oiaoho
kou uhane ana pupu kuakahi, owaiho oe
a ua nei a hala loa kou uhane makua-
keahu, ma kahi loaa ole i ke kala iaku
a hele aku kou uhane ana ka paahao
ma kahi make mau loa.

8 Ma kela olelo ana mai a ke kahuna kilokilo,
makau loa ka mea nona ka uhane, a kau
maka loa i kela olelo ana mai a ke kahu-
na kilokilo, a ae aku no e ka la ia mai
oia e ke kahuna kilokilo.

9 Alaila, kauoha mai ke kahuna kilokilo
i ka mea nona ka uhane e imi nunao
ia no ka hoaahi ana e ia na ia e imi ai
i kala, i weke, i hee, i maomao, i palani, i ilio
keokeo, i moa keokeo i aua i umi kapa i kau-
aue, no kaimu.

10 A pau keia mau mea i ka hoohiki ia, a
makaukau, alaila, hele mai no ua ka-
huna la, e hoa i ke ahi, a kala i hemo
ka kala.

11 E pule no ke kahuna ma kahia ana
i keahi, aa keahi pau ka pule ana, a ka

mai iaʻu i ka laau, a make au ia oe
i keia la, pomaikai paha koʻu ola ana
ia oe.

6 Ua huhu mai no kou akua aumakua ia
oe, ua ana_halapaha[1] ia oe, ua ka hoomaka-
ulii mai ia oe, oia no kou mea nana [oe][2] e hoo-
lewa nei, nana oe i ala kai ae nei, ma koʻu
wahi i nauanei.

7 Eia no ka wa pono [ke manao oe] e kala kaua ia oe, oinoho
kou uhane ma puꝑu kuakahi, o waiho oe
a ua nei a hala loa kou uhane makua-
keahu, ma kahi loaa ole[3] i ke kala i aku,[4]
a lele aku kou uhane ma ka paaheo
ma kahi make mau loa.

8. Ma kela olelo ana mai a ke kahuna kilokilo
makau loa ka mea nona ka uhane, a kau
maha loa i kela olelo ana mai a ke kahu-
na kilokilo, a ae aku no e kala ia mai
oia e ke kahuna kilokilo.

9 A laila, kauoha mai ke kahuna kilokilo
i ka mea nona ka uhane e imi mua oe
ia[5] no ka hoa ahi ana eia na ia e imi ai
i kala, i weke, i hee, i maomao, i palani, i ilio
keokeo, i moa keokeo i awa i umi kapa i kau-
ꜹwe[we] no kaimu.

10. A pau keia mau mea i ka hoolako ia, a
makaukau, alaila, hele mai no ua ka
huna la, e hoa i ke ahi e kala i hemo
ka hala.

11 E pule no ke kahuna ma ka hia ana
o ke ahi, aa ke ahi pau ka pule ana, a ka

---

mai iaʻu i ka lāʻau a make au iā ʻoe
i kēia lā. Pōmaikaʻi paha koʻu ola ʻana
iā ʻoe!"

6 "Ua huhū mai nō kou akua ʻaumakua iā
ʻoe, ua ana hala paha iā ʻoe, ua kā hoʻomaka-
uliʻi mai iā ʻoe. ʻO ia nō kou mea nāna ʻoe e hoʻo-
lewa nei, nāna ʻoe i alakaʻi aʻe nei ma koʻu
wahi i nā [a]uaneʻi."

7. "Eia nō ka wā pono ke manaʻo ʻoe e kala kāua iā ʻoe, ʻoi noho
kou ʻuhane ma *Puʻukuakahi,* o waiho ʻoe
auaneʻi, a hala loa kou ʻuhane ma *Kua-
keahu,* ma kahi loaʻa ʻole i ke kala ʻi[a] aku,
a lele aku kou ʻuhane ma *Kapaʻaheo,*
ma kahi make mau loa."

8. Ma kēlā ʻōlelo ʻana mai a ke kahuna kilokilo,
makaʻu loa ka mea nona ka ʻuhane, a kau-
maha loa i kēlā ʻōlelo ʻana mai a ke kahu-
na kilokilo, a ʻae aku nō e kala ʻia mai
ʻo ia e ke kahuna kilokilo.

9. A laila, kauoha mai ke kahuna kilokilo
i ka mea nona ka ʻuhane, "E ʻimi mua ʻoe
[i] iʻa no ka hoʻā ahi ʻana. Eia nā iʻa e ʻimi ai:
i kala, i weke, i heʻe, i maomao, i palani; i ʻīlio
keʻokeʻo, i moa keʻokeʻo, i ʻawa, i ʻumi kapa i kau-
wewe no ka imu."

10. A pau kēia mau mea i ka hoʻolako ʻia a
mākaukau, a laila, hele mai nō ua ka-
huna lā e hoʻā i ke ahi e kala i hemo
ka hala.

11. E pule nō ke kahuna ma ka hiʻa ʻana
o ke ahi. A ʻā ke ahi, pau ka pule ʻana, a kā-

---

1. 31:6. A: ana halapaha
2. 31:6. A: *nele*
3. 31:7 A: loaa ole **aku**
4. 31:7. A: *nele ʻo "i aku"*
5. 31:9. A: e imi mua i ia *(ma kahi o "e imi mua oe ia")*

lua kaumu, a kau weiwe ia i ke kapa.

12 A ma ka wa e moa ai ka umu a ho
o makaukau, e ai, e ku no ke kahuna
kilokilo i ka pule kala, penei ka pule
ana, E ku i ke kala, e lono i kau weke
kala, weke pu ka ia, kalakala ia huena
ka pu kaaha o ke makala au kane
kala weke puka ia," pela e pule ai.

13 A pau keia pule ana, alaila, ai ka mea
nona ka uhane i kele ai, i ka ai, a aina
hoi keanaina a pau, a pau ka ai ana, a
laila, imai ke kahuna, ua maikai keahi
no laila ua pau kou hala, ua ola oe, ao
le oe e make hou, alaila, uku ia ke kahu
na kilokilo, pela nohoi ko na lii hana a
na ke kilokilo ia.

14 O ke kukala hale ana kekahi mea i hooiloilo
ia he nui no na mea e ae i hooiloilo ia, e ka
la ia no e like me keia hana ana.

15 O ke kanaka makaula kekahi
mea i kapaia he mea ike i ka Uhane
e hopu no oia i ka Uhane a paa ma kona
lima, a umi oia i ka Uhane a make
ua kapaia oia ka mea ike i ka uhane
o na kupapau, a pau i kuna kele ia.

16 Penei oia i ike ai, i ka Uhane, na ka
poe kanaka makaula i poi ka
uhane a hahao ma loko o ka ai, a hanai
ia i kanaka, o ke kanaka i ai i ke no oia
i ka uhane o ka poe make, a me ka
poe ola, aole nae e hooiloilo i mai ka ma

lua ka umu[1] a kau wewe ia i ke kapa.

12 A ma ka wa e moa ai ka umu a ho-
o makaukau, e ai, e ku no ke kahuna
kilokilo i ka pule kala, penei ka pule
ana, E ku i ke kala, e lono[2] i kau weke
Kala, weke puha ia, kalakala i ahuena
ka pu ka aha o ke ma kala au kane[3]
kala weke puha ia, pela e pule ai.

13 A pau keia pule ana, alaila, ai ka mea
nona ka uhane i hele ai, i ka ai, a ai no
hoi ke anaina a pau, a pau ka ai ana, a
laila, i mai ke kahuna, ua maikai ke ahi
no laila ua pau kou hala, ua ola oe, ao
le oe e make hou, a laila, uku ia ke kahu
na kilokilo, pele[4] no hoi ko na lii hana a
na ke kilokilo ia.

14 O ke kukulu hale ana kekahi mea i hooiloilo
ia he nui no na mea e ae i hooiloilo ia, e ka
la ia no e like me keia hana ana.

15 O ke kanaka makaula kekahi
mea i kapaia, he mea ike i ka Uhane
e hopu no oia i ka Uhane a paa ma kona
lima, a uumi[5] oia i ka Uhane a make
ua kapaia oia ka mea ike i ka uhane
o na kupapau, a pau i huna kele ia.

16 Penei oia i ike ai, i ka Uhane, na ka
poe kanaka makaula i poi ka
uhane, a hahao ma loko o ka ai, a hanai
ia i kanaka, o ke kanaka i ai ike[6] no oia
i ka uhane o ka poe make, a me ka
poe ola, aole nae e hooiloilo mai ka ma

lua ka umu, a kauwewe 'ia i ke kapa.

12.[7] A ma ka wā e mo'a ai ka umu a ho-
'omākaukau e 'ai, e kū nō ke kahuna
kilokilo i ka pule kala. Penei ka pule
'ana: "E kū i ke kala, e Lono, i kāu weke.
Kala, weke, pūhā 'ia. Kalakala ia hū'ena,
Kapu ka 'aha 'o Kemakalaaukāne.
Kala, weke, pūhā 'ia." Pēlā e pule ai.

13. A pau kēia pule 'ana, a laila, 'ai ka mea
nona ka 'uhane i hele ai i ka 'ai, a 'ai nō
ho'i ke anaina a pau. A pau ka 'ai 'ana, a
laila, 'ī mai ke kahuna, "Ua maika'i ke ahi.
No laila, ua pau kou hala; ua ola 'oe; 'a'o-
le 'oe e make hou." A laila, uku 'ia ke kahu-
na kilokilo. Pēlā[8] nō ho'i ko nā ali'i hana 'a-
na ke kilokilo 'ia.

14. 'O ke kūkulu hale 'ana kekahi mea i ho'oiloilo
'ia. He nui nō nā mea 'ē a'e i ho'oiloilo 'ia, e ka-
la 'ia nō e like me kēia hana 'ana.

15. 'O ke kanaka makāula kekahi
mea i kapa 'ia he mea 'ike i ka 'uhane.
E hopu nō 'o ia i ka 'uhane a pa'a ma kona
lima, a 'u'umi 'o ia i ka 'uhane a make.
Ua kapa 'ia 'o ia ka mea 'ike i ka 'uhane
o nā kupapa'u a pau i hūnākele 'ia.

16. Penei 'o ia i 'ike ai i ka 'uhane. Na ka
po'e kānaka makāula i po'i ka
'uhane a hahao ma loko o ka 'ai, a hānai
'ia i kanaka. 'O ke kanaka i 'ai, 'ike nō 'o ia
i ka 'uhane o ka po'e make a me ka
po'e ola. 'A'ole na'e e ho'oiloilo mai ka ma-

---

1. 31:11. A: imu
2. 31:12. A?: ʬLono
3. 31:12. A?: ʬKane
4. 31:13. A: pela
5. 31:15. A: umi
6. 31:16. A: ke kanaia i ike
7. 31:12. *e nānā i ka pāku'ina I.9, kahi i ho'onohonoho 'ia ai kēia paukū ma ka lālani mele*
8. 31:13. *ua ho'ololi 'ia 'o "pele", 'o ia 'o "pēlā"*

kaula e like me ka kilokilo uhane

17 Ua kapa na makaula i ka uhane
o ka poe e ola ana ke oia, he nui na uhane
ma ke ano oia, he kahaola kahi uhane,
o ka uhane o ka mea i make mua, he kino
wailua ia uhane.

18 Eia kekahi i oleloia ke poe mana loa
o na kaula, ua oleloia mai o Kanemuiakea
ke akua, nana e olelo mai na kaula i ko
ke alii ai aupuni make ana, a me ka hee
ana o ke aupuni, a nana kaula e olelo
nane mai i na'lii aupuni, ua kapa
ia ua olelo la he wanana.

19 He poe anoe loa na kaula, he poe noho kaa
wale ma kahi mehameha, aole ekuipu me kanaka
aole e launa pu me kanaka manao nui lakou
i ke akua.

20 O ka poe hewahewa kekahi i manao ia he mea
mana, ua manao ia lakou he poe like me ka poe
kaula, a me na makaula. Ka ike i na uhane o
Kanaka. he wanana no nae lakou elike me na
kaula, aka, he okoa na hupule a me na hehena
aole lakou i like me ke kaula, a me ka makaula a
me na hewahewa, he ai na hupule a me na
hehena i ka hanalepo. a he wehe no i ko lakou
wahi hilahila, aole pela na hewahewa a me
kaula a me na makaula. aka he nui keano o
na hewahewa.

21 Ina i aloha nui kekahi i kana kane hewahewa
no, pela no ke aloha nui ke kane i kana
wahine. hewahewa no, pela no ka poe a kau

kaula e like me ke kilokilo uhane

17 Ua kapa na makaula i ka uhane
o ka poe e ola ana he oio, he nui na uhane
ma ke ano oio, he kakaola kahi uhane,
o ka uhane o ka mea i make mua, he kino
wailua ia uhane.

18 Eia kekahi[1] i olelo ia he poe mana loa
o na kaula, ua olelo ia mai o ꞱKanenuiakea
ke akua, nana e olelo mai na Kaula i ko
ke alii ai aupuni make ana, a me ka hee
ana o ke aupuni, a nana Kaula e olelo
nane mai i na ꞱꞱe lii aupuni, ua kapa
ia ua olelo la he wanana.

19 He poe anoe loa na Kaula, he poe noho kaa
wale ma kahi mehameha, aole e hui pu me kanaka
aole e launa pu me kanaka manao nui lakou
i[2] ke akua.

20 O ka poe hewahewa kekahi i manao ia he mea
mana, ua manao ia lakou he poe like me ka poe
kaula, a me na makaula, ka ike i na uhane o
kanaka, he wanana no nae lakou e like me na
kaula, aka, he okoa na pupule a me na hehena
aole lakou [i] like me ke kaula a me ka makaula a
me na hewahewa, he ai na pupule a me na
hehena i ka hanalepo, a he wehe no i ko lakou
wahi hilahila, aole pela na hewahewa a me
kaula[3] a me na makaula, aka he nui ke ano o
na hewahewa.

21 Ina i aloha [nui] kekahi i kana kane, hewahewa
no, pela no ke aloha nui ke kane i kana
wahine, hewahewa no, pela no ka poe a pau

kāula e like me ke kilokilo 'uhane.

17. Ua kapa nā makāula i ka 'uhane
o ka po'e e ola ana he 'oi'o. He nui nā 'uhane
ma ke 'ano 'oi'o; he kākāola kahi 'uhane.
'O ka 'uhane o ka mea i make mua, he kino
wailua ia 'uhane.

18. Eia kekahi i 'ōlelo 'ia he po'e mana loa,
'o nā kāula. Ua 'ōlelo 'ia mai, 'o Kānenuiākea
ke akua nāna e 'ōlelo mai [i] nā kāula i ko
ke ali'i 'ai aupuni make 'ana a me ka he'e
'ana o ke aupuni, a na nā kāula e 'ōlelo
nane mai i nā ali'i aupuni. Ua kapa
'ia ua 'ōlelo lā he wānana.

19. He po'e 'ano 'ē loa nā kāula, he po'e noho ka'a-
wale ma kahi mehameha, 'a'ole e hui pū me kānaka,
'a'ole e launa pū me kānaka. Mana'o nui lākou
i ke akua.

20. 'O ka po'e hewahewa kekahi i mana'o 'ia he mea
mana. Ua mana'o 'ia lākou he po'e like me ka po'e
kāula a me nā makāula ka 'ike i nā 'uhane o
kānaka. He wānana nō na'e lākou e like me nā
kāula. Akā, he 'oko'a nā pupule a me nā hehena.
'A'ole lākou i like me ke kāula a me ka makāula a
me nā hewahewa. He 'ai nā pupule a me nā
hehena i ka hana lepo, a he wehe nō i ko lākou
wahi hilahila. 'A'ole pēlā nā hewahewa a me
[nā] kāula a me nā makāula. Akā, he nui ke 'ano o
nā hewahewa.

21. Inā i aloha nui kekahi i kāna kāne, hewahewa
nō. Pēlā nō ke aloha nui ke kāne i kāna
wahine, hewahewa nō. Pēlā nō ka po'e a pau

---

1 31:18. A: kekahi **poe**
2. 31:19. A: o
3. 31:20. A: **na** kaula

ö manao nui ia ma ia kekahi mea, hewahewa
kekahi. he hewahewa ole kekahi

Mokuna XXXII
No na Akua noho.

1 Ua kapaia na Uhane i noho mai maluna o ke
kahi kanaka paha wahine paha, a olelo mai, he
akua noho ia, noka nohoana ma luna o ke
kahi kanaka kela inoa. he akua noho.

2 Ina i make kahi kanaka, a kuai ia oia i ke akua
kii. a noho mai ua Uhane la o ka mea i make. he
akua noho ia. he Unihipili wae kainoa oia akua,
a he aumakua kahi inoa. oia mau uhane i oleloia
he akua.

3 He nui no na Uhane i noho a olelo mai, he akua oia.
Opua kainoa o kekahi akua, e noho no ia akua a olelo
mai, o ka po kekahi akua i noho a olelo mai, aole nae
he oiaio ka mea e olelo mai ai i kanaka, a puni
no kahi poe, a puni ole kekahi.

4 O Kihawahine kekahi akua i noho, o Ohia kekahi
akua i noho o Keawenuikauohilo ke kahi akua i
noho, o Ohia ke kahi akua i noho o Kuloewa kekahi
akua i noho a olelo mai.

5 O Pele me Hiiaka, kekahi akua i noho, he nui no na
Uhane i noho mai, he mea ano ole no nae ke ano.

6 He nui no ka poe i manao he mea ole ke akua
noho, he nui no hoi ka poe i manao, he mea oiaio
ke akua noho, aka, no ka hoopunipuni nui o
na kahu o na Uhane noho, ua puni no kekahi poe
kanaka he nui no, a puni ole kekahi poe.

7 O na kahu mau, hamohamo ma ko lakou ili
i kekahi mea e lika ana me ka i hookai, a hana

i manao nui ia[1] [ma] a kekahi mea, hewahewa
kekahi, a [he][2] hewahewa ole kekahi

Mokuna XXXII
No na Akua noho.

1 Ua kapaia na Uhane i noho mai maluna o ke
kahi kane paha wahine paha, a olelo mai, he
akua noho ia, no ka noho ana ma luna o ke
kahi kanaka kela inoa, he akua noho.

2 Ina i make kahi kanaka, a kuai ia oia i ke akua
kii, a noho mai ua Uhane la o ka mea i make, he
akua noho ia, he Unihipili nae ka inoa oia akua,
a he aumakua kahi inoa, oia mau uhane i oleloia
he akua.

3 He nui no na kua i noho a olelo mai, he akua oia,
O pua ka inoa o kekahi akua, e noho no ia akua a olelo
mai, o kapo kekahi akua i noho a olelo mai, aole nae
he oiaio ka mea e olelo mai ai i kanaka, a puni
no kahi poe, a puni ole kekahi.

4. O kihawahine[3] kekahi akua i noho, ~~o Ohia ke kahi
akua i noho~~ o keawenuikauohilo[4] kekahi akua i
noho, o Ohia kekahi akua i noho o keoloewa[5] kekahi
akua i noho a olelo mai.

5 O pele[6] me Hiiaka, kekahi akua i noho, he nui no na
kua i noho mai, he mea ano ole no nae ke ano.[7]

6 He nui no[8] ka poe i manao he mea ole ke akua
noho, he nui no hoi ka poe i manao, he mea oiaio[9]
ke akua noho, aka, no ka hoopunipuni nui o
na kahu o na kua noho, ua puni no kekahi poe
kanaka he nui no, a puni ole kekahi poe.

7 O na kahu mano, hamohamo ma ko lakou ili
i kekahi mea e like ana me ka i heekai, a hana

---

i mana'o nui ai[10] ma kekahi mea, hewahewa
kekahi a hewahewa 'ole kekahi.

Mokuna XXXII [32, Emerson 32]
No nā Akua Noho

1. Ua kapa 'ia nā 'uhane i noho mai ma luna o ke-
kahi kāne paha, wahine paha, a 'ōlelo mai, he
akua noho ia. No ka noho 'ana ma luna o ke-
kahi kanaka kēlā inoa he akua noho.

2. Inā i make kahi kanaka, a [kā]kū'ai 'ia 'o ia i ke akua
ki'i, a noho mai ua 'uhane lā o ka mea i make, he
akua noho ia, he 'unihipili na'e ka inoa o ia akua,
a he 'aumakua kahi inoa o ia mau 'uhane i 'ōlelo 'ia
he akua.

3. He nui no nā akua i noho a 'ōlelo mai, he akua 'o ia.
'O Pua ka inoa o kekahi akua; e noho nō ia akua a 'ōlelo
mai. 'O Kapo kekahi akua i noho a 'ōlelo mai. 'A'ole na'e
he 'oia'i'o ka mea e 'ōlelo mai ai i kānaka, a puni
no kahi po'e, a puni 'ole kekahi.

4. 'O Kihawahine kekahi akua i noho,
'o Keawenuikauohilo kekahi akua i
noho, 'o *'Ōhi'a* kekahi akua i noho, 'o *Keolo'ewa* kekahi
akua i noho a 'ōlelo mai.

5. 'O Pele me Hi'iaka kekahi akua i noho. He nui nō nā
akua i noho mai, he mea 'ano 'ole nō na'e ke 'ano.

6. He nui nō ka po'e i mana'o, he mea 'ole ke akua
noho; he nui nō ho'i ka po'e i mana'o, he mea 'oia'i'o
ke akua noho; akā, no ka ho'opunipuni nui o
nā kahu o nā akua noho, ua puni nō kekahi po'e
kānaka he nui nō, a puni 'ole kekahi po'e.

7. 'O nā kahu manō, hamohamo ma ko lākou 'ili
i kekahi mea e like ana me ka īhe'ekai, a hana

---

1. 31:21. A: *nele*
2. 31:21. A: *nele*
3. 32:4. A: O Kihawahine
4. 32:4. A: Keawenuikauohilo
5. 32:4. A: Heolewa
6. 32:5. A: O Pele
7. 32:5 A: he mea ano ole nae *(ma kahi o* "he mea ano ole no nae ke ano"*)*
8. 32:6. A: no *nae*
9. 32:6. A: he ~~ole~~ [oiaio]
10. 31:21. *ua ho'ololi 'ia 'o* "ia," *'o ia 'o* "ai"

i malo ulaula, a i malo olena a uliu, na ko la-
kou poe, a hele mai no me ka hooukiu i ka la-
kou leo ke olelo mai, ma kolu kawaka, no ka hoo-
kohukohu maoli o na kahu mano, a makau no
o na kahu mai ka manao puni no kahi poe.

8 O ka poe kahu pele kekahi, kukulu i ko lakou lau
oho a loloa, hoomakole i ko lakou mau maka, e hele
mai no e noi mai i kona mea e makemake ai, me ka
i mai, i na e aua, e ai mai no ka pele, puni no
kekahi poe kanaka me ka makau o ai mai ka
pele.

9 No ka ike maka o na kanaka i ke ahu ana
mai o ka manao i kanaka, a me ka ike maka
ana i ka ai ana a ka pele i na pohaku, a me
kauhale, a me kanaka, ua nui aku ka makau
ia o keia mau akua, mamua o na ke akua oae.

10 He nui na kanaka i makau i keia mau akua
ke noho mai i ke kahu, opua, a me kaao kekahi
akua makau ia, no komo ana a opuakao ke kanaka
a make, he nui ka poe i make i ke hani, ua manao
nui ia i make no i keia mau akua.

11 O Hiiaka ke akua, i hookahe mai i ke koko ma ke poo
o kona kahu, o kekahi akua, he ao o koa, ka noho
mai i kona kahu, he akua kahea mai kekahi,
maluna mai o ka hale.

12 He nui ka oihana o na kiu noho, ua olelo no
kekahi akua noho, a ua oia io no kekahi, olelo ana
ua manao ia he oia io no ia kiu noho, o kekahi akua
noho, he wahahee maoli no, ua kapaia he poohuna i
ke aouli ke akua he wahahee ke ano o ia inoa.

13 Aole no i manao nui ia ena kiu noho, he nui

i malo ulaula a i malo olena a¹ uhi ma ko la-
kou poo, a hele mai no² me ka hoou[u]ku³ i ko la-
kou leo ke olelo mai, makaʻu kanaka, no ka hoo-
kohukohu maoli o na kahu mano, a makau no
o na̶ k̶a̶hu mai ka mano puni no kahi poe.

8 O ka poe kahu pele kekahi, kukulu i ko lakou lau
oho a loloa, hoomakole i ko lakou mau maka, e hele
mai no e noi [mai] i kona mea e makemake ai, me ka
i mai, ina e aua, e ai mai no ka pele, puni no
kekahi poe kanaka me ka makau o ai mai ka pele.

9 No ka ike maka o na kanaka i ke nahu ana
mai o ka mano i kanaka, a me ka ike maka
ana i ka ai ana a ka pele i na pohaku, a me
kauhale, a me kanaka, ua nui aku ka makau
ia o keia mau akua, mamua o na ke⁴ kua e ae.

10 He nui na kanaka i makau i keia mau akua
ke noho mai i ke kahu, o pua,⁵ a me kapo⁶ kekahi
akua makau ia, no komo⁷ ana a opuohao ke kanaka
a make, he nui ka poe i make i ke pani, ua manao
nui ia i make no i keia mau akua.

11 O hiiaka⁸ ke akua, i hookahe mai i ke koko ma ke poo
o kona kahu, o kekahi akua, he ano okoa,⁹ ke noho
mai i kona kahu, he akua kahea mai kekahi,
maluna mai o ka hale.

12 He nui ka oihana o na kua noho, ua olelo no
kekahi akua noho, a ua oiaio no kekahi, olelo ana
ua manao ia he oiaio no ia kua noho, o kekahi akua
noho, he wahahee maoli no, ua kapaia he poohuna i
ke aouli ke akua he wahahee ke ano o ia inoa.

13 Aole no i manao nui ia na kua noho, he nui

i malo ʻulaʻula a i malo ʻōlena, a uhi ma kō lā-
kou poʻo, a hele mai nō me ka hoʻoʻuʻuku i ko lā-
kou leo ke ʻōlelo mai. Makaʻu kānaka no ka hoʻo-
kohukohu maoli o nā kahu manō, a makaʻu nō
o nahu mai ka manō. Puni nō kahi poʻe.

8. ʻO ka poʻe kahu Pele kekahi, kūkulu i ko lākou lau-
oho a loloa, hoʻomākole i ko lākou mau maka, e hele
mai nō e noi mai i kona mea e makemake ai, me ka
ʻī mai, "Inā e ʻauʻa, e ʻai mai nō ka pele." Puni nō
kekahi poʻe kānaka me ka makaʻu, o ʻai mai ka pele.

9. No ka ʻike maka o nā kānaka i ke nahu ʻana
mai o ka manō i kānaka, a me ka ʻike maka
ʻana i ka ʻai ʻana a ka pele i nā pōhaku a me
kauhale a me kānaka, ua nui aku ka makaʻu
ʻia o kēia mau akua ma mua o nā akua¹⁰ ʻē aʻe.

10. He nui nā kānaka i makaʻu i kēia mau akua
ke noho mai i ke kahu. ʻO Pua a me Kapo kekahi
akua makaʻu ʻia no [ke] komo ʻana a ʻōpū ʻōhao ke kanaka
a make. He nui ka poʻe i make i ke pani; ua manaʻo
nui ʻia i make nō i kēia mau akua.

11. ʻO Hiʻiaka ke akua i hoʻokahe mai i ke koko ma ke poʻo
o kona kahu. ʻO kekahi akua, he ʻano ʻokoʻa ke noho
mai i kona kahu. He akua kāhea mai kekahi
ma luna mai o ka hale.

12. He nui ka ʻoihana o nā akua noho. Ua ʻōlelo nō
kekahi akua noho, a ua ʻoiaʻiʻo nō kekahi ʻōlelo āna;
ua manaʻo ʻia, he ʻoiaʻiʻo nō ia akua noho. ʻO kekahi akua
noho, he wahaheʻe maoli nō. Ua kapa ʻia he "poʻo huna i
ke aouli" ke akua; he wahaheʻe ke ʻano o ia inoa.

13. ʻAʻole nō i manaʻo nui ʻia nā akua noho. He nui

---

1. 32:7. A: *nele*
2. 32:7. A: no *nae*
3. 32:7. A: *hoouku*
4. 32:9. A: *nele*
5. 32:10. AʔA: o Pua
6. 32:10. A: kapu AʔA: Kapo
7. 32:10. A: **ke** komo
8. 32:11. A: O Hiiaka
9. 32:11. A: he okoa ke ano *(ma kahi o* "he ano okoa"*)*
10. 32:9. *ua hoʻololi ʻia ʻo* "na ke kua," *ʻo ia o* "nā akua"

ka poe i manao he mea ole ke kua noho, o kekahi poe
hoomaloka, hele mai no lakou e hoohuahua hou mai
i ke akua noho, me ka hoopunukahua mai, maloko
o ke kapa o lakou e hoopunikahua mai ai, i na
i ike na kua la, e manao ia he akua mana ia, i na
ike ole, akaaka ka poe hoomabau ia kua noho.

14. O ke kahi poe hoomaloka, wahi no lakou i kekahi
mea maloko o ke kapa apaa, alaila, ninau
mai i na kua noho la, heaha keia mea
maloko o keia kipu? ina i koho ole mai na
kua noho la, e akaaka mai ka poe hoomalo
ka ia kua noho.

15 Ua nui no ka poe i manao he mea wahahee
wale no keakua noho, he kakaikahi ka poe i
manao he oia io keakua noho, he nui loa ka
poe i manao he mea hoopunipuni loa kea
kua noho.

16 Nolaila, hailiuku ia kekahi poe hoonoho
noho akua i ka pohaku, a hana ino nui ia
ke kahi poe hoonohonoho akua, a maku ka
lakou ma kahi e aku.

17 Ua olelo ia o ke kahi poe hoonohonoho akua
e hana ana no i mea e aloha mai ai ke kane
paha ka wahine paha, oia ka mea i hoonoho
noho akua ai.

18 He hana nui ma Hawaii nei ka hoonoho
noho akua mai ka wa kahiko mai ka ulu
ana mai o keia mea o keakua noho.

19 No ka makemake no ko Hawaii poe kahiko
i na mea lapu wale paha, nolaila mai
ke kahi pono ole o ke hi hana kahiko.

ka poe i manao he mea ole ke kua noho, o kekahi poe
hoomaloka, hele mai no lakou e hoohuahua lau mai
i ke akua noho, me ka hoopuukahua mai, maloko
o ke kapa o lakou e hoopuukahua mai ai,[1] ina
i ike ua kua la, e manao ia he akua mana ia, ina
ike ole, akaaka ka poe hoomalau ia kua noho.

14. O kekahi poe hoomaloka, w̶[w]ahi no lakou i kekahi
mea ma loko o ke kapa a paa, alaila, ninau
mai i ua kua noho la, he aha keia mea
ma loko o keia hipuu? ina i koho ole mai ua
kua noho la, e akaaka mai ka poe hoomalo-
ka ia kua noho.

15 Ua nui no ka poe i manao he mea wahahee
wale no ke akua noho, he kakaikahi ka poe i
manao he oiaio ke akua noho, he nui loa ka
poe i manao he mea hoopunipuni loa ke a-
akua noho.

16 No laila, hailuku ia kekahi poe hoonoho-
noho akua i ka pohaku, a hana ino nui ia
kekahi poe hoonohonoho akua, a mahuka
lakou ma kahi e aku.

17 Ua olelo ia o kekahi poe hoonohonoho akua
e hana ana no i mea e aloha mai ai ke kane
paha ka wahine paha, oia ka mea i hoonoho
noho akua ai.

18 He hana nui ma Hawaii nei ka hoonoho
noho akua mai ka wa ka[hi]ko mai ka ulu
[ana] mai o keia mea o ke akua noho.

19 No ka makemake no o ko Hawaii poe kahiko
i na mea lapu wale paha, no laila mai
ke kahi pono ole o kahi hana kahiko.

ka po'e i mana'o, he mea 'ole ke akua noho. 'O kekahi po'e
ho'omaloka, hele mai nō lākou e ho'ohuahualau mai
i ke akua noho, me ka ho'opu'ukahua mai. Ma loko
o ke kapa o lākou e ho'opu'ukahua mai ai. Inā
i 'ike ua akua lā, e mana'o 'ia he akua mana ia; inā
'ike 'ole, 'aka'aka ka po'e ho'omalau [i] ia akua noho.

14. 'O kekahi po'e ho'omaloka, wahī nō lākou i kekahi
mea ma loko o ke kapa a pa'a, a laila, nīnau
mai i ua akua noho lā, "He aha kēia mea
ma loko o kēia hīpu'u?" Inā i koho 'ole mai ua
akua noho lā, e 'aka'aka mai ka po'e ho'omalo-
ka [i] ia akua noho.

15. Ua nui nō ka po'e i mana'o, he mea wahahe'e
wale nō ke akua noho. He kaka'ikahi ka po'e i
mana'o, he 'oia'i'o ke akua noho. He nui loa ka
po'e i mana'o, he mea ho'opunipuni loa ke a-
kua noho.

16. No laila, hailuku 'ia kekahi po'e ho'onoho-
noho akua i ka pōhaku, a hana 'ino nui 'ia
kekahi po'e ho'onohonoho akua a mahuka
lākou ma kahi 'ē aku.

17. Ua 'ōlelo 'ia, 'o kekahi po'e ho'onohonoho akua,
e hana ana nō i mea e aloha mai ai ke kāne
paha, ka wahine paha, 'o ia ka mea i ho'onoho-
noho akua ai.

18. He hana nui ma Hawai'i nei ka ho'onoho-
noho akua. Mai ka wā kahiko mai ka ulu
'ana mai o kēia mea 'o ke akua noho.

19. No ka makemake nō o ko Hawai'i po'e kahiko
i nā mea lapuwale paha, no laila mai
kekahi pono 'ole o kahi hana kahiko.

---

1. 32:13. A: *nele 'o* "maloko o ke kapa o lakou e hoopuukahua mai ai"

No na Hale me na mea e ae me ka koowaना

O ka Hale ke kahi mea nui e pono nui ko ke ka-
naka nohoana ma keia ola ana, a me ka wahi
ne, me na keiki, me na makamaka, me na
mea e ae e hookipa ai

2 He mea maikai ka hale, he mehana, he mea
pale aku i kaua, a me ke anu, a me ka la, a me ka
wela, ua noho nui no nae kekahi, poe lapuwale ma
o a hale pono ole, me ka manao he hale pono ia.

3 O keana ka hale o kekahi poe, o ka lua ko kahi poe, e
ka lou pali ko kahi poe, he puka laau ko kahi poe, he
hale ka mala ko kekahi poe, o ka hoopili wale aku ma
lalo o ka poe mea hale kekahi, ua kapa ia ko lakou
inoa he o ka a pili mai, a he ~~umu~~ pili i ole, o ke am
o ka la mau inoa, he lapuwale, aka, aole pela ka noho
ana,
o ka poe lapuwale ole, e hana no lakou i hale pono i, e
hana ai.

4 E pii aku no ma ka koi i wahekehele me ke koi a kua
i na laau pololei, a pau, a lawe mai, o ka pou na laau
pokole, o ke oa na laau loihi, o na pou kana, he kiekie
kana e like me ke kiekie o ka hale, a ke kanaka i manao
ai, pela ke kiekie o ia mau laau.

5 O na kukuna ma na aoao o ka hana, he haahaa
iho ia, o ke kaupaku, he laau loihi ia, e like me ka loihi
o ka hale ana i manao ai, pela no ke kaupaku o na
iole, he laau ia maluna iho o ke kaupaku, o na halakea
oia na kia e ku ana maloko o ka hale, o ka alo, he
laau liilii ia, pau na laau o ka hale.

6 Eia kekahi, a anwahaia na pou a pau, he anwae
ma ke alo o ka pou, he wahi oi oi ma ka kua o ka

XXXIII[1]

No na Hale me na mea e ae me ka hoomana

[2]O ka Hale kekahi mea nui e pono nui[3] ko keka naka noho ana ma keia ola ana, a me ka wahi ne, me na keiki, me na makamaka, me na mea e ae e hookipa ai

2 He mea maikai ka hale, he mehana, he mea pale aku i ka ua, a me ke anu, a me ka la, a me ka wela, ua noho nui no nae kekahi, poe lapuwale ma na hale pono ole, me ka manao he hale pono ia.

3 O ke ana ka hale o kekahi poe, o ka lua ko kahi poe, o ka loʻupali ko kahi poe, he puha laau ko kahi poe, he hale ka mala ko kekahi poe, o ka hoopili wale aku ma lalo o ka poe mea hale kekahi, ua kapa ia ko lakou inoa he[4] o ke a pili mai, a he unu[5] pehi iole, o ke ano o kela mau inoa, he lapuwale, aka, aole pela ka noho [ana] o ka poe lapuwale ole, e hana no lakou i hale penei, e hana ai.

4 E pii aku no mea kea ~~koi~~ nahelehele me ke koi a kua i na laau ~~pololei~~, a pau, a lawe mai, o ka pou na laau pokole, o ke oa na laau loihi, o na pouhana, he kiekie laua e like me ke kiekie o ka hale, a ke kanaka i manao ai, pela ke kiekie oia mau laau.

5 O na kukuna ma na aoao o ka hana, he haahaa iho ia, o ke kaupaku, he laau loihi ia, e like me ka loihi o ka hale ana i manao ai, pela no ke kaupaku, o kua iole, he laau ia maluna iho o [ke] kaupaku, o na halakea oia na kia e ku ana maloko o ka hale, o ka aho, he laau liilii ia, pau na laau o ka hale.

6 Eia kekahi, a auwahaia na pou a pau, he auwae ma ke alo o ka pou, he wahi oioi ma ke kua o ka

Mokuna XXXIII [33, Emerson 33]
No nā Hale me nā Mea ʻē aʻe me ka Hoʻomana

[1.] ʻO ka hale kekahi mea nui e pono nui [ai] ko ke kanaka noho ʻana ma kēia ola ʻana, a me ka wahine me nā keiki me nā makamaka me nā mea ʻē aʻe e hoʻokipa ai.

2. He mea maikaʻi ka hale: he mehana, he mea pale aku i ka ua a me ke anu a me ka lā a me ka wela. Ua noho nui nō naʻe kekahi poʻe lapuwale ma nā hale pono ʻole, me ka manaʻo, he hale pono ia.

3. ʻO ke ana ka hale o kekahi poʻe, ʻo ka lua ko kahi poʻe, ʻo ka loʻu pali ko kahi poʻe, he pūhā lāʻau ko kahi poʻe, he hale kāmala ko kekahi poʻe. ʻO ka hoʻopili wale aku ma lalo o ka poʻe mea hale kekahi. Ua kapa ʻia ko lākou inoa he ōkea pili mai a he unu pehi ʻiole. ʻO ke ʻano o kēlā mau inoa, he lapuwale. Akā, ʻaʻole pēlā ka noho ʻana o ka poʻe lapuwale ʻole. E hana nō lākou i hale. Penei e hana ai.

4. E piʻi aku nō ma ka nāhelehele me ke koʻi, a kua i nā lāʻau; a pau, a lawe mai. ʻO ka pou nā lāʻau pōkole, ʻo ke oʻa nā lāʻau lōʻihi. ʻO nā pouhana, he kiʻekiʻe lāua. E like me ke kiʻekiʻe o ka hale a ke kanaka i manaʻo ai, pēlā ke kiʻekiʻe o ia mau lāʻau.

5. ʻO nā kukuna ma nā ʻaoʻao o ka hana, he haʻahaʻa iho ia. ʻO ke kaupaku, he lāʻau lōʻihi ia. E like me ka lōʻihi o ka hale āna i manaʻo ai, pēlā no ke kaupaku. ʻO kuaʻiole, he lāʻau ia ma luna iho o ke kaupaku; ʻo nā halakeʻa, ʻo ia nā kia e kū ana ma loko o ka hale; ʻo ka ʻaho, he lāʻau liʻiliʻi ia. Pau nā lāʻau o ka hale.

6. Eia kekahi: a ʻauwaha ʻia nā pou a pau, he ʻauwae ma ke alo o ka pou, he wahi ʻoiʻoi ma ke kua o ka

---

1. 33:0. A: **Mokuna** XXXIII
2. 33:1. A: **1.** O
3. 33:1. A: ai
4. 33:3. A: *nele*
5. 33:3. C?: ~~unu~~ [nuʻu]

pou, e ku ana iluna, pela no na oa, e hana ai, he au
wae ma ke alo o ke oa, he manamana ana ka kua o
ke oa, i wahi e komo ai ka mea oioi maluna o ka pou
i paa, a pau, alaila, e kukulu ia ka hale penei e ku-
kulu ai.

7 E kukulu mua ia na pou kihi, a paa ia mau pou,
alaila, kau ia ke kaula mai kela pou, a keia pou
maluna kahi kaula malalo kahi kaula, a ike ia
ka pololei o na pou, kela pou, keia pou.

8 Alaila, e ana ia ka wa iwaena, o kela pou, keia
pou, a i keia ka lihi pu, alaila, kukuluia na pou a
pau oia ao ao, a paa ia poe pou, alaila, kukulu ia ke
kahi ao ao, a paa ia poe pou, alaila, kau ia kaiohelau
ma ka waha o ka pou, mai kela pou kihi, a keia
pou kihi.

9 Alaila, hoa ia ka pou me ka lohe lau, a pau ia, ala-
ila, kukulu ia na pou hana, a paa ia, kau ia ke kau
paku, a paa ia i ka hoa ia i ke kaula, kukulu ia
na kaha kea, alaila, kau ia na oa a pau, a ana ia
kahi e moku ai maluna o na oa a pau.

10 Alaila, kau hou ia na oa a pau ilalo, a okioki
ia kela oa keia oa, a ka lai ia luna o na oa, a
unku, a hoohoheohe ia ko luna o na oa a pau
alaila kau hou na oa a pau iluna, a paa
ia i ka hoa ia, kau ia ke kuaiole, maluna iho
o ke kau paku,

11 Alaila, kauhilo ia ka hale a pau, alaila hoahu
ia, a paa i ka aho, alaila, ako ia i pili paha
he lai paha, he lauko paha, aia no i ka ma-
nao ana pela, pela no e ako, a paa.

12 Alaila, kau paku a paa, pau ia hana ana

pou, e ku ana iluna, pela no na oa e hana ai, he au wae ma ke alo o ke oa, he manamana ~~ma~~ ke kua o ke oa, i wahi e komo ai ka mea oioi maluna o ka pou i paa, a pau, alaila, e kukulu ia ka hale penei e kukulu ai,

7 E kukulu mua ia na pou kihi, a paa ia mau pou, alaila, kau ia ~~kae~~ kaula mai kela pou, a keia pou maluna kahi kaula malalo, kahi kaula, a ike ia ke kulike[1] o na pou, kela pou, keia pou.

8 Alaila, e ana ia ka wa mawaena, o kela pou, keia pou, a ikeia ka like pu, alaila, kukuluia na pou a pau oia aoao, a paa ia poe pou, alaila, kukulu ia ke kahi aoao, a paa ia poe pou, alaila, kau ia ka lohelau ma ka waha o ka pou, mai kela pou kihi, a keia pou kihi.

9 Alaila, hoa ia ka pou me ka lohelau, a pau ia, alaila, kukulu ia na pou hana, a paa ia, kau ia ke kaupaku, a paa ia i ka hoa ia i ke kaula, kukulu ia na halakea, alaila, kau ia na oa a pau, a ana ia kahi e moku ai maluna o na oa a pau,

10 Alaila, kuu hou ia na oa a pau ilalo, a okioki ia kela oa keia oa, a kalai ia luna o na oa, a uuku, a hoopoheoheo ia ko luna o na oa a pau alaila kau hou na oa a pau i luna, a paa ia i ka hoa ia, kauia ke kuaiole, maluna iho o ke kaupaku,

11 A laila, kauhilo ia ka hale a pa[u]~~a~~,[2] alaila, hoaho ia, a paa i ka aho, alaila, ako ia i pili paha he lai paha, he lauko paha, aia no i ka manao ana pela, pela no e ako[3] a paa.

12 Alaila, kaupaku a paa, pau ia hana ana

pou e kū ana i luna. Pēlā nō nā o'a e hana ai; he 'auwae ma ke alo o ke o'a, he manamana ke kua o ke o'a i wahi e komo ai ka mea 'oi'oi ma luna o ka pou i pa'a. A pau, a laila, e kūkulu 'ia ka hale. Penei e kūkulu ai.

7. E kūkulu mua 'ia nā pou kihi. A pa'a ia mau pou, a laila, kau 'ia ke kaula mai kēlā pou a kēia pou; ma luna kahi kaula, ma lalo kahi kaula. A 'ike 'ia ke kūlike o nā pou, kēlā pou kēia pou,

8. a laila, e ana 'ia ka wā ma waena o kēlā pou kēia pou. A 'ike 'ia ka like pū, a laila, kūkulu 'ia nā pou a pau o ia 'ao'ao. A pa'a ia po'e pou, a laila, kūkulu 'ia kekahi 'ao'ao. A pa'a ia po'e pou, a laila, kau 'ia ka lohelau ma ka waha o ka pou, mai kēlā pou kihi a kēia pou kihi.

9. A laila, hoa 'ia ka pou me ka lohelau; a pau ia, a laila, kūkulu 'ia nā pouhana; a pa'a ia, kau 'ia ke kaupaku; a pa'a ia i ka hoa 'ia i ke kaula, kūkulu 'ia nā halake'a; a laila, kau 'ia nā o'a a pau, a ana 'ia kahi e moku ai ma luna o nā o'a a pau.

10. A laila, ku'u hou 'ia nā o'a a pau i lalo, a 'oki'oki 'ia kēlā o'a kēia o'a, a kālai iā luna o nā o'a a 'u'uku; a ho'opōheoheo 'ia ko luna o nā o'a a pau, a laila, kau hou nā o'a a pau i luna. A pa'a ia i ka hoa 'ia, kau 'ia ke kua'iole ma luna iho o ke kaupaku.

11. A laila, kauhilo 'ia ka hale a pau; a laila, hō'aho 'ia a pa'a i ka 'aho; a laila, ako 'ia i pili paha, he lā'ī paha, he lau kō paha. Aia nō i ka mana'o 'ana pēlā, pēlā nō e ako [ai] a pa'a.

12. A laila, kaupaku a pa'a; pau ia hana 'ana,

---

1. 33:7. C?: k[a]ulike *(ma ka penikala)* A: kaulike
2. 33:11. A: pau
3. 33:11. C?: [ai] *(ma ka penikala)* A: e ako **ai**

alaila, hana i puka, a pau ia, hana i pani, penei
ka hana ana, e auwaha ka laau maluna, a me ka
laau malalo, a auaawa waena, alaila, hookomo
ka poo o na papa ma kela auwaha keia auwaha o na
laau moe aoao.

13. Alaila, hoohou i ka iwi kawakawa ma kela poo keia
poo ma ka au waha, a ma kis i ke kui laau, a hu-
muhumu mawaena i ka kaula a pau, alaila, e hana
i mau laau i elua, ma o ka puka, a maenei o ka
puka, e pili ana maloko o ka puka e ku ana iluna
a maloko o laila e hooholo ai ke pani, a pau ia
hana ana, e hana ia ka palaau a pau ia.

14. Alaila, kii ke kahuna pule nana e pule ke oki
ana o na maau maluna o ka puka o ka hale, he
ku wa ka inoa oia pule, a pau ka pule ana,
alaila, komo ka mea nona ka hale, a noho ma
kona hale, me ka olioli.

15. He hana mau no ka pule ana o ke kahuna
ma na hale o ka poe noho pono, a pau, a me kona
alii; a me ka poe kanohano, a me ka poe koikoi
a me ka poe noho kuonoono a pau.

16. Aka, o ka poe lapuwale a pau, aole e hana pela
e komo wale no ko lakou hale, he wale liilii
ko lakou makemake, e waiho koke mai no
ke kaipuahi ma kahi kokoke i ko lakou poo.
e waiho koke mai no na ipu ma ke poo
hookahi na hale o lakou, pela no ko lakou noho
ana.

17. Aka, he okoa ka noho ana o ka poe hookuc
noono, a me ka poe noho pono, a me ka poe
koikoi, a me ka poe kanohano, a me na lii

alaila, hana i puka, a pau ia, hana i pani, penei,
ka hana ana, e auwaha ka laau maluna, a me ka
laau malalo, a awaawa waena, alaila, hookomo
ke poo o na papa ma kela auwaha keia auwaha o na
laau moe aoao.

13. A laila, houhou i ka iwi kanaka ma kela poo, keia[1]
poo, ma ka auwaha, a makia i ke kui laau, a hu-
muhumu mawaena i ke kaula a paa, alaila, e hana
i mau laau i elua, ma o o ka puka, a ma enei[2] o ka
puka, e pili ana maloko o ka puka e ku ana iluna
a maloko o laila e hooholo ai ke pani, a pau ia
hana ana, e hana ia ka pa laau, a pau ia.

14. A laila, kii [ia] ke kahuna pule nana e pule ke oki
ana o na mauu maluna o ka puka o ka hale, he
kuwa ka inoa oia pule, a pau ka pule ana,
alaila, komo ka mea nona ka hale, a noho ma
kona hale, me ka oluolu.

15 He hana mau no ka pule ana o ke kahuna
ma na hale o ka poe noho pono, a pau, a me kona
alii, a me ka poe hanohano, a me ka poe koikoi,
a me ka poe noho kuonoono a pau,

16 Aka, o ka poe lapuwale a pau, aole e hana pela
e komo wale no ko lakou hale, he hale liilii
ko lakou makemake, e waiho koke mai no
ke kapuahi ma kahi kokoke i ko lakou poo,
e waiho ~~koke~~[3] mai no na ipu ma ke poo
hookahi no hale o lakou, pela no ko lakou noho
ana.

17. Aka, he okoa ka noho ana o ka poe hookuo
noono, a me ka poe noho pono, a me ka poe
koikoi, a me ka poe hanohano, a me na lii

a laila, hana i puka; a pau ia, hana i pani. Penei
ka hana 'ana: e 'auwaha ka lā'au ma luna a me ka
lā'au ma lalo a awāwa waena; a laila, ho'okomo
ke po'o o nā papa ma kēlā 'auwaha kēia 'auwaha o nā
lā'au moe 'ao'ao.

13. A laila, houhou i ka iwi kanaka ma kēlā po'o kēia
po'o, ma ka 'auwaha, a mākia i ke kui lā'au, a hu-
muhumu ma waena i ke kaula a pa'a. A laila, e hana
i mau lā'au i 'elua, ma 'ō o ka puka a ma 'ene'i o ka
puka, e pili ana ma loko o ka puka e kū ana i luna,
a ma loko o laila e ho'oholo ai [i] ke pani. A pau ia
hana 'ana, e hana 'ia ka pā lā'au. A pau ia,

14. a laila, ki'i 'ia ke kahuna pule nāna e pule ke 'oki
'ana o nā mau'u ma luna o ka puka o ka hale. He kuwā ka
inoa o ia pule. A pau ka pule 'ana,
a laila, komo ka mea nona ka hale a noho ma
kona hale me ka 'olu'olu.

15. He hana mau nō ka pule 'ana o ke kahuna
ma nā hale o ka po'e noho pono a pau, a me ko nā
ali'i, a me ka po'e hanohano, a me ka po'e ko'iko'i,
a me ka po'e noho kū'ono'ono a pau.

16. Akā, 'o ka po'e lapuwale a pau, 'a'ole e hana pēlā.
E komo wale nō ko lākou hale. He hale li'ili'i
ko lākou makemake. E waiho koke mai nō
ke kapuahi ma kahi kokoke i ko lākou po'o.
E waiho koke mai nō nā ipu ma ke po'o.
Ho'okahi nō hale o lākou. Pēlā nō ko lākou noho
'ana.

17. Akā, he 'oko'a ka noho 'ana o ka po'e ho'okū'o-
no'ono, a me ka po'e noho pono, a me ka po'e
ko'iko'i, a me ka po'e hanohano, a me nā ali'i.

---

1. 33:13. C?: [ma] keia poo *(ma ka penikala)* A: *ma* keia poo
2. 33:13. A: anei
3. 33:16. A: koke

e hana no kela mea pono keia mea pono, i mau
hale no lakou iho me na wahine a lakou.

18 E hana no i hale e moe ai me ka wahine, me
na keiki, a e hana no i mau hale anei no
kela hana, no keia hana a ke kane, a no kela
hana keia hana a ka wahine, he halau ke
kahi hale, he alo kahi hale, he amana ke ka
hi hale.

19 Pela ka noho ana o ka poe kuaaina a pau, oia
ka pono a ka poe kahiko o Hawaii nei i ma
na, ke pono ia, i ko lakou manao ana.

20 O ka Ipu ke kahi mea e pono ai; maloko, o
laila e kahao ai ka ai; ka ia, o ko Hawaii nei
mau Ipu kahiko mai, e lua ipu ke ipu
laau, he ipu pohue.

21 O ka poe akamai i ke kalai Ipu, kalai no
lakou Ipu ma ke kahi laau, a ka, o ilou
ka laau kalai nui ia, ipu, e kalai ia na
pau ku laau ma waho, a hooliloia i
umeke ke kahi, a ipu kai, a e pao ma
loko, a hohonu, a e hana palanai ke
kahi i ka laau maluna o ka ipu kai
a pau ia hana ana.

22 Alaila, ea nai i ka puna maloko, a ma
waho, a pau ia, alaila, a nai hou i ke oahi
a pau ia, a nai i ka ana, a pau ia, a nai i ka
oio, a pau ia, a nai i ka wa wahu, a pau ia, o ka lau
ohe, a pau ia, lehi aku ka lauhuhu, me ke kapro, o
ka ipu iho la no ia, e hawa i poi, a i koko, ma ka
umeke, ka ai, ma ka ipu kai ka ia.

23 O ke Pohue, he ipu ia i kanu ia, a hua mai,

e hana no kela mea pono keia mea pono, i mau
hale no lakou iho me na wahine a lakou.

18 E hana no i hale e moe[1] ai me ka wahine, me
na keiki, a e hana no i mau hale a nui no
kela hana, no keia hana a ke kane, a no kela
hana keia hana a ka wahine, he halau ke
kahi hale, he aleo kahi[2] hale, he amana keka
hi hale.

19 Pela ka noho ana o ka poe kuonoono a pau, oia
ka pono a ka poe kahiko o Hawaii nei i ma-
nao he pono ia, i ko lakou manao ana.

20 O ka Ipu kekahi mea e pono ai, ma loko o
laila e hahao [ai] ka ai, ka ia, o ko Hawaii nei
mau Ipu kahiko mai, elua ipu he ipu
laau, he ipu pohue.

21 O ka poe akamai i ke kalai Ipu, kalai no
lakou Ipu[3] ma kekahi[4] laau, aka, o [ke] Kou
ka laau kalai nui ia ipu,[5] e kalai ia na
pauku laau ma waho, a hoolilo ia i
umeke ke kahi, a ipu kai, a e pao ma
loko, a hohonu, a e hana palanai ke
kahi i ka laau maluna o ka ipu kai
a pau ia hana ana.

22 A laila, e anai i ka puna maloko, a ma
waho, a pau ia, alaila, anai hou i ke oahi,
a pau ia, anai i ka ana, a pau ia, anai i ka
oio, a pau ia, anai i ka nanahu, a pau ia, o ka lau
ohe, a pau ia, lohi aku ka lauhulu,[6] me ke kapa, o
ka ipu iho la no ia, e hana i poi, a i koko, ma ka
umeke, ka ai, ma ka ipu kai ka ia.

23 O ka Pohue, he ipu ia i kanu ia, a hua mai,

E hana nō kēlā mea pono kēia mea pono i mau
hale no lākou iho me nā wāhine a lākou.

18. E hana nō i hale e moe ai me ka wahine, me
nā keiki; a e hana nō i mau hale a nui no
kēlā hana no kēia hana a ke kāne, a no kēlā
hana kēia hana a ka wahine. He hālau ke-
kahi hale, he 'ale'o kahi hale, he 'āmana keka-
hi hale.

19. Pēlā ka noho 'ana o ka po'e kū'ono'ono a pau. 'O ia
ka pono a ka po'e kahiko o Hawai'i nei i ma-
na'o, he pono ia, i ko lākou mana'o 'ana.

20. 'O ka ipu kekahi mea e pono ai. Ma loko o
laila e hahao ai [i] ka 'ai, ka i'a. 'O ko Hawai'i nei
mau ipu kahiko mai, 'elua ipu, he ipu
lā'au, he ipu pōhue.

21. 'O ka po'e akamai i ke kālai ipu, kālai nō
lākou [i] ipu ma kekahi lā'au; akā, 'o ke kou
ka lā'au kālai nui 'ia [i] ipu. E kālai 'ia nā
paukū lā'au ma waho, a ho'olilo 'ia i
'umeke kekahi, a [i] ipu kai; a e pao ma
loko a hohonu, a e hana pālānai ke-
kahi i ka lā'au ma luna o ka ipu kai.
A pau ia hana 'ana,

22. a laila, e 'ānai i ka puna ma loko a ma
waho; a pau ia, a laila, 'ānai hou i ke 'ōahi;
a pau ia, 'ānai i ka 'ana; a pau ia, 'ānai i ka
'ō'io; a pau ia, 'ānai i ka nānahu; a pau ia, 'o ka lau
'ohe; a pau ia, lohi aku ka lauhulu me ke kapa. 'O
ka ipu ihola nō ia. E hana i po'i a i kōkō. Ma ka
'umeke ka 'ai, ma ka ipu kai ka i'a.

23. 'O ka pōhue, he ipu ia i kanu 'ia a hua mai.

---

1. 33:18. A: moe **pu**
2. 33:18. A: kekahi
3. 33:21. A: **i** ipu
4. 33:21. A: ma kekahi ma kekahi [sic]
5. 33:21. A: **i** ipu
6. 33:22. A: lauhuku

nana no i hua mai ma keono umeke, a me keono i-
pukai, a me keono huewai, he awaawa maloko oia
ipu, he awaawa ole kekahi ipu, e wau ka pula ma-
loko a pau, a kaulai, a maloo, a wai a pau o loko o
ka ipu iho la noia, e kaua i poi, i koko, mawaho o
ka ipu.

24 E hoopala ka hue, a kahao i iliili maloko, a lulu a
pau ka pala, a ku i ka wai, a manalo, oia ka hue
wai.

25 O ka paakai kekahi mea e pono ai, he mea e ono ai,
ka ia, a me ke koekoe o ka paina ana, he mea hanaia
ka paakai, ma kekahi aina, aole i hanaia ma kekahi
aina, o ke kai ma kai, e kii aku no ka wahine, a lawe
mai ma ka poi, a he kai hooholo ia mai kekahi ma
kauwahi mai.

26 E waiho kela kai ma kekahi poho paka, he ekaha
paka, he kahe ka paha, a liu mabaila, alaila, lawe hou
ma kauwahi e, a paa kai mabaila, lawe hou ma
kau wahi e, o ka paakai iho la noia, o ka papalaau
ka mea kii poi.

27 O ka wai kekahi mea e pono ai, he mea kii wale aku ka
wai ma kaluawai, he mea eliia kakahi wai, o ka wai
kekahi mea e pono ai ka paina ana, no ka hua,
a me ka wela, o ka paina ana.

28 O ka ai, o ka ia, o ka paakai, a me ka wai, o keia mau
mea ka mea e pono ai ko loko o ke kanaka.

29 O ka niho mano ko Hawaii nei mea e ako ai i ka lauoho
ma kapaia, he niho ako lauoho, e hoa ka niho mano
ma ka laau a paa, a pepelu mai ka lauoho maluna
o ka niho mano, a malalo, o ka niho mano, alaila,
o ako iuna me kennenaua ka keano, a i ka loa e

nana no i hua mai ma ke ano umeke, a me ke ano i-
pukai, a me ke ano huewai, he awa[a]wa maloko oia
ipu, he awaawa ole kekahi ipu, e wau ka pala ma-
loko a pau, a kaulai, a maloo, anai a pau o loko o
ka ipu iho la no ia, e hana i poi, i koko, mawaho o
ka ipu.

24 E hoopala ka hue, a hahao i iliili ma loko, a lulu a
pau ka pala, a ku i ka wai, a manalo, oia ka hue-
wai.

25 O ka paakai kekahi mea e pono ai, he mea e ono ai,
ka ia, a me ke koekoe o ka paina ana, he mea hanaia
ka paakai, ma kekahi aina, aole i hanaia ma kekahi
aina, o ke kai ma kai, e kii aku no ka wahine, a lawe
mai ma ke poi, a he kai hooholo ia mai kekahi ma
kauwahi mai.

26. E waiho kela kai ma kekahi poho paha, he ekaha
paha, he kaheka paha, a liu malaila, alaila, lawe[1]
ma kauwahi, a paakai ma laila, lawe hou ma
kauwahi e, o ka paakai iho la no ia, o ka papalaau
ka mea kui poi.

27 O ka wai kekahi mea e pono ai, he mea kii wale aku ka
wai ma kahawai, he mea eliia kekahi wai, o ka wai
kekahi mea e pono ai ka paina ana, no ka puua
a me ka wela, o ka paina ana.

28 O ka ai, o ka ia, o ka paakai, a me ka wai, o keia mau
mea ka mea e pono ai ko loko o ke kanaka.

29 O ka niho mano ko Hawaii nei mea e ako ai i ka lauoho
ua kapaia, he niho ako lauoho, e hoa ka niho mano
ma ka laau a paa, a pepelu mai ka lauoho maluna
o ka niho mano, a malalo, o ka niho mano, alaila,
o aku imua me he unuunu la ke ano, a i eha loa e

Nāna nō i hua mai ma ke 'ano 'umeke, a me ke 'ano i-
pu kai, a me ke 'ano huewai. He 'awa'awa ma loko o ia
ipu, he 'awa'awa 'ole kekahi ipu. E wa'u ka pala ma
loko a pau; a kaula'i a malo'o, 'ānai a pau 'o loko. 'O
ka ipu ihola nō ia. E hana i po'i, i kōkō ma waho o
ka ipu.

24. [No ka huewai,] e ho'opala ka hue; a hahao i 'ili'ili ma loko, a lūlū a
pau ka pala, a kū i ka wai a mānalo, 'o ia ka hue-
wai.

25. 'O ka pa'akai kekahi mea e pono ai. He mea e 'ono ai
ka i'a a me ke ko'eko'e o ka pā'ina 'ana. He mea hana 'ia
ka pa'akai ma kekahi 'āina, 'a'ole i hana 'ia ma kekahi
'āina. 'O ke kai ma kai, e ki'i aku nō ka wahine a lawe
mai ma ke po'i. A he kai ho'oholo 'ia mai kekahi ma
kauwahi mai.

26. E waiho kēlā kai ma kekahi poho paha, he 'ēkaha
paha, he kāheka paha, a li'u ma laila. A laila, lawe
ma kauwahi 'ē; a pa'akai ma laila, lawe hou ma
kauwahi 'ē. 'O ka pa'akai ihola nō ia. 'O ka papa lā'au,
ka mea ku'i poi [kekahi mea e pono ai].

27. 'O ka wai kekahi mea e pono ai. He mea ki'i wale aku ka
wai ma kahawai. He mea 'eli 'ia kekahi wai. 'O ka wai
kekahi mea e pono ai ka pā'ina 'ana, no ka pu'ua
a me ka wela o ka pā'ina 'ana.

28. 'O ka 'ai, 'o ka i'a, 'o ka pa'akai, a me ka wai, 'o kēia mau
mea ka mea e pono ai ko loko o ke kanaka.

29. 'O ka niho manō ko Hawai'i nei mea e 'ako ai i ka lauoho.
Ua kapa 'ia he niho 'ako lauoho. E hoa ka niho manō
ma ka lā'au a pa'a. A pepelu mai ka lauoho ma luna
o ka niho manō a ma lalo o ka niho manō, a laila,
'ō aku i mua me he 'unu'unu lā ke 'ano. A i 'eha loa, e

---

1. 33:26. C?: [hou] *(ma ka penikala)* A: *nele 'o* "alaila, lawe ma kauwahi, a paakai ma laila"

puhipuhi i ke ahi, oia ka lua o ka mea ako lauoho.

30. O ko Hawaii nei aniani kahiko, he papalaau, e anai a
maikai, alaila, paele i ka hili, a paele hou i ka lepo, a
eleele a hou i ka wai, alaila, na na akua, he wahi ika
pohihi no, he pohaku kekahi aniani, e anai a hou i ka
wai alaila na na akua.

31. O ka lauoho ko Hawaii nei peahi kahiko, e ulana a
palahalaha, o ka loulu kekahi peahi, he peahi mai
kai ia, e kana ia ke kumu i ka aha, o keia mau mea
no na mea i hono ai ka poe kahiko noho ana ma
Hawaii nei (aloha ino lakou.)

32. Aka, ua nui mai na mea hou i keia wa o na hale
hou, he hale pohaku i ka wili ia i ka puna me ka
one a hahau ia i hale pohaku, ua ka wili lepo wa
le ia kekahi hale pohaku.

33. He hale laau kekahi i ka pili ia me ka papa, a na-
kia ia i ke kui hao, o ka lepo i omoomo ia, a hahau
ia, oia kekahi hale, o ka lole kekahi hale, oia na
hale hou na na haole mai.

34. Eia na ipu hou mai o na ipu hao, a me na ipu keokeo
aole nae i kupono kekahi ipu hou i umeke.

35. Eia ka mea ako lauoho hou mai na ka haole mai
he hao, ua kapaia he upa he mea maikai loa keia
he mau peahi hou mai kekahi he mea upiki
piki, he peahi maikai no.

36. Ua oi aku no ka maikai o na mea hou mai, ma-
mua o na mea kahiko.

Mokuna XXXIV

No ko Hawaii nei waa.

1. O ke koa ko Hawaii nei laau kalai ia i mea waa,
mai ka wa kahiko mai, o ka Ulu, a me ka kukui, a me

puhipuhi i ke ahi, oia ka lua o ka mea ako lauoho.

30. O ko Hawaii nei aniani kahiko, he papalaau e anai a maikai, alaila, paele i ka hili, a paele hou i ka lepo, a eleele a hou i ka wai, alaila, nana aku, he wahi ike pohihi no, he pohaku kekahi aniani, e anai a hou i ka i wai[1] alaila nana aku.

31 O ka launiu ko Hawaii nei peahi kahiko, e ulana a palahalaha, o ka loulu kekahi peahi, he peahi maikai ia, e hana ia ke kumu i ka aha, o keia mau mea no na mea i pono ai [ko] ka poe kahiko noho ana ma Hawaii nei (aloha ino lakou.)

32 Aka, ua nui mai na mea hou i keia wa o na hale hou, he hale pohaku i kawili ia i ka puna me ke one a hahau ia i hale pohaku, ua kawili lepo wale ia kekahi hale pohaku.

33. He hale laau kekahi i ka piliia[2] me ka papa, a makia ia [i] ke kui hao, o ka lepo i omoomo ia, a hahau ia, oia kekahi hale, o ka lole kekahi hale, oia na hale hou na na haole mai.

34 Eia na ipu hou mai o na ipu hao, a me na ipu keokeo aole nae i kupono kekahi ipu hou i umeke.

35. Eia ka mea ako lauoho hou mai na ka haole mai he hao, ua kapaia he upa he mea maikai loa keia he mau peahi hou mai kekahi he mea upiki-piki, he peahi maikai no.

36. Ua oi aku no ka maikai o na mea hou mai, ma-mua o na mea kahiko.

Mokuna XXXIV
No ko Hawaii nei waa.

1 O ke koa ko Hawaii nei laau kalai ia i mea waa, mai ka wa kahiko mai, o ka Ulu, a me ke kukui, a me

---

puhipuhi i ke ahi. 'O ia ka lua o ka mea 'ako lauoho.

30. 'O ko Hawai'i nei aniani kahiko, he papa lā'au. E 'ānai a maika'i, a laila, pā'ele i ka hili, a pā'ele hou i ka lepo a 'ele'ele, a hou i ka wai, a laila, nānā aku. He wahi 'ike pohihi nō. He pōhaku kekahi aniani. E 'ānai a hou i ka[3] wai, a laila, nānā aku.

31. 'O ka lau niu ko Hawai'i nei pe'ahi kahiko. E ulana a pālahalaha. 'O ka loulu kekahi pe'ahi; he pe'ahi maika'i ia. E hana 'ia ke kumu i ka 'aha. 'O kēia mau mea nō nā mea i pono ai ko ka po'e kahiko noho 'ana ma Hawai'i nei. (Aloha 'ino lākou.)

32. Akā, ua nui mai nā mea hou i kēia wā. 'O nā hale hou, he hale pōhaku i kāwili 'ia i ka puna me ke one a hahau 'ia i hale pōhaku. Ua kāwili lepo wa-le 'ia kekahi hale pōhaku.

33. He hale lā'au kekahi i kāpili 'ia me ka papa a mā-kia 'ia i ke kui hao. 'O ka lepo i 'omo'omo 'ia a hahau 'ia, 'o ia kekahi hale. 'O ka lole kekahi hale. 'O ia nā hale hou na nā haole mai.

34. Eia nā ipu hou mai: 'o nā ipu hao a me nā ipu ke'oke'o. 'A'ole na'e i kūpono kekahi ipu hou i 'umeke.

35. Eia ka mea 'ako lauoho hou mai na ka haole mai: he hao, ua kapa 'ia he 'ūpā. He mea maika'i loa kēia. He mau pe'ahi hou mai kekahi, he mea 'ūpiki-piki. He pe'ahi maika'i nō.

36. Ua 'oi aku nō ka maika'i o nā mea hou mai ma mua o nā mea kahiko.

Mokuna XXXIV [34, Emerson 34]
NO KO HAWAI'I NEI WA'A

1. 'O ke koa ko Hawai'i nei lā'au kālai 'ia i mea wa'a mai ka wā kahiko mai. 'O ka 'ulu a me ke kukui a me

---

1. 33:30. A: e anai a hou i hou i ka wai *(ma kahi o "e a nai a hou i ka i wai")*
2. 33:33. C?: ka_pili *(ma ka penikala)*
3. 33:30. *ua ho'ololi 'ia 'o "ka i," 'o ia 'o "ka"*

132

Kaohiaha, a me ka wiliwili kekahi mau laau i kalai ia i
mea waa, he hapa wae ke kalai ia, o ke koa no ka laau
kalai nui ia i waa.

2 He mea hoomana ia oe i ke akua ke kalai ana i ka
waa, mahope o koia eike ia ai ke koa ekekahi, a hai ia mai
i ua kahuna kalai waa la ke koa, he koa nui, he koa mai-
kai, a lohe ua kahuna la, alaila, hele oia i mua ma ka
po e hoomoe ma kona heiau, i loaa ia ia kekahi mea,
e hai ia mai ai ia ia e kona akua ma ka moe uhane
no ka maikai o ua waa la, a me ka puha.

3. A ma kona moe ana ia po, i na i ike aku oia, i
kekahi mea ma ka moe uhane, he kane paha, he
wahine paha, e ku kohana mai ana me ka ma-
lo ole paha, me ka pau ole paha, i na e paa ana
ka lima i ka mai, a ala ua kahuna la, ua maopopo
no ia ia, ua koa la, he koa puha, aole i pii ke kahu-
na e kalai i ua kahi koa la.

4 Aka, e imi hou no i koa, a loaa hou ke koa, e hele
no ke kahuna e hoomoe hou i mua i ka heiau, i na
ike aku oia ma ka moe uhane i ke kanaka ma-
kai paha, i ole ia, he wahine maikai paha, e ku mai
ana, ua kakua i ka pau maikai, me ke kapa maikai
e aahu ana, a ala ae oia, ua ike iho no oia he waa
maikai,

5 Alaila, hoomakaukau lakou e pii, e kalai i ua
koa la, i waa, a ma ko lakou wa e pii ai, e lawe no
lakou me ka puaa, a me kaniu, a me ka ia ula,
a me ka awa, a hiki lakou mauka, hoomoe iho la
kou ia po me ka kaumaha aku i keia mau mohai i
ke akua, a me ka hoomana, a me ka pule. maia po
a moe iho.

ka ohiaha, a me ka wiliwili kekahi mau laau i kalai ia i mea waa, he hapa nae ke kalai ia, o ke koa no ka laau kalai nui ia i waa.

2 He mea hoomana ia nae i ke akua ke kalai ana i ka waa, mahope o kona[1] e ike ia ai ke koa e kekahi, a hai ia mai i ua kahuna kalai waa[2] la ke koa, he koa nui, he koa maikai, a lohe ua kahuna la, alaila, hele oia i mua ma ka po e hoomoe ma kona heiau, i loaa ia ia kekahi mea, e hai ia mai ai ia ia e kona akua ma ka moe Uhane no ka maikai o ua waa la, a[3] me ka puha.

3. A ma kona moe ana ia po, ina i ike aku oia, i kekahi mea ma ka moe Uhane, he kane paha, he wahine paha, e ku kohana mai ana me ka ma lo ole paha, me ka pau ole paha, ina e paa ana ka lima i ka mai, a ala ua kahuna la, ua maopopo no ia ia, ua koa la, he koa puha, aole i pii ke kahuna e kalai i ua ~~kahu~~[4] koa la.

4 Aka, e imi hou no i koa, a loaa hou ke koa, e hele no ke kahuna e hoomoe hou imua i ka heiau, ina ike aku oia ma ka moe Uhane i ke kanaka makai paha, i ole ia, he wahine maikai paha, e ku mai ana, ua kakua i ka pau maikai, me ke kapa maikai e aahu ana, a ala ae oia, ua ike pono oia he waa maikai.

5 Alaila, hoomakaukau lakou e pii, e kalai i ua koa la, i waa, a ma ko lakou wa e pii ai, e lawe no lakou me ka puaa, a me ka niu, a me ka ia ula, a me ka awa, a hiki lakou mauka, hoomoe iho la kou ia po me ke kaumaha aku[5] i keia mau mohai i ke akua, a me ka hoomana, a me ka pule, ma ia po a moe iho.

ka 'ōhi'a hā a me ka wiliwili kekahi mau lā'au i kālai 'ia i mea wa'a; he hapa na'e ke kālai 'ia. 'O ke koa nō ka lā'au kālai nui 'ia i wa'a.

2. He mea ho'omana 'ia na'e i ke akua ke kālai 'ana i ka wa'a. Ma hope o ka wā[6] e 'ike 'ia ai ke koa e kekahi, a ha'i 'ia mai i ua kahuna kālai wa'a lā ke koa, he koa nui, he koa maika'i, a lohe ua kahuna lā, a laila, hele 'o ia i mua ma ka pō e ho'omoe ma kona heiau i loa'a iā ia kekahi mea e ha'i 'ia mai ai iā ia e kona akua ma ka moe'uhane no ka maika'i o ua wa'a lā a me ka pūhā.

3. A ma kona moe 'ana [i] ia pō, inā i 'ike aku 'o ia i kekahi mea ma ka moe'uhane, he kāne paha, he wahine paha, e kū kohana mai ana me ka malo 'ole paha, me ka pā'ū 'ole paha, inā e pa'a ana ka lima i ka ma'i, a ala ua kahuna lā, ua maopopo nō iā ia, ua koa lā, he koa pūhā. 'A'ole i pi'i ke kahuna e kālai i ua koa lā.

4. Akā, e 'imi hou nō i koa. A loa'a hou ke koa, e hele nō ke kahuna e ho'omoe hou i mua, i ka heiau. Inā 'ike aku 'o ia ma ka moe'uhane i ke kanaka ma[i]ka'i paha, [a] i 'ole ia, he wahine maika'i paha e kū mai ana, ua kākua i ka pā'ū maika'i, me ke kapa maika'i e 'a'ahu ana, a ala a'e 'o ia, ua 'ike pono 'o ia he wa'a maika'i.

5. A laila, ho'omākaukau lākou e pi'i e kālai i ua koa lā i wa'a. A ma ko lākou wā e pi'i ai, e lawe nō lākou me ka pua'a, a me ka niu, a me ka i'a 'ula, a me ka 'awa. A hiki lākou ma uka, ho'omoe iho lākou [i] ia pō me ke kaumaha aku i kēia mau mōhai i ke akua a me ka ho'omana a me ka pule ma ia pō, a moe iho.

---

1. 34:3. C?: *ua ho'ololi 'ia 'o* "kona," *'o ia 'o* "ka wa" *(ma ka penikala)* A: ka wa *(ma kahi o* "kona"*)*
2. 34:2. A: wa~~i~~a *(ua ho'ololi 'ia 'o* "wai," *'o ia 'o* "waa"*)*
3. 34:2. A: *nele*
4. 34:3. C: *'a'ole akāka loa nā hua i holoi 'ia*
5. 34:5. A: *nele*
6. 34:2. *ua ho'ololi 'ia 'o* "kona," *'o ia 'o* "ka wā"

6. A kakahiaka ae kalua lakou i ka puaa ma kahi
e kokoke ana i ke kumu o ke koa, a ma ka wa e moa
ai ka puaa, ai lakou a pau ka ai ana, alaila,
hele lakou e noa noa i ke koa, a kii kekahi maluna
e ana i kahi o ka waha, a me ka lanamoo, a me ka
loa o ka waa, a pau keia mau mea i ka hana ia.

7 Alaila, kalau ke kahuna i ke koi, pohaku, a kauma-
ha aku i ke akua, me ka i aku, e Kupulupulu,
Kualanawao, ku moku halii, Ku Kaili e, Kupalalake
ku ka ohia la ka, pau na kua kane, alaila ka-
hea i na kua wahine, e lea, Kapua owala kai, e
hoolohe mai oukou, i ke koi, o ke koi keia, e kuakua
ana i ka waa, a pau keia kaumaha ana.

8 Alaila, kua ia ua koa la i waa, penei ka oki
ana, e kolu paha kapu ai mawaena o kahi e oki ai
maluna kekahi hana e oki ai, a malalo iho ke-
kahi hana e oki ai, a hoonui ia mau hana, ma-
luna, a malalo, alaila, he wahi ao ao mai ma
ka loa o ka laau, i hemo ka mamala.

9 A heha mau e oki ai, i na hookahi kahuna, he nui
ua la e oki ai, alaila hina, i na he nui ke kahuna
e hina koke no ke koa ia la no, a ma ka wa, e
hakuikui ai ke koa e hina, alaila, hoomolu ia
ka leo, aole e walaau.

10. A ma ka wa e hina ai ke koa, e pii ae ke kahuna
ia ia ke poo o ka waa, maluna o ke kumu o ke
koa me ke koi, a huli aku kona alo ma ke
kumu o ke koa, e waiho ana ilalo, aoleona kua
ma ka welau o ua koa la.

11 Alaila, kahea oia me ka leo nui, E ku aea, ho ma
i he malo, alaila haawi mai ka wahine a na kahu

6. A kakahiaka ae kalua lakou i ka puaa ma kahi e kokoke ana i ke kumu o ke koa, a ma ka wa e moa ai ka puaa, ai lakou a pau ka ai ana, alaila, hele lakou e nana i ke koa, a pii kekahi maluna e ana i kahi o ka waha,[1] a me ke kuamoo, a me ka loa o ka waa, a pau keia mau mea i ka hana ia.

7 Alaila, lalau ke kahuna i ke koi, pohaku,[2] a kaumaha aku i ke akua, me ka i aku, e kupulupulu,[3] kualanawao, ku moku halii, ku kaieie, kupalalake[4] ku ka ohia la ka, pau na kua kane, alaila kahea i na kua wahine, e lea, ka pua[5] owala kai, e hoolohe mai oukou, i ke koi, o ke koi keia, e kuakua[6] ana i ka waa, a pau keia kaumaha ana.

8 A laila, kua ia ua koa la i waa, penei ke oki ana, e kolu paha kapuai mawaena o kahi e oki ai maluna kekahi hana e oki ai, a malolo iho kekahi hana e oki ai,[7] a hoonui ia mau hana maluna, a malalo, alaila, he wahi aoao mai ma ka loa o ka laau, i hemo ka mamala.

9. A pela mau e oki ai, i na hookahi kahuna, he nui na la e oki ai, alaila hina, ina he nui ke kahuna e hina koke no ke koa ia la no, a ma ka wa, e hakuikui ai ke koa e hina, alaila, hoomalu ia ka leo, aole e walaau.

10. A ma ka wa e hina ai ke koa, e pii ae ke kahuna ia ia ke poo o ka waa, maluna o ke kumu o ke koa me ke koi, a huli aku kona alo ma ke kumu o ke koa, e waiho ana ilalo, a o kona kua ma ka welau o ua koa la.

11 A laila, kahea oia me ka leo nui, ~~e~~E ku[8] aea, ho mai he malo, alaila haawi [mai] ka[~~na~~][9] wahine a ua kahu-

6. A kakahiaka a'e, kālua lākou i ka pua'a ma kahi e kokoke ana i ke kumu o ke koa. A ma ka wā e mo'a ai ka pua'a, 'ai lākou. A pau ka 'ai 'ana, a laila, hele lākou e nānā i ke koa, a pi'i kekahi ma luna e ana i kahi o ka waha a me ke kuamo'o a me ka loa o ka wa'a. A pau kēia mau mea i ka hana 'ia,

7. a laila, lālau ke kahuna i ke ko'i pōhaku a kaumaha aku i ke akua me ka 'ī aku, "E Kūpulupulu, Kū'ālanawao, Kūmokuhāli'i, Kūka'ie'ie, Kūpalalakē, Kūka'ōhi'alaka." Pau nā akua kāne, a laila, kāhea i nā akua wāhine, "E Lea, Kapūoalaka'i.[10] E ho'olohe mai 'oukou i ke ko'i. 'O ke ko'i kēia e kuakua ana i ka wa'a." A pau kēia kaumaha 'ana,

8. a laila, kua 'ia ua koa lā i wa'a. Penei ke 'oki 'ana: 'ekolu paha kapua'i ma waena o kahi e 'oki ai, ma luna kekahi hana e 'oki ai a ma lalo[11] iho kekahi hana e 'oki ai; a ho'onui [i] ia mau hana ma luna a ma lalo, a laila, he wāhi 'ao'ao mai ma ka loa o ka lā'au i hemo ka māmala.

9. A pēlā mau e 'oki ai. Inā ho'okahi kahuna, he nui nā lā e 'oki ai, a laila, hina. Inā he nui ke kahuna, e hina koke nō ke koa [i] ia lā nō. A ma ka wā e hāku'iku'i ai ke koa e hina, a laila, ho'omalu 'ia ka leo, 'a'ole e wala'au.

10. A ma ka wā e hina ai ke koa, e pi'i a'e ke kahuna iā ia ke po'o o ka wa'a ma luna o ke kumu o ke koa me ke ko'i, a huli aku kona alo ma ke kumu o ke koa e waiho ana i lalo, a 'o kona kua ma ka wēlau o ua koa lā.

11. A laila, kāhea 'o ia me ka leo nui, "E kū a ea! Hō mai he malo!" A laila, hā'awi mai ka wahine a ua kahu-

1. 34:6. A: wa~~h~~a
2. 34:7. A: i ke koi, o ke koi keia he pohaku *(ma kahi o* "i ke koi pohaku"*)*
3. 34:7. A: Kupulupulu
4. 34:7. A: Kupulupulu, Kukaieie, Kumokuhalii
5. 34:7. A: Lea, Ka pua
6. 34:7. A: kua aku *(ma kahi o* "kuakua"*)*
7. 34:8. A: *nele 'o* "a malolo [malalo] iho kekahi hana e oki ai"
8. 34:11. A: Ku
9. 34:11. A: kana
10. 34:8. *ua ho'ololi 'ia 'o* "ka pua owala kai," *'o ia 'o* "Kapūoalaka'i" *(e nānā i kā PE, 1981, 'ao'ao 388)*
11. 34:8. *ua ho'ololi 'ia 'o* "malolo," *'o ia 'o* "ma lalo"

na ka lai waa la, i kona malo kahuna, he malo
keokeo, alaila hume ae la ua kahuna ala i kona
malo a pau, alaila, huli hou ke alo o ua kahuna la,
ma ka welau o ua koa la, a oke kua ma ke kumu
o ka koa.

12. Alaila, hele iki aku oia maluna o ke koa, a malaila iki
aku, kahea hou oia me ka leo nui. E kua ea ho mai
he waa, alaila, o oki maka koi hookahi ihoona
maia wahi, a pau ia, hele hou aku no, maia wa-
hi aku, kahea hou no me ka leo nui, pela no e kahea
ai a hiki ma kahi e moku ai ka welau o ke koa.

13. Alaila, wahi oia i ka ieie ma ua wahi la, e moku ai
ka welau, alaila, kaumaha hou oia i ke akua, no ke
oki ana o ka welau o ua koa la, a pau ke kaumaha
ana, alaila, papahou ia ka walaau, a ma ka wa e
hoomeha ai ka walaau, alaila, o oki ia ka welau
a moku ia, alaila hoonoa ke kahuna me ka i ae
o hoolele wale ka aha, alaila walaau kanaka, no
ka mea, ua noa, ma ka pau ana o keia mau
oihana hoomana.

14. Alaila, ka lai ia ka waa, penei o ka lai ai, e pua ia
o mua o ka waa, a me hope, i muku ai ka ihu, a me
hope o ka waa, alaila, ka lai ia na ao ao, a me ke
kuamoo malalo, a hola ia ka waha, a palahalaha,
alaila, pau aho o ka waa, alaila, e ana ia oloko,
o ka waa.

15. A ma ka wa e ana ai, i pono ko loko mau mea, o ke
kahuna wale no ke ana, a pau ia, alaila noa, ka
oihana o ka waa.

16. Alaila, kikomi ka waha o ka waa, a hooku ia na ka-
waa hooiaao, a pau ia, kalai ia ka waa, hooku ia

na ka lai waa la, i kona malo kahuna, [he] malo
keokeo, alaila, hume ae la ua kahuna ala[1] i kona
malo a paa, alaila, huli hou ke alo o ua kahuna la,
ma ka welau o ua koa la, a o ke kua ma ke kumu
o ke koa.

12. Alaila, hele iki [aku] oia maluna o ke koa, a malaila iki
aku, kahea hou oia me ka leo nui, E ku a ea[2] ho mai
he waa, alaila, ooki[3] maka koi, hookahi iho ana
ma ia wahi, a pau ia, hele hou aku no ma ia wa-
hi aku, kahea hou no me ka leo nui, pela no e kahea
ai a hiki ma kahi e moku ai ka welau o ke koa.

13 Alaila, wahi oia i ka ieie ma ua wahi la, e moku ai
ka welau, alaila, kaumaha hou oia[4] i ke akua, no ke
oki ana o ka welau o ua koa la, a pau ke kaumaha
ana, alaila, papa hou ia ka walaau, a ma ka wa e
hoomeha ai ka walaau, alaila, ooki ia ka welau
a moku ia, alaila hoonoa ke kahuna me ka i ae,
o holele[5] wale ka aha, alaila walaau kanaka, no
ka mea, ua noa, ma ka pau ana o keia mau
oihana hoomana.

14. Alaila, kalai ia ka waa, penei e kalai ai, e pua ia
o mua o ka waa, a me hope, i uuku ai ka ihu, a me
hope o ka waa, alaila, kalai ia na ao ao, a me ke
kuamoo, malalo, a hola ia ka waha, a palahalaha,
alaila, pau aho[6] o ka waa, a laila, e ana ia o loko,
o ka waa.

15. A ma ka wa e ana ai, i pono ko loko mau mea, o ke
kahuna wale no ke ana, a pau ia, alaila noa, ka
oihana o ka waa.

16. A laila, kikoni [ia] ka waha o ka waa, a hooku ia na ku-
mu pepeiaao,[7] a pau ia, kalai ia ka waa, ~~hooku ia~~

na kālai wa'a lā i kona malo kahuna, he malo
ke'oke'o, a laila, hume a'ela ua kahuna ala i kona
malo a pa'a; a laila, huli hou ke alo o ua kahuna lā
ma ka wēlau o ua koa lā, a 'o ke kua ma ke kumu
o ke koa.

12. A laila, hele iki aku 'o ia ma luna o ke koa, a ma laila iki
aku, kāhea hou 'o ia me ka leo nui, *"E kū a ea!* Hō mai
he wa'a!" A laila, 'o'oki maka ko'i, ho'okahi iho 'ana
ma ia wahi. A pau ia, hele hou aku nō ma ia wa-
hi aku, kāhea hou nō me ka leo nui. Pēlā nō e kāhea
ai a hiki ma kahi e moku ai ka wēlau o ke koa.

13. A laila, wahī 'o ia i ka 'ie'ie ma ua wahi lā e moku ai
ka wēlau; a laila, kaumaha hou 'o ia i ke akua no ke
'oki 'ana o ka wēlau o ua koa lā. A pau ke kaumaha
'ana, a laila, pāpā hou 'ia ka wala'au. A ma ka wā e
ho'omeha ai ka wala'au, a laila, 'o'oki 'ia ka wēlau
a moku ia. A laila, ho'onoa ke kahuna me ka 'ī a'e,
"O ho['o]lele wale ka 'aha." A laila, wala'au kānaka, no
ka mea, ua noa ma ka pau 'ana o kēia mau
'oihana ho'omana.

14. A laila, kālai 'ia ka wa'a. Penei e kālai ai: e pū'ā 'ia
'o mua o ka wa'a a me hope i 'u'uku ai ka ihu a me
hope o ka wa'a. A laila, kālai 'ia nā 'ao'ao, a me ke
kuamo'o ma lalo, a hola 'ia ka waha a pālahalaha.
A laila, pau ['o w]aho o ka wa'a; a laila, e ana 'ia 'o loko
o ka wa'a.

15. A ma ka wā e ana ai i pono ko loko mau mea, 'o ke
kahuna wale nō ke ana. A pau ia, a laila, noa ka
'oihana o ka wa'a.

16. A laila, kīkoni 'ia ka waha o ka wa'a, a ho'ōkū 'ia nā ku-
mu pepeiao.[8] A pau ia, kālai 'ia ka wa'a,

---

1. 34:11. A: la *(ma kahi o "ala")*
2. 34:12. A: Kua ea *(me ka laina ho'oka'awale, penei "Ku/a")*
3. 34:12. A: e oki
4. 34:13. A: aku *(ma kahi o "oia")*
5. 34:13. C?: hө[a]lele A: ho[o]lele
6. 34:14. C?: pau [ow]aho
7. 34:16. C: *ua holoi loa 'ia kekahi hua 'ōlelo ma lalo o "pepeiaao"*
8. 34:16. *ua ho'ololi 'ia 'o "pepeiaao," 'o ia 'o "pepeiao"*

ia kumu,) Alaila hoopuali ia ke kauwahi o ma

hope o ka waa, ua kapa ia ke la wahi he makau,

malaila no nikiniki ai ke kaula kau o ka waa ma kai.

17. A ma ka wa e kauo ai ka waa i kai, alaila, hele

mai ke kahuna e pu ia ka waa, makahi i kapa ia

he makau, malaila e hikii iai ke kaula.

18. A mamua o ka wa e hikii ai i ke kaula ma ka ma

kua o ka waa, e kahea no ke kahuna i ke akua

penei, E Kupulupulu, e Kualanawao, e Ku mokuha

lii, e malama oe i keia waa, e malama oe ia mua

o ka waa, e malama oe ia hope o ka waa, (e ma—

lama oe ia hope o ka waa) a hikii ana kaha kai

e malama oe a kau ma ka halau, a pau keia ka

hea pule ana.

19. Alaila, hoomakaukau na kanaka e kauo i ka

waa, a ma ka wa e kauo ai ka waa, o ke kahuna

wale no mahope aku o ka waa, he umi paha anana maika

waa aku, a koia wahi, mamua mai o ke kahu

na e hele ai, na kanaka a pau, a ma hope aku

o ke kahuna, aole loa kekahi kanaka e hele ma

laila, ua kapu loa ia wahi no ke kua kalai waa

o ke kahuna kalai waa wale no malaila,

20. A ma ke kauo ana o ka waa, e malama pono ia

no, a ma kahi palipali, e holo kiki ai ka waa,

e pale no kekahi kanaka i ka waa, i naha ole,

a makahi e paa ai ka waa, e hoouka no kekahi

kanaka i ka waa, i paa ole ka waa, pela no e ka

na ai a hikii ka waa ma kai, a komo ka waa

maloko o ka halau.

21. A ma ka halau, e kalai ai ka waa, penei, e kalai

ia na moo a pau i ka umeume ia, e kalai ia na

na kumu p alaila hoopuali ia ke kauwahi ma
hope o ka waa, ua kapa ia kela wahi he makuu,
malaila no e ikaika [nikiniki] ai i ke kaula kauo o ka waa ma kai.

17. A ma ka wa e kauo ai ka waa i kai, alaila, hele
mai ke kahuna e pu ia ka waa, ma kahi i kapa ia
he makuu, malaila e hikii iai ke kaula.

18 A mamua o ka wa e hikii ai i ke kaula ma ka ma-
kuu o ka waa, e kahea no ke kahuna i ke akua
penei, E kupulupulu, e kualanawao, e ku mokuha-
lii, e malama oe i keia waa, e malama oe ia mua
o ka waa, e malama oe ia hope o ka waa, e ma-
lama oe ia hope o ka waa¹ a hiki ana² kahakai
e malama [oe] a kau ma ka halau, a pau keia ka-
hea pule ana.

19. Alaila, hoomakaukau na kanaka e kauo i ka
waa, a ma ka wa e kauo ai ka waa, o ke kahuna
wale [no] mahope aku o ka waa, he umi [paha] anana mai ka
waa aku, a kona wahi, mamua mai o ke kahu-
na e hele ai, na kanaka a pau, a ma hope aku
o ke kahuna, aole loa kekahi kanaka e hele ma-
laila, ua kapu loa ia wahi no ke 'kua kalai waa.
o ke kahuna kalai waa wale [no] malaila.

20 A ma ke kauo ana o ka waa, e malama pono ia
no, a ma kahi palipali, e holo kiki ai ka waa,
e pale no kekahi kanaka i ka waa, i naha ole,
a ma kahi e paa ai ka waa, e hooulu no kekahi
kanaka i ka waa, i paa ole ka waa, pela no e ha-
na ai a hiki ka waa ma kai, a komo ka waa ma
maloko o ka halau.

21 A ma ka halau, e kalai ai ka waa penei, e kalai
ia na moo a pau i ka umeume ia, e kalai ia na

a laila, ho'opū'ali 'ia ke kauwahi ma
hope o ka wa'a. Ua kapa 'ia kēlā wahi he maku'u.
Ma laila nō e nikiniki ai i ke kaula kauō o ka wa'a ma kai.

17. A ma ka wā e kauō ai ka wa'a i kai, a laila, hele
mai ke kahuna e pū 'ia ka wa'a. Ma kahi i kapa 'ia
he maku'u, ma laila e hīki'i 'ia [a]i ke kaula.

18. A ma mua o ka wā e hīki'i ai i ke kaula ma ka ma-
ku'u o ka wa'a, e kāhea nō ke kahuna i ke akua
penei:³ "E Kūpulupulu, e Kūʻālanawao, e Kūmokuhā-
liʻi, e mālama 'oe i kēia wa'a. E mālama 'oe iā mua
o ka wa'a, E mālama 'oe iā hope o ka wa'a,⁴
A hiki ma⁵ kahakai.
E mālama 'oe a kau ma ka hālau." A pau kēia kā-
hea pule 'ana,

19. a laila, ho'omākaukau nā kānaka e kauō i ka
wa'a. A ma ka wā e kauō ai ka wa'a, 'o ke kahuna
wale nō ma hope aku o ka wa'a, he 'umi paha anana mai ka
wa'a aku a kona wahi. Ma mua mai o ke kahu-
na e hele ai nā kānaka a pau; a ma hope aku,
'o ke kahuna. 'A'ole loa kekahi kanaka e hele ma
laila. Ua kapu loa ia wahi no ke akua kālai wa'a.
'O ke kahuna kālai wa'a wale nō ma laila.

20. A ma ke kauō 'ana o ka wa'a, e mālama pono 'ia
nō; a ma kahi palipali e holokikī ai ka wa'a,
e pale nō kekahi kanaka i ka wa'a i nahā 'ole;
a ma kahi e pa'a ai ka wa'a, e ho'oulu nō kekahi
kanaka i ka wa'a i pa'a⁶ 'ole ka wa'a. Pēlā nō e ha-
na ai a hiki ka wa'a ma kai, a komo ka wa'a
ma loko o ka hālau.

21. A ma ka hālau e kālai ai ka wa'a penei: e kālai
'ia nā mo'o a pau i ka 'ume'ume 'ia; e kālai 'ia nā

---

1. 34:18. A: *ua kāpae 'ia ka lua o ke kākau 'ana iā* "e malama oe ia hope o ka waa"
2. 34:18. A: *ma (ma kahi o "ana")*
3. 34:18. *e nānā i ka pāku'ina I.10, kahi i ho'onohonoho 'ia ai kēia paukū ma ka lālani mele*
4. 34:18. *ua kākau pālua 'ia 'o* "e malama oe ia hope o ka waa"
5. 34:18. *ua ho'ololi 'ia 'o* "ana," *'o ia 'o* "ma"
6. 34:20. *'o* "pā'ā" *no paha ka mea i maopopo iā Andrews (HI.L.19a, 34:20),* "someone would cover it up so that it would not crack in the sun."

ao ao, mawaho mai na niao iho, a pau ia, alaila, huli
ka waha i lalo, kalai ia ka iwi kaele, a pau ia, huli
ka waha i luna, alaila, ku pela maloko a pau ia,
kaa oki ia o waho, a pau ia, alaila, awai ia ka waa
a pau ia, paele ia ka waa, a eleele, alaila, kaawa
ia i koi o wili, i ku pu ia oloko o ka waa, a pau ia.

22. Alaila, ka piliia ka laau, he aha ka paha, he laau
e ae paha, e ka pili mua ia na moo, a holo ia i ka
aha a paa ia, e ka pili ia na maka ihu a paa ia
mau wahi, e ka pili ia na kupe hope, a holo ia
a paa i ka aha, alaila, pau ke ka pili ana o
ka waa, aia wale no i ka mea nona ka waa ka
manao e hoolilo ae i kaukahi paha, i kaulua
paha.

23. Ina he kaukahi ka waa, e kaua i iako, i ama e paa
ka waa i ka iako, a me ke ama, alaila, lolo ka waa, hoomana
hou no i ke akua, penei, e hoomana ai, ma ka holo ana
o ka waa ma kai, a hoi mai.

24. Alaila, kapai ia ka waa ma ka halau, e waiho ana
malaila ka puaa, a me ka niu, a me kaia ula ma
ko ke kahuna alo, alaila, huli aku la ko ke kahuna
alo i ka ihu o ka waa, e ku ana no ka mea nona ka
waa, o laua wale no, i mai la ke kahuna kalai una,
i ka mea nona ka una, e hoolohe mai oe i ka maikai
o ka lolo ana o ke waa, a me ka ino, alaila, pule oia
penei.

25. O ku wa o ka lani, o ku wa o ka honua, o ku wa o ka mauna,
o ku wa o ka moana, o ku wa o ka po, o ku wa o ke ao, o ma
lua lani, ke ku wa, o ma lua hopu ke ku wa, aia no ia
koi la ke ku wa, ka waa nei o ka luahine makua, ka
luahine o wai? o ka luahine o Papa, wahine a Wakea

aoao, mawaho mai na nīao iho, a pau ia, alaila, huli
ka waha i lalo, kalai ia ka iwi kaele, a pau ia, huli
ka waha i luna, alaila, ku pele maloko a pau ia,
kaa oki ia o waho, a pau ia, alaila, anai ia ka waa
a pau ia, paele ia ka waa, a eleele, alaila, hana
ia i koi o wili, a ku pa ia o loko ao ka waa, a pau ia.

22. Alaila, kapiliia ka laau, he aha_kea paha, he laau
e ae paha, e kapili mua ia¹ na moo, a holo ia i ka
aha a paa ia, e kapili ia na maka ihu a paa ia
mau wahi, e kapili ia na kupe hope, a holoia
a paa i ka aha, alaila, pau ke kapili ana o
ka waa, aia wale no i ka mea nona ka waa ka
manao e² hoolilo ae i kaukahi paha, i kaulua
paha.

23. Ina he kaukahi ka waa, e hana i iako, i ama a paa
ka waa i ka iako, a me ke ama, alaila, lolo ka waa, hoomana
hou no i ke akua, penei, e hoomana ai, ma ka holo ana
o ka waa ma kai, a hoi mai.

24 Alaila, hapai ia ka waa ma ka halau, e wa[i]ho ana
malaila ka puaa, a me ka niu, a me ka ia ula ma
ko ke kahuna alo, alaila, huli aku la³ ko ke kahuna
alo i ka ihu o ka waa, e ku ana no ka mea nona ka
waa, o laua wale no, i mai la ke kahuna kalai waa,
i ka mea nona ka waa, e hoolohe mai oe i ka maikai
o ka lolo ana o ka waa, a me ke ino, alaila, pule oia
penei.

25 O ku wa o ka lani, o ku wa o ka honua, o ku wa o ka mauna,
o ku wa o ka moana, o kuwa o ka po, o ku wa o ke ao, o ma-
lua lani, ke ku wa, o ma lua hopu ke ku wa, aia no ia
koi la ke ku wa, ka waa nei o ka luahine makua, ka
luahine o wai? o ka luahine o Papa, wahine a Wakea

'ao'ao ma waho mai nā nīao iho; a pau ia, a laila, huli
ka waha i lalo, kālai 'ia ka iwi ka'ele; a pau ia, huli
ka waha i luna, a laila, kūpele ma loko; a pau ia,
ka'aoki 'ia 'o waho; a pau ia, a laila, 'ānai 'ia ka wa'a;
a pau ia, pā'ele 'ia ka wa'a a 'ele'ele; a laila, hana
'ia i ko'i 'ōwili a kūpā 'ia 'o loko o ka wa'a. A pau ia,

22. a laila, kāpili 'ia ka lā'au, he 'ahakea paha, he lā'au
'ē a'e paha. E kāpili mua 'ia nā mo'o, a holo 'ia i ka
'aha a pa'a ia. E kāpili 'ia nā maka ihu a pa'a ia
mau wahi. E kāpili 'ia nā kupe hope, a holo 'ia
a pa'a i ka 'aha. A laila, pau ke kāpili 'ana o
ka wa'a. Aia wale nō i ka mea nona ka wa'a ka
mana'o e ho'olilo a'e i kaukahi paha, i kaulua
paha.

23. Inā he kaukahi ka wa'a, e hana i 'iako, i ama. A pa'a
ka wa'a i ka 'iako a me ke ama, a laila, lolo ka wa'a, ho'omana
hou nō i ke akua. Penei e ho'omana ai ma ka holo 'ana
o ka wa'a ma kai. A ho'i mai,

24. a laila, hāpai 'ia ka wa'a ma ka hālau. E waiho ana
ma laila ka pua'a a me ka niu a me ka i'a 'ula ma
ko ke kahuna alo. A laila, huli akula ko ke kahuna
alo i ka ihu o ka wa'a. E kū ana nō ka mea nona ka
wa'a, 'o lāua wale nō. 'Ī maila ke kahuna kālai wa'a
i ka mea nona ka wa'a, "E ho'olohe mai 'oe i ka maika'i
o ka lolo 'ana o ka wa'a, a me ke 'ino." A laila, pule 'o ia
penei:

25.⁴ "'O KUWĀ O KA LANI, 'O KUWĀ O KA HONUA, 'O KUWĀ O KA MAUNA,
'O KUWĀ O KA MOANA, 'O KUWĀ O KA PŌ, 'O KUWĀ O KE AO, 'O MĀ-
LUA LANI KE KUWĀ, 'O MĀLUA HOPU KE KUWĀ. AIA NŌ [I] IA
KO'I LĀ KE KUWĀ. KA WA'A NEI O KA LUAHINE MAKUA, KA
LUAHINE 'O WAI? 'O KA LUAHINE 'O PAPA, WAHINE A WĀKEA.

---

1. 34:22. A: kapili ia mua ia *[sic]*
2. 34:22. A: *nele*'o "manao e"
3. 34:24. A: *nele*
4. 34:25. *e nānā i ka pāku'ina I.11, kahi i ho'onohonoho 'ia ai kēia pule ma ka lālani mele*

nana i ka wa, nana i hainu, nana i hele, nana i ae,
nana i hoonoanoa noa ke kuwa o ka waa o Wakea;

26. O ka waa nei o ka wahine makua, ka wahine o wai?
Ka wahine o Lea, wahine a Mokuhalii, nana i ka wa, nana
i hainu, nana i hele, nana i ae, nana i hoonoanoa, noa
ka ku wa o ka waa, o Mokuhalii;

27. Hina helelei aku, hina helelei mai, he miki oe Kane,
he miki oe o Kanaloa, o Kanaloa hea oe, o Kanaloa
inu awa, mai Kahiki ka awa, mai Upolu ka awa,
mai Wawau ka awa, e hano awa hua, e hano awa pauaku,
aka, halapa i Kuahea i ~ ~ laau waila, a manua,
wa noa, ele a wale aku la, pau ka pule ana a ke
Kahuna.

28. Alaila, ninau ke Kahuna i ka mea nona ka waa,
pehea ka aha? pehea ka aha kana? i wa i wa laau
ia kekahi mea, a i hele ia paha e kekahi mea malaila
ua ino ka aha, alaila, e i mai ka mea nona ka
waa, ua ~ ka aha, alaila, e i mai ke no ke ka (mistake?)
huna kalai waa, mai holo oe makeia waa o make
oe oe.

29. I wa i walaau oleia, a hele ole ia paha ka e kekahi
ka lolo ana o na waa la, alaila, i mai ka mea nona
ka waa, ua maikai ka aha a Kane, alaila, i mai
ke Kahuna e lolo oe makeia waa, no ka mea, ua mai
kai ka lolo awa.

30. Aka, i haava ia ka waa i Kaahua he oihana oko a ia
na ke Kahuna howahu e haava me ka hoomana, e kii
ia i iakoo, he laau pololei no iako Kahiko, pela na Ka
uhu; a pau, a noa ka wa o Keawe, ua haava o
Kanuha i iako kekee, a kukulu ia ka pou ma ka
pola.

nana i ku wa, nana i hainu, nana i hele, nana i ae,
nana i hoonoanoa noa ke kuwa o ka waa o Wakea;

26. O ka waa nei o ka luahine makua, ka luahine o wai?
ka luahine o Lea, wahine a Mokuhalii, nana i ku wa, nana
i hainu, nana i hele, nana i ae, nana i hoonoanoa, noa
~~noa~~ ke ku wa o ka waa, o Mokuhalii;

27 Hinu helelei aku, hinu helelei mai, he miki oe kane,[1]
he miki oe o kanaloa,[2] o kanaloa[2] hea oe, o kanaloa[2]
inu awa, mai kahiki ka awa, mai Upolu ka awa
mai Wawau ka awa, e hano awa hua, e hano ~~a~~ [awa] pau,
a ka, halapa, i ke akua i ~~ka~~ laau waila, a mama,
ua noa, lele a[3] wale aku la, pau ka pule ana a ke
kahuna.

28 Alaila, ninau ke kahuna i ka mea nona ka waa,
pehea ka aha? pehea ka~~na~~aha a kaua? ina i walaau
ia kekahi[4] mea, a i hele ia paha e kekahi mea malaila
ua ino ka aha, alaila, e i mai ka mea nona ka
waa, ua [i]no~~a~~ ka aha, alaila, e i mai ke[5] no ke ka-
huna kalai waa, mai holo oe ma keia waa o ma-
ke oe.

29 Ina i walaau oleia, a hele ole ia paha ~~ka~~ e kekahi
ka lolo ana o ua waa la, alaila, i mai ka mea nona
ka waa, ua maikai ka aha a kaua, alaila, i mai
ke kahuna, e lolo[6] oe ma keia waa, no ka mea, ua mai-
kai ka lolo ana.

30. Aka, i hana ia ka waa i kaulua he oihana okoa ia
na ke kahuna hoa aha e hana me ka hoomana, e kii
ia i iako, he laau pololei na iako kahiko, pela na ka-
ulua, a pau, a ma ka wa o keawe,[7] ua hana o
Kanuha i iako kekee, a kukulu ia ka pou ma ka
pola.

NĀNA I KUWĀ, NĀNA I HĀINU, NĀNA I HELE, NĀNA I 'A'E,
NĀNA I HO'ONOANOA. NOA KE KUWĀ O KA WA'A O WĀKEA.

26. 'O KA WA'A NEI O KA LUAHINE MAKUA, KA LUAHINE 'O WAI?
KA LUAHINE 'O LEA, WAHINE A MOKUHĀLI'I, NĀNA I KUWĀ, NĀNA
I HĀINU, NĀNA I HELE, NĀNA I 'A'E, NĀNA I HO'ONOANOA. NOA
KE KUWĀ O KA WA'A O MOKUHĀLI'I.

27. HINU HELELE'I AKU, HINU HELELE'I MAI. HE MIKI 'OE, [E] KĀNE,
HE MIKI 'OE, E[8] KANALOA. 'O KANALOA HEA 'OE? 'O KANALOA
INU 'AWA. MAI KAHIKI KA 'AWA, MAI 'UPOLU KA 'AWA,
MAI WAWAU KA 'AWA. E HANO 'AWA HU'A, E HANO 'AWA [A] PAU.
A KĀ, HĀLAPA I KE AKUA I LĀ'AU WAI LĀ! 'ĀMAMA,
UA NOA. LELEA WALE AKULA." [A] pau ka pule 'ana a ke
kahuna,

28. a laila, nīnau ke kahuna i ka mea nona ka wa'a,
"Pehea ka 'aha? Pehea ka 'aha [a] kāua?" Inā i wala'au
'ia kekahi mea, a i hele 'ia paha e kekahi mea ma laila,
ua 'ino ka 'aha. A laila, e 'ī mai ka mea nona ka
wa'a, "Ua 'ino ka 'aha." A laila, e 'ī mai nō[9] ke ka-
huna kālai wa'a, "Mai holo 'oe ma kēia wa'a, o ma-
ke 'oe."

29. Inā i wala'au 'ole 'ia, a hele 'ole 'ia paha e kekahi
ka lolo 'ana o ua wa'a lā, a laila, 'ī mai ka mea nona
ka wa'a, "Ua maika'i ka 'aha a kāua." A laila, 'ī mai
ke kahuna, "E holo[10] 'oe ma kēia wa'a, no ka mea, ua mai-
ka'i ka lolo 'ana."

30. Akā, i hana 'ia ka wa'a i kaulua, he 'oihana 'oko'a ia
na ke kahuna hoa 'aha e hana me ka ho'omana. E ki'i
'ia i 'iako, he lā'au pololei nā 'iako kahiko, pēlā nā ka-
ulua a pau. A ma ka wā o Keawe, ua hana 'o
Kanuha i 'iako keke'e, a kūkulu 'ia ka pou ma ka
pola.

1. 34:27. A: Kane
2. 34:27. A: Kanaloa
3. 34:27. A: *nele*
4. 34:28. A: **e** kekahi
5. 34:28. A: *nele*
6. 34:29. A: ~~l~~holo
7. 34:30. A: Keawe
8. 34:27. *ua ho'ololi 'ia 'o "o," 'o ia 'o "e"*
9. 34:28. *ua ho'ololi 'ia 'o "ke no ke kahuna," 'o ia 'o "no ke kahuna"*
10. 34:29. *ua ho'ololi 'ia 'o "lolo," 'o ia 'o "holo"*

31. A ua ka wa e hoa ai ka waa, he kapu ka hoa ana, i na he kumu kele ka aha, he kumu pono paha, ke kapu no, aka, i na he ka holo, a he luukia ka aha, e hoa ai ka waa, no ke liu nui ia waa, e make no ke kanaka ke ae i ka hoa ana o ka waa.

32. E paa ka waa i ka hoa ia, e hawa ia i pau, a kulu ia ka pou ma ka waa akau, ua kapa ia waa o e kea, ua kapa ia kekahi waa he amu, e hawa ia ka pou i ke kaula mai luna a lalo, e u laua ia ka lauhala, ua kapa ia ua pea la he la kainoa.

33. E hawa ia i hoe i nohoana i ka liu, pela e hawa ai ka waa i makaukau, he nui na inoa o ka waa ma ke kapa ana a kanaka, o ka waa uuku, he kioloa ia he hookahi kahi inoa, i na elua kanaka e ee, he koolua ia, i na ekolu he kookolu ia, pela a ke koo walu.

34. I na hookahi waa he kaukahi ia, i na elua waa he kaulua ia, ma ka waa o Kamehameha akahi, ua hawa ia o Kaenakane i ekolu waa, ua kapa ia he pukolu ia i na i like pu na waa, he kaulua ia, i na i loihi kekahi waa a pokole kekahi waa, he ku e ia.

35. I na i palahala maluna o ka manuihu, he ewi ia waa, i na he waa poupou, he pou no ia, ua kapa ia ka inoa o na waa ma ko lakou ano, i na nui kaikoo, he iku nui ia waa, he kupeu la kahi inoa.

36. Ma ka waa o Kamehameha akahi, ua kalai ia, i waa peleleu, he waa maikai no, he nui na ukana e kau maluna, ua ka pili o hope e like me ko ka moku, oia no ko Kamehameha akahi waa i holo nui ai i Oahu e ai, kaua pana laau, ma hope mai o kahee ana, ed ia

31. A ma ka wa e hoa ai ka waa, he kapu ka hoa ana,
ina he kumu hele ka aha, he kumu pou paha, he[1]
kapu no, aka, ina he kaholo, a he luukia ka aha
e hoa ai ka waa, no ke alii nui ia waa, e make no
ke kanaka ke aʻe i ka hoa ana o ka waa.

32 A paa ka waa i ka hoa ia, e hana ia i pau, a [ku]kulu
ia ka pou ma ka waa akau, ua kapaia ia waa o
ekea, ua kapa ia kekahi waa he ama, e hanaia
ka pou i ke kaula mai luna a lalo, e ulana ia ka-
lauhala, ua kapaia ua pea la he la ka inoa.

33 E hana ia i hoe i nohoana, i ka liu, pela e hana ai
ka waa i makaukau, he nui na inoa o ka waa ma
ke kapa ana a kanaka, o ka waa uuku, he kioloa ia he
kookahi kahi[2] inoa, ina elua kanaka e ee, he koolua
ia, ina ekolu, he kookolu ia, pela a ke koo walu.

34 Ina hookahi waa he kaukahi ia, ina elua waa he
kaulua ia, ma ka wa o Kamehameha akahi, ua ha-
na ia o Kaenakane i ekolu waa, ua kapa ia he pukolu ia[3]
ina i like pu na waa, he kauluia, ina i loihi kekahi waa
a pokole kekahi waa, he kuee ia.

35 Ina i palahalaha maluna o ka manu ihu, he [le]iwi[4] ia
waa, ina he waa poupou, he pou no ia, ua kapa
ia ka inoa o na waa ma ko lakou ano, ina
nui ka ihu, he ihu nui ia waa, he kupeu
lu kahi inoa.

36 Ma ka wa o Kamehameha akahi, ua kalai
ia i waa peleleu, he waa maikai no, he nui
na ukana e kau maluna, ua [ka]pili o hope
e like me ko ka moku, oia no ko Kamehame-
ha akahi waa i holo nui ai i Oahu e ai i
kana pana laau, ma hope mai o ka hee ana [ia ia]

31. A ma ka wā e hoa ai ka waʻa, he kapu ka hoa ʻana.
Inā he kumuhele ka ʻaha, he kumupou paha, he
kapu nō. Akā, inā he kāholo a he luʻukia ka ʻaha
e hoa ai ka waʻa, no ke aliʻi nui ia waʻa. E make nō
ke kanaka ke ʻaʻe i ka hoa ʻana o ka waʻa.

32. A paʻa ka waʻa i ka hoa ʻia, e hana ʻia i pāʻū, a kūkulu
ʻia ka pou ma ka waʻa ʻākau. Ua kapa ʻia ia waʻa ʻo [ka]
ʻēkea; ua kapa ʻia kekahi waʻa he ama. E hana ʻia
ka pou i ke kaula mai luna a lalo. E ulana ʻia ka
lau hala; ua kapa ʻia ua peʻa lā, he lā ka inoa.

33. E hana ʻia i hoe, i nohoana, i kā liu. Pēlā e hana ai
ka waʻa i mākaukau. He nui nā inoa o ka waʻa ma
ke kapa ʻana a kānaka. ʻO ka waʻa ʻuʻuku, he kioloa ia, he
koʻokahi kahi inoa. Inā ʻelua kānaka e ʻeʻe, he koʻolua
ia; inā ʻekolu, he koʻokolu ia; pēlā a ke koʻowalu.

34. Inā hoʻokahi waʻa, he kaukahi ia; inā ʻelua waʻa, he
kaulua ia. Ma ka wā[5] o Kamehameha ʻAkahi, ua ha-
na ʻia ʻo *Kaʻenakāne* i ʻekolu waʻa. Ua kapa ʻia he pūkolu ia.
Inā i like pū nā waʻa, he kaulu[a] ia; inā i lōʻihi kekahi waʻa
a pōkole kekahi waʻa, he kūʻēʻē ia.

35. Inā i pālahalaha ma luna o ka manu ihu, he lēʻiwi ia
waʻa. Inā he waʻa poupou, he pou nō ia. Ua kapa
ʻia ka inoa o nā waʻa ma ko lākou ʻano. Inā
nui ka ihu, he ihu nui ia waʻa, he kupeʻu-
lu kahi inoa.

36. Ma ka wā o Kamehameha ʻAkahi, ua kālai
ʻia i waʻa peleleu. He waʻa maikaʻi nō, he nui
nā ukana e kau ma luna. Ua kāpili ʻo hope
e like me ko ka moku. ʻO ia nō ko Kamehame-
ha ʻAkahi waʻa i holo nui ai i i Oʻahu e ʻai i
kāna panalāʻau, ma hope mai o ka heʻe ʻana iā ia.

---

1. 34:31. C: *ʻaʻole moʻakāka kēia hua ʻōlelo* A: e
2. 34:33. A: *nele*
3. 34:34. A: *he pukolu he pukolu ia (ma kahi o "he pukolu ia")*
4. 34:35. A: leuwi *(?)*, A?: uwi" *a i ʻole ia*, "iwi"
5. 34:34. *ua hoʻololi ʻia ʻo "waa," ʻo ia ʻo "wā"*

37 A ka, ma keia wa hou nei, ua nui mai, na waa hou, ke waa nui, he maikai loa, Aoe moku kai noa o keia waa.

38 Ua like no keia waa me ka honua e panee maikai ana, no ka nui o keia waa, ua holo nui na kanaka ma kela wahi, ma keia wahi o ka honua nei, a ua nui na pomaikai no keia waa hou mai; aole i keia keia mau mea mamua.

39 He kia kolu kahi moku, he kia lua kahi moku, he kuna kahi moku, he kia kahi kahi moku

40 He waapa kahi waa, oia na waa ma keia wa hou, ua make no nae kekahi moku, ma ka moana, a me kahi mau waapa.

41 Aole nae e like me ka waa maoli; he nui ko na make ana ma na wahi apau o keia mau moana.

42 Ua nui loa na pomaikai i loaa mai i keia lahui kanaka no keia mau waa hou ma keia
waa
mau kiki mai nei ka olelo a ke Akua, oia no ka pomaikai nui loa, i oi nui aku mamua aku o ka pono a ka poe kahiko i imi ai.

43 Aloha ino ka poe kahiko ma keia pomai kai hou, o ka olelo a ke Akua, a me ke ola nui ma ka inoa o Iesu ke ola nani loa.

Mokuna 35. XXXV

Ko na kii nui hoomana ana no ke keiki

He mea hoomana ia i ke Akua ko na lii nui hoomana ana i ke kii na lakou, o na keiki hiapo no nae kai hoomau ia, no ka mea, ua manao nui ia ka ma ka hiapo, o lakou na lii nui loa.

37 Aka, ma keia wa hou nei, ua nui mai
na waa hou, he waa nui, he maikai loa, he
moku ka inoa o keia waa.

38 Ua like no keia waa me ka honua e panee
maikai ana, no ka nui o keia waa, ua holo nui
na kanaka ma kela wahi, ma keia wahi o ka
honua nei, a ua nui na pomaikai no keia waa
hou mai, aole ike ia keia mau mea mamua.

39 He kia kolu kahi moku, he kia lua kahi
moku, he kuna kahi moku, he[1] kia kahi ka
hi moku

40 He waapa kahi waa, oia na waa ma keia
wa hou, ua make no nae kekahi moku, ma
ka moana, a me kahi mau waapa.

41 Aole nae e like me ka waa maoli, he nui
kona make ana ma na wahi apau o keia
mau moana.

42 Ua nui loa na pomaikai i loaa mai i keia
lahui kanaka no keia mau waa hou ma keia
mau [waa][2] i hiki mai nei ka olelo a ke Akua, oia no
ka pomaikai nui loa, i oi nui aku mamua
aku o ka pono a ka poe kahiko i imi ai.

43 Aloha ino ka poe kahiko ma keia pomai
kai hou, o ka olelo a ke Akua, a me ke ola nui
ma ka inoa o Iesu ke ola nani loa.

Mokuna XXXV[3]
Ko na ʻlii nui hoomana ana no ke keiki

He mea hoomana ia i ke[A]kua[4] ko na lii nui hooma[u]
ana i keiki na lakou, o na keiki hiapo no nae
kai hoomau ia, no ka mea, ua manao nui ia
ka makahiapo, o lakou na lii nui loa.

37. Akā, ma kēia wā hou nei, ua nui mai
nā waʻa hou. He waʻa nui, he maikaʻi loa; he
moku ka inoa o kēia waʻa.

38. Ua like nō kēia waʻa me ka honua e paneʻe
maikaʻi ana. No ka nui o kēia waʻa, ua holo nui
nā kānaka ma kēlā wahi ma kēia wahi o ka
honua nei, a ua nui nā pōmaikaʻi no kēia waʻa
hou mai. ʻAʻole ʻike ʻia kēia mau mea ma mua.

39. He kiakolu kahi moku; he kialua kahi
moku; he kuna kahi moku; he kiakahi ka-
hi moku.

40. He waʻapā kahi waʻa. ʻO ia nā waʻa ma kēia
wā hou. Ua make nō naʻe kekahi moku
ma ka moana, a me kahi mau waʻapā.

41. ʻAʻole naʻe e like me ka waʻa maoli. He nui
kona make ʻana ma nā wahi a pau o kēia
mau moana.

42. Ua nui loa nā pōmaikaʻi i loaʻa mai i kēia
lāhui kānaka no kēia mau waʻa hou. Ma kēia
mau waʻa i hiki mai nei ka ʻōlelo a ke Akua. ʻO ia nō
ka pōmaikaʻi nui loa i ʻoi nui aku ma mua
aku o ka pono a ka poʻe kahiko i ʻimi ai.

43. Aloha ʻino ka poʻe kahiko ma kēia pōmai-
kaʻi hou, ʻo ka ʻōlelo a ke Akua a me ke ola nui
ma ka inoa ʻo Iesū, ke ola nani loa.

Mokuna XXXV [35, Emerson 35]
KO NĀ ALIʻI NUI HOʻOMANA ʻANA NO KE KEIKI

[1.] He mea hoʻomana ʻia i ke akua ko nā aliʻi nui hoʻomau
ʻana i keiki na lākou. ʻO nā keiki hiapo nō naʻe
kai hoʻomau ʻia, no ka mea, ua manaʻo nui ʻia ka
makahiapo. ʻO lākou nā aliʻi nui loa.

---

1. 34:39. A: **a** he
2. 34:42. A: waa **hou**
3. 35:0. C: *ua hoʻololi ʻia ka helu mokuna, ʻaʻole naʻe he akākā ka mea i kākau mua ʻia*
4. 35:1. A: akua

2 E herei na 'lii e hanai, i na he mau 'lii nui e
imi mua ia na wahine alii, a kane alii paha, e
hoopalau hoonoho mua ia lakou na ka imi ana
i keiki na ke alii, i mea e kiekie ai ka alii, e hoomana
ia no, no ka mea, ua manao nui ia na alii nui
ua like me ke akua ka mana.

3 Ma ka wa e mau ai ke kahe ana o ka 'lii wahine, a hoi
mai, a pau ka anau ana, alaila, kukuluia ka hale
kapa mawaho o ke kahua i ike na mea a pau, alaila
hookomo ia mai ke 'lii wahine ma ua hale kapa la.

4 Alaila, hele mai ke alii kane e hoomau i keiki
i laweia mai no na kua kaai o ua 'lii kane la,
e kukulu ia na kua mawaho o ka hale kapa, e no-
ho no na kanaka he nui mawaho o ka hale e kii ai ai,
e noho no na kahuna mawaho o ka hale me ka pule
a me ke noi aku i ke akua kii, i loaa mai ke
keiki na ke 'lii nui.

5 E komo mai no ke alii kane e moe me ke alii wahine, mai ka wa
i hoi mai ai a kokoke paha, e ahiahi pau ka moe ana (ua ka-
paia ke la moe ana he hoomau keiki,) alaila, hoi ke 'lii kane
a hoi no hoi ke 'lii wahine, a me kanaka, a me na kahuna,
a me na kua, a me na 'lii, a wawahi ia ua hale kapa ala, no
na 'lii nui wale no keia hana, aole no e hana ia i na 'lii
haahaa iho.

6 A mahope iho, i na i ike ia, ua hapai ua alii wahine
la, alaila, olioli na kanaka a pau no ke alii i loaa
mai, i na he mau makua ma ka hanauna hoo-
kahi, he 'lii nui loa ia;

7 Alaila, kii ia ka poe haku mele, e haku i ka inoa no ua 'lii
hou la, i mea e hoolea aku ia i na 'lii hou la i hanau mai ai

8 A holo na mele i ka haku ia e ka poe haku mele, alaila, ao ia ku

2 Penei na 'lii e hana ai, ina he mau 'lii nui e
imi mua ia na wahine alii, a kane alii paha, e
hoopalau hoonoho mua ia lakou ma ka imi ana
i keiki na ke alii, i mea e kiekie ai ke alii, e hoomana
ia no, no ka mea, ua manao nui ia na alii nui
ua like me ke akua ka mana.

3 Ma ka wa e mau ai ke kahe ana o ke 'lii wahine, a hoi
mai, a pau ka auau ana, alaila, kukulu ia ka hale
kapa mawaho o ke kahua i ike na mea a pau, alaila,
hookomo ia mai ke 'lii wahine ma ua [hale] kapa la.

4 A laila, hele mai ke[1] alii kane e hoomau i keiki
i lawe pu ia mai no na akua kaai o ua 'lii kane la,
e kukulu ia na kua mawaho o ka hale kapa, e no-
ho no na kanaka [he nui] mawaho o ka hale e kiai ai,
e noho no na kahuna mawaho o ka hale me ka pule
a me ke noi aku i ke akua kii, i loaa mai ke
keiki na ke 'lii nui.

5. E komo mai no ke alii kane e moe me ke alii wahine, mai ka wa
i hoi mai ai a kokoke paha, e ahiahi pau ka moe ana (ua ka-
paia kela moe ana he hoomau keiki,) alaila, hoi ke 'lii kane
a hoi no hoi ke 'lii wahine, a me kanaka, a me na kahuna,
a me na kua, a me na 'lii, a wawahi ia ua hale kapa ala,[2] no
na 'lii nui wale no keia hana, aole no e hana ia i na 'lii
haahaa iho.

6 A mahope iho, ina i ike ia, ua hapai ua alii wahine
la, alaila, olioli na kanaka a pau no ke alii i loaa
mai, ina he mau makua ma ka hanauna hoo-
kahi, he 'lii nui loa ia.

7. Alaila, kii ia ka poe haku mele, e haku i ka inoa no ua 'lii
hou la, i mea e hoolea aku ia[3] i ua 'lii hou la i hanau mai ai.

8 A holo na mele i ka haku ia e ka poe haku mele, alaila, ao ia ku

2. Penei nā ali'i e hana ai. Inā he mau ali'i nui, e
'imi mua 'ia nā wāhine ali'i, a kāne ali'i paha. E
ho'opalau ho'onoho mua 'ia lākou ma ka 'imi 'ana
i keiki na ke ali'i, i mea e ki'eki'e ai ke ali'i. E ho'omana
'ia nō, no ka mea, ua mana'o nui 'ia nā ali'i nui,
ua like me ke akua ka mana.

3. Ma ka wā e mau ai ke kahe 'ana o ke ali'i wahine, a ho'i
mai, a pau ka 'au'au 'ana, a laila, kūkulu 'ia ka hale
kapa ma waho o ke kahua i 'ike nā mea a pau. A laila,
ho'okomo 'ia mai ke ali'i wahine ma ua hale kapa lā.

4. A laila, hele mai ke ali'i kāne e ho'omau i keiki.
I lawe pū 'ia mai nō nā akua kā'ai o ua ali'i kāne lā.
E kūkulu 'ia nā akua ma waho o ka hale kapa. E no-
ho nō nā kānaka he nui ma waho o ka hale e kia'i ai.
E noho nō nā kāhuna ma waho o ka hale me ka pule
a me ke noi aku i ke akua ki'i i loa'a mai ke
keiki na ke ali'i nui.

5. E komo mai nō ke ali'i kāne e moe me ke ali'i wahine mai ka wā
i ho'i mai ai. A kokoke paha e ahiahi, pau ka moe 'ana. (Ua ka-
pa 'ia kēlā moe 'ana he ho'omau keiki.) A laila, ho'i ke ali'i kāne,
a ho'i nō ho'i ke ali'i wahine a me kānaka a me nā kāhuna
a me nā akua a me nā ali'i, a wāwahi 'ia ua hale kapa ala. No
nā ali'i nui wale nō kēia hana; 'a'ole nō e hana 'ia i nā ali'i
ha'aha'a iho.

6. A ma hope iho, inā i 'ike 'ia ua hāpai ua ali'i wahine
lā, a laila, 'oli'oli nā kānaka a pau no ke ali'i i loa'a
mai. Inā he mau mākua ma ka hanauna ho'o-
kahi, he ali'i nui loa ia.

7. A laila, ki'i 'ia ka po'e haku mele e haku i ka inoa no ua ali'i
hou lā i mea e ho'ole'a aku ai[4] i ua ali'i hou lā i hānau mai ai.

8. A holo nā mele i ka haku 'ia e ka po'e haku mele, a laila, a'o 'ia [a]ku

---

1. 35:4. C: *ua holoi 'ia ke kākau mua o kēia lālani*
2. 35:5. A: ala
3. 35:7. A: ai
4. 35:7. *ua ho'ololi 'ia 'o "ia," 'o ia 'o "ai"*

i ka hoe hula, a na lakou e ao i ke kuhi a paa ke kuhi o
ua mau mele la, alaila, ao ia i Kane, a me ka wahine.

9 Alaila, hula, na kane, a me na wahine, a me na lii
i kainoa o na lii hou la, he hana mau ka hula,
a me ke mele, a me ka hoolea, a hiki i kona wa e
hanau ai, alaila pau ka hula ana.

10 A ma ka wa e hanau ai, e kii ia na hale keiki alii, na la-
kou no e hooponopono i ka hanau ana o ke keiki, a me
ka malama i ka makuahine, a ma ka wa e hookohi ai
e lawe ia ka mohai imua o ke akua kii, no ka mea, ua
manao ia o ke akua ka mea nana e hoohanau mai, i na
keiki a na wahine.

11 Ma ka wa e ilii pinepine ai ke kuakoko, e hanau mai
ke keiki, a ma ka hanau ana mai o ke keiki, e
lawe ia mai no ko ke alii kane akua lāai, a
me kana kahuna, i na he kaikamahine, e oki ia
ka piko ma ka hale, i na he keiki kane, e lawe
ia ma ka heiau, malaila, e oki ai ka piko o
ua keiki la.

12 A ma ka wa e paa ai ka piko i ka hikii ia i ke olowa, alaila
pule ke kahuna, a lalau ua kahuna la i ka ohe, a kahea
i na Akua o ka lani, a me ka honua, a me na kua kaai
o ke alii, e ku ana, e waiho ana no na mea mohai ma
ko ke alii alo, he niu, he puaa, he aahu, e paa ana
keia mau mea ma ko ke alii lima, e hoolohe ana ke
alii i ka pule a ke kahuna a me ka wa i oki ai ka piko.

13 Penei ka pule ana o ke kahuna, O Kaohe keia
o ka piko o ke a iwiiwa lani, a wanahu ke kahu-
na i ka ohe, akahae ae, me ka i ae, e kaohe
keia o Kaohe o ka piko o ka iwaiwa lani o ka mo-
ku keia o ka piko o ka iwaiwa lani.

i ka poe hula, a na lakou e ao i ke kuhi a paa ke kuhi o
ua mau mele la, alaila, ao ia i kane, a me ka wahine.

9 Alaila, hula, na kane, a me na wahine, a me na lii
i ka inoa o ua lii hou la, he hana mau ka hula,
a me ke mele a me ka hoolea, a hiki i kona wa e
hanau ai, alaila pau ka hula ana.

10 A ma ka wa e hanau ai, e kii ia na pale keiki alii, na la-
kou no e hooponopono i ka hanau ana o ke keiki, a me
ka malama i ka makuahine, a ma ka wa e hookohi ai
e lawe ia ka mohai imua o ke akua kii, no ka mea, ua
manao ia o ke akua ka mea nana e hoohanau mai, i na
keiki a na wahine.

11. Ma ka wa e ili pinepine ai ke kuakoko, e hanau mai
ke keiki, a ma ka hanau ana mai o ke keiki, e
lawe ia mai no ko ke alii kane akua kaai, a
me kana kahuna, ina he kaikamahine, e oki ia
ka piko ma ka hale, ina he keiki kane, e lawe
ia ma ka heiau, malaila, e oki ai ka piko o
ua keiki la.

12. A ma ka wa e paa ai ka piko i ka hikiiia i ke olona, alaila
pule ke kahuna, a lalau ua kahuna la i ka ohe, a kahea
i na Akua[1] o ka lani, a me ka honua, a me na kua kaai
o ke alii, e ku ana, e waiho ana no na mea mohai ma
ko ke alii alo, he niu, he puaa, he aahu, e paʉʉ ana
keia mau mea ma ko ke alii lima, e hoolohe ana ke
alii i ka pule a ke kahuna a me ka wa i oki ai ka piko.

13. Penei ka pule ana o ke kahuna, O ka ohe keia
o ka piko o ke aiwaiwa lani, a nanahu ke kahu-
na i ka[2] ohe, a hahae ae, me ka i ae, o ka uhae
keia o ka ohe o ka piko o ka iwaiwa lani o ka mo-
ku keia o ka piko o ke aiwaiwa lani.

i ka poʻe hula; a na lākou e aʻo i ke kuhi a paʻa ke kuhi o
ua mau mele lā. A laila, aʻo ʻia i kāne a me ka wahine.

9. A laila, hula nā kāne a me nā wāhine a me nā aliʻi
i ka inoa o ua aliʻi hou lā. He hana mau ka hula
a me ke mele a me ka hoʻoleʻa a hiki i kona wā e
hānau ai, a laila, pau ka hula ʻana.

10. A ma ka wā e hānau ai, e kiʻi ʻia nā pale keiki aliʻi, na lā-
kou nō e hoʻoponopono i ka hānau ʻana o ke keiki a me
ka mālama i ka makuahine. A ma ka wā e hoʻokōhi ai,
e lawe ʻia ka mōhai i mua o ke akua kiʻi, no ka mea, ua
manaʻo ʻia, ʻo ke akua ka mea nāna e hoʻohānau mai i nā
keiki a nā wāhine.

11. Ma ka wā e ili pinepine ai ke kuakoko e hānau mai
ke keiki, a ma ka hānau ʻana mai o ke keiki, e
lawe ʻia mai nō ko ke aliʻi kāne akua kāʻai a
me kāna kahuna. Inā he kaikamahine, e ʻoki ʻia
ka piko ma ka hale; inā he keiki kāne, e lawe
ʻia ma ka heiau, ma laila e ʻoki ai [i] ka piko o
ua keiki lā.

12. A ma ka wā e paʻa ai ka piko i ka hīkiʻi ʻia i ke olonā, a laila,
pule ke kahuna, a lālau ua kahuna lā i ka ʻohe, a kāhea
i nā akua o ka lani a me ka honua a me nā akua kāʻai
o ke aliʻi e kū ana. E waiho ana nō nā mea mōhai ma
ko ke aliʻi alo: he niu, he puaʻa, he ʻaʻahu. E paʻa ana
kēia mau mea ma ko ke aliʻi lima, e hoʻolohe ana ke
aliʻi i ka pule a ke kahuna, a ma[3] ka wā i ʻoki ai [i] ka piko,

13.[4] penei ka pule ʻana o ke kahuna: "ʻO KA ʻOHE KĒIA
O KA PIKO O KE ĀIWAIWA LANI." A nanahu ke kahu-
na i ka ʻohe a hahae aʻe me ka ʻī aʻe: "ʻO KA UHAE
KĒIA O KA ʻOHE O KA PIKO O K[E] ĀIWAIWA LANI. ʻO KA MO-
KU KĒIA O KA PIKO O KE ĀIWAIWA LANI."

---

1. 35:12. A: Akua
2. 35:13. A: ke
3. 35:12: *ua hoʻololi ʻia ʻo "me," ʻo ia ʻo "ma"*
4. 35:13. *e nānā i ka pākuʻina I.12, kahi i hoʻonohonoho ʻia ai kēia pule holoʻokoʻa ma ka lālani mele*

14 A laila ooki ia ka piko a moku a ku pe-
nei iai ka olioa a pau ke koko, alaila,
pule mai ke kahuna no ke kupenu a
na o ke koko, penei e pule ai, kupenu ula,
kupenu lei, kuu ulei. A ka kalapa i ke aku
i laau wai la, a laila, pau ka pule ana a
ke kahuna

15 A laila, kaumaha mai ka makuakane
alii o ua keiki la i ke akua, me ka i aku,
e Ku, e Lono, e Kane, Kanaloa, Eia ka puaa,
ka niu, ka malo, e aloha mai oukou i keia
alii hou, e ola loa oia a kapua a neane, e mau
kona lii ana mai ka la hiki, a ka la kau,
a mama, ua noa, lele wale aku la, a laila,
hahau iho la ke lii i ka puaa ma ka honua.
a make ua puaa la i mohai na ka lii i ke akua,
alaila, pau keia hoomana ana i ke akua no ke
lii hou.

16. Alaila, hoihoi ia ke keiki i ka hale, a imi ia i wahine,
waiu, i mea na na e hanai, a lilo ia i kahu no ua lii hou la, a
hanai ia ua keiki la, a malama nui ia na kahu o ua lii la i
ka waiwai, a noho no oia malalo o ua kahu, a hiki i kona
wa e ai ai, aole nae oia e ai i ka puaa, a hiki i kona wa
e hai pule ai, alaila, ai oia i ka puaa, pela mau no ko na lii
hou hana ana.

17. A nui ae ua keiki la, a hiki i ka wa e kahe iai ka
mai o ua keiki la, alaila, hoomana hou i ke akua
ua like no, ka lii kahe ana me ko kamaaina na
A ka, ma ka hoomana ana, he nui aku ko na
lii hoomana ana,

18. A hiki i ka wa e nui loa ai, ua lii la, alaila,

14 Alaila ooki[1] i ka piko a moku a kupe-
nu ia i ka oloa a pau ke koko, alaila,
pule mai ke kahuna no ke kupenu a
na o ke koko, penei e pule ai, Kupenu ula,
Kupenulei, Kunu lei. A ka halapa i ke aku[a]
i laau wai la a laila, pau ka pule ana a
ke kahuna.

15 A laila, kaumaha mai ka makuakane
alii o ua keiki la i ke akua, me ka i aku,
e Ku, e Lono, e Kane, Kanaloa, Eia ka puaa,
Ka niu, Ka malo, e aloha mai oukou i keia
alii hou, e ola loa[2] oia a ka pua aneane, e mau
kona alii ana mai ka la hiki, a ka la kau
amama, ua noa, lele wale aku la, a laila,
hahau iho la ke 'lii i ka puaa ma ka honua,
a make ua puaa la i mohai na ke 'lii i ke akua,
alaila, pau keia hoomana ana i ke akua no ke
'lii hou.

16. Alaila, hoihoi ia ke keiki i ka hale, a imi ia i wahine,
waiu, i mea nana e hanai, a lilo ia i kahu no ua 'lii hou la, a
hanai ia ua keiki la, a malama nui ia na kahu o ua 'lii la i
ka waiwai, a noho no oia malalo o na kahu, a hiki i kona
wa e nui ai, aole nae oia e ai i ka puaa, a hiki i kona wa
e haipule ai, alaila, ai oia i ka puaa, pela mau no ko na 'lii
hou hana ana.

17. A nui ae ua keiki la, a hiki i ka wa e kahe ia ai ka
mai o ua keiki la, alaila, hoomana hou i ke Akua
ua like no [ko] ke 'lii kahe ana me ko ka makaainana.
Aka, ma ka hoomana ana, he nui aku ko na
'lii hoomana ana.

18. A hiki i ka wa e nui loa ai, ua 'lii la, alaila,

---

14. A laila, 'o'oki i ka piko a moku, a kūpe-
nu 'ia i ka 'oloa a pau ke koko. A laila,
pule mai ke kahuna no ke kūpenu 'a-
na o ke koko. Penei e pule ai: "Kūpenu 'ula,
Kūpenu lei, Kunulei. A kā, hālapa i ke akua
i lā'au wai lā!" A laila, pau ka pule 'ana a
ke kahuna.

15. A laila, kaumaha mai ka makua kāne
ali'i o ua keiki lā i ke akua, me ka 'ī aku:
"E Kū, e Lono, e Kāne, [e] Kanaloa, Eia ka pua'a,
ka niu, ka malo. E aloha mai 'oukou i kēia
ali'i hou. E ola loa 'o ia a ka puaaneane. E mau
kona ali'i 'ana mai ka lā hiki a ka lā kau.
'Āmama, ua noa. Lele wale akula." A laila,
hahau ihola ke ali'i i ka pua'a ma ka honua,
a make ua pua'a lā i mōhai na ke ali'i i ke akua;
a laila, pau kēia ho'omana 'ana i ke akua no ke
ali'i hou.

16. A laila, ho'iho'i 'ia ke keiki i ka hale, a 'imi 'ia i wahine
waiū i mea nāna e hānai. A lilo ia i kahu no ua ali'i hou lā, a
hānai 'ia ua keiki lā, a mālama nui 'ia nā kahu o ua ali'i lā i
ka waiwai, a noho nō 'o ia ma lalo o nā kahu a hiki i kona
wā e nui ai. 'A'ole na'e 'o ia e 'ai i ka pua'a a hiki i kona wā
e haipule ai; a laila, 'ai 'o ia i ka pua'a. Pēlā mau nō ko nā ali'i
hou hana 'ana.

17. A nui a'e ua keiki lā a hiki i ka wā e kahe 'ia ai ka
ma'i o ua keiki lā, a laila, ho'omana hou i ke akua.
Ua like nō ko ke ali'i kahe 'ana me ko ka maka'āinana;
akā, ma ka ho'omana 'ana, he nui aku ko nā
ali'i ho'omana 'ana.

18. A hiki i ka wā e nui loa ai ua ali'i lā, a laila,

---

1. 35:14. A: e oki
2. 35:15. A: *nele*

389

hoonoho iho ia i kahunapule nana, a hoomakau-
kau ia, oia ma na mea naauao, a me na mea
e pono ai ka haipule ana, a ike maopopo ia
kona ano kanaka makua, a hui kala ia oia
alaila. Kukuluia. i ka heiau na na, a lilo ia
ia mea haipule, alaila, ai oia i ka puaa i ka
luaia ma ka heiau, aole no e ai i ka puaa u-
mi wale, a ka lua wale, aole ma ka heiau,
me ka pule ia;

19 Pela e hana iai ka na 'lii mau keiki kane, aole
e hana ia na kaikamahine pela, e hana ia no na
ke oki piko ana, a na kekahi mau mea e ae,
aole no elike me ko ka mua hana ana no ka
inea na manao nui na 'lii, a me na kana
ka haipule, e lilo na hiapo i kanaka no ke 'kua
lii;

20 He mea manao nui ia na keiki hiapo, ma na
e hanau ia na hiapo, e hoomaemae ia na ma-
kuahine lii, a me na wahine kuanoa, kiekie
nohoi e hana mai i na hiapo, penei lakou
e hoomaemae ai.

21 Ka wa e hanau ai ke keiki, e hookaawale ia ka
makuahine mai ke kane aku, a i noho kaawale
loa oia ma kahi e, a hala na la ehiku, a ma ka
wa e pau ai ka walewale, alaila, hoi mai i ka
hale i ka hale me kana kane iho.

22 Aole nae oia i hauna me kana kane iho, a me ka-
naka e no hoi maia mau la, e hoopili ia ka
papa laau ma kona opu, alaila liki ia i
kana malo mawaho aku a paa kona opu
ke hoopapa kainoa oia hoomaemae ana

hoono[1] iho ia i kahuna pule nana, a hoomakau-
kau ia, oia ma na mea naauao, a me na mea
e pono ai ka haipule ana, a ike maopo[o]po ia
kona ano kanaka makua, a huikala ia oia
alaila, kukuluia, i ka[2] heiau nana, a lilo ia
ia[3] mea haipule, alaila, ai oia i ka puaa i ka
luaia ma ka heiau, aole no e ai i ka puaa u-
mi wale, a kalua wale, aole ma ka heiau
me ka pule ia.

19 Pela e hana ia'i ka na 'lii mau keiki kane aole
e hana ia na kaikamahine pela, e hana ia no nae
ke oki piko ana, a ma kekahi mau mea e ae,
aole no e like me ko ka[4] mua hana ana no ka
mea ua manao nui na 'lii, a me na kana-
ka haipule, e lilo na hiapo i kanaka no ke 'kua
kii.

20. He mea manao nui ia na keiki hiapo, ma [ka] wa
e hanau ia[5] na hiapo, e hoomaemae ia na ma-
kuahine 'lii, a me na wahine kuaaina, kiekie
no hoi e hana mai i na hiapo, penei lakou
e hooma[e]mae ai.

21 Ma ka wa e hanau ai ke keiki, e hookawale ia ka
makuahine mai ke kane aku, a i[6] noho kaawale
loa oia ma kahi e, a hala na la ehiku, a ma ka
wa e pau ai ka walewale, alaila, hoi mai i ka
hale i ka hale[7] me kana kane iho.

22 Aole nae oia i launa me kana kane iho, a me ka-
naka e no hoi maia mau la, e hoopili ia ka
papa laau ma kona opu, ~~a laila~~ a liki ia i
kana[8] malo mawaho aku a paa kona opu
he hoopapa ka inoa oia hoomaemae ana a

hoʻono[ho][9] ʻia i kahuna pule nāna, a hoʻomākau-
kau ʻia ʻo ia ma nā mea naʻauao a me nā mea
e pono ai ka haipule ʻana. A ʻike maopopo ʻia
kona ʻano kanaka makua, a huikala ʻia ʻo ia,
a laila, kūkulu ʻia i ka heiau nāna, a lilo ia
i[10] mea haipule. A laila, ʻai ʻo ia i ka puaʻa i kā-
lua ʻia ma ka heiau; ʻaʻole nō e ʻai i ka puaʻa ʻu-
mi wale a kālua wale (ʻaʻole ma ka heiau
me ka pule ʻia).

19. Pēlā e hana ʻia ai kā nā aliʻi mau keiki kāne. ʻAʻole
e hana ʻia nā kaikamāhine pēlā: e hana ʻia nō naʻe
ke ʻoki piko ʻana a me[11] kekahi mau mea ʻē aʻe.
ʻAʻole nō e like me ko ka mua hana ʻana, no ka
mea, ua manaʻo nui nā aliʻi a me nā kāna-
ka haipule, e lilo nā hiapo i kanaka no ke akua
kiʻi.

20. He mea manaʻo nui ʻia nā keiki hiapo. Ma ka wā
e hānau ʻia [ai] nā hiapo, e hoʻomaʻemaʻe ʻia nā mā-
kuahine aliʻi a me nā wāhine kuaʻāina kiʻekiʻe
nō hoʻi e hāna[u] mai i nā hiapo. Penei lākou
e hoʻomaʻemaʻe ai.

21. Ma ka wā e hānau ai ke keiki, e hoʻoka[ʻa]wale ʻia ka
makuahine mai ke kāne aku, a i noho kaʻawale
loa ʻo ia ma kahi ʻē a hala nā lā ʻehiku. A ma ka
wā e pau ai ka walewale, a laila, hoʻi mai i ka
hale me kāna kāne iho.

22. ʻAʻole naʻe ʻo ia i launa me kāna kāne iho, a me kā-
naka ʻē nō hoʻi, ma ia mau lā. E hoʻopili ʻia ka
papa lāʻau ma kona ʻōpū, a liki ʻia i
kona[12] malo ma waho aku a paʻa kona ʻōpū.
He hoʻopapa ka inoa o ia hoʻomaʻemaʻe ʻana a

---

1. 35:18. C?: hoonoho *(kākau ʻia nā hua hope ʻelua ma ka penikala)* A: hoonoho
2. 35:18. A: *nele*
3. 35:18. A: i
4. 35:19. A: *nele*
5. 35:20. A: ai
6. 35:21. A: e
7. 35:21. C?: *ua kaha peʻa ʻia ʻo* "i ka hale i ka hale," *a koe mai ʻo* "i ka hale" *(ma ka penikala ʻulaʻula)* A: hoi mai i ka hale me kana kane iho
8. 35:22. A: kona
9. 35:18. *ua hoʻololi ʻia ʻo* "hoono iho ia," *ʻo ia ʻo* "hoʻonoho ʻia"
10. 35:18. *ua hoʻololi ʻia ʻo* "ia," *ʻo ia ʻo* "i"
11. 35:19. *ua hoʻololi ʻia ʻo* "ma," *ʻo ia ʻo* "me"
12. 35:22. *ua hoʻololi ʻia ʻo* "kana," *ʻo ia ʻo* "kona"

na wahine hanau keiki.

23. Aole oia i ka ai maia mau la, e kalua ia ka ilio, a o ke kai oua ilio la, oia kana mea e ai ai maia mau la, a pau na la ehiku, a ma ka walu o ka la, alaila, hoi me kana kane, a noho pu, no ka mea ua pau ka walewale keiki o ua wahine la.

24 E noho hoomaemae no nae ua wahine la, a pau ka ana hulu la, alaila, pau keia hana ana, ua kapa ia keia hana, he hoopapa, i mea e maikai ai ka makuahine, maia hope iho e ako ia ka lausho, o ua makuahine la, no kona noho kapu ana a kahi no o ako ia.

25 No ka mea, mai kana wa i hapai ai, mai laila mai kona noho kapu ana, aole e launa nui me kela mea me keia mea, aole e ai ia i na mea ka pu o na kau kii o na, a me ko ke kane, pela e hana ai na wahine, i na keiki hiapo, a lakou pela mai na lii, a me na wahine kiikoi naka a o ka poe hune, aole e hana pela.

26 He hanau wale iho na wahine i lilimne, a me na wahine a haahaa i ka lakou mau keiki, me ka na waiwai ole.

Mokuna 36
No kamakahiki.

1 O ka makiki, aia no ka wa, e hoomaha ai na kanaka, na wahine, a me na lii a pau, aole e hana, i kela hana i keia hana, ua hoomaha ia na hana a pau ma ka wa makahiki, aole no e hele e mahi ai kela mea, keia mea, mai na kane a na wahine, a me na lii, aole no e hana ma ka wa ma kahiki, he noho wale no ia mau la.

na wahine hanau keiki.

23. Aole oia [e ai] i ka ai ma ia mau la, e kalua ia ka ilio, a o ke kai o ua ilio la, oia kana mea e ai ai maia mau la, a pau na la ehiku, a ma ka [wa]lu o ka la, alaila, hoi me kana kane, a noho pu, no ka mea ua pau ka walewale keiki o ua wahine la.

24 E noho hoomaemae no nae ua wahine la, a pau ke anahulu la, alaila, pau keia hana ana,[1] ua kapa ia keia hana,[2] he hoopaapa,[3] i mea e maikai ai ka makuahine, maia hope iho e ako ia ka lauoho, o ua makuahine la, no kona noho kapu ana a kahi no o ako ia.

25 No ka mea, mai kana[4] wa i hapai ai, mai[5] laila mai kona noho kapu ana, aole e launa nui[6] me kela mea me keia mea, aole e ai ia[7] i na mea kapu o na kua kii ona, a me ko ke kane, pela e hana ai na wahine, i na keiki hiapo, a lakou pela mai na ʻlii, a me na wahine koikoi ~~makaa ina~~, a o ka poe hune, aole e hana pela.

26 He hanau wale iho na wahine ilihune, a me na wahine a[8] haahaa i ka lakou mau keiki, me ka mawaewae[9] ole.

Mokuna ~~345~~ [36][10]
No kamakahiki.

1 O ka mahiki,[11] aia[12] no ka wa, e hooomaha ai na kanaka, na wahine, a me na ʻlii a pau, aole e hana, i kela hana i keia hana, ua hoomaha ia na hana a pau ma ka wa makahiki, aole no e hele e mahi ai kela mea, keia mea, mai na kane a na wahine, a me na ʻlii, aole [no] e hana ma ka wa makahiki, he noho wale no ia mau la.[13]

nā wāhine hānau keiki.

23. ʻAʻole ʻo ia e ʻai i ka ʻai ma ia mau lā. E kālua ʻia ka ʻīlio, a ʻo ke kai o ua ʻīlio lā, ʻo ia kāna mea e ʻai ai ma ia mau lā. A pau nā lā ʻehiku, a ma ka walu o ka lā, a laila, hoʻi me kāna kāne a noho pū, no ka mea, ua pau ka walewale keiki o ua wahine lā.

24. E noho hoʻomaʻemaʻe nō naʻe ua wahine lā a pau ke anahulu lā, a laila, pau kēia hana ʻana. Ua kapa ʻia kēia hana he hoʻopapa,[14] i mea e maikaʻi ai ka makuahine. Ma ia hope iho, e ʻako ʻia ka lauoho o ua makuahine lā; no kona noho kapu ʻana, ʻakahi nō a[15] ʻako ʻia.

25. No ka mea, mai kona[16] wā i hāpai ai, mai laila mai kona noho kapu ʻana, ʻaʻole e launa nui me kēlā mea me kēia mea, ʻaʻole e ʻai ia i nā mea kapu o nā akua kiʻi ona a me ko ke kāne. Pēlā e hana ai nā wāhine i nā keiki hiapo a lākou. Pēlā mai nā aliʻi a me nā wāhine koʻikoʻi; a ʻo ka poʻe hune, ʻaʻole e hana pēlā.

26. He hānau wale iho nā wāhine ʻilihune a me nā wāhine haʻahaʻa[17] i kā lākou mau keiki me ka māwaewae ʻole.

Mokuna XXXVI [36, Emerson 36]
No ka Makahiki

1. ʻO ka ma[ka]hiki, ʻo ia[18] nō ka wā e hoʻomaha ai nā kānaka, nā wāhine, a me nā aliʻi a pau, ʻaʻole e hana i kēlā hana i kēia hana. Ua hoʻomaha ʻia nā hana a pau ma ka wā makahiki, ʻaʻole nō e hele e mahi ʻai kēlā mea kēia mea. Mai nā kāne a nā wāhine a me nā aliʻi, ʻaʻole nō e hana ma ka wā makahiki; he noho wale nō ia mau lā.

---

1. 35:24. A: *nele*
2. 35:24. A: hana **ana**
3. 35:24. Cʔ: hoopapa *(ua kāpae ʻia ʻo "a" ma ka penikala ʻulaʻula)* A: hoopapa
4. 35:24. A: kona
5. 35:25. A: ma
6. 35:25. A: mai
7. 35:25. A: aole ia e ai *(ma kahi o "aole e ai ia")*
8. 35:26. A: *nele*
9. 35:26. A: maemae *(ma kahi o "ma waewae")*

10. 36:0. *mai kēia mokuna aku, ʻaʻole i kākau ʻia nā helu mokuna o C ma ka helu Roma*
11. 36:1. Cʔ: ma[k]hiki *(sic: ma ka penikala ʻulaʻula)* A: makahiki
12. 36:1. A: oia
13. 36:1. A: loa *(ma kahi o "la")*
14. 35:24. ua hoʻololi ʻia ʻo "hoopaapa," ʻo ia ʻo "hoopapa"
15. 35:24. ua hoʻololi ʻia ʻo "o," ʻo ia ʻo "a"
16. 35:25. ua hoʻololi ʻia ʻo "kana," ʻo ia ʻo "kona"
17. 35:26. ua hoʻololi ʻia ʻo "wahine a haahaa," ʻo ia ʻo "wāhine haʻahaʻa"
18. 36:1. ua hoʻololi ʻia ʻo "aia," ʻo ia ʻo "ʻo ia"

2 Aole no e haipule, na kanaka a pau, a me na 'lii
a pau i ko lakou mau akua kii he kaumaha
ai wale no, aole no hoi a ke lii mui hana maloko
o na la makahiki, ua pau i ka waiho ia na ha_
na a pau maia mau la, e ka mau la e hooma_
ha ai kela mea keia mea ma kona wahi iho me
ka hoolako ia ia iho no, i na mea e pono ai ka
noho wale ana.

3 A pau na la e ha, i hoomaha ai, alaila, hele ke
la kanaka, keia kanaka e mahi ai, a hele no
e lawaia, ma ko lakou wahi iho, aole ma kahi
e aku, no ka mea, aole no i noa ka kamakahiki
maia mau la e ha, wale no, he mui no na la
e ae, alaila, noa kamakahiki, no ka mea, e ha
mau malama i komo maloko o ka oihana ma_
kahiki, hookahi o ke kau, ekolu o ka hooilo
mau malama.

4 Ma ka malama hope o ke kau ma Ikuwa, elike
ia me Okakopa, oia ka malama, e hoomaka ai ka
makahiki, a hiki aku i na malama mua ekolu a ka hooilo, oia o Welehu, o Makalii o Kaelo, elike
ia, me Noemaba, Dekemaba, Ianuari, ma keia mau
malama e makahiki ai, a hoomaha ia na ha_
na, a me na hana ma ke haipule.

5 Ewalu no hoi malama, e haipule ai na lii, a
me na makaainana a pau, ekolu o ka hooilo, o
Kaulua, o Nana, o Welo, elike ia me Feberuari, Maraki
Aberila, elike me ke kau, o Ikiiki, o Kaona, o Hina
iaeleele, o Hili Hinalehu, o Hilinama, elike ia me
Mei, keia mau malama o June, Iulai, Augake,
Sepatemaba.

2 Aole no e haipule, na kanaka a pau, a me na 'lii
a pau i ko lakou mau akua kii he kaumaha
ai wale no, aole no hoi a ke 'lii nui hana maloko
o na la makahiki, ua pau i ka waiho ia na ha-
na a pau maia mau la, e ha mau la e hooma-
ha ai kela mea keia mea ma kona wahi iho me
ka[1] hoolako ia ia iho no, i na mea[2] e pono ai ka
noho wale ana.

3 A pau na la e ha, i hoomaha ai, alaila, hele ke
la kanaka, keia kanaka e mahi ai, a hele no
e lawaia, ma ko lakou wahi iho, aole ma kahi
e aku, no ka mea, aole no i noa loa ka makahiki
maia mau la e ha, wale no, he nui no na la
e ae, alaila, noa ka makahiki, no ka mea, e ha
mau malama i komo maloko o ka oihana ma-
kahiki, hookahi o ke kau, e kolu o ka hooilo
mau malama.

4. Ma ka malama hope o ke kau ma Ikuwa, e like
ia me Okakopa, oia ka malama, e hoomaka ai ka
makahiki, a hiki aku i ~~ka~~ [na] malama mua eko-
lu o ka hooilo, oia o Welehu, o Makalii o Kaelo, e like
ia me Noemaba,[3] Dekemaba, Ianuari, ma keia mau
malama e makahiki ai, a hoomaha ia na ha-
na, a me na hana ~~maoli~~ haipule.

5 E walu no hoi malama, e haipule ai na 'lii, a
me na makaainana a pau, e kolu o ka hooilo, o
Kaulua, o Nana, o Welo, e like ia me Feberuari, Maraki
Aberila,[4] e like me ke kau, o Iki~~i~~ki, o Kaona, o Hina-
iaeleele, o ~~Hilia~~[Hi]linaehu, o Hilinama, e like ia me
Mei[,] ~~keia mau malama~~ Iune, Iulai, Augake,[5]
Sepatemaba.

2. 'A'ole nō e haipule nā kānaka a pau a me nā ali'i
a pau i ko lākou mau akua ki'i. He kaumaha
'ai wale nō. 'A'ole nō ho'i a ke ali'i nui hana ma loko
o nā lā makahiki. Ua pau i ka waiho 'ia nā ha-
na a pau ma ia mau lā. 'Ehā mau lā e ho'oma-
ha ai kēlā mea kēia mea ma kona wahi iho me
ka ho'olako iā ia iho nō i nā mea e pono ai ka
noho wale 'ana.

3. A pau nā lā 'ehā i ho'omaha ai, a laila, hele kē-
lā kanaka kēia kanaka e mahi 'ai, a hele nō
e lawai'a ma ko lākou wahi iho, 'a'ole ma kahi
'ē aku, no ka mea, 'a'ole nō i noa loa ka makahiki
ma ia mau lā 'ehā wale nō. He nui nō nā lā
'ē a'e, a laila, noa ka makahiki, no ka mea, 'ehā
mau malama i komo ma loko o ka 'oihana ma-
kahiki—ho'okahi o ke kau, 'ekolu o ka ho'oilo
mau malama.

4. Ma ka malama hope o ke kau, ma 'Ikuā (e like
ia me 'Okakopa), 'o ia ka malama e ho'omaka ai ka
makahiki; a hiki aku i nā malama mua 'eko-
lu o ka ho'oilo, 'o ia 'o Welehu, 'o Makali'i, 'o Kā'elo (e like
ia me No[v]emaba, Dekemaba, Ianuari). Ma kēia mau
malama e makahiki ai; a ho'omaha 'ia nā ha-
na a me nā hana haipule.

5. 'Ewalu nō ho'i malama e haipule ai nā ali'i a
me nā maka'āinana a pau: 'ekolu o ka ho'oilo, 'o
Kaulua, 'o Nana, 'o Welo (e like ia me Feberuari, Maraki,
'Aberila); e like me ke kau, 'o Ikīki, 'o Ka['a]ona, 'o Hina-
ia'ele'ele, 'o Hilinaehu, 'o Hilinamā (e like ia me
Mei, Iune, Iulai, 'Augake,
Sepatemaba).

---

1. 36:2. A: kona
2. 36:2. A: i na na mea *[sic]*
3. 36:4. A: Novemaba
4. 36:5. A: Aperila
5. 36:5. A: Augate

6 Ma keia mau malama eo e haipule ai na lii, a me na kanaka a pau, ma kela makahiki, keia makahiki; a ma kela mau malama e ha, e hoomaha ai, pela mau ka makahiki, mai kinohi mai, pela no e hana ai kela makahiki, keia makahiki.

7 Manomano ka nui o ka hoomana ana a na lii, a me na kanaka, i na kua kii, manomano ka nui o ka ikaika, a me ka hoomanawanui maoli ana o ka hoomana, i na kua wahahee ma keia mau malama.

8 O ka aina no ka na lii mea nui e hoomana ai, i mau ko lakou noho alii ana ma ke aupuni, o ke ola no ko lakou mau kino kekahi, e hoomana ai, i ke akua, o ka ma ke o ko lakou mau hoa paio kekahi mea e hooma na ai, i na kua kii.

9 O ka aina no kona makaainana mea e hoomana ai i loaa mai i na lii, ka aina o ke ola o ko lakou mau kino kekahi, a me ka hoola aku i na lii, a me ka loaa mai o kela mea keia mea a la kou e kii aku ai kekahi mea e hoomana ai, pela no e hana ai ma kela makahiki keia makahiki.

10 He umi kumamalua malama, eiwa kanaka la maloko o ka makahiki hookahi, e ka no pule ma ka malama hookahi e lua po e kapu ai, hookahi ao, a ma ka lua o ke ao e noa ai ka pule ana. (O ka paukú 11 keia)

11 Ma ka pule Ku o Ikuwa, kau welu ka makahiki, oia no ka wa e hoopau ai ka haipule ana, o na heiau a na lii, alaila hele na lii, a me na kanaka haipule, i ka paani, a me ka hoomaalealea (aole nae e hana na kahuna pela, a me na kahu akua, a me ke lii o na ke aupuni) (O ka paukú 10 keia)

12 Ma ka pule hua o na Ikuwa la, ua ha ka nui a ka lii nui he mau oihana keia no ka makahiki (he hana e hooliuliu ai i ke akua, a waiho aku, alaila, hele na lealea)

13 A hiki mai ke Ku o Welehu, hapalele wale no ka pule ole ia, a

6. Ma keia mau malama no e haipule ai na ʻlii, a me na kana-
ka a pau, ma kela makahiki, keia[1] makahiki, a ma kela mau
malama e ha, e hoomaha ai, pela mau ka makahiki, mai
kinohi mai, pela no e hana ai kela makahiki, keia makahiki

7 Manomano ka [nui o ka] hoomana ana[2] a na ʻlii a me na kanaka i na
kua kii, manomano ka nui o ka ikaika, a me ka hoomaopoopo
maoli ana o ka hoomana, i na kua wahahee ma keia mau
malama.

8 O ka aina no ka na ʻlii mea nui e hoomana ai, i mau
ko lakou noho alii ana ma ke aupuni, o ke ola no ko
lakou [mau] kino kekahi, e hoomana ai, i ke akua, o ka ma-
ke o ko lakou mau hoa paio kekahi mea e hooma
na ai, i na kua kii.

9 O ka aina no ko na makaainana mea e hoomana ai i loaa mai
i na ʻlii, ʊ ka aina o ke ola o ko lakou mau kino kekahi, a me
ka hoola aku i na ʻlii, a me ka loaa mai o kela mea keia[3] mea a la-
kou e kii aku ai kekahi[4] mea e hoomana ai, pela no e hana ai
ma kela makahiki keia makahiki.

10.[5] He umi kumamalua malama, eiwa kanaha la ma loko o
ka makahiki hookahi, e ha no pule ma ka malama hookahi
e lua po e kapu ai, hookahi ao, a ma ka lua o ke ao e noa ai
ka pule ana.[6]

11[5] Ma ka pule ku o Ikuwa, kau welu ka makahiki, oia no ka
wa e hoopau ai ka haipule ana, o na heiau a na ʻlii, alaila
hele na ʻlii, a me na kanaka haipule, i ka paani, a me ka
hana lealea, (aole nae e hana na kahuna pela, a me na
kahu akua, a me ke ʻlii nona ke aupuni.)[7]

12 A ma ka pule hua o ua Ikuwa la, naha ka niu a ke ʻlii nui
he mau oihana keia no ka makahiki, (he hana e hooluolu[8]
ai i ke akua, a waiho aku, a laila, hele ma ka lealea.)

13 A hiki mai ke ku o Welehu, ha[a]lele wale me ka pule ole ia, a

6. Ma kēia mau malama nō e haipule ai nā aliʻi a me nā kāna-
ka a pau ma kēlā makahiki kēia makahiki; a ma kēlā mau
malama ʻehā e hoʻomaha ai. Pēlā mau ka makahiki mai
kinohi mai. Pēlā nō e hana ai [i] kēlā makahiki kēia makahiki.

7. Manomano ka nui o ka hoʻomana ʻana a nā aliʻi a me nā kānaka i nā
akua kiʻi; manomano ka nui o ka ikaika a me ka hoʻomaopopo[9]
maoli ʻana o ka hoʻomana i nā akua wahaheʻe ma kēia mau
malama.

8. ʻO ka ʻāina nō kā nā aliʻi mea nui e hoʻomana ai i mau
ko lākou noho aliʻi ʻana ma ke aupuni. ʻO ke ola nō [o] ko
lākou mau kino kekahi e hoʻomana ai i ke akua; ʻo ka ma-
ke o ko lākou mau hoa paio kekahi mea e hoʻoma-
na ai i nā akua kiʻi.

9. ʻO ka ʻāina nō ko nā makaʻāinana mea e hoʻomana ai i loaʻa mai
i nā aliʻi ka ʻāina. ʻO ke ola o ko lākou mau kino kekahi, a me
ka hoʻōla aku i nā aliʻi, a me ka loaʻa mai o kēlā mea kēia mea a lā-
kou e kiʻi aku ai kekahi mea e hoʻomana ai. Pēlā nō e hana ai
ma kēlā makahiki kēia makahiki.

10. He ʻumi kumamālua malama, ʻeiwa kanahā lā, ma loko o
ka makahiki hoʻokahi. ʻEhā nō pule ma ka malama hoʻokahi.
ʻElua pō e kapu ai, hoʻokahi ao; a ma ka lua o ke ao e noa ai
ka pule ʻana.

11. Ma ka Pule Kū o ʻIkuā, kau welu ka makahiki. ʻO ia nō ka
wā e hoʻopau ai [i] ka haipule ʻana o nā heiau a nā aliʻi. A laila,
hele nā aliʻi a me nā kānaka haipule i ka pāʻani a me ka
hana leʻaleʻa. ʻAʻole naʻe e hana nā kāhuna pēlā a me nā
kahu akua a me ke aliʻi nona ke aupuni.

12. A ma ka Pule Hua o ua ʻIkuā lā, nahā ka niu a ke aliʻi nui.
(He mau ʻoihana kēia no ka makahiki, he hana e hōʻoluʻolu
ai i ke akua.) A waiho aku, a laila, hele ma ka leʻaleʻa.

13. A hiki mai ke Kū o Welehu, haʻalele wale me ka pule ʻole ʻia,

---

1. 36;6. A: **ma** keia
2. 36:7. A: *nele*
3. 36:9. A: **o** keia
4. 36:9. A: **i** kekahi
5. 36:10, 36:11. A: *ua kuapo ʻia ka paukū 10 me ka paukū 11*
6. 36:10. C?: [(O ka pauku 11 keia)]
7. 36:11. C?: [(O ka pauku 10 keia)]
8. 36:12. C?: ~~hooluolu~~ [hooluolu] *[sic]*
9. 36:7. *ua hoʻololi ʻia ʻo* "hoomaopoopo," *ʻo ia ʻo* "hoʻomaopopo"

a ma ka puli lua o ua Welehu la, naha ka niu, a ka
makaainana, a me na lii a pau, alaila, papani, ka
aku, pau ka haipule ana.

14 A maia mau la hope iho hoomakaukau ia ka waiwai o ka
makahiki, ka mea a na luna auhau moku o loko, o kana
puko ka luna i olelo mua ai, ma, ka ka moku auhau,
oia waiwai a pau no ka makahiki.)

15 Na na Konohiki a pau e halihali mai i ua waiwai la,
i auhau mua ia ai na ke alii nui, oia hoi ka waiwai o
ka loa, e lawe pu mai no kela Konohiki keia Konohiki
i waiwai, na ko lakou mau haku aina iho na ka
paia, he waiwai maloko ia waiwai.

16 A ma ka la o Laaukukahi, hookupu mai ko na moku, i ka
ke lii nui waiwai, i na kapa, i na pau, a me na malo
kela mea keia mea, o ka puaa ka mea hookupu ole ia
mai, o ka ilio ka mea hookupu mai a piha na pa i
ka ilio, aole e ai na lii, i ka puaa hou maia mau
malama no ka heiau ole, he ai no nae i na puaa, i
lole ka hiko ia, ma ka wa e haipule ana.

17 A ma ka la o Laaupau, pau ka hookupu ana, a hoo
moe ia, ua waiwai hookupu la e ko ke lii nui mau
akua, a pau ia hana ana, a ma ka la o Olekukahi,
oia no ka la e haawi ai ke alii nui i ua waiwai la,
na na lii, a me na puali a pau maio a o.

18 Penei ka haawi ana, e haawi mua ia ka na kua o ke alii
nui, i o ka na kahu akua, alaila, e haawi ia ka ke kahu
na a ke alii nui, a pau ia, e haawi ia ka ke alii nui a na
wahine, a me na punahele, a me na aialo a pau ana,
alaila, e haawi ia ka na lii a pau, a me na puali a
pau, penei hoi ka haawi ana.

19 O na lii nui ae, a nui kona mau kanaka, e nui no

aˡ ma ka pule hua o ua Welehu la, naha ka niu, a ka makaainana, a me na 'lii a pau, alaila, papani, kuahu,² pau ka haipule ana.

14. A ma ia mau la hope iho hoomakaukau ia ka waiwai o ka makahiki, ka mea a na luna auhau moku o loko, okana poko kalana i olelo mua ai, ma, ka ka moku auhau, oia waiwai [a pau] no ka makahiki.

15 Na na Konohiki a pau e halihali mai i ua waiwai la, i auhau mua ia ai na ke alii nui, oia hoi ka waiwai o ka loa, e lawe pu mai no kela Konohiki keia Konohiki i waiwai, na ko lakou mau haku aina iho ua kapaia, he waiwai maloko ia waiwai.

16. A ma ka la o Laaukukahi, hookupu mai ko na moku, i ka ke 'lii nui waiwai, i na kapa, i na pau, a me na malo kela mea keia mea, o ka puaa ka mea hookupu ole ia mai, o ka ilio ka mea hookupu mai a piha na pa i ka ilio, aole e ai na 'lii, i ka puaa hou maia mau malama no ka heiau ole, he ai no nae i na puaa, i lole kahiko ia, ma ka wa e haipule ana.

17 A ma ka la o Laaupau, pau ka hookupu ana, a hoo moe ia, ua waiwai hookupu la i ko ke 'lii nui mau akua, a pau ia hana ana, a ma ka la o Olekukahi, oia no ka la e haawi ai ke alii nui i ua waiwai la, na na 'lii, a me na puali a pau mai o a o.

18. Penei ka haawi ana, e haawi mua ia ka na kua o ke alii nui, i ola na kahu akua, alaila, e haawi ia ka ke kahuna a³ ke alii nui, a pau ia, e haawi ia ka ke alii nui ~~wai~~ wa~~i~~[h]ine, a me na punahele, a me na aialo a pau ana,⁴ alaila, e haawi ia ka na 'lii a pau, a me na puali a pau, penei hoi ka haawi ana.

19. O na 'lii nui ae, a nui kona mau kanaka, e nui no

a⁵ ma ka Pule Hua o ua Welehu lā, nahā ka niu a ka makaʻāinana a me nā aliʻi. A pau, a laila, papani kuahu, pau ka haipule ʻana.

14. A ma ia mau lā hope iho, hoʻomākaukau ʻia ka waiwai o ka makahiki, ka mea a nā luna ʻauhau moku o loko, ʻokana, poko, kalana i ʻōlelo mua ai ma ko⁶ ka moku ʻauhau, ʻo ia waiwai a pau no ka makahiki.

15. Na nā konohiki a pau e halihali mai i ua waiwai lā i ʻauhau mua ʻia ai na ke aliʻi nui, ʻo ia hoʻi ka waiwai o ka loa. E lawe pū mai nō kēlā konohiki kēia konohiki i waiwai na ko lākou mau haku ʻāina iho. Ua kapa ʻia he waiwai ma loko ia waiwai.

16. A ma ka lā ʻo Lāʻau Kū Kahi, hoʻokupu mai ko nā moku i kā ke aliʻi nui waiwai—i nā kapa, i nā pāʻū, a me nā malo, kēlā mea kēia mea. ʻO ka puaʻa ka mea hoʻokupu ʻole ʻia mai; ʻo ka ʻīlio ka mea hoʻokupu mai a piha nā pā i ka ʻīlio. ʻAʻole e ʻai nā aliʻi i ka puaʻa hou ma ia mau malama no ka heiau ʻole. He ʻai nō naʻe i nā puaʻa i lole kahiko ʻia ma ka wā e haipule ana.

17. A ma ka lā ʻo Lāʻau Pau, pau ka hoʻokupu ʻana, a hoʻomoe ʻia ua waiwai hoʻokupu lā i ko ke aliʻi nui mau akua. A pau ia hana ʻana, a ma ka lā ʻo Ole Kū Kahi, ʻo ia no ka lā e hāʻawi ai ke aliʻi nui i ua waiwai lā na nā aliʻi a me nā pūʻali a pau mai ʻō a ʻō.

18. Penei ka hāʻawi ʻana. E hāʻawi mua ʻia kā nā akua o ke aliʻi nui, i ola nā kahu akua. A laila, e hāʻawi ʻia kā ke kahuna a ke aliʻi nui. A pau ia, e hāʻawi ʻia kā ke aliʻi nui wāhine a me nā punahele a me nā ʻaialo a pau āna. A laila, e hāʻawi ʻia kā nā aliʻi a pau a me nā pūʻali a pau. Penei hoʻi ka hāʻawi ʻana.

19. ʻO nā aliʻi nui aʻe a nui kona mau kānaka, e nui nō

---

1. 36:13. A: *nele*
2. 36:13. A: kuaahu
3. 36:18. A: o
4. 36:18. A: ona
5. 36:13. *ua hoʻololi ʻia ʻo* "a a," *ʻo ia ʻo* "a"
6. 36:14. *ua hoʻololi ʻia ʻo* "ka," *ʻo ia ʻo* "ko"

kona haawina, o na lii uuku iho, a uuku kona mau
kanaka, e uuku no kona haawina, pela no ke ano o ke
uu kanaka haawina, a pau, a pau loa kela waiwai i
ka haawiia no na lii, a me na puali, a me na aialo, (aole
nae na makaainana e haawiia.)

20 He mau la hoomakaukau ia, i mau mea ai no ka
makahiki, i mau kulolo, i mau pepeiee, i mau poipalau
i mau Maia, i mau poikalo, i Awa, i mau ia, a me keia
mea keia mea, a lako na mea apau.

21 A ma ia ahiahi ana iho o Olekukahi la, ka no
na kua hulu, a ma ke ahiahi o Olekulua, ka ano
na kua laau, a o ae, o Olepau ia la, oia no ka la
e hana ia ai ke akua makahiki, o Lono ua akua
ka inoa, ua kapa ia kela hana ana, he kuikepa

22 O keia akua makahiki he laau no ia, he u
mi paha mau iniha ke ana puni, e lua paha
ana na kona loa, ua kalai porapora ia, ua laau
la, me he wauwae lio la, a he pololei ke ano
me ke koo koo la, ua kalai kii ia ke poo ma
luna o na laau la,

23 A ma ka ai, o na kii la, e kukii aku ai ke
kaki laau e kau kea ana; a ma na laau kau
kea la, e hoopili aku ai na pela a paa i ka kukii ia,
he mau leikulumanu ke kahi; i kau hoolewale
wa ia, mai kela kiki a keia kiki; ma na laau kea
la, e kahi aina, he mau manu ke kahi; e kau le
walewa ana, ma na laau kea la, he kaupu keia
noa o ka manu, he hulu wale no nae, aole no
he io maloko o na manu la.

24 He kapa keokeo ke kahi i kau ia maluna, o na kii
la, ua onau ia ke kahi aoao, oia kapa ma ka laau

kona haawina, o na lii uuku iho, a uuku kona mau
kanaka, e uuku no kona haawina, pela no ke ano o ko[1]
na kanaka haawina, a pau, a pau loa kela waiwai i
ka haawi ia no na 'lii, a me na puali, a me na aialo, (aole
nae na makaainana e haawi ia.)

20 He mau la hoomakaukau ia, i mau mea ai no ka
makahiki, i mau kulolo, i mau pepeiee, i mau poi palau
i mau Maia, i mau poi kalo, i Awa, i mau ia, a me kela
mea keia mea, a lako na mea apau.

21 A ma ia ahiahi ana iho o ua Olekukahi la, kauo[2]
na kua hulu, a ma ke ahiahi o Olekulua, kauo2
na kua laau, a ao ae, o Olepau ia la, oia no ka la
e hana ia ai ke akua makahiki, o Lonomakua
ka inoa, ua kapa ia kela hana ana, he kuikepa

22 O kela akua makahiki he laau no ia, he u-
mi paha mau iniha ke anapuni, e lua paha
anana kona[3] loa, ua kalai ponapona ia, ua laau
la, me he waewae[4] lio la, a he pololei ke ano,
me he kookoo la, ua kalai kii ia ke poo ma
luna o ua laau la,

23 A ma ka ai, o ua kii la, e hikii aku ai ke
kahi laau e kau kea ana, a ma ua laau kau
kea la, e hoopili aku ai na pala a paa[5] i ka hikii ia,
he mau leihulumanu kekahi, i kau hoolewale
wa ia, mai kela kihi a keia kihi, o ua laau kea
la, e kaka ana, he mau manu kekahi, e kau le
walewa ana, ma ua laau kea la, he Kaupu ka i
noa o ka manu, he hulu wale no nae, aole no
he io ma loko o ua manu la.

24 He kapa keokeo kekahi i kau ia maluna o ua kii
la, ua omau ia kekahi aoao, oia kapa ma ka laau

kona ha'awina; 'o nā ali'i 'u'uku iho a 'u'uku kona mau
kānaka, e 'u'uku nō kona ha'awina. Pēlā nō ke 'ano o ko
nā kānaka ha'awina a pau, a pau loa kēlā waiwai i
ka hā'awi 'ia no nā ali'i a me nā pū'ali a me nā 'aialo. 'A'ole
na'e nā maka'āinana e hā'awi 'ia.

20. He mau lā ho'omākaukau ia i mau mea 'ai no ka
makahiki, i mau kūlolo, i mau pepeie'e, i mau poi pālau,
i mau mai'a, i mau poi kalo, i 'awa, i mau i'a, a me kēlā
mea kēia mea a lako nā mea a pau.

21. A ma ia ahiahi 'ana iho o ua 'Ole Kū Kahi lā, kāuō[6]
nā akua hulu. A ma ke ahiahi o 'Ole Kū Lua, kāuō
nā akua lā'au. A ao a'e, 'o 'Ole Pau ia lā, 'o ia nō ka lā
e hana 'ia ai ke akua makahiki, 'o Lonomakua
ka inoa. Ua kapa 'ia kēlā hana 'ana he *kui ke pā*.[7]

22. 'O kēlā akua makahiki, he lā'au nō ia, he 'u-
mi paha mau 'īniha ke anapuni, 'elua paha
anana kona loa. Ua kālai ponapona 'ia ua lā'au
lā me he waewae lio lā, a he pololei ke 'ano,
me he ko'oko'o lā; ua kālai ki'i 'ia ke po'o ma
luna o ua lā'au lā.

23. A ma ka 'ā'ī o ua ki'i lā e hīki'i aku ai [i] ke-
kahi lā'au e kau ke'a ana. A ma ua lā'au kau
ke'a lā e ho'opili aku ai [i] nā pala a pa'a i ka hīki'i 'ia.
He mau lei hulu manu kekahi i kau ho'olewale-
wa 'ia mai kēlā kihi a kēia kihi o ua lā'au ke'a
lā e kaka['a] ana. He mau manu kekahi e kau le-
walewa ana ma ua lā'au ke'a lā, he ka'upu ka i-
noa o ka manu; he hulu wale nō na'e, 'a'ole nō
he 'i'o ma loko o ua manu lā.

24. He kapa ke'oke'o kekahi i kau 'ia ma luna o ua ki'i
lā. Ua 'ōmau 'ia kekahi 'ao'ao o ia kapa ma ka lā'au

---

1. 36:19. A: ka
2. 36:21. A: kau o *(ma kahi o "kauo")*
3. 36:22. A: ka
4. 36:22. A: wawae
5. 36:23. A: pau
6. 36:21. *e nānā i kā Kēlou Kamakau ('Ohina Fornander; puke 6, 'ao. 35):* "a hoi ae la ka poe kahuna, a me ka poe akua ma ka papa hola e uo ai lakou, a he kauo ka inoa o keia pule"
7. 36:21. *e nānā i kā Kēlou Kamakau ('Ohina Fornander; puke 6, 'ao. 41):* "A po iho la i o Olekulua kauo iho la ke akua laau i keia po, a pule iho la na kahuna i keia po, a ao la, kuwi [sic] iho la ke pa, o ke akua makahiki i ke ao i o Olepau, a he la kapu loa keia."

kea, a lewalewa wale aku kekahi aoao ilalo, ua oi
aku no ka loihi oia kapa i ko ke kii; he wauke
ka kahi ua kapa la, mai kuloli mai, aole no i pa
kuikui ia, ua like ka laula o ke kapa me ka laau-
kea, e ono paha kapuai ka laula o ua kapa la, he
umi ku mamao no kapuai ka loa oia kapa.

25 Ua kapa ia keia hana ana he kuikepa, a maia po
ana iho, alaila, kanoonii na kanaka apau, a me
na 'lii apau, a maia pono, alaila, poni ia, ua kii la
i ka niu, pela e hana ai ke kua makahiki, a
kapa ia ka inoa o Lonomakua, o ke kua loa ke
kahi inoa, no ka hele poai ana, a puni ka m
ke puni keia inoa, ma keia akua i kapa ia a
kuai ka Penakuke o Lono, no ka like pu o ka
pea o ka moku me ko Lono kapa.

26 He akua poko ke kahi akua, no ka hoi koke a
na mai ma ka palena o ka moku oloko keia
inoa, he akua paani kekahi, e hele pu no ia me ke akua loa,
e ku no ia kua ma na aha mokomoko, me ka hana lealea
a puni ka mokupuni, a paa ka hana o ua kua makahiki
maia la aku;

27. A ma ka wanaao ana ae o ua po la o Olekau e hoa ia
na ahi, ma na kapa kahakai a puni ka mokupuni,
alaila, e hele oa na kanaka a pau, a me na 'lii a pau
maia wanaao, e auau kai, e auau wai, a hoi mai, alaila, e
lala ma ua ahi la no ke anuanu, pela oia e auau ai aao
ia po, ua kapa ia keia auau ana he hiuwai ka inoa
oia hana ana;

28. A maia ao ana ae, o Kaloakukahi ia la, alaila, kapu
ka makahiki, a maia la, hoomaka na kanaka a pau a
me na 'lii a pau, aole loa e auau hou aku, i ke ka

kea, a lewalewa wale aku kekahi aoao i lalo, ua oi
aku no ka loihi oia kapa i ko ke kii, he wauke
kakahi[1] ua kapa la, mai Kuloli mai, aole no i pa
kuikui ia, ua like ka laula o ke kapa me ka laau-
kea, e ono paha kapuai ka laula o ua kapa la, he ʉ
umikumamaono kapuai ka loa oia kapa.

25 Ua kapa ia keia hana ana he kuikepa, a ma ia po
ana iho, alaila, kauo nui na kanaka apau, a me
na [lii] apau, a ma ia po no, alaila, poni ia, ua kii la
i ka niu, pela e hana ai ke kua makahiki, a
kapaia ka inoa o Lonomakua, o ke kua loa ke
kahi inoa, no ka hele poai ana, a puni ka mo
kupuni keia inoa, ma keia akua i kapa ia a
ku ai ka Penakuke o Lono, no ka like pu o ka
pea o ka moku me ko Lono kapa.

26 He akua poko kekahi akua, no ka hoi koke a
na mai ma ka palena o ka moku o loko keia
inoa, he akua paani kekahi, e hele pu no ia me ke akua loa,
e ku no ia Kua ma na aha mokomoko, me ka hana lealea
a puni ka mokupuni, a paa ka hana o na kua makahiki
ma ia la a po.

27. A ma ka wanaao ana ae o ua po la o Olepau e hoa ia
na ahi, ma na kapa kahakai a puni ka mokupuni,
alaila, e hele no na kanaka a pau, a me na 'lii a pau
maia wanaao, e auau kai, e auau wai, a hoi mai, alaila, e
lala[2] ma ua ahi la no ke anuanu, pela no e auau ai a ao
ia po, ua kapa ia kela auau ana he hiuwai ka inoa
oia hana ana.

28. A ma ia ao ana ae, o kaloakukahi ia la, alaila, kapu
ka makahiki, a maia la, hoomaha na kanaka a pau a
me na 'lii a pau, aole loa e auau hou aku, i ke kai[3]

ke'a, a lewalewa wale aku kekahi 'ao'ao i lalo. Ua 'oi
aku nō ka lō'ihi o ia kapa i ko ke ki'i. He wauke
kekahi[4] ua kapa lā, mai Kūloli mai, 'a'ole nō i pā-
ku'iku'i 'ia. Ua like ka laulā o ke kapa me ka lā'au
ke'a; 'eono paha kapua'i ka laulā o ua kapa lā. He
'umi kumamāono kapua'i ka loa o ia kapa.

25. Ua kapa 'ia kēia hana 'ana he *kui ke pa*. A ma ia pō
'ana iho, a laila, kāuō nui nā kānaka a pau a me
nā ali'i a pau. A ma ia pō nō, a laila, poni 'ia ua ki'i lā
i ka niu. Pēlā e hana ai ke akua makahiki, a
kapa 'ia ka inoa 'o Lonomakua. 'O ke akua loa ke-
kahi inoa, no ka hele pō'ai 'ana a puni ka mo-
kupuni kēia inoa. Ma kēia akua i kapa 'ia a-
ku ai Kāpena Kuke 'o Lono, no ka like pū o ka
pe'a o ka moku me ko Lono kapa.

26. He akua poko kekahi akua, no ka ho'i koke 'a-
na mai ma ka palena o ka moku o loko kēia
inoa. He akua pā'ani kekahi, e hele pū nō ia me ke akua loa.
E kū nō ia akua ma nā 'aha mokomoko me ka hana le'ale'a
a puni ka mokupuni. A pa'a ka hana o nā akua makahiki
ma ia lā a pō.

27. A ma ka wana'ao 'ana a'e o ua pō lā 'o 'Ole Pau, e ho'ā 'ia
nā ahi ma nā kapa kahakai a puni ka mokupuni.
A laila, e hele nō nā kānaka a pau a me nā ali'i a pau
ma ia wana'ao e 'au'au kai, e 'au'au wai, a ho'i mai, a laila, e
lala ma ua ahi lā no ke anuanu. Pēlā nō e 'au'au ai a ao
ia pō. Ua kapa 'ia kēlā 'au'au 'ana, he hi'uwai ka inoa
o ia hana 'ana.

28. A ma ia ao 'ana a'e, 'o Kāloa Kū Kahi ia lā, a laila, kapu
ka makahiki. A ma ia lā, ho'omaha nā kānaka a pau a
me nā ali'i a pau, 'a'ole loa e 'au'au hou aku i ke kai

---

1. 36:24. A: kekahi o (*ma kahi o* "kakahi")
2. 36:27. A: olala
3. 36:28. C?: *ua kākau hou 'ia 'o* "kai" *ma luna o ka lālani*
4. 36:24. *ua ho'ololi 'ia 'o* "kakahi," *'o ia 'o* "kekahi"

a me kiai oki; aole loa e pii hou mauka e mahi ai, aole
no e holo ma kai e lawaia, aole no e hana i kela hana i
keia hana maia mau la o ka paina wale no ka ha-
na, a me na mea e maleo ai; oia ka hana e hana ai
maia mau la, e ka wale no.

29 A maia la no o Kaloakukahi, hele mai ke akua, ma
Kahiki, na ke kanaka no nae e amo hele mai, a maia
la no, noho Kapu ke Kahuna nui, ia ia ka hoakini
i Kaiu, a papauni ia kona mau maka, i ke kapa a
kaha na la elima; alaila, wehe ia kona mau maka
a nana mai i kanaka.

30. A ma ka wa e hele mai ai ke akua makahiki, ua
hoomakaukau mua na konohiki ai moku, ai kala-
na, ai okana, ai poko, ai ahupuaa, i na waiwai o ka
makahiki, a hookupu aku na na kiwa la, pela e
hana ai a puni ka mokupuni.

31 Eia na waiwai o ka makahiki e hookupu ai i ke akua
makahiki, he hulu oo, he hulu mamo, hulu iiwi,
he puaa, he kapa, he pai ai na ke amo akua, ma ka
aina nui, nui kona auhau, ma ka aina uuku iho
nui Kii no kona auhau, i na i nele ke auhau e he-
mo ka aina, i na luna auhau, maia wahi, e hoo-
makaukau mua no na konohiki ia waiwai auhau
a waiho ma na mokuna o na ahupuaa, makahi
i hana ia i aku, malaila e waiho ai.

32 E hele mai no ke akua loa ma ka akau, o ka mokupuni
e kaapuni ai, e hele nohoi ke akua poko na ka hema, a
ka palena o ka moku oloko, hoi mai, ma ka hele ana mai o
ke akua makahiki, he kapu ka ao ao hema ma kai, i na
i hele hewa ke kanaka maia ao ao, e pili no oia e uku ia
i ka kiai a nana, aole nae e make.

a me ka wai, aole loa[1] e pii hou mauka e mahi ai, aole
no e holo[2] ma kai e lawaia, aole no e hana i kela hana i
keia hana maia mau la o p̶a̶ka paina wale no ka ha-
na, a me na mea e lealea ai, oia ka hana e hana ai
maia mau la, e ha wale no.

29 A maia la no o Kaloakukahi, hele mai ke akua, ma-
kahiki, na ke kanaka no nae e amo hele mai, a maia
la no, noho kapu ke kahuna nui, ia ia ka luakini
i ka iu, a papani ia kona mau maka, i ke kapa a
hala na la elima, alaila, wehe ia kona mau maka
a nana mai i kanaka.

30. A ma ka wa e hele mai ai ke akua makahiki, ua
hoomakaukau mua na konohiki ai moku, ai kala-
na, ai Okana, ai poko, ai ahupuaa, i na waiwai o ka
makahiki, a hookupu aku na ua kua la, pela e
hana ai a puni ka mokupuni.

31 Eia na waiwai o ka makahiki e hookupu ai i ke akua
makahiki, he hulu oo, he hulu mamo, hulu iiwi,
he puaa, he kapa, he pai ai na ke amo akua, ma ka-
aina nui, nui kona auhau, ma ka aina uuku iho,
uuku no kona auhau, ina i nele ka auhau e he-
mo ka aina, i na luna auhau maia wahi, e hoo-
makaukau mua no na konohiki ia waiwai auhau
a waiho ma na mokuna o na ahupuaa, makahi̶k̶i̶
i hana ia i ahu, malaila e waiho ai.

32. E hele mai no ke akua loa ma ka akau, o ka mokupuni
e kaapuni ai, e hele no hoi ke akua poko ma ka hema, a
ka palena o ka moku o loko, hoi mai, ma ka hele ana mai o
ke akua makahiki, he kapu ka aoao hema ma kai, ina
i hele hewa ke kanaka maia aoao, e pili no oia e uku ia
i ka puaa anana, aole nae e make.

a me ka wai, ʻaʻole loa e piʻi hou ma uka e mahi ʻai, ʻaʻole
nō e holo ma kai e lawaiʻa, ʻaʻole nō e hana i kēlā hana i
kēia hana ma ia mau lā. ʻO ka pāʻina wale nō ka ha-
na a me nā mea e leʻaleʻa ai, ʻo ia ka hana e hana ai
(ma ia mau lā ʻehā wale nō).

29. A ma ia lā nō ʻo Kāloa Kū Kahi, hele mai ke akua ma-
kahiki; na ke kanaka nō naʻe e amo hele mai. A ma ia
lā nō, noho kapu ke kahuna nui iā ia ka luakini
i ka ʻiu, a papani ʻia kona mau maka i ke kapa. A
hala nā lā ʻelima, a laila, wehe ʻia kona mau maka
a nānā mai i kānaka.

30. A ma ka wā e hele mai ai ke akua makahiki, ua
hoʻomākaukau mua nā konohiki ʻai moku, ʻai kala-
na, ʻai ʻokana, ʻai poko, ʻai ahupuaʻa i nā waiwai o ka
makahiki, a hoʻokupu aku na ua akua lā. Pēlā e
hana ai a puni ka mokupuni.

31. Eia nā waiwai o ka makahiki e hoʻokupu ai i ke akua
makahiki: he hulu ʻōʻō, he hulu mamo, hulu ʻiʻiwi,
he puaʻa, he kapa, he paʻi ʻai na ke amo akua. Ma ka
ʻāina nui, nui kona ʻauhau; ma ka ʻāina ʻuʻuku iho,
ʻuʻuku nō kona ʻauhau. Inā i nele ka ʻauhau, e he-
mo ka ʻāina i nā luna ʻauhau ma ia wahi. E hoʻo-
mākaukau mua nō nā konohiki [i] ia waiwai ʻauhau
a waiho ma nā mokuna o nā ahupuaʻa, ma kahi
i hana ʻia i ahu. Ma laila e waiho ai.

32. E hele mai nō ke akua loa; ma ka ʻākau o ka mokupuni
e kaʻapuni ai. E hele nō hoʻi ke akua poko ma ka hema; a
ka palena o ka moku o loko, hoʻi mai. Ma ka hele ʻana mai o
ke akua makahiki, he kapu ka ʻaoʻao hema ma kai. Inā
i hele hewa ke kanaka ma ia ʻaoʻao, e pili nō ʻo ia; e uku ia
i ka puaʻa anana, ʻaʻole naʻe e make.

---

1. 36:28. A: *nele*
2. 36:28. A: *hele*

33 Ia ka wa e hele mai ai ke akua aku o mai i ke ahu ma
Kapalena oia ahupuaa, e hele ana no kekahi kanaka
mamua, o na kea la me na laau elua, he mau
~~alia~~ alia, kainoa oia mau laau.

34 E kukulu iho no ua kanaka la i na alia ma ka lepo. alaila
kukulu iho ke akua mahope o na alia, a o kahi maloko o ia
mau laau alia la, he wahi kapu ia, o kahi mawaho o
ia alia, he wahi noa ia, malaila na konohiki e hoo
kupu ai, i ka waiwai, malaila, no e hookalakala ai
ka lima oia wahi, e hele pu ana no na luna auhau,
me ke akua makahiki.

35 Ma ka wa e lawa ai ~~ka~~ waiwai oia aina. alaila, hele
mai ke kahuna, e pule i noa ia aina, he hainaki ka
inoa oia pule, hele pu noia kahuna me ke akua penei
kana pule ana.

36 Oukino Lono i ka lani, he ao loa, he ao poko, he ao ki ai, he ao
kala, he ao hoopua i ka lani, mai Uliuli, mai, Melemele.
mai Polapola, mai Haehae, mai Omaokuululu, mai ka
aina o Lono i hanau mai ai, oi hookui aku ai o Lono,
Ka hoku e mihai i ka lani, amoamo ke akua laau o
nui o Lono, kaukui papa, Ka ~~hua~~ ua mai kahiki ka paina
Kiakaka, i ka hau miki no Lono, e ku i ka malo ahiu, a~~la~~
~~Lono~~, alaila hoaho mai kanaka, hiu, hea hou ke kahuna o Lo
no, hoaho mai kanaka, ke akua laau, hea mai ke ka
huna, milu, hoo hea mai, kanaka, Ululu e Lono, alaila
pau ka pule ana.

37 Alaila noa ia aina, papio ia ke akua a hele aku i ole e
pili hou ke kanaka, ke hele ma ka ao ao hema, no ka
mea, ua noa ia aina, a hiki aku no ke akua ma ka
palena o kela ahupuaa, kapu hou no, pili no ke kana
ka, ke ae ma ka ao ao hema, a ma ka wa e hoai

33 Ma ka wa e hele mai ai ke akua a ku mai i ke[1] ahu ma
ka palena oia ahupuaa, e hele ana no kekahi kanaka
mamua, o ua 'kua la me na laau elua, he mau
~~ohia~~ [alia] ka inoa oia mau laau.

34. E kukulu iho no ua kanaka la i na alia ma ka lepo, a lai~~ka~~[la]
kukulu iho ke akua mahope o na alia, a o kahi maloko o ua
mau laau alia la, he wahi kapu ia, o kahi mawaho o
na alia, he wahi noa ia, ma laila na konohiki e hoo-
kupu ai, i ka waiwai, malaila, no e hoohalahala ai
ka luna o ia wahi, e hele pu ana no na luna auhau
me ke[2] akua makahiki.

35 Ma ka wa e lawa ai ka waiwai oia aina, alaila, hele
mai ke kahuna, e pule i noa ia aina, he hainaki ka
inoa oia pule, hele pu no ia kahuna me ke akua penei
kana pule ana.

36 Ou kino Lono i ka lani, he ao loa, he ao poko, he ao kiai, he ao
halo, he ao hoopua i ka lani, mai Uliuli, mai, Melemele,
mai Polapola, mai Haehae, mai Omaokuululu, mai ka
aina o Lono i hanau mai ai, oi hookui aku ai o Lono,
ka hoku e mihai i ka lani, amoamo ke akua laau ~~nui~~
nui o Lono, kuikui papa, ka ~~hea~~[lu a] mai kahiki ha paina
kukaka, i ka hau miki no Lono, e ku i ka malo ahiu, ~~alaila~~
~~Lono~~ [alaila], hooho mai kanaka, hiu, hea hou ke kahuna o Lo-
no, hoooho mai kanaka, ke akua laau, hea mai ke ka-
huna, aulu, hoo[ho] mai, kanaka, Aulu e Lono, alaila
pau ka pule ana.

37 A laila noa ia aina, papio ia ke akua a[3] hele aku i ole e
pili hou ke kanaka, ke hele ma ka aoao hema, no ka
mea, ua noa ia aina, a hiki aku no ke akua ma ka
palena o kela ahupuaa, kapu hou no, pili no ke kana-
ka, ke ae ma ka aoao hema, a ma ka wa e hai

33. Ma ka wā e hele mai ai ke akua a kū mai i ke ahu ma
ka palena o ia ahupua'a, e hele ana nō kekahi kanaka
ma mua o ua akua lā me nā lā'au 'elua, he mau
ālia ka inoa o ia mau lā'au.

34. E kūkulu iho nō ua kanaka lā i nā ālia ma ka lepo; a laila,
kūkulu iho ke akua ma hope o nā ālia; a 'o kahi ma loko o ua
mau lā'au ālia lā, he wahi kapu ia. 'O kahi ma waho o
nā ālia, he wahi noa ia. Ma laila nā konohiki e ho'o-
kupu ai i ka waiwai. Ma laila nō e ho'ohalahala ai
[i] ka luna o ia wahi. (E hele pū ana nō nā luna 'auhau
me ke akua makahiki.)

35. Ma ka wā e lawa ai ka waiwai o ia 'āina, a laila, hele
mai ke kahuna e pule i noa ia 'āina, he hainaki ka
inoa o ia pule. (Hele pū nō ia kahuna me ke akua.) Penei
kāna pule 'ana:

36.[4] "Ou kino Lono i ka lani, He ao loa, he ao poko, He ao kia'i, He ao
hālō, He ao ho'ōpua i ka lani, Mai Uliuli, mai Melemele,
Mai Polapola, mai Ha'eha'e, Mai 'Ōma'okū'ululū, Mai ka
'āina o Lono i hānau mai ai, 'Oi ho'okū'i aku ai 'o Lono
Ka hōkū e miha [a]i i ka lani, Amoamo ke akua lā'au
nui 'o Lono. Ku'iku'i papa, ka lu'a mai Kahiki, Hāpaina,
kūkaka i ka hau miki no Lono, E kū i ka malo a hiu!"
A laila, ho'ōho mai kānaka, "Hiu!" Hea hou ke kahuna, "'O Lo-
no." Ho'ōho mai kānaka, "Ke akua lā'au." Hea mai ke ka-
huna, "Āulu!" Ho'ōho mai kānaka, "Āulu e Lono!" A laila,
pau ka pule 'ana.

37. A laila, noa ia 'āina, pāpio 'ia ke akua, a hele aku, i 'ole e
pili hou ke kanaka ke hele ma ka 'ao'ao hema, no ka
mea, ua noa ia 'āina. A hiki aku nō ke akua ma ka
palena o kēlā ahupua'a, kapu hou nō, pili nō ke kana-
ka ke 'a'e ma ka 'ao'ao hema. A ma ka wā e hai-

---

1. 36:33. A: *nele 'o "i ke"*
2. 36:34. A: me ~~make~~ 'kua
3. 36:37. A: e
4. 36:36. *e nānā i ka pāku'ina I.13, kahi i ho'onohonoho 'ia ai kēia paukū ma ka lālani mele*

na kiai ia aina na noa.

38 Pela mau no e hana ai a puni ka mokupuni, ma
ka wa e hele ai ua Kua la, aia mahope na mea o ua Kua la,
e noa noa ai, aole ma mua.

39 Ma ka wa e hiki ai ke akua makahiki o na alii, hoomakau-
kau no na alii e hanai i ke akua makahiki, aole nae e ai mai
ke akua, o ke kanaka nana e amo ke akua ia ia no e hanai
aku ai, ua kapa ia kela hanai ana, he hanaipu,
penei ka hana ana.

40 Ua hana mua ia ke kulolo, a me ka hau, a me ka maia, a
me ka niu, a me ka awa, oia na mea e hanai ai i ke akua
makahiki, ma ka wa e ku ai ke akua ma ka puka o ko na
lii hale, alaila, pule mai na kahuna, a na alii, malo-
ko mai o ka hale, me ke aloha mai ka olelo pule penei.

41 E weli ia oe Lono, ea, alaila, hea mai ke kahuna, e hele
ana me ke akua, a me kanaka, e hele ana, me ke akua,
penei na oane, nauane, hea hou mai na kahuna ma
ka hale, E weli ia oe Lono ea, hea hou mai ka poe me ke
akua, nauane nauane, hea hou mai na kahuna ma
ka hale, hele mai a komo, hele mai a komo.

42 Alaila, komo mai ke kanaka me ke akua iloko o ka hale, a-
laila, pule na kahuna, a pau ka pule ana, hanai mai
ke alii i ka ai, kanaka nana e amo ana ke akua, a hahao
no ke alii i ka ai ma kona waha me ka lawelawe ole ae o ko-
na mau lima, a pau ka ai ana, alaila, hele ke akua
mawaho.

43 Alaila, hele mai na lii wahine me ka malo, a
pule no na kahuna, me ka hoohume ana aku
i ka malo no ua kua la, ua kapa ia kela hana ana
he kaioloa, na na lii wahine ia hana.

44 A hiki ke akua ma ko ke alii nui hale, ua ma-
kaukau mua no kana mau mea e hanai pu

naki ai ia aina ua noa.

38 Pela mau no e hana ai a puni ka mokupuni, ma ka wa e hele ai ua kua la, [aia ma hope na maka o ua 'kua la,] e nana ai aole ma mua.

39. Ma ka wa e hiki ai ke akua makahiki o na alii, hoomakaukau no na alii e hanai i ke akua makahiki, aole nae e ai mai ke akua, o ke kanaka nana e amo ke akua ia ia no e hanai aku ai, ua kapa ia kela hanai ana, he hanaipu, penei ka hana ana.

40. Ua hana mua ia ke kulolo, a me ka hau, a me ka maia, a me ka niu, a me ka awa, oia na mea e hanai ai i ke akua makahiki, ma ka wa e ku ai ke akua ma ka puka o ko na lii hale, alaila, pule mai na kahuna, ~~aia~~ [a n]a lii,[1] maloko mai o ka hale, me ke aloha mai ka olelo pule penei.

41 E weli ia oe Lono, ea, alaila, he[le][2] mai ke kahuna,[3] e hele ana me ke akua, a me kanaka, e hele ana, me ke akua, penei na~~n~~[u]ane, nauane, hea hou mai na kahuna ma ka hale, E weli ia oe Lono ea, hea hou mai ka poe me ke akua, nauane nauane, hea hou mai na kahuna ma ka hale, hele mai a komo, hele mai a komo.

42. Alaila, komo mai ke kanaka me ke akua iloko o ka hale, alaila, pule na kahuna, a pau ka pule ana, hanai mai ke alii i ka ~~ai~~ [ai i ke] kanaka nana e amo ana ke akua, a hahao no ke alii i ka ai ma kona waha me ka lawelawe ole ae o kona mau lima, a pau ka ai ana, alaila, hele ke akua mawaho.

43. Alaila, hele mai na lii wahine me ka malo, a pule no na kahuna, me ka hoohume ana[4] aku i ka malo no ua kua la, ua kapa ia kela hana ana he kai oloa, na na lii wahine ia hana.

44 A hiki ke akua ma ko ke alii nui hale, ua ma kaukau mua no kana mau mea e hanai pu

naki ai ia 'āina, ua noa.

38. Pēlā mau nō e hana ai a puni ka mokupuni. Ma ka wā e hele ai ua akua lā, aia ma hope nā maka o ua akua lā e nānā ai, 'a'ole ma mua.

39. Ma ka wā e hiki ai ke akua makahiki [i] o nā ali'i, ho'omākaukau nō nā ali'i e hānai i ke akua makahiki. 'A'ole na'e 'ai mai ke akua; 'o ke kanaka nāna e amo ke akua, iā ia nō e hānai aku ai. Ua kapa 'ia kēlā hānai 'ana he hānaipū. Penei ka hana 'ana.

40. Ua hana mua 'ia ke kūlolo a me ka hau a me ka mai'a a me ka niu a me ka 'awa. 'O ia nā mea e hānai ai i ke akua makahiki. Ma ka wā e kū ai ke akua ma ka puka o ko nā ali'i hale, a laila, pule mai nā kāhuna a nā ali'i ma loko mai o ka hale. Me ke aloha mai ka 'ōlelo pule penei:

41. "E weli 'ia 'oe, [e] Lono, 'eā." A laila, hea[5] mai ke kahuna e hele ana me ke akua a me kānaka e hele ana me ke akua penei, "Nauane, nauane!" Hea hou mai nā kāhuna ma ka hale, "E weli 'ia 'oe, [e] Lono, 'eā." Hea hou mai ka po'e me ke akua, "Nauane, nauane!" Hea hou mai nā kāhuna ma ka hale, "Hele mai a komo, hele mai a komo."

42. A laila, komo mai ke kanaka me ke akua i loko o ka hale; a laila, pule nā kāhuna. A pau ka pule 'ana, hānai mai ke ali'i i ka 'ai i ke kanaka nāna e amo ana ke akua, a hahao nō ke ali'i i ka 'ai ma kona waha me ka lawelawe 'ole a'e o kona mau lima. A pau ka 'ai 'ana, a laila, hele ke akua ma waho.

43. A laila, hele mai nā ali'i wāhine me ka malo, a pule nō nā kāhuna me ka ho'ohume 'ana aku i ka malo no ua akua lā. Ua kapa 'ia kēlā hana 'ana he ka'i'oloa;[6] na nā ali'i wāhine ia hana.

44. A hiki ke akua ma ko ke ali'i nui hale, ua mākaukau mua nō kāna mau mea e hānaipū

---

1. 36:40. A: na kahuna, na lii
2. 36:41. A: he[a]
3. 36:41. A: ke ~~a~~ kahuna
4. 36:43. A: *nele*
5. 36:41. *ua ho'ololi 'ia 'o* "he[le]," *'o ia 'o* "hea"
6. 36:43. *'o* "kaioloa" *ka pela 'ana ma* 37:116, *'o* "kai oloa" *na'e kai kākau 'ia ma kēia paukū ma HI.L.18

mai i ke akua la, e noho ano ke alii nui i ka
lui o Lono, a ma kana wa e hanai puaa, a
pau ia, alaila, hoolei oia i ka niho palaoa, i ka
ai o kekua makahiki pela mau no na lii,
e hanaai i ke akua, ma kela makahike, keia
makahiki, a pau keia hana ana, alaila hele
ke akua e kaapuni, a puni ka moku.

45 A ma ia akiahiana iho, a koakoa nui mai na
kanaka o na kulana kauhale, a me ko kahi e
mai, E mokomoko, he aina nui loa keia, pe
nei ke ano oia hana ana.

46 E ku poai mai na na kanaka a puni kaaha, a hoo
kaawale ia waena, e ku mai na, kanaka me na lii, e
makaikai i ka poe mokomoko.

47 A ma kawa e hoomakau i keia ana i na i kanaka
a noho malie, alaila, hookanikani pihe mai ke
kahi aoao penei, E mai nui moe wale i ka waka
makalii, moe ae oe ia ka aikanai, hu kia ka
pauako komeamea, e ke mai nui e.

48 Alaila, hele mai ke kanaka o kela aoao, a ku
mawaena o ka aha kanaka, a laila, hookanikani
pihe mai no hoi ko kela aoao, a ku mai no hoi
ko laila kanaka, a mokomoko laua, ma ka wa
e hana ai ke kahi i ke kahi, ua ua mai na kana-
ka apau he nui no.

49 He hana lealea keia, he hana ano ole, he hana eha
he kahe ke koko o na kaiku, he hana ua wale
iho no a kana no ke kahi poe, a ka ka ka, a ma
ke no ke kahi poe mai a kana ana.

50 A ma ia ao ana ae, o Kaloakukahi ia la, he
mokomoko no ka hana, he hula kahi kana,

mai[1] i ua kua la, e noho ano[2] ke alii nui i ka
Iui o Lono, a ma kana wa e hanai pu ai, a
pau ia, alaila, hoolei oia i ka niho palaoa, i ka
ai o ke kua ma kahiki pela mau no na lii
e hana ai i ke akua, ma kela makahiki, keia
makahiki, a pau keia hana ana, a laila hele
ke akua e kaapuni, a puni ka moku.

45 A ma ia ahiahi ana iho, akoakoa nui mai na
kanaka o na kulanakauhale a me ko kahi e
mai, E mokomoko, he anaina nui[3] loa keia, pe
nei ke ano oia hana ana.

46 E ku poai mai nona kanaka apuni ka aha, a hoo
kaawale ia waena, e ku mai no, kanaka[4] me na lii e
makaikai i ka poe mokomoko.

47 A ma ka wa e hoomalu ai keia anaina i kanaka
a noho malie, alaila, hookanikani pihe mai ke
kahi[5] aoao penei, E mai nui moe wale i ka wa ka
makalii, moe ae oe ia ka aikau ai, hukia ka
pau a ko ko meamea, e he mai nui e.

18[6] A laila, hele mai ke kanaka o kela aoao, a ku
mawaena o ka aha kanaka, a laila, hookanikani
pihe mai no hoi ko kela aoao, a ku mai no hoi
ko laila kanaka, a mokomoko laua, ma ka wa
e hana ai kekahi i kekahi, uawa[7] mai na kana-
ka apau he nui no.

49 He hana lealea keia, he hana ano ole, he hana eha,
he kahe ke koko ma ka ihu, he hana ua[8] wale
iho no a kaua no kekahi poe, a hakaka, a ma-
ke no kekahi poe ma ia hana ana.

50. A ma ia ao ana ae, o Kaloaku~~kahi~~[lua] ia la, he
mokomoko no ka hana, he hula kahi hana,

mai i ua akua lā. E noho ana[9] ke ali'i nui i ka
'iu o Lono. A ma kāna wā e hānaipū ai, a
pau ia, a laila, ho'olei 'o ia i ka niho palaoa i ka
'ā'ī o ke akua makahiki. Pēlā mau nō nā ali'i
e hana ai i ke akua ma kēlā makahiki kēia
makahiki. A pau kēia hana 'ana, a laila, hele
ke akua e ka'apuni a puni ka moku.

45. A ma ia ahiahi 'ana iho, 'ākoakoa nui mai nā
kānaka o nā kūlanakauhale a me ko kahi 'ē
mai e mokomoko; he anaina nui loa kēia. Pe-
nei ke 'ano o ia hana 'ana.

46. E kū pō'ai mai nō nā kānaka a puni ka 'aha, a ho'o-
ka'awale iā waena. E kū mai nō kānaka me nā ali'i e
māka'ika'i i ka po'e mokomoko.

47.[10] A ma ka wā e ho'omalu ai kēia anaina kānaka[11]
a noho mālie, a laila, ho'okanikani pihe mai ke-
kahi 'ao'ao penei: "E MA'I NUI MOE WALE I KA WĀ [O] KA
MAKALI'I, MOE A'E 'OE IĀ KĀ'AIKAU'Ā'Ī,[12] HUKIA KĀ,
PAU 'AKO KŌ MEAMEA, [ĒHĒ], [E] MA'I NUI Ē!"

48.[13] A laila, hele mai ke kanaka o kēlā 'ao'ao a kū
ma waena o ka 'aha kānaka. A laila, ho'okanikani
pihe mai nō ho'i ko kēlā 'ao'ao, a kū mai nō ho'i
ko laila kanaka, a mokomoko lāua. Ma ka wā
e hana ai kekahi i kekahi, 'uā'uā mai nā kāna-
ka a pau, he nui nō.

49. He hana le'ale'a kēia, he hana 'ano 'ole, he hana 'eha,
he kahe ke koko ma ka ihu, he hana 'u'a wale
iho nō; a kaua nō kekahi po'e, a hakakā a ma-
ke nō kekahi po'e ma ia hana 'ana.

50. A ma ia ao 'ana a'e, 'o Kāloa Kū Lua ia lā, he
mokomoko nō ka hana, he hula kahi hana,

---

1. 36:44. A: ai

2. 36:44. A: no

3. 36:44. A: *nele*

4. 36:46. A: **na** kanaka

5. 36:47. A: **ka** kekahi aoao

6. 36:48. A: 48

7. 36:48. C?: *ua kākau 'ia 'o* "uaua" *ma luna a'e o ka lālani* ('o "ua__wa" *paha ke kākau mua*) A: uwa

8. 36:49. A: uwa

9. 36:44. *ua ho'ololi 'ia 'o* "ano," *'o ia 'o* "ana"

10. 36:47. *e nānā i ka pāku'ina I.14, kahi i ho'onohonoho 'ia ai kēia paukū ma ka lālani mele*

11. 36:47. *ua ho'ololi 'ia 'o* "anaina i kanaka," *'o ia 'o* "anaina kānaka"

12. 36:47. A: i ka ai kauai A?: i ka ai Kauai

13. 36:48. *ua ho'ololi 'ia 'o* "18," *'o ia 'o* "48"

he noa, ke hee holua, he pahee, ke maika, ke
kukini, a me ia hana aku, ia hana aku, he nui
loa no.

51 A mai a ao ae, o ka loa pau ia la, m aia ao ae, o
kane ia la, maia la no hiki keakua poko ma
ka palena o ka moku o loko, ma ka ao ao hema a maia
a hiahi ana iho, hoi mai ke akua poko, a o ke akua loa
hele loa no ia me ke akua paani, e pau ia puni ka moku pu
ni,

52. Ma ke ahiahi e hoi mai ai, ua Kua poko la, ma uka
ma ka na helehele e hoi mai ai, a hakai mai na kana
ka e hele ana me ke akua i ka pala ahaawe, a hoi mai
a hiki ma ka luakini ia po, ua olelo ia ma ka po o Kane,
hai mai ka pala mai uka, oia ka noa awa o na waena.

53. O ko Kane poe kahu, mai na kanaka a na lii, wahi
la kou i ka luau, mai a po a kurru ma ke ahi a moa kau
ae na ka paia o ko lakou mau hale, a laila, alaila, noa ko
lakou mau waena, a kii lakou i ka ai o waena.

54. A o ko Lono poe kahu, e hana lakou ma ka po o Lono elike
me keia, alaila, noa ko lakou waena, a kii ia ka ai, paha no e
hana ai ko Kanaloa poe kahu, elike me keia ma ka po
o Mauli, ua kapaia keia hana he oluau, alaila, noa, na
waena a hele kanaka e mahi ai, aole nae e noa loa, no ka
mea, e ka kamaaina hana keia, he okoa ka ke alii
nui a me na lii.

55. Penei ka ke alii, ma ka hoi ana mai a ke akua poko, o Kane
ia la, a laila hai ka pala, ma ia po ana iho, koaia ke
alii o Puea, ina ua ole ia po a ao maikai ka
po o Puea, ola ka aina, (he akua kii Puea) a ka
kii ia o Lono ia la, alaila, holo ka waa lawaia,
i ai na lii Kane, a me Kane a pau i ka ia o lakou.

he noa, he hee holua, he pahee, he maika, he kukini, ame ia hana aku, ia hana aku, he nui loa no.

51 A maia ao ae, o Kaloapau ia la, maia ao ae, o Kane ia la, maia[1] la no, hiki ke akua poko ma ka palena o ka moku o loko ma ka aoao hema a maia ahiahi ana iho, hoi mai ke akua poko, a o ke akua loa hele loa no ia me ke akua paani, e poai[2] a puni ka mokupuni.

52. Ma ke ahiahi e hoi mai ai, ua 'Kua poko la, ma uka ma ka nahelehele e hoi mai ai, a hahai mai na kanaka e hele ana me ke akua i ka pala a haawe, a hoi mai a hiki ma ka luakini ia po, ua olelo ia ma ka po o Kane, hai mai ka pala mai uka, oia ka noa ana o na waena.

53. O ko Kane poe kahu, mai na kanaka a na 'lii, wahi lakou i ka luau, maia po a kunu ma ke ahi a moa kau ae ma ka paia o ko lakou [mau] hale, alaila, ~~alaila,~~ noa ko lakou mau waena, a kii lakou i ka ai o waena.

54. A o ko Lono poe kahu, e hana lakou ma ka po, o Lono e like me keia, alaila, noa ko lakou waena, a kii ia ka ai, pela no e hana ai ko Kanaloa poe kahu, e like me keia ma ka po o Mauli, ua kapaia keia hana he oluau, alaila, noa, na waena a hele kanaka e mahi ai, aole nae e noa loa, no ka mea, o ka ka makaainana hana[3] keia, he okoa ka ke alii nui,[4] a me na lii.[5]

55. Penei ka ke alii, ma ka hoi ana mai a ke a[kua] poko, o Kane ia la, a laila hai ka pala, ma ia po ana iho, hoaia ke ahi o Puea, ina i ua ole ia po a ao maikai ka po o Puea, ola ka aina, (he akua kii Puea[6]) a kaka[hiaka] ae o Lono ia la, alaila, holo ka waa lawaia, a ai na lii kane a me kane[7] a pau i ka ia hou,

he no'a, he he'e hōlua, he pahe'e, he maika, he kūkini, a me ia hana aku ia hana aku, he nui loa nō.

51. A ma ia ao a'e, 'o Kāloa Pau ia lā, ma ia ao a'e, 'o Kāne ia lā. Ma ia lā nō, hiki ke akua poko ma ka palena o ka moku o loko ma ka 'ao'ao hema, a ma ia ahiahi 'ana iho, ho'i mai ke akua poko. A 'o ke akua loa, hele loa nō ia me ke akua pā'ani e pō'ai a puni ka mokupuni.

52. Ma ke ahiahi e ho'i mai ai ua akua poko lā, ma uka ma ka nāhelehele e ho'i mai ai, a haha'i mai nā kānaka e hele ana me ke akua i ka pala, a hā'awe, a ho'i mai a hiki ma ka luakini [i] ia pō. Ua 'ōlelo 'ia, "Ma ka pō 'o Kāne, ha'i mai ka pala mai uka." 'O ia ka noa 'ana o nā waena.

53. 'O ko Kāne po'e kahu, mai nā kānaka a nā ali'i, wahī lākou i ka lū'au ma ia pō a kunu ma ke ahi. A mo'a, kau a'e ma ka paia o ko lākou mau hale; a laila, noa ko lākou mau waena, a ki'i lākou i ka 'ai o waena.

54. A 'o ko Lono po'e kahu, e hana lākou ma ka pō 'o Lono e like me kēia; a laila, noa ko lākou waena, a ki'i 'ia ka 'ai. Pēlā nō e hana ai ko Kanaloa po'e kahu, e like me kēia, ma ka pō 'o Mauli. Ua kapa 'ia kēia hana he 'ōlū'au. A laila, noa nā waena, a hele kānaka e mahi 'ai. 'A'ole na'e e noa loa, no ka mea, 'o kā ka maka'āinana hana kēia; he 'oko'a kā ke ali'i nui a me nā ali'i.

55. Penei kā ke ali'i. Ma ka ho'i 'ana mai a ke akua poko, 'o Kāne ia lā, a laila, ha'i ka pala; ma ia pō 'ana iho, ho'ā 'ia ke Ahi o *Pū'e'a*. Inā i ua 'ole ia pō a ao maika'i ka pō o *Pū'e'a*, ola ka 'āina (he akua ki'i *Pū'e'a*). A kakahiaka a'e, 'o Lono ia lā, a laila, holo ka wa'a lawai'a, a 'ai nā ali'i kāne (a me [nā] kāne a pau) i ka i'a hou;

---

1. 36:51. A: **a** maia
2. 36:51. A: e poai **ai** a puni
3. 36:54. A: *nele*
4. 36:54. A: ka ke alii **hana**
5. 36:54. A: a me na 'lii **ma lalo iho**
6. 36:55. A: **o** Puea
7. 36:55. A: **na** kane

aole nae e ai ka wahine i ka ia, ma ia la, weke
ia ko ke kahuna nui mau maka i uhi iaai,
a haalele ia ke kapa i uhi iaika maka.

56 A ma ia ao ae o Mauli ia la, kiihouia kapala
maia ipoiho, hoahou ia keahi, ma ia ao ae o Muku
ia la, pau ia malama. holo hou ka waa lawaia
a ao ae o Hilo ia la, o ka Hilo ia o Makalii ka mala
ma hou, kii hou kapala, maia poiho, hoa hou
keahi, a ao ae o Hoaka ia la, holo hou no ka waa
lawaia,

57 A maia ao ae o Kukahi ia la, kii hou no ka
pala, maia poiho, hoa hou no keahi, maia
ao ae o Kulua ia la, holo hou no ka waalawaia
pela no e hoa ahi pinepine ai, a pau na ku e
ka, a pau na ole e ka, a maia ao ae o Huna ia
la, holo hou no ka waalawaia, maia la, ai ka
kealii nui wahine i ka ia mai ke kai mai
ai no hoi na wahine u pau i ka ia hou mai
ke kai mai, ua kapa ia keia hana ana he ka
lahua, maia ao ae o Mohalu ia la.

58 Alaila, kapu hou, aole no e holo hou ka waa
maia mau la, maia ao ae o Hua ia la, maia
ao e a o Akua ia la, maia ao ae o Hoku ia la, ma
ia ao ae o Mahealani ia la, maia la no, e hiki
mai ai ke akua makahiki mai ka poai
hele ana ae a puni ka moku puni.

59 A maia la no au au kealii nui i ke kai, a
kahi no ia, a pa i ke kai, a maia ahiahi no, ku
mai ke akua makahiki ma ka Luakini.

60 A maia ahiahi no, hele mai kealii nui
e lawai me ke akua makahiki; ma ka wa

aole nae e ai ka wahine i ka ia, ma ia la, wehe
ia ko ke kahuna nui mau maka i uhi ia ai
a haalele ia ke kapa i uhi ia ai ka maka.

56[1] A maia ao ae o Mauli ia la, kii hou ia ka pala
maia ipo[2] iho, hoa hou ia ke ahi, ma ia ao ae, o Muku
ia la, pau ia malama, holo hou ka waa lawaia,
a ao ae o Hilo ia la, o ka Hilo ia o Makalii ka mala-
ma hou, kii hou ka pala, maia po iho, hoa hou
ke ahi, a ao ae, o Hoaka ia la, holo hou no ka waa
lawaia,

57 A maia ao ae o Kukahi ia la, kii hou no ka
pala, ma ia po iho, hoa hou no ke ahi, maia
ao ae o Kulua ia la, holo hou no ka waa lawaia
pela no e hoa ahi pinepine ai, a pau na ku e
ha, a pau na ole e ha, a maia ao ae o Huna ia
la, holo hou no ka waa lawaia, maia la, ai ka
ke alii nui wahine i ka ia mai ke kai mai
ai no hoi na wahine apau i ka ia hou mai
ke kai mai, ua kapa ia keia hana ana he ka
lahua, maia ao ae o Mohalu ia la.

58 A laila, kapu hou, aole no e holo hou ka waa
maia mau la, maia ao ae o Hua ia la, maia
ao ea[3] o Akua ia la, maia ao ae o Hoku ia la, ma
ia ao ae o Mahealani ia la, maia la no, e hiki
mai ai ke akua makahiki mai ka poai
hele ana ea[4] a puni ka mokupuni.

59 A maia la no auau ke alii nui i ke kai, a
kahi no ia, a pa i ke kai, a maia ahiahi no, ku
mai ke kua makahiki maka Luakini.

60 A maia ahiahi no, hele mai ke alii nui
e lawai[5] me ke akua makahiki, ma ka waa

'a'ole na'e e 'ai ka wahine i ka i'a. Ma ia lā, wehe
'ia ko ke kahuna nui mau maka i uhi 'ia ai,
a ha'alele 'ia ke kapa i uhi 'ia ai ka maka.

56. A ma ia ao a'e, 'o Mauli ia lā, ki'i hou 'ia ka pala.
Ma ia pō[6] iho, ho'ā hou 'ia ke ahi. Ma ia ao a'e, 'o Muku
ia lā, pau ia malama, holo hou ka wa'a lawai'a.
A ao a'e, 'o Hilo ia lā ('o ka Hilo ia o Makali'i, ka mala-
ma hou), Ki'i hou ka pala. Ma ia pō iho, ho'ā hou
ke ahi; a ao a'e, 'o Hoaka ia lā, holo hou nō ka wa'a
lawai'a.

57. A ma ia ao a'e, 'o Kū Kahi ia lā, ki'i hou nō ka
pala. Ma ia pō iho, ho'ā hou nō ke ahi. Ma ia
ao a'e, 'o Kū Lua ia lā, holo hou nō ka wa'a lawai'a.
Pēlā nō e ho'ā ahi pinepine ai a pau nā Kū 'e-
hā a pau nā 'Ole 'ehā. A ma ia ao a'e, 'o Huna ia
lā, holo hou nō ka wa'a lawai'a. Ma ia lā, 'ai kā
ke ali'i nui wahine i ka i'a mai ke kai mai,
'ai nō ho'i nā wāhine a pau i ka i'a hou mai
ke kai mai. Ua kapa 'ia kēia hana 'ana he ka-
lahu'a. Ma ia ao a'e, 'o Mōhalu ia lā,

58. a laila, kapu hou, 'a'ole nō e holo hou ka wa'a
ma ia mau lā. Ma ia ao a'e, 'o Hua ia lā; ma ia
ao a'e,[7] 'o Akua ia lā; ma ia ao a'e, 'o Hoku ia lā; ma
ia ao a'e, 'o Māhealani ia lā. Ma ia lā nō e hiki
mai ai ke akua makahiki mai ka pō'ai
hele 'ana a'e7 a puni ka mokupuni.

59. A ma ia lā nō, 'au'au ke ali'i nui i ke kai ('a-
kahi nō ia a pā i ke kai); a ma ia ahiahi nō, kū
mai ke akua makahiki ma ka luakini.

60. A ma ia ahiahi nō, hele mai ke ali'i nui
e [hā]lāwai me ke akua makahiki; ma ka wa'a

---

1. 36:56. C?: *nui nā kaha ho'oka'awale hua 'ōlelo ma kēia paukū*
2. 36:56. A: *po*
3. 36:58. A: *ae*
4. 36:58. C?: ae A: *nele*
5. 36:60. A: *lawaia*
6. 36:56. *ua ho'ololi 'ia 'o 'o "ipo," 'o ia 'o "pō"*
7. 36:58. *ua ho'ololi 'ia 'o 'o "ea," 'o ia 'o "a'e"*

oia e holo mai ai me kona mau kanaka, me na
koa ona, ua kapaia kela hana ana a ke alii nui, he
Kalii.

61 A ma ka wa e hiki mai ai ke alii e hula-
wai me ke akua makahiki, aia hoi, he aha ka
nakia nui mauka ma kea iwa, e noho ko oma
kaukau ana kela kanaka, keia kanaka, me
ka ihe ma ko lakou mau lima

62 A ma ka wa e hele a ku ai ke alii nui i uka,
e hele pu aku me kekahi kanaka a kamai
ana o ka paleihe, a hele oia mamua o ke alii nui
alaila, holo kiki mai ke kahi kanaka, ou
ka mai, me na ihe elua, ua hikiia na i
ke i kaolou keokeo.

63 A, o, mai no oia i ka ihe i ke alii nui, o kela
kanaka mamua o ke alii nui, nana no e
pale ae ka ihe mua, o ka lua o ka ihe aole, eo,
aka e hoopa wale mai no i ke alii nui, alaila
pau keia hana ana i ke alii nui.

64 Alaila, kaua paani iho la mai a hiahi
ua kapaia keia kaua ihe ana, he kane kupua
a pau ke kaua paani ana, alaila, hele ke alii nui
ma loko o ka Luakini e ike i ke akua makahiki
e kuana no ke akua o Lonomakua, a me ke akua
poko ma loko o Waiea, ma ko ke alii nui mau
nawa e ike ai i ua mau akua la

65 Alaila, kau maka oia i ka puaa, a haawi aku
nana kua, a kauia ua puaa la ma ka lele
e pau ia hana ana, hoi ke alii nui e moe ma
ia po, aao ae, o kukui ia la, a mai a po iho, kukulu
ia i hale ka mala, no ka hoalii, he lama ka

oia e holo mai ai me kona mau kanaka, me na
koa ona, ua kapaia kela [hana] ana[1] a ke alii nui, he
kalii.

61 A ma ka wa e hiki mai ai ke alii e hala-
wai me ke akua makahiki, aia hoi, he aha ka
naka nui mauka ma ke awa, e noho hooma
kaukau ana kela kanaka, keia kanaka, me
ka ihe ma ko lakou mau lima

62 A ma ka wa e hele aku ai ke alii nui i uka,
e hele pu aku me kekahi kanaka akamai
ona o[2] ka pale ihe, a hele oia mamua o ke alii nui
alaila, holo kiki mai kekahi kanaka, o u
ka mai, me na ihe elua, ua hikiiia na i
he i ka oloa keokeo.

63 A, o, mai no oia i ka ihe i ke alii nui, o kela
kanaka mamua o ke alii nui, nana no e
pale ae ka ihe mua,[3] o ka lua o ka ihe aole, e o,
aka e hoopa wale mai no i ke alii nui, alaila
pau keia hana ana i ke alii nui.

64 A laila, kaua paani iho la maia ahiahi
ua kapaia keia kaua ihe ana, he kane kupua
a pau ke kaua paani ana, alaila, hele ke alii nui
ma loko o ka Luakini e ike i ke akua makahiki
e ku ana no ke akua o Lonomakua,[4] a me ke akua
poko ma loko o Waiea, ma ko ke alii nui ma
nawa e ike ai i ua mau akua[5] la.

65 A laila, kaumaha oia i ka puaa, a haawi aku
na na kua, a kauia ua puaa la ma ka lele
a pau ia hana ana, hoi ke alii nui e moe ma
ia po, a ao ae, o Kulu ia la, a maia po iho, kukulu
ia i hale kamala, no ka hoalii, he lama ka

ʻo ia e holo mai ai me kona mau kānaka, me nā
koa ona. Ua kapa ʻia kēlā hana ʻana a ke aliʻi nui he
kāliʻi.

61. A ma ka wā e hiki mai ai ke aliʻi e hālā-
wai me ke akua makahiki, aia hoʻi, he ʻaha kā-
naka nui ma uka ma ke awa, e noho hoʻomā-
kaukau ana kēlā kanaka kēia kanaka me
ka ihe ma ko lākou mau lima.

62. A ma ka wā e hele aku ai ke aliʻi nui i uka,
e hele pū aku me kekahi kanaka akamai
ona i[6] ka pale ihe, a hele ʻo ia ma mua o ke aliʻi nui.
A laila, holokkī mai kekahi kanaka o u-
ka mai me nā ihe ʻelua (ua hīkiʻi ʻia nā i-
he i ka ʻoloa keʻokeʻo).

63. A ʻō mai nō ʻo ia i ka ihe i ke aliʻi nui. ʻO kēlā
kanaka ma mua o ke aliʻi nui, nāna nō e
pale aʻe ka ihe mua. ʻO ka lua o ka ihe, ʻaʻole e ʻō,
akā, e hoʻopā wale mai nō i ke aliʻi nui. A laila,
pau kēia hana ʻana i ke aliʻi nui.

64. A laila, kaua pāʻani ihola ma ia ahiahi.
Ua kapa ʻia kēia kaua ihe ʻana he kānekupua.
A pau ke kaua pāʻani ʻana, a laila, hele ke aliʻi nui
ma loko o ka luakini e ʻike i ke akua makahiki.
E kū ana nō ke akua ʻo Lonomakua a me ke akua
poko ma loko o Waiea ma ko ke aliʻi nui ma-
nawa e ʻike ai i ua mau akua lā.

65. A laila, kaumaha ʻo ia i ka puaʻa a hāʻawi aku
na nā akua, a kau ʻia ua puaʻa lā ma ka lele.
A pau ia hana ʻana, hoʻi ke aliʻi nui e moe ma
ia pō. A ao aʻe, ʻo Kulu ia lā, a ma ia pō iho, kūkulu
ʻia i hale kāmala no Kahoaliʻi, he lama ka

---

1. 36:60. A: *nele*
2. 36:62. A: i
3. 36:63. A: **ma**mua
4. 36:64. A: *nele* ʻo "no ke akua o Lonomakua"
5. 36:64. A: **ma**kua
6. 36:62. *ua hoʻololi ʻia ʻo "o," ʻo ia ʻo "i"*

laau ma ke alo o Waiea e kukai, a moe no ka hoa-
lii ma ua hale la mau po, ua kapaia ka hale
koko o Kahoalii.

66 Mai a pono ka lua ke kahi puaa, he puaa hea
kainoa, kalua ia me ka niu me ke kulolo, a ma
ia wana ao moa, ua puaa la, laila, hoonui ka
naka apau i ua puaa la, ina koe e hoolei ia ke
koe, o ua puaa la, mai a ao ae, o Laau kukahi ia la
eia ka hana mai a la.

67 O ka wehewehe i na kua makahiki apau na
mea i hanai ai maluna ona, a koe no na laau, a
paia a paa a waho ia ma ka Luakini, a pau
ka hana ana, alaila, hanai pu ia na kanaka
nana e amo ke akua makahiki, a pule na ka
huna apau ka hanai puaa.

68 Alaila, hana ia ke kahi koko hakahaka, a pau
na kanaka e ka ma na kahi e ka, o ua koko la
a hahao ia na mea ai apau ma loko, he kalo, he uala
he ulu, he maia, he niu, he puaa, na mea ai
no apau ma loko, alaila, kuna kahuna i ka
pule

69 A ma ka wa e hoohiki ai ka huna ma
kahuna pule e hapai, alaila, hapai ia ua ko
kola iluna e hoolewa ai i ke helelei mai
ka ai oia ka pono oia oihana, ua kapaia o
koko o Maoloha ia koko, ina i holelei ole na
ka ai o ua koko la, olelo mai na ka huna
pule, e ai no ka aina, ina helelei mai ka
ai o ua koko la, olelo mai no ke kahuna
pule, he kauai nui no ia

70 Alaila, hana ia i waa auhau, a hookolo

laau ma ke alo o Waiea e ku ai, a moe no ka hoa-
lii ma ua hale la ma[ia] po, ua kapaia ka hale
koko o ka hoalii.

66 Maia po no kalua kekahi puaa, he puaa hea
ka inoa, kalua ia me ka niu me ke kulolo, a ma
ia wanaao moa, ua puaa la, laila,[1] hoonuu ka-
naka apau i ua puaa la, ina koe e hoolei ia ke
koe[na] o ua puaa la, maia ao ae, o Laaukukahi ia la,
eia ka hana maia la.

67 O ka wehewehe i na kua makahiki a pau na
mea i hana ia ai maluna ona, a koe no na laau, a
puaia a paa a waho[2] ia ma ka Luakini, a pau
ia hana ana, alaila, hanai pu ia na kanaka
nana e amo ke akua makahiki, a pule na ka
huna apau[3] ka hanai pu ana.

68 A laila, hana ia kekahi koko hakahaka, a paa
na kanaka e ha ma na kaihi e ha, o ua koko la,
a hahao ia na mea ai a pau ma loko, he kalo, he uala,
he ulu, he maia, he niu, he puaa, na mea ai
no apau ma loko, alaila ku na kahuna[4] i ka
pule

69 A ma ka wa e hoohiki ai kahuna ma
[ka] hua pule e hapai, alaila, hapai ia ua ko
ko la i luna e hoolewa ai i helelei mai
ka ai oia ka pono oia oihana, ua kapaia o
koko a Maoloha ia koko, ina i helelei ole mai
ka ai o ua koko la, olelo mai na kahuna
pule, e wi no ka aina, ina helelei mai ka
ai o ua koko la, olelo mai no ke kahuna
pule, he kau ai nui no aia.

70 A laila, hana ia i waa auhau, a hooholo

lāʻau, ma ke alo o Waiea e kū ai. A moe nō Kahoa-
liʻi ma ua hale lama [i] ia pō, ua kapa ʻia ka Hale
Kōkō o Kahoaliʻi.

66. Ma ia pō nō, kālua kekahi puaʻa, he puaʻa heʻa
ka inoa. Kālua ʻia me ka niu, me ke kūlolo; a ma
ia wanaʻao, moʻa ua puaʻa lā. [A] laila, hoʻonuʻu kā-
naka a pau i ua puaʻa lā. Inā koe, e hoʻolei ʻia ke
koena o ua puaʻa lā. Ma ia ao aʻe, ʻo Lāʻau Kū Kahi ia lā,
eia ka hana ma ia lā:

67. ʻo ka wehewehe i nā akua makahiki, a pau nā
mea i hana ʻia ai ma luna ona, a koe nō nā lāʻau, a
pūʻā ʻia a paʻa, a waiho ʻia ma ka luakini. A pau
ia hana ʻana, a laila, hānaipū ʻia nā kānaka
nāna e amo ke akua makahiki, a pule nā kā-
huna. A pau ka hānaipū ʻana,

68. a laila, hana ʻia kekahi kōkō hakahaka. A paʻa
nā kānaka ʻehā ma nā kihi ʻehā o ua kōkō lā,
a hahao ʻia nā mea ʻai a pau ma loko—he kalo, he ʻuala,
he ʻulu, he maiʻa, he niu, he puaʻa, nā mea ʻai
nō a pau ma loko—a laila, kū nā kāhuna i ka
pule.

69. A ma ka wā e hoʻohiki ai kāhuna ma
ka hua pule, "E hāpai," a laila, hāpai ʻia ua kō-
kō lā i luna e hoʻolewa ai i heleleʻi mai
ka ʻai. ʻO ia ka pono o ia ʻoihana. Ua kapa ʻia ʻo
Kōkō a Maoloha ia kōkō. Inā i heleleʻi ʻole mai
ka ʻai o ua kōkō lā, ʻōlelo mai nā kāhuna
pule, "E wī nō ka ʻāina." Inā heleleʻi mai ka
ʻai o ua kōkō lā, ʻōlelo mai nō ke kahuna
pule, "He kau ʻai nui nō ia."

70. A laila, hana ʻia i waʻa ʻauhau, a hoʻoholo

---

1. 36:66. C?: [a] laila *(ma ka penikala)* A: alaila
2. 36:67. C?: wa[i]ho *(ma ka penikala)* A: waiho
3. 36:67. A: a pau i ka
4. 36:68. A: kahana

aku ma ka moana, ua kapaia oia no ke
Lono waa e hoi ai ma kahiki, ma ia la no
holo ka waa kea, alaila, noa loa ka maka
hiki, holo ka waa mao, mao, alaila, lawaia, a
mahiai, hana kela mea, keia mea,

71 A ma ia la no hoolale ia ka laau o kahei
au hou, he Kukoae, ua heiau la, a ma ia la
ae, o Pukukulua ia, a ma ia la ae o Laaupau ia,
ma ia ahiahi ana iho, Kapu ke alii nui i
Kakaloa ka makamaka, oia kai noa oia pu
le ana, a ma Kalaakulua noa ka pule.

72 A o ae o Kaloapau ia, alaila, hoomaemae ke
alii nui ia ia iho, kukulu oia i hale pupu one
a Kapu ana oa, no ma ia la, a hana hou no i hale
oeoe a pau ia, hana hou no hale pohue, a pau ia,
hana hou i hale pa lima, a pau ia, Kukoae a hawai
ma ia la hookahi no keia hana ana, a ke alii nui
e hoomaemae ana ia ia iho no ka hele ana ma
ka lealea, a hoihou e hai pule.

73 A ma ia ao ae, o Kane ia la, ma ia ahiahi iho, Kapu
ke lii nui i ka heiau ana e hoolale ai, he Kukoae
ua heiau la, oia no ko ke lii nui hale holoi no
kona haumia i pau, a ai oia i ka puaa ma ia
heiau, ua Kapaia ia heiau, he Kukoae ai puaa
no ka mea, a kahi no a ai hou ia ka puaa.

74 A hiki mai ke Ku o Kaelo, koaalelewale, aole
he pule, a ma ke Kapu hiva o ua Kaelo la,
ma ia pule hookupu hou mai na aina i waiwai
na ke lii nui, he wahi puu waiwai uuku no no
e, ua kapaia kela waiwai o ka puu o Kuahobai

aku ma ka maona,[1] ua kapaia oia no ko
Lono waa e hoi ai ma Kahiki, ma ia la no
holo ka waa kea, alaila, noa loa ka maka
hiki, holo ka waa mao, mao, alaila, lawaia, a
mahi ai, hana kela mea, keia mea,

71 A ma ia la no hoolale ia ka laau o ka hei
au hou, he Kukoeae,[2] ua heiau la, a maia la
ae, o Laaukulua ia, a maia la ae o Laaupau ia,
maia ahiahi ana iho, Kapu ke alii nui i
Ke kaloa ka makamaka, oia kai noa oia pu
le ana, a ma Kaloakulua noa ka pule.

72 A ao ae o Kaloapau ia, a laila, hoomaemae ke
alii nui ia [ia] iho, kukulu[3] oia i hale puupuu one
a kapu a noa, no ma ia la, a hana hou no i hale
oeoe a pau ia, hana hou no hale[4] pohue, a pau ia,
hana hou i hale palima, a pau ia, Kukoae ahawai
maia la hookahi no keia hana ana, a ke alii nui
e hoomaemae ana ia ia iho no ka hele ana ma
ka lealea, a hoi hou e haipule.

73 A maia ao ae, o Kane ia la, ma ia ahiahi iho, kapu
ke lii nui i ka heiau ana ~~ei~~ hoolale ai, he kukoae
ua heiau la, oia no ko ke lii nui hale holoi no
kona haumia i pau, a ai oia i ka puaa maia
heiau, ua kapaia ia heiau, he kukoae ai puaa
no ka mea, a kahi no a ai hou ia ka puaa.

74 A hiki mai ke ku o Kaelo, haalele wale, aole
he pule, a ma ke kapu hua o ua Kaelo la, ~~ma~~
ma ia pule hookupu hou mai na aina i waiwai
na ke lii nui, he wahi puu waiwai uuku no na-
e, ua kapaia kela waiwai o ka puu o kuapola.

aku ma ka moana; ua kapa ʻia, ʻo ia nō ko
Lono waʻa e hoʻi ai ma Kahiki. Ma ia lā nō,
holo ka waʻa [a] Kea, a laila, noa loa ka maka-
hiki. Holo ka waʻa ma ʻō ma ʻō. A laila, lawaiʻa a
mahi ʻai; hana kēlā mea kēia mea.

71. A ma ia lā nō, hoʻolale ʻia ka lāʻau o ka hei-
au hou, he *kūkoaʻe*[5] ua heiau lā. A ma ia lā
aʻe, ʻo Lāʻau Kū Lua ia, a ma ia lā aʻe, ʻo Lāʻau Pau ia,
ma ia ahiahi ʻana iho, kapu ke aliʻi nui i
ke Kāloakāmakamaka, ʻo ia ka inoa o ia pu-
le ʻana. A ma Kāloa Kū Lua, noa ka pule.

72. A ao aʻe, ʻo Kāloa Pau ia, a laila, hoʻomaʻemaʻe ke
aliʻi nui ia ia iho. Kūkulu ʻo ia i hale puʻupuʻuone,
a kapu a noa nō ma ia lā. A hana hou nō i hale
oeoe; a pau ia, hana hou nō [i] hale pōhue; a pau ia,
hana hou i hale pālima; a pau ia, kūkoaʻe a hāwai.[6]
Ma ia lā hoʻokahi nō kēia hana ʻana a ke aliʻi nui
e hoʻomaʻemaʻe ana iā ia iho no ka hele ʻana ma
ka leʻaleʻa, a hoʻi hou e haipule.

73. A ma ia ao aʻe, ʻo Kāne ia lā, ma ia ahiahi iho, kapu
ke aliʻi nui i ka heiau āna i hoʻolale ai, he kūkoaʻe
ua heiau lā. ʻO ia nō ko ke aliʻi nui hale holoi no
kona haumia i pau, a ʻai ʻo ia i ka puaʻa ma ia
heiau. Ua kapa ʻia ia heiau he kūkoaʻe ʻai puaʻa,
no ka mea, ʻakahi nō a ʻai hou ʻia ka puaʻa.

74. A hiki mai ke Kū o Kāʻelo, haʻalele wale, ʻaʻole
he pule. A ma ke Kapu Hua o ua Kāʻelo lā,
ma ia pule, hoʻokupu hou mai nā ʻāina i waiwai
na ke aliʻi nui, he wahi puʻu waiwai ʻuʻuku nō na-
ʻe. Ua kapa ʻia kēlā waiwai, ʻo ka Puʻu o Kuapola.

---

1. 36:70. C?: moana A: moana
2. 36:71. C: *sic, a pēlā pū ma* A. ʻo "kukoae" *ka pela ʻana ma na wahi ʻē aʻe a pau*
3. 36:72. A: kukule *[sic]*
4. 36:72. A: **i** hale
5. 36:71. *ua hoʻololi ʻia ʻo* "kukoeae," *ʻo ia ʻo* "kūkoaʻe" *(e nānā i ka paukū 39:7)*
6. 36:72. *e nānā i ka paukū 37:23*

75. Maia pule no, a unuhi ma ka hekua, a ai ka hoa
lii i ka maka o ke Akua, a ai pu oia me ka ma
ka o ke kanaka i pepehi ia, alaila, noa ka Akua
a ai ia ia, ia Kahu ka Opele, aole, e ai ia ia, o ma
ke ka mea nana e ai.

76. Maia pule, ma ka hale o ke alii nui, a me ke
kahuna nui e moe ai a ma ka la e noa ai ka pule
hule, ake, ke alii me ke kahuna, a me ka kanaka nana
e pai ka puaa, a ai no lakou i ka puaa, he poe ka
huna o kea ka poe nana e hana ua pule la, a pau
~~Kii, ka poe~~ ka makahiki; a pau ko laila mau
oihana, no ka mea, o ka la no keia o ka malama,
alaila, mau ia oihara o ka makahiki hou.

77. A ma ke ku o Kaulua, hoi hou na lii a pau, a me
na kanaka o lakou a pau i ka haipule, no ka mea
he hana nui loa ka haipule ma Hawaii nei ma
kinohi loa mai no ia hana o ka haipule.

78. A ma ke ku, o ua Kaulua la, a o Nana puaka, alaila
kukulu ke alii nui i heiau Soulu, i na he mao, oia
i na he Luakini maoli oia no, i na i manao ke alii
nui, i Luakini hoonlulu ai, oia, i na Luakini Kau
oia no hoi.

Mokuna 36.   37
No ka Luakini.

1. He hana nui loa ko ke alii nui kukulu ana
i heiau Luakini, he hana kanawaha, he hana
maka enana nui loa ia oihana hoomana, a ke
lii nui onalima iho e hana ai.

2. Elua no nae oihana a ke alii nui ma
hana iho, e hoomana ai i na kuakii,
o ko Ku oihana, a me ko Lono oihana

75. Ma ia pule no, u[1] unuhi maka ke [A]kua, a ai ka hoa lii i ka maka o ke Aku a,[2] a ai pu oia me ka maka o ke kanaka i pepehi ia, alaila, noa ke Akua[3] a ai ia ia, ia a kapu ka Opele,[4] aole, e ai ia ia, o make ka mea nana e ai.[5]

76. Ma ia pule, ma ka hale no ke alii nui,[6] a me ke kahuna nui e moe ai a ma ka la e noa ai ka pule hele [aku] ke alii me ke kahuna, a me ke kanaka nana e pai ka pahu, a ai no lakou i ka puaa, he poe kahuna okoa ka poe nana e hana ua pule la, a pau kekoae, ka pau ka makahiki, a pau ko laila mau oihana, no ka mea, o ka ha no keia o ka malama, alaila, mau ia oihana ka makahiki hou.

77 A ma ke ku o Kaulua, hoi hou na lii a pau, a me na kanaka o lakou a pau i ka haipule, no ka mea, he hana nui loa ka haipule ma Hawaii nei mai kinohi loa mai no ia hana o ka haipule.

78 A ma ke ku, o ua Kaulua la, a o Nana paha, alaila kukulu ke alii nui i heiau Loulu, ina he mao, oia ina he Luakini maoli oia no, ina i manao ke alii nui, i Luakini hooululu[7] ai, oia, i na Luakini kane[ua] oia no hoi.

Mokuna 36. 37[8]
No ka Luakini

1 He hana nui loa ko ke alii nui[9] kukulu ana i heiau Luakini, he hana kaumaha, he hana maka ena[e]na nui loa ia oihana hoomana, a ke lii nui maluna iho e hana ai.

2 Elua no nae oihana a ke alii nui ma luna iho, e hoomana ai, i na kua kii o ko Ku oihana a me ko Lono oihana

75. Ma ia pule nō, unuhi[10] maka ke aku,[11] a 'ai Kahoali'i i ka maka o ke aku, a 'ai pū 'o ia me ka maka o ke kanaka i pepehi 'ia. A laila, noa ke aku a kapu ka 'ōpelu;[12] 'a'ole e 'ai ia i'a, o make ka mea nāna e 'ai.

76. Ma ia pule, ma ka hale nō ke ali'i nui a me ke kahuna nui e moe ai. A ma ka lā e noa ai ka pule, hele aku ke ali'i me ke kahuna a me ke kanaka nāna e pa'i ka pahu, a 'ai nō lākou i ka pua'a. He po'e kāhuna 'oko'a ka po'e nāna e hana ua pule lā. A pau ka makahiki, a pau ko laila mau 'oihana, no ka mea, 'o ka hā nō kēia o ka malama, a laila ka makahiki hou.

77. A ma ke Kū o Kaulua, ho'i hou nā ali'i a pau a me nā kānaka o lākou a pau i ka haipule, no ka mea, he hana nui loa ka haipule ma Hawai'i nei. Mai kinohi loa mai nō ia hana 'o ka haipule.

78. A ma ke Kū o ua Kaulua lā, a o Nana paha, a laila, kūkulu ke ali'i nui i heiau loulu. Inā he *mao*,[13] 'o ia; inā he luakini maoli, 'o ia nō; inā i mana'o ke ali'i nui i luakini ho'oulūlu 'ai, 'o ia; inā luakini kaua, 'o ia nō ho'i.

Mokuna XXXVII [37, Emerson 37]
NO KA LUAKINI

1. He hana nui loa ko ke ali'i nui kūkulu 'ana i heiau luakini, he hana kaumaha, he hana maka 'ena'ena nui loa ia 'oihana ho'omana a ke ali'i nui ma luna iho e hana ai.

2. 'Elua nō na'e 'oihana a ke ali'i nui ma luna iho e ho'omana ai i nā akua ki'i, 'o ko Kū 'oihana a me ko Lono 'oihana.

---

1. 36:75. A: *nele*
2. 36:75. A?: Aku̶
3. 36:75. A?: Akua
4. 36:75. A?: opel̶e[u]
5. 36:75. A: nana e ai **iaia**
6. 36:76. A: *nele*
7. 36:78. C?: hooulu[u]lu A: hoouluulu
8. 37:0. C?: 3̶6̶ [37] 3̶7̶ *(ma ka penikala 'ula'ula)* A: Mokuna 37
9. 37:1.A: *nele*
10. 36:75. *ua ho'ololi 'ia 'o 'u unuhi' 'o ia 'o 'unuhi'*
11. 36:75. *ua ho'ololi 'ia 'o 'akua a,' 'o ia 'o 'aku a' ('ekolu manawa ma kēia paukū ho'okahi). e nānā i ka paukū 40:9*
12. 36:75. *ua ho'ololi 'ia 'o 'opele,' 'o ia 'o "'ōpelu"*
13. 36:78. *ma kā Valeri (1985: 181–182), kākau 'ia 'o "ma'o;" 'a'ole na'e akāka mai ka puana pololei*

e ka Kii oihana, he oolea ia oihana, ke Kai
tia ka hoomana ana, he poe kahuna okoa ma
ia oihana, he poe kahuna nui lakou, ua
kapaia ma ka mooKu, no ka mea, o Ku
Keakua nui oia aoao, a Kealii nui e hoo
mana ai, ua kapaia na kahuna oia aoao
na kahuna o Kanalu, oia hoi ke lakou
mau inoa kiekie, no ka mea, o Kanalu ke kahu
na mua.

3 O Ko Lono oihana, he palupalu ia, he oluolu ka hoo
mana ana, he poe kahuna okoa maia aoao, he poe ka
huna haakea iho lakou, ua kapaia ma ka moo
Lono, no ka mea, o Lono Keakua nui oia aoao, a ke
alii nui e hoomana ai, ua kapaia na kahuna oia
aoao o kahuna o Paliku

4 Ina i manao ke alii nui ma ka mooKu, e hoo
mana ai, alaila, he Luakini, ka heiau e kukulu
ai, he ohia ka laau o ka hale, he loulu me ke uki
ka mea e ako ai o luna, o ka ohia i hii ia Kaili a
pau oia kapa laau, o ka ohia nui ke Kauo
Kahiki i Kai oia ka laau o ka lananuu ma
mao, o na laau nui ke Kauo Kahiki i ma Kai oia ka
laau e Kalai ai i Kii no na heiau la.

5 He umi mau la e Kapu ai, alaila, noa, a Kai i oee
ju ke Kapu ana a hiki i ka hoomahanahana,
he umi keu mamaha la e Kapu ai, alaila, noa, ke
loaa nae ka aha, e noa io no, aka, i loaa ole ka aha
aole e noa wawe, e hui Kala ia nae Kia pule a noa,
alaila, kuai ia ka heiau.

6 E uhae ia ka ili maia e ka poe kahuna huia, na
lakou e ihana, a hiki mai ke Kiu o ka malama

o ko Ku oihana, he oolea ia oihana, he ikai-
ka ka hoomana[1] ana, he poe kahuna okoa ma
ia oihana, he poe kaha[u]na nui lakou, ua
kapaia ma ka moo ku, no ka mea, o Ku
ke akua nui oia aoao, a ke alii nui e hoo-
mana ai, ua kapaia na kahuna oia aoao
na kahuna o Kanalu, oia hoi ko lakou
mau inoa kiekie, no ka mea, o kanalu ke kahu
na mua.

3 O ko Lono oihana, he palupalu ai[ia], he oluolu ka hoo
mana ana, he poe kahuna okoa maia aoao, he poe ka
huna haahaa iho lakou, ua kapaia ma ka moo
Lono,[2] no ka mea, o Lono ke akua nui oia aoao, a ke
alii nui e hoomana ai, ua kapaia na kahuna oia
aoao o kahuna o Paliku

4 Ina i manao ke alii nui ma ka moo Ku e hoo
mana ai, a laila, he Luakini, ka heiau e kukulu
ai, he ohia ka laau o ka hale, he loulu me ke uki
ka mea e ako ai o luna, o ka ohia ihi ia ka ili a
pau oia kapa laau, o ka ohia nui he kauo
ka hiki i kai oia ka laau o ka lananuu ma
mao, o na laau nui he kauo ka hiki makai oia ka
laau e kalai ai i kii no ua heiau la.

5 He umi mau la e kapu ai, alaila, noa, aka, i nee
pu ke kapu ana a hiki i ka hoomahanahana,
he umikumamaha la e kapu ai, alaila, noa, ke
loaa nae ka aha, e noa io no, aka, i loaa ole ka aha
aole e noa wawe, e huikala ia nae keia pule a noa,
alaila, kuai ia ka heiau.

6 E uhae ia ka ili maia e ka poe kahuna hui, na
lakou e hana, a hiki mai ke ku o ka malama

'O ko Kū 'oihana, he 'o'ole'a ia 'oihana, he ikai-
ka ka ho'omana 'ana. He po'e kāhuna 'oko'a ma
ia 'oihana, he po'e kāhuna nui lākou. Ua
kapa 'ia ma ka mo'o [o] Kū, no ka mea, 'o Kū
ke akua nui o ia 'ao'ao a ke ali'i nui e ho'o-
mana ai. Ua kapa 'ia nā kāhuna o ia 'ao'ao
nā kāhuna o Kanalu. 'O ia ho'i ko lākou
mau inoa ki'eki'e, no ka mea, 'o Kanalu ke kahu-
na mua.

3. 'O ko Lono 'oihana, he palupalu ia, he 'olu'olu ka ho'o-
mana 'ana. He po'e kāhuna 'oko'a ma ia 'ao'ao, he po'e kā-
huna ha'aha'a iho lākou. Ua kapa 'ia ma ka mo'o [o]
Lono, no ka mea, 'o Lono ke akua nui o ia 'ao'ao a ke
ali'i nui e ho'omana ai. Ua kapa 'ia nā kāhuna o ia
'ao'ao 'o kāhuna o Palikū.

4. Inā i mana'o ke ali'i nui ma ka mo'o [o] Kū e ho'o-
mana ai, a laila, he luakini ka heiau e kūkulu
ai. He 'ōhi'a ka lā'au o ka hale, he loulu me ke 'uki
ka mea e ako ai 'o luna. 'O ka 'ōhi'a, ihi 'ia ka 'ili a
pau, 'o ia ka pā lā'au. 'O ka 'ōhi'a nui, he kauō
ka hiki i kai, 'o ia ka lā'au o ka lananu'u ma-
mao. 'O nā lā'au nui, he kauō ka hiki ma kai, 'o ia ka
lā'au e kālai ai i ki'i no ua heiau lā.

5. He 'umi mau lā e kapu ai, a laila, noa. Akā, i ne'e
pū ke kapu 'ana a hiki i ka ho'omāhanahana,
he 'umi kumamāhā lā e kapu ai; a laila, noa. Ke
loa'a na'e ka 'aha, e noa 'i'o nō; akā, i loa'a 'ole ka 'aha,
'a'ole e noa wawe. E huikala 'ia na'e kēia pule a noa,
a laila, kua'i 'ia ka heiau.

6. E uhae 'ia ka 'ili mai'a e ka po'e kāhuna *hui*, na
lākou e hana. A hiki mai ke Kū o ka malama

---

1. 37:2. A: hoomaka
2. 37:3. A: ka Moo o Lono

XXXVII

161

hou, kapu hou no, ai loaa ka aha, noa ka pule ai
loaa ole ka aha e noho kapu, na kanaka, o me na
lii, aole e launa me ka lakou poe wahine iho no.
7 Pela no e noho kapu ai, a nui na malama, na maka-
hiki paha ke loaa ole kaaha, ua olelo ia, he umi
mau makahiki o Umi i hana'i ai i kana heiau
loaa kaaha, alaila, hui la kou me ka kou mau
akua iho, pela no ka hana ana. o na he-
iau Luakini mai kinohi mai, a
ia no ka noa i ka loaa o kaaha, he
hana nui no ka Luakini, he kaia ke
kanaka i mea mohai ma ka Luakini
o ke kanaka ma kau nae, a lawe hala
no hoi.
8 I na i manao ke alii nui ma ka moo o Lono e hoo-
mana ai, alaila, he mapele ka heiau e kukulu ai,
he unu o Lono kahi heiau, he lama ka laau o ka
hale, he lauki ka mea e ako ai, he lama no ka pa-
laau, a me ka lana unu manao, he mau kii no, ekolu
mau la e kapu ai, alaila, noa ke loaa ka awa, i
loaa ole e hawa e like me ka Luakini.
9 He heiau pili ka Mapele i ka hoouluulu ai, aole
e kau ia ke kanaka maluna oia heiau, he pua
wale no ka mea kaupa, e hiki no nae i na lii a
pau malalo iho o ke lii nui ke hana i heiau, Ma-
pele a unu o Lono, a Kukoae, aka, o ka Luakini
aole e hiki, o ke alii nui wale no ka mea nona e ha-
na ka Luakini, o ka Mapele nae ka heiau pule
pinepine ia, e na lii, a me ke alii nui.
10. O ka, o ka Luakini, he heiau waikaua ia na ke a-
lii nui maluna e ko aku ai, o ka hana ia

hou, kapu hou no, a i loaa ka aha, noa ka pule a i
loaa ole ka aha e noho kapu na kanaka a me na
lii, aole e launa me ka lakou poe wahine iho no[1]

7 Pela no e noho kapu ai, a nui na malama, na maka-
hiki paha ke loaa ole ka aha, ua olelo ia,[2] he umi
mau makahiki o Umi i hana ai i kana heiau
loaa ka aha, alaila, hui lakou me [ka] lakou [mau] ᵾᵾ
[w]ahine iho, pela no ka hana ana o na he
iau Luakini mai kinohi mai, a
ia no ka noa i ka loaa o ka aha, he
hana nui no ka Luakini, he ka[u] ia ke
kanaka i mea mohai ma ka Luakini
o ke kanaka makaua nae, a lawehala
no hoi.

8 Ina i manao ke alii nui ma ka moo o Lono e hoo-
mana ai, alaila, he mapele ka heiau e kukulu ai,
he unu o Lono kahi heiau, he lama ka laau o ka
hale, he lauki ka mea e ako ai, he lama no ka pa
laau, a me ka lana ᵾnu[u]maᵾ[m]ao, he mau kii no, ekolu
mau la e kapu ai, alaila, noa ke loaa ka aha, i
loaa ole e hana e like me ka luakini.

9 He heiau pili ka Mapele i ka hoouluulu ai,[3] aole
e kau ia ke kanaka maluna oia heiau, he puᵾ[aa]
wale no ka mea kau ia, e hiki no nae i na lii a
pau malalo iho o ke lii nui ke hana i heiau Ma-
pele a unu o Lono, a Kukoae, aka, o ka Luakini
aole e hiki, o ke ᵣalii nui wale [no], ka mea nana e ha-
na ka Luakini, o ka Mapele nae ka heiau pule
pinepine ia, e na lii, a me ke alii nui.

10. Aka, o ka Luakini, he heiau waikaua ia na ke ~~ali~~
~~lii nui maluna iho, aia no ka hana ia~~

---

1. 37:6. A: *nele*
2. 37:7. A: *nele 'o* "na makahiki paha ke loaa ole ka aha, ua olelo ia"
3. 37:9. A: ia *(ma kahi o "ai")*

hou, kapu hou nō. A i loa'a ka 'aha, noa ka pule, a i
loa'a 'ole ka 'aha, e noho kapu nā kānaka a me nā
ali'i, 'a'ole e launa me kā lākou po'e wāhine iho nō.

7. Pēlā nō e noho kapu ai a nui nā malama, nā maka-
hiki paha, ke loa'a 'ole ka 'aha. Ua 'ōlelo 'ia, he 'umi
mau makahiki o 'Umi i hana ai i kāna heiau;
loa'a ka 'aha, a laila, hui lākou me kā lākou mau
wāhine iho. Pēlā nō ka hana 'ana o nā he-
iau luakini mai kinohi mai: a-
ia nō ka noa i ka loa'a o ka 'aha. He
hana nui nō ka luakini, he kau 'ia ke
kanaka i mea mōhai ma ka luakini,
'o ke kanaka mākaua na'e, a lawehala
nō ho'i.

8. Inā i mana'o ke ali'i nui ma ka mo'o o Lono e ho'o-
mana ai, a laila, he māpele ka heiau e kūkulu ai,
he unu o Lono kahi heiau. He lama ka lā'au o ka
hale, he laukī ka mea e ako ai, he lama nō ka pā
lā'au a me ka lananu'u mamao. He mau ki'i nō. 'Ekolu
mau lā e kapu ai, a laila, noa ke loa'a ka 'aha; i
loa'a 'ole, e hana e like me ka luakini.

9. He heiau pili ka māpele i ka ho'oulūlu 'ai. 'A'ole
e kau 'ia ke kanaka ma luna o ia heiau, he pua'a
wale nō ka mea kau 'ia. E hiki nō na'e i nā ali'i a
pau ma lalo iho o ke ali'i nui ke hana i heiau mā-
pele a unu o Lono a kūkoa'e; akā, 'o ka luakini,
'a'ole e hiki. 'O ke ali'i nui wale nō ka mea nāna e ha-
na ka luakini. 'O ka māpele na'e ka heiau pule
pinepine 'ia e nā ali'i a me ke ali'i nui.

10. Akā, 'o ka luakini, he heiau waikaua ia na ke

alii nui maluna iho, oia ka hana ia o ka Lua —
kini ma ka wa a ke alii nui i manao ai e kaua
aku i kela alii aimoku, a me kona wa e e lohe ai
e kaua ia mai ana oia, a me kona wa e manao ai e
hoouluulu ai, oia ka wa e hana ai ka Luakini.
11 O ka Luakini, oia ka heiau a ke alii nui e noi aku
ai i na kua ona, e aloha mai ia ia, a ma na oiha
na oia heiau e ike ai oia i kanalana hilo: ma
luna o kona mau hoa kaua, a malaila no oia e ike
ai i kona pio ana, i kona mau hoa kaua.
12 Penei oia e ike ai i kona lanakila, a me kona pio ana
i na i pau na aha o ua Luakini la i ka loaa, oia
kona lanakila ana, a lana no hoi kona manao
e kaua aku, aka, i pau na aha o ua Luakini la
i ka lilo, oia kona pio ana, aole no oia e kaua
aku i kela alii, penei ka hana ana o ka Luakini
a ke lii nui e hoomana ai.
13 E niniau aku no ke alii i kana kahuna pule
no ke kukulu ana i ka Luakini, i na i manao
ke kahuna pule o ka Luakini kahiko no ka
heiau, a o ka hale mae, a me ka pa laau ke hana hou
ia, a o ka pa pohaku kahiko no ka pa, a o ke kii ka
hiko no ke kii, i na i ae mai ke alii, alaila, hui kala
ia, ua heiau la a noa, i hiki i kanaka ka hele aku
e pa laau hou, a me ke ako i na hale i loulu hou
a i uki hou a paa.
14 Aka, i na i manao, ke alii a me ke kahuna pule, a
me kekahi poe e ae, e kukulu i Luakini hou, alaila,
e kii ia ka kahuna ~~kahiko~~ punone, nana no e
hai mai ka heiau i ke alii, no ka mea, o lakou ka

alii nui maluna iho, aia ka hana ia o ka Lua-
kini ma ka wa ɵ[a] ke alii nui i manao ai e kaua
aku i kela alii aimoku, a me kona wa e e lohe ai
e kaua ia mai ana oia, a me kona wa e manao ai e
hoouluulu ai, oia ka wa e hana ai ka Luakini.

11 O ka Luakini, oia ka heiau a ke alii nui e noi aku
ai i na kua ona, e aloha mai ia ia, a ma na oiha-
na oia heiau e ike ai oia i kana lana kila ma-
luna o kona mau hoa kaua, a malaila no oia e ike
ai i kona pio ana, i kona mau hoa kaua.

12[1] Penei oia e ke[2] ai i kona lanakila, a me kona pio ana
ina i pau na aha o ua Luakini la i ka loaa, oia
kona lanakila ana, a lana no hoi kona manao
e kaua aku, aka, i pau na aha o ua Luakini la
i ka lilo, oia kona pio ana, aole no oia e kaua
aku i kela alii, penei ka hana ana o ka Luakini
a ke lii nui e hoomana ai.

13 E ninau aku no ke alii i kana[3] kahuna pule
no ke kukulu ana i ka Luakini, ina i manao
ke kahuna pule o ka Luakini kahiko no ka
heiau, a o ka hale nae, a me ka pa laau ke hana hou
ia, a o ka pa pohaku kahiko no ka pa, a o ke kii ka-
hiko no ke kii, ina i ae mai ke alii, alaila, huikala
ia, ua heiau la a noa, i hiki i kanaka ke hele aku
e pa laau hou, a me ke ako i na hale i loulu hou[4]
a i uki[5] hou a paa.

14 Aka, ina i manao, ke alii a me ke kahuna pule,[6] a
me kekahi poe e ae, e kukulu i Luakini hou, alaila,
e kii ia ke kahuna kuhikuh[7] pu~iuone, nana no e
hai mai ka heiau i ke alii, no ka mea, o lakou ka

aliʻi nui ma luna iho. Aia ka hana ʻia o ka lua-
kini ma ka wā a ke aliʻi nui i manaʻo ai e kaua
aku i kēlā aliʻi ʻai moku, a me kona wā e[8] lohe ai
e kaua ʻia mai ana ʻo ia, a me kona wā e manaʻo ai e
hoʻoulūlu ʻai; ʻo ia ka wā e hana ai ka luakini.

11. ʻO ka luakini, ʻo ia ka heiau a ke aliʻi nui e noi aku
ai i nā akua ona e aloha mai iā ia. A ma nā ʻoihana-
o ia heiau e ʻike ai ʻo ia i kāna lanakila ma
luna o kona mau hoa kaua. A ma laila nō ʻo ia e ʻike
ai i kona pio ʻana i kona mau hoa kaua.

12. Penei ʻo ia e [ʻi]ke ai i kona lanakila a me kona pio ʻana.
Inā i pau nā ʻaha o ua luakini lā i ka loaʻa, ʻo ia
kona lanakila ʻana, a lana nō hoʻi kona manaʻo
e kaua aku. Akā, i pau nā ʻaha o ua luakini lā
i ka lilo, ʻo ia kona pio ʻana. ʻAʻole nō ʻo ia e kaua
aku i kēlā aliʻi. Penei ka hana ʻana o ka luakini
a ke aliʻi nui e hoʻomana ai.

13. E nīnau aku nō ke aliʻi i kāna kahuna pule
no ke kūkulu ʻana i ka luakini. Inā i manaʻo
ke kahuna pule, ʻo ka luakini kahiko nō ka
heiau, a ʻo ka hale naʻe a me ka pā lāʻau ke hana hou
ʻia, a ʻo ka pā pōhaku kahiko nō ka pā, a ʻo ke kiʻi ka-
hiko nō ke kiʻi, inā i ʻae mai ke aliʻi, a laila, huikala
ʻia ua heiau lā a noa, i hiki i kānaka ke hele aku
e pā lāʻau hou a me ke ako i nā hale i loulu hou
a i ʻuki hou a paʻa.

14. Akā, inā i manaʻo ke aliʻi a me ke kahuna pule a
me kekahi poʻe ʻē aʻe e kūkulu i luakini hou, a laila,
e kiʻi ʻia ke kahuna kuhikuhipuʻuone, nāna nō e
haʻi mai ka heiau i ke aliʻi, no ka mea, ʻo lākou ka

---

1. 37:12. C: *he "2" nō paha kēia hua helu, akā, ʻaʻole akāka mai*
2. 37:12. A: ike
3. 37:13. A: kona
4. 37:13. A: hou **ia**
5. 37:13. A: uku
6. 37:14. A: ke kahuna pule a me ke alii
7. 37:14. C?: ~~kuhikuhi~~
8. 37:10. *ua hoʻololi ʻia ʻo "e e," ʻo ia ʻo "e"*

poe iao nui ia maia, oihana, o na heiau a ka poe
kahiko i kukulu ai mai Hawaii a Kauai, a na
lo maia hope mai, ua ike no na kuhikuhipuuone
ia mau heiau, no ka mea, ua ao ia lakou ma ka
one, a ike pono i na aina, a me na heiau, a pau.

15. Ua ike no i ka heiau a kekahi alii kahiko i kuku
lu ai, a kanakila oia maluna o kekahi alii
ma ia heiau no, oia no ka ke kuhi kuhi
puuone heiau e hana mai ai i ke alii, a
ae mai ke alii, alaila, kukulu mua ia
ua heiau la ma ka puuone, a hoike
mai no i ke alii, a i ke pono ke alii i ke
ano o ka heiau apau ma ua heiau
one la, a i ke ia ke ano o kapa, a me na
hale, me kahi e kuai ku lana numa
mao me na kii

16 Alaila, ae hau ia ke kukulu ana o na heiau
la i na makaainana, a me na aialo a me na lii a
pau, alaila, koi ia kao hia i kai i laau no ka lawe
maomao ai laau kii kekahi, a haawi ia na oa lii
e kala i kahi poe kii, a hahau ia ka pa pohaku a
paa, a ua ia na hale a pau.

17 Penei ka hana ana o ka heiau Luakini, i na
i huli ke alo o ka heiau ma ke komohana, a
makahiki na paha, aia no ma ka akau.
Kalana mumamao e kuai, i na i huli ke alo o
ka heiau ma ka akau, a oia ka hema paha
ma ka hikina Kalananui mamao, e kukulu ia ai
a huli mai i ke komohana, ai ka hema paha.

18 Oia maloko o ua kalana mumamao la kekahi hua

poe i ao nui ia maia oihana, o na heiau a ka poe
kahiko i kukulu ai mai Hawaii a Kauai, a na-
lo maia hope mai, ua ike no na kuhikuhipuuone
ia mau heiau, no ka mea, ua ao ia lakou ma ke-
one, a ike pono i na aina, a me na heiau, a pau.

15. Ua ike no i ka heiau a kekahi alii kahiko i kuku-
lu ai, a lanakila oia maluna o kekahi alii
maia heiau no, oia no ka ke kuhikuhi
puuone heiau e hana mai ai i ke alii, a
ae mai ke alii, alaila, kukulu mua ia
ua heiau la ma ka puuone, a hoike
mai no i ke alii, a ike pono ke alii i ke
ano o ka heiau a pau ma ua heiau
one la, a ike ia ke ano o ka pa, a me na
hale, me kahi e ku ai ka lana nuuma-
mao me [na] kii

16 A laila, auhau ia ke kukulu ana o ua heiau
la i na makaainana, a me na aialo a me na lii a
pau, alaila, ko ia ka ohia i kai i laau no ka[1] lamu-
maomao[2] a i laau kii kekahi, a haawi ia na na lii
e kalai [i][3] kahi poe kii, a hahau ia ka pa pohaku a
paa, a na[4] ia na hale a pau.

17 Penei ka hana ana[5] o ka heiau Luakini, ina
i huli ke alo o ka heiau ma ke komohana,[6] a
ma ka hiki[_]na paha, aia no ma ka akau,
ka lanamumao[2] e ku ai, ina i huli ke alo o
ka heiau ma ka akau, a ma ka hema paha
ma ka hikina ka lananui mamao,[2] e kukulu ia ai
a huli mai i ke komohana, a i ka hema paha.

18 Aia maloko o ua lanamumamao[2] la kekahi lua,

po'e i a'o nui 'ia ma ia 'oihana. 'O nā heiau a ka po'e
kahiko i kūkulu ai mai Hawai'i a Kaua'i a na-
lo ma ia hope mai, ua 'ike nō nā kuhikuhipu'uone
[i] ia mau heiau, no ka mea, ua a'o 'ia lākou ma ke
one a 'ike pono i nā 'āina a me nā heiau a pau.

15. Ua 'ike nō i ka heiau a kekahi ali'i kahiko i kūku-
lu ai a lanakila 'o ia ma luna o kekahi ali'i
ma ia heiau nō. 'O ia nō kā ke kuhikuhi-
pu'uone heiau e hana mai ai i ke ali'i. A
'ae mai ke ali'i, a laila, kūkulu mua 'ia
ua heiau lā ma ka pu'uone, a hō'ike
mai nō i ke ali'i. A 'ike pono ke ali'i i ke
'ano o ka heiau a pau ma ua heiau
one lā, a 'ike 'ia ke 'ano o ka pā, a me nā
hale, me kahi e kū ai ka lananu'u ma-
mao me nā ki'i,

16. a laila, 'auhau 'ia ke kūkulu 'ana o ua heiau
lā i nā maka'āinana a me nā 'aialo a me nā ali'i a
pau. A laila, kō 'ia ka 'ōhi'a i kai i lā'au no ka lananu'u[7]
mamao[8] a i lā'au ki'i kekahi, a hā'awi 'ia na nā ali'i
e kālai i kahi po'e ki'i. A hahau 'ia ka pā pōhaku a
pa'a, a [a]na 'ia nā hale a pau.

17. Penei ka hana 'ana o ka heiau luakini. Inā
i huli ke alo o ka heiau ma ke komohana, a
ma ka hikina paha, aia nō ma ka 'ākau
ka lananu'u[7] mamao e kū ai. Inā i huli ke alo o
ka heiau ma ka 'ākau, a ma ka hema paha,
ma ka hikina ka lananu'u[7] mamao e kūkulu 'ia ai.
A huli mai i ke komohana, a i ka hema paha.

18. Aia ma loko o ua lananu'u[7] mamao lā kekahi lua

---

1. 36:16. A: *nele*
2. 37:16, 37:17, 37:18. A: lananuumamao
3. 37:16. A: *nele*
4. 37:16. A: me
5. 37:17. A: *nele*
6. 37:17. A: ~~komohana~~ komohana
7. 37:16, 37:17, 37:18. *ua ho'ololi 'ia 'o* "lanamu," *'o ia 'o* "lananu'u"
8. 37:16. *ua ho'ololi 'ia 'o* "maomao," *'o ia 'o* "mamao"

i kauwa ia, a kapa ia keia hua, he luakini, he lua
pau kahi inoa, a ma ke alo o Kahanauwai e kuai ka
poe kii, a ma ke alo iho o ka poe kii, ke kii papa, a me
kahi e kuai ka lele, malaila e kau ai na mohai.
18 A ma ke alo iho o ka lele ka liili, malaila e hooahu ai
ka mohai, a pau i ka hai ia, kau aku ma ka lele.
a mamua aku o ka lele, kekahi hale i kapa ia o ha
le pahu, a maia hale no e paia ka pahu, e huli aku
ana ka puka oia hale i ka lele, a ma ke kua o hale pa
hu kekahi hale, i kapaia o Mana he nui ae ia hale
a he loihi, e huli aku ana ka puka oia hale i ka lele
a ma ke kua o ka hale pahu kekahi hale, oia hale
ma kapuka pa o ka heiau, a ma ke kowa ma ke kua
o ka hale pahu, a ma ke kaba o Mana kekahi hale i
kapaia o Waiea, he wahi hale unku ia, maia hale
no e kai ai ka aha.
20. A ma kekahi kaba o Mana, kekahi hale i kapaia o
o hale umu, malaila, e hoa ai ke ahi o ka heiau, o
kahi maloko o ka pa, oia ke kahua o ka heiau, a o kahi
mawaho o ka pa, ma ka akau, he papahola ia, a ma
ka hema ma wahi o ka pa, malaila, e ku ai ka ha
le o Papa, o kahi ma waho aku o ka papahola, malaila
no e kuai na pea, oia ka pau ana mai o ka heiau.
21 A ma ka wa e paa ai ka papohaku o ka heiau, a
laila, kukulu ia kahanauwaimamao, a pau ka
baau i kukulu ia, alaila, ho aho, a paa ia, alaila
kukuluia, ka poe kii, he nui no na kii, a he mau
makaiwa kekahi, he mau kii loloa ia, a mawaena
oia mau kii ke kau wahi iho o kaawale ia i wahi
no ka kii hou e ku ai, oia ke kii i kapaia he moi.

i hana ia, a kapa ia kela lua,[1] he luakini, [a] he lua pau kahi inoa, a ma ke alo o ka lanamu[2] e ku ai ka poe kii, a ma ke alo iho o ka poe kii, ke kipapa,[3] a me kahi e ku ai ka lele, malaila e kau ai na mohai.

19 A ma ke alo iho o ka lele ka liili,[4] malaila e hooahu ai ka mohai, a pau i ka hai ia, kau aku ma ka lele, a mamua aku o ka lele, kekahi hale i kapa ia o hale[5] pahu, a maia hale no e paia[6] ka pahu, e huli aku ana ka puka oia hale i ka lele, a ma ke kua o hale[7] pahu kekahi hale i kapaia o Mana he nui ae ia hale a he loihi, e huli aku ana ka puka oia hale i ka lele a ma ke kua o ka hale pahu kekahi hale, oia [ka] hale ma ka puka pa o ka heiau, a ma ke kowa ma ke kua o ka hale pahu, a ma ke kala o Mana kekahi hale i kapaia o Waiea, he wahi hale uuku ia, maia hale no e kai ai ka aha.

20. A ma kekahi kala o Mana, kekahi hale i kapaia o o[8] hale umu, malaila, e hoa ai ke ahi o ka heiau, o kahi maloko o ka pa, oia ke kahua o ka heiau, a o kahi mawaho o ka pa, ma ka akau, he papahala[9] ia, a ma ka hema ma waho o ka pa, malaila, e ku ai ka hale o Papa, o kahi ma waho aku[10] o ka papahola, malaila no e ku ai na pea, oia ka pau ana mai o ka heiau.

21 A ma ka wa e paa ai ka papohaku o ka heiau, a laila, kukulu ia ka lanamumamao,[11] a pau ka laau i kukulu ia, alaila, hoaho, a paa ia, alaila kukuluia,[12] ka poe kii, he nui nō na kii, a he mau makaiwa kekahi, he mau kii loloa ia, a ma waena oia mau kii ke kau wahi i hookaawale ia i wahi no ke kii hou e ku ai, oia ke kii i kapaia he moi.

i hana ʻia, a kapa ʻia kēlā lua he luakini a he luapaʻū kahi inoa. A ma ke alo o ka lananuʻu[13] e kū ai ka poʻe kiʻi, a ma ke alo iho o ka poʻe kiʻi ke kīpapa a me kahi e kū ai ka lele, ma laila e kau ai nā mōhai.

19. A ma ke alo iho o ka lele ka ʻiliʻili;[14] ma laila e hoʻāhu[15] ai [i] ka mōhai. A pau i ka hai ʻia, kau aku ma ka lele. A ma mua aku o ka lele kekahi hale i kapa ʻia ʻo Hale Pahu; a ma ia hale nō e paʻi a[i] [i] ka pahu. E huli aku ana ka puka o ia hale i ka lele. A ma ke kua o Hale Pahu kekahi hale i kapa ʻia ʻo Mana; he nui aʻe ia hale a he lōʻihi.[16]
ʻO ia ka hale ma ka puka pā o ka heiau. A ma ke kōwā ma ke kua o ka Hale Pahu, a ma ke kala o Mana kekahi hale i kapa ʻia ʻo Waiea. He wahi hale ʻuʻuku ia, ma ia hale nō e kaʻi ai ka ʻaha.

20. A ma kekahi kala o Mana kekahi hale i kapa ʻia ʻo[17] Hale Umu, ma laila e hoʻā ai [i] ke ahi o ka heiau. ʻO kahi ma loko o ka pā, ʻo ia ke kahua o ka heiau; a ʻo kahi ma waho o ka pā, ma ka ʻākau, he papahola[18] ia; a ma ka hema ma waho o ka pā, ma laila e kū ai ka Hale o Papa. ʻO kahi ma waho aku o ka papahola, ma laila nō e kū ai nā peʻa, ʻo ia ka pau ʻana mai o ka heiau.

21. A ma ka wā e paʻa ai ka pā pōhaku o ka heiau, a laila, kūkulu ʻia ka lananuʻu mamao.[19] A pau ka lāʻau i kūkulu ʻia, a laila, hōʻaho. A paʻa ia, a laila, kūkulu ʻia ka poʻe kiʻi. He nui nō nā kiʻi; a he mau makaiwa kekahi, he mau kiʻi loloa ia. A ma waena o ia mau kiʻi ke kauwahi i hoʻokaʻawale ʻia i wahi no ke kiʻi hou e kū ai, ʻo ia ke kiʻi i kapa ʻia he mōʻī.

1. 37:18. A: *nele ʻo* "kela lua"
2. 37:18. A: lanamu
3. 37:18. A: he kiipapa *(ma kahi o* "ke kipapa"*)*
4. 37:19. A: liilii
5. 37:19. A: **ka** hale
6. 37:19. A: pai ai *(ma kahi o* "paia"*)*
7. 37:19. A: **ka** hale
8. 37:20. A: *nele*
9. 37:20. A: papahola
10. 37:20. A: *nele*
11. 37:21. A: lananuumamao

12. 37:21. A: *nele ʻo* "alaila, hoaho, a paa ia, alaila kukuluia"
13. 37:18. *ua hoʻololi ʻia ʻo* "lanamu," *ʻo ia ʻo* "lananuʻu"
14. 37:19. *ua hoʻololi ʻia ʻo* "liili," *ʻo ia ʻo* "ʻiliʻili"
15. 37:19. *ua hoʻololi ʻia ʻo* "hooahu," *ʻo ia ʻo* "hoʻāhu"
16. 37:19. *ua kāpae ʻia ma ʻaneʻi ʻo* "E huli aku ana ka puka o ia hale i ka lele. A ma ke kua o ka Hale Pahu kekahi hale"—*ma ka ulia nō paha i hoʻokomo pālua ʻia ai ma kēia paukū hoʻokahi*
17. 37:20. *ua hoʻololi ʻia ʻo* "o o," *ʻo ia ʻo* "ʻo"
18. 37:20. *ua hoʻololi ʻia ʻo* "papahala," *ʻo ia ʻo* "papahola"
19. 37:21. *ua hoʻololi ʻia ʻo* "lanamumamao," *ʻo ia ʻo* "lananuʻu mamao"

22 A pau keia mau mea i ka hana ia, aka, i waiho ia na
hale, a hiki ma ka wa e kapu ai ka heiau, alaila
kukuluia na hale, a ma ka wa e pau ai na mea o ka
heiau, alaila, hoomakaukau na kahuna, a me na lii
a me kekahi poe haipule eae, no ka hoomaemae ana
ia lakou iho, penei lakou e hana ai.

23 Ma na la o na laau mauka, kukulu lakou i hale
one, ua kapaia he hale puone, a ka pua ewa, kuku-
lu i hale pohue, a ka pu, a ewa, kukulu hou i hale oe
oe, a kapu, a ewa, kukulu hou i hale *paku hale* hawai ma
ka la hookahi no keia hana ana, alaila, pau ko na
kahuna hoomaemae ana, ia lakou iho, a me na lii,
a me kahi poe eae, no ka heiau.

24 Alaila, hoomaemae ia ka aina a puni ka moku puni,
ni, ma ka la o ka loa kukahi, e waele ia ke alanui
mauka, a puni ka moku, ma uka na kahi mahiai
i alanui, e hana no kela mea aina keia mea aina, a pu-
ni ka moku i alanui, alaila, e kukulu i ahu pohaku
ma ka la mokuna ahupuaa, keia mokuna ahupuaa.

25 Alaila, e kalai i ka laau kukui, a lika me ka puaa
ke kii, ua kapaia kela kii, he puaa kukui kainoa, a
a pau i ke kalai ia, e kau aku maluna o ke ahupoha-
ku, a e waiho pu ia me ke pai ai maia ahu pohaku

26 Alaila, hri no ke la kanaka, keia kanaka, a hoome-
waneha ia ke alanui, me ke kanaka ole, alaila
hele mai ke kahuna a ka ea, me ke kanaka nana
e lawe ka ipu wai o ka ea, a me ke akua, ke kanaka
maoli no, o Kalawho nae o Aiheu, a me ko Kanaka i
kuiia maluna o ke poo o ua kanaka la.

27 A ma ka wa e hele mai ai ua kahuna la me ke akua

22 A pau keia mau mea i ka hana ia, aka, i waiho ia na hale, a hiki ma ka wa e kapu ai ka heiau, alaila kukuluia na hale, a ma ka wa e pau ai na mea o ka heiau, alaila, hoomakaukau na kahuna, a me na lii a me kekahi poe haipule e ae, no ka hoomaemae ana ia lakou iho, penei lakou e hana ai.

23 Ma na la o na laau mauka, kukulu lakou i hale one, ua kapaia he hale puone,¹ a kapu a noa, kukulu i hale pohue, a kapu, a noa, kukulu hou i hale oe oe, a kapu, a noa, kukulu hou i hale [palima²] ~~wai~~ [hale] hawai ma ka la hookahi no keia hana ana, alaila, pau ko na kahuna hoomaemae ana, ia lakou iho, a me na lii, a me kahi³ poe e ae, no ka heiau.

24 Alaila, hoomaemae ia ka aina a puni ka mokupuni, ma ka la o kaloakukahi, e waele ia ke alanui mauka, a puni ka moku, ma uka ma kahi mahiai i alanui, e hana no kela mea aina keia mea aina, a puni ka moku i alanui, alaila, e kukulu i ahu pohaku ma kela mokuna ahupuaa, keia mokuna ahupuaa.

25 Alaila, e kalai i ka laau kukui, a like me ke poopuaa ke kii, ua kapaia kela kii, he puaa kukui ka inoa, a a pau i ke kalai ia, e kau aku maluna o ke ahu pohaku, a e waiho pu ia me ke pai ai maia ahu pohaku

26. Alaila, hoi no kela kanaka, keia kanaka, a hoomehameha ia ke alanui, me ke kanaka ole, alaila hele mai ke kahuna alaea, me ke kanaka nana e lawe ka ipu wai alaea, a me ke akua, he kanaka maoli no, o ka lauoho nae o Niheu, a me ko Kanaka i kui ia maluna o ke poo o ua kanaka la.

27 A ma ka wa e hele mai ai ua kahuna la me ke ak~~ua~~[ua]

22. A pau kēia mau mea i ka hana 'ia (akā, i waiho 'ia nā hale a hiki ma ka wā e kapu ai ka heiau), a laila, kūkulu 'ia nā hale. A ma ka wā e pau ai nā mea o ka heiau, a laila, ho'omākaukau nā kāhuna, a me nā ali'i, a me kekahi po'e haipule 'ē a'e no ka ho'oma'ema'e 'ana iā lākou iho. Penei lākou e hana ai.

23. Ma nā lā o nā lā'au ma uka, kūkulu lākou i hale one (ua kapa 'ia he hale pu['u]one); a kapu a noa, kūkulu i hale pōhue; a kapu a noa, kūkulu hou i hale oe-oe; a kapu a noa, kūkulu hou i hale pālima, hale hāwai. Ma ka lā ho'okahi nō kēia hana 'ana; a laila, pau ko nā kāhuna ho'oma'ema'e 'ana iā lākou iho a me nā ali'i a me kahi po'e 'ē a'e no ka heiau.

24. A laila, ho'oma'ema'e 'ia ka 'āina a puni ka mokupuni. Ma ka lā 'o Kāloa Kū Kahi, e waele 'ia ke alanui ma uka a puni ka moku ma uka, ma kahi mahi 'ai, i alanui. E hana nō kēlā mea 'āina kēia mea 'āina a puni ka moku i alanui; a laila, e kūkulu i ahu pōhaku ma kēlā mokuna ahupua'a kēia mokuna ahupua'a.

25. A laila, e kālai i ka lā'au kukui a like me ke po'o pua'a ke ki'i. Ua kapa 'ia kēlā ki'i he pua'a kukui ka inoa. A⁴ pau i ke kālai 'ia, e kau aku ma luna o ke ahu pōhaku, a e waiho pū 'ia me ke pa'i 'ai ma ia ahu pōhaku.

26. A laila, ho'i nō kēlā kanaka kēia kanaka a ho'omehameha 'ia ke alanui me ke kanaka 'ole. A laila, hele mai ke kahuna 'alaea me ke kanaka nāna e lawe ka ipu wai 'alaea a me ke akua, he kanaka maoli nō. 'O ka lauoho na'e o Nīheu a me ko kānaka i ku'i 'ia, ma luna o ke po'o o ua kanaka lā.

27. A ma ka wā e hele mai ai ua kahuna lā me ke akua

---

1. 37:23. C?: puuone *(ma ka penikala)* A: puuone
2. 37:23. *i hō'oia i ka pela* "palima" *(ma kahi o* "palimu"), *e nānā i ka paukū 36:72, i kā Kēlou Kamakau ho'i (Ka 'Ohina Fornander, puke 6, 'ao. 9)*
3. 37:23. A: kekahi
4. 37:25. *ua ho'ololi 'ia 'o* "a a pau," *'o ia 'o* "a pau"

kanaka, a ike laua i ka puaa kukui, e waiho ana ma
alaila, pule ua kahuna la, a kapala ia kela puaa kukui
i ka alaea, a ai lakou i ke pai ai, a pau ka ai ana, alaila
huikala, lakou a noa ia aina.

28 Alaila hoale lakou ia aina, a hele aku ma kela aina
pela no e kapala hele ai, a kala ia la, maia ao ae o   Kauila
ia la, a maia ao ae, o Lono ia la, a maia ao ae, o
Mauli ia la, alaila, pau ka aina i ka huikalaia, o ka pau
noia o kwa oihana o ka Luakini, aia kahuna okoa, e hana ai

29 A maia ao ae, o Muku ia la, a maia ahiahi iho, alaila
hoakoakoa ia na kanaka a pau e komo ana ma ka heiau
a me na lii a pau, a me ke alii nui, no ka huikala ana ma
ia ahiahi, a ma ka wa e akoakoa ai na kanaka a me na
lii, a me ke lii nui, alaila hele mai ke kahi kahuna o
koa nana e huikala, me ka pupu pala, a me ke poi wai ma
kona lima, penei kana pule ana.

30 Leleuli e, lelewai e, he ui he ui, he wai he wai, a lele au
i ka au e kane mehanu orehe lani, orehe i apikana ka
lani, a lama, Hemu oia, alaila, hooho nui wai oia ka
naka a pau, Hemu, hea hou mai ke kahuna, hemu
ka ai ku, hemu ka aia, hemu keahula, hemu ka paa
ni, hemu kapa lana, i kokopuaa, i koko ilio, i koko
kanaka make, Hemu oia, hooho nui mai kanaka
Hemu, hea mai ke kahuna, Elieli, hooho mai ka
naka, Kapu, hea mai ke kahuna, Elieli, hooho
mai kanaka, Noa, hea hou mai ke kahuna, Iaea,
hooho nui mai oa kanaka a pau, Noahonua, ala-
ila, pipi mai ke kahuna i ka wai maluna o kanaka
a pau, a pau ka huikala ana, alaila, hoi kela
mea keia mea ma kona hale iho.

kanaka, a ike laua i ka puaa kukui, e waiho ana ma[1]
alaila, pule ua kahuna la, a kapala ia kela puaa kukui
i ka alai[e]a, a ai lakou i ke pai ai, a pau ka ai ana, alaila
huikala, lakou a noa ia aina.

28 Alaila haale[le] lakou ia aina, a hele aku ma kela aina
pela no e kapala hele ai,[2] a hala ia la, [a] ma ia ao ae o [Kaneila]
~~Lono ia~~ [ia] la,[3] a ma ia ao ae, o Lono ia la, a maia ao ae, o
Mauli ia la, alaila, pau ka aina i ka huikalaia, o ka pau
no ia o keia oihana o ka Luakini, aia kahuna okoa[,] e hanaai

29 A maia ao ae, o Muku ia la, a maia ahiahi iho, alaila
hoakoakoa ia na kanaka a pau e komo ana ma ka heiau
a me na lii a pau, a me ke alii nui, no ka huikala ana ma
ia ahiahi, a ma ka wa e akoakoa ai na kanaka a me na
lii, a me ke lii nui, alaila hele mai kekahi kahuna o
koa nana e huikala, me ka pupu pala, a me ke poi wai ma
kona lima, penei kana pule ana.

30 Leleuli e, lelewai e, he ui he ui, he wai he wai, a lele au
i ke au e kane mehanu o nehe lani, nehe i apikana ka-
lani, a lama, Hemu[4] oia, alaila, hooho nui mai na ka-
naka a pau, Hemu,[4] hea hou mai ke kahuna, hemu[4]
ka ai ku, hemu[4] ka aia, hemu[4] keahula, hemu[4] ka paa-
ni, hemu[4] kakalana, i koko puaa, i koko ilio, i koko
kanaka make, Hemu[4] oia, hooho nui mai kanaka
Hemu,[4] hea mai ke kahuna,[5] Elieli, hooho mai ka-
naka, kapu, hea mai ke kahuna, Elieli, hooho
mai kanaka, Noa, hea hou mai ke kahuna, Iai[e][6]
hooho nui mai na kanaka a pau, Noa honua, ala-
ila, pipi mai ke kahuna i ka wai maluna o kanaka
a pau, a pau ka huikala ana, alaila, hoi kela
mea keia mea ma kona hale iho.

kanaka, a 'ike lāua i ka pua'a kukui e waiho ana ma
laila,[7] pule ua kahuna lā, a kāpala 'ia kēlā pua'a kukui
i ka 'alaea, a 'ai lākou i ke pa'i 'ai. A pau ka 'ai 'ana, a laila,
huikala lākou a noa ia 'āina.

28. A laila, ha'alele lākou [i] ia 'āina a hele aku ma kēlā 'āina.
Pēlā nō e kāpala hele ai a hala ia lā, a ma ia ao a'e, 'o Kāne[8]
ia lā, a ma ia ao a'e, 'o Lono ia lā, a ma ia ao a'e, 'o
Mauli ia lā, a laila, pau ka 'āina i ka huikala 'ia. 'O ka pau
nō ia o kēia 'oihana o ka luakini. Aia [. . .][9] kahuna 'oko'a e hana ai.

29. A ma ia ao a'e, 'o Muku ia lā, a ma ia ahiahi iho, a laila,
ho'ākoakoa 'ia nā kānaka a pau e komo ana ma ka heiau
a me nā ali'i a pau a me ke ali'i nui no ka huikala 'ana ma
ia ahiahi. A ma ka wā e 'ākoakoa ai nā kānaka a me nā
ali'i a me ke ali'i nui, a laila, hele mai kekahi kahuna 'o-
ko'a nāna e huikala, me ka pūpū pala a me ke po'i wai ma
kona lima. Penei kāna pule 'ana:

30.[10] "Leleuli ē, lelewai ē, He ui, he ui,[11] he wai, he wai. A lele au
i ke au,[12] e Kānemehani[13] 'O nehe lani, nehe i 'Apikanaka-
lani, A lama, hemū 'o ia!" A laila, ho'ōho nui mai nā kā-
naka a pau: "Hemū!" Hea hou mai ke kahuna: "Hemū
ka 'ai kū, Hemū ka 'aiā, Hemū ke ahula, Hemū ka pā'a-
ni, Hemū kākālana! I koko pua'a, I koko 'īlio, I koko
kanaka make. Hemū 'o ia!" Ho'ōho nui mai kānaka:
"Hemū!" Hea mai ke kahuna: "'Eli'eli!" Ho'ōho mai kā-
naka: "Kapu!" Hea mai ke kahuna: "'Eli'eli!" Ho'ōho
mai kānaka: "Noa!" Hea hou mai ke kahuna: "Iā ē!"
Ho'ōho nui mai nā kānaka a pau: "Noa honua!" A la-
ila, pīpī mai ke kahuna i ka wai ma luna o kānaka
a pau. A pau ka huikala 'ana, a laila, ho'i kēlā
mea kēia mea ma kona hale iho.

1. 37:27. A: *nele*
2. 37:28. A: e hele kapala ai
3. 37:28. A: a maia ao ae o Kane ia la
4. 37:30. A: he mu *(9x)*
5. 37:30. A: ke ~~kaha~~kahuna
6. 37:30. A: ia
7. 37:27. *ua ho'ololi 'ia 'o* "ma alaila," *'o ia 'o* "ma laila"
8. 37:28. *ua ho'ololi 'ia 'o* "[Kaneila]," *'o ia 'o* "Kāne"
9. 37:28. *me he mea lā, 'a'ole i hana kope 'ia kekahi mau hua 'ōlelo (a 'oi paha) ma waena o* "aia" *me* "kahuna 'oko'a"
10. 37:30. *e nānā i ka pāku'ina I.4, kahi i ho'onohonoho 'ia ai kēia pule ma ka lālani mele*
11. 37:30. *'o* "he uli, he uli" *kēia ma ka paukū 27:13*
12. 37:30. *'o* "ahua" *kēia ma 27:13*
13. 37:30. *ua ho'ololi 'ia 'o* "Kanemehanu," *'o ia 'o* "Kānemehani" *(e nānā i ka paukū 27:13)*

31 A maia ao ae, o Hilo ia la, oia ka la mua o ka ma
hina hou, o Welo paha, a maia ahiahi iho, kapu
ua Inakini la, alaila, hele nui mai na kanaka,
a me na lii, a me ke alii nui, e komo ma ia pule ana.
eia ka hana maia ahiahi, e hoonoho lalani ia na
kanaka a pau ma na lalani me ka walaau ole.

32 Alaila, hele mai ke kahuna okoa me kana oihana me
ka ie ie na kona lima, a ku oia mawaena o na lalani
kanaka a pau, a pule no oia, hefu palupa kainoa
o kana pule, a ma ka wa a ke kahuna e i mai ai ma
ka olelo pule penei, E kukaikaonahikia, alaila, hooho
nui mai kanaka, Ola, hea hou mai ke kahuna
Ia, hooho mai kanaka. Ola, Ola o Ku, a pau ia
hana ana, moe kapu iho la na kanaka a pau
ma ka heiau, aole no e hiki i Kahi kanaka a a lii pa_
ha, ke hele malu e moe me kana wahine iho
o make oia ke lohe ia ka moe ana.

33 A maia ao ae, o Koaka ia la, eia ka hana maia lo
e hoonoho lalani ia na kanaka elike me ka hana
ana ma ke ahiahi, a kela kahuna, alaila, ku
mai kekahi kahuna okoa nana ia oihana, he
kanila huluhulu ka inoa oia pule, a pau ia pule ana

34 A maia po iho o Koaka, ke kahuna okoa maia po.
eia kana hana, e hoomoe i ke koi e kalai ai i kii
hou, ke malu koi kainoa oia hoomoe ana, maia
po, e kalua ia nae kekahi moa na ua kahuna
la e ai ai ma ia po, a na ke alii kahi moa, e ai ai
na ke akua kahi moa, a moe iho ia po.

35 A maia ao ana ae, o kukahi ia la, alaila pii ke liionii
a me na lii, a me kanaka, a me kahuna, a me na kahuna

31 A maia ao ae, Ho[i]lo[1] ia la, oia ka la mua o ka ma-
~~hina~~[lama] hou, o Welo paha, a ma ia ahiahi iho, kapu
ua Luakini la, alaila, hele nui[2] mai na kanaka,
a me na lii, a me ke alii nui, e komo maia pule ana,
eia ka hana maia ahiahi, e hoonoho lalani ia na
kanaka a pau ma na lalani me ka walaau ole.

32 Alaila, hele mai ke kahuna okoa[3] me kana oihana me
ka ieie ma kona lima, a ku oia mawaena o na lalani
kanaka a pau, a pule no oia, he lupalupa ka inoa
o kana pule, a ma ka wa a ke kahuna e i mai ai ma
ka olelo pule[4] penei, E kukaikainahikia, alaila, hooho
nui mai kanaka, Ola, hea hou mai ke kahuna
Ia, hooho mai kanaka, Ola, Ola o ku, a pau ia
hana ana, moe kapu iho la na kanaka a pau
ma ka heiau, aole no e hiki i [kahi] kanaka a alii pa-
ha, ke hele malu e moe me kana wahine iho
o make oia ke lohe ia ka[5] moe ana.

33 A maia ao ae, o Hoaka ia la, eia ka hana ma ia la
e hoonoho lalani ia na kanaka e like me ka hana
ana ma ke ahiahi, a kela kahuna, alaila, ku
mai kekahi kahuna okoa nana ia oihana, he
kauila huluhulu ka inoa oia pule, a pau ia pule [ana]

34 A maia po iho o Hoaka, he kahuna okoa maia po,
eia kana hana, e hoomoe i ke koi e kalai ai i kii
hou, he malu koi ka inoa oia hoomoe ana, maia
po, e kalua ia nae kekahi moa na ua kahuna
la e ai ai ma ia po, a na ke alii kahi moa, e ai ai
na ke akua kahi moa, a moe iho ia po.

35 A maia ao ana ae, o Kukahi ia la, alaila pii ke lii nui
a me na lii, a me kanaka,[6] a me kahuna,[7] a me ua kahuna

31. A ma ia ao a'e, Hilo ia lā ('o ia ka lā mua o ka ma-
lama hou, 'o Welo paha) a ma ia ahiahi iho, kapu
ua luakini lā; a laila, hele nui mai nā kānaka
a me nā ali'i a me ke ali'i nui e komo ma ia pule 'ana.
Eia ka hana ma ia ahiahi: e ho'onoho lālani 'ia nā
kānaka a pau ma nā lālani me ka wala'au 'ole.

32. A laila, hele mai ke kahuna 'oko'a me kāna 'oihana me
ka 'ie'ie ma kona lima, a kū 'o ia ma waena o nā lālani
kānaka a pau, a pule nō 'o ia, he lupalupa ka inoa
o kāna pule. A ma ka wā a ke kahuna e 'ī mai ai ma
ka 'ōlelo pule, penei, [8]"E KŪ KAIKAINA HIKI [I]Ā . . ."[9] A laila, ho'ōho
nui mai kānaka: "OLA!" Hea hou mai ke kahuna:
"IĀ . . ." Ho'ōho mai kānaka: "OLA, OLA 'o KŪ!" A pau ia
hana 'ana, moe kapu ihola nā kānaka a pau
ma ka heiau. 'A'ole nō e hiki i kahi kanaka, a ali'i pa-
ha, ke hele malū e moe me kāna wahine iho
o make 'o ia ke lohe 'ia ka moe 'ana.

33. A ma ia ao a'e, 'o Hoaka ia lā, eia ka hana ma ia lā:
e ho'onoho lālani 'ia nā kānaka e like me ka hana
'ana ma ke ahiahi a kēlā kahuna; a laila, kū
mai kekahi kahuna 'oko'a nāna ia 'oihana, he
kauilahuluhulu ka inoa o ia pule. A pau ia pule 'ana,

34. a ma ia pō iho o Hoaka, he kahuna 'oko'a ma ia pō.
Eia kāna hana: e ho'omoe i ke ko'i e kālai ai i ki'i
hou, he maluko'i ka inoa o ia ho'omoe 'ana. Ma ia
pō, e kālua 'ia na'e kekahi moa na ua kahuna
lā e 'ai ai ma ia pō, a na ke ali'i kahi moa e 'ai ai,
na ke akua kahi moa. A moe iho [i] ia pō.

35. A ma ia ao 'ana a'e, 'o Kū Kahi ia lā, a laila, pi'i ke ali'i nui
a me nā ali'i a me kānaka a me kāhuna a me ua kahuna

---

1. 37:31. A: o Hilo
2. 37:31. A: *nele*
3. 32:32. A: ke kahuna A?: ke kahuna [okoa]
4. 37:32. A: *nele*
5. 37:32. A: kona
6. 36:35. A: **na** kanaka
7. 37:35. A: **na** kahuna
8. 37:32. *e nānā i ka pāku'ina I.15, kahi i ho'onohonoho 'ia ai kēia paukū ma ka lālani mele*
9. 37:32. *e nānā i ka paukū 37:64. penei kā 'I'i (Ka Nupepa Kuokoa, 28 'Aukake, MH 1869); "E ku kaikaina hi-ki a ola." loa'a pālua kēia 'ōlelo pule
   ma kā Kamakau o Ka'awaloa:*
   a) (Fornander, 1916: puke 6, 'ao. 17): "E kuu kaikaina hiki a ola ia'u ia"
   e) (Fornander, 1916: puke 6, 'ao, 13): "E kuu kaikaina, hiki a ola ia ua, a koia e kuu kaikaina hiki a ola ia ui a koia."

la nana i hoomoe ke koi, ua kapaia oia he kahuna kaku_
ohia, no ka mea, he kakuohia kainoa. o ua kii a lakou
e pii aku nei e kalai, he moi kahi inoa o ua kii la, ma
ia la, hookeai ke kahuna kakuohia, i e 6 la, e ai ole ai.

36. A ma ka wa e pii ai, e lawe pu ia na mohai, na puaa, na ma_
ia, na niu, ka ia ula, a me ke kanaka lawe hala, i mea
mohai aku i ke akua. (kakuohia)

37. A ma ka wa e hiki ai i uka, ua nana mua ia ka ohia maikai
puha ole, oia ka laau e kalai ai i kii ka ohia, a ma ka wa
e ku ai, e hele aku no ke kahuna kakuohia, o lana wale no ma
ka alanui okoa aku, a ke kumu o ka ohia, e hele nohoi ka mea
                                    alanui
nana e kalai ke kii, ma kahi e a ku ma ke la ao
ao o ua ohia la.

38. E ku ana no ke kahuna me ke koi, e ku ana nohoi ke   alii
                                                        kii me
me ka puaa, a o ka niu o kanaka ma kahi mamao aku, a e hoo_
malu ia ka wa walaau, abaila, e ku no ke kahuna i ka pule
awa, o mau haalelea kainoa oia awa.

39. A ma ka wa e pau ai ka pule ana, abaila, a manua ke alii, a
kahau i ka puaa ma ka honua a make, a pau ka ke alii kau_
maha ana, Abaila, ninau mai ke kahuna i ke kii, pehea ka
awa a kaua, ? i ua ilohe ole ia kahi mea kani mai, a walaau
mai puhiu, i mai no ke alii, ua maikai ka awa, i mai ke
kahuna, a prope make ka pou paio, no ka mea, ua maikai
ao nei ka awa, i ko akua, i na i make ko hoa paio, o ka aina
o mea nau e ai, a pau keia mea.

40. Abaila, o oki ke kahuna i ka ohia a moku kahi mamala, abaila
alakai ia mai ke kanaka lawehala, a o oki ke kahuna i   kona
                                                       ka poo
a o make, abaila, kua ia ua laau la a hina, abaila, kalua na
puaa, a kalai ia ke kii a pau e ka mea kalai kii a moa ka
puaa, ai ke kii, a me kanaka a moua, a o ke koena o ka

la nana i hoomoe ke koi, ua kapaia oia he kahuna haku-
ohia, no ka mea, he hakuohia ka inoa, o ua[1] kii a lakou
e pii aku nei[2] e kalai, he moi kahi inoa o ua kii la, ma
ia la, hookeai ke kahuna hakuohia, i e 6[3] la e ai ole ai.

36.[4] A[5] ma ka wa e pii ai, e lawe puia na mohai, na puaa, na ma-
ia, na niu, ka ia ula, a me ke kanaka lawehala, i mea
mohai aku i ke akua.[6]

37 A ma ka [wa] e hiki ai i uka, ua nana mua ia ka ohia maikai
puha ole, oia ka laau e kalai ai i kii ~~kau~~[haku]ohia, a ma ka wa
e kua[a]i, e hele aku no ke kahuna hakuohia, o laua wale no ma
ke alanui okoa aku, a ke kumu o ka ohia, e hele no hoi ka mea
nana e kalai ke kii, ma kahi ~~alanui~~[7] [alanui] e, a ku ma kela ao
ao o ua ohia la.

38 E ku ana no ke kahuna me ke koi, e ku ana no hoi ke ~~kii~~ [alii] ~~me~~
me ka puaa, a o ka nui o [ke] kanaka[8] ma kahi mamao aku, a e hoo-
malu ia ka ~~la~~ walaau, alaila, e ku no ke kahuna i ka pule
aha, o mau haalelea ka inoa oia aha.

39 A ma ka wa e pau ai ka pule ana, alaila, amama ke alii, a
hahau i ka puaa ma ka honua a make, a pau ka ke alii kau-
maha ana. Alaila, ninau mai ke kahuna i ke lii, pehea ka
aha a kaua,? ina i lohe ole ia kahi mea kani mai, a walaau
mai paha, i mai no ke alii, ua maikai ka aha, i mai ke
kahuna, apopo make ko hoa paio, no ka mea, ua maikai
ae nei ka aha, o ko akua, ina e[9] make ko hoa paio, o ka aina
o mea nau e ai, a pau keia mea.

40 Alaila, ooki ke kahuna i ka ohia a moku kahi mamala, alaila
alakai ia mai ke kanaka lawehala, a ooki ke kahuna i ~~ke~~ kona poo
a make, alaila, kua ia ua laau la a hina, alaila, kalua na
puaa, a kalaiia ke kii a pau e ka mea kalai kii a moa ka
puaa, ai ke lii, a me kanaka a maona, a o ke koena o ka

lā nāna i ho'omoe ke ko'i. Ua kapa 'ia 'o ia he kahuna haku
'ōhi'a, no ka mea, he haku 'ōhi'a ka inoa o ua ki'i a lākou
e pi'i aku nei e kālai. (He mō'ī kahi inoa o ua ki'i lā.) Ma
ia lā, ho'okē 'ai ke kahuna haku 'ōhi'a; i 'eono lā e 'ai 'ole ai.

36. A ma ka wā e pi'i ai, e lawe pū 'ia nā mōhai, nā pua'a, nā ma-
i'a, nā niu, ka i'a 'ula, a me ke kanaka lawehala, i mea
mōhai aku i ke akua.

37. A ma ka wā e hiki ai i uka, ua nānā mua 'ia ka 'ōhi'a maika'i
pūhā 'ole, 'o ia ka lā'au e kālai ai i ki'i haku 'ōhi'a. A ma ka wā
e kua ai, e hele aku nō ke kahuna haku 'ōhi'a, 'o lāua wale nō, ma
ke alanui 'oko'a aku a ke kumu o ka 'ōhi'a; e hele nō ho'i ka mea
nāna e kālai ke ki'i ma kahi alanui 'ē a kū ma kēlā 'ao-
'ao o ua 'ōhi'a lā.

38. E kū ana nō ke kahuna me ke ko'i, e kū ana nō ho'i ke ali'i
me ka pua'a, a 'o ka nui o kānaka ma kahi mamao aku. A e ho'o-
malu 'ia ka wala'au, a laila, e kū nō ke kahuna i ka pule
'aha, 'o Mauha'alelea ka inoa o ia 'aha.

39. A ma ka wā e pau ai ka pule 'ana, a laila, 'āmama ke ali'i a
hahau i ka pua'a ma ka honua a make. A pau kā ke ali'i kau-
maha 'ana, a laila, nīnau mai ke kahuna i ke ali'i, "Pehea ka
'aha a kāua?" Inā i lohe 'ole 'ia kahi mea kani mai, a wala'au
mai paha, 'ī mai nō ke ali'i, "Ua maika'i ka 'aha." 'Ī mai ke
kahuna, "'Āpōpō, make kō hoa paio, no ka mea, ua maika'i
a'e nei ka 'aha o kō akua. Inā i make kō hoa paio, 'o ka 'āina
o Mea, nāu e 'ai." A pau kēia mea,

40. a laila, 'o'oki ke kahuna i ka 'ōhi'a. A moku kahi māmala, a laila,
alaka'i 'ia mai ke kanaka lawehala, a 'o'oki ke kahuna i kona po'o
a make. A laila, kua 'ia ua lā'au lā a hina; a laila, kālua nā
pua'a, a kālai 'ia ke ki'i a pau e ka mea kālai ki'i. A mo'a ka
pua'a, 'ai ke ali'i a me kānaka a mā'ona; a 'o ke koena o ka

---

1. 37:35. A: ke
2. 37:36. A: ai *(ma kahi o "aku nei")*
3. 37:36. A: eono
4. 37:36. A: *ua kuapo 'ia nā paukū 36 me 37, a laila, ua ho'oponopono 'ia ma ka lihi hema o ka 'ao'ao*
5. 37:36. A: *nele*
6. 37:36. C?: *ua paku'i 'ia ka kuhia* "(ua hewa keia)" C?2: (~~ua hewa keia~~)
7. 37:37. C: *'a'ole akāka iki ka lua o ka hua palapala i holoi 'ia* C?: *ua kākau a holoi hou 'ia 'kekahi hua 'ōlelo ma luna a'e o* "nui" *i holoi 'ia,*
   'o "kii" *paha*
8. 37:38. C?: **ke** kanaka
9. 37:39. A: i

puaa, a me ke kanaka i pepehi ia, e kanu ia ma ke kumu
o ka laau o ua kii la, ua kapaia he kanaka ia no mau
haalelea, a pau keia hana ana.

41 Alaila, kahai, na kanaka i ka pala a haawe, a hahai i
ka ohia, a me ka ohia umuumu ma ka lima o kanaka a pau
a o kahi poe kanaka, a no mai no i ke kii, a iho mai i kaha
kai, me ka walaau nui, penei.

42 E Kuamu, e Kuamu; Mu. e kua wa e kua wa Wa. aiau e lana
kila, Uo. pela lakou e walaau a hele ai, i na e halawai lakou
me kekahi kanaka e make no, a ma ko lakou hiki ana ma
kai, e waiho no lakou i ua kii la, ma ka papahola, a e uhi
ia, ua kii la a pau i ka ie ie a pau, a waiho malaila.

43 A maia ahiahi iho, e ana ia ke kahua o ka mana e ku ai, a i
ke ia ke kua, ke alo a me na kala, alaila, e kukulu mua ia, i
wahi laau pou, ma ka ao ao kua o mana, ma kahi e ku pono ana
i kapuka komo mai o mana, ua kapaia kela laau he pou na
ovahua, malaila no e kukulu ia ai ke kii lua onu mahope a
ku, a e kukulu ia no hoi kekau wahi laau pou mawaena
o na maka iwa, makahi o ke kii moi, e ku ai mahope aku, ua
kapaia aku ia laau he pou o mana.

44 A maia po iho, kukulu na ma kia ma kahi e ku ai na
pou kihi eha o mana, a pau ia hana, alaila, hele aku ke
kii me ke kahuna, e kai i ka aha helehonua, ma ka pou hio
o mana e kuai ke kahuna i ka pule e ku no hoi ke kii me ka
puaa, a ma ka wa e pau ai ka pule, alaila hopu iho no ke
kahuna i ka piko o ka aha, a pau makona lima.

45 Alaila, holo aku oia, mai keia makia pou aku a kela makia
pou, hoohei aku i ka aha, a mai laila ae, a kela makia
pou, a malaila mai, a kia makia pou, a mai laila mai
a halawai me ke alii ma kahi a lawa i pule ai alaila, a ma

puaa, a me ke kanaka i pepehi ia, e kanu ia ma ke kumu
o ka laau o ua kii la, ua kapaia he kanaka ia no mau
haalelea, a pau keia hana ana.

41 Alaila, hahai, na kanaka i ka pala[1] a haawe, a hahai i
ka ohio, a me ka[2] ohia unuunu ma ka lima o kanaka a pau
a o kahi poe kanaka, amo mai no i ke kii, a iho mai i kaha-
kai, me ka walaau nui, penei.

42 E kuamu[3], e kuamu; Mu, e kua wa e kua wa Wa, aiau e lana-
kila. Uo, pela lakou e walaau ai hele ai, ina e halawai lakou
me kekahi kanaka, e make no, a ma ko lakou hiki ana ma
kai, e waiho no lakou i ua kii la, ma ka papahola, a e uhi
ia, ua kii la a paa i ka ieie a paa,[4] a waiho malaila.

43 A maia ahiahi iho, e ana ia ke kahua o ka mana e ku ai, a i
ke ia ke kua, ke alo a me na kala, alaila, e kukulu mua ia, i
wahi laau pou, ma ka aoao kua o mana, ma kahi e ku pono ana
i ka puka komo mai o mana, ua kapaia kela laau he pou na-
nahua, malaila no e kukulu ia ai ke kii lua mu ma hope a-
ku, a e kukulu ia no hoi ke kau wahi laau pou mawaena
o na maka iwa, makahi o ke kii moi, e ku [ai] mahope aku, ua
kapaia aku ia laau he pou o manu.

44 A maia po iho, kukulu na makia ma kahi e ku ai na
pou kihi eha o mana,[5] a pau ia hana, alaila, hele aku ke
lii me ke kahuna, e kai i ka aha helehonua, ma ka pou hio
o mana e ku ai ke kahuna i ka pule e ku no hoi ke 'lii me ka
puaa, a ma ka wa e pau ai ka pule, alaila hopu iho no ke
kahuna i ka piko o ka aha, a paa ma kona lima.

45 Alaila, holo aku oia, mai keia makia pou aku a kela makia
pou hoohei aku i ka aha, a mai laila ae, a kela makia
pou, a malaila mai, a keia makia pou, a mai laila mai
a halawai me ke alii ma kahi a laua i pule ai alaila, ama-

---

pua'a a me ke kanaka i pepehi 'ia, e kanu 'ia ma ke kumu
o ka lā'au o ua ki'i lā. Ua kapa 'ia he kanaka ia no Mau-
ha'alelea. A pau kēia hana 'ana,

41. a laila, haha'i nā kānaka i ka pala a hā'awe, a haha'i i
ka ohio[6] a me ka 'ōhi'a, 'unu'unu ma ka lima o kānaka a pau.
A 'o kahi po'e kānaka, amo mai nō i ke ki'i, a iho mai i kaha-
kai me ka wala'au nui penei:

42.[7] "E KŪAMŪ, E KŪAMŪ, MŪ! E KŪAWĀ, E KŪAWĀ, WĀ! AI[A] AU A[8] LANA-
KILA, UŌ!" Pēlā lākou e wala'au hele ai. Inā e hālāwai lākou
me kekahi kanaka, e make nō. A ma ko lākou hiki 'ana ma
kai, e waiho nō lākou i ua ki'i lā ma ka papahola, a e uhi
'ia ua ki'i lā a pa'a i ka 'ie'ie. A pa'a, a waiho ma laila,

43. a ma ia ahiahi iho, e ana 'ia ke kahua o ka Mana e kū ai. A 'i-
ke 'ia ke kua, ke alo a me nā kala, a laila, e kūkulu mua 'ia i
wahi lā'au pou ma ka 'ao'ao kua o Mana, ma kahi e kūpono ana
i ka puka komo mai o Mana. Ua kapa 'ia kēlā lā'au he pouna-
nahua; ma laila nō e kūkulu 'ia ai ke ki'i Luanu'u[9] ma hope a-
ku. A e kūkulu 'ia nō ho'i ke kauwahi lā'au pou ma waena
o nā makaiwa, ma kahi o ke ki'i mō'ī e kū ai ma hope aku. Ua
kapa 'ia aku ia lā'au he pouomanu.

44. A ma ia pō iho, kūkulu nā mākia ma kahi e kū ai nā
pou kihi 'ehā o Mana. A pau ia hana, a laila, hele aku ke
ali'i me ke kahuna e ka'i i ka 'Aha Helehonua. Ma ka pou hiō
o Mana e kū ai ke kahuna i ka pule, e kū nō ho'i ke ali'i me ka
pua'a. A ma ka wā e pau ai ka pule, a laila, hopu iho nō ke
kahuna i ka piko o ka 'aha. A pa'a ma kona lima,

45. a laila, holo aku 'o ia mai kēia mākia pou aku a kēlā mākia
pou, ho'ohei aku i ka 'aha, a mai laila a'e a kēlā mākia
pou, a ma laila mai a kēia mākia pou, a mai laila mai
a hālāwai me ke ali'i ma kahi a lāua i pule ai. A laila, 'āma-

---

1. 37:41. A: palea

2. 37:41. A: *nele*

3. 37:42 *e nānā i ke mele* "No ka Lani Kauikeaouli Kamehameha III" *(Kuokoa 24 Maraki, 1867) kahi i 'ike 'ia ai 'o kuamu me kauawa ma ke 'ano he mau painu (ha'ina), penei* "Kuamu ia e Kane, kuawa ia e Kane"

4. 37:42. A: *nele 'o* "a paa" (Ka Nupepa Kuokoa, 24 Malaki, 1867).

5. 37:44. C: *ua kākau 'ia kekahi hua ma hope o* "mana," *he* "u" *paha*

6. 37:41. 'o "hō'i'o" *anei kai makemake 'ia?*

7. 37:42. *e nānā i ka pāku'ina I.16, kahi i ho'onohonoho 'ia ai kēia 'ōlelo mele ma ka lālani mele*

8. 37:42. *ua ho'ololi 'ia 'o* "e," *'o ia 'o* "a"

9. 37:43. *ua ho'ololi 'ia 'o* "lua mu," *'o ia 'o* "luanu'u" A: luamu

na ke alii, a hahau i ka puaa ma ka honua, a make.

46 Alaila, ninau mai ke kahuna i ke alii, pehea ka aha a Kana? pehea ka aha a Kana? i, ilohe ole ke alii i na mea Kani, a me na leo alaila, i mai ke alii, ua maikai ka aha, alaila, i mai ke Kahuna paa ko aupuni, no ka mea, ua loaa ae nei ka aha hele honua he Kahuna okoa no ma ia aina. o Kana.

47 A maia ao ana ae o Kulua ia la, a maia la no hele nui mai na makaainana me ka laau, me ke kaula me ka loulu me kauki, i mea e ako ai i na hale, ia hale pahu, ia hale waiea, ia hale mana a me hale umu, a pau na hale i ke kukulu ia, waiho, a pau ke kau_ ila, e ako ia.

48. Maia la o Kulua Kauila nui, penei ka hana malaila, e hoo-kaawale ia ke alii me kekahi mau kanaka ma kahi manao i ki aku, he Kalewa kainoa oia wahi, a ona kahi e mai ka nui o kanaka me ke Kahuna.

49. Ma waho mai o ka papahola keia hana, penei ka hana ana, e hoo nohonoho ia na kanaka he nui ma na lalani, a pau na lalani i ka hoonohonoho ia.

50 Alaila, amo mai kela kahuakua, keia kahuakua i na kua ka ai o kela alii, keia alii, a me ko ke alii nui mau akua ka ai, he nui loa na kua ka ai maia la, he Kanaka no kahi akua okoa o alii.

51 Maia wa e kukulu lalani ia na kua a pau na kona laau pea ae kona laau pea ae, e noho no kela kahuakua keia kahuakua, ma ke alo o kana akua iho, me ka hoomakaukau no ke kaa ana, o na kua kaai a pau, i na i holo hewa ke kahu akua maia Kaana, e ma-ke no ia, no laila, e lilo no na kua na na lii e Kaa.

52 A ma ka wa e makaukau ai na kanaka, alaila, hele mai ke Ka-huna nui, ia ia ka luakini, me ka pupu pala ma kona lima, a me ka malo ka nui, a me ke kahi kanaka, e halihali mai ana i ka kahi iwi puniu puo kanaka, he kai maloko o na iwi puo la, a he

ma ke alii, a hahau i ka puaa ma ka honua, a make.

46 Alaila, ninau mai ke kahuna i ke alii, pehea ka aha a kaua? pehea ka aha a kaua?[1] i[na] i lohe ole ke alii i na mea kani, a me na leo alaila, i mai ke alii, ua maikai ka aha, alaila, i mai ke kahuna paa ko aupuni, no ka mea, ua loaa ae nei ka aha hele honua he ka huna okoa no ma ia aina.[2]

47 A maia ao ana ae o Kulua ia la, a maia la no hele nui mai na makaainana me ka laau, me ke kaula me ka loulu me ke uki, i mea e ako ai i na hale, ia hale pahu, ia hale waiea, ia hale mana a me hale umu, a pau na hale i ke kukulu ia, waiho, a pau ke kauila, e[3] ako ia.

48. Maia la o Kulua kauila nui, penei ka hana malaila, e hookaawale ia ke alii me kekahi mau kanaka ma kahi mamao iki aku, he kalewa ka inoa oia wahi, a ma kahi e mai ka nui o kanaka me ke kahuna.

49. Ma waho mai o ka papahola keia hana, penei ka hana ana, e hoo nohonoho ia na kanaka he nui ma na lalani, a pau na lalani i ka[4] hoonohonoho ia.

50 Alaila, amo mai kela kahu akua, keia kahu akua[5] i na kua ka ai o kela alii, keia alii, a me ko ke alii nui mau akua kaai, he nui loa na kua kaai maia la, he kanaka no kahi akua o kahoalii.

51 Maia wa e kukulu lalani ia na kua a pau ma kona laau pea ae kona laau pea ae, e noho no kela kahu akua keia kahu akua, ma ke alo o kana[6] akua iho, me ka hoomakaukau no ke kaa ana, o na kua kaai a pau, ina i holo hewa ke kahu akua maia kaaana, e make no ia, nolaila, e lilo no na kua na na lii e kaa.

52 A ma ka wa e makaukau ai na kanaka, alaila, hele mai ke kahuna nui, ia ia ka luakini, me ka pupu pala ma kona lima, a me ka malo kea nui, a me kekahi kanaka, e halihali mai ana i ke kahi iwi puniu poo kanaka, he kai ma loko o ua iwi poo la, a he

ma ke ali'i a hahau i ka pua'a ma ka honua a make.

46. A laila, nīnau mai ke kahuna i ke ali'i, "Pehea ka 'aha a kāua? Pehea ka 'aha a kāua?" Inā i lohe 'ole ke ali'i i nā mea kani a me nā leo, a laila, 'ī mai ke ali'i, "Ua maika'i ka 'aha." A laila, 'ī mai ke kahuna, "Pa'a kō aupuni, no ka mea, ua loa'a a'e nei ka 'Aha Helehonua." (He kahuna 'oko'a nō ma ia 'oihana.)

47. A ma ia ao 'ana a'e, 'o Kū Lua ia lā; a ma ia lā nō, hele nui mai nā maka'āinana me ka lā'au, me ke kaula, me ka loulu, me ke 'uki i mea e ako ai i nā hale, iā Hale Pahu, iā Hale Waiea, iā Hale Mana, a me Hale Umu. A pau nā hale i ke kūkulu 'ia, waiho a pau ke kauila e ako 'ia.

48. Ma ia lā 'o Kū Lua, kauila nui. Penei ka hana ma laila: e ho'oka'awale 'ia ke ali'i me kekahi mau kānaka ma kahi mamao iki aku, he kālewa ka inoa o ia wahi, a ma kahi 'ē mai ka nui o kānaka me ke kahuna.

49. Ma waho mai o ka papahola kēia hana. Penei ka hana 'ana: e ho'onohonoho 'ia nā kānaka he nui ma nā lālani. A pau nā lālani i ka ho'onohonoho 'ia,

50. a laila, amo mai kēlā kahu akua kēia kahu akua i nā akua kā'ai o kēlā ali'i kēia ali'i, a me ko ke ali'i nui mau akua kā'ai. He nui loa nā akua kā'ai ma ia lā. He kanaka nō kahi akua, 'o Kahoali'i.

51. Ma ia wā, e kūkulu lālani 'ia nā akua a pau ma kona lā'au pe'a a'e, kona lā'au pe'a a'e. E noho nō kēlā kahu akua kēia kahu akua ma ke alo o kāna akua iho, me ka ho'omākaukau no ke ka'a 'ana. 'O nā akua kā'ai a pau, inā i holo hewa ke kahu akua ma ia ka['a] 'ana, e make nō ia; no laila, e lilo nō nā akua na nā ali'i e ka'a.

52. A ma ka wā e mākaukau ai nā kānaka, a laila, hele mai ke kahuna nui iā ia ka luakini, me ka pūpū pala ma kona lima a me ka malo kea nui, a me kekahi kanaka e halihali mai ana i kekahi iwi pūniu po'o kanaka. He kai ma loko o ua iwi po'o lā, a he

---

1. 36:46. A: *nele ka lua o* "pehea ka aha a kaua"
2. 36:46. C?: ~~aina~~ [oihana] A: oihana
3. 37:47. A: alaila ako ia *(ma kahi o* "e ako ia"*)*
4. 37:49. A: *nele*
5. 37:50. A: kahukua
6. 37:51. A: kona

Kai no ka ke kahunapule, e pule ai, uwa kapaia ia pule o ke kai opukea kainoa, he pule loihi noia.

53 Hoomalu ka walaau, alaila, ku mai ke kahuna nui i ka pule, a ma ka wa a ke kahuna e hoohiki ai ma kahu pule, penei, A hopunahopu, alaila, ku mai na kahuakua a pau iluna, e laau ko lakou mau lima i na kua kaai, a pau na ko lakou mau alo me ke kulike mai o ao.

54 A maia wa, ku mai kela akua kanaka maoli, o ka hoalii, ma mua o na kua kaa ai a pau, ua wehe oia i kona malo, a lewale wale wa mai kona mai, me ka na na iaku o kona mai.

55 A ma ka wa a ke kahuna e hoohiki ai ma kahua pule penei, Mauhoee i hea kua kapu e luka Koaehe, mau hoee, i hea kua kapu e lukaluka e, Ohookaama ko kahaalauele e luka.

56 Maia wa, holo mua aku o Kahoalii, me kona mai elewalewa ana, alaila, holo aku na kua kaai a pau ma kona hope me ka holo labani like, e poai ana ka lakou holo ana, me ka hoo lohe ionae i ka ke kahuna pule, inai hoohiki ke kahuna ma ka hua pule, penei, Amio i ke lani e mamalu.

57 Alaila, hoi hema mai ko Kahoalii holo ana, a hoi hema mai no na kua kaai a pau mahope ona, a maia hoi ana mai a na kua kaai, halawi mai lakou me ke kahi kanaka e ku ana me ka laau, a hoi pu mai lakou.

58 A ma ka wa a ke kahuna, e hoohiki inai ai ma ka lua pule penei kuikui, kakiko, i ke lani au, wai la make e mamalu alaila, ku oo na kua kaai, a pau me ko lakou mau kahu, ku labani makai lakou me ka walaau ole, a huli mai ko lakou alo i ke kahuna, a o ko ke kahuna alo, a me ke anaina a pau, huli aku ia lakou.

59 O kela kanaka a lakou i halawi aku ai, e ku ana me ka laau, ku mai la oia mawaena o ke anaina kanaka, a me na kua a

kai no ka ke kahuna pule, e pule ai, ua kapaia ia pule o ke kai opokeo ka inoa, he pule loihi no ia.

53 Hoomalu ka walaau, alaila, ku mai ke kahuna nui i ka pule, a ma ka wa a ke kahuna e hoohiki ai ma ka hu[a] pule, penei, A-hopuahopu, alaila, ku mai na kahu akua a pau iluna, a [la]lau ko lakou mau lima i na kua kaai, a paa ma ko lakou mau alo me ke kulike mai o a o.

54 A maia wa, ku mai kela akua kanaka maoli, o ka hoalii, ma mu[a] [o na] kua kaa ai a pau, ua wehe oia i kona malo, a lewalewa [wale] mai kona mai, me ka nana ia ku o kona mai.

55 A ma ka wa a ke kahuna e hoohiki ai ma ka hua pule penei, Mauhoee i hea lua kapu e luka lukaehe,[1] mau hoee, i hea lua kapu e[2] lukaluka, O hookaama ko ~~ka~~ kahaalauele[3] e luka.

56 Ma ia wa, holo mua aku o kahoalii, me kona mai e lewalewa ana, alaila, holo aku na kua kaai a pau ma kona hope me ka holo lalani like, e poai ana ka lakou holo ana, me ka hoolohe no nae i ka ke kahuna pule, ina i hoohiki ke kahuna ma ka hua pule, penei, Amio i ke lani o mamalu.

57 Alaila, hoi hema mai ko Kahoalii holo ana, a hoi hema mai no na[4] kua kaai a pau[5] ma hope ona, a maia hoi ana mai a na kua kaai, halawi[6] mai lak~~ou~~[ou] me kekahi kanaka e ku ana me ka laau, a hoi pu mai lakou.

58. A ma ka wa a ke kahuna, e hoohiki mai ai ma ka [hua] pule penei ku~~i~~kui,[7] kahiko, i ke lani au, wai la make o manalu, alaila, ku no na kua kaai, a pau me [ko] lakou mau kahu, ku lalani maikai lakou me ka walaau ole, a huli mai ko lakou alo i ke kahuna, a o ko ke kahuna alo, a me ke anaina a pau, huli aku ia lakou.

59. O kela kanaka a lakou i halawi aku ai, e ku ana me ka laau, ku maila oia ma waena o ke anaina kanaka, a me na kua

"kai" nō kā ke kahuna pule e pule ai. Ua kapa ʻia ia pule ʻo ke kai ʻo *Pokeʻo* ka inoa, he pule lōʻihi nō ia.

53. Hoʻomalu ka walaʻau, a laila, kū mai ke kahuna nui i ka pule. A ma ka wā a ke kahuna e hoʻohiki ai ma ka hua pule, penei, "A hopu, a hopu," a laila, kū mai nā kahu akua a pau i luna, a lālau ko lākou mau lima i nā akua kāʻai a paʻa ma ko lākou mau alo me ke kūlike mai ʻō a ʻō.

54. A ma ia wā, kū mai kēlā akua kanaka maoli ʻo Kahoaliʻi ma mua o nā akua kāʻai[8] a pau. Ua wehe ʻo ia i kona malo, a lewalewa wale mai kona maʻi, me ka nānā ʻia [a]ku o kona maʻi.

55.[9] A ma ka wā a ke kahuna e hoʻohiki ai ma ka hua pule, penei: "Mau hoʻēʻe. I hea lua kapu, e Lukaluka ēhē. Mau hoʻēʻe. I hea lua kapu, e Lukaluka ē. O hoʻokaʻa ma kō haʻalauele, e Luka,"

56. ma ia wā, holo mua aku ʻo Kahoaliʻi me kona maʻi e lewalewa ana; a laila, holo aku nā akua kāʻai a pau ma kona hope me ka holo lālani like. E pōʻai ana kā lākou holo ʻana, me ka hoʻolohe nō naʻe i kā ke kahuna pule. Inā i hoʻohiki ke kahuna ma ka hua pule penei: "Āmio i ke lani ʻōmamalu,"

57. a laila, hoʻi hema mai ko Kahoaliʻi holo ʻana, a hoʻi hema mai nō nā akua kāʻai a pau ma hope ona. A ma ia hoʻi ʻana mai a nā akua kāʻai, hālāw[a]i mai lākou me kekahi kanaka e kū ana me ka lāʻau, a hoʻi pū mai lākou.

58. A ma ka wā a ke kahuna e hoʻohiki mai ai ma ka hua pule, penei: "Kuʻikuʻi, kāhiko i ke lani au. Wai lā ma ke ʻōmamalu,"[10] a laila, kū nō nā akua kāʻai a pau me ko lākou mau kahu, kū lālani maikaʻi lākou me ka walaʻau ʻole, a huli mai ko lākou alo i ke kahuna, a ʻo ko ke kahuna alo, a me ke anaina a pau, huli aku iā lākou.

59. ʻO kēlā kanaka a lākou i hālāw[a]i aku ai, e kū ana me ka lāʻau, kū maila ʻo ia ma waena o ke anaina kānaka a me nā akua

---

1. 37:55. A: e luka[e]lukaehe
2. 37:55. A: o
3. 37:55. C?: ~~ka~~haalauele A: haalauele *(ma kahi o "kahaalauele")*
4. 37:57. A: na na
5. 37:57. A: *nele ʻo* "a pau"
6. 37:57. A: halawai
7. 37:58. A: kukui
8. 37:54. *ua hoʻololi ʻia ʻo* "kaa ai," *ʻo ia ʻo* "kāʻai"
9. 37:55. *e nānā i ka pākuʻina I.17, kahi i hoʻonohonoho ʻia ai kēia pule ma ka lālani mele*
10. 37:58. *ua hoʻololi ʻia ʻo* "o manalu," *ʻo ia ʻo* "ʻōmamalu" *(e nānā i ka paukū 56 o kēia mokuna)*

kaai, me ka laau ona kona lima.

60 Ninau mai la ke kahuna nui ia ia ma ka ole pule penei no wai honua, no waihonua? no kanakala nohanomai amanu.

61 Alaila, hai mai na kanaka la, i ku, ke kahuna ninau, a ninau no ke kahuna ma ka olelo pule, hai mai no na kanaka la, he kahuna no na kanaka la, no ke kahai pra kaokao.

62 Alaila, pule mai no ke kahuna ma ka pule kai, he pule loihi no, o ke kai o Pokeo kainoa oia pule. no ka loihi loa oia pule ana, ua kapaia penei, unuhi kai o Pokeo, a ma ka wa e pau ai ka lawa pule ana, alaila, noho laua.

63 Alaila, ku mai kekahi kahuna hou no ka moo o Lono, ia kahuna, he kahuna kuhialaea kona inoa, kumai noia me ka laau, ua kikii ia i ka oloa, e pule no oia, ma kana oihana i mua o ke anaina.

64 O e pule loihi kana, nohoi, ua kapaia kana pule o ke kai o kawa kahi, a kokeke e pau kana pule. hoohiki oia ma ka olelo pule penei. E ku kaikuina kihia

65 Alaila, hui na lii me na kanaka me ko Lakou hooho nui mai ke anaina kanaka a pau loa, Ola, hea hou mai ke kahuna, Ia, hooho nui mai ke anaina a pau, Ola. Ola. O ku, alaila, pau kaia kahuna oihana pule, alaila, pau nohoi ke kanita ana.

66 Alaila, hoi na lii me na kanaka ma ko lakou mau hale iho e ai, a ma ia wa no, e makaukau ai ke ako o na hale o ka Luakini, ma ka wa e makaukau ai ke ako ana, alaila, pii mua kekahi mau kanaka me ka aho maluna o ka hale.

67 E ku no ke kahuna i ka pule noia mau aho, ua kapaia kela mau aho he anau, ua olelo ia kau na auau, a paa kela mau aho i ka hou ia maluna o ka hale, alaila, pau kai pule ana a ke kahuna.

68 Alaila, akoia na hale, a paa o hale pahu, o hale waiea, hale mana, hale umu, a pau na hale, alaila, hookupu mai na makaainana, i na puaa na kio na maia, na ia ula, a me na oloa i malo no na kii a pau, ai ko puli no ka anu ana mao, a no wana kekahi, a pau ia, alaila, hoi

kaai, me ka laau ma kona lima.

60 Ninau mai la ke kahuna nui ia ia ma ka ole[^1] pule penei no
wai honua, no wai honua?
> [^2][no hano mai a manu-]
> [~~no hanomanu.~~ no ua kanakala]
> [~~maia~~]

61[^3] Alaila, hai mai ua kanaka la i[^4] ku, ke kahuna[^5] ~~ninau, a~~
→ ninau [hou] no
ke kahuna ma ka olelo pule, hai mai no ua kanaka la, he kahuna
no ua kanaka la, [no ku ka haimakaokao].[^6]

62. Alaila, pule mai no[^7] ke ~~kanaka~~huna ma ka pule kai, he pule loihi
no, o ke kai o Pokeo ka inoa oia pule, no ka loihi loa oia pule
ana, ua kapaia penei, unuhi kai o Pokeo, a ma ka wa e pau ai
ka laua pule ana, alaila, noho laua.

63 Alaila, ku mai kekahi kahuna hou no ka moo o Lono, ia kahuna,
→ he ka-
huna kuhi alaea kona inoa, ku mai no oia me ka laau, ua hikii ia
→ i ka
oloa, a pule no~~u~~ oia ma kana oihana i mua o ke anaina.

64. He pule loihi [no hoi] kana, ua kapaia kana pule o ke kai o
→ kaua kahi, a kokoke e
pau kana pule, hoohiki oia ma ka olelo pule penei, E ku
→ kaikaina hihi a

65 Alaila, ~~hoi na lii me na kanaka ma ko lakou~~ hooho nui
→ mai ke anaina
kanaka a pau loa, Ola, hea hou mai ke kahuna, Ia, hooho
→ nui mai ke ana-
ina a pau, ~~Ia~~Ola, Ola, O, ku, alaila,[^8] pau ka ia kahuna oihana
→ pule, alaila,
pau no hoi ke kauila ana.

66. Alaila, hoi na lii me[^9] na kanaka ma ko lakou mau hale iho
→ e ai, a ma-
ia wa no, e makaukau ai ke ako[^10] o na hale o ka Luakini, ma ka
→ wa e ma-
kaukau ai ke ako ana, alaila, pii mua kekahi[^11] mau kanaka
→ me ka aho
maluna o ka hale.

67 E ku no ke kahuna i ka pule no ia mau aho, ua kapaia kela mau
aho he auau, ua olelo ia kau na au au, a paa kela mau
→ aho i ka hou ia
maluna o ka hale, alaila, pau ka pule ana a ke kahuna.

68 A laila, akoia na hale, a paa o hale pahu, o hale waiea,
→ hale mana, hale
umu, a paa na hale, alaila, hookupu mai na makaainana, i na puaa
na Niu na maia, na ia ula, a me na oloa i malo no na ~~lii~~ kii a pau, a i ko
pili no ka anuu ma~~u~~mao, a no mana kekahi, a pau ia, alaila, hoi

kā'ai, me ka lā'au ma kona lima.

60. Nīnau maila ke kahuna nui iā ia ma ka 'ōle[lo] pule, penei: [^12]"No
wai honua, no wai honua?"

61.[^13] A laila, ha'i mai ua kanaka lā i kū: "No Hanomaiamanu."
→ Nīnau hou nō
ke kahuna ma ka 'ōlelo pule; ha'i mai nō ua kanaka lā (he kahuna
nō ua kanaka lā), "No Kū ka hai māka'oka'o."

62. A laila, pule mai nō ke kahuna ma ka pule kai, he pule lō'ihi
nō. 'O ke kai 'o Poke'o ka inoa o ia pule. No ka lō'ihi loa o ia pule
'ana, ua kapa 'ia penei, "unuhi kai 'o Poke'o." A ma ka wā e pau ai
kā lāua pule 'ana, a laila, noho lāua.

63. A laila, kū mai kekahi kahuna hou, no ka mo'o o Lono ia kahuna,
→ he ka-
huna kuhi 'alaea kona inoa. Kū mai nō 'o ia me ka lā'au ua hīki'i 'ia
→ i ka
'oloa, a pule nō 'o ia ma kāna 'oihana i mua o ke anaina.

64. He pule lō'ihi nō ho'i kāna, ua kapa 'ia kāna pule, 'o ke kai 'o
→ Kauakahi. A kokoke e
pau kāna pule, ho'ohiki 'o ia ma ka 'ōlelo pule, penei:[^14] "E kū
→ kaikaina hiki[^15] [i]ā . . . ,"[^16]

65. a laila,[^17] ho'ōho nui
→ mai ke anaina
kānaka a pau loa: "Ola." Hea hou mai ke kahuna: "Iā . . ." Ho'ōho
→ nui mai ke ana-
ina a pau: "Ola, ola, 'o Kū." A laila, pau kā ia kahuna 'oihana
→ pule, a laila,
pau nō ho'i ke kauila 'ana.

66. A laila, ho'i nā ali'i me nā kānaka ma ko lākou mau hale iho
→ e 'ai, a ma
ia wā nō e mākaukau ai ke ako o nā hale o ka luakini. Ma ka
→ wā e mā-
kaukau ai ke ako 'ana, a laila, pi'i mua kekahi[^18] mau kānaka
→ me ka 'aho
ma luna o ka hale.

67. E kū nō ke kahuna i ka pule no ia mau 'aho (ua kapa 'ia kēlā mau
'aho he 'au'au). Ua 'ōlelo 'ia, "Kau nā 'au'au." A pa'a kēlā mau
→ 'aho i ka hoa[^19] 'ia
ma luna o ka hale, a laila, pau ka pule 'ana a ke kahuna.

68. A laila, ako 'ia nā hale a pa'a, 'o Hale Pahu, 'o Hale Waiea,
→ Hale Mana, Hale
Umu. A pa'a nā hale, a laila, ho'okupu mai nā maka'āinana i nā pua'a,
nā niu, nā mai'a, nā i'a 'ula, a me nā 'oloa i malo no nā ki'i a pau, a i kō-
pili no ka 'anu'u mamao, a no Mana kekahi. A pau ia, a laila, ho'i

---

1. 37:60. C?: olelo *(ma ka penikala)* A: olelo
2. 37:60. C: *na ko Malo lima kēia mau lālani i ho'oponopono*
3. 37:61. A: Alaila, hai mai ua kanakala ia Ku, no hanomaiamanu
   no ua kanaka la, ninau hou no ke kahuna ma ka olelo pule,
   hai mai no ua kanaka la he kanuna no ua kanaka la, no Ku ka
   haimakaokao.
4. 37:61. C?: "la[,] i [a]ku" *(ma ka penikala)*
5. 37:61. A: *nele 'o* "ke kahuna"
6. 37:61. C: *na ko Malo lima kēia 'ōlelo i pāku'i*
7. 37:62. A: *nele*
8. 37:65. A: pii mua kekahi mau kanaka me ka aho maluna
   o ka hale *(e nānā i ka paukū 66)*
9. 37:66. A: *nele*
10. 37:66. A: ako ana
11. 37:66. A: kekahi
12. 37:60–61. *e nānā i ka pāku'ina I.18, kahi i ho'onohonoho 'ia ai kēia
    paukū ma ka lālani mele*
13. 37:61. *ua ho'oponopono nui 'ia kēia paukū, a 'a'ole akāka loa ka 'ōlelo
    hope loa i makemake 'ia*
14. 37:64–65. *e nānā i ka pāku'ina I.19, kahi i ho'onohonoho 'ia ai kēia
    paukū ma ka lālani mele*
15. 37:64. *ua ho'ololi 'ia 'o "hihi a," 'o ia 'o "hiki a" (e nānā i ke kuhia no ka
    paukū 37:32)*
16. 37:64. *e nānā i ke kuhiaolalo no ka paukū 37:32*
17. 37:65. *ua hololi 'ia 'o "hoi na lii me na kanaka ma ko lakou" ma hope
    pono o "A laila" a me "hooho" (e nānā i ka paukū 66)*
18. 37:66. *ua ho'ololi 'ia 'o "kekahi," 'o ia 'o "kekahi"*
19. 37:67. *ua ho'ololi 'ia 'o "hou," 'o ia 'o "hoa"*

na makaainana ma ko lakou kau hale iho no.

69. A ona ke ahiahi ana iho o ua la ala, o Kukua, alaila, kalikali ia mai ke kii hakaohia mai ka papahola mai, a kukulu ia ma ka pou o mua, ma ke la lua, i hookaawale mua ia no ua kii la.

70. Eia no ia lua mawaena o ua kii makaiwa, ma ke alo aku o ka la na nanumaomao, makahi e puli kela aku ana i ka Lele kahi e kau ai na mohai, malaila, e ku ai ua kii la. me ka hoohu_ one ole ia i ka malo.

71. E ku ana no na kii a pau me ka hoohume ole ia i ka malo, aia hume na ua kii la i ka malo, alaila, hume na kii a pau i ka malo, ma ia ahiahi; ua olelo ia ku lewalewa ka laau.

72. Maia wa no, ku mai kekahi kahuna e, kai i ka aha, no ke kaiku lu ana i ua kii la, o Houpoana ka inoa oia aha. e pepehi ia ke kahi kanaka lawehala, a kahao ia malalo o ka lua a ua kii la e ku ai, no ka mea, ua mohai ia aku ia kanaka na ua kii la, i mea e oluolu mai ai ke akua, a pau ia oihana, alaila, hoi na lii, me ke kahuna ma ko lakou hale iho, me ka hoomanao i ka hana ma ia po.

73. Maia po iho, makaukau na kanaka a pau, mai na makaainana a a na lii e pule i ko lakou akua iho, no ka aha a ke alii, i maikai ia po, a ao.

74. Eia na mea e pule ai i ka ole mai, i makani ole, i hekili ole, i Uila ole, i Kai Koo ole, i a ahi ole, i na leo wala laau ole mai na kanaka, a me na leo holoholona, i kani ole mai na leo mai na manu, maia po, a ao, pela e maikai ai, ke kai ana o ka aha, pela no ka oihana o ka Luakini mai a Kahiko mai.

75. Maia po no, hele no kekahi poe makaainana mawaho o ko lakou mau hale e moe ai, me ka na na pono aku i ka lani, i na i ike lakou i ke ao maluna, e pule no, e pule lakou i na mea a pau e ino ai ka po Ka i aha.

76. A ona ka wa e ike i ka ala neo ana o luna ke poi ku paha, a me ka meha o na mea kani.

77. Maia wa, hele ke kii nui, a me ke kahuna nui na na ka hana e kai kai i ka aha, a lau wale no maloko o ka hale waiea, o ka nui o na kanaka, e noho no lakou, makahi mamao aku, ma ke alo o mana me ka hoolohe i na mea kani mai o lilo ai ka aha. ana.

78. E ku no ke alii me ka puaa, alaila, ku no ke kahuna i ka pule aha, o hulahula kainoa oia pule, a ma ka pau ana oia pule, e hoolohe ana no ke alii i ka malu o na mea kani, a loke no oia, i ka maikai o ka aha.

79. Alaila, hahao u no ke alii i ka puaa ma ka honua, a make, alaila kaumaha aku ke alii i ke akua me ka i aku, e Ku, e Lono, e Kane, ka Naloa, eia ka puaa, e hoola mai oe iau, e malama

na makaainana ma ko lakou kau hale iho no.[1]

69. A ma ke ahiahi ana iho o ua la ala,[2] o kulua, alaila, halihali ia mai ke[3] kii hakuohia mai ka papahola mai, a kukulu ia ma ka pou o manu, ma kela lua, i hookaawale mua [ia] no ua kii la.

70. Aia no ia lua mawaena o na kii makaiwa, ma ke alo aku o ka la-[na]nanuu mamao,[4] ma kahi e pili koke aku ana i ka Lele kahi e kau ai na mohai, malaila, e ku ai ua kii la, me ka hoohu-me ole ia i ka malo.

71 E ku ana no na kii a pau me ka hoohume ole ia i ka malo, aia hume na ua kii la i ka malo, alaila, hume na kii a pau i ka malo, maia ahiahi, ua olelo iaku[5] lewalewa ka laau.

72 Maia wa no, ku mai kekahi kahuna e, kai i ka aha, no ke kuku-kulu ana i ua kii la, o Poupouana ka inoa oia aha, e pepehi ia ke-kahi kanaka lawehala, a hahao ia malalo o[6] ka lua a ua kii la e ku ai, no ka mea, ua mohai ia aku ia kanaka na ua kii la, i mea e oluolu mai ai ke akua, a pau ia oihana, alaila, hoi na lii, me ke kahuna ma ko lakou hale iho, me ka hoomanao i ka hana ma ia po.

73 Maia po iho, makaukau na kanaka a pau, mai na makaainana a a[7] na lii, e pule i ko lakou akua iho, no ka aha a ke alii, i maikai ia po a ao.

74 Eia na mea e pule ai i Ua ole mai, i makani ole, i hekili ole, i Uila ole, i kai koo ole, i a ahi ole, i la walaau ole mai na [ka leo] kanaka, a me na leo holoholona, i kani ole mai na leo mai na manu, maia po, a ao, pela e maikai ai, ke kai ana o ka aha, pela no ka oihana o ka Luakini mai a[8] Kahiko mai.

75 Ma ia po no, hele no kekahi poe makaainana mawaho o ko lakou mau hale e moe ai, me ka nana pono aku i ka lani, ina i ike lakou i ke ao maluna, e pule no, e pule lakou i na mea a pau e ino ai ka po kai aha.

76 A ma ka wa e ike i ka ia ai ka alaneo ana o luna ke poi pu → paha, a me ka meha o na mea kani,

77 Maia wa, hele ke lii nui, a me ke kahuna nui nana ka hana e kai-kai i ka aha, a[9] lau na wale no maloko o ka hale waiea, o ka nui o na kanaka, e noho no[10] lakou, ma kahi mamao aku, ma ke alo o mana me ka hoolohe i na mea kani mai eo[11] lilo [ke] kai ka aha [ana].

78 E ku no ke alii me ka puaa, alaila, ku no ke ka[_]huna i ka pule aha, o hulahula ka inoa oia pule, a ma ka pau ana oia pule, e hoolohe ana no ke alii i ka malu o na mea kani, a lohe no oia, i ka maikai o ka aha.

79 Alaila, hahaou no ke alii i ka puaa ma ka honua, a make, alaila kaumaha aku ke alii i ke akua me ka i aku, e Ku, e Lono, e Kane, ka Naloa,[12] eia ka puaa, e hoola mai oe iau, e malamai

nā makaʻāinana ma ko lākou kauhale iho nō.

69. A ma ke ahiahi ʻana iho o ua lā ala, ʻo Kū Lua, a laila, halihali ʻia mai ke kiʻi haku ʻōhiʻa mai ka papahola mai, a kūkulu ʻia ma ka pouomanu, ma kēlā lua i hoʻokaʻawale mua ʻia no ua kiʻi lā.

70. Aia nō ia lua ma waena o nā kiʻi makaiwa, ma ke alo aku o ka lananuʻu mamao, ma kahi e pili koke aku ana i ka lele, kahi e kau ai nā mōhai. Ma laila e kū ai ua kiʻi lā me ka hoʻohu-me ʻole ʻia i ka malo.

71. E kū ana nō nā kiʻi a pau me ka hoʻohume ʻole ʻia i ka malo. Aia [a] hume ua kiʻi lā i ka malo, a laila, hume nā kiʻi a pau i ka malo. Ma ia ahiahi, ua ʻōlelo ʻia [a]ku, "Lewalewa ka lāʻau."

72. Ma ia wā nō, kū mai kekahi kahuna, [e] kaʻi i ka ʻaha no ke kūkulu-lu ʻana i ua kiʻi lā, ʻo *Poupouana* ka inoa o ia ʻaha. E pepehi ʻia ke-kahi kanaka lawehala, a hahao ʻia ma lalo o ka lua a ua kiʻi lā e kū ai, no ka mea, ua mōhai ʻia aku ia kanaka na ua kiʻi lā i mea e ʻoluʻolu mai ai ke akua. A pau ia ʻoihana, a laila, hoʻi nā aliʻi me ke kahuna ma ko lākou hale iho, me ka hoʻomanaʻo i ka hana ma ia pō.

73. Ma ia pō iho, mākaukau nā kānaka a pau, mai nā makaʻāinana a[13] nā aliʻi, e pule i ko lākou akua iho no ka ʻaha a ke aliʻi, i maikaʻi ia pō a ao.

74. Eia nā mea e pule ai: i ua ʻole mai, i makani ʻole, i hekili ʻole, i uila ʻole, i kai koʻo ʻole, i ʻā ahi ʻole, i walaʻau ʻole mai ka leo kanaka a me nā leo holoholona, i kani ʻole mai nā leo manu ma ia pō a ao. Pēlā e maikaʻi ai ke kaʻi ʻana o ka ʻaha. Pēlā nō ka ʻoihana o ka luakini maiā Kahiko mai.

75. Ma ia pō nō, hele nō kekahi poʻe makaʻāinana ma waho o ko lākou mau hale e moe ai, me ka nānā pono aku i ka lani. Inā i ʻike lākou i ke ao ma luna, e pule nō; e pule lākou i nā mea a pau e ʻino ai ka pō kaʻi ʻaha.

76. A ma ka wā e ʻike ai [i] ka ʻalaneo ʻana o luna, ke poʻipū → paha, a me ka meha o nā mea kani,

77. ma ia wā, hele ke aliʻi nui a me ke kahuna nui nāna ka hana e kaʻi-kaʻi i ka ʻaha–ʻo[14] lāua wale nō–ma loko o ka Hale Waiea. ʻO ka nui o nā kānaka, e noho nō lākou ma kahi mamao aku ma ke alo o Mana, me ka hoʻolohe i nā mea kani mai o lilo ke kaʻi ʻaha ʻana.

78. E kū nō ke aliʻi me ka puaʻa. A laila, kū nō ke kahuna i ka pule ʻaha, ʻo Hulahula ka inoa o ia pule. A ma ka pau ʻana o ia pule, e hoʻolohe ana nō ke aliʻi i ka malu o nā mea kani. A lohe nō ʻo ia i ka maikaʻi o ka ʻaha,

79.[15] a laila, hahau nō ke aliʻi i ka puaʻa ma ka honua a make. A laila, kaumaha aku ke aliʻi i ke akua, me ka ʻī aku: "E Kū, e Lono, e Kāne, [e] Kanaloa, Eia ka puaʻa. E hoʻōla mai ʻoe iaʻu, E mālama

---

1. 37:68. A: *nele*
2. 37:69. A: *la (ma kahi o "ala")*
3. 37:69. A: *nele*
4. 37:70. C?: la[na]nanuuma[o]mao
5. 37:71. A: ia'ku
6. 37:72. A: *ma (ma kahi o "malalo o")*
7. 37:73. A: *nele*
8. 37:74. A: *nele*

9. 37:77. A: o
10. 37:77. A: ~~noho~~noho (ma kahi o "e noho no")
11. 37:77. C?: *me he mea lā, ua hoʻololi ʻia ʻo "e," ʻo ia ʻo "o"* A: ~~k~~ o
12. 37:79. A: e Kanaloa
13. 37:73. *ua hoʻololi ʻia ʻo "a a," ʻo ia ʻo "a"*
14. 37:77. *ua hoʻololi ʻia ʻo "a," ʻo ia ʻo "ʻo"*
15. 37:79. *e nānā i ka pākuʻina I.20, kahi i hoʻonohonoho ʻia ai kēia paukū ma ka lālani mele*

mai hoi i ke aupuni, a ma ona, ua noa, lele wale aku la;

80 Alaila, ninau mai ke kahuna i ke alii, pehea ka aha a Kana? a lua a ke kahuna ninau ana mai i ke alii, alaila, i mai ke alii, ua mai - kai ka aha.

81 Alaila, hele mai ke alii me ke kahuna a halawai me ka lehulehu ma ke alo o mana, ninau mai no ke alii ia lakou, pehea ka aha a kakou?

82 I mai lakou, ua maikai, no ka mea, aole makou i lohe i kahi mea kini, alaila, ka hea na kanaka a pau me ka leo nui, penei. Lele wale ka aha e, e ka hea ana pela.

83 Alaila, lohe na makaainana a pau mawaho, a olioli nui lakou no ka loaa ana o ka aha a ke alii, manao nui na kanaka a pau, e oma - luhia ana ke aupuni, ma ia mau makahiki.

84 A ma ia ao ana o Kukolu ia la, alaila, hookei iho la ke kahuna nui ua na i Kaieie ka hulahula, ke kahuna ia ia ke poo o ka Luakini, e noho hooke mai ana no ke kahuna hakuohia, alaila, hui pu laua e lua me ka ai ole i ka ai mai ia mau la.

85 He pilahi mai ka lawa ai maia mau la, e hooke ai ana ke kahuna nui no ka aha i koe, e hooke ai ana ke kahuna haku - ohia no ka hakuohia i lilo ia kua maoli.

86 Ma ia la o Kukolu, hai ka haina, eia hana maia la e Kahia ia na puaa eha, o kekahi puaa, e kau ia maluna o ka Lele, hookahi puaa ai ana ke kahuna, hookahi puaa ai, na ke kahu akua, hookahi puaa ai na ke alii me kona mau kanaka, ua kapaia ka ke alii puaa ka puaa o ka iliili.

87 Ma ia la no o Kukolu, e lawe no kekahi mau kanaka, me na ma - kau oloa keokeo eha paha, me ka aha mana, mana akau ma luna o Kaupaku o mana, a hiki i laua a paa, alaila, pule na ka - huna a pau malalo o kela mau kanaka maluna o ka hale, kuli - kuli ko laua mau lima e like me ka hula owali, ua kapaia keia hana ana hoopii na ka aha limalima, a pau ia oihana pule.

88 Alaila, hele mai ke kahuna ua na ke kapuka komo o na mana la, ua kapaia ke la pule he kuia wa ka inoa, a pau ia hana ana, alaila, kukulu ia kekahi kii maloko o mana, ma ke ao ao kua o ka hale e ku pono ana i ka puka, ma kahi i kukulu nma ia ai ka punanakua, ua kapaia ka inoa oia kii o Kahuamunohonionio, i ka pou kua, a pau keia mau hana.

89 A ma ia po iho, a koakoa mai na kahuna a pau e pule a ao ke po, hookahi no ano o ka pule, he pule, ua hoopaa mau ia me he mele la, ua like o ka pane ana, ua kapaia ua pule la, he kuili kainoa oia pule ana.

90 Ma ia po e ka lawa ia na puaa he nui, e walu haneri, elua lau, ua ona hele ia na kahuna, i eha lahui, ma kekahi ao ao o mana kekahi poe, a me kekahi ao ao o mana kekahi poe, e pule a kuai keia poe,

mai hoi i ke aupuni, amama, ua noa, lele wale aku la,

80 Alaila, ninau mai ke kahuna i ke alii, pehea ka aha a
→ kaua? alua
a ke kahuna ninau ana mai i ke alii, alaila, i mai ke alii, ua mai-
kai ka aha.

81 Alaila, hele mai ke alii me ke kahuna a halawai me ka lehulehu
ma ke alo o mana, ninau mai no ke alii ia lakou, pehea ka aha
→ a kakou?

82 I mai lakou, ua maikai, no ka mea, aole makou i lohe i kahi mea
kini,¹ alaila, kahea na kanaka a pau me ka leo nui, penei. Lele wale
ka aha e, e ha hea ana² pela.

83 Alaila, lohe na makaainana a pau mawaho, a olioli nui lakou no
ka loaa ana o ka aha a ke alii, manao nui na kanaka a pau, e ma-
luhia ana ke aupuni, maia mau makahiki.

84 A maia ao ana³ o Kukolu ia la, alaila, hookei iho la ke
→ kahuna nui
nana i kai ꝺ[ka] aha [o] hulahula, ke kahuna ia ia ke poo o ka Luakini,
e noho hooke ai ana no ke kahuna hakuohia, alaila, hui pu laua
e lua me ka ai ole i ka ai maia mau la.

85 He pilali maia ka laua ai maia mau la, e hooke ai ana ke
ꝺꝺkahuna nui no ka aha i koe, e hooke ai ana ke kahuna haku-
ohia no ka hakuohia i lilo i akua maoli.

86. Maia la o ꝺKukolu, hai ka haina, eia hana⁴ maia la
→ e kalua ia na
puaa eha, o kekahi puaa, e kau ia maluna o ka Lele, hookahi puaa
ai na ke kahuna, hookahi puaa ai, na ke kahu akua, hookahi
→ puaa ai
na ke alii me kona mau kanaka, ua kapaia ka ke alii puaa ka
puaa o ka iliili.

87 Maia la no o Kukolu, e lawe no kekahi mau kanaka, me na ma-
kuu oloa keokeo eha paha, me ka aha mana, mana a kau ma-
luna o kaupaku o mana, a hikii laua a paa, alaila, pule na ka-
huna a pau malalo o kela mau kanaka maluna o ka hale, kuhi-
kuhi ko laua mau lima e like me ka hula maoli, ua kapaia keia
hana ana hoopii na ꝺ aha⁵ limalima, a pau ia oihana pule.

88 Alaila, hele mai ke kahuna nana oki⁶ ka puka komo o ua mana
la, ua [ka]paia kela pule he ꝺku[w]a , ka inoa, a pau ia hana ana, alaila,
kukulu ia kekahi kii maloko o mana, ma ka aoao kua o ka hale e ku-
pono ana i ka puka, ma kahi i kukulu mua ia ai ka pounanahua, ua
kapaia ka inoa oia kii o Kaluanuunohonionio, i ka pou kua, a
pau keia mau hana.

89. A maia po iho, akoakoa mai na kahuna a pau e pule a ao ka po,
hookahi no ano o ka pule, he pule, ua hoopaa mau ia me he mele la,
ka like o ka pane ana, ua ꝺ kapaia ua pule la, he kuili kainoa
oia pule ana.

90 Maia po e kalua ia na puaa he nui, e walu haneri, elua lau,
ua mahele ia na kahuna, i elua lahui, ma kekahi aoao o mana
kekahi poe, a me kekahi aoao o mana kekahi poe, e pule aku
→ ai keia poe,

MAI HOʻI I KE AUPUNI. ʻĀMAMA, UA NOA. LELE WALE AKULA."

80. A laila, nīnau mai ke kahuna i ke aliʻi, "Pehea ka ʻaha a
→ kāua?" ʻAlua
a ke kahuna nīnau ʻana mai i ke aliʻi, a laila, ʻī mai ke aliʻi, "Ua mai-
kaʻi ka ʻaha."

81. A laila, hele mai ke aliʻi me ke kahuna a hālāwai me ka lehulehu
ma ke alo o Mana. Nīnau mai nō ke aliʻi iā lākou, "Pehea ka ʻaha
→ a kākou?"

82. ʻĪ mai lākou, "Ua maikaʻi, no ka mea, ʻaʻole mākou i lohe i kahi mea
kani."⁷ A laila, kāhea nā kānaka a pau me ka leo nui, penei, "Lele wale
ka ʻaha ē." ʻEhā hea ʻana pēlā.

83. A laila, lohe nā makaʻāinana a pau ma waho, a ʻoliʻoli nui lākou no
ka loaʻa ʻana o ka ʻaha a ke aliʻi. Manaʻo nui nā kānaka a pau, e ma-
luhia ana ke aupuni ma ia mau makahiki.

84. A ma ia ao ʻana, ʻo Kū Kolu ia lā, a laila, hoʻokē [ʻa]i ihola ke
→ kahuna nui
nāna i kaʻi ka ʻaha ʻo Hulahula, ke kahuna iā ia ke poʻo o ka luakini.
E noho hoʻokē ʻai ana nō ke kahuna haku ʻōhiʻa, a laila, hui pū lāua
ʻelua me ka ʻai ʻole i ka ʻai ma ia mau lā.

85. He pīlali maiʻa kā lāua ʻai ma ia mau lā. E hoʻokē ʻai ana ke
kahuna nui no ka ʻaha i koe. E hoʻokē ʻai ana ke kahuna haku
ʻōhiʻa no ka haku ʻōhiʻa, i lilo i akua maoli.

86. Ma ia lā ʻo Kū Kolu, hai ka haina. Eia [ka] hana ma ia lā. E
→ kālua ʻia nā
puaʻa ʻehā: ʻo kekahi puaʻa, e kau ʻia ma luna o ka lele; hoʻokahi puaʻa,
ʻai na ke kahuna; hoʻokahi puaʻa, ʻai na ke kahu akua; hoʻokahi
→ puaʻa, ʻai
na ke aliʻi me kona mau kānaka. Ua kapa ʻia kā ke aliʻi puaʻa ka
puaʻa o ka ʻiliʻili.

87. Ma ia lā nō ʻo Kū Kolu, e lawe nō kekahi mau kānaka me nā ma-
kuʻu ʻoloa keʻokeʻo ʻehā paha me ka ʻaha limalima⁸ a kau ma
luna o kaupaku o Mana, a hīkiʻi lāua a paʻa. A laila, pule nā kā-
huna a pau ma lalo. ʻO kēlā mau kānaka ma luna o ka hale, kuhi-
kuhi ko lāua mau lima e like me ka hula maoli. Ua kapa ʻia kēia
hana ʻana "hoʻopiʻi nā ʻaha limalima." A pau ia ʻoihana pule,

88. a laila, hele mai ke kahuna nāna [e] ʻoki ka puka komo o ua Mana
lā. Ua kapa ʻia kēlā pule he kuwā ka inoa. A pau ia hana ʻana, a laila,
kūkulu ʻia kekahi kiʻi ma loko o Mana ma ka ʻaoʻao kua o ka hale e kū-
pono ana i ka puka, ma kahi i kūkulu mua ʻia ai ka pounanahua. Ua
kapa ʻia ka inoa o ia kiʻi ʻo Kaluanuʻunohoniʻoniʻoikapoukua. A
pau kēia mau hana,

89. a ma ia pō iho, ʻākoakoa mai nā kāhuna a pau e pule a ao ka pō.
Hoʻokahi nō ʻano o ka pule: he pule ua hoʻopaʻa mau ʻia, me he mele lā
ka like o ka pane ʻana. Ua kapa ʻia ua pule lā, he kuili ka inoa
o ia pule ʻana.

90. Ma ia pō, e kālua ʻia nā puaʻa he nui, ʻewalu haneri, ʻelua lau.
Ua māhele ʻia nā kāhuna i ʻelua lāhui: ma kekahi ʻaoʻao o Mana
kekahi poʻe, a maⁿ⁹ kekahi ʻaoʻao o Mana kekahi poʻe e pule aku
→ ai kēia poʻe

---

1. 37:82. A: kani
2. 37:82. Cʔ: e ꝺ[k]a hea ana *(ma ka penikala)* A: e kahea
   ana *(ma kahi o "e ha hea ana")*
3. 37:84. A: ana **ae**
4. 37:86. A: eia **ka** hana
5. 37:87. A: *nele*

6. 37:88. A: nana **e** oki
7. 37:82. *ua hoʻololi ʻia ʻo "kini," ʻo ia ʻo "kani"*
8. 37:87. *ua hoʻololi ʻia ʻo "mana, mana," ʻo ia ʻo "limalima"*
   (e nānā i ka pau ʻana o kēia paukū)
9. 37:90. *ua hoʻololi ʻia ʻo "me," ʻo ia ʻo "ma"*

o pule mai ai, kela poe.

91 E mahele ia na puaa i hookahi lau. na kekahi poe, na kekahi poe kala, hookahi lau ma kela kala na kela poe, eai na kahuna me ko lakou mau kanaka a ao ka po ma ka pule, a ao ka po ma kahia moe ole.

92 Maia a ao ae, o Kupau ia la, ma aia ao no, Kuili, hookahi lau puaa, e lima kanaka ma kekahi kala, elima hoi ma kekahi kala, e pule a po ka la, me ka hoomaha ole.

93 Maia po iho Kuili hou no, eono kanaka puaa e kaluaia, ka puaa ekolu makahi kala na kela poe kahuna, ekolu hoi ma keia kala na keia poe kahuna me ka pule no a ao ka po.

94 Maia ao ae, Lekukahi ia la, Kuili no, o ka kanaka puaa eha ka lua ia, elua kanaka ma kekahi kala, elua ma kekahi kala, na na kahuna wale no keia puaa, aole a na lii, maia ahiahi pau ke Kuili ana a kahuna.

95 Maia po iho, hele ke alii nui me ke kahuna nui e kii i ka aha elike me ka hana ana mamua, o Hoowilimoo ka inoa oia ahaa, a loaa ia aha maikai loa ka luakini, alaila, nonoi mai ke kahuna i ke alii i aina nona, olelo mai no ke kahuna i ke alii me ka manao kana penei:

96 E ka lani, ua nonoi ae nei kaua i ko akua i pono no ke aupuni, a me kou ola, a me ke ola o na makaainana, ua ae mai ko akua ke ike nei kaua, ua maikai ka aha, makeia hope aku, ina loaa ka hoa paio ou e make no ia oe, no ka mea, ua maikai ko ke akua ao ao.

97 Maia po no, hana kekahi kahuna i kana oihana, he ka papa a lua kana hana maia po, e holo no oia e lawaia Kua, me ka makau me ke aho, he hee ka maunu, he nui no ka poe lawaia.

98 Ina i loaa ole ka lakou ulua, pae lakou mauka, a hele aku no ma ka puka o na hale kahea aku i ko loko o ka hale me ka hoopuni puni, e puka mai i waho, i na i puka mai kekahi kanaka olokii i waho, e pepehi lakou a make, a hoolou i ka makau ma waha a lawe ma ka heiau, pela e hana ai kela kahuna, i na nui ko ka hale kana no, pela e pa kela ai.

99 Maia wana ao ana ae ka ei ia ka hakuohia, i ka lau niu ma kona opu o kahi o ka lau niu ma kona opu, hili ia a loihi a kapaia aku ia mea o kona piko ia mai kona makuahine mai.

100 Alaila, hele mai ke alii me ke kahuna e kii i ka piko o ua hakuohia nei, e kuoo ke alii me ka puaa, e pule ke kahuna me ka pule oke penei ka pule.

101 O ka oke keia o ka piko o kea iwaiwa lani, o ka oke keia o ka oke o ka piko o kea iwaiwa lani, o keoki keia o ka piko o kea iwaiwa lani, o ka moku keia o ka piko o kea iwaiwa lani, a laila, ookiia kela piko lau nui, a koloia ka welu, pule ke kahuna

e[1] pule mai ai, kela poe.

91 E mahele ia na puaa i hookahi lau na kekahi poe, ma kekahi ~~poe~~ kala, hookahi lau ma kela kala na kela poe, e ai na kahuna me ko lakou mau kanaka a ao ka po me ka pule, a ao ka po me ka hiamoe [ole].

92. Maia a[2] ao ae, o Kupau ia la, maia ao no, kuili, hookahi lau puaa, e lima kanaha ma kekahi kala, elima hoi ma kekahi kala, e pule a po ka la, me ka hoomaha ole.

93 Maia po iho kuili hou no, eono[3] kanaha puaa e kalua ia, ka puaa e kolu makahi kala na kela poe kahuna, e kolu hoi ma keia kala na keia poe kahuna me ka pule no a ao ka po.

94. Maia ao ae [o]lekukahi[4] ia la, kuili no, e ha kanaha puaa e kalua ia, elua kanaha ~~la~~ ma kekahi kala, elua ma kekahi kala, na na kahuna wale no keia puaa, aole a na lii, maia ahiahi pau ke kuili ana a kahuna.

95 Maia po iho, hele ke alii nui me ke kahuna nui e kaii ka aha e like me ka hana[5] ana mamua, o Hoowilimoo ka inoa oia aha, a loaa ia aha maikai loa ka luakini, alaila, nonoi mua ke kahuna i ke alii i aina nona, e olelo mai no ke kahuna i ke alii me ka manao lana penei.

96 E ka lani ua nonoi ae nei kaua[6] i ko akua i pono no ke aupuni, a me kou ola, a me ke ola o na makaainana, ua ae mai ko akua ke ike nei kaua, ua maikai ka aha, makeia hope aku, ina loaa ka hoa paio ou e make no ia oe, no ka mea, ua maikai ko ke akua aoao.

97 Maia po no, hana kekahi kahuna i kana oihana, he kapapa u-lua kana hana maia po, e holo no oia e lawaia Ulua, me ka makau me ke aho, he hee ka maunu, he nui no ka poe lawaia.

98 Ina i loaa ole ka lakou ulua, pae lakou mauka, a hele aku no ma ka puka o na hale kahea aku i ko loko o ka hale me ka hoopuni puni, e puka mai i waho, ina [i] puka mai kekahi kanaka oloko i waho, e pepehi lakou a make, a hoolou i ka makau ma waha[7] a lawe ma ka heiau, pela e hana ai kela kahuna, ina nui ko ka hale kaua no, pela e pa kela[8] ai.

99 Maia wana ao ana ae kaei ia ka hakuohia, i ka lau niu ma kona opu o kahi o ka lau niu ma kona opu, hili ia a loihi a kapaia aku ia mea o kona piko ia mai kona makuahine mai.

100 Alaila, hele mai ke alii me ke kahuna, e oki i ka piko o
→ ua hakuohia
nei, e ku no ke alii me ka puaa, e pule ke kahuna me ka pule ohe penei ka pule.

101 O ka ohe keia o ka piko o ke aiwaiwa lani, o ka uhae keia o ka ohe o ka piko o ke aiwaiwa lani, o ke oki kei a o ka piko o ke aiwaiwalani, o ka moku keia o ka piko o ke aiwaiwa lani,[9] a laila, ooki[10] kela piko launiu, a holoia[11] ka welu, pule ke kahuna

e pule mai ai kēlā po'e.

91. E māhele 'ia nā pua'a i ho'okahi lau na kekahi po'e ma kekahi kala, ho'okahi lau ma kēlā kala na kēlā po'e. E 'ai nā kāhuna me ko lākou mau kānaka a ao ka pō me ka pule, a ao ka pō me ka hiamoe 'ole.

92. Ma ia ao[12] a'e, 'o Kū Pau ia lā, ma ia ao nō, kuili. Ho'okahi lau pua'a, 'elima kanahā ma kekahi kala, 'elima ho'i ma kekahi kala. E pule a pō ka lā me ka ho'omaha 'ole.

93. Ma ia pō iho, kuili hou nō. 'Eono kanahā pua'a e kālua 'ia; ka pua'a 'ekolu[13] ma kahi kala na kēlā po'e kāhuna, 'ekolu ho'i ma kēia kala na kēia po'e kāhuna, me ka pule nō a ao ka pō.

94. Ma ia ao a'e, 'Ole Kū Kahi ia lā, kuili nō. 'Ehā kanahā pua'a e kālua 'ia; 'elua kanahā ma kekahi kala, 'elua ma kekahi kala. Na nā kāhuna wale nō kēia pua'a, 'a'ole a nā ali'i. Ma ia ahiahi, pau ke kuili 'ana a kāhuna.

95. Ma ia pō iho, hele ke ali'i nui me ke kahuna nui e ka'i i ka 'aha e like me ka hana 'ana ma mua, 'o Ho'owilimo'o[14] ka inoa o ia 'aha. A loa'a ia 'aha, maika'i loa ka luakini. A laila, nonoi mua ke kahuna i ke ali'i i 'āina nona. E 'ōlelo mai nō ke kahuna i ke ali'i me ka mana'o-lana penei:

96. "E ka lani, ua nonoi a'e nei kāua i kō akua i pono no ke aupuni a me kou ola a me ke ola o nā maka'āinana. Ua 'ae mai kō akua. Ke 'ike nei kāua, ua maika'i ka 'aha. Ma kēia hope aku, inā loa'a ka hoa paio ou, e make nō iā 'oe, no ka mea, ua maika'i ko ke akua 'ao'ao."

97. Ma ia pō nō, hana kekahi kahuna i kāna 'oihana, he kāpapa u-lua kāna hana ma ia pō. E holo nō 'o ia e lawai'a ulua me ka makau me ke aho, he he'e ka maunu. He nui nō ka po'e lawai'a.

98. Inā i loa'a 'ole kā lākou ulua, pae lākou ma uka, a hele aku nō ma ka puka o nā hale. Kāhea aku i ko loko o ka hale, me ka ho'opuni-puni, "E puka mai i waho!" Inā i puka mai kekahi kanaka o loko i waho, e pepehi lākou a make, a ho'olou i ka makau ma [ka] waha a lawe ma ka heiau. Pēlā e hana ai kēlā kahuna. Inā nui ko ka hale, kaua nō. Pēlā e pakele[15] ai.

99. Ma ia wana'ao 'ana a'e, kā'ei 'ia ka haku 'ōhi'a i ka lau niu ma kona 'ōpū. 'O kahi o ka lau niu ma kona 'ōpū, hili 'ia a lō'ihi, a kapa 'ia aku ia mea, 'o kona piko ia mai kona makuahine mai.

100. A laila, hele mai ke ali'i me ke kahuna e 'oki i ka piko o ua
→ haku 'ōhi'a
nei. E kū nō ke ali'i me ka pua'a, e pule ke kahuna me ka pule 'ohe. Penei ka pule:

101.[16] "'O KA 'OHE KĒIA O KA PIKO O KE ĀIWAIWA LANI, 'O KA UHAE KĒIA O KA 'OHE O KA PIKO O KE ĀIWAIWA LANI, 'O KE 'OKI KĒI-A O KA PIKO O KE ĀIWAIWA LANI, 'O KA MOKU KĒIA O KA PIKO O KE ĀIWAIWA LANI." A laila, 'o'oki kēlā piko lau niu; a holo[i] 'ia [i] ka welu, pule ke kahuna

---

1. 37:90. A: **a** e pule
2. 37:92. A: *nele*
3. 37:93. A: ~~eha~~ [eono]
4. 37:94. A: **o** Olekukahi
5. 37:95. A: lana *(ma kahi o "hana")*
6. 37:96. A: Ua nonoi ae nei kaua, e ka lani
7. 37:98. A: **ka** waha
8. 37:98. A: pakele *(ma kahi o "pa kela")*
9. 37:101. A: *nele 'o* "o ka moku keia o ka piko o kea iwaiwa lani"

10. 37:101. A: ooki **ia**
11. 37:101. A: holoiia
12. 37:92. *ua ho'ololi 'ia 'o* "a ao," *'o ia 'o* "ao"
13. 37:93. *ua ho'ololi 'ia 'o* "ka puaa ekolu," *'o ia 'o* "'ekolu"
14. 37:95. *ma kā Kēlou Kamakau* (Ka 'Ohina Fornander, puke VI, 'ao'ao 23) *kapa 'ia kēia 'aha 'o* "Hooilimoo"
15. 37:98. *ua ho'ololi 'ia 'o* "pa kela," *'o ia 'o* "pakele"
16. 37:101. *e nānā i ka pāku'ina I.21, kahi i ho'onohonoho 'ia ai kēia paukū ma ka lālani mele*

penei kupena ula, kupena lei, a ka, halapa i kea
kua i laau waila, a laila, a mama kia lii me ka puaa
a laila, pau ia hana ana.

102 A ma ia ao ana ae, o Ole kulua ia la, alaila, hai, kia haiina
nui, alaila, haawi ke alii puaa, a me kanaka, penei
keano o ka haawi ana, o na lii nui a nui ko lakou mau kana-
ka, pa umi ka lakou puaa, o na lii uuku iho, a uuku ko ova
mau kanaka, uuku mai no kona haawina.

103 Pela no hoi kona kanaka haawina e like me ko lakou
ano, a pau ka puaa i ke haawi ia, ke lua na puaa a pau
ma ia wa no, alaila, ke lele aku ke alii nui, me ka kahuna
pua pau, e hookuu me i ka malo o ke kii haku o kia

104 Pule na kahuna a pau ma ka pule malo no ka malo
o na kii la, penei, kume kume oa malo e loa hai ke ana, hai
loa, hai loa e, a pau ka pule ana, alaila, hookuu me ia na
kii la i ka malo, alaila, kapaia kona inoa hou ke Moi
o ka haku o na kii a pau ke ano o ka Moi; alaila, hookuu me
ia na kii a pau i ka malo, a kapaia no hoi ko lau mau i
noa ma ko lakou wahi e kuai.

105 A ma ka wa e moa ai na puaa a pau, e lawe ia no
ke alii uha mua, o na puaa a pau loa, na ka poe ka-
huna, na kapa ia, na uha la, na uhai na ki, a e haa-
wi pu ia na pai ai na kahuna a pau, no ka mea, pela mau
na kahuna mai ka iko mai.

106 A pau ka ai ana, a nalii a me kanaka i ka puaa, alaila,
haawi ke alii nui i na mohai ke nui nana kua ona
ke lau na puaa, ke lau na maia, ke lau na niu, ke lau
na ia ula, ke lau kaoloa, he mau kanaka ke kahi,
e kau ma ka lele.

107 Eumi eu ia ka kulu o na puaa ma ke ahi, a
pau ka naau i ke kuai a hoolei ia ia mea, a
hoakoakoa na mohai a pau ma ka iliili ma

penei Kupenu ula, kupenu lei,[1] aka, halapa i ke a
kua i laau wai la, a laila, amama ke alii me ka puaa
alaila, pau ia hana ana.

102 A ma ia ao ana ae, o Ole kulua ia la, alaila, hai, ka haina
nui, a laila, haawi ka na lii puaa, a me kanaka, penei
ke ano o ka ha[a]awi ana, o na lii nui a nui ko lakou mau kana-
ka, pa umi ka lakou puaa, o na lii uuku iho, a uuku kona[2]
mau kanaka, uuku mai no kona haawina.

103 Pela no hoi ko na kanaka haawina e like me ko lakou
~~103~~ ano, a pau ka puaa i ka haawi ia, kalua na puaa a pau
maia wa no, alaila, hele aku ke alii nui, me kahuna
pu apau, e hoohume i ka malo o ke kii haku ohia

104 Pule na kahuna a pau ma ka pule malo no ka malo
o ua kii la, penei, humehume [na] malo e lono hai ke kaua, hai
lea, hai lono e, a pau ka pule ana, a laila, hoohume ia ua
kii la i ka malo, alaila, kapaia kona inoa hou he Moi
o ka haku o na kii a pau ke ano o ka Moi, a laila, hoohume
ia nā kii a pau i ka malo, a kapaia no hoi ko lau[3] mau i
noa ma ko lakou wahi e ku ai.

105 A ma ka wa e moa ai na puaa a pau, e lawe ia no
kekahi uha mua, o na puaa apau loa, na ka poe ka
huna, ua kapa ia, ua uha la, na u[ha] hainaki, a e haa-
wi pu ia na pai ai na kahuna a pau, no ka mea, pela mau
na kahuna mai kahiko mai.

106 A pau ka ai ana, a na lii a me kanaka i ka puaa, alaila,
haawi ke alii nui i na mohai he nui na na kua ona
he lau na puaa, he lau na maia, he lau na niu, he lau
na ia ula, he lau ka oloa, he mau kanaka ke kahi,
e kau ma ka lele.

107 E unuunu ia ka hulu o na puaa ma ke ahi, a
pau ka naau i ke kuai a hoolei ia ia[4] mea, a
hoakoakoa na mohai[5] apau ma ka iliili ma

penei: "Kūpenu 'ula, Kūpenu lei. A kā, hālapa i ke a-
kua i lā'au wai lā!" A laila, 'āmama ke ali'i me ka pua'a;
a laila, pau ia hana 'ana.

102. A ma ia ao 'ana a'e, 'o 'Ole Kū Lua ia lā; a laila, hai ka haina-
nui; a laila, hā'awi [i] kā nā ali'i pua'a, a me kānaka. Penei
ke 'ano o ka hā'awi 'ana: 'o nā ali'i nui a nui ko lākou mau kāna-
ka, pā'umi kā lākou pua'a; 'o nā ali'i 'u'uku iho a 'u'uku kona
mau kānaka, 'u'uku mai nō kona ha'awina.

103. Pēlā nō ho'i ko nā kānaka ha'awina, e like me ko lākou
'ano. A pau ka pua'a i ka hā'awi 'ia, kālua nā pua'a a pau
ma ia wā nō; a laila, hele aku ke ali'i nui me kāhuna
pū a pau e ho'ohume i ka malo o ke ki'i haku 'ōhi'a.

104.[6] Pule nā kāhuna a pau ma ka pule malo no ka malo
o ua ki'i lā penei: "Humehume nā malo, e Lono, Ha'i ke kaua, ha'i-
le'a, ha'ilono ē." A pau ka pule 'ana, a laila, ho'ohume 'ia ua
ki'i lā i ka malo, a laila, kapa 'ia kona inoa hou he mō'ī.
'O ka haku o nā ki'i a pau ke 'ano o ka mō'ī. A laila, ho'ohume
'ia nā ki'i a pau i ka malo, a kapa 'ia nō ho'i ko lā[ko]u mau i-
noa ma ko lākou wahi e kū ai.

105. A ma ka wā e mo'a ai nā pua'a a pau, e lawe 'ia nō
kekahi 'ūhā mua o nā pua'a a pau loa na ka po'e kā-
huna. Ua kapa 'ia ua 'ūhā lā, nā 'ūhā hainaki. A e hā'a-
wi pū 'ia nā pa'i 'ai na kāhuna a pau, no ka mea, pēlā mau
nā kāhuna mai kahiko mai.

106. A pau ka 'ai 'ana a nā ali'i a me kānaka i ka pua'a, a laila,
hā'awi ke ali'i nui i nā mōhai he nui na nā akua ona–
he lau nā pua'a, he lau nā mai'a, he lau nā niu, he lau
nā i'a 'ula, he lau ka 'oloa, he mau kānaka kekahi
e kau ma ka lele.

107. E unūnu 'ia ka hulu o nā pua'a ma ke ahi, a
pau ka na'au i ke kua'i, a ho'olei 'ia ia mea. A
ho'ākoakoa nā mōhai a pau ma ka 'ili'ili ma

---

1. 37:101. A: Kupenu lei, Kupenu ula *(ma kahi o* "Kupenu ula, kupenu lei"*)*
2. 37:102. A: ko lakou *(ma kahi o* "kona"*)*
3. 37:104. A: lakou
4. 37:107. A: *nele*
5. 37:107. A: mea *(ma kahi o* "mohai"*)*
6. 37:104. *e nānā i ka pāku'ina I.22 kahi i ho'onohonoho 'ia ai kēia pule ma ka lālani mele*

lalo iho o ka Lele a pule na kahuna i ke akua kii, a pau
ia, alaila kauia ka mohai ma ka Lele.

108 Maia wa no, hele mai ke kahuna kapapa ulua a ko
nee mai ma ke kua o ka lana nuumamao me ka
Ulua pule mai no ia ma kana oihana, he aha o koa
no kana e pule mai ai a pau kana pule aha, alaila, ni-
nau mai no i ke alii. Pehea ka aha a kaua? i mai ke alii
ua maikai ka aha, alaila, i mai na kahuna la i ke a-
lii ua maikai ia no, aole moku ke aho, aole kai ka
makau ua paa no ko aupuni, alaila, kauia ka Ulua
ma ka Lele i mohai a pau ia hoi na kahuna la.

109 Alaila, kapili ia ka lana nuumamao i ka oloa
ke okeo a paa, ua kapa ia ua la la, he la kopilinui
no ke kopili ana o ka lana nuumamao.

110 Maia ahiahi ana iho, pii na kahuna, a me kanaka
me ka Hoalii, me na kua pu i ka lala koa, ua lawe mua
ia mai ua lala koa la a kokoke ma kai, a loaa ka lala
koa, iho mai kanaka me kau wa nui, e like me ka
hana ana i ka haku o ka.

111 A hiki kanaka ma kai, kukulu ia, ua hale lala koa
la, maia ahiahi, a maia ahiahi no haule ka
hui o papa, maia po ana iho, kalua ia ka puaa hea.

112 A ma ia wana ana ae a ko a ko a nui mai na kanaka
a pau e ai i ua puaa hea la, i na i koe ua puaa hea la
e hoolii ia ke koe aole e ai hou ia maia wa no, ai
ka Hoalii i ka maka o ke kanaka ma ka Lele, a me
ka maka o ka puaa ai pu ia.

113 Maia ao ana ae, luku a maea, olekukahi ia
la, alaila, hele kanaka, kahuna na lii apau e
auau kai, lawe pu ia na kua kaai aku ma ka ha
kai, a pau ka auau ana, hoi mai kanaka, kahuna
na lii apau i uka, me ke koa ua ka lima, a ho a hu

lalo iho o ka lele a pule na kahuna i ke akua kii, apau ia, alaila kau ia ka mohai ma ka Lele.

108 Maia wa no, hele mai ke kahuna Kapapa ulua a komo mai ma ke kua o ka lana nuumamao me ka Ulua pule mai no ia ma kana oihana, he aha okoa no kana e pule mai ai a pau kana pule aha, alaila, ninau mai no i ke alii. Pehea ka aha a kaua? i mai ke alii ua maikai ka aha, alaila, i mai ua kahuna la i ke alii ua maikai io no, aole moku ke aho, aole hai ka makau ua paa no ko aupuni, alaila, kau ia ka Ulua ma ka Lele i mohai apau ia hoi ua kahuna la.

109 A laila, kapili ia ka lana nuumamao i ka oloa keokeo a paa, ua kapa ia ua la la, he la kopili nui no ke kopili ana o ka lananuumamao.

110 Maia ahiahi ana iho, pii na kahuna, a me kanaka me ka Hoalii me na kua pu i ka lala koa, ua lawe mua ia mai ua lalakoa la a kokoke makai, a loaa ka lala koa, iho mai kanaka me ka uwanui, e like me ka hana ana i ka haku ohia.

111 A hiki kanaka makai, kukulu ia, ua hale lalakoa la, maia ahiahi, a maia ahiahi no haule kahui o papa, maia po ana iho, kalua ia ka puaa hea.

112 A ma ia wana ana[o], ae[1] akoakoa nui mai na kanaka apau e ai i ua puaa hea la, ina i koe ua puaa hea la, e hoolei ia ke koe[2] aole e ai hou ia maia wa no, ai Ka Hoa lii i ka maka o ke kanaka ma ka Lele, a me ka maka o ka puaa ai pu ia

113 Maia ao ana ae, luka maea, o Olekukolu ia la, alaila, hele kanaka, kahuna na lii apau e auau kai, lawe pu ia na kua kaai aku ma kaha kai, a pau ka auau ana, hoi mai kanaka, kahuna, na lii apau i uka, me ke koa ma ka lima, a hoahu

lalo iho o ka lele a pule nā kāhuna i ke akua kiʻi. A pau ia, a laila, kau ʻia ka mōhai ma ka lele.

108. Ma ia wā nō, hele mai ke kahuna kāpapa ulua a komo mai ma ke kua o ka lananuʻu mamao me ka ulua. Pule mai nō ia ma kāna ʻoihana, he ʻaha ʻokoʻa nō kāna e pule mai ai. A pau kāna pule ʻaha, a laila, nīnau mai nō i ke aliʻi, "Pehea ka ʻaha a kāua?" ʻĪ mai ke aliʻi, "Ua maikaʻi ka ʻaha." A laila, ʻī mai ua kahuna lā i ke aliʻi, "Ua maikaʻi ʻiʻo nō. ʻAʻole moku ke aho, ʻaʻole haʻi ka makau. Ua paʻa nō kō aupuni." A laila, kau ʻia ka ulua ma ka lele i mōhai. A pau ia, hoʻi ua kahuna lā.

109. A laila, kāpili ʻia ka lananuʻu mamao i ka ʻoloa keʻokeʻo a paʻa. Ua kapa ʻia ua lā lā, he lā kōpili nui no ke kōpili ʻana o ka lananuʻu mamao.

110. Ma ia ahiahi ʻana iho, piʻi nā kāhuna a me kānaka, me Kahoaliʻi me nā akua pū i ka lālā koa. (Ua lawe mua ʻia mai ua lālā koa lā a kokoke ma kai.) A loaʻa ka lālā koa, iho mai kānaka me ka ʻuā nui, e like me ka hana ʻana i ka haku ʻōhiʻa.

111. A hiki kānaka ma kai, kūkulu ʻia ua hale lālā koa lā ma ia ahiahi. A ma ia ahiahi nō, hāʻule ka Huʻi o Papa. Ma ia pō ʻana iho, kālua ʻia ka puaʻa heʻa.

112. A ma ia wanaʻao ʻana[3] aʻe, ʻākoakoa nui mai nā kānaka a pau e ʻai i ua puaʻa heʻa lā. Inā i koe ua puaʻa heʻa lā, e hoʻolei ʻia ke koe[na]; ʻaʻole e ʻai hou ʻia. Ma ia wā nō, ʻai Kahoaliʻi i ka maka o ke kanaka ma ka lele, a me ka maka o ka puaʻa; ʻai pū ʻia.

113. Ma ia ao ʻana aʻe, lū ka maea. ʻO ʻOle Kū Kolu ia lā. A laila, hele kānaka, kāhuna, nā aliʻi a pau e ʻauʻau kai. Lawe pū ʻia nā akua kāʻai, a kū ma kahakai. A pau ka ʻauʻau ʻana, hoʻi mai kānaka, kāhuna, nā aliʻi a pau i uka me ke koʻa ma ka lima, a hoʻāhu

---

1. 37:112. A: wanao ana ae
2. 37:112. A: koena
3. 37:112. *ua hoʻololi ʻia ʻo* "wana ana[o]," *ʻo ia ʻo* "wanaʻao ʻana"

ia na koaia, ma waho o ka heiau.

114 Maia hoi ana mai ka lua napuaa, a pau na puaa i ke kalua ia, alaila, hoonoho papa ia kanaka na lii kahuna, ma ka honua, ma ke alo o hale palu, ka noho ana, he hana kainoa oia hana.

115 Ma ka wa e hoomakaukau ai na kanaka apau, hele mai ke kahuna nana ia oihana e kuni oia i ka pule hono a ma kona wa e hoohiki ai ma kana pule, penei. O hoa ka oka lima aia iluna, alaila, kau na lii, a me kanaka a pau i ko lakou mau lima maluna, me ka oniole, me ka noho malie loa, i na oni kekahi mea, e make no oia he loihi no ia pule ana, a pau ia pule ana, alaila moa na puaa, ai kanaka, a moe ia po

116 Maia ao ana ae. O le pau ia la, maia kakahiaka, hele mai ka ke alii nui mau wahine e kai malo loihi oia ka lakou mohai i ke akua kii, alaila, akoakoa mai na kanaka a pau ma ka hale papa, a huipu me ua mau wahine la, a ke alii nui a lawe ia mai kahi aoao o ka malo i ka heiau, a paa no kahi aoao i na lii wahine, a pule ke kahuna i ka pule malo he kai oloa kainoa oia pule la.

117 Alaila hoonoho lalani ia kanaka a pau, a laila, hele mai ke kahuna nana e papa ka pule, a ma ka wa a ke kahuna e hoohiki ai penei. Elieli hooho mai kana ka apau. Kapu, keahou mai ke kahuna, Elieli, hoo ho mai kanaka, Noa, keahou mai ke kahuna Ia e, keahou mai kanaka apau. Noa honua, alaila, noa loa, o ka pau no ia o keia hana, pela ka hana o ka luakini, he hoomana nui ana ko ka luakini

ia ua koa la ma waho o ka heiau.

114 Maia hoi ana mai, kalua na puaa, a pau na puaa i ke kalua ia, alaila, hoonoho papa ia kanaka na lii kahuna, ma ka honua, ma ke alo o hale pahu, ka noho ana, he hono ka inoa oia hana.

115 Ma ka wa e hoomakaukau ai na kanaka apau, hele mai ke kahuna nana[1] ia oihana e ku no oia i ka pule hono a ma kona wa e hoohiki ai ma kana[2] pule, penei, O [ka] hoaka o ka lima aia iluna, alaila, kau na lii, a mae kanaka apau i ko lakou mau lima maluna, me ka oniole, me ka noho malie loa, ina oni kekahi mea, e make no oia he loihi no ia pule ana, a pau ia pule ana, alaila moa na puaa, ai kanaka, a moe ia po

116 Maia ao ana ae o Olepau ia la, maia kakahiaka, hele mai ka ke alii nui mau wahine e kai malo loihi oia ka lakou mohai i ke akua kii, alaila, akoakoa mai ~~mai~~ kanaka [a]pau ma ka hale o papa, a huipu me ua mau wahine [la] a ke alii nui a lawe ia mai kahi aoao o ka malo i ka heiau, a paa no kahi aoao i na lii wahine, a pule ke kahuna i ka pule malo he kaioloa ka inoa o ua pule la.

117. A laila, hoonoho lalani ia kanaka apau, a laila, hele mai ke kahuna nana e papa ka pule, a ma ka wa a ke kahuna e hoohiki ai penei. Elieli hooho mai kana ka apau, Kapu, hea hou mai ke kahuna, Elieli, hoo ho mai kanaka, Noa, hea hou mai ke kahuna Iae, hea hou mai kanaka apau, Noa honua, alaila, noa loa, o ka pau no ia o keia hana, pela ka hana o ka Lukini,[3] he hoomana nui ana[4] ko ka Luakini

'ia ua ko'a lā ma waho o ka heiau.

114. Ma ia ho'i 'ana mai, kālua nā pua'a. A pau nā pua'a i ke kālua 'ia, a laila, ho'onoho papa 'ia kānaka, nā ali'i, kāhuna. Ma ka honua ma ke alo o Hale Pahu ka noho 'ana. He hono ka inoa o ia hana.

115. Ma ka wā e ho'omākaukau ai nā kānaka a pau, hele mai ke kahuna nāna ia 'oihana. E kū nō 'o ia i ka pule hono, a ma kona wā e ho'ohiki ai ma kāna pule, penei, "'O KA HOA-KA O KA LIMA, AIA I LUNA," a laila, kau nā ali'i a me kānaka a pau i ko lākou mau lima ma luna me ka 'oni 'ole, me ka noho mālie loa. Inā 'oni kekahi mea, e make nō 'o ia. He lō'ihi nō ia pule 'ana; a pau ia pule 'ana, a laila, mo'a nā pua'a. 'Ai kānaka a moe [i] ia pō.

116. Ma ia ao 'ana a'e, 'o 'Ole Pau ia lā, ma ia kakahiaka, hele mai kā ke ali'i nui mau wāhine e ka'i malo lō'ihi. ('O ia kā lākou mōhai i ke akua ki'i.) A laila, 'ākoakoa mai kānaka a pau ma ka Hale o Papa, a hui pū me ua mau wāhine lā a ke ali'i nui. A lawe 'ia mai kahi 'ao'ao o ka malo i ka heiau; a pa'a nō kahi 'ao'ao i nā ali'i wāhine. A pule ke kahuna i ka pule malo, he ka'i'oloa ka inoa o ua pule lā.

117. A laila, ho'onoho lālani 'ia kānaka a pau; a laila, hele mai ke kahuna nāna e pāpā ka pule. A ma ka wā a ke kahuna e ho'ohiki ai, penei: "'ELI'ELI!" Ho'ōho mai kāna-ka a pau: "KAPU!" Hea hou mai ke kahuna: "'ELI'ELI!" Ho'ō-ho mai kānaka: "NOA!" Hea hou mai ke kahuna: "IĀ Ē!" Hea hou mai kānaka a pau: "NOA HONUA!" A laila, noa loa. 'O ka pau nō ia o kēia hana. Pēlā ka hana o ka lu[a]kini. He ho'omana nui 'ana ko ka luakini;

---

1. 37:115. A: *nele*
2. 37:115. A: kona
3. 37:117. A: luakini
4. 37:117. A: hoomana nui *(ma kahi o* "hoomana nuiana")

ua kapaia ka Luakini keia ko, ke kana nui i oi
mamua na hana apau.

118 He umi mau la e kapu ai ka Luakini, alaila noa
ina ka la o Huna ka noa ana. O kahalu ka lua o ka la,
i noa ai, a ma ia a hiki ana iho, pule hou no, oia hoi
ka pule hoomahanahana hana e kolu mau la e pule
ai, alaila pau ka hoomahanahana, pau no hoi ia
o ka hoomana a Kealiinui.

119 A ike kanaka, me kahuna me ke alii, ua maikai
na oihana o ka Luakini, alaila, manao nui ia e
paa ana ke aupuni, alaila kukulu hou i mau heau
e i heiau. Mapele, Kukoae, Haleolono, a he mau heiau
hooulu ulu keia, i ua mai ka lani, i hua nui mai na
mea kanu, a ola kanaka a ponoloa ke aupuni. ola ka
aina.

120 E kaa puni no ke alii nui ma waho o ka moku pu
ni, me ka ulu heiau, me ka hai pule ma ka akau o
ka moku puni e hele mua ai, ua kapaia kela hele ana
he ulu akau, a pau ia hele ana, hele hou ma ka hema, o ka
moku puni, me ke kukulu heau no, ua kapaia ke
la hele ana he hoi hema, me ka hai pule no i na kii.

121 O na lii apau malalo o Kealiinui e hai pule mau no
ma ka lakou mau heiau i kela malama i keia mala
ma, i kela ma kahiki, i keia ma kahiki, pela na lii a
pau e hana ai.

122 Ina i make kana ia ke alii ai moku, e kau ia ma
ka Luakini, a hai ia e ke kahi alii ai moku e.

123 Pela ko na lii hoomana ana i na kua mai kahi
ko mai a hiki mai ia Liholiho alaila, kaalelo ia ka hoo
mana ana

ua kapa ia ka Luakini [he] ohia Ko, he hana nui i oi
mamua o [na] hana a pau.

118 He umi mau la e kapu ai ka Luakini, alaila noa
ma ka la o Huna ka noa ana, o Mohalu ka lua o ka la
i noa ai, a ma ia ahiahi ana iho, pule hou no, oia hoi
ka pule hoomahanahana e kolu mau la e pule
ai, alaila[2] pau ka hoomahanahana, pau no hoi ia
oiha[na] hoomana a ke alii nui.

119 A [i]ke kanaka, me kahuna me ke alii, ua maikai
na oihana o ka Luakini, alaila, manao nui ia e
paa ana ke aupuni, alaila kuku[lu] hou i mau heau,[3]
e[4] i heiau Mapele, Kukoae, Haleolono, a he mau heiau
hoouluulu keia, i ua mai ka lani, i hua nui mai na
mea kanu, a ola kanaka a pono loa ke aupuni. ola ka
aina.

120 E kaapuni no ke alii nui ma waho o ka mokupu
ni, me ka ulu heiau, me ka haipule ma ka akau o
ka mokupuni e hele mua ai, ua kapaia kela hele ana
he ulu akau, a pau ia hele ana, hele hou ma ka hema o ka
mokupuni, me ke kukulu heau[5] no, ua kapa ia ke
la hele ana he hoi hema, me ka hai pule no i na kii.

121 O na lii apau ma lalo o kealii nui e haipule mau no
ma ka lakou mau heiau i kela malama [i] keia mala
ma, i kela makahiki, i keia makahiki, pela na lii a
pau e hana ai.

122 Ina i make kaua ia ke alii ai moku, e kau ia ma
ka Luakini, a hai ia e kekahi alii ai moku e.

123 Pela ko na lii hoo mana ana i na kua mai kahi
[ko] mai a hiki mai ia Liholiho alaila, haaleleia ka hoo
mana ana

ua kapa 'ia ka luakini he 'ōhi'a kō, he hana nui i 'oi
ma mua o nā hana a pau.

118. He 'umi mau lā e kapu ai ka luakini, a laila, noa.
Ma ka lā 'o Huna ka noa 'ana, 'o Mohalu ka lua o ka lā
i noa ai. A ma ia ahiahi 'ana iho, pule hou nō, 'o ia ho'i
ka pule ho'omāhanahana. 'Ekolu mau lā e pule
ai, a laila, pau ka ho'omāhanahana. Pau nō ho'i ia
'oihana ho'omana a ke ali'i nui.

119. A 'ike kānaka me kāhuna me ke ali'i, ua maika'i
nā 'oihana o ka luakini, a laila, mana'o nui 'ia, e
pa'a ana ke aupuni. A laila, kūkulu hou i mau he[i]au
'ē: i heiau māpele, kūkoa'e, hale o Lono. A he mau heiau
ho'oulūlu kēia, i ua mai ka lani, i hua nui mai nā
meakanu, a ola kānaka, a pono loa ke aupuni, [i] ola ka
'āina.

120. E ka'apuni nō ke ali'i nui ma waho o ka mokupu-
ni me ka ulu heiau me ka haipule. Ma ka 'ākau o
ka mokupuni e hele mua ai. Ua kapa 'ia kēlā hele 'ana
he ulu 'ākau. A pau ia hele 'ana, hele hou ma ka hema o ka
mokupuni me ke kūkulu he[i]au nō. Ua kapa 'ia kē-
lā hele 'ana he ho'i hema, me ka haipule nō i nā ki'i.

121. 'O nā ali'i a pau ma lalo o ke ali'i nui, e haipule mau nō
ma kā lākou mau heiau i kēlā malama i kēia mala-
ma, i kēlā makahiki i kēia makahiki. Pēlā nā ali'i a
pau e hana ai.

122. Inā i make kaua 'ia ke ali'i 'ai moku, e kau 'ia ma
ka luakini, a hai 'ia e kekahi ali'i 'ai moku 'ē.

123. Pēlā ko nā ali'i ho'omana 'ana i nā akua mai kahi-
ko mai a hiki mai iā Liholiho. A laila, ha'alele 'ia ka ho'o-
mana 'ana.

---

1. po'omana'o o luna: C: *he 'elua nā 'ao'ao ma HI.L.18 i helu 'ia ma ka helu 179. 'o kēia ka mua*
2. 37:118. A: *nele 'o "e kolu mau la e pule ai, alaila"*
3. 37:119. A: heiau
4. 37:119. A: *nele*
5. 37:121. A: heiau

O ke Kalaimoku oia na olelo e pili ana i ka hooponopono au
puni ana, no ka mea, ua manao ia ke aupuni he kino hookahi
kona, e like hoi me ke kanaka hookahi ona kino, a he poo no
he mau lima, a he mau wawae, a na manamana liilii maloko
he mino, ma ke kino hookahi, pela no ke aupuni, he mau
manamana kona ma kino hookahi.

2 Eia no, ke aupuni kino maoli e pili ana ia ia iho no, o ka la-
hui kanaka apau mai na maka ainana mai a na lii na
lalo iho o ke alii nui, oia no ke kino maoli o ke aupuni, no
ka mea, ma ka aina kanaka ole, aole no ke aupuni ma
laila, e like me Kaula, a me Nihoa, o ke alii nui ma lu-
na iho, oia no ke poo maoli o ke aupuni, o na lii malalo iho
o ke alii nui, oia no na poohiwi, a me ka umauma o ke aupuni,
o he kahuna o ke kii ka lima aku o ke aupuni o he kanaka kalaimoku
oia ka lima hema, o ke aupuni, pela ka manao o ka poe
kahiko iho ana ai

3 O na koa, oia ka wawae aku o ke aupuni, o ka poe maki
ai, me na lawaia o ko ke aupuni mau wawae hema noia,
o na kanaka e hana ana ma kela mea, keia mea, oia no
na manamana liilii iloko o na manamana nui o ke aupu-
ni, o ka poe hemahema, a naaupo, ua kapaia lakou
he kahi inoa, he makaainana kahi inoa.

4 E lua mau mea nui ma loko, o kalaimoku o ko ke ka-
huna pule kii aoao, o ko ke kalaimoku aoao, a na la-
ua no e hooponopono o ke aupuni, a na laua no, ia
lakai ke poo o ke aupuni ma kahi a laua i manao
ai ke pono, ua lakai no laua i ke poo o ke aupuni ma laila

No Kalaimoku Mokuna 37² 38

1 O ke Kala[i]moku oia na olelo e pili ana i ka hooponopono au
puni ana, no ka mea, ua manao ia ke aupuni he kino hookahi
kona, e like hoi me ke kanaka hookahi ona kino, a he poo no,
he mau lima, a he mau wawae, a na manamana liilii maloko
he nui no, ma ke kino hookahi, pela no ke aupuni, he mau
manamana kona ma kino³ hookahi.

2 Eia no [ko] ke aupuni kino maoli e pili ana ia ia iho no, o ka la-
hui kanaka apau mai na makaainana mai a na lii ma
lalo iho o ke alii nui, oia no ke kino maoli o ke aupuni, no
ka mea, ma ka aina kanaka ole, aole no he aupuni ma
laila, e like me Kaula, a me Nihoa, o ke alii nui ma lu-
na iho, oia no ke poo maoli o ke aupuni, o na lii malalo iho
o ke alii nui, oia no na poohiwi, a me ka umauma o ke aupuni,
o ke kahuna o ke kii ka lima akau o ke aupuni, o ke kanaka [ka]laimoku
oia ka lima hema, o ke aupuni, pela ka manao o ka poe
kahiko. [i hana ai]⁴

3 O na koa, oia ka wawae akau o ke aupuni, o ka poe mahi
ai, me na lawaia o ko ke aupuni mau wawae hema no ia,
o na kanaka e hana ana ma kela mea keia mea, oia no
na manamana liilii iloko o na manamana nui o keaupu-
ni, o ka poe hemahema, a naaupo, ua kapaia lakou
he [hu] kahi inoa, he makaainana kahi inoa.

4 Elua mau ~~ao~~[mea]⁵ nui ma loko, o kalaimoku o ko ke ka
huna pule kii aoao, o ko ke kalaimoku aoao, a na⁶ la
ua no e hooponopono ke aupuni, a na laua no, e a
lakai ke poo o ke aupuni ma kahi a laua i manao
ai he pono, e alakai no laua i ke poo⁷ ke aupuni ma laila.

Mokuna XXXVIII [38, Emerson 38]
No Kālaimoku

1. 'O ke kālaimoku, 'o ia nā 'ōlelo e pili ana i ka ho'oponopono au
puni 'ana; no ka mea, ua mana'o 'ia ke aupuni he kino ho'okahi
kona. E like ho'i me ke kanaka, ho'okahi ona kino, a he po'o nō,
he mau lima, a he mau wāwae, a nā manamana li'ili'i ma loko
he nui nō ma ke kino ho'okahi, pēlā nō ke aupuni, he mau
manamana kona ma kino ho'okahi.

2. Eia nō ko ke aupuni kino maoli e pili ana iā ia iho nō, 'o ka lā-
hui kānaka a pau mai nā maka'āinana mai a nā ali'i ma
lalo iho o ke ali'i nui, 'o ia nō ke kino maoli o ke aupuni. No
ka mea, ma ka 'āina kanaka 'ole 'a'ole nō he aupuni ma
laila, e like me Ka'ula a me Nihoa. 'O ke ali'i nui ma lu-
na iho, 'o ia nō ke po'o maoli o ke aupuni; 'o nā ali'i ma lalo iho
o ke ali'i nui, 'o ia nō nā po'ohiwi a me ka umauma o ke aupuni;
'o ke kahuna o ke ki'i ka lima 'ākau o ke aupuni; 'o ke kanaka kālaimoku,
'o ia ka lima hema o ke aupuni. Pēlā ka mana'o o ka po'e
kahiko.

3. 'O nā koa, 'o ia ka wāwae 'ākau o ke aupuni; 'o ka po'e mahi
'ai me nā lawai'a, 'o ko ke aupuni mau wāwae hema nō ia;
'o nā kānaka e hana ana ma kēlā mea kēia mea, 'o ia nō
nā manamana li'ili'i i loko o nā manamana nui o ke aupu-
ni; 'o ka po'e hemahema a na'aupō, ua kapa 'ia lākou
he hū kahi inoa, he maka'āinana kahi inoa.

4. 'Elua mau 'ao'ao nui ma loko o kālaimoku, 'o ko ke ka-
huna pule ki'i 'ao'ao, 'o ko ke kālaimoku 'ao'ao; a na lā-
ua nō e ho'oponopono ke aupuni, a na lāua nō e a-
laka'i ke po'o o ke aupuni. Ma kahi a lāua i mana'o
ai he pono, e alaka'i nō lāua i ke po'o [o] ke aupuni⁸ ma laila.

---

1. po'omana'o o luna: C: *he 'elua nā 'ao'ao ma HI.L.18 i helu 'ia ma ka helu 179. 'o kēia ka lua*
2. 38:0. C: *ma nā mokuna 38–51, ua holoi 'ia ka helu mokuna hewa. ma 'ane'i nei na'e, 'a'ole nō paha i holoi 'ia 'o "37"* A: 38
3. 38:1. A: **ke** kino
4. 38:2. C?: kahiko [i hana ai] A: kahiko **i hana ai**
5. 38:4. C?: *Na ha'i, 'a'ole na Malo, i holoi i kēia hua 'ōlelo ('o "aoao" no paha), a kākau iā "mea" ma luna pono* A: mea
6. 38:4. A: *nele*
7. 38:4. A: poo **o**
8. 38:4. *ua ho'ololi 'ia 'o "aupu," 'o ia 'o "aupuni"*

ina hoole ke poo o ke aupuni i ka laua e lilo no ia aupuni ia

laio no ka hewa o ke poo, oia ke aliinui. O ke kahuna ona kii

ea ka i no i ke alii nui ma ka aoao, haipule. Pela no ke kulai-

no ke a lakai no i ke alii nui ma ke kaua, me ka malu-

mea
na i na, o kona aupuni, me ka malaaina o kona

aupuni iho.

5 A ina ka wa e kaua ai, o ke kahuna kii ka mea e lakai

mua i ke alii nui ma kana oihana, e olelo ke kahuna kii

i ke alii nui e kukulu i keia Luakini, ma na oihana oia

heiau e ike mua ai, ke kahuna i ka pono o kona aoao a hai

mai no ke kahuna i ke alii i ka pono o ke kaua ana, ina

i ke mua ke kahuna, aole e pono ke kaua aku e hai no

no i ke alii, aole e pono ke kaua aku.

6 He nui no ko ke kahuna ona kii mau oihana, e ala

kai ai i ke alii; he nui no na kahuna e ae ma lalo mai o
                                                    kia
aka, he oihana okoa nae ke kahi kahuna, a okoa no hoi

ka ke kahi kahuna, ua huipuia nae ka hoomana a

na malalo mai o ke kahuna hookahi.

7 He nui no na waki o ke alii i lilo i ke kahuna o ka kei

a o e Luakini, o ka heiau Kukoae, a me ka oihana, ma ka

kiki, a me ka hoonoo ona puu waiwai, a me na mea e ma

kai ai, a kau mihau ana ma ka la kaua, a me na mea

a pau e pili ana i ke akua kii.

8 Eia ko ke kahuna kii manao, o koi i ka ika loa aku i ke

alii e huli mamuli o ke akua kii, a me ka haipule no

i ke akua me ka hiooli, a me ka malama nui i ke akua

me ka ou ole, me ka aia ole, a me ka lilo ole oia ka kii
                                                  nui
ka wahine, a me ka moe i ka eka loa, ma i o ke akua wale

e manao nui ai.

ina hoole ke poo o ke aupuni i ka laua e lilo no ia aupuni ia hai, no ka hewa o ke poo, oia ke alii nui. O ke kahuna o na kii e a [la]kai no i ke alii nui ma ka aoao, haipule. Pela no ke kalaimoku alakai[1] no i ke alii nui ma ke kaua, me ka mala ma i na [mea] o kona aupuni, me ka makaainana o kona aupuni iho.

5 A ma ka wa e kaua ai, o ke kahuna kii[2] ka mea [a]lakai mua i ke alii nui ma kana oihana, e olelo ke kahuna kii i ke alii nui e kukulu i heiau Luakini, ma na oihana oia heiau e ike mua ai, ke kahuna i ka pono o kona aoao, a hai mai no ke kahuna i ke alii i ka pono o ke kaua ana, ina ike mua ke kahuna, aole e pono ke kaua aku, e hai mai no i ke alii, aole e pono ke kaua aku.

6 He nui no ka ke kahuna o na kii mau oihana, e ala kai ai i ke alii, he nui no na kahuna e ae ma lalo mai ona aka, he oihana okoa nae [ka] kekahi kahuna, a okoa no hoi ka kekahi kahuna, ua huipuia nae ka hoomana a na malalo mai o ke kahuna hookahi.

7 He nui no na wahi o ke alii i lilo i ke kahuna o ka hei au Luakini, o ka heiau Kukoae, a me ka oihana, ma ka hiki, a me ka hoomoe o na puu waiwai, a me na mea e mohai ai, a kau mihau ana ma ka la kaua, a me na mea a pau e pili ana i ke akua kii.

8 Eia ko ke kahuna kii mau aoao, o koi ikaika loa aku i ke alii e huli ma muli o ke akua kii, a me ka haipule mau i ke akua me ka hioole, a me ka malama mau i ke akua me ka ou ole, me ka aia ole, a me ka lilo ole o ku ia[3] kahi i wahine,[4] a me ka moe i ka eka loa, mali[muli] o ke akua wale [no] e manao nui ai.

Inā hō'ole ke po'o o ke aupuni i kā lāua, e lilo nō ia aupuni iā ha'i no ka hewa o ke po'o, 'o ia ke ali'i nui. 'O ke kahuna o nā ki'i e alaka'i nō i ke ali'i nui ma ka 'ao'ao haipule. Pēlā nō ke kālaimoku, alaka'i nō i ke ali'i nui ma ke kaua, me ka mālama i nā mea o kona aupuni me ka maka'āinana o kona aupuni iho.

5. A ma ka wā e kaua ai, 'o ke kahuna ki'i ka mea alaka'i mua i ke ali'i nui ma kāna 'oihana. E 'ōlelo ke kahuna ki'i i ke ali'i nui e kūkulu i heiau luakini. Ma nā 'oihana o ia heiau e 'ike mua ai ke kahuna i ka pono o kona 'ao'ao, a ha'i mai nō ke kahuna i ke ali'i i ka pono o ke kaua 'ana. Inā 'ike mua ke kahuna 'a'ole e pono ke kaua aku, e ha'i mai nō i ke ali'i, 'a'ole e pono ke kaua aku.

6. He nui nō kā ke kahuna o nā ki'i mau 'oihana e alaka'i ai i ke ali'i. He nui nō nā kāhuna 'ē a'e ma lalo mai ona. Akā, he 'oihana 'oko'a na'e kā kekahi kahuna, a 'oko'a nō ho'i kā kekahi kahuna. Ua hui pū 'ia na'e ka ho'omana 'ana ma lalo mai o ke kahuna ho'okahi.

7. He nui nō nā wahi o ke ali'i i lilo i ke kahuna: 'o ka heiau luakini, 'o ka heiau kūkoa'e, a me ka 'oihana makahiki, a me ka ho'omoe o nā pu'u waiwai, a me nā mea e mōhai ai, a [me ke] kau umīhau 'ana ma ka lā kaua, a me nā mea a pau e pili ana i ke akua ki'i.

8. Eia ko ke kahuna ki'i mau a'oa'o: 'o [ke] koi ikaika loa aku i ke ali'i e huli ma muli o ke akua ki'i, a me ka haipule mau i ke akua me ka hiō 'ole a me ka mālama mau i ke akua me ka 'ōū 'ole,[5] me ka 'aiā 'ole, a me ka lilo 'ole aku i kahi[6] wahine, a me ka moe i ka 'eka loa. Ma muli o ke akua wale nō e mana'o nui ai.

---

1. 38:4. A: **e** alakai
2. 38:5. A: kahuna **nui**
3. 38:8. A: i kahi wahine *(ma kahi o "o ku ia kahi i wahine")*
4. 38:8. C?: [ka] wahine *('a'ole na Malo lākou 'o C1, 'o C2)*
5. 38:8. 'o "ōū'ole" ka pela 'ana ma PE, akā, e nānā i kā Andrews puke wehewehe ma lalo o "OU" *(Andrews 2003; 'ao. 90)*
6. 38:8. *ua ho'ololi 'ia 'o "lilo ole o ku ia kahi i [ka] wahine," 'o ia 'o "lilo ole aku i kahi wahine" (?)*

9 Eia kekahi mea a ke kahuna e koi aku ai i ke alii o ka pepehi aku i ka poe aia, a me ka poe aipu me ka wahine, a me ka poe moe me ka wahine kake e moe mau ana ma kona hale pea, a me ka wahine komo hewa ma ka heiau, make no.

10 Eia kekahi, e pepehiia ka wahine kuku hewa i ka la kapu, a me ka wahine holo hewa ma ka waa i ka la kapu a me ke kanaka i komo ma ka pule a hoi malu ma ka hale e moe me kana wahine, e me keno, o na kane me na wahine i hana i keia mau mea, mai ke kua aina mai, a ka alii e make no.

11 Eia kekahi, o ka mea hailiili i ka ai lepo i ke kahuna ke kii, ke akuakua paha, i ka ai mea ka pu paha i na ke kane ka mea nana i hailiili e make no, pela no ka wahine, me ka malii e make no, ina uku mai i ka puaa a nana, ola ia mea.

12 Eia kekahi i na ai hewa ke alii i ka ai noa, a me ka ia noa, e huikala ia ke alii, e make no ka wahine nana ua ia la, ua aila paha i na ai mai ke alii, make no ke kanaka i na i ai, i ole oluo mai ke akua, a ola ko ke alii mai

13 Eia kekahi, ua hookapu ia kekahi mau ia aole e ai ka wahine, a me ka puaa, a me ka maia, a me ka niu, i na i pae mai ke kai i a nui ma uka, a me kahi laau i a poia i ka lao, e hai ia e na kuakii keia mau mea.

14 Eia kekahi, i na i ka wa e kauai, o ke kanaka i make mua mai i ka ua ana, ke lehua ia kanaka o ka luao ke kanaka i make mua mai ke lua au ia, e mau kana ka moku ai ia laua i na kuakii || he nui ka kahuna mau o ka na hoomana ia mea e mai i nui mai

9 Eia kekahi mea a ke kahuna e koi aku ai i ke alii o ka pe
pehi aku i ka poe aia, ame ka poe aipu me ka wahine, ame
ka poe moe me ka wahine kahe[1] e moe [ana] ma kona hale
pea, a me ka wahine komo hewa ma ka heiau, make no.

10 Eia kekahi, e pepehiia ka wahine kuku hewa i ka la
kapu, a me ka wahine holo hewa ma ka waa i ka la kapu
a me ke kanaka i komo ma ka pule a hoi malu ma ka
hale e moe me kana wahine, e me ke[2] no, o na kane me [na] wa
hine i hana i keia mau mea, mai ke kua aina mai, a
kahi alii e make no.

11 Eia kekahi, o ka mea hailiili i ka ai lepo i ke kahuna
o ke kii,[3] i ke kahu akua paha, i ka ai mea kapu paha i
na he kane ka mea nana i hailiili e make no, pela
no ka wahine, me kamalii e make no, ina uku
mai i ka puaa anana, ola ia mea.

12 Eia kekahi ina ai hewa ke alii i ka ai noa, a me ka ia
noa, e huikala ia ke alii, e make no ka wahine nana ua
ia la, ua ai la paha ina i mai ke alii, make no ke kanaka
i mohai, i oluolu mai ke akua, a ola ko ke alii mai

13 Eia kekahi, ua hookapu ia kekahi mau ia aole e ai ka
wahine, a me ka puaa, a me ka maia, a me ka niu, ina
i pae mai kekahi ia nui ma uka, a me kahi laau i apo
ia i ka hao, e hai ia i na kua kii keia[4] mau mea.

14 Eia kekahi ma ka wa e kaua ai, o ke kanaka e make
mua mai i [ke] kaua ana, he lehua ia kanaka o ka lua o ke
kanaka i make mua mai he luaoni ia, [he] mau kana
ka mohai ia laua i na kua kii he nui ka ke ka
huna mau oihana[5] hoomana i mea e maikai nui

9. Eia kekahi mea a ke kahuna e koi aku ai i ke ali'i: 'o ka pe-
pehi aku i ka po'e 'aiā, a me ka po'e 'ai pū me ka wahine, a me
ka po'e moe me ka wahine kahe e moe ana ma kona hale
pe'a, a me ka wahine komo hewa ma ka heiau; make nō.

10. Eia kekahi. E pepehi 'ia ka wahine kuku hewa i ka lā
kapu, a me ka wahine holo hewa ma ka wa'a i ka lā kapu,
a me ke kanaka i komo ma ka pule a ho'i malū ma ka
hale e moe me kāna wahine; e make[6] nō. 'O nā kāne me nā wā-
hine i hana i kēia mau mea mai ke kua'āina mai a
kahi ali'i, e make nō.

11. Eia kekahi. 'O ka mea hā'ili'ili i ka 'ai lepo i ke kahuna
o ke ki'i, i ke kahu akua paha, i ka 'ai mea kapu paha, i-
nā he kāne ka mea nāna i hā'ili'ili, e make nō. Pēlā
nō ka wahine me kamali'i, e make nō. Inā uku
mai i ka pua'a anana, ola ia mea.

12. Eia kekahi. Inā 'ai hewa ke ali'i i ka 'ai noa a me ka i'a
noa, e huikala 'ia ke ali'i; e make nō ka wahine nāna ua
i'a lā, ua 'ai lā paha. Inā i ma'i ke ali'i, make nō ke kanaka
i mōhai, i 'olu'olu mai ke akua, a ola ko ke ali'i ma'i.

13. Eia kekahi. Ua ho'okapu 'ia kekahi mau i'a 'a'ole e 'ai ka
wahine, a me ka pua'a a me ka mai'a a me ka niu. Inā
i pae mai kekahi i'a nui ma uka a me kahi lā'au i apo
'ia i ka hao, e hai 'ia i nā akua ki'i kēia mau mea.

14. Eia kekahi. Ma ka wā e kaua ai, 'o ke kanaka e make
mua mai i ke kaua 'ana, he lehua ia kanaka; 'o ka lua o ke
kanaka i make mua mai, he lua'oni ia. He mau kāna-
ka mōhai 'ia lāua i nā akua ki'i. He nui kā ke ka-
huna mau 'oihana ho'omana i mea e maika'i nui

---

1. 38:9. A: kaha
2. 38:10. A: make *(ma kahi o "me ke")*
3. 38:11. A: kahuna kii
4. 38:13. A: ia *(ma kahi o "keia")*
5. 38:14. A: he nui ka kekahi kahuna oihana
6. 38:10. *ua ho'ololi 'ia 'o "me ke," 'o ia 'o "make"*

ai ko keakua kii a o o wahi a ke kahuna.

15 Eia kekahi mau ia i kapu ia o ka Opelu, a me keaku, eono
malama, e ai ai ka Opelu kapu keaku, aole aia, mai
na lii, a na makaainana kaai ole, eono hoi malama
e ai keaku kapu na Opelu, aole ia pela no ma kela
makahiki keia makahiki.

16 Eia kekahi, ma kawa e makahiki ai, e hoopau ia
ka haipule ana heiau apau, a na lii, a hala na mala-
ma elua, a me na la, he iwakalua kumamaono, a-
laila hoihou na lii apau e haipule i na kua kii.

17 A ma hope iho oia mau la a na lii hoihou ai i ka hai
pule, kukulu ke alii nui, i Luakini, he heiau nui
ia, ua oleloia he heiau ewi ai ka aina, no ka mea, ua u
laula kaili o ka akua, noia mea, maia hope iho, kuku
lu hou ke alii nui i heiau Mapele, no ka mea, ua ma
naoia e ola ka aina maia heiau, no ka uliuli o ka
ili o ka lama, no ka mea he lama ku laau oia hei
au, pela na Mapele apau.

18 A ma hope iho o keia mau heiau, kaapuni ke a
lii nui, ulu heiau apuni ka aina, ke pala loa
ka inoa oia kaapuni ana, kukulu hou ke alii
nui, he iau nui o Lono, alaila kukulu na lii a
apau i ewi ai, he heiau hooulu ulu na ia.

19 A maia mau po Hoa mau ia ke kukui o ko ke alii
nui hale me ka pule mau i ke akua kii, ke pule
ia e holoi ana i ka poino o ka aina, a me ke pale e
i pau ko ka aina ukau mai ia, he pule ia e hoopau
ia e hoopau ana i na hewa o ka aina apau, i pau

ai ko ke akua kii aoao wahi a ke kahuna.

15 Eia kekahi mau ia i kapu ia o ka Opelu, a me Ke aku, eono malama, e ai ai ka Opelu kapu Ke aku, aole ai ia, mai na lii, a na maka ainana ka ai ole, e ono hoi malama e ai¹ Keaku kapu ka Opule,² aole ia,³ pela no ma kela makahiki keia makahiki.

16 Eia kekahi, ma ka wa e makahiki ai, e hoopau ia ka haipule o na heiau apau, a na lii, a hala na malama e lua, a me na la he iwakalua kumamaono, a laila hoi hou na lii apau e haipule i na kua kii.

17 A ma hope iho oia mau la a na lii hoi⁴ hou ai i ka hai pule, Kukulu ke alii nui, i Luakini, he heiau nui ia, ua olelo ia he heiau e wi ai ka aina, no ka mea, ua u laula ka ili o ka ohia, no ia mea, maia hope iho, kuku lu hou ke alii nui heiau⁵ Mapele, no ka mea, ua⁶ ma nao ia e ola ka aina maia heiau, no ka uliuli o ka ili o ka lama, no ka mea he lama ka laau oia hei au, pela na Mapele apau.

18 A ma hope iho o keia mau heiau, Kaapuni ke a-lii nui, ulu heiau apuni ka aina, he pala loa ka inoa oia kaapuni ana, Kukulu hou ke alii nui, heiau⁷ unu o Lono, alaila Kukulu na lii a a pau i ewe ai, he heiau hoouluulu ua ia.

19 A maia mau po, Hoa mau ia ke kukui o ko ke alii nui hale me ka pule mau i ke akua kii, he pule ia e holoi ana i ka poino o ka aina, a me ke pale ae i pau ko ka aina haumia, he pule ia e hoopau ia⁸ e hoopau ana i na hewa o ka aina apau, i pau

ai ko ke akua kiʻi ʻaoʻao, wahi a ke kahuna.

15. Eia kekahi mau iʻa i kapu ʻia: ʻo ka ʻōpelu a me ke aku. ʻEono malama e ʻai ai [i] ka ʻōpelu, kapu ke aku, ʻaʻole ʻai ʻia; mai nā aliʻi a nā makaʻāinana ka ʻai ʻole. ʻEono hoʻi malama e ʻai ke aku, kapu ka ʻōpelu,⁹ ʻaʻole [ʻai] ʻia. Pēlā nō ma kēlā makahiki kēia makahiki.

16. Eia kekahi. Ma ka wā e makahiki ai, e hoʻopau ʻia ka haipule o nā heiau a pau a nā aliʻi, a hala nā mala-ma ʻelua a me nā lā he iwakālua kumamāono, a laila, hoʻi hou nā aliʻi a pau e haipule i nā akua kiʻi.

17. A ma hope iho o ia mau lā a nā aliʻi [i] hoʻi hou ai i ka hai-pule, kūkulu ke aliʻi nui i luakini. He heiau nui ia, ua ʻōlelo ʻia he heiau e wī ai ka ʻāina, no ka mea, ua ʻu-laʻula ka ʻili o ka ʻōhiʻa. No ia mea, ma ia hope iho, kūku-lu hou ke aliʻi nui [i] heiau māpele, no ka mea, ua ma-naʻo ʻia, e ola ka ʻāina ma ia heiau no ka uliuli o ka ʻili o ka lama (no ka mea, he lama ka lāʻau o ia hei-au; pēlā nā māpele a pau).

18. A ma hope iho o kēia mau heiau, kaʻapuni ke a-liʻi nui, ulu heiau a puni ka ʻāina. He palaloa ka inoa o ia kaʻapuni ʻana. Kūkulu hou ke aliʻi nui [i] heiau unu o Lono; a laila kūkulu nā aliʻi a¹⁰ pau i ēwe ʻai, he heiau hoʻoulūlu ua ia.

19.¹¹ A ma ia mau pō, hoʻā mau ʻia ke kukui o ko ke aliʻi nui hale me ka pule mau i ke akua kiʻi. He pule ia e holoi ana i ka pōʻino o ka ʻāina, a me ke pale aʻe i pau ko ka ʻāina haumia. He pule ia e hoʻopau ai,¹² e hoʻopau ana i nā hewa o ka ʻāina a pau, "I PAU

---

1. 38:15. A: e ai **ai i**
2. 38:15. A: opelu
3. 38:15. A: aole **ai** ia
4. 38:17. A: na lii **i** hoi
5. 38:17. A: **i** heiau
6. 38:17. A: ua **ua** [sic]
7. 38:18. A: **i** heiau
8. 38:19. A: *nele ʻo* "e hoopau ia"
9. 38:15. *ua hoʻololi ʻia ʻo* "opule," *ʻo ia ʻo* "ʻōpelu"
10. 38:18. *ua hoʻololi ʻo* "a apau," *ʻo ia ʻo* "a pau"
11. 38:19. *e nānā i ka pākuʻina I.23, kahi i hoʻonohonoho ʻia ai kēia paukū ma ka lālani mele*
12. 38:19. *ua hoʻololi ʻia ʻo* "ia," *ʻo ia ʻo* "ai"

Keae, me ke Kawau, i pau Kekulopia, a me Kapo-
luluka, i pau Kahulialana, alaila Nihopeku, hoe-
mu Huikala, Malapakai, Kamaulihouikeakua.

20 A pau keia hana ana a ke alii, ma ko keakua ao
ao, alaila, manaonui ia kela alii, ke alii pono, ai
ke na kanaka he pono ke alii, alaila, mahiainui
kela kanaka keia kanaka i ka aina, lawaia nui
kela mea keia mea, kuku nui na wahine, ka
palapala, pela e hana mau ai ke alii ma kela ma
kahiki keia ma kahiki ma ko keakua ao ao.

21 Pela ke kahuna pule i na kii e alakai mau ai i ke a
lii nui ma kana oihana, e like pono ke kahuna pule
ua malama ke alii i ka ke kahuna oihana a pau lana
ko ke kahuna mau a, ma ka wa o lana e kaiahaai, a
maikai nonoi no ke kahuna i ai na a i ke alii.

22 I na i ike na kanaka a pau, ke alii haipule, he malama
pono i ke akua, alaila, ma kema ke kanaka a pau i ke la
alii, he mea makemake nui ia na lii haipule mai ka
wa kahiko mai, ke mea hanohano na lii haipule.

23 O na lii ai moku a pau mai a Kahiko mai, a hiki
mai ia Kamehameha a kahi, aole loa ke kahi alii
ai moku i haipule ole, aole a kahi, he haipule wa
le no a pau, me ka hoomaopopo me ka oia io o ka
haipule ana i na kua kii.

24 I na i ke makema ka haipule ana a ke kahi a
lii ai moku, E mana oia kela aupuni e lilo i
ke alii i na kaukau ka haipule ana, ua ma
nao nui ia na lii haipule ke mea mana loa.

Ke ae, me ke Kawau, i pau Kekulopia, a me Kapo-
luluka,[1] i pau ꝁ[K]ahulialana, alaila Nihopeku, hoe-
mu Huikala, Malapakai, Kamaulihou i ke akua.

20 A pau keia hana ana[2] a ke alii, ma ko ke akua ao-
ao, alaila, manao nui ia kela alii, he alii pono, a i
ke na kanaka he pono ke alii, alaila, mahiai nui
kela kanaka keia kanaka i ka aina, lawaia nui
kela mea keia mea, Kuku nui na wahine, ka
palapala, pela e hana mau ai ke alii ma kela ma
kahiki keia makahiki ma [ko] ke akua aoao.

21 Pela ke kahuna pule i na kii e alakai mau ai i ke a
lii nui ma kana oihana, a ike pono ke kahuna pule
ua malama ke alii i ka ke kahuna oihana apau lana
ko ke kahuna manao, ma ka wa o laua e kai aha ai, a
maikai nonoi no ke kahuna i ai[na] nona i ke alii.

22 Ina i ike na kanaka apau, he alii haipule, he malama
pono i ke akua, alaila, makemake kanaka apau i kela
alii, he mea makemake nui ia na lii haipule mai ka
wa kahiko mai, he mea hanohano na lii haipule.

23 O na lii ai moku, apau maia Kahiko mai a hiki
mai ia Kamehameha akahi, aole loa kekahi alii
ai moku i haipule ole, aole akahi, he haipule wa
le no apau, me ka hoomaopopo me ka oiaio o ka
haipule ana i na kua kii.

24 Ina i hemahema ka haipule ana a kekahi a
lii ai moku, E manao ia kela aupuni e lilo i
ke alii i makaukau ka[3] haipule ana, ua ma
nao nui ia na lii haipule he mea mana loa,

KE AʻE ME KE KAWAŪ, I PAU KE KULOPIA A ME KA PO-
LULUKA, I PAU KA HULIALANA. A LAILA NIHOPEKU, HOʻĒ-
MU[4] HUIKALA, MĀLAPAKAI, KA MAULI HOU I KE AKUA."[5]

20. A pau kēia hana ʻana a ke aliʻi ma ko ke akua ʻao-
ʻao, a laila, manaʻo nui ʻia kēlā aliʻi he aliʻi pono. A ʻi-
ke nā kānaka he pono ke aliʻi, a laila, mahi ʻai nui
kēlā kanaka kēia kanaka i ka ʻāina, lawaiʻa nui
kēlā mea kēia mea, kuku nui nā wāhine, kā-
palapala. Pēlā e hana mau ai ke aliʻi ma kēlā ma-
kahiki kēia makahiki ma ko ke akua ʻaoʻao.

21. Pēlā ke kahuna pule i nā kiʻi e alakaʻi mau ai i ke a-
liʻi nui ma kāna ʻoihana. A ʻike pono ke kahuna pule
ua mālama ke aliʻi i kā ke kahuna ʻoihana a pau, lana
ko ke kahuna manaʻo. Ma ka wā o lāua e kaʻi ʻaha ai a
maikaʻi, nonoi nō ke kahuna i ʻāina nona i ke aliʻi.

22. Inā i ʻike nā kānaka a pau he aliʻi haipule, he mālama
pono i ke akua, a laila, makemake kānaka a pau i kēlā
aliʻi. He mea makemake nui ʻia nā aliʻi haipule; mai ka
wā kahiko mai, he mea hanohano nā aliʻi haipule.

23. ʻO nā aliʻi ʻai moku a pau, maiā Kahiko mai a hiki
mai iā Kamehameha ʻAkahi, ʻaʻole loa kekahi aliʻi
ʻai moku i haipule ʻole, ʻaʻole ʻakahi. He haipule wa-
le nō a pau, me ka hoʻomaopopo me ka ʻoiaʻiʻo o ka
haipule ʻana i nā akua kiʻi.

24. Inā i hemahema ka haipule ʻana a kekahi a-
liʻi ʻai moku, e manaʻo ʻia kēlā aupuni, e lilo i
ke aliʻi i mākaukau ka haipule ʻana. Ua ma-
naʻo nui ʻia nā aliʻi haipule he mea mana loa,

---

1. 38:19. A: Kapeluluka *(e nānā i kā Emerson ma kēia paukū hoʻokahi, a iā PE nō hoʻi)*
2. 38:20. A: *nele*
3. 38:24. A: **i** ka haipule
4. 38:19. *malia paha, he hewa kope kēia ma kahi o* "hoʻonui"
5. 38:19. *ʻano like kēia ʻōlelo pule me kekahi mau lālani mai ka paukū 13 o ke mele wānana ʻo* "Haui ka Lani" *(Mele Aimoku; ʻao. 70: ʻOhina Fornander; puke 6, ʻao. 403), nā lālani 610–617, penei:*
   A kukui holoi i ka poino,
   Pale i ka haumia o kona aina,
   I pau ke aʻe o kona moku,
   Pau aku ka wa a ke kulolia,
   Ka polulu ka me ka hulialana,
   Maemae ka aina konalenale ka noho,
   Nihope kaka i ka pinaea
   He mu oia, he mu oi—a

no ka mea ua ike maopopo ia na lii haipule, ke
malama i na mea pono apau, a ua ike ia no hoi
ke alii haipule ole, he haalele i na mea e pono ai
ke aupuni

25 He nui no ka ke kahuna pule mau mea e ola
ai ai i ke alii ma na mea pono i ko ke kahu
na manao ana, pela no ko ke kahuna pule a
la kai ana i ke alii ma kona aoao.

26 O ke kahuna pule ona ku, he kanaka ia i hanau
kahuna ia mai, na ka makua kahuna mai
kei kahi kahuna, a he mea koho wale ia mai e
ke kahuna, ke kahi kahuna, o ka ke kahu
na keiki hanau mai, aole ai i ka ai noa, o ka
wai o ka makuahine wale no kana ai ai ai ao
le no ka ai maoli. Ko Ne Kalaimoku aoao.

27 Elua no mea nui iloko o ka ke Kalaimoku aoao
o ka malama i na lii ke kahi, o ka malama i na
makaainana ke kahi, no keia mau mea e
lua, e ola kai ai ke kanaka Kalaimoku i ke alii
ma kona aoao, ma ka hoʻponopono i na ai ke i a mau
mea elua, pela no ia e hooponopono ai.

28 Penei ke Kalaimoku i hana ai, e hana malu
mua oia i ka poe kuaaina, a hai ia mai ia ia ka ha
nauna o na lii apau, no ka mea, ua manao nui i ka
poe Kalaimoku, Ua like ke alii nui me ka
hale, o ka hale ka mea ku wale, a ka, o ka palaau
kona mea, i paa ai, pela no ke alii nui, o na
lii malalo ona, a me na kanaka a pau ma ia o

no ka mea ua ike maopopo ia na lii haipule, he
malama i na mea pono a pau, a ua ike ia no hoi
ke alii haipule ole, he haalele i na mea e pono ai
ke aupuni

25 He nui no ka ke kahuna pule mau[2] mea e ala
kai ai i ke alii ma na mea pono i ko ke kahu
na manao ana, pela no ko ke kahuna pule a
lakai ana i ke alii ma kona aoao.

26 O ke kahuna pule o na kii, he kanaka ia i hanau
kahuna ia mai, na ka makua kahuna mai
kekahi kahuna, a he mea koho wale ia mai e
ke kahuna, kekahi kahuna, o ka ke kahu
na keiki i hanau mai,[3] aole e ai i ka ai noa, o ka
waiu o ka makuahine wale no kana ai e ai ai, ao-
le no ka ai maoli. Ko Ke kalaimoku aoao.

27 Elua no mea nui i loko o ka ke kalaimoku aoao
o ka malama i na lii kekahi, o ka malama i na
makaainana[4] kekahi, no keia mau mea e-
lua, e alakai ai ke kanaka kalaimoku i ke alii
ma kona aoao, ma ~~ho~~[ka] [hoo]ponopono mua i keia mau
mea elua, pela, no ia e hooponopono ai.

28 Penei ke kalaimoku e hana ai, e ninau malu
mua oia i ka poe kuauhau, a hai ia mai ia ia ka ha
nauna o na lii a pau, no ka mea, ua manao nui ka
poe kalaimoku, Ua like ke alii nui me ka
hale, o ka hale ka mea ku wale, aka, o ka pa laau
kona mea, i paa ai, pela no ke alii nui, o na
lii malalo ona, a me na kanaka a pau mai o a o

no ka mea, ua ʻike maopopo ʻia nā aliʻi haipule he
mālama i nā mea pono a pau; a ua ʻike ʻia nō hoʻi
ke aliʻi haipule ʻole, he haʻalele i nā mea e pono ai
ke aupuni.

25. He nui nō kā ke kahuna pule mau mea e ala-
kaʻi ai i ke aliʻi ma nā mea pono i ko ke kahu-
na manaʻo ʻana. Pēlā nō ko ke kahuna pule a-
lakaʻi ʻana i ke aliʻi ma kona ʻaoʻao.

26. ʻO ke kahuna pule o nā kiʻi, he kanaka ia i hānau
kahuna ʻia mai. Na ka makua kahuna mai
kekahi kahuna, a he mea koho wale ʻia mai e
ke kahuna kekahi kahuna. ʻO kā ke kahu-
na keiki i hānau mai, ʻaʻole e ʻai i ka ʻai noa; ʻo ka
waiū o ka makuahine wale nō kāna ʻai e ʻai ai, ʻaʻo-
le nō ka ʻai maoli. Ko ke Kālaimoku ʻAoʻao.

27. ʻElua nō mea nui i loko o kā ke kālaimoku ʻaoʻao,
ʻo ka mālama i nā aliʻi kekahi, ʻo ka mālama i nā
makaʻāinana kekahi. No kēia mau mea ʻe-
lua e alakaʻi ai ke kanaka kālaimoku i ke aliʻi
ma kona ʻaoʻao. Ma ka hoʻoponopono mua i kēia mau
mea ʻelua, pēlā nō ia e hoʻoponopono ai.

28. Penei ke kālaimoku e hana ai: e nīnau malū
mua ʻo ia i ka poʻe kūʻauhau, a haʻi ʻia mai iā ia ka ha-
nauna o nā aliʻi a pau. No ka mea, ua manaʻo nui ka
poʻe kālaimoku, ua like ke aliʻi nui me ka
hale: ʻo ka hale ka mea kū wale, akā, ʻo ka pā lāʻau
kona mea i paʻa ai. Pēlā nō ke aliʻi nui, ʻo nā
aliʻi ma lalo ona a me nā kānaka a pau mai ʻō a ʻō

---

1. poʻomanaʻo o luna. C: *he ʻelua nā ʻaoʻao ma HI.L.18 i helu ʻia ma ka helu 184. ʻo kēia ka mua*
2. 38:25. A: *nele*
3. 38:26. A: **e** hanau mai **ai**
4. 38:27. A: makaainana **hoi**

kona mea e paa ai

29 Penei e hooponopono ia ai ka oihana alii ai-
moku, o ke aliinui, oia no ka hale, o ko ke aliinui
mau kaikaina ponoi, ka mea pili i ke alii nui
ma i ka makua hookahi mai, a me ko ke alii
nui mau inoa ma kuakane, a makuahine
e pili pono ana i ke alii nui makua kane, a ma
kuahine paha, oia no ko ke alii pa e paa ai.

30 Eia no kekahi pa, o ko ke aliinui mau kaikaina
a mau kaikuahine ma ke kupuna hookahi mai
o keia poe no ko ke aliinui, mau kanaka nui
he poe koikoi lakou ma ke aupuni, o kekahi
o keia poe ko ke alii nui, kuhina nui, pukaua
alihi kaua, Ilamuku nui, na lakou e hana ka
ke alii nui mau hana i manao ai.

31 Eia kekahi, o ko ke aliinui mau kaikaikana
mau kaikuahine, mau makua, na hanauna
mai o ko ke alii nui mau kupuna oia pa no ia.

32 Eia kekahi, o ko ke aliinui mau kaikoeke
ke kane a kona kaikuahine ponoi, kaikuahine na
ka hanauna paha, na ke kupuna hookahi
paha, he pa ia e pili ana i ke aliinui.

33 Eia kekahi, o na kanaka e pili koahanau no
ko ke alii nui mau makua, paha a mau ku
puna paha he pa no ia, a pau keia mau ka
naka i ka ike ia

34 Alaila, kukulu ia ka hale maua no ke aliinui
ma ka wa e paa ai ka hale, ke ninau ka ka

kona mea i paa ai

29 Penei e hooponopono ia ai ka oihana alii ai-
moku, o ke alii nui, oia no ka hale, o ko ke alii nui
mau kaikaina² ponoi, ka mea pili i ke alii nui
mai ka makua hookahi mai, a me ko ke alii
nui mau inoa makuakane, a makuahine
e pili pono ana i³ [ko] ke alii nui makua kane, a ma
kuahine paha, oia no ko ke alii pa e paa ai.

30 Eia no kekahi pa, o ko ke alii nui mau kaikaina
a mau kaikuahine ma ke kupuna hookahi mai
o keia poe no ko ke alii nui, mau kanaka nui
he poe koikoi lakou ma ke aupuni, o kekahi
o keia poe ko ke alii nui, kuhina nui, pukaua
alihi kaua, Ilamuku nui, na lakou e hana [ka]
ke alii nui mau hana i manao ai.

31 Eia kekahi, o ko ke alii nui mau kaikaina,
mau kaikuahine,⁴ mau makua, na [ka] hanauna
mai o ko⁵ ke alii nui mau kupuna oia pa no ia.

32 Eia kekahi, o ko ke alii nui mau kaikoeke,
ke kane a kona kaikuahine ponoi, kaikuahine na
ka hanauna paha, na ke kupuna hookahi
paha, he pa ia e pili ana i ke alii nui.

33 Eia kekahi, o na kanaka i pili hoahanau no⁶
ko ke alii nui mau makua, paha a mau ku
puna paha he pa no ia, a pau keia mau ka
naka i ka ike ia

34 A laila, kukulu ia⁷ i hale naua no ke alii nui
ma ka wa e paa ai ka hale, he ninau ka ha-

kona mea i pa'a ai.

29. Penei e ho'oponopono 'ia ai ka 'oihana ali'i 'ai
moku. 'O ke ali'i nui, 'o ia nō ka hale; 'o ko ke ali'i nui
mau kaikaina pono'ī, ka mea pili i ke ali'i nui
mai ka makua ho'okahi mai, a me ko ke ali'i
nui mau inoa mākua kāne a mākuahine
e pili pono ana i ko ke ali'i nui makua kāne, a ma-
kuahine paha, 'o ia nō ko ke ali'i pā e pa'a ai.

30. Eia nō kekahi pā, 'o ko ke ali'i nui mau kaikaina
a mau kaikuahine ma ke kupuna ho'okahi mai.
'O kēia po'e nō ko ke ali'i nui mau kānaka nui;
he po'e ko'iko'i lākou ma ke aupuni. 'O kekahi
o kēia po'e ko ke ali'i nui kuhina nui, pūkaua,
'alihikaua, ilāmuku nui. Na lākou e hana kā
ke ali'i nui mau hana i mana'o ai.

31. Eia kekahi: 'o ko ke ali'i nui mau kaikaina,
mau kaikuāhine, mau mākua, na ka hanauna
mai o ko ke ali'i nui mau kūpuna, 'o ia pā nō ia.

32. Eia kekahi: 'o ko ke ali'i nui mau kaiko'eke,
ke kāne a kona kaikuahine pono'ī, kaikuahine ma⁸
ka hanauna paha, na ke kupuna ho'okahi
paha, he pā ia e pili ana i ke ali'i nui.

33. Eia kekahi: 'o nā kānaka i pili hoahānau no
ko ke ali'i nui mau mākua paha, a mau kū-
puna paha, he pā nō ia. A pau kēia mau kā-
naka i ka 'ike 'ia,

34. A laila, kūkulu 'ia i hale nauā no ke ali'i nui.
Ma ka wā e pa'a ai ka hale, he nīnau ka ha-

---

1. po'omana'o o luna. C: *he 'elua nā 'ao'ao ma HI.L.18 i helu 'ia ma ma ka helu 184. 'o kēia ka lua*
2. 38:29. A: ~~makaainana~~ mau kaikaina
3. 38:29. A: o
4. 38:31. A: mau kaikuahine, mau kaikaina
5. 38:31. A: *nele*
6. 38:33. A: na
7. 38:34. A: *nele*
8. 38:32. *ua ho'ololi 'ia 'o "na," 'o ia 'o "ma"*

lua ma ia hale, i ike pono ia ke kanaka pili i ke
alii nui penei ka hana ma ia hale, na ka wa
e komo ai na hale laau e iho ke alii ma loko, e ku
noho ia i elua kanaka ma waho o ka pa laau,
ke nui kanaka maloko pu me ke alii nui, a
me ka poe akamai i kia au hau maloko pu la-
kou me ke alii nui.

34 Ma ka wa e komo mai ai ke kanaka i loko o ko
ke alii hale, alaila, kahea mai na kanaka ma
waho. E ia mai o mea ke komo aku la, alaila ka
hea mai ko loko poe, na wai oe e mea nana, o
wai kou makua nana, o wai kou makua nana
alaila, hai mai na kanaka la, na mea wau
e mea kou makua.

35 Alaila, ninau hou ia, na kanaka la, o wai
kia makua o kou makua nana, alaila
hai mai oia, o mea ka makua, o kou makua
o kou kupuna ia, o wai ka makua o kou ku
puna nana, hai mai oia o mea ka maku
a o kou kupuna pela no e ninau ai, a hiki ka
umi o ke kupuna.

36 Aka i na i ike ka poe kia au hau e noho pu a-
na me ke alii nui, i ka pili o na kanaka la i ko ke
alii nui hanauna, ua pono ia kanaka

37 Ina komo hou mai ke kalii, kahea hou mai kia wa
ke E ia mai o mea ke komo aku la, alaila ka hea hou
mai ka poe maloko pu me ke alii ma ko ka makua
kine a ia oe ninau mai ai, O wai kou makua kine

na maia hale, i ike pono ia ke kanaka pili i ke
alii nui penei ka hana maia hale, ma ka wa
e komo ai ua hale la, a noho ke alii ma loko, e hoo-
noho ia i elua kanaka ma waho o ka pa laau,
he nui kanaka ma loko pu me ke alii nui, a
me ka poe akamai i kuauhau[1] maloko pu la~~kou~~
kou me ke alii nui.

~~34~~[35][2] Ma ka wa e komo mai ai ke kanaka i loko o ko
ke alii hale, alaila, kahea mai na kanaka ma
waho. Eia mai o mea ke komo aku la, a laila ka
hea mai ko loko poe, na wai oe e mea naua, o
wai kou[3] makua naua, o wai kou makua naua
alaila, hai mai ua kanaka la, na mea wau
o mea ko'u makua.

~~35~~[36][2] A laila, ninau hou ia, ua kanaka la, o wai
ka makua o kou makua naua, a laila,
hai mai oia, o mea ka makua, o ko'u makua
o ko'u kupuna ia, o wai ka makua o kou ku
puna naua, hai mai oia o mea ka maku
a o ko'u kupuna, pela no e ninau ai, a hiki ka[4]
umi o ke kupuna.

~~36~~[7][2] Aka[5] ina i ike ka poe kuauhau e noho pu a-
na me ke alii[6] nui, i ka pili o ua kanaka la i ko ke
alii nui hanauna, ua pono ia kanaka

~~37~~[8][2] Ina komo hou mai kekahi, kahea hou mai ko wa
ho. Eia mai o mea ke komo aku la, alaila kahea hou
mai ka poe malo[ko] pu me[7] ke alii ma ko ka makua
hine aoao e ninau mai ai, O wai kou makuahine

na ma ia hale i 'ike pono 'ia ke kanaka pili i ke
ali'i nui. Penei ka hana ma ia hale. Ma ka wā
e komo ai [i] ua hale lā a noho ke ali'i ma loko, e ho'o-
noho 'ia i 'elua kānaka ma waho o ka pā lā'au.
He nui kānaka ma loko pū me ke ali'i nui, a
me ka po'e akamai i kū'auhau. Ma loko pū lā-
kou me ke ali'i nui.

35. Ma ka wā e komo mai ai ke kanaka i loko o ko
ke ali'i hale, a laila, kāhea mai nā kānaka ma
waho, "Eia mai 'o Mea ke komo akula." A laila, kā-
hea mai ko loko po'e, "Na wai 'oe, e Mea nauā; 'o
wai kou makua nauā? 'O wai kou makua nauā?"
A laila, ha'i mai ua kanaka lā, "Na Mea wau;
'o Mea ko'u makua."

36. A laila, nīnau hou 'ia ua kanaka lā, "'O wai
ka makua o kou makua nauā?" A laila,
ha'i mai 'o ia, "'O Mea ka makua o ko'u makua,
'o ko'u kupuna ia." "'O wai ka makua o kou ku-
puna nauā?" Ha'i mai 'o ia, "'O Mea ka maku-
a o ko'u kupuna." Pēlā nō e nīnau ai a hiki [i] ka
'umi o ke kupuna.

37. Akā, inā i 'ike ka po'e kū'auhau e noho pū a-
na me ke ali'i nui i ka pili o ua kanaka lā i ko ke
ali'i nui hanauna, ua pono ia kanaka.

38. Inā komo hou mai kekahi, kāhea hou mai ko wa-
ho, "Eia mai 'o Mea ke komo akula." A laila, kāhea hou
mai ka po'e ma loko pū me ke ali'i, ma ko ka makua-
hine 'ao'ao e nīnau mai ai, "'O wai kou makuahine

---

1. 38:34. A: **ke** kuauhau
2. 38:35, 38:36, 38:37, 38:38. C?: *na C? ka ho'oponopono i ka helu paukū* A: *like me kā C?*
3. 38:35. A: ka *(ma kahi o* "kou"*)*
4. 38:36. A: hiki **i** ka
5. 38:37. A: Alaila *(ma kahi o* "Aka"*)*
6. 38:37. A: me ke ~~kahi~~ alii
7. 38:38. A: maloko me

naua, hai mai oia, na mea wau, o mea kou makuahine,
ninau hou ia oia, O wai ka makuahine okou makuahine
nana, hai mai oia o mea ka makuahine okou makua
hine,

39 Pela e ninau ai alii i ka poe o ke kupuna, a ike ka
poe ku aukau i ka pili ana o na kupuna o ua kanaka i
ko kealii hanauna, alaila, pono o kanaka e ninau
ia kona kupuna kane, kupuna wahine, a mau hanau-
na pili pono i ke alii.

40 A pau keia mau mea i ka lohe ia, alaila, komo ia
kanaka paha alii paha iloko o ua hale la, ua kapa ia
ua hale la, he hale nana, he ua lono a lie ka lii i noa
oia hale.

41 Pela e maopopo ai na lii kupono i ke alii; a me na ka
naka kupono i ke alii nui, a me ke kanaka i pili
mai malalo o ke kahi alii malalo mai o ke alii nui
a maopopo keia mea.

42 Alaila, hooponopono ia na hana a ke aliinui e
haawi i keia alii, kela alii, kela kanaka, keia kanaka
i pili pono i ke aliinui penei e hana ai.

43 O na lii kupono, pili pono i ke alii nui e haawi ia
na mokuoloko ia lakou, a o ke kahi poe alii, e haawi ia
ia lakou na kalana, o kahi poe na okana i ka
hi poe alii na poko, o kahi poe haawi ia i na ahu-
puaa ia lakou, i kahi poe alii haawi ia na Ili loko,

44 O kanaka haawi ia i na ahupuaa a mau Ili loko
pela e hooponopono ia i na mea apau mai na lii
a kanaka.

naua, hai mai oia, na mea wau, o mea ko'u makuahine, ninau hou ia oia, O wai ka makuahine o kou makuahine naua, hai mai oia o mea ka makuahine o ko'u makua hine,

38[9][1] Pela e ninau ai a hiki i ka [u]mi o ke kupuna, a ike ka poe kuauhau i ka pili ana o na kupuna o ua kanaka[2] i ko ke alii hanauna, a laila, pono ia kanaka, a ninau ia kona kupuna kane, kupuna wahine, a mau hanauna pili pono i ke alii.

39[40][1] A pau keia mau mea i ka lohe ia, alaila, komo ia kanaka paha alii paha i loko o ua hale la, ua kapa ia ua hale la, he hale naua, he ualomalie kahi inoa o ia hale.

40[1][1] Pela e maopopo ai na lii kupono i ke alii, a me na kanaka kupono i ke alii nui a me ke kanaka i pili mai malalo o kekahi alii ma lalo mai o ke alii nui a maopopo keia mea.

41[2][1] A laila, hooponopono ia na hana a ke alii nui e haawi i keia alii, kela alii, kela kanaka, keia kanaka i pili pono i ke alii nui penei e hana ai.

42[3][1] O na lii kupono, pili pono i ke alii nui e haawi ia [na] moku o loko ia lakou, a o kekahi poe alii, e haawi ia ia lakou na kalana, o kahi poe na okana i kahi poe alii na poko. o kahi poe, haawi ia i na ahupuaa ia lakou,[3] i kahi poe alii[4] haawi ia na Ili loko,

43[4][1] O kanaka haawi ia i na ahupuaa a mau Ili loko[5] pela e hooponopono ia i[6] na mea apau mai naalii a kanaka.

naua?" Ha'i mai 'o ia, "Na Mea wau; 'o Mea ko'u makuahine." Nīnau hou 'ia 'o ia, "'O wai ka makuahine o kou makuahine nauā?" Ha'i mai 'o ia, "'O Mea ka makuahine o ko'u makuahine."

39. Pēlā e nīnau ai a hiki i ka 'umi o ke kupuna. A 'ike ka po'e kū'auhau i ka pili 'ana o nā kūpuna o ua kanaka i ko ke ali'i hanauna, a laila, pono ia kanaka. A nīnau 'ia kona kupuna kāne, kupuna wahine, a mau hanauna pili pono i ke ali'i.

40. A pau kēia mau mea i ka lohe 'ia, a laila, komo ia kanaka paha, ali'i paha, i loko o ua hale lā. Ua kapa 'ia ua hale lā he hale nauā; he ualo mālie kahi inoa o ia hale.

41. Pēlā e maopopo ai nā ali'i kūpono i ke ali'i a me nā kānaka kūpono i ke ali'i nui a me ke kanaka i pili mai ma lalo o kekahi ali'i ma lalo mai o ke ali'i nui. A maopopo kēia mea,

42. a laila, ho'oponopono 'ia nā hana a ke ali'i nui e hā'awi i kēia ali'i kēlā ali'i, kēlā kanaka kēia kanaka i pili pono i ke ali'i nui. Penei e hana ai.

43. 'O nā ali'i kūpono, pili pono i ke ali'i nui, e hā'awi 'ia nā moku o loko iā lākou; a 'o kekahi po'e ali'i, e hā'awi 'ia iā lākou nā kalana; 'o kahi po'e, nā 'okana; i kahi po'e ali'i nā poko, 'o kahi po'e, hā'awi 'ia i nā ahupua'a iā lākou; i kahi po'e ali'i, hā'awi 'ia nā 'ili loko.

44. 'O kānaka, hā'awi 'ia i nā ahupua'a a mau 'ili loko; pēlā e ho'oponopono 'ia [a]i nā mea a pau mai nā ali'i a kānaka.

---

1. 38:39, 38:40, 38:41, 38:42, 39:43, 39:44. C?: *na C? i ho'oponopono i ka helu paukū* A: *like me kā C?*
2. 38:39. A: ua kanaka **la**
3. 38:43. A: *nele 'o* "ia lakou"
4. 38:43. A: *nele*
5. 38:43. A: ililoko **paha**
6. 38:43. A: ai

45 Ina lii a me kanaka, a me na makaainana
kahana nui ma kaaina, aole a ke a lii nui hana
oka moa wale no kona, aole malii ai ka kai kia hi
na lii ma luai.

46 Eia kekahi mea a ke kalaimoku, e ala ka'i
ai ke alii nui, o ka hoomalu i ka na lii mau
mea, a me ka na makaainana mau mea, aole
lawe wale, aole e uhuhi wale i ka na maka
ainana mau mea kanu.

47 Ina i hele ka apuni ke alii nui, ma ka poai
na, a ma kahi e poai, o ka moe ma ke alaloa ka
pau loa, a a, kuae hele, aole e pono ke komo aku
ma kona makaainana i moe ai, he hewa ia,
                                                        wahi
ua kapaia kela komo ana ke alaiki.

48 Eia ka mea e hewa ai, i ka wa e komo ai ke alii
nui ma ka uhale makaainana, komo puka
na mau kanaka, a i ke i ka ka ma ainana, a
                                                           ka
lawewale
lawe wale i ka na makaainana mea, a hana
              ^   mau
ino paha, pue wale paha u kaunae le paha.

49 Eia kekahi, o ko ke alii nui hele ana ma ke a
la loa, a loaa ke ala nui mana, mai hele ma
kela alanui mana, he hewa ia, ua kapaia
kela alanui he moa, he mehe u kahi i
noa.

50 Eia ka mea e hewa ai, ma ka wa e hele
ai ke alii ma ia alanui, hele pu kona mau
kanaka, malie paha ke alanui ia e moe ana
a hiki ma ka mahinaai, a i ke ko ke alii mau

44[5][1] I na lii a me kanaka, ame na makaainana
ka hana nui ma ka aina, aole a ke alii nui hana
o ka moa[2] wale no kona,[3] aole mahi ai kaka[i]kɨahi
na lii mahi ai.

45[6][1] Eia kekahi mea a ke kalaimoku, e alakai
ai i ke alii nui, o ka hoomalu i ka na lii mau
mea a me ka na makaainana mau mea, aole
lawe wale, aole e uhuki wale i ka na maka
ainana mau mea kanu.

46[7][1] Ina i hele kaapuni ke alii nui, ma ka poai[4] a
na, a ma kahi e po[5] ai, o ka moe ma ke alaloa ka
pono loa, a ao, ku ae hele, aole e pono ke komo aku
ma ko na makaainana [wahi] e moe ai, he hewa ia,
ua kapaia kela komo ana he alaiki.

47[8][1] Eia ka mea e hewa ai, i ka wa e komo ai ke alii
nui ma kauhale makaainana, komo pu ko
na mau kanaka, a ike i ka ka ma[ka]ainana, a
~~lawale~~ [lawe wale][6] i ka na makaainana [mau] mea, a hana
ino paha, pue wale paha a haunaele paha.

48[9][1] Eia kekahi; o ko ke alii nui hele ana ma ke a
la loa, a loaa ke ala nui mana, mai hele ma
kela alanui mana, he hewa ia, ua kapaia
kela alanui he mooa, he meheu kahi i
noa.

49[50][1] Eia ka mea e hewa ai, ma ka wa e hele
ai ke alii maia alanui, hele pu kona mau
kanaka, malie[7] paha he alanui ia e moe ana
a hiki ma ka mahina ai, a ike ko ke alii mau

45. I nā ali'i a me kānaka a me nā maka'āinana
ka hana nui ma ka 'āina. 'A'ole a ke ali'i nui hana;
'o ka mo'a wale nō kāna,[8] 'a'ole mahi 'ai; kaka'ikahi
nā ali'i mahi 'ai.

46. Eia kekahi mea a ke kālaimoku e alaka'i
ai i ke ali'i nui: 'o ka ho'omalu i kā nā ali'i mau
mea a me kā nā maka'āinana mau mea, 'a'ole [e]
lawe wale, 'a'ole e uhuki wale i kā nā maka-
'āinana mau meakanu.

47. Inā i hele ka'apuni ke ali'i nui ma ka pō'ai 'a-
na, a ma kahi e pō ai, 'o ka moe ma ke alaloa ka
pono loa, a ao, kū a'e, hele. 'A'ole e pono ke komo aku
ma ko nā maka'āinana wahi e moe ai; he hewa ia.
Ua kapa 'ia kēlā komo 'ana he alāiki.

48. Eia ka mea e hewa ai: i ka wā e komo ai ke ali'i
nui ma kauhale maka'āinana, komo pū ko-
na mau kānaka, a 'ike i kā ka maka'āinana, a
lawe wale i kā nā maka'āinana mau mea, a hana
'ino paha, pu'e wale paha, a haunaele paha.

49. Eia kekahi. 'O ko ke ali'i nui hele 'ana ma ke a-
laloa a loa'a ke alanui mana. Mai hele ma
kēlā alanui mana; he hewa ia. Ua kapa 'ia
kēlā alanui he *mo'o'ā*, he meheu kahi i-
noa.

50. Eia ka mea e hewa ai: ma ka wā e hele
ai ke ali'i ma ia alanui, hele pū kona mau
kānaka. Malie paha he alanui ia e moe ana
a hiki ma ka mahina 'ai, a 'ike ko ke ali'i mau

---

1. 38:45, 38:46, 38:47, 38:48, 38:49, 38:50. C?: *na C? i ho'oponopono i ka helu paukū* A: *like me kā C?*
2. 38:45. A: moe
3. 38:45. A: kana
4. 38:47. A: **hele** poai
5. 38:47. A: poai ai
6. 38:48. A: lawelawe
7. 38:50. A: malia
8. 38:45. *ua ho'ololi 'ia 'o* "kona," *'o ia 'o* "kāna"

kanaka hukukiwale, hahai wale paha i ke ko, a
hooili ia mai keia mau hewa maluna o ke
aliinui.

51 Eia kekahi, aole e pono ke aliinui ke hele ma
kea la liilii, ua kapaia kea la liilii, he mehen,
malie paha ke alanui ia, e moe ana ma ka
hale kuku, aike ko kealii mau kanaka
i ka wahine maikai, pii wale, ili mai
kela hewa maluna o kealiinui.

52 Eia ko kealii pono loa, o ka moe ma kea la
loa, ina i kukulu na makaainana i hale
nona ua pono, ina iole, e kukulu kona
mau kanaka i ka le kapa nona, o ka ai lawe
ia mai kana ai, aole kona i waena, o kealii
i hana pela, ua kapaia oia ke alii no a au
loa

53
52 Eia kekahi, ina i ka ahele kealii maluna
o ka waa, mai holopoalaala ka waa iuka, i kai, o loaa
kaau waa lawaia, a haowale i ka lakou ia, aua
mai kapoe lawaia, a hakaka, ili mai kela hewa
maluna i kealiinui.

54
53 Eia ka pono o ka holoana, e holo aku ka waa, mai
keia lae aku, a kupono aku ka waa i ka lae ma
mua, a halailae mahope, kau hou aku i kela
lae, pela mau e hana ai, a hiki i kahi e hai ai.

5
54 A ma kawa e hoopu mai ai na na kaainana
i ka ai, eia ko kealii pono loa, o ka ai, i ka ai, i o luelu
mai, na makaainana, no ka mea, ua luki lakou,

kanaka huhuki wale, hahai wale paha i ke ko, a
hooili ia mai keia mau hewa ma luna o ke
alii nui.

50[1][1] Eia kekahi, aole e pono ke alii nui ke hele ma
ke ala liilii, ua kapa ia ke ala liilii, he meheu,
malie paha he alanui ia e moe ana ma ka
hale kuku, a ike[2] ko ke alii mau kanaka
i ka wahine maikai, pue wale, ili mai
kela hewa maluna o ke alii nui.

51[2]1 Eia ko ke alii pono loa, o ka moe ma ke ala
loa, ina i kukulu na makaainana i hale
nona ua pono, ina i ole, e kukulu kona
mau kanaka i hale kapa nona o ka ai lawe
ia mai kana ai, aole kena i waena, o ke alii
i hana pela, ua kapaia oia he alii no aau-
loa

52[53][1] Eia kekahi, ina i kaahele ke alii ma luna
o ka waa, mai holo poalaala ka waa i uka, i kai, o loaa
ka au waa lawaia, a hao wale i[3] ka lakou ia, a aua
mai ka poe lawaia, a hakaka, a ili mai kela hewa
maluna i[4] ke alii nui.

53[4][1] Eia ka pono o ka holo ana, e holo aku ka waa mai
keia lae aku, a kupono aku ka waa[5] i ka lae ma
mua, a hala i[6] lae mahope, kau hou aku i kela
lae, pela mau e hana ai, a hiki i kahi e kau ai.

54[5][1] A ma ka wa e hoo[ku]pu mai ai ᵐna makaainana
i ka ai, eia ko ke alii pono loa, o ka ai, i ka ai, i oluolu
mai, na makaainana, no ka mea, ua luhi lakou,

kānaka, huhuki wale, haha'i wale paha i ke kō, a
ho'oili 'ia mai kēia mau hewa ma luna o ke
ali'i nui.

51. Eia kekahi. 'A'ole e pono ke ali'i nui ke hele ma
ke ala li'ili'i; ua kapa 'ia ke ala li'ili'i he meheu.
Malie paha he alanui ia e moe ana ma ka
hale kuku, a 'ike ko ke ali'i mau kānaka
i ka wahine maika'i, pu'e wale; ili mai
kēlā hewa ma luna o ke ali'i nui.

52. Eia ko ke ali'i pono loa; 'o ka moe ma ke ala-
loa. Inā i kūkulu nā maka'āinana i hale
nona, ua pono; inā i 'ole, e kūkulu kona
mau kānaka i hale kapa nona. 'O ka 'ai, lawe
'ia mai kāna 'ai, 'a'ole kēnā i waena. 'O ke ali'i
i hana pēlā, ua kapa 'ia 'o ia he ali'i "no 'A'au-
loa."[7]

53. Eia kekahi. Inā i ka'ahele ke ali'i ma luna
o ka wa'a, mai holo pō'ala'ala ka wa'a i uka, i kai o loa'a
ka 'auwa'a lawai'a, a hao wale i kā lākou i'a, a 'au'a
mai ka po'e lawai'a, a hakakā, a ili mai kēlā hewa
ma luna i ke ali'i nui.

54. Eia ka pono o ka holo 'ana: e holo aku ka wa'a mai
kēia lae aku, a kūpono aku ka wa'a i ka lae ma
mua; a hala i[a] lae ma hope, kau hou aku i kēlā
lae; pēlā mau e hana ai a hiki i kahi e kau ai.

55. A ma ka wā e ho'okupu mai ai nā maka'āinana
i ka 'ai, eia ko ke ali'i pono loa: 'o ka 'ai i ka 'ai i 'olu'olu
mai nā maka'āinana, no ka mea, ua luhi lākou.

---

1. 38:51, 38:52, 38:53, 38:54, 38:55. C?: *na C? i ho'oponopono i ka helu paukū* A: *like me kā C?*
2. 38:51. A: i *(ma kahi o "ike")*
3. 38:53. A: ia *(ma kahi o "i")*
4. 38:53. A: o
5. 38:54. A: *nele 'o "aku ka waa"*
6. 38:54. A: ia *(ma kahi o "i")*
7. 38:52. *'o "'a'au loa" ma PE (e nānā i ka paukū 18:54)*

he mea pono i ke alii e ai loa, i mau ana na kanaka.

56
55 Ehiki no i ke aliinui ke lawe i na Ahupuaa ma na
pela ana na moku o loko o na, e like me Kaulana mau
na, ko Kona palena, a me Maunuka ko Kau palena, oi
ke alii i ke kanaka kupono ia ia, oia ka mea malama i
ua mau aina la, e pili ana i ke kihi o na moku o loko

57
56 Ehiki no i ke aliinui me lawe i na Ahupuaa i nui ke Kau
+ la, a me Keaala, a me Kaauau, a me na aina poha
ku, Kaunaka, e haawi no oia i keia mau aina i ke
kanaka ku pono i na lii la, nana e malama.

58
57 Ehiki no i ke aliinui ke kaapuni pinepine i kona
moku puni, i ike oia i ka poe ui ma kua aina, a ke
hoaku ia lakou i mau aikane, i mau keiki hookama,
pela e nui ai Kanaka.

59
58 Ehoko no ke aliinui, i kanaka nona a nui; hoolaulea
ke aliinui i ka ai, i ka ia, i ke kapa, i ka malo, a me
kana wahine pu ke kahi; i lilo lakou i paku nona ma ka
la Kaua; Eia Kai noa o ko ke aliinui mau kanaka,
he Malalaioa, he Uli, he Ehu, he Kea, he Laua, he Ka
pii, he Kae, he Kalole, he Nihomaiole, he Pualii, he
Ulahakau, he Hamohamo, he Haakualiki, he Oluke
Oakaamoena, he Kualapehu, he Makai, he Kaua
e, aole paha i pau keia mau inoa.

60
59 O na lii ma lalo mai o ke aliinui e ohi no i
mau Kanaka no lakou, e like me ke aliinui
e ao mau ia keia mau kanaka ma na mea Kau
a, ma kela Kau, Keia Kau, i na Ihe, Pololu, Laau
palau, Kiia, Kaala, Kekui e lua, a me ka pahikoa.

he mea pono i ke alii e ai loa, i maona na kanaka.

55[56] E hiki no i ke alii nui, ke lawe i na Ahupuaa ma na pela[na][1] o na moku o loko nona,[2] e like me Kaulanamau[3] na, ko Kona[4] palena, a me Manuka, ko Kau palena, a i[ke] ke alii i ke kanaka kupono ia ia, oia ka mea malama i ua mau aina la, e pili ana i ke kihi o na mokᴏu o loko

56[57][5] E hiki no [i] ke alii nui [ke lawe] i na ahupuaa i nui ke Kaui la, a me Ke alaa,[6] a me Ka auau, a me na aina poha ku, kaunaha,[7] e haawi no oia i keia mau aina i ke kanaka [ku]pono i ua lii la, nana[8] e malama.

57[58][5] E hiki no i ke alii nui[9] ke kaapuni pinepine i kona mokupuni, i ike oia i ka poe ui ma kuaaina, a ko ho aku ia lakou i mau aikane, i mau keiki hookama, pela e nui [ai] kanaka.

58[59][5] E koho no ke alii nui, i kanaka nona a nui, hoolaulea ke alii nui i ka ai, i ka ia, i ke kapa, i ka malo, a me kana wahine pu kekahi, i lilo lakou i paku nona ma[10] ka la kaua, Eia ka inoa o ko ke alii nui mau kanaka, he Malalaioa, he Uli, he Ehu, he Kea, he Lawa, he Ka pii, he Kae, he Kalole, he Nihomauole, he Puali, he Uhakakau, he Hamohamo, he Haakualiki, he Oluke loa[hoo]kaamoena, he Kualapehu, he Makai, he kauo e, aole paha i pau keia mau inoa.

59[60][5] O na lii ma lalo mai o ke alii nui e ohi no i ~~mau~~ mau kanaka no lakou, e like me ke alii nui e ao mauia keia mau kanaka ma na mea kau a, ma kela kau, keia kau, i na Ihe, Pololu, Laau palau, Kuia, Kaala, Ke kuielua, a me ka pakiko.

He mea pono i ke ali'i e 'ai loa i mā'ona nā kānaka.

56. E hiki nō i ke ali'i nui ke lawe i nā ahupua'a ma nā palena[11] o nā moku o loko nona, e like me Kaulanamau na, ko Kona palena, a me Manukā, ko Ka'ū palena. A 'ike ke ali'i i ke kanaka kūpono iā ia, 'o ia ka mea mālama i ua mau 'āina lā e pili ana i ke kihi o nā moku o loko.

57. E hiki nō i ke ali'i nui ke lawe i nā ahupua'a i nui ke kaui la a me ke 'āla'a[12] a me ka 'au'au a me nā 'āina pōha ku *kaunahā*. E hā'awi nō 'o ia i kēia mau 'āina i ke kanaka kūpono i ua ali'i lā, nāna e mālama.

58. E hiki nō i ke ali'i nui ke ka'apuni pinepine i kona mokupuni i 'ike 'o ia i ka po'e u'i ma kua'āina, a ko ho aku iā lākou i mau aikāne, i mau keiki ho'okama; pēlā e nui ai kānaka.

59. E koho nō ke ali'i nui i kānaka nona a nui, ho'olaule'a ke ali'i nui i ka 'ai, i ka i'a, i ke kapa, i ka malo, a me kāna wahine pū kekahi, i lilo lākou i pākū nona ma ka lā kaua. Eia ka inoa o ko ke ali'i nui mau kānaka: he mālalaioa, he uli, he 'ehu, he kea, he lawa, he kā pi'i, he ka'e, he kālole, he niho mauole, he pū'ali, he 'ūhākākau, he hamohamo, he ha'akualiki, he *'ōlūkē- loaho'oka'amoena,* he kualapehu, he māka'i, he kau'o- 'e. 'A'ole paha i pau kēia mau inoa.

60. 'O nā ali'i ma lalo mai o ke ali'i nui, e 'ohi nō i mau kānaka no lākou e like me ke ali'i nui. E a'o mau 'ia kēlā mau kānaka ma nā mea kau a, ma kēlā kau kēia kau, i nā ihe, pololū, lā'au pālau, ku'ia, kā'alā, ke ku'i'elua, a me ka pākiko.

---

1. 38:56. A: palena
2. 38:56. A: ~~nona o loko~~ o loko nona
3. 38:56. A: ~~kona~~ kaulana mauna
4. 38:56. A: Kane (*a kāpae 'ia 'o "e" ma ka penikala*)
5. 38:57, 38:58, 38:59, 38:60. C?: *ua ho'oponopono 'ia ka helu paukū ma ka penikala* A: *like me kā C?*
6. 38:57. A: Keaala
7. 38:57. A: kaumaha
8. 38:57. A: *nele*
9. 38:58. A: *nele*
10. 38:58. A: i
11. 38:56. *ua ho'ololi 'ia 'o "pela[na]," 'o ia 'o "palena"*
12. 38:57. *ua ho'ololi 'ia 'o "aala," 'o ia 'o "'āla'a"*

61 I ua ike mai ke kalaimoku, ua nui ko kanaka kiuganea ne kaumaha, koi mai ke kalaimoku i ke alii nui e kukini e maikaa pahee, e inu awa, e kele ma kahi wi i mea e wiwi ai kanaka, pela ke kalaimoku e manao ai.

62 Aole no e haawi ia ka aina nui i na lii nui, o kipi lakou i ke aupuni, aka, ia Kamehameha akahi, ua ka na i no oia i kona mau lii nui i ka aina nui.

63 Eia kekahi hana a ke alii nui, e kukulu oia i mau hale papaa ma laila e waiho ai ka ai, ka ia, ke kapa, ka malo, ka pau, a me na waiwai a pau ma loko.

64 O keia mau hale papaa he mea ia na ke kalaimoku e hoomanea i kanaka i haalele ole i ke alii, no ka mea ua like ka hale papaa me ka hinai hinalea, ua ka hinahinalea he wana ko loko, kiai mau ma waho, pela kanaka manao nui ke ai ma ka hale papaa, kiai mau i ke alii nui

65 Pela no ka Iole, aole oia e haalele i kumu haka no kona manao nui ke ai maluna, pela ka hale papaa, he mea e hoomanao ai kanaka i ke alii, i haalele ole ia ke alii.

66 E hiki no i ke alii nui ke koi i mau kukini nana a mau koe waa, i mau kalaiwaa, ai mau kiu, i mea nana e makai ka kewa ma kela wahi ma keia wahi.

67 He mea pono i ke alii nui ke malama i kona mau makaainana iho, no ka mea oia no ke kii no pono i ke aupuni, ua nui na lii i pepehi ia e na makaainana, no ka hookaumaha i ka makaainana

60[1][1] Ina ike mai ke kalaimoku, ua nui ko kanaka kino, anea ne kaumaha, koi mai ke kalaimoku i ke alii nui e kukini, e maika, a pahee, e inu awa, e hele ma kahi wi i mea e wiwi ai kanaka, pela ke kalaimoku e hana ai.

61[2][1] Aole no e haawi ia ka aina nui i na lii nui, o kipi lakou i ke aupuni, aka, ia Kamehameha akahi, ua ha nai[2] no oia i kona mau lii nui i ka aina nui.

62[3][1] Eia kekahi hana a ke alii nui, e kukulu oia i mau hale papaa, ma laila e wai[ho] ai ka ai, ka ia, ke kapa, ka malo, ka pau, a me na waiwai apau maloko.

63[4][1] O keia mau hale papaa he mea ia na ke kalaimoku e hoonanea i[3] kanaka i haalele ole i ke alii, no ka mea ua like ka hale papaa me ka hinai hinalea, ua ku hi na hinalea he wana ko loko, kiai mau ma wa ho, pela kanaka manao nui he ai ma ka hale papaa, kiai mau i ke alii nui

64[5][1] Pela no ka Iole, aole oia e haalele i kumuhaka[4] no kona manao nui he ai maluna, pela ka hale papaa, he mea e hoomanao ai kanaka i ke alii, i haalele ole ia ke alii.

65[6][1] E hiki no i ke alii nui ke koho i mau kukini nana[5] a mau hoe waa, i mau kalai waa, a i mau kiu, i mea nana e makai ka hewa ma kela wahi ma keia wahi.

66[7][1] He mea pono i ke alii nui ke malama i kona mau makaainana iho,[6] no ka mea oia no ke ki no ponoi [o] ke aupuni, ua nui na lii i pepehi[hi] ia e na makaainana, no ka hookaumaha i ka makaainana

61. Inā 'ike mai ke kālaimoku ua nui ko kānaka kino, 'ane'a ne kaumaha, koi mai ke kālaimoku i ke ali'i nui e kūkini, e maika a pahe'e, e inu 'awa, e hele ma kahi wī i mea e wīwī ai kānaka; pēlā ke kālaimoku e hana ai.

62. 'A'ole nō e hā'awi 'ia ka 'āina nui i nā ali'i nui o kipi lākou i ke aupuni; akā, iā Kamehameha 'Akahi, ua hā- nai nō 'o ia i kona mau ali'i nui i ka 'āina nui.

63. Eia kekahi hana a ke ali'i nui, e kūkulu 'o ia i mau hale papa'a, ma laila e waiho ai ka 'ai, ka i'a, ke kapa, ka malo, ka pā'ū, a me nā waiwai a pau ma loko.

64. 'O kēia mau hale papa'a, he mea ia na ke kālaimoku e ho'onanea [ai] i kānaka, i ha'alele 'ole i ke ali'i, no ka mea, ua like ka hale papa'a me ka hīna'i hīnālea. Ua ku hi nā hīnālea, he wana ko loko; kia'i mau ma wa- ho. Pēlā kānaka: mana'o nui he 'ai ma ka hale papa'a, kia'i mau i ke ali'i nui.

65. Pēlā nō ka 'iole: 'a'ole 'o ia e ha'alele i kumuhaka no kona mana'o nui, he 'ai ma luna. Pēlā ka hale papa'a: he mea e ho'omana'o ai kānaka i ke ali'i, i ha'alele 'ole 'ia ke ali'i.

66. E hiki nō i ke ali'i nui ke koho i mau kūkini nāna, a mau hoe wa'a, i mau kālai wa'a, a i mau kiu i mea nāna e māka'i ka hewa ma kēlā wahi ma kēia wahi.

67. He mea pono i ke ali'i nui ke mālama i kona mau maka'āinana iho, no ka mea, 'o ia nō ke ki- no pono'ī o ke aupuni. Ua nui nā ali'i i pepehi 'ia e nā maka'āinana no ka ho'okaumaha i ka maka'āinana.

---

1. 38:61, 38:62, 38:63, 38:64, 38:65, 38:66, 38:67. C?: *na C? i ho'oponopono i ka helu paukū* A: *like me kā C?*
2. 38:62. A: haawi
3. 38:64. A: e hoonanea **ai** i
4. 38:65. A: i **ke** kumuhaka
5. 38:66. A: nona
6. 38:67. A: *nele*

68 Eia na lii i pepehiia e na makaainana no ka hoolu-
hii koikala, pepehiia mahou, maia pepehi ana; na ka-
pai Kau, he makaha.

69 O Kohaikalani, kekahi alii i pepehi ia ma Kau
o Halaea, kekahi alii i pepehi ia ma Kau, o Ehunui
kaimalino kealii i pepehi i maliia, e ka lawaia, ma
Keahuolu i Kona, o Kamaiole kahi alii i pepehi ia e
Kalapana ma Anaehoomalu ma Kona,

70 O Hakau kealii i pepehi ia, e Umi ma Waipio ma ka
makua no Hawaii, o Lonoikamakahiki i kahi i kipaku
ia, ma Kona, o Umikalani kekahi alii i Kipaku
ia, ma Kona.

71 Nolaila, ua make mau alii kahiko i na ma-
kaainana, aka, he mea make no ka makaaina-
na ke pononalii.

72 Ua hookaawale ia ko ka kealii nui mau wae-
na, oia na koele o ka moku; a me na koele, o
kaua, a me na koele poko, o kana mau puaa, oia ko ka-
loa, a me o kana; a me poko, ua oki ia na pepeao i
hoilona

73 Malaila no ka kealii puaa e kii ai, aole i kana
makaainana, aka, ua kii no na lii, i ka na ma
ainana puaa a lawe wale na lakou.

74 Pela na lii e oki wale ai i kona makaainana
mau kihapai, aole no i apono na makaainana i
keia hana a na lii, no ka mea ma ko lakou hoo Kie
kie wale no ka hana ana.

75 O ka poe kalaimoku, aole lakou e noho puaa me

67[8][1] Eia na lii i pepehi ia e na makaainana no ka hoolu hi o Koihala, pepehi ia ma Kau, maia pepehi ana, ua ka-pa i[a] Ka'u, he makaha.

68[9][1] O Koha[i]kalani, kekahi alii i pepehi ia ma Ka'u o Halaea, kekahi alii i pepehi ia ma Kau, o Ehunui kaimalino ke alii i pepehi malu ia, e ka lawaia, ma Keahuolu i Kona, o Kamaiole kahi alii i pepehi ia e Kalapana ma Anaehoomalu ma Kona.

69[70][1] O Hakau ke alii i pepehi ia, e Umi ma Waipio ma ha-makua no Hawaii, o Lonoikamakahiki kahi i kipaku ia, ma Kona, o Umiokalani kekahi alii i kipaku[2] ia, ma Kona.

70[1][1] No laila, ua ma[kau] kahi mau alii kahiko i na ma kaainana, aka, he mea make no ka[3] makaaina na ke pono na lii.[4]

71[2][1] Ua hookaawale ia ~~ke~~ [ko] ka[5] ke alii nui mau wae-na, oia na koele o ka moku, a me na koele, o kana, a [me] na koele poko, o kana mau puaa, oia ko ka-loa, a me okana,[6] a me poko,[7] ua oki ia na pepeiao i hoilona.[8]

72[3][1] Malaila no ka ke alii puaa e kii ai, aole i ka na makaainana, aka, ua kii no na lii, i ka na ma ainana puaa a lawe wale na lakou.

73[4][1] Pela na lii e ohi wale ai i ko na makaainana mau kihapai, aole no[9] i apono na makaainana i keia hana a na lii, no ka mea na ko lakou hookie[10] kie wale no ka hana ana.

74[75][1] O ka poe kalaimoku, aole lakou e noho pu me

68. Eia nā ali'i i pepehi 'ia e nā maka'āinana no ka ho'oluhi. 'O Koihala, pepehi 'ia ma Ka'ū. Ma ia pepehi 'ana, ua ka-pa 'ia Ka'ū he mākaha.

69. 'O Kohāikalani kekahi ali'i i pepehi 'ia ma Ka'ū; 'o Hala'ea kekahi ali'i i pepehi 'ia ma Ka'ū; 'o 'Ehunui-kaimalino ke ali'i i pepehi malū 'ia e ka lawai'a ma Keahu'olu i Kona; 'o Kama'i'ole kahi ali'i i pepehi 'ia e Kalapana ma 'Anaeho'omalu ma Kona.

70. 'O Hākau ke ali'i i pepehi 'ia e 'Umi ma Waipi'o ma Hā-mākua no Hawai'i; 'o Lonoikamakahiki kahi i kīpaku 'ia ma Kona; 'o 'Umiokalani kekahi ali'i i kīpaku 'ia ma Kona.

71. No laila, ua maka'u kahi mau ali'i kahiko i nā ma-ka'āinana; akā, he mea make nō ka maka'āina-na ke pono nā ali'i.

72. Ua ho'oka'awale 'ia ko ke[11] ali'i nui mau wae-na; 'o ia nā kō'ele o ka moku, a me nā kō'ele [o ka] 'o-kana, a me nā kō'ele [o ka] poko. 'O kāna mau pua'a, 'o ia ko ka loa a me 'okana a me poko; ua 'oki 'ia nā pepeiao i hō'[a]ilona.

73. Ma laila nō kā ke ali'i pua'a e ki'i ai, 'a'ole i kā nā maka'āinana; akā, ua ki'i nō nā ali'i i kā nā ma-[ka]'āinana pua'a a lawe wale na lākou.

74. Pēlā nā ali'i e 'ohi wale ai i ko nā maka'āinana mau kīhāpai. 'A'ole nō i 'āpono nā maka'āinana i kēia hana a nā ali'i, no ka mea, na ko lākou ho'oki'e-ki'e wale nō ka hana 'ana.

75. 'O ka po'e kālaimoku, 'a'ole lākou e noho pū me

---

1. 38:68, 38:69, 38:70, 38:71, 38:72, 38:73, 38:74. *na C? i ho'oponopono i ka helu paukū* A: *like me ka C?*
2. 38:70. A: kapaku
3. 38:71. A: na
4. 38:71. A: **ma ka** pono **o** na lii
5. 38:72. A: *nele*
6. 38:72. A: **ko ka** okana
7. 38:72. A: **ko ka** poko
8. 38:72. A: hoailona
9. 38:74. A: *nele*
10. 38:75. C?: hookie[kie] *[sic]*
11. 38:72. *ua ho'ololi 'ia 'o* "[ko] ka ke," *'o ia 'o* "ko ke"

nalii, ma kahi hookahi, he wahi kaa wale loku ko la-
kou wahi e noho ai, ina makemake lakou, e olelo
pu me ke aliinui; e hele lakou iko ke alii nui ka-
le manawa, a hoouna aku iko ke aliinui lomilo-
mi; e kii i ke aliinui, a hele mai ka mailio malu
lakou, ua kapaia kela ka mailio puuaa, hea
ka kuka malu, a pau ia, hoi lakou ma ko lakou
wahi iho.

76 Ina i manao na lii malaloiho e kukakapu me ke
aliinui ma na mea nui o ke aupuni, he kaua
paha, alaila, kii mali ke alii nui i ka poe kalai
moku, e kuka malu me ia, a loke ke alii nui i ka
lakou mau pono apau, alaila, hoi lakou.

77 A ma ka wa e kuka olelo ai ke alii nui me na lii a
pau malalo ona, e hoolohe wale no ke aliinui i na
olelo a kela alii, keia alii, ina i ike ke aliinui i
ka olelo a ke kahi alii ona, ua like ka pono me
ka ka poe kalaimoku ana i loke malu ai, e ae no ke
aliinui ma ia olelo.

78 Ina i ike mai ke aliinui, aole like pu kia na lii
olelo me ka ka poe kalaimoku ana loke malu
ai, aole e ae ke aliinui ma kia lakou, pela e hana
ai ka ahaolelo a na lii.

79 O ka poe kalaimoku, ua ike lakou i na oihana
kaua, ua ike pono i ka kukakaoukia, a me ke kaua ku
pono ma ia kahua, a me ke kaua ku pono ole ma ia
kahua.

80 Ina ke kahuna o kea, a ma laelae, ke kahuku i ke

na lii, ma kahi hookahi, he wahi kaawale loa ko la-
kou wahi[1] e noho ai, ina makemake lakou, e olelo
pu me ke alii nui, e hele lakou i ko ᴋ[k]e alii nui ha-
le manawa, a hoouna aku i ko ke alii nui lomilo-
mi, e kii i ke alii nui, a hele mai kamailio malu
lakou, ua kapaia kela kamailio pu ana, he a-
ha kuka malu, a pau ia, hoi lakou ma ko lakou
wahi iho.[2]

75[6][3] Ina i manao na lii malalo iho e kuka pu me ke
alii nui ma na mea nui o ke aupuni, he kaua
paha, a laila, kii malu ke alii nui i ka poe kalai
moku e kuka malu me ia, a lohe ke alii nui i ka
lakou mau pono apau, alaila, hoi lakou.

76[7][3] A ma ka wa e aha olelo ai ke alii nui me na lii a
pau ma lalo ona, e hoolohe wale no ke alii nui i na
olelo a kela alii, keia[4] alii, ina i ike ke alii nui i
ka olelo a kekahi alii ona, ua like ka pono me
ka ka poe kalaimoku ana i lohe malu ai, e ae no ke
alii nui ma kana olelo.

77[8][3] Ina i ike mai ke alii nui, aohe like pu o ka na lii
olelo me ka ka poe kalaimoku ana lohe[5] malu
ai, aole e ae ke alii nui ma ka lakou, pela e hana
ai ka aha olelo a na lii,

78[9][3] O ka poe kalaimoku, ua ike lakou i na[6] oihana
kaua, ua ike pono i kahua hoouka, a me ke kaua ku
pono maia kahua, a me ke kaua kupono ole maia
kahua.

79[80][3] Ina he kahua akea, a malaelae, he kahului ke

nā ali'i ma kahi ho'okahi. He wahi ka'awale loa ko lā-
kou wahi e noho ai. Inā makemake lākou e 'ōlelo
pū me ke ali'i nui, e hele lākou i ko ke ali'i nui ha-
le manawa a ho'ouna aku i ko ke ali'i nui lomilo-
mi e ki'i i ke ali'i nui. A hele mai, kama'ilio malū
lākou. (Ua kapa 'ia kēlā kama'ilio pū 'ana he 'a-
ha kūkā malū.) A pau ia, ho'i lākou ma ko lākou
wahi iho.

76. Inā i mana'o nā ali'i ma lalo iho e kūkā pū me ke
ali'i nui ma nā mea nui o ke aupuni, he kaua
paha, a laila, ki'i malū ke ali'i nui i ka po'e kālai-
moku e kūkā malū me ia; a lohe ke ali'i nui i kā
lākou mau pono a pau, a laila, ho'i lākou.

77. A ma ka wā e 'aha 'ōlelo ai ke ali'i nui me nā ali'i a
pau ma lalo ona, e ho'olohe wale nō ke ali'i nui i nā
'ōlelo a kēlā ali'i kēia ali'i; inā i 'ike ke ali'i nui i
ka 'ōlelo a kekahi ali'i ona ua like ka pono me
kā ka po'e kālaimoku āna i lohe malū ai, e 'ae nō ke
ali'i nui ma kāna 'ōlelo.

78. Inā i 'ike mai ke ali'i nui 'a'ohe like pū o kā nā ali'i
'ōlelo me kā ka po'e kālaimoku āna [i] lohe malū
ai, 'a'ole e 'ae ke ali'i nui ma kā lākou; pēlā e hana
ai [i] ka 'aha 'ōlelo a nā ali'i.

79. 'O ka po'e kālaimoku, ua 'ike lākou i nā 'oihana
kaua, ua 'ike pono i kahua ho'ouka a me ke kaua kū-
pono ma ia kahua a me ke kaua kūpono 'ole ma ia
kahua.

80. Inā he kahua ākea a māla'ela'e, he kahului ke

---

1. 38:75. A: *nele*
2. 38:75. A: *nele*
3. 38:76. 38:77, 38:78, 38:79, 38:80. *na C? i ho'oponopono i ka helu paukū* A: *like me ka C?*
4. 38:77. A: **a** keia
5. 38:78. A: **i** lohe
6. 38:79. A: ka

Kaua kupono maia kahua ina ke kahua akea, a na ke.

lehele, ke maka walu ke kaua kupono maia kahua.

81 Ua ike no na kalaimoku, i na kaula, na kaua po, na kaua po, po, a me ke kahua pono i ke kaua kukulu, a me ke kahua pono, i ke kaua kapae, a me ke kaua moemoe.

82 Ua makaukau na kalaimoku ma ka hoʻoponopono i na oihana kaua, ua kapaia lakou, he kaakaua; he lau a na kahi inoa.

83 Aole e pono ke kaua uku ke kaua i na ka walu, a me ke kahului, aole cold ke kaua uku i ke kaua nui, i na ma ke ahiahi e kaua ai, pakele ke kaua uku.

84 I ka hoonoho ana o ke kaua o ka poe mamua o ke kaua, he poe uku ia, ua kapaia lakou he hu— na lewa, o ka poe mahope mai o lakou, he poe ma— hu a kua ae lakou, ua kapaia lakou, he huna paa kaua.

85 A ma hope mai o lakou na waa kaua, na pu lu kaua, na papa kaua, na poe kaua, a ma loko no o na poe kaua e noho ai ke aliinui, a mamua o ka poe kaua a ke aliinui e noho ai, he mau pa papa pololu, ua kapaia, na pololu la ke kaua paa kaua.

86 Aia ma loko o ka poe kaua ke aliinui, me kana wahine, me kona mau akua kaʻe, a me kona mau mea aloha apau, aka, he maka walu ke kaua makahuna paa ke aliinui e noho ai.

87 A pau ka hoonoho ana o na poe kaua, a laila, kii ia ke kilolani, a hiki mai oia, e ninau

kaua kupono maia kahua, ina he kahua akea, a nahe lehele, he makawalu ke kaua kupono maia kahua.

80[1][1] Ua ike no na kalaimoku, i na kaula[na], o na kaua poi po, a me ke kahua pono i ke kaua kukulu, a me ke kahua pono[2] i ke kaua kapae, a me ke kaua moemoe.

81[2][1] Ua makaukau na kalaimoku ma[3] ka hooponopono i na oihana kaua, ua kapaia lakou, he kaakaua, he lau aua kahi inoa.

82[3][1] Aole e pono ke kaua uuku ke hana i makawalu, a me ke kahului, aole e ola ke kaua uuku i ke kaua nui ina ma ke ahiahi e kaua ai, pakele ke kaua uuku.

83[4][1] I ka hoonoho ana o ke kaua o ka poe ma mua o ke kaua, he poe uuku ia, ua kapa ia lakou he huna lewa, o ka poe mahope mai o lakou, he poe ma huahua ae lakou, ua kapa ia lakou, he huna paa ka inoa.

84[5][1] A ma hope mai o lakou na waa kaua, na puu lu kaua, na papa kaua, na poe kaua, a ma loko no o na poe kaua e noho ai ke alii nui, a ma mua o ka poe kaua a ke alii nui e noho ai, he mau pa pa pololu, ua kapaia, ua pololu la he kuau paa ka inoa.

85[6][1] Aia ma loko o ka poe kaua ke alii nui, me kana wahine, me kona mau akua kaai, a me kona mau mea aloha apau. aka, he makawalu ke kaua ma ka hunapaa ke alii nui e noho ai.

86[7][1] A pau ka hoonoho ana o na poe kaua, a laila, kii ia ke kilo lani, a hiki mai oia, e ninau

---

kaua kūpono ma ia kahua; inā he kahua ākea a nāhelehele, he makawalu ke kaua kūpono ma ia kahua.

81. Ua ʻike nō nā kālaimoku i nā kaulana o nā kaua poʻi pō a me ke kahua pono i ke kaua kūkulu a me ke kahua pono i ke kaua kāpae a me ke kaua moemoe.

82. Ua mākaukau nā kālaimoku ma ka hoʻoponopono i nā ʻoihana kaua. Ua kapa ʻia lākou he kaʻa kaua, he lauʻauʻa kahi inoa.

83. ʻAʻole e pono ke kaua ʻuʻuku ke hana i makawalu a me ke kahului; ʻaʻole e ola ke kaua ʻuʻuku i ke kaua nui. Inā ma ke ahiahi e kaua ai, pakele ke kaua ʻuʻuku.

84. I ka hoʻonoho ʻana o ke kaua, ʻo ka poʻe ma mua o ke kaua, he poʻe ʻuʻuku ia, ua kapa ʻia lākou he hunalewa. ʻO ka poʻe ma hope mai o lākou, he poʻe māhuahua aʻe lākou, ua kapa ʻia lākou he hunapaʻa ka inoa.

85. A ma hope mai o lākou nā waʻa kaua, nā pūʻulu kaua, nā papa kaua, nā poʻe kaua. A ma loko nō o nā poʻe kaua e noho ai ke aliʻi nui. A ma mua o ka poʻe kaua a ke aliʻi nui e noho ai, he mau papa pololū; ua kapa ʻia ua pololū lā he kūʻaupaʻa ka inoa.

86. Aia ma loko o ka poʻe kaua ke aliʻi nui me kāna wahine me kona mau akua kāʻai a me kona mau mea aloha a pau; akā, he makawalu ke kaua, ma ka hunapaʻa ke aliʻi nui e noho ai.

87. A pau ka hoʻonoho ʻana o nā poʻe kaua, a laila, kiʻi ʻia ke kilo lani. A hiki mai ʻo ia, e nīnau

---

1. 38:81. 38:82, 38:83, 38:84, 38:85, 38:86, 38:87. *na C? i hoʻoponopono i ka helu paukū* A: *like me kā C?*
2. 38:81. A: kupono
3. 38:82. A: i

kealiinui o ia, no ke kaua ana, e nana no ke kilo i ka
lani, a ike oia i ka pono o ke kaua ana.

37 Alaila, hai mai ke kilo i Kealiinui, he au keia
no Kala, i ka la keia e hee ai kou hoa paio ia oe, no
ka mea, o a puni keia la, he la hee no kou hoa paio
alaila, kuki i ka ika ke kilo i Kealiinui e hele e kaua
aku.

38 Aka, i ike ke kilo i ka la pono ole, e kaohi no oia i ke
aliinui i hele ole e kaua aku i kela alii.

39 A ma ka wa e hookokoke mai ai kela kaua, a hoo-
kokoke aku keia kaua, alaila, kii ia na kahuna
pule o na kii nana e mohai i ke akua kii ia wa, aole
kealiinui e mohai.

40 Penei e hana ai, e koa ia keia mau akii e lua, na
kela kaua, keia kaua, mawaena o na kaua e
lua, e umi ia kapuaa, a make o kaumaha ke ka
huna i ke kua kii a anoano mai kealiinui, ua
kapa ia keia puaa, he puaa Umihau; a pau keia
hana ana, alaila kaua, o ka poe kalaimoku kai ala
kainui i kealiinui ma keia hana o ke kaua.

41 O ua poe kalaimoku la, he poe makemake ole
i ka noho haahaa, a me ka noho kiekie, aole
makemake i ka waiwai nui me ka aina nui.

42 Aole no e makemake e uku nui ia mai i kea
liinui; aka, o ko lakou loke wale no i ka kealiinui
mau o le o malu, oia wale no ka mea nui loa
i ko lakou manao ana.

43 Ina i ke mai ka poe kalaimoku ua nui

ke alii nui ia ia, no ke kaua ana, e nana no ke kilo i ka lani, a ike oia i ka pono o ke kaua ana.

87[8][1] A laila, hai mai ke kilo i ke alii nui, he au keia no ka la, o ka la keia e hee ai kou hoa paio ia oe, no ka mea, o apuni keia la, he la hee no kou hoa paio, alaila, huki ikaika ke kilo i ke alii nui e hele e kaua aku.

88[9][2] Aka, i ike ke kilo i ka la pono ole, e kaohi no oia i ke alii nui i hele ole e kaua aku i kela alii.

89[90][1] A ma ka wa e hookokoke mai ai kela kaua, a hookokoke aku keia kaua, alaila, kii ia[3] na kahuna pule o na kii nana e mohai ke[4] akua kii ia[5] wa, aole ke alii nui e mohai.

90[1][1] Penei e hana ai, e hoa ia keia[6] mau ahi elua, no kela kaua, keia kaua, ma waena o na kaua e lua, e umi ia ka puaa, a make a[7] kaumaha ke kahuna i ke kua kii a[8] amama mai ke alii nui, ua kapaia keia puaa, he puaa Umihau, apau keia hana ana, alaila kaua, o ka poe kalaimoku ~~kai~~ ala kai nui i ke alii nui ma keia hana o ke kaua.

91[2][1] O ua poe kalaimoku la, he poe makemake ole[9] i ka noho hanohano, a me ka noho kiekie, aole makemake i ka waiwai nui me ka aina nui,

92[3][1] Aole no e makemake e uku nui ia mai e ke alii nui, aka, o ko lakou lohe wale no i ka ke alii nui mau olelo malu, oia wale no ka mea nui loa i ko lakou manao ana.

93[4][1] Ina ike mai ka poe kalaimoku ua nunui

ke ali'i nui iā ia no ke kaua 'ana. E nānā nō ke kilo i ka lani. A 'ike 'o ia i ka pono o ke kaua 'ana,

88. a laila, ha'i mai ke kilo i ke ali'i nui, "He au kēia no ka lā; 'o ka lā kēia e he'e ai kou hoa paio iā 'oe, no ka mea, 'o 'Āpuni kēia lā, he lā he'e no kou hoa paio." A laila, huki ikaika ke kilo i ke ali'i nui e hele e kaua aku.

89. Akā, i 'ike ke kilo i ka lā pono 'ole, e kāohi nō 'o ia i ke ali'i nui i hele 'ole e kaua aku i kēlā ali'i.

90. A ma ka wā e ho'okokoke mai ai kēlā kaua a ho'okokoke aku kēia kaua, a laila, ki'i 'ia nā kāhuna pule o nā ki'i nāna e mōhai [i] ke akua ki'i [i] ia wā. ('A'ole ke ali'i nui e mōhai.)

91. Penei e hana ai: e ho'ā 'ia kēia mau ahi 'elua no kēlā kaua kēia kaua ma waena o nā kaua 'elua; e 'umi 'ia ka pua'a a make, a kaumaha ke kahuna i ke akua ki'i a 'āmama mai ke ali'i nui. Ua kapa 'ia kēia pua'a he pua'a umihau. A pau kēia hana 'ana, a laila, kaua. 'O ka po'e kālaimoku, alaka'i nui i ke ali'i nui ma kēia hana 'o ke kaua.

92. 'O ua po'e kālaimoku lā, he po'e makemake 'ole i ka noho hanohano a me ka noho ki'eki'e, 'a'ole makemake i ka waiwai nui me ka 'āina nui.

93. 'A'ole nō e makemake e uku nui 'ia mai e ke ali'i nui; akā, 'o ko lākou lohe wale nō i kā ke ali'i nui mau 'ōlelo malū, 'o ia wale nō ka mea nui loa i ko lākou mana'o 'ana.

94. Inā 'ike mai ka po'e kālaimoku, ua nunui

---

1.   38:88, 38:89, 38:90, 38:91, 38:92, 38:93, 38:94. *na C? i ho'oponopono i ka helu paukū A: like me kā C? ma ka paukū 38:88 wale nō. ua like me kā C mai ka paukū 90 aku A?: like me kā C? mai ka paukū 90 aku*

2.   38:89: C?: *na C? i ho'oponopono i ka helu paukū A: 'a'ohe helu no kēia paukū ma A. mai kēia paukū aku a hō'ea i ka pau 'ana o ka mokuna, like a like nā helu paukū ma A me kā C, a like pū ho'i ka ho'oponopono 'ia 'ana o nā helu paukū*

3.   38:90. A: *nele*

4.   38:90. A: **i** *ke*

5.   38:90. A: **i** *ia*

6.   38:91. A: *e hoa ia* **i** *mau ahi elua*

7.   38:91. A: *nele*

8.   38:91. A: *nele*

9.   38:92. A: *nele*

kanaka, alakai i ke alii, makahi aiole, e koi ka ai i ke alii
no
wale, i manao mai kanaka i ke aliinui

95 Ina ike mai na kalaimoku i ke alii e ai nui
ana i ka poi paa e papa mai no, o ka poi heke ka pono,
o ka kalo paa ka pono loa, i mama ke aliinui ke holo,
ke kahai ia i ka la e kue ai.

na
96 O, lii noho aupuni apau, ua ao nui ia, a aka mai
loa i mea kaua, ua oi ko lakou i ke mamua o na ka-
naka apau.

97 Elua kumu nui a ka poe kalaimoku, o ko lakou
ao mau o lele akamai a ka poe kalaimoku ka-
hiko, a o ko lakou noho mau me ia alii ai moku.
O make aku, noho hou aku, a make aku, a i ke
pono i ke ano o kela lii ai moku, keia alii aimo-
ku, me ko lakou lohe mai i ke ano o na lii ai-
moku kahiko.

98 Ma ke kua aina mai kekahi poe akamai i ke
kalaimoku, ua ao ia lakou ma ke kua aina, a
akamai, i na hana o kahi alii, no ka mea o na kua
hi
aina kekahi poe mana mai i ke ano o na lii hewa
a me na lii pono.

99 Ina i ike mai na makaainana i ka hewa o ia alii
o hewa iono, i ike mai na makaainana i ka pono o ia
lii e pono iono.

100 O ka ahewa nui ia i ke alii hiamoe loa, a me ke a
lii puni lealea, a me ke alii hoopaapaa, kua-
muamu, a makee, a luau, a ua.

101 O ke alii akahai, oluolu, hana malie, hooka

kanaka, alakai i ke alii ma kahi ai ole, i hoi ka ai keʻ alii
wale [no] i manao mai kanaka i ke alii nui

94[5]² Ina ike mai na kalaimoku i ke alii e ai nui
ana i ka poi paa e papa mai no, o ka poi hehee ka pono
o ke kalo paa ka pono loa, i mama ke alii nui ke holo,
ke hahai ia i ka la e hee ai.

95[6]² O [na] lii noho aupuni apau, ua ao nui ia, a akamai
loa i mea³ kaua, ua oi ko lakou ike mamua o na ka
naka a pau.

96[7]² Elua kumu nui a ka poe kalaimoku, o ko lakou
ao ma na olelo akamai a ka poe kalaimoku ka
hiko, a o ko lakou noho mau meia alii aimoku.
a make aku, noho hou aku, a make aku, a ike
pono i ke ano o kela lii ai moku, keia alii aimo
ku, me ko lakou lohe mai i ke ano o na lii ai-
moku kahiko.

97[8]² Ma ke kua aina mai kekahi poe akamai i ke
kalaimoku, ua ao ia lakou ma ke kuaaina, a
akamai, i na hana o kahi alii, no ka mea, ma kua
aina keka[hi] poe nana mai i ke ano o na lii hewa
a me na lii pono.

98[9]² Ina i ike mai na makaainana i ka hewa oia alii
e hewa io no, i ike mai na makaainana i ka pono oia
lii e pono io no.

99[100]² Ua ahewa nui ia ke alii hiamoe loa, a me ke a-
lii puni lealea, a me ke alii hoopaapaa, kua-
muamu, a makee, alunu, aua.

100[1]² O ke alii akahai, oluolu, hono⁴ malie, hoohaa

kānaka, alakaʻi i ke aliʻi ma kahi ʻai ʻole, i hoʻi ka ʻai [i] ke aliʻi
wale nō, i manaʻo mai kānaka i ke aliʻi nui.

95. Inā ʻike mai nā kālaimoku i ke aliʻi e ʻai nui
ana i ka poi paʻa, e pāpā mai nō; ʻo ka poi heheʻe ka pono,
ʻo ke kalo paʻa ka pono loa, i māmā ke aliʻi nui ke holo,
ke hahai ʻia i ka lā e heʻe ai.

96. ʻO nā aliʻi noho aupuni a pau, ua aʻo nui ʻia a akamai
loa i mea kaua; ua ʻoi ko lākou ʻike ma mua o nā kā-
naka a pau.

97. ʻElua kumu nui a ka poʻe kālaimoku; ʻo ko lākou
aʻo ma nā ʻōlelo akamai a ka poʻe kālaimoku ka-
hiko, a ʻo ko lākou noho mau me ia aliʻi ʻai moku
a make aku, noho hou aku a make aku. A ʻike
pono i ke ʻano o kēlā aliʻi ʻai moku kēia aliʻi ʻai mo-
ku, me ko lākou lohe mai i ke ʻano o nā aliʻi ʻai
moku kahiko.

98. Ma ke kuaʻāina mai kekahi poʻe akamai i ke
kālaimoku. Ua aʻo ʻia lākou ma ke kuaʻāina a
akamai i nā hana o kahi aliʻi, no ka mea, ma kua-
ʻāina kekahi poʻe nānā mai i ke ʻano o nā aliʻi hewa
a me nā aliʻi pono.

99. Inā i ʻike mai nā makaʻāinana i ka hewa o ia aliʻi,
e hewa ʻiʻo nō; i ʻike mai nā makaʻāinana i ka pono o ia
aliʻi, e pono ʻiʻo nō.

100. Ua ʻāhewa nui ʻia ke aliʻi hiamoe loa a me ke a-
liʻi puni leʻaleʻa a me ke aliʻi hoʻopaʻapaʻa, kūa-
muamu, a makeʻe, ʻālunu, ʻauʻa.

101. ʻO ke aliʻi akahai, ʻoluʻolu, noho⁵ mālie, hoʻohaʻa-

---

1. 38:94. A: **i** ke
2. 38:95, 38:96, 38:97, 38:98, 38:99, 38:100, 38:101. C?: *na C? i hoʻoponopono i ka helu paukū* A: *like ma kā C* A?: *like me kā C?*
3. 38:96. A: **na** mea
4. 38:101. A: noho
5. 38:101. *ua hoʻololi ʻia ʻo* "hono," *ʻo ia ʻo* "noho"

kaa, a honui oia ke alii makemake nui ia e na ma
ka ainana, a aloha nui ia.

102 O na lii i hewa kona noho alii ana, aole loa ialii
e aloha iki ia e na mea apau o kona aupuni, aka
o ke alii i pono kona noho aupuni ana, e mau ake
no kona aloha ia.

103 O ke alii i pono kona noho ana, ua like ia alii
me ka mea mana, no kona pono maoli no, o ke
alii olelo ino i ke kahi alii, e hewa no ia, no ka he
wa maoli o kona waha.

104 Ina olelo ino ke kahi alii aimoku i ke kahi alii
aimoku, e hewa no ke alii olelo ino wale i ke alii
noho malie.

105 Nolaila, aole loa e ahewa ia ke alii i pono kona
noho ana, pela mau no mai ka wa kahiko
mai.

Q Nokamahiaiana. Mokuna 39

He hana nui no ka mahiai ana ma Hawaii nei
no ka mea, o ko ke kanaka mea ia e pono ai ko
na ola ana ma keia ao, me kona wahine, me
kana mau keiki, mau makamaka, a mau
holoholona apau, ke hoomaka e ia nae ka ma
hiaiana i ke akua kii.

2 Ma Hawaii nei he okoa ka mahiai ana ma
na aina wai kahe, he okoa ka mahiai ana
ma ka aina maloo, he oluolu no ka mahi
aiana ma na aina wai kahe, ke mahiai no
i keia wa i kela wa; o ka palau ala lo wale wa

haa, ahonui oia ke alii makemake nui ia e na ma-
kaainana, a aloha nui ia.

101[2][1] O na lii i[2] hewa kona[3] noho alii ana, aole loa ia lii
e aloha iki ia e na mea apau o kona aupuni, aka
o ke alii i pono kona noho aupuni ana, e mau aku
no kona aloha ia.

102[3] O ke alii i pono kona noho ana, ua like ia alii
me ka mea mana, no kona pono maoli no, o ke
alii olelo ino i kekahi alii, e hewa no ia, no ka he-
wa maoli o kona waha.

103[4] Ina olelo ino kekahi alii aimoku i kekahi alii
aimoku, e hewa no ke alii olelo ino wale i ke alii
noho malie.

104[5] No laila, aole loa e ahewa ia ke alii i pono kona
noho ana, pela mau no mai ka wa kahiko
mai.

No ka mahiai ana. Mokuna ~~38~~ 39

[4]He hana nui no ka mahi ai ana ma Hawaii nei
no ka mea, o ko ke kanaka mea ia e pono ai ko
na ola ana ma keia ao, me kona wahine, me
kana mau keiki, mau makamaka, a mau
holoholona apau,[5] he hoomana ia nae ka ma
hi ai ana i ke akua kii.

2 Ma Hawaii nei he okoa ka mahi ai ana ma
na aina wai kahe, he okoa ka mahi ai ana
ma ka aina maloo, he oluolu no ka mahi
ai [a]na ma na aina wai kahe, he mahi ai no
i keia[6] wa i kela[7] wa, o ka palau alelo wale ~~wale~~

---

ha'a, ahonui, 'o ia ke ali'i makemake nui 'ia e nā ma-
ka'āinana a aloha nui 'ia.

102. 'O nā ali'i i hewa kona noho ali'i 'ana, 'a'ole loa ia ali'i
e aloha iki 'ia e nā mea a pau o kona aupuni; akā,
'o ke ali'i i pono kona noho aupuni 'ana, e mau aku
nō kona aloha 'ia.

103. 'O ke ali'i i pono kona noho 'ana, ua like ia ali'i
me ka mea mana no kona pono maoli nō; 'o ke
ali'i 'ōlelo 'ino i kekahi ali'i, e hewa nō ia no ka he-
wa maoli o kona waha.

104. Inā 'ōlelo 'ino kekahi ali'i 'ai moku i kekahi ali'i
'ai moku, e hewa nō ke ali'i 'ōlelo 'ino wale i ke ali'i
noho mālie.

105. No laila, 'a'ole loa e 'āhewa 'ia ke ali'i i pono kona
noho 'ana; pēlā mau nō mai ka wā kahiko
mai.

Mokuna XXXIX [39, Emerson 39]
No Ka Mahi 'Ai 'ana

[1.] He hana nui nō ka mahi 'ai 'ana ma Hawai'i nei,
no ka mea, 'o ko ke kanaka mea ia e pono ai ko-
na ola 'ana ma kēia ao, me kāna[8] wahine me
kāna mau keiki, mau makamaka, a mau
holoholona a pau. He ho'omana 'ia na'e ka ma-
hi 'ai 'ana i ke akua ki'i.

2. Ma Hawai'i nei, he 'oko'a ka mahi 'ai 'ana ma
nā 'āina wai kahe, he 'oko'a ka mahi 'ai 'ana
ma ka 'āina malo'o. He 'olu'olu nō ka mahi
'ai 'ana ma nā 'āina wai kahe, he mahi 'ai nō
i kēia wā i kēlā wā. 'O ka palaualelo wale

---

1. 38:102, 38:103, 38:104, 38:105. C?: *na C? i ho'oponopono i ka helu paukū* A: *like ma kā C* A?: *like me kā C?*
2. 38:102. A: *nele*
3. 38:102. A: ka
4. 39:1. A: **1.**
5. 39:1 A: *nele*
6. 39:2. A: kela
7. 39:2. A: keia
8. 39:1. *ua ho'ololi 'ia 'o "kona," 'o ia 'o "kāna"*

no ka mea e wi ko laila poe mahiai, no ka mea
he nui ka wai, he wai ole no nae i ke kahi wa,
aole nae e liuliu ka wai ole ana, waihou na
ino.

3 Ma na aina kula he i ka i ko laila poe
mahiai, hoomanawanui, no ka nui o na
kina, ma kau wahi, he poko, ma kau wahi, he la,
ma kau wahi, he hanoki, ma kau wahi pe elua, pe
kolu, he kahe, a me kahi mau kina e ae.

4 Ma ka aina waikahe, he mau loi kahi e ma
hiai ai i ke kalo, he mea hana ia mua ae ka loi, ma
na pae e pai mua ai a kiekie, a hoomoko ka wai
ma na pae, a kokoke ma loko a wai, alaila pa
kui i ka pohaku ma na mau pae la, alaila pa
kau mai ka haninu, a me ka lau ko a paa na
pae eha, alaila, ma hele ko loko o ka lepo a
pau ia, hookomo mai ka wai, a hehi a wali
ka lepo pau ia hana ana.

5 Alaila kau ke kaula ana o ka wa, alaila ka
nu i lalani ka huli kalo, a kanu wale no ke
kahi me ke kaula ole, a hookahe mau no
ka wai a laupai a puhuli, a hala na malama
umikumamalua, ua oo ke kalo o ka ai ho
la no ia.

6 I na mahi Uala ma ka, e auwaha ia na
kihapai a auwaau, alaila, hookomo mai
ka wai ma loko, alaila, kanu ka Uala, he
maia paha, he uhi paha, ka la ma kanu

no ka mea e wi[1] ko laila poe mahi ai, no ka mea
he nui ka wai, he wai ole no[2] nae i kekahi wa,
aole nae e liuliu ka wai ole ana, wai hou ma
i no.

3 Ma na aina kula he ikaika ko laila poe
mahi ai, hoomanawanui, no ka nui o na
kina, ma kauwahi, he poko, ma kauwahi, he la,
ma kauwahi, he hauoki, ma kauwahi peelua, pon
nalo, he kahe a me kahi mau kina e ae.

4 Ma ka aina wai kahe, he mau loi kahi e ma
hi ai ai i ke kalo, he mea hana ia no nae ka loi, ma
na pae e pai mua ai a kiekie, a hoomoko[3] ka wai
ma na pae, a kokoke maloo ka wai,[4] alaila pa-
kui i ka pohaku ma ua mau pae la, alaila, ha
hau mai ka ha niu, a me ka lau ko a paa na
pae eha, alaila, ma helu ko loko o ka lepo a
pau ia, hookomo mai ka wai, a hehi a wali
ka lepo pau ia hana ana.

5 A laila kau ke kaula ana o ka wa, alaila ka-
nu lalani ka huli kalo, a kanu wale no ke-
kahi me ke kaula ole, a hookahe mau no
ka[5] wai a laupai a puhuli, a hala [na] malama
umikumamalua,[6] ua oo ke kalo, o ka ai iho
la no ia.

6 Ina mahi Uala ~~maka~~, e auwaha ia na
kihapai a awaawa, alaila, hookomo mai
ka wai maloko, alaila, kanu ka Uala, he
maia paha, he uhi paha, kela mea kanu

nō ka mea e wī [ai] ko laila poʻe mahi ʻai, no ka mea,
he nui ka wai. He wai ʻole nō naʻe i kekahi wā,
ʻaʻole naʻe e liʻuliʻu ka wai ʻole ʻana, wai hou ma-
i nō.

3. Ma nā ʻāina kula, he ikaika ko laila poʻe
mahi ʻai, hoʻomanawanui no ka nui o nā
kīnā; ma kauwahi he poko, ma kauwahi he lā,
ma kauwahi he hauʻoki, ma kauwahi peʻelua, pō-
nalo, he kāhē, a me kahi mau kīnā ʻē aʻe.

4. Ma ka ʻāina wai kahe, he mau loʻi kahi e ma-
hi ʻai ai i ke kalo. He mea hana ʻia nō naʻe ka loʻi. Ma
nā pae e pai mua ai a kiʻekiʻe, a hoʻomoko ka wai
ma nā pae; a kokoke [e] maloʻo ka wai, a laila, pā-
kuʻi i ka pōhaku ma ua mau pae lā; a laila, ha-
hahau mai ka hā niu a me ka lau kō a paʻa nā
pae ʻehā. A laila, māhelu ko loko o ka lepo; a
pau ia, hoʻokomo mai ka wai a hehi a wali
ka lepo. Pau ia hana ʻana,

5. a laila, kau ke kaula ana o ka wā; a laila, ka-
nu lālani ka huli kalo. (A kanu wale nō ke-
kahi me ke kaula ʻole.) A hoʻokahe mau nō
ka wai a laupaʻi, a pūhuli. A hala nā malama
ʻumi kumamālua, ua oʻo ke kalo. ʻO ka ʻai iho-
la nō ia.

6. Inā mahi ʻuala, e ʻauwaha ʻia nā
kīhāpai a awāwa; a laila, hoʻokomo mai
ka wai ma loko; a laila, kanu ka ʻuala, he
maiʻa paha, he uhi paha, kēlā meakanu

---

1. 39:2. A: e wi **ai**
2. 39:2. A: *nele*
3. 39:4. A: hookomo
4. 39:4. A: **a hoomaloo ka wai** a kokoke maloo, alaila
5. 39:5. A: **i** ka wai
6. 39:5. A: **he** umikumalua

keia mea kanu.

7 Apau ka wai mua, alaila kuehu ia wai, a ho-
okahe hou ka wai, a maloo ia wai, alaila, pue
ka laau, e hookahe hou no, a kaina, a pela aku
apau na malama eono, oo ka Uala, oka ai iho
la no ia, pela ka mahiai ana o ka aina wai e
kahe apau.

8 Aole e like ka mahiai ana o na aina wai
me ko na aina kula; e waele wale aku no i
ka nahele o ke kula, e like io me ka manao ana
e ua nui ka malama pela no, ina i manao
i mala kalo, e elieli ka maka lua, a hahao
i ka lau kū^{ku}, kipulu lehu paha, lepo paha,
alaila kanu ke kalo, pela ma kau wahi, a
kanu wale ma kau wahi.

9 E wele mau no ka mau a puhuli ka ai
ina i manao e poi, e poi no; ina e poi ole, e
poi ole no, pela no, a kala^{na} malama, he umi
kumamalua, alaila oo ke kalo, o ka ai no ia.

10 Ina i manao, i mala uala, e pue pue, alaila
kanu lau, kanu wale kekahi, a pue ka ai, a
kaina, a hala na malama eono, oo ka, uala
o ka ai iho la no ia, pela no na mea kanu ma
na aina kula.

11 Ma na aina kula, ua kapaia ka kealii mau
mala he koele, o ko kanaka mau waena, he
ki ka pai, ka kealii mala, he haku one he
kua kua.

keia mea kanu.

7 A pau ka wai mua, alaila kuehu ia wai a hoo
kahe hou ka wai, a maloo ia wai, a laila, pue
ka lau, e hookahe hou no, a kaiua, a pela aku
a pau na malama eono, oo ka Uala, o ka ai iho
la no ia, pela ka mahi ai ana o ka aina wai
kahe apau.

8 Aole e like ka mahi ai ana o na aina wai
me ko na aina kula, e waele wale[1] aku no i
ka mauu ko kula, e like no me ka manao ana
ua nui ka mala~~ma~~, pela no,[2] ina i manao
i mala kalo, e elieli ka maka lua, a hahao
i ka lau ku[ku]i, kipulu lehu paha, lepo paha,
alaila kanu ke kalo, pela ma kauwahi, a
kanuwale ma kau wahi.

9 E wele[3] mau no ka mauu a puhuli ka ai
ina i manao e poi, e poi no, ina e poi ole, e
poi ole no, pela no, a hala [na] malama, he umi
kumamalua, alaila o ke kalo, o ka ai no ia

10 Ina i manao, i mala uala, e puepue, a laila
kanu lau, kanu wale kekahi, a pue ka ai, a
kaiua, a hala na malama e ono, oo, ka uala
o ka ai ihola no ia, pela no na mea kanu ma
na aina kula.

11 Ma na aina kula, ua kapa ia ka ke alii mau
mala he koele, o ko kanaka mau waena, he
kihapai, ka ke alii mala, he hakuone he
kuakua.

kēia meakanu.

7. A pau ka wai mua, a laila, kuehu ia wai, a ho'o-
kahe hou ka wai; a malo'o ia wai, a laila, pu'e
ka lau, e ho'okahe hou nō, a kaiua. A pēlā aku
a pau nā malama 'eono, o'o ka 'uala. 'O ka 'ai iho-
la nō ia. Pēlā ka mahi 'ai 'ana o ka 'āina wai
kahe a pau.

8. 'A'ole e like ka mahi 'ai 'ana o nā 'āina wai
me ko nā 'āina kula. E waele wale aku nō i
ka mau'u ko kula. E like nō me ka mana'o 'ana,
ua nui ka māla, pēlā nō. Inā i mana'o
i māla kalo, e 'eli'eli ka mākālua a hahao
i ka lau kukui, kīpulu, lehu paha, lepo paha,
a laila, kanu ke kalo. (Pēlā ma kauwahi, a
kanu wale ma kauwahi.)

9. E wele mau nō ka mau'u a pūhuli ka 'ai.
Inā i mana'o e po'i, e po'i nō; inā e po'i 'ole, e
po'i 'ole nō. Pēlā nō a hala nā malama he 'umi
kumamālua; a laila, o'o ke kalo, 'o ka 'ai nō ia.

10. Inā i mana'o i māla 'uala, e pu'epu'e, a laila,
kanu lau. Kanu wale kekahi a pu'e ka 'ai, a
kaiua. A hala nā malama 'eono, o'o ka 'uala,
'o ka 'ai ihola nō ia. Pēlā nō nā meakanu ma
nā 'āina kula.

11. Ma nā 'āina kula, ua kapa 'ia kā ke ali'i mau
māla he kō'ele; 'o ko kānaka mau waena he
kīhāpai; kā ke ali'i māla he hakuone, he
kuakua.

---

1. 39:8. A: *nele*
2. 39:8. A: ua nui, pela no
3. 39:9. A: wele

12 He aina Uala o Niihau, he kula wale no ia aina, he Uala ko laila ai nui he Uhi, he Ko, he mau loi Kalo no ae ma wai no ae, he uiku no nae, he poe i ka ai ka ko laila i ka mahiai, he nui na Kualama e wae no a ai ka mala, a poi mua i ka mau a mau a noa, he nui na malama e wai hoi, a ahina ka mau o luna, alaila, Kanu ka Uala, ka Uhi paka, ke ko paka.

13 He kula no ma kau wahi o Kauai, a me Oahu, a me kau wahi Molokai, he kula no Lanai e like me Niihau, he Uala ko laila ai nui; he mau loi no ae ma Mauna lei, he nui no na Kalo, o Kahoolawe ke kahi aina kula, he Uala wale no ko laila nui nui; he Uhi, he Ko, aole o laila wahi Kaloiki,

14 He kula no ma kau wahi o Maui, a me kau wahi o Hawaii, o Kona kahi la nui e Hawaii, he nui na malama e la nui ai, no laila ka wi pinepine, oia aina he poe hoomananui ko Kona ma uka na ka i ka wi he kula na malama e Kanu ai ka lakou mau mea kanu.

15 He nui no ka no o ka poe mahiai, o ka poe mahiai nui he mahi no a poka la, ua Kapaia lakou, he mahiai ilipilo, o ka poe mahiai liilii, aole no e kula liu ka

12 He aina Uala o Niiihau, he kula wale no
ia aina, he Uala ko laila ai nui he Uhi, he
ko, he mau loi kalo no nae ma waiu onae,[1] he
uuku no nae, he poe ikaika ko laila i ka ma
hi ai, he nui m̄[n]a malama e waele mua ai
ka[2] mala, a poi mua i ka mauu a manoa
noa, he nui na malama e waiho ai, a ahina
ka mauu o luna, alaila, kanu ka Uala, ka
Uhi paha, ke ko paha.

13 He kula no ma kauwahi o Kauai, a me
Ohu,[3] a me kauwahi Molokai,[4] he kula
no Lanai[5] e like me Niihau, he Uala ko lai
la ai nui, he mau loi no nae ma Mauna
lei, he nui no na kalo, o Kahoolawe keka
hi aina kula, he Uala wale no ko laila
nui[6] nui, he Uhi, he ko no, aole o laila wa
hi kalo iki,

14 He kula no ma kauwahi o Maui, a me
kauwahi o Hawaii, o Kona kahi la nui
o Hawaii, he nui na malama e la nui
ai, no laila ka wi pinepine, oia aina
he poe hoomananui[7] ko Kona mau ka
naka i ka wi, he helu na malama e
kanu ai ka lakou mau mea kanu.

15 He nui no ke ano o ka poe mahi ai, o ka po-
e mahi ai nui, he mahi[8] no a po ka la, ua
kapaia lakou, he mahi ai ili pilo,[9] o ka
poe mahi ai liilii,[10] ao[le] no e liuliu ka

12. He ʻāina ʻuala ʻo Niʻihau, he kula wale nō
ia ʻāina. He ʻuala ko laila ʻai nui, he uhi, he
kō. He mau loʻi kalo nō naʻe ma Waiū o naʻe, he
ʻuʻuku nō naʻe. He poʻe ikaika ko laila i ka ma-
hi ʻai. He nui nā malama e waele mua ai [i]
ka māla a poʻi mua i ka mauʻu a mānoa-
noa. He nui nā malama e waiho ai, a ʻāhina
ka mauʻu o luna, a laila, kanu ka ʻuala, ka
uhi paha, ke kō paha.

13. He kula nō ma kauwahi o Kauaʻi a me
O[ʻa]hu a me kauwahi [o] Molokaʻi; he kula
nō Lānaʻi e like me Niʻihau, he ʻuala ko lai-
la ʻai nui. He mau loʻi nō naʻe ma Mauna-
lei, he nui nō nā kalo. ʻO Kahoʻolawe keka-
hi ʻāina kula; he ʻuala wale nō ko laila
ʻai nui,[11] he uhi, he kō nō. ʻAʻole o laila wa-
hi kalo iki.

14. He kula nō ma kauwahi o Maui a me
kauwahi o Hawaiʻi. ʻO Kona kahi lā nui
o Hawaiʻi; he nui nā malama e lā nui
ai. No laila ka wī pinepine o ia ʻāina.
He poʻe hoʻomana[wa]nui ko Kona mau kā-
naka i ka wī; he helu nā malama e
kanu ai kā lākou mau meakanu.

15. He nui nō ke ʻano o ka poʻe mahi ʻai. ʻO ka po-
ʻe mahi ʻai nui, he mahi nō a pō ka lā, ua
kapa ʻia lākou he mahi ʻai ʻilipilo. ʻO ka
poʻe mahi ʻai liʻiliʻi, ʻaʻole nō e liʻuliʻu ka

---

1. 39:12. A: Waiuonae
2. 39:12. A: **i** ka
3. 39:13. A: Oahu
4. 39:13. A: **o** Molokai
5. 39:13. A: **o** Lanai
6. 39:13. A: ai
7. 39:14. A: hoomanawanui
8. 39:15. A: mahi **ai**
9. 39:15. A: *nele ʻo* "ua kapaia lakou, he mahi ai ili pilo"
10. 39:15. A: uuku
11. 39:13. *ua hoʻololi ʻia ʻo* "nui nui," *ʻo ia ʻo* "ʻai nui"

mahiai ana, ua kapaia lakou, he mahiai ilike
lo.

16 He malama ai kekahi poe mahiai; he ma
lama ole kekahi poe mahiai, i kaai; o ka poe i
nui ka mahiai ana, ina i hewa ka ai ana
kaai, e wikoke no, no ka hewa o ka ai ana, o
kaai.

17 O ka poe iuuku ka mahiai ana, ina i pono
ka ai ana o kaai; aole no e wikoke ia poe ma
hiai, ua kapaia ka poe mahiai malama
ai, he hoopi, aole no lakou e wikoke.

18 Eia kekahi mea e wikoke ai, o ke kanu nui ana
i ka wa hookahi, a ma ka wa ooai, oolike, ka
ai, ai ma ke kau wahi, pala mai ke kau
wahi, nolaila kena wale aku i ka ai, e kii
wale aku i ka ai; oia ka mea e wikoke ai,

19 O kekahi poe mahiai, aole no e kanu
nui, i ka wa hookahi; e kanu no a hala ka
hi mau malama; alaila, kanu hou, pela
no e kanu liilii ai; i na na malama pono
ke kanu, a ma ka wa eoo ai kaai; aole eoo
like, oia ka mea e loihi ai ka ai ana; ao
le e wikoke; o ka malama haku aina ke
kahi mea nui, i pai ole ia, oia kekahi mea
e wi ole ai; ka poe malama ai, he keiki ka
ai na ka poe ma~~luna~~, he malama nui
ia kaai.

20 O ka poe mahiai; ua ike pono i na

mahi ai ana, ua kapaia lakou, he mahi ai ili he
lo,

16 He malama ai kekahi poe mahi ai, he ma
lama ole kekahi poe mahi ai, i ka ai, o ka poe i
nui ka mahi ai ana, ina i hewa ka ai ana o
ka ai, e wi koke[1] no, no ka hewa o ka ai ana, o
ka ai.

17 O ka poe i uuku ka mahi ai ana, ina i pono
ka ai ana o ka ai, aole no e wi koke ia poe ma
hi ai, ua kapa ia ka poe mahi ai malama
ai, he hoopi, aole no lakou e wi koke.

18 Eia kekahi mea e wi koke ai, o ke ka[nu] nui ana
i ka wa hookahi, a ma ka wa oo ai,[2] oo like ka
ai, ai ma ke[3] kauwahi, pala mai ke kau
wahi, no laila kena wale aku ia hai, e kii
wale aku i ka ai, oia ka mea e wi koke ai,

19 O kekahi poe mahi ai, aole no e kanu
nui, i ka wa hookahi, e kanu no a hala ka
hi mau malama, alaila, kanu hou, pela
no e kanu liilii ai, ma na malama pono
ke kanu, a ma ka wa e oo ai ka ai, aole e oo
like, oia ka mea e loihi ai ka ai ana, ao
le e wi koke, o ka malama haku aina ke
kahi mea nui, i pai ole ia, oia kekahi mea
e wi ole ai, ka poe malama ai, he keiki ka
ai na ka poe ma~~hi ai~~[lama], he malama nui
ia ka ai.

20 O ka poe mahi ai, ua ike pono i na

mahi ʻai ʻana, ua kapa ʻia lākou he mahi ʻai ʻilihe-
lo.

16. He mālama ʻai kekahi poʻe mahi ʻai, he mā-
lama ʻole kekahi poʻe mahi ʻai i ka ʻai. ʻO ka poʻe i
nui ka mahi ʻai ʻana, inā i hewa ka ʻai ʻana o
ka ʻai, e wī koke nō no ka hewa o ka ʻai ʻana o
ka ʻai.

17. ʻO ka poʻe i ʻuʻuku ka mahi ʻai ʻana, inā i pono
ka ʻai ʻana o ka ʻai, ʻaʻole nō e wī koke ia poʻe ma-
hi ʻai. Ua kapa ʻia ka poʻe mahi ʻai mālama
ʻai he hoʻopī. ʻAʻole nō lākou e wī koke.

18. Eia kekahi mea e wī koke ai, ʻo ke kanu nui ʻana
i ka wā hoʻokahi. A ma ka wā [e] oʻo ai, oʻo like ka
ʻai, ʻai ma[i] ke kauwahi, pala mai ke kau-
wahi; no laila, kēnā wale aku iā haʻi e kiʻi
wale aku i ka ʻai. ʻO ia ka mea e wī koke ai.

19. ʻO kekahi poʻe mahi ʻai, ʻaʻole nō e kanu
nui i ka wā hoʻokahi. E kanu nō, a hala ka-
hi mau malama, a laila, kanu hou. Pēlā
nō e kanu liʻiliʻi ai ma nā malama pono
ke kanu; a ma ka wā e oʻo ai ka ʻai, ʻaʻole e oʻo
like. ʻO ia ka mea e lōʻihi ai ka ʻai ʻana, ʻaʻo-
le e wī koke. ʻO ka mālama haku ʻāina ke-
kahi mea nui i paʻi ʻole ʻia, ʻo ia kekahi mea
e wī ʻole ai ka poʻe mālama ʻai. He keiki ka
ʻai na ka poʻe mālama, he mālama nui
ʻia ka ʻai.

20. ʻO ka poʻe mahi ʻai, ua ʻike pono i nā

---

1. 39:16. A: wi~~ki~~ koke
2. 39:18. A: **e** oo ai
3. 39:18. A: *nele*

malama pono ke kanu kalo, a ua ike pono.

ina malama pono ke kanu uala, ua ike

no i ka malama la; a me kana.

21 Eia kekahi, ke mea mau ina makaiapau

makau wa eoo a ikaai e hoomanamanu ina

kuakii; ina o kii keakua o kekahi poe, ma

ka la o Kii kahi e hoa ai keahi; ina o Kane kea-

kua o kekahi poe ma ka la o Kane e hoa ai

keahi; ina o Lono keakua o kekahi e hoa ai ke-

ahi; ina Kanaloa keakua o kekahi, e hoa.

ahi no i o Kaloa.

22 Ma ka wa e hoa ai keahi, e hoomalu ia

ka walaau, a laila, kia ia keahi; alaila no u ka

walaau, ma ka wa e kalua ai ka umu, e

kalua ia ka ai me ka ia pu ma ua u-

mu la.

23 Ma ka wa e moa ai ka umu e noho poa ma

no ke ana ina kanaka, a puunaue ia ka

ai, ma ke alo o kela mea, keia mea, alaila

e lawe ia mai ke kii; i mua o ke ana ina

e noho poai ana, e lei ana no ua kii la

i ka ipu o Lono ma kona ai.

24 Alaila, lalau ke kahuna, i ka ai, a kau-

maha aku i ka lani; aole i na kii la, no

ka mea, ua mana o ia, aia no ma ka

lani keakua; ke mea hoomana o wale

no ua kii la, e kuaua, i mua o ke ana i-

na kanaka a pau.

malama pono ke kanu kalo, a ua ike pono
i na malama pono ke kanu uala, ua ike
no i ka malama la, a me ka ua.

21 Eia kekahi, he mea mau i na mahi ai apau
ma ka wa e oo ai ka ai e hoomana mua i na
kua kii, ina o Ku ke akua o kekahi poe, ma
ka la o Kukahi e hoa ai ke ahi, ina o Kane ke a
kua o kekahi[1] poe ma ka la o Kane e hoa ai
ke ahi, ina Lono[2] ke akua o kekahi[3] e hoa ai ke
ahi,[4] ina Kanaloa[5] ke akua o kekahi, e hoa
ahi no[6] io Kaloa.[7]

22 Ma ka wa e hoa ai ke ahi, e hoomalu ia
ka walaau, a laila, hia ia ke ahi, alaila noa ka
walaau, ma ka wa e kalua ai ka umu, e
kalua ia ka ai me ka ia pu[8] ma ua u
mu la.

23 Ma ka wa e moa ai ka umu e noho poa[9] mai
no ke anaina kanaka, a puunaue ia ka
ai, ma ke alo o kela mea, keia mea, alaila
e lawe ia mai ke kii, i mua o ke anaina[10]
e noho poai ana, e lei ana no ua kii la
i ka ipu o Lono ma kona ai.

24 A laila, lalau ke kahuna, i ka ai, a kau
maha aku i ka lani, aole i ua kii la, no
ka mea, ua manao ia, aia no ma ka
lani ke akua, he mea hoomanao wale
no ua kii la, e ku ana, i mua o ke anai
na kanaka a pau.

malama pono ke kanu kalo, a ua ʻike pono
i nā malama pono ke kanu ʻuala, ua ʻike
nō i ka malama lā a me ka ua.

21. Eia kekahi. He mea mau i nā mahi ʻai a pau
ma ka wā e oʻo ai ka ʻai e hoʻomana mua i nā
akua kiʻi. Inā ʻo Kū ke akua o kekahi poʻe, ma
ka lā ʻo Kū Kahi e hoʻā ai [i] ke ahi; inā ʻo Kāne ke a-
kua o kekahi poʻe, ma ka lā ʻo Kāne e hoʻā ai [i]
ke ahi; inā Lono ke akua o kekahi, [ma ka la ʻo Lono] e hoʻā ai [i] ke
ahi; inā Kanaloa ke akua o kekahi, e hoʻā
ahi nō i o Kāloa.

22. Ma ka wā e hoʻā ai [i] ke ahi, e hoʻomalu ʻia
ka walaʻau, a laila, hiʻa ʻia ke ahi, a laila noa ka
walaʻau. Ma ka wā e kālua ai ka umu, e
kālua ʻia ka ʻai me ka iʻa pū ma ua u-
mu lā.

23. Ma ka wā e moʻa ai ka umu, e noho pōʻa[i] mai
nō ke anaina kānaka, a puʻunaue ʻia ka
ʻai ma ke alo o kēlā mea kēia mea. A laila,
e lawe ʻia mai ke kiʻi i mua o ke anaina
e noho pōʻai ana, e lei ana nō ua kiʻi lā
i ka ipu o Lono ma kona ʻāʻī.

24. A laila, lālau ke kahuna i ka ʻai a kau-
maha aku i ka lani, ʻaʻole i ua kiʻi lā. No
ka mea, ua manaʻo ʻia, aia nō ma ka
lani ke akua. He mea hoʻomanaʻo wale
nō ua kiʻi lā e kū ana i mua o ke anai-
na kānaka a pau.

---

1. 39:21. A: kahi
2. 39:21. A: o Lono
3. 39:21. A: kekahi **poe**
4. 39:21. A: e hoa ia no ke ahi i ka la o Lono *(ma kahi o* "e hoa ai ke ahi"*)*
5. 39:21. A: **o** Kanaloa
6. 39:21. A: e hoa ia no ke ahi *(ma kahi o* "e hoa ahi no"*)*
7. 39:21. A: i o Kaloa **la**
8. 39:22. A: *nele*
9. 39:23. A: poa**i**
10. 39:23. A: anaina **kanaka**

25 A pau ke kaumaha ai ana a ke kahuna, alaila, ai ke anaina kanaka apau, a pau ka ai ana, a inaona ke anaina kanaka, e hoi hoi ia ke koena ai, i ka mea nana ka ai; pela e hana ai ka poe mea akua, aka, o ka poe mea akua ole, e ai wale iho no me ka hoa ahi ole, a me ka hoomana ole i ke akua.

26 A pau ka hoa ahi ana, alaila, noa kona waena, e kii wale aku ka ai, me ka hoa ahi ole, mea aia hope aku, no ka mea, nanou ka waena, ua haawi ia ka ai i ke akua, eia nae ka huna mau nona kua, ma kela wa ma keia wa e moa ai ka umu, e haawi mua ia kekahi Uala, kalopaka, i ke akua ke Ma na aku no ka ai maluna o ku a ku, a ma ka laau paka.

27 O na mahiai mea akua apau, e hoo mana mau no lakou i ke akua ma na wa apau, aka, o ka poe mahiai mea akua ole apau, aole no lakou e hoomana i ke akua.

× No Ka lawaia ana Mokuna 40

O ka poe akamai i ke kii aku i ka ia, ua ka paia Ko lakou mau inoa he poe lawaia he mea hoomana ia nae, ka lawaia ana i Ke akua kii; he heiau iho a ka ka poe lawaia e hoomana ai; no kii ana i ka ia.

2 He nui no na mea, e loaa mai ai ka ia

25 A pau ke kaumaha ai ana a ke kahuna, alai
la, ai ke anaina kanaka apau, a pau ka ai
ana, a maona ke anaina kanaka, e hoihoi
ia ke koena ai, i ka mea nana ka ai, pela
e hana ai ka poe mea akua, aka, o ka poe mea
akua ole, e ai wale iho no me¹ ka hoa ahi
ole, a me ka hoomana ole i ke akua.

26 A pau ka hoahi² ana, a laila, noa kona
waena, e kii wale aku ka ai, me ka hoa ahi
ole, mea[aia] hope aku, no ka mea, ua noa ka
waena, ua haawi ia ka ai i ke akua, eia nae
ka hana mau no na kua, ma kela wa
ma keia wa e moa ai ka umu, e haawi
mua ia kekahi Uala, kalo paha, i ke akua
e kau aku no ka ai maluna o [ke] kuahu, a
ma ka laau paha.

27 O na mahi ai mea akua a pau, e hoo
mana mau no lakou i ke akua mana
wa apau, aka, o ka poe mahi ai mea akua
ole a pau, aole no lakou e hoomana i ke a
kua.

No Ka lawaia ana Mokuna ~~39~~ [40]³

⁴O ka poe akamai i ke kii aku i ka ia, ua ka
paia ko lakou mau inoa he poe lawaia
he mea hoomana ia nae, ka lawaia ana
i ke akua kii, he heiau okoa ka ka poe
lawaia e hoomana ai, no kii⁵ ana i ka ia.

2 He nui no na mea, e loaa mai ai ka ia

25. A pau ke kaumaha ʻai ʻana a ke kahuna, a lai-
la, ʻai ke anaina kanaka a pau. A pau ka ʻai
ʻana, a māʻona ke anaina kānaka, e hoʻihoʻi
ʻia ke koena ʻai i ka mea nāna ka ʻai. Pēlā
e hana ai ka poʻe mea akua, akā, ʻo ka poʻe mea
akua ʻole, e ʻai wale iho nō me ka hoʻā ahi
ʻole a me ka hoʻomana ʻole i ke akua.

26. A pau ka hoʻā [a]hi ʻana, a laila, noa kona
waena. E kiʻi wale aku ka ʻai me ka hoʻā ahi
ʻole ma ia hope aku, no ka mea, ua noa ka
waena, ua hāʻawi ʻia ka ʻai i ke akua. Eia naʻe
ka hana mau no nā akua. Ma kēlā wā
ma kēia wā e moʻa ai ka umu, e hāʻawi
mua ʻia kekahi ʻuala, kalo paha, i ke akua,
e kau aku nō ka ʻai ma luna o ke kuahu, a
ma ka lāʻau paha.

27. ʻO nā mahi ʻai mea akua a pau, e hoʻo-
mana mau nō lākou i ke akua ma nā
wā a pau; akā, ʻo ka poʻe mahi ʻai mea akua
ʻole a pau, ʻaʻole nō lākou e hoʻomana i ke a-
kua.

Mokuna XL [40, Emerson 40]
No ka Lawaiʻa ʻana

[1.] ʻO ka poʻe akamai i ke kiʻi aku i ka iʻa, ua ka-
pa ʻia ko lākou mau inoa he poʻe lawaiʻa.
He mea hoʻomana ʻia naʻe ka lawaiʻa ʻana
i ke akua kiʻi. He heiau ʻokoʻa kā ka poʻe
lawaiʻa e hoʻomana ai no kiʻi ʻana i ka iʻa.

2. He nui nō nā mea e loaʻa mai ai ka ʻia

---

1. 39:25. A: ma
2. 39:26. A: hoa **a**hi
3. 40:0. A: Mokuna 4~~1~~[0] No ka Lawaia ana
4. 40:1. A: **1.**
5. 40:1. A: **ke** kii

kekii aku, o ka upena kekahi; o ka no a me
ka makau kekahi, he pa, he leko kekahi, he
hinai, he koi kekahi, o ka lina kekahi e na
maka lua ma keia mau mea e loaa mai ai ka ia

3 He kula kainoa o ka hi au lawaia ma
laila na lawaia e hoomana ai i ke akua
lawaia, he nui no na kua lawaia, he akua
nae ke akua lawaia o kekahi, o koa ko keka-
hi, he akua ka mea kapu o kahi akua, lawaia, o
koanohoi ka mea kapu o kahi akua, lawaia

4 He kapu ka mea eleele i kekahi akua la-
waia, nolaila, aole e aahu kela lawaia, i
kapa eleele, aole e aahu kana wahine i ke
kapa a me kapau, a me kona hale apau,
ua kau poai ia ke kaula ma ko lakou ma-
u hale apuni i komo ole mai, ka mea aahu
eleele a hume eleele ka kua eleele ma
ko lakou pa hale, aole no e holo aku ka
mea eleele ma kana upena lawaia

5 O ka olena ka mea kapu o kekahi a
kua lawaia, o ka alaea, ka mea kapu o ke-
kahi akua lawaia, aole no e aahu, aole
e hume kela poe lawaia, i keia mau
mea, ua kau poai ia no ke kaula ma ko
lakou mau hale apuni, i komo ole mai ka
mea aahu ahume i keia mau mea, aole no
hoi e holo ma ka lakou mau upena
lawaia.

ke kii aku, o ka Upena kekahi, o ke aho me
ka makau[1] kekahi, he pa, he leho kekahi,[2] he
hinai, he koi kekahi, o ka lima kekahi e nao
ma ka lua ma[3] keia mau mea e loaa mai ai ka ia

3 He kuula ka inoa o ka heiau lawaia ma
laila na lawaia e hoomana ai i ke akua
lawaia, he nui no na kua lawaia, he okoa
nae ke akua lawaia o kekahi, okoa ko keka
hi, he okoa ka mea kapu o kahi akua, lawaia, o
koa no hoi ka mea kapu o kahi akua, lawaia.

4 He kapu ka mea eleele i kekahi[4] akua la-
waia, no laila, aole e aahu kela lawaia, i
kapa[5] eleele, aole e aahu kana wahine i ke
kapa a me ka pa'u, a me kona hale apau,
ua kau poai ia ke kaula ma ko lakou ma
u hale a puni i komo ole mai, ka mea aahu
eleele a hume eleele kakua eleele ma
ko lakou pa hale, aole no e holo aku ka
mea eleele ma kana Upena lawaia.

5 O ka olena[6] ka mea kapu o kekahi a
kua lawaia, o ka alaea, ka mea kapu o ke
kahi akua lawaia, aole no e aahu, aole
e hume kela poe lawaia, i keia mau
mea, ua kau poai ia no ke kaula ma ko
lakou mau hale a puni, i komo ole mai ka
mea aahu a hume, i keia mau mea, aole no
hoi e holo ma ka lakou mau Upena.
lawaia.

ke ki'i aku: 'o ka 'upena kekahi, 'o ke aho me
ka makau kekahi, he pā, he leho kekahi, he
hīna'i, he koi kekahi, 'o ka lima kekahi e nao
ma ka lua; ma kēia mau mea e loa'a mai ai ka i'a.

3. He kū'ula ka inoa o ka heiau lawai'a; ma
laila nā lawai'a e ho'omana ai i ke akua
lawai'a. He nui nō nā akua lawai'a; he 'oko'a
na'e ke akua lawai'a o kekahi, 'oko'a ko keka-
hi. He 'oko'a ka mea kapu o kahi akua lawai'a, 'o-
ko'a nō ho'i ka mea kapu o kahi akua lawai'a.

4. He kapu ka mea 'ele'ele i kekahi akua la-
wai'a; no laila, 'a'ole e 'a'ahu kēlā lawai'a i
kapa 'ele'ele, 'a'ole e 'a'ahu kāna wahine i ke
kapa a me ka pā'ū ['ele'ele] a me kona hale a pau.
Ua kau pō'ai 'ia ke kaula ma ko lākou ma-
u hale a puni i komo 'ole mai ka mea 'a'ahu
'ele'ele a hume 'ele'ele, kākua 'ele'ele ma
ko lākou pā hale, 'a'ole nō e holo aku ka
mea 'ele'ele ma kāna 'upena lawai'a.

5. 'O ka 'ōlena ka mea kapu o kekahi a-
kua lawai'a; 'o ka 'alaea ka mea kapu o ke-
kahi akua lawai'a. 'A'ole nō e 'a'ahu, 'a'ole
e hume kēlā po'e lawai'a i kēia mau
mea. Ua kau pō'ai 'ia nō ke kaula ma ko
lākou mau hale a puni i komo 'ole mai ka
mea 'a'ahu a hume i kēia mau mea, 'a'ole nō
ho'i e holo ma kā lākou mau 'upena
lawai'a.

---

1. 40:2. A: o ke aho [me ka makau] kekahi (*kākau 'ia ma luna o ka lālani*)
2. 40:2. A: *nele 'o* "kekahi"
3. 40:2. A: me
4. 40:4. A: kahi
5. 40:4. A: i **ke** kapa
6. 40:5. A: olona

6 Pela no ke nui keano o na kua lawaia,
he koa nae na mea kapu o kela a kua keia
akua; o na lawaia, he mea mau no, i na la-
waia apau ka hoomana mua i na kua la
waia o lakou ma kela ia keia ia.

7 O ka Opelu, a me ke Aku na ia hoomana mau
ia, he hoomana no ma kela kau lawaia keia
kau lawaia; kekahi mau ia e ae, he hoo
mana ia no, aole nae he nui ka hoomana
ana, e like me ka Opelu, a me ke Aku, no ka
mea, he mau ia laua, ua hookomoia ma
ka oihana makahiki; a he mau ia, e a ku
kaai ke kau me ka hooilo, ma ke kau e
lawaia ai ka Opelu, ma ka hooilo e lawaia
ai ke Aku. **

8 Ma ka malama o Hinaiaeleele kaili
ai ka Opelu, alaila ai ka Opelu, kapu hoi
ke Aku, aole e ai kekahi kanaka a me kahi
lii; ina lohe ia, ka mea ai; e make no ia, e
ai i ka Opelu a liki ma ka malama o
Kaelo, pau ka aiana.

9 A ma ua Kaelo la, a nui i ma ka ke Aku
alaila, ai ia ke Aku kapu hoi ka Opelu, aole
loa e ai ia, ina lohe ia ka mea i ai i ka Opelu
e make no

10 A ma ka wa e lawaia ai ka Opelu, hoa
koakoa mai na lawaia, ma ka heiau
kuala i Kahihiaki, me ka lakou mau

6 Pela no he nui ke ano o na kua lawaia,
he koa[1] nae na mea kapu o[2] kela akua keia
akua, o na lawaia, he mea mau no, i na la-
waia apau ka hoomana mua i na kua la
waia o lakou ma kela ia keia ia.

7 O ka Opelu, a me ke Aku na ia hoomana mau
ia, he hoomana no ma kela kau lawaia keia
kau lawaia, o kekahi mau ia e ae, he hoo
mana ia no, aole nae he nui ka hoomana
ana, e like me ka Opelu, a me ke Aku, no ka
mea, he mau ia laua, ua hookomo ia ma
ka oihana makahiki, a he mau ia, e aka
ka ai ke kau me ka hooilo, ma ke kau e
lawaia ai[3] ka Opelu, ma ka hooilo e lawaia
e[4] ai ke Aku.

8 Ma ka malama o Hinaiaeleele kaili[5]
ai ka Opelu, alaila ai ka[6] Opelu, kapu hoi
ke Aku, aole e ai kekahi kanaka a me kahi[7]
lii, ina i lohe ia, ka mea i ai, e make no ia, ee
ai i ka Opelu, a hiki ma[8] ka malama o
o[9] Kaelo, pau ka ai ana.

9 A ma ua Kaelo [la], unuhi maka ke Aku
alaila, ai ia ke Aku kapu hoi ka Opelu, aole
loa e ai ia, ina lohe[10] ia ka mea i ai i ka Opelu
e make no

10 A ma ka wa e lawaia ai[11] ka Opelu, hoa
koakoa mai na lawaia, ma ka heiau
Kuula i ke ahiahi, me ka lakou mau

6. Pēlā nō he nui ke ʻano o nā akua lawaiʻa.
He [ʻo]koʻa naʻe nā mea kapu o kēlā akua kēia
akua o nā lawaiʻa. He mea mau nō i nā la-
waiʻa a pau ka hoʻomana mua i nā akua la-
waiʻa o lākou ma kēlā iʻa kēia iʻa.

7. ʻO ka ʻōpelu a me ke aku nā iʻa hoʻomana mau
ʻia. He hoʻomana nō ma kēlā kau lawaiʻa kēia
kau lawaiʻa. ʻO kekahi mau iʻa ʻē aʻe, he hoʻo-
mana ʻia nō; ʻaʻole naʻe he nui ka hoʻomana
ʻana e like me ka ʻōpelu a me ke aku, no ka
mea, he mau iʻa lāua ua hoʻokomo ʻia ma
ka ʻoihana makahiki, a he mau iʻa e akā-
ka ai ke kau me ka hoʻoilo. Ma ke kau e
lawaiʻa ai [i] ka ʻōpelu; ma ka hoʻoilo e lawaiʻa
[aʻ]e ai [i] ke aku.

8. Ma ka malama ʻo Hinaiaʻeleʻele [e] kāʻili
ai [i] ka ʻōpelu, a laila, ʻai ka ʻōpelu, kapu hoʻi
ke aku, ʻaʻole e ʻai kekahi kanaka a me kahi
aliʻi. Inā i lohe ʻia ka mea i ʻai, e make nō ia. E
ʻai i ka ʻōpelu; a hiki ma ka malama ʻo[12]
Kāʻelo, pau ka ʻai ʻana.

9. A ma ua Kāʻelo lā, unuhi maka ke aku,
a laila, ʻai ʻia ke aku, kapu hoʻi ka ʻōpelu, ʻaʻole
loa e ʻai ʻia. Inā lohe ʻia ka mea i ʻai i ka ʻōpelu,
e make nō.

10. A ma ka wā e lawaiʻa ai [i] ka ʻōpelu, hoʻā-
koakoa mai nā lawaiʻa ma ka heiau
kūʻula i ke ahiahi me kā lākou mau

---

1. 40:6. A: okoa
2. 40:6. A: a
3. 40:7. A: e lawaia e lawaia ai *[sic]*
4. 40:7. A: ia
5. 40:8. A: **e** kaili
6. 40:8. A: **i** ka
7. 40:8. A: kekahi
8. 40:8. A: **i**
9. 40:8. A: *nele*
10. 40:9. A: **i** lohe
11. 40:10. A: lawaia **ia** ai
12. 40:8. *ua hoʻololi ʻia ʻo* ʻo "o o," *ʻo ia ʻo* "ʻo"

Upena aei, e lawe pu mai me ka puaa, a me
ka niu, a ka niu, a me ka ai, a me ka paemoe
ai, e hoomana i ke akua lawaia.

11 Ma ka wa e hoomana ai, e hooiohopo ai ia
na kanaka apau, alaila, hele mai ke ka-
huna me ke poiwai, he limu kela maloko.
he olena kekahi maloko, e ku no ke kahuna
i ka pule hui kala, a ma hope o ua pule la, he
a mai ke kahuna, Hemu oia, hoohemu
mai kanaka Hemu, hea hou mai ke kahuna
Hemu na moe inoino, na moe inoe a, na
punohunohu, na haumia, Hemu oia, hea
mai kanaka, Hemu, hea mai ke kahuna Eli-
eli, hea mai kanaka Noa, hea hou mai ke
kahuna, Ia e, hea mai kanaka, Noa honua
pau ka hui kala ana.

12 Alaila, moe ihola na kanaka apau ma
na iapo, aole loa, e hoi malu kahi ka-
naka ma ka hale e moe me kana wahine
e moe kapu lakou i na po iapo.

13 Alaila, holo na waa lawaia i kai, a ka loaa
na puaa, a hoi mai na lawaia me ka ia
alaila, pule ke kahuna, a kanaka i puaa
ma ka lele, a me ka maia, ka niu, a me ka
ai, apau ka ke kahuna pule oihana.

14 Alaila ai kanaka apau, a pau ka aina
Alaila papa ka pule, alaila, pau ka hoomana
ana, o ka noa no ia.

Upena aei, e lawe pu mai me ka puaa, a me
ka maia, a ka niu,[1] a[2] me ka ai, a me kapa[3] e moe
ai, e hoomana i ke akua lawaia.

11 Ma ka wa e hoomana ai, e hoonoho poai ia
na kanaka apau, a laila, hele mai ke ka
huna me ke poi wai,[4] he limu kela[5] ma loko
he olena kekahi[6] maloko, e ku no ke kahuna
i ka pule huikala, a ma hope o ua pule la, he
a mai ke kahuna, Hemu[7] oia, hooho nui
mai kanaka Hemu, hea hou mai ke kahun[a]
Hemu na moe inoino, na moemoe a, na
punohunohu, na haumia, Hemu oia, hea
mai kanaka, Hemu, hea mai ke kahuna Eli
eli, hea mai kanaka Noa, hea hou mai ke
kahuna, Iae, hea mai kanaka, Noa honua
pau ka huikala ana.

12 A laila, moe ihola na kanaka a pau i mu-
a ma ia po, aole loa e hoi malu kahi ka
naka ma ka hale e moe me kana wahine
e moe kapu lakou imua a ao ia po.

13 A laila, holo na waa lawaia i kai, a kalua
na puaa, a hoi mai na lawaia me ka ia
a laila, pule ke kahuna, a kau aku i [ka] puaa
ma ka lele, a[8] me ka maia, ka niu, a me ka
ai, a pau ka ke kahuna pule oihana.

14 A laila ai kanaka a pau, a pau ka ai ana
alaila papa ka pule, alaila, pau ka hooma
m̶na ana, o ka noa no ia.

'upena 'a'ei. E lawe pū mai me ka pua'a a me
ka mai'a a [me] ka niu a me ka 'ai a me kapa e moe
ai e ho'omana i ke akua lawai'a.

11.[9] Ma ka wā e ho'omana ai, e ho'onoho pō'ai 'ia
nā kānaka a pau, a laila, hele mai ke ka-
huna me ke po'i wai, he limu kala ma loko,
he 'ōlena kekahi ma loko. E kū nō ke kahuna
i ka pule huikala, a ma hope o ua pule lā, he-
a mai ke kahuna: "Hemū 'o ia!" Ho'ōho nui
mai kānaka: "Hemū!" Hea hou mai ke kahuna:
"Hemū nā moe 'ino'ino, nā moemoeā, Nā
pūnohunohu, nā haumia. Hemū 'o ia!" Hea
mai kānaka: "Hemū!" Hea mai ke kahuna: "'Eli-
'eli!" Hea mai kānaka: "Noa." Hea hou mai ke
kahuna: "Iā ē!" Hea mai kānaka: "Noa honua."
Pau ka huikala 'ana.

12. A laila, moe ihola nā kānaka a pau i mu-
a ma ia pō. 'A'ole loa e ho'i malū kahi ka-
naka ma ka hale e moe me kāna wahine;
e moe kapu lākou i mua a ao ia pō.

13. A laila, holo nā wa'a lawai'a i kai, a kālua
nā pua'a. A ho'i mai nā lawai'a me ka i'a,
a laila, pule ke kahuna, a kau aku i ka pua'a
ma ka lele, a me ka mai'a, ka niu, a me ka
'ai. A pau kā ke kahuna pule 'oihana,

14. a laila, 'ai kānaka a pau. A pau ka 'ai 'ana,
a laila, pāpā ka pule; a laila, pau ka ho'oma-
na 'ana, 'o ka noa nō ia.

---

1. 40:10. A: **me** ka niu (ma kahi o "a ka niu")
2. 40:10. A: nele
3. 40:10. A: **ke** kapa
4. 40:11. A: me ke **h**oiwai
5. 40:11. A: kala
6. 40:11. A: kahi
7. 40:11. A: he mu ('o "hemu" kai kākau 'ia ma hope ma A, a laila, ua ho'oka'awale 'ia 'o "he" me "mu" penei, "he/mu")
8. 40:13. A: nele
9. 40:11. e nānā i ka pāku'ina I.24, kahi i ho'onohonoho 'ia ai kēia paukū ma ka lālani mele

15 Pela no e hoomana ai na lawaia kii Akua,
a me na lawaia upena, a o na lawaia akua
ole lawaia wale no lakou aole e hoomana

16 He nui no nae na oihana a ka poe lawaia
he upena nui, he upena iki, he hinai nui, he hi-
nai iki, he nui no na lawaia upena, he nui no
na lawaia makau, o ka poe lawaia upena
e luu no ilalo ma ka wa e lawaia ai; o ka poe
lawaia makau, aole no, e luu, he luu no nae
ke mau ka makau ma kekou, ke papau nae.

17 Eia na upena lawaia, he papa hului, oia no
ka upena, ona ia ku, he papa waha nui, au
nui ewa, au lau, pakuikui, he papa hoo lewa
lewa, me ka laau melomelo, a ka hehahe paha.

18 He upena kupo, he upena kawaa, he upena
kini, he upena, Aei; he pouono, he akiikii, he lue
lue, he kaihi; he Hanomalolo, he Hanoiao, he ku
eeohua, ka eepaoo, he kaili; he upena Paku, he u
pena Uluulu.

19 Eia na lawaia makau, he kaka lawaia Ahi,
lawaia Kahala, Kukaula, Kaili, luHee, kii Aku,
ka mokoi; kuu Mano, lawaia palu, ka oapuhi
lawaia Upapalu,

20 Eia na lawaia hinai hinai Kala, hinai pu
hi; hinai puhi nui; hinai hoolulu; hinala
hinai kawaa paiohua, paioopu, na koe paha
kekahi o keia mau hinai.

21 Eia hoi na lue, he lue hou nui, lue i na aikapu

15 Pela no e hoomana ai na lawaia hi Aku
a me na lawaia upena, a o na lawaia akua
ole lawaia wale no lakou aole e hoomana

16 He nui no nae na oihana a ka poe lawaia
he upena nui, he upena iki, he [hi]nai nui, he hi-
nai iki, he nui no na lawaia upena, he nui no
na lawaia makau, o ka poe lawaia upena
e luu no i lalo ma ka wa e lawaia ai, o ka poe
lawaia makau, aole no, e luu, he luu no nae
ke mau ka makau ma ke koa. ke papau nae

17 Eia na upena lawaia, he papa hului, oia no
ka upena, o na ia ku, he papa waha nui, au
maiewa, au lau, pakuikui, he papa hoolewa-
lewa, me ka laau melomelo, a kahekahe paha.

18 He upena Kupo, he upena Kawaa, he upena
Kuu, he upena, Aei, he pououo, he akiikii, he lue
lue, he Kaihi, he Hanomalolo, he Hanoiao, he Ka
eeohua, Kaeepaoo, he Kaili, he upena Pahu, he u
pena Uluulu.

19 Eia na lawaia makau, he[1] Kaka lawaia Ahi,
lawaia Kahala, Kukaula, Kaili, lu Hee, hi Aku,
ka mokoi, Ku Mano, lawaia palu, haoa puhi
lawaia Upapalu,

20 Eia na lawaia hinai, hinai Kala, hinai pu
hi, hinai pukanui, hinai hooluuluu, hinalea
hinai kawaa[,] pai ohua, pai oopu, ua koe paha
kekahi o keia mau hinai.

21 Eia hoi mea[2] luu, he luuhonu, luu no a hopu

---

1. 40:19. A: *nele*
2. 40:21. A: **na** mea

15. Pēlā nō e ho'omana ai nā lawai'a hī aku
a me nā lawai'a 'upena. A 'o nā lawai'a akua
'ole, lawai'a wale nō lākou, 'a'ole e ho'omana.

16. He nui nō na'e nā 'oihana a ka po'e lawai'a:
he 'upena nui, he 'upena iki, he hīna'i nui, he hī-
na'i iki. He nui nō nā lawai'a 'upena, he nui nō
nā lawai'a makau. 'O ka po'e lawai'a 'upena,
e lu'u nō i lalo ma ka wā e lawai'a ai. 'O ka po'e
lawai'a makau, 'a'ole nō e lu'u; he lu'u nō na'e
ke mau ka makau ma ke ko'a (ke pāpa'u na'e).

17. Eia nā 'upena lawai'a: he papa hului ('o ia nō
ka 'upena o nā i'a kū), he papa waha nui, au-
maiewa, 'aulau, pāku'iku'i, he papa ho'olewa-
lewa me ka lā'au melomelo a kahekahe paha,

18. he 'upena kūpō, he 'upena kāwa'a, he 'upena
ku'u, he 'upena 'a'ei, he pōuouo, he 'āki'iki'i, he lue-
lue, he kā'ihi, he hano mālolo, he hano 'iao, he kā-
'e'e 'ōhua, kā'e'e pāo'o, he kā'ili, he 'upena pahu, he 'u-
pena ulūlu.

19. Eia nā lawai'a makau: he kaka, lawai'a 'ahi,
lawai'a kāhala, kūkaula, kā'ili, lūhe'e, hī aku,
kāmōkoi, kūmanō, lawai'a palu, haoa puhi,
lawai'a 'upāpalu.

20. Eia nā lawai'a hīna'i: hīna'i kala, hīna'i pu-
hi, hīna'i puka nui, hīna'i ho'olu'ulu'u hīnālea,
hīna'i kāwa'a, pai 'ōhua, pai 'o'opu. Ua koe paha
kekahi o kēia mau hīna'i.

21. Eia ho'i [nā] mea lu'u: he lu'u honu, lu'u nō a hopu;

he luuula, he luuunanini; he lio Wala, he nuuina naialuuia, keikeia ekomo uma ia Kaluua.

22 O ka poe lawaia ma na ia nui, ua kapaiia ko lakou mau inoa, he poe lawaia nui, o ka poe lawaia ma na ia liilii, ua kapaiia ko lakou mau inoa, he poe lawaia liilii.

23 O kahi e waiho ai na mea lawaia a ka poe lawaia nui ina kai pu, ua kapaia lakou, he kuonoono. o kahi e waiho ai ka mea lawaia a ka poe lawai liilii he hipu ma ka pola malo, ua kapaia ko lakou mau inoa, he lawaia pola malo.

24 Ua kapaia kahi ona ia e noho ai he koa, ina he Ahi, he koa Ahi; ina he Aku, he koa Aku pela ke Kahala, ka Opelu, a me ia ia aku ia ia aku.

25 O na koa lawaia aole e ike iu olalo, no ka hohonu loa, aole no e ike iu kaholoana ae a Kaia aai ea i ka makau aka, ma ka ka makia e nana ai, a ke pono, elua makia e nana ai; ma ka pono ke kahi makia, a maka oao a kahi maka, ina i ku pono o keia mau maka elua, o ke koa ihola no ia, aluia kuu ka makau, ka upena paha.

26 A ma ka wa e ai ka ia, holo mai no ka nane, ma ke aho, a hiki mai i na lioka la waia, o ka huki no ia luna, pela ka laia ma no ma wahi hohonu a pau.

27 O kahi e noho ai ka ia, ua ka hahi papau, he

he luu ula, he luu manini, he luu kala, he nui no na ia luu ia, ke ike ia e komo ana i ka lua.

22 O ka poe lawaia ma na ia nui, ua kapai[1] ia ko lakou mau inoa, he poe lawaia nui, o ka poe lawaia ma na ia liilii, ua kapa i[2] ia ko lakou mau inoa, he poe lawaia liilii.

23 O kahi e waiho ai na mea lawaia a ka poe lawaia nui ma ka ipu, ua kapaia lakou, he kuonoono. o kahi e waiho ai ka mea lawaia a ka poe lawai[3] liilii he hipu[4] ma ka pola malo, ua kapa ia ko la kou mau inoa, he lawaia pola malo.

24 Ua kapa ia kahi o na ia e noho ai[5] he koa, ina he Ahi, he koa Ahi, ina he Aku, he koa Aku pela ke kahala, ka Opelu, a me ia ia aku ia ia aku.

25 O na koa lawaia aole e ike ia o lalo, no ka hohonu loa, aole no e ike ia ka holo ana ae a ka ia a ai ea[6] i ka makau, aka, mauka ka maka e nana ai, a kupono, elua maka e nana ai, mauka pono kekahi[7] maka, a ma ka oaoa[8] kahi maka, ina i kupono keia mau maka elua, o ke koa ihola no ia, a laila kuu ka makau, ka upena paha.

26 A ma ka wa e ai[9] ka ia, holo mai no ka naue, ma ke aho, a hiki mai mali[10] o ka la waia, o ka huki no ia a luna, pela ka laia[11] ana ma wahi[12] hohonu apau.

27 O kahi e noho ai ka ia ma kahi papau, he

he luʻu ula, he luʻu manini, he luʻu kala. He nui nō nā iʻa luʻu ʻia ke ʻike ʻia e komo ana i ka lua.

22. ʻO ka poʻe lawaiʻa ma nā iʻa nui, ua kapa[13] ʻia ko lākou mau inoa he poʻe lawaiʻa nui. ʻO ka poʻe lawaiʻa ma nā iʻa liʻiliʻi, ua kapa[14] ʻia ko lākou mau inoa he poʻe lawaiʻa liʻiliʻi.

23. ʻO kahi e waiho ai nā mea lawaiʻa a ka poʻe lawaiʻa nui, ma ka ipu. Ua kapa ʻia lākou he kūʻonoʻono. ʻO kahi e waiho ai ka mea lawaiʻa a ka poʻe lawai[ʻa] liʻiliʻi, he hīpu[ʻu] ma ka pola malo. Ua kapa ʻia ko lākou mau inoa he lawaiʻa pola malo.

24. Ua kapa ʻia kahi o nā iʻa e noho ai he koʻa. Inā he ʻahi, he koʻa ʻahi; inā he aku, he koʻa aku; pēlā ke kāhala, ka ʻōpelu, a me ia iʻa aku ia iʻa aku.

25. ʻO nā koʻa lawaiʻa, ʻaʻole e ʻike ʻia ʻo lalo no ka hohonu loa, ʻaʻole nō e ʻike ʻia ka holo ʻana aʻe a ka iʻa a ʻai ʻia[15] ka makau. Akā, ma uka ka māka e nānā ai a kūpono. ʻElua māka e nānā ai: ma uka pono kekahi māka, a ma ka ʻaoʻao[16] kahi māka. Inā i kūpono kēia mau māka ʻelua, ʻo ke koʻa ihola nō ia. A laila, kuʻu ka makau, ka ʻupena paha.

26. A ma ka wā e ʻai [ai] ka iʻa, holo mai nō ka naue ma ke aho a hiki mai ma [ka] li[ma] o ka lawaiʻa. ʻO ka huki nō ia a luna. Pēlā ka la[wa]iʻa ʻana ma [nā] wahi hohonu a pau.

27. ʻO kahi e noho ai ka iʻa ma kahi pāpaʻu, he

---

1. 40:22. A: kapa
2. 40:22. A: *nele*
3. 40:23. A: lawaia
4. 40:23. A: hipuu
5. 40:24. A: O kahi o na ia e noho ai *(ma kahi o* "Ua kapa ia kahi o na ia e noho ai"*)*
6. 40:25. A: *nele*
7. 40:25. A: kahi
8. 40:25. A: aoao
9. 40:26. A: e ai **ai**
10. 40:26. A: ma ka lima
11. 40:26. A: la**wa**ia
12. 40:26. A: **na** wahi
13. 40:22. *ua hoʻololi ʻia ʻo* "kapai ia," *ʻo ia ʻo* "kapa ʻia"
14. 40:22. *ua hoʻololi ʻia ʻo* "kapa i ia," *ʻo ia ʻo* "kapa ʻia"
15. 40:25. *ua hoʻololi ʻia ʻo* "a ai ea i," *ʻo ia ʻo* "a ʻai ʻia"
16. 40:25. *ua hoʻololi ʻia ʻo* "oaoa," *ʻo ia ʻo* "ʻaoʻao"

mau wahi i ke ia no ke nana iho, e noho ana ka
ia, ina ma ke one e noho ai, he weke ia ia, he
Oio paha, he Wela paha, he Kule paha, a mena
ia noho ma ke one apau.

28 Ina ma ke ahua e noho ai ka ia, he mao-
mao ia ia, he pala pala, a me na ia noho ahua
apau.

29 O kekahi mau ia ma kahi lihi kai e holo ai
ke malolo, he pu iki, Auau, Iheihe, Kekee, he
aha, he nui na ia holo ma kahi lihi kai.

30 O kahi mau ia noho no ma kaloa, he
Mano, he Puhi, he Ula, he Hee, he nui no na
na ia noho ma kaloa, he nui no na lawaia
i kii na ia apau koe nae ke kola, aole iloaa
i Ko Hawaii nei

Na Hana lealea Mokuna 41

He nui no na hana mai kahi ko mai he oko
a nae ke ano o ke kahi hana lealea, Aia ke kia
ka hana lealea, he mea mau no ia, mai ka hi
ko mai, a hiki mai ia Liholiho, penei e hana
ai, ma ka malama o Ikuwa, ke au welu ka
ma kahiki, alaila, haalele ai ka ha i pulei
na kii, alaila, hele kanaka, me na lii i ka
hana lea lea.

2 O ka mea kekahi hana i makemake nui ia
e Ko Hawaii nei apau ke moe kolohe ke ano ia
oia hana lealea, penei ka hana ana, e hana
ia ke kahi pa a nui, ma kahi ka a wale ma

mau wahi ike ia no ke nana iho, e noho ana ka
ia, ina ma ke one e noho ai, he weke ia ia, he
Oio paha, he Welea paha, he Kule paha, a me na
ia noho ma ke one apau.

28 Ina ma ke ahua e noho ai ka ia, he mao-
mao ia ia, he palapala, a me na ia noho ahua
apau.

29 O kekahi mau ia ma ka ili kai e holo ai
he malolo, he pu[hi]kii, Auau, Iheihe, kekee, he
aha, he nui na ia[1] holo ma ka ili kai.

30 O kahi mau ia noho[2] no ma ka lua, he
Mano, he Puhi, he Ula, he Hee, he nui no na
na[2] ia noho ma ka lua, he nui no na lawaia
i kii i na ia a pau koe nae ke kola,[3] aole i loaa
i ko Hawaii nei

Na Hana lealea Mokuna 41[4]

[5]He nui no na hana mai kahiko mai he oko-
a nae ke ano o kekahi hana lealea, okoa keka
kā[i][6] hana lealea, he mea mau no ia, mai kahi
ko mai, a hiki mai ia Liholiho, penei e hana
ai, ma ka malama o Ikuwa, Kauwelu ka
makahiki, alaila, haalele, ai[7] ka haipule i
na kii, alaila, hele kanaka, me na lii i ka
hana lealea.

2 O ka ume kekahi hana i makemake nui ia
e ko Hawaii nei a pau, he moe kolohe ke ano ~~ia o~~
oia hana lealea, penei ka hana ana, e hana
ia kekahi pa a nui, ma kahi kaawale, ma

mau wahi ʻike ʻia nō. Ke nānā iho, e noho ana ka
iʻa. Inā ma ke one e noho ai, he weke iʻa, he
ʻōʻio paha, he weleʻā paha, he kule paha, a me nā
iʻa noho ma ke one a pau.

28. Inā ma ke ʻāhua e noho ai ka iʻa, he mao-
mao ia iʻa, he palapala, a me nā iʻa noho ʻāhua
a pau.

29. ʻO kekahi mau iʻa, ma ka ʻili kai e holo ai:
he mālolo, he puhikiʻi, aʻuaʻu, iheihe, kekeʻe, he
ʻaha. He nui nā iʻa holo ma ka ʻili kai.

30. ʻO kahi mau iʻa, noho nō ma ka lua: he
manō, he puhi, he ula, he heʻe. He nui nō nā[8]
iʻa noho ma ka lua. He nui nō nā lawaiʻa
i kiʻi i nā iʻa a pau, koe naʻe ke koholā;[9] ʻaʻole
i loaʻa i ko Hawaiʻi nei.

Mokuna XLI [41A,[10] Emerson 41]
Nā Hana Leʻaleʻa
[No ka ʻUme]

[1.] He nui nō nā hana mai kahiko mai, he ʻoko-
ʻa naʻe ke ʻano o kekahi hana leʻaleʻa, ʻokoʻa keka-
hi[11] hana leʻaleʻa. He mea mau nō ia, mai kahi-
ko mai a hiki mai iā Liholiho. Penei e hana
ai: ma ka malama ʻo ʻIkuā, kauwelu ka
makahiki; a laila, haʻalele ʻia[12] ka haipule i
nā kiʻi; a laila, hele kānaka me nā aliʻi i ka
hana leʻaleʻa.

2. ʻO ka ʻume kekahi hana i makemake nui ʻia
e ko Hawaiʻi nei a pau; he moe kolohe ke ʻano
o ia hana leʻaleʻa. Penei ka hana ʻana. E hana
ʻia kekahi pā a nui ma kahi kaʻawale, ma

---

1. 40:29. A: he naia *(ma kahi o "he nui na ia")*
2. 40:30. A: *nele*
3. 40:30. A: kohola
4. 41A:0. A: Mokuna 41. Na Hana Lealea [Ume] *(kākau ʻia ʻo "Ume" ma ka penikala)*
5. 41A:1. A: **1.**
6. 41A:1. A: kekahi
7. 41A:1. A: i *(ma kahi o "ai")*
8. 40:30. *ua hoʻololi ʻia ʻo "na na," ʻo ia ʻo "na"*
9. 41:30. *ua hoʻololi ʻia ʻo "kola," ʻo ia ʻo "koholā"*
10. 41A:1. *me he mea lā, ua hoʻolālā ka mea kākau i ka hoʻohui ʻana i nā hana leʻaleʻa pau ma ka mokuna hoʻokahi. Hōʻike ʻia nā māhele o nei mokuna ma nā hua palapala A—UU, ʻo ia hoʻi, 41A, 41E, a pēlā aku a hōʻea aku i ka mokuna 41UU. Like ia mau helu mokuna me kā Emerson mau helu mokuna 41–57*
11. 41A:1. *ua hoʻololi ʻia ʻo "kekaki," ʻo ia ʻo "kekahi"*
12. 41A:1. *ua hoʻololi ʻia ʻo "ai," ʻo ia ʻo "ʻia"*

waenapaha, ma kekihi paha, o ke kulanakale nui.

3 A paa ua pa nui la, e kii na kanaka a pau o ua kulanakauhale la, i wahie laalaau a nui, a na ia po ana iho, hoa ia ke ahi, a mala malama loa, alaila, hele mai kanaka apau.

4 E hoonoho poai ia na kanaka a puni ua pa la, a ku mai kekahi Luna hoomalu, a papa mai e malu, ua oka nui la, a laila, ku mai, kekahi kanaka lea i ke olioli, me ka laau loihi ma kona lima, ua haku pau kia ua laau la i ka hulu moa, e oli hele no ia, me kahoa kapolili, i ua laau la ma kona lima.

5 E hele no ia ma ke alo o ka aha kanaka, a puni, e nana no, i ku wahine maikai me ke kanaka maikai, o ka wahine ana e hoopili aku ai i ka laau, a me ke kane ana e hoopili ai i ka laau, E hele no laua e moe.

6 Aole no e huhu kane, i kana wahine ponoi iho, no ka hele ana e moe me kela kanaka e, aole no hoi e huhu ka wahine i kana kane ponoi iho, no ka hele ana e moe me kela wahine e, no ka mea o kana no kekahi e hana ia pela, ke hoo pili ia mai laua i ka laau Umi.

7 Ma kela mau po, e hele no ke kanaka i

waena paha, ma ke kihi paha, o ke kulanahale[1]
nui.

3 A paa ua pa nui la, e kii na kanaka a pau
o ua kulanakauhale la, i wahie laalaau a
nui, a ma ia po ana iho, hoa ia ke ahi, a mala
malama loa, a laila, hele mai kanaka apau.

4 E hoonoho poai ia na kanaka apuni ua
pa la, a ku mai kekahi Luna hoomalu, a
papa mai, [a][2] malu, ua aha nui la, a laila, ku
mai, kekahi kanaka lea i ke olioli, me ka
laau loihi ma kona lima, ua haku pauku ia,
ua laau la i ka hulu moa, e oli hele no aia,[3] me
ka hookapalili, i ua laau la ma kona li-
ma.

5 E hele no ia ma ke alo o ka aha kanaka, a
puni, e nana no, i ka wahine maikai
me ke kanaka maikai, o ka wahine ana
e hoopili aku ai i ka laau, a me ke kane
ana e hoopili ai[4] i ka laau, E hele no laua
e moe.

6 Aole no e huhu kane, i kana wahine po-
noi iho, no ka hele ana e moe me kela ka-
naka e, aole no hoi e huhu ka wahine
i kana kane ponoi iho, no ka hele ana
e moe me kela wahine e, no ka mea o
laua no kekahi e hana ia pela, ke hoo
pili ia mai laua i ka laau Ume.

7 Ma kela mau po, e hele no ke kane i

waena paha, ma ke kihi paha o ke kūlanahale
nui.

3. A pa'a ua pā nui lā, e ki'i nā kānaka a pau
o ua kūlanakauhale lā i wahie la'alā'au a
nui. A ma ia pō 'ana iho, ho'ā 'ia ke ahi a māla-
malama loa; a laila, hele mai kānaka a pau.

4. E ho'onoho pō'ai 'ia nā kānaka a puni ua
pā lā. A kū mai kekahi luna ho'omalu a
pāpā mai, a malu ua 'aha nui lā. A laila, kū
mai kekahi kanaka le'a i ke olioli me ka
lā'au lō'ihi ma kona lima; ua haku paukū 'ia
ua lā'au lā i ka hulu moa. E oli hele nō 'o ia,[5] me
ka ho'okapalili i ua lā'au lā ma kona li-
ma.

5. E hele nō ia ma ke alo o ka 'aha kānaka a
puni e nānā nō i ka wahine maika'i
me ke kanaka maika'i. 'O ka wahine āna
e ho'opili aku ai i ka lā'au a me ke kāne
āna e ho'opili ai i ka lā'au, e hele nō lāua
e moe.

6. 'A'ole nō e huhū kāne i kāna wahine po-
no'ī iho no ka hele 'ana e moe me kēlā ka-
naka 'ē; 'a'ole nō ho'i e huhū ka wahine
i kāna kāne pono'ī iho no ka hele 'ana
e moe me kēlā wahine 'ē, no ka mea, 'o
lāua nō kekahi e hana 'ia pēlā ke ho'o-
pili 'ia mai lāua i ka lā'au 'ume.

7. Ma kēlā mau pō, e hele nō ke kāne i

---

1. 41A:2. A: kulana**kau**hale
2. 41A:4. A: *nele*
3. 41A:4. A: ia
4. 41A:5. A: hoopili **aku** ai
5. 41A:4. *ua ho'ololi 'ia 'o* "aia," *'o ia 'o* "'o ia"

kana wahine e makemake ai, e ke la e noho i ka
wahine, i kane ana e makemake ai, a ma
ke ae ana ae, alaila, hiipu ke kane hou
kana wahine iho, ka wahine me kana
kane iho.

8 No keia mau hana ana pela, aloha
ka wahine i ke kane e, aloha noho i ke
kane i ka wahine e, aole hoi hou ke ka
ne me kana wahine mua, pela ka wa
hine, aole hoi me kana kane mua, pe
la ka hana na Ka Ume, he Pili kahi inoa
o ka Ume.

No ke kilu Mokuna X 2 B

O ke kilu kekahi hana lealea i makemake
nui ia e Hawaii nei poe kahiko, he hana
ia no ia mea maloko o kapa Ume, ma
kekahi po ke Ume no, ma kekahi po ke kilu no
he mau hana uhauka keia, he moe koloke
no, penei e hana ai ke kilu.

2 E hoonoho poai ia na kanaka puni kapa
e kukulu ia i mau pahu laau ma kela
aoao kekahi, ma keia aoao kekahi, he umi
a kanaku mau anana paha mawaena
o na mau pahu la elua.

3 A noho no na mea nana e kilu, elima
paha, he nui aku paha, mahope mai
o na mau pahu la, a me ka mea nana
e helu helu mai ke kilu ana, a pela no

kana wahine e makemake ai, e hele no hoi ka
wahine, i kane ana[1] e makemake ai, a ma
ke ao ana ae, alaila, hui pu ke kane me
kana wahine iho,[2] ka wahine me kana
kane iho.[2]

8 No keia mau hana ana pela, aloha
ka wahine i ke kane e, aloha no hoi ke
kane i ka wahine e, aole hoi hou [ke] ka
ne me kana wahine mua, pela ka wa
hine, aole e hoi me kana kane mua, pe
la ka hana [ma] ka Ume, he Pili kahi inoa
o ka Ume.

No Ke Kilu Mokuna 4̶1̶[2][3]

[4]O ke kilu kekahi hana[5] lealea i makemake
nui ia e [ko] Hawaii nei poe kahiko, he hana
ia no ia mea ma loko o ka pa Ume, ma
kekahi po, he Ume no, ma kekahi po, he Kilu no
he mau hana[6] uhauha keia, he moe kolohe
no, penei e hana ai ke Kilu.

2 E hoonoho poai ia na kanaka puni[7] ka pa
e Kukulu ia i mau pahu laau ma kela
aoao kekahi, ma keia aoao kekahi, he umi
a keu aku mau anana paha ma waena
o ua mau pahu la elua.

3 A noho no na mea nana e kilu, elima
paha, he nui aku paha, ma hope mai
o ua mau pahu la, a me ka mea nana
e heluhelu mai ke kilu ana, a pela no

kāna wahine e makemake ai, e hele nō hoʻi ka
wahine i kāne āna e makemake ai. A ma
ke ao ʻana aʻe, a laila, hui pū ke kāne me
kāna wahine iho, ka wahine me kāna
kāne iho.

8. No kēia mau hana ʻana pēlā, aloha
ka wahine i ke kāne ʻē, aloha nō hoʻi ke
kāne i ka wahine ʻē. ʻAʻole hoʻi hou ke kā-
ne me kāna wahine mua. Pēlā ka wa-
hine, ʻaʻole e hoʻi me kāna kāne mua. Pē-
lā ka hana ma ka ʻume. He pili kahi inoa
o ka ʻume.

Mokuna XLI[8] [41E, Emerson 42]
No ke Kilu[9]

[1.] ʻO ke kilu kekahi hana leʻaleʻa i makemake
nui ʻia e ko Hawaiʻi nei poʻe kahiko. He hana
ʻia nō ia mea ma loko o ka pā ʻume. Ma
kekahi pō, he ʻume nō, ma kekahi pō, he kilu nō.
He mau hana ʻuhaʻuha kēia, he moe kolohe
nō. Penei e hana ai [i] ke kilu.

2. E hoʻonoho pōʻai ʻia nā kānaka [a] puni ka pā.
E kūkulu ʻia i mau pahu lāʻau ma kēlā
ʻaoʻao kekahi, ma kēia ʻaoʻao kekahi, he ʻumi
a keu aku mau anana paha ma waena
o ua mau pahu lā ʻelua.

3. A noho nō nā mea nāna e kilu, ʻelima
paha, he nui aku paha, ma hope mai
o ua mau pahu lā, a me ka mea nāna
e heluhelu mai ke kilu ʻana. A pēlā nō

---

1. 41A:7. A: kana kane *(ma kahi o "kane ana")*
2. 41A:7. A: *nele*
3. 41E:0. A: ~~Mokuna 42~~ No ke Kilu
4. 41E1: A: **1.**
5. 41E:1. A: mea *(ma kahi o "hana")*
6. 41E:1. A: he mea hana *(ma kahi o "he mau hana")*
7. 41E:2. A: **a** puni
8. 41E:0. *ua hoʻololi ʻia ʻo "Mokuna 42," ʻo ia ʻo "41E"*
9. 41E:0. *mai kēia poʻo inoa aku, ua hoʻololi ʻia nā helu mokuna a pau e kekahi mea hoʻoponopono.* ma ʻaneʻi, *ua kāpae ʻia ʻo "Mokuna 4̶1̶[2]"*

Hoikapoe kilu ma kela aoao, alaila, ku mai
kekahi Luna hoomalu, kahea mai oia me ka
leo nui, Puheoheo, ea, hoohauui mai kana
ka apau Puheoheo,

4 Alaila, malu loa ka aha kanaka apau, ina
i walaau kekahi kanaka, e puhi ia kona
kapa i ke ahi, a mahope iho oia maluna, koa
koakoa ia mai na kilu, ma keala, o ka poe
nana e kiilu,

5 O ke kiilu, he Ipu no ia, i ka lai kapa ka hu
ia, ma kahi o ke au, ua kapa ia kela mea,
he kilu, a ma ka wae kiilu ai, e lalau mua
mai ka helu ai i ke kilu, a paa ma kona
lima, alaila, kahea leo iki mai, i ka helu
ai i kela aoao, me ka hu ai mai i ka i noa oia
Kilu.

6 Eia mai la, o ka mea aloha, he kilu hani
alaila, kahea leo iki mai kela helu ai, o ka
mea aloha kapa mai, alaila, haawi ka helu
ai i ke kilu i ka mea nana e kiilu,

7 Alaila olimua iho la ka mea nana e kiilu
pau ke oliana, alaila kilu aku, ina i pa ua
kiilu la, na kela helu ai e kahea mai Au
weuwe he, ko ea ke kae puehu ka la kome
inoino kahi akahi kanai lalo.

8 Alaila, hele kekahi e honi, no ka pa ana o
ua kiilu honi la, pela no e kiilua i aumi ka
helu o kahi aoao, e o nana, huela mai kekahi

hoi ka poe kilu ma kela ᴀᴏaoao, alaila, ku mai
kekahi Luna hoomalu, kahea mai oia me ka
leo nui, Puheoheo, ea, hooho nui mai kana-
ka apau Puheoheo,

4 Alaila, malu loa ka aha kanaka apau, ina
i walaau kekahi kanaka, e puhi ia kona
kapa i ke ahi, a mahope iho oia malu ana,[1] hoa
koakoa ia mai na kilu, ma ke alo, o ka poe
nana e Kilu.

5 O ke kilu, he Ipu no ia, i kalai kapakahi
ia, makahi o ke au, ua kapa ia kela mea
he Kilu, a ma ka wa e Kilu ai, e lalau mua
mai ka helu ai i ke Kilu, a paa ma kona
lima, a laila, kahea leo iki mai, i ka helu
ai o kela aoao, me ka hai mai i ka inoa oia
Kilu.

6 Eia mai la. o ka mea aloha, he Kilu honi
alaila, kahea leo iki mai kela helu ai, o ka
mea aloha kapa mai, alaila, haawi ka helu
ai i ke kilu i ka mea nana e Kilu,

7 A laila oli mua iho la ka [mea] nana e Kilu, a
pau ke oli ana, alaila kilu aku, ina i pa ua
kilu la, na kela helu ai e kahea mai. Au
weuwe he,[2] koe a kekae puehu ka la komo
inoino, kaki akahi kaua i lalo.

8 A laila, hele kekahi e honi, no ka pa ana o
ua Kilu honi la, pela no e kilu ai a umi ka
helu o kahi aoao, eo nana, hula mai kekahi

ho'i ka po'e kilu ma kēlā 'ao'ao. A laila, kū mai
kekahi luna ho'omalu; kāhea mai 'o ia me ka
leo nui, "Pūheoheo, 'eā." Ho'ōho nui mai kāna-
ka a pau, "Pūheoheo."

4. A laila, malu loa ka 'aha kānaka a pau. Inā
i wala'au kekahi kanaka, e puhi 'ia kona
kapa i ke ahi. A ma hope iho o ia malu 'ana, ho'ā-
koakoa 'ia mai nā kilu ma ke alo o ka po'e
nāna e kilu.

5. 'O ke kilu, he ipu nō ia i kālai kapakahi
'ia ma kahi o ke 'au. Ua kapa 'ia kēlā mea
he kilu. A ma ka wā e kilu ai, e lālau mua
mai ka helu 'ai i ke kilu a pa'a ma kona
lima, a laila, kāhea leo iki mai i ka helu
'ai o kēlā 'ao'ao, me ka ha'i mai i ka inoa o ia
kilu:

6. "Eia mai lā 'o ka mea aloha, he kilu honi."
A laila, kāhea leo iki mai kēlā helu 'ai, "'O ka
mea aloha ka pā mai." A laila, hā'awi ka helu
'ai i ke kilu i ka mea nāna e kilu.

7.[3] A laila, oli mua ihola ka mea nāna e kilu. A
pau ke oli 'ana, a laila, kilu aku. Inā i pā ua
kilu lā, na kēlā helu 'ai e kāhea mai: "Au-
ēuē hē, Koea ke ka'e.[4] Puehu ka lā, Komo
'ino'ino, kaki. 'Akahi kāua i lalo!"

8. A laila, hele kekahi e honi, no ka pā 'ana o
ua kilu honi lā. Pēlā nō e kilu ai. A 'umi ka
helu o kahi 'ao'ao, [e] eo nāna. Hula mai kekahi

---

1. 41E:4. A: maluna ana
2. 41E:7. A: auweuwehe
3. 41E:7. *e nānā i ka pāku'ina I.25, kahi i ho'onohonoho 'ia ai kēia paukū ma ka lālani mele*
4. 41E:7. *e nānā i ka 'Ohina Fornander, puke 6, 'ao'ao 195*

aoao no ke oana, pela no e hana ai, a ao ka po, a mui

no na po maia hana lealea.

No Kapapuhene. Mok. 43

O Kapapuhene kekahi hana lealea ma kapo ia
hana e hana ai, e hoonoho lalani ia no kekahi
aoao a kekahi, a pela no kekahi aoao ka okoa

2 E huli aku ke alo o keia poe i kela poe, e huli mai
no hoi keia o kela poe i ke alo o keia poe, me ka na-
na aku o keia poe i kela poe, e hanuia kekahi kapa
loihi i humuhumu ia, mai kela aoao, a keia
aoao o pae kanaka.

3 Alaila, hoomalu ia ka aha kanaka a puni
ka hea mai ka Luna hoomalu, Puheohea, hooho
nui mai kanaka puni, Puheohea, alaila, ku mai
kekahi kanaka e oli.

4 Alaila, ku kekahi mau kanaka e kolu la-
na e hapai i ua kapa loihi la iluna, a na lo, ke-
kahi poe maloko o ua kapa la.

5 Alaila, huna kekahi kanaka i ka noa o lo-
ko o ua aha kanaka la, a nalo kahuna a na
alaila, ku ia ke kapa paku malalo, noho like
mai na kanaka me ke kulou like mai
mai o, ao.

6 Alaila, koho mai kekahi aoao i ka noa
ina e loaa ka noa, helu lakou, ina i loaa ole
ka noa, ke lu no hoi i kela aoao, ina i unu i ka
helu o kekahi aoao, nana ke e, a hula mai
kekahi aoao o, pela ka hana ma kapapuhene

aoao no ke o ana, pela no e hana ai a ao ka po, a nui
no na po maia hana lealea.

No Kapapuhene.[1]

[2]O kapapuhene kekahi hana lealea ma ka po ia
hana e hana ai, e hoonoho lalani ia no, kekahi
aoao akoa,[3] a pela no ke kahi aoao ka okoa

2 E huli aku ke alo o keia poe i kela poe, e huli mai
no hoi ke [a]lo o kela poe i ke alo o keia poe, me ka na
na aku o keia poe i kela poe, e kauia kekahi kapa
loihi i humuhumu ia, mai kela aoao, a keia
aoao o pae[4] kanaka.

3 A laila, hoomalu ia ka aha kanaka a puni
kahea mai ka Luna hoomalu, Puheoheo, hooho
nui mai kanaka puni,[5] Puheoheo, alaila, Ku mai
kekahi kanaka e oli.

4 A laila, ku kekahi mau kanaka ekolu lu
na e hapai i ua kapa loihi [la] iluna, a nalo ke
kahi poe ma loko o ua kapa la.

5 A laila, huna kekahi kanaka i ka noa i lo-
ko o ua aha kanaka la, a nalo ka huna ana
a laila, kuu ia ke kapa paku malalo, noho like
mai na kanaka me ke kulou like mai
mai o, a o.

6 A laila koho mai kekahi aoao i ka noa
ina e loaa ka noa, helu lakou, ina i loaa ole
ka noa, helu no hoi kela aoao, ina i umi ka
helu o kekahi aoao, nana ke eo, a hula mai
kekahi aoao. pela ka hana ma kapa puhene

'ao'ao no k[e] eo 'ana. Pēlā nō e hana ai a ao ka pō, a nui
nō nā pō ma ia hana le'ale'a.

Mokuna XLI [41I, Emerson 43]
No ka Pāpuhene

[1.] 'O ka pāpuhene kekahi hana le'ale'a. Ma ka pō ia
hana e hana ai. E ho'onoho lālani 'ia nō kekahi
'ao'ao 'oko'a,[6] a pēlā nō kekahi 'ao'ao kā'oko'a.

2. E huli aku ke alo o kēia po'e i kēlā po'e; e huli mai
nō ho'i ke alo o kēlā po'e i ke alo o kēia po'e, me ka nā-
nā aku o kēia po'e i kēlā po'e. E kau 'ia kekahi kapa
lō'ihi i humuhumu 'ia mai kēlā 'ao'ao a kēia
'ao'ao o [ka] pae kānaka.

3. A laila, ho'omalu 'ia ka 'aha kānaka a puni,
kāhea mai ka luna ho'omalu, "Pūheoheo." Ho'ōho
nui mai kānaka [a] puni, "Pūheoheo." A laila, kū mai
kekahi kanaka e oli.

4. A laila, kū kekahi mau kānaka 'ekolu [i] lu-
na e hāpai i ua kapa lō'ihi lā i luna. A nalo ke-
kahi po'e ma loko o ua kapa lā.

5. A laila, hūnā kekahi kanaka i ka no'a i lo-
ko o ua 'aha kānaka lā. A nalo ka hūnā 'ana,
a laila, ku'u 'ia ke kapa pākū ma lalo. Noho like
mai nā kānaka me ke kūlou like mai,
mai 'ō a 'ō.

6. A laila, koho mai kekahi 'ao'ao i ka no'a.
Inā e loa'a ka no'a, helu lākou; inā i loa'a 'ole
ka no'a, helu nō ho'i kēlā 'ao'ao. Inā i 'umi ka
helu o kekahi 'ao'ao, nānā ke eo, a hula mai
kekahi 'ao'ao. Pēlā ka hana ma ka pāpuhene.

---

1. 41I:0. C?: [Mok. 43] [C]
2. 41I:1. A: 1.
3. 41I:1. A: okoa
4. 41I:2. A: **ka** pae
5. 41I:3. A: **a** puni
6. 41I:1. *ua ho'ololi 'ia 'o* "akoa," *'o ia 'o* "'oko'a"

No Kekukini Mokuna 434 D-

O ke kukini kahi hana makemake nui ia, he
hana piliwaiwai no ia penei ka hana ana.

2 O ka poe Kukini, he poe kanaka lakou, ua
koi mau, a mama i ka holo pinepine, a ma
ka wa a ka lehulehu e manao ai e pili wai-
wai, e imi ia kahi mau kanaka mama ma
loko o ua poe kukini la, a i ke i a na mea ma
ma e hookukini ia laua

3 O ke kanaka a kekahi poe i ike ai he mama
e pili no lakou mamuli o ia kukini, pela
no hoi kekahi poe, e pili no mamuli o ka
lakou mea i ike ai he mama

4 A pau ka pili ana, hele mai ka poe akamai
e nana i ka uli eo, o ke kahi kukini i ke
kahi kukini, alaila pili nui lakou, pili ke-
kia, pili ka kua, a paa ka waiwai i ke kieke
pau ka pili ana.

5 Alaila, hele na kukini ma ka pahu ku
a kukulu ia ka laau, me ka Lepa, ma ka pahu
hope, ina he pahu loa oia, ina he pahu po-
ko oia no hoi, aia no i ka mana o na kukini

6 A ma ka holo ana mai a ua mau kukini
la, a i ko pu pu i ka pahu, aole no eo, pai
wale aka, i lilo ka wele ka pahu i ke kahi
na ke eo, o lio li no ia a ua ike eo, na lakou

7 O kekahi poe, nolunolu ua hai ke eo, a ua
hai e lika ka lakou waiwai, pela ka ha

No Ke kumi[ki]ni Mokuna 43[1]

[2]O ke kukini kahi hana makemake nui ia, he hana pili waiwai no ia penei ka hana ana.

2 O ka poe Kukini, he poe kanaka lakou, ua koi mau, a mama i ka holo pinepine, a ma ka wa a ka lehulehu e manao ai e pili wai wai, e imi ia kahi mau[3] kanaka mama ma loko o ua poe kukini la, a ike ia ka [na] mea ma ma, e hookukini ia laua

3 O [ke] kanaka a kekahi poe i ike ai he mama. e pili no lakou mamuli oia kukini, pela no hoi kekahi poe, e pili no mamuli o ka lau[k]ou mea i ike ai he mama

4 A pau ka pili ana, hele mai ka poe akamai e nana i ka uli eo, o kekahi Kukini i ke kahi Kukini, alaila pili nui lakou, pili hi hia, pili kaakua,[4] a paa ka waiwai i ke kieke pau ka pili ana.

5 A laila, hele na kukini ma ka pahu ku a kukulu ia[5] ka laau, me ka Lepa, ma ka pahu hopu, ina he pahu loa oia, ina he pahu po- ko oia no hoi, aia no i ka manao o na kukini

6 A ma ka holo ana mai a[6] ua mau Kukini la, a i hopu pu i ka pahu, aole no eo,[7] pai wale, aka, i lilo kaawele[8] ka pahu i kekahi nana ke eo, olioli no ia aoao, i ke eo, na lakou

7 O kekahi poe, nolunolu na hai ke eo, a na hai e lipi[9] ka lakou waiwai, pela ka ha

Mokuna XLI[10] [410, Emerson 44]
No Ke Kūkini

[1.] 'O ke kūkini kahi hana makemake nui 'ia. He hana piliwaiwai nō ia. Penei ka hana 'ana.

2. 'O ka po'e kūkini, he po'e kānaka lākou ua koi mau a māmā i ka holo pinepine. A ma ka wā a ka lehulehu e mana'o ai e piliwai- wai, e 'imi 'ia kahi mau kānaka māmā ma loko o ua po'e kūkini lā; a 'ike 'ia nā mea mā- mā, e ho'okūkini 'ia lāua.

3. 'O ke kanaka a kekahi po'e i 'ike ai he māmā, e pili nō lākou ma muli o ia kūkini. Pēlā nō ho'i kekahi po'e, e pili nō ma muli o kā lākou mea i 'ike ai he māmā.

4. A pau ka pili 'ana, hele mai ka po'e akamai e nānā i ka ulieo[11] o kekahi kūkini i ke- kahi kūkini. A laila, pili nui lākou, pili hi- hia, pili ka'akua. A pa'a ka waiwai i ke kī'eke, pau ka pili 'ana.

5. A laila, hele nā kūkini ma ka pahukū, a kūkulu 'ia ka lā'au me ka lepa ma ka pahu- hopu. Inā he pahu loa, 'o ia; inā he pahu po- ko, 'o ia nō ho'i. Aia nō i ka mana'o o nā kūkini.

6. A ma ka holo 'ana mai a ua mau kūkini lā, a i hopu pū i ka pahu, 'a'ole nō [e] eo, pa'i wale. Akā, i lilo ka'awale[12] ka pahu i kekahi, nānā ke eo. 'Oli'oli nō ia 'ao'ao i ke eo na lākou.

7. 'O kekahi po'e, nolunolu na ha'i ke eo, a na ha'i e pili[13] kā lākou waiwai. Pēlā ka ha-

---

1. 410:0. C?: 4̶3̶[4] [D] (na Malo paha 'o "43")
2. 410:1. A: **1.**
3. 410:2. A: poe kanaka (ma kahi o "mau kanaka")
4. 410:4. C?: ka̶a̶kua A: kakua ('o "kaakua" nō ia ma kā Andrews Puke Wehewehe, a hō'ike piha 'ia kēia paukū ma ke 'ano he la'ana)
5. 410:5. A: a **ua** kukulu ia **i** ka laau
6. 410:6. A: o
7. 410:6. A: **e** eo
8. 410:6. A: kaawale
9. 410:7. A: pili (ma kahi o "lipi")
10. 410:0. ua ho'ololi 'ia ka helu mokuna 'o "43," 'o ia 'o "XLI"
11. 410:4. 'o "uli'eo" kēia ma PE
12. 410:6. ua ho'ololi 'ia 'o "kaawele," 'o ia 'o "ka'awale"
13. 410:7. ua ho'ololi 'ia 'o "lipi," 'o ia 'o "pili"

na ana ma ke kukini

No Kamaika   Mokuna 45   E

O ka maika he hana pili waiwai no ia penei. Ka hana ana, ma ka wa a ka lehulehu e manao ai e pili waiwai e imi ia na kanaka i kaika i ka maika.

2 A o ke kanaka a kekahi poe i ike ai he ikaika, e pili no lakou mamuli oia maika, a pela no kekahi poe e pili no ma ka mea a lakou i manao nui ai he ikaika, pela no e pili ai.

3 E nana no ka poe nana Uli, e like me ke kukini a pela no ka pili kihia ana o ia Maika, he pohaku ka maika, i kalai poepoe ia a maikai me ke ano lipilipi, ua kapaia ka inoa oia mea, he Ulu, oia ka mea e maika ai.

4 He nui no na pohaku i kalai ia i Ulu maika a he nui no na inoa oia Ulu maika, i kapaia ma ke ano o na pohaku.

5 A ma ka wa e maika ai, e maika no ma ke kahua i hana mua ia i kahua maika, a ma ka wa e pau ai ka pili ana, alaila, hele mai na maika.

6 O ke kanaka i pehi mua i kana Ulu, oia ka na Kumu mua, o ke kanaka i pehi hope mai oia no hoi kana Kumu.

7 O ke kanaka i pehi mua, pehi oia i ke Kumu, a ka mea i pehi hope mai, ina pau ia ia ke Kumu, a kela mea, ku no oia, a pela no hoi i kela mea, ai pau no hoi i ka kekahi, ua pai maika,

na ana ma ke kukini

No Ka maikai[1]

[2]O ka maika he hana pili waiwai no ia penei
ka hana ana, ma ka wa a ka lehulehu e
manao ai e pili waiwai e imi ia na kanaka
ikaika i [K]a[3] maika.

2 A o ke kanaka a kekahi poe i ike ai he ikaika, e
pili no lakou mamuli oia maika, a pela
no kekahi poe e pili no ma ka mea a lakou
i manao nui ai he ikaika, pela no e pili ai.

3 E nana no ka poe nana Uli, e like me ke Kukini
a pela no ka pili hihia ana o ka Maika, he pohaku
ka maika, i kalai poepoe ia a maikai me ke ano
lipilipi, ua kapaia ka inoa oia mea, he Ulu, oia
ka mea e maika ai.

4 He nui no na pohaku i kalai ia i Ulu maika
a he nui no na inoa o na Ulu maika, i kapaia
ma ke ano o na pohaku.

5 A ma ka wa e maika ai, e maika no ma ke kahua
i hana mua ia i kahua maika, a ma ka wa e pau
ai ka pili ana, alaila, hele mai na maika.

6 O ke kanaka i pehi mua i kana Ulu, oia ka
na Kumu mua, o ke kanaka i pehi hope mai
oia no hoi kana Kumu.

7 O ke kanaka i pehi mua, pehi oia i ke Kumu,[4] a ka
mea i pehi hope mai,[5] ina pau ia ia ke Kumu, a
[Hela][6] mea, helu oia, a pela no hoi kela mea, a i pau[7]
no hoi ka kekahi, ua pai[8] maika.

Mokuna XLI [41U, Emerson 45]
NO KA MAIKA

[1.] 'O ka maika, he hana piliwaiwai nō ia. Penei
ka hana 'ana. Ma ka wā a ka lehulehu e
mana'o ai e piliwaiwai, e 'imi 'ia nā kānaka
ikaika i ka maika.

2. A 'o ke kanaka a kekahi po'e i 'ike ai he ikaika, e
pili nō lākou ma muli o ia maika. A pēlā
nō kekahi po'e, e pili nō ma ka mea a lākou
i mana'o nui ai he ikaika. Pēlā nō e pili ai.

3. E nānā nō ka po'e nānā uli e like me ke kūkini.
A pēlā nō ka pili hihia 'ana o ka maika. He pōhaku
ka maika i kālai poepoe 'ia a maika'i, me ke 'ano
lipilipi. Ua kapa 'ia ka inoa o ia mea he 'ulu. 'O ia
ka mea e maika ai.

4. He nui nō nā pōhaku i kālai 'ia i 'ulu maika,
a he nui nō nā inoa o nā 'ulu maika i kapa 'ia
ma ke 'ano o nā pōhaku.

5. A ma ka wā e maika ai, e maika nō ma ke kahua
i hana mua 'ia i kahua maika. A ma ka wā e pau
ai ka pili 'ana, a laila, hele mai nā maika.

6. 'O ke kanaka i pehi mua i kāna 'ulu, 'o ia kā-
na kumu mua; 'o ke kanaka i pehi hope mai,
'o ia nō ho'i kāna kumu.

7. 'O ke kanaka i pehi mua, pehi 'o ia i ke kumu a ka
mea i pehi hope mai. Inā pau iā ia ke kumu a
kēlā mea, helu 'o ia. A pēlā nō ho'i kēlā mea. A i pau
nō ho'i kā kekahi, ua pa'i maika.

1.　41U:0. C?: [Mokuna 45] [E] *(ma ka penikala)*
2.　41U:1. A: 1.
3.　41U:1. C: *ua holoi 'ia kekahi hua ma lalo o* "[K]"
4.　41U:7. C?: *ua kākau 'ia ma ka penikala, ma luna a'e nei o* "oia i ke Kumu," *penei:* "kana ulu," *'o ia ho'i,* "pehi oia i kana ulu"
5.　41U:7. A: pehi **ai**
6.　41U:7. C: *ua kākau hou 'ia kēia hua 'ōlelo, a 'a'ole akāka ke kākau mua, 'o* "helu" *paha. malia paha, ua ho'ā'o ka mea ho'oponopono e ho'ololi iā* "helu," *'o ia 'o* "kela" A: kela
7.　41U:7. A: pa
8.　41U:7. C?: [a pai] *(ma ka penikala)*

8 Aka, i pau ole ke kumu a ke kahi, i ke kahi, eo,
kekahi; i kekahi pela ke ano o ka Maika.

No Kapahee.   Mokuna 46   F

O Kapahee he hana pili waiwai no ia, he nui kana
i ka hana ia mea, e pahee no kela kanaka keia
kanaka, e like me ko lakou makemake ana, e pa
hee

2 He ihe ka mea e pahee ai, he Ulei ka laau, he kau
i la kekahi laau ihe, i kalai ia a uku ka welau
e hoonui ia ke kumu o ua ihe la, e pili mua i
ka waiwai apau kapili ana,

3 Alaila, kuu mai na pahee, pahee kekahi a moe
kana kumu, alaila pahee mai kekahi, ina i pau
ke kumu a ka mea mua, ia ia, alaila helu ia
ina i pau pau ole helu hoi kela

4 Pela no e pahee ai, ina iumi ka helu o ke
kahi na na ke eo,

No ka heihei waa.   Mokuna 47   G

O ka heihei waa he hana pili waiwai no ia, he
makemake ka Lukulehu e hana e ko hono ka
Lukulehu i ka poe i ka ika i ka hoe waa, e hoo hei
hei ia lakou ma ka hoe waa.

2 E pili no kela mea keia mea mamuli o ka me
alakou i ike ai heihei i ka ika i ka hoe waa, a pau ka
pili waiwai ana, alaila, holo na heihei waa

3 Ina he kii loa ka waa, hookahi no heihei
waa, ina i nui ka waa, pulua na heihei, puko
lu paha, a nui aku no paha, ka heihei i ele

8 Aka, i pau ole ke Kumu a kekahi, i kekahi, eo, kekahi, i kekahi pela ke ano o ka Maika.

No Ka pahee[1]

[2]O ka pahee he hana pili waiwai no ia, he nui kana ka hana ia mea, e pahee no kela kanaka keia kanaka, e like me ko lakou makemake ana, e pa hee

2 He ihe ka mea e pahee ai he Ulei ka laau, he Kau ila kekahi laau ihe, i kalai ia a uuku ka welau e[3] hoonui ia ke Kumu o ua ihe la, e pili mua ia ka waiwai apau ka pili ana,

3 A laila, ku mai na pahee, pahee kekahi a moe kana kumu, alaila pahee mai kekahi, ina i pau[4] ke kumu a ka mea mua ia ia, alaila helu ia ina i pau[5] ~~i pau~~ ole helu hoi kela

4 Pela no e pahee ai, ina i umi ka helu o ke kahi nana ke eo,

No Kaheihei waa.[6]

[2]O kaheihei waa he hana pili waiwai no ia, ke makemake ka lehulehu e hana e koho no ka lehulehu[7] i ka poe ikaika i ka hoe waa, e hoohei hei ia lakou ma ka hoe waa.

2 E pili no kela mea keia mea ma muli o ka me[a] a lakou i ike ai he ikaika i ka hoe waa, a pau ka pili waiwai ana, alaila, holo na heihei waa

3 Ina he kioloa[8] ka waa, hookahi no heihei waa, ina i nui ka waa, pulua na heihei, puko lu paha, a nui aku no paha, ka heihei, e li

---

8. Akā, i pau 'ole ke kumu a kekahi i kekahi, eo kekahi i kekahi. Pēlā ke 'ano o ka maika.

Mokuna XLI [41H, EMERSON 46] NO KA PAHE'E

1. 'O ka pahe'e, he hana piliwaiwai nō ia. He nui kānaka hana [i] ia mea. E pahe'e nō kēlā kanaka kēia kanaka, e like me ko lākou makemake 'ana e pahe'e.

2. He ihe ka mea e pahe'e ai. He 'ūlei ka lā'au, he kauila kekahi lā'au ihe, i kālai 'ia a 'u'uku ka wēlau. E ho'onui 'ia ke kumu o ua ihe lā. E pili mua 'ia ka waiwai. A pau ka pili 'ana,

3. a laila, kū mai nā pahe'e. Pahe'e kekahi; a moe kāna kumu, a laila, pahe'e mai kekahi. Inā i pau ke kumu a ka mea mua iā ia, a laila, helu ia; inā i pau 'ole, helu ho'i kēlā.

4. Pēlā nō e pahe'e ai. Inā i 'umi ka helu o kekahi, nāna ke eo.

Mokuna XLI [41K, EMERSON 47] NO KA HEIHEI WA'A

[1.] 'O ka heihei wa'a he hana piliwaiwai nō ia. Ke makemake ka lehulehu e hana, e koho nō ka lehulehu i ka po'e ikaika i ka hoe wa'a; e ho'ohei hei 'ia lākou ma ka hoe wa'a.

2. E pili nō kēlā mea kēia mea ma muli o ka mea a lākou i 'ike ai he ikaika i ka hoe wa'a. A pau ka piliwaiwai 'ana, a laila, holo nā heihei wa'a.

3. Inā he kioloa ka wa'a, ho'okahi nō heihei wa'a. Inā i nui ka wa'a, pūlua nā heihei, pūkolu paha, a nui aku nō paha ka heihei e li-

---

1. 41H:0. C?: [Mokuna 46] [F] *('a'ole na Malo)*
2. 41H:1, 41K:1. A: **1.**
3. 41H:2. A: a
4. 41H:3. A: i pa
5. 41H:3. A: pa
6. 41K:0. C?: [Mokuna 47] [G] *('a'ole na Malo)*
7. 41K:1. A: ka **poe** lehulehu
8. 41K:3. A: kialoa

ke no me ka nui o ka waa.

4 E holo no lakou a ka moana loa, alaila, hoe mai a mau ka mai no kekahi hoe mai, aia ka hoe ana mai; i paepu na waa i uka; pai wale, aia pae mua kekahi waa nana ke o, olioli nui ka poe iko, minamina ka poe i eo i ko lakou waiwai.

No Kaheenalu   Mokuna 48   H

O kaheenalu kekahi hana pili waiwai nui ia ke makemake ka lehulehu e pili kela mea keia mea mamuli oka lakou mea i ike ai he akamai i ka heenalu.

2 A pau ka pili ana alaila Au na heenalu ma kai, o ke kulana nalu, maluna o ka papa e Au ai, he koa ka laau papa, i kalai ia a palaka laha, he wiliwili kekahi laau papa i kalai ia he papa ololi no ia,

3 Hookahi anana ka loa o kekahi papa, e lua kekahi e ka kekahi a keu aku no.

4 A iko laua, a hiki ana makai o ke lana, a ku mai ka nalu, hooma pu mai laua, a pae pu mai a hiki laua ma uka, e laua au a kekahi mea na ka pai a kela mea he pua.

5 Ina i komo pu laua maloko o ua pua la, pai wale laua, ai komo kekahi maloko o ka pua nana ke o, di ka Au hou ana, o ka mea i ko- mo i ka pua, hooma waena mai oia, aole e hi ki i ke kulana, o keo no ia nana, pela ka heenalu.

No Kaheeholua   XLIX   I

ke no me ka nui o ka waa.

4 E holo no lakou a ka moana loa, alaila, hoe mai
a mauka mai no kekahi hoe mai, a i ka hoe
ana mai, i paepu na waa i uka, pai wale, aka
pae[1] mua kekahi waa nana ke o,[2] olioli nui ka poe
i ko, minamina ka poe i eo i ko lakou waiwai.

No Ka heenalu[3]

[4]O ka heenalu kekahi hana pili waiwai nui
ia ke makemake ka lehulehu e pili kela
mea keia mea mamuli o ka lakou mea i ike
ai he akamai i ka heenalu.

2 A pau ka pili ana alaila Au na heenalu ma
kai, o ke kulana nalu, maluna o ka papa e
Au ai, he Koa ka laau papa, i kalai ia a palaha
laha, he wiliwili kekahi laau papa i kalai
ia he papa ololi no ia,

3 Hookahi anana ka loa o kekahi papa, elua
kekahi eha kekahi a keu aku no.

4 A iko laua, a hiki[5] ana makai o ku lana, a ku mai
ka nalu, hooma pu mai laua, a pae pu mai
a hiki laua ma uka, e lana ana kekahi mouo
ua kapaia kela mea he pua.

5 Ina i komo pu laua[6] ma loko o ua pua la, pai
wale laua, a i komo kekahi maloko o ka pua
nana ke o,[7] a i ka Au hou ana, o ka mea i ko-
mo i ka pua, hooma waena mai oia, aole e hi
ki i ke kulana, o ke o[8] no ia nana, pela ka heenalu

No Ka heeholua[9]

ke nō me ka nui o ka waʻa.

4. E holo nō lākou a ka moana loa, a laila, hoe mai.
A ma uka mai nō kekahi, hoe mai. A i ka hoe
ʻana mai, i pae pū nā waʻa i uka, paʻi wale. Akā,
pae mua kekahi waʻa, nāna ke [e]o. ʻOliʻoli nui ka poʻe
i kō, minamina ka poʻe i eo, i ko lākou waiwai.

Mokuna XLI [41L, Emerson 48]
No ka Heʻe Nalu

[1.] ʻO ka heʻe nalu kekahi hana piliwaiwai nui
ʻia. Ke makemake ka lehulehu, e pili kēlā
mea kēia mea ma muli o kā lākou mea i ʻike
ai he akamai i ka heʻe nalu.

2. A pau ka pili ʻana, a laila, ʻau nā heʻe nalu ma
kai o ke kūlana nalu (ma luna o ka papa e
ʻau ai). He koa ka lāʻau papa i kālai ʻia a pālaha-
laha. He wiliwili kekahi lāʻau papa i kālai
ʻia, he papa ʻololī nō ia.

3. Hoʻokahi anana ka loa o kekahi papa, ʻelua
kekahi, ʻehā kekahi, a keu aku nō.

4. A i ko lāua hiki[10] ʻana ma kai o kūlana, a kū mai
ka nalu, hoʻōma pū mai lāua, a pae pū mai,
a hiki lāua ma uka, e lana ana kekahi mouo.
Ua kapa ʻia kēlā mea he pua.

5. Inā i komo pū lāua ma loko o ua pua lā, paʻi
wale lāua. A i komo kekahi ma loko o ka pua,
nāna ke [e]o. A i ka ʻau hou ʻana, ʻo ka mea i ko-
mo i ka pua, hoʻō ma waena mai ʻo ia, ʻaʻole e hi-
ki i ke kūlana, ʻo ke [e]o nō ia nāna. Pēlā ka heʻe nalu.

Mokuna XLI [41M, Emerson 49]
No ka Heʻe Hōlua

---

1. 41K:4. A : **ina i** pae
2. 41K:4. A: eo
3. 41L:0. C?: [Mokuna 48] [H] *(ʻaʻole na Malo)* A?: 48 *(ma ka penikala)*
4. 41L:1. A: **1.**
5. 41L:4. A: hiki *(nele ʻo* "a"*)*
6. 41L:5. A: ina i komo ḻa laua
7. 41L:5. A: ke eo[ḻ] [eo]
8. 41L:5. A: eo
9. 41M:0. C?: [XLIX] [I] A: 49 *(ma ka penikala)*
10. 41L:4. *ua hoʻololi ʻia ʻo* "ahiki," *ʻo ia ʻo* "hiki"

O ka he holua kekahi hana lealea nui ia, e
na lii a me kanaka he hana pili waiwai no k
e makemake ka lehulehu,

2 O ka holua, he mea hana ia e kanaka, ka holua
ua hana ia me ke kahua la, a loihi, i wahi e
holo ai ka papaholua, ma kahi pali e ha
na ai ka holua, m a ke akaawa kahi holua

3 He hoonoho ia ka holua i ka pohaku me ka
lepo a paku ii a kahi e holo ai ka papa i ka lepo
a paa, alaila ka lii ka mau a maikai
pau ka hana ma ka holua.

4 Ua hana mua ia ka papa holua he Mamane
he Uhiuhi, na laau hana ia i papa holua, e ka
lai ia a lipilipi lalo o ka papa, a hoopii mai a
nuku iluna i ekuole i ka lepo, a kau ia ka pa a ma
luna o na papa e like me ke kau lua ana o na waa

5 Alaila, kau ka ahai maluna iho ona pa a, e like
me ka hana ana o ka pola waa a paa na papa
alaila, kahinu mai ke kukui, a pau keia mau
hana o ka papa, alaila, pili na waiwai a pau ka
piliana.

6 Alaila, pii na keikei; O mua mai ke kahi i ka na
kumu a moe, alaila, O hope mai ke kahi i ka na
kumu a moe, alaila, pii ka mea mamua e O mai
i kumu a ka mea i O hope mai; ina i pau ia ia helu
oia, ina i pau ole, helu kela aoao.

7 Pela no hoi kela keikei; ina i pau ia ia, helu ia; ina
kaule, pai wale, aka, ina u ka kekahi, i ke kahi

O ka heeholua kekahi hana lealea nui ia, e
na lii a me kanaka he hana pili waiwai no[1] k
e makemake ka lehulehu,[2]

2 O holua,[3] he mea hana ia e kanaka, ka holua[4]
ua hana ia mehe kahua la, a loihi, i wahi e
holo ai ka papaholua, ma kahi pali e ha
na ai ka holua, ma ka honua kahi holua

3 He hoonoho ia ka holua i ka pohaku me ka
lepo a pakui ia kahi e holo ai ka papa i ka lepo
a paa, alaila halii ka mauu a maikai
pau ka hana ma ka holua.

4 Ua hana mua ia ka papa holua he Mamane
he Uhiuhi, na laau hana ia i papa holua, e ka
lai ia a lipilipi lalo o ka papa, a hoopii mai na
nuku iluna i eku ole i ka lepo, a kau ia ka pao ma
luna o na papa e like me ke kaulua ana o na waa

5 A laila, kau ka ahai maluna iho o na pao, e like
me ka hana ana o ka pola waa a paa na papa
alaila, kahinu mai ke kukui, a pau keia mau
hana o ka papa, alaila, pili na waiwai a pau ka
pili ana.

6 A laila, pii na heihei, O mua mai kekahi i kana
kumu a moe, alaila, O hope mai kekahi i kana
kumu amoe, alaila,[5] pii ka mea mamua e O mai
i kumu[6] a ka mea i O hope mai, ina i pau ia ia, helu
oia, i na i pau ole, helu kela aoao.[7]

7 Pela no hoi kela heihei, ina i pau ia ia, helu ia, ina
pau ole, pai wale, aka, i pau ka kekahi, i kekahi,

[1.] 'O ka he'e hōlua kekahi hana le'ale'a nui 'ia e
nā ali'i a me kānaka, he hana piliwaiwai nō k-
e makemake ka lehulehu.

2. 'O [ka] hōlua, he mea hana 'ia e kānaka.[8]
Ua hana 'ia me he kahua lā a lō'ihi i wahi e
holo ai ka papa hōlua. Ma kahi pali e hana-
na ai [i] ka hōlua; ma ka honua kahi hōlua.

3. He ho'onoho 'ia ka hōlua i ka pōhaku me ka
lepo. A pāku'i 'ia kahi e holo ai ka papa i ka lepo
a pa'a, a laila, hāli'i ka mau'u a maika'i.
Pau ka hana ma ka hōlua.

4. Ua hana mua 'ia ka papa hōlua; he māmane,
he uhiuhi nā lā'au hana 'ia i papa hōlua. E kā-
lai 'ia a lipilipi ['o] lalo o ka papa, a ho'opi'i mai nā
nuku i luna i 'eku 'ole i ka lepo. A kau 'ia ka pao ma
luna o nā papa e like me ke kaulua 'ana o nā wa'a.

5. A laila, kau ka 'ahai ma luna iho o nā pao e like
me ka hana 'ana o ka pola wa'a, a pa'a nā papa.
A laila, kāhinu mai [i] ke kukui. A pau kēia mau
hana o ka papa, a laila, pili nā waiwai. A pau ka
pili 'ana,

6. a laila, pi'i nā heihei. 'Ō mua mai kekahi i kāna
kumu a moe. A laila, 'ō hope mai kekahi i kāna
kumu a moe. A laila, pi'i ka mea ma mua e 'ō mai
i kumu a ka mea i 'ō hope mai. Inā i pau iā ia, helu
'o ia; inā i pau 'ole, helu kēlā 'ao'ao.

7. Pēlā nō ho'i kēlā heihei. Inā i pau iā ia, helu ia. Inā
pau 'ole, pa'i wale. Akā, i pau kā kekahi i kekahi,

---

1. 41M:1. A: no **keia**
2. 41M:1. A: kanaka (*ma kahi o* "ka lehulehu")
3. 41M:2. A: O **ka** Holua
4. 41M:2. A: *nele* "ka holua"
5. 41M:6. A: *nele 'o* "alaila"
6. 41M:6. A: **ke** kumu
7. 41M:6. C?: *ua kākau 'ia 'o* "he eo ia ia" *ma luna a'e o* "helu oia" *i wehewehena*
8. 41M2: *ua ho'ololi 'ia 'o* "e kanaka ka holua," *'o ia 'o* "e kanaka." *me he mea lā, ua hana kope pālua 'ia 'o* "ka holua" *ma ka ulia*

o keo noia, ia mea i pau ai.

No Kanoa   Mokuna 50   5

O Kanoa kekahi hana makemake nui e na kanaka
a me na lii, he manomano ka koohune nui ona o ka
naka me na lii ma keia hana, penei ka hana ana o
Kanoa

2 E hoonohopae ia kekahi anaina, a me kahi anaina
huli aku kekahi anaina, huli mai kela anaina
                                              ma waena
alaila, kukulu ia na Peukapa elima ona pae
kanaka elua.

3 Ua kapa ia ka inoa o na mau pu la, ma ke ano o ka
huna noa ana, o ka pu ekuna mua aku ai ka lima e
Kiki moe ia pu, oia pu mai, o Pili moe ia pu, o ka pu
waena o kau ia pu, oia pu mai o Pilipuka ia pu
oia pu mai; o Kikipuka ia pu, pau na pu elima.

4 E imi ia i mau kanaka akamai, na laua e huna
ka noa, ke laau kahi noa, he pohaku kahi noa, e pili
no kela aoao, keia aoao i ko lakou waiwai, a pau ka pi
li waiwai ana

5 Alaila, huna mai ko kela aoao i ka noa, a moe na
noa la, alaila, noho malie ka mea nana i huna
                                          nui
ona, a noa la, me ke pao i na maka,

6 A nana mai kela aoao, i ka mea nana i huna
ka noa, ma laila lakou e koho ai i ka noa, alaila
koho mai, ina loaa ia lakou ka noa, helu lakou
apela no e koho ai kela aoao, ina umi helu o kahi
aoao ma lakou keo,

7 Ina i minamina nui kekahi i kona waiwai

o ke o¹ no ia, i ka mea i pau ai.

No Ka noa²

³O ka noa kekahi hana makemake nui⁴ e na kanaka a me na lii,⁵ he manomano ka hoohune nui o na kanaka me na lii ma keia hana[,] penei ka hana ana o ka noa

2 E hoonoho pae ia kekahi anaina, a me kahi anaina huli aku kekahi⁶ anaina, huli mai kela anaina alaila, kukulu ia na Puu kapa elima [ma waena] o na pae kanaka elua.

3 Ua kapa ia ka inoa o ua mau puu la, ma ke ano o ka huna noa ana, o ka puu e huna mua aku ai ka lima o Kihimoe ia puu,⁷ oia puu mai, o Pilimoe ia puu,⁸ o ka puu waena⁹ o Kau ia puu,¹⁰ oia puu mai o Pilipuka ia puu¹¹ oia puu mai, o Kihipuka ia puu,¹² pau na puu elima.

4 E imi ia i mau kanaka akamai, na laua e huna ka noa, he laau kahi noa, he pohaku kahi noa, e pili no kela aoao, keia aoao i ko lakou waiwai, a pau ka pili waiwai ana

5 A laila, huna mai ko kela aoao i ka noa, a moe ua noa la, alaila, noho malie ka mea nana i huna ~~o~~ ua ~~u~~ noa la, me ke pa~~ini~~[ni] o na maka,

6 A nana mai kela aoao, i ka mea nana i huna ka noa, ma laila lakou e koho ai i ka noa, alaila koho mai, ina loaa ia lakou ka noa, helu lakou a pela no e koho ai kela aoao, ina umi helu o kahi aoao, na lakou ke o,¹³

[7] Ina i minamina nui kekahi i kona waiwai

'o ke [e]o nō ia i ka mea i pau ai.

Mokuna XLI [41N, Emerson 50]
No ka No'a

[1.] 'O ka no'a kekahi hana makemake nui ['ia] e nā kānaka a me nā ali'i. He manomano ka ho'ohune nui o nā kānaka [a] me nā ali'i ma kēia hana. Penei ka hana 'ana o ka no'a.

2. E ho'onoho pae 'ia kekahi anaina a me kahi anaina. Huli aku kekahi anaina, huli mai kēlā anaina. A laila, kūkulu 'ia nā pu'u kapa 'elima ma waena o nā pae kānaka 'elua.

3. Ua kapa 'ia ka inoa o ua mau pu'u lā ma ke 'ano o ka hūnā no'a 'ana. 'O ka pu'u e huna mua aku ai ka lima, 'o Kihimoe ia pu'u; 'o ia pu'u mai, 'o Pilimoe ia pu'u; 'o ka pu'u waena, 'o Kau ia pu'u; 'o ia pu'u mai, 'o Pilipuka ia pu'u; 'o ia pu'u mai, 'o Kihipuka ia pu'u. Pau nā pu'u 'elima.

4. E 'imi 'ia i mau kānaka akamai, na lāua e hūnā ka no'a. He lā'au kahi no'a, he pōhaku kahi no'a. E pili nō kēlā 'ao'ao kēia 'ao'ao i ko lākou waiwai. A pau ka piliwaiwai 'ana,

5. a laila, hūnā mai ko kēlā 'ao'ao i ka no'a. A moe ua no'a lā, a laila, noho mālie ka mea nāna i hūnā ua¹⁴ no'a lā me ke pani o nā maka.

6. A nānā mai kēia¹⁵ 'ao'ao i ka mea nāna i hūnā ka no'a. Ma laila lākou e koho ai i ka no'a, a laila, koho mai. Inā loa'a iā lākou ka no'a, helu lākou. A pēlā nō e koho ai kēlā 'ao'ao. Inā 'umi helu o kahi 'ao'ao, na lakou ke [e]o.

7. Inā i minamina nui kekahi i kona waiwai

---

1. 41M:7. A: ke **e**o
2. 41N:0. C?: [Mokuna 50] [J] *('a'ole na Malo)*
3. 41N:1. A: **1.**
4. 41N:1. A: kekahi hana nui makemake ia
5. 41N:1. A: e na lii a me na kanaka
6. 41N:2. A: keia *(ma kahi o "kekahi")*
7. 41N:3. C?: ~~puu~~
8. 41N:3. C?: ~~puu~~ A: *nele*
9. 41N:3. A: **ma** waena
10. 41N:3. C?: ~~puu~~ A: *nele*
11. 41N:3. C?: ~~puu~~ A: *nele 'o "ia puu"*
12. 41N:3. C?: ia ~~puu~~ A: *nele 'o "ia puu"*
13. 41N:6. A: eo
14. 41N:5. *ua ho'ololi 'ia 'o "o ua," 'o ia 'o "ua"*
15. 41N:6. *ua ho'ololi 'ia 'o "kela," 'o ia 'o "kēia"*

ie, kuaki paha, pili oia i kona waiwai apau loa
a ilihune, apopule maoli kekahi poe, i ka mina
mina nui i ka waiwai i ka liloana.

8 O kekahi poe i pau ka waiwai, e pili no i ka
na wahine iho, a me ka na mau keiki ponoi
kapa aku, he puaa kumu lau kana wahine i
ke, a kapa aku he puaa ohi, ka na mau keiki, pela
ka hope o ka poe no a i ku a ki.

No ka puukaula Mokuna 57 K

O ka puukaula, he hana pili waiwai no ia, he ma,
akamai nui ka poe pu kaula, i ka hoowalewa
le, he nui Kapol e omai ia lakou, aole ahui eo, ina i ke,
mai ka poe pu, he uku kanaka, alaila, hoeomai
nahai,

2 A keiki he wa kanaka heo io na lakou, alaila, he
le nui mai kanaka, a pili nui mai i ko lakou
waiwai apau me ka manao nui e oana ia lakou
a ike mai ka poe pu ua nui ka pili ana, alaila
e ono i ka poe pu, penei ke ano o kapu, he wahi kau
la olona i hili oio ia he ana na paha ka loa, o ko
na nui, ua like no me ke kaula uati kana nui

3 Ma ka wa e hiki mai ai ka poe pu, make ka hua
lea, ke pa ke pa iho la, ke kahi pu, i ke mele, me,
ka hoolealea mai, alohe mai kanaka ia mea
he le nui mai kanaka a pili ke ka luapu.

4 Alaila, hana maalea ka poe pu i mua o kanaka
apaa no ke kanaka ma kekahi aoao, o ke kau
la apaa no hoi kekahi kanaka ma ke la

i eo, kuaki paha, pili oia i kona waiwai apau loa a[1]
a ilihune, a pupule maoli kekahi poe, i ka mina-
mina nui i ka waiwai i ka lilo ana.

8 O kekahi poe i pau ka waiwai, e pili no i ka-
na wahine iho, a me kana mau keiki ponoi
kapa aku, he puaa kumulau kana wahine i
ho,[1] a kapa aku he puaa ohi, kana mau keiki, pela
ka hope[2] o ka poe no [nae] i kuaki.

No Ka pukaula[3]

[4]O ka pukaula, he hana pili waiwai no ia, he me[a]
akamai nui ka poe pu kaula, i ka hoowalewa
le, he nui [ka poe] e o[5] mai ia lakou, aole a hai eo, ina ike
mai ka poe pu, he uuku kanaka, alaila, hoeo mai
na hai,

2 A kuhi hewa kanaka he o io[6] na lakou, alaila, he
le nui mai kanaka, a pili nui mai i ko lakou
waiwai apau me ka manao nui eo[7] ana ia lakou,
a ike mai ka poe pu ua nui ka pili ana, alaila
eo no i ka poe pu, penei ke ano o ka pu, he wahi kau
la olona i hili oio ia he anana paha ka loa, o ko
na nui, ua like no me ke kaula uati[8] kona nui[9]

3 Ma ka wa e hiki mai ai ka poe pu, ma ke kahua
lea, kepakepa iho la, kekahi pu, i ke mele, me
ka hoolealea mai, a lohe mai kanaka ia mea
hele nui mai kanaka[10] a piha ke kahua pu.

4 A laila, hana maalea ka poe pu i mua o kanaka
a paa no ke kanaka ma kekahi aoao,[11] o ke kau
la a paa no hoi kekahi kanaka ma kela

i eo, kū'aki paha, pili 'o ia i kona waiwai a pau loa a
'ilihune.[12] A pupule maoli kekahi po'e i ka mina-
mina nui i ka waiwai i ka lilo 'ana.

8. 'O kekahi po'e i pau ka waiwai, e pili nō i kā-
na wahine iho a me kāna mau keiki pono'ī.
Kapa aku he pua'a kumulau kāna wahine i-
ho, a kapa aku he pua'a ohi kāna mau keiki. Pēlā
ka hope o ka po'e nō na'e i kū'aki.

Mokuna XLI [41P, Emerson 51]
No ka Pū Kaula

[1.] 'O ka pū kaula, he hana piliwaiwai nō ia. He mea
akamai nui ka po'e pū kaula i ka ho'owalewa-
le. He nui ka po'e e eo mai iā lākou; 'a'ole a ha'i eo. Inā 'ike
mai ka po'e pū he 'u'uku kānaka, a laila, ho'ēo mai
na ha'i.

2. A kuhi hewa kānaka he [e]o 'i'o na lākou, a laila, he-
le nui mai kānaka, a pili nui mai i ko lākou
waiwai a pau me ka mana'o nui e eo ana iā lākou.
A 'ike mai ka po'e pū, ua nui ka pili 'ana, a laila,
eo nō i ka po'e pū. Penei ke 'ano o ka pū: he wahi kau-
la olonā i hili 'ō'io 'ia, he anana paha ka loa; 'o ko-
na nui, ua like nō me ke kaula uati kona nui.

3. Ma ka wā e hiki mai ai ka po'e pū ma ke kahua
le'a, kepakepa ihola kekahi pū i ke mele me
ka ho'ole'ale'a mai. A lohe mai kānaka [i] ia mea,
hele nui mai kānaka a piha ke kahua pū.

4. A laila, hana ma'alea ka po'e pū i mua o kānaka,
a pa'a nō ke kanaka ma kekahi 'ao'ao o ke kau-
la, a pa'a nō ho'i kekahi kanaka ma kēlā

---

1. 41N:7, 41N:8. A: *nele*
2. 41N:8. A: hopena
3. 41P:0. C?: [Mokuna 57] [K] *('a'ole na Malo)*
4. 41P:1. A: **1.**
5. 41P:1. A: **i** eo
6. 41P:2. A: he oiaio
7. 41P:2. A: **e** eo ana
8. 41P:2. A: wati
9. 41P:2. A: *nele* 'o "kona nui"
10. 41P:3. A: *nele*
11. 41P:4. A: *ua kākau 'ia 'o "piko" ma luna pono o "aoao" ma ka penikala*
12. 41N:7. *ua ho'ololi 'ia 'o "a a ilihune," 'o ia 'o "a 'ilihune"*

noao o ke kaula, a ma waena kapu e hana maalea ai.

5 Ekikii no ua pula i ke kaula, a ku kahi puu i waena
o ke kaula, ma ke ano maalea, alaila, ninau aku, ua
pu la, i kaaka kanaka, mahea ka oukou koho mai?

6 Ma ko lakou ike maka ana he paa kapu, koho mai
no lakou maka paa, makou, alaila, pili na kumu
apau, apau ka pili ana, alaila pai na lima, aae laua
elua, alaila, huki na kaula la, ina i paa ke kaula e
kapu, ina he momai ke kaula, eo na kapoepu.

7 He nui na wahine, a me na kanaka, i kuaki no ke
ana kapu, pili kekahi wahine i ka ua kino iho, a lilo i
kapu, alawe ia i wahine na lakou, a lilo ia wahine na
kapoepu.

8 Pela no na kanaka apau ke kuaki, e lilo no i kanaka
no poepu, aia uku ia alaila hemo mai, pela na kane
e uku no i ka lakou wahine, alaila, hemo mai.

No ke papua Mokuna 52 I

He hana nui no ke papua na na kane, na na wahine
me na kamalii, ke hiki aku i na po makahiki, oia no ka
wa, e oo mai ai kapua penei e hana ai i kapua.

2 Ma ka wa e oo ai kapua, hahai mai, a kaulai, a ma-
loo ko mua o ke kumu o kapua, i ke kaula ua malo, a o
momo ke kanaka wahi i ua pua la, a hookomo ma
ka lepo, i ka omua o ua pua la.

3 Alaila, imi no kela mea, keia mea i hoa papua no na
i ke ga loaa i ka na hoa pili laua, o kapua no ke kumu
ina he waiwai ae ke kumu oiana, e like me ko laua
manao ana, penei e hana ai laua.

aoao o ke kaula, a ma waena ka pu e hana maalea ai.[1]

5 E hikii no ua pu la i ke kaula, a ku ka hipuu i waena o ke kaula, ma ke ano maalea, alaila, ninau aku, ua pu la, i ka aha[2] kanaka, mahea ka[3] oukou koho mai?

6 Ma ko lakou ike maka ana he paa ka pu, koho mai no lakou ma ka paa, makou, alaila, pili na kumu a pau, apau ka pili ana, alaila pai na lima, a ae laua elua, alaila, huki ua kaula la, ina i paa ke kaula eo ka pu, ina hemo mai ke kaula, eo na ka poe pu.

7 He nui na wahine, ame na kanaka, i kuaki no ke o[4] ana i ka pu, pili kekahi wahine i kana kino iho, a lilo i ka pu, a lawe ia i wahine na lakou, a lilo ia wahine na ka poe pu.

8 Pela no na kanaka apau ke kuaki, e lilo no i kanaka no poe pu,[5] ai a uku ia alaila hemo mai, pela na kane e uku no i ka lakou wahine, alaila, hemo mai.

No ke papua[6]

[7]He hana nui no ke papua na na kane, na na wahine me na kamalii, ke hiki aku i na po makahiki, oia no ka wa, e oo mai ai ka pua penei e hana ai ka pua.

2 Ma ka wa e oo ai ka pua, hahai mai, a kaulai, a maloo, omua ke kumu o ka pua, i ke kaula ua malo, a o momo[8] ko kanaka waha i ua pua la, a hookomo ma ka lepo, i ka omua o ua pua la.

3 A laila, imi no kela mea, keia mea i hoapapua nona iho,[9] a loaa kona hoa, pili laua, o ka pua no ke kumu ina he waiwai e ae ke kumu, oia no, e like me ko laua manao ana, penei e hana ai laua.

'ao'ao o ke kaula, a ma waena ka pū e hana ma'alea ai.

5. E hīki'i nō ua pū lā i ke kaula. A kū ka hīpu'u i waena o ke kaula ma ke 'ano ma'alea, a laila, nīnau aku ua pū lā i ka 'aha kānaka, "Ma hea kā 'oukou koho mai?"

6. Ma ko lākou 'ike maka 'ana he pa'a ka pū, koho mai nō lākou, "Ma ka pa'a mākou." A laila, pili nā kumu a pau. A pau ka pili 'ana, a laila, pa'i nā lima a 'ae lāua 'elua, a laila, huki ua kaula lā. Inā i pa'a ke kaula, eo ka pū; inā hemo mai ke kaula, eo na ka po'e pū.

7. He nui nā wāhine a me nā kānaka i kū'aki no ke [e]o 'ana i ka pū. Pili kekahi wahine i kona[10] kino iho, a lilo i ka pū, a lawe 'ia i wahine na lākou, a lilo ia wahine na ka po'e pū.

8. Pēlā nō nā kānaka a pau ke kū'aki. E lilo nō i kanaka no [ka] po'e pū. Ai[a] a uku 'ia, a laila, hemo mai. Pēlā nā kāne e uku nō i kā lākou wahine, a laila, hemo mai.

Mokuna XLI [41W, Emerson 52]
NO KE PĀPUA

[1.] He hana nui nō ke pāpua na nā kāne, na nā wāhine me nā kamali'i ke hiki aku i nā pō makahiki. 'O ia nō ka wā e o'o mai ai ka pua. Penei e hana ai ka pua.

2. Ma ka wā e o'o ai ka pua, haha'i mai a kaula'i a malo'o. 'Ōmu'a ke kumu o ka pua i ke kaula (ua mālō), a omōmo ko kanaka waha i ua pua lā, a ho'okomo ma ka lepo i ka 'ōmu'a o ua pua lā.

3. A laila, 'imi nō kēlā mea kēia mea i hoapāpua nona iho. A loa'a kona hoa, pili lāua, 'o ka pua nō ke kumu. Inā he waiwai 'ē a'e ke kumu, 'o ia nō, e like me ko lāua mana'o 'ana. Penei e hana ai lāua.

---

1. 41P:4. A: **ia** ai
2. 41P:5. A: *nele 'o* "ka aha"
3. 41P:5. A: ko
4. 41P:7. A: eo
5. 41P:8. A: **ka** poe pu
6. 41W:0. C?: [Mokuna 52] [L] *('a'ole na Malo)*
7. 41W:1. A: **1.**
8. 41W:2. A: omoomo
9. 41W:3. A: *nele*
10. 41P:7. *ua ho'ololi 'ia 'o* "kana," *'o ia 'o* "kona"

6 Ma kapua lepo epa pua ai laua, ma ka pua ae no
kekahi; e pa mamua kekahi, e pa hope mai kekahi, ina
pau ka ai, a kekahi, i kekahi helu kekahi, ai koe ka
ai a kekahi, i kekahi helu kela.

5 Pela laua, a hiki kekahi i ka umi o ka helu e oo ana

No Kahakamoa. Mokuna 53 M

O Kahaka moa kekahi mea makemake nui ia e na
lii, penei ia hana, na kekahi poe akamai, i ka na-
na moa, e imi a loaa ka moa ikaika, i ka haka aka
e lawe ia mai ia moa.

2 Hana ia i haka no ua moa la e kau ai, ae kahu
mau ia kekahi malalo o ua moa la, i kela po, i keia po
pela e kahu mau ai kekahi no ua moa la, i mama.

3 Pela no kela no kela kahu moa, e hana no i ka na moa
i mama, alaila, hoopa ia e hakaka ua mau moa la

4 Ahai ia ka la, e hakaka ai ua mau moa la, aloi
la, hele nui mai ka lehulehu e pili waiwai, o
ka poe nana uli, nana lakou, a ike no i ka moa
ua na ka make pili nui lakou ma muli o ia
moa, pili kiikii, pili ka akua, i ko kekii ke waiwai

5 Apau ka pili ana, alaila, ku mai ka Luna, na-
na e hoomalu mai ka aha kanaka, hele no ia
ma mua o ka lehulehu me ke kaula i kikii ia i
ka pulima kanaka make, oia ka mea e ka ai i ka
aha kanaka a malu, alaila, ku ia mai, ka moa,

6 E noho pa ai no ka aha a puni, a ua waena na
moa, ina i like pu ka ikaika o na moa, pai wale, ina
i kolo koa kekahi moa, i kekahi moa, e oia moa

4 Ma ka puu lepo e papua[1] ai laua, ma ka puu one no kekahi, e pa[2] mamua kekahi, e pa[3] hope mai kekahi, ina i pau ka ai, a kekahi, i kekahi, helu kekahi, a i koe ka ai a kekahi, i kekahi helu kela.

5[4] Pela laua, a hiki kekahi i ka umi o ka helu eo nana

No Ka haka Moa.[5]

[6]O ka haka moa kekahi mea makemake nui ia e na lii, penei ia hana, na kekahi poe akamai, i ka nana moa, e imi a loaa ka moa ikaika, i ka hakaka, e lawe ia mai ia moa.

2 Hana ia i haka no ua moa la e kau ai, a e kahu mau ia ke ahi ma lalo o ua moa la, i kela po, i keia po pela e kahu mau ai ke ahi no ua moa la, i mama.

3 Pela no ~~kela no~~ kela kahu moa, e hana no i ka[na] moa i mama, alaila, hoopa ia e hakaka ua mau moa la

4 A hai ia ka la, e hakaka ai ua mau moa la, alaila, hele nui mai ka lehulehu e pili waiwai, o ka poe nana uli, nana lakou, a ike no i ka moa nana ka make pili nui lakou mamuli oia moa, pili hihia, pili kaakua, i ko ke kieke waiwai.

5 A pau ka pili ana, alaila, ku mai ka Luna, na na e hoomalu mai ka aha kanaka, hele no ia mamua o ka lehulehu me ke kaula i hikii ia i ka pulima kanaka make, oia ka mea e ka[7] ai i ka aha kanaka a malu, alaila, kuu ia mai, ka moa,

6 E noho poai no ka aha apuni, a ma waena na moa, ina i like pu ka ikaika o na moa, pai wale, ina i holo loa kekahi moa, i kekahi moa, eo ia moa

4. Ma ka puʻu lepo e pāpua ai lāua, ma ka puʻu one nō kekahi. E pā ma mua kekahi, e pā hope mai kekahi. Inā i pau ka ʻai a kekahi i kekahi, helu kekahi. A i koe ka ʻai a kekahi i kekahi, helu kēlā.

5. Pēlā lāua a hiki kekahi i ka ʻumi o ka helu; eo nāna.

Mokuna XLI [41AA, Emerson 53]
NO KA HĀKĀ MOA

[1.] ʻO ka hākā moa kekahi mea makemake nui ʻia e nā aliʻi. Penei ia hana. Na kekahi poʻe akamai i ka nānā moa e ʻimi; a loaʻa ka moa ikaika i ka hakakā, e lawe ʻia mai ia moa.

2. Hana ʻia i haka no ua moa lā e kau ai, a e kahu mau ʻia ke ahi ma lalo o ua moa lā. I kēlā pō i kēia pō, pēlā e kahu mau ai [i] ke ahi no ua moa lā i māmā.

3. Pēlā nō kēlā kahu moa [kēia kahu moa]: e hana nō i kāna moa i māmā, a laila, hoʻopā ʻia e hakakā ua mau moa lā.

4. A haʻi ʻia ka lā e hakakā ai ua mau moa lā, a laila, hele nui mai ka lehulehu e piliwaiwai. ʻO ka poʻe nānā uli, nānā lākou; a ʻike nō i ka moa nānā ka make, pili nui lākou ma muli o ia moa. Pili hihia, pili kaʻakua, i kō ke kīʻeke waiwai.

5. A pau ka pili ʻana, a laila, kū mai ka luna nāna e hoʻomalu mai ka ʻaha kānaka; hele nō ia ma mua o ka lehulehu me ke kaula i hīkiʻi ʻia i ka pūlima kanaka make. ʻO ia ka mea e kā ai i ka ʻaha kānaka a malu. A laila, kuʻu ʻia mai ka moa.

6. E noho pōʻai nō ka ʻaha a puni, a ma waena nā moa. Inā i like pū ka ikaika o nā moa, paʻi wale. Inā i holo loa kekahi moa i kekahi moa, eo ia moa.

---

1. 41W:4. A: ka
2. 41W:4. A: ~~pā~~ [ka]
3. 41W:4. A: ~~pā~~ [ka]
4. 41W:5. A: *nele kēia paukū holoʻokoʻa*
5. 41AA:0. C?: [Mokuna 53] [M] *(ʻaʻole na Malo)*
6. 41AA:1. A: **1.**
7. 41AA:5. A?: ka [kau]

222

7 O ka poe nana ke,hailiili mai i ka poe e eo, penei

aina iho ku kaeo ko moa, pela lakou e hana pinepi

ne ai maia hua olelo hookahi.

No Kahula. Mokuna 54 N

O Kahula kekahi mea, i hana nui ia e ko Hawaii nei

mau kanaka a mau alii nohoi, he mea ia e hoohana ka

no ai na lii, a me ka poe waiwai.

2 Ina i hanau na lii, hula nui na kanaka apau, a

me na lii, he kalaau ka hula nui a na lii e hana ai,

he nui ka nalii waiwai e pau i ka poe hula.

3 O keiki a ka poe waiwai kekahi i hula nui ia, he pai

umauma kekahi hula, he hula pahu kekahi, he pa-

hua kekahi hula,

4 He alaapapa kahi hula, he paipai kahi hula, he paiqu

kahi hula, he Ululi kahi hula, he holani kahi hula

he kielei kekahi.

5 O ka poe waiwai e hula ia no lakou, e puki pala-

lii ia, kekahi poe waiwai.

No Kamokomoko Mokuna 55 O

Ma na poe e makahiki ai, hele mai ke akua ma

kahiki, hele pu mai na kanaka, kekahi aina

mai, a laila, mokomoko, penei ka hana ana.

2 E noho poai ka aha kanaka apuni, a laila, ku o ka

nipike mai kela aoao, o kaaha kanaka, a

laila, puka mai ko laila mokomoko ku mai

mua o kaaha kanaka, me ka paia paka, a me

ka like i kona mau puipui iho.

3 A laila, ho Kaiii pihe nohoi keia aoao, pu akua

7 O ka poe nana ke o,[1] hailiili mai i ka poe i eo, penei aina iho kukae o ko moa, pela lakou e hana pinepine ai ma ia hua olelo hookahi.

No Ka hula.[2]

[3]O Ka hula kekahi mea, i hana nui ia e ko Hawaii nei mau kanaka a mau alii no hoi, he mea ia e hoohanohano ai na[4] lii, a me ka poe waiwai.

2 Ina i hanau na lii, hula nui na kanaka a pau, a me na lii, he ka laau ka hula nui a na lii e hana ai[,] he nui ka na lii waiwai e pau i ka poe hula.

3 O keiki[5] a ka poe waiwai kekahi i hula nui ia, he pai umauma kekahi hula, he hula pahu kekahi, he pahua kekahi hula,

4 He alaapapa kahi hula, he paipai kahi hula, he paipu kahi hula, he Ulili[6] kahi hula, he kolani kahi hula he kielei[7] kekahi.

4[8] O ka poe waiwai e hula ia no lakou, e puhi palalu[9] ia, kekahi poe waiwai.

No Ka mokomoko[10]

[11]Ma na po e makahiki ai, hele mai ke akua ma kahiki, hele pu mai na kanaka, [o] kekahi aina mai, a laila, mokomoko, penei ka hana ana.

2 E noho poai ka aha kanaka apuni, alaila, hooka ni pihe mai kela aoao, o ka aha kanaka, a laila, puka mai ko laila mokomoko a ku ma mua o ka aha kanaka, me ka pahapaha, a me[12] ka liki i kona mau puipui[13] iho.

3 A laila, hookani pihe no hoi keia aoao, puka

7. 'O ka po'e nāna ke [e]o, hā'ili'ili mai i ka po'e i eo penei: "'Aina iho kūkae o kō moa!" Pēlā lākou e hana pinepine ai ma ia hua 'ōlelo ho'okahi.

Mokuna XLI [41EE, Emerson 54]
NO KA HULA

1. 'O ka hula kekahi mea i hana nui 'ia e ko Hawai'i nei mau kānaka a mau ali'i nō ho'i. He mea ia e ho'ohanohano ai [i] nā ali'i a me ka po'e waiwai.

2. Inā i hānau nā ali'i, hula nui nā kānaka a pau a me nā ali'i. He kā lā'au ka hula nui a nā ali'i e hana ai. He nui kā nā ali'i waiwai e pau i ka po'e hula.

3. 'O keiki a ka po'e waiwai kekahi i hula nui 'ia. He pa'i umauma kekahi hula, he hula pahu kekahi, he pahua kekahi hula.

4. He 'āla'apapa kahi hula, he pa'ipa'i kahi hula, he pā ipu kahi hula, he 'ūlili kahi hula, he kōlani kahi hula, he ki'elei kekahi.

5.[14] 'O ka po'e waiwai, e hula 'ia nō lākou; e puhipalalū 'ia kekahi po'e waiwai.

Mokuna XLI [41II, Emerson 55]
NO KA MOKOMOKO

[1.] Ma nā pō e makahiki ai, hele mai ke akua makahiki, hele pū mai nā kānaka o kekahi 'āina mai, a laila, mokomoko. Penei ka hana 'ana.

2. E noho pō'ai ka 'aha kānaka a puni, a laila, ho'okani pihe mai kēlā 'ao'ao o ka 'aha kānaka. A laila, puka mai ko laila mokomoko a kū ma mua o ka 'aha kānaka me ka pahapaha a me ka liki i kona mau pu'ipu'i iho.

3. A laila, ho'okani pihe nō ho'i kēia 'ao'ao, puka

---

1. 41AA:7. A: eo
2. 41EE:0. C?: [Mokuna 54] [N] *('a'ole na Malo)* A?: [54] *(ma ka penikala)*
3. 41EE:0. A: **1.**
4. 41EE:1. A: **i** na
5. 41EE:3. A: [na] *(ma ka penikala)*
6. 41EE:3. A: uli[u]li *(ho'oponopono 'ia ma ka penikala)*
7. 41EE:3. C: *ua ho'opono 'ia kēia hua 'ōlelo, akā, he akāka 'ole ka mea i kākau mua 'ia*

8. 41EE:4. C: *sic* A: 5
9. 41EE:4. A: puhipalal⊞[a] *(ma ka penikala)*
10. 41II:0. C?: [Mokuna 55] [O] *('a'ole na Malo)* A: [55] *(ma ka penikala)*
11. 41II:1. A: **1.**
12. 41II:2. A: *nele* 'o "ka pahapaha, me"
13. 41II:2. A: *ua ho'oponopono 'ia (ma ka penikala)* 'o "kona puipui iho," 'o ia 'o "kona mau puupuu iho"
14. 41EE:5. *ua ho'ololi 'ia* 'o "4," 'o ia 'o "5"

aku no hoi ko laila mokomoko, a na ke ku
puana o laua, alaila; kui kui aku ke ka
hi, kuikui mai kekahi i kekahi.

4 Ina hina kekahi, i kekahi, alaila, olioli
mai ka aha, o ka mea nana kahina, a hai
li mai i ka aha ka mea ihina, penei e pihea
aina i hookukae o ko moa.

5 O ka mea ihina, ua ehaloa, li ai no ka li
ma o kekahi, a ma ka paa o kekahi, a niho
ole kekahi, he nui na mea ino i loaa mai
no ka mokomoko ana.

✗ No kahakoko. Mokuna 56 P

O kahakoko kekahi mea i hana nui ia
e ka poe kahiko, he aha nui no kona e like
me ka aha mokomoko, ka nui o kanaka, penei
ka hana ana.

2 E hoopii no ka aha kanaka a puni, alaila
hele mai na kakoko, a ku i mua o ka ahakana
ka, alaila, kuikui ko laua maulima, a paa
alaila, ae mai ka wawae o kekahi, ma mua
o ka wawae o kekahi,

3 Alaila kaka mai kekahi, i kekahi, pela
no kekahi, e hana no makaua i waena, e hana
ia i kekahi me kona ikaika iho, e hana ai

4 O ka mea nana kahina, oia ka mea nana ka
make, ke makalo nui ia ka poe ikaika i ka ka
koko, ke hana nui ia keia mea makahi alii

5 Aole e hana nui ia ka kahakoko o kua aina.

aku no hoi ko laila mokomoko, a ma ke ku
pu ana o laua, a laila, kuikui aku keka
hi, kuikui mai kekahi i kekahi.

4 Ina hina kekahi, i kekahi, alaila, olioli
mai ka aha, o ka mea nana ka hina, a hai-
li¹ mai i ka aha o [ka] mea i hina, penei e pihe ai
Aina iho kukae o ko moa.

5 O ka mea i hina, ua eha loa, hai no ka li
ma o kekahi, a makapaa kekahi, a niho
ole kekahi, he nui na mea² ino i loaa mai
no ka mokomoko ana.

No Ka hakoko³

⁴O ka hakoko kekahi mea i hana nui ia
ᵉ[e] ka poe kahiko, he aha nui no kona e like
me ka aha mokomoko, ka nui o kanaka, penei
ka hana ana.

2 E [no]ho po ai no ka aha kanaka apuni, alaila
hele mai na hakoko, a ku i mua o ka a[ha] kana
ka, alaila, kuikui ko laua mau lima, a paa
a laila, ae mai ka wawae o kekahi, ma mua
o ka wawae o kekahi,

3 A laila kaka mai kekahi, i kekahi, pela
no kekahi, e hana no ma kana⁵ manao, e ka no
ia i kekahi me kona ikaika iho, e hana ai

4 O ka mea nana ka hina, oia ka mea nana ka
make, he mahalo nui ia ka poe ikaika i ka ha
koko, he hana nui ia keia mea ma kahi alii

5 Aole e hana nui ia ka hakoko ma kuaaina.

aku nō ho'i ko laila mokomoko. A ma ke kū
pū 'ana o lāua, a laila, ku'iku'i aku keka-
hi, ku'iku'i mai kekahi i kekahi.

4. Inā hina kekahi i kekahi, a laila, 'oli'oli
mai ka 'aha o ka mea nāna ka hina a hā'i-
li mai i ka 'aha o ka mea i hina. Penei e pihe ai:
"'Aina iho kūkae o kō moa!"

5. 'O ka mea i hina, ua 'eha loa. Ha'i no ka li-
ma o kekahi, a makapa'a kekahi, a niho
'ole kekahi. He nui nā mea 'ino i loa'a mai
no ka mokomoko 'ana.

Mokuna XLI [41OO, Emerson 56]
No ka Hākōkō

[1.] 'O ka hākōkō kekahi mea i hana nui 'ia
e ka po'e kahiko. He 'aha nui nō kona e like
me ka 'aha mokomoko ka nui o kānaka. Penei
ka hana 'ana.

2. E noho pō'ai nō ka 'aha kānaka a puni. A laila,
hele mai nā hākōkō a kū i mua o ka 'aha kāna-
ka. A laila, kuikui ko lāua mau lima a pa'a;
a laila, 'a'e mai ka wāwae o kekahi ma mua
o ka wāwae o kekahi.

3. A laila, kākā mai kekahi i kekahi. Pēlā
nō kekahi; e hana nō ma kāna mana'o e kā nō
ia i kekahi. Me kona ikaika iho e hana ai.

4. 'O ka mea nāna ka hina, 'o ia ka mea nāna ka
make. He mahalo nui 'ia ka po'e ikaika i ka hā-
kōkō. He hana nui 'ia kēia mea ma kahi ali'i.

5. 'A'ole e hana nui 'ia ka hākōkō ma kua'āina.

---

1. 41II:4. A?: haili[ili] *(ma ka penikala)*
2. 41II:5. A: he [nui] **no** na mea
3. 41OO:0. C?: [Mokuna 56] [P] *('a'ole na Malo)* A?: [Wrestling 56] *(ma ka penikala)*
4. 41OO:1. A: **1.**
5. 41OO:3. A: kona

No na hana lealea liilii e ae. MOK. 57.

He nui no na hana lealea liilii iho, he koi, he
panapana niau, he konahona, he loulou, he pahipa
hi lima, he kaokaa, he lelekoali, he lele kawa, he kau-
pua, he panaiole, ua hoe nohapa kekahi mau hana
lealea, he kiielua kahi

No ke kai a kahinalii   58

Mamua loa aku o ka hiki ana mai o na haole
ma Hawaii nei, ua lohe mua ko Hawaii nei i
Kekaiakahinalii, eia ka mea pohihihi, aole i ike
ia ko Hawaii nei lii, i ka wa i hiki mai ai na
Kaiakahinalii la, mamua paha ko lakou, lohe a ma
hope, hele mai i Hawaii nei.

2 Penei ka moolelo o Kekaiakahinalii, he Wahine no
loko mai o ke kai, o Lealohana ka inoa o kona aina i
noho ai, aia no ia aina maloko o ke kai, nolaila
ua kapa ia ka inoa o ua Wahine la, o Wahine o Lalo
hana

3 Elua mana o ka lohe ana mai i ka ka poe kahiko
no no keia moolelo, olelo mai kekahi poe kahiko
aia no makai, o Keouhou ma kona, o Mauna
kai noa o Kekoa, malaila i noho ai ua wahine
la, o Lono i ke alii o uka ia wa, olelo mai keka
hi poe kahiko, aia makai o Kaikea ma Hilo
kahi i noho ai ua wahine la, o Konikonia ke alii
ma uka o Lono, o Konikonia, no hea mai laua
aole laua ma ka mookuauhau alii, e hoololi
i na o Konikonia keia olelo, hoe o Lono.

No na hana lealea liilii e ae[1]

[2]He nui no na hana lealea liilii iho, he koi, he panapana niau, he honuhonu, he loulou, he pahipa hi lima, he kaokaa, he lele koali, he lele kawa, he kaupua, he pana iole, ua koe no hapa kekahi mau hana lealea, he Kuielua kahi[3]

No Ke kai a kahinalii [42][4]

[5]Mamua loa aku o ka hiki ana mai o na haole ma Hawaii nei, ua lohe mua ko Hawaii nei i Ke kai a kahinalii, eia ka mea pohihihi, aole i ike ia ko Hawaii nei lii, i ka wa i hiki mai ai ua Kai a kahinalii la, mamua paha ko lakou [lohe], a ma hope, hele mai i Hawaii nei.

2 Penei ka moolelo no Ke kai a kahinalii, he Wahine no loko mai o ke kai, o Lalohana ka inoa o kona aina i noho ai, aia no ia aina maloko o ke kai, no laila ua kapa ia ka inoa o ua Wahine [la], o Wahine o Lalo hana.

3 Elua mana o ka lohe ana mai i ka ka poe kahi ko no keia moolelo, olelo mai kekahi poe kahiko Aia no ma kai, o Keouhou ma Kona, o Mauna ka inoa o ke koa, malaila i noho ai ua wahine la, o Lono ke alii o uka ia wa, olelo mai keka hi poe kahiko, aia makai o Wai[a]kea[6] ma Hilo kahi noho ai ua wahine la, o Konikonia ke alii ma uka o Lono, o Konikonia, no hea mai laua? Aole laua ma ka mookuauhau alii, e hoolooli ma[7] o Konikonia keia olelo, koe o Lono.

Mokuna XLI [41UU, Emerson 57]
No nā Hana Le'ale'a Li'ili'i 'ē a'e

[1.] He nui nō nā hana le'ale'a li'ili'i iho, he kōī, he panapana nī'au, he honuhonu, he loulou, he pahipahi lima, he ka'ōka'a, he lele koali, he lele kawa, he kaupua, he pana 'iole. Ua koe nō paha[8] kekahi mau hana le'ale'a, he ku'i'elua kahi.

Mokuna XLII [42, Emerson 58]
No ke Kai a Kahinali'i

[1.] Ma mua loa aku o ka hiki 'ana mai o nā haole ma Hawai'i nei, ua lohe mua ko Hawai'i nei i ke kai a Kahinali'i. Eia ka mea pohihihi: 'a'ole i 'ike 'ia ko Hawai'i nei ali'i i ka wā i hiki mai ai ua kai a Kahinali'i lā. Ma mua paha ko lākou lohe, a ma hope hele mai i Hawai'i nei.

2. Penei ka mo'olelo no ke kai a Kahinali'i. He wahine no loko mai o ke kai. 'O Lalohana ka inoa o kona 'āina i noho ai, aia nō ia 'āina ma loko o ke kai. No laila, ua kapa 'ia ka inoa o ua wahine lā 'o Wahineolalo-hana.

3. 'Elua mana o ka lohe 'ana mai i kā ka po'e kahiko no kēia mo'olelo. 'Ōlelo mai kekahi po'e kahiko, aia nō ma kai o Keauhou ma Kona. 'O *Mauna* ka inoa o ke ko'a; ma laila i noho ai ua wahine lā. 'O Lono ke ali'i o uka [i] ia wā. 'Ōlelo mai kekahi po'e kahiko, aia ma kai o Waiākea ma Hilo kahi [i] noho ai ua wahine lā. 'O Konikoni'ā ke ali'i ma uka. 'O Lono, 'o Konikoni'ā, no hea mai lāua? 'A'ole lāua ma ka mo'okū'auhau ali'i. E ho'ololi ma o Konikoni'ā kēia 'ōlelo, koe 'o Lono.

---

1. 41UU:0. C?: [Q] [Mok. 57.] *('a'ole na Malo)* A?: [57] *(ma ka penikala)*
2. 41UU:1. A: **1.**
3. 41UU:1. A: he panaiole, he kuielua, ua koe no paha kahi mau hana lealea.
4. 42:0. C?: ~~42~~[4] [58] A: Mokuna 42. A?: ~~42~~ [58]
5. 42:1. A: **1.**
6. 42:3. A: Waikea
7. 42:3. A: [ina] *(ma kahi o "ma" [?])*
8. 41UU:1. *ua ho'ololi 'ia 'o "hapa," 'o ia 'o "paha"*

225

4 I kia holoana o ka Konikonia poe lawaia, a ke
koa, kuu lakou i ka makau ilalo o ke koa; la
waia, ai kahuki ana ae iluna, ua paa ka ma
kau i ka moku, aole loke ia ka naauwe ana ae
o keaho, ua moku ka ka makou a lakou
iua wahine la.

5 Hoi mai la ua poe lawaia la, olelo mai la ia
Konikonia, kupanaha ka pau o ka makou
a makou i kei a la, aole i ikea ka naauwe
ana o keaho, ua moku ka ka makou, mehe
kanaka la ko lalo, o ke koa, e noho pu ana na.
i me Konikonia, ko Wahine o lalo hana mai ka
naau, mai loko mai o ke kai m ai Lalo ka
ua mai o Kuula kona inoa, aole o Konikonia i ike
no loko mai o ke kai o Kuula.

6 Na ua Kuula la i hoakaka mai ia Konikonia
a me kana mau lawaia; i mai Kuula, ua pau
ka oukou makau i ke moku ia e kanaka, no ka
mea
okahi a oukou e lawaia mai ana, he kuila
na ka u hale nui ia ke kanaka Ko lalo, he
kane, he wahine malalo.

7 Ninau mai la o Konikonia, ia Kuula, mai
laila mai anei oe? ae m ai la o Kuula, mai
laila mai nei au, i mai la o Konikonia, he
kaikuahine anei kou m a loko o ke kai?

8 I mai la o Kuula, he kaikuahine no kou
na nano i moku ka makou akau poe la
waia, i mai la o Konikonia ia Kuula, e kii

4 I ka holo ana o¹ ka² Konikonia poe lawaia, a ke koa, kuu lakou i ka makau i lalo o ke koa, la waia, a i ka huki ana ae i luna, ua pau ka ma kau i ka moku, aole lohe ia ka nauwe ana ae o ke aho, ua moku ka ka makau a lakou i ua wahine la.

5 Hoi maila ua poe lawaia la, olelo mai la ia Konikonia, kupanaha ka pau o ka makau a makou i keia la, aole i ike ia ka nauwe ana o ke aho, ua moku ka ka makau, mehe kanaka la ko lalo, o ke koa, e noho pu ana no me Konikonia, ko Wahineolalohana kaiku nane, mai loko mai o ke kai mai³ Laloha na mai, o Kuula kona inoa, aole o Konikonia i ike no loko mai o ke kai o Kuula.

6 Na ua Kuula la i hoakaka mai ia Konikonia ame kana mau lawaia, i mai Kuula,⁴ ua pau ka oukou makau i ke moku ia e kanaka, no ka [mea] o kahi a oukou e lawaia mai ana, he kula nakauhale nui ia he kanaka ko lalo, he kane, he wahine ma lalo.

7 Ninau mai la o Konikonia, ia Kuula, mai laila mai anei oe? ae maila o Kuula, mai laila mai nei au, i maila o Konikonia, he kaikuahine anei kou ma loko o ke kai?

8 I mai la o Kuula, he kaikuahine no ko'u nana no i moku ka makou⁵ a kau⁶ poe la waia, i mai la o Konikonia ia Kuula, e kii

4. I ka holo 'ana o kā Konikoni'ā po'e lawai'a a ke ko'a, ku'u lākou i ka makau i lalo o ke ko'a, la-wai'a, a i ka huki 'ana a'e i luna, ua pau ka ma-kau i ka moku. 'A'ole lohe 'ia ka naue 'ana a'e o ke aho, ua moku kā ka makau a lākou i ua wahine lā.

5. Ho'i maila ua po'e lawai'a lā, 'ōlelo maila iā Konikoni'ā, "Kupanaha ka pau o ka makau a mākou i kēia lā. 'A'ole i 'ike 'ia ka naue 'ana o ke aho, ua moku kā ka makau, me he kanaka lā ko lalo o ke ko'a." E noho pū ana nō me Konikoni'ā ko Wahineolalohana kaiku-nāne mai loko mai o ke kai, mai Laloha-na mai, 'o Kū'ula kona inoa. 'A'ole 'o Konikoni'ā i 'ike no loko mai o ke kai 'o Kū'ula.

6. Na ua Kū'ula lā i ho'ākāka mai iā Konikoni'ā a me kāna mau lawai'a. 'Ī mai Kū'ula, "Ua pau kā 'oukou makau i ke moku 'ia e kānaka, no ka mea 'o kahi a 'oukou e lawai'a mai ana, he kūla-nakauhale nui ia. He kanaka ko lalo, he kāne, he wahine ma lalo."

7. Nīnau maila 'o Konikoni'ā iā Kū'ula, "Mai laila mai anei 'oe?" 'Ae maila 'o Kū'ula, "Mai laila mai nei au." 'Ī maila 'o Konikoni'ā, "He kaikuahine anei kou ma loko o ke kai?"

8. 'Ī maila 'o Kū'ula, "He kaikuahine nō ko'u. Nāna nō i moku ka makau⁷ a kāu po'e la-wai'a." 'Ī maila 'o Konikoni'ā iā Kū'ula, "E ki'i

---

1. 42:4. A: a
2. 42:4. A: ko
3. 42:5. A: mai **o**
4. 42:6. A: **o** Kuula
5. 42:8. A: makau
6. 42:8. A: kou
7. 42:8. *ua ho'ololi 'ia 'o* "makou," *'o ia 'o* "makau"

oe i kou kaikuahine, i wahine nou.

9 I mai la Kuula, he kane no kana, he kane kii o Kiimaluahaku kona inoa, ua aloha ia ia, i mai la Konikonia, aole anei e loaa iau kela wahine e hai mai oe i kamea e loaa mai ai

10 I mai la Kuula, ina i makemake oe, e loaa ia wahine nau, ea, e kalai oe i kii anui, e ana ia maikai, pae le apaa, e hana i mau maka pipi, e kui i lau oho no ke poo, e hoouhi me i malo no na kii apau.

11 Penei e hana ai, e hoomoe kekahi kii, ma ke ano o ka hale me ke kapa, i elua kii ma kapuka ko mo mai, hookahi makahi aoao, hookahi makahi aoao, elua kii makapuka palaau, e kukulu la lani ia na kii mai kapalaau aku a kahakai.

12 Alaila, e puhi na waa, mai kea waa aku, a hiki i kai, o ke koa lawaia.

13 E pakahi ke kii ma kela waa, keia waa, mai kea waa aku, a hiki ma kai o ke koa lawaia, a laila e kikii ke kahi kii i ke kaula, a kuu, ilalo, hookahi anana maluna ae oia kii, hiki hou iho kekahi kii.

14 No ka mea, ua hele kane o Kiimaluahaku, ma [hana] kukulu o Kahiki i ke awa, malie paha o ike mai kela i ke kua aku a ke kii; ma ua o kela o Kiimaluahaku o kona kane, kii mai, oia no ka mea e hiki mai ai i Uka nei, no ka mea he wahine puni kii.

oe i kou kaikuahine, i wahine na'u.

9 I mai la o Kuula, he kane no kana, he kane kii o Kiimaluahaku kona[1] inoa, ua aloha ia ia, i mai la o Konikonia, aole anei e loaa iau kela wahine e hai mai oe i ka mea e loaa mai ai

10 I mai la o Kuula, ina i makemake oe [e] loaa ia wahine nau, ea, e kalai oe i kii a nui, e anai a maikai, paele apaa, e hana i mau maka pipi, e kui i lauoho no ke poo, e hoohume i malo no na kii apau.

11 Penei e hana ai, e hoomoe kekahi kii, ma ku ono o ka hale me ke kapa, i elua kii ma ka puka ko mo mai, hookahi makahi aoao, hookahi makahi aoao, elua kii ma ka puka pa laau, e kukulu, lalani ia na kii mai ka pa laau aku a kahakai.

12 A laila, e puhi na waa, mai ke awa aku a hiki i kai o ke koa lawaia.

13 E pakahi ke[2] kii ma kela waa, keia waa, mai ke awa aku, a hiki ma kai o ke koa lawaia, a laila, e hikii kekahi kii i ke kaula, a kuu, i lalo, hookahi anana ma luna ae oia kii, hiki[3] hou iho kekahi kii.[4]

14 No ka mea, ua hele kane[5] o Kiimaluahaku, ma kukulu o kahiki i keia wa, malie[6] paha o ike mai kela i ke ku aku a ke kii, manao kela o Kiima luahaku o kona[7] kane, kii mai, oia no ka mea e hiki mai ai i Uka nei, no ka mea he wahine puni kii.

'oe i kou kaikuahine i wahine na'u."

9. 'Ī maila 'o Kū'ula, "He kāne nō kāna, he kāne ki'i, 'o *Ki'imaluahaku* kona inoa. Ua aloha iā ia." 'Ī maila 'o Konikoni'ā, "'A'ole anei e loa'a ia'u kēlā wahine? E ha'i mai 'oe i ka mea e loa'a mai ai."

10. 'Ī maila 'o Kū'ula, "Inā i makemake 'oe e loa'a ia wahine nāu, 'eā, e kālai 'oe i ki'i a nui, e 'ānai a maika'i, pā'ele a pa'a, e hana i mau maka pipi, e ku'i i lauoho no ke po'o, e ho'ohume i malo no nā ki'i a pau."

11. "Penei e hana ai. E ho'omoe kekahi ki'i ma kū-'ono o ka hale me ke kapa; i 'elua ki'i ma ka puka ko-mo mai, ho'okahi ma kahi 'ao'ao, ho'okahi ma kahi 'ao'ao; 'elua ki'i ma ka puka pā lā'au. E kūkulu lālani 'ia nā ki'i mai ka pā lā'au aku a kahakai."

12. "A laila, e puhi nā wa'a mai ke awa aku a hiki i kai o ke ko'a lawai'a."

13. "E pākahi ke ki'i ma kēlā wa'a kēia wa'a mai ke awa aku a hiki ma kai o ke ko'a lawai'a. A laila, e hīki'i kekahi ki'i i ke kaula a ku'u i lalo. Ho'o-kahi anana ma luna a'e o ia ki'i, hīki['i] hou iho kekahi ki'i."

14. "No ka mea, ua hele kāna kāne, 'o *Ki'imaluahaku,* ma Kūkuluokahiki i kēia wā; malie paha o 'ike mai kēlā i ke kū aku a ke ki'i, mana'o kēlā 'o *Ki'ima-luahaku,* 'o kāna[8] kāne; ki'i mai. 'O ia nō ka mea e hiki mai ai i uka nei, no ka mea, he wahine puni ki'i."

---

1. 42:9. A: ka
2. 42:13. A: **i ke**
3. 42:13. A: **hikii**
4. 42:13. A: **i kii hou** *(ma kahi o* "kekahi kii"*)*
5. 42:14. C?: [kana] kane *('a'ole na Malo)*
6. 42:14. A: **malia**
7. 42:14. A: **kana**
8. 42:14. *ua ho'ololi 'ia 'o* "kona," *'o ia 'o* "kāna"

15 Alaila, kuana koke ihola o Konikonia, e like me
ka olelo ana mai a Kuula, a pau na kii i ka hoo-
naia, kukulu no lakou i na kii, mai ka hale
aku, a hiki ma ke koa lawaia.
16 Alaila, kukuu lakou i kii ma lalo o ke koa la-
waia, a ike mai la ua wahine la, i ke kii, e ku-
ku ana ma ka puka o kona hale ma lalo o ke kai
manao ihola ua wahine la o ka nakane keia
o Kiimaluahaku.
17 Kahea mai la ua wahine la, e Kii e Kiimalua-
haku, hele ka oe ma kukulu o Kahiki, a hoi mai
oe, a ma waho mai o ko kaua wahi nei ku wale
mai no, komo mai i kou hale nei, aole he hele aku
o ua kii la.
18 Alaila, kii mai la ua wahine la, e honi i ke kii
alaila, nana e la ua wahine la a ike, he kii ma
luna ae o keia kii, haalele ua wahine la i
keia kii, kii hou aela i kela kii ma luna ae
o keia kii, a honi no me ia kii, pela oia i honi
hele ai i na kii, mai lalo ae a hiki ma luna
o ka waa.
19 A ike oia i na kii e ku ana ma ia wa a aku
ma ia wa a aku, honi hele aku ua wahine la
i na kii mai kai aku a hiki mauka.
20 A honi hele aku oia i na kii, mai kahakai aku
a hiki ma ka hale, alaila, ike aku oia i ke kahi kii
e moe ana ma kuono o ka hale, hele aku ua
wahine la, a moe pu iho la me ia kii

15[1] A laila, hana koke ihola o Konikonia, e like me ka olelo ana mai a Kuula, a pau na kii i ka hana ia, kukulu no lakou i na kii, mai ka hale aku a hiki ma ke koa lawaia.

16 A laila, kuukuu lakou i kii ma lalo o ke koa lawaia, a ike mai la ua wahine la, i ke kii, e ku a ku ana ma ka puka o kona hale ma lalo o ke kai manao ihola ua wahine la o kana kane keia o Kiimaluahaku.

17 Kahea mai la ua wahine la, e kii e kiimalua haku,[2] hele ka oe ma Kukulu o kahiki, a hoi mai oe, a ma waho mai o ko kaua wahi nei ku wale mai no, komo mai i kou hale nei, aole he hele aku, o ua kii la.

18 A laila, kii maila ua wahine la, e honi i ke kii alaila, nana e la[3] ua wahine la a ike, he kii ma luna ae o keia kii, haalele ua wahine la i keia kii, kii[4] hou aela i kela kii maluna ae o keia kii, a honi no me ia kii, pela oia i honi hele ai i na kii, mai lalo ae a hiki ma luna o ka waa.

19 A ike oia i na kii e ku ana maia waa aku ma ia waa aku, honi hele aku la ua wahine la i na kii mai kai aku a hiki ma uka.

20 A honi hele aku oia i na kii, mai kahakai aku a hiki ma ka hale, alaila, ike aku oia i kekahi kii e moe ana ma kuono o ka hale, hele aku la ua wahine la, a moe pu iho la me ia kii

15. A laila, hana koke ihola 'o Konikoni'ā e like me ka 'ōlelo 'ana mai a Kū'ula. A pau nā ki'i i ka hana 'ia, kūkulu nō lākou i nā ki'i mai ka hale aku a hiki ma ke ko'a lawai'a.

16. A laila, ku'uku'u lākou i ki'i ma lalo o ke ko'a lawai'a. A 'ike maila ua wahine lā i ke ki'i e kū a ku ana ma ka puka o kona hale ma lalo o ke kai, mana'o ihola ua wahine lā, 'o kāna kāne kēia, 'o *Ki'imaluahaku.*

17. Kāhea maila ua wahine lā, "E Ki'i, e *Ki'imaluahaku,* hele kā 'oe ma Kūkuluokahiki, a ho'i mai 'oe, a ma waho mai o ko kāua wahi nei kū wale mai nō? Komo mai i kou hale nei." 'A'ole he hele aku o ua ki'i lā.

18. A laila, ki'i maila ua wahine lā e honi i ke ki'i, a laila, nānā [a]'ela ua wahine lā a 'ike he ki'i ma luna a'e o kēia ki'i. Ha'alele ua wahine lā i kēia ki'i, ki'i hou a'ela i kēlā ki'i ma luna a'e o kēia ki'i a honi nō me ia ki'i. Pēlā 'o ia i honi hele ai i nā ki'i mai lalo a'e a hiki ma luna o ka wa'a.

19. A 'ike 'o ia i nā ki'i e kū ana ma ia wa'a aku ma ia wa'a aku, honi hele akula ua wahine lā i nā ki'i mai kai aku a hiki ma uka.

20. A honi hele aku 'o ia i nā ki'i mai kahakai aku a hiki ma ka hale. A laila, 'ike aku 'o ia i kekahi ki'i e moe ana ma kū'ono o ka hale, hele akula ua wahine lā a moe pū ihola me ia ki'i.

---

1. 42:15. A: 14[5]
2. 42:17. A: Kiimaluahaku *(ho'oma'aka 'ia)*
3. 42:18. A: a**ela**
4. 42:18. A: *nele*

21 A pau ko ia iho la ua wahine la e ka kia moe nui, alai
la, hoolei ia kekii, alaila, neenee mai la o Konikoni, a
moe pu iho la me ua wahine la, a hiki i ke ahiahi, ala
la, alaela ua wahine la, a ike oia ia Konikoni, e moe
pu ana, hoao aela laua.

22 I mai la ua wahine la ia Konikoni, ina pololi
au, e hoouna oe i kanaka e kii iku ai, e holo, a
ke koa ou, i hoea mai ai, e kuu ilalo, a ma ka ha
le kuhookahi, e wehe aku, o ka puniu maka
pa ia o ka hale, e lawe mai oe, mai wehe oe, hana
no ua kanaka la pela.

23 A i ka hoi ana mai ou kanaka la, wehe ae la, ina
puniu la, lele aela ua ai la, akau ma ka lani, oia
ka mahina, Kahi, e kau ai ka ana maluna o
ka mahina hopa, he kena ia, o kahi malalo
o ka mahina e ai ai ana, he ana ia, ike aela ua
wahine la, ua lilo kana ai, minamina ihola

24 A hiki i ka poaha, o ua wahine la mauka
i mai la ua wahine la ia Konikoni, a ha
ae nei ou mau la mauka nei, ke imi la ou
makua i au.

25 Eimi au nei ma kai, o loaa ole au ma kai
alaila, e imi mai ma uka nei, ninau mai Ko
nikonia, owai ka inoa o kou mau makua?
hai mai ua wahine la, o Wakinalii kuu makua
kane, o Hina Kaalualumoana kuu makua
hine, ninau hou mai Konikonia, e hele, a mai
nei ou makua i uka nei?

21 A pauhia iho la ua wahine la e ka hiamoe nui, alai
la, hoolei ia ke kii, alaila,[1] neenee mai la o Konikonia, a
moe pu ihola me ua wahine la, a hiki i ke ahiahi, alai
la, ala ela ua wahine la, a ike oia ia Konikonia, e moe
pu ana, hoao aela laua.

22 I mai la ua wahine la ia Konikonia, ua pololi
au,[2] e hoouna oe i kanaka e kii i kuu ai, e holo, a
ke koa ou, i hoea mai ai, e luu i lalo, a ma ka ha
le ku hookahi, e wehe aku, o ka puniu ma ka
paia o ka hale, e lawe mai oe, mai wehe oe, hana
no ua kanaka la pela.

23 A i ka hoi ana mai ou[3] kanaka [la], wehe ae la, i ua
puniu la, lele aela ua ai [la] a kau ma ka lani, oia
ka mahina, o kahi, e kau akaka ana maluna o
ka mahina hoaka, he kena ia, o kahi malalo
o ka mahina e aiai ana, he ana ia, ike aela ua
wahine la, ua lilo kana ai, minamina ihola[4]

24 A hiki i ka po aha, o ua wahine la ma uka,
i mai la ua wahine la ia Konikonia, aha
ae nei ou mau la mauka nei, ke imi la ou
makua iau.

25 E imi aunei[5] ma kai, a loaa ole au makai
alaila, e imi mai ma uka nei, ninau mai[6] o Ko
nikonia, o wai ka inoa o kou mau makua?
hai mai[7] ua wahine la[,] o Kahinalii kuu makua
kane, o Hinakaalualumoana kuu makua
hine, ninau hou mai[8] o Konikonia, e hele [mai] a
nei ou makua i uka nei?[9]

21. A paʻuhia ihola ua wahine lā e ka hiamoe nui, a lai-
la, hoʻolei ʻia ke kiʻi, a laila, neʻeneʻe maila ʻo Konikoniʻā a
moe pū ihola me ua wahine lā a hiki i ke ahiahi. A lai-
la, ala [a]ʻela ua wahine lā a ʻike ʻo ia iā Konikoniʻā e moe
pū ana, hoʻāo aʻela lāua.

22. ʻĪ maila ua wahine lā iā Konikoniʻā, "Ua pōloli
au. E hoʻouna ʻoe i kanaka e kiʻi i kuʻu ʻai. E holo a
ke koʻa oʻu. I hōʻea mai ia,[10] e luʻu i lalo, a ma ka ha-
le kū hoʻokahi e wehe aku. ʻO ka pūniu ma ka
paia o ka hale, e lawe mai ʻoe. Mai wehe ʻoe!" Hana
nō ua kanaka lā pēlā.

23. A i ka hoʻi ʻana mai o u[a] kanaka lā, wehe aʻela i ua
pūniu lā, lele aʻela ua ʻai lā a kau ma ka lani. ʻO ia
ka mahina. ʻO kahi e kau aka[a]ka ana ma luna o
ka mahina hoaka, he kena ia. ʻO kahi ma lalo
o ka mahina e aʻiaʻi ana, he ana ia. ʻIke aʻela ua
wahine lā ua lilo kāna ʻai, minamina ihola.

24. A hiki i ka pō ʻahā o ua wahine lā ma uka,
ʻĪ maila ua wahine lā iā Konikoniʻā, "ʻAhā
aʻe nei oʻu mau lā ma uka nei. Ke ʻimi lā oʻu
mākua iaʻu."

25. "E ʻimi auaneʻi ma kai, a loaʻa ʻole au ma kai,
a laila, e ʻimi mai ma uka nei." Nīnau mai ʻo Ko-
nikoniʻā, "ʻO wai ka inoa o kou mau mākua?"
Haʻi mai ua wahine lā, "ʻO Kahinaliʻi kuʻu makua
kāne, ʻo *Hinakaʻaluʻalumoana* kuʻu makua-
hine." Nīnau hou mai ʻo Konikoniʻā, "E hele mai a-
nei ou mākua i uka nei?"

---

1. 42:21. A: *nele*
2. 42:22. A: **w**au
3. 42:23. A: o ua
4. 42:23. A: ihola **ia**
5. 42:25. A: auanei
6. 42:25. A: mai**la**
7. 42:25. A: mai**la**
8. 42:25. A: mai**la**
9. 42:25. A: i uka nei **la**
10. 42:22. *ua hoʻololi ʻia ʻo* "ai," *ʻo ia ʻo* "ia"

26 I maila ua wahine la, aole laua e hele mo
li mai, a ka, o keia kai e luna mai nei, oia ke
imi mai iau, e pii mai ana keia kai malu
na o kahonua nei a puni, makeala ua nei
au e kaloai, a makea la ua nei oukou e ola
ai i keia make nui e hiki mai ana.

27 Ninau mai o Konikonia, o ke kai maoli no
anei keimi mai ia oe? wai mai ua wahine
la, na kou mau kai kumane paoo, wau, e i
mi mai, na ke kai nae laua, e hapai ae i hiki
ia laua, ke holo mamua o ke kai e nana mai
iau, i mai o Konikonia, e hee kakou i ka mauna.

28 Alaila, uahee lakou ma ka mauna, i mai
ua wahine la, maluna kakou o ka hi mau
laau kiekie loa, alaila, pii lakou, a noho ma
luna o na laau kiekie loa a kukulu na hale
maluna o na laau.

29 Alaila, kakali lakou a Umi na la ka la, hoo
una mai la Kahina lii i ke kai, alaila pii
mai ke kai, uhi mai a puni ka honua mai
o, ao.

30 Auhee aku la kanaka i ka mauna, auhi
ia ka mauna e ke kai, auhee lakou a pii
ma na laau, auhi ia na laau e ke kai pau
ihola kanaka i ka make i ke kai.

31 Pii mai la ke kai, a kokoke i puka o ka ha
le o Konikonia ma, emi hola ke kai, aole no
o Konikonia, a me kana wahine, a me kona

26 I mai la ua wahine la, aole laua, e hele mao
li mai, akā, o keia kai e lana mai nei, oia ke
imi mai iau, e pii mai ana keia kai malu
na o ka honua nei a puni, ma hea la uanei
au e nalo ai, a ma hea la uanei oukou e ola
ai i keia make nui e hiki mai ana.

27 Ninau mai[1] o Konikonia, o ke kai maoli no
anei ke imi mai ia oe? hai mai[1] ua wahine
la, na ko'u mau kaikunane paoo, wau, e i
mi mai, na ke kai nae laua, e hapai ae i hiki
ia[2] laua, ke holo mamua o ke kai e nana mai[3]
ia'u, i mai o Konikonia, e hee kakou i ka mauna.

28 A laila, ua hee lakou ma ka mauna, i mai
ua wahine la, maluna kakou o kahi mau
laau kiekie loa, alaila, pii lakou, a noho ma
luna o na laau kiekie loa a kukulu na hale
ma luna o na laau.

29. A laila, kakali lakou a Umi na [la] i hala, hoo
una maila Kahinalii[4] i ke kai, alaila pii
mai[5] ke kai, uhi mai[6] [a] puni ka honua mai
o, a o,

30 Auhee aku la kanaka i ka mauna, a uhi
ia ka mauna e ke kai, auhee lakou a pii
ma na laau, a uhi ia na laau e ke kai, pau
ihola kanaka i ka make i ke kai.

31 Pii mai la ke kai, a kokoke i puka[7] o ka ha
le o Konikonia ma, emi hola[8] ke kai, aole no
o Konikonia, a me kana wahine, a me kona

26. 'Ī maila ua wahine lā, "'A'ole lāua e hele mao-
li mai. Akā, 'o kēia kai e lana mai nei, 'o ia ke
'imi mai ia'u. E pi'i mai ana kēia kai ma lu-
na o ka honua nei a puni. Ma hea lā [a]uane'i
au e nalo ai, a ma hea lā [a]uane'i 'oukou e ola
ai i kēia make nui e hiki mai ana?"

27. Nīnau mai 'o Konikoni'ā, "'O ke kai maoli nō
anei ke 'imi mai iā 'oe?" Ha'i mai ua wahine
lā, "Na ko'u mau kaikunāne pāo'o wau e 'i-
mi mai. Na ke kai na'e lāua e hāpai a'e i hiki
iā lāua ke holo ma mua o ke kai e nānā mai
ia'u." 'Ī mai 'o Konikoni'ā, "E he'e kākou i ka mauna."

28. A laila, ua he'e lākou ma ka mauna. 'Ī mai
ua wahine lā, "Ma luna kākou o kahi mau
lā'au ki'eki'e loa." A laila, pi'i lākou a noho ma
luna o nā lā'au ki'eki'e loa a kūkulu nā hale
ma luna o nā lā'au.

29. A laila, kakali lākou a 'umi nā lā i hala, ho'o-
una maila Kahinali'i i ke kai. A laila, pi'i
mai ke kai, uhi mai a puni ka honua mai
'ō a 'ō.

30. 'Auhe'e akula kānaka i ka mauna, a uhi
'ia ka mauna e ke kai. 'Auhe'e lākou a pi'i
ma nā lā'au, a uhi 'ia nā lā'au e ke kai. Pau
ihola kānaka i ka make i ke kai.

31. Pi'i maila ke kai; a kokoke i [ka] puka o ka ha-
le o Konikoni'ā mā, emi [i]hola ke kai. 'A'ole nō
'o Konikoni'ā a me kāna wahine a me kona

---

1. 42:27. A: mai**la**
2. 42:27. A: ai *(ma kahi o "*ia"*)*
3. 42:27. A: e nana mai **ai** ia'u
4. 42:29. A: **o** Kahinalii
5. 42:29. A: mai**la**
6. 42:29. A: *nele*
7. 42:31. A: a kokoke **i ka i ka** ipuka *[sic]*
8. 42:31. A: ihola

230

mau mea a apau i make, alaila, emi iho la kekai, alaila, hoi mai la o konikonia ma kaaina, no ka mea ua pau kekai.

32 Eia ka moolelo no kekai a Kahinalii, ua hai ia mai keia moolelo, ua loko mai ymoo ka ao, e kapoe kahiko, aole he pono loa ona moo ka ao, e like me na moo kuauhau, he pono iki no ia, ua lalau ko kapoe kahiko lohe no ka mea, ua hee i ka kahoy moole o okoa, aole i ke pu me ka kakou kai kahinalii.

33 No laila, aole no Hawaii nei keia moolelo o ke kai kahina lii, ua lohe mai ka poe kahiko, kapa wale iho no Hawaii nei.

Ka moolelo o na lii kahiko h 35

Aole i akaka ka moolelo o na lii kahiko, o na lii mai a Kealiiwahilani mai, a me Lailai kana wahine, a mai a Kahiko mai, a me Ku- pulanakahau kana wahine, a mai a Wakea mai a me Papa kana wahine, a hi- ki mai ia Liloa, aole i lohe pono ia ko lakou mau moolelo ua lohe iki ia nae ka lii mau olelo o kekahi mau lii kahiko, aole lohe nui ia a mai ka a Liloa mai, a hiki mai ia Kamehameha akahi, ua akaka iki paha ko lakou moolelo.

2 Eia na lii mai Wakea mai, o Haloa, o Waia, o Kinanala, o Nanakehili, o Wailoa Waua Okio, Oole, Opupue, o Manaku, Lukahoa, o biana

mau ohua apau i make, alaila, emi iho la ke kai
alaila, hoi maila o Konikonia ma ka aina, no
ka mea ua pau ke kai.

32 Eia ka ~~o~~moolelo no ke kai a Kahinalii, ua
hai[1] ia mai keia moolelo, ma loko mai [o][2] moo
kaao, e ka poe kahiko, aole he pono loa na[3]
mookaao, e like me na mookuauhau, he po
no iki no ia, ua lalau ko ka poe kahiko lohe
no ka mea, ua ike [kakou] i ka moolelo o Noa, aolike[4]
pu me ka kakou Kai[a]kahinalii.

33 No laila, aole no Hawaii nei keia moolelo
o ke Kaikahinalii,[5] ua lohe mai ka poe
kahiko, kapa wale iho no Hawaii nei.

Ka moolelo o na lii kahiko [43][6]

[7]Aole i akaka ka moolelo o na lii kahiko, o na lii
mai a Kealiiwahilani mai, ame Lailai
kana wahine, a mai a Kahiko mai, a me Ku-
pulanakahau kana wahine, a mai a
Wakea mai a me Papa kana wahine, ahi-
ki mai ia Liloa, aole i lohe pono ia ko lakou
mau moolelo, ua lohe iki ia nae kahi mau
olelo o kekahi mau [a]lii kahiko, aole lohe nui
ia, a mai ~~Ka~~ a Liloa mai, a hiki mai ia
Kamehameha akahi, ua akaka iki
paha ko lakou moolelo.

2 Eia na lii mai [a] Wakea mai, o Hāloa, o
Waia, o Hinanalo, o Nanakehili, o ~~Wailoa~~ [Wailoa]
O kio, O ole, O pupue, o Manaku, o Luka[ha]koa, O luanuu

---

mau 'ōhua a pau i make. A laila, emi ihola ke kai.
A laila, ho'i maila 'o Konikoni'ā ma ka 'āina, no
ka mea, ua pau ke kai.

32. Eia ka mo'olelo no ke kai a Kahinali'i. Ua
ha'i 'ia mai kēia mo'olelo ma loko mai o [nā] mo'o-
ka'ao e ka po'e kahiko. 'A'ole he pono loa nā
mo'oka'ao e like me nā mo'okū'auhau. He po-
no iki nō ia. Ua lalau ko ka po'e kahiko lohe,
no ka mea, ua 'ike kākou i ka mo'olelo o Noa, 'a'o[le] like
pū me kā kākou kai a Kahinali'i.

33. No laila, 'a'ole no Hawai'i nei kēia mo'olelo
o ke kai [a] Kahinali'i. Ua lohe mai ka po'e
kahiko, kapa wale iho no Hawai'i nei.

Mokuna XLIII [43, Emerson 59]
KA MO'OLELO O NĀ ALI'I KAHIKO

[1.] 'A'ole i akāka ka mo'olelo o nā ali'i kahiko. 'O nā ali'i
maiā *Keali'iwāhilani* mai a me La'ila'i
kāna wahine, a maiā Kahiko mai a me *Ku-*
pulanakēhau[8] kāna wahine, a maiā
Wākea mai a me Papa kāna wahine a hi-
ki mai iā Līloa, 'a'ole i lohe pono 'ia ko lākou
mau mo'olelo. Ua lohe iki 'ia na'e kahi mau
'ōlelo o kekahi mau ali'i kahiko, 'a'ole lohe nui
'ia. A maiā Līloa mai a hiki mai iā
Kamehameha 'Akahi, ua akāka iki
paha ko lākou mo'olelo.

2. Eia nā ali'i maiā Wākea mai, 'o Hāloa, 'o
Waia, 'o *Hinanalo*, 'o *Nanakehili*, 'o Wailoa,
'o *Kio*, 'o *'Ole*, 'o *Pupue*, 'o *Manakū*, 'o *Lukahakoa*, 'o Luanu'u,

---

1. 42:32. A: hahai
2. 42:32. A: **o na**
3. 42:32. A: **o** na
4. 42:32. A: ao**le i** like
5. 42:33. A: kaiakahinalii
6. 43:0. C?: ~~43~~[5] (*'a'ole na Malo*) [59] (*ma ka penikala*) A: Mokuna 43 / Ka Mooolelo o na lii kahiko (*ua kaha pe'a 'ia ka helu mokuna, a ua kākau hou 'ia 'o "59" ma ka penikala*)
7. 43:1. A: **1.**
8. 43:1. *ua ho'ololi 'ia 'o "Kupulanakahau," 'o ia 'o "Kupulanakēhau" (e nānā i ka paukū 3:5)*

Kiakiko, Okii, o Mkui, o Nanaie Nanailani, O wai
Kulani, Kuheleimoana, Konohuki, Wanena
Akalana, Maui, Nanamaoa, o Nanakulei, o Na
makaoko, o Nanakuae, o Kapawa, Heleipawa, o Ai
kanaka, o Hema, Kahai, Wahieloa, Laka, Luanuu
o Pohukaina, o Hua, o Pau, o Huapau, o Haho, o Palu
na, o Halaanui, o Lanakawai, o Laau, o Pili, o Koa, o
Loe, o Kukohou, Kaniuhi, Kanipahu, Kalapana
Kahaimoelea, Kalau, Kuaiwa, Kohoukapu, o
Kauhola, o Kiha, Liloa, ua lohe iki ia kahi mau
olelo o keia mau lii, aole no ia kakou loa.
3 Eia ko Wakea mau olelo i lohe ia, ke keiki ho
pe o Wakea na Kiakiko, o Lihauula ko Wakea mu
ua, o Lihauula na Kiakiko hiapo, nona ka aina
o Kiakiko i hooili ai, kuo Wakea i ka wa.
4 Ama hope mai o ko Kiakiko make ana, kau
ua o Lihauula me Wakea, kaahi mai ke kilo
o Lihauula ia ia, i mai, mai kaua kaua me
Wakea i keia la, o make kaua ia Wakea, no ka
mea, he Hoku keia no ka la. he la hee
5 I ke o Lihauula i ka nui o kona mau kanaka
he uku ko Wakea, koana, o Lihauula k. aua aku
no, ma ke kaua ana, make loa o Lihauula i
ke Ehu, lilo loa keaupuni no Wakea.
6 Ma ko Wakea noho aupuni ana, kaua hou Wa
kea me Kaneiakumuhonua, a auhee o Wakea
aau ma ka moana, me kona mau okua pu
no ke auhee ana.

o Kahiko, O kii, o Ulu, o Nanaie Nanailani, O wai
kulani, Kuheleimoana, Konohiki, Wanena
Akalana, Maui, Nanamaoa, o Nanakulei, o Na
nakaoko, o Nanakuae, o Kapawa, o Heleipawa, o Ai
kanaka, o Hema, Kahai, Wahieloa, Laka, Luanuu[1]
o Pohukaina, o Hua, o Pau, o Hua Opau,[2] o Haho, o Pale
na, o Halaanui, o Lanakawai, o Laau, o Pili, o Koa, o
Loe, o Kukohou, Kaniuhi,[3] Kanipapu, Kalapana
Kahaimoelea, Kalau, Kuaiwa, Kohoukapu,[4] o[5]
Kauhola, o[5] Kiha, Liloa, ua lohe iki ia kahi mau
olelo o keia mau lii,[6] aole no i akaka loa.

3 Eia ko Wakea mau olelo i lohe ia, he keiki ho
pe o Wakea na Kahiko, o Lihauula ko Wakea m-
ua, o Lihauula ka Kahiko hiapo, nona ka aina
a Kahiko i hooili ai, ku o Wakea i ka wa.

4 A ma hope mai o ko Kahiko make ana, ka
ua o Lihauula me Wakea, Kaohi mai ke Kilo
a Lihauula ia ia, i mai, mai kaua kaua me
Wakea i keia la, o make kaua ia Wakea, no ka
mea, ~~he Au~~ [He hu[7]] keia no ka la. he la hee

5 Ike o Lihauula i ka nui o kona mau kanaka
he uuku ko Wakea, hoano,[8] o Lihauula kaua aku
no, ma ke kaua ana, make loa o Lihauula i
ke Ehu, lilo loa ke aupuni no Wakea.

6 Ma ko Wakea noho aupuni ana, kaua hou o Wa-
kea me Kane[i]akumuhonua, a auhee o Wakea
a au ma ka moana, me kona mau ohua pu
no ke auhee ana.

'o Kahiko, 'o Ki'i, 'o *Ulu*, 'o *Nanaie, Nanailani*, 'o Wai-
kūlani, Kūheleimoana, Konohiki, *Wanena*,
Akalana, Māui, *Nanamaoa*, 'o *Nanakūlei*, 'o *Na-
nakaoko*, 'o *Nanakua'e*, 'o Kapawa, 'o Heleipawa, 'o 'Ai-
kanaka, 'o Hema, *Kaha'i*, Wahieloa, Laka, Luanu'u,
'o Pohukaina, 'o Hua, 'o Pau,[9] 'o Hua,[10] 'o Pau,[11] 'o *Haho*, 'o Pale-
na, 'o Ha[na]la'anui,[12] 'o Lanakawai, 'o Lā'au, 'o Pili, 'o Koa, 'o
Lo'e, 'o Kukohou, Kaniuhi, Kanipahu,[13] Kalapana,
Kahaimoele'a, Kalau,[14] Kūāiwa, Kahoukapu,[15] 'o
Kauhola, 'o Kiha, Līloa. Ua lohe iki 'ia kahi mau
'ōlelo o kēia mau ali'i, 'a'ole nō i akāka loa.

3. Eia ko Wākea mau 'ōlelo i lohe 'ia. He keiki ho-
pe 'o Wākea na Kahiko, 'o Līhau'ula ko Wākea m-
ua. 'O Līhau'ula, kā Kahiko hiapo, nona ka 'āina
a Kahiko i ho'oili ai. Kū 'o Wākea i ka wā.

4. A ma hope mai o ko Kahiko make 'ana, ka-
ua 'o Līhau'ula me Wākea. Kāohi mai ke kilo
a Līhau'ula iā ia, 'ī mai, "Mai kaua kāua me
Wākea i kēia lā o make kāua iā Wākea, no ka
mea, he [e]hu kēia no ka lā, he lā he'e."

5. 'Ike 'o Līhau'ula i ka nui o kona mau kānaka,
he 'u'uku ko Wākea. Ho['ā]'ano 'o Līhau'ula, kaua aku
nō. Ma ke kaua 'ana, make loa 'o Līhau'ula i
ke ehu, lilo loa ke aupuni no Wākea.

6. Ma ko Wākea noho aupuni 'ana, kaua hou 'o Wā-
kea me *Kāneiākumuhonua*, a 'auhe'e 'o Wākea
a 'au ma ka moana. Me kona mau 'ōhua pū
nō ke 'auhe'e 'ana.

---

1. 43:2. A: ~~Luanuuna, o Halaanui~~, o Pohukaina.
2. 43:2. A: o Hua, o Pau, o Hua, o Pau
3. 43:2. A: Kamuhi *(ma kahi o Kaniuhi)*
4. 43:2. A: Kuhoukapu
5. 43:2. A: *nele*
6. 43:2. A: alii
7. 43:4. A: he ehu
8. 43:5. A: ho ano
9. 43:2. 'o "Paukamaahua" *kēia (46:11)*
10. 43:2. 'o "Huakamaapau" *kēia (46:12)*
11. 43:2. 'o "Paumakua" *kēia (46:13). no kēia po'e Hua me Pau, e nānā i ke kuhia o lalo no 43:2 ma* The Mo'olelo Hawai'i of Davida Malo: Text and Translation
12. 43:2. 'o "Hanalaanui" *ma ka paukū 52:14*
13. 43:2. *ua ho'ololi 'ia 'o* "Kanipapu," *'o ia 'o* "Kanipahu" *(e nānā i nā paukū 46:16–17)*
14. 43:2. 'o "Kalaunuiohua" *ma nā wahi 'ē a'e*
15. 43:2. *ua ho'ololi 'ia 'o* "Kohoukapu," *'o ia 'o* "Kahoukapu" *(e nānā i nā paukū 48:31 me 49:1)*

232

7 Elua olelo a ka poe kahiko no keia kauaana, olelo mai kekahi poe ma Hawaii no ke kaua ana a Kee o Wakea, abaka i o Kaneia Kumuhonua mahope, akiki ma Kaula, alaila, au o Wakea me kona ohua ma ka moana

8 Olelo mai kekahi poe kahiko, aole ma Hawaii nei kekua a ana, aka, ma ka Hikiku kahi i kaua ai, a hee o Wakea, a au i ke kai me kona mau o hua apau.

9 Ma ko Wakea au ana ma ka moana pilikia loa o Wakea ma, alaila, ninau o Wakea ia Komoawa i kana kahuna pule, pehea la uanei makou, e hana aku ai i ke ia la, i ola makou

10 I mai la o Komoawa, e kukulu i heiau no ke akua, i mai o Wakea, aole he laau o ka hale Kukulu ai i heiau, aole no he puaa e pono ai ke mohai aku i ke akua, i mai o Komoawa Ke laau no, he puaa no.

11 I mai la o Komoawa ia Wakea, e kukulu ae oe i kou lima akau iluna, e hoaapu ae i kou poho lima, e ho kukulu mai kou manamana lima hana oe la o Wakea pela, i mai o Komoawa, ua paa ka hale.

12 I hou mai o Komoawa ia Wakea, e opiki oe i kou manamana ma ka lima hema, a hooi o ina welau ona manamana, a e kau iho ma luna o ka poho o kou lima akau hana iho la o Wakea pela, i mai o Komoawa, ua makaukau

7 Elua olelo a ka poe kahiko no keia kaua ana,
olelo mai kekahi poe ma Hawaii no ke kaua ana
a hee o Wakea, a hahai o *Kaneiakumuhonua*
ma hope, a hiki ma Kaula, alaila, au o Wakea me
kona ohua ma ka moana

8 Olelo mai kekahi poe kahiko, aole ma Hawaii
nei ke kaua ana, aka, ma ka Hikiku kahi i kaua
ai, a hee o Wakea, a au i ke kai me kona mau o
hua apau.

9 Ma ko Wakea au ana ma ka moana pilikia
loa o Wakea ma, alaila, ninau o Wakea ia
Komoawa i kana kahuna pule, pehea la
uanei kakou, e hana aku ai i keia [la] i ola kakou

10 I mai la o Komoawa, e kukulu i heiau no
ke akua, i mai o Wakea, aole he laau o ka hale e
kukulu ai i heiau, aole no he puaa e pono ai
ke mohai aku i ke akua, i mai o Komoawa
he laau no, he puaa no.

11 I mai la o Komoawa ia Wakea, e kukulu ae oe
i kou lima akau i luna, e hoaapu ae i kou poho
lima, e hookukulu mai i kou manamana lima
hana ea[1] la o Wakea pela, i mai o Komoawa, ua
paa ka hale.

12 I hou mai o Komoawa ia Wakea, e opiki oe i
kou manamana ma ka lima hema, a hooi
oi na welau o na manamana, a e kau iho
ma luna o ka poho o kou lima akau, hana iho
la o Wakea pela, i mai Komoawa,[2] ua makaukau

7. 'Elua 'ōlelo a ka po'e kahiko no kēia kaua 'ana.
'Ōlelo mai kekahi po'e ma Hawai'i nō ke kaua 'ana,
a he'e 'o Wākea, a hahai 'o *Kāneiākumuhonua*
ma hope a hiki ma Ka'ula. A laila, 'au 'o Wākea me
kona 'ōhua ma ka moana.

8. 'Ōlelo mai kekahi po'e kahiko, 'a'ole ma Hawai'i
nei ke kaua 'ana, akā, ma Kahikikū kahi i kaua
ai, a he'e 'o Wākea a 'au i ke kai me kona mau 'ō-
hua a pau.

9. Ma ko Wākea 'au 'ana ma ka moana, pilikia
loa 'o Wākea mā. A laila, nīnau 'o Wākea iā
Komoawa, i kāna kahuna pule, "Pehea lā
[a]uane'i kākou e hana aku ai i kēia lā i ola kākou?"

10. 'Ī maila 'o *Komoawa,* "E kūkulu i heiau no
ke akua." 'Ī mai 'o Wākea, "'A'ole he lā'au o ka hale e
kūkulu ai i heiau. 'A'ole nō he pua'a e pono ai
ke mōhai aku i ke akua." 'Ī mai 'o *Komoawa,*
"He lā'au nō, he pua'a nō."

11. 'Ī maila 'o *Komoawa* iā Wākea, "E kūkulu a'e 'oe
i kou lima 'ākau i luna; e hō'a'apu a'e i kou poho
lima; e ho'okūkulu mai i kou manamana lima."
Hana a'ela[3] 'o Wākea pēlā. 'Ī mai 'o *Komoawa,* "Ua
pa'a ka hale."

12. 'Ī hou mai 'o *Komoawa* iā Wākea, "E 'ōpiki 'oe i
kou manamana ma ka lima hema, a hō'oi-
'oi [i] nā wēlau o nā manamana, a e kau iho
ma luna o ka poho o kou lima 'ākau." Hana iho-
la 'o Wākea pēlā. 'Ī mai *Komoawa,* "Ua mākaukau

---

1. 43:11. A: ae
2. 43:12. A: **o** Komoawa
3. 43:11. *ua ho'ololi 'ia o* "ea la," *'o ia 'o* "a'ela"

ka heiau, o ka pule koe.

13 I mai Komoawa ia Wakea, e hoakoakoa mai
ikou mau ohua apau, ua koakoa na ohua, a
laila Kahai i Molokomoawa i Kaaha, a mai
Kai Kaaha.

14 Alaila, ninau mai Komoawa ia Wakea, pehea
a Kaaha akaua? i mai o Wakea, ua maikai
Kaaha, alaila, i mai Komoawa ia Wakea, ua
ola kakou, e au ka kou iuka.

15 Alaila, au mai Wakea me kona mau o
kua apau me kauwa nui, a pae lakou mauka
Kaua hou me Kaneiakumuhonua, a kee o Kane
iakumuhonua ia Wakea, alaila, hoihou ke
aupuni ia Wakea a mauloa ia ia, ua olelo wahe
mai ka poe kahiko, ke au nei no ka hipo iau pu ui ha
me Wakea, o Kamamoe ke kanaka ikoe.

16 Eia kekahi olelo i kanalua ia no Wakea, me Hoo
hokukalani, ua olelo mai kekahi poe kahiko na
Wakea laua o Papa, o Hoohokukalani, a moe iho
no o Wakea i wahine nana

17 Ua olelo mai kekahi poe kahiko, na Komoawa
o Hoohokukalani, na laua me Popokolonuha
o ia ka Komoawa wahine, ua pono no ko
Wakea moe ana me Hoohokukalani, no ka
mea, he wahine e no, aole ke kaikamahine ponoi
nana iho.

18 Eia na mea i olelo wale ia mai no Wakea, na Wakea
ka, i ua i na popule eha, o ka malama hookahi, a me

ka heiau, o ka pule koe.

13 I mai Komoawa[1] ia Wakea, e hoakoakoa mai
i kou mau ohua apau, a akoakoa na ohua, a
laila, Kakai ihola o Komoawa i Ka aha, a mai
kai Ka aha.

14 A laila, ninau mai Komoawa[2] ia Wakea, pehe
a Ka aha a kaua? i mai o Wakea, ua maikai
Ka aha, alaila, i mai Komoawa[2] ia Wakea, ua
ola kakou, e au kakou i uka.

15 A laila, au mai o Wakea me kona mau o
hua, apau me ka uwa nui, a pae lakou ma uka
kaua hou me Kaneiakumuhonua, a hee o Kane
iakumuhonua ia Wakea, alaila, hoi hou ke
aupuni ia Wakea a mau loa ia ia, ua olelo wa[ha]hee
mai ka poe kahiko, ke au nei no kahi poe i au pu ai
me Wakea, o Kamamoe ke kanaka i koe.

16 Eia kekahi olelo i kanalua ia no Wakea, me Hoo
kukalani, ua olelo mai kekahi poe kahiko na
Wakea laua o Papa, o Hoohokukalani, a moe iho
no o Wakea i wahine nana

17 Ua olelo mai kekahi poe kahiko, na Komoawa
o Hoohokukalani, na laua me Popokolonuha
oia ka Komoawa wahine, ua pono no ko
Wakea moe ana me Hoohokukalani, no ka
mea, he wahine e no, aole he kaikamahine ponoi
nana iho.

18 Eia na mea i olelo wale ia mai no Wakea, na Wakea
ka, i imi na po pule eha, o ka malama hookahi, a me

ka heiau. 'O ka pule koe."

13. 'Ī mai *Komoawa* iā Wākea, "E ho'ākoakoa mai
i kou mau 'ōhua a pau." A 'ākoakoa nā 'ōhua, a
laila, kaka'i ihola 'o *Komoawa* i ka 'aha, a mai-
ka'i ka 'aha.

14. A laila, nīnau mai *Komoawa* iā Wākea, "Pehe-
a ka 'aha a kāua?" 'Ī mai 'o Wākea, "Ua maika'i
ka 'aha." A laila, 'ī mai *Komoawa* iā Wākea, "Ua
ola kākou. E 'au kākou i uka."

15. A laila, 'au mai 'o Wākea me kona mau 'ō-
hua a pau me ka 'uā nui, a pae lākou ma uka.
Kaua hou me *Kāneiākumuhonua*, a he'e 'o *Kāne-
iākumuhonua* iā Wākea. A laila, ho'i hou ke
aupuni iā Wākea a mau loa iā ia. Ua 'ōlelo wahahe'e
mai ka po'e kahiko, ke 'au nei nō kahi po'e i 'au pū ai
me Wākea, 'o Kamamoe ke kanaka i koe.

16. Eia kekahi 'ōlelo i kānalua 'ia no Wākea me Ho'o-
[ho]kukalani. Ua 'ōlelo mai kekahi po'e kahiko na
Wākea lāua 'o Papa 'o Ho'ohokukalani, a moe iho
nō 'o Wākea i wahine nāna.

17. Ua 'ōlelo mai kekahi po'e kahiko, na *Komoawa*
'o Ho'ohokukalani, na lāua me *Popokolonuha*,
'o ia kā *Komoawa* wahine. Ua pono nō ko
Wākea moe 'ana me Ho'ohokukalani, no ka
mea, he wahine 'ē nō, 'a'ole he kaikamahine pono'ī
nāna iho.

18. Eia nā mea i 'ōlelo wale 'ia mai no Wākea. Na Wākea
kā i 'imi nā pō pule 'ehā o ka malama ho'okahi, a me

---

1. 43:13. A: **o** Komoawa
2. 43:14. A: **o** Komoawa

234

Ka hookapuanaipuaa, Ka niu, Ka maia, a me ia Ula, a me
ka aipuaana o kane imua.

19 No ko Wakea makemake no e moelu laua me
Hoohokalani, hookaawaleia na pokapu, maloko oia
mau po imoeluai o Wakea me Hoohokukalani, ma kona
moeloa ana, ike ae la kana kahuna pule ua aoloa ka
po, hoala mai oia ia Wakea ma ka olelo pule penei.

20 E ala au aku, e ala au mai, e ala oma ki a, o ma ki a a kuao,
a kuao o ke a ki a, o ke ake ku ke a, o ke ake ki i hikina, Kuka
hikina iluna kalani, Kaopua ulunui, Kaopua makolu
ua kaua, ka hehaa wai, mu keha, Oi li o lala pa i ka lani poni
poni haa i ka mea, mo ka pawa, lele Kaku, haule kalani-
moa kaha, ike ao malamalama A la mai uao e, pau
ka pule ke kahuna.

21 Aole Wakea i ala mai, ua a moeloa, he nui ka pule a
na aua ka ku u la maia olelo pule hookahi, aole loa o
Wakea i ala mai,

22 A hiki mai kala, alaela o Wakea apulou i ke kapa i koi
oia imua, me ka manao e ike ole mai o Papa, ike mai o
Papa ia Wakea holo kiki mai o Papa a komo imua, e
pai o me Wakea, hoihoi aku o Wakea ia Papa me ka hoo
kea kea mai, a lealea o Papa, alaila, uhemo laua.

No Haloa a Wakea Mokuna 44

Ua lohe iki ia kekau wahi olelo iki no Haloa, penei
ua hanau mai ka Wakea keiki mua, he keiki a
kialu o Haloanaka ka inoa, a make ua keiki alualu
la, Kanu ia ihola ma waho o ke kala o ka hale ilalo,
ka lepo, a mahope iho, ulu mai ua keiki la, he Halo.

ka hookapu ana i puaa,[1] Ka niu, Ka maia, a me ia[2] Ula, ame ka ai pu ana o kane i mua.

19 No ko Wakea makemake no e moelu[3] laua me Hooho[ku]kalani, hookaawale ia na po kapu, ma loko oia mau po i moelu[4] ai o Wakea me Hoohokukalani, ma kona moeloa ana,[5] ike aela kana kahuna pule ua ao loa ka po, hoala mai oia ia Wakea ma ka olelo pule penei.

20 E ala au aku, e ala au mai, e ala o makia, o makia ahano, a hano i ke aka, o Ke ake kuhea, o ke ake ku i hikina, Ku ka hikina i luna ka lani, ka opua ulu nui, ka opua makolu ua ka ua, kahe ka wai, mukeha, Oili olalapa i ka lani poni ponihaa i ka mea, mo ka pawa, lele ka [ho]ku,[6] haule ka lani-moakaka, i ke ao malamalama Ala mai ua o e, pau ka pule ke kahuna.

21 Aole Wakea i ala mai, ua moeloa, he nui ka pule a na a ua kahu[na]la ma ia olelo pule hookahi, aole loa o Wakea i ala mai,

22 A hiki mai ka la, ala ela o Wakea a pulou i ke kapa i hoi oia i mua, me ka manao e ike ole mai o Papa, ike mai[7] o Papa ia Wakea holo kiki mai o Papa a komo i mua, e paio me Wakea, hoihoi aku o Wakea ia Papa me ka hoo lealea mai, a lealea o Papa, alaila, uhemo laua.

No Haloa a Wakea Mokuna 44[8]

[9]Ua lohe iki ia kekau wahi olelo iki no Haloa, penei ua hanau mai ka Wakea keiki mua, he keiki a lualu o Haloanaka ka inoa, a make ua keiki alualu la, kanuia iho la ma waho o ke kala o ka hale i lalo, o ka lepo, a mahope iho, ulu mai ua keiki la, he Kalo,

---

ka ho'okapu 'ana i pua'a, ka niu, ka mai'a, a me [ka] i'a 'ula, a me ka 'ai pū 'ana o kāne i mua.

19. No ko Wākea makemake nō e moe [ma]lū lāua me Ho'ohokukalani, ho'oka'awale 'ia nā pō kapu. Ma loko o ia mau pō i moe [ma]lū ai 'o Wākea me Ho'ohokukalani. Ma kona moe loa 'ana, 'ike a'ela kāna kahuna pule ua ao loa ka pō, ho'āla mai 'o ia iā Wākea ma ka 'ōlelo pule penei:

20.[10] "E ALA, AU AKU, E ALA, AU MAI, E ALA 'O MAKIA, 'O MAKIA A HANO, A HANO I KE AKA. 'O KE AKE KŪ HEA? 'O KE AKE KŪ I HIKINA. KŪ KA HIKINA, I LUNA KA LANI. KA 'ŌPUA ULU NUI, KA 'ŌPUA MĀKOLU, UA KA UA, KAHE KA WAI, MŪKĒHĀ.[11] 'Ō'ILI, 'ŌLALAPA I KA LANI PONI, PONI HA'A I KA MEA. MŌ KA PAWA, LELE KA HŌKŪ, HĀ'ULE KA LANI MŌAKĀKA, I KE AO MĀLAMALAMA, ALA MAI, UA [A]O Ē." Pau ka pule [a] ke kahuna.

21. 'A'ole Wākea i ala mai; ua moe loa. He nui ka pule 'a-na a ua kahuna lā ma ia 'ōlelo pule ho'okahi; 'a'ole loa 'o Wākea i ala mai.

22. A hiki mai ka lā, ala [a]'ela 'o Wākea a pūlo'u i ke kapa i ho'i 'o ia i mua, me ka mana'o e 'ike 'ole mai 'o Papa. 'Ike mai 'o Papa iā Wākea. Holokikī mai 'o Papa a komo i mua e paio me Wākea. Ho'iho'i aku 'o Wākea iā Papa me ka ho'o-le'ale'a mai a le'ale'a 'o Papa. A laila, uhemo lāua.

Mokuna XLIV [44, Emerson 60]
NO HĀLOA A WĀKEA

[1.] Ua lohe iki 'ia ke kauwahi 'ōlelo iki no Hāloa penei. Ua hānau mai kā Wākea keiki mua he keiki 'a-lu'alu, 'o Hāloanaka ka inoa. A make ua keiki 'alu'alu lā, kanu 'ia ihola ma waho o ke kala o ka hale i lalo o ka lepo. A ma hope iho, ulu mai ua keiki lā he kalo.

---

1. 43:18. A: i **ka** puaa
2. 43:18. A: me **ka** ia
3. 43:19. A: moe *(ma kahi o "moelu")*
4. 43:19. A: moe pu *(ma kahi o "moelu")*
5. 43:19. A: moeloa ma *(sic: ma kahi o "moeloa ana")*
6. 43:20. A: lele ka hŧ[o]ku
7. 43:22. A: **aka**, ike mai **no**
8. 44:0. A: Mokuna 44 [60] No Haloa a Wakea *(ma ka penikala nā hua helu hou)*
9. 44:1. A: **1.**
10. 43:20. *e nānā i ka pāku'ina I.26, kahi i ho'onohonoho 'ia ai kēia mele ma ka lālani mele*
11. 43:20. *e nānā iā "mākēhā" ma PE*

o ka lau o ua Kalo la, ua kapaia o lau kapalili, o ka ha o

ua Kalo la o Haloa

2 A mahope iho, hanau mai ke keiki hou, ua pa la koo

i kona inoa ma kaha o ua Kalo la o Haloa na na mea

i ko kea o nei a pau.

No Waia a Haloa Mokuna 61

Ua lohe ikiia mai ke kauwahi olelo no Waia keiki a Haloa.

2 Ma ka olelo mai o ko Hawaii nei poe kahiko, he aupuni

hewa loa ko Waia, no kona hele ma ka lealea, ua a lele no ia

i ke kauoha a kona makua, e kaipule ia malama pono i

ke aupuni, me ka malama i na makaainana, i mea e pono ai ka

ai nona.

3 Eia kekahi mea i lohe ia ma ko Waia aupuni, ua ike ia ke

kahi poowale no, aohe kino, mai loko mai o ke ao, o kalani, a ka

hea mai ua poola, penei.

4 Owai ke alii o lalo i pono ka noho ana, ua i mai ko lalo o

Kahiko, ko lalo nei i alii i pono ka noho ana, ua kahea mai

ua poola, heaha kona pono?

5 Hai aku ko lalo nei poe, he aka mai o Kahiko, i ka hooponopono

aupuni, a me na mea apau, oia no ke kahuna, oia no ke kilo

oia no ka mea hooponopono, i na makaainana a ko

na aupuni, a he ahonui o Kahiko.

6 I mai, ua poola, ma lie no i pono nui ai ko Kahiko o noho

ana, he alii ahonui no ka.

7 Alaila, ka hea hou mai ua poola, owai ke alii o lalo nei

i hewa i ka noho ana, hai aku ko lalo poe, o Waia ke alii i he

wa ka noho ana, i mai ua poola, heaha kona hewa?

8 Hai aku ko lalo poe, aole oia i kaipule, aohe he kahuna

o ka lau o ua Kalo la, ua kapaia o laukapalili, o ka ha o ua Kalo la o Haloa

2 A ma hope iho, hanau mai he keiki hou kapa lako[u] i kona inoa ma ka ha o ua Kalo la o Haloa nana[1] ma[i] ko ke ao nei apau.

No Waia a Haloa Mokuna 45[2]

[3]Ua lohe iki ia mai ke kauwahi olelo no Waia keiki a Haloa.

2 Ma ka olelo mai [a] ko Hawaii nei poe kahiko, he aupuni hewa loa ko Waia, no kona hele ma ka lealea, haalele no ia i ke kauoha a kona makua, e haipule, a malama pono i ke aupuni, me ka malama i [na] makaainana, i mea e pono ai ka ~~pono~~[na.][4]

3. Eia kekahi mea i lohe ia ma ko Waio[5] aupuni, ua ike ia ke kahi poo wale no, aohe kino, mai loko mai o ke ao, o ka lani, a ka hea mai ua poo la penei.

4 O wai ke alii o lalo i pono ka noho ana, hai mai ko lalo, o Kahiko, ko lalo nei alii i pono ka noho ana, kahea mai ua poo la, he aha kona pono?

5 Hai aku ko lalo nei poe, he akamai o Kahiko, i ka hooponopono aupuni, ame na mea apau, oia no Ke kahuna, oia no ke Kilo, oia no ka mea hooponopono, i na makaainana o ko na aupuni, a he ahonui o Kahiko.

6 I mai, ua poo la, malie[6] no [i] pono nui ai ko Kahiko noho ana, he alii ahonui no ka.

7 A laila, kahea hou mai ua poo la, o wai ke alii o lalo nei i hewa ka noho ana, hai aku ko lalo poe, o Waio[7] ke alii i he wa ka noho ana, i mai ua poo la, he aha kona hewa?

8 Hai aku ko lalo poe, aole ona haipule, aohe he Kahuna

'O ka lau o ua kalo lā, ua kapa 'ia 'o Laukapalili; 'o ka hā o ua kalo lā 'o Hāloa.

2. A ma hope iho, hānau mai he keiki hou. Kapa lākou i kona inoa ma ka hā o ua kalo lā, 'o Hāloa. Nāna mai ko ke ao nei a pau.

Mokuna XLV [45, Emerson 61]
NO WAIA A HĀLOA

[1.] Ua lohe iki 'ia mai ke kauwahi 'ōlelo no Waia, keiki a Hāloa.

2. Ma ka 'ōlelo mai a ko Hawai'i nei po'e kahiko, he aupuni hewa loa ko Waia no kona hele ma ka le'ale'a. Ha'alele nō ia i ke kauoha a kona makua e haipule a mālama pono i ke aupuni me ka mālama i nā maka'āinana, i mea e pono ai ka no[ho 'a]na.[8]

3. Eia kekahi mea i lohe 'ia ma ko Waio[9] aupuni. Ua 'ike 'ia ke-kahi po'o wale nō, 'a'ohe kino, mai loko mai o ke ao o ka lani. A kā-hea mai ua po'o lā penei:

4. "'O wai ke ali'i o lalo i pono ka noho 'ana?" Ha'i mai ko lalo, "'O Kahiko ko lalo nei ali'i i pono ka noho 'ana." Kāhea mai ua po'o lā, "He aha kona pono?"

5. Ha'i aku ko lalo nei po'e, "He akamai 'o Kahiko i ka ho'oponopono aupuni a me nā mea a pau. 'O ia nō ke kahuna, 'o ia nō ke ki-lo, 'o ia nō ka mea ho'oponopono i nā maka'āinana o ko-na aupuni. A he ahonui 'o Kahiko."

6. 'Ī mai ua po'o lā, "Malie nō i pono nui ai ko Kahiko noho 'ana. He ali'i ahonui nō kā."

7. A laila, kāhea hou mai ua po'o lā, "'O wai ke ali'i o lalo nei i hewa ka noho 'ana?" Ha'i aku ko lalo po'e, "'O Waio ke ali'i i he-wa ka noho 'ana." 'Ī mai ua po'o lā, "He aha kona hewa?"

8. Ha'i aku ko lalo po'e, "'A'ole ona haipule, 'a'ohe he kahuna

---

1. 44:2. A: nona
2. 45:0. C?: 4̶5̶[6]
3. 45:1. A: **1.**
4. 45:2. C?: [a][i] (*'o "aina" paha ka mana'o?*) A: ka aina ona
5. 45:3. A: Waia
6. 45:6. A: malia
7. 45:7. A: Waia
8. 45:2. *'a'ole akāka ka 'ōlelo i makemake 'ia e ka mea kākau mua a me ka mea ho'oponopono, 'o "'āina" paha, 'o "noho 'ana" paha*
9. 45:3. *'o "Waia" ka pela 'ana ma ke po'o inoa a me nā paukū mua 'elua. 'o "Waio" na'e ia ma hope aku*

oia, aole oia kilo, aole hiki ia ia ke hooponopono aupuni

9 I mai ua poola, malie no ka i hewa ai ia lii, ua hewa no
kona noho ana, alaila, malohoe aku, ua poola ma ka lani.

10 Eia kekahi, ma ko Waio aupuni no, Ua hiki mai kekahi
maiahulau, ma Hawaii nei, he nui loa kanaka i make
i ua mai la; he iwa kalu kumamaono kanaka i koe
aole i make, no ka loaa Ma laau lapaau, he pili kai me
Madiloi, oia no ka laau, oia ka mea i olaai ke la 26 kanaka
Ua akapa aku ka poe kahuko, Ma inoa o ua maiahulau la
Oikipuahola ka inoa.

12 Ua olelo mai o Kama, ko Hawaii nei Kahuna lapaau mai
Oikipuahola no ka maiahulau i ka oku nei, i hiki
mai ma ia wa Kamehameha maka makahiki
1804 penei Ka Kama ia Kuacau ka Kama moopuna

13 Hookahi makahiki mamua aku o kahiki ana mai o
ua maiahulau la, ha i mua mai o Kama ia Kuauau
i kahiki mai o ua maiahulau la, penei.

14 Ma Hawaii ae Kamehameha I e hoomakaukau ana
oia e holo ma Oahu i ka peleleu, mai i ho la o Kama, koke
ke e make, Kauoha mai o Kama ia Kuauau, penei.

15 Ke make nei au, e ike aku ana oe i ka mai nui, e
holo mai nei, e luhi ana nei oe i ka lapaau, no ka
mea, O ka mai keia i hiki ai i ka wa o Waio,
Oikipuahola, ka inoa o keia mai, o ka mai no
keia i pau ai ko Hawaii nei i ka make, he
26 wale no kanaka i ola mai.

16 Ninau aku o Kuauau pehea oe i ike ai
Oikipuahola keia mai? i mai oi o Kama, ua

ona, aole ona kilo, aole hiki ia ia ke hooponopono aupuni

9 I mai ua poo la, malie[1] no ka i hewa ai ia lii, ua hewa no kona noho ana, alaila, nalo hou aku ua poo la ma ka lani.

10 Eia kekahi, ma ko Waio[2] aupuni no, Ua hiki mai kekahi mai ahulau, ma Hawaii nei, he nui loa kanaka[3] i make i ua mai la, he iwakalua kumama ono kanaka i koe aole i make, no ka loaa o ka laau lapaau, he pilikai me ka holoi, oia no ka laau, oia ka mea i ola ai kela 26[4] kanaka.

[11] Ua akapa aku ka poe kahiko, i ka inoa o ua maiahulau la O ikipuahola ka inoa.

12 Ua olelo mai o Kama, ko Hawaii nei kahuna lapaau mai O ikipuahola no ka mai ahulau i ka okuu nei, i hiki mai ma ka wa o Kamehameha II[5] ma ka makahiki 1804 penei Ka Kama ia Kuauau ka Kama moopuna.

13 Hookahi makahiki ma mua aku o ka hiki ana mai o ua mai ahulau la, hai mua mai o Kama ia Kuauau i ka hiki mai o ua mai ahulau la, penei.

14 Ma Kawaihae o Kamehameha II[6] e hoomakaukau ana oia e holo ma Oahu i ka peleleu,[7] mai ihola o Kama, koko ke e make, Kauoha mai o Kama ia Kuauau penei.

15 Ke make nei au, e ike aku anei[8] oe i ka mai nui, e hele mai nei, e luhi auanei oe i ka lapaau, no ka mea, O ka mai keia i hiki ai i ka wa o Waio,[9] Oikipuahola, ka inoa o keia mai, o ka mai no keia i pau ai ko Hawaii nei i ka make, he

26[10] wale no kanaka i ola mai.

16 Ninau aku o Kuauau pehea oe i ike ai O ikipuahola keia mai? i mai o Kama, ua

ona, ‘a‘ole ona kilo, ‘a‘ole hiki iā ia ke ho‘oponopono aupuni."

9. ‘Ī mai ua po‘o lā, "Malie nō kā i hewa ai ia ali‘i. Ua hewa nō kona noho ‘ana." A laila, nalo hou aku ua po‘o lā ma ka lani.

10. Eia kekahi. Ma ko Waio aupuni nō, ua hiki mai kekahi ma‘i ahulau ma Hawai‘i nei. He nui loa kānaka i make i ua ma‘i lā. He iwakālua kumamāono kānaka i koe, ‘a‘ole i make, no ka loa‘a o ka lā‘au lapa‘au. He pilikai me ka holoi, ‘o ia nō ka lā‘au; ‘o ia ka mea i ola ai kēlā 26 kānaka.

11. Ua kapa aku ka po‘e kahiko i ka inoa o ua ma‘i ahulau lā ‘o Ikipuahola ka inoa.

12. Ua ‘ōlelo mai ‘o Kama, ko Hawai‘i nei kahuna lapa‘au ma‘i, ‘o Ikipuahola nō ka ma‘i ahulau i ka ‘ōku‘u nei i hiki mai ma ka wā o Kamehameha I,[11] ma ka makahiki 1804. Penei kā Kama iā *Kū‘au‘au,* kā Kama mo‘opuna.

13. Ho‘okahi makahiki ma mua aku o ka hiki ‘ana mai o ua ma‘i ahulau lā, ha‘i mua mai ‘o Kama iā *Kū‘au‘au* i ka hiki mai o ua ma‘i ahulau lā penei.

14. Ma Kawaihae ‘o Kamehameha I. E ho‘omākaukau ana ‘o ia e holo ma O‘ahu i ka peleleu; ma‘i ihola ‘o Kama, koko-ke e make. Kauoha mai ‘o Kama iā *Kū‘au‘au* penei:

15. "Ke make nei au. E ‘ike aku [u]ane‘i ‘oe i ka ma‘i nui e hele mai nei. E luhi auane‘i ‘oe i ka lapa‘au, no ka mea, ‘o ka ma‘i kēia i hiki [m]ai i ka wā o Waio, ‘o Ikipuahola ka inoa o kēia ma‘i. ‘O ka ma‘i nō kēia i pau ai ko Hawai‘i nei i ka make, he

26 wale nō kānaka i ola mai."

16. Nīnau aku ‘o *Kū‘au‘au,* "Pehea ‘oe i ‘ike ai ‘o Ikipuahola kēia ma‘i?" ‘Ī mai ‘o Kama, "Ua

---

1. 45:9. A: malia
2. 45:10. A: Waia
3. 45:10. A: **na** kanaka
4. 45:10. A: iwakalua kumaono
5. 45:12. A: akahi
6. 45:14. A: akahi
7. 45:14. A: pelelu
8. 45:15. A: auanei
9. 45:15. A: Waia
10. 45:15. A: iwakaluakumamaono
11. 45:12. *ua ho‘ololi ‘ia ‘o "II," ‘o ia ‘o "I"*

kai mai kaukumuiau penei, ina i hiki
mua mai ka mai hahai, a me ka mai meau
a mahope iki mai, hiki mai ua mai la, pela i kau
ha mai ai ka poe kahiko, a pela mai o Kahuna
kaukumu.

16 Ama ia hope mai holo o Kamehameha II ma
Oahu, hiki ia mai no ua mai ahulau la, mai
Kauai, a Hawaii, nui loa kanaka i make, ua ka
paia ua mai la ke ola kuu.

18 A mahope mai o ko Waiowa, hiki hou ke kahi
mai ahulau, he Hailepo ka inoa oia mai
he nui kanaka i make he 16 wale no kana
ka i ola mai, no ka loaa ana o ka laau lapau,
he Lepokalaau, ua poina iau ke alii oia wa
i hiki mai ai ua mai la.

19 Aole i ikeia ka moolelo o na lii mai ia Waiowa mai
a hiki mai ia Maui, aka, o ko Maui mau ole
                                      wa
o ka i ike ia he olelo ka bee ma lii no ia, aole
kai ia ka wahahee.

20 O na alii mai a Maui mai, a hiki mai ia
Kapawa, aole no i ike ia ko lakou moolelo, o na
lii mai a Kapawa ma, a hiki mai ia Pau-
makua, o ko lakou wahi i hanau ai kai lo
ke i pono ia me ko lakou wahi i make ai.

        No Kapawa Mokuna 62

O Kapawa ke alii i hanau i Kukaniloko ma
Waialua i Oahu, a make oia ma Lahaina, o ko
na mai iwi hoihoi ia mai ia.

hai mai ka'u Kumu iau penei, ina i hiki
mua mai ka mai hahai, ame ka mai meau[1]
a mahope iki mai, hiki mai ua mai la, pela i kau
oha mai ai ka poe kahiko, a pela mai o Kahua
ka'u kumu.

17 A ma ia hope mai holo o Kamehameha ĦI ma
Oahu, hiki io mai no ua mai ahulau la, mai
Kauai, a Hawaii, nui loa kanaka i make, ua ka
paia ua mai la he okuu.

18 A mahope mai o ko Waio[2] wa, hiki hou kekahi
mai ahulau, he Hailepo ka inoa oia mai
he nui kanaka i make he 16[3] wale no kana
ka i ola mai, no ka loaa ana o ka laau lapaau,
he Lepo ka laau, ua poina iau ke alii o ia wa
i hiki mai ai ua mai la.

19 Aole i lohe ia ka moolelo o na lii mai a Waio[4] mai
a hiki mai ia Maui, aka, o ko Maui mau ole
lo kai lohe ia, he olelo [wa]hahee maoli no ia, aole e
hai ia ka wahahee.

20 O na alii mai, ai[5] Maui mai, a hiki mai ia
Kapawa, aole no i ike ia ko lakou moolelo, o na
lii mai a Kapawa mai, a hiki mai [i]a Pau-
makua, o ko lakou wahahi i hanau ai kai lo
he ia pono ia me ko lakou wahi i make ai.

No Kapawa Mokuna 46[6]

[1][7] O Kapawa ke alii i hanau i Kukaniloko ma
Waialua i Oahu, a make oia ma Lahaina, o ko
na mau iwi, hoihoi[8] ia ma Iao

---

ha'i mai ka'u kumu ia'u penei, 'Inā i hiki
mua mai ka ma'i haha'i a me ka ma'i me'[e]au,
a ma hope iki mai, hiki mai ua ma'i lā.' Pēlā i kau-
oha mai ai ka po'e kahiko, a pēlā mai 'o Kahua,
ka'u kumu."

17. A ma ia hope mai, holo 'o Kamehameha I ma
O'ahu, hiki 'i'o mai nō ua ma'i ahulau lā. Mai
Kaua'i a Hawai'i, nui loa kānaka i make. Ua ka-
pa 'ia ua ma'i lā he 'ōku'u.

18. A ma hope mai o ko Waio wā, hiki hou kekahi
ma'i ahulau, he *hailepo* ka inoa o ia ma'i.
He nui kānaka i make. He 16 wale nō kāna-
ka i ola mai, no ka loa'a 'ana o ka lā'au lapa'au.
He lepo ka lā'au. Ua poina ia'u ke ali'i o ia wā
i hiki mai ai ua ma'i lā.

19. 'A'ole i lohe 'ia ka mo'olelo o nā ali'i maiā Waio mai
a hiki mai iā Māui. Akā, 'o ko Māui mau 'ōle-
lo kai lohe 'ia. He 'ōlelo wahahe'e maoli nō ia; 'a'ole e
ha'i 'ia ka wahahe'e.

20. 'O nā ali'i maiā[9] Māui mai a hiki mai iā
Kapawa, 'a'ole nō i 'ike 'ia ko lākou mo'olelo. 'O nā
ali'i maiā Kapawa mai a hiki mai iā Pau-
makua, 'o ko lākou wahi i hānau ai kai lo-
he pono 'ia, me ko lākou wahi i make ai.

Mokuna XLVI [46, Emerson 62]
No Kapawa

[1.] 'O Kapawa ke ali'i i hānau i Kūkaniloko ma
Waialua i O'ahu, a make 'o ia ma Lahaina. 'O ko-
na mau iwi, ho'iho'i 'ia ma 'Īao.

---

1. 45:16. A: meeau
2. 45:18. A: Waia
3. 45:18. A: umikumaono
4. 45:19. A: Waia
5. 45:20. A: mai a *(ma kahi o* "mai, ai"*)*
6. 46:0. C?: 46 62 *(ma ka penikala)* A?: 46 62
7. 46:1. A: **1.**
8. 46:0. A: **ua** hoihoi
9. 45:20. *ua ho'ololi 'ia 'o* "mai, ai Maui mai," *'o ia 'o* "maiā Maui mai"

2 O Heleipawa ke alii i hanau ia Ielekea
i Haapaku no Kipahulu no Maui, ma Pou-
kela ka makeana, ma Ahulili kona mau
iwi i kahi i waiho ai.

3 O Aikanaka ke alii i hanau i Holonokiu ma Muo-
lea no Hana i Maui, ma Oneuli i Puuolai i Ho-
nuaula, kona makeana ma Iao kona mau
iwi i waiho ai.

4 O Puna laua o Hema na lii i hanau i Hawaiikua-
uli, ma luna o Mauiki, no Maui ma Kahiki
no Hema makeana, a waiho kona mau iwi ma
Ulupaupau.

5 O Wahai ke alii i hanau i Kahalaeleheki ma Wailu-
ku no Maui, ma Kailikii no Kau kona make-
ana ma Iao kona mau iwi i waiho ai.

6 O Wahieloa ke alii i hanau i Wailau no Kau ma
Hawaii, ma Koloa i Punalua no Kau kona make-
ana, ma Alae i Kipahulu kona mau iwi i kahi i wai-
ho ai

7 O Laka ke alii i hanau i Haili no Hilo ma Hawaii ma
Kualoa no Oahu kona makeana, ma Iao kona mau
iwi i waiho ai.

8 O Luanuu ke alii i hanau i Peekauai ma Waimea
no Kauai, ma Honolulu i Oahu kona makeana, ma
Nuuanu kona mau iwi i waiho ai

9 O Pohukaina ke alii i hanau i Kahakahakea i Ka-
huku no Kau, ma Waimea no Hawaii kona
makeana ma Mahiki kona mau iwi

2 O Heleipawa[1] ke alii i hanau i Lelekea
i Haapahu[2] no Kipahulu no Maui, ma Pou
kela ka make ana, ma Ahulili kona mau
iwi i kahi i[3] waiho ai.

3 O Aikanaka ke alii i hanau i Holonokiu ma Muo-
lea no Hana i Maui, ma Oneuli i Puuolai i Ho-
nuaula, kona make ana ma Iao kona mau i
wi i waho ai.

4 O Puna laua o Hema na lii i hanau i Hawaiikua
uli, ma luna o Kauiki, no Maui ma Kahiki
ko Hema make ana, a waiho kona mau iwi ma
Ulupaupau.

5 O Kahai ke alii i hanau i Kahalulukahi[4] ma Wailu-
ku no[5] Maui, ma Kailikii no Kau kona make
ana ma Iao kona mau iwi i waiho ai

6 O Wahieloa ke alii i hanau i Wailau no Ka u ma
Hawaii, ma Koloa i Punaluu[6] no Ka u kona make
ana, ma Alae i Kipahulu kona mau iwi i kahi[7] wai-
ho ai

7 O Laka ke alii i hanau i Haili no[8] Hilo ma Hawaii ma
Kualoa no[9] Oahu kona make ana, ma Iao kona mau
iwi i waho[10] ai.

8 O Luanuu[11] ke alii i hanau i Peekauai ma Waimea
no[12] Kauai, ma Honolulu i Oahu kona make ana, ma
Nuuanu kana[13] mau iwi i waiho ai.

9 O Pohukaina ke alii i hanau i Kahakahakea i Ka-
huku no Kau, ma Waimea no[14] Hawaii kona
make ana ma Mahiki kona mau iwi[15]

2. ʻO Heleipawa ke aliʻi i hānau i *Lelekea*
i *Haʻapahu* no Kīpahulu no Maui. Ma *Pou-
kela* ka make ʻana. Ma ʻAhulili kona mau
iwi i kahi i waiho ai.

3. ʻO ʻAikanaka ke aliʻi i hānau i *Holonokiu* ma Mūʻo-
lea no Hāna i Maui. Ma Oneuli i Puʻuōlaʻi i Ho-
nuaʻula kona make ʻana. Ma ʻĪao kona mau i-
wi i wa[i]ho ai.

4. ʻO Puna lāua ʻo Hema nā aliʻi i hānau i Hawaiʻikua-
uli, ma luna o Kaʻuiki no Maui. Ma Kahiki[nui]
ko Hema make ʻana, a waiho kona mau iwi ma
Ulupaupau.

5. ʻO *Kahaʻi* ke aliʻi i hānau i *Kahalulukahi* ma Wailu-
ku no Maui. Ma Kāʻilikiʻi no Kaʻū kona make
ʻana. Ma ʻĪao kona mau iwi i waiho ai.

6. ʻO Wahieloa ke aliʻi i hānau i Wailau no Kaʻū ma
Hawaiʻi. Ma Kōloa i Punaluʻu no Kaʻū kona make
ʻana. Ma ʻAlae i Kīpahulu kona mau iwi i kahi [i] wai-
ho ai.

7. ʻO Laka ke aliʻi i hānau i Haili no Hilo ma Hawaiʻi. Ma
Kualoa no Oʻahu kona make ʻana. Ma ʻĪao kona mau
iwi i wa[i]ho ai.

8. ʻO Luanuʻu ke aliʻi i hānau i *Peʻekauaʻi* ma Waimea
no Kauaʻi. Ma Honolulu i Oʻahu kona make ʻana. Ma
Nuʻuanu kona[16] mau iwi i waiho ai.

9. ʻO Pohukaina ke aliʻi i hānau i Kahakahakea i Ka-
huku no Kaʻū. Ma Waimea no Hawaiʻi kona
make ʻana. Ma Mahiki kona mau iwi.

---

1. 46:2. A: Heleipawawa
2. 46:2. A: Kaapahu
3. 46:2. A: *nele*
4. 46:5. A: i ka Halalukahi
5. 46:5. A: i
6. 46:6. A: Punalulu
7. 46:6. A: iwi kahi i *(ma kahi o "iwi i kahi")*
8. 46:7. A: ma
9. 46:7. A: i
10. 46:7. A: waiho
11. 46:8. A: Luanunuu
12. 46:8. A: i
13. 46:8. A: kona
14. 46:9. A: i
15. 46:9. A: iwi **i waiho ai**
16. 46:8. *ua hoʻololi ʻia ʻo "kana," ʻo ia ʻo "kona"*

10 O Kua kealii i hanau i Kakoma i Kanaka ma
Lahaina no Maui make oia ma Kehoni
no Waiehu ma Maui ma Iao kona mau
iwi

11 O Paukia ma Kua kealii i hanau i Kahua i
Kewalo no Oahu ma Lanai (Molokai) kana make
ana, ma Iao kona mau iwi.

12 O Kua kia ma Pau kealii i hanau i Olii
Kilolo no Waianae ma Oahu, ma Lanai kona ma
keana ma Iao kona mau iwi

13 O Paumakua kealii i hanau i kua a ohe ei okai
lua ma Oahu, ma Oahu kana make ana ma
Iao kona mau wi

14 O kaho, aole i ike ia kona moolelo, o ko Palena kai
lohe ikiia, ua oleloia mai ke mau keiki ka Palena, i
lua, o Hanalaanui ka mua, oia no ke kupuna o ko
Hawaii mau alii, o Hanalaaiki mai ka hope oia no
ke kupuna o ko Maui mau alii.

15 Eia kekahi mau kupuna, o Punaimua ko O
ahu, a me ko Kauai kupuna alii o Hema ko
Hawaii kupu alii

16 O Lanakawai, O Laau, O Pili, O Koa, O loe, O Kukohau
Kaniuhi, aole i ike ia ka moolelo o keia poe alii, o
ko Kanipahu ka i ike ia,

O Mai Hawaii mai o Kanipahu, a noho ma Kalae
i Molokai, no ka lilo ana o Haawii ia Kamaiole
noho oia ma Molokai, me kona ike ole ia mai, ke a
lii oia no Hawaii mai, a moe o Kanipahu, i wahine

10 O Hua ke alii i hanau i Kahoma i[1] Kanaha ma
Lahaina no Maui make oia ma Kehoni
no[2] Waiehu ma Maui ma Iao kona mau
iwi.

11 O pau kama Hua[3] ke alii i hanau i Kahua i
Kewalo no[4] Oahu ma ~~Lanai~~ [Molokai] kana[5] make
ana, ma Iao kona mau iwi.

12 O hua kama Pau[6] ke alii i hanau i Ohi
kilolo no[7] Waianae ma Oahu, ma Lanai kona ma
ke ana ma Iao kona mau iwi

13 O paumakua ke alii i hanau i Kuaaohe no Kai-
lua ma Oahu, ma Oahu kana[8] make ana ma
Iao kona mau iwi

14 O haho, aole i lohe ia kona moolelo, o ko Palena kai
lohe iki ia, ua olelo ia mai he mau keiki ka Palena, e
lua,[9] o Hanalaanui ka mua, oia no ke kupuna o ko
Hawaii mau alii, o Hanalaaiki mai ka hope oia no
ke kupuna o ko Maui mau alii.

15 Eia kekahi mau kupuna, o Punaimua ko O
ahu, a me ko Kauai kupuna alii o Hema ko
Hawaii kupu alii

16 O lonokawai, O laau, O pili, O koa, O loe, O kukohau
O kaniuhi, aole i lohe ia ka moolelo o keia poe alii, o
ko Kanipahu kai lohe ia,

17 Mai Hawaii mai o Kanipahu, a noho ma Kalae
i Molokai, no ka lilo ana o Hawaii ia Kamaiole
noho [o]ia ma Molokai, me kona ike ole ia mai, he a
lii oia no Hawaii mai, a moe o Kanipahu, i wahine

10. 'O *Hua* ke ali'i i hānau i Kahoma i Kanahā ma
Lahaina no Maui. Make 'o ia ma *Kehoni*
no Waiehu ma Maui. Ma 'Īao kona mau
iwi.

11. 'O *Paukama[a]hua* ke ali'i i hānau i *Kahua* i
Kewalo no O'ahu. Ma Moloka'i kona[10] make
'ana. Ma 'Īao kona mau iwi.

12. 'O *Huakama[a]pau* ke ali'i i hānau i 'Ōhi-
kilolo no Wai'anae ma O'ahu. Ma Lāna'i kona ma-
ke 'ana. Ma 'Īao kona mau iwi.

13. 'O *Paumakua* ke ali'i i hānau i *Kua'ā'ohe* no Kai-
lua ma O'ahu. Ma O'ahu kona[10] make 'ana. Ma
'Īao kona mau iwi.

14. 'O *Haho*, 'a'ole i lohe 'ia kona mo'olelo. 'O ko Palena kai
lohe iki 'ia. Ua 'ōlelo 'ia mai he mau keiki kā Palena, 'e-
lua. 'O Hanala'anui ka mua, 'o ia nō ke kupuna o ko
Hawai'i mau ali'i. 'O Hanala'aiki mai ka hope. 'O ia no
ke kupuna o ko Maui mau ali'i.

15. Eia kekahi mau kūpuna: 'o *Punaimua* ko O-
'ahu a me ko Kaua'i kupuna ali'i. 'O Hema ko
Hawai'i kupu[na] ali'i.

16. 'O Lonokawai,[11] 'o Lā'au, 'o Pili, 'o Koa, 'o Lo'e, 'o Kukohau,[12]
'o Kaniuhi, 'a'ole i lohe 'ia ka mo'olelo o kēia po'e ali'i. 'O
ko Kanipahu kai lohe 'ia.

17. Mai Hawai'i mai 'o Kanipahu, a noho ma Kala'e
i Moloka'i no ka lilo 'ana o Hawai'i iā Kama'i'ole.
Noho 'o ia ma Moloka'i, me kona 'ike 'ole 'ia mai he a-
li'i 'o ia no Hawai'i mai. A moe 'o Kanipahu i wahine

1. 46:10. A: ma
2. 46:10. A: i
3. 46:11. A: Paukamahua
4. 46:11. A: ma
5. 46:11. A: kona
6. 46:12. A: Huakamapau
7. 46:12. A: i
8. 46:13. A: kona
9. 46:14. A: *nele*
10. 46:11, 46:13. *ua ho'ololi 'ia 'o "kana," 'o ia 'o "kona"*
11. 46:16. *e nānā i ke kuhia no kēia inoa ma 4:9*
12. 46:16. *'o "kukohou" kēia inoa ma ka pauku 43:2*

nana ma Kalae, a hoounauna ia oia e Mona ma
huahu e ao ai, a leho Kana hoku a ike a mo i Ka
wai, a me ke a mo i Kela mea keia mea.

18 Aka, he mau keiki no Ka Kanipuhu elua ma
Hawaii o Kalapana ke kahi, o Kalehumoku ke kahi
o Alahaua koko kamakuahine o Kalapana o Huala
ni Ka makuahine o Kalahumoku.

19 He mau keiki laua e noho Kua aina me Kai
Keole o Kamaiole na Kanipuhu laua na ke alii
i na i ke o Kamaiole na Kanipuhu laua i na ua
make laua.

20 No Ka mea, o Kamaiole Kio Hawaii alii ia manawa
a ma Ke o Kamaiole Kaapuni ana i Hawaii, Kaili
wale mai Kana mau punahele i wahine mai Kai
mea Kane o Kuaaina a lilo i Kana mau punahele
a lilo loa na wahine ia lakou.

21 Alaila, hele mai na Kane nana na wahine e Mo
pii mai ia Kamaiole, e hoihoi aku i Ka lakou mau
wahine na lakou, holo o Kamaiole ma muli o Ka olelo
a Kana mau punahele, aole no e hoihoi ia Ka wa
hine ia lakou.

22 Nolaila, ukiuki loa na maka ainana ia Ka
maiole, hele malu lakou e ninau ia Paao, i mea
e make ai o Kamaiole, i mai o Paao, he make no Ko
na, aka, e imi mua Kakou i a lii

23 A laila, hoouna o Paao i Ka elele e kii ia Kanipu
hu ma Kalae i Molokai, i Kahiki ana a na elele
laua ma Kalae, Kau ma ka aku i Ka pua une Kai

nana ma Kalae a hoounauna ia oia e kona ma
kua hunawai,[1] a leho kana[2] hokua i ke amo i ka
wai, a me ke amo i kela mea keia mea.

18 Aka, he mau keiki no ka Kanipuhu[3] elua ma
Hawaii o Kalapana kekahi, o Kalehumoku kekahi
o Ala[i]kauakoko ka makuahine o Kalapana o Huala-
ni ka makuahine o Kalahumoku.[4]

19 He mau keiki laua i noho kuaaina[5] me kai
ke ole o Kamaiole na Kanipuhu[6] laua, na ke alii
ina i ike o Kamaiole na Kanipahu laua, ina ua
make laua.

20 No ka mea, o Kamaiole ko Hawaii alii ia manawa
a ma ko Kamaiole kaapuni ana ia Hawaii, kaili
wale mai[7] kana mau punahele i wahine[8] maikai
mea kane o kuaaina a lilo i kana mau punahele
a lilo loa na wahine ia lakou.[9]

21 A laila, hele mai na kane nana na wahine e hoo
pii mai ia Kamaiole, e hoihoi aku i ka lakou mau
wahine na lakou,[10] holo o Kamaiole ma muli o ka olelo
a kana mau punahele, aole no e hoihoi ia ka wa
hine ia lakou.

22 No laila, ukiuki loa na makaainana ia Ka-
maiole, hele malu lakou e ninau ia Paao, i mea
e make ai o Kamaiole, i mai o Paao, he make no ko-
na, aka, e imi mua kakou i alii

23 A laila, hoouna o Paao i ka elele e kii ia Kanipa-
hu ma Kalae i Mokokai,[11] i ka hiki ana, a ua elele
la ma Kalae, kaumaha aku i ka puaa me ka i

nāna ma Kala'e. A ho'ounauna 'ia 'o ia e kona ma-
kuahūnāwai a leho kona[12] hokua i ke amo i ka
wai a me ke amo i kēlā mea kēia mea.

18. Akā, he mau keiki nō kā Kanipahu,[13] 'elua ma
Hawai'i: 'o Kalapana kekahi, 'o Kalehumoku[14] kekahi.
'O Ala[i]kauakoko ka makuahine o Kalapana. 'O *Huala-
ni* ka makuahine o Kalahumoku.

19. He mau keiki lāua i noho kua'āina, me ka 'i-
ke 'ole o Kama'i'ole na Kanipahu[15] lāua, na ke ali'i.
Inā i 'ike 'o Kama'i'ole na Kanipahu lāua, inā ua
make lāua.

20. No ka mea, 'o Kama'i'ole ko Hawai'i ali'i [i] ia manawa,
a ma ko Kama'i'ole ka'apuni 'ana iā Hawai'i, kā'ili
wale mai kāna mau punahele i [nā] wāhine maika'i
mea kāne o kua'āina a lilo i kāna mau punahele.
A lilo loa nā wāhine iā lākou.

21. A laila, hele mai nā kāne nāna nā wāhine e ho'o-
pi'i mai iā Kama'i'ole e ho'iho'i aku i kā lākou mau
wāhine na lākou. Holo 'o Kama'i'ole ma muli o ka 'ōlelo
a kāna mau punahele; 'a'ole nō e ho'iho'i 'ia ka wa-
hine iā lākou.

22. No laila, ukiuki loa nā maka'āinana iā Ka-
ma'i'ole. Hele malū lākou e nīnau iā Pā'ao i mea
e make ai 'o Kama'i'ole. 'Ī mai 'o Pā'ao, "He make nō ko-
na, akā, e 'imi mua kākou i ali'i."

23. A laila, ho'ouna 'o Pā'ao i ka 'elele e ki'i iā Kanipa-
hu ma Kala'e i Moloka'i.[16] I ka hiki 'ana a ua 'elele
lā ma Kala'e, kaumaha aku i ka pua'a me ka 'ī

---

1. 46:17. A: makuahonowai
2. 46:17. A: kona
3. 46:18. A: Kanipahu
4. 46:18. A: Kalehumoku
5. 46:19. A: e noho kuaaina ana
6. 46:19. A: Kanipuhu
7. 46:20. A: ~~ia~~ mai
8. 46:20. A: i **ka** wahine
9. 46:20. A: na wahine *(ma kahi o "a lilo loa na wahine ia lakou")*
10. 46:21. A: *nele 'o* "na lakou"
11. 46:23. A: Molokai
12. 46:17. *ua ho'ololi 'ia 'o* "kana," *'o ia 'o* "kona"
13. 46:18. *ua ho'ololi 'ia 'o* "Kanipuhu," *'o ia 'o* "Kanipahu"
14. 46:18. *'o* "Kalahumoku" *kēia inoa ma nā paukū 51:3, 51:4*
15. 46:19. *ua ho'ololi 'ia 'o* "Kanipuhu," *'o ia 'o* "Kanipahu"
16. 46:23. *ua ho'ololi 'ia 'o* "Mokokai," *'o ia 'o* "Moloka'i"

aku, i kii mai nei au ia oe, e hoi oe i Hawaii
no ka mea, ua wailana na maka ainana o Hawaii
ia Kamaiole.

24 Kana ela o Kanipahu i kona hokua, ua leho, hilahila i
hola oia i ka hoi ma Hawaii, i mai i na elele la, aole au e
hoi aku, aka, e hoi oe a hiki i na Waimanu, aia no malaila
lai kuu wahi i oio, no o Kalapana kona inoa.

25 Oia no ko oukou alii, no ka mea, o kau keiki ponoi
no ia, aia no ke malama ia la e Alaikauakoko e
konau o kuahine ma Waimanu, ae hoonoho oukou
ia ia e alii no oukou.

No Kalapana Mokuna 63

Ua lohe ihi ia kauwahi olelo no Kalapana penei
i ka hoi ana aku ana e elele la, mai o Kanipahu aku
e hai aku ia Paao, i ke Kauoha ana mai a Kanipahu
no Kalapana

2 A lohe o Paao i na u Kauoha, alaila, kii aku o Paao
i a Kalapana i ko Paao hele ana aku a Waimanu, ninau
aku o Paao ia Alaikauakoko auhea la keiki a Kanipa
hu ma Waimanu nei?

3 Huna mai la o Alaikauakoko, no ka makau o na ke
Kalapana, i mai aole ana keiki ma nei, i mai o
Paao, he keiki no, auhea o Alaikauakoko? i mai kela
o wau no o Alaikauakoko, i aku o Paao, ua kauoha mai
Kanipahu, aia no me oe kana keiki o Kalapana kona
inoa.

4 Alaila ae mai o Alaikauakoko, kuhikuhi mai ia Pa
ao, eia o Kalapana

aku, i kii mai nei au ia oe, e hoi oe i lii no Hawaii
no ka mea, ua wailana na makaainana o Hawaii
ia Kamaiole.

24 Nana ela[1] o Kanipahu i kona hokua, ua leho, hilahila i
hola oia i ka hoi ma Hawaii, i mai i ua elele la, aole au e
hoi aku, aka, e hoi oe a hiki ma Waimanu, aia no ma lai
la i[2] kuu wahi ioio moa o Kalapana kona inoa.

25 Oia no ko oukou alii, no ka mea, o ka'u keiki ponoi
no ia, aia no ke malama ia la e Alaikauakoko e
kona makuahine ma Waimanu, a e hoonoho oukou
ia ia i alii no oukou.

No Kalapana Mokuna 47[3]

[4]Ua lohe iki ia kauwahi olelo no Kalapana penei
i ka hoi ana aku a ua elele la, mai o Kanipahu aku
a hai aku ia Paao, i ke kauoha ana mai a Kanipahu
no Kalapana

2 A lohe o Paao ia mau kauoha, a laila, kii aku o Paao
ia Kalapana i ko Paao hele ana aku a Waimanu, ninau
aku o Paao ia Alaikauakoko auhea la keiki[5] a Kanipa
hu ma Waimanu nei?

3 Huna mai la o Alaikauakoko, no ka maka'u o make
o Kalapana, i mai aole ana keiki maenei,[6] i mai o
Paao, he keiki no, auhea o Alaikauakoko? i mai kela
o wau no o Alaikauakoko, i aku o Paao, ua kauoha mai
o Kanipahu, aia no me oe kana keiki o Kalapana kona
inoa.

4 A laila ae mai o Alaikauakoko, kuhikuhi mai ia Pa
ao, eia o Kalapana

aku, "I ki'i mai nei au iā 'oe e ho'i 'oe i ali'i no Hawai'i,
no ka mea, ua wailana nā maka'āinana o Hawai'i
iā Kama'i'ole.

24. Nānā [a]'ela 'o Kanipahu i kona hokua; ua leho. Hilahila i-
hola 'o ia i ka ho'i ma Hawai'i. 'Ī mai i ua 'elele lā, "'A'ole au e
ho'i aku, akā, e ho'i 'oe a hiki ma Waimanu. Aia nō ma la-
ila[7] ku'u wahi 'io'io moa, 'o Kalapana kona inoa."

25. "'O ia nō ko 'oukou ali'i, no ka mea, 'o ka'u keiki pono'ī
nō ia. Aia nō ke mālama 'ia [a]la e Alaikauakoko, e
kona makuahine, ma Waimanu. A e ho'onoho 'oukou
iā ia i ali'i no 'oukou."

Mokuna XLVII [47, Emerson 63]
No Kalapana

[1.] Ua lohe iki 'ia kauwahi 'ōlelo no Kalapana penei;
i ka ho'i 'ana aku a ua 'elele lā mai o Kanipahu aku,
[u]a ha'i aku iā Pā'ao i ke kauoha 'ana mai a Kanipahu
no Kalapana.

2. A lohe 'o Pā'ao [i] ia mau kauoha, a laila, ki'i aku 'o Pā'ao
iā Kalapana. I ko Pā'ao hele 'ana aku a Waimanu, nīnau
aku 'o Pā'ao iā Alaikauakoko, "'Auhea lā keiki a Kanipa-
hu ma Waimanu nei?"

3. Hūnā maila 'o Alaikauakoko no ka maka'u o make
'o Kalapana. 'Ī mai, "'A'ole āna keiki ma 'ene'i." 'Ī mai 'o
Pā'ao, "He keiki nō. 'Auhea 'o Alaikauakoko?" 'Ī mai kēlā,
"'O wau nō 'o Alaikauakoko." 'Ī aku 'o Pā'ao, "Ua kauoha mai
'o Kanipahu, aia nō me 'oe kāna keiki, 'o Kalapana kona
inoa."

4. A laila, 'ae mai 'o Alaikauakoko; kuhikuhi mai iā Pā-
'ao, "Eia 'o Kalapana."

---

1. 46:24. A: **a**ela
2. 46:24. A: ma laila
3. 47:0. C?: 47 63 *(ma ka penikala)*
4. 47:1. A: **1.**
5. 47:2. A: **ke** keiki
6. 47:3. A: maanei
7. 46:24. *ua ho'ololi 'ia 'o* "ma laila i," *'o ia 'o* "ma laila"

5 Alaila, lawe aku o Pana ia Kalapana, a hune na malu ia e Pana me ia ma ke Hale i mii nui i hola lakou me kanaka i kahi e make ai o Kamaiole ia lakou

6 A i ko Kamaiole hele ana ma Kona, ma ka waa ka holo ana wana ae la lakou makee waa ana e make ai o Kamaiole, no ka mea, he mea mau i ka holo waa ana o ka poe lii kahiko, ke kali o ko ke alii waa mahope, a pau mua ko kanaka waa i ka holo, alaila holo ko ke alii mau waa.

7 Alaila, u kali malie na kanaka ia ia me Kalapana pu no, a hiki lakou ma Anaehoomalu ma kekaha ma Kona moe lakou malaila, a maia ao ana ae, holo mua na waa apau koe ko Kamaiole mau waa mahope.

8 Alaila, kii akula na kanaka me Kalapana pu, pepehi ihola ia Kamaiole, a make alilo ke aupuni ia Kalapana, uakapa ia oia Kalapana kui io io mea e like me ka ole o a kani pahu aole i kei a ko Kamaiole mau ololo.

No Kalaunuiohua Mokuna 48 64

1 Ua olelo ia mai ma ko Kalaunuiohua aupuni e noho ana ke kahi Kaula mana loa, he Kaula wahine o Waahia kona inoa,

2 Ua pepehi pinepine o Kalaunuiohua i ua Kaula la, aole e make, moku ia i ke kai, aole e make, hakau ia i ka laau, aole e make, o loka a ia i ka pali aole make, a pau ke aho o Kalaunuiohua i ka make ole

3 Alaila mai, ua Kaula wahine la ia Kalaunui ohua, he makemake ana ei oe e make au, ae mai o Kalaunui o hua, ae, makemake au e make oe

5 A laila, lawe aku o Paao ia Kalapana, a huna malu ia e Paao me ia ma koHala imi nui ihola lakou me kanaka i kahi e make ai o Kamaiole ia lakou

6 A i ko Kamaiole hele ana ma Kona, ma ka waa ka holo ana manao aela lakou ma ke e waa ana e make ai[1] o Kamaiole, no ka mea, he mea mau i ka holo waa ana o ka poe lii kahiko, ke kali o ko ke alii waa ma hope, a pau mua ko kanaka waa i ka holo, alaila holo ko ke alii mau waa.

7 A laila, ukali malu na kanaka ia ia me Kalapana pu no, a hiki lakou ma Anaehoomalu ma Kekaha ma Kona moe lakou ma laila, a maia ao ana ae, holo mua na waa apau koe ko Kamaiole mau waa mahope.

8 A laila, kii akula na kanaka me Kalapana pu, pepehi ihola ia Kamaiole a make a lilo ke aupuni i[2] Kalapana, ua kapa ia oia o Kalapana ku io io moa e like me ka olelo a Kanipahu aole ikeia ko Kamaiole moolelo.

No Kalaunuiohua Mokuna 48[3]

[4]Ua olelo ia mai ma ko Kalaunuiohua aupuni e noho ana kekahi Kaula mana loa, he Kaula wahine o Waahia kona inoa,

2 Ua pepehi pinepine o Kalaunuiohua i ua Kaula la, aole e make, moku ia i ke kai, aole e[5] make, hahau ia i ka laau, aohe make, olokaa ia i ka pali aole make, a pau ke aho o Kalaunuiohua i ka ma ke ole

3 A laila i mai, ua Kaula wahine la ia Kalaunui ohua, he makemake anei oe e make au, ae mai o Kalaunuiohua, ae, makemake au e make oe.

5. A laila, lawe aku ʻo Pāʻao iā Kalapana, a hūnā malū ʻia e Pāʻao me ia ma Kohala. ʻImi nui ihola lākou me kānaka i kahi e make ai ʻo Kamaʻiʻole iā lākou.

6. A i ko Kamaʻiʻole hele ʻana ma Kona, ma ka waʻa ka holo ʻana. Manaʻo aʻela lākou, ma ke [eʻ]e waʻa ʻana e make ai ʻo Kamaʻiʻole. No ka mea, he mea mau i ka holo waʻa ʻana o ka poʻe aliʻi kahiko, ke kali o ko ke aliʻi waʻa ma hope a pau mua ko kānaka waʻa i ka holo, a laila, holo ko ke aliʻi mau waʻa.

7. A laila, ukali malū nā kānaka iā ia, me Kalapana pū nō, a hiki lākou ma ʻAnaehoʻomalu ma Kekaha ma Kona. Moe lākou ma laila, a ma ia ao ʻana aʻe, holo mua nā waʻa a pau koe ko Kamaʻiʻole mau waʻa ma hope.

8. A laila, kiʻi akula nā kānaka me Kalapana pū, pepehi ihola iā Kamaʻiʻole a make, a lilo ke aupuni i[ā] Kalapana. Ua kapa ʻia ʻo ia ʻo Kalapanaku[ʻu]ʻioʻiomoa, e like me ka ʻōlelo a Kanipahu. ʻAʻole ʻike ʻia ko Kamaʻiʻole moʻolelo.

Mokuna XLVIII [48, Emerson 64] No Kalaunuiohua

[1.] Ua ʻōlelo ʻia mai, ma ko *Kalaunuiohua* aupuni e noho ana kekahi kāula mana loa, he kāula wahine, ʻo Waʻahia kona inoa.

2. Ua pepehi pinepine ʻo *Kalaunuiohua* i ua kāula lā; ʻaʻole e make. Mōkū ʻia i ke kai, ʻaʻole e make. Hahau ʻia i ka lāʻau, ʻaʻohe make. ʻOlokaʻa ʻia i ka pali, ʻaʻole make. A pau ke aho o *Kalaunuiohua* i ka make ʻole.

3. A laila, ʻī mai ua kāula wahine lā iā *Kalaunuiohua*, "He makemake anei ʻoe e make au?" ʻAe mai ʻo *Kalaunuiohua*, "ʻAe, makemake au e make ʻoe."

---

1. 47:6. A: ma ka waa e make ai *(ma kahi o* "ma ke e waa ana e make ai"*)*
2. 47:8. A: i**a**
3. 48:0. C?: ~~48~~ 64 *(ma ka penikala)*
4. 48:1. A: **1.**
5. 48:2. A: i

243

4 I mai ua kaula la, aole au e make ke pepehi oe
ia u ma kahie, ina i makemake oe e make au
e hahao oe ia u ma ka heiau, e puhi oe i ka hei
i ke ahi, alaila make au (o ke eku ma kona
ua keau la.

5 Ma ko u la e puhi ai i ka heiau i make au, ea,
e noho malie oe ma ka hale ia la po, mai hele
oe ma waho, ina i uwa kanaka i ke kahi mea ma
ka lani, he mea ano e mai puka oe ma waho, e nana
i a mea ano e.

6 Mai hoopohae oe i ka hale e nana ia mea ma ka
lani o make oe, aka, e hoomanawanui oe a pau a
kela, alaila, hele oe ma waho, pela oe e ola ai, a me ko
u aupuni, aka, i ae ole mai oe i ka ukana ka, ea, e
poino ana oe me kou aupuni.

7 E oupe mai ke akua o Kane openui o alakai ia
oe, a me kou aupuni ke kahi, no kou hoole mai i
ke ke akua makemake, e like me ke akua, ua ae
mai oia i kou makemake, ke make nei au ia oe
a pau kana olelo ana.

8 Alaila, pupuhi aku la o Kalaunuiohua, i ua
kaula la i ke ahi, a pii aela ka uahi o ua heiau
la ma ka lani, a o ua uahi la, lili aela i mau
moa, a hakia mai na moa ma ka lani

9 Ike na kanaka i a mea, uwa nui aku me ka leo
nui, ninau mai la o Kalaunuiohua, heaha kei a
pilikia nui e uwa mai nei? hai kanaka, he ao, ua
like me ka moa ke ano ma ka lani i, e haha

4 I mai ua Kaula la, aole au e make ke pepehi oe
iau ma kahi e, ina i makemake oe e make au
e hahao oe iau ma ka heiau, e puhi oe i ka hei[1]
i ke ahi, alaila, make au (o Keeku ma Kona
ua heau[2] la.

5 Ma kou la e puhi ai i ka heiau i make au, ea,
e noho malie oe ma ka hale ia la po[3], mai hele
oe ma waho, ina i uwa kanaka i kekahi mea ma
ka lani, he mea ano e mai puka oe ma waho, e nana
ia mea ano e.

6 Mai hoopohae oe i ka hale e nana ia mea ma ka
lani o make oe, aka, e hoomanawa nui oe a po ua
la la, a laila, hele oe ma waho, pela oe e ola ai, a me ko-
u aupuni, aka, i ae ole mai oe i kau kauoha ea,[4] e
poino ana oe me kou aupuni.

7 E oupe mai kuu akua o Kaneopenuioalakai ia
oe, a me kou aupuni kekahi, no kou hoole mai[5] i
ko ke akua makemake, e like me ke akua, ua ae
mai oia i kou makemake, ke make nei au ia oe
a pau kana olelo ana.

8 A laila, pupuhi aku la o Kalaunuiohua, i ua
Kaula la i ke ahi, a pii aela ka uahi o ua heiau
la ma ka lani, a o ua uahi la, lili[6] aela i no[7]
moa, a haka mai[8] na moa ma ka lani

9. A ike na kanaka ia mea, uwa nui aku me ka leo
nui, ninau mai la o Kalaunuiohua, he aha keia
pihe nui e uwa mai nei? hai [mai][9] kanaka, he ao, ua
like me ka moa ke ano ma ka lani, e haka-

4. ʻĪ mai ua kāula lā, "ʻAʻole au e make ke pepehi ʻoe
iaʻu ma kahi ʻē. Inā i makemake ʻoe e make au,
e hahao ʻoe iaʻu ma ka heiau; e puhi ʻoe i ka hei[au]
i ke ahi, a laila, make au." (ʻO Keʻekū ma Kona
ua he[i]au lā.)

5. "Ma kou lā e puhi ai i ka heiau i make au, ʻeā,
e noho mālie ʻoe ma ka hale [i] ia lā [a] pō. Mai hele
ʻoe ma waho. Inā i ʻuā kānaka i kekahi mea ma
ka lani, he mea ʻano ʻē, mai puka ʻoe ma waho e nānā
[i] ia mea ʻano ʻē."

6. "Mai hoʻopōhae ʻoe i ka hale e nānā [i] ia mea ma ka
lani o make ʻoe. Akā, e hoʻomanawanui ʻoe a pō ua
lā lā, a laila, hele ʻoe ma waho. Pēlā ʻoe e ola ai, a me ko-
u aupuni. Akā, i ʻae ʻole mai ʻoe i kaʻu kauoha, ʻeā, e
pō ʻino ana ʻoe me kou aupuni."

7. "E ʻōʻupē mai kuʻu akua ʻo Kāneʻopenuioalakaʻi iā
ʻoe, a me kou aupuni kekahi, no kou hōʻole mai i
ko ke akua makemake, e like me [kā] ke akua. Ua ʻae
mai ʻo ia i kou makemake ke make nei au iā ʻoe."
A pau kāna ʻōlelo ʻana,

8. a laila, pupuhi akula ʻo *Kalaunuiohua* i ua
kāula lā i ke ahi. A piʻi aʻela ka uahi o ua heiau
lā ma ka lani. A ʻo ua uahi lā, lilo[10] aʻela i ao[11]
moa, a hākā mai nā moa ma ka lani.

9. A ʻike nā kānaka [i] ia mea, ʻuā nui aku me ka leo
nui. Nīnau maila ʻo *Kalaunuiohua*, "He aha kēia
pihe nui e ʻuā mai nei?" Haʻi mai kānaka, "He ao, ua
like me ka moa ke ʻano, ma ka lani e haka-

---

1. 48:4. A: hei**au**
2. 48:4. A: hei**au**
3. 48:5. A: **a** po
4. 48:6. A: **ia oe** ea
5. 48:7. A: hoole **ana** mai
6. 48:8. A: lilo
7. 48:8. A: *nele*
8. 48:8. A: ~~moa~~ [mai]
9. 48:9. A: mai **la**
10. 48:8. *ua hoʻololi ʻia ʻo "lili," ʻo ia ʻo "lilo" (e nānā i ka paukū 64:11)*
11. 48:8. *ua hoʻololi ʻia ʻo "no," ʻo ia ʻo "ao" (e nānā i ka paukū 64:9)*

kaana, i mai o Kalaunuiohua, e nana aku wau.—

10 I mai kona mau kanaka, ua papa ikaika mai ke
kaula ia oe, mai nana oe o make oe; ae mai o Kalaunui-
ohua, apau ia mea ma ka lani; a mai a kope iho, ike hou
ia kekahi mea hou ma ka lani.

11 O kela mahina lilo iae elike me ka puaa, ua holo ae
la ke a puaa ma kela wahi keia wahi o ka lani
ua hou kanaka me ka leonui; makemake hou o
Kalaunuiohua e nana, papa mai kona mau ka-
naka, iaia, mai nana oe, apau ia mea ma ka lani

12 A mai a kope iho, hoea oe mai la naao ma ka lani
keokeo kahi ae, huaali kahi ae, maoma kahi ae, lena
lena kahi ae, ulaula kahi ae, eleele kahi ae, panopa
no kahi ae polohiwa kahi ae, a napanapa mai ka
lani me ka alohilohi, ua wa hou na kanaka me ka
leonui; makemake hou o Kalaunuiohua, e nana
hoole mai kona mau kanaka, aole e nana.

13 A hiki i ke ahiahi ke koke poka la, alaila, lele
mai kekahi mana, elua mai ka lani mai
mehe Alae la ke ano, lele mai a kokoke ma ke
hala o ke Kalaunuiohua hale e noho ana, haka
ka i ho la ua wa nui mai kanaka me ka leonui

14 Pihoihoi iho la o Kalaunuiohua, aole e hiki ia
ia ke hoomanawanui, kiikoa ku kona lima
ma ka pai ao ka hale a wahi ae i ka lani a iku
aku i na mau Alae a ola

15 Alaila, ului iho la ua kao la ma ka ki-
naa o Kalaunuiohua, ka nui ia kea, ua kua la

ka ana, i mai o Kalaunuiohua, e nana aku wau.

10 I mai kona mau kanaka, ua papa ikaika mai ke Kaula ia oe, mai nana oe o make oe, ae mai o Kalaunui ohua, a pau ia mea ma ka lani, a ma ia hope iho, ike hou ia kekahi mea hou[1] ma ka lani.

11 O kela uahi no lilo i ao e like me ka puaa, ua holo ae[2] la ke ao puaa ma kela wahi keia wahi o ka lani ua[3] hou kanaka me ka leo nui, makemake hou o Kalaunuiohua e nana, papa mai kona mau ka-naka ia ia, mai nana oe, a pau ia mea ma ka lani

12 A maia hope iho, hoanoe mai la na ao ma ka lani keokeo kahi ao, huaali kahi ao, maomao[4] kahi ao, lena lena kahi ao, ulaula kahi ao, eleele kahi ao, panopa no kahi ao polohiwa kahi ao, a napanapa mai ka lani me ka[5] alohilohi, ua wa[6] hou na kanaka me ka leo nui, makemake hou o Kalaunuiohua, e nana hoole mai kona mau kanaka, aole e nana.

13 A hiki i ke ahi[7] a kokoke po ka la, alaila, lele mai kekahi mau ao, elua mai ka lani mai mehe Alae La ke ano, lele mai a kokoke ma ke kala o Ko Kalaunuiohua hale e noho ana, haka ka ihola, uwa nui mai kanaka me ka leo nui

14 Pihoihoi ihola o Kalaunuiohua, aole e hiki ia ia ke hoomanawanui, kikoo aku[8] kona lima ma ka paia o ka hale a wahi ae i ka laui[9] a ike aku[10] i ua mau Alae ao la

15 A laila, ulu ihola o ua kaula la ma ka li-ma o Kalaunuiohua, o Kanenuiakea, ua kua[11] la.

kā ana." ʻĪ mai ʻo *Kalaunuiohua,* "E nānā aku wau."

10. ʻĪ mai kona mau kānaka, "Ua pāpā ikaika mai ke kāula iā ʻoe, 'Mai nānā ʻoe o make ʻoe.'" ʻAe mai ʻo *Kalaunui-ohua,* a pau ia mea ma ka lani. A ma ia hope iho, ʻike hou ʻia kekahi mea hou ma ka lani.

11. ʻO kēlā uahi nō, lilo i ao e like me ka puaʻa. Ua holo aʻe-la ke ao puaʻa ma kēlā wahi kēia wahi o ka lani. ʻUā hou kānaka me ka leo nui. Makemake hou ʻo *Kalaunuiohua* e nānā. Pāpā mai kona mau kā-naka iā ia, "Mai nānā ʻoe." A pau ia mea ma ka lani.

12. A ma ia hope iho, hōʻano ʻē maila nā ao ma ka lani: keʻokeʻo kahi ao, huali[12] kahi ao, maʻomaʻo kahi ao, lena-lena kahi ao, ʻulaʻula kahi ao, ʻeleʻele kahi ao, panopa-no kahi ao, polohiwa kahi ao; ʻānapanapa mai ka lani me ka ʻālohilohi. Ua wā hou nā kānaka me ka leo nui. Makemake hou ʻo *Kalaunuiohua* e nānā; hōʻole mai kona mau kānaka, ʻaʻole e nānā.

13. A hiki i ke ahi[ahi] a kokoke [e] pō ka lā, a laila, lele mai kekahi mau ao ʻelua mai ka lani mai, me he ʻalae lā ke ʻano. Lele mai a kokoke ma ke kala o ko *Kalaunuiohua* hale e noho ana, haka-kā ihola, ʻuā nui mai kānaka me ka leo nui.

14. Pīhoihoi ihola ʻo *Kalaunuiohua,* ʻaʻole e hiki iā ia ke hoʻomanawanui. Kīkoʻo aku kona lima ma ka paia o ka hale a wāhi aʻe i ka lauʻī, a ʻike aku i ua mau ʻalae ao lā.

15. A laila, ulu ihola [ke akua][13] o ua kāula lā ma ka li-ma o *Kalaunuiohua,* ʻo Kānenuiākea ua akua lā.

---

1. 48:10. A: *nele*
2. 48:11. A: ua holo ̶l̶a̶ aela
3. 48:11. A: u**w**a
4. 48:12. A: omaomao
5. 48:12. A: ke
6. 48:12. A: uwa *(ma kahi o "ua wa")*
7. 48:13. A: ahi**ahi**
8. 48:14. A: aku**la**
9. 48:14. A: hale *(ma kahi o "laui")*
10. 48:14. A: aku**la**
11. 48:15. A: kaula *(ma kahi o "[a]kua")*
12. 48:12. *ua hoʻololi ʻia ʻo "huaali," ʻo ia ʻo "huali"*
13. 48:15. *e nānā i ka paukū 48:22*

mana iho la o Kalaunuiohua i mai kuhi aku
kona lima e kaua aku i ke kahi aina e hee mo
ia aina

16 Kuhi mai o Kalaunuiohua ia Maui, kaua lana
me, ka Maluohua ko Maui alii a hee o ka Maluohua
ia Kalaunuiohua, a lilo Maui ia ia,

17 A o lanue i pepehi ia o Kamaluohua, hoola
ia no i ka aina no Maui malalo mai o Kalau-
nuiohua

18 A mahope iho, kuhi hou o Kalaunuiohua ia
Molokai, a kaua lana me Kahokuohua, a hee
Kahokuohua ia Kalaunuiohua, a hoonoho
ia o Kahokuohua i ke ia aina no Molokai a na
lalo mai o Kalaunuiohua.

19 A mahope iho, kuhi hou no o Kalaunuiohua
ia Oahu Kaua lana me Huaipouleilei
a hee no ia Kalaunuiohua, a hoonoho ia o
Huaikapouleilei i ka aina no Oahu

20 Mahope iho, kuhi hou no o Kalaunuiohua, e
kaua ia Kauai, na kapaia kela kaua ana
i kaua i Kaweleweleiwi

21 O ko Kalaunuiohua holo ana ma Kauai i kaua
a me Kukona ko Kauai alii, hololepu aku o
Kamaluohua; me Kahokuohua, me Huaika
pouleilei a hoki lakou ma Kauai

22 Alaila; haalele iho la, na kua la i ka lima
o Kalaunuiohua, noho aku la na kua la ma
luna o Kaulia Ko Kauai kanaka; mana ole

mana ihola o Kalaunuiohua ina i kuhi aku
kona lima e kaua aku i kekahi aina e hee no
ia aina

16 Kuhi mai o Kalaunuiohua ia Maui, kaua laua[1]
me [ka]Maluohua ko Maui alii[2] a hee o kaMaluohua
ia Kalaunuiohua, a lilo Maui[3] ia ia,

17[4] Aole nae[5] i pepehi ia o Kamaluohua, hoola
ia no i Kiaaina no Maui malalo mai o Kalau-
nuiohua

18 A mahope iho, kuhi hou o Kalaunuiohua ia
Molokai, a kaua laua me Kahokuohua, a hee
Kahokuohua[6] ia Kalaunuiohua, a hoonoho
ia o Kahokuohua i Kiaaina no Molokai ma
lalo mai o Kalaunuiohua.

19 A mahope iho, kuhi hou no o Kalaunuiohua
ia Oahu kaua laua me Huaipouleilei
a hee no ia Kalaunuiohua, a hoonoho ia o
Huaikapouleilei i Kiaaina no Oahu

20 Ma hope iho, kuhi hou no o Kalaunuiohua, e
kaua ia Kauai, ua kapaia kela kaua ana o
i[7] Kaua[8] i ka weleweleiwi

21 I ko Kalaunuiohua holo ana ma Kauai e kau
a me Kukona ko Kauai alii, holo pu aku o
Kamaluohua, me Kahakuohua, me Huaka
pouleilei a hiki lakou ma Kauai

22 A laila, haalele ihola, ua kua la i ka lima
o Kalaunuiohua, noho aku la ua akua la ma
luna o Kaulia ko Kauai kanaka, mana ole

Mana ihola 'o *Kalaunuiohua*. Inā i kuhi aku
kona lima e kaua aku i kekahi 'āina , e he'e nō
ia 'āina.

16. Kuhi mai 'o *Kalaunuiohua* iā Maui, kaua lāua
me *Kamaluohua,* ko Maui ali'i. A he'e 'o *Kamaluohua*
iā *Kalaunuiohua,* a lilo Maui iā ia.

17. 'A'ole na'e i pepehi 'ia 'o *Kamaluohu*a. Ho'ōla
'ia nō i kia'āina no Maui ma lalo mai o *Kalau-
nuiohua.*

18. A ma hope iho, kuhi hou 'o *Kalaunuiohua* iā
Moloka'i, a kaua lāua me *Kahōkūohua.* A he'e
Kahōkūohua iā *Kalaunuiohua,* a ho'onoho
'ia 'o *Kahōkūohua* i kia'āina no Moloka'i ma
lalo mai o *Kalaunuiohua.*

19. A ma hope iho, kuhi hou nō 'o *Kalaunuiohua*
iā O'ahu. Kaua lāua me *Huaipouleilei,*[9]
a he'e nō iā *Kalaunuiohua,* a ho'onoho 'ia 'o
Huaikapouleilei i kia'āina no O'ahu.

20. Ma hope iho, kuhi hou nō 'o *Kalaunuiohua* e
kaua iā Kaua'i. Ua kapa 'ia kēlā kaua 'ana 'o
Kauaikaweleweleiwi.[10]

21. I ko *Kalaunuiohua* holo 'ana ma Kaua'i e kau-
a me *Kūkona,* ko Kaua'i ali'i, holo pū aku 'o
Kamaluohua, me *Kahōkūohua,*[11] me *Hua[i]ka-
pouleilei.* A hiki lākou ma Kaua'i,

22. a laila, ha'alele ihola ua akua lā i ka lima
o *Kalaunuiohua.* Noho akula ua akua lā ma
luna o Kaulia, ko Kaua'i kanaka, mana 'ole

---

1. 48:16. A: o Kaualaua *[sic]*
2. 48:16. A: ko Mau **mau** alii
3. 48:16. A: **o** Maui
4. 48:17. A: *ua kakau 'ia ka paukū 17 ma hope iho o ka paukū 18*
5. 48:17. A: Aole **no** nae
6. 48:18. A: **o** Kahokuohua
7. 48:20. A: *nele*
8. 48:20. A: **ke** kaua
9. 48:19. *'o* "Huaikapouleilei" *ka pela 'ana ma nā paukū 'ē a'e*
10. 48:20. *ua ho'ololi 'ia 'o* "i Kaua i ka wele weleiwi," *'o ia 'o* "Kauaikaweleweleiwi"
11. 48:21. *ua ho'ololi 'ia 'o* "Kahakuohua," *'o ia 'o* "Kahōkūohua" *(e nānā i nā paukū 48:18, 21)*

iho la o Kalaunuiohua, ke kuhi hou i kona lima
e like me kuhi ana mamua.

23 Kekau a ana a Kalaunuiohua me Kukona
ko Kauai alii, hee iho la o Kalaunuiohua ia
Kukona aole i pepehi ia o Kalaunuiohua, a me
na hua apau.

24 Nohopu iho la no Kukona me ua poe hua
nei ma Kauai me ka aole olu mai o Kukona
ia lakou, a ma ke kahi la, noho mehameha
iho la o Kukona me ua poe Hua pio la a make
hia moe, o Kukona wili aku la i kona kapa a moe
aku la, aole nae i hia moe loa, ke hookala kupua
e nana mai ana no ma loko mai o kaa lua.

25 Manao iho la ua poe Hua nei, ua hia moe loa
o Kukona, ohumu iho la ua poe Hua nei, e make
o Kukona ia lakou, kunou mai ko Oahu Hua, a me ko
Molokai, a me ko Hawaii e make kukona ia lakou

26 I mai o Kamaluohua, o ia ko Maui Hua, mai
hana ino kakou ia Kukona, no ka mea he hana
maikai kana ia kakou, eia no kakou ma loko o
kona mau lima aole nae kela i pepehi mai ia
kakou, nolaila e hana maikai aku kakou
ia ia.

27 Alaila, ala mai la o Kukona, i mai ia lakou
na ni hoi kuu moe ana i kee nei, ohumu
iho nei oukou iau e make, aka o ia la kou
mea i ola ai o Kamaluohua kana iho aku
mai o kaia ia)

iho la o Kalaunuiohua, ke kuhi hou i kona lima
e like me kuhi[1] ana mamua.

23 I ke kaua ana a Kalaunuiohua me Kukona
ko Kauai alii, hee ihola o Kalaunuiohua ia
Kukona aole i pepehi ia o Kalaunuiohua, a me
na hua[2] a pau.

23[4][3] Noho pu ihola no Kukona[4] me ua poe hua
nei ma Kauai me ka oluolu mai o Kukona
ia lakou, a ma kekahi la, noho mehameha
ihola o Kukona me ua poe Hua pio la a make
hiamoe, o Kukona wili aku la i kona kapa a moe
aku la, aole nae i hiamoe loa, he hookalakupua
i[5] nana mai ana no ma loko mai o ka ahu.

24[5] Manao ihola ua poe Hua nei, ua hiamoe loa
o Kukona, ohumu ihola ua poe Hua nei, e make
o Kukona ia lakou, kunou mai ko Oahu Hua, a me ko
Molokai, a me ko Hawaii e make Kukona[6] ia lakou

25[6] I mai o Kamaluohua, oia ko Maui Hua, mai
hana ino kakou ia Kukona, no ka mea he hana
maikai kana ia kakou, eia no kakou ma loko o
kona mau lima aole nae kela i pepehi mai ia
kakou, no laila e hana maikai aku kakou
ia ia.

26[7] A laila, ala maila o Kukona, i mai[7] ia lakou,
nani hoi kuu moe ana iho nei, ohumu
iho nei oukou ia'u e make, aka oiala ko'u
mea i ola ai (o Kamaluohua kana i kuhiku
mai[8] ola ia ia).

ihola 'o *Kalaunuiohua* ke kuhi hou i kona lima
e like me [ke] kuhi 'ana ma mua.

23. I ke kaua 'ana a *Kalaunuiohua* me *Kūkona,*
ko Kaua'i ali'i, he'e ihola 'o *Kalaunuiohua* iā
Kūkona. 'A'ole i pepehi 'ia 'o *Kalaunuiohua* a me
nā *Hua* a pau.

24. Noho pū ihola nō *Kūkona* me ua po'e *Hua*
nei ma Kaua'i, me ka 'olu'olu mai o *Kūkona*
iā lākou. A ma kekahi lā, noho mehameha
ihola 'o *Kūkona* me ua po'e *Hua* pio lā. A make
hiamoe 'o *Kūkona,* wili akula i kona kapa a moe
akula; 'a'ole na'e i hiamoe loa, he ho'okalakupua,
e[9] nānā mai ana nō ma loko mai o ka 'ahu.

25. Mana'o ihola ua po'e *Hua* nei, ua hiamoe loa
'o *Kūkona,* 'ōhumu ihola ua po'e *Hua* nei e make
'o *Kūkona* iā lākou. Kūnou mai ko O'ahu *Hua,* a me ko
Moloka'i, a me ko Hawai'i e make *Kūkona* iā lākou.

26. 'Ī mai 'o *Kamaluohua,* 'o ia ko Maui *Hua,* "Mai
hana 'ino kākou iā *Kūkona,* no ka mea, he hana
maika'i kāna iā kākou. Eia nō kākou ma loko o
kona mau lima; 'a'ole na'e kēlā i pepehi mai iā
kākou. No laila, e hana maika'i aku kākou
iā ia."

27. A laila, ala maila 'o *Kūkona,* 'ī mai iā lākou,
"Nani ho'i ku'u moe 'ana iho nei! 'Ōhumu
iho nei 'oukou ia'u e make; akā, 'o ia [a]la ko'u
mea i ola ai," ('o *Kamaluohua* kāna i kuhiku-
hi ai[10] [i] ola iā ia).

---

1. 48:22. A: **ke** kuhi
2. 48:23. A: na **o**hua
3. 48:24. C?: *'a'ole na Malo ka ho'oponopono 'ana i nā helu paukū hewa o 24–31*
4. 48:24. A: **o** Kukona
5. 48:24. A: e
6. 48:25. A: **o** Kukona
7. 48:27. A: mai **la**
8. 48:27. A: kuhikuhi ai i *(ma kahi o "kuhihu mai")*
9. 48:24. *ua ho'ololi 'ia 'o "i," 'o ia 'o "e"*
10. 48:27. *ua ho'ololi 'ia 'o "mai," 'o ia o "hi ai"*

247

28 Ae aku no lakou i ka mea kuhikuhi ana mai i mai okona ia lakou, no ka maikai o ke ka maluhia a manao ana, e loaa like ana i oukou a pau ka pomaikai, no ka mea, ua manaoniei oia he mea maikai nui i ke ola, a me ka ma lu o ka noho ana.

29 No ka pono a ka maluohia, ke hoohoi ola aku nei au ia oukou, e hoi oukou me ka lanakila na ko oukou mau makua iho me ka mana olana i owau maluna o oukou, na oukou ko oukou aina like me ko oukou nohona ana.

30 No laila hoi mai o Kalaunuiohua i Hawaii a hoi no hoi ko Oahu Hua, a me ko Molokai, a me ko Maui, a noho no me ko lakou aina, me ka malu ua kapaia kela noho ana o Kalailoa ia Kamaluohua

31 No keia ola ana a Kukona, ua hoomanao o Ka mehameha I oia no ka mea i ola ai Kaumuali i a Kamehameha i ko laua kaua ma Honolulu i Oahu,

32 O Keaiwa, o Kahoukapu aole lohe ia ko laua moo lelo o ko Kauholanuimahu hoikoheia.

—— No Kauholanuimahu Mokuna 49

O Kelakialii o Kahoukapu kona ina, he wahine kana o Laakapu ka ino, he pua o Laakapu, a he keiki a makemake nui oia e loaa kana keiki,

2 A hele aku oia e ninau ia Paao i ke kahuna, ia ku e Paao i mai kela ia wau i mai ai Laakapu

27[8] Ae aku no lakou i kana kuhi ana mai
i mai o [Ku]Kona ia lakou, no ka maikai o ko Ka
maluohua manao ana, e loaa like ana i[1] oukou a
pau ka pomaikai, no ka mea, ua manao nui oia
he mea maikai nui ke ola, a me ka ma
lu o ka noho ana.

289 No ka pono a Kamaluohua, ke hoihoi ola aku
nei au ia oukou, e hoi oukou me ka lanakila
ma ko oukou mau moku iho me ka manao
ole mai o wau maluna o oukou, no oukou ko
oukou aina like[2] me ko oukou noho mua ana.

29[30] No laila hoi mai o Kalaunuiohua i Hawaii a
hoi nohoi[3] ko Oahu Hua, a me ko Molokai, a me
ko Maui, a noho hou ma ko lakou aina, me ka
malu ua kapaia kela noho ana o Kalailoa ia
Kamaluohua

301 No keia ola ana a Kukona, ua hoomanao o Ka
mehameha I[4] oia no ka mea i ola ai Kaumualii
ia Kamehameha i ko lau ike[5] ana ma Honolulu i
Oahu,

32 O Kuaiwa, o Kahoukapu aole lohe ia ko laua[6] moo-
lelo o ko Kauholanuimahu kai lohe ia.

No Kauholanuimahu Mokuna 49[7]

[8]O kekahi alii o Kahoukapu kona inoa, he wahine
kana o Laakapu ka inoa, he pa o Laakapu, aohe
keiki a makemake nui oia[9] e loaa kana keiki.

2 A hele aku oia e ninau ia Paao i ke kahuna, i a
ku e Paao, i mai kela eia wau, i mai Laakapu[10]

28. ʻAe aku nō lākou i kāna kuhi ʻana mai.
ʻĪ mai ʻo *Kūkona* iā lākou, "No ka maikaʻi o ko *Ka-*
maluohua manaʻo ʻana, e loaʻa like ana i[ā] ʻoukou a
pau ka pōmaikaʻi, no ka mea, ua manaʻo nui ʻo ia,
he mea maikaʻi nui ke ola, a me ka ma-
lu o ka noho ʻana."

29. "No ka pono a *Kamaluohua,* ke hoʻihoʻi ola aku
nei au iā ʻoukou. E hoʻi ʻoukou me ka lanakila
ma ko ʻoukou mau moku iho, me ka manaʻo
ʻole mai, ʻo wau ma luna o ʻoukou. No ʻoukou ko
ʻoukou ʻāina, like me ko ʻoukou noho mua ʻana."

30. No laila, hoʻi mai ʻo *Kalaunuiohua* i Hawaiʻi, a
hoʻi nō hoʻi ko Oʻahu *Hua,* a me ko Molokaʻi, a me
ko Maui, a noho hou ma ko lākou ʻāina me ka
malu. Ua kapa ʻia kēlā noho ʻana ʻo *Kalaʻiloaiā-Kamaluohua.*

31. No kēia ola ʻana a *Kūkona,* ua hoʻomanaʻo ʻo Ka-
mehameha I; ʻo ia nō ka mea i ola ai Kaumualiʻi
iā Kamehameha i ko lāu[a] ʻike ʻana ma Honolulu i
Oʻahu.

32. ʻO Kūāiwa, ʻo Kahoukapu, ʻaʻole lohe ʻia ko lāua moʻo-
lelo. ʻO ko *Kauholanuimāhū* kai lohe ʻia.

Mokuna XLIX [49, Emerson 65]
NO KAUHOLANUIMĀHŪ

[1.] ʻO kekahi aliʻi, ʻo Kahoukapu kona inoa, he wahine
kāna, ʻo Laʻakapu ka inoa. He pā ʻo Laʻakapu, ʻaʻohe
keiki, a makemake nui ʻo ia e loaʻa kāna keiki.

2. A hele aku ʻo ia e nīnau iā Pāʻao, i ke kahuna, ʻī a-
ku, "E Pāʻao." ʻĪ mai kēlā, "Eia wau." ʻĪ mai Laʻakapu,

---

1. 48:28. A: **ia**
2. 48:29. A: **e** like
3. 48:30. A: no ~~hoi~~
4. 48:31. A: akahi
5. 48:31. A: **laua** ike
6. 48:32. A: **lakou**
7. 49:0. C?: ~~49~~ [65] *(ma ka penikala)* A: Mokuna ~~49~~ [65] No Kauholanuimahu
8. 49:1. A: **1.**
9. 49:1. A: **ia** oia *[sic]*
10. 49:2. A: **o** Laakapu

pehea la e loaa ai ai ka keiki?

3 I mai o Paao, e hele oe e imi ia na keakua, i ua hai nae, hele o Laakapu, a loaa ka ia hoihoi mai a Paao, me ka hai mai ia Ka ia akeakua, ninau mai o Paao, heaha ka ia.

4 I mai o Laakapu, he Weke ka ia, i mai o Paao hoolei ia, aole e ai keia kuaikana ia, he iole, o Kaniwina ia he iole, he mau umiumi koiana pela no ka iole, he wi oiana pela no ka iole, e hele ia hou.

5 Hele hou o Laakapu, a loaa ka ia hoihoi mai, ninau mai o Paao, heaha ka ia, i mai Laakapu, he Moi ka ia, i mai o Paao hoolei ia, he iole, o Makea na he iole, noho iana ika hua kai, noho ka iole ika hua hale he umiumi ko Moi pela ka iole, e hele hou ia.

6 Hele hou Laakapu, a loaa mai ka ia, ninau mai o Paao, heaha ka ia, he Hee, hoolei ia, he iole o Haunawelu na he iole, noho iana ikalua o ke kai, pela ka iole ikalua pohaku, he mau awe ko ka Hee he huelo ko ka iole, e hele hou ia.

7 Hele hou Laakapu a loaa ka ia Maomao, i hou mai o Paao, o koiana na he iole, paupau a ko Laakapu, ninau mai ia Paao, e hai mai oe ia, i mai o Paao he Paoo ka ia mai oli, aole, he iole.

8 Alaila kii Laakapu i Paao, a hoihoi mai ia Paao ninau mai o Paao heaha ka ia, hai mai Laakapu i mai o Paao howai, haawi Laakapu.

9 Kaumaha aku o Paao i ua ia la i ke akua kii, me ka i aku, e haawi mai i keiki na Laakapu

pehea la e loaa mai ai ka'u keiki?

3 I mai o Paao, e hele oe e imi ia na ke akua, i mo hai nau, hele o Laakapu, a loaa ka ia hoihoi mai i a Paao, me ka hai mai, eia ka ia a ke akua, ninau mai o Paao, he aha ka ia.

4 I mai o Laakapu, he Weke ka ia, i mai o Paao hoolei ia, aole e ai ke‡ akua i kena ia, he iole, o Kaniwi na ia[1] he iole, he mau umiumi ko ia na[2] pela no ka iole, he wi oia na, pela no ka iole. o hele ia[3] hou.

5 Hele hou o Laakapu, a loaa ka ia hoihoi mai, ninau mai o Paao, he aha ka ia, i mai Laakapu,[4] he Moi ka ia, i mai o Paao hoolei ia he iole, o Makea na he iole noho ia na i ka hua kai, noho ka iole i ka hua hale he umiumi ko Moi[5] pela ka iole. e hele hou ia.

6 Hele hou Laakapu,[4] a loaa mai ka ia, ninau mai o Paao, he aha ka ia, he Hee, hoolei ia, he iole o Haunawe-lu na he iole, noho ia na[6] i ka lua o ke kai, pela ka iole i ka lua pohaku, he mau awe ko ka Hee he huelo ko ka iole, e hele hou ia

7 Hele hou Laakapu[4] a loaa ka Maomao, i hou mai o Paao, o kaiana na[7] he iole, paupau aho Laaka-pu,[4] ninau mai ia Paao, e hai mai oe ia[8], i mai o Paao he Paoo ka ia maoli, aole, he iole.

8 A laila kii Laakapu[4] i Paoo, a hoihoi mai ia Paao ninau mai o Paao he aha ka ia, hai mai Laakapu[4] i mai o Paao homai, haawi[9] Laakapu.[4]

9 Kaumaha aku o Paao i ua ia la i ke akua kii, me ka i aku, e haawi mai i keiki na Laakapu

"Pehea lā e loa'a mai ai ka'u keiki?"

3. 'Ī mai 'o Pā'ao, "E hele 'oe e 'imi [i] i'a na ke akua, i mō-hai nāu." Hele 'o La'akapu; a loa'a ka i'a, ho'iho'i mai i-ā Pā'ao me ka ha'i mai, "Eia ka i'a a ke akua." Nīnau mai 'o Pā'ao, "He aha ka i'a?"

4. 'Ī mai 'o La'akapu, "He weke ka i'a." 'Ī mai 'o Pā'ao, "Ho'olei 'ia. 'A'ole e 'ai ke akua i kēnā i'a. He 'iole. 'O Kaniwī nā i'a, he 'iole. He mau 'umi'umi ko ia nā; pēlā nō ka 'iole. He wī 'o ia nā; pēlā nō ka 'iole. O hele [i] i'a hou."

5. Hele hou 'o La'akapu; a loa'a ka i'a, ho'iho'i mai. Nīnau mai 'o Pā'ao, "He aha ka i'a?" 'Ī mai La'akapu, "He moi ka i'a." 'Ī mai 'o Pā'ao, "Ho'olei 'ia; he 'iole. 'O Makea nā, he 'iole. Noho ia nā i ka hu'a kai; noho ka 'iole i ka hu'a hale. He 'umi'umi ko [ka] moi; pēlā ka 'iole. E hele hou [i] i'a."

6. Hele hou La'akapu; a loa'a mai ka i'a, nīnau mai 'o Pā'ao, "He aha ka i'a?" "He he'e." "Ho'olei 'ia; he 'iole. 'O Haunawe-lu nā, he 'iole. Noho ia nā i ka lua o ke kai; pēlā ka 'iole i ka lua pōhaku. He mau 'awe ko ka he'e; he huelo ko ka 'iole. E hele hou [i] i'a."

7. Hele hou La'akapu; a loa'a ka maomao, 'ī hou mai 'o Pā'ao, "'O *Kaiana* nā, he 'iole." Paupauaho La'aka-pu, nīnau mai iā Pā'ao, "E ha'i mai 'oe [i] i'a." 'Ī mai 'o Pā'ao, "He pāo'o ka i'a maoli, 'a'ole he 'iole."

8. A laila, ki'i La'akapu i pāo'o; a ho'iho'i mai iā Pā'ao, nīnau mai 'o Pā'ao, "He aha ka i'a?" Ha'i mai La'akapu. 'Ī mai 'o Pā'ao, "Hō mai." Hā'awi La'akapu.

9. Kaumaha aku 'o Pā'ao i ua i'a lā i ke akua ki'i me ka 'ī aku, "E hā'awi mai i keiki na La'akapu."

---

1. 49:4. A: o Kaniwina ‡‡ na ia
2. 49:4. A: koi ana
3. 49:4. A: **i** ia
4. 49:5, 49:7, 49:8. A: **o** Laakapu
5. 49:5. A: ko **ka** Moi
6. 49:6. A: no hoi na i ka lua
7. 49:7. A: kena ia la *(ma kahi o "kaiana na")*
8. 49:7. A: **i ka** ia
9. 49:8. A: **a** haawi **akula o** Laakapu

hanau mai ke keiki makua, kapa aku i kona noa
o Kauholanuimakua

10 Ma ko Kauhou kapu make ana, lilo ke aupuni ia
Kauholanuimaka, kona alii no o Kauholanuimakua
~~he Kahina~~ ~~ke keiki~~ a mahope iho, holo o Kauho
lanuimakua i Maui, a noho ma Honuaula, nanana
i kona kela loko na Keoneoia

11 Noho kana wahine ma Hawaii, a moe na wahine
la i ka ne hou kipi ia ko Kauholanuimakua aupuni
a koi aku o Kauholanuimakua, mai Maui aku,
Kaua hou, a koi hou ke aupuni ia Kauholanuimakua

No Liloa Mokuna 66

O Liloa ka Kiha keiki, ua olelo ia mai he alii haipule
1 Liloa, he akamai i ke kaua, ua liulin kona noho au
puni ana, aole nae au i ike i ka hana ma kona au
puni; hookahi mea i ike ia ma ko Liloa aupuni

2 Ua olelo ia mai, ua Liloa punoi no i hana mai
ka moe aikane aole nae i ike ia ma ko Liloa wa
e ola ana, no ka mea, ua hana malu o Liloa ia kona
me ka ike ole ia mai ai

3 Eia ka mea i noonoo ia ai ma ko Liloa wa e noho
aupuni ana, hoopunahele ia ke kahi kanaka e
Liloa, aole i ike ia ka hana a ia kanaka i punahele
ai ka oha o nui kanaka i kona punahele ana

4 Ma ko Liloa make ana aku, ninau kanaka i
ua kanaka punahele la, he aha ka mea i moi loa
ai kou punahele ia Liloa, i mai ua kanaka la, he
hana mai nei i au ma ku uka.

hanau mai he keiki mahu, kapa[1] aku i kona noa[2]
o Kauholanuimahu

10 Ma ko Kahoukapu[3] make ana, lilo ke aupuni ia
Kauholanuimaha,[4] hono[5] alii no o Kauholanuimahu,[6]
~~ma ke kahi mau makahiki,~~ a ma hope iho, holo o Kauho
lanuimahu i Maui, a noho ma Honuaula, nana no
i hana kela[7] loko ma keoneoia.[8]

11 Noho kana wahine ma Hawaii, a moe ua wahine
la i kane hou kipi ia ko Kauholanuimahu aupuni
a hoi aku o Kauholanuimahu,[9] mai Maui aku,
kaua[10] hou,[11] a hoi hou ke aupuni ia[12] Kauholanuimahu

No Liloa Mokuna 50[13]
[14]O Liloa ka Kiha keiki, ua olelo ia mai, he alii haipule
o Liloa, he akamai i ke kaua, ua liuliu kona noho au
puni ana, aole nae au i lohe i ka hana ma kona au
puni, hookahi mea i lohe ia ma ko Liloa[15] aupuni.

2 Ua olelo ia mai, na Liloa ponoi no i hana mai
ka moe aikane aole nae i ike ia ma ko Liloa wa
e ola ana, no ka mea, ua hana malu o Liloa ia hana
me ka ike ole ia mai e hai.

3 Eia ka mea i noonoo ia ai ma ko Liloa wa e noho
aupuni ana, hoopunahele ia kekahi kanaka e
Liloa, aole i ike ia ka hana a ia kanaka i punahele
ai, haohao nui kanaka i kona punahele ana.

4 Ma ko Liloa make ana aku, ninau kanaka i
ua kanaka punahele la, he aha kau[16] mea i nui loa
ai kou punahele ia Liloa, i mai ua kanaka la, he
hana mai mai iau ma kuu uha.

Hānau mai he keiki māhū; kapa aku i kona [i]noa
ʻo *Kauholanuimāhū.*

10. Ma ko Kahoukapu make ʻana, lilo ke aupuni iā
Kauholanuimāhū;[17] noho[18] aliʻi nō ʻo *Kauholanuimāhū,*
a ma hope iho, holo ʻo *Kauho-
lanuimāhū* i Maui a noho ma Honuaʻula. Nānā nō
i hana kēlā loko ma Keoneʻōʻio.[19]

11. Noho kāna wahine ma Hawaiʻi; a moe ua wahine
lā i kāne hou, kipi ʻia ko *Kauholanuimāhū* aupuni.
A hoʻi aku ʻo *Kauholanuimāhū* mai Maui aku,
kaua hou, a hoʻi hou ke aupuni iā *Kauholanuimāhū.*

Mokuna L [50, Emerson 66]
NO LĪLOA

[1.] ʻO Līloa kā Kiha keiki. Ua ʻōlelo ʻia mai he aliʻi haipule
ʻo Līloa, he akamai i ke kaua. Ua liʻuliʻu kona noho au-
puni ʻana, ʻaʻole naʻe au i lohe i ka hana ma kona au-
puni. Hoʻokahi mea i lohe ʻia ma ko Līloa aupuni.

2. Ua ʻōlelo ʻia mai, na Līloa ponoʻī nō i hana mai
ka moe aikāne. ʻAʻole naʻe i ʻike ʻia ma ko Līloa wā
e ola ana, no ka mea, ua hana malū ʻo Līloa [i] ia hana,
me ka ʻike ʻole ʻia mai e haʻi.

3. Eia ka mea i noʻonoʻo ʻia ai ma ko Līloa wā e noho
aupuni ana. Hoʻopunahele ʻia kekahi kanaka e
Līloa. ʻAʻole i ʻike ʻia ka hana a ia kanaka i punahele
ai. Haʻohaʻo nui kānaka i kona punahele ʻana.

4. Ma ko Līloa make ʻana aku, nīnau kānaka i
ua kanaka punahele lā, "He aha kāu mea i nui loa
ai kou punahele iā Līloa?" ʻĪ mai ua kanaka lā, "He
hana maʻi mai iaʻu ma kuʻu uha."

---

1. 49:9. A: **a** kapa
2. 49:9. A: **i**noa
3. 49:10. A: ma Kokahoukapu
4. 49:10. A: Kauholanuimahu
5. 49:10. A: noho
6. 49:10. A: **ia** *(ma kahi o "*ʻo Kauholanuimahu*")*
7. 49:10. A: **no** kela
8. 49:10. A: Keoneoio *(ma kahi o "*keonioia*")*
9. 49:11. A: **ia** *(ma kahi o "*ʻo Kauholanuimahu*")*
10. 49:11. A: **a** kaua

11. 49:11. A: *nele*
12. 49:11. A: **i** ua o *(ma kahi o "*ia*")*
13. 50:0. C?: ~~50~~ [66] *(ma ka penikala)* A?: Mokuna ~~50~~ [66]
14. 50:1. A: **1.**
15. 50:1. A: kona *(ma kahi o "*ko Liloa*")*
16. 50:4. A: kou
17. 49:10. *ua hoʻololi ʻia ʻo* "Kauholanuimaha," *ʻo ia ʻo* "Kauholanuimāhū"
18. 49:10. *ua hoʻololi ʻia ʻo* "hono," *ʻo ia ʻo* "noho"
19. 49:10. *ua hoʻololi ʻia ʻo* "Keoneoia," *ʻo ia ʻo* "Keoneʻōʻio"

5 Aloha nakanaka hoaolohou, nolaila pau loa ka moe aikane mai ia wa mai; a hiki mai ia Ka- mehameha, ua pau paha i keia manawa, aole paha i pau

6 Ma Waipio ko Liloa wahi i noho loa; a make oia ma Waipio, ma ko Liloa make ana, kauoha mai Liloa no Hakau ke aupuni ma Hawaii apuni.

7 Aka, o Umi kiwoia i kawa me ke kauoha ole ia mai e Liloa, ma ko Liloa wa e ola ana hoopuna hele oia ia Umi

8 Nolaila, kuheuwi mai o Hakau ia Umi; me ka hoomauhalaloa mai o Hakau ia Umi, a hiki i ko laua kaua ana; a make o Hakau ia Umi,

No Umi Mokuna 67

O Umi ke keiki a Liloa, aole nae oia ka Liloa keiki mua, aka, o Hakau kamua, a Liloa laua me Pinea ka Liloa wahine hoao maoli; nolaila ua kapaia o Hakau ke alii nui; no ka mea, ua like pu ko Pinea alii me ko Liloa, no ke keiki ana o Liloa na Waoilea; oia hoi ko Pinea kaikuaana ponoi.

2 Aka o Umi ke keiki oia na Liloa me kekahi wahine ana i pu wale aku ai, o Akahiakuleana kainoa o ua wahine la, ua manao nui ia oia he wahine alii ole, aka, ma kona kuauhau he alii no, hookahi o laua kupuna me Liloa he mau mamo laua na Kanipahu.

3 Eia ke kuauhau no, ua o Akahiakuleana la,

5 A lohe na kanaka hoao lakou, no laila pał[a] loa ka moe aikane mai ia wa mai, a hiki mai ia Kamehameha I[1] ua pau paha i keia manawa, aole paha i pau

6 Ma Waipio ko Liloa wahi noho loa, a make oia ma Waipio, ma ko Liloa make ana, kauoha mai Liloa[2] no Hakau ke aupuni ma Hawaii apuni.

7 Aka, o Umi ku oia i kawa me ke kauoha ole ia mai e Liloa, ma ko Liloa wa e ola ana hoopuna hele oia ia Umi

8 No laila, huhu nui mai o Hakau ia Umi, me ka hoomauhala loa mai o Hakau ia Umi, a hiki i ko laua kaua ana, a make o Hakau ia Umi,

[3]No Umi Mokuna 51[4]

[5]O Umi ke keiki a Liloa, aole nae oia ka Liloa keiki mua, aka,[6] o Hakau ka mua, a Liloa laua me Pinea ka Liloa wahine hoao maoli, no laila ua kapaia o Hakau he alii nui, no ka mea, ua like pu ko Pinea alii me ko Liloa, no ke keiki ana o Liloa na Waoilea, oia hoi ko Pinea kaikuaana ponoi.[7]

2 Aka o Umi he keiki oia na Liloa me kekahi wahine ana i pu[8] wale aku ai, o Akahiakuleana ka inoa o ua wahine la, ua manao nui ia oia he wahine alii ole, aka, ma kona kuauhau he alii no, hookahi o laua kupuna me Liloa he mau mamo laua na Kanipahu.

3 Eia ke kuauhau no, ua Akahiakuleana la,

---

5. A lohe nā kānaka, ho'ā'o lākou. No laila, pa'a loa ka moe aikāne mai ia wā mai a hiki mai iā Kamehameha I. Ua pau paha i kēia manawa, 'a'ole paha i pau.

6. Ma Waipi'o ko Līloa wahi noho loa a make 'o ia ma Waipi'o. Ma ko Līloa make 'ana, kauoha mai Līloa no Hākau ke aupuni ma Hawai'i a puni.

7. Akā, 'o 'Umi, kū 'o ia i ka wā me ke kauoha 'ole 'ia mai e Līloa. Ma ko Līloa wā e ola ana, ho'opunahele 'o ia iā 'Umi.

8. No laila, huhū nui mai 'o Hākau iā 'Umi, me ka ho'omauhala loa mai o Hākau iā 'Umi a hiki i ko lāua kaua 'ana, a make 'o Hākau iā 'Umi.

Mokuna LI [51, Emerson 67]
No 'Umi

[1.] 'O 'Umi ke keiki a Līloa; 'a'ole na'e 'o ia kā Līloa keiki mua, akā, 'o Hākau ka mua a Līloa lāua me Pinea, kā Līloa wahine ho'āo maoli. No laila, ua kapa 'ia 'o Hākau he ali'i nui, no ka mea, ua like pū ko Pinea ali'i me ko Līloa, no ke keiki 'ana o Līloa na *Waoile'a,* 'o ia ho'i ko Pinea kaikua'ana pono'ī.

2. Akā, 'o 'Umi, he keiki 'o ia na Līloa me kekahi wahine āna i pu['e] wale aku ai, 'o 'Akahiakuleana ka inoa o ua wahine lā. Ua mana'o nui 'ia 'o ia, he wahine ali'i 'ole, akā, ma kona kū'auhau he ali'i nō. Ho'okahi o lāua kupuna me Līloa, he mau mamo lāua na Kanipahu.

3. Eia ke kū'auhau no ua 'Akahiakuleana lā

---

1. 50:5. A: akahi
2. 50:6. A: **o** Liloa
3. 51:0. P: *ma kēia mokuna, hō'ike pū 'ia nā wahi 'oko'a no loko mai o ka mana o kēia mo'olelo i pa'i 'ia e J.F. Pogue ma ka māhele hope loa o Ka Mo'olelo Hawaii, (1858, Lahainaluna)*
4. 51:0. C?: 5̶1̶ [67] *(ma ka penikala)* A?: Mokuna 5̶1̶ [67]. / No Umi
5. 51:1. A: **1.**
6. 51:1. A: *nele*
7. 51:1. P: *nele 'o* "no ke keiki ana o Liloa na Waoilea, oia hoi ko Pinea kaikuaana ponoi"
8. 51:2. A, P: pu**e**

mai a Kanipahu mai, a me ko Liloa kuauhau
mai Kanipahu mai, Noho aku o Kanipahu ia
Alaikauakoko, hanau o Kalapana, oia ko Liloa
kupuna: Noho hou o Kanipahu ia Hualani
hanau mai o Kalahumoku oia ko Ahiakule
ana kupuna. χ

4 Eia hoi na hanauna a Kalahumoku oia kai
noho aku ia Laamea, o Ikialaamea, oia kai
noho aku ia Kalamea, o Kamanawakalamea, na
ko ia Kaina O uakaina, noho ia Kuaimakani
o Kanakaea Kuaimakani

5 Noho ia Kapiko, o Kuleanakapiko, noho ia
Keaniamakooloilei o Ahakiakuleana noho
Liloa o Umi

6 Eia hoi ka hanauna a Kalapana oia kai noho
ia Makeamalaikanae, o Kahaimoeleaikaikupou,
noho ia Kapoakaulukailaa, o Kalaunuiohua, noho
ia Kaheka, Kuaiwa, noho ia Kauneleilani, o Kahou
Kapu, noho ia Laakapu, o Kauhola, noho ia, Neula
Kiha, noho ia Waoilea o Liloa noho ia Ahakia Ku
leana o Umi

7 Penei hoi ko Liloa noho ana, a me ka hanauana
o Umi, o Liloa kamakua kane o Umi oia noho
Hawaii aliinui ia manawa, aia no ma Waipio
no Hamakua i Hawaii kona wahi e noho nui
loa ai.

8 A i kona wa i hele ai ma ka aoao akau o Hama
kua e pili ana i Hilo, e hele ana oia i ke kapuhia

mai a Kanipahu mai, a me ko Liloa kuauhau
mai[1] Kanipahu mai, Noho aku o Kanipahu ia
Alaikauakoko, hanau o Kalapana oia ko Liloa
kupuna: Noho[2] hou o Kanipahu ia Hualani
hanau mai o Kalahumoku[3] oia ko Akahiakule
ana kupuna.

4 Eia hoi na hanauna a Kalahumoku[4] oia kai
noho aku ia Laamea, ꝋ[O] ikialaamea, oia kai
noho aku ia Kalamea, o Kamanawakalamea, no
ho ia Kaiua O uakaiua, noho ia Kuaimakani
o Kanahaeakuaimakani

5 Noho ia Kapiko, o Kuleanakapiko,[5] noho ia
Keanianiahooleilei o Akahiakuleana noho[6]
Liloa o Umi

6 Eia hoi ka[7] hanauna a[8] Kalapana oia kai noho
ia Makeamalaihanae, o Kahaimoeleaikaikupou,[9]
noho ia Kapoakauluhailaa, o Kalaunuiohua, noho
ia Kaheka, o Kuaiwa, noho ia Kanuuleilani,[10] o Kahou
Kapu, noho ia Laakapu, o Kauhola, noho ia, Neula
o Kiha, noho ia Waoilea o Liloa noho ia Akahiaku-
leana o Umi

7 Penei hoi ko Liloa noho ana, a me ka hanau ana
o Umi, o Liloa ka makuakane o Umi oia no ko
Hawaii alii nui ia manawa, aia no ma Waipio
no Hamakua i Hawaii kona wahi e[11] noho mau
loa ai.

8 A i kona wa i hele ai ma ka aoao akau o Hama-
kua e pili ana i[12] Hilo, e hele ana oia i ke kapu heia[u],

maiā Kanipahu mai, a me ko Līloa kū'auhau
mai Kanipahu mai. Noho aku 'o Kanipahu iā
Alaikauakoko; hānau 'o Kalapana, 'o ia ko Līloa
kupuna. Noho hou 'o Kanipahu iā *Hualani;*
hānau mai 'o *Kalahumoku,* 'o ia ko 'Akahiakule-
ana kupuna.

4. Eia ho'i nā hanauna a *Kalahumoku.* 'O ia kai
noho aku iā La'amea, 'o *Ikiala'amea.* 'O ia kai
noho aku iā *Kalamea,* 'o *Kamanawa[a]kalamea.* No-
ho iā *Kaiua,* 'o *Ua[a]kaiua.* Noho iā *Kuaimakani,*
'o *Kanahaeakuaimakani.*

5. Noho iā Kapiko, 'o Kuleana[a]kapiko. Noho iā
Keanianiaho'oleilei, 'o 'Akahiakuleana. Noho [iā]
Līloa, 'o 'Umi.

6. Eia ho'i ka hanauna a Kalapana. 'O ia kai noho
iā *Makeamalaihanae,* 'o *Kahaimoele'aikaikupou.*
Noho iā *Kapoakauluhaila'a,* 'o Kalaunuiohua. Noho
iā Kaheka, 'o *Kūāiwa.* Noho iā *Kanu'uleilani,* 'o Kahou-
kapu. Noho iā La'akapu, 'o *Kauhola.* Noho iā *Nē'ula,*
'o Kiha. Noho iā *Waoile'a,* 'o Līloa. Noho iā 'Akahiaku-
leana, 'o 'Umi.

7. Penei ho'i ko Līloa noho 'ana a me ka hānau 'ana
o 'Umi. 'O Līloa ka makua kāne o 'Umi, 'o ia nō ko
Hawai'i ali'i nui [i] ia manawa. Aia nō ma Waipi'o
no Hāmākua i Hawai'i kona wahi e noho mau
loa ai.

8. A i kona wā i hele ai ma ka 'ao'ao 'ākau o Hāmā-
kua e pili ana i Hilo, e hele ana 'o ia i ke kapu heiau,

---

1. 51:3. A: mai **a**
2. 51:3. P: **a** noho
3. 51:3. A: Kalehumoku
4. 51:4. A: Kalehumoku
5. 51:5. P: Kuleanakupiko
6. 51:5. P: noho **ia**
7. 51:6. P: na
8. 51:6. A: o
9. 51:6. P: Kahaimoeleaikai
10. 51:6. A, P: Kamuleilani *(malia paha, pēlā nō ma C)*
11. 51:7. P: i
12. 51:8. A: ia

o Maninii, ua heiau ia, oia no ia heiau a Liloa i
hoolalani ma Kaholalele i Hamakua.

9 A pau ke kapu ana, kaahali iho la oia i pau
ka hoomahanahana, a neenee aku oia ma ka-
ahau oia wahi, a noho oia ma kaawikiwiki, no ka
makemake nui i Kapakee, a me na hana lealea
a pau.

10 I kona noho ana ma laila, hele aku oia e au-
au ma ka hawai o ka Hoea, ua pili ia aina me
Kealakaha, alaila, loaa ia ia o Akahiakuleana
ma laila, ua koi mai oia mai ke kahe ana
e auau ana oia mamua o kona wa e huikala-
ia ai no kona haumia, (a mahope iho hui pu oia
me kana kane, pela wahine oia wa) a, noho ana
kana kauwa wahine ma kapa o kawai e ki
i ana i kona pau. x

11 Alaila, ike aku la Liloa, he wahine maikai ia
makemake Liloa i ua wahine la, lalau aku la oia
i ua wahine la, me kai aku e moe kana, a ike mai
ua wahine la o Liloa keia, ae mai ua wahine la.

12 Alaila moe iho la laua, a i ka pau ana o ka laua
moe ana ike no Liloa, ua paa ua wahine la, ninau
mai Liloa, ua wahine la, ea, ua kahe anei oe? i
mai ka wahine ae, ua kahe au, ko'u mau ana
mai la no ia

13 I aku Liloa ia ia, e hapai ana nei oe, ae mai no
kela, alaila, ninau aku o Liloa ia ia, na wai oe?
o wai kou inoa, hai mai kela o Akahiakuleana na wau

o Manini ua heiau la, aia no ia heiau a Liloa, i hoolale ai ma Koholalele i Hamakua.

9 A pau ke kapu ana, kakali ihola oia i pau ka hoomahanahana, a neenee aku oia ma ka-akau oia wahi, a noho oia ma Kaawikiwiki, no ka makemake nui i Ka pahee, a me na hana lealea a pau.

10 I kona noho ana ma laila, hele aku oia e au-au ma kahawai o ka[1] Hoea, ua pili ia aina me Kealakaha, alaila, loaa ia ia o Akahiakuleana ma laila, ua hoi mai oia mai ke kahe ana e auau ana oia ma mua o kona wa e huikala-ia ai no kona haumia, (a ma hope iho hui pu oia me kana kane, pela wahine[2] oia wa), a [e] noho ana kana kauwa wahine ma kapa o ka wai e hi i ana i kona pau.

11 A laila, ike akula Liloa[3] he wahine maikai ia makemake Liloa[4] i ua wahine la,[5] lalau akula oia i ua wahine [la] me ka i aku e moe kaua, a ike mai ua wahine la o Liloa keia, ae mai ua wahine la.[6]

12 A laila[7] moe ihola laua,[8] a i ka pau ana o ka laua moe ana ike no Liloa,[9] ua poha ua wahine la, ninau mai Liloa,[10] ua wahine la, ea, ua kahe anei oe? i mai ka wahine ae, ua kahe au, o ko'u mau ana maila no ia

13 I aku Liloa ia ia,[11] e[12] hapai auanei oe, ae mai no kela,[13] alaila, ninau aku o Liloa ia ia, na wai oe? o wai kou inoa, hai mai kela o Akahiakuleana wau

'o Manini ua heiau lā. Aia nō ia heiau a Līloa i ho'olale ai ma Koholālele i Hāmākua.

9. A pau ke kapu 'ana, kakali ihola 'o ia i pau ka ho'omāhanahana, a ne'ene'e aku 'o ia ma ka 'ākau o ia wahi, a noho 'o ia ma Ka'āwikiwiki no ka makemake nui i ka pahe'e a me nā hana le'ale'a a pau.

10. I kona noho 'ana ma laila, hele aku 'o ia e 'au-'au ma kahawai o *Kahō'ea* (ua pili ia 'āina me Kealakaha). A laila, loa'a iā ia 'o 'Akahiakuleana ma laila. Ua ho'i mai 'o ia mai ke kahe 'ana; e 'au'au ana 'o ia ma mua o kona wā e huikala 'ia ai no kona haumia (a ma hope iho, hui pū 'o ia me kāna kāne; pēlā wāhine o ia wā). A e noho ana kāna kauā wahine ma kapa o ka wai e hi-'i ana i kona pā'ū.

11. A laila, 'ike akula Līloa he wahine maika'i ia. Makemake Līloa i ua wahine lā, lālau akula 'o ia i ua wahine lā, me ka 'ī aku, "E moe kāua." A 'ike mai ua wahine lā 'o Līloa kēia, 'ae mai ua wahine lā.

12. A laila, moe ihola lāua, a i ka pau 'ana o kā lāua moe 'ana, 'ike nō Līloa, ua pohā ua wahine lā. Nīnau mai Līloa [i] ua wahine lā, "'Eā, ua kahe anei 'oe?" 'Ī mai ka wahine, "Ae, ua kahe au. 'O ko'u mau 'ana maila nō ia."

13. 'Ī aku Līloa iā ia, "E hāpai auane'i 'oe." 'Ae mai nō kēlā. A laila, nīnau aku 'o Līloa iā ia, "Na wai 'oe? 'O wai kou inoa?" Ha'i mai kēlā, "'O 'Akahiakuleana wau.

---

1. 51:10P: ke Hoea *('a'ole akāka loa)*
2. 51:10. A, P: **na** wahine
3. 51:11. A: **o** Liloa
4. 51:11. A: **o** Liloa
5. 51:11. P: a makemake ia ia *(ma kahi o* "makemake Liloa i ua wahine la"*)*
6. 51:12. P: *nele 'o* "lalau" *a hō'ea loa aku i ka pau 'ana o kēia paukū*
7. 51:12. P: *nele*
8. 51:12. P: *nele ke koena o kēia paukū*
9. 51:12. A: **o** Liloa
10. 51:12. A: **o** Liloa **i**
11. 51:13. A: *nele 'o* "ia ia"
12. 51:13. A: i *(ma kahi o* "e"*)*
13. 51:13. P: *nele 'o* "I aku Liloa ia ia, e hapai auanei oe, ae mai no Kela"

253

Kuleana Kapiko kou makua iaku Liloa, he
kaikuahine paha oe nou, i mai kela, ae paha.

14 Alaila, kauoha aku Liloa iaia no ke keiki, ina i
hanau ke keiki akaua, he kaikamahine, ea, e
kapa oe makou aoao, aka i hanau mai ke kei-
ki kane ea, e kapa iho oe ikona inoa o Umi.

15 I mai la o Akahiakuleana, heaha lau a nei, ka
hoailona e akaka ai keia keiki nau na ke
alii

16 Alaila haawi mai la Liloa ikona malo, ame
kona niho palaoa, ame ka laau palau me kai
aku eia ka hoailona o ka kaua keiki, a ma ko-
na wa e nui ai, e haawi aku oe i keia mau me
a nona, alaila, ae o Akahiakuleana i ka Liloa
kauoha, a haawi aela o Akahiakuleana, na ka
na kauwa wahine e malama keia mau hoai
lona a Liloa i haawi aku ai no na keiki la.

17 A pau keia oleloana, hele aku Liloa, a hipuupuu
ka lauki i malo nona iho, a hume Liloa i ka malo lau
ki

18 Aikonahoi ana aku ikona hale ike mai la
kona poe kanaka iaia he lauki kona malo ao.
le ia kona malo maoli, im ai lakou, aia hoi
ua hehena o Liloa, aole ia o kona malo maoli
aia hoi ke lauki malo.

19 Noho ihola o Liloa malaila aika pau ana
ae o ka hoomaha ana a hana o kana hei au, alai
la hoi oia i Waipio, i kona wahi i noho mau

o[1] Kuleanakapiko[2] ko'u makua i aku Liloa[3] he
kaikuahine[4] paha oe nou, i mai[5] kela, ae paha.

14 A laila, kauoha aku Liloa[6] ia ia no ke keiki, ina i
hanau ke keiki a kaua, he kaikamahine, ea, e
kapa oe ma kou aoao, aka i hanau mai he kei-
ki kane ea, e kapa iho oe i kona inoa o Umi.

15 I mai la o Akahiakuleana, he aha la uanei,[7] ka
hoailona e akaka ai keia keiki nau na ke
alii

16 A laila haawi mai la Liloa[6] i kona malo, a me
kona niho palaoa, ame ka laau palau me ka i
aku eia ka hoailona o ka kaua keiki, a ma ko-
na wa e nui ai, e haawi aku oe i keia mau me
a nona, a laila, ae o Akahiakuleana i ka Liloa
kauoha, a haawi aela o Akahiakuleana, na ka
na kauwa wahine e malama keia[8] mau hoai
lona a Liloa i haawi aku ai no ua keiki la.

17 A pau keia olelo ana, hele aku Liloa,[6] a hipuupuu i
ka lauki i malo nona iho,[9] a hume Liloa[6] i ka malo lau
ki

18 A i kona hoi ana aku i kona hale[10] ike mai la
kona poe kanaka ia ia he lauki kona malo ao
le ia [o][11] kona malo maoli,[12] i mai lakou,[13] aia hoi
ua hehena o Liloa, aole ia o kona malo maoli
aia hoi he lauki malo.[14]

19 Noho ihola o Liloa malaila a i ka pau ana
ae o ka hoomaha~~nna~~hana o kana[15] heiau, alai
la hoi oia i Waipio, i kona wahi noho mau[16]

'O Kuleana[a]kapiko ko'u makua." 'Ī aku Līloa, "He
kaikuahine paha 'oe no'u." 'Ī mai kēlā, "'Ae paha."

14. A laila, kauoha aku Līloa iā ia no ke keiki, "Inā i
hānau ke keiki a kāua, he kaikamahine, 'eā, e
kapa 'oe ma kou 'ao'ao. Akā, i hānau mai he kei-
ki kāne, 'eā, e kapa iho 'oe i kona inoa 'o 'Umi."

15. 'Ī maila 'o 'Akahiakuleana, "He aha lā [a]uane'i ka
hō'ailona e akāka ai kēia keiki nāu, na ke
ali'i?"

16. A laila, hā'awi maila Līloa i kona malo a me
kona niho palaoa a me ka lā'au pālau, me ka 'ī
aku, "Eia ka hō'ailona o kā kāua keiki. A ma ko-
na wā e nui ai, e hā'awi aku 'oe i kēia mau me-
a nona." A laila, 'ae 'o 'Akahiakuleana i kā Līloa
kauoha, a hā'awi a'ela 'o 'Akahiakuleana na kā-
na kauā wahine e mālama kēia mau hō'ai-
lona a Līloa i hā'awi aku ai no ua keiki lā.

17. A pau kēia 'ōlelo 'ana, hele aku Līloa a hīpu'upu'u i
ka lau kī i malo nona iho, a hume Līloa i ka malo lau
kī.

18. A i kona ho'i 'ana aku i kona hale, 'ike maila
kona po'e kānaka iā ia, he lau kī kona malo. 'A'o-
le ia 'o kona malo maoli. 'Ī mai lākou, "Aia ho'i,
ua hehena 'o Līloa. 'A'ole ia 'o kona malo maoli.
Aia ho'i, he lau kī [ka] malo."

19. Noho ihola 'o Līloa ma laila a i ka pau 'ana
a'e o ka ho'omāhanahana o kāna heiau, a lai-
la, ho'i 'o ia i Waipi'o, i kona wahi noho mau.

---

1. 51:13. P: *nele*
2. 51:13. P: Kuleanakupiko
3. 51:13. A: [o] Liloa
4. 51:13. P: kaiku**w**ahine
5. 51:13. P: mai**la**
6. 51:14, 51:16, 51:17. A, P: **o** Liloa
7. 51;15. P: **a**uanei
8. 51:16. P: **i** keia
9. 51:17. A: *nele*
10. 51:17. P: hale **iho**
11. 51:18. P: *nele*
12. 51:18. A: ~~maoli~~ malo maoli
13. 51:18. P: lakou **ia ia**
14. 51:18. A, P: **ka** malo
15. 51:19. P: kona
16. 51:19. P: wahi **i** noho mua **ai** *(ma kahi o* "wahi noho mau"*)*

254

20 Mahope iho oia maola, hapai aela o Akahiaku
leana ia Umi, manao ke kane maoli o Aka
hiakuleana nana keia keiki aole oia i ike
na Liloa ke keiki.

21 A hiki i ka wa hanau ai ua keiki la, kapa i
ho la kamakuahine i kona inoa Umi i ma
muli o ka Liloa kapa ana iho Umi wai koai
na Liloa

22 A hanai ia hola, ua Umi nei a hiki i ka
wa i nui ai, Eia kekahi mea i olelo ia no Umi
i ka wa i hele ai kona makuakane ke kane
a Akahi a kuleana, aka mahiai, a hoi mai
oia, ua pau kaai ia Umi pepehi iho la ia
ia Umi

23 A pela no o Umi e pepehi iai e ka makua
kolea ona, ke pau kaai, amukaia, kela mea
keia mea, i pau ia Umi, pela ka makua ko-
lea e hana inoai, no ka mea, ua manao nui
oia nana ke keiki, kaumaha loa o Umi, ame
Akahi a kuleana, iho Umi pepehi ia.

24 Nolaila ninau malu o Umi ia Aka hi aku
leana, aole anei ou makuakane e ae? o kia
makua wale no anei?

25 Hai mai o Akahi a kuleana, he makua kane
hou aia ma Waipio, o Liloa kona inoa
i aku o Umi, e hele paha wau i ou makua, i mai
kona makua wahine, ae e hele oe

26 A i kekahi wa, i pau ai kaai ia Umi pepehi

20 Mahope[1] iho oia mau la, hapai aela o Akahiaku-
leana ia Umi, manao ke kane maoli a Aka~~hi~~
hiakuleana nana keia keiki aole oia i ike
na Liloa ke keiki.

21 A hiki i ka wa hanau[2] ai ua keiki la, kapa i
ho la ka makuahine[3] i kona inoa o Umi ma
muli o ka Liloa kapa ana i ko Umi wa i ko ai
na Liloa

22 A hanai ia ihola, ua Umi nei a hiki i ka
wa i nui ai, Eia kekahi mea i olelo ia no Umi
i ka wa i hele ai kona makuakane (ke kane
a Akahiakuleana) a[4] ka mahi ai, a hoi mai
oia, ua pau ka ai ia Umi pepehi iho la ia[5]
ia Umi

23 A pela no o Umi e pepehi ia ai e ka makua
kolea[6] ona,[7] ke pau ka ai, ame ka ia, kela mea
keia mea, i pau ia Umi, pela ka makua ko-
lea[8] e hana ino ai, no ka mea, ua manao nui
oia nana ke keiki, kaumaha loa o Umi, ame
Akahiakuleana,[9] i ko Umi pepehi ia.

24 No laila ninau malu o Umi ia Akahiaku
leana,[10] aole anei ou makua kane e ae? o keia
makua[11] wale no anei?

25 Hai mai o Akahiakuleana, he makua kane
kou aia ma Waipio, o Liloa kona inoa
i aku o Umi, e hele paha wau iko'u makua, i mai
kona makua wahine,[12] ae e hele oe

26 A i kekahi wa, i pau ai ka ai ia Umi pepehi

---

20. Ma hope iho o ia mau lā, hāpai a'ela 'o 'Akahiaku-
leana iā 'Umi. Mana'o ke kāne maoli a 'Aka-
hiakuleana, nāna kēia keiki. 'A'ole 'o ia i 'ike
na Līloa ke keiki.

21. A hiki i ka wā [i] hānau ai ua keiki lā, kapa i-
hola ka makuahine i kona inoa 'o 'Umi, ma
muli o kā Līloa kapa 'ana i ko 'Umi wā i kō ai
na Līloa.

22. A hānai 'ia ihola ua 'Umi nei a hiki i ka
wā i nui ai. Eia kekahi mea i 'ōlelo 'ia no 'Umi:
i ka wā i hele ai kona makua kāne (ke kāne
a 'Akahiakuleana) a ka mahi 'ai a ho'i mai
'o ia, ua pau ka 'ai iā 'Umi. Pepehi ihola ia
iā 'Umi.

23. A pēlā nō 'o 'Umi e pepehi 'ia ai e ka makua
kōlea ona ke pau ka 'ai a me ka i'a, kēlā mea
kēia mea i pau iā 'Umi. Pēlā ka makua kō-
lea e hana 'ino ai, no ka mea, ua mana'o nui
'o ia, nāna ke keiki. Kaumaha loa 'o 'Umi a me
'Akahiakuleana i ko 'Umi pepehi 'ia.

24. No laila, nīnau malū 'o 'Umi iā 'Akahiaku-
leana, "'A'ole anei o'u makua kāne 'ē a'e? 'O kēia
makua wale nō anei?"

25. Ha'i mai 'o 'Akahiakuleana, "He makua kāne
kou, aia ma Waipi'o. 'O Līloa kona inoa."
'Ī aku 'o 'Umi, "E hele paha wau i ko'u makua." 'Ī mai
kona makua wahine, "Ae, e hele 'oe."

26. A i kekahi wā i pau ai ka 'ai iā 'Umi, pepehi

---

1. 51:20. P: **A** mahope
2. 51:21. A: **i** hanau
3. 51:21. P: makuwahine
4. 51:21. A: i *(ma kahi o* "a"*)*
5. 51:22. P: oia
6. 51:23. P: *nele*
7. 51:23. A: ana P: *nele*
8. 51:23. P: *nele 'o* "kolea"
9. 51:23. P: kona makuwahine *(ma kahi 'o* "Akahiakuleana"*)*
10. 51:24. P: i kona makuwahine *(ma kahi o* "ia Akahiakuleana"*)*
11. 51:24. P: makua**kane**
12. 51:25. A: makuahine P: makuwahine

hou Kamalua ko lea ia Umi iaia, alaila o Akahiaku-
leana, e kuu kane aole mau keiki au e pepehi
mau nei.

27 Hehu mai na kanela, me ka olelo pakike mai, na
wai kau keiki na Liloa anei? i aku o Akahiaku-
leana, ae na Liloa kau keiki

28 I mai na kane la, auhea oe, nan ei i ka hoailo-
na no keia keiki e liloai na Liloa kau keiki mai
loko mai ou kau wahine.

29 Na hea aku o Akahiakuleana, i kana kane wahi-
ne e lawe mai i na mea a Liloa i waiho ai no Umi

30 I aku o Akahiakuleana i kana kane, keike pono
nei oe i ka makua o ke keiki, a ike oia aole nana
ke keiki

31 A mahope iho, o keia olelo ana, a oa o pono na
o Akahiakuleana ia Umi no kona hele ma
Waipio ia Liloa la.

32 Hoolu mai aku o Akahiakuleana i ka Liloa mai
e a Umi, hoolei aku o ka Palaoa ia Umi, a me ka
laaupalau,

33 Alaila, a oa o pono o Akahiakuleana ia Umi
kei ha nei oe i Waipio, i kou hiki ana lalo o ka
pali, a hele aku oe, a au oe ma keia ao ao o ka
muliwai, a i ike aku oe i ka hale e ku lima i
ana kona alo i kou alo, oia no ko Liloa
hale ponoi no ia

34 Mai komo oe ma ka puka pa, aka e hii aku
oe ma luna o ka pa la, mai komo oe i loko ma

hou ka makua kolea[1] ia[2] Umi ia ia,[3] alaila o[4] Akahiaku
leana, e kuu kane aole nau keiki[5] au e pepehi ~~mau~~
mau[6] nei.

27 Huhu mai ua kane la, me ka olelo pakike mai, na
wai kau keiki na Liloa anei? i aku o Akahiaku-
leana,[7] ae na Liloa kau keiki[8]

28 I mai ua kane la, auhea la,[9] uanei[10] ka hoailo-
na no, keia keiki e lilo ai na Liloa kau keiki mai
loko mai ou kau wahine.

29 Kahea aku o Akahiakuleana, i kana kaua[11] wahi
ne, e lawe mai i [na] mea a Liloa i waiho ai no Umi

30 I aku Akahiakuleana[12] i kana kane, ke ike pono
nei oe i ka makua o ke keiki, a ike oia aole nana
ke keiki

31 A mahope iho, o keia olelo ana, aoao pono mai
o Akahiakuleana ia Umi no kona hele[13] ma
Waipio i o Liloa la.

32 Hoohume aku o Akahiakuleana[14] i ko Liloa malo
ia Umi, hoolei[15] aku o[16] ka Palaoa ia Umi,[17] a me ka
laau palau,

33 A laila, aoao pono o Akahiakuleana[14] ia Umi
ke iho nei oe i Waipio, i kou hiki ana lalo[18] o ka
pali, a hele aku oe, a au oe ma kela aoao o ka
muliwai, a ike aku oe i ka hale e huli mai
ana kona alo i kou alo, oia no ko Liloa
hale ponoi no ia[19]

34 Mai komo oe ma ka puka pa, aka e pii aku
oe ma luna o ua pa la, mai komo oe i loko ma

hou ka makua kōlea o[20] ʻUmi iā ia. A laila, [ʻī aku] ʻo ʻAkahiaku-
leana, "E kuʻu kāne, ʻaʻole nāu [ke] keiki āu e pepehi
mau nei."

27. Huhū mai ua kāne lā, me ka ʻōlelo pākīkē mai, "Na
wai kāu keiki? Na Līloa anei?" ʻĪ aku ʻo ʻAkahiaku-
leana, "ʻAe, na Līloa kaʻu keiki."

28. ʻĪ mai ua kāne lā, "ʻAuhea lā [a]uaneʻi ka hōʻailo-
na no kēia keiki e lilo ai na Līloa kaʻu keiki mai
loko mai ou, kaʻu wahine?"

29. Kāhea aku ʻo ʻAkahiakuleana i kāna kauā wahi-
ne e lawe mai i nā mea a Līloa i waiho ai no ʻUmi.

30. ʻĪ aku ʻAkahiakuleana i kāna kāne, "Ke ʻike pono
nei ʻoe i ka makua o ke keiki." A ʻike ʻo ia ʻaʻole nāna
ke keiki.

31. A ma hope iho o kēia ʻōlelo ʻana, aʻoaʻo pono mai
ʻo ʻAkahiakuleana iā ʻUmi no kona hele ma
Waipiʻo i o Līloa lā.

32. Hoʻohume aku ʻo ʻAkahiakuleana i ko Līloa malo
iā ʻUmi; hoʻolei aku ʻo [ia i] ka palaoa iā ʻUmi, a me ka
lāʻau pālau.

33. A laila, aʻoaʻo pono ʻo Akahiakuleana iā ʻUmi,
"Ke iho nei ʻoe i Waipiʻo, i kou hiki ʻana [a] lalo o ka
pali, a hele aku ʻoe, a ʻau ʻoe ma kēlā ʻaoʻao o ka
muliwai, a ʻike aku ʻoe i ka hale e huli mai
ana kona alo i kou alo, ʻo ia nō ko Līloa
hale ponoʻī.[21]

34. Mai komo ʻoe ma ka puka pā, akā, e piʻi aku
ʻoe ma luna o ua pā lā. Mai komo ʻoe i loko ma

1. 51:26. P: *nele*
2. 51:26. A: o
3. 51:26. P: *nele ʻo* "ia ia"
4. 51:26. A: **i aku** o P: **i aku la** o
5. 51:26. A: **ke** keiki
6. 51:26. P: mai *(ma kahi o* "mau"*)*
7. 51:27. A: *nele ʻo* "i aku o Akahiakuleana"
8. 51:27. A: keiki, **wahi a Akahiakuleana.**
9. 51:28. A: *nele*
10. 51:28. A: *nele* P: auanei
11. 51:29. A, P: kauwa

12. 51:30. A, P: **o** Akahiakuleana
13. 51:31. P: hele **ana**
14. 52:32, 51:33. P: oia *(ma kahi o* "o Akahiakuleana"*)*
15. 51:32. A: hooleiia
16. 51:32. A: *nele*
17. 51:32. A: ia ia *(ma kahi o* "ia Umi"*)*
18. 51:33. A, P: **i** lalo
19. 51:33. A, P: *nele ʻo* "no ia"
20. 51:26. *ua hoʻololi ʻia ʻo* "ia," *ʻo ia ʻo* "o"
21. 51:33. *ua hoʻololi ʻia ʻo* "ponoi no ia," *ʻo ia ʻo* "ponoʻī"

kapuka maoli, aka ekamcoe ma kapu akapakaka

Ina i ike oe i ka alemakule e Akahili eia iana
ea, oia no kou makua e pii oe a noho ma luna o
kona uha ina eninau mai oia i kou inoa, ea,
e hai aku oe o Umi kou inoa, ae aku o Umi ike
kanaka a kona makuahine.

35 Kena aku o Akahiakuleana ia Omaokamau
kona kaikunane e hele pu oia me Umi, e nuu
ana ia Umi, ae mai o Omaokamau, a helepu no
me Umi

36 Haawi i nei la Akahiakuleana i ka Liloa laau palau
ia Omaokamau me kaiaku e malama oe i
ka laau a Liloa

37 A pau keia oleloana, hele laua o laua wale no
a ohe mea i ae.

38 A hiki laua ma Keahakea, loaa ia laua ke
kahi keiki o Pumaiwaa ka inoa ninau mai
oia ia laua, e hele ana olua i hea? i aku laua
i Waipio

39 I aku Umi ia Pumaiwaa Keiki hookama oe
e hele kakou ia Waipio, ae mai o Pumaiwaa, a he
lepu lakou

40 Iho lakou hiki ana aku i Waipio, ma koaekea
lakou i ho ai, a hiki lakou ma lalo o kapali, au
aku la lakou, a pae ma o kia muliwai Wailoa

41 I ko lakou pae ana ma o ike aku la lakou i
ko Liloa hale e ku ana i Haunokamaahala
a hiki i pono ma iana ka puka o na akale la

ka puka maoli, aka e komo oe ma ka pa[u]ka[1] pakaka[2]
Ina i ike oe i ka elemakule e kahili [ia ana][3]
ea, oia no kou makua e pii oe a noho ma luna o
kona uha ina e ninau mai oia i kou inoa, ea,
e hai aku oe o Umi kou inoa, ae aku o Umi i ke
kauoha a kona makuahine.[4]

35 Kena aku o Akahiakuleana ia Omaokamau
kona kaikunane e hele pu oia me Umi, e mala
ma ia Umi, ae mai o Omaokamau,[5] a hele pu no
me Umi

36 Haawi aela Akahiakuleana[6] i ka Liloa laau palau
ia Omaokamau me ka i aku e malama oe i
ka laau a Liloa

37 A pau keia olelo ana, hele laua o laua wale no
aohe mea e ae.

38 A hiki laua ma Keahakea, loaa ia laua ke
kahi keiki o Piimaiwaa ka inoa ninau mai
oia ia laua, e hele ana olua i hea? i aku laua
i Waipio

39 I aku o Umi ia Piimaiwaa i keiki hookama oe
e hele kakou ia[7] Waipio, ae mai o Piimaiwaa, a he
le pu lakou

30[8] I ko lakou hiki ana aku i Waipio, ma Koaekea
lakou iho[9] ai, a hiki lakou ma lalo o ka pali, au
aku la lakou, a pae ma o o[10] ka muliwai o Wailoa

31[11] I ko lakou pae ana ma o ike aku la lakou i
ko Liloa hale e ku ana i Haunokamaahala
e huli pono mai ana ka puka o ua hale la

---

ka puka maoli, akā, e komo ʻoe ma ka puka pākākā.
Inā i ʻike ʻoe i ka ʻelemakule e kāhili ʻia ana,
ʻeā, ʻo ia nō kou makua. E piʻi ʻoe a noho ma luna o
kona ʻūhā. Inā e nīnau mai ʻo ia i kou inoa, ʻeā,
e haʻi aku ʻoe ʻo ʻUmi kou inoa." ʻAe aku ʻo ʻUmi i ke
kauoha a kona makuahine.

35. Kēnā aku ʻo ʻAkahiakuleana iā ʻŌmaʻokāmau,
kona kaikunāne, e hele pū ʻo ia me ʻUmi e māla-
ma iā ʻUmi. ʻAe mai ʻo ʻŌmaʻokāmau a hele pū nō
me ʻUmi.

36. Hāʻawi aʻela ʻAkahiakuleana i kā Līloa lāʻau pālau
iā ʻŌmaʻokāmau me ka ʻī aku, "E mālama ʻoe i
ka lāʻau a Līloa."

37. A pau kēia ʻōlelo ʻana, hele lāua, ʻo lāua wale nō,
ʻaʻohe mea ʻē aʻe.

38. A hiki lāua ma Keʻahakea, loaʻa iā lāua ke-
kahi keiki, ʻo Piʻimaiwaʻa ka inoa. Nīnau mai
ʻo ia iā lāua, "E hele ana ʻolua i hea?" ʻĪ aku lāua,
"I Waipiʻo."

39. ʻĪ aku ʻo ʻUmi iā Piʻimaiwaʻa, "I keiki hoʻokama ʻoe.
E hele kākou i[12] Waipiʻo." ʻAe mai ʻo Piʻimaiwaʻa, a he-
le pū lākou.

40.[13] I ko lākou hiki ʻana aku i Waipiʻo, ma *Koaʻekea*
lākou [i] iho ai. A hiki lākou ma lalo o ka pali, ʻau
akula lākou a pae ma ʻō o ka muliwai ʻo Wailoa.

41. I ko lākou pae ʻana ma ʻō, ʻike akula lākou i
ko Līloa hale e kū ana i *Haunokamaʻahala*,
e huli pono mai ana ka puka o ua hale lā

---

1. 51:34. P: pa *(ma kahi o "puka")*
2. 51:34. P: *nele*
3. 51:34. C: *ua holoi loa ʻia ke kākau ma lalo o "ia ana"*
4. 51:34. P: makuawahine
5. 51:35. A: *ua kāpae ʻia ka pau ʻana o ka paukū 35 a me ka hoʻomaka ʻana o ka paukū 36, penei:* ae mai o Omaokamau, me ka i aku e malama oe i ka laau a Liloa. *me he mea lā, ua lele ka maka o ka mea hana kope maiā "Omaokamau" ma ka paukū 35 a hiki iā "Omaokamau" ma ka paukū 36*
6. 51:36. P: **o** Akahiakuleana
7. 51:39. A: i *(ma kahi o "ia")*
8. 51:40. C?: 30[40] *(ua hoʻoponopono ʻia nā paukū 30–75, ʻo ia ʻo 40–85)* A: 40
9. 51:40. A: **i** iho ai
10. 51:40. A: *nele*
11. 51:41. C?: 31[41] A: 41
12. 61:39. *ua hoʻololi ʻia ʻo "ia," ʻo ia ʻo "i"*
13. 51:41. *ua hoʻopono ʻia nā helu paukū 30–75, ʻo ia ʻo 40–85*

i imua oko lakou alo

42
32 I ko lakou hookoke ana aku i na hale la, kahea mai o Umi ia laua, e noho olua maanei e kukea i o Liloa la, e kakali olua i au, ina he lau aimake au e hoi olua makahi a kakou i hele mai nei, aka, i hoi ola mai au, ola hoi kakou a pau kana olelo ana, hele aku o Umi.

43 I ko Umi ana aku, pii aku la oia maluna o kapa laau o ko Liloa hale a komo aku oia ima ko Liloa puka paka ka elike me ko kele a kona makuahine mamua o kona hele ana mai.

134 A ike mai na ilamuku o Liloa ua laa kela keiki no ka pii ana ma ka pa laau, kahi kapu o Liloa, alualu mai e make o Umi, alaila pii aku o Umi a noho maluna o ko Liloa uha, noho akaka aela o Liloa i kona uha, haule iho la o Umi ma ka honua

135 A i ko Umi haule ana, ike ihola Liloa i kona niho palaoa ma ko Umi ai, a me kona maro ma ko Umi kope, ninau aku o Liloa, owai kou inoa, o Umi anei oe? ae kela ae o Umi nau o kau keiki.

46 Alaila kii mai Liloa ia Umi i ma kona uha a honi ai Umi, me ka ninau aku, au hea Akahi o kuleana?

47 I mai o Umi ia ia no nana no wau i kuhikuhi kii mai e kele mai i ou nei, alaila kai ae o

i mua o ko lakou alo

32[1] I ko lakou kokoke ana aku i ua hale la, kau
oha mai o Umi ia laua, e noho olua maenei[2]
e hele au io Liloa la, e kakali olua ia'u, ina he
le au a i make au e hoi olua ma kahi a kakou
i hele mai nei, aka, i hoi ola mai au, ola hoi
kakou, a pau kana olelo ana, hele aku o Umi.

33[3] I ko Umi ana[4] aku, pii aku la oia maluna
o ka palaau o ko Liloa hale a komo aku oia
ma ko Liloa puka pakaka e like me ka o
lelo a kona makuahine[5] mamua o kona hele
ana mai.

34[6] A ike mai na ilamuku o Liloa ua laa kela
keiki no ka pii ana ma ka pa laau, kahi kapu
o Liloa, alualu mai e make o Umi, alaila pii
aku o Umi a noho maluna o ko Liloa uha
hoohakahaka aela o Liloa i kona uha, haule
ihola o Umi ma ka honua

35[7] A i ko Umi haule ana, ike ihola Liloa[8] i kona
niho palaoa ma ko Umi ai, ame kona malo
ma ko Umi hope, ninau aku o Liloa, o wai
kou inoa, o Umi anei oe? ae kela ae o Umi
no au[9] o kau keiki.

36[10] Alaila hii mai Liloa[11] ia Umi ma kona
uha a honi ai[12] Umi, me ka ninau aku, au
hea Akahiakuleana?[13]

37[14] I mai o Umi ia ia no[15] nana no wau i kuhiku
hi mai e hele mai i ou nei, alaila hai ae o[16]

---

i mua o ko lākou alo.

42. I ko lākou kokoke 'ana aku i ua hale lā, kau-
oha mai 'o 'Umi iā lāua, "E noho 'olua ma 'ene'i.
E hele au i o Līloa lā. E kakali 'olua ia'u. Inā he-
le au, a i make au, e ho'i 'olua ma kahi a kākou
i hele mai nei; akā, i ho'i ola mai au, ola ho'i
kākou. A pau kāna 'ōlelo 'ana, hele aku 'o 'Umi.

43. I ko 'Umi [hele] 'ana aku, pi'i akula 'o ia ma luna
o ka pā lā'au o ko Līloa hale, a komo aku 'o ia
ma ko Līloa puka pākākā, e like me ka 'ō-
lelo a kona makuahine ma mua o kona hele
'ana mai.

44. A 'ike mai nā ilāmuku o Līloa, ua la'a kēlā
keiki no ka pi'i 'ana ma ka pā lā'au, kahi kapu
o Līloa; alualu mai e make 'o 'Umi. A laila, pi'i
aku 'o 'Umi a noho ma luna o ko Līloa 'ūhā.
Ho'ohakahaka a'ela 'o Līloa i kona 'ūhā; hā'ule
ihola 'o 'Umi ma ka honua.

45. A i ko 'Umi hā'ule 'ana, 'ike ihola Līloa i kona
niho palaoa ma ko 'Umi 'ā'ī a me kona malo
ma ko 'Umi hope. Nīnau aku 'o Līloa, "'O wai
kou inoa? 'O 'Umi anei 'oe?" Ae kēlā, "Ae, 'o 'Umi
nō au, 'o kāu keiki."

46. A laila, hi'i mai Līloa iā 'Umi ma kona
'ūhā a honi iā[17] 'Umi me ka nīnau aku, "'Au-
hea 'Akahiakuleana?"

47. 'Ī mai 'o 'Umi iā ia, "Nāna[18] nō wau i kuhiku-
hi mai e hele mai i ou nei." A laila, ha'i a'e 'o [Līloa]

---

1. 51:42. C?: ̶3̶2̶ [42] A: 42
2. 51:42. A, P: maanei
3. 51:43. C?: ̶3̶[4]3 A: 43
4. 51:43. A, P: **hele** ana
5. 51:43. P: makuawahine
6. 51:44. C?: ̶3̶[4]4 A: 44
7. 51:45. C?: ̶3̶[4]5 A: 45
8. 51:45. A, P: **o** Liloa
9. 51:45. A: wau
10. 51:46. C?: ̶3̶[4]6 A: 46
11. 51:46. A: **o** Liloa
12. 51:46. A, P: ia
13. 51:46. A: **o** Akahiakuleana
14. 51:47. C?: ̶3̶[4]7 A: 47
15. 51:47. A, P: *nele*
16. 51:47. A: **o Liloa** P: *nele*
17. 51:46. *ua ho'ololi 'ia 'o* "ai," *'o ia 'o* "iā"
18. 51:47. *ua ho'ololi 'ia 'o* "ia ia no nana no," *'o ia 'o* "ia ia. Nāna nō"

258

Kapoe nui ia i kona mau mea ia Umi, o kuu malo keia, me kuu palaoa, auhea kuu laaupalau? hai mai o Umi, aia no mawaho, i ou hoa hele.

47 Alaila, kii ia mai o Omao, o ka mau laua me Piimaiwaa

49 Alaila, hai o Liloa i kona mau kanaka apau, i ka wa a kakou i hele ai i ke kapu heiau, ua kapa mai oukou ia'u he kena wau, a o kuu huna ana i ka malo, aoki,

50 Aka, eia no, ua malola oe, a me ka nipalaoa a me ka laaupalau, ua waiho wau noiamei o kuu keiki, o ka'u keiki keia o Umi

51 Ike aela na kanaka apau o Liloa he keiki o Umi na Liloa, kena aela o Liloa e lawe ia mai na kua oa'a e oki i ko Umi piko a ooki ia iho la ko Umi piko.

52 Aohe o Hakau ka Liloa keiki mua, i ke kani ana o ka pahu, ninau mai oia, he pa huhea keia i a'u kanaka, he pahu oki no ka piko o ka Liloa keiki hou o Umi ka inoa.

53 I ko Hakau lohe ana, he keiki hou ka Liloa, hele mai oia me ka huhu nui, a ninau mai ia Liloa o ka'u keiki hou keia? ae mai Liloa me ka hooluolu ia Hakau me ka i ana mai o oe no ke alii o kou kanaka keia, maluna oe ma lalo a kuu oia ou, pela Liloa i hooluolu ai ia Hakau no kona huhu nui ia Umi: a oluolu o Hakau me ka hookamani

i ka poe me ia i kona mau mea ia Umi, o kuu malo
keia, me kuu palaoa, auhea kuu laaupalau? hai
mai o Umi, aia no ma waho, i ou hoa[1] hele.

48 A laila, kii ia mai o Omaokamau laua me
Piimaiwaa

39[2] A laila, hai o Liloa i kona mau[3] kanaka a pau, i
ka wa a kakou i hele ai i ke kapu heiau, ua kapa
mai oukou ia'u hehena[4] wau,[5] no[6] kuu hume ana
i ka malo [l]auki,

40[7] Aka, eia no ua malo la ou, a me ka nipalaoa[8]
a me ka laaupalau, ua waiho wau no ia nei
no kuu keiki o ka'u keiki keia o Umi

41[9] Ike aela na kanaka apau o Liloa he keiki o
Umi na Liloa, kena aela o Liloa e lawe ia mai
na kua ona e oki i ko Umi piko a ooki ia ihola
ko Umi piko.

42[10] A lohe o Hau[11] ka Liloa keiki mua, i ke kani
ana o ka pahu, ninau mai oia, he pahu hea[12] keia
i aku kanaka, he pahu oki no ka piko o ka Liloa
keiki hou o Umi kona inoa.

43[13] I ko Hakau lohe ana [he] keiki hou ka Liloa, hele
mai oia me ka huhu nui, a ninau mai ia
Liloa o kau keiki hou keia? ae mai Liloa[14] me
ka hooluolu ia Hakau me ka i ana mai o oe no
ke alii o kou kanaka keia, ma luna oe ma[15]
lalo aku oia[16] ou, pela Liloa[17] i hooluolu ai ia
Hakau no kona huhu nui ia Umi a oluolu
o Hakau me ka hookamani

i ka po'e me ia i kona mau mea iā 'Umi. "'O ku'u malo
kēia, me ku'u palaoa. 'Auhea ku'u lā'au pālau?" Ha'i
mai 'o 'Umi, "Aia nō ma waho, i o'u hoahele."

48. A laila, ki'i 'ia mai 'o 'Ōma'okāmau lāua me
Pi'imaiwa'a.

49. A laila, ha'i 'o Līloa i kona mau kānaka a pau, "I
ka wā a kākou i hele ai i ke kapu heiau, ua kapa
mai 'oukou ia'u, hehena wau no ku'u hume 'ana
i ka malo lau kī."

50. "Akā, eia nō ua malo lā o'u a me ka ni[ho] palaoa
a me ka lā'au pālau. Ua waiho wau no ia nei,
no ku'u keiki. 'O ka'u keiki kēia, 'o 'Umi."

51. 'Ike a'ela nā kānaka a pau o Līloa he keiki 'o
'Umi na Līloa. Kēnā a'ela 'o Līloa e lawe 'ia mai
nā akua ona e 'oki i ko 'Umi piko, a 'o'oki 'ia ihola
ko 'Umi piko.

52. A lohe 'o Hā[ka]u, kā Līloa keiki mua, i ke kani
'ana o ka pahu, nīnau mai 'o ia, "He pahu hea kēia?"
'Ī aku kānaka, "He pahu 'oki no ka piko o kā Līloa
keiki hou, 'o 'Umi kona inoa."

53. I ko Hākau lohe 'ana he keiki hou kā Līloa, hele
mai 'o ia me ka huhū nui a nīnau mai iā
Līloa, "'O kāu keiki hou kēia?" 'Ae mai Līloa me
ka hō'olu'olu iā Hākau, me ka 'ī 'ana mai, "'O 'oe nō
ke ali'i, 'o kou kanaka kēia. Ma luna 'oe, ma
lalo aku 'o ia ou." Pēlā Līloa i hō'olu'olu ai iā
Hākau no kona huhū nui iā 'Umi. A 'olu'olu
'o Hākau me ka ho'okamani.

---

1. 51:47. P: **mau** hoa
2. 51:49. C?: 3̶[4]9 A: 49
3. 51:49. P: poe (ma kahi o "mau")
4. 51:49. A, P: **he** hehena
5. 51:49. P: *nele*
6. 51:49. P: i
7. 51:50. C?: 4̶[5]0 A: 50
8. 51:50. A: ka **niho** palaoa
9. 51:51. C?: 4̶[5]1 A: 51
10. 51:52. C?: 4̶[5]2 A: 52
11. 51:52. C?: Ha[ka]u (ma ka penikala) A: Ha**ka**u
12. 51:52. A, P: **aha** (ma kahi o "hea")
13. 51:53. C: 4̶[5]3 A: 53
14. 51:53. A: **o** Liloa
15. 51:53. P: **a** ma
16. 51:53. A, P: ia (ma kahi o "oia")
17. 51:53. A, P: **o** Liloa

54 I ko Umi noho pu ana me Liloa a malama
pono o Umi i ka Liloa a ma olelo a malama
nui Liloa ia Umi, aike mai o Hakau i ko Liloa
malama ia Umi.

55 Huhu Kona naau ia Umi, olelo kalaea wale
mai Hakau ia Umi i ko Liloa a wa e laa ana
kaumaha ko Liloa naau no Umi, i ka huhu
o Hakau, pela mau ka Hakau kue ana ia Umi
a hiki i ko Liloa wa i make ai.

56 Ike kokoke o Liloa e make, kauoha Liloa no Hakau
ka aina a pau, aka o ke akua, me ka hale akua o
ka Liloa i kauoha aku ai no Umi, malama no o
Umi i ke akua,

57 I ka make ana o Liloa noho aku o Umi malalo o
Hakau a nui mai o hoi ko Hakau huhu mai
ia Umi, a nui no ka hookae mai ia Umi.

58 I ko Umi wa e hee ia luu ai i ko Hakau papa
i mai o Hakau ia Umi, mai hee oe i kou papa no
ka mea, he makua kine noa wale no kou no
Hamakua a kapu kou papa he alii au

59 I ko Umi hume ana i ko Hakau malo hoo-
kae mai o Hakau me ka i mai ia Umi, mai
hume oe i kuu malo he alii au he makua
kine kauwa kou no Hamakua.

60 Pela no o Hakau i hoino ai Umi me ka hoo
kuke maoli; alaila, hele malu o Umi mai o
Hakau aku. Eia ko Umi mau hoa hele, o
Maukaleoleo, o Piimaiwaa, o laua hoa

44[1] I ko Umi noho pu ana me Liloa malama
pono o Umi i ka Liloa mau olelo a malama
nui Liloa[2] ia Umi, a ike mai o Hakau i ko Liloa
malama ia Umi

45[3] Huhu kona naau ia Umi, olelo kalaea wale
mai o Hakau ia Umi i ko Liloa wa e ola ana
kaumaha ko Liloa naau no Umi, i ka huhu
o Hakau, pela mau ka Hakau kuee[4] ana ia Umi
a hiki i ko Liloa wa i make ai.

46[5] I ke kokoke[6] o Liloa e make, kauoha Liloa[7] no Hakau
ka aina apau, aka o ke akua, me ka hale akua, oia
ka Liloa i kauoha aku[8] ai no Umi, malama no o
Umi i ke akua,

47[9] I ka make ana o Liloa noho aku o Umi malalo
o Hakau a nui ~~nui~~ nohoi ko Hakau huhu mai
ia Umi, a nui no ka hookae mai ia Umi.

48[10] I ko Umi wa e heenalu ai i ko Hakau papa
i mai o Hakau ia Umi, mai hee oe i ko'u papa no,
ka mea, he makuahine noa wale no kou no[11]
Hamakua e kapu ko'u papa he alii au

49[12] I ko Umi hume ana i ko Hakau malo hoo-
kae mai o Hakau me ka i mai ia Umi, mai
hume oe i kuu malo he alii au he makua
hine kauwa kou no Hamakua.

50[13] Pela no o Hakau i hoino[14] ai Umi me ka hoo
kuke maoli, alaila, hele[15] malu o Umi mai o
Hakau aku Eia ko Umi mau hoa hele, O
maokamau,[16] o Piimaiwaa, o laua kona

54. I ko ʻUmi noho pū ʻana me Līloa, mālama
pono ʻo ʻUmi i kā Līloa mau ʻōlelo, a mālama
nui Līloa iā ʻUmi. A ʻike mai ʻo Hākau i ko Līloa
mālama iā ʻUmi,

55. huhū kona naʻau iā ʻUmi; ʻōlelo kalaʻea wale
mai ʻo Hākau iā ʻUmi. I ko Līloa wā e ola ana,
kaumaha ko Līloa naʻau no ʻUmi i ka huhū
o Hākau. Pēlā mau kā Hākau kūʻēʻē ʻana iā ʻUmi
a hiki i ko Līloa wā i make ai.

56. I ke kokoke o Līloa e make, kauoha Līloa no Hākau
ka ʻāina a pau, akā, ʻo ke akua me ka hale akua, ʻo ia
kā Līloa i kauoha aku ai no ʻUmi. Mālama nō ʻo
ʻUmi i ke akua.

57. I ka make ʻana o Līloa, noho aku ʻo ʻUmi ma lalo
o Hākau. A nui nō hoʻi ko Hākau huhū mai
iā ʻUmi, a nui nō ka hoʻokae mai iā ʻUmi.

58. I ko ʻUmi wā e heʻe nalu ai i ko Hākau papa,
ʻī mai ʻo Hākau iā ʻUmi, "Mai heʻe ʻoe i koʻu papa, no
ka mea, he makuahine noa wale nō kou no
Hāmākua. E kapu koʻu papa; he aliʻi au."

59. I ko ʻUmi hume ʻana i ko Hākau malo, hoʻo-
kae mai ʻo Hākau me ka ʻī mai iā ʻUmi, "Mai
hume ʻoe i kuʻu malo. He aliʻi au. He makua-
hine kauā kou no Hāmākua."

60. Pēlā nō ʻo Hākau i hōʻino ai [iā] ʻUmi me ka hoʻo-
kuke maoli. A laila, hele malū ʻo ʻUmi mai o
Hākau aku. Eia ko ʻUmi mau hoa hele: ʻŌ-
maʻokāmau, ʻo Piʻimaiwaʻa, ʻo lāua kona

---

1. 51:54. C: 4[5]4 A: 54
2. 51:54. A, P: **o** Liloa
3. 51:55. C: 4[5]5 A: 55
4. 51:55. P: kue**e**
5. 51:56. C: 4[5]6 A: 56
6. 51:56. A: kokoke **ana**
7. 51:56. A, P: **o** Liloa
8. 51:56. A: *nele*
9. 51:57. C: 4[5]7 A: 57
10. 51:58. C: 4[5]8 A: 58
11. 51:58. P: ma
12. 51:59. C: 4[5]9 A: 59
13. 51:60. C: 5[6]0 A: 60
14. 51:60. A: e hoino
15. 51:60. P: hee
16. 51:60. A, P: **o** Omaokamau

mau hoa hele mua mai Hamakua mai a Waipio

61 I ko lakou hoihou ana i Hamakua mai Waipio
aku, ma ko lakou ala i hele mua mai ai

62 I ko lakou pii ana aku ma Koaekea hiki la-
kou ma Kukuihaele, alaila loaa ia lakou o Koi
malaila, lawe aela o Umi ia Koi i keiki ho-okama na-
nana ae mai no Koi, alaila hele oia Umi

63 I ko lakou hele ana aku a hiki lakou i Kealakaha
oia ko Umi wahi hanau ai, aole lakou i kipa i kona
makuahine, no ka mea, ua maa o lakou, e hele
kuewa wale aku

64 No ia mea hele aku lakou ma kaakau aku o ia
wahi, a komo lakou ma ko Hilo palena hema, ma
laila kekahi aina o Waipunalei ka inoa.

65 A no ke kokoke ana e po ka la, kipa lakou e noe
a o hele mai laila aku, no ka mea, ua paa ka
manao o Umi, e hele kuewa oia, a noho maka
hinalo wale no ka i hila hila i ke kua muwa mu
a Hakau ia ia.

66 I ko lakou kipa ana e moe i ke mai na ka i kama-
hine oia wahi, he poe keiki maemae lakou
koho mai lakou ia Umi ma, i mau kane lakou
a ko ao ae lakou

67 Pakahi lakou i na wahine, aka o Umi elua ana
mau wahine, no ka maikai o ko Umi kino. Ke
nana aku

68 I ko lakou noho ana malaila kuka lakou
e kuea ia Umi aole e hai kona inoa, no ka

mau hoa hele mua mai Hamakua mai a Waipio

51[1] I ko lakou hoi hou ana i Hamakua mai Waipio aku ma ko lakou ala i hele mua mai ai

52[2] I ko lakou pii[3] ana aku ma Koaekea hiki lakou ma Kukuihaele, alaila loaa ia lakou o Koi ma laila, lawe aela o Umi ia Koi i keiki hookama nana a ae mai no o Koi, alaila hele oia Umi[4]

53[5] I ko lakou hele ana aku a hiki lakou i Kealakaha oia[6] ko Umi wahi hanau[7] ai, aole lakou i kipa i kona makuahine, no ka mea, ua manao lakou, e hele kuewa wale aku

54[8] No ia mea hele aku lakou ma ka akau aku oia wahi, a komo lakou ma ko Hilo palena hema, ma laila kekahi aina o Waipunalei ka inoa.

55[9] A no ke kokoke ana e po ka la, kipa lakou e moe a ao hele mai[10] laila aku, no ka mea, ua paa ka manao o Umi, e hele kuewa oia, a noho ma ka hi nalowale no ka hilahila i ke kuamuamu a Hakau ia ia.

56[11] I ko lakou kipa ana e moe ike mai na kaikama hine oia wahi, he poe keiki maemae lakou koho mai lakou ia Umi ma, i mau kane lakou,[12] a hoao ae[13] lakou

57[14] Pakahi lakou i na wahine, aka o Umi elua ana mau wahine, no ka maikai o ko Umi kino, ke nana aku.

58[15] I ko lakou noho ana ma laila kuka lakou e huna ia Umi aole e hai kona[16] inoa kuka

mau hoahele mua mai Hāmākua mai a Waipiʻo.

61. I ko lākou hoʻi hou ʻana i Hāmākua mai Waipiʻo aku, ma ko lākou ala i hele mua mai ai.

62. I ko lākou piʻi ʻana aku ma Koaʻekea, hiki lākou ma Kukuihaele, a laila, loaʻa iā lākou ʻo *Koʻi* ma laila. Lawe aʻela ʻo ʻUmi iā *Koʻi* i keiki hoʻokama nāna, a ʻae mai nō ʻo *Koʻi*. A laila, hele ʻo ia [me] ʻUmi.

63. I ko lākou hele ʻana aku a hiki lākou i Kealakaha, ʻo ia ko ʻUmi wahi [i] hānau ai, ʻaʻole lākou i kipa i kona makuahine, no ka mea, ua manaʻo lākou e hele kuewa wale aku.

64. No ia mea, hele aku lākou ma ka ʻākau aku o ia wahi, a komo lākou ma ko Hilo palena hema. Ma laila kekahi ʻāina ʻo Waipunalei ka inoa.

65. A no ke kokoke ʻana e pō ka lā, kipa lākou e moe; a ao, hele mai laila aku, no ka mea, ua paʻa ka manaʻo o ʻUmi e hele kuewa ʻo ia a noho ma ka-hi nalowale, no ka hilahila i ke kūamuamu a Hākau iā ia.

66. I ko lākou kipa ʻana e moe, ʻike mai nā kaikamā-hine o ia wahi he poʻe keiki maʻemaʻe lākou. Koho mai lākou iā ʻUmi mā i mau kāne [na] lākou, a hoʻāo aʻe lākou.

67. Pākahi lākou i nā wāhine, akā, ʻo ʻUmi, ʻelua āna mau wāhine no ka maikaʻi o ko ʻUmi kino ke nānā aku.

68. I ko lākou noho ʻana ma laila, kūkā lākou e hūnā iā ʻUmi, ʻaʻole e haʻi [i] kona inoa. Kūkā

1. 51:61. C?: 5̶[6]1 A: 61
2. 51:62. C?: 5̶[6]2 A: 62
3. 51:62. A: I ko lakou ~~hoi hou ana ai Hamakua~~ pii
4. 51:62. A: **me** Umi **ma** P: **me** Umi
5. 51:63. C?: 5̶[6]3 A: 63
6. 51:63. P: aia
7. 51:63. A, P: **i** hanau
8. 61:64. C?: 5̶[6]4 A: 64
9. 51:65. C?: 5̶[6]5 A: 65
10. 51:65. P: ma
11. 51:66. C?: 5̶[6]6 A: 66
12. 51:66. P: **na** lakou
13. 51:66. A: a**ela**
14. 51:67. C?: 5̶[6]7 A: 67
15. 51:68. C?: 5̶[6]8 A: 68
16. 51:68. A: **i** kona

Rou lakou, aole e hana o Umi, e noho wale no, a

noho wale o Umi elike me ko lakou manao,

67 A iko lakou liuliu ana malaila hele aku o

Piimaiwaa, a me Koi, me Omaokamau, e mahi

ai ma ke kihapai o ko lakou mau makuahuna

wai, aka o Umi kaikeleole.

70 Iko lakou hoi ana mai kamahiai mai olioli

kolakou makuahunawai no ko lakou ikaika

ikamahiai

71 Aka okoUmi mau makuahunawai kaumaha

loa noko Umi ikaika ole ikamahiia na

kona wahine.

72 Aikekahi wa hele lakou ma Kakakaio Laupa

hoehoe e kahanalu he akamaikai o Umi ike ka

kanalu, a heihei o Umi me Paiea

73 Iko laua heihei ana, hooke ikaika mai Paiea

ia Umi, e kaloa ko Umi poohiwi ia Paiea, o ka

Paiea hala i ma ke ai ia Umi iko Umi wa aku

ai ika moku

74 Ahiki ikekauaku oua wahi la, ko ke o Piimai

waa Omaokamau me Koi ikahoe aku me

kamaaina oia wahi

75 Ika wa iloaa mai ai ka lakou aku olioli ko

lakou mau makua hunawai, aka, o ko Umi

mau makuahunawai kaumaha loa, no

koUmi holo ole ikekakahi aku me na lawai

a oia wahi

76 Imai na makuahunawai o Umi i

hou lakou, aole e hana o Umi, e noho wale no, a noho wale[1] o Umi e like me ko lakou manao.

59[2] A i ko lakou liuliu ana ma laila hele aku o Piimaiwaa, a me Koi, me[3] Omaokamau, e mahi ai ma ke kihapai o ko lakou mau makuahuna wai,[4] aka o Umi kai hele ole.

60[5] I ko lakou hoi ana mai ka mahi ai mai olioli ko lakou makuahunawai[4] no ko lakou ikaika i ka mahi ai

61[6] Aka o ko Umi mau makuahunawai[4] kauma ha loa no ko Umi ikaika ole i ka mahi ai na kona[7] wahine.

62[8] A i kekahi wa hele lakou ma kahakai o[9] Laupa hoehoe e kaha nalu he akamaikai[10] o Umi i ke ka ha nalu, a heihei[11] o Umi me Paiea

63[12] I ko laua heihei[13] ana, hooke ikaika mai Paiea[14] ia Umi, eha loa ko Umi poohiwi ia Paiea, oia ko Paiea hala[15] i make ai ia Umi i ko Umi wa i ku ai i ka moku.

64[16] A hiki i ke kau aku o ua wahi la, holo o Piimai waa Omaokamau me[17] Koi i ka hoe aku me kamaaina oia wahi

65[18] I ka wa i loaa mai ai ka lakou aku olioli ko lakou mau makuahunawai,[4] aka, o ko Umi mau makuahunawai[4] kaumaha loa, no ko Umi holo ole i ke kaohi aku me na lawai a oia wahi

66[19] I mai na makuahunawai[4] o Umi i

hou lākou 'a'ole e hana 'o 'Umi, e noho wale nō. A noho wale 'o 'Umi e like me ko lākou mana'o.

69. A i ko lākou li'uli'u 'ana ma laila, hele aku 'o Pi'imaiwa'a, a me Ko'i, me 'Ōma'okāmau e mahi 'ai ma ke kīhāpai o ko lākou mau mākuahūnā-wai. Akā, 'o 'Umi kai hele 'ole.

70. I ko lākou ho'i 'ana mai ka mahi 'ai mai, 'oli'oli ko lākou [mau] mākuahūnāwai no ko lākou ikaika i ka mahi 'ai.

71. Akā, 'o ko 'Umi mau mākuahūnāwai, kauma-ha loa no ko 'Umi ikaika 'ole i ka mahi 'ai no kāna[20] [mau] wāhine.

72. A i kekahi wā, hele lākou ma kahakai o Laupā-hoehoe e kaha nalu. He akamai[21] 'o 'Umi i ke ka-ha nalu, a heihei 'o 'Umi me Pai'ea.

73. I ko lāua heihei 'ana, ho'okē ikaika mai Pai'ea iā 'Umi, 'eha loa ko 'Umi po'ohiwi iā Pai'ea. 'O ia ko Pai'ea hala i make ai iā 'Umi i ko 'Umi wā i kū ai i ka moku.

74. A hiki i ke kau aku o ua wahi lā, holo 'o Pi'imai-wa'a, 'Ōma'okāmau, me Ko'i i ka hoe aku me kama'āina o ia wahi.

75. I ka wā i loa'a mai ai kā lākou aku, 'oli'oli ko lākou mau mākuahūnāwai. Akā, 'o ko 'Umi mau mākuahūnāwai, kaumaha loa no ko 'Umi holo 'ole i ke kāohi aku me nā lawai-'a o ia wahi.

76. 'Ī mai nā mākuahūnāwai o 'Umi i

---

1. 51:68. A: wale **no**
2. 51:69. C?: 5[6]9 A: 69
3. 51:69. A: **a** me
4. 51:69, 51:70, 51:71, 51:75, 51:76. A: makuahonowai
5. 51:70. C?: 6[7]0 A: 70
6. 51:71. C?: 6[7]1 A:71
7. 51:71. A, P: kana
8. 51:72. C?: 6[7]2 A:72
9. 51:72 A: i *(ma kahi o "o")*
10. 51:72. A, P: akamai
11. 51:72. P: *nele 'o ""o Umi me Paiea"* (e nānā i ke kuhia no ka paukū 73)

12. 51:73. C?: 6[7]3 A:73
13. 51:73. P: *nele 'o "I ko laua heihei"* (ua lele ka maka o ka mea hana kope maiā "heihei" ma ka paukū 72 a "heihei" ma ka paukū 73)
14. 51:73. A, P: **o** Paiea
15. 51:73. P: hala
16. 51:74. C?: 6[7]4 A:74
17. 51:74. A: **a** me
18. 51:75. C?: 6[7]5 A:75
19. 51:76. C?: 6[7]6 A:76
20. 51:71. ua ho'ololi 'ia 'o "na kona," 'o ia 'o "no kāna"
21. 51:72. ua ho'ololi 'ia 'o "akamaikai," 'o ia 'o "akamai"

kana mau wahine, ina paha ka puipui o ka
elua kane, he kanaka lawaia, ina ua aina ke
aku, aka, make hewa iho elua mau kino ia ia
77 I kekahi manawa ike mai na lawaia he
he kanaka a puipui o Umi, kii mai lakou ia ia
i ka ohi aku; ae aku no o Umi, i ka lakou olelo
aole nae lakou i ike he alii Umi, aka, ua kau-
lana ka nalo ana o Umi, aole nae lakou i ike o
Umi keia
78 I ko Umi holo ana e ka ohi aku i ka
wai ka awi mai ai kana aku e ka lawaia
i ke aku o Umi, ua pela lo mai ka lawaia
i ka aku ma lalo o ka lemu aole o Umi i
a ia nana.
79 A ka kua aku o Umi i kana ia me ke
kaohi e, kanu e ka awi ia mai kona ia na
luna mai, ina i o Umi, homai nau kau
ia iki, eia mai kau akaia nui a ae mai kela
kaohi
80 Aole o Umi i ai ina ia nei, lawe aku no na
kaili ko Umi a kua aia no na kali o Hokuli
ka Umi wahi luna ai
81 I kona holo pine pine ana i ka lawaia kaohi o
Kaleioku i pii nui ana o ke ameenu na aia
malau mana o Kaleioku o Umi paha kela
noka mea nalohe ia ko Umi nalo wale ana.
82 Alaila iho mai Kaleioku me ka pua
i ike oia ia Umi e noho ana, me ke au o

kana mau wahine, ina paha ka puipui o ka
olua kane, he kanaka lawaia, ina ua aina ke
aku, aka, makehewa o[1] ko olua mau kino ia ia

67[2] I kekahi manawa ~~a~~ ike mai na lawaia ~~ke~~
he kanaka puipui o Umi, kii mai lakou ia ia
i kaohi aku, ae aku no o Umi, i ka lakou olelo
aole nae lakou i ike he alii o Umi, aka, ua kau-
lana ka nalo ana o Umi, aole nae lakou i ike o
Umi keia

68[3] I ko Umi holo ana e kaohi aku i ka
wa i[4] haawi[5] mai ai kana aku e ka lawaia
ike aku o Umi, ua polalo[6] mai ka lawaia
i ka[7] aku malalo o ka lemu aole o Umi i
a ia nana[8]

69[9] Aka kuai aku o Umi i kana ia me ke
kaohi e, ka mea i haawi [ia] mai[10] kona[11] ia ma
luna mai, i mai o Umi, ho mai na'u kau
ia iki, eia mai kau o ka ia nui a ae mai kela
kaohi

70[12] Aole o Umi i ai i ua ia nei, lawe aku no na
Kaili ko Umi akua aia no ma kali[13] o Hokuli
ka[14] Umi[15] wahi huna ai

71[16] I kona holo pinepine ana i ka lawaia haohao
o Kaleioku i pio[17] mau ana o ke anuenue maia
malau[18] manao o Kaleioku[19] o Umi paha kela
no ka mea ua lohe ia ko Umi nalowale ana.

72[20] A laila iho mai[21] o Kaleioku me ka puaa
a ike oia ia Umi e noho ana me ke ano

kāna mau wāhine, "Inā paha ka pu'ipu'i o kā
'olua kāne he kanaka lawai'a, inā ua 'aina ke
aku. Akā, makehewa ko[22] 'olua mau kino iā ia."

77. I kekahi manawa, 'ike mai nā lawai'a
he kanaka pu'ipu'i 'o 'Umi. Ki'i mai lākou iā ia
i kāohi aku. 'Ae aku nō 'o 'Umi i kā lākou 'ōlelo.
'A'ole na'e lākou i 'ike he ali'i 'o 'Umi, akā, ua kau-
lana ka nalo 'ana o 'Umi. 'A'ole na'e lākou i 'ike 'o
'Umi kēia.

78. I ko 'Umi holo 'ana e kāohi aku, i ka wā
i hā'awi ['ia] mai ai kāna aku e ka lawai'a,
'ike aku 'o 'Umi, ua po[ho]lalo mai ka lawai'a
i kā ['Umi] aku ma lalo o ka lemu. 'A'ole 'o 'Umi i
[lawe i i]a i'a nāna.

79. Akā, kū'ai aku 'o 'Umi i kāna i'a me ke
kāohi 'ē, ka mea i hā'awi 'ia mai kāna[23] i'a ma
luna mai. 'Ī mai 'o 'Umi, "Hō mai na'u kāu
i'a iki; eia mai kāu, 'o ka i'a nui." A 'ae mai kēlā
kāohi.

80. 'A'ole 'o 'Umi i 'ai i ua i'a nei. Lawe aku nō na
Kā'ili, ko 'Umi akua. Aia nō ma kahi[24] o *Hokuli*
kā 'Umi wahi [i] hūnā ai.

81. I kona holo pinepine 'ana i ka lawai'a, ha'oha'o
'o *Kaleiokū* i [ka] pi'o mau 'ana o ke ānuenue ma ka[25]
malau. Mana'o 'o *Kaleiokū*, 'o 'Umi paha kēlā,
no ka mea, ua lohe 'ia ko 'Umi nalowale 'ana.

82. A laila, iho mai 'o *Kaleiokū* me ka pua'a,
a 'ike 'o ia iā 'Umi e noho ana me ke 'ano

---

1. 51:76. A: *nele*
2. 51:77. C?: 6[7]7 A: 77
3. 51:78. C?: 6[7]8 A: 78
4. 51:78. P: i ka wai, haawi *(ma kahi o "i ka wa i haawi")*
5. 51:78. A: haawi **ia**
6. 51:78. A: polalo **poholalo**
7. 51:78. A: i ka**na**
8. 51:78. A: aole o Umi i **lawe** ia aku nana
9. 51:79. C?: 6[7]9 A: 79
10. 51:79. A: haawi ia mai **ai** kana ia maluna mai P: haawi **i** ia mai
    kona ia maluna mai
11. 51:79. A: kana
12. 51:80. C?: ₮[8]0 A: 80

13. 51:80. P: kahi
14. 51:80. P: ko
15. 51:80. A: kana *(ma kahi o "ka Umi")*
16. 51:81. C?: ₮[8]1 A: 81
17. 51:81. A, P: **ka** pio
18. 51:81. P: mai a Malau
19. 51:82. A: Kaleiku
20. 51:82. C?: ₮[8]2 A: 82
21. 51:82. A: mai**la**
22. 51:76. *ua ho'ololi 'ia 'o "o ko," 'o ia 'o "ko"*
23. 51:79. *ua ho'ololi 'ia 'o "kona," 'o ia 'o "kāna"*
24. 51:80. *ua ho'ololi 'ia 'o "kali," 'o ia 'o "kahi"*
25. 51:81. *ua ho'ololi 'ia 'o "maia," 'o ia 'o "ma ka"*

kanohano mamao ihola o Kaleioku he alii
keia

83 Alaila kaumaha koke aku oia i ka puaa me
ka i aku, "Eia ka puaa e ke akua, he puaa imi alii
i kia Kaleioku kuu aua aku i ka puaa holo aku
la ka puaa aku ma ko Umi alo, alaila huli
hou mai ua puaa nei ia Kaleioku.

84 Ninau aku o Kaleioku o Umi anei oe? ae
mai Umi ea o wau no, i aku o Kaleioku, e
hoi kaua i kou wahi, ae mai no Umi, alaila
i ae kona mau makua hanawai a me ko.
laila mau kanaka apau, he alii ka keia o
Umi kia ia, o ka Liloa keiki ka mea ka kou
i ike i ho nei i keia mau la ua malo wale

85 Hele aku o Umi me Kaleioku me ka Umi mau
i o wahine elua o Piimaiwa a me Omaokau, me
Koi me ka kou mau wahine

———

hanohano manao ihola o Kaleioku he alii
keia

73[1] A laila kaumaha koke aku oia i ka puaa me
ka i aku, Eia ka puaa e ke akua, he puaa imi alii
i ka Kaleioku kuu ana aku i ka puaa holo aku
la ka puaa a ku ma ko Umi alo, alaila huli
hou mai ua puaa nei ia Kaleioku.

74[2] Ninau aku o Kaleioku o Umi anei oe? ae
mai o Umi ea[3] o wau no i aku o Kaleioku, e
hoi kaua i ko'u wahi, e̶ ae mai no o Umi, alaila
i ae kona mau makua hunawai[4] a me ko
laila mau kanaka apau, he alii ka keia o
Umi ka ia,[5] o ka Liloa kei[ki] ka[6] ka mea kakou[7]
i lohe iho nei i keia mau la ua nalowale

75[8] Hele aku o Umi me Kaleioku me ka Umi mau
wahine elua o[9] Piimaiwaa me Omaokau,[10] me
Koi me lakou[11] mau wahine[12]

hanohano, mana'o ihola 'o *Kaleiokū*, he ali'i
kēia.

83. A laila, kaumaha koke aku 'o ia i ka pua'a me
ka 'ī aku, "Eia ka pua'a, e ke akua, he pua'a 'imi ali'i."
I kā *Kaleiokū* ku'u 'ana aku i ka pua'a, holo aku-
la ka pua'a a kū ma ko 'Umi alo, a laila, huli
hou mai ua pua'a nei iā *Kaleiokū*.

84. Nīnau aku 'o *Kaleiokū*, "'O 'Umi anei 'oe?" 'Ae
mai 'o 'Umi, "'Ae,[13] 'o wau nō." 'Ī aku 'o *Kaleiokū*, "E
ho'i kāua i ko'u wahi." 'Ae mai nō 'o 'Umi. A laila,
'ī a'e kona mau mākuahūnāwai a me ko
laila mau kānaka a pau, "He ali'i kā kēia, 'o
'Umi kā ia, 'o kā Līloa keiki kā, ka mea [a] kākou
i lohe iho nei i kēia mau lā, ua nalowale."

85. Hele aku 'o 'Umi me *Kaleiokū* me kā 'Umi mau
wāhine 'elua, 'o Pi'imaiwa'a me 'Ōma'ok[ām]au me
Ko'i a me [kā] lākou mau wāhine.

---

1. 51:83. C?: 7[8]3 A: 83
2. 51:84. C?: 7[8]4 A: 84
3. 51:84. A: ae *(ma kahi o "ea")*
4. 51:84. A: makuahonowai
5. 51:84. A: ia *(ma kahi o "keia")*
6. 51:84. A: ka **keia**
7. 51:84. A, P: **a** kakou
8. 51:85. C?: 7[8]5 A: 85
9. 51:85. A: **a** o
10. 51:86. A: Omaokamau
11. 51:85. A: **a me ka** lakou
12. 51:85. P: *nele kēia paukū holo'oko'a*
13. 51:84. *ua ho'ololi 'ia 'o "ea," 'o ia 'o "'ae"*

'INIDEKA

Ho'olako 'ia mai e Kale Langlas.

Kuhi 'ia nā kumuhana o kā Malo mo'olelo wale nō, ma ka 'ōlelo Hawai'i, ma ka mokuna me ka paukū. 'A'ole kuhi 'ia nā kumuhana o ka 'ōlelo ho'olauna. Kuhi 'ia ho'i nā kumuhana o kā Malo mo'olelo ma ka 'ōlelo Pelekānia ma ka 'inideka o ka puke volume 2.

A

ali'i, 18 passim; akua o nā ali'i, 23:17–18; ali'i
    hewa,18:44–45; 38:99–100, 102–103; 45:2, 7–9;
    ali'i papa, 18:19; ali'i pono, 18:8, 44; 38:99,
    101–103; 45:4–6; ali'i po'olua, 18:21–22; kānāwai
    ali'i, 18:36–37; kapu ali'i, 9:2; 18:11–14, 27–35,
    33n15; kaukau ali'i, 18:20–21, 25; kū'auhau, 18:8,
    16; 20:25–26; 43:1–2; mea kāhiko, 22:1–6; po'e
    lawelawe, 18:49–51
ali'i 'ai aupuni 7, 31, 39–40, 53; 18:2–8; 38:2, 22–24;
    kuleana, 18:3–5; 36:44, 59–65, 72–73; 37:29, 39,
    45–46, 77–81, 95–96, 100, 120; mo'olelo, 43–51;
    'oihana ma kona make 'ana, 29; 37:122;
    pepehi 'ia e nā maka'āinana, 18:45; 38:67–70;
    po'e luna ma lalo, 18:18. Nānā kekahi iā aupuni
ali'i nui (ali'i ki'eki'e), 18:9–16, 19; a'o 'ana 18:6–7;
    35:18; 38:96; hana ho'omana no ka ho'omau
    keiki, 35; moe mua 'ana, 18:9–15; nī'aupi'o,
    18:12–14
aloali'i, 19:14, 26, 31–33; noho wale, 19:14; nohona
    kūlanalana, 19:15–17; hana wahine, 19:31, 33
ama, 9:12; 34:23
'anā'anā, 28:1; akua, 23:12. Nānā kekahi iā kuni
Ananaimalu (inoa wahi), 4:5
aniani kilohi, 33:30
ao (mea ma ka lani), 6:3–8
ao nei (mana'o ku'una), 5:1–5, 13–17; 6:1–2, 20
'Āsia, 4:23, 26
'auhau, 18:5, 46; 22:3; 36:14–17, 30–35; hana koi
    'ia, 19:6, 37:16. Nānā kekahi iā ho'okupu,
    luna 'auhau
'aumakua: kauā 'aumakua, 20:17–18. Nānā kekahi
    iā akua ki'i, 'aumakua
'aunaki, 9:9
aupuni, 18 passim; 38; 'ao'ao na ke kahuna nui,
    38:4–26; 'ao'ao na ke kālaimoku, 38:4, 27–97;
    hana pono a ke ali'i nui, 38:22–24, 46–55, 67,
    71–74, 98–105; ho'oponopono aupuni, 38:28–44,
    56–59, 62–66; ma ke 'ano he kino, 38:2–3
'awa, 9:12; 14:16; 24:8, 11; 38:61. Nānā kekahi iā mōhai

B

Baibala, 22:30

H

Ha'eha'e (inoa wahi), 4:5
Haho (ali'i kahiko), 43:2; 46:14
hahai manu. Nānā iā manu, hahai 'ana
hainaki (pule 'oihana makahiki), 36:37
haina nui (ma ka 'oihana luakini), 37:102–103
haipule (hana ho'omana heiau), 36:5–10, 77–78; 37.
    Nānā kekahi iā 'oihana luakini
hākā moa, 41AA
Hakau (ali'i kahiko), 38:70; 50:6–8; 51:1, 52–60, 65
hākōkō, 41OO
haku 'āina, 19:6; 21:13; 36:15; 39:19
haku 'ōhi'a (ki'i akua no ka luakini), 37:37, 69, 100
hakuone (kīhāpai no ke ali'i), 7:8; 39:11,
hālau, 22:14; 33:18
hale, 33; 'ano hou mai, 33:32–33; 'ano ku'una, 11:5–6,
    12, 14–16; 22:14; 33:3, 18; ho'ola'a 'ana, 33:14–15;
    kūkulu 'ana, 33:4–13; lā'au no, 9:10, 12–13; no ka
    po'e lapuwale, 33:3, 16–19; pani puka, puka hale,
    33:12–13; pono hale, 33:20–24, 29–31
hale 'aina (no ka wahine), 11:6, 14–15
hale hau (no ka lapa'au 'ana), 30:9
hale hāwai/kūkoa'e a hāwai (heiau ho'oma'ema'e),
    36:72; 37:23
hale kua (no ka hana wahine), 11:6
hale kuku (no ke kuku kapa 'ana a ka wahine), 11:16
Hale Mana (ma ka luakini), 37:19; ho'omana
    ho'okumu ('Aha Helehonua), 37:43–46
hale manawa, 38:75
hale moe, 11:6, 15; 22:14; 33:18. Nānā kekahi iā hale
    noa
hale mua (no ke kāne), 11:2, 4–5, 7, 14–15; 22:14; 24:2
hale nauā (no ka nānā kū'auhau ali'i), 38:34–40
hale noa (like me hale moe), 22:14; 24:1; 30:7, 9
hale oeoe (heiau ho'oma'ema'e), 36:72; 37:23
hale 'ope'ope (kahu no ka 'a'ahu ali'i), 18:49
Hale o Lono (heiau ulu mea kanu), 37:119
Hale o Papa (heiau no Papa), 37:20, 116
Hale Pahu (ma ka luakini), 37:19
hale pālima (heiau ho'oma'ema'e), 36:72; 37:23
hale papa'a (kahu waiwai no ke ali'i), 18:49
hale pe'a (no nā wahine haumia), 11:12

kai: hiʻohiʻona, 10:7–13; hoʻēʻe, 42:29–31; pōʻai, 10:1–6

kaikaina/kaikuaʻana, 18:18; 20:2–3; 28:6; 38:29–31

Kāʻili[moku] (akua kiʻi), 51:80; Kūkāʻilimoku, 23:18

kā i mua, 24

kaʻiʻoloa (hana hoʻomana o ka ʻoihana luakini), 37:116

kākāʻōlelo (kuhina), 18:8, 51; 21:27

kākau uhi, no ke kauā, 20:19

kalahuʻa (hana hoʻomana o ka ʻoihana makahiki), 36:57

Kalahumoku (aliʻi kahiko), 46:18; 51:3–4

kālaimoku (kuhina), 18:51, 74–75; 38:2, 4, 27–97

Kālaipāhoa (akua kiʻi), 23:12

kālai kiʻi, 37:16

kālai waʻa, 34:10–16, 21

Kalamainuʻu (akua moʻo), 23:17

Kalapana (aliʻi kahiko), 4:13; 43:2; 46:18, 24; 47; 51:3

Kalaunuiohua (aliʻi kahiko), 43:2; 48; 51:6

Kaleiokū (kāula), 51:81–85

kāliʻi (hana kīloi ihe i ke aliʻi), 36:60–63

Kāloakāmakamaka (hana hoʻomana), 36:71

kalo, 14:1–2; 29:6; 30:8; 36:20, 68; 39:4; mahi ʻana, 39:4–5; kumu ʻana, 44:1

Kama (kahuna lapaʻau kahiko), 45:12–16

Kamaiʻeli (kupuna kahiko), 2:4

Kamaʻiʻole (aliʻi kahiko), 38:69; 46:17–22; 47:5–8

Kamaluohua (aliʻi kahiko), 48:16–17, 21, 26–30

Kamāwaelualani (inoa wahi), 3:7

Kamehameha 1, 18:33, 44; 45:12, 14, 17; 48:31

Kamehameha 2 (Liholiho), 11:10

Kamohoaliʻi (akua kiʻi), 23:15

kānaka, 18; 19. Nānā kekahi iā makaʻāinana

kānāwai hoʻoponopono, 18:38–43; 21:10

kānāwai aliʻi, 18:36–37

Kanaloamuia (inoa waʻa), 4:11

Kanaloa (akua kiʻi), 23:4, 18; 24:8; 36:54; 39:21

Kāne (akua kiʻi), 23:4, 18; 24:8; 36:54; 39:21;
Kānehoalani, 23:19; Kāneholopali, 23:21;
Kānehulikoʻa, 23:19; Kāneikawaiola, 23:21;
Kāneilokokahale, 23:21; Kāneluahonua, 23:19;
Kānemoeala, 23:21; Kānemoelehu, 23:21;
Kānenohoniʻo, 23:22; Kānenuiākea, 31:18;
48:15–22; 48:7; Kāneʻopenuioalakaʻi, 48:7, 22;
Kānepōhākaʻa, 23:21

Kāneākumuhonua (aliʻi kahiko), 43:6–7, 15

Kanipahu (aliʻi kahiko), 43:2; 46:16–24; 47:1; 51:3

Kaniuhi (aliʻi kahiko), 43:2; 46:16

kanu kupapaʻu, 27:9–10, 14

kao, 13:27

kapa, 16:1–12; 22:15–16; 36:24; hoʻoluʻu ʻana, 16:3–5, 11;
kāpalapala, 16:10; lāʻau no ka hohoa, 9:7; lāʻau no
ke kua, 9:6; malo, 16:2, 10; mea hoʻoluʻu, 9:7, 10,
17; 16:3, 5–11; pāʻū, 16:2, 9

kāpapa ulua (hana hoʻomana o ka ʻoihana luakini),
37:97–98, 108

Kapawa (aliʻi kahiko), 4:2; 43:2; 46:1

Kāpena Kuke, kapa ʻia ʻo Lono (ke akua loa), 36:25

kāpili kēpau (kāwili), 13:10–11, 13–15

Kapo (akua noho), 23:16; 32:3, 10

Kapōhihi (he kūʻauhau), 1:10

kapu, 4:25; 13:17; 24:3–4; 27:1–2; 29:11; 31:12; 34:19,
31; 35:24–25; 36:71; 38:11, 13; 43:18; kapu aku me
ke kapu ʻōpelu, 4:12; 36:75; 38:15; 40:7–9, 14; kapu
akua, 1:9; 23:3; 26:4; 34:19; 40:3–6; kapu aliʻi, 9:2;
18:11–14, 27–35; kapu heiau, 36:71–73; 37:5–8,
20n50, 22–23, 27n56, 31–32, 118; 40:12; 51:8–9;
kapu kupapaʻu, 4:25; 27:1–5; 28:16; kapu makahiki
me ka noa ʻana, 36:2–3, 28–29, 44n40, 52–57, 70;
kapu wahine kahe me ka wahine hānau, 4:25.
Nānā kekahi iā ʻai kapu

Kapuʻa (inoa wahi), 4:11

Kapūalakaʻi/Kapūoalakaʻi (akua kiʻi), 23:13; 34:7

kapu moe, 18:12, 14, 32

kapu noho, 18:11, 13

kapu wohi, 18:33

kau (o ka makahiki), 12:2–3

kaua, 18:4, 6, 54; aʻo ʻana ma ke aloaliʻi, 18:20–23;
aʻoaʻo kahuna nui, 38:5; aʻoaʻo kilolani,
38:87–88; kaua pāʻani, 19:21–23; 36:64;
kaʻakaua, 38:79–86; kau umihau (hana
hoʻomana), 38:7, 90–91

kauā, 20; kākau uhi ʻana, 20:19; kapa wale ʻana,
20:2–9; kauā ʻaumakua, 20:17–18; kauā ʻiʻo,
20:9–22; kūʻauhau, 20:10–12

Kauholanuimāhū (aliʻi kahiko), 43:2; 49

kauilahuluhulu (pule no ka ʻoihana luakini), 37:33

luakini (heiau), 36:59, 67; 37:4, 10–23; 'ako 'ana i nā
hale, 37:47, 68; anu'u, hale, 37:17–20, 65; ki'i
kuamua (haku 'ōhi'a, mō'ī), 37:37, 43, 69, 99–101;
kuhikuhipu'uone, 37:14–15; kumu, 36:78; 7:10;
lauana, 37:17–20; makaiwa (ki'i kualua), 37:21
Luanu'u (ali'i kahiko), 43:2; 46:8
Luanu'u/Kaluanu'unohoni'oni'oikapoukua (ki'i),
37:43, 88
lūhe'e, 10:5, 40:19; pōhaku no, 8:4
Lukahakoa (ali'i kahiko), 43:2
luna 'auhau, 36:34

M

mahi'ai 'ana, 19:9; 39; ho'omana 'ana, 39:21–27; 'āina
wai kahe, 39:2, 4–7; kula, 39:3, 8–14
mahina (ma ka lani), 6:2; 'ano o ka mahina, 12:9–11
mahiole, 22:1, 3
mai'a, 9:19; 11:13; 14:8. Nānā kekahi iā mōhai
ma'i ahulau, 45:10–18
maika (hana le'ale'a), 41U; 'ulu maika, 41U:3–4,
pōhaku no ka 'ulu maika, 8:5
Ma'iola (akua ki'i), 23:13; 30:1
maka'āinana, 18:62; ho'omana 'ana, 23:7–11;
ho'oluhi 'ia e nā ali'i, 18:63–65, 71; 19:1, 6–8, 12;
ho'oka'awale 'ia mai nā ali'i, 18:2, 57–61; ho'olako
i ke aloali'i 18:66–67; 19:5, 12, 32; lako i ka mea
'ai, 19:2–5. Nānā kekahi iā aloali'i
makahiki. Nānā iā 'oihana makahiki; kau (o ka
makahiki); akua ki'i, loa; akua ki'i, pā'ani; akua
ki'i, poko
makaiwa. Nānā ia ki'i akua, makaiwa
makani, 6:14–19
makau, 22:19–22; 40:19
makāula, 31:15–17
Makua'aihue (akua ki'i), 23:14
Makuakaumana (ali'i kahiko), 4:8, 11
makua kōlea, 51:23
māla, 39:8–10
malama (o ka makahiki), 12:4–6
malo, 16:2, 10–11; 22:15; hume 'ana i nā ki'i luakini,
37:104; mōhai iā Papa, 37:116
Manakū (ali'i kahiko), 43:2, 6

manō, 15:18, 40:30; makau no ka lawai'a, 9:10; 22:21;
ho'omana 'ia, 23:15; kahu, 32:7, 9; kūmanō, 30:19;
niho, 33:29; niuhi, 11:13
manu 'āhiu, 13:9–23; lu'u kai, noho 'āina,13:20–22;
mai ka lewa mai, 13:23; noho loko, 13:17–19; noho
nāhelehele, 13:12–16
manu, hahai 'ana, 13:9–21; haoa, 13:18–19; hāhau,
13:11; hopu lima, 13:23; kāpili kēpau (kāwili),
13:10–11, 13–15; nao ma ka lua, 13:20–21; pahele
(kīpuka, pēheu, pi'o), 13:10–12, 19; pehi pōhaku,
13:17–19; 'upena, 13:20–21
māpele (heiau ho'oulu 'ai no Lono), 37:8–9, 119; 38:18
mau'u, 9:21
Māui (ali'i kahiko), 43:2; 45:20; 61:19
maunu, no ka 'anā'anā a me ke kuni, 28:15; 29:3;
kāpapa ulua, 37:97
mea 'ai, 14:1–15; hou, 14:15; kapu, 11:13; 30:3; 43:18; ma
ka wā wī, 9:14, 16; 14:10, 14. Nānā kekahi iā 'ai kapu
mea inu, 14:16; mea wai 'ona, 14:5, 17
mea kahiko. Nānā iā mo'olelo kahiko
mele inoa, 35:7–9
Melemele (inoa wahi), 4:5
moa, 13:4, 8, 28; 21:19; 22:17, 28; mōhai, 26:2; 28:17–29;
30:7, 9; 31:9; 38:34
moe 'ana: kuana'ike Hawai'i, 21:11; ma ke aloali'i,
18:9–15, 18; 9:18; moe aikāne, 19:18, 50:4–5; moe
ipo, 19:18; moe kolohe, 18:22; 21:11; 41A:6–7; 41E:1
moe 'ana o nā ali'i nui, 18:9–18; 35:1–5; moe ho'i,
18:14; moe naha, 18:13; moe pi'o, 18:12
moena, 16:13–15; 22:26; moena makaloa, 6:14; no ka
wa'a, 34:52
mōhai, 24:4n6; 26:2; 28:15–20; 31:9–11; 34:5–6, 24;
35:10; 37:18–19, 70; 38:7; 'ālana, 30:1
mōhai, nā 'ano: 'ai, 39:21–25; 40:10–13; 'awa, 24:8–11;
31:9; 34:5; moa, 26:2; 28:17; 30:7, 9; 37:34; īlio,
28:26; 30:7, 9; i'a, 31:9; 37:36; 40:13; 49:3–9; 51:80;
i'a 'ula, 34:5, 24; 37:36, 106; 'īlio, 28:17–20, 26;
31:9; 37:34; kanaka, 37:36, 72, 106; 38:12, 14; malo,
37:116; mai'a, 24:8; 37:36, 106; 40:10–13; moa, 26:2,
28:17, 26; 30:7, 9; 31:9; 37:34; niu, 24:8; 34:5; 35:12–
15; 36:12–13; 37:36, 106; 40:10–13; pala, 36:52–57;
pua'a, 18:5; 24:3–4, 6, 8, 12; 25:2; 26:2, 6–7, 13;

NO KA MEA NOI'I A HO'OPONOPONO

He hoa polopeka 'o Kapali Lyon ma ka Māhele no nā Ha'awina Ho'omana ma Ke Kulanui o Hawai'i ma Mānoa. Puka maila 'o ia me ke kēkelē laepua ma ka 'ōlelo Helene kahiko mai Ke Kulanui 'o Biola, me ke kēkelē laeo'o a lae'ula ho'i mai UCLA ma nā 'ōlelo kahiko o Ka Hikina Waena, me ke kēkelē laeo'o ho'i ma ka 'ōlelo Hawai'i mai Ka Haka 'Ula o Ke'elikōlani ma Ke Kulanui o Hawai'i ma Hilo. Ma kāna puke mua, ua noi'i a noelo 'ia nā unuhi 'ōlelo 'Aramaika kahiko loa o nā puke 'euanelio 'ōlelo Helene (*Syriac Gospel Translations*, 1991), a i kēia manawa, 'o ka mo'olelo Hawai'i kāna pulakaumaka, keu ho'i ka laha loa 'ana o ka ho'omana Kalikiano i 'ō i 'ane'i o ke aupuni mō'ī o Hawai'i nei.